国家社科基金重大项目
“扩大中国金融业双向开放的关键问题研究”最终研究成果

利率及汇率的市场化与资本账户的开放：

现实选择与经济效应

江　春　司登奎　著

人　民　出　版　社

目　　录

下　篇
利率与汇率变动及资本账户开放的经济效应

引　言

2012年党的十八大报告明确提出“稳步推进利率和汇率市场化改革，逐步实现人民币资本项目可兑换”，这是中国最高领导层在党代会报告中第一次明确地将利率、汇率的市场化改革及资本账户的开放同时放在一起，意义十分重大。2015年10月，党的十八届五中全会决定将中国的经济开放由“对外开放”转变为“双向开放”，这是中国改革开放思路的一个重大改变，其目的就是顺应中国和世界经济关系的深刻变化，通过实现更高水平、更深层次的全方位开放，在更大范围及更宽领域将国内和国际市场更紧密地联系起来，在国际分工中和各个国家有机地结合起来，形成面向全球的贸易、投融资、生产及服务网络，发展更高层次的开放型经济，使中国能够充分地利用全球资源及全球市场以刺激国内经济的长期高质量持续增长，并使中国在国际规则制定中有更大的话语权以引领全球经济潮流，并积极推动全球治理变革，从而既造福中国，又造福世界。可以预期的是，中国实现经济的双向开放将会对中国及世界经济产生重大而深远的影响。

根据这一新的开放思路，中国又提出要“扩大金融业双向开放”，具体内容主要有：(1)全面实施准入前国民待遇加负面清单管理制度，有序扩大银行、证券、保险、期货等金融服务行业或部门的市场准入；(2)通过有序拓展境外机构参与境内股票市场以及银行债券市场的主体范围和规模，扩大股票市场及债券市场的对外开放程度，与此同时，通过扩大境内机构境外发行债券的主体类型和地域范围，有序推进资本市场的双向开放；(3)支持香港巩固国际金融中心地位和全球离岸人民币业务枢纽地位，鼓励香港和澳门参与国家双向开放、“一带一路”建设，继续加大内地对香港和澳门地区的金融开放力度,并积极推动海峡两岸金融业合作及贸易投资双向开放合作,形成内地与香港、澳门和台湾地区金融与贸易的深度融合;(4)以建设"一带一路"为契机,积极参与亚洲基础设施投资银行、金砖国家新开发银行建设,发挥丝路基金作用,推动建立多元化的全球融资框架,实现中国金融资产全球布局;(5)推动人民币在国际范围内可兑换、可自由使用。加强双边和多边货币金融合作,推进人民币向市场交易和国际储备功能迈进。扩大人民币在周边国家和新兴市场区域化使用的便利性,逐步向国际金融中心和发达国家延伸;(6)加快建立健全与国际金融市场相适应的会计准则、监管规则和法律规章,提升金融市场国际化水平。积极参与全球治理,加强宏观经济政策国际协调,提升中国在国际金融市场中的影响力,等等。显然,如果中国能够成功地推进我国金融业的双向开放,则将既有利于中国在全球金融资源配置领域发挥更重要的作用,同时又将有力地推动中国经济的双向开放,进而有利于使中国真正成为全球经济及金融强国。

但问题是:中国应如何成功地推进金融业的双向开放?并使金融业的双向开放能给中国带来最大的好处?这显然是摆在我们面前需要解决的一个重大现实问题,本研究就旨在为解决这一问题提供理论参考。

需要指出的是,"金融开放"一词在国内文献中用得比较多,而国外学者一般很少使用"金融开放"这一概念,他们一般使用"金融自由化"这一概念。按照国外学者的看法,"金融自由化"就包括了"金融开放"的内容,而且,由于国外学者认为"金融自由化"本身就既包括对内的自由化,也包括对外的自由化,因此,国外学者所使用的"金融自由化"概念实际上也包括"金融双向开放"的含义。目前,国外学术界在这一领域已有大量的研究成果(Mathieson and Rojas-Suarez, 1993; Grubel, 1996; Sweeney, 1997; Goldfajin and Valdes, 1997; Fischer, 1998; Dornbush, 1998; Gregorio and Lee, 1998; Obstefeld, 1999; Klein and Olivei, 2000; Stiglitz, 2000; Henry, 2000; Bekaert and Harvey, 2000; Bied and Rajan, 2001; Michael, 2001; Cobham, 2001; Arteta, Eichengreen and Wyplosz, 2001; Groombridge, 2001; Borensztein, De Edison, 2002; Ishii and Habermeier, 2002; Stiglitz, 2002; Harvey and Lundblad, 2002; Gruben and Meleod, 2002; Nourzad, 2002; Rogoff, 2003; Eichengreen, 2003; Henry, 2003; Siegel, 2003; Lawrence, 2009; Prasad, 2003;

Mukerjit and Tallon, 2003; Arthur and Wilmarth, 2003; Gruben and McLeod, 2003; Kiminsky and Schmukler, 2003; Lee, 2004; Bhagwati, 2004; Bekaert, 2005; Chinn and Ito, 2006; Mitton, 2006; Mishkin, 2006; Jenkinson and Manning, 2007; Dobson, 2007; Ju and Wei, 2007; Daniel and Jones, 2007; Helder and Manoel, 2007; Braun and Raddatz, 2007; Bustos, 2007; Bekaert et al., 2008; Adam, 2008; Abiad et al., 2008; Kose, Prasad and Terrones, 2008; Gorodnichenko, Svejnar and Terrell, 2009; Obstfeld, 2009; Bekaert et al., 2009; Misati and Nyamongo, 2011; Sedik et al., 2012; Bayoumi and Ohnsorge, 2013; Hooley, 2013; Ohnsorge, 2013; Aizenman, 2015; Fernández et al., 2015; Heath, 2015, Broner and Ventura, 2016; Bekaert and Mehl, 2017; Razin and Sadka, 2018; Coeurdacier, Reyand Winant, 2019)。

从国内的情况来看,由于中国从 2015 年 10 月才开始提出“金融业双向开放”的概念,因此,目前有关“金融业双向开放”的系统理论研究成果并不多。虽然如此,但中国有关金融开放(主要侧重于对外开放)问题的理论研究从 20 世纪 80 年代就开始进行了,而从 20 世纪 90 年代开始,学术界更是涌现出了大量的研究文献。

仅就学术专著的情况来看,就有大量学者(周小川和谢平,1993;姜波克和易纲,1999;姜波克,1999;陈炳才,1999;李杨和黄金老,2000;张礼卿,2000;陈全庚,2001;黄金老,2001;汪小亚,2001;廖发达,2001;丁志杰,2002;王雅范等,2002;胡援成,2002;谈世中,2002;巴曙松,2003;华民,2003;刘光灿,2004;沈悦,2004;李瑶,2004;姜波克和朱云高,2005;邱崇明,2005;施建淮,2005、2007;金立群,2005;赵庆明,2005;张军和金煌,2005;李婧,2006、2007;吴信如,2006;陈雨露和罗煜 2007;陈志刚,2007;李巍,2008;叶伟春,2009、2011;刘仁武和刘华,2009;马勇和陈雨露,2010;陈雨露,2010;张成思和李颖,2010;张燕生和贺力平,2011;刘仁武等,2011;陈科和应益荣,2012;周小川,2012;孙立行,2012;王元龙,2012;李稻葵,2013;马骏和徐建刚,2012;曹远征,2013;张成思等,2013;陈元和钱颖一,2014;盛松成和刘西,2015;殷林森和吴君,2015;周宇和孙立行,2016;施建淮,2017;林楠,2017;崔红宇,2018;荣晨和涂永红,2018;陈中飞和王曦,2018;陈创练,2018)对中国金融开放问题进行过系统的理论研究。这些研究对中国金融开放的战略目标、前提条件、开放步骤、配套改革措施，以及金融开放对中国经济增长以及金融体系的影响，还有金融开放所可能带来的风险等许多问题都进行了系统的理论研究。此外，还有大量的学术论文研究了中国的金融开放(包括资本账户的开放)问题，可以说，国内在这一领域的研究文献已是汗牛充栋。但值得注意的是，目前国内还缺少系统研究中国"金融双向开放"的理论专著，本书就力图在这一领域作出贡献。

本书认为，由于中国政府所提出的"扩大金融业双向开放"的改革思路涉及面十分广泛而复杂，因此，要有效地推进中国金融业的双向开放，就必须明确中国"扩大金融业双向开放"的关键所在，而这一关键就是资本账户的开放。这是因为：

(1)中国只有实现资本账户的开放，即一方面放开包括个人在内的境内居民在境外证券投资的限制，让符合条件的境内居民享有跨境投资的自由，取消对中国企业或机构到海外发行证券或上市的限制；另一方面允许符合条件的境外居民在境内资本市场通过发行债券和股票融入人民币，并允许符合条件的境外居民将融入的人民币兑换成外汇汇出，同时取消境内外投资额度限制，并放开符合条件的境外居民在境内资本市场的交易管制，才能通过市场机制真正推进中国资本市场的双向开放。

(2)中国只有实现资本账户的开放，即既逐步取消对跨境资本交易的限制，又逐步取消汇兑限制，才能通过市场机制真正放宽境外投资汇兑限制，真正放宽企业和个人外汇管理要求，真正放宽跨国公司资金境外运作限制。

(3)中国只有实现资本账户的开放，允许符合条件的境外居民在境内人民币市场通过发行票据、存托凭证、债券、股票及借款等方式融入人民币，并放开境内居民与境外居民之间的贷款管制，才能通过市场机制真正使更多符合条件的境外机构在境内市场融资，进而不断扩大跨境投融资的规模。

(4)中国只有实现资本账户的开放，即一方面逐步放开符合条件的境内居民从境外借款的管制，并放开境内居民境外直接投资及证券投资的限制；另一方面逐步放开境外居民在境内银行开立人民币账户的管制，允许符合条件的境外居民在境内人民币市场通过发行票据、债券、股票及借款等方式融入人民币，并允许境外居民将融入的人民币兑换成外汇汇出，放开符合条件的境外居民在境内资本市场及外汇市场上的交易管制，允许境外居民在境内购买、出售或发行货币市场工具，同时放开境内居民与境外居民之间的贷款管制，才能通过市场机制真正深化内地与港澳、大陆和台湾地区的金融合作。

同时，中国只有实现资本账户的开放，逐步放开内地居民与香港居民之间的资本交易管理及汇兑管制，放开内地资本向香港流出的管制以加速两地资本有效流动，并逐步放宽跨境衍生品交易管制，才能通过市场机制进一步促进香港离岸市场建设，进一步支持香港强化全球离岸人民币业务枢纽地位，加快离岸人民币金融工具创新，同时通过市场机制进一步巩固香港作为境外人民币资本市场定价和交易中心的地位，并强化香港作为资产管理中心的功能，推动香港金融服务业向高端高增值方向发展，实现内地与香港的互利共赢。

(5)中国只有实现资本账户的开放，允许符合条件的境内居民在港澳进行直接投资或证券投资，放开内地与港澳之间集合投资类证券(如基金、信托)、担保等融资便利，放开境内居民与港澳居民之间的跨境资本交易管制及汇兑管制，才能通过市场机制真正加大内地对港澳金融的开放力度，并通过市场机制加快深圳前海、广州南沙、珠海横琴等粤港澳金融合作平台的建设。

(6)中国只有实现资本账户的开放，逐步放开大陆居民与台湾居民之间的跨境资本交易管制及汇兑管制，允许符合条件的大陆居民在台湾进行直接投资和证券投资，并进一步完善两岸货币清算机制，推动台湾逐步成为人民币离岸中心，才能最终通过市场机制推进大陆与台湾两岸金融业的合作。

(7)中国只有实现资本账户的开放，才能推进人民币的跨境使用，真正扩大人民币在周边国家和新兴市场区域化使用的便利性，并逐步向国际金融中心和发达国家延伸，推动人民币对其他货币直接交易市场发展，更好地促进跨境人民币结算业务发展，并进而使人民币成为完全可自由兑换及可自由使用的货币。只有在这一基础上，才能有效地促进亚洲基础设施投资银行(亚投行)及丝路基金等金融机构的发展，才能更好地促进双边和多边货币金融合作,从而才能极大地推动中国经济及金融的双向开放。

(8)国际经验表明,如果一国的资本账户不开放,金融市场对外封闭,则该国的货币就不可能成为国际结算货币和投资货币,因此,只有开放中国的资本账户,允许符合条件的境外居民进入中国货币市场、资本市场以及衍生品市场,将其所持有的人民币投资于中国的金融市场,并在投资过程中为他们提供兑换、结算、汇兑等服务,才能使境外经济主体树立长期持有和使用人民币的信心,使境外经济主体愿意将人民币作为计价和结算工具,并愿意将人民币作为投资货币,且外国政府也愿意将人民币作为储备货币,等等。总之,中国只有开放资本账户,才能拓宽人民币流入和流出渠道,使得人民币从贸易领域扩大到资本领域,从支付结算货币扩大到投资交易货币和储备货币,以不断提高人民币在国际贸易结算及国际投资中的比重,从而最终实现人民币的国际化,人民币的国际化将是中国金融双向开放的重要标志。

但必须高度注意的是,中国要实现资本账户的开放,进而推进中国金融的双向开放,必须实现人民币汇率的市场化。也就是说,实现人民币汇率的市场化是中国开放资本账户,进而推进金融双向开放的前提条件。

这是因为,如果人民币汇率不能随市场供求关系的变化而灵活变化,就往往会形成汇率的高估或低估而无法形成均衡汇率,这样就容易出现套汇机会。而且,国内外利差如果没有汇率的变动来抵消也会形成套利的机会。在这种情况下,如果中国通过开放资本账户以扩大或推进金融的双向开放,就会导致资本(特别是短期投机资本)大量流出入(在本国汇率低估时会吸引资本大量流入,而在本国汇率高估时会导致资本大量流出),并攻击本国货币,进而有可能严重冲击中国的金融体系,并会引起国内经济的动荡。

国际经验已经表明,如果一国在开放资本账户的同时仍然实行固定汇率制度,则该国必然会爆发货币危机。从有关国家开放资本账户的实践来看,凡是实行固定汇率或钉住汇率制度的国家在开放资本账户以后无一例外地爆发了货币危机。如墨西哥、巴西及阿根廷等拉丁美洲国家于 20 世纪 90 年代初及 21 世纪初所爆发的货币危机,1997 年的亚洲金融危机,1998 年的俄罗斯货币危机,等等,莫不如此。因此,目前国内外学术界基本达成了一个共识:固定汇率制度与资本账户的自由兑换是一种危险的政策搭配。

在这种共识的影响下，自 20 世纪 90 年代以后，全球已有越来越多的国家实行浮动汇率制度。

总之，如果一国在本国货币汇率没有市场化的情况下开放资本账户，则容易导致大量短期资本基于套汇投机的目的而频繁进出，从而给国内经济带来重大风险，甚至有可能爆发货币危机。因此，中国要实现资本账户的开放，就必须先推进人民币汇率的市场化，从而使中国过渡到真正的浮动汇率制度。

然而，中国实行浮动汇率制度的前提又是人民币利率的市场化。这是因为：一旦中国实行浮动汇率制度，让人民币汇率随着市场供求的变化而变化，但同时人民币利率又不完全市场化，则一旦中国因大量资本流入而导致人民币汇率出现升值压力时，利率不能因资本大量流入而及时下降，则资本的持续流入或者会导致人民币汇率的过度升值，进而影响中国的出口及经济增长；或者导致中央银行的外汇储备过度增加，进而导致货币供应的过度增加及通货膨胀的潜在压力不断增大。相反，如果中国因大量资本流出而导致人民币汇率出现贬值压力时，而利率不能因资本大量流出而及时上升，则资本的持续流出或者会导致人民币汇率的过度贬值，从而有可能导致本国爆发货币危机；或者导致中央银行的外汇储备大幅减少，进而有可能导致通货紧缩，从而严重抑制经济的增长。可见，如果中国在未实现利率完全市场化的情况下实现人民币汇率的市场化，则有可能出现人民币汇率频繁波动，从而影响中国经济的稳定与增长。

在这种情况下，中国只有实现人民币利率的市场化，使利率能够及时地随市场供求关系的变化而变化，才能自动缓解国外经济因素的变化对人民币汇率的冲击，进而为汇率的市场化提供一个内在的自动调节机制。如当中国因大量资本流入而导致人民币汇率出现升值压力时，利率能及时地随着资本的大量流入而下降，这样就能有效地抑制资本流入及人民币汇率的过度升值，从而避免造成国内经济泡沫，进而保证国内经济的稳定。相反，一旦中国因大量资本流出而导致人民币汇率出现贬值压力时，利率就会及时地随市场供求的变化而及时上升，这就会自动地抑制资本的流出及人民币汇率的贬值，从而避免货币危机的出现。可见，只有实现利率的市场化才能形成一个内在的自动调节机制，以避免人民币汇率水平的频繁波动,进而保证国内经济的稳定与增长。因而实现利率的市场化是人民币汇率市场化的前提,或者说,人民币汇率的市场化需要人民币利率的市场化来推动。

基于以上情况,本书认为,同时实现利率及汇率的市场化及资本账户的开放是实现中国金融业双向开放的核心内容或关键所在,为此,本书将同时从利率和汇率的市场化以及资本账户的开放这三个方面来探讨实现中国金融双向开放的最佳方式及具体步骤。

需要指出的是,目前国内学术界在中国应如何实现利率和汇率的市场化及资本账户的开放这一问题上已有了大量的理论研究成果,其中代表性的观点主要包括:

1. 主张先实现利率的市场化,然后实现汇率的市场化,最后完成资本账户的开放

汪小亚(2001)主张先实现利率的市场化,然后实现汇率的市场化,最后完成资本账户的开放。这是因为:在资本账户开放过程中,利用利率汇率政策的协调配合能够有效调节资本流动规模并降低国际资本的冲击风险。万解秋和孙文基(2004)认为,为了实现内外经济均衡,中国应该先实现利率的市场化,然后再实行管理浮动汇率制度,最后开放资本账户。高木信二和施建淮(2005)也指出,稳健的财政、竞争性的金融市场、市场化的利率以及灵活的汇率都是降低资本账户开放风险的决定性因素。

Lardy(2012)认为,如果中国要成功地开放资本账户并进一步实现人民币的国际化,则实现存款利率的自由化至关重要。因为如果利率不由市场决定,那么将很难应对资本账户开放以后的资本流动冲击。余永定和张明(2012)也认为,利率及汇率的市场化改革是人民币资本账户开放的必要条件。这是因为灵活的利率及汇率定价机制,再加上健全的国内金融体系能够有效抵消资本账户开放带来的资本流动冲击,维护宏观经济的稳定发展,因此中国的资本账户开放应置于改革的最后一步。

纪洋等(2015)的研究认为,如果在中国保持对存款利率管制的情况下放开资本账户,则有可能会导致国内存款流失,从而导致国内储蓄减少,进而有可能导致贷款利率上升。他们还通过数值模拟认为,在中国保持存款利率管制的情况下开放资本账户,则中国的贷款利率将上升到8.15%;而在

放开对存款利率管制的基础上放开资本账户的管制，银行可以通过提高存款利率来吸引可贷资金，这样，存款利率将上升到4.32%，而贷款利率将回落到7.81%。因此，纪洋等认为，放开存款利率的管制应先于降低银行业准入门槛与开放资本账户，这样才能够避免资本外流、企业融资成本上升及银行破产等风险。

胡小文和章上峰（2015）将含有资本管制的无抛补利率平价理论纳入小型开放经济动态随机一般均衡框架，基于经济波动和脉冲响应函数研究利率市场化、扩大汇率弹性与资本账户开放的顺序安排。他们的研究发现：先实现利率的市场化，然后扩大汇率弹性并与开放资本账户协调推进，并且先行完成汇率市场化，既能够减小经济波动，又能够增强货币政策的调控效果，因此，最佳的改革次序应是：首先完成利率市场化，然后是汇率市场化，最后完成资本账户开放。张春生和蒋海（2015）也认为，中国应该首先完成利率的市场化，然后是汇率的市场化，最后完成资本账户开放。

黄志刚和郭桂霞（2016）采用动态随机一般均衡框架建立了一个小国开放经济模型，考察资本账户开放和利率市场化的先后顺序对宏观经济波动和社会福利的影响。模拟分析发现，扰动来源对金融自由化次序有重要影响。如果经济只面临国内扰动，不同改革路径对经济波动性的影响差别不大；如果经济同时还面临明显的国外扰动时，则资本账户开放先行的经济波动性显著大于利率市场化先行的经济波动性。因此，对于一个面临各种经济扰动的开放经济，在实现利率市场化的前提下推进资本账户开放有助于保持宏观经济稳定，而资本账户开放先于利率市场化会带来宏观经济的不稳定。

陈创练等（2017）通过在理论和实证两个方面分析国际资本流动与利率、汇率之间的时变动态关系后认为，中国应该先实现利率及汇率的市场化，然后再全面放开资本账户。其中，利率市场化是价格机制的基础，汇率市场化则是非抵补利率平价得以实现的前提条件。因此，陈创练等认为，正确的改革顺利应是“利率市场化—汇率市场化—资本账户开放”。陈创练等还认为，这一改革顺序还能够有效发挥货币政策（如利率）在国际间的传递功能和调节国际资本流动的作用。

2. 主张首先实现利率的市场化,然后开放资本账户,最后再实现汇率的市场化

胡逸闻和戴淑庚(2015)通过运用三变量和四变量的时变参数向量自回归模型(TVP-VAR),实证分析了利率市场化改革、汇率制度改革和资本账户开放之间的作用关系以及对宏观经济稳定和持续增长的作用效果。研究结果显示,利率和汇率的市场化改革会显著增强利率和汇率波动对资本流动冲击的敏感性和反应程度,如果资本账户开放改革完全置于前述两项市场化改革之后,则开放引致的资本流动变化将通过人民币利率和汇率的剧烈波动冲击国内宏观经济,甚至会迫使政府重新采取管制措施来应对。这不利于我国金融自由化改革的平稳推进,人民币资本账户开放进程将可能就此中断或再度推迟,因此资本账户开放不宜置于改革末期。胡逸闻和戴淑庚由此指出,在以宏观经济稳定为首要目标、经济持续增长为次要目标的情况下,"利率市场化—资本账户部分开放—汇率市场化—资本账户完全开放"是最适合中国的开放顺序。

3. 主张首先实现人民币汇率的市场化,然后再开放资本账户及实现利率的市场化

Goldstein 和 Lardy(2006)持这一观点,他们认为,中国应该允许人民币汇率浮动,人民币汇率的市场化可以放在资本账户开放及利率市场化的前面。李晓杰和解淑青(2013)从理论与实证角度论证了协调推进中国利率、汇率和资本账户开放理论。他们选取了中国 1981—2005 年的时序数据,构建了利率、汇率与资本账户开放三个变量的 VAR 模型和格兰杰因果检验方法进行研究。实证检验结果显示:中国的利率、汇率与资本账户开放三变量间存在互为因果且互相正向促进的作用。具体来说,从协整方程来看,中国当前的汇率与利率对资本账户开放起着反向促进作用。从误差修正模型来看,资本账户开放对汇率与利率的市场化是正向促进作用。从格兰杰因果检验来看,资本账户开放会促进利率与汇率的市场化,同时利率与汇率的市场化也会促进资本账户的开放。李晓杰和解淑青通过实证分析后提出,中国首先应加快汇率市场化改革,因为这样不仅能直接促进资本账户的开放,而且还能起到间接加快利率市场化改革步伐的目的,从而形成利率、汇率与资本账户开放改革发展的良性循环,得到事半功倍的成效。

张斌和徐奇渊(2012)认为,在汇率形成机制不成熟条件下,放松资本管制将招致更大投机资本冲击,因此,张斌和徐奇渊的观点是应该先实现人民币汇率的市场化,然后才能开放资本账户。徐建炜和黄懿杰(2012)建议资本账户开放进程需要谨慎,最佳选择是在实现汇率自由化之后进行。鲁政委(2014)认为,人民币汇率的市场化是开放资本账户的核心条件,国际经验表明,在固定汇率制度下开放资本账户必然导致货币危机的爆发,因此,为推动中国的金融开放,中国就必须实现人民币汇率的市场化。张春生和蒋海(2015)也认为,先实现汇率市场化的改革模式更理想。

陈中飞等(2017)基于 Abiad 等(2010)及 Anderson(2012)构建的"金融改革"和汇率制度数据库,首次将格兰杰因果检验思想应用于离散因变量模型,运用有序 probit 和 logit 模型分析全球 66 个国家(地区)1970—2005 年利率市场化、汇率自由化和资本账户开放三项改革相互促进的一般规律。同时,陈中飞等还基于 Reinhart 和 Rogoff 的危机数据库,分析上述三项改革组合对于货币危机爆发的影响,以寻求三项改革的突破口,研究结果发现:(1)汇率自由化与利率市场化互为因果相互促进,二者促进了资本账户开放进程;(2)汇率自由化不仅有利于利率市场化、资本账户开放改革的实现,更有助于抑制货币危机的爆发。因此,陈中飞等认为,改革的顺序应该是先实现汇率的市场化,然后实现利率的市场化,最后再开放资本账户。

彭红枫、肖祖沔、祝小全(2018)通过构建开放经济的 DSGE 模型,将不同汇率干预程度和资本管控程度下的经济福利与基准模型进行比较,探究不同政策组合可能引致的经济福利损失,数值模拟结果显示,中国应当协同推进汇率市场化和资本账户开放两大金融改革,并且在汇率完全市场化之前,有必要保持一定程度的资本管制。

4. 认为资本账户的开放与汇率制度改革之间存在协同效应,因此资本账户的开放与汇率的市场化应该同时实现

陈一非(2013)考察了资本账户开放、汇率制度改革与利率市场化之间的关系。他发现资本账户开放有利于促进经济增长,并且资本账户开放与汇率制度改革之间存在协同效应,长期来看,资本账户开放与汇率制度改革对经济增长具有联合推动作用,而资本账户开放的经济增长效应与利率市

场化水平并不存在明显的相关性。Chang 等(2015)构建了具有中国特征的DSGE 模型,他们使用数值校准得出结论认为,中国同时取消钉住汇率制度与开放资本账户有助于提升经济福利。

5. 主张可考虑优先开放资本账户

连平(2013)主张可以选择那些对利率、汇率冲击较小的资本账户项目与利率汇率市场化同时推进。李丽玲和王曦(2016)基于经典的 Barro(1991)经济增长模型构建了含有资本账户开放和汇率波动的实证模型,并在此基础上综合考察了资本账户开放的直接效应与汇率波动作用下的边际效应。他们的研究结果认为,在考虑汇率波动的情况下,资本账户开放与汇率波动的交叉项系数基本明显为负值,在资本账户开放进程中,汇率波动越大,资本账户开放对经济增长的边际效应越弱,因此,他们提出,适当控制汇率的波动有助于获得更高的资本账户开放收益。这实际上是认为,资本账户的开放应该优先于汇率的市场化。崔红宇和戴金平(2017)通过构建新凯恩斯理论模型,探讨了资本账户开放与金融体系改革的最优搭配。他们通过数值模拟与福利分析得出结论认为,一国可以先进行资本账户开放,然后再进行金融体系改革,这样可以实现本国福利最大化。

6. 协调推进利率、汇率的市场化改革与资本账户的开放

盛松成等(2012、2013、2015)则呼吁,中国应该协调推进利率、汇率的市场化改革与资本账户的开放。盛松成等提出,只有协调推进各项改革,才能减少金融体系震荡,并平衡、有序地完成金融市场化改革任务,其理由有:(1)加快中国各项金融改革的时机已经成熟;(2)协调推进各项金融改革能够避免经济金融体系的过度波动;(3)协调推进各项金融改革有助于加快改革进程;等等。盛松成等人的观点被称为"协调推进论"。

应该说,以上这些研究为本书的研究工作提供了很好的基础,但为有效地促进中国金融业的双向开放,进而最终促使中国真正成为全球经济及金融强国,本书将在现有的研究基础之上,基于实现中国"金融业双向开放"的改革思路,采取历史分析法对自 1949 年新中国成立以来一直到 2019 年的 70 年间,中国在人民币汇率与利率政策以及资本账户管制或开放方面的利弊得失进行全面的回顾和剖析,并在此基础上采用规范分析法对中国应

该如何进行改革以实现金融业的双向开放提出政策建议。同时,为使本书具有鲜明的现实指导意义,本书还将采用实证分析方法全面考察中国汇率与利率的变动及资本账户的逐步开放给中国宏观经济及微观经济所带来的经济效应或冲击,以便为中国政府、企业及个人把握金融双向开放条件下的经济规律,进而能做出合理的决策,以最终实现中国经济的福利最大化提供理论参考。

本书分“从对外封闭走向金融开放:中国路径”和“利率与汇率变动及资本账户开放的经济效应”上、下两篇。上篇主要采取历史分析法和规范分析法展开研究,下篇则采取实证分析方法进行分析。

上　篇

从对外封闭走向
金融开放：中国路径

第一章　中国计划经济时期的汇率、资本管制及利率问题

中华人民共和国在1949年成立之初，是一个典型的经济欠发达国家(Less Developed Country)，这主要表现为：(1)经济发展水平极为低下。1949年，全国工农业总产值[①]只有466亿元人民币，人均工农业总产值为86元，而人均收入只有66.1元人民币，按当时的汇率计算大约只折合18美元。[②] (2)国内资本极为稀缺。据统计，从1861年洋务运动到1949年的88年间，中国工业积累的全部固定资产只有100多亿元(1952年价格)，人均固定资产仅只20多元，[③]中国的人均物质资本存量仅相当于美国的1.4%。(3)农业占绝对的主导地位。1949年，中国农村人口在总人口中的比例及农村劳动力占全社会总劳动力的比例均为90%左右，农业产值则占工农业总产值的70%左右，而且，中国的农业生产主要以手工劳动为主，缺乏实物资本的配合，不少地区甚至仍采用"刀耕火种"的原始耕作方法，生产力水平极低。(4)工业净产值只有45亿元，仅占工农业总产值的7.9%。[④] 且工

---

① 所谓工农业总产值，是指工业和农业部门在一定时期生产出来的产品价值总和。这个指标是中国在传统计划经济体制时期衡量经济增长速度的主要指标，它是建立在传统的物质生产概念基础之上的，即认为只有生产出有形的物质产品(工业产品和农业产品是最直观、典型的物质产品)的活动才是生产活动，才是创造价值和收入的源泉，这体现在国民经济的核算上，就是采用"物质产品平衡表体系"(即MPS体系)。

② 肖灼基主编：《中国经济概论》，经济日报出版社1992年版，第93页。

③ 胡鞍钢：《中国现代化之路(1949—2014)》，《新疆师范大学学报》(哲学社会科学版)2015年第2期。

④ 中国经济年鉴编辑委员会编：《1981中国经济年鉴(简编)》，经济管理杂志社1982年版，第VI—4页。

业主要以纺织业和食品业等消费品工业为主,重工业极为落后。由于重工业落后,导致我国工业生产的资本设备十分匮乏,大多数工业生产以手工劳动为主,机械化水平十分落后,绝大多数企业设备简陋,生产率极为低下。(5)国内可供出口的产品品种十分有限,且数量很少,出口创汇能力极低,因而导致外汇极为短缺。(6)失业问题严重。1949 年,当时中国城镇的失业率高达 23.6%,仅城市失业工人就达 400 多万。[①] (7)存在严重的通货膨胀,从 1937 年 6 月到 1949 年 5 月,国民党政府为了应付战争,其货币发行增加了 1400 多亿倍,结果导致物价上涨了数万亿倍。(8)由于新中国成立之初商品供给短缺及通货膨胀严重,因此导致人民币汇率水平极低,如 1950 年 3 月 13 日,人民币在天津兑美元的汇率为 1 美元兑换 42000 元旧人民币,人民币在天津兑英镑的汇率则为 1 英镑兑换 98708 元旧人民币。[②] 极低的人民币汇率水平既加剧了物价上涨,又造成人均收入水平的低下,等等。显然,在这样一个极低水平上,如何迅速实现中国经济的起飞,从而使中国尽快摆脱贫穷落后的局面,以建设一个繁荣、富强的新中国,就成为摆在当时中国政府面前极为紧迫的任务。

由于当时的新中国受到西方国家的封锁,同时,由于当时的人们对市场经济的价格机制和竞争机制缺乏深刻的认识,特别是对市场经济体制的不断改进和发展并不了解,而是过于简单地认为市场经济体制完全是自由放任的、没有计划的、自发的经济制度,因而容易导致盲目的生产,从而容易造成经济秩序的混乱和经济的动荡(或经济危机),因此,当时的人们认为,如果中国实行市场经济体制,则不但难以使中国迅速摆脱贫穷落后的局面,而且会导致经济的进一步混乱。同时,当时的人们还片面地认为,同这种自由放任的、没有计划的资本主义市场经济国家实现贸易的自由化必然会给国内经济带来不利的冲击,从而不利于国内的经济发展。此外,传统的经济理论还认为李嘉图的比较利益学说是资本主义国家剥削殖民地的理论工具,认为资本主义国家进行国际贸易是为了推销自己的剩余产品,掠夺殖民地国家的原材料,借以谋取高额利润,对外进行剥削,榨取落后国家的剩余价

① 赵德馨主编:《中华人民共和国经济史(1949—1966)》,河南人民出版社 1989 年版,第 76 页。

② 1949 年 1 月 19 日,人民币对西方国家货币的汇率首先在天津口岸产生,当时 1 美元兑换 600 元旧人民币。参见吴念鲁、陈全庚:《人民币汇率研究(修订本)》,中国金融出版社 2002 年版。

值,因此,国际贸易实际上是富国剥削穷国的机制。在这种情况下采取对外开放的战略与国外实行自由贸易,则必然会因受到西方资本主义国家的剥削而使中国长期处于落后状态。显然,在这种思想的影响下,中国就既不可能实行市场经济体制,又不可能采取对外开放的发展战略来使中国摆脱贫穷落后的局面。

在这种情况下,为迅速改变贫穷落后的局面,使中国从一个落后的农业国家转变为先进的工业国,进而实现经济的迅速起飞,中国在实行计划经济体制的基础上采取了进口替代(以国内生产的工业品替代进口工业品)的工业化发展战略。具体来说就是:(1)通过实行计划经济体制,从而为工业化创造大规模的资本积累并增大工业部门的利润;(2)通过出口一部分农产品、矿产品等初级产品及轻工业产品,以换回(进口)发展重工业所需要的技术设备及中间投入品,从而加快国内的工业化(特别是重工业化)进程;(3)通过加快国内工业化进程,最后用国内生产的资本品(技术设备等)逐步替代进口,以建立起完整的国内工业体系及国民经济体系。

第一节　计划经济、对外封闭与人民币汇率高估(1949—1978年)

一、计划经济体制高估汇率水平的原因及目的

为实现进口替代的工业化发展战略,中国政府在人民币汇率问题上采取了高估本币对外币值,低估外币价格(即高估人民币汇率,低估外币汇率)的政策,[①]这种政策实际上相当于进口补贴,它能够达到以下目的:

① 在开放经济条件下,汇率是一国参与国际经济活动最重要、最具有综合意义的价格(Krugman,1997;Levich,1998;Gwartney,Stroup and Sobel,2000),汇率不仅是沟通宏观经济与微观经济、货币经济与实物经济的中介,而且也是连接国内外相对价格、国内市场与国际市场的桥梁,是实现一国内外部经济均衡的核心变量。事实上,在开放的条件下,几乎所有经济活动都同汇率密切相关,国与国之间所有的经济联系都必然在汇率上反映出来。

(1)通过降低以本币表示的外国进口品(特别是技术和机器设备等资本品及中间投入品等)的价格,以降低国有企业的生产成本,从而扩大国有企业的利润,并加速实现本国的工业化,进而逐步以国内生产的工业品替代原来需要进口的国外同类产品(即实现进口替代的工业化);(2)通过降低以本币表示的外国进口品的价格,也有利于维持国内的低物价(特别是基本生活品的低物价),从而保证人们的基本生活水平。

在计划经济体制下,中国实行高估人民币汇率水平的政策也与中国的价格体系有关。这是因为在计划经济体制中,价格不是由市场供求关系决定的,而是由政府决定的,而政府确定价格的目标并不是为了反映市场供求关系,而是为了保证完成政府所制订的国民经济计划。① 在这种情况下,中国政府为了迅速实现工业化,在价格决定上采取了以下做法。

一是取消或压低生产要素(生产中所使用的资源,包括土地、自然资源、资本及劳动等)的价格,以降低工业部门要素投入的成本。

在计划经济体制下,政府通过以下方式来降低工业部门的要素成本。

(1)取消土地及自然资源的使用价格——租金②,以大大降低工业部门的要素成本。例如,国家规定工业生产所需的土地由国家统一划拨给国营企业,并由国营企业无偿使用,国营企业不必向国家交纳土地使用费。③ 同样,在传统的国有产权制度下,自然资源(包括与土地有关的一切自然资源,如矿藏、森林、水资源等)也不计价地提供给国营企业无偿使用,④国营

---

① 在市场经济体制下,价格的决定建立在各经济主体追求各自福利最大化和最终一致同意的基础上,价格的决定不受政府的人为管制,因此,价格(包括产品价格和要素价格)由产品市场或要素市场上的供求双方为实现各自利益最大化所进行的讨价还价行为所决定,它随着市场供求关系的变化而经常变化。因而市场经济体制下的价格能够准确地反映产品或资源的效用(需求),真实成本、相对稀缺程度及供求状况。

② 经济学意义上的“租金”,是指由于某种资源的稀缺性,即资源的供给远远不能满足对资源的需求而产生的。这里所说的“租金”,是指对土地及自然资源这种供给固定的生产要素在生产中的耗费所支付的代价(使用价格)。

③ 由于传统的经济理论认为“地租”有剥削的含义,故我国当时不称地租而称土地使用费。

④ 在计划经济体制下,土地及自然资源之所以没有价格,还与传统的经济理论有关。传统的经济理论认为,土地及自然资源是大自然免费提供的东西,不是劳动的产品,没有价值,因而就没有价格。事实上,这种传统的经济理论有一个暗含的前提假定,即认为土地及自然资源的供给是无限的。显然,这一假定是不正确的。从需求的角度来看,土地及自然资源相对于人类的需求而言是有限的或稀缺的。

企业不必为稀缺的自然资源的折耗(Depletion)计算和支付成本,这就大大降低了国营企业的租金成本。

(2)通过制定统一的工资标准来压低劳动力要素的使用价格(工资)。

(3)压低资本的价格(利息)。①　在计划经济体制下,国营企业固定资产的投资资金由财政拨款无偿提供,国营企业不需支付利息,虽然形成国营企业流动资产的资金主要由国家银行提供贷款解决,但国家对国营企业的流动资金贷款实行低利率政策。

二是压低农产品的购销价格。

在计划经济体制下,国家还采取压低农产品购销价格的方法,这样做的目的在于:(1)将农业部门所创造的相当部分的国民收入转移到工业部门,从而为工业化提供巨额的资本积累贡献;(2)为工业部门的发展提供廉价的食品和原料,从而为工业化的发展作出产品贡献;(3)压低农产品的价格,还使得国家能够压低工业部门劳动力的报酬或使用价格——工资,因为在经济欠发达的阶段,工资水平主要取决于农产品等基本生活品的价格,这样,压低农产品的价格就有利于降低工业化过程中的劳动投入成本,从而扩大工业部门的利润。

三是确定较低的原材料(包括矿产品、金属材料和非金属材料等)和能源(包括煤炭、石油、电力等)的官方价格,②以降低工业企业的中间投入成本。同时确定较低的交通运输服务的官方价格,以降低工业企业的运输成本。③

四是抬高工业制成品的官方价格,以扩大工业产品的附加价值,使工业

① 所谓资本,是由劳动所创造的不是用于消费,而是用于生产产品或劳务,并能扩大生产能力的次级性生产要素或能长久使用的生产工具,包括工厂、建筑物、机器设备、铁路、运输工具在内的固定资产,以及包括存货等在内的流动资产,等等。

② 原材料产品及能源产品的价格过低与土地及矿藏、森林、水资源等自然资源没有价格有关。

③ 需要指出的是,传统的观点认为可以通过压低价格来降低成本,这实际上是混淆了价格与成本,或者说没有弄清成本的真正含义。所谓成本,实际上是机会成本,这是指的用相同的资源可以生产的其他东西,或者说,获得某物的成本是获得它必须付出的代价的价值。实际上,压低价格并不能使成本有丝毫减少,如压低原材料及能源的官方价格不但不会导致原材料及能源的消耗减少,反而还有可能导致原材料及能源的消耗增大,确定较低的交通运输服务的官方价格也同样不会导致提供交通运输服务的成本减少。价格上限实际上意味着拒付全部的成本,因而会导致过度的使用,从而带来低效率。

部门获得较高的超额利润,从而既加速工业部门的发展,又使工业部门所获得的超额利润成为资本积累的重要来源。

五是抬高耐用消费品的价格,这样做可以通过压抑国内的消费水平从而有利于扩大资本积累。

总之,在计划经济体制时期,中国通过以上办法降低了工业部门的成本,增大了工业部门的利润,并为工业化创造了大规模的资本积累,这就为迅速实现工业化,进而为中国尽快摆脱贫穷落后的局面创造了条件。

二、计划经济体制的汇率水平无法根据购买力平价来确定

但是,由于中国的价格由政府决定,而国际市场的价格由市场供求决定,结果形成国内外相对价格体系相差悬殊的状况。这就导致人民币的购买力在国内外完全不相等,人民币在各生产要素(包括土地、资本及劳动等)及农产品,基本生活消费品、劳务及能源、原材料等产品上的购买力高于国外,但人民币在工业制成品及耐用消费品等产品上的购买力却低于国外。也就是说,同一单位的人民币在国内所能购买到的要素或产品同其在国外所能购买到的要素或产品是完全不等量的。在国内外相对价格体系相差悬殊的情况下,人民币汇率无论怎样确定,都很难准确反映其购买力。这意味着,在计划经济体制中,人民币汇率水平不可能以购买力平价理论(Cassel,1922)为依据来确定。

购买力平价理论分为绝对购买力平价理论和相对购买力平价理论。绝对购买力平价理论认为,由于一国物价水平反映了该国货币的国内购买力,故在某一时点上,两国货币之间的兑换比率取决于两国货币的购买力之比,因此,两国货币的汇率应该等于两国物价水平的比率,用公式表示为:

$$E = \frac{P_A}{P_B} \tag{1-1}$$

由于人民币汇率采用直接标价法(即用1美元折合人民币的单位数来表示人民币汇率的变动),因此可假定,式中 E 代表每单位美元值人民币单位数的汇率,P_A 为美国的一般物价水平,P_B 为中国的一般物价水平。如假定美国的物价水平是中国物价水平的 $\frac{1}{2}$,即1美元的购买力与2元人民币

的购买力相等(平价意味着等价)。这样,就可以按照两国货币购买力的等价(平价)来计算人民币同美元之间的汇率 E : $E = \frac{1\text{美元}}{2\text{元人民币}}$,即 1 美元等于 2 元人民币。当汇率处于这一水平时,1 美元在美国所购买到的东西与 2 元人民币在中国所购买到的东西相等。也就是说,只有当人民币的国内购买力同它在国际市场上的购买力相等时,购买力平价才成立,因而才能作为确定人民币汇率的依据。

可见,绝对购买力平价理论成立的前提条件是两国都实行市场价格机制(即两国的价格和汇率都灵活地随着市场供求的变化而变化),而且两国的价格体系完全一致,只有在这个基础上,两国的汇率与价格之间才会形成内在的联系,两国货币的汇率才能由两国货币在各自国家所具有的购买力决定。同时,购买力平价理论还以自由贸易及全球经济一体化为前提条件。购买力平价理论的基础是"一价定律"(即同样货物无论是在本国还是在外国按同一货币计量的价格完全一样)[①],该定律认为,在完全竞争和没有贸易限制的情况下,各国市场之间存在着完全的套利行为(即利用不同市场上的价格差距以获取盈利的行为),这种各国市场之间的完全套利行为使得任何一单位货币在所有国家都能购买到等量的商品,或者说,国内外物价水平用同一种货币表示是相等的,即一种商品在任何国家都应该按同样的价格出售,否则就存在未被利用的盈利机会。绝对购买力平价理论强调,"一价定律"对所有产品都适用,这些产品的价格及其汇率将自行调整,从而使"一篮子"给定产品的价格在两国市场相等,这显然要求所有产品的相对价格是灵活的。

然而,在计划经济体制时期,中国的价格决定机制及价格体系同市场经济体制国家却完全不同。在计划经济体制中,价格不是由市场供求关系决定,而是完全由政府决定的,但政府确定价格的目标并不是反映市场供求关系,而是为了保证完成政府所制订的国民经济计划。由于中国政府为了迅速实现工业化以使中国尽快摆脱贫穷落后的局面,而采取压低资本及劳动力的使用价格,并取消土地及自然资源的使用价格,同时确定较低的农产

① 商品价格在各国趋于一致的前提是经济的全球一体化,因此,"一价定律"实际上是经济全球一体化的代名词。

品、原材料和能源的官方价格，人为抬高工业制成品特别是耐用消费品价格的做法，结果导致中国的要素价格及消费品和劳务的相对价格比国外低，而工业制成品、消费品以及大部分进口商品的价格比国外高的局面。

在国内外相对价格体系存在重大差异的情况下，如果按照生产要素（包括土地、资本及劳动等）及农产品，基本生活消费品、劳务及能源、原材料等产品的价格来确定人民币汇率，则会严重低估人民币的购买力，因而会严重低估人民币汇率水平。① 但是，如果按照工业制成品及耐用消费品等产品的价格来确定人民币汇率，又会严重高估人民币的购买力，因而会严重高估人民币汇率水平。

以上情况说明，当时中国国内的相对价格体系及价格绝对水平与国外的相对价格体系及价格绝对水平存在着重大差异，在这种情况下，国内外物价水平用同一种货币表示必然完全不相等，或者说，同样的货物在国内外按同一货币计量的价格必然完全不同，这就导致人民币的购买力在国内外完全不相等。人民币在各生产要素（包括土地、资本及劳动等）及农产品、基本生活消费品、劳务及能源、原材料等产品上的购买力高于国外，但人民币在耐用消费品、工业制成品以及大部分进口商品上的购买力却低于国外。也就是说，同一单位的人民币在国内所能购买到的要素或产品同其在国外所能购买到的要素或产品是完全不等量的。这意味着，“一价定律”在中国和市场经济国家之间不存在，这就使得绝对购买力平价原理难以成立。也就是说，在国内外价格体系无法挂钩的情况下，显然难以对人民币与其他货币之间的购买力进行准确的比较，因而人民币汇率也就根本不可能按照购买力平价理论来决定。

相对购买力平价说则将汇率在一段时间内的变化归因于两个国家在这段时期中的物价水平或购买力的变化。事实上，相对购买力平价理论是建立在绝对购买力平价理论基础之上的，它是在绝对购买力平价理论基础上通过对等式取自然对数，并对等式求时间的导数而形成的，其过程如下：

---

① 从 1978 年 12 月北京和纽约两地当时的消费品价格的比价来看，1 美元的购买力只相当于 0.76 元人民币的购买力，而当时的人民币官方汇率却为 1 美元兑换 1.6368 元人民币（吴念鲁、陈全庚，2002）。显然，这一官方汇率低估了人民币的购买力。这证明，在计划经济体制时期，从生产要素及农产品、基本生活消费品、劳务及能源、原材料等产品的价格来看，人民币汇率存在低估的问题。

根据绝对购买力平价理论

$$E = \frac{P_A}{P_B}$$

对上式两边取自然对数,则得:

$$\ln E = \ln P_A - \ln P_B \tag{1-2}$$

为求得等式中各变量的变动率,对该式求时间 t 的导数,得:

$$\frac{\mathrm{d}\ln E}{\mathrm{d}t} = \frac{\mathrm{d}\ln P_A}{\mathrm{d}t} - \frac{\mathrm{d}\ln P_B}{\mathrm{d}t} \tag{1-3}$$

根据对数的求导公式可得:

$$\frac{1}{E}\frac{\mathrm{d}E}{\mathrm{d}t} = \frac{1}{P_A}\frac{\mathrm{d}P_A}{\mathrm{d}t} - \frac{1}{P_B}\frac{\mathrm{d}P_B}{\mathrm{d}t} \tag{1-4}$$

上式中,$\frac{1}{E}\frac{\mathrm{d}E}{\mathrm{d}t}$ 表示 E 的变动率,可用 $\dot{E}$ 代表,$\frac{1}{P_A}\frac{\mathrm{d}P_A}{dt}$ 表示 P_A 的变动率,用 $\dot{P}_A$ 代表,$\frac{1}{P_B}\frac{\mathrm{d}P_B}{\mathrm{d}t}$ 表示 P_B 的变动率,用 $\dot{P}_B$ 代表,则有:

$$\dot{E} = \dot{P}_A - \dot{P}_B \tag{1-5}$$

(1-5)式就是相对购买力平价理论的均衡等式,这一均衡等式说明:汇率变动率等于两国物价水平变动率(或通货膨胀率)的差异。或者说,一国汇率的贬值(升值)幅度与其通货膨胀率高于(低于)另一国的幅度是一样的。也就是说,如果中国的物价水平上涨率高于国外的物价水平上涨率,则人民币应该贬值;反之,则人民币应该升值。

绝对购买力平价理论同相对购买力平价理论的区别在于:(1)绝对购买力平价理论反映的是某一时点的汇率水平,相对购买力平价理论所反映的是某一时期内的汇率变动率;(2)绝对购买力平价理论反映价格的绝对水平,相对购买力平价理论反映价格的变动率,因此,绝对购买力平价中的价格水平(price level)是不同于相对购买力平价中的物价指数(price index)的,相对购买力平价是基于物价指数定义的;(3)绝对购买力平价理论说明汇率的决定基础,相对购买力平价理论则说明汇率的变动率。

从理论和现实来看,相对购买力平价理论能在某种程度上克服绝对购买力平价理论的缺陷。[①] 相对购买力平价理论将汇率的升降归因于物价水平的变动,即使两个国家为计算各自物价水平所选取的商品篮子的构成和范围不同时也是如此。而且,即使存在着运输成本、关税、非贸易品及贸易障碍等使“一价定律”难以成立的因素,但只要这些因素维持不变,相对购买力平价理论就仍然成立。或者说,相对购买力平价理论在两国的价格体系并不能反映两国货币的绝对购买力平价时也可能成立。

必须注意的是,相对购买力平价理论虽不严格要求两国的价格体系相同,但却要求价格应随市场供求关系的变化而变化。由于在计划经济体制下,价格完全由国家统一决定,它同市场供求关系无关,且官方价格一旦确定就基本上固定不变,而国外物价水平却随着市场供求关系的变化而变化,这就使国内外物价水平完全相互脱节且差距不断拉大,国内外的物价指数没有相关性。显然,在这种情况下,人民币汇率也不能按照相对购买力平价理论来定价。

三、计划经济体制中的人民币汇率高估状况

既然人民币汇率水平不可能按照购买力平价来决定,因此,政府采取高估人民币对外币值(即高估人民币汇率)的政策,[②]以降低进口成本(因为高估人民币汇率会使进口付汇所需兑换的人民币相对较少,从而可以减少进口成本)并维持国内的低物价来降低国内工业生产成本,从而尽快实现进口替代的工业化发展战略以使中国迅速摆脱贫穷落后的局面就成为必然的选择。

从人民币汇率水平来看,从1952年到1973年,人民币汇率基本上被高估在1美元只能兑换2.46元人民币的水平上。而且,从1973年到1978年,人民币汇率进一步被高估,即从1973年的1美元兑换2.46元人

① 在实际分析中,绝对价格水平的数据很难得到,大部分情况使用的是相对价格指数。事实上,在利用绝对价格水平对人民币实际汇率进行测算时,由于要涉及非常庞大的数据统计与计算工作,目前国际上有能力进行这一统计的研究机构很少。

② 1955年,中国人民银行发行了新人民币,新旧人民币的收兑比率为1:1000,这为人民币汇率水平的高估创造了前提条件。

民币逐步上调到 1 美元只能兑换 1.57 元人民币（即进一步压低外币汇率），见表 1-1。[①]

表 1-1　计划经济体制时期的人民币汇率水平（1949—1978 年）

年份	人民币汇率
1949	2.30
1950	2.75
1951	2.24
1952	2.62
1953	2.62
1954	2.62
1955	2.46
1956	2.46
1957	2.46
1958	2.46
1959	2.46
1960	2.46
1961	2.46
1962	2.46
1963	2.46
1964	2.46
1965	2.46
1966	2.46
1967	2.46

① 1973 年 3 月，布雷顿森林体系崩溃，从此西方各国开始实行浮动汇率制度，不再维持本国货币汇率波动的上下限，各国汇率按市场供求关系自由浮动。由于西方各国不再实行固定汇率制度，因而使中国无法继续按照外国官方汇率调整人民币汇率，加之国外汇率变动频繁，因此，为避免中国出口外汇收入因西方国家货币贬值而遭受损失，中国放弃了以往采取的按各国政府公布的官方汇率来确定人民币汇率的做法，而改为采用钉住“一篮子货币”的汇率制度，根据“一篮子货币”的平均汇率变动情况来确定人民币汇率。具体做法是：选用若干种有代表性的，与中国贸易关系密切，且货币可以自由兑换的国家的货币作为“一篮子”中的成分货币，按其重要程度和政策上的需要确定权重（但权重不对外公布），并根据这些货币在国际市场上的升降幅度，加权平均计算出人民币汇率。在货币“篮子”中，选用的货币币种和数量先后变动过几次，但美元、日元、英镑及马克等几种货币始终在“篮子”中占主导地位。在这一过程中，中国一直采取了高估人民币汇率的政策。

续表

年份	人民币汇率
1968	2.46
1969	2.46
1970	2.46
1971	2.27
1972	2.24
1973	2.02
1974	1.84
1975	1.97
1976	1.88
1977	1.73
1978	1.57

注:表中人民币汇率采用直接标价法,即用1美元折合人民币的单位数来表示人民币汇率的变动。当1美元所兑换的人民币单位数减少时,则意味着人民币高估或升值。

资料来源:国家外汇管理局。

第二节　计划经济体制时期的资本管制与利率管制

一、计划经济体制中的资本管制及外汇管制

为排除市场供求因素对人民币汇率的影响,以维持高估的人民币官方汇率水平,中国政府不得不采取禁止跨国资本交易的资本管制政策,以排除资本自由流出入对人民币汇率水平的决定作用。此外,由于传统的经济理论也不承认要素报酬(特别是资本要素报酬)的合理性,认为资本流动是输出资本的资本主义国家剥削殖民地国家或落后国家剩余价值的手段,这种理论反映在实践上就必然是不允许引进外资(尤其是西方国家的资本)。总之,由于受传统经济理论的影响,计划经济国家显然也不愿与西方市场经

济国家之间实现资本的自由流动。因此，在传统的计划经济体制中，中国几乎没有外国资本的流入（除了20世纪50年代的苏联援助以外）。

同时，由于当时外汇十分稀缺[①]，因此，为了保证出口得到的外汇用于支付必需的进口，从而保证国家工业化对进口品（尤其是资本品和技术等）的需求，并实现外汇收支的平衡，避免国际收支逆差，使中国国内市场免受西方市场经济国家主导的国际经济的周期性波动影响，从而保证国内经济的稳定并有利于实现政府所制定的经济计划，中国政府在禁止跨国资本交易的同时，还实行了严格的外汇管制，即中国政府不但对资本账户的跨国交易行为进行严格的管制，而且还对资本账户的汇兑行为进行严格的管制，以此保持国际收支的平衡，使得严重的外汇短缺不至于体现为统计上的国际收支赤字。为此，中国政府规定所有的外汇收入必须全部按人民币官方汇率上交给国家，即一切外汇供给都集中到国家手中。同时，外汇由国家集中分配，统一调度使用，即外汇需求由国家控制，各经济单位需要外汇必须按计划向国家外汇管理当局申请。[②] 结果，在计划经济体制中，外汇不能自由买卖，人民币不可与外汇自由兑换。

二、计划经济体制中的利率管制

在计划经济体制中，中国政府除了通过高估人民币汇率以降低工业部门的生产成本以加速实现中国的工业化以外，还采取了压低利率（资本要素的价格）的政策以降低中国工业部门的要素成本，从而加速中国的工业化。[③] 这是因为：通过压低整个社会的利率水平能够降低整个经济的融资

① 导致中国外汇稀缺的原因除了由于缺乏外资的流入，因而导致来自资本账户的外汇供给很少以外，更重要的还在于计划经济体制导致国内企业难以根据国际市场的需求生产最适销对路的产品。同时，由于缺乏利润激励，企业出口创汇的动力不足，再加上价格不合理，导致出口格局不当及出口效益低下，这就使我国的出口难以有效地增长，结果必然导致来自经常账户的外汇供给不足。

② 在1982年以前，中国一直只编制外汇收支计划而没有编制国际收支平衡表。在计划经济时期，中国将外汇收支计划作为国民经济计划的一个组成部分。

③ 在传统的计划经济体制中实行低利率也有理论上的原因，这是因为：根据传统的经济理论，资本的价格（利息）具有剥削性质，同时传统的经济理论认为存在着“平均利润率不断下降规律”，因而在理论上也同样存在着“平均利息率不断下降规律”（传统经济理论认为利息是利润的一部分）。既然存在着“平均利息率不断下降规律”，因而在实践中就应不断降低利率。显然，这种观点没有考虑技术进步会抵消边际收益递减或利润率下降规律的影响。同时，这种观点也没有考虑资本需求的扩大会抵消资本供给增加对利率水平的影响。

成本及工业部门的要素成本,同时通过压低存款利率还能起到从储蓄者(家庭储蓄部门)向投资者(国有工业经济部门)转移收入的目的,这就有利于进一步提高中国的资本积累率,进而有利于加速中国的工业化。

在新中国成立初期,市场利率水平极高。如1949年至1950年初,工业贷款利率高达144%,商业和农业贷款的利率最高达180%,私营商业贷款利率一度达到月息21%,折合成年息252%。而新中国成立初期市场利率水平之所以如此之高,一方面是因为经济落后导致资金供给严重短缺,另一方面则是因为当时物价水平飞涨导致名义利率水平大幅上涨。可见,新中国成立之初的高利率是由当时的资金供求关系及过高的物价水平决定的。

但从1950年开始,中国就开始不断降低利率。从1950年到1952年5月,城乡居民活期储蓄存款利率由43.2%下调到5.4%,1年期定期存款利率由15.6%下调到14.4%,国营工业企业的贷款利率由40%下调到5.58%,私营企业的贷款利率由80%下调到15%。

自1953中国实行经济的国有化以后,政府更是大幅度降低利率水平,城乡居民活期储蓄存款利率由1954年的年息5.4%下调到1959年的2.16%,并一直维持到1979年(1965年人民银行和农业银行甚至还办理过无息存款)。[①] 1年期定期存款利率也不断降低,到1971年,我国银行1年期定期存款利率下降到仅3.24%。到1957年,我国的贷款利率降为月息6‰。1971年,我国的利率水平更进一步降低,当时人民银行的贷款利率降为年率4.2‰左右。由于当时中国人均收入低下,储蓄供给不足,且资本需求较大,因此,这样的利率水平显然远远低于市场均衡利率。

需要指出的是,实行禁止资本自由流出入的资本管制政策也为中国实行低利率政策创造了前提条件。这是因为在资本不能自由流动的情况下,即使国内利率水平远远低于国外,资本也不能流出,因而不会产生促使国内利率水平上升的压力。这意味着,严格的资本管制政策与“利率抑制”政策是相辅相成的。

在计划经济体制中,人民币利率水平不但因受政府的管制而大大低于

① 参见郑先炳:《利率导论》,中国金融出版社1991年版。

市场均衡水平，而且人民币利率水平一旦决定便长期固定不变，人民币利率既不受国内资本或货币供求的影响，又不受国外资本或货币供求的影响。同时，中国的利率水平及其变动同国外利率水平及其变动也没有任何联系，从1949年到1978年，官方的利率调整只进行过9次。此外，当时人民币利率的档次极少，利率结构十分不合理，人民币利率水平既不反映风险大小，又不能真正反映期限长短。从实践来看，从1953年开始，中国开始不分风险大小对国营贸易、供销合作社、国营工业等行业，不论城市、农村、期限长短、定额和临时、重工业和轻工业都实行一样的利率。

三、资本管制与利率管制导致人民币汇率也无法根据利率平价理论来决定

显然，在利率水平被政府人为压低且人民币利率水平一旦决定便长期固定不变，人民币利率既不受国内资本或货币供求的影响，又不受国外资本或货币供求影响的情况下，人民币利率水平及变动对人民币汇率水平及变动就不可能有任何影响。

同时，计划经济体制也不允许人们利用价格或利率及汇率差异进行买进或卖出某种资产以获取收益的套利活动。这是因为：在计划经济体制中，一方面这种低价买进、高价卖出的套利行为会打乱国家制定的计划；另一方面受传统经济理论的影响，认为这种不创造物质产品的套利活动是不创造价值的不正当的非生产性活动（甚至被认为是具有剥削性质的投机倒把活动）。[①] 因此，在传统的计划经济体制中，不但不允许国内经济主体在国外进行投机活动，而且在国内也不能进行投机活动。在这种情况下，资本不但不能自由流动到国外，而且在国内也不能自由流动。

由于受以上限制，一方面，从国内来看，人民币汇率的变动同人民币利

---

① 传统的经济理论认为只有生产出物质产品的生产活动才是生产性活动，才是创造价值和收入的源泉。这种生产观念在我国有深远的影响。然而，人们却往往忽略了这一点，即物质是不能生产的，因为物质是不生不灭的，物质既不能创造，又不能消灭，因此物质生产这一概念是不正确的。生产实际上是人类通过劳动将自然界本来就已有的各种物质加以重新排列组合，或制造成某种形状，或移动其位置，从而使这些物质具有某种能满足人们需要的效用的活动，因此，生产不是创造物质，而是创造满足人们所需要的效用。很显然，由于套利活动移动了物品的位置，从而使物品具有能满足人们需要的效用，因此，从这个角度来说，套利活动也是一种生产性活动。

率的变动没有内在的联系,人民币汇率与人民币利率无法通过市场机制相互影响;另一方面,从国外来看,人民币利率水平及变动与国外利率水平及变动也没有任何的市场关联,国外利率的变化既不会影响到人民币利率,也不会影响到人民币汇率。在这种情况下,计划经济体制中的汇率水平也无法根据利率平价理论来确定。

利率平价理论(包括抵补与非抵补利率平价的理论)的基本思想是:在资本具有充分流动性的情况下,投资者的套利行为将使国际金融市场上以不同货币计价的同类金融资产的收益率趋于一致,在这种情况下,投资者持有任何货币的收益率都是相等的,或者说,两国货币的未来收益率在折算成同一货币进行比较时应完全相等。这也就是国际金融市场上的"一价定律"。这意味着,当本国利率水平高于外国利率水平时,本国货币的即期汇率会上升,但本国的远期汇率(抵补利率平价)或预期的未来即期汇率(非抵补利率平价)会下降;反之,当本国利率水平低于外国利率水平时,本国货币的即期汇率会下降,但本国的远期汇率(抵补利率平价)或预期的未来即期汇率(非抵补利率平价)会上升。

如以 i_A 代表本国利率水平,i_B 代表外国利率水平,E_t 表示每单位 B 国货币折合成 A 国货币数额的即期汇率(即期汇率是立即进行交易的货币汇率),ΔE_t^e 为预期的未来的即期汇率变动率,则利率平价理论的基本公式为:

$$E_t^e = E_t = i_A - i_B \tag{1-6}$$

$$\Delta E_t^e = \Delta E_t = i_A - i_B \tag{1-7}$$

根据上述公式可得出利率平价理论有关汇率变动的基本观点是:预期的未来即期汇率变动率(或远期汇率的升贴水率)等于两国的利率差异,因此,两国间的利率差异可以作为汇率的预报器。同时,根据上述公式可得出利率平价理论有关均衡汇率的基本观点是:当同样的货币无论是投资于外国金融资产,还是投资于本国金融资产,其收益完全相等时(国际金融市场上的"一价定律"),外汇市场就处于均衡状态,均衡汇率就由外汇市场的这一均衡状态决定,这时的汇率就是均衡汇率。

但由于计划经济体制实行严格的资本管制,不允许资本自由流出入,因此,即使国内的利率低于国外,国内经济主体也不能为获得更高的收益而将人民币兑换成外汇投资于国外,这就不会出现因人民币供给和外汇需求同时增加，而使外汇现汇汇率上升或人民币现汇汇率下降的情况。同时，由于在传统的计划经济体制中，不存在远期外汇市场，因此，国内经济主体也不能为避免外汇汇率下跌所带来的汇率风险而通过卖出远期外汇，并买进远期人民币以求套期保值(Hedging)，这就不会出现因远期外汇供给和远期人民币需求同时增加，而使远期外汇汇率下降或人民币远期汇率上升(因为根本就不存在远期汇率)的情况。可见，由于不允许资本自由流出入，人民币利率的变动既不会导致人民币即期汇率的变化，也不会导致人民币远期汇率的变动，这样，利率平价理论就无法解释人民币汇率水平的变动。

总之，在计划经济体制中，由于资本不能自由流动，因此人民币利率无法通过影响资本流动从而影响人民币汇率，即人民币利率水平及变动对人民币汇率水平及变动没有任何影响。

表 1-2 传统计划经济体制时期的人民币汇率与中美两国之间的基准利率(1953—1977 年)

年份	人民币汇率(1 美元兑人民币元)	人民币利率(银行 1 年期储蓄存款利率)(%)	美国联邦基金利率(%)
1953	2.4618	14.4	1.785
1954	2.4618	14.4	1.785
1955	2.4618	14.4	1.785
1956	2.4618	14.4	2.728
1957	2.4618	14.4	3.105
1958	2.4618	7.92	1.573
1959	2.4618	5.5	3.305
1960	2.4618	5.5	3.216
1961	2.4618	5.5	1.955
1962	2.4618	5.5	2.708
1963	2.4618	5.5	3.178
1964	2.4618	5.5	3.497
1965	2.4618	3.96	4.073
1966	2.4618	3.96	5.111
1967	2.4618	3.96	4.183
1968	2.4618	3.96	5.657

续表

年份	人民币汇率（1美元兑人民币元）	人民币利率（银行1年期储蓄存款利率）（%）	美国联邦基金利率（%）
1969	2.4618	3.96	8.204
1970	2.4618	3.96	7.181
1971	2.268	3.24	4.661
1972	2.24	3.24	4.407
1973	1.989	3.24	8.728
1974	1.961	3.24	10.503
1975	1.86	3.24	5.824
1976	1.941	3.24	5.045
1977	1.8578	3.24	5.538

资料来源:《中国统计年鉴》《中国金融年鉴》及 International Financial Statistics 等。

表 1-2 显示,在计划经济体制中,人民币汇率的变动同人民币利率的变动并没有内在的联系,人民币利率水平及变动与国外利率水平及变动也没有任何的市场关联,国外利率的变化既不会影响到人民币利率,也不会影响到人民币汇率。这一现实同时也说明在计划经济体制中,资本没有通过在国内外的合理流动而在国际间实现合理配置,从而带来效率的损失。

第三节　汇率高估、资本管制及利率管制的经济效应

一、人民币汇率高估的经济效应

应该承认的是,在传统的计划经济体制时期,中国高估人民币汇率对于降低进口成本并维持国内的低物价,从而对迅速推动国内的工业化及经济增长确实起到了相当的作用。

从工业化水平来看,同 1949 年相比,到 1978 年,中国国民收入中工业所占的份额从 12.6%上升到 46.8%,农业份额则由 68.4%下降为 35.5%。这

种工业化程度已相当于当时人均3000美元以上的中上等收入国家的水平。这说明,中国已从一个落后的农业国转变为初级工业国。工业化水平的迅速上升也实现了经济较快的增长。统计数据显示:从1953年到1978年,中国的社会生产总值以年均7.9%的速度递增,工农业总产值则以年均8.2%的速度递增,国民收入和国内生产总值则均以年均6%的速度递增,这样高的增长速度在国际上也不多见。[①] 此外,中国在计划经济体制中所实行的汇率高估、资本管制及利率管制政策也有利于抵御国外因素对国内经济的冲击并有利于维持国内经济的稳定。

但是,通过高估人民币汇率虽在一定程度上有利于加速实现本国的工业化,但却使汇率完全失去了其合理配置资源及调节经济的功能,并最终导致了经济的低效率及"出口越多,则亏损越大"的不合理现象,这是因为:

(一)由于通过价格管制人为压低了进口品(包括机器设备或原材料等中间产品)的经济成本,结果削弱了国内工业企业降低资源消耗或生产成本的压力,这就在一定程度上导致了国内工业生产的低效率

(二)高估人民币汇率水平掩盖了中国廉价劳动力的比较优势,这就不利于中国的出口充分发挥中国劳动密集型产品的比较优势,从而不利于中国的对外贸易建立在比较利益的基础上

(三)造成本国出口福利的损失

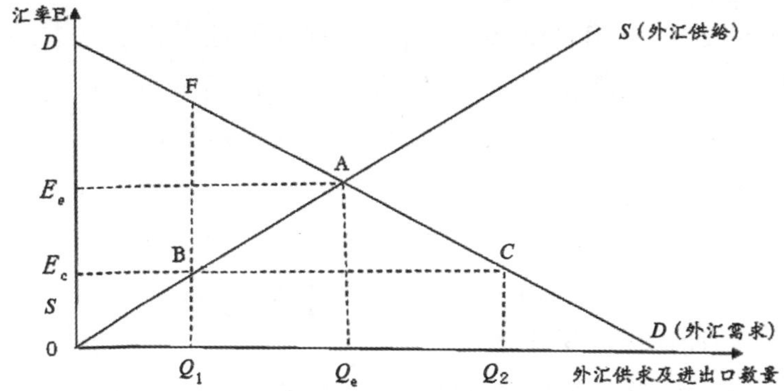

图1-1　高估本币汇率(即压低外币的本币价格)所带来的福利损失及外汇的短缺

① 参见国家统计局国民经济平衡统计司编:《国民收入统计资料汇编(1949—1985年)》,中国统计出版社1987年版。

如图 1-1 所示,图中横轴代表外汇的供给和需求,纵轴代表汇率(即一国货币的外币价格)。SS 曲线代表外汇供给,DD 曲线代表外汇需求。SS 曲线和 DD 曲线的交点 A 所决定的汇率即市场均衡汇率 E_e ,在这一点形成的外汇数量为均衡外汇数量。

在均衡情况下,SS 曲线代表本国的出口供给,因此,SS 曲线也代表出口供给成本曲线,因此,⊿ AQ_e0 代表本国出口 Q_e 的成本,□AQ_e0E_e 代表出口 Q_e 的总收益,故本国出口 Q_e 的净收益为⊿ AE_e0 = □AQ_e0E_e-⊿ AQ_e0,这也相当于本国出口者所获得的出口剩余(生产者剩余)。DD 曲线代表本国的进口需求,因此,DD 曲线也代表本国进口所获得的效用,⊿ DAQ_e0 代表本国进口者在进口数量为 Q_e 时所能获得的总效用,□AQ_e0E_e 则代表本国进口者在进口数量为 Q_e 时所支付的成本,故本国进口数量为 Q_e 时,本国进口者所获得的净效用为⊿ DAE_e = □ DAQ_e0-□AQ_e0E_e ,这也相当于本国进口者所获得的进口剩余(消费者剩余)。在均衡状态下,本国进出口的数量均为 Q_e ,在这一均衡状态下,本国所获得的总福利(进口者获得的净效用或进口剩余+出口者获得的净收益或出口剩余)为:⊿ DAS =⊿ AE_e0+⊿ DAE_e。

但是,由于政府为降低进出口成本,采取了压低外汇价格(即高估本币汇率,压低以本币表示的外币价格)的办法,使外汇的汇率水平为 E_c 。由于外汇价格或外汇的汇率水平被人为地压低在 E_c 水平上(即高估人民币汇率),因此导致本国出口供给仅为 Q_1,这是因为:由于外汇价格或外汇的汇率水平被人为地压低在 E_c 水平上,因此导致出口一单位商品所获得的外汇收入相对较少(因外汇价格被人为压低),这就自然导致本国出口供给不足。在这种情况下,出口剩余(生产者剩余)仅为⊿ BE_c =□BQ_10E_C -⊿ BQ_1S,而⊿ BE_c 明显少于汇率处于均衡水平 E_e 时的出口剩余⊿ AE_e 。这意味着,高估本国汇率会造成本国出口福利的损失。

(四)人为地加剧了外汇的短缺

图 1-1 显示,将外汇价格或外汇的汇率水平人为地压低在 E_c 水平上(即人民币汇率被高估)带来了两个效果:(1)外汇需求过大(即由 E_c 引出的直线与外汇需求 DD 曲线相交所决定的 Q_2)。这是因为:在外汇价格被人为压低的情况下,获得外汇将能获得较大的进口剩余(消费者剩余)

（$\triangle DCE_c = \square DCQ_20 - \square CQ_20E_c$）。这样，对外汇的需求就会人为地增大。[①]（2）外汇供给不足，即外汇供给只有由 E_c 引出的直线与外汇供给 SS 曲线相交所决定的 Q_1。这是因为：在外汇价格被人为压低的情况下，外汇供给者所获得的出口剩余（生产者剩余）仅为 $\triangle B0E_c$（$\square BQ_10E_C - \triangle BQ_10$），结果造成外汇供给的不足。由于外汇需求过大，同时外汇供给不足（$Q_2 > Q_1$），这就必然导致外汇的短缺（用 $Q_2 - Q_1$ 表示）。在外汇短缺的情况下，政府又不得不采取行政手段分配外汇，结果又往往带来外汇资源的不合理分配，并往往因外汇过于便宜而导致外汇使用上的浪费。

（五）给本国经济带来人为的福利或效率损失

基于图 1-1，由于外汇价格或外汇的汇率水平被人为地压低在 E_c 水平上（即本币汇率被高估），因此导致外汇供给仅为 Q_1。假定本国没有外资流入（中国在计划经济体制时期不允许引进外资），本国的进口外汇支出完全由本国的出口外汇收入满足，即本国出口数量将决定本国进口数量。这意味着，在本币汇率被高估的情况下，本国的进口数量也仅为 Q_1。在这种情况下，本国进口者所获得的"进口剩余"（或消费者剩余）则为 $\triangle DFBE_c = \triangle DFQ_10 - \square BQ_10E_c$。这样，在外汇汇率水平被人为地压低在 E_c 水平上，因而本国进出口数量为 $0Q_1$ 时，本国所获得的总福利（本国出口者所获得的出口剩余+本国进口者所获得的进口剩余）为 $\diamond DFB0 = \triangle B0E_c + \triangle DFBE_c$。

如果一国汇率水平由市场供求决定，则该国的进出口数量均为 Q_e，这时，该国所获得的总福利为 $\triangle DA0 = \triangle DAE_e + \triangle AE_e0$。显然，$\diamond DFB0$ 远远小于 $\triangle DA0$。可见，高估本国汇率给本国所带来的福利或效率损失为 $\triangle FAB = \triangle DA0 - \diamond DFB0$。

（六）形成"出口越多，则亏损越大"的不合理现象

由于国内工业生产的低效率，因此，中国的出口换汇成本不断提高，在这种情况下，长期高估人民币汇率必然导致中国的出口换汇成本与人民币汇率水平严重倒挂，在人民币汇率水平不能弥补出口换汇成本的情况下，出

① 在计划经济体制条件下，由于国营外贸公司和生产企业的预算软约束，因此，这就进一步加剧了对外汇的过度需求。

口就意味着亏损。同时,在国内外价格不一致的情况下,中国的出口产品按国内官方价格收购(这使中国出口品的价格无法反映其生产成本与国际市场价格的关系),但要按市场价格在国际市场上出售,两者之间无内在联系。而进口品则按国际市场价格购买,但却要按国内官方价格在国内出售。[①] 由于中国制成品的官方价格比国际市场价格高,加之人民币汇率高估,使大多数贸易品的国内价格高于国际市场价格,从而使中国出口产品的竞争力不断下降,结果形成"出口越多,则亏损越大"的不合理现象。据统计,中国1978年亏损的出口产品高达出口总额的66%。

在这种情况下,国家为了完成出口创汇计划以保证进口的需要,就只有增加财政补贴,以至于造成沉重的财政负担。据统计,为扩大出口,国家财政每年要支出高达120亿元人民币的巨额补贴。这意味着,在计划经济体制时期,中国是以"出口亏损"及巨额的财政补贴为代价来维持高估的人民币汇率水平,并以此实现进口替代的工业化。

(七)导致中国对外贸易停滞不前

由于人民币汇率水平被人为高估,因此导致"进口盈利,出口亏损",在这种情况下,为了保证出口创汇能满足完成进口计划的需要,从而保证整个国民经济计划的实现,国家对进出口贸易实行了"统负盈亏"的体制[②],即由政府统一用进口的盈利来弥补出口的亏损,进出口贸易的盈亏最终由国家统一通过计划进行调节或平衡,不需运用人民币汇率进行调节,人民币汇率对进出口贸易流量几乎没有任何调节作用,这就使汇率完全失去了对进出口贸易流量及国际收支的调节作用,[③]政府制定的进出口计划完全取代了汇率而成为调节进出口的唯一手段。在传统的计划经济体制中,只要能完成出口计划,企业可以将出口的亏损上报政府有关部门(包括对外贸易部、

① 到1964年为止,中国所有的进口品要在国内市场上以国内生产的同类产品的可比价格(按质量调整)出售。在20世纪60年代和70年代,这种情况占所有商品进口额的80%,剩下20%的进口商品在国内没有可比产品,它们就按"成本加成法"定价,即对进口商品按成本加价103%在国内出售。这里的"加成"包括税收、关税以及为了增大进口利润足以弥补出口亏损从而获得进出口贸易账面平衡而设计的外汇贴水。这种定价方法实际上割断了国内和国外进出口产品价格的联系。

② 这种"统负盈亏"的办法不利于发挥本国的比较优势,从而不利于资源的合理配置。

③ 在计划经济体制中,人民币汇率的真正作用,仅限于调节外国来华的旅游者和国外汇款。但由于当时国内物价同国际市场脱节,政府对侨汇又有许多特殊规定,故人民币汇率对这方面的影响实际上也较小。

国家计委及财政部），由中央财政统一弥补。[1] 在这种情况下，外贸公司和生产企业就没有必要关心人民币汇率水平的高低及变动，人民币汇率对国内企业的生产经营及进出口决策没有任何实际意义。结果，人民币汇率就变为只是编制进出口或外汇收支计划及进行外贸核算所需要的计价折算系数或会计标准，变成只是反映进出口贸易账面盈亏的一个被动记账工具，汇率在资源配置中的合理功能完全丧失殆尽（陈彪如，1992）。这意味着，在传统的计划经济体制中，汇率的实际经济意义并不大。

总之，由于“进口盈利，出口亏损”且人民币汇率完全失去了对进出口贸易流量及国际收支的调节作用，因此导致中国对外贸易处于停滞不前的状态，从 1952 年一直到 1978 年，中国的对外贸易占 GDP 的比重始终低于 10%，而 20 世纪 60 年代及 70 年代甚至还低于 7%，见表 1-3。

表 1-3　传统计划经济体制下的中国对外贸易状况（典型年份的数据）

单位：亿元人民币

	1952 年	1957 年	1962 年	1965 年	1970 年	1975 年	1978 年
贸易总额	64.6	104.5	80.9	118.4	112.9	290.4	355.0
出口总额	27.1	54.5	47.1	63.1	56.8	143.0	167.6
进口总额	37.5	50.0	33.8	55.3	56.1	147.4	187.4
贸易差额	-10.4	4.5	13.3	7.8	0.7	-4.4	-19.8
GDP	679.1	1071.4	1162.2	1734.0	2279.7	3039.5	3678.7
进出口总额/GDP	9.5%	9.8%	7.0%	6.8%	5.0%	9.6%	9.7%

注：1.贸易差额指出口总额减进口总额；2.1980 年以后国民总收入与国内生产总值的差额为国外净要素收入，1980 年以前国民总收入等于国内生产总值。

资料来源：国家统计局官方网站。

二、资本管制及利率管制的经济效应

计划经济体制时期的资本管制及利率管制带来了以下问题。

① 与西方不同的是，当贸易条件恶化导致贸易收支出现逆差时，计划经济体制中的政府往往要求扩大出口以保证外汇供给，这同西方市场经济国家完全相反。在市场经济国家，出口商品价格下跌会导致出口减少，而在传统的计划经济体制下却导致出口增加。

(一)无法产生市场均衡汇率,从而加剧了国内外相对价格体系的脱节

由于计划经济实行严格的资本管制,人民币不能自由兑换,外汇不能自由买卖,因而也就不可能产生由外汇供求双方的市场交易所确定的人民币均衡汇率。由于汇率是国内外价格体系的转换器,因此,在人民币汇率不是由市场供求决定的情况下,人民币汇率就无法传递正确的信息,从而无法使国际市场的价格信号传递到国内,并加剧了国内外相对价格体系的脱节,结果使国内外贸公司和生产企业无法根据合理的市场价格信号进行正确的经济计算,进而使中国的对外贸易无法建立在比较优势的基础之上。

(二)资本管制政策严重影响了中国经济的效率

由于人民币不可能通过市场自由兑换成其他国家的货币,因此使国内生产企业和个人无法对外进行任何经济交易,这就使国内经济无法同国际市场相联系,从而使国内市场同国际市场完全隔绝,同时又使国际市场的信息及国际市场的竞争压力无法传递到国内,使政府对国内经济的垄断得以维持。这就使得国内生产企业在不存在国内竞争压力的基础上,又无法感受到国际市场的竞争压力,结果导致国内企业因为没有巨大的市场压力不需要为了保证自己的生存而不断开发更先进的技术,以力求用最低的成本生产出质量更好的产品,这就严重阻碍了国内的技术创新。特别是,由于不存在来自国际市场的竞争,因此使得大量低效率的国内企业得以生存。同时,由于国内市场同国际市场完全隔绝,因此,这又不利于先进技术的引进,结果导致国内技术进步缓慢。国内技术进步缓慢和大量低效率企业的存在以及不利于先进技术的引进,又严重压抑了中国全要素生产率的提高,从而最终导致中国经济的低效率。

(三)利率管制降低了资源配置效率并导致经济的失衡

计划经济体制时期的利率管制导致的问题可用下图来说明。

图 1-2 中,横轴代表资本的供求(储蓄和投资),纵轴代表利率。SS 曲线代表资本的供给(储蓄),II 曲线代表资本的需求(投资)。SS 曲线和 II 曲线的交点 E 所决定的汇率即市场均衡汇率 r_e 。由于政府人为地将利率压低到 r_c ,因此导致以下一系列问题。

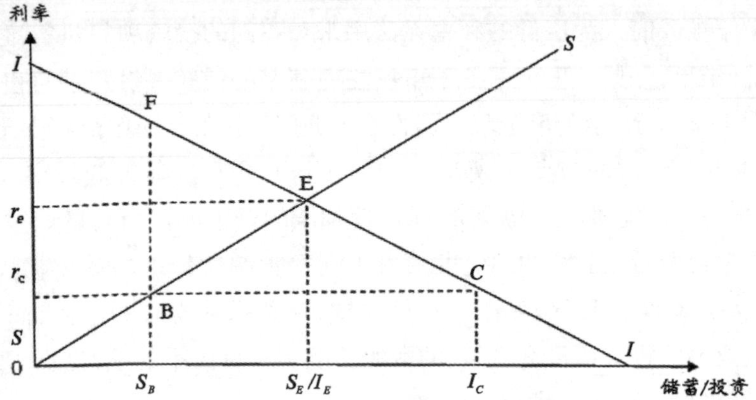

图 1-2　利率管制所带来的效率损失

1. 投资需求过大及资金短缺

在利率被人为地压低在 r_c 时，由政府政策形成的金融压制线（r_cC 直线）与投资需求 II 曲线的交点 C 所决定的投资需求量为 I_C；同时，由于利率水平过低，导致储蓄动机不足，结果储蓄规模过小（由 r_cC 直线与储蓄曲线 SS 曲线的交点 B 所决定的储蓄规模仅为 S_B），一方面投资需求过大，一方面储蓄供给不足，由此自然形成资本或资金的短缺局面（$I_C - S_B$ 表示资本或资金短缺的规模）。

事实上，被政府人为压低的利率也无法正确地反映资本或资金的供求状况及投资项目的风险或收益，不能正确地反映消费者对延迟消费的非意愿程度和客观存在的能替代现在消费的投资机会，也无法用来对不同的投资项目进行可靠的效益评估，无法促使稀缺的资本或资金投向净生产率或效率较高的用途，不能调节资本或资金的供求关系，甚至导致短缺的资本或资金投向了许多低效率的项目，结果导致我国虽然积累率很高，但经济效率严重低下，人均收入增长及消费水平增长长期缓慢，且资本或资金仍然严重短缺的局面。

总之，利率水平过低一方面打击了公众储蓄的积极性，另一方面又刺激了工业企业的投资需求，从而往往导致投资规模的过度膨胀，这就人为地扩大了资金供求缺口，从而导致资本或资金的长期短缺，进而导致经济的失衡。

2. 效率低下

由于被政府人为压低的利率无法用来对不同的投资项目进行准确的效益评估,结果,一些净生产率低于市场均衡利率的低效率投资项目也得以开工。图 1-2 显示,当利率被政府压低在 r_c 时,一些在市场均衡利率水平(由 *SS* 斜线与 *II* 斜线的交点 E 所决定的 r_e)下不可能赢利的低效率项目(由 $\diamond r_e EBr_c$ 表示)也得以上马投资,从而使稀缺的资本或资金大量地被低效率的投资项目所占用。$\diamond r_e EBr_c$ 表示由于利率管制所带来的效率损失效应。可见,利率水平过低不但刺激了投资需求,导致投资规模的过大,而且又保护了低效率的投资项目,使稀缺的资源不能由最有效率的项目或企业使用,从而导致整个社会的投资效率下降。

同时,利率过低也使得工业企业没有压力去最大限度地将成本压缩到最低点,结果导致企业的资金占用过大,资金周转过慢,这就大大降低了资金使用效率,并导致企业的资本消耗过大,结果反而造成实际成本升高。此外,低利率使得那些效率低下的企业也得以生存,这就从整体上降低了资源的配置效率。

表 1-4　1952—1978 年中国的资金使用效率

	1952 年	1957 年	1978 年	1982 年
净产出	37.6	100	673.3	798.4
资金投入	44.3	100	948.7	1299.8
资金产出率（净产出/资金投入）	84.9	100	71.0	61.0

资料来源:袁志刚、李宛聪、樊潇彦:《资产负债扩张与实体经济增长》,中信出版社 2018 年版,第 141 页。

表 1-4 显示,如以 1957 年为基年(1957=100),到 1978 年,资金产出率只有 71.0。也就是说,到 1978 年,中国的资金产出率反而低于 1957 年。这意味着,利率的管制降低了中国的资金使用效率。

3. 减少了社会福利

利率管制同样导致了社会福利的减少。假定在利率完全由市场供求决定,即完全由图 1-2 中 *SS* 斜线和 *II* 斜线决定的情况下,储蓄将与投资相等($S_E = I_E$),*SS* 斜线代表储蓄者通过抑制消费而提供储蓄的代价①,在储蓄

① 储蓄者提供储蓄的代价是储蓄者所牺牲的现在的时间、欲望或享受。

规模为 S_E 的情况下，储蓄者的总代价为△ES_E0，由于均衡利率 r_e 对于储蓄者来说反映了其收益大小，因此，储蓄者所获得的净收益为△ r_eE0（□ r_eES_E0−△ES_E0）所表示的部分。II 斜线代表投资者的收益，均衡利率 r_e 对于投资者来说反映了其投资成本的大小，在投资规模为 I_E 的情况下，投资者所获得的收益为△ r_eIE 面积表示的部分。总之，在利率完全由市场供求决定的情况下，储蓄者和投资者所获得的净收益之和为社会总福利，由面积为△ IE0（△ r_eE0+△ r_eIE）的部分所表示。

现在由于利率被压低到 r_c ，造成储蓄不足，储蓄规模仅为 S_B ，因此，储蓄者所能获得的净收益只有△ r_cB0 所表示的部分。由于储蓄规模仅为 S_B ，因此，在没有外资流入、不考虑政府通过挤压农业以及人为扩大工业利润从而人为增加投资资金来源的情况下，投资规模也将仅为 S_B 。这样，投资的净收益将只有◇ IFBr_c 所表示的部分。这意味着，在利率被压低到 r_c 的情况下，社会总福利（储蓄者和投资者所获得的收益之和）由面积为◇IFB0（△r_cB0+◇IFBr_c）的部分所表示。

可见，在利率完全由市场供求决定的情况下，社会总福利为△ IE0，而在利率被压低到 r_c 的情况下，社会总福利仅为◇ IFB0。这意味着，利率管制导致社会福利净损失△FEB（△IE0−◇ IFB0）。

4. 压抑了储蓄的增加及消费需求的扩大

在传统的计划经济体制中，由于存款利率过低，因而减少了作为储户的居民家庭部门的收入，如图 1-2 中所示，在均衡利率的情况下，储蓄者所获得的净收益为△ r_eE0，而在利率被压低到 r_c 的情况下，储蓄者所能获得的净收益只有△ r_cB0，储蓄者净损失△ r_er_cBE（△ r_eE0−△ r_cB0）。另外，在利率被压低的情况下，国家银行又得以较低的贷款利率向国有企业发放贷款，从而又降低工业企业的成本（这意味着中国居民家庭部门通过国家银行这个中介向国有企业提供了补贴）。这意味着，利率的功能并不是影响资源配置，而是决定收入分配。可见，在传统的计划经济体制中，政府通过压低利率压抑了居民收入的增加，并进而压抑了储蓄的增加及消费需求的扩大。

此外，在传统的计划经济体制中，由于受传统的生产理论影响，低价买进、高价卖出的商业等服务性行业被认为是不创造物质产品的非生产性活动,而且,由于当时物资供给不足,因此,为鼓励工业生产以增加供给,并抑制商业投机活动[①],政府规定商业企业的贷款利率高于工业企业的贷款利率,这种差别利率政策导致中国服务业的落后及产业结构的失调,并导致中国的产品结构往往不符合市场需求[②]。

总之,计划经济体制中的汇率高估、资本管制及利率管制严重降低了中国的经济效率。经济效率的低下又严重抑制了中国的潜在产出,到 1978 年,中国的经济总量只占全球总量的 1.8%,人均 GDP 则只有 384 美元,在全球 200 多个国家和地区中排在倒数第七位,这意味着,由于经济的低效率使得中国并没有真正摆脱贫穷落后的局面,当时的中国可以说仍然是一个经济欠发达的国家。

---

① 抑制商业投机活动源于传统的经济理论,然而,限制商业活动恰恰加剧了供给的短缺。在市场经济条件下,这样做反而会进一步增大投机的动机。

② 在产品结构不符合市场需求的情况下,利率的变动也无法影响消费需求,从而难以起到调节经济的功能。

第二章　改革开放以来的人民币汇率及货币政策

鉴于传统计划经济体制的低效率导致中国仍然没有摆脱贫穷落后的局面,中国政府逐步认识到发展国际贸易无论是对发达国家还是对发展中国家都是有利的,而封闭的计划经济体制不利于推动本国的经济发展。为了扫除对外开放的思想障碍,中国经济学基于李嘉图比较利益学说以劳动价值论为基础,符合马克思主义经济理论传统这一点,开始在马克思劳动价值论的理论体系内重新评价李嘉图的比较优势理论。中国经济学家逐步认识到:李嘉图的比较利益学说实际上深刻地指出,在国际贸易活动中,无论是所有产品的劳动生产率都高的国家(如发达国家),还是所有产品的劳动生产率都低的国家(如落后国家或发展中国家),都可以通过国际贸易降低各自的生产成本,进而各自获得比较利益,因此,国际贸易实际上是双赢的市场交易活动。这样,在改革开放以后,李嘉图的比较利益学说在中国理论界逐步得到了肯定。此外,中国政府还认识到引进外资不只是引进资本,而且还可以引进先进的组织机制、管理技巧、市场及技术,从而对本国经济是有利的。特别是鉴于中国当时国内资本短缺、技术落后,因此大力引进外资就成为十分迫切的现实选择。这样,中国政府及理论界就在理论和实践上都认识到对外开放对中国经济有利,因此,中国于1978 年开始对传统的经济体制进行重大改革,从而使中国进入"改革开放"的新时期。

第一节 "双重汇率"与中国的改革开放（1979—1993年）

为推动中国的对外开放,中国从1979年开始在对外贸易领域内以"放权"为特点的改革,其内容主要是:打破中央政府的垄断,下放外贸经营权,允许分散决策,引入竞争机制,并开展多种形式的工贸结合试点,逐步实现外贸公司同企业的合并,同时要求这些公司自负盈亏。此外,为了解决国内生产企业同国际市场完全相隔绝所带来的一系列弊端,中国一方面允许大型企业可以不通过外贸公司直接进行外贸自营业务,另一方面则开展多种形式的"工贸结合"(即生产企业与外贸公司的结合)的试点。通过这些改革,中国的国内生产企业开始能够直接或间接地接触到国际市场及国际价格体系。①

但是,由于人民币汇率被高估,如1979年的人民币汇率水平为1美元兑换1.49元人民币,而1979年全国平均出口换汇成本②为兑换1美元需

① 在传统的计划经济体制中,由于国家完全垄断了进出口贸易,这虽然有利于保证政府所制定的国民经济计划得以实现,但由于国营外贸公司在某一产品领域具有完全的垄断地位,它们之间不存在激烈的市场竞争,因此,国营外贸公司并没有市场生存的压力促使它们完全按照国内外市场的供求状况及时地以最低的成本进货,并以能被市场所接受的最高价格在国际市场上销售高附加价值的产品。同时,由于生产企业完全同国际市场隔绝,因此,生产企业对国际市场的需求状况及价格变动情况完全不了解,因而也就无法根据市场变化及时调整生产,根据市场需求进行产品设计或开发新产品,结果造成产品不适应国际市场需求的变化。此外,由于国内企业感受不到国际市场竞争的压力,这导致国内企业没有压力去不断地改进产品质量,结果往往带来产品质量差、产品性能不稳定等一系列问题,这就严重影响了中国产品在国际上的竞争力,并导致中国对外贸易效率的低下。更严重的是,由于国家统负进出口贸易的盈亏,出口亏损完全由国家补贴,外贸公司和生产企业完全不必承担进出口活动的亏损责任,因此,这种没有成本意识的国营外贸公司和生产企业在从事生产经营和进出口贸易活动时常常不计成本,不讲效益,而只求完成创汇计划,甚至出现为完成出口创汇计划而不惜高价在国内收购,或亏本在国外出售,以及在贸易条件十分不利的情况下反而大量增加出口的奇怪现象,结果往往导致贸易活动的严重亏损。

② 出口换汇成本是指企业在国际市场上每出口创汇1美元所需支出的人民币成本。如果换汇成本高于人民币对美元的汇价,则该商品的出口亏损,只有出口换汇成本低于人民币对美元的汇

2.4元人民币(如果不包括石油,则全国的出口换汇成本为2.65元),结果导致外贸企业每出口价值为1美元的产品,按官方汇价只能得到1.55元人民币,因而亏损0.91元人民币,从而出现了“出口越多,亏损越大”的现象。据统计,1978年,中国66%的出口企业是亏损的(Wu和Chen,1989)。在传统计划经济体制中,这一问题是由国家通过“统负盈亏”来解决的,但中国在对外贸易领域内实行“放权”改革以后,国家要求外贸企业自负盈亏,因此,如果继续维持人民币汇率高估的局面,则外贸企业就会因“出口越多,亏损越大”而不愿出口。这意味着,人民币汇率的高估与中国的改革开放之间存在内在的冲突。同时,由于中国在改革开放时期改变了计划经济体制时期的进口替代发展战略,而采取根据中国的比较优势不断扩大出口,①从而刺激中国经济增长的发展战略,因此,人民币汇率的高估也与这一发展战略不相适应。

值得注意的是,虽然从出口换汇成本的角度看,人民币官方汇率被高估,但从中国的价格体系来看,也存在着人民币汇率低估的现实情况。其原因在于:虽然中国从1978年开始进行价格改革,②但国内价格不合理的状

价,该商品的出口才能盈利。根据出口换汇成本来确定人民币汇率是中国政府部门和理论界根据中国的价格体系同国际市场的价格体系存在较大差异的现实,而于20世纪70年代末提出的一种确定人民币汇率的做法。按照中国学者的说法,这些成本包括商品的进货成本(包括生产厂家的生产成本)、商品流通费用及税金。但问题是,出口换汇成本只是从出口的角度而没有从进口的角度来考虑人民币汇率水平,同时,出口换汇成本也没有考虑到资本流动的状况,因此,根据出口换汇成本并不能确定人民币的均衡汇率水平。而且,根据出口换汇成本确定人民币汇率,实际上是让人民币汇率适应国内扭曲的价格体系,而不是通过市场化改革以形成合理的价格体系,并在此基础上形成合理的汇率,因此,在扭曲的价格体系基础之上根据出口换汇成本确定人民币汇率并不合理,而且这样做还会使汇率难以发挥其合理配置资源并使进出口贸易真正建立在比较优势基础之上的功能。

① 在计划经济体制中,出口并不是基于本国的比较优势或比较利益,而是为了进口。而进口则是为了弥补国内供给缺口或国内生产的不足,以弥补国内供给或物资平衡中的短缺,满足国内的超额需求,并保证国内工业化对进口品(特别是资本品和技术)的需求,从而保证国家计划的完成及加速实现国内的工业化。为了保证进口,从而保证整个国民经济的需要,出口并不计较盈亏。

② 中国从1978年开始进行价格改革的主要内容是:(1)大幅度提高农产品的价格;(2)大幅度提高基本生活消费品(如蔬菜、水产品、禽、蛋、猪肉、牛肉、牛奶等副食品)的价格;(3)提高部分工业消费品(如棉布、自行车、烟、酒等)的价格;(4)提高能源(如煤炭等)、原材料(如生铁、焦炭、铁矿石、钢材、水泥、木板、玻璃等)等中间投入品及部分农业生产资料(如农机具及化肥等)的价格,同时适当下调了部分加工工业制造品(如某些通用机械、专用机械、仪器仪表、配件、工具等)的价格,以改变中国能源、原材料工业同加工工业产品比价不合理的状况;(5)大幅度提高交通运输(包括铁路及水路运输等)价格;等等。

况(如工资、利率等要素价格过低,土地要素价格不存在,以及农产品、基本生活消费品、原材料和能源价格过低,而工业制成品价格过高)并没有得到根本解决。其原因就在于:中国自1978年开始的价格改革实际上只是由政府出面调整官方定价中的不合理比价,即由政府采取行政手段提高供不应求的产品的价格,并降低供过于求的产品的价格,而不是改变价格的决定或形成机制,实现价格的市场化,从而让市场供求关系来决定价格,这就决定了国内价格不合理的状况并不能得到根本解决。这是因为:在不改变由政府定价的价格决定机制情况下,调整后的价格仍然是由政府决定的价格,而不是由市场供求关系决定的价格。由于市场供求关系经常发生变化,因此,即使某一时期由政府调整的价格虽然在当时看来也许比较合理,但一旦市场供求关系发生变化,则这种由政府调整的价格又很快变得不合理了。

总之,由于国内价格不合理的状况(特别是工资、利率等要素价格过低,土地要素价格不存在,以及农产品、基本生活消费品、原材料和能源、非贸易品的价格的问题)并没有得到根本解决。因此,在生产要素、农产品、基本消费品和非贸易品及劳务这些要素或商品上,人民币的购买力高于外币的购买力,如根据1978年12月北京和纽约两地基本生活消费品价格的比较来看,1美元只相当于0.76元人民币①,而当时的人民币汇率是1美元可以兑换1.6368元人民币,因此,如果从生产要素、基本生活消费品以及非贸易品的角度来看人民币的购买力,或者说如果以零售物价指数来计算人民币的购买力,则会得出人民币汇率被低估的结论。但是,如果根据这一结论来调整人民币汇率水平,则会进一步加剧人民币汇率水平的高估,从而造成人民币汇率水平的更大扭曲,显然这会使中国外贸企业的出口亏损状况更趋严重。

正是由于存在以上这种情况,中国理论界于20世纪70年代末和80年代初开始进行人民币汇率问题的大讨论,当时出现了两种绝然不同的观点:一种观点认为人民币汇率不是被高估了而是被低估了,另一种观点则认为人民币汇率是高估了。

---

① 吴念鲁、陈全庚:《人民币汇率研究》(修订本),中国金融出版社2002年版,第48页。

一、人民币官方汇率与人民币对美元的贸易内部结算价同时并存的"双重汇率"

为了解决以上难题,并刺激中国的出口扩张以推进中国经济的对外开放,中国政府采取了"双重汇率"的做法,即一方面继续维持人民币官方汇率不变,①并规定人民币官方汇率主要适用于侨汇、旅游、外国领事馆、中国驻外机构、运输、保险等非贸易项下以及资本项目的外汇结算;②另一方面从 1981 年 1 月 1 日开始,针对进出口贸易的结算试行人民币对美元的贸易内部结算价。人民币对美元的贸易内部结算价仅适用于外贸企业与中国银行之间的兑换,其目的在于解决由于人民币官方汇率高估不利于扩大出口的问题。人民币对美元的贸易内部结算价在当时被确定为 1 美元兑换 2.8 元人民币。这一价格水平是按 1978 年全国出口平均换汇成本(2.53 元人民币/1 美元)再加 10%的出口利润计算而得,定价的目的是保证外贸企业的出口有盈利。因为按照 1 美元等于 2.8 元人民币的贸易内部结算价,外贸企业每出口价值为 1 美元的产品,就可盈利 0.27 元人民币。显然,人民币的内部结算价同 1980 年底的 1 美元兑换 1.53 元人民币的官方汇价相比,实际上贬值了 45%,因此,试行人民币对美元的贸易内部结算价,实际上是人民币的内部贬值(即通过内部下调人民币汇率水平以解决人民币汇率的高估问题)。考虑到中国的生产要素及农产品、基本消费品和劳务及非贸易品的价格比国外低,因而在非贸易领域人民币币值存在着事实上的低估问题,中国规定人民币对美元内部结算价的适用范围主要限于进出口贸易的外汇结算,中国非贸易项下的外汇结算仍然按照人民币的官方汇率进行,这样就形成了人民币贸易内部结算价与人民币官方汇率同时并存的

① 人民币官方汇率不变维持不变的原因与中国政府当时不断提高农产品、基本消费品及劳务的价格有关。因为随着中国农产品、基本消费品及劳务的价格不断提高,人民币在农产品、基本消费品和劳务上的购买力低估状况有一定的改善,同时也与吸引侨汇及外国人来华旅游,以扩大开放有关。

② 对侨汇、旅游、外国领事馆、中国驻外机构、运输、保险等非贸易项下的外汇结算实行高估的人民币官方汇率,意味着来自非贸易项下的外汇只能兑换相对较少的人民币,或者说境内外居民如果要在非贸易项下兑换一定数量的人民币,就必须花费相对较多的外汇,因此这种政策实际上能够起到增加中国非贸易外汇收入的作用。

双重汇率制度,在这种双重汇率制度中,人民币官方汇率实际上成为一种非贸易汇率。

应该肯定的是,实行贸易内部结算价不但在一定程度上有利于解决外贸企业的出口亏损问题,而且,由于各地及各部门外贸企业的进出口亏损不再由中央财政统一弥补,因此,实行人民币贸易内部结算价也限制了一些不必要的进口。更重要的是,实行人民币贸易内部结算价是政府首次运用汇率机制来调节进出口贸易的一次尝试。在长达20多年的传统计划经济体制中,人民币汇率完全不反映国内价格的水平,且人民币汇率完全失去了对进出口及国际收支的调节作用,而贸易内部结算价是中国自1953年以来,首次参照国内价格的状况对人民币汇率水平做出调整。虽然人民币贸易内部结算价参照的仍然是严重扭曲的国内价格水平,但它在一定程度上确实缓和了人民币汇率的高估状况(张志超,2001),并改变了人民币汇率仅是一种计价工具和结算手段的状况,从而使人民币汇率在一定程度上成为一种调节进出口贸易收支的手段,这同传统的计划经济体制下人为地高估人民币汇率并否定汇率的调节功能相比,确实是一个进步。①

总之,由于实行贸易内部结算价在一定程度上有利于解决外贸企业的出口亏损问题,因此使中国的贸易收支状况有所改善,见表2-1。

表2-1 1980—1983年中国贸易收支状况

单位:亿美元

	1980年	1981年	1982年	1983年
贸易收支	-19.0	-0.1	30.3	8.4
出口	181.2	220.1	223.2	222.3
进口	200.2	220.2	192.9	213.9
外汇储备	-12.96	27.08	69.86	89.01

资料来源:《中国统计年鉴(1991)》,中国统计出版社1991年版,第165、645页。

表2-1显示,在实行人民币贸易内部结算价之前的1980年,中国的贸易收支有19亿美元的逆差,但随后几年中国的贸易收支状况逐步得到了改

① 中国的改革开放也是对本国货币高估的纠正过程。

善而变成顺差，且外汇储备也有所增加。

但是，由于人民币贸易内部结算价是在国内价格扭曲及国内经济市场化程度不高的情况下所采取的措施，因此，实行人民币贸易内部结算价并没有完全达到预期目的，这主要表现在：

第一，从出口方面来看，当时的1美元兑2.8元人民币的贸易内部结算价是全国所有出口商品的平均换汇成本，但当时实际上仍有一半左右的出口商品换汇成本高于平均换汇成本，因此，从事这些商品出口的外贸企业的亏损问题仍然没有得到解决。为鼓励这些商品的出口，国家仍然要对这些外贸企业提供财政补贴，结果整个外贸企业的自负盈亏制度仍然难以完全实施。同时，在贸易内部结算价的刺激下，外贸企业对内抬价抢购，对外低价抛售，致使出口换汇成本不断上升，1983年上半年中国的出口换汇成本达3.03元，这样又形成了新的人民币汇价高估，结果使出口又出现了亏损，从而加剧了政府的财政负担。

第二，从进口方面来看，由于进口贸易实行人民币贸易内部结算价，因此，这就使进口1美元所需支付的人民币数量较前增加，即进口品（特别是资本设备及技术等）的价格上升，可见，实行人民币贸易内部结算价（即人民币内部贬值）造成国内企业的生产成本上升。问题还在于：由于实行人民币贸易内部结算价后，进口所需支付的人民币成本增加，但进口品在国内的销售价格却没有随之提高，结果使以前的“进口盈利”变为“进口亏损”。

第三，在外国投资者看来，在中国进行投资是按人民币官方汇率而不是按人民币贸易内部结算价将外汇兑换成较多的人民币，这就影响了外商投资的积极性。

第四，不利于提高非贸易创汇的积极性。由于非贸易项目如运输、保险、旅游等外汇收入是按照1美元兑1.50元的官方汇率，而不是按照2.80元的贸易内部结算价兑换成人民币，结果也不利于提高非贸易创汇的积极性。

第五，由于中国对进出口贸易实行内部结算价，而对其他交易仍然实行人民币官方汇率，因此形成事实上的双重汇率。而双重汇率在国际上被视为严重的贸易壁垒，因为双重汇率制度中的官方汇率实际上是一种补贴，且这种补贴缺乏透明度，这被认为是一种非关税壁垒，双重汇率制度一直遭到国际货币基金组织的反对,中国所实行的双重汇率(中国当时所实行的双重汇率制度中的两种价格水平都由政府决定而与市场供求无关)也成为西方国家对中国实行经济报复的借口,从而不利于中国扩大出口。

更严重的是,由于中国在对外贸易领域所进行的"放权"改革并没有触及外贸公司的产权问题,这种"放权"改革只是创造了数量众多的外贸公司,而这其中的大部分外贸公司实际上是政府(包括中央政府及有关部门和地方政府)独资创办的,因此,这些外贸公司实际上仍由政府承担无限责任而不能真正地实现自负盈亏。在人民币汇率水平对内下调以后,这些并不能真正自负盈亏的外贸公司为扩大出口获得外汇,就采取了"对内抬价抢购货源,对外低价抛售产品"的做法,一些生产出口品的企业也趁机提高售价,结果导致出口换汇成本不断上升,这就削弱了人民币汇率内部下调对出口的刺激作用。

此外,由于国内价格改革逐步深入,且国内消费需求和投资需求过大,且中国中央银行为刺激经济而不断扩大货币供应量,结果使国内物价水平相对国外上涨,如1984年、1985年和1986年中国的消费物价指数分别为9%、8.8%和6%,而美国的消费物价指数在1986年只有1.6%。由于国内物价上涨,结果进一步推动了中国出口换汇成本的上升。1983年上半年中国的出口换汇成本由1979年的2.4元人民币兑换1美元上升到3.03元人民币兑换1美元,由于人民币对美元的贸易内部结算价为1美元兑换2.8元人民币,这样,人民币汇率(即使按已下调的人民币贸易内部结算价计算)又形成了新的高估现象,结果出口又出现了亏损。而进口则由于国内销售价格不变,进口亏损也逐年增加,结果形成"进出口都亏损"的更不利的局面。可见,实行人民币汇率的内部贬值不但没有解决中国的出口亏损问题,反而导致了整个进出口贸易的亏损。在"进出口都亏损"的情况下,政府财政收支的压力大大增加了。

二、人民币官方汇率贬值及人民币官方汇率和外汇调剂市场汇率同时并存

由于出现以上问题,中国政府从1985年1月1日开始取消了人民币贸易内部结算价,而实行以贸易汇率为基础的单一人民币汇率制度,人民币兑

换美元的汇率统一规定为1美元兑2.80元人民币，这意味着人民币官方汇率正式贬值，并结束了人民币官方汇率与人民币贸易内部结算价同时并存的双重汇率制度。

但是，由于中国的出口换汇成本不断上升①，人民币官方汇率仍然低于出口换汇成本，因此，人民币正式对外贬值并没有起到刺激出口的作用。进入1985年以后，中国的贸易收支急剧恶化，同年出口为25亿美元，但进口猛增到382亿美元，以致贸易逆差达到创纪录的131亿美元。外汇储备从1983年的89.01亿美元下降至26.44亿美元，减少幅度达70%以上。

在这种情况下，中国又不得不再次降低人民币官方汇率，同时建立外汇调剂市场，即允许出口企业可以在外汇调剂市场上以较高的外汇调剂市场汇率出售外汇额度指标，以获得比人民币官方汇率较多的人民币，从而在一定程度上可以使企业弥补出口亏损或增加出口盈利，进而以此来刺激出口。但由于外汇调剂价格的存在，这就形成了人民币官方汇率与外汇调剂市场汇率同时并存的局面，即又形成了新的双重汇率，只不过这时的双重汇率是由政府决定的人民币官方汇率与由市场供求因素决定的外汇调剂市场汇率同时并存。②

这种人民币官方汇率与外汇调剂市场汇率同时并存的双重汇率制度除

---

① 造成中国出口换汇成本不断上升的原因主要有：(1)由于中国劳动、资本等生产要素的价格过低，土地要素价格不存在，且能源(包括煤炭、石油、电力等)及原材料(包括矿产品、金属材料和非金属材料等)的定价也过低，导致国内生产所投入的要素及所消耗的能源及原材料过多，造成国内工业的生产成本过高，这是导致中国的出口换汇成本不断上升的根本原因；(2)由于中国在价格改革过程中特别注重解决能源、原材料及要素价格过低所带来的低效率问题，因而造成能源、原材料及要素价格不断上升，这也是造成中国出口换汇成本不断上升的原因；等等。

② 中国当时之所以要实行双重汇率，根本原因在于当时中国还没有真正进行经济的市场化改革。这主要体现在以下方面：(1)由于中国还没有真正进行经济的市场化改革，因此，当时中国的民营企业还很落后，而国有企业改革没有触及所有权这一核心问题(中国从1979年到1986年所实行的利润留成、利改税以及1987年以后所实行的承包经营责任制只是使国有企业获得了一定的经营自主权及一定的剩余索取权)，当然更谈不上将国有企业改造成真正拥有独立财产的产权主体或市场主体，结果，国有企业效率低下的问题就一直没有得到根本解决。这是因为，在国有企业不是真正拥有独立财产的产权主体或市场主体情况下，国有企业就不可能对经营亏损或破产承担财产责任，国有企业亏损或破产的最终财产责任只能由国家承担。同时，由于所有国有企业都同属于同一个所有者——国家，因此，国有企业之间也不可能真正进行优胜劣汰的市场竞争，这样，国有企业就不可能有真正巨大的内在压力和外在压力促使它们不断地提高生产效率以最大限度地降低成本来避免亏损或破产，并力争最大限度地获得利润，结果导致国有企业的效率低下。这样，政府为保护国有企业(特别是国有外贸企业)，就不得不实行双重汇率，使需要进口品的国有企业可以按

了仍被认为是实行贸易歧视,从而往往成为西方国家对中国实行经济报复的借口以外,还带来了以下问题:

(一)割断了国际市场价格机制对国内经济的调节作用

在国际贸易中,进出口品的国内价格主要通过汇率折算反映出来,而双重汇率却使进出口产品的国内价格不统一,造成进出口产品国内价格的人为扭曲,从而导致价格信号的混乱,并形成不公平的竞争环境。这种扭曲使得国际市场价格机制对国内经济的调节作用得不到正常发挥。从进口角度分析,在汇率条件下,同一地区、同一时间、同一商品折算的人民币国内价格往往高低不一,从而阻碍了市场机制对国内经济的调节作用。从出口角度分析也是如此,在统一汇率条件下,所有企业出口创汇得到的人民币补偿应该是相同的。但在双重汇率条件下,不同性质企业之间的出口创汇人民币补偿却各不相同。例如,外商投资企业在不承担上缴中央外汇的情况下,出口1美元往往能够按外汇调剂市场汇率得到较多的补偿,而国有外贸企业却往往只能将所获得的外汇部分按外汇调剂市场汇率进行结算以得到补偿,其他部分则需按照人民币官方汇率进行结算,这就使国有外贸企业与外商投资企业处于不公平的竞争地位。

(二)不利于企业自负盈亏和转换经营机制

在人民币官方汇率与外汇调剂市场汇率同时并存的双重汇率条件下,同一进口产品或同一出口产品折算成人民币后出现不同的价格,造成进出

官方汇率以较少的人民币兑换外汇支付进口,从而减少进口成本;同时使生产出口品的国有企业可以将出口外汇收入按较高的人民币内部贸易结算价或外汇调剂市场汇率兑换成较多的人民币,从而减少亏损或增加盈利。可见,在当时,双重汇率事实上成为国家对国有企业提供隐性补贴的一种手段。(2)由于中国没有实现价格的完全市场化,因此,中国价格体系不合理的问题也没有得到根本解决。结果,一方面,由于中国农副产品、基本生活消费品、能源及原材料价格过低,因此,从人民币在生产要素以及非贸易品方面的购买力来看,人民币汇率存在低估的问题,在这种情况下,中国就不得不实行高估的人民币官方汇率,以保证较低的国内企业要素成本及国内生活成本,从而扩大企业的利润并维持国内的基本生活水平以及保证中国的非贸易收入;另一方面,由于中国工业制成品的价格过高,因此,从人民币在贸易品方面的购买力来看,人民币汇率又确实存在高估的问题,从而不利于中国的出口,在这种情况下,中国就不得不实行比人民币官方汇率水平低的人民币贸易内部结算价或外汇调剂市场汇率,以解决因中国工业制成品的出口换汇成本及价格过高,从而使中国的出口品(特别是工业制成品)在国际上缺乏价格竞争力的问题,并以此来刺激出口。

口品的国内价格水平高低不一,这就使得生产出口品和使用进口品的企业因价格不同而出现盈亏悬殊的现象,从而形成了不公平的竞争环境。同时,双重汇率又不利于企业统一进行合理的成本核算和利润评估,这就不利于推动中国企业实现自负盈亏,从而不利于中国企业通过转换经营机制以更有效地扩大出口,并使中国为推动外贸企业自负盈亏而出台的改革措施(如取消对出口的补贴、统一外贸企业的外汇留成比例等)大打折扣。

(三)双重汇率容易导致腐败和投机行为,且不利于人民币汇率的稳定

在任何情况下,只要同一物品存在价格差异,就会产生套利行为。由于汇率存在着双轨制,因此形成巨大的外汇套利机会,结果既给一些掌握分配外汇权力的人利用人民币官方汇率与外汇调剂市场汇率之间的价格差异进行"寻租"活动或外汇黑市交易,从而为个人谋取私利的腐败行为创造了机会,又给一些人利用这种价格差异进行投机活动提供了条件。同时,由于双重汇率造成同一进出口产品的国内价格不统一,因此,这也助长了利用同一商品的价格差异进行"寻租"活动。"寻租"活动和外汇黑市的存在既增加了市场交易主体的内生交易费用,而且也迫使管理当局为了管制"寻租"活动和外汇黑市交易而付出了高昂的外生交易费用。

(四)不利于吸引外资

双重汇率对外资也有不利影响。外商在国内投资注册须按较低的官方汇率折算,从而人为地压低了其以人民币计算的投资价值,而利润汇出则要按较高的外汇调剂市场汇率购买外汇,从而又人为地压低了其以外币表示的投资回报。这种投资汇入和利润汇出之间的价差人为地减少了外商直接投资的收益,这就影响了外商投资的积极性,从而不利于中国吸引更多的外资。

此外,由于中国当时各地的外汇调剂市场处于分割状态,且多重汇率并存,结果导致外汇市场秩序较为混乱。

三、人民币官方汇率持续贬值阶段(1985—1993年)

更重要的是,虽然中国政府将人民币官方汇率下调以解决人民币汇率的高估问题,但由于中国的出口换汇成本不断上升,导致人民币官方汇率仍然低于出口换汇成本,结果,人民币汇率贬值并没有起到刺激出口的作用。相反,进入1985年以后,中国的贸易收支急剧恶化,1985年,中国的出口为25亿美元,但进口猛增到382亿美元,以致贸易逆差达到创纪录的131亿美元。外汇储备从1983年的89.01亿美元下降至26.44亿美元,减少幅度达70%以上。

在这种情况下,中国不得不于1985年10月30日将人民币官方汇率再次下调,使人民币官方汇率由1美元兑换2.80元人民币下调至1美元兑换3.2元人民币,下调幅度为14.3%;1986年7月5日又进一步下调到1美元兑3.72元人民币,下调幅度达15.8%。

到1988年,由于中国实行"在价格形成机制方面逐步引入市场机制"的价格改革,[①]加之总需求的过度膨胀,使中国的物价上涨率达到18.5%,远远高于美国4%的物价上涨率。根据相对购买力平价理论,如果中国的物价水平上涨率高于国外的物价水平上涨率,则人民币应该贬值,但由于人民币汇率并没有及时下降,结果使人民币币值再次被严重高估。同时,国内物价上涨也使出口换汇成本进一步上升,1988年全国的平均出口换汇成本为换1美元需4.6元人民币,这就又一次使出口出现亏损。为弥补出口亏损,国家财政1988年所提供的出口补贴高达200亿元人民币,占当年全国财政补贴近一半。

表2-2　中国对外贸易的亏损状况(1987—1991年)

单位:亿元人民币

	1987年	1988年	1989年	1990年	1991年
外贸亏损	282.1	268.5	336.4	224.4	176.1

资料来源:尹翔硕:《中国对外贸易改革的进程和效果》,山西经济出版社1998年版,第104页。

在这种情况下,中国于1989年又不得不再次将人民币汇率下调,使人民币汇率从1美元兑换3.72元人民币下降为1美元兑换4.72元人民币。1990年11月17日,人民币汇率再次下调为1美元兑换5.22元,人民币贬值幅度约为9.57%。人民币汇率从1979年的1美元兑换1.49元人民币下

① 从1984年开始,中国的价格改革思路从"由政府调整官方定价中的不合理比价"转变为"在价格形成机制方面逐步引入市场机制",其主要内容有:(1)对工业生产资料(即资本品)实行政府统一定价(计划内)和市场调节价(计划外)同时并存的"价格双轨制";(2)逐步让市场决定大部分农副产品的价格;(3)逐步让市场决定工业消费品的价格;等等。

调(贬值)至 1993 年的 1 美元兑换 5.73 元,人民币汇率累计贬值 74%。1993 年,中国的外汇储备只有 180 亿美元,尚不足以维持三个月的进口额。

表 2-3　人民币官方汇率的变动(1987—1993 年)

	1987 年	1988 年	1989 年	1990 年	1991 年	1992 年	1993 年
人民币官方汇率	3.72	3.72	3.76	4.78	5.32	5.50	5.73

注:人民币汇率采用直接标价法,即用 1 美元折合人民币的单位数来表示人民币汇率。
资料来源:国家外汇管理局。

在人民币官方汇率不断贬值的同时,由市场供求因素决定的外汇调剂市场汇率(外汇调剂价格)也不断贬值,1993 年 6 月初,外汇调剂市场汇率甚至跌到 1 美元兑换 11 元人民币。在这种情况下,中央银行不得不于 1993 年 7 月首次以抛售外汇储备的方式调控外汇市场,通过增加外汇的供给及人民币的需求,从而将人民币汇率稳定在 1 美元兑换 8.7 元人民币的水平上,并一直持续到 1994 年初的汇率并轨。

外汇调剂价格不断下降的原因显然与人民币官方汇率不断下降的原因一样,都是由于出口换汇成本的不断上升。具体情况见表 2-4。

表 2-4　人民币外汇调剂价格的变动(1987—1993 年)

	1987 年	1988 年	1989 年	1990 年	1991 年	1992 年	1993 年
人民币外汇调剂价	5.40	6.31	6.42	5.80	5.84	6.57	8.41

注:1993 年 6 月初,外汇调剂价格曾一度跌到 1 美元兑换 11 元人民币。表中人民币外汇调剂价格均为全年平均值。
资料来源:国际货币基金组织:《货币可兑换与金融部门改革》,中国金融出版社 1996 年版,第 157 页。

从理论上来说,当一国汇率水平下降时,该国的出口将增加,进口将减少,从而该国将出现进出口贸易的顺差。但是,由于中国在这一时期的出口换汇成本因经济的低效率(原因主要在于中国经济的市场化改革不深入)而不断上升,同时,由于人民币汇率贬值导致国内物价水平上升,因此,国内企业不得不提高出口商品的国内收购价格。此外,由于人民币汇率贬值导致进口成本增加,因而也增加了出口生产成本,故人民币汇率的贬值又反过来推动了出口换汇成本的上升,结果形成"汇率贬值—物价上涨—出口换汇成本上升—进出口贸易逆差—汇率再贬值"的恶性循环,这就使得这一阶段人民币汇率的不断贬值并没有真正起到促进出口,从而解决中国进出口贸易逆差的作用。数据显示:自 1979 年至 1993 年这 15 年中,中国有 10 年的进出口贸易是逆差(即三分之二的年份是逆差),见表 2-5。

表 2-5　1979—1993 年人民币汇率水平变动与进出口贸易变动状况

单位:亿美元

年份	人民币汇率	出口额	进口额	进出口差额
1979	1.49	136.6	156.8	-20.2
1980	1.53	182.7	195.5	-12.8
1981	1.74	220.1	220.2	-0.1
1982	1.92	223.2	192.9	30.4
1983	1.98	222.2	213.9	8.4
1984	2.79	261.4	274.1	-12.7
1985	3.20	273.5	422.5	-149.0
1986	3.20	309.4	429.0	-119.6
1987	3.72	394.0	432.2	-37.8
1988	3.72	475.2	522.9	-77.6
1989	4.19	525.4	591.8	-66.0
1990	5.22	620.9	533.5	87.4
1991	5.41	718.4	637.9	80.5
1992	5.43	850.0	806.1	43.9
1993	5.80	917.4	1039.6	-122.2

注:各年度的人民币汇率都是年底的汇率水平。

资料来源:《中国统计年鉴》及《中国金融年鉴》相关年份。

由于在人民币汇率贬值的情况下,中国的进出口贸易仍然在大部分年份是逆差,因此又出现人民币汇率贬值与外汇储备严重不足同时并存的不合理状况。1993 年底,中国的外汇储备仅有 212 亿美元,尚不足以维持三个月的进口额。这一现实说明,人民币官方汇率水平高估的问题并没有在这一时期的改革过程中得到根本解决。

第二节 “钉住”美元的固定汇率制度所带来的种种问题(1994—2005年)

为解决人民币官方汇率仍然高估及中国事实上存在的双重汇率问题,以刺激中国的出口,并推动中国经济的市场化及国际化,中国从1994年1月1日起将人民币官方汇率与外汇调剂市场汇率并轨,将人民币汇率统一规定为1美元兑换8.7元人民币(这一汇率水平在很大程度上考虑了当时外汇调剂市场的汇率水平)。这意味着,人民币官方汇率从1993年底的1美元兑5.8美元人民币贬值到1美元兑换8.7元人民币,人民币汇率贬值幅度为33.33%。应该说,这一改革基本上解决了人民币汇率的高估问题(Goldstein 和 Lardy,2003)。[①] 同时,人民币汇率并轨也改变了长期以来所实行的双重汇率制度。在汇率并轨的基础上,中国还对人民币汇率形成机制进行了改革,即通过建立全国统一的银行间外汇市场,以银行间外汇市场形成的汇率作为人民币基准汇率,进而实行以“市场为基础的”“单一、有管理”的“浮动汇率”制度。

在这同时,中国还取消了外汇额度留成和上缴制度,实行外汇结售汇制度,并取消了经常账户下对外支付的计划审批,境内企业在经常账户下的对外支付用汇,可持有效凭证,用人民币到外汇指定银行办理兑付,从而实现了人民币在经常账户下有条件的可兑换。在此基础上,中国于1994年4月1日正式建立全国性的银行间外汇市场,以取代外汇调剂市场。银行间外汇市场上的交易对象由外汇额度指标转变为外汇现汇[②],各外汇指定银行

① Goldstein 和 Lardy(2003)之所以认为人民币汇率并轨解决了人民币汇率高估的问题,其理由主要有:(1)当时中国外汇调剂市场的外汇交易量占外汇交易量的80%以上,因此,外汇调剂市场汇率更能反映市场的供求状况;(2)1994年至1996年中国经常账户余额占GDP的比重维持在正负2%之间,贸易收支大致接近平衡。

② 外汇额度与外汇现汇的区别:外汇现汇是现实的外汇资金,而外汇额度指标是在国家外汇管理部门控制下可以使用的外汇指标,使用外汇时需经外汇管理部门批准,然后才能按其批准使用的外汇额度指标和配套的人民币资金到中国银行购买外汇现汇。

可在这个市场上买卖外汇现汇,相互调剂外汇余缺和进行清算服务,并对客户办理外汇业务。

在全国性的银行间外汇市场上,中央银行可以根据前一日银行间外汇交易市场形成的外汇交易价格和当时的外汇供求状况,并参照国际外汇市场的变化,每日公布人民币对其他货币的汇率中间价,各外汇指定银行可以此为依据,在中央银行规定的浮动幅度范围内自行确定挂牌汇率,并以此汇率对客户买卖外汇。这意味着,并轨后的人民币汇率在一定程度上解决了人民币汇率不是由外汇供求关系决定的非市场化问题,从而向市场化方向迈出了一大步。与此同时,中央银行还改变了以往只有当外汇市场出现严重的供求不平衡,汇率发生较大幅度的不正常波动时才进行干预的做法,而改为在经常性分析预测的基础上及时调节外汇供求,这就大大改进了中央银行的外汇干预方式,从而有利于维持外汇市场的稳定。

从 1996 年 12 月 1 日起,中国正式接受国际货币基金组织协定第八条第 2、3、4 款的义务,实现人民币经常账户下的可兑换,基本解除国际商品贸易、劳务合作、技术引进及运输、港口、银行保险、通讯等有形贸易和无形贸易方面的外汇限制,取消对“三资”企业合理的利润汇出和外债利息支付的限制,简化经常账户下交易性汇兑的行政审批手续,不再实行歧视性货币安排和多重汇率制度,等等。这一改革进一步推动了中国银行间外汇市场的发展。

一、人民币官方汇率贬值及人民币官方汇率与外汇调剂市场汇率并轨的作用

由于人民币汇率大幅贬值且向市场化方向迈出了一大步,因此,这在当时就起到了以下作用。

(一)刺激了出口

人民币汇率并轨实际上意味着人民币官方汇率的贬值,这使得以外币表示的中国出口产品的价格相对下降,增加了中国出口产品在国际市场上的价格优势,有利于刺激出口,从而为中国以出口为导向的经济增长模式创造了有利的汇率环境。1994 年中国出口增长 31.9%,进口增长 11.3%,当年就扭转了贸易逆差,实现了 53.9 亿美元的顺差。1995 年出口增长 23%,

进口增长 14. 3%，贸易顺差扩大到 167 亿美元。Haetal 和 Kristen 等人指出，中国从 1994 年底开始实行紧缩的货币政策之所以没有导致经济的衰退，原因就在于人民币汇率贬值引起出口增长（Haetal，2003）以及外商直接投资的增长（Kristen，2007）。

（二）改善了外商投资环境

在人民币实现经常账户可兑换之前的双重汇率制度下，外商直接投资的资金汇入和利润的汇出是采用两种不同的汇率来折算的，这就增加了外商直接投资的风险。而人民币汇率的并轨则使外商直接投资资金的汇入和利润的汇出都可采用同一个汇率进行折算，这就减少了外商的投资风险，从而一方面增加了外商投资的获利机会或收益率，另一方面由于外汇买卖较前更加灵活方便，投资利润的汇出也就更加容易，因而减少了外商投资企业的交易成本，由此大大改善了外商的投资环境。1994 年中国实际吸收外商投资达 339.46 亿美元，比并轨前的 1993 年增长 22.8%。此外，人民币汇率贬值实际上提前锁定了外流资金未来一两年的贬值预期，这也使得大部分外资迫于汇率风险而不得不继续留在境内。

（三）外汇储备明显增加

由于对外贸易出现顺差，加上外资流入不断增加，因此导致中国的外汇储备不断增加。1993 年底，中国的外汇储备仅有 212 亿美元，而到 1995 年底，中国的外汇储备则猛增至 736 亿美元，到 1996 年底，中国的外汇储备更高达 1100 亿美元。

（四）推动了中国经济的进一步对外开放

人民币官方汇率与外汇调剂市场汇率并轨消除了双重汇率制所形成的种种弊端，符合关税与贸易总协定及国际货币基金组织要求成员国实行统一汇率的基本原则及国际惯例，因此，人民币汇率并轨有利于中国恢复在关税与贸易总协定中的缔约国地位，从而有利于推动中国经济的进一步对外开放。

此外，汇率并轨也使中国的企业能在统一的汇率基础上进行合理的成本和收益核算，并在合理的成本和收益核算基础上进行正确的生产或进出口经营决策，有利于企业提高效率。

表 2-6　中国的进出口、外资流入及外汇储备变动(1993—1996 年)

单位:亿美元

	1993 年	1994 年	1995 年	1996 年
出口规模	917.4	1210.1	1487.7	1510.5
出口增长率	8.0	31.9	22.9	1.5
进口规模	1039.6	1156.1	1320.8	1388.3
进口增长率	29	11.3	14.2	5.1
对外借款	111.89	92.67	103.27	126.69
外商直接投资及其他	277.71	339.46	378.04	421.35
外汇储备	212		736	1100

资料来源:《中国统计年鉴(1998)》及《中国人民银行统计季报》。

由于中国出口不断扩大,同时外资大量流入,这不但使人民币汇率结束了连续 16 年贬值的历史,而且促使人民币汇率稳中有升。① 从人民币汇率的走势来看,从 1994 年下半年起,人民币汇率一直呈升值态势,即从 1994 年初统一汇率时的 1 美元兑 8.70 元,升值为 1994 年底的 1 美元兑 8.44 元、1995 年底的 1 美元兑 8.31 元、1996 年底的 1 美元兑 8.29 元,见表 2-7。

表 2-7　人民币汇率的升值状况(1994—1996 年)

	1994 年 1 月 1 日	1994 年底	1995 年底	1996 年底
人民币汇率	8.70	8.44	8.31	8.29

总之,人民币官方汇率贬值及人民币官方汇率与外汇调剂市场汇率并轨进一步推动了中国经济的对外开放,并为中国以出口扩张为导向的经济增长模式创造了有利的汇率环境,再加上 20 世纪 90 年代的全球经济增长较快,②

① 1994 年的汇率并轨取得成功,且人民币汇率出现稳中有升的态势与当时政府实行从紧的财政货币政策有关,因为紧缩性的财政货币政策起到了稳定宏观经济及抑制外汇需求的作用。

② 这一时期全球经济增长较快的原因有:(1)通信、信息技术的变革、电脑技术及互联网的普及所带来的技术进步及经济结构的转变;(2)发展中国家及中央计划经济国家 20 世纪 90 年代纷纷向市场经济转轨;(3)中国和印度的廉价出口品降低了工业化国家的通货膨胀率;(4)全球各国纷纷开放市场,从而导致全球市场竞争加剧并进而促使经济效率不断提高;(5)美国 1995—2000 年股票市值的迅速增长为消费支出的增加提供了动力(财富效应),此外,房价上涨也带来了财富效应,从而刺激了消费并进而刺激了经济增长;等等。

从而为中国扩大出口创造了有利的外部经济环境，因此，在这一背景下，中国以出口扩张为导向的经济增长模式取得了巨大的成功。这也意味着，中国通过实现人民币官方汇率的贬值及人民币官方汇率与外汇调剂市场汇率并轨，并在此基础上让人民币汇率逐步由市场决定，以解决人民币汇率的高估问题，确实起到了推动改革开放以及刺激出口，进而促进经济增长的目的。

二、有管理的"浮动汇率制度"逐步演变成"钉住"美元的"固定汇率制度"

从中国的长期实践来看，中国政府及货币当局制定及运用人民币汇率政策的目标是实现经济的增长。在计划经济体制中，中国通过高估人民币汇率水平来实现进口替代的工业化并进而实现经济的迅速增长。这一政策虽然为实现中国的工业化及经济增长起到了一定的作用，但却是以经济的低效率及巨额的财政补贴为代价。而在改革开放时期（1979—1994 年），中国又通过人民币汇率的不断贬值并使人民币汇率逐步由市场决定以解决人民币汇率的高估问题，从而使人民币汇率逐步趋向均衡水平，并以此推动中国的出口扩张，进而实现经济的迅速增长。应该说，这一政策思路是正确的并取得了成功。

然而，自 1994 年人民币官方汇率贬值及人民币官方汇率与外汇调剂市场汇率并轨以后，由于中国的出口不断扩大，外资不断流入，因此形成外汇供给大于外汇需求的状况①。但在当时条件下，由于以下原因，中国又不可能实行浮动汇率制度或真正意义上的"有管理的浮动汇率制度"，让人民币

① 外汇市场上的外汇供给大于需求也与中国当时实行的强制结售汇制度有关。按照这一制度，国内企业出口所获得的外汇必须无条件地按挂牌汇率全部出售给外汇指定银行，即使出口换汇成本高于挂牌汇率也得出售，结果，外汇市场上的外汇供给因为对企业的强制结汇而不断扩大。同时，国内企业为支付进口而购买外汇，则必须持有经过政府严格审批核准的有关文件（如配额、进口许可证或进口证明等）才能到外汇指定银行购买外汇。由于政策规定过多，对有效凭证的审核十分严格，审核程序及环节过于烦琐，因此，企业购买外汇实际上受到严格限制，这就使外汇市场上的外汇需求受到人为的抑制。可见，这种控制外汇供给并限制外汇需求的带有计划经济数量控制色彩的强制结售汇制度也人为造成外汇市场的供大于求。虽然中国以后逐步放松了限制并于 2012 年取消了强制结售汇制度，规定企业和个人可自主保留外汇收入，但由于人民币汇率存在升值压力及升值预期，因此，企业倾向于将美元兑换成人民币，因而仍然造成外汇市场上的外汇供给大于需求。

汇率水平完全由市场供求关系决定。这是因为:

(一)当时占中国经济主导地位的国有企业缺乏内在的自我约束及激励机制且效率低下的问题一直没有得到根本解决

在浮动汇率制度下,汇率的频繁变动会导致一国价格的变动从而影响该国市场主体的成本及收益,并进而对该国经济产生广泛的影响,因此,该国的市场主体是否真正有内在动力或压力为最大限度地获得收益及避免亏损或破产的命运而紧紧盯住汇率及国内外市场价格的变化,以便及时根据汇率的上升或下降做出最佳的决策,并成功地抵御或化解汇率波动所形成的风险或冲击,从而保证一国经济的稳定增长是一国实行浮动汇率制度的关键所在。可见,浮动汇率制度成功发挥作用的前提条件为经济主体是理性的,具有内在的自我激励及自我约束机制,但恰恰在这一点上中国当时还难以满足条件。因为当时占中国经济主导地位的国有企业并不是真正拥有独立财产的产权主体或市场主体,因而缺乏内在的自我约束及激励机制。显然,在这种情况下实行浮动汇率制度不但没有实质意义(因为国有企业缺乏真正的权利或内在的动力及压力时刻钉住汇率等价格信息的变动以便及时做出反应),而且在国有企业缺乏内在的自我约束机制因而缺乏风险意识(包括汇率风险)的情况下,汇率的频繁波动会放大其经营风险,从而会给国内经济带来震荡。

更重要的是,由于国有企业并不是真正拥有独立财产的产权主体或市场主体,因此,国有企业效率低下的问题也一直没有得到根本解决,在这种情况下,如果让人民币汇率自由浮动,则国有企业就会受到巨大冲击,甚至许多低效率的国有企业还会被市场所淘汰。显然,这不利于保护国有企业,从而不利于经济及社会的稳定。

(二)市场价格机制在当时还没有完全发挥调节作用

由于在当时的条件下,市场价格机制在中国还没有完全发挥调节作用,资源并没有完全由市场价格机制加以配置,政府仍对资源配置起主导作用,一些行业在政府的影响下还存在着行政垄断问题,市场并不能完全自由进出。同时,国内价格和工资还难以完全随市场供求的变动而灵活变动以出清市场,因此导致资源难以在各部门、各行业之间自由流动。显然,在这种情况下,人民币汇率的变化也难以通过及时地影响国内价格的相应变化而起到配置资源、影响供给、调整贸易结构及调节国际收支的作用。在这种情况下实行浮动汇率制度不但没有实质意义，反而会因汇率的频繁波动导致国内经济波动而使经济增长率下降。

（三）中国的金融体系当时还很不完善且利率没有市场化

浮动汇率制度的一个重要前提是金融市场充分有效，资本自由流动，利率完全市场化，但中国当时还不具备这些条件，中国的金融体系仍由政府主导而没有真正“市场化”，即没有真正成为将储蓄转移到效率最高的用途上或掌握最有利的投资机会的经济主体手中，以实现资源合理配置的制度安排。相反，在一定程度上被扭曲为给国有企业提供融资甚至“解困”的工具，因而不能有效地分配资源，结果形成相当规模的不良资产，导致中国金融体系存在较严重的脆弱性。显然，这种脆弱的国内金融体系难以承受浮动汇率制度所带来的冲击。

同时，当时中国的金融市场不发达且没有与国际金融市场连成一体，金融资产的品种有限，国内金融资产在国外的替代性很弱，这意味着国内金融市场难以承受汇率的波动。还有，当时中国的外汇市场很不完善且交易量有限，且当时中国缺乏真正意义上的远期外汇市场和其他金融衍生产品市场，缺乏对冲汇率风险的金融工具，因而国内市场主体难以规避汇率风险，在这种情况下也难以实行浮动汇率制度。

此外，由于当时人民币利率没有市场化，人民币利率难以随市场供求的变动而灵活地变动，以使投资者无论是持有本国货币（或金融资产）还是外国货币（或金融资产）所获得的收益都相等，这意味着在中国难以形成利率平价（interest parity），从而难以实现市场均衡。在难以形成利率平价的情况下实行浮动汇率制度就会出现明显的套利（arbitrage）机会，从而会大量产生短期资本的投机套利活动（特别是在人民币存在升值压力的情况下就更会加剧这种投机活动）。

（四）由于当时国内需求不足，出口成为推进中国经济增长的重要因素

由于当时中国的居民收入主要来源于劳动者报酬，而来自于利息、租金及利润等财产性收入的比重很小，且中国居民收入占国民收入的比重过低，而政府和企业收入占国民收入的比重过高（这与国家掌握绝大部分资源有

关),结果导致中国居民的消费需求不足。同时,由于中国的金融体系不能使劳动与资本通过市场机制合理地组合起来以最大限度地创造供给,且由于国内的企业家精神受到压抑,因而造成国内储蓄大于投资,导致国内需求(或国内吸收)不足。在这种情况下,出口(外部需求)就成为当时推动中国经济增长的重要因素。显然,如果在这种情况下实行浮动汇率制度,听由人民币汇率水平随外汇供给的不断增大而大幅升值,则会打击中国的出口,进而抑制中国的就业及经济增长。

此外,根据国民收入恒等式:Y(国民收入)= C(消费)+ I(投资)+ X(出口)- M(进口)可得等式:$S - I = X - M$。该等式可称为"双剩余模式",即一国同时存在储蓄剩余和外汇剩余。根据该等式可得结论(Mckinnon,2003):中国的贸易顺差($X - M$)是由中国的国内储蓄大于投资($S - I$)造成的(从这个意义上来说,中国外汇储备的持续增长与中国的储蓄大于投资有关)。由于人民币汇率的变动并不能调节国内储蓄与投资的平衡,因此这意味着,实行浮动汇率制度并不一定能解决中国的贸易顺差问题,从而并不一定能促使中国的国际收支趋于均衡,等等。

基于以上考虑,中国政府显然难以实行真正意义上的"有管理的浮动汇率制度"。在这种情况下,中国央行就不得不直接入市干预,以控制人民币汇率水平及其波动幅度,特别是要避免人民币汇率升值对中国出口及经济增长的影响。在缺少充分的干预冲销手段(特别是由于缺乏能进行公开市场操作的具有相当深度和广度的国债市场)情况下,中国央行只得采取投放基础货币买入外汇的办法增加对外汇的需求及人民币的供给,从而压抑人民币汇率的升值,结果使人民币汇率水平基本没有变动或变动幅度极小,见表2-8。

表2-8　1994—2005年人民币平均汇率

年份	1994	1995	1996	1997	1998	1999	2000	2001	2002	2003	2004	2005
汇率	8.61*	8.35	8.31	8.29	8.28	8.28	8.27	8.27	8.27	8.27	8.27	8.27

注:*1994年1月1日人民币汇率并轨时的汇率为1美元兑8.70元,但全年的平均汇率为8.61元。
资料来源:中国人民银行调查统计司。

根据相对购买力平价理论，汇率变动的主要因素是不同国家货币购买力或物价的相对变化，汇率变动率等于两国通货膨胀率之差。当一国的物价水平相对外国上升时，该国货币的汇率会贬值，当一国的物价水平相对外国下降时，该国货币的汇率则会升值。而按照利率平价理论，当一国利率水平相对外国下降时，该国货币的（即期）汇率会趋于贬值（因资本流出增加）；当一国利率水平相对外国上升时，则该国货币的（即期）汇率会趋于升值（因资本流入增加）。[①] 但是，在1994—2005年期间，无论是物价还是利率的变动都没有对人民币汇率产生影响。详见表2-9。

表2-9　1994—2005年人民币平均汇率、中美两国物价变动率及利率水平

年份	人民币汇率	中国物价 a	中国利率 b	美国物价 d	美国一年期国债利率	美国联邦基金利率
1994	8.61	21.7%	10.98%	2.6%	4.27%	4.21%
1995	8.35	14.8%	10.98%	2.8%	5.51%	5.83%
1996	8.31	6.1%	7.47%	3.0%	5.04%	5.30%
1997	8.29	0.8%	5.67%	2.3%	5.07%	5.46%
1998	8.28	-2.6%	3.78%c	1.6%	4.82%	5.35%
1999	8.28	-3.0%	2.25%	2.2%	4.66%	4.97%
2000	8.27	-1.5%	2.25%	3.4%	5.80%	6.24%
2001	8.27	-0.83%	2.25%	2.8%	2.22%	3.88%
2002	8.27	-1.3%	1.98%	1.6%	1.45%	1.67%
2003	8.27	1.2%	1.98%	2.3%	1.31%	1.13%
2004	8.27	3.9%	2.25%	2.7%	2.67%	1.35%

① 抵补与非抵补的利率平价理论在理论上阐明了汇率的变动与两国利率水平差异之间存在着内在的数量联系，即：当本国利率水平高于外国利率水平时，本国货币的即期汇率会上升，但本国的远期汇率或预期的未来即期汇率会下降；反之，当本国利率水平低于外国利率水平时，本国货币的即期汇率会下降，但本国的远期汇率或预期的未来即期汇率会上升。其结果是：用相同货币衡量的任意两种货币存款的预期收益率完全相等。

续表

年份	人民币汇率	中国物价 a	中国利率 b	美国物价 d	美国一年期国债利率	美国联邦基金利率
2005	8.19	1.8%	2.25%	3.4%	4.35%	3.22%

注:a.2000 年以前,我国一直用商品零售价格指数(RPI,Retail Price Index,只包含零售商品的价格)作为度量通货膨胀的主要指标,2000 年之后开始以居民消费价格指数(CPI,Consumer Price Index,包括居民购买的消费品和服务的价格)作为衡量物价水平的指标。

b:代表性利率(一年期银行定期存款利率)。由于中国银行业是中国金融业的主体,因此,银行存款利率是中国影响面最广的利率。同时,由于在政府的隐性保险下,中国的银行长期以来一直并不存在破产倒闭的风险。这意味着,中国的银行存款利率是无风险利率。因此,在中国,长期以来一年期银行定期存款利率实际上被视为中国的基准利率或代表性利率。

c:1998 年中国曾连续 3 次下调利率,分别下调为 5.22%、4.77%及 3.78%。

d.美国物价用消费者物价指数衡量。

资料来源:人民币汇率和美国消费者物价指数的数据来源于《International Finance Statistics》,中国消费物价指数的数据来源于国家统计局、中国人民银行。

表 2-9 显示,从 1994 年到 2005 年,中国曾多次连续大幅度降低利率,使人民币利率由 1994 年的 10.98%一路降至 2002 的 1.98%,同时,中国的物价也从 1994 年 21.7%的上涨率下降到 2005 年的 1.8%,人民币汇率水平却只从 1994 年汇率并轨时的 1 美元兑换 8.70 元人民币升值到 1998 年的 1 美元兑换 8.28 元人民币,升值率仅为 4%,而从 2000 年到 2005 年 7 月 21 日之前,人民币汇率水平则固定在 1 美元兑换 8.27 元人民币的水平上。[①] 这意味着,人民币汇率制度由名义上的"有管理的浮动汇率制度"(Managedfloat)演变成"有管制的固定汇率制度"(Managedfix)或"钉住"美元的固定汇率制度,[②]人民币汇率实际上也成为"准官方汇率",人民币汇率并不能够完全地反映国内物价、利率的变动,当然也不反映中国实际

① 1997 年亚洲金融危机爆发后,中国政府为了防止地区货币竞相贬值,决定将人民币汇率水平基本固定在 1 美元兑换 8.28 元或 8.27 元人民币的水平上。有意思的是,在亚洲金融危机爆发以后,曾出现了要求人民币贬值的呼声,其理由主要有:(1)促进出口,与东南亚国家竞争激烈的许多产品(电子元件、电子仪器、纺织品等)需求具有很强的价格弹性,人民币贬值有利于刺激中国这类产品的出口。(2)由于失业率增加,因此人民币贬值不会造成工资上涨。另外,在通货紧缩的情况下进行贬值,没有诱发"通货膨胀"的危险。(3)由于中国对资本流动实行严格的管制,因此,中国不必担心出现如资本外逃或银行体系危机之类的贬值负面影响。

② 国际货币基金组织在 1999 年调整其汇率制度分类方法时将人民币汇率制度加入"事实上的钉住美元"的行列。

经济因素的变动。①

三、人民币汇率"钉住"美元所带来的问题

虽然中国央行通过投放基础货币而大量买入外汇保证了人民币汇率基本上处于固定不变的状态,从而压抑了人民币汇率的升值,进而为中国的出口扩张、就业扩大及经济增长提供了良好的宏观经济环境,但却带来以下一系列问题。

(一)货币供应量过度增加

由于中国央行为买进外汇而大量投放本币,结果导致央行外汇占款规模不断扩大及基础货币的投放不断增加,而这又通过货币乘数的作用造成货币供应量的过度增加,见表 2-10。

表 2-10 1995—2005 年外汇占款规模、基础货币及货币供应量

单位:亿元人民币

	1995 年	1996 年	1997 年	1998 年	1999 年	2000 年	2001 年	2002 年	2003 年	2004 年	2005 年
外汇占款规模	6774.5	9578.7	13467.2	13728.3	14792.4	14291.1	17856.4	23223.4	34846.9	52592.6	71211.1
基础货币	20759.8	26888.5	30632.8	31335.3	33620	36491.5	39851.7	45138.2	52841.4	58856.1	64343.1
货币供应量	60750.5	76094.9	90995.3	104498.5	117638.1	132487.5	152888.5	183246.9	219226.8	250802.8	296040.1

资料来源:国家统计局、中国人民银行。

以上说明,中国央行为钉住人民币汇率付出了货币供应量过度扩张的代价。同时,中国央行为避免人民币升值而不得不大量投放基础货币,这也意味着中国以货币供应量为货币政策中介目标的货币政策框架失灵,或者说中国央行失去了货币政策的独立性,而失去货币政策的独立性就意味着失去了保护国内市场免受国际市场冲击的能力。

① 在这期间,人民币汇率保持固定也与当时的国际经济环境有关。1997 年东南亚金融危机爆发,泰国汇率从 25 泰铢兑 1 美元贬到 52 泰铢,印尼更是从 2000 印尼盾兑 1 美元贬到 16000 盾。因此,一方面为避免竞争性贬值的不利影响,另一方面也为避免人民币汇率波动引发热钱的流动和投机冲击,中国也不得不维持人民币汇率固定不变。

(二)外汇储备超常增长

中国央行大量买进外汇还造成央行外汇储备(中央银行投放基础货币收购的外币形成央行的外汇储备)超常增长。① 见表2-11。

表2-11 1995—2005年中国外汇储备余额及变动情况

单位:亿美元

年份	外汇储备余额	较上年变动情况
1995	736.0	219.8
1996	1050.3	314.3
1997	1398.9	348.6
1998	1449.6	50.7
1999	1546.8	97.2
2000	1655.7	108.9
2001	2121.7	466.0
2002	2864.1	742.4
2003	4032.5	1168.4
2004	6099.3	2066.8
2005	8188.7	2089.4

资料来源:国家外汇管理局。

巨额的外汇储备带来以下问题:

(1)外汇储备意味着本国的储蓄转化为外国的资本,意味着资源被国外占用,因此,巨额的外汇储备实际上是变相的国内资金闲置,意味着大量的资源没有得到充分的利用,这意味着效率的损失。

(2)由于巨额的外汇储备高度集中于少数特定国家的通货资产(特别是美元),这等同于赋予外国政府向本国课征铸币税(seigniorage)的权力,意味着国家福利的损失。

① 有人认为,外汇储备是央行的资产,因为它表现在人民银行的资产负债表的资产一方。但应注意的是,中国的外汇储备并不是中央银行的净资产。因为在中央银行获取外汇储备的过程中,中央银行支付了本币,而本国货币发行在中央银行的资产负债表中是负债项目。也就是说,在中央银行外汇储备增加的同时,中央银行的负债也同时增加了。这意味着,央行不过是用货币发行权,用人民币负债去交换企业和个人手里的外币(外国央行的负债)。从这个意义上来说,外汇储备不是属于央行的,而是属于全体居民的。因此,过多的外汇储备对应的是过多的货币供应。

(3)巨额外汇储备的存在是人民币汇率失衡的一个重要标志,这加剧了人民币升值的压力,同时也增大了央行资产负债表的风险。

(4)由于中国央行所持有的大量外汇资产难以向市场出售(担心导致人民币汇率升值),结果导致中国央行的资产严重缺乏流动性,这就严重限制了中国央行的货币政策操作,并增加了中国央行的冲销压力,使中国的货币政策越来越被动,从而加大了中国央行的宏观调控难度,等等。①

还有一点需要指出的是,在目前的国际货币体系中,中国持有巨额外汇储备存在极大的风险。这是因为目前以美元为中心的国际货币制度本身存在"特里芬难题",即:若要保持美元币值稳定,就要控制美元发行,但这不利于全球经济增长;而要维持全球经济增长,又不得不通过美国贸易逆差来提供美元流动性,从而无法保持美元币值稳定(即美元贬值)。而且,要使美国有偿债能力(以保证持有美国资产的安全),就必须让美国扩大出口,而要让美国扩大出口,就必须让美元贬值。可见,在美元贬值的情况下,中国持有巨额外汇储备存在极大的风险。

(三)造成流动性过剩

由于货币供应量不断增加,结果造成流动性的过剩,从而导致国内物价水平的上涨。如果以商品零售物价指数来衡量中国的物价上涨率,则可看到,中国的物价上涨率在 1994 年高达 21.7%,1995 年为 14.8%,1996 年则为 6.1%。②

(四)经常账户及资本账户持续双顺差

根据复式记账原则,经常账户与资本和金融账户的差额之和应该等于

---

① Greenwood(2008)指出,中国央行的外汇冲销会导致一系列金融风险和经济扭曲。这些金融风险和经济扭曲主要包括:(1)中国央行替代企业和消费者集中外汇资产,不利于投资者持有高收益、多样化的国外资产;(2)中国央行不断增加的外汇储备会导致其主要的投资对象——美国国债的收益率大幅下降;(3)中国央行为回收过度投放的基础货币而采取的外汇冲销会抑制金融部门的发展,扭曲市场利率水平及商业银行的资产组合,使得商业银行被迫持有大量低收益的央行资产,而不是高收益的商业贷款;(4)这种模式在长期内还会造成经济结构的扭曲,即出口部门过度扩张,而非出口部门的发展则受阻。

② 根据货币数量论的观点,货币供应量的过度增加必然导致物价水平持续、普遍的上涨,即形成通货膨胀。但自 1997 年以后,中国的货币供应量虽然过度增长,但中国的物价水平却没有相应上涨。事实上,自改革开放以来,中国一直存在着货币供应量的过度增长并没有导致物价相应上涨的现象。Mckinnon(1993)曾将这一现象称为"中国之谜"。这一现象也引起国内外众多经济学家的

零,即在国际收支平衡表中,一笔贸易流量通常对应一笔金融流量,经常账户中实际资源的流动与资本和金融账户中资产所有权的流动同时产生。在不考虑错误与遗漏因素时,经常账户中的余额必然对应着资本和金融账户在相反方向上的数量相等的余额。也就是说,经常账户余额与资本和金融账户余额之和等于零。这意味着,一国经常账户的顺差相当于本国以获得外国金融资产的形式为外国经常账户的逆差提供融资,因此这应该对应着资本及金融账户的相应逆差。也就是说,在一国经常账户长期顺差的情况下,该国的资本及金融项目一般不会长期顺差。相反,一国经常账户的逆差则对应着资本及金融账户的相应顺差,因为一国必须利用金融资产的净流入为其经常账户的逆差融资。因此,一般来说,经常账户和资本与金融账户这两大账户的差额之和应为零,即如果经常账户顺差(或逆差),则资本与金融账户就会逆差(或顺差)。从世界各国经济发展史来看,也没有一个国

广泛兴趣,并提出了许多不同的理论假说或观点来解释这一现象,这主要包括以下几点:(1)"价格指数偏低假说",认为中国的物价指数没有准确地反映中国的真实物价上涨率;(2)"被迫储蓄假说"(Feltenstein 和 Ha,1991),认为由于中国产品结构不合理及缺乏合适的金融资产,使得人们不得不持有货币(即被迫储蓄),结果导致过度增加的货币供应没有被物价的上涨所吸收;(3)"地下经济假说",认为大量的货币供应被地下经济吸收,从而没有导致物价水平的相应上涨;(4)"货币化假说"(易纲,1996;谢平,1996;张杰,1998),认为中国持续增加的货币供应被中国经济货币化或市场化程度的提高所吸收了,因而没有导致通货膨胀,这是国内大多数经济学家都接受的观点;(5)"结构变化假说"(赵留彦和王一鸣,2005),认为由于货币需求量较大的非农产业比重上升,而货币需求量相对较小的农业在国民经济中的比重下降,因此,大量增加的货币供应被经济结构的这种变化所吸收而没有导致物价水平的相应上涨;(6)"资本市场发展假说"(刘伟,2002),认为大量的货币供应因投资于资本市场而没有导致物价水平的相应上涨;(7)中国房地产的发展及房价的大幅上涨吸收了大量的货币供应(陈彦斌、郭豫媚、陈伟泽,2015),而房价并不包括在居民消费价格指数中,因此,这就造成过度增加的货币供应没有被居民消费价格指数所反映出来;(8)由于腐败问题严重造成相当一部分货币沉淀在个人手中,从而使过度增加的货币供应没有被物价的上涨所吸收(江春,2005);等等。本书认为,以上这些实际上反映了中国由计划经济向市场经济转轨所产生的种种变化或因市场机制不健全及制度不合理所带来的问题(如被迫储蓄、地下经济、腐败等),由于这些变化或问题造成中国货币流通速度下降,因而使中国过度增加的货币供应没有被物价的上涨所吸收。但是,从长期来看,只要中国经济实现了完全的市场化,则以上这些因素或不再存在、或对货币流通速度的影响将逐步消失。一旦中国的货币流通速度趋于稳定(货币流通速度不可能无限下降),则过多的货币最终必然会反映在物价上。这意味着,从长期来看,中国货币供应量的过度增长及严重超额货币问题始终是引发中国通货膨胀的潜在因素。

家出现长达十多年两大账户同时“双顺差”的状况。但中国不仅经常账户连年持续巨额顺差，而且资本与金融账户也连年顺差（除 1998 年以外），① 见表 2-12。

表 2-12 1995—2005 年中国的经常账户、资本账户及国际收支状况

单位：亿美元

年份	一、经常账户差额	二、资本与金融账户差额	A.资本账户	B.金融账户	1.直接投资	2.证券投资	3.其他投资	三、储备资产	四、净误差与遗漏
1995	16.1	386.7	0	386.7	338.4	7.9	40.6	-224.6	-178.3
1996	72.4	399.6	0	399.6	380.6	17.4	1.5	-316.6	-155.4
1997	369.6	210.1	-0.2	210.3	416.7	69.4	-275.7	-357.2	-222.5
1998	314.7	-63.2	-0.5	-62.7	411.1	-37.3	-436.6	-64.2	-187.2
1999	211.1	51.8	-0.3	52.1	369.8	-112.3	-205.3	-85.1	-177.8
2000	205.2	19.2	-0.4	19.6	374.8	-39.9	-315.3	-105.5	-118.9
2001	174.1	347.8	-0.5	348.3	373.6	-194.1	168.8	-473.2	-48.5
2002	354.2	322.9	-0.5	323.4	467.9	-103.4	-41.1	-755.1	77.9
2003	430.5	548.7	-0.5	549.2	494.4	114.3	-59.6	-1061.5	82.2
2004	689.4	1081.5	-0.7	1082.2	601.4	197.4	283.3	-1900.6	129.6

① 国际货币基金组织（IMF）在 1993 年编写的《国际收支手册》（第五版）中将国际收支平衡表中原有的“资本账户”改为“资本与金融账户”，其中，资本账户包括资本转移和非生产、非金融资产的收买或出售，金融账户则记录了引起该经济体对外资产和负债所有权变更的所有权交易，具体包括直接投资（包括股票、股权、认购凭证、存托凭证、信托、共同基金等方面的投资）、证券投资（包括各种债券、票券、货币市场工具以及金融衍生工具的投资）、其他投资（包括国际信贷、预付款等）及官方储备。在国际收支平衡表中如此设置及划分账户，与第二次世界大战后特别是 20 世纪 80 年代以来，服务贸易的飞速发展，技术贸易的日益扩大，发展中国家要求发达国家提供更多的援助捐赠或要求债权国给予更多的债务减免有着密切的关系。但是，虽然国际货币基金组织在 1993 年编写的《国际收支手册》（第五版）中将国际收支平衡表中原有的“资本账户”改为“资本与金融账户”，但人们仍然习惯用“资本账户”来统称“资本与金融账户”。总之，资本账户专指对资产所有权在国际流动进行记录的国际收支账户，能够反映一国和其他国家的金融资产交易状况或资本的流出与流入情况，是国际收支平衡表中的一个重要组成部分。

续表

年份	一、经常账户差额	二、资本与金融账户差额	A.资本账户	B.金融账户	1.直接投资	2.证券投资	3.其他投资	三、储备资产	四、净误差与遗漏
2005	1323.8	953.4	41.0	912.5	903.8	-47.1	55.8	-2506.5	229.2

注:1995 年以后,中国央行实施新的国际收支统计申报方法,新方法规定:(1)由以前建立在行业统计基础上的统计制度改变为由交易主体进行申报;(2)申报范围为中国居民与非中国居民之间发生的所有经济交易以及居民与居民之间、非居民与非居民之间发生的所有跨境收支经济交易。需指出的是,2015 年以前,中国按照国际货币基金组织 1993 年发布的《国际收支手册》(第五版)编制国际收支平衡表。2015 年起,中国开始依照国际货币基金组织 2009 年发布的《国际收支手册》(第六版)进行编制。其中一项重要的变化是将储备资产列于金融账户下。按照新的编制方式,如果不考虑误差与遗漏,在经常账户顺差时,资本和金融账户必然逆差,这意味着经常账户及资本账户的“双顺差”的情况不会再出现。

资料来源:国家统计局。

以上情况充分表明:人民币汇率“钉住”美元造成了中国经济的内部失衡和外部失衡。

四、中国央行陷入“稳定汇率还是稳定货币供应及物价”的两难困境

由于货币供应量不断增长,形成越来越大的通货膨胀潜在压力,中国央行陷入了既要防止货币供应量增长过快,从而稳定物价,同时又要稳定人民币汇率水平的两难境地:一方面,如果中国央行试图维持人民币汇率水平固定不变则会使货币供应量增加,这将会导致通货膨胀,从而不利于物价的稳定;另一方面,如果中国央行为稳定货币供应及物价,就不能投放基础货币以大量购买外汇,从而增大对外汇的需求,这在中国的外汇供给因出口扩张及外汇大量流入而不断增加的情况下,就必然出现人民币升值的情况,从而难以保证人民币汇率水平的基本固定不变。而人民币汇率的大幅升值又会给中国经济带来重大冲击。可见,中国央行陷入“到底是稳定汇率还是稳定货币供应及物价”的两难境地。这也意味着,中国的货币政策与汇率政策存在着内在的冲突。

为解决“到底是稳定汇率还是稳定货币供应及物价”的冲突问题,中国央行也试图进行冲销操作以收回因购买外汇而投放的过多的基础货币。为

此，中央银行几乎用遍了所有的传统货币工具，经过多年的对冲操作，中央银行已经面临“无债（券）可用”的局面（即由于中央银行所持有的国债数量有限，因此难以通过不断出售国债来收回基础货币，以冲销外汇占款不断增加所带来的问题）。从 2003 年 4 月 22 日，中央银行不得不在中央银行资产负债表的负债方实施货币政策操作，通过贴现的方式在银行间债券市场首次发行“央行票据”这一金融工具（在中央银行的资产负债表中体现为“发行债券”，之所以称为“央行票据”是为了体现短期性特点），以收回多余的基础货币，这标志着中央银行票据正式成为货币工具之一。从发行数量上看，2003 年“央行票据”的发行量仅 3000 多亿元人民币，2004 年则为 1.1 万多亿元人民币，而 2005 年为 2 万亿元人民币。

中央银行推出“央行票据”表面上看是中央银行公开市场业务的创新，但实际上表明中央银行的资产中没有相应的冲销工具，而且，长期通过发行央行票据来进行冲销面临以下问题。

（1）通过发行央行票据来进行冲销只能在短期有效，不可能无限期使用。如果导致外汇占款增加的外汇流入是短期的，则冲销干预是可行的，但如果导致外汇占款增加的外汇流入是长期持续的，则冲销干预就是不可持续的。可见，冲销政策只能是一种短期稳定措施，它并不能长期使用。随着央行票据发行规模大量增加，当票据到期时，中央银行必须兑付利息，这等于多投入了基础货币。当到期的票据规模过大时，央行票据的操作甚至成为向市场大规模增加货币投放，这就会背离中央银行发行央行票据的初衷。

（2）大大增加了中央银行货币政策的操作成本。中央银行为销售“央行票据”所支付的利息，通常要高于其以外汇储备形式如持有美元或欧元金边债券所得到的利息，而且为了吸引金融机构用“央行票据”置换其超额准备金存款，央行必须在收益率和流动性等方面为金融机构提供比超额准备金更为优惠的条件，这些都使中央银行的政策操作成本大大上升。事实上，随着冲销操作的规模不断扩大，冲销操作的成本会不断加大（中央银行发行的央行票据越多，则须支付的票据利息就越多），因此长期使用冲销政策会给中央银行带来长期的财务负担，并使风险集中于中央银行。

（3）“央行票据”的大量发行导致国内商业银行的可贷资金减少，进而会对国内投资及经济增长产生不利影响，等等。

总之,大量发行"央行票据"并不能从根本上解决货币供应过多及流动性过剩的问题。而且,如果中国央行持续进行冲销操作,则从理论上来说会推动市场利率上升①,这既会对实体经济产生一定的冲击,并吸引更多的国际套利资本流入,从而会加剧人民币升值的压力,使中央银行的冲销操作不可持续。这意味着,中央银行的冲销操作已难以为继。在这种情况下,让人民币汇水平逐步由市场决定,从而使中央银行不再为维持人民币汇率固定不变而大量投放基础货币以购买外汇的制度改革(即人民币汇率制度改革)势在必行。

第三节　中国货币政策的两难困境:"稳定汇率或稳定货币供应及物价"的冲突(2005 年 7 月—2005 年 8 月)

鉴于"有管制的固定汇率制度"或"钉住"美元的固定汇率制度所带来的种种问题,中国央行自 2005 年 7 月 21 日开始对人民币汇率制度进行重大改革。

一、2005 年 7 月 21 日开始实行"参考一篮子货币进行调节、有管理的浮动汇率制度",并不断扩大人民币汇率的浮动幅度

2005 年 7 月 21 日,中国宣布将历时十多年的实际上"钉住"美元的固定汇率制度改为"以市场供求为基础、参考一篮子货币进行调节、有管理的浮动汇率制度",这次改革有三个要点。

(1)放弃将人民币汇率钉住美元的汇率制度。人民币汇率不再钉住单一美元,而是选择若干种主要货币(主要是在中国对外贸易、外债、外商直

① Calvo(1991)在分析拉美国家中央银行外汇干预实践的基础上,认为经常性的冲销干预会导致国内利率上升,使财政成本大幅提高,并导致国内外利差难以消除,带来通货膨胀的恶性循环,因而冲销干预是不可持续的。

接投资等经济活动中占较大比重的国家或地区的货币）组成一个“货币篮子”，并分别赋予其在篮子中相应的权重，在此基础上测算人民币多边汇率水平的变化，并对人民币汇率水平进行调节。

（2）人民币汇率升值。基于中国进出口贸易及国际收支持续顺差的状况，为平衡贸易收支，将人民币对美元汇率升值2%，即人民币汇率由1美元兑换8.27元人民币升值为1美元兑换8.11元人民币。①

（3）扩大人民币汇率浮动区间。央行于每个工作日闭市后公布当日银行间外汇市场美元等交易货币对人民币汇率的收盘价，作为下一个工作日该货币对人民币交易的中间价格（即人民币汇率中间价）。在中央银行公布的中间价基础上，允许人民币汇率有0.3%的浮动区间，从而改变了央行维持人民币汇率水平基本固定不变的状况，使人民币汇率水平向由市场供求关系的变动而变动的市场化方向迈出了一步。

应该承认，从宏观来看，这次人民币汇率制度改革使中国有效应对了加入WTO所带来的挑战，同时促进了中国的对外开放和经济增长，进一步提高了中国的经济地位。数据显示，中国的经济增长率由2005年的11.4%增长到2007年的14.2%，2006年中国超过英国成为全球第四大经济体，2007年中国则超过德国成为全球第三大经济体。

但是，中国于2005年7月21日实行的“参考一篮子货币进行调节”的汇率制度仍然是一次不彻底的改革。这是因为，当时中国所实行的这种“参考一篮子货币进行调节”的汇率制度存在着以下一系列问题。

（1）如何选择币种并计算各种货币的最优权重是一个技术难题。如果篮子中的美元比重较大，则这种汇率制度与“钉住”美元的汇率制度并没有实质差别。相反，如果篮子中美元的比重较小，则人民币兑美元汇率的波动会较大，如果这样的话，那还不如直接宣布实行有弹性的汇率制度更有利。

（2）汇率调整过程过于复杂，篮子中的货币种类越多，调整过程就越复杂。而且，由于发达国家的货币大都实行浮动汇率，汇率经常变化，各种货币在国际贸易和投资中的地位也在变化，“篮子”中各种货币的权重

① 2004年，中国商品贸易和服务项目顺差是320亿美元，占国内生产总值（GDP）的比重不到2%，加上考虑到中国的出口弹性和进口弹性，因此，从总量上来看，2%的升值幅度基本上可以促成实现商品贸易和服务项目的大体平衡。

不可能长期不变,这就不得不经常调整"篮子"货币的最优权重,从而产生了不确定性。

(3)由于中国所实行的"参考一篮子货币进行调节"的汇率制度没有公开篮子货币种类及各自的权重,也不明确中央银行的外汇市场干预规则,因此,这种汇率制度缺乏透明度。这种汇率制度事实上还不如钉住美元的汇率制度简单、透明及易于操作。事实上,就连提倡实施篮子汇率区间的 Williamson(2000a)及 Frankel(2000)等人都承认这种汇率制度缺乏透明度,而缺乏透明度的汇率制度必然缺乏公信力。正因于此,国际上实行"钉住一篮子货币"的经济体数量不断减少(Bubula 和 Otker-Robe,2002),且经济规模都很小(李杨、余维彬,2005)。而且,由于中国所实行的是"参考一篮子货币进行调节"而不是"钉住一篮子货币",因此,这就使市场参与者既难以预期货币当局的政策走向,同时又难以根据各国汇率的变化来判断汇率的走势,从而造成经济的不确定性,不利于树立人们的市场信心,也不利于市场参与者进行长期预期和做出正确的决策。

(4)造成"名义锚"的缺乏。在钉住美元的汇率制度下,稳定的人民币汇率实际上充当了稳定经济的"名义锚"①,而在实行新的汇率制度以后,人民币汇率的这种保持经济稳定的"名义锚"作用不再存在。

(5)这种通过与"一篮子货币"相挂钩所计算出来的汇率是根据"篮子"中其他货币的汇率变动计算出来的,而不是由人民币的市场供求决定的,因而不能充分反映外汇市场的供求状况,而且也不利于人民币均衡汇率的形成。显然,这种通过计算来确定价格的方式并不是真正市场化的方式,因而与实现人民币汇率的市场化存在矛盾。从中国的现实情况来看,这次改革实际上只是将"由政府根据美元汇率来确定人民币汇率"改为"由政府参考一篮子货币来确定人民币汇率",因而并不是真正意义上的市场化改革。特别是,在"参考一篮子货币进行调节"的汇率制度下,中国央行只允许每日人民币即期汇率在中央银行每日公布的中间价基础上的波动不得超过0.3%,因此,这种汇率制度实质上仍是一种钉住汇率制度或事实上的固

① 许多经济转轨国家在价格自由化改革的过程中为防止通货膨胀,曾将稳定本国汇率作为稳定本国物价水平的"名义锚"(Klyuev,2001)。

定汇率制度(布雷顿森林体系下可调整的固定汇率制度尚且允许上下1%的波动幅度)[①]。可见,这次的汇率制度改革实际上是不彻底的,并不符合建立真正的市场经济体制的根本要求。

为此,中国又不得不进一步进行人民币汇率制度的改革,以逐步扩大人民币汇率的浮动幅度。2007年5月,中国在允许人民币汇率有0.3%的浮动区间基础上,又将浮动区间扩大到0.5%,从而进一步扩大了人民币汇率的市场化程度。

二、2005年的汇率制度改革并没有解决中国经济的失衡问题及中国央行所面临的难题

但是,仅仅将人民币汇率浮动幅度扩大到0.5%并没有解决中国经济的失衡问题及中国央行所面临的难题,因为在中国的外汇供给因出口扩张及外资大量流入而不断增加的情况下,中国央行仍然要为维持人民币汇率浮动幅度在0.5%以内而继续投放基础货币,结果原来所存在的一系列问题并没有得到解决,这主要表现为以下方面。

(一)国际收支仍然持续顺差

表2-13　2005—2011年中国进出口贸易及国际收支状况

单位:亿美元

年份	一、经常账户差额	二、资本与金融账户差额	A.资本账户	B.金融账户	1.直接投资	2.证券投资	3.其他投资	三、储备资产	四、净误差与遗漏
2005	1323.8	953.4	41.0	912.5	903.8	-47.1	55.8	-2506.5	229.2
2006	2318.4	493.1	40.2	452.8	1001.4	-684.1	135.5	-2847.8	36.3
2007	3531.8	942.3	30.9	911.3	1390.9	164.4	-644.0	-4607.1	132.9

① 从国际比较看,“参考一篮子货币进行调节”的汇率制度看似区间波动,但是和典型的区间波动却有显著差异。典型的区间波动要有两个要素:一是明确宣布固定的中心汇率;二是围绕中心汇率确定一定的上下波动幅度。但在“参考一篮子货币进行调节”的汇率制度中,并没有一个固定、明确的中心汇率,人民币汇率中间价并非固定不变,同时,人民币即期汇率的波幅限制只是对人民币汇率中间价的日波幅限制,没有更长时间的波幅限制。可见,“参考一篮子货币进行调节”的汇率制度比典型的区间波动机制使货币当局有更大的权力来控制汇率水平的波动。

续表

年份	一、经常账户差额	二、资本与金融账户差额	A.资本账户	B.金融账户	1.直接投资	2.证券投资	3.其他投资	三、储备资产	四、净误差与遗漏
2008	4205.7	401.2	30.5	370.7	1147.9	348.5	−1125.7	−4795.4	188.4
2009	2432.6	1984.7	39.4	1945.3	871.6	270.8	802.7	−4003.4	−413.8
2010	2378.1	2868.6	46.3	2822.3	1857.5	240.4	724.4	−4717.4	−529.3
2011	1360.9	2654.7	54.4	2600.2	2316.5	196.4	87.3	−3878.1	−137.6

资料来源:国家统计局网站。

(二)央行的资产规模日益膨胀且结构失衡

由于中国央行仍然大量买进外汇,因此导致中国央行的外汇占款持续增加,资产规模不断膨胀。2005 年,中国央行的资产规模还只有 10.3676 万亿元人民币(折合美元为 1.2838 万亿)。2011 年底,中国央行的资产规模高达 28.0978 万亿元人民币(折合美元为 4.4402 万亿)。2011 年底,美国联邦储备银行的资产总额为 3.8 万亿美元,而中国的经济总量低于美国(2011 年底,中国的 GDP 为 484124 亿元人民币,折合 7.32 万亿美元,美国为 15.53 万亿美元)。基于央行资产与该国 GDP 的比较,中国央行的资产规模显然已过度膨胀(这是中国流动性过剩的一种特殊形式)。

在中国央行资产规模不断膨胀的同时,中国央行的资产结构也严重失衡。从中国央行的资产结构来看,"外汇占款"已成为中国央行的最大资产。2005 年,中国央行的"外汇占款"为 6.21 万亿元人民币,但到 2011 年底,中国央行的外汇占款高达 23.23 万亿元(折合 3.69 万亿美元),占央行资产总额的 82.7%,而中国央行又难以出售外汇(因会导致外汇贬值而人民币升值)。

更严重的是,由于中国央行买进的美元在持续贬值,而卖出的人民币在持续升值,因此,中央银行大量买进外汇并相应卖出人民币的政策操作是亏损的。由于中国央行从未披露其损益表,因此难以直接观察中国央行实施货币政策的成本及央行的盈亏状况。但根据人民币汇率由 2005 年 7 月 1 日中国进行汇率制度改革时的 1 美元兑换 8.11 元人民币上升到 2011 年 12

月 31 日的 1 美元兑换 6.3 元人民币，即人民币汇率兑美元累计升值 28.71% 这一事实，可以大致判断出中国央行大量投放本币而买进外汇的政策业务是亏损的，[①]中国央行面临着较大的资产负债表“估值风险”。

（三）外汇储备仍然超常增长

由于中国央行仍然大量买进外汇，因此导致中国央行的外汇储备仍然超常增长，见表 2-14。

表 2-14　2005—2011 年中国官方外汇储备

单位：亿美元

年份	外汇储备
2005	8188.72
2006	10663.44
2007	15282.49
2008	19460.30
2009	23991.52
2010	28473.38
2011	31811.48

资料来源：中国人民银行网站。

2006 年，中国的外汇储备达到 10663 亿美元，首次超过日本，位居全球第一；而到 2008 年 4 月，中国的外汇储备则达到 17600 亿美元，超过全球七大工业国外汇储备的总和；而到 2009 年 6 月，中国的外汇储备则达到 2 万亿美元，已占到全球外汇储备的 30%。

（四）货币供应量进一步膨胀

2005 年，中国的货币供应量（M2）还只有 29.8755 万亿元，而到 2011 年末，中国的货币供应量余额高达 85.1590 万亿元（折合 13.4573 万亿美元），见表 2-15。

① 由于中国央行投资于国外的外汇储备并没有实际兑换成人民币，而是滚入外汇储备继续运营，因而这部分资本利得或损失只是体现为账面上的利得或损失。

表 2-15　2005—2011 年中国广义货币供应量状况

单位:亿元人民币

年份	货币供应量(M2)
2005	298755.67
2006	345603.59
2007	403442.21
2008	475166.60
2009	610224.52
2010	725851.79
2011	851590.94

资料来源:中国人民银行网站。

以上分析说明,导致中国货币供应量不断持续增长的原因在于,为保证中国的出口及经济增长,中国央行不得不大量投放货币以维持人民币汇率水平的稳定。

由于货币供应量不断增长,因而势必形成越来越大的通货膨胀潜在压力。总之,中国在改革开放时期所采取的维持人民币汇率稳定的政策虽然在一定程度上保证了国内的出口及经济增长,但却付出了货币供应量过度增长及内外经济失衡的代价。

需要指出的是,从长期来看,在一国货币供应量长期持续增长的情况下,该国货币汇率的稳定是不可能维持的。20 世纪 70 年代以后的国际经验已证明,一些发展中国家或新兴市场国家试图在本国货币供应量过度增长的情况下,为避免本国货币贬值而力求维持本国货币汇率的固定不变,但结果都爆发了货币危机。第一代货币危机理论也表明,如果一国试图在本国货币供应量增长过快,本国通货膨胀率高于国外的情况下试图维持固定汇率制度,则最终会爆发货币危机(Krugman,1979;Fload 和 Garber,1984)。

(五)出现人民币汇率"对外升值、对内贬值"的扭曲现象

由于中国货币供应量不断增长,造成国内流动性严重过剩及资产价格的膨胀,并形成潜在的通货膨胀压力,这在中国主要依靠出口刺激经济增长的模式下,就形成"人民币对外升值、对内贬值"的现象。但由于人民币不是自由兑换货币，在国际金融市场上难以获得升值的好处。人民币“对外升值、对内贬值”一方面造成中国产品的国外竞争力下降，另一方面导致国内生产成本上升，从而压缩中国企业的盈利空间。

从宏观经济的角度来看，人民币汇率“对外升值、对内贬值”反过来还加剧了中央银行货币政策的两难：如果央行实行扩张性的货币政策（包括降低利率）以解决人民币汇率的“对外升值”问题，则将导致中国的超额货币问题更加严重并加剧通货膨胀的压力，进而使人民币汇率的“对内贬值”现象更加严重，这从长期来看也将严重影响中国经济的稳定与增长；相反，如果采取紧缩性的货币政策（包括提高利率）以解决人民币汇率的“对内贬值”问题，则会加剧人民币汇率的“对外升值”压力，并打击中国出口、经济增长及就业。中国货币政策的这种两难增大了中国经济的不确定性，同时也使得中国货币政策的作用空间越来越小。此外，人民币“对外升值、对内贬值”还导致中国的外汇储备及居民财富缩水。

以上情况说明，虽然2005年7月21日开始实行“参考一篮子货币进行调节、有管理的浮动汇率制度”，并于2007年5月21日进一步扩大人民币汇率的浮动幅度，①但中国央行仍然没有从“是投放货币以稳定汇率还是控制货币供应以稳定物价”的两难境地中摆脱出来，而且，中国央行所承受的负担越来越重，政策成本越来越高。

三、为解决基础货币投放过多的问题，中国央行不得不提高法定存款准备金比率并对利率进行管制

由于大量发行央行票据进行“冲销操作”已难以为继，因此，为解决基础货币投放过多的问题，中国央行又采取了不断提高法定存款准备金比率的措施。中国央行之所以要采用这种措施，是因为通过提高存款准备金率来解决货币供应过多及流动性过剩问题具有以下优点。

① 由于2008年的国际金融危机给全球和中国经济带来了较大的困难和不确定性，因此，2008年下半年以后，为防止出口下滑从而影响国内的经济增长，中国中止了持续3年的人民币缓步小幅升值态势，大幅收窄了人民币汇率的波动幅度，人民币兑美元的汇率稳定在1美元兑换6.83元人民币的水平上，从而使人民币汇率制度实际上又重新回到了钉住汇率的轨道。至2010年6月，中国才又重新回到“参考一篮子货币进行调节、有管理的浮动汇率制度”的轨道上。

(1)在中国的金融体系以间接融资(其中存款类金融机构比重大)占主导地位的情况下,调整存款准备金率的政策影响范围大。①

(2)中国商业银行持有的超额准备金高(西方国家商业银行的超额准备金比率极低),因此,中国提高存款准备金率具有一定的政策操作空间。

(3)调控力度大、政策效果明显(调整存款准备金率既影响基础货币,又影响货币乘数)。

(4)调节成本低(中国法定存款准备金利率一直低于2%,中国的法定存款准备金利率2008年之前为1.89%,2008年之后为1.62%,可见,中国的法定存款准备金利率一直低于央行票据利率)②,且没有期限限制(央行票据有期限限制)。

(5)不会影响国有企业的生存发展。在市场经济条件下,要解决货币供应过多及流动性过剩的问题一般会采取提高利率的方式。这是因为,提高利率会抑制消费及投资,进而降低总需求,这样就能达到减少货币供应的目的。但在中国,央行担心提高利率一方面会增加国有企业的财务成本,进而不利于刺激投资及经济增长;另一方面又会导致资本大量流入,从而加剧人民币升值的压力,进而不利于保证中国的出口及经济增长。此外,提高利率还有可能导致央行票据的利息成本上升,等等。因此,除非由于物价大幅上涨且导致商业银行的储蓄存款大量"脱媒",进而影响到商业银行的生存发展,中国央行一般不会提高利率。采取提高法定存款准备金率,而不提高利率的做法不会影响已获得大量资金的国有企业,且不会导致中央银行的负债成本上升。

更重要的是,采取提高法定存款准备金率而不提高利率的做法来对冲流动性,可以在不加大人民币升值压力的基础上,通过迅速回收基础货币和降低货币乘数,迅速地紧缩市场流动性,从而压抑通胀。

---

① Walter和Howie(2011)指出,"在中国,银行就是金融体系"。中国实行以间接融资为主的金融体制实际上也是为了降低全社会的融资成本,这也使中国货币政策的传导渠道主要是信贷渠道。

② 中国央行的法定存款准备金利率和超额存款准备金利率是两个特殊的利率,西方大多数国家一般不对法定存款准备金支付利息,更不会对超额准备金支付利息。由于对准备金支付利息,加大了中央银行的负担,压缩了中央银行再贷款利率的调节空间,使中央银行再贷款利率难以成为中央银行调控的基准利率,结果不利于形成合理的利率结构。

因此，在外汇供给不断增长而导致基础货币投放过多的情况下，从2006年开始，中国人民银行不得不主要将存款准备金率作为对冲过剩流动性的工具，见表2-16。

表2-16　2006—2011年中国存款准备金率变动情况

次数	时间	调整前	调整后	调整幅度（单位：百分点）
1	2006.7.5	7.50%	8%	0.5
2	2006.8.15	8%	8.50%	0.5
3	2006.11.15	8.50%	9%	0.5
4	2007.1.15	9%	9.50%	0.5
5	2007.2.25	9.50%	10%	0.5
6	2007.4.16	10%	10.50%	0.5
7	2007.5.15	10.50%	11%	0.5
8	2007.6.5	11%	11.50%	0.5
9	2007.8.15	11.50%	12%	0.5
10	2007.9.25	12%	12.50%	0.5
11	2007.10.25	12.50%	13%	0.5
12	2007.11.26	13%	13.50%	0.5
13	2007.12.25	13.50%	14.50%	1
14	2008.1.25	14.50%	15%	0.5
15	2008.3.18	15%	15.50%	0.5
16	2008.4.25	15.50%	16%	0.5
17	2008.5.20	16%	16.50%	0.5
18	2008.6.7	16.50%	17.50%	1
19	2008.9.25	大型金融机构 17.50% 中小金融机构 17.50%	17.50% 16.50%	0 −1
20	2008.10.15	大型金融机构 17.50% 中小金融机构 16.50%	17% 16%	−0.5 −0.5
21	2008.12.5	大型金融机构 17% 中小金融机构 16%	16% 14%	−1 −2
22	2008.12.25	大型金融机构 16% 中小金融机构 14%	15.50% 13.50%	−0.5 −0.5
23	2010.1.18	大型金融机构 15.50% 中小金融机构 13.50%	16% 13.50%	0.5 0

续表

次数	时间	调整前	调整后	调整幅度（单位:百分点）
24	2010.2.25	大型金融机构 16% 中小金融机构 13.50%	16.50% 13.50%	0.5 0
25	2010.5.10	大型金融机构 16.50% 中小金融机构 13.50%	17% 13.50%	0.5 0
26	2010.11.16	大型金融机构 17% 中小金融机构 13.50%	17.50% 14%	0.5 0.5
27	2010.11.29	大型金融机构 17.50% 中小金融机构 14%	18% 14.50%	0.5 0.5
28	2010.12.20	大型金融机构 18% 中小金融机构 14.50%	18.50% 15%	0.5 0.5
29	2011.1.20	大型金融机构 18.50% 中小金融机构 15%	19% 15.50%	0.5 0.5
30	2011.2.24	大型金融机构 19% 中小金融机构 15.50%	19.50% 16%	0.5 0.5
31	2011.3.25	大型金融机构 19.50% 中小金融机构 16%	20% 16.50%	0.5 0.5
32	2011.4.21	大型金融机构 20% 中小金融机构 16.50%	20.50% 17%	0.5 0.5
33	2011.5.18	大型金融机构 20.50% 中小金融机构 17%	21% 17.50%	0.5 0.5
34	2011.6.20	大型金融机构 21% 中小金融机构 17.50%	21.50% 18%	0.5 0.5
35	2011.12.5	大型金融机构 21.50% 中小金融机构 18%	21% 17.50%	−0.5 −0.5

资料来源:中国人民银行网站。

由于中国人民银行自 2006 年起连续提高法定存款准备金比率,到 2011 年,中国的存款准备金率最高达 21.5%(大型金融机构)和 18%(小型金融机构),通过规定如此之高的存款准备金率,中央银行冻结了过半的被动投放的货币。

此外,由于实行过高的存款准备金率导致商业银行负担加重,为保证商业银行能获得盈利,中国央行不得不对银行存贷款利率进行管制,特别是对存款利率的上限进行管制以维持较高的存贷利差,从而降低中国金融业的成本并保证商业银行的盈利,并使商业银行得以替中央银行承担部分"货币冲销”成本,以使“货币冲销”得以持续操作,等等。①

但是,中国央行所采取的大量发行央行票据加上提高法定存款准备金率的做法带来了以下问题。

(1)过高的存款准备金率导致商业银行的可贷资金大量减少,从而造成资金紧张及融资成本上升等问题,这就阻碍了金融的市场化改革。同时,要求商业银行上存过高比率的法定存款准备金也在一定的程度上限制了国内储蓄向投资的转化,从而不利于经济的市场化,进而严重影响了资源的合理配置。这是因为在可贷资金减少的情况下,商业银行往往只会贷给那些在市场上占垄断地位的国有企业,因此,央行大量发行票据及实行过高的存款准备金率对国有企业影响可能并不大,但对中小企业(特别是民营企业)却带来严重影响,这进一步加大了中小企业(特别是民营企业)的融资难度,导致许多中小企业资金链断裂甚至使其濒临破产。可见,过高的法定存款准备金率产生了对民营经济部门的“挤出效应”,这不但加剧了中国的失业压力,而且阻碍了中国的结构调整及经济的市场化。②

(2)由于实行过高的存款准备金率,因此,商业银行须将大量资金上交到中央银行而无法用于贷款或投资,同时,中国央行对商业银行存款准备金支付的利率又很低(中国央行对商业银行法定准备金支付的利率只有1.62%,而超额准备金只有0.72%)。这意味着,中国商业银行有近20%的

① 还有另外两个原因也使得中国央行能在较长时间进行冲销操作:一是金融市场没有完全开放,资本并不能完全自由流动;二是中国的商业银行仍然受到政府行政权力的(包括中央银行)的干预。Lardy(2008)指出,正是因为中国的金融压抑才大大降低了中央银行的对冲成本,并使得对冲操作得以维持这么长时间。

② 从全球各国的情况来看,自20世纪90年代以来,在世界范围内出现了降低法定存款准备金率的趋势,或部分取消法定存款准备金,其原因在于:(1)由于法定存款准备金通常没有利息收益,因此,法定存款准备金会干扰商业银行的资产负债配置,增加了商业银行的成本,从而会降低商业银行的竞争力,并还有可能促使商业银行为弥补成本而从事高风险的业务,而降低法定存款准备金率有利于商业银行的自由经营,并有利于降低商业银行的资金成本,提高其竞争力及盈利能力,以应对金融全球化的挑战;(2)由于金融自由化及金融创新的发展,许多不需缴存法定存款准备金的非银行金融机构获得了竞争优势,在这种情况下,因此,降低或取消法定存款准备金率有利于金融市场的公平竞争;(3)由于金融市场的发展,许多商业银行资产结构中短期金融资产的比重大大提高,以致于没有必要由法律规定必须保留大量的现金准备;(4)存款保险制度可以起到稳定金融体系的作用;(5)货币供应量不再是货币政策的中介目标,此外,西方国家放弃存款准备金率政策还有一个重要原因是要降低经济的波动(因为存款准备金率微小的变化都会带来货币供应量的巨大波动);等等。

资金只能获取低于2%的收益，造成效率的损失。总之，由于实行过高的存款准备金率且央行又必须对商业银行缴存的存款准备金支付利息，因此导致中央银行和商业银行的双重效率损失。①

（3）由于实行过高的存款准备金率导致商业银行负担加重，因此，为保证商业银行能获得盈利，中央银行不得不对银行存款利率的上限进行管制，由于银行业是中国金融业的主体，因此，银行存款利率目前是中国影响面最广的利率，或者说是事实上的基准利率，而对银行存款利率进行管制又严重阻碍了中国的利率市场化，并导致中国事实上仍然存在着“金融压抑”的问题。

（4）为克服准备金率过高给商业银行带来的不利影响，商业银行不得不大量从事不受准备金率约束的人民币理财产品、委托贷款、短期外债、结构性存款以及信用卡业务等，并由此导致影子银行的发展。而影子银行的发展也逐渐削弱了存款准备金制度的效果，同时也使中国对广义货币供应量的统计更为复杂。

还有一点需要指出的是，由于中国央行一方面大量投放基础货币以购买外汇，另一方面又大量发行央行票据及大幅提高法定存款准备金率以减少商业银行的可贷资金，结果导致“宏观货币过多与微观企业资金紧张同时并存”的扭曲局面，而这又导致通货膨胀压力与就业压力的同时并存，从而不利于经济的稳定及增长。

而中国央行对利率（特别是存款利率）的管制又产生以下弊端：②

（1）削弱了银行之间的竞争程度，扭曲了风险定价机制和金融机构激励机制，降低了金融效率。

（2）在利率受到管制的情况下，中央银行不得不对资本流动进行管制，以避免因国内外利率差异所导致的大量的资本流出入而带来的冲击，但这又将许多对本国经济有利的资本流动隔绝门外，使国内经济的扭曲现象无法得到纠正，从而降低了中国的经济效率。

---

① 由于存款准备金率的大幅度提高导致资金紧张，结果导致了民间高利贷的发展。

② Feyzioglu，Porter 和 Takats（2009）指出，利率控制是一种笼罩在中国经济中的重要扭曲。第一，家庭没有得到他们储蓄的适当的补偿，中国居民家庭的金融收入在总收入中的份额仍然是世界上最低的国家之一。第二，行政决定的利差使银行缺乏提高效率、改善中介和风险定价的动力。第三，在利率被控制的情况下，银行往往将资金投向大的有良好关系的企业，远离中小企业和家庭。第四，缺乏由市场决定的利率不利于为中国人民银行提供宏观经济和流动性状况方面的正确信息。

(3)中国对银行存款利率进行管制实际上也是让中国的居民承担“货币冲销”的成本[①],这就不利于中国居民财产性收入的增长,也不利于刺激中国的居民消费及内需,进而不利于中国经济增长模式的转换。

以上分析说明,试图通过提高法定存款准备金率并对利率进行管制来解决货币政策与汇率政策的冲突问题,不利于中国的结构调整及经济的市场化,并降低了中国的经济效率,因此,进一步推进人民币汇率的市场化势在必行。

四、人民币汇率浮动幅度的进一步扩大仍然没有解决中国经济的失衡及货币政策与汇率政策的冲突问题

2012年4月16日,中国央行决定,将中国银行间即期外汇市场人民币兑美元交易价浮动幅度由0.5%扩大至1%,即每日银行间即期外汇市场人民币兑美元的交易价可在中国外汇交易中心对外公布的当日人民币兑美元中间价上下1%的幅度内浮动。由于这一浮动幅度仍然没有解决中国货币政策与汇率政策的冲突问题,因此,中国央行于2014年3月17日再次将银行间即期外汇市场人民币兑美元交易价浮动幅度由1%扩大至2%。

但是,人民币汇率浮动幅度的进一步扩大仍然没有解决中国国际收支持续顺差及货币政策与汇率政策之间的冲突问题,这主要表现为:

(1)中国的国际收支仍然持续顺差。2012年到2014年,中国的国际收支顺差分别为1836.26亿美元、4943.04亿美元、1846.53亿美元。

表2-17 2012—2014年中国进出口贸易及国际收支状况

单位:亿美元

年份	一、经常账户差额	二、资本与金融账户差额	A.资本账户	B.金融账户	1.直接投资	2.证券投资	3.其他投资	三、储备资产	四、净误差与遗漏
2012	2153.9	-317.6	42.7	-360.3	1911.1	477.8	-2599.8	-965.5	-870.7
2013	1482.0	3461.0	30.5	3430.4	2179.5	528.9	722.0	-4313.7	-629.2

① 据Zhang(2012)的估算,中国商业银行体系2003—2010年期间承担的外汇冲销成本(即中央银行通过提高法定存款准备金率的方式将外汇冲销成本转嫁给商业银行)累计达1.32万亿元人民币。同时,中国居民部门2003—2010年期间承担的冲销成本(即中国的商业银行体系将存款利率压低而将外汇冲销成本转嫁给居民部门)累计达1.55万亿元人民币。

续表

年份	一、经常账户差额	二、资本与金融账户差额	A.资本账户	B.金融账户	1.直接投资	2.证券投资	3.其他投资	三、储备资产	四、净误差与遗漏
2014	2196.7	382.4	-0.3	382.7	2086.7	824.3	-2528.3	-1177.8	-1401.3

资料来源:国家统计局网站(http://data.stats.gov.cn/)。

(2)中国央行的资产规模日益膨胀且结构失衡的问题不但没有解决,反而进一步加剧。从2012年到2014年,中国央行的资产规模高达33.8万亿元人民币(折合美元为5.52万亿),已大大超过美国联邦储备银行的资产规模(2014年底,美国联邦储备银行的资产总额为4.49万亿美元),由于中国的经济总量仍大大低于美国(2014年底,中国的GDP为10.36万亿美元,美国为17.42万亿美元)。这意味着,从国际比较的角度来看,中国央行已成为全球资产规模最大的中央银行。从中国央行的资产结构来看,2014年底,中国央行资产中的外汇占款高达27.01万亿元(折合4.41万亿美元)。

(3)中国的巨额外汇储备问题仍然没有得到解决。到2014年底,中国的外汇储备仍然高达3.84万亿美元。

(4)超额货币问题愈益严重。到2014年底,中国的货币供应量余额高达122.84万亿元人民币(折合20.08万亿美元),中国的货币供应量已接近全球货币供应总量的25.32%(2014年全球货币供应总量M2约为79万亿美元),是美国的1.7倍(美国2014年底的货币供应量M2约为11.75万亿美元),接近整个欧元区的1.7倍(2014年整个欧元区的货币供应总量为11.79万亿美元)。至2014年末,中国M2/GDP比率高达1.93,为全球之最。由于中国的经济总量只有美国的59%,欧盟的56%,因此,从货币与产出的比率来看,中国是全球超额货币问题最严重的国家之一,见表2-18。

表2-18 2012—2015年中国广义货币供应量状况及M2/GDP比率

单位:亿元人民币

	2012年	2013年	2014年	2015年
货币供应量(M2)	974148.80	1106524.98	1228374.81	1392278.11
国内生产总值(GDP)	540367.40	595244.40	643974.00	689052.10

续表

	2012 年	2013 年	2014 年	2015 年
M2/GDP	180.2%	185.9%	190.7%	202%

资料来源：国家统计局及中国人民银行网站。

以上情况再次证明，中国是通过大量投放货币以保持人民币汇率水平的基本稳定，进而维持出口导向的经济增长模式的，显然，长期实行这一模式会给中国带来较大的通货膨胀风险。

（5）由于一方面国际收支持续顺差且外汇储备过多，另一方面国内货币供应量不断增长，造成国内流动性严重过剩及资产价格膨胀，因此，人民币汇率"对外升值、对内贬值"的问题也没有得到解决。

在这种情况下，中国央行就不得不继续维持较高的法定存款准备金率，以解决货币供应过多及流动性过剩问题，但这又不利于刺激投资、促进就业及推动经济增长。

五、中国央行为推动经济增长所采取的措施又加剧了通货膨胀的压力

由于存款准备金率过高带来种种问题，尤其是导致商业银行的可贷资金大量减少，从而造成资金紧张、中小企业融资困难，不利于增加就业及推动经济增长，因此，中国央行又不得不采取了不断降低利率（特别是贷款利率）水平及存款准备金率的做法来刺激经济增长。

（一）不断降低利率水平以推动经济增长

中国央行自 2012 年 4 月 16 日以后，采取了连续降低利率的政策，而且采取的是在扩大人民币汇率浮动幅度的基础上进一步降低利率水平的做法，这表现为。

中国央行在 2012 年 4 月 16 日将人民币汇率浮动幅度由 0.5%扩大至 1%的基础上，2012 年 6 月 8 日，第一次下调金融机构人民币存贷款基准利率：将一年期存款基准利率下调 0.25 个百分点，由 3.5%下降到 3.25%；一年期贷款基准利率下调 0.25 个百分点，由 6.56%下降到 6.31%。

2012 年 7 月 6 日，第二次下调存贷款基准利率：金融机构一年期存款

基准利率下调 0.25 个百分点,由 3.25%下降到 3%;一年期贷款基准利率下调 0.31 个百分点,由 6.31%下降到 6%。中国央行不到一个月连续两次降低利率,这种频率的降息操作在历史上并不多见,而且这次降息采取了贷款利率下降幅度大于存款利率下降幅度的非对称降息方法。

中国央行在 2014 年 3 月 17 日将人民币汇率浮动幅度由 1%扩大至 2%基础上,2014 年 11 月 22 日第三次下调金融机构人民币存贷款基准利率:一年期存款基准利率下调 0.25 个百分点,由 3%下降至 2.75%;一年期贷款基准利率下调 0.4 个百分点,由 6%下降至 5.6%。

2015 年 3 月 1 日,第四次下调人民币存贷款基准利率:一年期存款基准利率下调 0.25 个百分点,由 2.75%下降至 2.5%;一年期贷款基准利率下调 0.25 个百分点,由 5.6%下降至 5.35%。

2015 年 5 月 11 日,第五次下调人民币存贷款基准利率:一年期存款基准利率下调 25 个百分点,由 2.5%下降至 2.25%;金融机构一年期贷款基准利率下调 25 个百分点,由 5.35%下降至 5.1%。

2015 年 6 月 28 日,第六次下调人民币存贷款基准利率:一年期存款基准利率下调 0.25 个百分点,由 2.25%下降至 2%;一年期贷款基准利率下调 0.25 个百分点,由 5.1%下降至 4.85%。

2015 年 8 月 26 日,第七次下调人民币存贷款基准利率:一年期贷款基准利率下调 0.25 个百分点至 4.6%;一年期存款基准利率下调 0.25 个百分点至 1.75%。同时,放开一年期以上(不含一年期)定期存款的利率浮动上限,但活期存款以及一年期以下定期存款的利率浮动上限不变。

由于 2015 年第三季度中国的 GDP 增长率只有 6.9%,是 2009 年第一季度以来的最低值,为刺激经济增长,2015 年 10 月 24 日,中国央行在存款实际利率为负数的情况下,①第八次下调人民币存贷款基准利率:一年期贷款基准利率下调 0.25 个百分点至 4.35%,一年期存款基准利率下调 0.25 个百分点至 1.5%,以进一步降低社会融资成本。② 同时中国央行表示,对

① 2015 年 8 月,由于中国的 CPI 同比上涨 2.0%,高于一年期存款基准利率 1.75%,这意味着中国的实际存款利率为-0.25%。

② 2015 年 9 月 CPI 同比上涨 1.6%,中国连续两个月实际 CPI 高于一年期存款基准利率,这意味着中国进入"负利率"时代。

商业银行和农村合作金融机构等不再设置存款利率浮动上限，这意味着，中国取消了对存款利率的管制，从而似乎在名义上实现了存款利率的市场化。由于中国金融市场上的利率（包括同业拆借、回购、国债、金融债、企业债的利率）已实现市场化，且贷款利率也已经放开，[①]因此，存款利率实现市场化意味着中国的利率实现了完全的市场化。

但应特别注意的是，中国不再设置存款利率浮动上限的举措是在存款基准利率下降到1%的历史最低点，且实际存款利率为负数的基础上进行的。因此，在这一历史最低点上放开存款利率管制并不会导致存款利率上升到过高的水平，并不会对中国经济带来冲击。而且，中国央行实际上仍然采取“窗口指导”（行政色彩较浓）、自律机制等方式对存款利率进行“引导”。中央银行还暗示会制止高息揽储的行为（这实际上是限制市场供求对利率的决定作用），并将金融机构确定利率的行为融入宏观审慎评估体系以及通过应用差异化的存款准备金率（RRR）、再贷款利率、再贴现率及存款保险费率等方式来约束金融机构的定价行为。特别是中国央行还设置了存款基准利率，这本身就是对存款利率的一种控制。这种基准利率并不是真正意义上的市场基准利率，实质上仍是一种管制利率。因此可以说，中国的存款利率还没有实现真正意义上的完全市场化。

值得指出的是，中国央行降低存款基准利率的同时，还采取了扩大存款基准利率浮动区间的做法，具体情况是：

（1）中国央行于 2012 年 4 月 16 日将存款基准利率由 3.5%下降到 3.25%时，允许国内金融机构的存款利率较基准利率上浮 10%。这是中国首次放松对银行存款利率上限的管制。因此是一次意义重大的改革。在存款基准利率 3.25%基础上上浮 10%可以达到 3.57%，基本上等于原来 3.5%的水平。

（2）中国央行于 2014 年 11 月 22 日将存款基准利率由 3%下降至

---

① 中国利率市场化的进程始于 1996 年，这一年，中国放开了银行间同业拆借利率；1997 年则放开了银行间债券交易利率；1998 年放开了银行间市场政策性金融债、国债发行利率；到 2000 年则基本放开了金融市场的利率管制，同时放开了外币贷款利率及 300 万美元以上的大额外币存款利率的管制；2004 年放开对金融机构贷款利率的上限限制并取消一年期及以上外币小额存款利率管制；2013 年 7 月 20 日则放开了对金融机构贷款利率的管制，让金融机构自主确定贷款利率，同时中国央行还宣布取消票据贴现利率管制；等等。

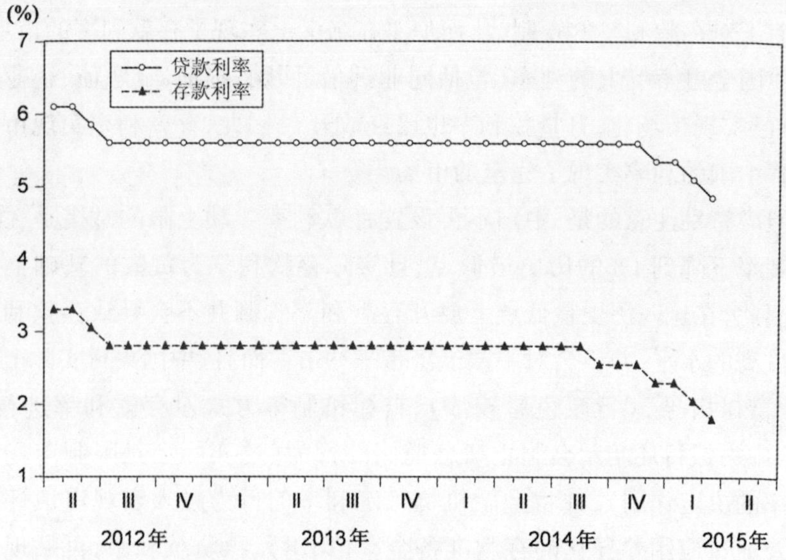

图 2-1　人民币贷款利率与存款利率的动态变化(2012—2015 年)

2.75%的同时,将存款利率浮动区间的上限由 1.1 倍扩大为 1.2 倍。降息前一年期基准利率为 3%,上浮 1.1 倍后是 3.3%;降息后基准利率是 2.75%,上浮 1.2 倍后同样是 3.3%。中国人民银行决定,从 2015 年 3 月 1 日起对称降息,存款利率和贷款利率均下调 0.25 个百分点。

(3)中国央行于 2015 年 3 月 1 日将存款基准利率 2.75%下降至 2.5%时,将存款利率浮动区间的上限由 1.2 倍扩大为 1.3 倍,这样,上浮后的存款利率可以达到 3.25%的水平。

(4)中国央行于 2015 年 5 月 11 日将存款基准利率由 2.5%下降到 2.25%时,将存款利率浮动区间的上限由存款基准利率的 1.3 倍调整为 1.5 倍,这样,上浮后的存款利率可以达到 3.37%的水平。

中国央行所采取的这种一方面降低存款基准利率,另一方面又同时扩大存款基准利率浮动区间的做法,是试图在不增大金融机构的融资成本基础上扩大金融机构的定价权利,从而推进利率的市场化,同时也考虑到中国资金需求大于资金供给及金融市场发展较快的现实,如果金融机构的存款利率过低,将会导致"脱媒"现象的发生,从而会影响到金融机构的发展,而这又不利于为国有经济部门提供融资。这是中国特有的将利率市场化改革与利率政策的调整结合在一起的做法。

另外，中国央行于 2012 年 6 月 8 日降低贷款基准利率时，为同时降低企业的融资成本以刺激投资，允许金融机构在中央银行所规定的贷款基准利率基础上浮动，即允许金融机构根据市场供求关系，特别是根据借款者的风险来确定具体的贷款利率，这一做法的目的在于：(1)使效益好的企业能以较低的利率获得贷款（效益好的企业会因金融机构争相向其提供贷款而促使其贷款利率下降），从而提高资金的配置效率；(2)迫使风险大的企业支付较高的利率以补偿金融机构所承担的风险，或迫使低效率的企业因难以承受较高的利率而放弃申请贷款，为此，中国央行规定贷款基准利率上浮不封顶，以有利于金融机构避免风险并获得盈利。但是，为了防止金融机构为扩大市场份额而竞争性地降低贷款利率，从而导致金融机构盈利水平大幅下降并造成金融风险，中央银行又规定了贷款利率浮动区间的下限，这一下限为基准利率的 0.8 倍。显然，这是一种非对称的贷款利率市场化改革。

需要指出的是，中国央行之所以于 2012 年 6 月 8 日以后在人民币汇率浮动幅度不断加大的情况下，连续降低人民币存贷款基准利率水平，并最终使其处于历史低点，是由于人民币汇率的浮动幅度仍不足以解决中国货币政策与汇率政策的内在冲突问题。由于这一内在冲突问题没有得到解决，因此对中国的经济稳定及增长带来了不利影响。在这种情况下，中央银行试图通过降低利率来达到以下目的：(1)在商业银行可贷资金不足，因而不利于刺激经济增长的情况下，通过降低企业的融资及投资成本，从而刺激投资及经济增长；(2)降低央行的负债成本；(3)保证国债的低利率以降低政府的融资及投资成本，从而有利于扩大政府投资；(4)通过压低利率以抑制资本的过度流入，从而避免因人民币汇率升值而导致央行外汇储备缩水，以及给中国的出口及经济增长带来不利影响；等等。①

还必须指出的是，中国央行采取降低利率的政策实际上也有利于降低“央行票据”的利率水平，从而使中国央行的冲销操作得以持续下去。这是

① 在改革开放时期，中国调整利率的基本原则实际上仍然主要是从供给的角度考虑如何降低企业（特别是国有企业）的财务成本，减少企业的利息支出。

因为,由于中国将大量的外汇储备投资于国外金融资产(特别是美国国债)上,在全球低利率的情况下①,中国外汇储备的收益并不高,在这种情况下,如果外汇储备的收益率低于"央行票据"的利率(这代表中央银行的冲销成本),则中央银行的这种对冲操作就会明显出现亏损②。因此,只有通过降低利率,进而将"央行票据"利率控制在外汇储备收益率之下,则中国央行的冲销操作才可以维持下去。③

但"天下没有免费的午餐",中国政府虽然通过降低利率能在准备金率过高的情况下为经济增长创造有利条件,并使中央银行的冲销操作得以维持,但却带来以下问题:(1)由于中国的利率被有意控制在均衡水平以下,④不能真实反映资金成本,因而刺激了贷款需求及投资,且不利于资源流向效

---

① 2000年以后,全球利率明显下跌,其原因主要有:(1)全球许多国家实行通货膨胀目标制,通货膨胀预期下降;(2)全球经济结构的转变(因技术的进步、电脑技术及互联网的普及),发展中国家及中央计划经济国家向市场经济转轨,并实行出口导向的市场经济,因而促进了全球经济的高速增长,并导致全球储蓄及储备相对投资过剩;(3)新兴市场国家将所积累的大量外汇储备大量投资于美国国债,从而压低了美国国债的利率;同时,由于全球人口老化,退休基金资产不断增长,对长期金融资产的需求增加,导致长期金融资产的价格上升,长期利率下降;(4)全球流动性过剩;等等。而2008年国际金融危机以后,全球利率更进一步降低,其原因是:(1)金融危机进一步加剧全球利率的下降,金融危机期间,逃向安全资产效应导致美国国债需求上升;(2)全球经济衰退进一步降低了通货膨胀预期(Chen,2009)。

② 这实际上意味着中国央行以较高的利率在国内筹资(发行央行票据),然后再以较低的利率将资金贷给美国(购买美国国债)。

③ Wu(2009)对中国央行的货币冲销问题进行了深入的分析,他认为,中国央行大量发行央行票据以收回为购买外汇多投放的基础货币之所以并没有导致利率持续上升,其主要原因在于,中国的利率仍然在政府管制范围之内,并没有真正市场化。只要央行将央行票据的利率控制在外汇储备收益率之下,那么货币冲销就可以无限操作。即便人民币升值,只要外汇储备不兑换成人民币,那么这种亏损就只能是潜亏,不会反映至账面,央行就可以无限持有外汇储备。这意味着,一旦中国实现了利率的完全市场化,则中央银行的货币冲销将因导致利率的市场化而难以持续。

④ 中国的利率水平到底是过高还是过低?这是一个值得探讨的问题。对这一问题,国内的主流观点认为中国的贷款利率水平过高,主要依据是与发达国家比较的结果。正是基于这一比较,许多人认为中国应该进一步降低利率。但是,只将中国的利率水平与发达国家比较是欠妥的。从理论上来说,一个国家的利率水平主要取决于这个国家的经济增长率、通胀率及资金供求关系,经济增长率本质上决定了实际利率水平,通货膨胀率影响名义利率水平。这意味着,当一国经济处于"均衡状态"时,其实际利率应当等于其GDP的增长率。而西方国家目前的贷款利率低是因为其经济低迷造成的,中国的GDP增长率相对较高,在这种情况下,中国的实际利率高于西方国家也可能是中国经济增长率高于西方国家的正常反映。此外,从中国的国内情况来看,根据均衡利率理论,均衡利率的高低取决于市场供求、物价水平及风险大小。然而,中国的利率水平并没有充分反映中国的资本供求、物价水平及风险大小,因此,从均衡利率的角度来看,中国的利率水平又过低。

率最高的企业或投资项目，从而往往导致资源的错误配置及投资效率的低下。(2)在法定存款准备金率过高，因而导致商业银行可贷资金减少的情况下降低利率对大型垄断国有企业有利。因为，在商业银行因可贷资金减少而往往只愿向那些在市场上占垄断地位的国有企业提供资金的情况下，降低利率会使大型垄断国有企业的财务成本下降，使大型垄断企业能够获得更多的资金。可见，在法定存款准备金率过高时，降低利率反而会对民营企业产生“挤出效应”①，从而不利于中国经济的市场化。

（二）降低存款准备金比率

由于降低利率只能起到降低资金成本的作用，而难以解决资金短缺的问题，因此，为了刺激经济增长，中国央行不得不动用存款准备金率这一强有力的政策工具，即通过降低存款准备金率来增加货币供应以解决资金短缺问题，从而最终刺激经济增长。②

从2012年开始，中国央行开始采取降低存款准备金率的政策，见表2-19。

首先，从中国的资本供求来看，由于中国城镇存在相当数量的失业人口，且中国民营企业严重缺乏资本，同时，中国还有大量农村剩余劳动力需要转移到城镇，这些情况表明，中国的资本需求是大于资本供给的，而中国的利率并没有充分反映这一现实。其次，从物价水平的角度来看，中国的实际利率一直偏低，以2013年10月为例，商业银行一年期存款利率只有3%，而同期居民消费价格指数却上升了3.2%，可见，2013年10月，中国的实际基准存款利率为负数(-0.2%)。这说明，中国的利率也没有充分反映物价水平的变化。在这种情况下，中国的金融机构不得不大量发行收益率大大高于基准存款利率的理财产品以吸收居民存款。再次，从风险这一因素来看，由于中国因制度不完善所导致的信用风险、投资风险及市场风险较大，因此，中国的利率水平也应相对较高才能充分反映中国的风险状况，才能充分补偿资金供给者所承担的风险。而中国的民间信贷利率远远高于央行规定的基准利率以及“钱荒”现象的发生就充分证明了这一点。此外，从理论上来说，当一国经济处于“均衡状态”时，其实际利率应当等于GDP的增速。然而，相对于其他国家而言，中国十年期国债收益率(国际上一般用长期无风险国债收益率来近似代表实际利率)长期低于名义GDP增速。总之，中国的利率水平并没有充分反映中国的资本供求、物价水平及风险大小，过低的利率水平也加剧了中国的投资需求和投资规模膨胀及宏观经济的失衡。

① 由于存在不公平竞争，因为低利率而产生不利于私营部门的“挤出效应”，这与市场经济条件下高利率才产生不利于私营部门的“挤出效应”不同。

② 由于欧洲债务危机的爆发影响到中国的出口，使中央银行的外汇占款自2008年国际金融危机爆发以来首次下降，且物价水平回落。因此，中国央行于2011年12月5日下调了存款准备金率，大型金融机构的存款准备金率由21.5%的历史高位降至21%，中小金融机构的存款准备金率则降至17.5%。

表 2-19　2012 年以后中国人民银行存款准备金率调整情况

次数	时间（公布日期）	调整前	调整后	调整幅度（单位:百分点）
1	2012.2.18	大型金融机构 21% 中小金融结构 17.5%	20.50% 17%	−0.5 −0.5
2	2012.5.12	大型金融机构 20.5% 中小金融机构 17%	20% 16.50%	−0.5 −0.5
3	2015.2.4	大型金融机构 20% 中小金融机构 16.5%	19.50% 16%	−0.5 −0.5
4	2015.4.19	大型金融机构 19.5% 中小金融机构 16%	18.50% 15%	−1 −1
5	2015.6.27	大型金融机构 18.5% 中小金融机构 15%	18% 14.50%	−0.5 −0.5
6	2015.8.25	大型金融机构 18% 中小金融机构 14.5%	17.50% 14%	−0.5① −0.5
7	2015.10.23	大型金融机构 17.5% 中小金融机构 14%	17% 13.50%	−0.5 −0.5
8	2016.2.29	大型金融机构 17% 中小金融机构 13.5%	16.50% 13%	−0.5 −0.5
9	2018.4.17	大型金融机构 16.5% 中小金融机构 13%	15.50% 12%	−1 −1
10	2018.6.24	大型金融机构 15.5% 中小金融机构 12%	15% 11.50%	−0.5 −0.5
11	2018.10.7	大型金融机构 15% 中小金融机构 11.5%	14% 10.50%	−1 −1
12	2019.1.4（分两次调整）	大型金融机构 14% 中小金融机构 10.5%	13% 9.50%	−1 −1
13	2019.9.6	大型金融机构 13% 中小金融机构 9.5%	12.50% 9%	−0.5 −0.5
14	2020.1.1	大型金融机构 12.5% 中小金融机构 9%	12% 8.50%	−0.5 −0.5
15	2020.4.3（分两次调整）	大型金融机构 12% 中小金融机构 8.5%	11% 7.50%	−1 −1

① 需要指出的是，2015 年 8 月 25 日中国降低存款准备金比率与 2015 年 8 月 11 日的人民币汇率中间价报价机制改革有关，因为这一改革导致资本流出，进而造成中央银行的外汇占款减少，这就导致中央银行通过提高法定存款准备金比率来对冲过度投放的基础货币的压力减少。

续表

次数	时间（公布日期）	调整前	调整后	调整幅度（单位：百分点）
16	2021.7.9	大型金融机构 11% 中小金融机构 7.5%	10.5% 7%	−0.5 −0.5
17	2021.12.6	大型金融机构 10.5% 中小金融机构 7%	10% 6.5%	−0.5 −0.5

资料来源：中国人民银行网站。

除此以外，中国央行还于 2015 年 6 月 24 日取消了对商业银行规定的贷款余额与存款余额比例不得超过 75%的规定，以此进一步增强商业银行向企业提供资金的能力，从而解决企业融资困难的问题，并以此刺激投资及经济增长。

但是，在中国的金融体制主要支持国有经济部门及融资效率不高的情况下，这种不通过提高利率，而通过降低存款准备金率及取消商业银行“贷存比”规定的数量扩张性政策虽然能够解决资金的短缺问题，但无法解决资金的合理配置问题。在市场机制不健全，实体经济缺乏好的投资项目的情况下，因存款准备金率降低而释放出的流动性可能大量流向政府投资项目或房地产市场甚至是股票市场，从而有可能造成新一轮的经济波动。更值得关注的是，大幅降低存款准备金率及取消商业银行“贷存比”规定将会通过货币乘数的作用导致货币供应量的进一步大幅扩张，从而使中国的超额货币问题更加严重，进而给中国的宏观经济带来重大隐患。

而一旦出现以上情况，央行将不得不实行紧缩政策，从而形成“为避免人民币过度升值—中央银行不得不投放基础货币以收购外汇—外汇储备持续增加—货币投放过多，流动性过剩，通货膨胀的压力增大—不得不采取紧缩政策—经济增长下滑—为防止经济滑坡，央行又不得不实行扩张政策—通货膨胀的压力重新增大—央行又不得不采取紧缩政策—经济增长下滑……”的怪圈，并造成经济的频繁波动。

六、中国央行陷入一系列两难选择

以上情况说明，中国央行除了陷入“是稳定汇率还是稳定货币供应及物价"两难选择以外,还陷入了以下一系列两难选择。[①]

(一)"是促进经济增长还是稳定物价"的两难选择

这种两难选择是指:如果中国央行要促进经济增长,就必须通过维持人民币汇率的稳定以刺激中国的出口,在这种情况下,中国央行就必须大量投放基础货币以买进外汇,这样就会导致货币供应量的增加,从而不利于稳定物价。但如果中国央行要稳定物价,就不能为稳定人民币汇率,进而为刺激中国的出口及经济增长而大量买进外汇,这样虽然有利于控制货币供应量的过度增长,从而有利于控制通货膨胀,但却又不利于保证中国的出口及经济增长。

(二)"是降低利率还是提高利率"的两难选择

这种两难选择是指:一方面,在基础货币投放过多的情况下,中央银行应该提高利率以抑制货币供应量的过度增加,并通过利率的上升来淘汰低效率的企业,使稀缺的资金流向高效率的企业,从而刺激中国经济效率的提高。但是,如果中国央行真的大幅提高利率,则会导致更多的资本流入,从而进一步加剧本币升值的压力,并会在一定程度上抑制经济增长。另一方面,在存在超额货币的情况下,如果中国央行降低利率可能导致股价及房地产价格的上涨,从而产生经济泡沫并加剧通货膨胀。同时,降低利率还可能使低效率的企业得以生存,从而会降低经济效率,这从长期来看也不利于中国经济的有效增长。

(三)"是刺激经济增长还是维护央行财务实力"的两难选择[②]

这种两难选择是指:如果中国央行为避免人民币汇率的升值以保证中国的出口,进而促进中国的经济增长及就业,中国央行就必须大量买进持

① 对"稳定汇率还是稳定货币供应及物价"这一两难选择,中国央行实际了采取人民币汇率小幅升值一点,同时让国内物价水平小幅上涨一点的组合方式进行应对。

② 传统的经济理论认为,中央银行的财务实力并不是其制定货币政策时的主要考虑。中央银行的主要目标是为经济运行提供合适的货币环境和信贷条件;且中央银行拥有货币发行的垄断权利,因而其发生财务亏损的可能性不大。但 Vaez-Zadeh(1991)指出,中央银行发生财务亏损意味着将有更多的基础货币被投放到实体经济中,这可能诱发通货膨胀;而中央银行若采取发行票据的方式来进行货币冲销,则巨额的冲销成本又会加重中央银行亏损,从而导致"央行亏损—货币扩张—央票冲销—亏损加重"恶性循环的形成。Stella(2002)也发现,1987—2001 年阿根廷和牙买加等拉美国家的中央银行因发生财务亏损而使货币政策和汇率政策受到较大影响。由此, 他进一步

续贬值的外汇（美元），并相应卖出持续升值的人民币，显然，这种政策操作实际上是一种亏本的货币交易或对冲交易，从而会使中央银行发生财务亏损。[①] 中国央行买进的外汇及相应投放的人民币越多，则中国央行的财务亏损就会越严重。而一个财务亏损的中央银行显然会给宏观经济带来重大风险。

（四）“是避免人民币汇率过度升值还是避免外汇储备的过度积累”的两难选择

这种两难选择是指：中国央行为避免人民币汇率升值而大量购买外汇，结果导致外汇储备的不断增加，这在以美元为中心的国际货币体系中，中国央行就要承担持有外汇储备的贬值风险。另外，如果中国央行为避免外汇储备贬值的风险而大量出售外汇，从而避免外汇储备的过度积累所造成的效率和福利损失以及外汇储备贬值的风险，则就无法抑制人民币汇率升值的态势，这又不利于促进中国的出口及经济增长。

但是，如果中国央行不买进持续贬值的外汇（美元）并相应卖出人民币，则会导致人民币升值，而人民币的升值又会带来以下问题：（1）严重影响中国的出口，进而严重影响国内的经济增长及就业；（2）由于政府对国有企业的保护在一定程度上阻碍了产业升级及结构调整，因此，中国目前还难以承受人民币汇率升值幅度过大所带来的冲击；（3）人民币大幅升值还会使中国持有的大量美元资产贬值；（4）由于中国金融体系存在较严重的脆

指出，中央银行的财务实力在很大程度上决定着货币政策的成败。Ize（2006）指出，虽然中央银行不用担心债务违约，但如果其资产的盈利不能覆盖其负债的成本，那么就需要增发货币，这将导致通货膨胀。Kluh 和 Stella（2008）基于 176 个国家的跨国比较分析发现，一国中央银行的财务实力下降甚至发生严重亏损时，该国的通货膨胀率往往较高。Filardo 和 Yetman（2012）基于亚洲新兴市场国家的实证研究表明，庞大的央行资产负债表更易使得一国中央银行蒙受财务损失。更值得指出的是，中央银行资产负债表过度扩张及由此导致的巨额财务亏损会使得该国宏观经济面临通货膨胀、金融系统不稳定及金融市场扭曲等重大经济风险。

① 目前中国央行实行以收付实现制为核算基础和以历史成本为资产计价属性的会计标准。在这种核算准则下，即使央行资产的实际价值由于汇率、黄金价格及其他资产价格变动时发生改变，但在没有实际资金收付的情况下，就只能以买卖时的实际支付金额，即历史成本来加以计量。而在历史成本计量属性下，各类资产不随市场价值变动相应调整账面价值，不进行减值测试，故此无法确认央行潜在的资本损失。

弱性，因而人民币汇率水平的大幅波动也会影响中国的金融稳定；(5)人民币升值会吸引大量国际投机资金流入，带来股市和楼市泡沫，进而损害中国实体经济，从而也会给中国经济带来风险。

总之，由于中国央行陷入一系列两难选择，因此导致中国货币政策的不确定性增大，并对中国宏观经济产生了一系列不利影响。

第四节　中国货币政策新的两难困境："稳定汇率或稳定外汇储备"的冲突(2015年8月以后)

一、为提高人民币汇率的市场化程度而完善人民币汇率的中间价报价机制

虽然中国自2005年7月以后对人民币汇率制度进行改革，使人民币汇率持续升值，但仍然没有解决中国国际收支持续顺差、外汇储备过多、货币供应过度增加等问题。这意味着，人民币汇率仍然并没有真正市场化，人民币汇率仍然没有发挥其应有的调节作用。同时，由于人民币汇率的波动幅度仍然狭窄，中央银行也尚未退出常态式的外汇市场干预，从人民币汇率制度的实际运行状态来看，人民币汇率制度实际上是一种"爬行钉住"美元的汇率制度。

为什么说人民币汇率并没有真正市场化呢？这是因为：虽然中国不断扩大人民币汇率的浮动幅度(2012年4月由0.5%扩大至1%，2014年3月17日又由1%扩大至2%)，但这种波动幅度的扩大仅仅是针对中国央行所公布的人民币汇率中间价水平而言，即银行间外汇市场上的人民币挂牌汇率只能围绕人民币汇率中间价水平波动。在这里，人民币汇率中间价实际上成为人民币基准汇率，但这一汇率水平并不完全随市场供求关系的变化而变化。可见，人民币汇率中间价的形成透明度不高，中国央行在实际操作中往往会对人民币汇率中间价进行调整(报价权重由中国央行决定且不对

外公开）以反映政府的政策意图，[①]且人民币汇率中间价的波动率很低，这意味着，人民币汇率中间价并没有市场化[②]。由于中国央行每天会设定人民币汇率中间价，因此，中国央行实际上利用其所控制的人民币汇率中间价来从总体上限制人民币汇率水平的变化（特别是压抑人民币汇率的升值程度）。

由于2005年7月以后的人民币汇率制度改革实际上主要集中如何在中央银行确定的人民币汇率中间价的基础上扩大人民币汇率的上下波动幅度上，而没有真正实现人民币汇率中间价（基准汇率）的市场化，因此，这就意味着，人民币汇率并没有实现真正的市场化。而且，只允许代表市场供求因素的人民币即期汇率围绕人民币汇率中间价水平上下波动2%，这一波动幅度也非常有限，这一规定使人民币汇率水平的变化难以真实反映市场供求关系的变化，导致人民币汇率中间价与银行间外汇市场的交易价长期背离，并造成在多数情况下人民币汇率中间价成为一个不可交割的价格，进而影响了其基准性和权威性。更重要的是，只要货币当局仍然继续控制人民币汇率中间价水平，则不断扩大人民币汇率波幅的意义也有限，因为不断扩大人民币汇率波幅只是意味着在交易中人民币汇率可以围绕人民币汇率中间价有更大的波动幅度，但由于货币当局仍然可以按照政府的政策意图在第二个交易日通过重新设定人民币汇率中间价来干预甚至控制人民币汇率水平，[③]因此，仅仅只是扩大人民币汇率日波幅算不上实现人民币汇率的市场化。

为进一步提高人民币汇率的市场化程度，以使中国央行摆脱其所面临的一系列两难选择，中国央行自2015年8月11日起宣布"完善人民币汇率中间价报价机制"，即要求做市商在每日银行间外汇市场开盘前，参考前一

---

① 人民币兑美元汇率中间价的形成方式为：中国外汇交易中心根据中国人民银行的授权，于每日银行间外汇市场开盘前向外汇市场做市商询价，并将全部做市商报价作为人民币对美元汇率中间价的计算样本，去掉最高和最低报价后，将剩余做市商报价加权平均（权重由中国外汇交易中心根据报价方在银行间外汇市场的交易量及报价情况等指标综合确定。但权重从未正式公布，这成为人民币汇率中间价形成机制中最不透明的部分），得到当日人民币对美元汇率中间价，作为当日银行间即期外汇市场及银行柜台交易汇率的中间价，并由此决定当日人民币汇率的开盘价。需指出的是，加入SDR的篮子货币都没有设立中间价。

② 一个明显的例子是2011年12月，人民币对美元即期交易曾连续12个交易日出现因触及5‰的下限而跌停的情况，但同期人民币对美元中间价却基本维持不变。

③ 需注意的是，中央银行通过重新设定人民币汇率中间价来干预甚至控制人民币汇率水平与中央银行在外汇市场上的外汇干预相比，操作成本更低。

日银行间外汇市场收盘汇率，并综合考虑外汇供求情况以及国际主要货币汇率的变化向中国外汇交易中心提供中间价报价，从而改变了过去人民币汇率中间价一直由央行设定，人民币汇率每日中间价与前一日汇率收盘价之间往往有较大差距的情况，使人民币汇率中间价与前一日汇率收盘价更为接近（以前一日汇率收盘价作为定价的基础是国际上通行的一种基准价格形成机制），这就使人民币汇率中间价更能反映市场供求状况，并弱化了美元汇率对人民币汇率的影响。这意味着央行开始逐步退出对外汇市场的常态式干预，并逐步将人民币汇率中间价的决定权交还给市场，从而提高了人民币汇率的市场化程度，同时这一改革也使得在岸与离岸之间的汇率价差收窄。

二、人民币汇率贬值使中国面临新的两难选择：是维持人民币汇率的稳定还是维持外汇储备的稳定

2015 年 8 月 11 日，由于中国央行是在中国经济增长放缓①、出口增速下降②、市场上存在美联储升息预期的情况下将人民币汇率中间价下调 1000 点（相当于一次性贬值 1.9%），结果，在市场因素的影响下，人民币汇率开始结束长期升值的状态③，出现了连续 3 日贬值的现象，贬值幅度高达 4.7%，并由此产生人民币汇率继续贬值的预期④，进而引发市场震荡，并导

① 由于中国的劳动力、土地及资源成本上升，已有的制度改革红利衰减，且中国的制造业份额已近饱和，人口、资源开始向以服务业为主的第三产业转移，因而导致中国的潜在增长率趋于下滑。

② 根据海关数据，2015 年，中国出口总额出现了 1.8%的下降，出口占中国 GDP 的比重也从 2006 年 38.6%的峰值下降至 20%左右。

③ 自 2005 年人民币汇率制度改革以后，人民币汇率一直处于升值状态。到 2014 年 1 月，人民币汇率从 1 美元兑换 8.27 元人民币升值到 1 美元兑 6.04 元人民币的历史高点，升值幅度高达 37%；到 2015 年 8 月，人民币汇率中间价仍为 1 美元兑换 6.11 元人民币。

④ 事实上，自 2014 年以来，由于美联储开始退出量化宽松（QE），国际资本开始从新兴市场流出，中国的资本流动也开始改变长期以来资本持续流入的状态，而出现资本外流大于资本流入的状况，由此导致中国资本账户出现逆差，并造成中国的国际收支顺差规模缩小。2014 年，中国的国际收支顺差规模由 2013 年的 4943 亿美元下降至 2260 亿美元，减少近六成；2015 年，中国的国际收支甚至出现逆差，逆差规模为 1547 亿美元。由于中国的国际收支出现逆差，同时，由于自 2012 年起中国的经济增长率开始下滑（从 2012 年至 2014 这三年，中国的经济增长率均未达到 8%，2015 年和 2016 年的经济增长率则分别下降到 6.9%和 6.7%），这就造成市场上开始出现人民币兑美元汇率的贬值预期。这种预期一方面表现在内地市场上人民币兑美元中间价持续高于市场价，另一方面表现在内地市场上人民币兑美元汇率持续高于离岸市场上人民币兑美元汇率。

致资本大量外流。而资本外流加剧又进一步增大了人民币汇率的贬值压力。人民币汇率水平从2014年初的最高点1美元兑换6.05元人民币贬到2016年11月25日的1美元兑换6.92元人民币。①

从理论上来说,汇率贬值有利于刺激本国的出口,进而有利于促进本国的经济增长,但从现实来看,这种刺激作用的效果受到国际市场需求的影响。由于全球经济仍然低迷加之贸易保护主义抬头,因此,汇率贬值刺激出口的作用有限。同时,由于人民币汇率贬值导致人民币资产价值缩水,并降低了国内投资的预期回报率,因而易于刺激资本大量外流,并会引发金融市场及中国经济的大幅震荡,从而不利于中国经济稳定及增长。基于此,中国央行不得不于8月13日就开始强力入市干预,从而实际上中止了人民币汇率中间价市场化的改革步伐。同时,为稳定人民币汇率水平,中国央行不得不通过抛售外汇来进行市场干预,以增大外汇供给,同时增大人民币的需求。

然而,中国央行所进行的这种外汇干预一方面影响了外汇市场的供求对人民币汇率的决定作用,从而不利于实现人民币汇率的市场化;另一方面又导致中国央行的外汇储备大幅减少。2015年8月,中国央行的外汇储备减少了939亿美元,为1998年以来的单月最大降幅,2015年12月中国的外汇储备又创纪录地减少1080亿美元。至2016年12月底,中国的外汇储备存量由2014年第二季度末的3.99万亿美元(占当年全球外汇储备总量的三分之一)下降至3.01万亿美元,在不到两年时间里,中国的外汇储备下降了近万亿美元。2017年1月,中国的外汇储备正式跌破3万亿美元大关。由于外汇储备的大幅减少会削弱市场参与者对人民币汇率及中国经济和中国金融市场的信心,从而有可能影响中国经济的稳定,因此,在这种情况下,中国央行实际上又陷入“是维持人民币汇率水平的稳定还是维持外汇储备的稳定”的两难选择。

此外,由于中国央行为避免人民币汇率的贬值而大量抛售外汇以购入人民币,结果又导致基础货币的缩减,进而造成货币供应的缩减,这就给增长率已经开始下降的中国经济带来了紧缩效应。可见,中央银行虽然通过

① 经济学文献认为,如果一个国家的货币贬值超过25%就可以算是货币危机了。

外汇干预稳定了汇率,但却给经济增长带来了紧缩效应。这意味着,中国央行实际上还陷入了“是稳定汇率还是促进经济增长”的两难选择,这实际上是另一种形式的货币政策与汇率政策的冲突。① 同时,如果中央银行持续进行外汇干预,将会导致中央银行的外汇储备持续减少,从而会影响中央银行的宏观调控能力并影响国际市场对中国经济的信心。在这种情况下,中国央行又不得不采取以下措施。

(一)重新收紧对资本账户的管制

为避免外汇储备持续的大幅减少,同时也缓解因资本大量流出而造成人民币汇率水平的贬值,中国央行还采取了重新收紧资本账户管制的措施,以控制资本外流,进而避免因资本大量流出而造成人民币汇率水平的不断贬值,并抑制外汇储备的不断减少。这些措施主要有:(1)要求商业银行严格审核转口转卖业务的真实性,以防范资金跨境套利;(2)停止发放“合格境内机构投资者”(QDII)的新额度;(3)对需要支付股息或偿还股东贷款而购汇的企业客户进行审批(股息汇款属于经常账户的项目);(4)强化跨国公司利润汇出的监管执行,将内地企业人民币转移净额限制在股东权益的30%(此前这类转移并无额度限制);(5)限制大规模海外投资和收购;(6)增大居民购汇的难度并明确规定境内居民个人办理购汇时,不得用于境外买房、证券投资、购买人寿保险和投资性返还分红类保险等尚未开放的资本项目;(7)推出外汇风险准备金和离岸人民币存款准备金;等等。中国央行所采取的这些措施显然延缓了资本账户的开放进程,或者说是向资本管制的方向倒退了一步。②

(二)重新利用每日设定的人民币汇率中间价来引导人民币汇率水平

为避免人民币汇率持续贬值预期对中国经济所带来的不利影响,中国

① 为应对这一问题,中国央行投放基础货币的渠道由外汇占款转向公开市场操作(OMO)和贷款、贴现窗口的投放。

② 需要注意的是,为解决外汇储备不断减少的问题,中国还采取了促进资本流入的措施,如放宽中国企业的海外债券发行,从批准制转向注册制,继续鼓励境外投资者投资银行间债券市场,对外资开放外汇市场,要求国内企业在境外IPO后尽快将资金汇回国内结汇,等等,以鼓励新增资金流入。

央行不得不放弃于2015年8月11日开始实行的人民币汇率中间价报价机制。2015年12月11日，中国外汇交易中心发布人民币汇率指数（CFETS），强调要加大参考“一篮子货币”进行调节的力度，以更好地保持人民币对一篮子货币汇率基本稳定。基于这一原则，从2016年起，中国央行又开始实施新的人民币汇率中间价定价模式。新模式规定：当做市商向中国外汇交易中心报价时，其中间价报价需要同时参考两个目标。第一个目标是前一日收盘价，第二个目标是为了维持人民币兑“篮子货币汇率”在过去24小时保持不变所需要的人民币兑美元变动幅度，结果形成了“人民币汇率中间价=上日收盘价+篮子货币汇率”这一新的人民币兑美元汇率中间价形成机制。从人民币汇率中间价的实际操作情况来看，人民币汇率中间价更多地还是由中国央行基于“稳定人民币汇率”的原则相机决定的。由于中国货币当局通过干预或设定人民币汇率中间价并限制人民币汇率的波幅来影响或控制人民币汇率水平，这实际上也延缓了人民币汇率市场化的进程。

由于“上日收盘价+篮子货币汇率”这一新的人民币兑美元汇率中间价的形成机制并没有完全打消海外投资者对人民币汇率出现一次性贬值的恐慌，人民币汇率仍然面临贬值的压力。在这种情况下，2017年5月，中国央行开始在人民币兑美元中间价报价模型中引入逆周期因子。在新的定价公式下，人民币兑美元中间价由“前一交易日市场收盘价+一篮子货币汇率变化+逆周期调节因子”三者共同决定，此举的目的在于进一步弱化前一交易日市场收盘价对人民币汇率中间价的影响。事实上，加入逆周期因子后，央行实际上进一步增大了对人民币汇率中间价的控制力度，这就使人民币汇率市场化的进程又向后退了一步，人民币汇率制度事实上又退回到钉住汇率制度的轨道。

此外，为抑制因资本外流而带来的人民币汇率贬值压力，中央银行还采取了提高政策利率的做法。2017年2月春节之前，中央银行就上调中期借贷便利（MLF）利率，而到了2017年2月春节之后，中国央行又上调了逆回购和SLF（常备借贷便利）利率，等等。[①] 人民币利率水平的上升，提高了做

① 需要指出的是，在中国经常账户仍然是顺差的情况下，人民币汇率出现贬值压力显著与人民币利率不断走低有关。这是由于人民币利率水平过低，因此市场预期人民币汇率趋于贬值，这意味着做空人民币的成本及做多人民币的收益都很低，结果导致投资者做多美元而做空人民币，这就带来人民币汇率贬值的压力。

空人民币的成本及做多人民币的收益,从而也能在一定程度上抑制人民币汇率的贬值。

以上情况表明,为解决“是维持人民币汇率水平的稳定还是维持外汇储备的稳定”这一两难困境,中国央行选择了加强资本管制并维持人民币汇率水平稳定的做法。这意味着,中国从实现资本账户的开放及人民币汇率的市场化(在一国存在资本管制的情况下,该国的汇率不可能是市场化的汇率)这一大的方向上倒退了一大步,或者说,中国实际上向资本管制及钉住汇率制度的方向倒退了。需要指出的是,这种倒退将抑制中国经济的市场化及国际化,而且,这种倒退实际上会增大市场的不确定性,并给市场主体带来因政策变化而产生不可预测的风险,这显然会打击投资者的信心(在国际市场上,资本管制一般被投资者视为额外的风险因素),结果反而有可能强化资本外逃的动机。事实上,中国的实践已充分证明,钉住汇率制度及资本管制既不利于中国经济的对外开放(如限制跨国公司的利润汇出会严重影响中国的营商环境等),又不利于提高中国的经济效率及实现中国经济的内外均衡。而且,对资本账户进行管制并限制人民币汇率的波幅也不利于推动中国的市场化改革,进而也不利于促进中国经济的长期可持续增长。

人民币汇率市场化及资本账户开放的进程被延缓也阻碍了人民币利率的市场化。这是因为:在中国央行仍然维持人民币汇率的基本稳定,从而不让人民币汇率自由浮动的情况下,如果利率(特别是作为中国基准利率的银行存款利率)因市场供求关系而上升,则会造成大量资本流入,这将迫使中国央行不得不继续大量投放基础货币以收购外汇;相反,如果利率因市场供求关系而下降,则会导致资本大量流出,结果可能造成人民币贬值压力,在这种情况下,中国央行又不得不大量抛售外汇储备。可见,如果在人民币汇率没有市场化的情况放开人民币利率,则中国央行的货币政策将十分被动,在这种情况下,中国央行也不可能将人民币利率(特别是作为中国基准利率的银行存款利率)完全放开,而人民币汇率及利率没有实现真正的市场化,则中国内外经济失衡的状况就难以改变。

还需注意的是,从市场经济的角度来看,“所有资产的价格都是由预期决定的”,尤其是在外汇市场上,在短期内,一国货币的汇率水平往往取决于人们对该国货币汇率水平的预期。弹性价格货币模型曾指出,人们对未来汇率的预期是当前汇率决定的重要因素。如果人们的预期是不稳定的,则汇率就是不稳定的。而中国央行在中国潜在经济增长率下降的情况下,采取大量抛售外汇储备或仍然利用每日设定的人民币汇率中间价以引导人民币汇率水平,从而避免人民币汇率贬值的做法恰恰在市场上形成了人民币汇率将会进一步贬值的预期,结果反而导致市场出现抢购外汇的行为,进而会进一步加剧人民币汇率贬值的压力。从这个意义上来说,因中国央行大量抛售外汇储备所形成的人民币汇率贬值的预期恰恰是导致人民币汇率贬值的重要原因。中国央行越是推迟人民币汇率的必要调整,市场上的贬值预期未来越是会持续累积,从而未来的调整就越会更加剧烈,这从长期来看反而不利于保证人民币汇率水平的稳定,而且也不利于形成正常的外汇供求机制。

总之,中国央行所采取的重新收紧资本账户管制、抛售外汇储备或仍然利用每日设定的人民币汇率中间价以引导人民币汇率水平只能是暂时的短期措施,而绝不应是长期的对策。

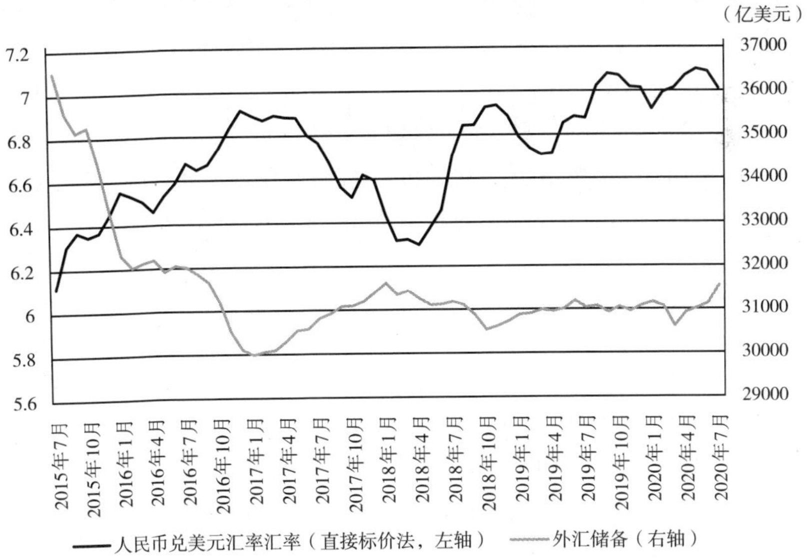

图 2-2　2015 年 7 月以后人民币兑美元汇率与中国外汇储备走势

图 2-2 显示,自 2015 年 7 月至 2020 年中,人民币兑美元汇率总体上呈

贬值态势,从2015年8月11日汇改以来,截至2016年12月底人民币汇率累计贬值10.19%(2015年8月11日人民币兑美元中间价为6.1162,2016年12月30日人民币兑美元中间价为6.9370)。而外汇储备也大致呈下降趋势。而根据图2-7和图2-8中可以看出,从2015年8月至2016年12月,中国的外汇储备一直负增长,在此期间仅有4个月份出现正增长,在不到两年时间内,中国的外汇储备下降了近万亿美元。由于中国央行在2017年5月开始在人民币兑美元中间价报价模型中引入逆周期因子,央行还采取了重新收紧资本账户管制的措施,以控制资本外流,避免人民币的不断贬值,并抑制了外汇储备的不断减少,这一系列操作导致2017年人民币兑美元汇率累计升值幅度达到6.16%(2017年12月29日人民币对美元中间价为6.5342),且外汇储备开始稳定在3万多亿美元的水平上。

三、在人民币汇率问题上,中国央行长期以来始终面临两难选择

基于以上分析,可以将中国的汇率政策实践划分为以下几个阶段:

第一阶段是传统的计划经济体制时期。在这一阶段,中国一直是通过高估人民币官方汇率从(从1955年以来人民币汇率就不断升值)来补贴进口部门,以实现进口替代的工业化。这一政策导向的正面效应是促进了中国的工业化,负面效应则是导致经济的低效率及外汇的短缺。

第二阶段是1979年至1993年,这一阶段是人民币汇率政策的转型时期。在这一阶段,中国进入改革开放时期,但高估的人民币官方汇率水平不利于中国的改革开放,尤其是不利于扩大出口(高估的官方人民币汇率水平低于出口换汇成本,因此导致出口越多则亏损越大),在这种情况下,中国政府不得不被动地不断下调高估的人民币官方汇率,以解决人民币汇率的高估问题,从而刺激中国的出口以推动中国的改革开放。

但这一阶段的人民币汇率政策基本上是被动的,即人民币汇率水平的调整基本上是被动地适应因中国价格的市场化改革而导致出口换汇成本不断提高进而造成出口亏损的问题。由于中国的出口换汇成本因当时中国经济的低效率(原因在于当时中国经济的市场化改革不深入)而不断上升,同时,人民币汇率贬值也造成物价水平的上涨,结果形成“汇率贬值—物价

上涨—出口换汇成本上升—进出口贸易逆差—汇率再贬值”的恶性循环，这就使得这一阶段人民币汇率的不断贬值难以从根本上解决中国进出口贸易逆差的问题（自1979年至1993年这15年中有10年的进出口贸易是逆差）。这同时也意味着，人民币汇率的高估问题并没有在这一时期得到根本解决。

此外，在这一时期，由于中国经济的市场化程度较低，指令性计划仍在资源配置中占据重要地位，即存在着计划经济体制和市场经济体制并行的“双轨制”。因此，这一时期还存在着双重汇率或汇率双轨制（当时曾经同时存在人民币官方汇率与人民币贸易内部结算价及外汇调剂市场汇率的状况）的问题。这既造成价格扭曲，从而不利于形成公平竞争的市场机制，又容易导致腐败和投机行为。而且，双重汇率或汇率双轨制在国际上往往被视为是贸易歧视，因而往往成为西方国家对中国实行经济报复的借口，从而不利于中国扩大出口。

第三阶段是1994年至2005年。为解决人民币汇率仍然高估及双重汇率问题，以刺激中国的出口，并推动中国经济的市场化及国际化，中国于1994年进行外汇体制改革，即采取一次性贬值的方法以解决人民币汇率高估的问题，并在人民币官方汇率与外汇调剂市场汇率并轨的基础上形成统一的、由银行间外汇市场上的供求关系所决定的汇率。

在这一时期，中国在汇率政策上与传统计划经济体制时期的不同之处是不再高估人民币汇率水平，而是力求避免人民币汇率升值，其目的是支持出口生产部门。为此，中国央行采取了大量投放基础货币买入外汇，以保证人民币汇率水平基本稳定在1美元兑换8.27元左右人民币水平上的做法，结果形成事实上的“钉住”美元的“固定汇率制度”。这一政策的正面效应是保证了中国的出口，并进而扩大了中国的就业并刺激了经济增长；负面效应则是货币投放过多、国际收支失衡及外汇储备过度增长，内外经济失衡，并导致中央银行货币政策与汇率政策的冲突，使中央银行陷入“是稳定汇率还是稳定货币供应及物价”“是避免人民币汇率过度升值还是避免外汇储备的过度积累”等一系列两难选择。

第四阶段则是2015年8月至今。由于中国经济增长放缓及出口增速下降，导致人民币汇率出现贬值压力，由此造成资本的外流，从而对中国的经济增长产生了紧缩效应。这时中国汇率政策的目标则是力求保证人民币汇率水平的稳定,为此不得不抛售外汇储备,并收紧对资本账户的管制以及重新利用每日设定的人民币汇率中间价引导人民币汇率水平。这一政策导向的正面效应是有利于避免资本的大量外流并稳定中国的宏观经济及金融市场;负面效应则是外汇储备的不断减少,并延缓了人民币汇率的市场化及资本账户的开放进程,这同样对中国经济的长期增长产生了不利影响。这时,中国央行转而陷入“是维持人民币汇率水平的稳定还是维持外汇储备的稳定”的两难困境,中国也由前一阶段的认为外汇储备过多反而转为担心外汇储备大量流失。同时,中央银行也不得不暂时放弃了实现人民币汇率市场化及开放资本账户的目标,进而使中国央行陷入了“是稳定汇率还是刺激经济增长”的两难选择,这实际上是另一种形式的货币政策与汇率政策的冲突。

总之,从人民币汇率政策的实践来看,中国在汇率政策及货币政策上始终面临两难困境。

第三章　中国的最佳选择:同时实现利率及汇率的市场化与资本账户的开放

第一节　消除人民币贬值压力并摆脱货币政策两难困境的路径:人民币汇率市场化

自1994年人民币官方汇率与外汇调剂市场汇率并轨以来的现实给我们提出了这样一个值得深入研究的问题:为什么在2015年月8之前,人民币汇率一直处于升值状态,而在2015年8月中国央行为提高人民币汇率的市场化程度而完善人民币汇率的中间价报价机制之后,人民币汇率却存在贬值压力?这中间有什么样的逻辑关系?弄清这一问题十分关键,因为这既有利于我们把握人民币汇率的动态变化特征,又有利于我们厘清人民币汇率的波动成因,并进而能为完善人民币汇率形成机制提供启示。

一、人民币汇率贬值压力的形成:货币供应长期过度增长所形成的超额货币

显然,在2015年8月以前,人民币汇率之所以一直面临较大的升值压力,是因为中国自1994年开始实行的以出口导向及大量引进外资来刺激经济增长的模式所导致的外汇供给的持续增长。这一点不难理解。

问题是由于中国央行担心人民币汇率浮动幅度过大(特别是人民币汇率大幅升值)会打击中国的出口,进而影响中国的就业及经济增长。因此,在缺乏有效的冲销手段情况下,中国央行不得不采取大量投放基础货币以买入外汇的措施来压抑人民币的升值,结果导致中国的基础货币及货币供应量持续增长,并造成中国的超额货币问题日趋严重。截至 2019 年底,中国的 M2/GDP 比率高达 200.48%(美国的 M2/GDP 比率为 71.41%),是全球超额货币最多的国家之一。

由于汇率是一种货币现象(Carbaugh,2002),是一国货币与另一国货币的兑换比率。因此,各国汇率的决定及变动必然与各国的货币供应量有关。这意味着,人民币汇率贬值压力及贬值预期的形成与中国央行长期以来为避免人民币汇率升值而大量投放基础货币以买入外汇,结果导致中国货币供应量的长期过度增长,并进而形成过多的超额货币有关。

(一)货币主义汇率理论

20 世纪 70 年代初期,货币主义学派的经济学家(Frenkel 和 Johnson,1976;Bilson,1978、1979;Boughton,1988;MacDonald 和 Taylor,1993)抓住"汇率是一种货币现象"这一本质,认为汇率是两国货币的相对价格,而不是两国商品的相对价格,因此,汇率是由各国货币的相对供应和需求决定的。据此,货币主义学派就用两国货币供求关系的变化引起物价水平的变化来解释汇率的变动。[①]

货币主义的汇率理论是建立在如下假设基础上的:(1)资本市场高度发达,资本具有高度的流动性,本国资产和外国资产之间可完全替代;(2)购买力平价(无论是短期还是长期)总是适用的。即存在着高效的商品市场,商品价格对货币供应量有充分的弹性,自由的商品流动能保证"一价定律"的实现;(3)货币是中性的。货币对实际经济变量没有影响,货币的变化将使价格和汇率出现同比例的变化,即汇率是持续地直接与价格同比例变化;(4)价格充分弹性,即价格和工资能够充分灵活地变动以实现充分就业,因此,总供给曲线是垂直的;(5)存在着高效的外汇市场,资本自由流动,货币

① 货币主义的汇率理论产生于 20 世纪 70 年代初期,该理论是随着固定汇率制度的崩溃和浮动汇率制度得以正式确立,在西方发达国家普遍出现通货膨胀的情况下产生的。

自由兑换，市场参与者能根据所有信息做出合理预期，并能强烈地影响市场的汇率水平；(6)货币需求是稳定的；等等。由于货币主义汇率理论假设价格是充分弹性的，因此，货币主义汇率理论又被称为弹性价格货币模型(Flexible-Price Monetary Model)。

在以上假设的基础上，弹性价格货币模型认为，在其他条件不变时，如果一国货币供应量增长过快，因而出现超额货币时，则该国居民就会增加对国内外商品、证券或真实资产的购买，这就会导致本国进口及资本流出增加，从而使该国的国际收支出现逆差。同时，在其他条件不变的情况下，当一国因货币供应量增长过快而出现超额的货币供应时，该国的物价水平就会上升，由于购买力平价的关系，这将导致本国货币贬值(本国汇率下跌)。对货币主义汇率理论进行实证检验的结果证明，分析的时间越长，或两国货币供应增长率的差异越大，则货币主义汇率理论就越符合现实(Frenkel，1979；Haynes 和 Stone，1981；MacDonald 和 Taylor，1992)。

根据货币主义汇率理论的基本模型：

$$E = (\dot{M}_A - \dot{M}_B) - a(\dot{Y}_A - \dot{Y}_B) + b(\dot{i}_A - i_B) \quad (3-1)$$

上式中，$\dot{M}_A$、$\dot{M}_B$ 及 $\dot{Y}_A$、$\dot{Y}_B$ 分别代表本国与外国的货币供应变动率及国民收入变动率，i_A、i_B 则分别代表本国与外国的名义利率水平。该模型所隐含的结论是：

(1)如果本国货币供应增长率高于外国，即 $\dot{M}_A - \dot{M}_B > 0$，而其他条件不变，本国的物价水平就会上涨，由于购买力平价的关系，本国货币汇率就会贬值。

弹性价格货币模型之所以得出以上观点，是因为弹性价格货币模型认为货币是中性的、总供给曲线是垂直的，因此，货币供应的增长不会影响产出，而只能导致物价水平的上涨。同时，由于购买力平价持续成立，因此，在国外物价水平不变的情况下，只有本国货币汇率同比例上升，才能维持货币市场的均衡。因此，在弹性价格货币分析法中，本国货币供应的增加，会导致本国物价水平同比例上升和本国货币同比例贬值。

(2)如果本国国民收入增长率高于外国，即 $\dot{Y}_A - \dot{Y}_B > 0$，而其他条件不变时，国内的货币需求就会增加，在名义货币供应存量不变的情况下，货币供应小于货币需求，这将使国内物价水平下降，由于购买力平价持续成立，本国物价水平下降，会导致本国货币汇率升值。①

（3）当其他条件不变时，若本国名义利率高于外国，即 $i_A - i_B > 0$，则意味着本国有较高的预期通货膨胀率（名义利率等于实际利率加预期的通货膨胀率），由于对本国货币的需求将降低，从而使本币汇率趋于下跌。②

也就是说，弹性价格货币分析法认为，汇率是由本国和外国的货币供应水平、实际国民收入水平和利率水平通过对物价水平的影响而决定的。在以上这些因素中，货币主义认为，对汇率变动具有决定性作用的是两国货币供应增长率的差异，在国民收入和利率既定的条件下，如果一国货币供应量的增长率超过国外，则会导致该国货币汇率的下跌（即本国货币贬值），该国货币的贬值率等于两国货币供应量增长率的差异。

总之，货币主义的汇率理论将购买力平价理论、利率平价理论同货币数量理论结合起来，从宏观经济的角度研究汇率的决定。同时，货币主义汇率理论将货币供应量的变动与物价的变动，进而与汇率的变动联系起来，因而对汇率变动的原因分析得更为深入。此外，货币主义汇率理论还强调了各国国民收入及利率等因素对汇率的影响，因而对汇率变动的原因分析更为全面。总之，货币主义汇率理论有利于人们从宏观上根据两国的相对货币供应量增长率、相对国民收入增长率及利率差异等数据来判断或预测两国

① 需要注意的是，凯恩斯主义在这一点上观点不同。凯恩斯主义从国民收入与支出的一般均衡角度来考察汇率的变动，认为一国国民收入增长会使其支出增加，从而导致国际收支逆差，进而促使本国货币汇率贬值。

② 凯恩斯主义在这一点上与货币主义观点也不同。凯恩斯主义认为，本国利率上升会吸引外资流入，从而使本国出现国际收支顺差，结果将导致本国货币汇率升值。凯恩斯主义之所以得出这一观点与其价格黏性的理论假设有关，因为在价格黏性的情况下，利率的变化反映的是本国货币政策松紧程度的变化，并不会立即引起物价水平的变化，因而本国利率水平高于外国并不意味着本国的物价水平高于外国。实际上，要正确地理解利率与汇率之间的关系，首先必须区分名义利率与实际利率这两个概念。实际利率与名义利率的关系为：实际利率等于名义利率减去预期的物价水平变动率。了解名义利率与实际利率之间的差异以后，就不难理解，一国名义利率的上升既可能意味着预期该国通货膨胀率的上升，也可能反映了该实际利率水平的提高，如果是前者，则对该国货币的实际需求就会下降，这会导致该国货币汇率下跌的压力；在后种情况下，假如本国的实际利率高于外国，而且资本的国际流动不受限制，则资本就会流入该国，这将增大对该国货币的需求，从而导致该国货币汇率的上升。由此可见，这两种类型的变化，对汇率却正好起着相反的影响。问题的关键就在于如何判断一国利率的变化到底是由于实际利率的变化引起的，还是由于预期物价水平的变动引起的。

货币汇率的未来变动趋势。

(二)中国的超额货币与人民币汇率

显然,根据货币主义的汇率理论,从中国的货币供应量增长率超过外国的情况来看,人民币存在着贬值的压力。这是因为:长期以来,中国货币供应量的增长率高于国外主要经济体(见表3-1),而且,中国的超额货币问题也十分严重。2019年,中国M2/GDP的比率高达200%,是全球超额货币最多的国家之一,见表3-2、表3-3。

表3-1 货币供应量(M2)增长率的国际比较(1994—2019年)

单位:%

年份	中国	美国	欧盟	世界平均
1994	34.53	0.31	2.97	54.99
1995	29.47	4.13	4.74	25.64
1996	27.18	4.83	4.86	51.86
1997	17.30	5.59	3.50	19.78
1998	15.30	8.48	6.32	15.35
1999	14.74	5.99	5.67	21.05
2000	15.40	6.19	3.80	21.69
2001	14.42	10.27	8.95	20.87
2002	16.87	6.19	6.34	16.96
2003	19.58	5.06	6.35	15.56
2004	14.46	5.72	6.31	16.01
2005	17.99	4.06	9.52	17.57
2006	15.67	5.84	9.32	22.01
2007	16.73	5.73	10.28	21.46
2008	17.79	9.74	8.96	16.87
2009	28.42	3.80	2.12	12.86
2010	18.95	3.68	2.38	14.55
2011	17.32	9.90	2.34	13.55
2012	14.39	8.47	4.31	12.01
2013	13.59	5.44	2.23	11.57
2014	11.01	5.91	4.85	10.88

续表

年份	中国	美国	欧盟	世界平均
2015	13.34	5.69	5.50	10.60
2016	11.33	7.06	4.94	10.28
2017	8.17	4.70	4.66	8.85
2018	8.10	3.85	4.23	7.05
2019	8.70	5.10	5.53	3.83

资料来源:wind 宏观数据库、世界银行及中国国家统计局数据库。

表 3-2　中国的 GDP、M2 及 M2/GDP 的变动(1994—2019 年)

单位:亿元人民币

年份	GDP(增长率%)	M2(增长率%)	M2/GDP(%)
1994	48637.50(13.00)	46923.50(34.53)	96.48
1995	61339.90(11.00)	60750.50(29.47)	99.04
1996	71813.60(9.90)	77265.00(27.18)	107.59
1997	79715.00(9.20)	90631.83(17.30)	113.69
1998	85195.50(7.80)	104498.5(15.30)	122.66
1999	90564.40(7.70)	119898.00(14.74)	132.39
2000	100280.10(8.50)	138356.47(15.40)	137.97
2001	110863.10(8.30)	158301.92(14.42)	142.79
2002	121717.40(9.10)	185006.97(16.87)	152.00
2003	147422.00(10.00)	221222.82(19.58)	160.98
2004	161840.20(10.10)	253207.70(14.46)	156.46
2005	187318.90(11.40)	298755.48(17.99)	159.49
2006	219438.50(12.70)	345577.91(15.67)	157.48
2007	270232.30(14.20)	403401.30(16.73)	149.28
2008	319515.50(9.70)	475166.60(17.79)	148.71
2009	349081.40(9.40)	610224.52(28.42)	174.81
2010	413030.30(10.60)	725851.79(18.95)	175.74
2011	489300.60(9.50)	851590.90(17.32)	174.04
2012	540367.40(7.90)	974148.80(14.39)	180.28
2013	595244.40(7.80)	1106524.98(13.59)	185.89

续表

年份	GDP(增长率%)	M2(增长率%)	M2/GDP(%)
2014	643974.00(7.30)	1228374.81(11.01)	190.75
2015	689052.10(6.90)	1392278.11(13.34)	202.06
2016	743585.50(6.70)	1550066.67(11.33)	208.46
2017	827121.70(6.90)	1676768.54(8.17)	202.72
2018	919281.10(6.70)	1826744.20(8.10)	198.71
2019	990865.0(6.10)	1986488.82(8.70)	200.48

注:1. GDP、GDP 增长率、M2、M2 增长率来自《2015 年中国统计年鉴》,M2/GDP 经计算获得。

2. GDP 增长率为实际 GDP 增长率。

3. M2 同期比增长率按可比口径计算。1993 年 M2 口径调整,故 1993 年未计算增长率。

4. 1997 年初,中国人民银行对金融统计制度进行了调整,因此自 1997 年起的数据与历史数据不完全可比。

5. 2001 年 6 月起,将证券公司客户保证金计入 M2,含在其他存款内。

6. 自 2011 年 10 月起,货币供应量已包含住房公积金中心存款和非存款类金融机构在存款类金融机构的存款。

7. 2018 年,中国用非存款机构部门持有的货币市场基金取代货币市场基金存款(含存单)。此次调整扩大了 M2 的定义,并将统计范围由传统的存款类机构扩大至具有典型"影子银行"特征的货币市场基金领域。

资料来源:wind 宏观数据库、世界银行及中国国家统计局数据库。

表 3-3　M2/GDP 的国际比较(1994—2019 年)

单位:%

年份	中国	美国	欧盟	世界平均
1994	96.48	47.96	59.69	93.14
1995	99.04	47.63	60.80	95.01
1996	107.59	47.24	61.23	92.26
1997	113.69	46.93	62.04	92.60
1998	122.66	48.22	63.43	95.25
1999	132.39	48.09	64.10	107.25
2000	137.97	47.96	63.20	107.15
2001	142.79	51.21	64.49	103.84
2002	152.00	52.62	66.33	104.73
2003	160.98	52.72	68.62	106.63
2004	156.46	52.27	70.01	106.94

续表

年份	中国	美国	欧盟	世界平均
2005	159.49	50.99	74.09	92.64
2006	157.48	51.00	77.06	93.92
2007	149.28	51.61	80.36	95.45
2008	148.71	55.71	85.34	101.43
2009	174.81	59.03	89.67	112.55
2010	175.74	58.97	89.33	109.36
2011	174.04	62.50	88.95	111.11
2012	180.28	65.12	92.44	113.28
2013	185.89	66.45	93.60	109.63
2014	190.75	67.41	95.78	117.32
2015	202.06	68.52	97.23	121.14
2016	208.46	71.37	99.49	125.71
2017	202.72	71.77	100.56	121.77
2018	198.71	82.52	118.58	122.78
2019	200.48	83.30	121.15	125.64

资料来源:世界银行,wind数据库。

根据以上各表,中国的广义货币供应量(M2)由1990年的1.5万亿元人民币,增加为2000年的13.83万亿元人民币,2001年也只有15.83万亿元人民币,2007年及2008年分别上升到40.34万亿元人民币及47.52万亿元人民币,以后每年递增10万亿元左右,到2019年末,中国的货币供应量余额高达198.65万亿元人民币,而中国M_2/GDP比率则高达200.48%,高于美国、欧盟及世界平均水平,是全球超额货币状况最严重的国家之一。①

有趣的是,在中国货币供应量长期较快增长,从而形成严重的超额货币

① 需要关注的是,日本也是超额货币问题十分严重的国家。Wind数据库显示,2019年日本的M_2/GDP比率高达219.40%。日本之所以也存在严重的超额货币问题,其主要原因是日本于20世纪80年代中期为应对"广场协议"以后的日元升值对日本经济的负面影响及20世纪90年代开始的经济低迷所长期实行的宽松货币政策的结果。

问题情况下,[①]人民币非但没有贬值,反而却不断升值,这是一个很值得深入分析的现象。

根据货币主义的汇率理论,如果一国的经济增长率持续高于其他国家且经济实力不断增强,则人们对该国货币价值的主观评价就会较高且对该国货币的需求会增大,这就会促使该国货币汇率升值。因此,人民币汇率不断升值的一个解释是中国的经济增长率高于外国。从1994年到2014年,我国GDP的年均增长率达到了9.78%,而同期美国GDP的年均增长率只有4.59%。

表3-4 经济增长率的国际比较(1994—2019年)

单位:%

年份	中国	美国	欧盟	世界平均
1994	13.05	4.04	2.84	3.37
1995	10.95	2.72	2.69	3.41
1996	9.93	3.80	2.00	3.93
1997	9.23	4.49	2.77	4.18
1998	7.84	4.45	2.98	2.50
1999	7.67	4.69	3.03	3.64
2000	8.49	4.09	3.88	4.79

① 中国的超额货币问题曾引起国内外众多经济学家的广泛兴趣,并在这一领域产生了大量的理论研究或实证分析成果(Hasan,1987;Feltenstein and Jiming,1991;Mckinnon,1993;Harrold,Hwa和Jiwei,1993;Hofman,Lin和Montes-Negret,1995;戴国强,1995;谢平,1996;易纲,1996、2000、2003;世界银行,1996;谢平,1996;张杰,1998、2006;左孝顺,1999;樊纲和张晓晶,2000;王同春和赵东,2000;曾令华,2001;戴根有,2000;贾春新,2000;刘明志,2001;秦朵,2001;刘明志、孙刚、范南,2001;Gordon and Leeper,2002;刘伟,2002;龚六堂和邹恒甫,2002;张兴胜,2002;帅勇,2002;黄达,2003;裴平和熊鹏,2003;郭浩,2003;伍志文,2003;程建胜,2004;刘士余、王辰华,2005;赵留彦和王一鸣,2005;沈伟基和杜蕴,2005;李建军,2006;李斌,2006;杨召举和张振国,2006;曾康霖,2007;余永定,2007;钱小安,2007;汪洋,2007;王健,2007;张雪春,2007;李健,2007;刘春航和张新,2007;张新泽,2008;王书华,2008;宋健,2010;张波,2012),这些研究分别从不同角度(如中国经济结构的变化、中国的货币化进程及中国金融市场的发展,大量储蓄没有转化为投资及中国银行业不良资产的比率过高,等等)分析了中国超额货币的形成原因。Mckinnon(1993)曾将中国货币供应量的增长率远远超过经济增长率,但物价水平却没有上涨的现象称为"中国之谜"。但目前还很少有人从开放的角度深入研究中国的超额货币与人民币汇率的关系问题。

续表

年份	中国	美国	欧盟	世界平均
2001	8.34	0.98	2.24	2.46
2002	9.13	1.79	1.34	3.01
2003	10.04	2.81	1.33	4.04
2004	10.11	3.79	2.60	5.44
2005	11.40	3.35	2.09	4.88
2006	12.79	2.67	3.36	5.56
2007	14.23	1.78	3.08	5.67
2008	9.65	−0.29	0.46	3.04
2009	9.40	−2.78	−4.39	0.01
2010	10.64	2.53	2.15	5.43
2011	9.54	1.60	1.66	4.22
2012	7.86	2.22	−0.45	3.52
2013	7.76	1.68	0.20	3.47
2014	7.30	2.37	1.60	3.58
2015	6.90	2.90	2.37	3.45
2016	6.70	1.50	1.80	3.23
2017	6.90	2.30	2.33	3.76
2018	6.60	2.90	1.90	3.04
2019	6.10	2.30	1.50	2.48

资料来源:世界银行。

由此可见,在2014年以前,在中国货币供应量持续增长的情况下,人民币汇率之所以仍然不断升值,是因为中国的经济增长率高于外国。但是,从理论上来说,如果中国的经济增长率下滑,同时中国货币供应量的增长率大大超过经济增长率,甚至大大超过经济增长率与物价上涨率之和,则人民币汇率势必出现贬值压力。

从中国的经验来看,因货币供应量过快增长而导致人民币汇率持续贬值的典型时期为1980年到1993年。在这一时期,中国货币供应量M2的年均增长率(26.28%)比GDP年均增长率(9.87%)平均高16.41个百分点,比GDP与物价年均增长率之和平均高8.96个百分点,结果导致人民币官方汇率由1美元兑1.5元人民币贬值到1美元兑5.75元人民币,贬值幅度高达73.91%,而较能反映市场供求关系的外汇调剂市场汇率则贬值到1美元兑8.41元人民币。见表3-5。

表3-5 1980—1993年中国GDP、M2、M2/GDP、人民币汇率变动

单位:亿元人民币

年份	GDP(增长率%)	M2(增长率%)	M2/GDP(%)	人民币官方汇率(人民币/1美元)	人民币市场汇率(外汇调剂价格)(人民币/1美元)	消费物价(以当年CPI计算(%))
1980	4517.8(7.8)	1842.9(27.02)	40.79	1.5		7.5
1981	4862.4(5.2)	2234.5(29.84)	45.97	1.7		2.5
1982	5294.7(9.1)	2589.8(19.69)	48.85	1.89		2.0
1983	5934.5(10.9)	3075.0(19.45)	51.62	1.98		2.0
1984	7171.0(15.2)	4146.3(39.17)	57.53	2.33		2.7
1985	8964.4(13.5)	5185.0(17.03)	57.84	2.94		9.3
1986	10202.2(8.8)	6721.0(31.09)	65.88	3.45		6.5
1987	11962.5(11.6)	8349.7(24.94)	69.85	3.72	5.40	7.3
1988	14928.3(11.3)	10099.6(24.45)	67.68	3.72	6.31	18.8
1989	16909.2(4.1)	11949.6(20.06)	70.63	3.77	6.42	18.0
1990	18547.9(3.8)	15293.7(30.01)	82.23	4.78	5.80	3.1
1991	21617.8(9.2)	19439.9(28.81)	89.91	5.32	5.84	3.4
1992	26638.1(14.2)	25402.1(33.33)	95.31	5.51	6.57	6.4
1993	34634.4(13.5)	31501.0(22.98)	91.15	5.76	8.41	14.7

资料来源:《中国统计年鉴》。

表3-5显示,货币主义汇率理论能够解释1980年至1993年的人民币汇率走势。这意味着未来如果中国经济增长率继续下滑,同时中国的货币

供应量增长率持续大于经济增长率,则人民币汇率就会趋于贬值。

表 3-6　2002 年以后中国经济增长率下滑状况

年份	GDP 增长率(%)	年份	GDP 增长率(%)	年份	GDP 增长率(%)
2002	9.1	2008	9.7	2014	7.4
2003	10.0	2009	9.4	2015	7.0
2004	10.1	2010	10.6	2016	6.8
2005	11.4	2011	9.6	2017	6.9
2006	12.7	2012	7.9	2018	6.7
2007	14.2	2013	7.8	2019	6.1

资料来源:国家统计局网站。

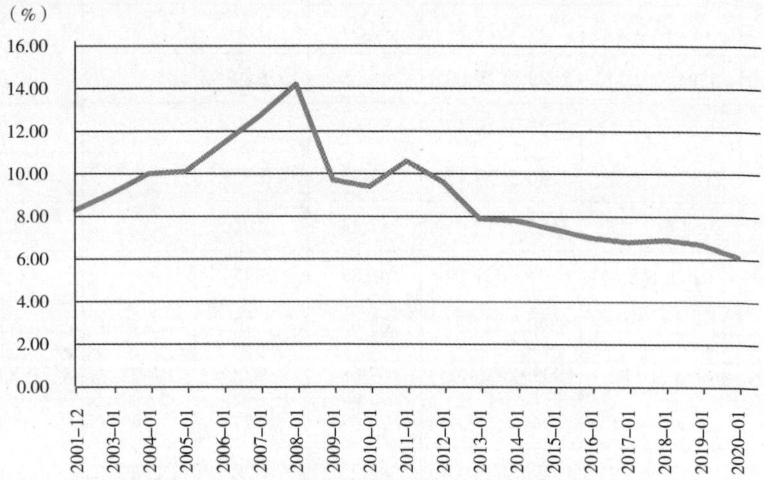

图 3-1　2002 年以后的中国经济增长率

表 3-6 显示,2002—2011 年,中国年均 GDP 增长率达到了 10.63%。但自 2012 年起,中国的经济增长率由两位数开始下滑,2012—2014 年三年中国的经济增长率均未达到 8%,2015 年和 2016 年则分别下降为 6.9% 和 6.7%。

可见,人民币汇率产生贬值压力及贬值预期的原因是中国在超额货币问题严重的情况下经济增长率开始下降。需要特别指出的是,从 1980 年至 1993 年,虽然人民币官方汇率由 1 美元兑 1.5 元人民币贬值到 1 美元兑 5.75 元人民币,贬值幅度高达 73.91%,但到 1993 年,中国的 M_2/GDP 也只有 91.15%,而到 2015 年,中国的 M_2/GDP 高达 202.06%,2016 年则进一步上升到 208.46%。这一现象意味着,在经济增长率下滑,且超额货币问题严重的情况下,就自然会产生人民币汇率贬值的压力并形成人民币汇率贬值的预期,可以说人民币汇率贬值压力的产生源于中国货币供应长期过度增长所形成的超额货币。

还有一点需要指出的是,人民币汇率贬值压力的产生源于中国货币供应长期过度增长所形成的超额货币这一观点还可以从由 Frenkel(1976)、Johnson(1972)以及 Mundell(1968、1971)等人通过运用货币主义的分析方法研究国际收支问题所形成的国际收支货币分析法(monetary approach to the balance of payments)中推导出来。

国际收支的货币分析法认为,由于国际收支同时包括经常账户和资本账户,故当这两个账户的总和出现顺差或逆差时,就会直接造成官方储备账户的变化,而官方储备账户的变化会导致一国基础货币的变动,进而影响到该国货币供应的变动,因此,国际收支纯粹是一个货币现象。

国际收支的货币分析法有三个基本经验假定:(1)在充分就业均衡状态下,一国的货币需求是收入、价格和利率等变量的稳定函数,在长期内货币需求是稳定的。(2)存在一个高效率的世界商品和资本市场,购买力平价理论在长期内成立。由于完全的套购及套利活动,在长期内,一国价格水平接近世界市场水平,一国利率水平接近国际资本市场的利率水平。(3)货币是中性的,即货币供应量的变动不影响实物产量。

根据以上假定,货币需求(MD)是收入(Y)和利率(r)的稳定函数,则有:

$$MD = f(Y, r) \tag{3-2}$$

一国的货币供应(MS)分成两部分:(1)国内创造部分(D),这是通过一国货币当局及整个银行体系所共同创造的信贷,是支撑一国货币供应的国内资产部分;(2)来自国外的部分(R),这是经由国际收支所获得的盈余

(国际储备),这是支撑一国货币供应的国外资产部分:

$$MS = D + R \tag{3-3}$$

移项可得:

$$R = MS - D \tag{3-4}$$

假定在长期中货币需求等于货币供应,即:

$$MD = MS \tag{3-5}$$

由此可以导出国际收支货币分析法的最基本的方程式:

$$R = MD - D \tag{3-6}$$

(3-6)式的基本结论是:国际收支差额意味着官方储备的增减,它等于本国货币需求减本国所创造的货币。

从(3-6)式可以看出,货币分析法不是从国际收支的组成——经常账户和资本账户入手,而是从分析国际收支的结果——官方储备余额着手,认为国际收支差额完全反映在官方储备资产的变动上,这就使国际收支理论分析的重点发生了重大转移。

在这个基础上,货币分析法提出,一国国际收支的失衡完全是由该国的国内货币供应与货币需求的失衡引起的。如果一国的货币供应增加或货币需求减少,则该国就会出现超额货币供应。由于货币供应不影响实物产量,在价格不变的情况下,多余的货币就会寻找出路。对个人和企业来说,就会增加货币支出。这些多余的货币如果不能在国内支出消化,则人们就会增加对国外商品的购买,从而使本国进口增加,同时,该国居民还会购买外国证券或进行直接的国外投资,从而使资本流出增加,结果,该国的经常账户和资本账户均会出现逆差,即整个国际收支出现逆差。这个过程一直持续到人们手中的货币余额存量恢复到原来意愿持有的存量水平为止。反之,如果一国货币供应减少或货币需求增加,而导致出现超额的货币需求时,则该国居民为了满足这种超额的货币需求,在本国货币供应一定的情况下,将增加对外国货币的需求。而增加外国货币的需求,不外乎扩大出口,同时增加外资的流入,结果,该国的经常账户和资本账户均出现顺差,即整个国际收支出现顺差。

总之,根据国际收支货币分析法的观点,当一国货币供应量增长过快而形成超额货币时,该国最终会因为进口增加及资本流出而出现国际收支逆差。而一国出现国际收支逆差则自然会导致该国货币的汇率贬值。[①] 根据国际借贷说（Goschen，1861）或汇率决定的国际收支理论（Argy，1981），当一国国际收支顺差时，其外汇市场供过于求，因此，外汇汇率将贬值，而本币汇率将升值；反之，当一国国际收支逆差时，其外汇市场供不应求，因此，外汇汇率将升值，本币汇率将贬值。[②]

从中国的现实来看，近年来中国居民在国外大量购买商品及中国企业大量进行对外投资实际上在相当程度上与中国的货币供应量过多有关。这也就能够说明这一现实：自 2014 年以来，中国的国际收支顺差规模大幅减少，2015 年甚至出现国际收支逆差。这意味着，从长期来看，在资本账户逐步开放的条件下，中国货币供应长期过度增长所形成的超额货币也会通过影响中国的国际收支进而影响人民币汇率。

总之，无论是从货币主义的角度来看，还是从凯恩斯主义的角度来看，人民币汇率贬值压力的产生根源都在于中国货币供应长期过度增长所形成的超额货币。

二、实行浮动汇率制度实际上可以解决人民币汇率的贬值压力及贬值预期问题

既然导致人民币汇率产生贬值压力并形成贬值预期的根源在于中国货

① 对于这一点，英国著名学者休谟（Hume）于 1752 年在抨击重商主义认为货币（金银，因休谟所处的时代是金本位时期）是国民财富的重要部分，因而强调政府应该采取促进本国出口的措施以实现贸易顺差，从而获得货币的净流入以增加本国国民财富的观点时，就提出了这一思想。他认为，如果一国贸易持续顺差，则货币会持续流入该国，这样，该国的货币数量就会过多，因而物价水平就会上涨，这样，该国的出口就会减少，货币也会随之流出。休谟的这一分析实际上包含以下几个重要的观点：（1）因贸易顺差而导致的货币供应量的过度增加会造成物价水平的上涨；（2）一国不可能长期存在贸易（或国际收支）的顺差，它最终会因货币数量的不断增加及物价水平的不断上涨而自行消失；（3）政府对经济的人为干预（如人为地刺激出口）会导致经济的波动。这就是著名的物价—铸币流动机制（Price-specie-flow Mechanism）。

② 汇率决定的国际收支汇率理论是凯恩斯主义的汇率理论，这一理论将影响国际收支的各个变量作为均衡汇率的决定因素，并从宏观经济角度指出了汇率和国际收支之间的关系，其核心思路是认为由国际收支引起的外汇流量决定了汇率水平及其变动，从而为分析短期汇率的决定及变动提供了宏观分析框架。事实也确实证明，国际收支失衡是导致汇率变动的重要因素。20 世纪 70 年代以美元为中心的布雷顿森林体系崩溃的主要原因之一就是美国国际收支的长期逆差。当然，由于凯恩斯主义是短期理论，因此，汇率决定的国际收支汇率理论实际上研究的是短期汇率的决定与变动。

币供应长期过度增长所形成的超额货币,因此,要解决人民币汇率的贬值压力及预期问题,就必须解决中国的超额货币问题。而导致中国货币供应量不断持续增长,因而形成严重的超额货币问题的原因又在于中国央行长期为维持人民币汇率水平的稳定而不得不大量投放基础货币,因此,要解决中国货币供应量不断持续增长及所形成的超额货币问题,并进而解决人民币汇率的贬值压力及预期问题,中国实际上可以通过实行浮动汇率制度来加以解决。这是因为:

只有实行浮动汇率制度,让人民币汇率水平随着市场供求的变化而变化,并让人民币汇率真正由市场供求关系决定,才能使中国央行不必再人为地维持人民币汇率水平的稳定,特别是为避免人民币汇率的升值而不得不被迫大量投放基础货币以收购外汇。这样,就自然会改变中国基础货币投放不断增加以及货币供应量持续增长的状况,从而有利于消除中国所存在的超额货币问题,进而消除中国通货膨胀的潜在压力。可见,实行浮动汇率制度,让人民币汇率水平随着市场供求的变化而变化恰恰有利于消除中国的超额货币问题,从而有利于消除人民币汇率的贬值压力。同时,消除中国的超额货币,还有利于消除人民币汇率的贬值预期。

可能有人担心,在中国存在超额货币的情况下实行浮动汇率制度,让人民币汇率水平随着市场供求的变化而变化,必然会导致人民币汇率大幅贬值。这种担心虽有一定道理,但实际上是不必要的。这是因为目前中国的经济增长率在全球仍处于前列,特别是中国目前在人工智能、信息技术、互联网经济、大数据经济、云计算经济、新能源、新型工业(电池、电动车、光伏及环保)、家电、高铁、金融科技等领域表现出很强的创新势头和研发能力,中国经济仍有相当的增长潜力,因此,人民币汇率并不存在大幅贬值的基础。

同时,中国具备较强的贸易竞争力并拥有规模巨大的经常账户顺差,而且,中国出口的结构也在逐步优化,高新技术产品的出口占货物出口的比重稳步上升。在国际上,经常账户的收支是否平衡往往被作为判断一国汇率水平是否处于均衡水平的基准。IMF 评估成员国汇率水平的宏观经济均衡法(Macroeconomic Balance,MB),其核心概念就是经常账户差额与 GDP 之比的均衡值(current account norm)。事实上,目前国际上广泛认可的用于评判某种货币的汇率是否公平的指标就是经常账户差额与 GDP 之比,具体而言是:如果一国经常账户逆差占 GDP 的比重持续超过一定水平,则该国的货币汇率就会被认为是高估;相反,如果一国经常账户顺差占 GDP 的比重持续超过一定水平,则通常认为该国的货币被低估,经常账户顺差占 GDP 的比重越高,则货币被低估的程度越大。也就是说,在一国经常账户持续顺差的情况下,一国货币的汇率不可能持续大幅贬值。而中国的经常账户长期以来一直处于顺差状态,见表 3-7。

表 3-7　2005—2019 年中国的经常账户余额及其与 GDP 比值

年份	经常账户余额(亿美元)	经常账户余额/GDP
2005	1323.78	5.79%
2006	2318.43	8.42%
2007	3531.83	9.95%
2008	4205.69	9.15%
2009	2432.57	4.77%
2010	2378.10	3.91%
2011	1360.97	1.80%
2012	2153.92	2.52%
2013	1482.04	1.55%
2014	2360.47	2.25%
2015	2930.22	2.65%
2016	1913.37	1.70%
2017	1886.76	1.53%
2018	241.31	0.17%
2019	1029.10	0.72%

资料来源:世界银行数据库。

表 3-7 显示,中国经常账户长期持续顺差,从中国经常账户顺差占 GDP 的比重这一指标来看,国际金融危机爆发以前的 2007 年,中国经常账户顺差占 GDP 的比重将近 10%,虽然此后不断下降,但到 2014 年和 2015 年,中国经常账户占 GDP 的比重重新趋于上升。虽然自 2016 年以来,中国的外汇储备有所下降,但中国仍然拥有全球最多的外汇储备,因此,从中国

宏观经济的基本面来看,根据汇率决定理论的宏观均衡分析法(Nurkse,1945;Swan,1955;Williamson,1983;Stein,1994;Stein 和 Lim,2002;Bouoiyour 和 Rey,2005)①,人民币汇率不存在持续大幅贬值的基础。在这种情况下,只要中国能够解决超额货币问题,就能够打破人民币汇率贬值的预期。由于一国货币的汇率水平往往取决于人们对该国货币汇率水平的预期,因此,打破人们对人民币汇率贬值的心理预期,就有利于保证人民币汇率水平的稳定。

事实上,在中国实行浮动汇率制度的情况下,即使人民币汇率短期贬值也没有关系。这是因为:从长期来看,只要中国通过制度改革建立起公平竞争的市场经济体制并培育真正理性的市场主体,则人民币汇率是不可能长期持续贬值的,市场机制的自动调节作用最终会使汇率自动收敛于一个均衡点。因为人民币汇率贬值意味着出口所获得的一单位外汇较之前能兑换更多的人民币,而进口所需支付的人民币也较前增加(因需要更多的人民币才能兑换一单位的外汇),在这种情况下,追求利润最大化的企业就会自动地努力扩大出口,而力求最大限度地减少成本支出的企业和消费者则会自觉地减少进口。同时,在人民币汇率贬值的情况下,外商在中国的投资成本也将随之下降(因为一单位外汇较之前能兑换更多的人民币),从而有利于中国进一步吸引更多的外商直接投资,这就自然会使中国的外汇供给增

① Isard(2007)曾总结了衡量均衡汇率的六种方法,并将其归纳为两大类,即基于购买力平价与基于宏观经济平衡角度的各种方法。由于购买力平价反映的是商品市场的均衡,而没有包含宏观经济内外均衡的含义,因而根据购买力平价测算出来的汇率不是宏观均衡汇率。随着凯恩斯宏观经济理论取代古典经济学成为经济学主流分析范式后,均衡汇率理论不再像购买力平价理论那样局限于货币因素,而开始向宏观均衡分析倾斜。宏观均衡分析法所定义的均衡汇率是指与经济基本面相符合的汇率。其中主要有以下观点:(1)Nurkse 于 1945 年最早从宏观均衡的角度提出了均衡汇率的概念。Nurks 将均衡汇率定义为在自由贸易和资本自由流动、国际收支平衡和充分就业条件下,内外经济同时达到均衡时的汇率。(2)Swan(1955)在 Nurkse(1945)的基础上,进一步系统论述了均衡汇率与宏观经济之间的关系,并明确地将均衡汇率定义为在中期与宏观经济内外部均衡相一致的汇率,从而开辟了汇率的宏观经济均衡分析法。(3)在 Nurkse 和 Swan 的基础上,Williamson(1983)提出了"基本均衡汇率"理论(FEER),该理论认为均衡汇率是由影响宏观经济均衡的中长期基本经济变量而非短期变量决定的。(4)Stein(1994)在 FEER 的基础上提出了自然均衡汇率理论(NATREX),后来经过 Stein 和 Lim(2002)、Bouoiyour 和 Rey(2005)等人进一步加以完善。所谓自然均衡汇率是指在不考虑随机因素、周期性因素及投机资本流动、外汇市场干预的影响,而由实际基本经济因素(主要包括节俭程度、劳动生产率、资本密集度以及对国外的净负债等)决定的、能够实现国际收支平衡和充分就业的中期的实际均衡汇率。

加,而外汇需求下降,从而使国家的外汇储备逐步增加,并使人民币汇率逐步回升到均衡水平,而不可能出现长期无限制下降的局面。此外,还需指出的是,人民币汇率贬值实际上将增大资本外流或外逃的成本(因人民币汇率贬值意味着需要更多的人民币才能兑换一单位的外汇),因此,人民币汇率贬值本身也能起到抑制资本外流或外逃的作用。总之,从市场机制的角度来看,对人民币汇率持续贬值的担心是不必要的。从国际经验来看,那些爆发货币危机的国家,最后都是通过实行浮动汇率制度,让本国货币汇率完全由市场供求决定,从而增强了本国出口产品的竞争力,进而使该国逐步摆脱了危机并使经济最终得到了恢复。因此,从长期来看,在浮动汇率制度下,只要中国通过制度改革建立起公平竞争的市场经济体制并培育真正理性的市场主体,则对汇率水平的波动不必过于担心。而且,即使在中国经济增长率下滑的情况下,实现人民币汇率的市场化有可能出现人民币汇率的一次性大幅贬值,但在中国经济基本面的支撑下,并不会出现人民币汇率持续大幅贬值的情况。

同样,从长期来看,只要中国通过制度改革建立起公平竞争的市场经济体制并培育真正理性的市场主体,则中国实行浮动汇率制度也不会出现人民币汇率无限升值的情况。这是因为:人民币汇率升值意味着进口或对外进行投资活动所需支付的人民币较前减少(因为只需更少的人民币就能兑换一单位的外汇),而出口所获得的一单位外汇则只能兑换较前较少的人民币,这时,进口或对外进行投资活动的成本随之下降,同时出口的利润也随之下降。在这种情况下,追求效用和利润最大化的消费者及企业就会增加进口或对外投资,而力求避免亏损的企业就会自动地减少出口,这就自然会使本国的外汇需求增加及外汇供给下降,从而使人民币汇率逐步下降到均衡水平,而不可能出现长期无限制上升的局面。

总之,从长期来看,只要中国通过制度改革建立起公平竞争的市场经济体制并培育真正理性的市场主体,则就没有必要担心因中国实行浮动汇率制度而导致人民币汇率的过度波动。

三、实行浮动汇率制还能够使中国摆脱货币政策的两难困境

实行浮动汇率制度,让人民币汇率水平随市场供求关系的变化而变化

不但能解决人民币汇率的贬值压力及贬值预期问题,而且还能使中国摆脱货币政策的两难困境,这是因为:

第一,在人民币实行浮动汇率制度的情况下,一方面,中国央行不必为避免人民币汇率水平的升值而大量买进外汇,因此,中国央行的外汇占款及外汇储备就不会继续无限制地增长或会自然地逐步减少,这就有利于中央银行资产负债表的改善。而且,在人民币实行浮动汇率制度的情况下,中国央行也没有必要大量持有外汇储备,因为人民币汇率水平的变动会自动调节外汇的供求,从而保证国际收支的平衡,这就自然会消除中国央行的负担。此外,由于中国央行不必继续买进贬值的外汇和相应卖出升值的人民币,这就能避免中央银行的财务亏损,并有利于中央银行资产负债表的修复及维护中国央行的财务实力,从而使中国央行摆脱“是避免人民币汇率过度升值还是避免外汇储备的过度积累”以及“是刺激经济增长还是维护央行财务实力”等一系列两难困境。

另一方面,在人民币实行浮动汇率制度的情况下,中国央行也不必为避免人民币汇率水平的贬值而大量卖出外汇,从而使中国央行摆脱“是维持人民币汇率水平的稳定还是维持外汇储备的稳定”以及“是稳定汇率还是刺激经济增长”等一系列两难困境。

第二,在人民币汇率能够随着市场供求的变化而变化的情形下,且中国央行也不必再为人为地维持人民币汇率水平的稳定而不得不被迫大量投放基础货币,进而导致货币供应量的过度增加、国内流动性严重过剩,并形成潜在通货膨胀压力的情况下,人民币汇率“对外升值、对内贬值”的扭曲现象就会自动消失,在这种情况下,中央银行也将摆脱“是应该稳定汇率还是应该物价”的两难困境。

第三,实现人民币汇率的市场化是中国央行独立调节国内利率水平,从而实现本国利率市场化的前提。这是因为:在人民币汇率由市场决定的情况下,中国央行的货币政策将不再承担稳定汇率的义务,而可以通过调节利率来调节国内经济。而且,在人民币汇率市场化的情况下,国际收支的平衡可由人民币汇率的自行调节来实现,国际收支的不平衡或资本的流入及流出只会引起人民币汇率水平的变化,而不会改变一国的货币供应量。在这种情况下,中国央行就不必采取扩张或收缩货币供应量的方式来调节国际收支以保证外部经济平衡的实现，而可以独立地调节本国利率水平。同时，在开放的条件下，如果国内外利差没有汇率的变动来抵消就会造成套利的机会，从而会导致资本频繁的流出入。因此，实现人民币汇率的市场化，还可以消除因国内外利差所造成套利的机会。这样，中央银行既不必为避免人民币汇率贬值而提高利率以吸引资本流入，也不必为了避免人民币汇率升值而降低利率来阻止资本流入，因为人民币汇率的灵活升降会自动调节资本的流出入，中国央行货币政策的独立性就会大大提高，并使中国央行能够摆脱“是降低利率还是提高利率”的两难选择。此外，在人民币实行浮动汇率制度的情况下，中国央行可以不再被动地通过收购或出售外汇来投放或收回基础货币，而可以主动地通过从事公开市场业务来投放或收缩基础货币，从而可以大大增强中国货币政策的主动性。

可见，实行浮动汇率制度，让人民币汇率水平随市场供求关系的变化而变化不但能解决中国的超额货币问题，进而解决人民币汇率的贬值压力及贬值预期问题，而且还能解决长期以来一直存在的货币政策与汇率政策的冲突问题，使中国央行真正从一系列两难困境中彻底摆脱出来，从而使中国央行能够真正独立、主动地制定和实施货币政策。

第二节　人民币汇率市场化与中国经济的市场化

实行浮动汇率制以真正实现人民币汇率的市场化不但能够解决人民币汇率的贬值压力及贬值预期问题，并进而使中国摆脱货币政策的两难困境，而且也有利于推进中国经济的市场化。这是因为：

一、实行浮动汇率制度有利于推动中国经济的市场化及中国经济增长模式的转换

需要指出的是，大部分国内经济学家基本上并不赞成人民币实行浮动

汇率制度,甚至一些著名的国外经济学家(包括诺贝尔经济学奖获得者)也不赞成人民币实行浮动汇率制度(Mundell 和 Edwards,2003),而政府部门在浮动汇率制度问题上更是持极为审慎的态度。概括而言,不赞成中国实行浮动汇率制度的主要依据是:中国的市场机制还不完善,中国的金融体系存在着相当的脆弱性,因此,中国在这种情况下实行浮动汇率制度会有很大的风险。应该说,这些学者的观点是可以理解的。因为如果中国在市场机制还不完善的情况下就大幅度扩大人民币汇率水平的波动幅度,甚至立即实行浮动汇率制度,则不但存在着风险(因为在国内经济增长仍然依靠出口和外资刺激的情况下,人民币汇率弹性的扩大会对中国的出口及外资的引进产生影响,从而有可能加剧国内经济的波动,并对中国经济的发展产生不利冲击),而且也难以使中国充分享有浮动汇率制度条件下完善人民币汇率形成机制改革所带来的好处(因为在国内市场机制不完善,特别是在国内经济主体缺乏内在的激励或约束机制时刻盯住汇率等价格信息的变动,并及时根据汇率的变动做出最佳决策,尽快采取有效措施规避汇率风险的情况下,人民币汇率水平的经常性变动并不能给中国经济带来好处)。此外,如果在中国的金融体系存在相当脆弱性的情况下实行浮动汇率制度也会给国内金融体系带来严重的冲击,并造成较大的金融风险。Aghion 和 Bacchetta(2006)的研究表明,在一国金融体系不完善的情况下,汇率的波动会降低一国的产出。①

但是,对于以上分析,我们也可以换一个角度反过来看:既然浮动汇率制度对一国经济的市场化程度要求很高,因此,中国实行浮动汇率制度恰恰会迫使中国政府为应对国外的冲击不得不加快国内的市场化改革。这意味着,如果换一个角度来看中国是否应该实行浮动汇率制度的问题,则可以得出这样一个结论:实行浮动汇率制度恰恰有利于促使中国加快建立健全的

① 李稻葵(2016)表示:人民币钉住美元毫无意义,世界不需要另一种钉住美元的货币,需要的是一种钉住一篮子货币的相对稳定的货币。为了支撑人民币汇率,中国政府过去一年动用了逾5000亿美元外汇储备,几乎相当于瑞士这一全球第四大外汇储备持有国的储备总额。监管机构还加强了资本管制,打击非法资金转移,限制银行从事部分跨境交易。中国的外汇储备规模已降至3.3万亿美元。无论是在岸还是离岸干预措施都不理想。马骏也在 2016 年 1 月 11 日称,人民币汇率不应该钉住美元。他表示,钉住单个货币会导致对整个国家外贸竞争力大幅波动,加剧国际收支不平衡,也会导致更多的套利活动。

市场机制及完善的金融体系，并实现经济增长方式的转型。事实上，不赞成人民币实行浮动汇率制度的学者也指出了这一点，中国要实行浮动汇率制度，首先就必须建立健全的市场机制及完善的金融体系。

需要指出的是，汇率只是一个价格信号，汇率稳定并不是最终的目的，汇率政策的最终目的是实现资源的合理配置，并创造有利于经济增长的宏观环境，以及充分利用国内外资源，从而最大限度地实现国内的经济增长及增进社会福利。那种不计成本，甚至会导致价格扭曲、降低经济效率并导致内外经济失衡的人为稳定的汇率绝不应是我们所追求的目标。

而且，过于考虑风险而认为中国不宜实行浮动汇率制度的观点也是值得商榷的。事实上，风险是市场机制的本质所在，而且在现实中也没有任何一种汇率制度能避免汇率风险问题。相反，因担心汇率波动风险而人为地维持汇率的稳定虽然能使风险暂时得到控制，但却有可能使国内市场主体失去风险意识及竞争的激励，从而削弱其适应汇率变动及管理风险和承担风险的能力。而且，限制汇率的波动并不能限制市场供求的变动，反而只是限制了市场的功能。因担心汇率风险而人为地维持汇率的稳定还会鼓励投机活动（因为没有汇率风险），结果反而会使风险不断积累。正如 Frankel（1996）所指出的："即使政府采取手段控制汇率波动风险，从而使该风险在外汇市场受到压制，但它也会在其他场合以令人更不愉快的方式爆发出来。"这说明，试图依靠汇率制度来减少或消除风险显然是开错了药方。特别需要指出的是，那些无法应对汇率风险的企业或银行本来就应该被市场淘汰，因为只有这样，成功的企业和银行才会真正做大，从而一国经济才会更有竞争力、更能抵御风险或冲击。保护决策失误或效率低下的经济主体既损害效率，又不公平，因此，国内某些经济部门不能适应浮动汇率制度的冲击不应成为阻碍中国实行浮动汇率制度的理由。中国经济的真正风险并不是汇率变化所带来的风险，而是效率低下及资源配置不合理所蕴藏的潜在风险。

事实上，汇率水平的波动一方面会产生风险，另一方面又有可能带来好处或收益。从市场经济的角度来看，汇率的变动本质上是价格的变动，汇率波动的好处就在于能向国内外传递真实的市场供求信号，使各国市场主体能够进行正确的经济计算并根据自己的比较优势做出最佳决策以实现资源的合理配置。而且,汇率波动所形成的风险恰恰有利于形成市场的激励、约束和惩罚机制,而激励、约束和惩罚机制恰恰是市场机制的精髓所在。①

更重要的是,中国面临着经济转型及经济增长方式转变的巨大压力,从中国的经济运行机制来看,政府过度介入资源配置而影响经济效率的状况仍然存在,同时,中国主要依靠出口刺激国内经济增长的方式也已难以为继。因此,减少政府对经济的过度干预,真正让市场来配置资源,从而加快中国经济的市场化及经济增长方式的转型已迫在眉睫,而实行浮动汇率制度恰恰有利于解决这些问题。可见,实行浮动汇率制度事实上是加快中国市场化改革及经济增长方式转型的一个重大的制度变革,它将带来深远的制度变革效应。

这意味着,实现人民币汇率的完全市场化不仅能够解决人民币汇率的贬值压力及贬值预期问题,以及能使中国央行摆脱一系列两难选择,而且更重要的是,实现人民币汇率的市场化还有利于推动中国经济的市场化及中国经济增长模式的转变,从而为中央银行的货币政策作用机制创造良好的市场基础,这是因为:

第一,在浮动汇率制度下,由于人民币汇率由市场供求关系决定,则由此而形成的人民币汇率就能将国内价格体系与国际市场价格体系联系起来,从而使市场价格机制能够在更大的范围及更深的层次上在中国的所有经济活动中起主导作用。可见,在中国实行浮动汇率制度将会让市场价格机制真正在中国经济发展中充分发挥作用,并大大减少政府对经济活动(包括内外经济活动)的过度干预,这就将使中国的对外开放由政府主导型的政策性对外开放转变为由市场主导型的制度性对外开放,并迫使中国的企业时刻关注汇率及国内外市场价格的变化。有利于培育中国企业的市场意识及风险意识,不仅可以大大降低社会成本(包括政府干预本身所需要的成本,由政府干预所造成的经济扭曲所引起的成本以及纠正干预错误所产生的成本),而且将创造出真正具有风险意识的市场主体,从而有利于形成真正的市场经济体制,并创造由市场价格机制来配置资源及促进经

① 市场激励机制与资源配置是一个事物的两个方面:从价格形成的角度看是资源配置问题,从分配角度看则是市场激励机制问题。

济增长的经济模式,进而改变中国主要由政府配置资源及推动经济增长的传统增长模式。这应该是实现人民币汇率形成机制市场化的根本意义所在。

第二,人民币汇率能够随着市场供求的变化而变化,因而中国央行不必再为维持人民币汇率水平而不得不大量投放基础货币的情况下,也就既没有必要通过大量发行票据进行冲销操作,也没有必要通过实行过高的存款准备金率政策来解决货币供应过多及流动性过剩问题。这就有利于消除"宏观货币过多与微观企业资金紧张同时并存"的扭曲局面,从而有利于推动中国经济的市场化及结构调整。

第三,人民币实行浮动汇率制度将通过汇率的及时变动维持购买力平价(PPP),使国内市场价格与国际市场价格紧密联系,准确地传递国内外的市场价格信号,使国内市场主体能准确地了解国外产品与本国产品的相对价格与成本差异,并能正确地进行成本和盈利的国际比较及经济计算,以促使国内将资源用于生产成本低于国外的产品,或进口国外成本低于国内的产品,这就能真正使我国的对外贸易建立在比较利益的基础之上,并改变我国过于依赖出口推动经济增长的模式,而转向通过充分发挥中国的比较优势并实现资源的合理配置以推动经济持续有效增长的模式。

第四,人民币实行浮动汇率制度还将促使中国的企业在充满汇率风险的条件中为求得生存而必须不断地进行"创新"活动,这就有利于使"创新"成为推动中国经济增长的主要动力,从而改变中国过度依赖投资来拉动经济增长的传统模式。

第五,在浮动汇率制度条件下,由于人民币汇率随市场供求关系的变化而变化,这就能够充分反映市场的信息,有利于将国际市场的价格变化及时传递到国内,从而能促使资源从那些产能过剩或供给过剩因而价格会下降的部门流向需求更大因而价格会上升的部门,并迫使低效率企业退出市场。这就有利于解决中国的产能过剩(中国产能过剩的根源在于资源没有完全由市场价格机制加以配置,过剩的产能或低效率的企业不能通过优胜劣汰的市场机制被淘汰)及结构刚性问题,并能大大增强中国经济的供给弹性。同时,人民币汇率形成机制的市场化还有利于扩大内需(当人民币汇率水平上浮时),并引导资源向服务业等内需部门配置,从而有利于培育新的经济增长点,推动中国经济结构的调整。

此外,随着中国经济融入全球经济的程度不断加深,中国经济将会受到越来越大的外部冲击(包括实际冲击和名义冲击),而浮动汇率制度是隔绝外部冲击的有效制度安排(Frankel,1999),实行浮动汇率制度也有利于中国经济在日益开放的条件下保持稳定。还要强调的是,按名义 GDP 总量来计算,中国于 2010 年就已超越日本成为全球第二大经济体,而按照购买力平价计算,中国实际上在 2014 年已成为全球第一大经济体。从理论上来说,根据 Heller(1978)、Rizzo(1998)、Poirson(2001)、Levy-Yeyati 等(2004)及 IMF 的观点,一国的经济规模越大,汇率波动对国内价格的传导进程越慢,影响程度越小,相应的市场调整和政策调整越容易,能更好地吸收汇率波动带来的冲击,因而就越应采用浮动汇率制度。从现实来看,根据 IMF 的统计,在世界前十大经济体中,除了中国以外,基本上都实行了浮动汇率制度。在金砖国家中,印度、俄罗斯、巴西和南非也都实行"浮动类"汇率制度。至于欧元,过去被归为内部不可撤销的固定汇率安排,但其实欧元区内部已经没有其他主权货币了,也就无所谓汇率制度,欧元对欧元区以外的货币是自由浮动的,所以欧元实际上实行的是自由浮动汇率制度(管涛,2016)。而瑞士法郎自 2015 年 1 月 15 日与欧元脱钩后也实行浮动汇率制度。从这个角度来看,中国要成为真正的世界经济强国,就必须实行浮动汇率制度以实现人民币汇率的市场化。①

表 3-8 全球前十大经济体汇率安排

序号	国家	货币	汇率安排
1	美国	USD	自由浮动
2	中国	CNY/RMB	有管理浮动
3	日本	JPY	自由浮动

① 固定汇率或钉住汇率制度之所以难以长期维持,是因为:(1)长期钉住某一货币并不能有效地降低名义汇率的波动性,反而可能使本国货币币值高估,削弱本国的竞争力;(2)固定汇率制度可能使本国微观经济主体产生道德风险,银行和企业会低估汇率风险,最后会积累过多的未对冲的外债;(3)在本国开放资本账户以后,在资本自由流动的情况下,维持固定汇率制度将束缚本国货币政策的自主性;(4)不符合经济全球一体化及资本自由流动的发展趋势。

续表

序号	国家	货币	汇率安排
4	德国	Euro	自由浮动
5	英国	GBP	自由浮动
6	法国	Euro	自由浮动
7	印度	INR	浮动
8	意大利	Euro	自由浮动
9	巴西	BRL	浮动
10	加拿大	CAD	自由浮动

资料来源:IMF(2020)。

二、实行浮动汇率制度还能够有效地推动中国金融的市场化改革

实现人民币汇率的完全市场化还能够有效地推动中国金融的改革与发展,这是因为:

第一,人民币汇率市场化虽然会使我国的市场主体面临较大的汇率风险,但却会促使中国的市场主体为避免汇率风险而进行除即期外汇交易以外的其他各种交易(包括远期、期货、期权及互换等),以锁定未来的汇率水平或对冲汇率波动的风险,这样,中国的衍生金融市场就会很快自动地发展起来。可见,实行浮动汇率制度恰恰有利于促使我国金融体系的不断完善,并不断提高中国金融体系防范或化解风险的能力。

第二,实现人民币汇率的完全市场化也有利于推进人民币利率市场化的改革。这是因为如果因人民币汇率没有实现市场化而处于失衡状态,则人民币汇率的低估或高估都会诱发资本的频繁流动,进而导致人民币利率的波动,显然,这就不利于利率市场化的平稳推进。同时,由于实现人民币汇率的市场化也有利于中国央行独立地调节本国利率水平,因此,实现人民币汇率的市场化能够为人民币利率的市场化创造前提条件。[①]

第三,实现人民币汇率的市场化有利于加快中国外汇市场的发展。这

① 这意味着,人民币汇率的市场化也是中国金融改革的突破口。

是因为:人民币汇率的市场化意味着人民币汇率波动幅度的加大。同时,人民币汇率由市场供求决定也将改变人民币汇率单边升值或单边贬值的预期,在这种情况下,人民币将不再是"稳赚不赔"或"只赔不赚"的资产,这就会增加相关的对冲产品需求以及市场上基于规避汇率双向波动风险的保值组合产品需求,从而扩大外汇交易的空间。而且,汇率的频繁变化会激励市场主体对汇率变化趋势进行分析,并因为风险规避的需要或投机的需要而频繁地调整持有的头寸,这就会带来更多的外汇交易需求(特别是能够规避汇率风险的外汇远期、外汇期货及外汇期权等交易需求),进而会不断扩大外汇市场的交易品种和交易规模。

第四,只有实现人民币汇率的市场化,才能真正形成人民币均衡汇率。这是因为:均衡汇率是通过外汇市场上供求双方的交易行为而形成的。均衡汇率就是市场上的外汇供给与外汇需求达到平衡时的价格,均衡汇率只能在外汇市场上形成。这意味着,只有实现人民币汇率的市场化,让人民币汇率由市场上的外汇供求决定,才能促使人民币汇率趋向供求均衡点,进而才能真正形成人民币均衡汇率。同时,由于随市场供求变化而变化的市场价格是传递信息最经济、最方便、最有效的机制,因此,人民币汇率由市场供求关系决定且随市场供求的变化而变化,将使人民币汇率能够充分反映市场的信息,并更能反映市场参与者的汇率预期,这就有利于增强人民币汇率的价格信号作用及其对经济的调节作用。国际经验表明,汇率能够随市场供求的变化而变化,是经济运行体系完善的表现。

三、为适应市场经济的需要,中国应在人民币汇率政策思路上有重大转变

(一)从"贸易导向"到"市场导向"转变

为适应市场经济的需要,中国应改变单方向偏向进口或单方向偏向出口来选择汇率制度及实行汇率政策的传统思路。确定人民币汇率政策的目标应是有利于充分发挥市场价格机制的作用,使中国的资源得到合理配置及有效利用,从而使中国的比较优势得以充分发挥,并由此决定中国的进出口规模及结构,使中国还能充分利用国内外资源来最大限度地实现国内的经济增长。这是因为,比较优势从来都是一个市场经济的概念,任何国家或

地区的比较优势都是在市场中自发形成的,是市场主体在激烈的市场竞争中力求做出最佳决策的结果。因此,只有充分发挥市场机制的作用,才能真正形成一国的比较优势。而只要能充分发挥中国的比较优势,就不必担心中国的出口会减少(因为出口的是相对国外成本及价格最低因而最具比较优势的产品)。同时,也不必担心进口会对中国经济产生不利影响(因为进口相对国内价格更低的产品有利于提高国内消费者的购买力,从而扩大国内消费并能通过进口成本更低的技术设备,促进国内的技术进步及产业升级)。而且,扩大进口或实现进口的自由化还有利于引进激烈的国际市场竞争机制,从而打破国内的垄断(进口自由化是反垄断特别是反行政垄断的最有效手段,因为这种手段不需要复杂的法律及管理程序),进而大大提高中国的资源配置效率。

(二)应从偏向对国内生产者的保护转向同时强调对消费者的保护

长期以来,中国一直从保护国内生产者的角度来确定人民币汇率水平。如在计划经济体制时期,中国通过高估人民币汇率来补贴进口部门,以实现进口替代的工业化;而在改革开放时期,中国则是力求避免人民币汇率升值以保证出口部门的利润,从而有利于通过扩大出口来解决就业问题并刺激经济增长。这意味着,中国一直将人民币汇率作为一种保护生产者(特别是国有企业)的政策工具,而没有更多地将人民币汇率视为实现资源合理配置的价格,现在看来,这种思路是有失偏颇的。

从提升经济效率和社会福利的角度来看,资源是否配置到具有最高价值的用途从根本上来说取决于消费者的评价。因此,政府应该保护的是消费者,而不是生产者,生产者应该让他们自由竞争。国际经验表明,新的企业(生产者)取代旧企业(即“创造性的毁灭”)是推动技术进步及提高生产率的重要方式。只有通过生产者相互之间“优胜劣汰”的激烈竞争,再加上对消费者利益的有效保护,才能使生产者为最大限度地满足国内外消费者的需求而不断地开发新产品、不断研制和采用更先进的技术、不断降低产品成本并不断提高产品质量。可见,以消费者为中心的汇率政策才真正有利于刺激一国生产率的提高并增强一国的供给弹性,并进而增进一国的福利水平。

相反,如果过于强调保护生产者,则会使生产者缺乏应对激烈的市场竞争的压力,这反而不利于一国竞争力及生产率的提高。可见,从长期来看,过度地保护生产者其实对一国经济并不利。保护生产者既没有效率，又不公平。依靠人为的保护不可能培育出具有全球竞争力（global competitiveness）的现代企业。事实上，所谓的发达国家就是拥有较多具有全球竞争力的现代企业的国家，因此，我们应该对我国长期以来以生产者为中心的汇率政策重新进行评价。人民币汇率政策的制定应注重对消费者的保护，应有利于实现消费者的福利最大化，而不应单是保护生产者，更不是保护缺乏竞争力的生产者。保护决策失误或效率低下的生产者既损害效率，又不公平。还必须指出的是，长期以来强调对生产者的保护也是导致我国的产能过剩（保护低效率的企业不能破产就必然导致产能过剩）及消费需求不足的重要原因。因此，人民币汇率政策的制定今后应该更多地从需求的角度考虑消费者的利益，从而使人民币汇率真正成为能够实现资源合理配置的价格。

（三）从注重扩大就业转向注重创造有利的经济环境

不断扩大国内就业事实上也是人民币汇率政策的一个目标，从短期来看这是可行的，但从长期来看，这一目标却是难以持续的。这是因为：从全球来看，由于各国经济是相互依存的，因此，一国不可能长期无限制地维持对外贸易的巨额顺差。这一点可以根据开放经济条件下的国民收入恒等式加以说明。

根据开放经济的国民收入恒等式：

$$Y\text{（国民收入）}= C\text{（消费）}+ I\text{（投资）}+ X\text{（出口）}- M\text{（进口）} \tag{3-7}$$

设 A 国的国民收入恒等式为：

$$Y_A = C_A + I_A + X_A - M_A \tag{3-8}$$

移项得：

$$X_A - M_A = Y_A - C_A - I_A \tag{3-9}$$

如果用 CA_A 表示 A 国的净出口，则有：

$$CA_A = X_A - M_A \tag{3-10}$$

同样，B 国的净出口可表示为：

$$CA_B = X_B - M_B \tag{3-11}$$

从全球经济的角度来看，由于全球的出口只能等于全球进口，因此，全球的净出口只能为零，即在简化的两国模式下：

$$CA_A = CA_B = (X_A - M_A) - (X_B - M_B) = 0 \tag{3-12}$$

(3-12)式表明，全球所有的国家是不可能都长期维持净出口顺差的。一国长期维持贸易顺差等于不要对外贸易，因为这样会使外国无法通过出口获得外汇购买本国的产品。这意味着，一国(特别是大国)根本不可能依靠不断扩大出口以长期保持净出口顺差来解决本国的就业问题。作为一个拥有 14 亿人口的大国，中国的就业及经济增长必须主要依靠内部需求的推动。事实上，基于扩大就业而鼓励出口(扩大外需)的政策也可能因压抑了内需而对国内就业的扩大起抑制作用。

由于中国是一个大国，而且，从中国经济趋向国际化的角度来看，人民币汇率政策的目标应定位于创造有利的外部经济环境，从而充分发挥人民币汇率在全球经济中的作用，并着眼于有效利用国内外资源来最大限度地实现中国的经济增长。从长期来看，要真正从根本上解决中国这样一个大国的就业问题，根本就在于要通过建立合理的产权制度以造就更多的企业家，同时鼓励人们投资、创业及积累资本，以创造越来越多的就业机会，并进行要素的产权改革以增加人们的恒久性收入，从而不断扩大中国的国内需求，这才是解决中国就业问题的根本措施，试图依靠汇率政策来解决就业问题实际上是一种职能错配(mismatch)。事实上，试图通过汇率政策为保证就业而人为地保护缺乏竞争力的出口企业恰恰不利于创造更多的就业机会。总之，从根本上来说，为不断扩大就业及实现中国经济的长期增长，中国最需要的并不是包括人民币汇率政策在内的宏观经济政策及宏观调控，而是有利于人们投资、创业及创新的稳定的制度环境，是市场的激励和引导，是人们能充分利用市场机会并发挥各自比较优势以最大限度创造财富的微观经济基础，是公平的市场竞争秩序。

第三节　人民币汇率市场化的前提条件：开放中国的资本账户

中国要实行浮动汇率制度以实现人民币汇率的完全市场化，并让人民币汇率的市场化真正有意义,前提条件是要开放中国的资本账户。这是因为,开放本国的资本账户,实际上也是放开外汇市场上的主体资格限制,只有完全开放本国的资本账户,①实现本国货币在经常账户及资本账户项下的自由兑换,并允许中国境内居民②自由购买外汇及自由地将外汇汇出,从而形成由央行、商业银行、政府机构及私人部门共同持汇的格局,外汇市场上的外汇供给与需求才能全面地反映整个外汇的供求状况。从中国的情况来看,开放资本账户还有利于让境外机构进入中国的外汇市场(由于中国的资本账户没有完全开放,因此,中国银行间外汇市场大部分交易主体是境内机构,这导致中国的外汇市场与国际外汇市场没有实现一体化),这意味着中国开放资本账户有利于形成真正意义上的外汇市场。显然,只有在这一基础上实现人民币汇率的市场化,让人民币汇率由外汇市场的供求决定,人民币汇率水平才能全面地反映市场供求关系,特别是反映跨境资金的流动情况(市场汇率在很大程度上是由跨境投融资决定的),因而才能形成能

① 由于金融工具不断创新,资本在国际间的流动不仅规模日益增大,而且流动形式多种多样,在这种情况下,很难给资本账户的开放下一个能在国际上被广泛认可的定义,故长期以来,资本账户的开放并没有一个统一的表述或权威的定义。目前有关资本账户开放的定义有三种:(1)取消对跨国资本交易的限制。Quirk 和 Evans(1995)将资本账户的开放表述为"取消对跨国界资本交易的控制、征税和补贴"。IMF 在《汇兑安排与汇兑限制年报》(1999)中称,"资本账户开放"是指"政府解除对资本与金融账户下资本国际流动的限制"。(2)取消汇兑限制,即取消资本账户各类项目在交易环节及汇兑环节的限制,实现资本账户下的货币可兑换。(3)取消对资本流动的限制。印度资本账户开放委员会认为,"资本账户开放"是指"以市场汇率自由地进行国内金融资产与国外金融资产的转换",这一定义含义较广,既包括资本交易的开放,又包括汇兑限制的取消。目前,许多学者将取消对跨国资本交易的限制视为狭义的资本账户开放,而将既取消对跨国资本交易的限制,同时又取消汇兑的限制视为广义的资本账户开放定义。综合以上观点,本书将资本账户的开放定义为:"既取消对资本与金融账户的管制,又取消对于资本国际流动交易与汇兑的限制,以及取缔能够对资本交易成本产生影响的政策"。也就是说,本书所定义的资本账户开放既意味着对跨国资本交易限制的取消,也意味着汇兑限制的取消,还意味着资本的自由流动(即资本账户自由化或跨境资金的自由流动),因此,本书的资本账户开放定义是一个广义的定义。

② 根据 IMF 的的定义,"在一个国家的领土上具有一定经济利益中心的机构单位就是一个居民单位"。按照这一定义,一国的居民包括符合一定条件的:(1)家庭或组成家庭的个人;(2)法定的实体和社会团体,如公司和准公司(如外国直接投资者的分支机构)、非营利机构和该国的政府;(3)在一个国家的领土上具有一定经济利益中心,即拥有相对固定的活动场所(如厂房、设施、住宅等),并在当地长期(至少一年)从事某种经济活动。可见,国际收支对居民的判断是以居住地、经济利益等为标准的,不同于法律概念上的"公民"。国际收支强调经济利益中心这个概念,目的是要确保每个经济单位都只能是一个经济体的居民,或者说是一个经济领土上的居民。反之,则为该国的非居民。

够全面反映整个外汇供求状况的均衡汇率。这意味着,如果中国在不开放资本账户、不实现本国货币在经常账户及资本账户项下自由兑换的情况下实现人民币汇率的市场化,也根本难以形成能够全面反映整个外汇供求状况的均衡汇率水平。在这种情况下,实现人民币汇率的市场化意义并不大。因此,要实现人民币汇率的市场化,前提是开放中国的资本账户。[①]

一、中国资本账户开放的现状

中国于1996年基本实现经常账户的可兑换以后,就开始尝试推进资本账户的开放,只是由于1997年亚洲金融危机爆发导致这一进程暂时中断。2001年以后,中国由于加入WTO而加快了开放资本账户的进程。此后,随着人民币升值压力增大及外汇储备加速增长,中国不断出台开放资本账户的措施,使中国的资本账户开放程度不断提高。虽然2008年爆发的国际金融危机使中国资本账户的开放步伐有所放缓,但从2010年中国重新启动人民币汇率制度改革以来,中国又进一步加快了资本账户的开放步伐。为此,中国先后推出沪港通、深港通和债券通,与全球资本市场的互联互通持续深化。2015年11月,人民币正式被纳入IMF特别提款权货币篮子,这标志着人民币真正成为国际认可的“纸黄金”,进一步促进了资本项目的可自由兑换。2017年以来,中国A股市场、债券市场相继被纳入国际主流指数,中国资本市场对外开放步伐加快。2019年,国家外汇管理局取消了合格境外机构投资者(QFII)和人民币合格境外机构投资者(RQFII)投资额度制度,境外投资者参与境内金融市场投资便利化程度大幅度提升,资本账户的开放程度进一步提高。

由于中国按照“渐进、审慎、可控”的原则不断稳步地推进资本账户的开放,因此,到目前为止,如果根据度量一国资本账户开放程度的法定指标方法(即根据一国有关资本账户管理的法律、法规及其他规范性文件来测

① 国内学者(李扬,2000)认为,资本账户的开放应在实行浮动汇率之后。这种观点实际上暗含着一个假定,即价格是在市场交易之前决定的。显然,这不符合价格由市场供求双方的交易行为所决定的基本规律。从市场经济的角度来看,价格是由市场供求决定的,是先有市场供求,然后才在市场供求的基础上形成市场价格,而不是先有市场价格,然后才形成市场。这意味着,要实现人民币汇率的市场化,并使人民币汇率水平能够全面地反映市场供求关系,就必须先开放中国的资本账户,实现人民币的自由兑换。

算一国名义上的资本账户开放程度）来加以判断，则中国的资本账户开放程度并不低。[①] 这是因为度量一国资本账户开放程度的法定指标法往往以 IMF 每年发表的对其所有成员国的资本账户管制情况进行系统记录和分类的《汇率安排与外汇管制年度报告》（*Annual Report on Exchange Arrangements and Exchange Restrictions*，简称 AREAER）为依据。而根据 IMF 的分类，在资本账户的 7 大类（包括资本和货币市场工具；衍生工具和其他工具；信贷业务；直接投资；直接投资清盘；不动产交易；个人资本交易）的 40 个子项中，中国的资本账户中除了非居民参与国内货币市场和衍生品的出售和发行等极少数科目没有开放以外，其他科目都基本实现了"可兑换"或"基本可兑换"。因此，根据法定指标法，中国的资本账户开放程度已经达到了相当的水平，中国人民大学国际货币研究所（2019）的研究报告甚至认为，中国资本账户的开放程度已非常接近发达国家的水平。[②]

但是，如何准确地度量资本账户的开放程度却是一个很复杂的问题，学术界虽然在这一问题上进行了大量的研究，但并没有形成一个统一的度量指标。目前，衡量资本账户开放程度的方法主要分为两大类：法定指标方法和事实指标方法。

法定指标方法主要基于 IMF 发布的 AREAER 进行测算并得出结论，这主要包括：

（1）"0/1"二元型指标。该方法基于 AREAER 披露的信息，通过设定一个"0/1"二元虚拟变量来表示一国资本账户开放的情况。其中，"0"表示该国资本账户完全封闭，而"1"则表示该国资本账户完全开放（Cottarelli and Giannini，1997）。

（2）多元型指标。相比于二元型指标，多元型指标（例如三元型或五元型指标）对资本账户开放程度的划分更为精细。Quinn and Inclan（1997）采

① 根据资本账户被管制的程度，可将资本账户的开放程度按以下顺序排列：（1）禁止本外币自由兑换，资本账户完全封闭；（2）汇兑及资本交易存在数量或法规性的限制；（3）资本交易被课以重税；（4）资本交易被课以较轻的税负；（5）汇兑及资本交易均不受限制，资本账户充分开放。

② 中国人民大学国际货币研究所：《人民币国际化报告 2019》，中国人民大学出版社 2019 年版，第 47 页。

用0、1、2三个虚拟变量来表示一国资本账户开放的程度,数值越小表示资本账户开放程度越高。Montiel and Reinhart(1999)则采用五值虚拟变量来衡量一国资本账户开放的程度,分别为0、0.5、1、1.5、2,数值越大表明资本账户开放程度越高。随着学者们对于测度方法研究的深入,不断有新的衡量方法涌现,其中,Chinn和Ito(2006)所构建的多元型指标Kaopen指数是近期的实证研究中最具创新性和应用最为广泛的衡量指标。该指数是在IMF发布的AREAER基础上通过第一标准化主成分操作,从资本账户开放、经常账户开放、出口外汇收入管制程度、汇兑结构4个资本流动限制指标中获取。这4个资本流动限制指标每一个都是用5年内资本账户完全开放年份的数量占比所表现出的,可以较好地反映资本流动限制的变动趋势。该指数的初始取值范围为-1.895至2.389,经过标准化处理后取值范围为0至1,取值越大表明该国资本账户开放水平越高。

(3)比例法指标。Grilli和Milesi-Ferretti(1995)首先提出采用比例法指标衡量一国某一时期(而不是某一年)的资本账户开放程度。该指标的度量方法是假定一国在n年中如果存在i年的资本管制,那么在这段时期中资本账户开放程度即为(n-i)/n。例如,根据IMF出版的AREAER,如果一国在10年的样本数据中,资本账户开放了4年,那么这个比例指标便是0.4。比例指标的数值范围是0到1,数值越大则意味着资本账户开放程度越高。

而事实指标方法考察的是与资本账户开放有关的政策法规在资本账户开放实践过程中的实际实现程度,这种方法基于对实际资本流动程度进行定量测度,以反映一国资本账户开放的广度和深度,进而反映一国资本账户实际的(De-facto)开放程度。其中,通过测算一国的跨境资本流动规模以反映一国资本账户开放的广度,通过测算一国金融市场与世界金融市场的一体化程度来反映一国资本账户开放的深度,具体有以下方式:

(1)资本流动规模指标,利用一国跨境资本流动规模(一国金融账户中的外国直接投资、证券投资以及其他投资项下的资本流出和流入量之和)占该国GDP的比率进行测算,比率越高,则表示该国资本账户开放的程度越高(Eken,1984;Kraay,1998)。

(2)储蓄率—投资率指标。根据一国投资率和储蓄率之间的相关系数来测算资本账户开放的水平,系数越小意味着该国资本账户的开放程度越高(Feldstein & Horioka,1980)。

(3)利率平价法,即通过测算本国利率和外国利率的相关系数进行测算资本账户开放的程度,相关系数越大则意味着该国资本账户开放的程度越高(Edwards and Khan,1985)。

(4)股票收益率关联度指标,即通过测算一国与开放程度高的国家(例如美国、英国等)股票收益率之间的关联程度来间接地测算该国资本账户开放的水平,关联程度越高,则意味着该国的资本账户开放程度越高(Bekaert,1995)。

长期以来,关于资本账户开放度法定指标和事实指标的优劣在学术界一直存在较大争议。从法定指标的情况来看,法定指标一方面存在划分简单、数据来源前后不一致等问题,这导致指标在样本期间变动较小,不利于实证分析,同时也在一定程度上缺乏跨国可比性;另一方面也难以反映各类管制政策的强度和效力。而从事实指标的情况来看,事实指标相对于法定指标而言却存在更大程度的内生性问题,这会导致实证分析中的"因果关系"难以得到判断,同时,基于市场数据测算的事实指标因受到很多因素的影响而波动性较大,等等。总之,无论是法定指标方法和事实指标方法实际上都存在一定的不足。特别是,从中国的情况来看,中国经济具有独特的制度特点,且中国政府对经济的介入程度极深,因此,如何根据中国经济的制度特征以准确地揭示中国资本账户的实际开放程度,事实上是一个值得深入探讨的理论问题。

根据本书有关资本账户开放的定义并结合 IMF 有关经常账户自由兑换的第八条款[①],本书认为,从市场的角度来看,资本账户的开放意味着:(1)国内外居民不仅可通过经常账户的交易,也可通过资本账户的交易获得外汇;(2)国内外所获外汇既可在外汇市场上出售给银行,也可在国内或国外持有;(3)经常账户和资本账户下交易所需要的外汇可自由在外汇市

① IMF 有关经常账户自由兑换第八条款的具体规定有:(1)不得对居民从国外购买经常账户下的商品或服务所对应的对外支付和资金转移加以限制;(2)不得实施歧视性货币措施或多重汇率制(因为这将导致实际上的支付限制);(3)对其他成员国所持有的本国货币,如其他成员国提出申请,且说明这部分货币结存系经常性往来中所获得的,则应予以兑回(即无条件地兑付外国持有的在经常性交易中所取得的本国货币)。

场上购得；(4)国内外居民可自由地在国内外持有该国货币。

显然，如果根据以上定义，并从事实上的资本账户开放程度来看，则中国目前实际上还没有真正实现资本账户的开放。这是因为：在7大类40个子项中，中国当前没有一项是严格意义上的完全可自由兑换。特别是，中国在金融交易账户上的开放程度较低，中国完全不可兑换的账户都是关于资本交易行为的实质性科目，这主要包括：(1)中国对境内居民个人的资本流出有一定的管制，个人的资产转移、礼品捐赠等交易活动受到个人年度购汇额度限制，移民类大额财产转出需政府审批。金融交易账户方面，境内居民个人还不能自由地进行跨境投资(包括直接投资和证券投资等)，只允许个人通过合格境内机构投资者(QDII)投资境外证券市场，个人贷款也受到严格限制。[①] (2)境内企业或机构的境外借款还不自由，境内企业或机构借用外债面临主体资格审核、长短期借债审批、资金使用要求、外债归还要求等管理与约束。(3)境外非居民在境内发行证券限制较多。(4)境外资本还不能自由地投资于中国证券市场(尤其是股票市场)，境外非居民还不能从事境内银行间外汇市场交易。(5)境外非居民不能自由地在境内购买、出售或发行货币市场工具、股票类有价证券和衍生工具等。(6)居民与非居民之间提供个人贷款等资本交易账户也受到管制。此外，境外资本投资中国的不动产市场也受到一定的限制，非居民不能取得中国国有土地或集体土地的使用权。[②]

而且，中国的资本账户还存在交易不自由的问题，这主要表现为：(1)“重公轻私”(即个人和民营企业的资本交易受到较多的管制)、“宽进严出”

① 目前，中国境内居民个人的跨境投资有以下渠道：(1)通过认购金融机构发行的QDII、QDLP、QDIE等跨境投资产品，投资于境外有价证券；(2)通过个人财产转移，将资金汇到境外开展投资；(3)境内个人在境外设立特殊目的公司，通过特殊目的公司从事海外投资；(4)通过境内代理机构，参与境外上市公司员工持股计划、认购期权计划；(5)通过“沪港通”及“深港通”投资香港交易所上市的股票类证券；等等。但总的来看，中国对境内居民个人的资本流出仍有管制，境内居民个人还不能自由地进行跨境投资(包括直接投资和证券投资等)。

② IMF认为，存以下列现象就是存在着对资本交易的外汇管制：第一，对因收购海外资产而要求的购汇实行审批制度或施加专门限制；第二，限制到国外投资所需转移外汇的数量；第三，对非居民汇回资本或外汇持有额进行规定和限制；第四，对与资本交易有关的外汇购买或出售实行多重汇率；第五，对外国居民为投资国内金融市场而进行的外汇兑换本币行为进行限制。

(即对资本流出的管制大于对资本流入的管制)[①]和“内外不一”(即对内资企业和外资企业实行不同的管理办法);(2)许多可兑换的子账户(如境内企业开展境外直接投资等)实际上大多需要事前审批(实现资本账户开放的发达国家是以事后登记制管理为主),手续烦琐;(3)采取正面清单的管理办法,限制程度较高(而实现资本账户开放的发达国家通常采取负面清单的管理办法,限制程度低)。以上现象的存在意味着目前我国资本账户中的跨境资本交易并不完全自由,虽然目前的“上海自贸区”、“沪港通”(即沪港股票市场交易互联互通机制)和“深港通”以及“深圳前海”试图在资本账户自由化方面有所突破,[②]但这要么只是试点,因而范围有限,要么存在额度限制,因而规模有限。此外,中国虽然于2019年6月17日正式启动了“沪伦通”,即符合条件的两地上市公司,可以发行存托凭证(DR)并在对方市场上市交易。但由于“沪伦通”只是允许将对方市场的股票转换成存托凭证到本地市场挂牌交易,产品跨境,但投资者仍在本地市场。而“沪港通”及“深港通”是中国内地和香港两地的投资者互相到对方市场直接买卖股票,投资者跨境,但产品仍在对方市场,而且,无论是“沪港通”还是“深港通”,投资者的参与度仍然不高。

总之,从市场的角度来看,根据广义的资本账户开放定义(既包括对跨境资本交易限制的取消,也包括汇兑限制的取消),中国的资本账户仅实现了部分开放而没有实现完全的开放,资本流动仍受到限制。

---

① 中国在资本账户的管理方面长期强调“宽进严出”也人为增大了人民币汇率升值的压力。

② 中国在“上海自贸区”内试点开放目前仍受到限制的资本账户,如允许自贸区内企业和金融机构自主开展境外融资活动,同时也允许境外非金融企业在境内发行人民币债券,等等,其目的旨在“上海自贸区”内实现跨境资本交易的自由化及允许资本自由流动,以使“上海自贸区”成为中国资本账户开放的“窗口”。“沪港通”和“深港通”则分别允许上海与香港两地和深圳与香港两地的投资者通过当地证券公司(或经纪商)使用人民币来买卖规定范围内的对方交易所上市的股票,这既放开了对内地与香港之间个人跨境投资的管制,从而突破了个人跨境证券投资的限制,同时又实现了境内与香港之间的资本自由流动。同时,由于“沪港通”和“深港通”的交易机制所采用的结算单位是人民币,因此,“沪港通”和“深港通”为香港的人民币持有者提供了投资于境内股票市场的机会,从而开辟了一条人民币的回流渠道,并为境内居民提供在境外进行证券投资的渠道。“沪港通”和“深港通”有利于鼓励更多的市场主体持有和使用人民币。可见,“沪港通”和“深港通”是开放中国资本账户及推进人民币国际化的尝试。此外,中国在“深圳前海”还通过试点人民币跨境双向贷款业务试图在资本账户自由化方面有所突破,即设立在前海的金融机构可以发放境外账户人民币贷款,香港的金融机构也可以对设立在前海的企业或账户发放人民币贷款。

由于自1994年以来中国的进出口贸易规模日益扩张,加之人民币汇率在2015年之前长期处于升值趋势,而其他货币的汇率波动频繁,因此,为规避汇率风险并降低汇兑及交易成本,贸易企业(特别是对境外出口企业)普遍希望使用人民币进行计价和结算。此外,那些在境内有相当规模投资及人民币收入的境外企业对使用人民币进行国际结算也有较大需求,在这种情况下,中国政府于2009年开始鼓励企业在国际贸易中使用人民币进行结算,试图以此推动人民币的国际化。由于人民币存在升值趋势,因此,在跨境贸易的人民币结算中,境外企业更愿意接受人民币而不愿意支付人民币,结果造成人民币大量流出境外,被境外机构和企业持有,使中国境外保有了大量的人民币。但是,由于中国的资本账户没有完全开放,境外人民币被政府视为"外币",离岸人民币的回流仅限于贸易渠道以及其他特批的渠道(如需要批准的用人民币进行的境外直接投资等),且中国更愿意接受的是外汇的流入而不是人民币的流入。也就是说,境外人民币要进入境内,在没有贸易背景的情况下,需经过严格的审批。结果,持有人民币的境外非居民不能自由地进入中国的货币市场或资本市场,不能将其所持有的人民币投资于中国的金融市场或以人民币计价的金融产品以实现保值增值的目的。在这种情况下,为解决境外人民币的流通和交易问题,使境外拥有人民币的企业或非居民可以通过贷出人民币以获得相应收益,并使境外需要人民币的企业或非居民可以借入人民币,人民币离岸市场就发展起来了。

然而,在中国的资本账户并没有真正开放的情况下,境外非居民持有的人民币缺乏回流机制,境外非居民持有人民币的主要功能只是进口中国产品,这样,境外非居民持有和使用人民币的需求就有限。同时,在中国资本账户没有真正开放的情况下,境外非居民获得人民币主要只能通过贸易渠道(中国进口商向境外支付人民币),显然,仅仅通过贸易渠道流向境外的人民币规模也是有限的。这意味着,如果中国的资本账户不真正开放,则人民币离岸市场的规模就很难扩大,[①]这同时也会阻碍人民币跨境贸易结算规模的继续扩大。而且,中国的资本账户没有真正开放也

① 在中国资本账户未完全开放,人民币未自由兑换之前,人民币离岸市场将是一个套利市场。

不利于增强外国经济主体长期持有和使用人民币的信心,人民币的国际计价、国际支付、国际投资及国际储备等职能难以发挥,这就不利于推进人民币的国际化。因此,为不断增大国际社会持有人民币的意愿,并加快人民币离岸市场的发展,从而推动人民币跨境贸易结算规模的不断扩大,并使人民币真正成为国际借贷货币及投资货币,进而促进人民币的国际化,中国也应该开放资本账户。

为此,除了基于国家安全考虑而对某些项目进行必要的限制以外,中国应该取消对跨境资本交易及汇兑的限制,从而使中国居民能够通过资本转移、非生产非金融资产(包括不是生产创造出来的但却与生产相关的有形资产如土地和自然资源,无形资产如专利、版权、商标、经销权,以及租赁和其他可转让合同)的取得或处置、资本和货币市场工具、衍生工具和其他工具、信贷业务、直接投资、直接投资清盘、不动产交易以及个人资本交易等项目进行跨境资本交易及跨境转移资金,从而实现资本的跨境自由流动。

二、中国开放资本账户势在必行

从中国目前的现实来看,中国开放资本账户也势在必行。这是因为中国目前已成为全球最大的进口国和出口国(2009 年中国成为全球第一大贸易出口国,随后又在 2013 年首次超越美国,跃居世界第一大货物贸易国),[①]同时,中国是全世界唯一拥有联合国产业分类中所列全部工业门类的国家,中国拥有 41 个大类、207 个中类、666 个小类工业行业生产能力,中国的工业门类涵盖了劳动密集型、资本密集型、知识密集型、技术密集型产业等全部产业类型。从产量上看,中国的 500 多个工业品中有 220 个产量世界第一。中国制造业增加值自 2010 年起稳居世界首位,这是中国经济的一个重要优势,也是中国经济抵御外部风险的一个重要保障。另外,在汽车、酒类、奢侈品、手机等许多产品中,中国都是全球第一大市场,在被考察的 20 个行业中,中国有 17 个行业的消费份额在全球总消费中占比超过 20%。此外,中国目前还是全

① 2016 年,由于受人民币汇率波动的影响,中国的进出口贸易额略低于美国,但中国的出口仍然占据全球第一位,比美国高出 6435 亿美元,顺差超过 5000 亿美元。

球第二大对外直接投资国,而且,中国的经常账户已经开放①。显然,在这种情况下,中国要维持封闭的资本账户不但极为困难,而且也会对中国的实体经济带来抑制效应。这是因为,由于规避管制的金融工具不断增多(如贸易品和服务价格转移、境外设立公司对倒、境内外货币互换、全球第三方支付网络、在境外买卖国内资产等金融工具创新)等各种原因,在经常账户开放而资本账户没有开放的情况下,资本往往会通过以下方式逃避管制而流动:(1)在经常账户下通过低报出口价格或高报进口价格、高报出口品价格或低报进口价格、编制虚假合同虚报贸易出口、转移定价、改变交易时间和交易条件等各种方法逃避资本管制而实现资本的流动。(2)通过经常账户逃避资本管制而实现资本的流动。由于资本流动的形式越来越复杂,长短期资本之间的界限越来越模糊,使得国际收支中许多账户同时具备了经常账户和资本账户的特性,很难严格区分,如出口信贷对进口国来说,是出口国提供的一种信贷,归属资本账户,但与之相伴的货物进口则又应属经常账户;再如外商直接投资归属资本账户,但这又总是与经常账户下的贸易进出口相联系。同时,有些经常账户的交易账户包括了资本账户的内容,如短期银行信贷业务的支付、贷款、利息及其他投资净收入的支付等。这样,资本账户的资金往往可以通过混入经常账户下的贸易、收益和经常转移项以逃避资本管制。(3)通过其他资本账户逃避资本管制而实现资本的流动,如外商投资企业虚假出资、外商投资企业或境外投资企业虚报盈利、通过外资金融机构的业务转移资金,国内企业对外投资时低估资产价值,隐瞒境外投资收益和溢价收入,等等。此外,由于资本本身相互可替代,在中国资本账户的部分账户已经放开的情况下,非法资金可方便地混入已开放账户"名正言顺"地流出入,管制漏洞越来越多,且监管难度日益加大。可见,资本管制虽然能在短期内约束资本的流动,但从长期来看不可能从根本上改变因经济失衡带来的资本流动,而且还会人为造成过高的资本流动成本及管制成本。更重要的是,继续维持封闭的资本账户将导致中国贸易扩张及实

① 2005年至2007年,中国允许境内机构按实需原则开立经常账户外汇账户。2011年,允许企业自主选择货物贸易外汇收入存放境内或境外,打破之前必须调回境内使用的限制。2012年实现了经常账户下供求自主化和便利化。2013年,允许服务贸易外汇收入存放境外。

体经济的发展与金融发展之间的严重不平衡，并将严重抑制中国利用全球市场充分发挥自身的经济潜力，因此，开放中国的资本账户势在必行。①

更重要的是，中国目前的金融规模也越来越大，到2019年，中国银行业资产规模全球第一，股票市值和债券余额全球第二，保险业保费收入全球第二，且中国于2016年成为全球第二大对外投资大国，②但是，中国跨境资本流动的规模却与中国的金融规模不成比例。随着中国的经济及金融规模越来越大，中国的金融体系不可能继续封闭，因为一个封闭的金融体系不可能使中国经济维持长期的持续增长，因此，为维持中国经济的长期持续增长，中国也必须开放资本账户。③

事实上，国际经验也已表明，资本管制存在着严重的内在缺陷，这主要有：(1)管制成本（除包括建立机构、制订规则、实施管制及处罚违规等行为的成本以外，还包括规避管制的资本交易所产生的经济扭曲）太高且难以奏效；(2)资本管制只能在短期内解决资本外逃问题，但不能从根本上改变因经济失衡带来的资本流动，随着金融市场的发展，资本绕开管制的渠道越来越多，资本管制的效力将不断下降；(3)限制资本流出的资本管制反而会加剧资本的外逃；(4)资本管制会增大进出口贸易的成本及国内企业和家庭的借款成本（Edwards，1999），并降低融资效率；(5)资本管制创造了寻租机会，因而往往会导致腐败并浪费社会资源（Cooper，1998；Loungani 和 Mauro，2000）；(6)导致本国利率与国际利率差距，扭曲资产的价格，这既不利于资源的合理配置，又造成投机套利；(7)在资本管制的情况下，由于国内金融体系不会受到外部冲击（Mishkin，2001），因此这就导致国内没有压

---

① 经济合作与发展组织（OECD）为推动资本的自由流动，在其公布的《资本自由流动通则》中提出成员国应履行三个义务：第一，允许非居民在本国进行资本交易；第二，允许居民在外国进行资本交易；第三，允许非居民在本国进行资本交易及居民在外国进行资本交易所引发的支付转移。

② 据联合国贸易和发展会议发布的《2017年世界投资报告》显示，中国2016年对外投资达到1830亿美元，中国首次成为全球第二大对外投资国。

③ 需要指出的是，中国实现资本的自由流动并不意味着完全放弃合理的资本管制，即使是公认资本账户开放程度最高的美国，对资本账户的交易也有一定的限制（如严格审查或禁止影响美国经济主权和国家安全的国外投资，限制外国共同基金出售和发行股票，限制非居民购买某些行业的证券，限制对某些国家的直接投资，等等），因此，即使中国实现了资本账户的自由化，但仍可以国家安全、反洗钱、打击避税及宏观审慎管理等名义，对资本交易进行一定的合理管制。而且，一旦出现大规模的资本流动冲击，也可以恢复一些临时性的管理措施，这在国际上也是被认可的。

力进行改革；（8）资本管制会造成经济的扭曲，并隔断了国际经济与国内经济的联系，将一些对本国经济有利的资本流动隔绝门外，并使国内经济的扭曲现象无法得到纠正，从而会降低本国经济的效率；等等。这一切都意味着，一国对资本账户进行管制并不具有可持续性，因此，从中国经济的市场化改革及经济全球化的角度来看，中国开放资本账户是大势所趋。

三、中国开放资本账户的意义

（一）开放资本账户能够解决中国货币政策与汇率政策的内在冲突问题

值得强调的是，开放中国的资本账户不仅是实现人民币汇率市场化及人民币国际化的前提，而且也是直接解决中国货币政策与汇率政策内在冲突的有效措施，这是因为：

1. 开放中国的资本账户能够减轻中国央行持有大量外汇储备的压力，并促使中国央行力求控制通货膨胀，从而有利于创造稳定的宏观经济环境

开放中国的资本账户意味着中国境内居民能够自由地持有外汇，并自由地将外汇汇出或在国外进行投资。这一方面会大大减轻并逐步消除中国央行持有大量外汇储备的压力，从而有利于中央银行灵活主动地进行货币政策的操作，并大大减少中国央行持有巨额外汇储备所存在的风险；[①]另一方面有利于使政府所拥有的大量外汇储备转换为市场主体所拥有的资产，从而有利于使中国从"官方债权大国"向"私人债权大国"转型，进而有利于提高中国经济的市场化程度并大大提高资源配置效率。同时，在资本账户开放的情况下，一国如果实行通货膨胀的政策，则会导致资本外逃和货币替代，甚至出现货币危机，这意味着，在开放资本账户以后，中央银行会有较大的约束力求控制通货膨胀，这就有利于创造稳定的宏观经济环境。

2. 开放中国的资本账户既能创造更多的投资机会，拓宽中国境内居民的投资渠道，又有利于解决中国的超额货币及流动性严重过剩的问题

随着中国经济的迅速增长，中国居民的财富积累也迅速增加。根据贝恩公司（全球排名第二的战略咨询公司与招商银行共同发布的《2019 年中

① 中国巨大的外汇储备以及开放程度较低的资本账户意味着中国的资本不能自由流动。

国私人财富报告》,2018 年,中国拥有 1000 万元人民币可投资资产的人数已达到 197 万人,而中国可投资资产总额高达 190 万亿元人民币(折合美元 28.7 万亿),为同年 GDP 的 2.07 倍。但是,由于中国的资本账户没有完全开放,中国对境内居民个人的资本流出仍实行管制,使中国境内居民个人难以自由地在境外进行投资活动,人为地限制了民间资本的投资范围,从而既不利于中国境内居民个人优化其资产配置及组合,又不利于中国境内居民在国外创业(每年外汇兑换的额度限制不利于中国境内居民在国外创业),进而不利于使中国境内居民获得更多的投资回报及不断增加财富,结果就既不利于刺激中国的消费以不断扩大中国的内需,也不利于促进中国经济的转型。同时,中国境内居民的资本不能流出以寻求更好的投资机会,还助长了国内房地产的泡沫。可见,对境内居民个人的资本流出实行管制虽然有利于避免资本的大量流出,但也造成较大的弊端。

而开放中国的资本账户,允许国内居民将人民币兑换成外汇汇出在国际范围内进行资产选择,形成多样化的投资组合,这有利于大大地拓宽中国家庭部门的投资渠道,有利于中国家庭部门在国际范围内实行多样化的资产组合。由于不同国家金融资产之间的收益相关性低于一国国内金融资产的相关性,因此,在国际范围内实行多样化的资产组合能够大大降低资产组合的风险,进而能最大限度地获得稳定的收益。同时,开放中国的资本账户也有利于中国境内居民个人在国外创业,从而有利于造就以中国境内居民为主导的国际化大公司,进而有利于不断增加中国境内居民的财富,并最终刺激中国的消费以不断扩大中国的内需,有利于推进中国经济的转型,而且还有利于解决国内超额货币问题严重及流动性严重过剩问题,有利于在国内形成稳定的宏观经济环境。

3. 开放资本账户有利于推进人民币利率的市场化

开放资本账户是形成金融双向开放条件下的人民币均衡利率的前提条件。这是因为:允许非居民在境内购买、出售或发行货币市场工具,并放开对短期资本流出及流入的管制,将会极大地增加中国境内货币市场上的交易主体、交易规模、交易品种及交易方式。而放开非居民在境内资本市场的交易管制以及取消境外企业和金融机构在中国市场上发行证券的限制,同样也会大大促进中国境内资本市场上的交易主体、交易规模、交易品种及交易方式的增加。可见,开放中国的资本账户将有利于中国形成一个有广度(市场参与者众多)、深度(市场存在足够大的交易量)和弹性(市价总能迅速地调整保持到供求均衡的水平上)的金融市场(包括货币市场与资本市场)。显然,只有这样的金融市场才能全面反映资本账户开放条件下的资金供求状况,同时,也只有在这一基础上放开人民币利率,让人民币利率由市场供求决定,才能形成充分反映市场供求状况的市场均衡利率。这也意味着,要实现人民币利率的完全市场化,并进而形成金融双向开放的人民币均衡利率水平,中国就必须实现资本账户的开放,即资本账户的开放也是利率市场化的前提。①

4. 开放资本账户有利于解决中国国际收支的长期持续顺差问题,进而有利于减轻人民币升值的压力

如果中国的资本账户不开放,则中国的巨额贸易顺差就缺乏资本流出的对冲渠道,因此,开放资本账户能够为实现中国的国际收支平衡开辟新的渠道。同时,通过开放资本账户,允许资本自由流出,可以改变中国长期以来一直存在的资本流入远大于流出的状况,允许在市场机制的调节下出现能给中国带来净收益的资本流出大于资本流入的状况,这就有利于解决中国因经常账户和资本账户的持续双顺差而导致的国际收支持续顺差问题,进而有利于解决中国外部经济的长期失衡,并以此减轻人民币升值的压力。

(二)开放资本账户有利于在更大的范围内及更高的层次上刺激中国的改革与发展

需要指出的是,开放资本账户不仅有利于推进人民币汇率的市场化,并进而有利于形成人民币均衡汇率,而且实际上是将国内市场同国际市场、国内价格体系同国际市场的价格体系完全连接起来,还将在更大的范围及更高的层次上推进中国的双向开放,从而创造新的"制度红利",进而有利于刺激中国经济的长期持续增长。这是因为:

1. 减少管制成本,并大大减少政府对经济的干预,从而有利于市场机制的形成与完善

开放资本账户,取消对资本流动的管制将大大减少管制成本及实行资

① 在资本账户存在管制的情况下,套利行为主要通过贸易渠道完成。

本管制所导致的经济扭曲,[①]而且,在资本自由流动的情况下,如果政府实行了不合理的政策,则会导致人们对该国经济失去信心,并由此会出现大量的资本外逃,这就会对一国政府的政策形成约束。在资本管制的条件下,一旦政府的决策失误,则本国居民会因无法将资本转移到国外而不得不承担政府决策失误所造成的损失,且无法通过将资本转移到国外来约束本国政府的行为。因此,开放资本账户能够对政府的行为产生约束或监督作用,从而有利于大大减少政府对经济的干预。

同时,资本账户的开放将迫使本国政府采取符合国际市场规则、更有诚信、更符合市场纪律的宏观经济政策,并消除歧视性的政策以及矫正国内经济的扭曲,这就有利于促进本国市场机制的形成与完善。[②] 更重要的是,开放资本账户实质上是将国内外市场连成一体,这就有利于让市场机制在更大的范围发挥作用。

2. 有利于中国的市场主体充分利用全球市场合理配置资源并有利于国内经济结构的调整

开放中国的资本账户意味着将国内市场与国际市场连成一体,从而实现国内外市场的一体化,这不但能创造出更大的、竞争更激烈的全球市场,而且有利于中国的市场主体在竞争的压力下充分利用全球市场合理配置资源:在全球市场上选择成本最低的地方利用股票、股权、认购凭证、存托凭证、各种债券、票券、货币市场工具进行跨国融资活动,以最低的成本获取国外资源;或选择在收益最大的地方进行以获取永久性权益为目的的跨国直接投资活动,或利用各种债券、票券、共同基金、货币市场工具以及金融衍生工具进行跨国间接投资活动,或运用贸易信贷、金融信贷、货币及存款等进行其他跨国投资活动,从而在全球范围内最大限度地获得回报;或选择成本最低的地方生产,从而使资源能得到最有效的利用,以向全球市场提供最有

① Bartolin 和 Drazen(1997)认为,一国开放资本账户会被市场理解为该国政府在未来会对国外投资采取更加友好的态度,因此,开放本国的资本账户具有重要的"信号"作用,这有利于创造良好的外部经济环境,有利于增强投资者的信心。可见,开放资本账户不但有利于鼓励外资的流入,而且还有利于避免资本外逃。

② 1979 年,撒切尔(Margaret Thatcher)夫人出任英国首相,她最先做出的决定之一是取消资本管制。这标志着一个新时代的开始,资本自由流动自此成为全球经济的潮流之一,资本的自由流动与人员、商品和服务不受阻碍的迁移被并称为欧洲单一市场的"四大自由"。

竞争力的产品,使国内的生产及投资决策更符合各国的比较优势并利用全球市场以取得更大的规模经济效率,最大限度地创造本国的竞争优势以实现资源的合理配置。这意味着,开放资本账户有利于中国企业在国际市场上通过融资或投资活动,将国内外资源从全球估值或收益较低的地方转移到全球估值或收益更高的地方或用途上,从而最大限度地获得收益,并以此促进本国的经济增长。同时,开放资本账户还有助于中国将部分低附加值的产能或过剩的产能(如中国的钢铁、水泥、船舶、电解铝、平板玻璃等)转移到劳动力更具比较优势的国家和地区,以促进中国的产业结构调整及升级。

3. 资本账户的开放能使金融体系更好地为实体经济服务,从而有利于刺激中国企业不断成长壮大

由于中国的资本账户没有真正开放,因此,中国企业的投融资渠道就受到了限制。与中国实体经济的规模相比,中国的跨境融资规模明显不足,这意味着,中国的金融体系还没有在更大的范围、更充分地为实体经济提供服务,而资本账户的开放将使中国的金融体系能更充分地为实体经济服务,并能从以下几个方面刺激中国企业不断发展壮大:(1)有利于效率较高的企业直接到国外金融市场融资,这就有利于效率较高的企业不断扩大规模;①(2)给国内企业提供新的投资机会,使国内企业可以更便利地在国际范围内从事多元化的生产和经营活动,并购国外企业,获取技术和资源,占领更大的市场,从而有利于国内企业持续提高国际竞争力;②(3)有利于中国企业利用更多的新型产品管理风险,以大大减少经营和投资收入的不确定性;(4)由于国外发达金融市场的监管要求更高,因此,开放资本账户将迫使国内企业不断完善其公司治理机制;等等。

---

① 2000年以后,全球利率明显下跌,2008年国际金融危机以后,全球利率进一步降低,欧美国家几乎是零利率,与中国国内贷款利率相差大约5个百分点,但由于中国对境内企业从境外借款实行高度严格的管制,因此,这就不利于境内企业通过对外借款来降低利息成本,降低了融资效率,从而不利于境内企业(特别是民营企业)的成长壮大。

② Aggarwal,Klapper和Wysocki(2005)以及Levineand Schmukler(2007)等人都认为,开放的资本市场会给国内的企业提供更多的融资机会,从而有利于该国企业不断发展壮大。

4. 刺激国内金融的市场化改革,充分拓展中国金融发展的空间并促进中国金融效率的提高

从国内外经济发展的趋势来看,中国是金融发展全球潜力最大的国家,而开放资本账户将会从多个方面有力地推进中国的金融改革,进而有利于充分挖掘中国金融发展的潜力:(1)将会促进存款利率的市场化。资本账户开放以后,中国境内居民将拥有更多的投资机会,因而对投资回报将会更为敏感,在这种情况下,如果中国在开放资本账户的情况下继续管制存款利率,则国内居民就会将存款转移到国外金融机构或证券市场,从而导致国内储蓄减少,这就会给中国的存款利率带来上升的压力。在这种情况下,中国将不得不放开对存款利率的管制,从而真正实现利率的市场化。而且,在中国目前的情况下,民营银行在未来相当长的时间都不可能对目前的大型国有银行构成挑战,而开放资本账户所带来的资本自由流动却可能在很大的程度上冲击传统的金融体系及传统的制度,从而可以为中国的金融改革发展提供新的动力。(2)资本的自由流动或国外金融机构的进入有利于打破国内金融市场的垄断,使中国的金融体系直接面临来自全球金融市场的竞争,这将迫使中国的金融业不得不进行金融创新,并不断提高金融服务的效率。同时,由于国外金融机构在国内没有"关系",因此,它们更需要按照国际规则进行竞争,这就有利于引进国际金融市场的公平竞争机制。此外,外国金融机构的大量进入能带进新的金融服务、新的产品并不断拓宽金融服务范围,这就有利于推动中国金融的"宽化"。(3)资本账户的开放将给中国的金融机构带来新的盈利机会,从而促进国内金融业的结构调整。同时,资本账户的开放使国内金融机构能在不同国家、不同市场、不同货币及不同的金融资产上实现资产的合理组合,从而在国际范围内最大限度地降低风险以获得稳定的预期收益。此外,资本账户的开放也将促使国内金融机构更加关注国际标准与惯例,进而有利于促进其业务的标准化及竞争力的提高。(4)开放资本账户将大大削弱政府对本国金融业的干预或管制,并有利于消除国内的金融抑制状况,这就有利于推进中国的金融"深化"。同时,由于开放资本账户会使中国的金融体系暴露在激烈的全球市场竞争中,从而会增大中国金融体系的风险,在这种情况下,将推动中国进一步完善自己的金融监管制度。(5)开放资本账户有利于实现人民币在岸市场与离岸市

场的一体化,进而扩大中国外汇市场的规模,并促进中国金融市场的国际化,从而有利于提高中国金融市场的效率。可见,开放资本账户所带来的国际资本自由流动及跨境金融服务竞争将极大地刺激国内金融的市场化改革,并能够充分拓展中国金融发展的空间及有效地促使金融效率的提高。

5. 解决既得利益集团问题

有一点需要特别强调的是,如果中国要进一步深化改革,就可能影响到一些既得利益集团的利益。既得利益集团对经济的负面影响已为越来越多的学者及公众所关注。问题的关键在于如何既能深化改革,又能避免既得利益集团的强烈反对?美国经济学家 Rajan 和 Zingales 等人(2003)巧妙地将金融开放与既得利益集团问题联系了起来,认为解决这一问题的最佳方式是实现对外开放,特别是实现金融的对外开放,从而为解决这一问题提供了一条新的思路。Rajan 和 Zingales 认为,通过金融的对外开放,会创造一个更公平的竞争环境,这实际上是通过引进国际市场的竞争机制来渐进地,而不是人为硬性地削弱国内既得利益集团的垄断地位,并减少其过高的盈利,从而逐步消除既得利益集团对经济的负面影响。他们强调,一国的金融开放程度越高,就越能够削弱既得利益集团对经济的负面影响。他们还同时指出,实现金融的对外开放及资本的自由流动还能大大增加经济的透明度,并约束政府对本国既得利益集团的人为保护(因为在资本自由流动的情况下,政府对既得利益集团提供信贷或补贴会导致经济的扭曲,并打击人们对本国经济的信心,从而会导致资本的外逃),从而会减少政府对经济的过度干预(因为在金融开放的情况下,政府对经济的过度干预会导致经济的波动)。此外,加快金融开放及政府对经济干预的减少将迫使国内既得利益集团为了自己的生存及发展也不得不支持或接受能够提高国内市场主体竞争力的改革(包括金融的对外开放)。

开放中国的资本账户也许能为解决既得利益集团问题提供一个有效的途径。这是因为:在资本账户开放以后,国内既得利益集团将很难运用国内的政治力量来反对外来竞争,而且,在面临来自国际市场的竞争或冲击时,限制国内竞争将失去意义。这意味着,开放资本账户将会在国内创造公平的竞争环境,从而通过市场机制巧妙地(而不是人为硬性地)削弱国内既得利益集团的垄断地位及负面影响。同时,在资本账户开放的条件下,政府也很难再继续人为地保护既得利益集团。这是因为:如果政府继续对既得利益集团提供信贷或补贴保护则会导致经济的扭曲,并打击人们的信心,从而有可能导致资本外逃。此外,资本账户的开放及政府干预的减少将迫使国内既得利益集团为了自己的生存及发展也不得不支持或接受能够提高国内市场主体创新能力及竞争力的改革,从而成为改革的支持者,这将大大加快国内的制度改革及结构性改革。这意味着,开放中国的资本账户是既能进一步深化中国的改革开放,同进又能避免既得利益集团阻挠改革的巧妙途径。

此外,还必须强调的是,通过开放资本账户将国内金融市场与国际金融市场连成一体也是一种风险分担机制,通过分散风险可以使投资者获得更高的风险调整回报率,这对中国这样的高储蓄国家尤为重要。而且,由于市场主体是根据自己所掌握的信息来进行投资或融资决策,因此,开放资本账户实际上是汇集全球的信息来更好地选择最有投资价值及盈利前景的投资项目,这意味着,开放资本账户将有利于极大地提高中国的投资效率。

第四节 汇率的市场化、资本账户的开放及利率的市场化必须同时实现

一、汇率的市场化是开放资本账户的先决条件

如前所述,资本账户的开放是实现汇率市场化的前提,但需注意的是,实现本国汇率的市场化也是开放本国资本账户的先决条件。这是因为:在资本账户开放的条件下,如果一国的汇率不能随市场供求关系的变化而灵活变化,就往往会形成汇率的高估或低估而无法形成均衡汇率。在这种情况下就容易出现套汇机会,国内外利差如果没有汇率的变动来抵消也会形成套利的机会,从而会导致资本(特别是短期投机资本)在本国汇率低估时大量流入,在本国汇率高估时大量流出。而资本基于套汇投机目的的频繁大量流出入就会冲击国内经济,从而导致国内经济震荡并给国内经济带来

重大风险,甚至有可能爆发货币危机。[①] 国际经验表明,凡是实行固定汇率或钉住汇率制度的国家在开放资本账户以后都无一例外地爆发了货币危机。如墨西哥、巴西及阿根廷等拉丁美洲国家于20世纪90年代初及21世纪初所爆发的货币危机,1997年的亚洲金融危机,1998年的俄罗斯货币危机,2001年的金融货币危机,等等,莫不如此。因此,目前国内外学术界基本达成了一个共识:固定汇率制度与资本账户的自由化是一种危险的政策搭配。

而只有实现人民币汇率的市场化,使人民币汇率水平的波动幅度加大,以形成多样化的市场预期,才能消除无风险套利机会,进而才能避免资本账户开放以后的过度投机活动。[②] 这意味着,实现本国货币汇率的市场化与开放本国的资本账户是互为前提的,中国必须在实现人民币汇率市场化的同时开放资本账户,以使人民币汇率能够随外汇供求关系的变化而变化,并进而形成均衡汇率,这样才能消除人民币汇率的高估或低估,才能抑制资本的过度流出入,才能在资本账户开放以后保持国内经济的稳定,并避免货币危机的爆发。[③]

二、人民币利率市场化是人民币汇率市场化及资本账户开放的前提

(一)人民币汇率市场化的前提条件是人民币利率的市场化

以上分析曾指出,人民币汇率的市场化是实现人民币利率市场化的前提,然而,人民币汇率市场化的前提条件又是人民币利率的市场化。这是因为:一旦中国实行浮动汇率制度,让人民币汇率随着市场供求的变化而变化,但同时人民币利率又没有真正市场化(即人民币利率不能随市场供求

① 概括而言,开放资本账户的风险主要包括:(1)根据经典的"三元悖论",资本账户开放以后,国际资本的流动会影响中央银行货币政策的有效性;(2)资本账户开放以后,国际资本会在本国经济繁荣的情况下大量流入,并在经济衰退的情况下大量流出,从而放大经济周期的波动程度;(3)资本账户开放可能导致"货币替代"或资本外逃,从而会导致本国汇率的过度波动。

② 需要注意的是,如果中国在人民币汇率实现市场化之前推进人民币贸易结算和发展人民币离岸市场,会带来大量的无风险套利机会,离岸人民币市场的发展将被货币当局补贴下的套利交易所主导,而且会对在岸人民币市场形成冲击。

③ 需指出的是,目前人民币汇率单边升值预期是导致热钱大量流入中国的重要因素,因此,只有汇率实现市场化,使人民币汇率能在短期资本大量流入时及时下降,才能有效抑制人民币汇率单边升值预期所导致的套利热钱。

关系的变化而及时变化),如果中国因大量资本流入而导致人民币汇率出现升值压力时,利率不能因资本大量流入而及时下降,则资本的持续流入将导致人民币汇率的升值,并进而影响中国的出口及经济增长。或者由于资本大量流入导致中央银行的外汇储备增加,进而导致货币供应量的增加及通货膨胀的潜在压力不断增大。相反,如果中国因大量资本流出而导致人民币汇率出现贬值压力时,而利率不能因资本大量流出而及时上升,则资本的持续流出或许将导致人民币汇率的贬值,甚至有可能导致本国爆发货币危机。或者由于资本大量流出导致中央银行的外汇储备减少,进而有可能导致通货紧缩,从而抑制国内经济的增长。此外,根据利率平价理论,在国内利率不变而国外利率变化较大的情况下,因国内外利差所形成的不平衡只能通过即期汇率和远期汇率的差额来弥补,显然,这就会造成汇率的波动。可见,如果中国在不真正实现利率市场化的情况下就实现人民币汇率的市场化,就有可能出现人民币汇率的频繁波动,从而影响中国经济的稳定。

可见,只有实现人民币利率的市场化,使利率能够及时地因市场供求关系的变化而变化,才能降低或消除套利机会和空间,避免投机性资金的跨境流动,并自动缓解国外经济因素变化对人民币汇率的冲击,进而在实现汇率市场化以后提供一个内在的自动调节机制。如当中国因大量资本流入而导致人民币汇率出现升值压力时,利率能及时地随着资本的大量流入而下降,这样就能有效地抑制资本流入及人民币汇率的升值,从而避免引起本国经济泡沫并保证国内经济的稳定。相反,一旦中国因大量资本流出而导致人民币汇率出现贬值压力时,利率就会及时因市场供求的变化而上升,这就会自动地抑制资本的流出及人民币的贬值,从而避免经济的衰退或货币危机的爆发。可见,只有实现利率的市场化才能形成一个内在的自动调节机制,从而避免人民币汇率水平的频繁波动,以保证人民币汇率水平的基本稳定,进而保证国内经济的稳定与增长。因而,实现利率的市场化是人民币汇率市场化的前提。① 此外,根据利率平价

① 利率对汇率的影响可以从四个角度分析:(1)从国际收支的角度。利率通过影响经常账户和资本流动从而影响汇率;(2)从利率平价的角度。在非抵补利率平价的假定下,本国利率高于(或低于)国外利率,会引起本币远期贬值(或升值)的预期,从而影响汇率;(3)从购买力平价的角度,利率通过影响本国的物价水平从而影响汇率;(4)从货币供求的角度。在市场化条件下,就短期而言,若一国资本账户开放,则利率通过短期资本渠道影响汇率;就长期而言,利率通过经常账户变动影响汇率。如果利率变动引起物价变动(或预期物价变动),根据购买力平价,会引起汇率(或预期汇率)的变动。

原理，市场化的人民币利率水平也是人民币汇率合理定价的重要基础，一旦中国同时实现利率及汇率的市场化，则中国就会打通连接汇率和国内外利率的利率平价通道。因此，人民币汇率市场化需要人民币利率的市场化来推动。

人民币利率的市场化还有利于推动人民币远期外汇市场及远期汇率的形成与发展，这就能为市场主体利用人民币远期外汇交易来规避汇率风险提供市场基础。因为：只有人民币利率实现市场化，因而既能真实地反映市场供求状况，又能随着市场供求关系的变化而灵活地变化，市场主体就能够准确地比较本币与外币的真实收益，从而也就能够正确地判断从事远期外汇交易的成本和收益，也就有利于形成能够准确反映未来外汇供求状况或未来即期汇率水平的远期汇率。

人民币远期外汇市场的发展又有利于人民币利率可以不必随着外国利率水平的变动而变动，从而可以吸收外国利率变动对本国的冲击，并保证本国中央银行能够独立地调节本国利率水平。这是因为：在存在远期外汇市场的情况下，当外国利率上升时，套利者在即期市场上卖出本国货币，买进外国货币投资套利，在远期市场上卖出外国货币，买进本国货币进行保值，结果本国货币在现货市场上贬值，在远期市场上升值，利率平价恢复，而本国利率可以不必随着外国利率水平的变动而变动；反之则反是。这表明，如果本国具有完善的远期外汇市场，则外国利率变动对本国的冲击可以通过远期汇率的变化而加以吸收。

以上分析显示，汇率的市场化与利率的市场化实际上互为前提，因此，人民币利率的市场化与人民币汇率的市场化必须同时实现。

（二）资本账户开放的前提条件也是人民币利率的市场化

基于以上分析，不仅人民币汇率市场化的前提是人民币利率的市场化，资本账户开放的前提同样也是人民币利率的市场化。这是因为：在资本账户完全开放的条件下，如果国内利率不能对市场供求的变化做出迅速反应，则资本账户的开放就会为境内外投资者创造套利机会。在这种情况下，如果因资本大量流入而造成国内资金供给增加时，利率不能因资本大量流入而下降，则资本的持续流入将冲击国内经济并导致经济泡沫，从而给国内经济带来风险。因此，只有利率实现了市场化能够及时地因资本大量流入而下降,才能有效地抑制资本的大量流入及其所产生的经济泡沫,进而保证国内经济的稳定。相反,如果资本大量流出但本国利率不能因市场供求的变化而及时上升,就会加剧国内资本的短缺,从而抑制国内经济增长。因此,只有利率实现了市场化能够及时地因资本大量流出而上升,才能有效地抑制资本的大量流出及其所造成的国内资本短缺,进而保证国内经济的增长。可见,在开放本国资本账户并进而实现资本自由流动的情况下,市场化的利率一方面可以像一只无形的手自动地调节资本的流出入,另一方面又会自动形成抵御资本流动及国际经济冲击的屏障,从而能够化解资本账户开放所带来的风险。同时,只有利率实现了市场化,金融产品才能合理地定价,投资者进行交易时才会有明确的价格预期和收益预期,只有这样,境内外投资者才能做出正确的投资决策。因此,只有实现了利率的市场化,开放资本账户才能达到合理配置资源的目的。

更重要的是,由市场决定的利率本身包含反映结构性问题的风险溢价,因此,实现利率的市场化不但有利于准确地评估金融体系的健全度,并正确反映人们为获得金融服务所愿意支付的价格,而且还有利于消除市场扭曲现象、减少因信息误导所产生的错误决策。同时,利率的市场化还有利于形成公平竞争的市场机制,这将进一步提升中国经济的市场化程度,并有利于通过利率这把"筛子"来合理配置资源及淘汰低效率的企业,从而大大提高中国经济的效率,这也是中国抵御人民币汇率市场化及资本账户开放冲击最重要的基础。

需要指出的是,利率是金融的核心,而金融又是经济的核心,因此,在整个经济运行过程中,利率处于核心的地位,这具体体现在:(1)利率既是一个极为重要的要素价格(从微观经济的角度来看),同时又是调节经济活动的政策杠杆(从宏观经济的角度来看)。(2)利率既影响储蓄和投资,又影响货币的供求。利率既是实体经济部门的变量,又是货币经济部门的变量,这意味着,利率是连接货币因素与实际经济因素的中介变量。(3)利率既是微观经济的变量,又是宏观经济的变量,利率可以说是连接宏观经济与微观经济的桥梁。(4)利率是衡量经济态势的最佳指标。IS-LM 模型表明,作为连接实体经济部门与货币经济部门的中介,利率将商品市场与货币市场连接起来，其变动可以及时、灵敏、全面地反映当前经济态势及未来经济趋势的预期。(5)利率是联系现在和未来的价格，它使人们可以评价未来收入与成本的现在价值，①使人们能够对不同时期的支付进行比较，告诉人们今天贷款的将来回报，以及现在借款将来偿还的成本。在市场经济条件下，利率是一把挑选投资项目的“铁筛子”，在利率这把“铁筛子”的筛选下，那些期望回报率或净收益率低于利率水平的投资项目将会被淘汰掉，而只有那些期望回报率或净收益率高于利率水平的投资项目才能获得融资。(6)当利率能够自由地调整到均衡水平时，利率将具有自动调节功能及稳定经济的功能。这是因为：当经济处于低迷、投资需求不足及储蓄过剩时，利率水平就会自动下降，这将刺激投资，并促使人们减少储蓄以增加消费，从而刺激总需求的扩张，进而刺激经济增长。相反，当投资需求过大、经济过热从而有可能产生通货膨胀时，利率水平将会自动上升，这将会抑制投资，并激励储蓄及抑制消费，从而有利于抑制需求的过度膨胀，避免通货膨胀的产生。可见，利率市场化也是市场出清、资产重新定价和资源重新配置的必经之路。

总之，在市场经济体制中，利率是影响宏观及微观经济的关键变量，因此，实现人民币利率的市场化不仅有利于实现人民币汇率的市场化及开放中国的资本账户，而且还有利于推动中国微观经济效率的提高及维持宏观经济的稳定。

三、汇率的市场化及资本账户的开放又是利率市场化的前提

(一)人民币汇率的市场化也是人民币利率市场化的前提条件

以上分析说明，利率是人民币汇率市场化的前提条件，但实际上，人民币汇率的市场化又是人民币利率市场化的前提条件。这是因为：在人民币汇率由市场决定的情况下，中国央行的货币政策将不再承担稳定汇率的义

① Gwartnet，J.，Stroup，R.and Sobel，R.：《经济学：私人与公共选择》，梁小民、梁砾译，中信出版社 2004 年版，第 635 页。Gwartnet，Stroup 和 Sobel 等人还指出：“利率联系未来与现在，它使人们可以评价未来收入与成本的现在价值——现值。从本质上说，这是提前获得(earlier availability)的市场价格。从潜在借款人的角度来看，利率是为了提前得到物品而延后支付所必须付出的贴水。从贷款人的角度看，这是等待的报酬——向其他人提供现在购买力的报酬。”

务,而可以主动、灵活地通过调节利率来调节国内经济,可见,实现人民币汇率的市场化是中国央行独立调节国内利率水平,从而实现本国利率市场化的前提。而且,在人民币汇率市场化的情况下,国际收支的平衡可由人民币汇率的自行调节来实现,国际收支的不平衡或资本的流入及流出只会引起人民币汇率水平的变化,而不会改变一国的货币供应量。在这种情况下,中国央行就不必采取扩张或收缩货币供应量的方式来调节国际收支以保证外部平衡的实现,而可以独立地调节本国利率水平。同时,在开放的条件下,如果国内外利差没有汇率的变动来抵消就会造成套利的机会,从而会导致资本频繁的流出入。因此,实现人民币汇率的市场化,还可以消除因国内外利差所造成套利的机会,这也有利于中国央行独立地调节本国利率水平。这意味着,实现人民币汇率的市场化能够为人民币利率的市场化创造前提条件。

(二)开放资本账户也是形成人民币均衡利率的前提条件

根据以上分析,人民币利率的市场化是开放资本账户的前提条件,但实际上,开放资本账户又是形成人民币均衡利率的前提条件。这是因为:允许非居民在境内购买、出售或发行货币市场工具,并放开对短期资本流出入的管制,将会极大地增加中国境内货币市场上的交易主体、交易规模、交易品种及交易方式,而放开非居民在境内资本市场的交易管制,以及取消境外企业和金融机构在中国市场上发行证券的限制同样也会大大促进中国境内资本市场上的交易主体、交易规模、交易品种、交易方式的增加。可见,开放中国的资本账户将有利于中国形成一个有广度(市场参与者众多)、深度(市场存在足够大的交易量)和弹性(市价总能迅速地调整保持到供求均衡的水平上)的金融市场(包括货币市场和资本市场)。显然,只有这样的金融市场才能充分反映开放条件下的资金供求状况,同时,也只有在这一基础上放开人民币利率,让人民币由市场供求决定,才能形成充分反映市场供求状况的市场均衡利率。

这也意味着,要实现人民币利率的完全市场化,进而形成开放条件下的人民币均衡利率水平,中国就必须同时实现汇率的市场化及资本账户的开放,即汇率的市场化及资本账户的开放也是利率市场化的前提。

四、实现利率及汇率的市场化能够为资本账户的开放提供“防火墙”

开放中国的资本账户意味着拆除中国金融市场的“防火墙”，而实现利率及汇率的市场化能够对冲或化解开放资本账户给中国经济所带来的风险。也就是说，同时实现利率及汇率的市场化能够代替资本管制这道会带来种种弊端的“防火墙”，从而形成新的市场“防火墙”。这是因为：

（1）在中国的银行存款利率实现了市场化，因而在国内银行储蓄有利可图的情况下，就不会出现中国储户大量取出存款去海外市场寻求更高回报，从而冲击国内银行体系的情况。

（2）在本国利率完全市场化的情况下，当因开放资本账户而导致资本大量流入，造成国内资金供给增加时，利率就会随之下降以降低本币资产的收益率，从而抑制短期资本的流入，并缓解本币升值的压力，保证本国货币汇率的稳定，避免引起本国经济的波动。相反，当因开放资本账户而出现资本大量流出，导致国内资金供给减少时，利率会随之上升，以提高本币资产的收益率，从而抑制短期资本的流出，并吸引资本流入，缓解本币贬值的压力，避免本国爆发货币危机。可见，在开放本国资本账户，从而实现资本自由流动的情况下，利率的市场化可以提供一个自动抵御资本流出入及国外经济冲击的屏障，从而有利于化解资本账户开放所带来的风险。

（3）在实现人民币汇率市场化的基础上再开放资本账户，使人民币汇率能够随外汇供求关系的变化而变化以形成均衡汇率，可以消除人民币汇率的高估或低估，并进而能够抑制资本的过度流出入，这就能够保证国内经济的稳定，并避免货币危机的爆发。

（4）中国利率及人民币汇率的市场化将会大大刺激远期外汇市场的发展，从而为国内市场主体规避因资本账户开放所带来的汇率风险提供基础。同时，在利率市场化的基础上所形成的市场化的收益率曲线，还能为外汇市场的期货交易、互换交易和期权交易提供可参照的基准收益率曲线，从而满足市场参与者对冲汇率风险的需要。

（5）从国际经验来看，许多新兴市场国家或经济转轨国家在资本账户开放以后所爆发的货币危机恰恰都是通过实行浮动汇率制度最终加以解决的(如巴西、墨西哥、阿根廷、韩国、泰国、俄罗斯等)。从改革的角度来看,这些国家实行浮动汇率制度既是不得已而为之的措施,同时也可视为是为摆脱货币或经济危机而进行的重大改革。这是因为:虽然本国货币贬值在短期内带来通货膨胀率上升、进口成本增加、外债负担加重及一部分企业破产等一系列问题。但是实行浮动汇率制度也使市场机制恢复了在本国经济中的调节作用,使本国货币汇率能够对经济的变化及时做出调整,特别是,本国货币汇率的贬值提高了本国出口产品的竞争力,进而扩大了本国的出口,从而刺激了本国的经济增长,这就为本国摆脱危机奠定了基础。这意味着,资本账户开放所带来的风险实际上最终可以依靠汇率的市场化来加以解决。

总之,以上分析说明:(1)只有实现人民币汇率的市场化才能使中国央行完全摆脱"稳定汇率还是稳定货币供应及物价"的两难困境,并有利于解决中国货币供应量不断持续增长及所形成的超额货币问题;(2)实现人民币汇率的市场化也是实现人民币利率市场化及开放资本账户的先决条件;(3)开放资本账户是实现人民币汇率市场化并解决中国货币政策与汇率政策冲突问题的前提条件;(4)利率的市场化是汇率市场化及资本账户开放的前提条件,因而利率的市场化也是解决中国货币政策与汇率政策冲突的前提条件;(5)由于利率的市场化与汇率的市场化互为前提,因此,在资本账户开放的条件下,利率的市场化与汇率的市场化必须同时实现,①这实际上也意味着,利率及汇率的市场化是资本账户开放的前提条件。②

基于以上分析可得出这样的结论:要解决中国货币政策的两难困境及中国货币供应量的长期过度增长问题,并完全实现中国经济的市场化及国际化,从而使中国能够充分利用国内外资源以最大限度地实现经济的持续增长,中国的最佳选择是同时实现资本账户的开放及人民币汇率和利率的市场化。而同时实现资本账户的开放及人民币汇率和利率的市场化也就意味着实现开放条件下的金融自由化(或者说就是中国政府于 2015 年 10 月提出的"金融双向开放")的核心内容。

---

① 需要指出的是,中国的高利率与人民币汇率相对稳定(升值)是导致热钱大量流入中国,从而给中国带来潜在风险的重要因素。因为本国高利率与本币货币汇率相对稳定(升值)使得货币投机活动只赚不赔,这自然对货币投机活动形成强烈的鼓励。

② 中国资本账户中还没有开放的项目基本上与利率及汇率有关。

第四章 汇率市场化、利率市场化与资本账户开放的国际经验及理论依据

第一节 汇率市场化、利率市场化与资本账户的开放:国际经验及教训

从世界各国的情况来看,如何实现利率及汇率的市场化并开放本国的资本账户是许多国家(特别是发展中国家及新兴市场国家)进行经济改革的重要内容。为吸取世界各国在实现利率及汇率的市场化并开放本国的资本账户方面的经验教训,极有必要对世界各国尤其是发展中国家及新兴市场国家的经验教训进行总结。归纳来看,世界各国在利率与汇率市场化及资本账户开放方面的改革模式主要有以下几种:

一、在利率实现市场化,但"汇率完全没有市场化"的情况下开放资本账户

在利率实现了市场化,但汇率没有市场化(仍然实行固定汇率或钉住汇率制度)的情况下开放资本账户,即采取"先利率市场化,然后资本账户开放,最后汇率市场化"的改革次序。从现实来看,采取这一改革次序的国

家都无一例外地爆发了货币危机。

(一)智利

智利于1974年开始根据麦金农和肖(Mckinnon和Shaw)的“金融深化理论”实行激进式的经济改革及金融改革,并遵循了“先利率市场化,然后资本账户开放,最后汇率市场化”的改革次序,具体来说是:(1)放开利率的管制以实现利率的市场化。智利于1974年5月首先允许非银行金融机构在短期金融业务中自主决定利率,并放开短期货币市场的利率;11月,智利又取消了所有银行金融机构的存款利率上限控制;1975年10月,智利又放松了对商业银行及国民储蓄和贷款体系的贷款利率管制;到1977年6月,智利基本实现了利率的市场化(利率市场化是金融自由化改革的核心)。(2)在放开利率管制的同时开放资本账户。智利于1974年开放了个人资本账户的自由交易,并允许外国资本在到位3年后,可以在官方外汇市场上购买外汇,以便将利润汇回国内。1979年,智利取消了对中长期国际资本流入的限制,1980年,智利取消了对银行外资头寸的限制及对每月外资流入量的限制。可见,智利于1974年同时开始实现利率的市场化并开放资本账户。(3)实行固定汇率制度。在放开利率管制并开放资本账户的同时,智利仍然实行固定汇率制度,没有进行汇率市场化的改革。[①]

智利的这一改革模式在改革初期促成资本的大量流入,从而对智利的经济增长产生了一定的刺激作用。但资本大量流入的结果是智利的货币比索大幅升值。由于比索升值降低了智利出口品的竞争力,从而抑制了智利

---

① 发展中国家或新兴市场国家一般倾向于实行固定汇率制度或钉住汇率制度,其原因在于:(1)在本国制度不完善,经济基础薄弱的情况下,担心汇率的波动会给本国宏观经济以及金融市场的稳定带来严重的冲击,而且,由于国际贸易是以发达国家的货币计价的,因此,汇率波动对发展中国家带来的不利影响要大于发达国家。(2)发展中国家通常存在着严重的财政赤字,在这种情况下实行浮动汇率制度,往往易于导致本国货币的对外贬值(因为严重的财政赤字最终必然导致通货膨胀),而实行固定汇率制度或钉住汇率制度相当于“进口”市场纪律和货币信誉,从而有利于控制国内的高通货膨胀。(3)新兴市场经济体之所以不愿意汇率浮动,可能是担心丧失出口竞争力和出口的多样化受阻,同时又担心本币汇率贬值会增加本国的债务负担。而汇率稳定有利于估算成本和收益,从而有利于吸引外资流入。(4)在金融体系不完善(包括缺乏健全的金融机构和成熟的外汇市场)的情况下,实行固定汇率制度或钉住汇率制度有利于为货币政策提供一个可以钉住的名义锚(nominal anchor),从而可以自动形成货币政策的规则。这是因为:当本国货币汇率有贬值倾向时,名义锚的汇率规则就要求本国必须实行紧的货币政策,这就有利于抑制本国货币汇率的贬值趋势。反之则反是。

的出口，再加上1979年欧佩克(OPEC)大幅度提高石油价格，结果导致智利的经常账户迅速恶化。1981年，智利经常账户的逆差高达GDP的14.5%。在本国经常账户存在逆差的情况下，如果该国实行的是固定汇率制度或钉住汇率制度，则对该国货币汇率必然会产生贬值的预期，[①]从而引发投资者抛售该国货币而购入外汇的投机行为。同时，由于出口外汇收入减少，而进口外汇支出增加，因此又造成智利的外汇储备大量减少，这就使智利的货币当局难以继续维持本国货币汇率的稳定，在这种情况下，智利货币当局不得不于1982年8月放弃固定汇率制，允许汇率浮动。结果，智利比索的汇率很快贬值43%，最终酿成了货币危机，智利爆发的货币危机严重打击了智利的经济增长，到1982年，智利的GDP增长率降为-14.5%，失业率则超过25%，并引起了社会的动荡。

(二)阿根廷

阿根廷于1990年以后采取"大爆炸"式的金融自由化改革，阿根廷的改革模式也是"在利率实现了市场化，但汇率没有市场化的情况下开放资本账户"：一方面，阿根廷于1991年放开利率，让利率完全由市场供求决定，[②]另一方面于1991年4月开始实行一个类似于货币局制度[③]的"自由兑换计划"。该"自由兑换计划"的基本要点为：(1)将阿根廷的货币比索按1:1的汇率水平钉住美元；(2)规定比索与美元可以按照这一汇率水平自由兑换；(3)中央银行不得为政府财政赤字融资；(4)严格根据国家拥有的外汇(主要是美元)储备发行本国货币，每发行一元的比索都必须有一元的美

---

① 从国际收支平衡表来看，一国的经常账户包括货物(贸易)、服务(无形贸易)、收益和单方面转移(经常转移)四个项目，它反映的是一国与外国之间实际资源的转移，这说明，经常账户反映的实际上是一国的真实经济活动及真实资源的配置状况，因此，经常账户是否平衡是分析均衡汇率的基石。目前，国际上比较认可的指标是经常账户差额与GDP之比。例如，国际货币基金组织评估成员国汇率最主要的宏观经济均衡法(Macroeconomic Balance，MB)，核心概念就是经常账户差额与GDP之比的均衡值(Current Account Norm)。如果一国在中期经常账户差额超过均衡值，其汇率就被认为存在低估，反之则为高估；经常账户差额超过或低于均衡值越多，就意味着汇率低估或高估的程度越高。

② 阿根廷于1977年6月就通过颁布新的《金融法》，取消了对所有存贷款利率的管制，从而实现了利率的全面市场化，阿根廷是发展中国家中第一个率先实现利率市场化的国家。

③ 货币局制度是指一国或地区实行固定汇率、外汇自由兑换、资本自由流动以及基础货币发行以相应的外汇储备作为准备金这样一种特殊的货币制度和汇率安排。

元储备作为支持,外汇储备在任何时候都不得少于基础货币的总量。阿根廷实行这种“自由兑换计划”是为了保证本国的货币供应不受政府的控制,以杜绝政府制造通货膨胀的可能性,并借用美元的清偿能力来支撑本币的购买力,从而恢复公众对比索的信心,保持本国货币汇率的稳定,以为阿根廷的经济增长创造一个有利的环境。

“自由兑换计划”的实施意味着阿根廷一方面完全放弃了对外汇市场的管制,另一方面又实际上实行了严格的钉住美元的汇率制度。从实践来看,阿根廷所实行的“自由兑换计划”在治理恶性通货膨胀及吸引外资方面取得了成功,并在短期内确实刺激了经济的增长。1990 年,阿根廷的通货膨胀率曾高达 800%,但到 1994 年则降低到 5%,为 40 年来的最低点。与此同时,由于阿根廷政府逐步解除对贸易、投资和资本流动的管制,因此,外资开始大量进入阿根廷。外资的大量流入及贸易的自由化刺激了阿根廷的经济增长,使阿根廷经济摆脱了 20 世纪 80 年代近十年的低速增长或负增长。1991—1998 年,阿根廷的 GDP 增长率平均达到 5.8%(只有 1995 年为负增长)。正因如此,阿根廷这一时期的改革一度受到国际社会的普遍赞扬,甚至被誉为“阿根廷奇迹”。

但是,将本国货币汇率与另一个国家的货币汇率绑定就意味着该国放弃了利率政策。为了维持比索与美元之间的 1∶1 的比价,以保证“自由兑换计划”的实施,阿根廷政府不得不放弃对国内利率的调节,而通过长期实行紧缩性的货币政策以保持较高的利率。这从长期来看就抑制了经济的增长。同时,由于阿根廷比索汇率严格钉住美元,不能随外汇的供求变化而变化,而美国进入 20 世纪 90 年代以后出现了战后最长时期的经济繁荣,美元不断升值,在这种情况下,阿根廷比索与美元的汇率保持不变必然造成比索汇率的高估(同期高估约 42%)。并且,由于 1997 年东南亚爆发金融危机及 1999 年巴西出现金融动荡,阿根廷主要贸易伙伴国的货币汇率对美元的汇率都有较大幅度的贬值,这使得阿根廷比索汇率高估的情况日益严重。阿根廷比索汇率的高估一方面人为地提高了以外币表示的本国出口产品的价格,另一方面又人为地降低了以本币表示的外国进口品的价格,结果削弱了阿根廷出口产品的竞争力,从而导致阿根廷的出口下降,这就进一步扩大了阿根廷经常账户的逆差。同时,出口下降导致阿根廷国内一些企业破产,这又造成国内失业率的上升（当时阿根廷的失业率接近 20%），并导致本国收入分配差距的扩大，从而埋下社会动荡的隐患。但“自由兑换计划”使得阿根廷不能通过调整本国汇率来改变这种状况，从而使阿根廷既失去了一个解决经济失衡的政策工具，又丧失了经济的自动纠错机制。

更重要的是，实行“自由兑换计划”使得阿根廷的经济易于受国际市场（特别是美国经济）的冲击，这在阿根廷的企业竞争力低下的情况下，就必然会给阿根廷的经济带来负面影响。1994 年，由于美国的利率水平上升，而阿根廷由于在货币局制度下，本币与外汇可以自由兑换，因此，大量资本为获得高利率开始流出阿根廷，这就直接导致阿根廷的外汇储备急剧下降。同时，由于“自由兑换计划”规定外汇（主要是美元）储备是本国货币供应的基础，因此，外汇储备的大幅度下降又直接导致阿根廷的货币供应量大幅度减少，使阿根廷出现了通货紧缩，这就严重抑制了经济的增长。更重要的是，外汇储备的大幅度下降还使人们担心阿根廷比索与美元 1∶1 的固定比价难以为继，因此出现公众挤兑银行存款以兑换美元的金融风潮。在这种情况下，阿根廷中央银行不得不大量购买比索以维持比索与美元的固定汇率，进而维持“自由兑换计划”的运行。但阿根廷中央银行大量购买比索的结果却使公众手中的比索数量减少，进而进一步造成货币供应量急剧减少和利率的大幅上升，从而进一步抑制了阿根廷的经济增长，到 2002 年，阿根廷的实际 GDP 较 1998 年下降了 28%，较 2001 年下降了 11%，失业率达到 25%，在这种情况下，阿根廷不得不于 2002 年放弃比索与美元 1∶1 的固定比价，结果比索汇率累计贬值达 75%，货币贬值又引发通货膨胀，比索贬值后累积通胀率最高达 80%。这时，阿根廷没有任何一个农场主愿意用农产品来交换阿根廷货币比索。大量持有阿根廷货币的人们无法购买到食品，全球最富裕的农业大国开始爆发粮食危机。至此，阿根廷实行了 11 年之久的“自由兑换计划”终于以货币危机的爆发而宣告失败。

（三）墨西哥

墨西哥于 1988 年开始进行的金融改革模式也同样是“在利率实现了市场化，但汇率没有市场化的情况下开放资本账户”，具体情况是：（1）较短的时间内实现了利率的市场化。墨西哥于 1989 年撤销了对存款利率和贷款利率的管制，规定商业银行可以自由决定利率，从而在较短的时间内实现了利率的市场化。(2)在实现利率市场化的同时开放资本账户。墨西哥于1990年在资本账户的开放上迈出重大步伐,即改变外国投资者只能通过基金或墨西哥投资公司购买墨西哥公司股票的规定,允许外国投资者直接在墨西哥的证券交易所购买上市公司的股票,同时,允许非居民在墨西哥发行债券,商业票据和存单等金融工具。(3)在利率实现市场化及资本账户开放的同时,墨西哥仍然实行钉住汇率制度(墨西哥将本国货币比索的汇率稳定在1美元兑3比索左右)。

墨西哥的这种改革模式在初期也取得了一定的成效,利率的市场化改变了以前实际利率为负的扭曲状况,并起到了稳定物价的作用,同时,资本账户的开放吸引了大量资本的流入,1990年至1994年,流入墨西哥的外资高达1040亿美元,其外汇储备也由1989年的59亿美元上升到1993年的251亿美元,这在一定程度上刺激了墨西哥经济的增长。从1989年到1994年,墨西哥的GDP增长率均保持在3%以上(除1993年以外),人均GDP的增长率也得以上升。同时,墨西哥的通货膨胀率也由1987年的180%和1988年的114.16%下降到1994年的6.97%。

但是,随着进入20世纪90年代以后,美国出现了战后最长时期的经济繁荣,美元不断升值,而墨西哥比索兑美元的汇率被维持在1美元兑3比索的水平上不变,结果导致墨西哥比索汇率的高估,这就自然削弱了墨西哥出口产品的竞争力。由于墨西哥在本国企业竞争力低下,且因墨西哥比索汇率高估而削弱了本国出口产品竞争力的情况下完全开放了本国市场,特别是与美国签署《北美自由贸易协定》实现产品和要素的自由流动以后,大量有竞争力的美国产品进入墨西哥市场,结果使进口猛增(如在《北美自由贸易协定》开始生效的1994年,墨西哥的进口额就从1993年的490亿美元猛增到730亿美元,而出口额只有500亿美元)。而进口猛增和出口减少一方面导致国内企业大量倒闭及失业率上升,另一方面又导致外汇储备不断减少。同时,由于美国因经济增长强劲而于1994年2月开始6次提高利率,使美国的长期利率上升到8%,但墨西哥担心提高利率会进一步打击本已十分脆弱的国内经济而不愿相应提高利率。由于本国利率水平过低,再加上投资者对墨西哥的政治经济前景缺乏信心而产生墨西哥比索贬值的心理预期,因此投资者大量抛售墨西哥比索而购入美元,为维持比索汇率墨西哥中央银行不得不大量抛售外汇储备，使墨西哥的外汇储备迅速下降。墨西哥外汇储备的大幅下降使投资者更加担心墨西哥比索将贬值，因此投资者仍然继续大量抛售墨西哥比索而购入美元，在这种情况下，墨西哥因难以维持本国货币比索与美元之间的钉住汇率，而不得不于1994年12月19日深夜突然宣布比索贬值15%，并放弃比索汇率与美元钉住机制，实行浮动汇率制度。

墨西哥政府的这一决定在市场上引起了极大的恐慌。为避免损失，投资者进一步大量抛售墨西哥比索，抢购美元，结果导致墨西哥比索汇率急剧下跌。从1994年12月20日至22日，短短的三天时间，墨西哥比索兑换美元的汇价就暴跌了42.17%。墨西哥比索大幅贬值加剧了资本外逃，结果使墨西哥的外汇储备在20日至21日两天就锐减近40亿美元，墨西哥的整个金融市场一片混乱，股市持续下跌。到1995年1月，股市下跌40%以上，股市下跌的幅度甚至超过了比索贬值的幅度，这就进一步打击了墨西哥的经济，1995年墨西哥的GDP增长率大幅下降为-6.2%。墨西哥在钉住美元汇率制度下所进行的金融自由化改革（包括利率市场化及开放资本账户等）也以失败告终。

（四）巴西

巴西从1988年开始进行的金融自由化改革也遵循了“在利率实现了市场化，但汇率没有市场化的情况下开放资本账户”这一模式：（1）实现利率的完全市场化。1988年，巴西对贷款利率实行部分市场化，并降低银行存款准备金比率的要求，1989年则放开对存款利率的管制，从而实现了利率的完全市场化。[1]（2）在利率完全市场化的同时开放资本账户。1988年，巴西允许外国投资者通过离岸市场上的投资基金间接参与巴西的证券市场。1992年，巴西则完全对外开放国内证券市场，1995年允许外资进入国内金融业。（3）在利率实现市场化及资本账户开放的同时，巴西实行钉住美元的汇率制度。1994年，巴西将本国货币雷亚尔与美元挂钩（规定1美元兑换0.638雷亚尔），巴西之所以要实行钉住美元的汇率制度，目的是为

① 巴西的利率市场化经历了一个反复的过程。1976年巴西曾放开过对利率的管制，但1979年又重新进行利率管制。

发挥汇率的名义锚功能,以有利于在市场化改革的过程中通过稳定本国货币汇率以控制通货膨胀,进而有利于吸引投资。

巴西的这一改革模式在初期也取得了成效,由于金融的市场化及外资的大量流入促进了巴西的经济增长,从 1993 年至 1997 年,巴西的 GDP 增长率平均达到 4.2%。同时,巴西的通货膨胀率从 1988 年的 648.7%降至 1998 年的 5%左右。

但是,由于巴西的企业缺乏国际竞争力,因此,在巴西的企业竞争力没有相应提高的情况下,实行贸易自由化的结果必然导致其进口远远大于出口,并进而导致经常账户的逆差。从 1988 年至 1999 年的 12 年间,巴西的经常账户有 8 年为逆差,且巴西的经常账户逆差占 GDP 的比率不断上升。由于经常账户是否平衡是判断均衡汇率的基石,因此,在巴西经常账户逆差占 GDP 的比率不断上升的情况下,就必然会形成巴西货币雷亚尔将贬值的预期,同时,在钉住美元的汇率制度下,巴西为维持 1 美元兑换 0.638 雷亚尔的汇率水平及有利于吸引外资,而不得不长期保持高利率以吸引资本流入,其银行利率一直维持在 20%以上的高水平上,而且,每当发生金融动荡,巴西政府就通过大幅提高利率来遏止外资流出,这就导致巴西的利率水平居高不下。但国内利率过高不但吸引大量短期资本进入巴西从事投机性套利活动,而且也抑制了国内实体经济的增长。到 1998 年以后,巴西的经济增长率大幅下降,1998 年和 1999 年,巴西的 GDP 增长率分别只有 0. 04%和 0. 25%,这就进一步加剧了雷亚尔贬值的预期。

在这种情况下,为避免雷亚尔贬值所带来的损失,投资者开始大量抛售雷亚尔而购入美元,资本开始大量外流,结果导致巴西的外汇储备减少,并使雷亚尔所面临的贬值压力越来越大。在这种情况下,巴西中央银行不得不于 1999 年 1 月 15 日放弃对汇率的干预。结果,雷亚尔一路贬值,到 1 月 29 日,雷亚尔贬值到 1 美元兑换 2 雷亚尔的水平,货币贬值导致股市直线下跌,从而严重打击了巴西的经济。可见,巴西所实行的“在利率实现了市场化,但汇率没有市场化的情况下开放资本账户”的改革模式也同样以失败告终。

(五)泰国

泰国的金融自由化改革也是典型的“在利率实现市场化,但仍然实行钉住汇率制度下的情况下开放资本账户”的模式，具体表现为：

1. 实现利率的市场化

泰国于1989年取消商业银行定期存款利率的上限限制，到1992年1月，国内存款利率完全市场化。1992年6月，泰国取消对贷款利率的管制，允许商业银行自行决定贷款利率，由此泰国实现了利率的完全市场化。

2. 在实现利率市场化的同时开放资本账户

泰国为推动经济的对外开放，并使泰国成为东南亚金融中心，采取了开放资本账户的政策。在这一过程中，泰国特别鼓励资本的流入，其具体措施有：第一，1990年接受国际货币基金组织协定的第八条款，放宽了购买外汇的数量限制，也放宽了外汇携入、携出泰国的限制，从而扩大了非居民使用泰铢账户和居民使用外币账户的范围；第二，取消出口导向产业中的外资投入和控股的限制；第三，对证券投资流入不实行管制，国外共同基金投资于股票市场给予税收减免，并制定国内企业发行外币债券的规定，对汇往境外的红利实行减税；第四，境内机构可以自由地从国外借款，只需向泰国银行备案；第五，1993年泰国成立“曼谷国际银行交易所”，允许获得经营许可证的本国银行和外国银行从国外吸收存款和借款，然后以外币形式向居民和非居民提供贷款，同时允许非居民在泰国的商业银行开立泰铢账户，从而可以自由地进行存款、借款及货币兑换等活动。到1996年，泰国的资本账户基本上放开了。

3. 在利率实现市场化及资本账户开放的同时实行钉住美元的汇率制度

泰国从1984年开始，一直实行的都是钉住美元的汇率制度，泰铢对美元的汇率长期维持在1美元兑换24.5—26.5泰铢的水平上。政府试图通过维持泰铢与美元的汇率基本不变，从而为本国的对外开放提供一个稳定的环境，避免汇率的频繁波动给本国经济带来冲击。

泰国的这种改革模式曾给泰国的经济增长带来了有利影响，一方面，利率的市场化及资本账户开放吸引了资本的大量流入；另一方面，由于1984—1995年美元对主要货币持续贬值，而泰铢因钉住美元而使泰铢的实际有效汇率大幅下降，这就提高了泰国的出口竞争力，从而刺激了泰国的出口，进而推动了泰国经济发展。在此期间，泰国GDP以每年超过8%的速度增长，被视为亚洲奇迹。

泰国在放开利率及开放资本账户的过程中并没有对这种钉住美元的汇率制度进行改革,然而,由于美元于 1995 年大幅升值,因而带动泰铢升值,这就提高了以外币表示的泰国出口产品的价格,但由于泰国企业的国际竞争力没有相应提高,同时,由于泰国出口产品结构单一(主要是劳动密集型的电子产品和服装等),因此,泰铢升值直接导致泰国出口的下降,并进而导致泰国经常账户的恶化,到 1996 年,泰国的出口增长率从 1995 年的 22.5%猛降到 0.1%。1996 年和 1997 年,泰国经常账户赤字占 GDP 的比率均超过 8%,外部经济开始严重失衡。

由于泰国坚持维护钉住美元的汇率制度,因此,泰国无法通过汇率的变动(泰铢贬值)来促进出口,以解决经常账户的逆差问题,从而平衡本国的国际收支。在这种情况下,泰国采取大幅提高利率的政策,试图通过吸引外资流入来弥补经常账户的逆差,从而维持泰铢汇率的稳定。① 但这样做的结果造成泰国的利率水平过高,1996 年,泰国的优惠利率达到 13.25%,成为亚洲利率水平最高的国家,且比美国的优惠利率还高出 5 个百分点。

问题是,本国的高利率与本币货币汇率的稳定这一组合对货币投机活动形成了激励,因为本国的高利率与本币货币汇率的稳定使得货币投机活动只会赚(因利率高)而不会赔(因汇率稳定)。正是在泰铢汇率稳定且利率水平较高的情况下,泰国开放资本账户的政策吸引了大量的国外短期资本涌入泰国进行投机活动。同时,过高的利率一方面导致一些企业破产,从而引发经济下滑;另一方面导致泰国实体经济部门的成本过高。在这种情况下,大量国外短期资本纷纷投入投机性强的房地产业及证券业,而没有进入实体经济,进而造成了巨大的经济泡沫。从市场的角度来看,大量投资涌入房地产必然造成房地产市场严重供过于求,使大量的房地产投资无法收回,房地产商无力偿还贷款,结果导致银行呆账或坏账大量增加。

在泰国经常账户逆差和外债规模占 GDP 的比率不断扩大,且银行业存

① 在实行固定汇率(或钉住汇率)制度并开放本国资本账户的框架中,持续的经常账户逆差会形成本币贬值的预期,从而导致资本外逃和国际游资的投机性攻击,在这种情况下,实行固定汇率(或钉住汇率)制度的国家只有两个选择:(1)出售本国的外汇储备来维持汇率稳定;(2)提高利率(在外汇储备不足的情况下)来维持本币汇率。除此以外,就只能放弃固定汇率(或钉住汇率),让本币贬值。

在大量呆坏账的情况下，投资者预期泰铢的贬值在所难免。为了避免损失或牟利，投资者从1997年年初开始抛售泰铢，并抢购美元，结果引起泰国金融市场动荡。由于泰国政府担心泰铢贬值会引发通货膨胀，并会加重本国企业的债务负担，从而会导致企业大量破产，进而会促使银行陷入困境，因此泰国政府依然坚持钉住美元的汇率制度不变。为此，泰国中央银行于1997年2月抛售了20亿美元的外汇储备以平息泰铢投机风波。同年5月，在投机者向泰铢发动第二次投机攻击之前，泰国政府曾通过计量模型的计算得出结论认为，泰铢高估的情况并不严重（仅为5%—10%），而泰国央行拥有390亿美元的外汇储备，完全有能力将泰铢对美元汇率继续维持在1∶25的水平。由于低估了泰铢的贬值压力，泰国联合东亚其他国家再次干预外汇市场以稳定泰铢汇率。

但是，由于泰国经济的基本面并没有根本改变，投资者预期泰铢贬值在所难免，因而投资者继续大规模抛售泰铢，投资者甚至一方面从泰国本地银行借入泰国铢，另一方面在即期和远期市场大量抛售泰铢，使泰铢贬值的压力不断加大。由于泰国中央银行在外汇市场的干预行动使泰国的外汇储备迅速下降。到1997年6月底，泰国中央银行再也无力继续通过干预外汇市场来维持泰铢汇率，在这种情况下，泰国政府不得不于1997年7月2日宣布放弃实行了14年之久的钉住美元汇率制度，而改为实行浮动汇率制度，结果，当日的泰铢贬值幅度就高达30%。到1998年7月，泰铢再次对美元贬值60%左右。泰国爆发的这次货币危机造成泰国物价飞涨，利率居高不下，企业破产增加，股市大跌，经济衰退。1997年泰国的GDP增长率为-1.37%，1998年更大幅下降到-10.51%，1998年的人均GDP则大幅下降了-11.06%。而且，泰铢贬值后不久，投机者的投机攻击又在邻近其他国家展开，进而导致菲律宾比索、印尼盾、马来西亚林吉特和韩元的大幅贬值，从而形成了一场席卷整个东南亚地区的金融风暴。

二、在利率实现了市场化，且“汇率有一定的弹性但没有完全市场化”的基础上开放资本账户

（一）韩国

采取这一改革模式的典型国家是韩国。韩国从20世纪80年代初开始

进行的金融改革与拉丁美洲国家以及一些亚洲国家(如泰国等)的金融改革模式有所不同,这主要表现为:(1)韩国采取渐进的方式分几个阶段逐步实现利率的市场化;(2)韩国采取的是“在利率实现了市场化,且汇率有一定的弹性但没有完全市场化的基础上开放资本账户”的改革模式,这与拉丁美洲国家以及一些亚洲国家所采取的“在利率实现市场化,但仍然实行固定汇率或钉住汇率制度下的情况下开放资本账户”的改革模式略有不同。具体情况如下:

1. 采用渐进方式分阶段逐步实现利率的市场化

第一个阶段(从20世纪80年代初至1991年11月),韩国首先对那些市场化程度高或市场化以后对整体经济影响较小的利率种类,以及那些管制效率低下的金融工具(如企业债券、大额可转让定期存单、商业票据等)的利率实行市场化。同时,这一阶段还取消了三年以上的银行存款利率限制。

第二个阶段(从1993年初至1994年底),30%的存款利率和75%的贷款利率实现市场化,非银行金融机构65%的存款利率和所有的贷款利率实现了市场化。到1994年底,除政策性融资项目以外的所有贷款利率和期限长于两年的长期存款利率都实现了市场化,并取消了对债券利率的限制。

第三个阶段(从1995年至1996年),中央银行再贷款利率实现市场化,同时所有银行和非银行金融机构的存款(除活期存款以外)利率也实现了市场化,对政策性融资项目的贷款利率也实行市场化。

第四个阶段(从1997至1999年),全部活期存款利率实现了市场化,金融市场的利率也由市场供求来决定。

2. 在逐步实现利率市场化的同时扩大汇率的弹性,但汇率没有实现完全的市场化

1990年3月,为加快对外开放的步伐,韩国引入汇率决定的“市场平均汇率决定体系”,取代了“钉住一篮子货币”的汇率制度,允许韩元汇率每天根据市场的供求状况自由波动。但实际上由于韩国中央银行频繁的入市干预外汇市场,韩元汇率并没有完全市场化,韩元实际上仍主要钉住美元。

3. 在分阶段推进利率市场化且汇率没有完全市场化的情况下不断推进资本账户的开放

1991年12月,韩国通过《外汇管理法案》规定,韩国的外汇管制由“正

的管理体系”(意即除了法律允许的以外,所有的外汇交易都被禁止)向“负的管制体系”(意即除了法律禁止的以外,所有的外汇交易都被允许进行)转变,从而向外汇的自由交易迈出了实质性的步伐。1993 年,韩国允许非居民自由设立韩元账户,并在这一年实现了经常账户和资本账户下的自由兑换,韩国还同时规定外资银行在韩国的分支机构享受国民待遇。

1996 年,韩国为加入经济合作与发展组织(OECD),进一步加快了资本账户自由化的进程。主要措施有:(1)放松外商直接投资的管制,规定除非申请人的申请项目在 15 天内受到质疑,否则就自动生效。(2)政府放松对非居民提供的贷款;(3)放宽外国投资者的投资范围,1997 年,大部分债券的外国人持有限制被取消,1998 年对外国投资者基本上完全开放了本国股票市场,同时允许外国投资者投资于韩国的短期金融工具(如商业票据等)。这意味着,韩国开放了本国的资本市场及货币市场。

韩国所采取的“在利率实现了市场化,且汇率有一定的弹性但没有完全市场化的基础上开放资本账户”的改革模式取得了相当的成效。从 1986 至 1991 年,韩国 GDP 的增长率平均高达 9.9%。同时,韩国的财政状况也大为改善,通货膨胀率下降,居民储蓄率上升。由于经济高速增长及人均收入大幅提高,韩国成为世界上重要的经济体,并于 1996 年成为 OECD 成员国。

但是,由于韩元汇率并没有完全市场化,韩元汇率实际上仍主要钉住美元,因此,当美元于 1995 年大幅升值进而带动韩元升值之后,韩国的出口便开始下降,结果导致韩国经常账户出现逆差,因而外汇储备不断减少,从而给韩元带来巨大的贬值压力。在这种情况下,韩国为使韩元汇率继续钉住美元,就不得不提高利率水平。但利率的上升却使负债率过高的大型企业集团难以还本付息或不得不申请破产。同时,利率水平过高还导致房地产及股市泡沫的破灭,从而造成银行不良资产大幅上升。在这种情况下,韩国又采取了放松银根的方式来解救被呆坏账拖累的商业银行,结果又加剧了通货膨胀。鉴于这些情况的出现,投资者开始对韩国经济失去信心。而恰恰这时,韩国又放开了对资本账户的管制(特别是对外国投资者开放本国的资本市场及货币市场),结果导致资本大量外逃,外汇储备锐减,韩国的外汇储备锐减至 40 亿美元,还不够支付一个月的进口所需。由于外汇储备锐减,导致韩国中央银行丧失了干预外汇市场的能力,因而再也难以使韩元汇率继续钉住美元。在这种情况下,韩国中央银行不得不于1997年11月17日宣布放弃韩元实际上主要钉住美元的汇率制度,结果,韩元汇率大幅贬值,在1997年末的3个月内,韩元对美元贬值幅度高达75%,同时,韩国的金融市场大幅动荡,股市暴跌70%以上。韩国货币危机的爆发沉重打击了韩国的经济,1998年,韩国的经济增长率降至历史最低点(-6.7%)。

(二)俄罗斯

俄罗斯的情况有点特殊。俄罗斯于1991年10月开始采取以“自由化、市场化、私有化和宏观经济的稳定化”为核心内容的“休克疗法”,试图以激进的方式彻底摧毁中央计划经济体制的各项制度安排,从而使俄罗斯由中央计划经济体制一举迈向自由市场经济体制。与此相适应,俄罗斯在金融自由化改革方面也采取激进的方式,即于1992年开始同时实现利率、汇率的市场化及资本账户的开放。但由于实行浮动汇率制度以后,卢布大幅贬值,俄罗斯又于1995年7月起开始放弃浮动汇率制而实行“汇率走廊制”,俄罗斯中央银行只允许卢布汇率在一定的限度内浮动。因此,可将俄罗斯划为“在利率实现了市场化,且汇率有一定的弹性但没有完全市场化的基础上开放资本账户”的国家,其具体情况为:

1. 在放开价格的同时放开对利率的管制

俄罗斯政府认为,价格自由化是市场经济的基础,必须在短期内一下子使价格自由形成,以此迅速形成由市场价格信号来配置资源的市场经济,这也是使本国比较优势得到充分发挥,从而使本国资源在国际间得到最佳配置的前提。为此,俄罗斯从1992年1月2日起,除某些基本生活用品和少数交通、能源等生产资料外,将其他一切商品的价格全部放开。在1992年放开物价的同时,俄罗斯就同时放开利率,实现利率的市场化,使利率由市场供求决定。1993年,为实现基准利率的市场化,并形成中央银行间接调节货币供应量及利率水平的机制,俄罗斯中央银行开始采取拍卖方式分配信贷额度,通过拍卖形成一种市场基准利率,然后再通过调整再贴现率、存款准备金率及公开市场业务来间接调控市场利率水平。

2. 实现卢布的可兑换,开放资本账户

除了通过实现价格的自由化,取消政府对经济的控制,以实现国内经济活动自由化以外，俄罗斯还同时力求实现对外经济活动的自由化，使企业和个人能自由地从事国际贸易活动，并使外资能自由地进入国内。为此，俄罗斯于1992年开始了实现卢布自由兑换的进程。但最初的自由兑换是“内部自由兑换”，其特点是：(1)卢布的自由兑换仅限于本国居民，即俄罗斯的法人和自然人；(2)卢布可以自由兑换为外国货币，但仅限于不涉及与国际资本流动有关的对外经济活动。到1996年，俄罗斯实现了卢布在经常账户下的自由兑换，规定在经常账户下，居民、非居民、法人、自然人都有权利自由买卖外汇。

1996年，俄罗斯开始实现资本账户的开放，允许非居民进入俄罗斯金融市场；1997年，俄罗斯允许居民获得外国金融机构和非居民法人及自然人的贷款，并进一步放宽了与居民有关的外汇资本流动；1998年1月1日，俄罗斯为了吸引更多的投资者以降低国债收益率，取消了外资从事短期国债业务的一切限制。更重要的是，俄罗斯允许非居民在境内从事金融衍生产品的交易，既允许外资从事“买空”(预测价格上涨而买进)或“卖空”(预测价格下跌而卖出)交易，又允许外资自由进出，这意味着，俄罗斯已基本实现了资本账户的开放。

3. 先实行浮动汇率制度，又实行类似于“汇率目标区制度”的“汇率走廊制”

俄罗斯从1992年7月1日起开始实行卢布“内部兑换”时，就允许货币的兑换通过外汇交易所或指定的商业银行和交易网点，按市场供求关系所决定的汇率进行。[①] 根据这一制度安排，中央银行不再干预外汇市场，这意味着，卢布汇率实现了市场化。俄罗斯认为，让本国货币汇率由市场供求决定，这将使本国货币汇率能够真实反映本国货币与外国货币的实际比价，从而能够正确地反映国内外的相对价格差异及国内外的相对比较优势，并进而促使国内市场与国际市场连为一体，以从国外“进口”一个真正反映供求的价格体系，并创造更大的市场以及能使国内资源能够根据本国的比较优势加以合理配置。

① 1992年7月1日，卢布兑美元的汇率为125:1，到11月卢布汇率贬值为470:1，此后一直到1995年7月俄罗斯放弃浮动汇率制度而实行“汇率走廊制”时为止，卢布汇率的大幅度贬值就没有停止过。

然而,俄罗斯于1992年实行浮动汇率制度以后,由于卢布汇率高估且外汇供不应求,因此导致卢布汇率多次大幅贬值。第一次大规模的贬值发生在1993年9月23日,这一天卢布兑美元的汇率贬值了25%,第二次发生在1994年10月11日,这一天卢布兑美元的汇率贬值幅度更高达30%,自此以后,卢布汇率一直下滑,并使俄罗斯陷入"卢布内部可兑换—经济美元化—卢布贬值—外汇流失—外汇短缺"的恶性循环之中。在这种情况下,为保证卢布汇率具有较强的可预见性和稳定性,进而降低人们的汇率贬值预期及通货膨胀预期,俄罗斯不得不于1995年7月起放弃浮动汇率制而实行"汇率走廊制"。具体规定是:放弃允许卢布兑美元的汇率自由浮动的做法,只允许卢布兑美元的汇率在一定的限度内浮动(当时规定只允许卢布兑美元的汇率在4300—4900卢布兑1美元的区间内浮动,1996年1月又调整为4550—5150卢布兑1美元),如果超过这一限度,则中央银行将干预外汇市场,这一制度实际上相当于"汇率目标区制度"。

俄罗斯这一阶段的"休克疗法"及金融自由化改革虽然在一定程度上推动了市场经济体制的形成,并消除了市场供应短缺的现象,但却带来了经济增长率大幅下降和通货膨胀率严重等问题,特别是,俄罗斯最终于1998年下半年爆发了金融危机。

俄罗斯爆发金融危机原因主要在于以下几点:

1. 俄罗斯在财政赤字和通货膨胀问题严重的情况下开放资本账户

由于俄罗斯实行"休克疗法",在短期造成企业生产大幅下滑(在实行"休克疗法"的当年,俄罗斯的GDP几乎减少一半),税收减少,同时由于失业率上升,因此政府不得不加大救济支出,加之俄罗斯在"休克疗法"过程中取消政府对工资水平及居民收入水平的管制,让工资由市场供求决定,[①]以及政府采取向公民无偿分配私有化证券的方式实现"私有化",结果导致财政赤字进一步大幅上升(在俄罗斯实行"休克疗法"之前,由于存在巨大的对国有企业的亏损补贴及价格补贴,因此俄罗斯在"休克疗法"之前同样存在严重的财政赤字,赤字约占当年GDP的25%),到1992年,俄罗斯联邦的预算赤字达到当年GDP的44.5%。同时,由于俄罗斯为向自由市场经济

① 俄罗斯认为工资由市场供求决定有利于推动劳动力市场的发展。

体制转轨而放开了价格，这使得原来定价过低的产品价格因受供求关系的影响而大幅上升，这样，俄罗斯在中央计划经济体制时期以“短缺”形式积累起来的隐蔽型通货膨胀压力得到了释放的机会，因而使隐蔽型的通货膨胀变成了公开的通货膨胀。1993 年，俄罗斯的通货膨胀率（以消费价格指数表示）达到 874.62%，1994 年为 307.63%，1995 年为 197.47%，1998 年为 27.67%，1999 年则为 85.74%。

由于存在严重的财政赤字，因此，俄罗斯为弥补财政赤字不得不大量发行国债，随着俄罗斯财政赤字的扩大，国债发行量不断增加，这就导致国债发行价格大幅下降，国债收益率大幅攀升。国债收益率的大幅攀升又拉动了整体利率水平的上升。同时，在通货膨胀极为严重的情况下，已经市场化的利率也必然会大幅攀升。1998 年，莫斯科同业拆借市场上的平均加权隔夜拆借利率为 50.6%（年利率），而俄罗斯的贷款年利率也高达 17.05%。

2. 俄罗斯在金融体系存在严重脆弱性的情况下开放了资本账户

在实体经济部门的成本过高及利润率过低，而国债收益率大幅攀升的情况下，俄罗斯的金融机构将资金大量投资于国债市场。同时，俄罗斯于 1992 年至 1995 年实行浮动汇率制度期间，由于市场对俄罗斯经济缺乏信心，加之俄罗斯实行贸易自由化，市场对外汇的需求很大，因此导致卢布不断贬值而外汇不断升值。在这种情况下，持有外汇自然有利可图，因此，俄罗斯的商业银行也愿大量投资于外汇资产。由于俄罗斯的金融体系将资金大量投向了投机性较强的国债及外汇，因而导致俄罗斯的金融体系存在严重的脆弱性。

此外，俄罗斯国债收益率的大幅攀升及其带动的整体利率水平上升又导致外资的大量涌入。由于外资大量投资于俄罗斯的国债，因此，到 1998 年俄罗斯金融危机爆发之前，俄罗斯的短期国债有 40%掌握在外资手里，外资掌握的短期国债数额（200 亿美元）甚至超过了中央银行的外汇储备总额（180 亿美元）。在这样的情况下，俄罗斯的债券市场完全暴露在国际资本的冲击之下。

3. 在资本账户开放的条件下实行“汇率走廊制”助长了投机行为

由于俄罗斯为解决于 1992 年实行浮动汇率制度以后出现的卢布持续贬值的问题，而实行了类似于“汇率目标区制度”的“汇率走廊制”，这样，俄罗斯中央银行必须在必要时干预外汇市场。然而,在实行“外汇走廊制”的三年时间里,俄罗斯中央银行为干预外汇市场消耗了大量的外汇储备。当市场大量抛售卢布抢购美元时,俄罗斯中央银行不得不被迫加大市场干预力度,使本来就有限的外汇储备进一步减少,1997 年 7 月,俄罗斯中央银行的外汇储备为 238 亿美元,而到 1999 年 1 月 1 日下降到只有 124 亿美元,这就大大削弱了投资者对俄罗斯经济的信心,在资本账户开放的条件下,这必然会助长市场大量抛售卢布而抢购美元的投机行为,以致俄罗斯中央银行再也无力通过出售外汇而对外汇市场进行调节。为此,俄罗斯先是于 1998 年 8 月 17 日试图通过放宽“汇率走廊”(即允许卢布兑美元的汇率在 6.2∶1 到 9.5∶1 之间浮动,实际上等于宣布卢布贬值 50%)来解决这一问题,但没有奏效。在这种情况下,俄罗斯不得不很快宣布全面放弃“汇率走廊制”,重新实行自由浮动汇率制度。结果又是卢布的大幅贬值,半年内卢布汇率的贬值幅度高达 75%。

三、在利率及汇率没有市场化的情况下就开放资本账户

采取这一改革模式的典型国家是印尼。在进行金融自由化改革的国家当中,印尼的金融改革颇有特色。印尼采取的是“逆向次序”的改革方式,其特点是:(1)资本账户的开放先于国内的金融自由化改革及经常账户的开放,或者说是在利率及汇率没有市场化的情况下就开放了资本账户;(2)资本流出的开放又先于资本流入的开放;等等。印尼的这种改革次序这与大多数学者主张的“先进行实体经济部门的改革、然后实现贸易的自由化、接着进行金融的市场化改革(核心是利率的市场化),并在此基础上开放经常账户,最后一步才是资本账户的开放”的“正向次序“完全相反。印尼的改革具体来说是:

(1)资本账户的开放先于经常账户的开放。印尼于 1970 年就规定,资本账户(除少数限制外)可以自由交易,从而实现了资本账户的对外开放,但经常账户的交易却受到限制。[①] 印尼之所以要在经常账户开放之前就开

① 直到 20 世纪 80 年代中期,印尼才加快了经常账户的开放步伐,并于 1988 年 5 月 8 日基本开放了经常账户。

放资本账户，其目的是想在国内实体经济部门的改革还没有完成的情况下，先通过开放资本账户以吸引外资流入，从而启动国内的改革并刺激经济增长。（2）资本流出的开放先于资本流入的开放。由于印尼在开放资本账户的过程中，允许居民及外国居民自由地在国内银行开设印尼盾或外币账户，并允许个人和企业自由地从商业银行购买外汇，这意味着资本的流出是自由的。而在资本流入方面，虽然企业和个人可以自由地从国外借款，但银行和国有企业的对外借款却受到限制，同时，印尼对外商直接投资的地域、产业和股权比例也实行限制，并且不允许外国投资者购买印尼上市公司的股票。这意味着，印尼的资本流出自由化先于资本流入的自由化，印尼采取这种改革方式的目的实际上是通过允许资本的自由流出来增加对外资的吸引力。（3）资本账户的开放先于利率的市场化，印尼的利率市场化是从 1983 年才开始。（4）采取钉住汇率制度（这意味着汇率没有放开），印尼为刺激出口及本国的经济增长，于 1978 年将印尼盾贬值了 50%，然后再采取将印尼盾钉住美元的汇率制度，以便为印尼引进外资及扩大出口创造稳定的货币环境。印尼的这种改革取得了一定的成效，由于外资大量流入，因而有效地刺激了印尼的经济增长。从 1970 年到 1980 年的十年间，印尼的经济增长率平均达到 7.7%。人均 GDP 从 91.1 美元提高到 644.25 美元。

同样，由于美元于 1995 年大幅升值，因而带动印尼盾升值，这导致印尼出口的下降，进而导致印尼经常账户的恶化。与此同时，由于受泰国金融危机的影响，投资者对印尼盾也失去信心，在资本账户完全开放的情况下，资本开始大量外逃，从而导致印尼的外汇储备不断减少。在这种情况下，印尼不得不于 1998 年 4 月 14 日宣布放弃对汇率的干预，结果，印尼盾连续大幅贬值，累计暴跌 80%。印尼货币危机的爆发同样严重打击了印尼的经济，印尼的 GDP 增长率从 1997 年的 4.7%猛跌至 1998 年的-13%，人均 GDP 则由 1997 年的超过 1000 美元下降到 1998 年的 430 美元，全国的贫困人口从 2250 万人猛增到 8000 万人，失业率超过 20%，与此同时，印尼的通货膨胀率 1998 年高达 80%。

四、采取渐进的方式先放开利率,然后逐步地同时实现汇率的市场化并开放资本账户

采取这一改革模式的国家是智利。智利曾于1974年开始实行“在利率实现了市场化,但汇率没有市场化的情况下开放资本账户”的改革模式,结果导致货币危机的爆发。鉴于这一经验教训,智利从1985年以后开始进行的金融改革则采取渐进的方式同时实现利率、汇率的市场化及资本账户的开放。由于智利于1974年就已实现了利率的市场化,因此,智利从1985年以后进行的改革主要是同时推进资本账户的开放及汇率的市场化。

1. 采取渐进型的方式谨慎地开放资本账户

从1985年开始,智利采取渐进的方式开放资本账户。1985年,智利准许外国直接投资以债权换股权的方式实现资本的流入,但是要求流入的资本在10年内不得撤回,投资所得利润也只能在4年之后才能汇出。在证券投资方面,则允许居民和非居民用外汇购买国内的某些债券,但用于购买债券的外汇不能从官方的外汇市场上获得。1987年,智利批准成立“外国投资基金”,以便外国中小投资者通过债权换股权的方式对智利进行直接投资。

1990年,智利取消了对外国资本流入的限制,逐步实现资本流入自由化。但同时,智利又采取限制短期资本过度流入的措施。智利限制短期资本过度流入的措施并不是直接限制,而是对流入的短期资本征收准备金加以间接限制。

由于智利采取了一系列鼓励外资流入的措施,因此,智利的资本流入不断增长。到1990年,智利的资本账户盈余已经高达当年GDP的9.9%。为了减轻外资流入过多给本国货币供应量及汇率造成的压力,智利从1991年开始逐步放宽对资本流出的限制。1991年,智利允许居民用在非官方外汇市场上获得的外汇在国外投资,同时允许国内企业、机构和个人在境外投资,外国直接投资撤回投资的最低年限也从10年缩短为3年。1994年,智利放宽了国内商业银行对外投资的限制,允许国内商业银行将40%的外币存款投资于国外,并可用25%的美元存款购买低风险、高利率的外国证券。同时,智利对养老基金、保险公司及共同基金的对外投资限制也不断放宽。

到1996年，智利资本流出开放的步伐大大加快，准许人寿保险公司、商业银行和共同基金将其资产的更大比例投资于国外，并减少国外投资在投资工具、投资地域等方面的限制。同时，外国投资的本金和利润在某些条件下可以自由汇出而不受以前规定的时间限制。而到2001年4月，智利取消了对资本流动（包括短期资本流动）的所有限制，从而实现了资本账户的完全开放。

2. 配合资本账户的开放不断推进汇率的市场化

为与资本的自由流出入相配合，智利不断推进汇率制度的市场化改革。由于智利在资本流入不断增长的情况下适时放开了对资本自由流出的限制，这就使得智利的资本账户能够基本上保持平衡，减轻了本币升值的压力，从而既保证了本国产品的出口竞争力，又有利于维护本国经常账户的基本平衡。而经常账户的基本平衡又为智利的汇率制度改革创造了极为有利的条件。在这种情况下，智利不断加大本国货币比索汇率的浮动幅度，到1992年，智利比索对美元汇率的每日波动幅度从10%扩大到20%，这一波动幅度实际上已接近自由浮动的水平，这就为智利顺利地过渡到自由浮动汇率制度奠定了基础。

在逐步增大比索汇率弹性的同时，智利采取了以下措施为成功地过渡到自由浮动汇率制度创造有利条件：(1)加快外汇市场（包括外汇衍生市场）的发展，为防范及对冲汇率风险提供基础。到1999年实行浮动汇率制度时，智利的在岸即期、远期和掉期市场以及离岸的NDF市场已经非常完善，衍生外汇市场的交易额也达到相当规模。(2)在不断扩大智利比索汇率浮动性的同时，引入了通货膨胀目标制这一货币政策框架。智利在1999年实行浮动汇率制度以后，通货膨胀目标成为唯一的名义锚取代了汇率稳定目标，智利采用通货膨胀目标制旨在促使中央银行在浮动汇率制度下通过控制通货膨胀来保证本国汇率的稳定。(3)在实行浮动汇率制度的过程中，政府还加强了对货币错配和外汇风险的监管，以减少外汇风险的曝露等。

总的来看，智利于1985以后进行的金融改革采取渐进的方式同时实现利率、汇率的市场化及资本账户开放取得了成功，从1985年至2005年，智利经济的年均增长率达到6%。

五、采取渐进的方式逐步同时实现利率、汇率的市场化及资本账户的开放

采取这一改革模式的典型国家包括印度、波兰及匈牙利等国家。

(一)印度

印度从1992年开始进行的以"市场化、私有化、自由化、全球化"为核心的经济改革及金融改革,采取了以渐进的方式逐步同时实现利率、汇率的市场化及资本账户的开放,其具体情况是:

1.逐步放开利率管制以实现利率的市场化

印度利率市场化改革中的一个特色是通过实现政府债券利率形成机制的市场化,来推动整个利率的市场化。1992年,印度储备银行对政府债券的发行采取了公开的市场拍卖方式,按照"价高者得"的原则由市场来决定政府债券的价格,进而由市场决定政府债券的收益率,这种方式实际上就是通过市场供求来决定政府债券的利率,这对印度的整个利率市场化改革进程起到了至关重要的推动作用。

在存贷款利率方面,印度采取了逐步放松管制的做法。印度在存款利率方面的改革步骤为:(1)1992年,印度储备银行废除了固定存款利率,中央银行只对所有存款规定一个最高的利率上限,商业银行可以在这一上限的规定下自由决定存款利率。(2)为扩大商业银行对存款利率的自主决定权,印度储备银行采取了不断调整存款利率上限的做法。(3)1995年10月,印度取消了两年以上期限的存款利率上限。1996年7月,1年以上期限的存款利率上限也被取消。(4)1997年10月,印度完全放开了定期存款的利率。

印度在贷款利率方面的改革步骤则为:(1)1992年把贷款利率分成6类,其中对贷款总额高于20万卢比的贷款只规定贷款利率水平的下限。在此下限的基础上,商业银行可以根据风险大小自主决定贷款利率。(2)从1994年10月起,印度对20万卢比以上的贷款取消最低贷款利率水平的限制,商业银行可以自主决定贷款利率。同时规定商业银行有权决定其基本贷款利率。

2. 逐步实行浮动汇率制度，并逐步实现卢比在经常账户下的可兑换

为实现印度经济的对外开放，促使印度经济与国际经济转轨，印度于1991年开始进行汇率制度的改革，并逐步实现卢比在经常账户下的可兑换。这一改革采取了分阶段逐步推进的方式：(1)1991年7月1日和3日分别将卢比贬值9%和11%。1992—1993年，印度实现了卢比在经常账户下的部分自由兑换。在改革的初始阶段，印度采用了双轨制的汇率制度作为过渡。在过渡期间，出口商必须将其外汇收入的40%按官方汇率出售给指定的交易商，余额则可以按市场汇率自由兑换。(2)1993年，印度开始实行浮动汇率制度①，并于1994年8月接受IMF的第八条款，实现卢比在经常账户下的可兑换。

在这一过程中，为加快外汇市场的发展，并通过市场机制对冲汇率波动所产生的风险，印度给予交易商更大的经营自由，允许投资者进行外汇的远期及期货交易，并逐步开放卢比—外汇的掉期交易，以及引入外汇期权、利率和货币掉期、利率期货等交易方式。放开这些交易方式既有利于市场主体规避汇率风险，同时又有利于提高外汇市场的效率。当然，为保证经济的稳定，印度并不完全听任卢比汇率在市场上自由浮动，只要有必要，印度储备银行就会干预外汇市场，以防止汇率异常波动。但值得注意的是，为了充分发挥汇率的调节作用，印度储备银行并不对汇率设定一个需要捍卫和追求的“固定”目标。印度储备银行干预汇率的目标是使卢比的汇率能够反映印度的经济基本面，并将汇率水平保持在能使经常账户赤字可持续的水平上。

3. 谨慎地开放资本账户

1997年，印度专门成立资本账户自由化委员会，制定资本账户完全自由兑换的改革路线图。该委员会对资本账户完全自由兑换提出了几个前提条件，即坚实的财政基础、经常账户赤字在合理限度、外汇储备充足、低通货

① 按照IMF的划分标准，印度实行的是“未事先宣布路径的管理浮动汇率制度”，其特征有以下几点：第一，只要有必要，印度储备银行随时可以干预外汇市场，以防止汇率异常波动。第二，印度储备银行并不对汇率水平设定一个需要捍卫和追求的“固定”目标。第三，印度储备银行购买和出售外汇是通过几家银行来进行的，操作非常谨慎。第四，原则上，市场操作和汇率变动都应该是交易导向而非完全投机导向的。

膨胀以及健康的金融体系,并提出了分3年实现资本账户开放的时间表,对自由化步骤适时进行调整。首先解除资本流入和非居民资本流出的限制,再放松居民资本流出的限制;居民中,公司与非银行金融机构的开放次序优先于银行部门,个人最后。

在这同时,印度还对资本账户实行差别管理,主要体现在两个方面:(1)对不同的资本流动采取不同的管制措施。对于国际资本流入的限制较少;对于同资本流入相关的资本流出,则不加限制;对于其他一些类型的资本流出,则施加更多的限制。(2)对不同的主体采取不同的限制。对个人的资本流动严格限制,对公司的资本流动有一定的限制,对银行类金融中介的资本流动则有更多限制,对机构投资者的资本流动则较少限制。这样,通过直接的行政管制和市场手段相结合的方法,印度确保了对资本账户的审慎管理,非债务负债和短期债务在总债务中的比例相对较低(Jadhav,2003)。总之,印度资本账户开放方面最大的特点是资本账户的自由化与适当管制并举。在自由化方面,就商业或个人目的所涉及的绝大多数正当交易而言,卢比实现了可自由兑换。

印度对资本账户交易的管制主要体现在两个方面:(1)为防范金融危机的发生,印度对短期的海外商业借款进行限制;(2)为有效防止外汇市场的脆弱性,以避免短期资本的频繁流动对本国经济的冲击,印度对国内居民将其国内银行存款和闲置资产(比如房地产)转换成外币资产有一定的限制,同时对居民的国内存款兑换外币也施加一定的限制。这些举措使得印度的资本账户开放得以平稳顺利地展开,资本账户的开放也极大地刺激了印度外汇市场的发展。

总的来看,印度的改革也基本上是成功的,自1992年到1997年,印度的经济增长率年均达到6%,自1998年到2010年,印度的经济增长率年均则达到7.34%。

(二)波兰

波兰从1990年1月1日开始采取以"自由化、市场化、私有化和宏观经济的稳定化"为核心内容的"休克疗法",以激进的方式彻底摧毁中央计划经济体制的各项制度安排,从而使波兰由中央计划经济体制一举迈向自由市场经济体制。与此相适应,波兰在金融自由化改革方面,则采取了"先放开利率，然后逐步地同时实现汇率的市场化并开放资本账户”的做法，其具体改革步骤为：

1. 在放开价格的同时采取“一步到位”的方式放开了对利率的管制

波兰于1990年1月1日采取“一步到位”的方式放开了90%的商品和劳务的价格，到1991年底，除了公用设施收费、基本药品和住房之外，所有的商品或劳务的价格都被放开，完全由市场供求决定，政府对价格的控制仅仅限于反垄断的范围。在放开价格的同时，波兰也采取“一步到位”的方式放开了对利率的管制。

2. 将本国货币贬值并允许本国货币与美元自由兑换

为配合价格及利率的市场化，波兰于1990年1月1日将本国货币（兹罗提）大幅度贬值，从6500兹罗提兑换1美元贬值到9500兹罗提兑换1美元，以解决本国汇率高估的问题[①]，并允许兹罗提与美元自由兑换。

3. 逐步实现本国货币汇率的市场化

波兰在将本国货币的汇率进行贬值以解决本国汇率的高估问题并允许兹罗提与美元自由兑换的同时，不断改革其汇率制度，从而逐步实现了本国货币汇率的市场化。波兰的改革步骤是：（1）单一钉住美元。由于在实行“休克疗法”之前，波兰的通货膨胀率高达2000%，因此，为控制通货膨胀，以便给激进的“休克疗法”提供一个稳定的货币环境，波兰于1990年1月起在对兹罗提大幅贬值的同时，采取了单一钉住美元的汇率制度，试图通过钉住美元来“锚住”波兰的物价水平，并促使市场恢复对“兹罗提”的信心。（2）钉住一篮子货币。由于“单一钉住美元”的汇率制度导致无法通过市场供求而形成均衡的汇率水平，同时还影响本国货币政策的独立性，此外，由于兹罗提单一钉住美元，当美元升值时兹罗提也随之升值，这就影响了波兰的出口，从而不利于国际收支的平衡及刺激国内的经济增长。在这种情况

① 实行中央计划经济体制的国家为维持国内的低物价及在封闭的条件下加速实现进口替代的工业化，往往采取高估本币汇率或低估外币汇率的政策。但高估本币币值却带来以下问题：（1）由于人为压低了进口品（包括机器设备或原材料等中间产品）的经济成本，结果削弱了国内工业企业降低资源消耗或生产成本的压力，这就在一定的程度上导致了国内工业生产的低效率；（2）由于高估本币币值扭曲了本国的价格体系，使本国产品的价格无法反映其生产成本与国际市场价格的关系，因而无法反映本国的比较优势，并进而无法实现资源的合理配置；（3）由于低估外币汇率，导致外汇的过度需求，从而人为加剧了外汇的短缺。

下,为刺激本国的出口,波兰于 1991 年 5 月不得不再次将兹罗提对美元贬值 16.8%,同时放弃单一钉住美元的汇率制度安排,而实行"钉住一篮子货币"的汇率制度。"篮子货币"由美元、德国马克、英镑、法郎和瑞士法郎 5 种货币组成(这 5 种货币的发行国都是波兰最重要的贸易伙伴国)。(3)爬行钉住一篮子货币。由于"钉住一篮子货币"在本质上讲还是一种钉住制度,这种通过与一篮子货币相挂钩所计算出来的汇率是根据篮子中其他货币的汇率变动计算出来的,而不是由兹罗提的市场供求决定的,因此,这种制度同样不利于确定均衡的汇率水平,并且,也难以使兹罗提的汇率随外汇供求的变化而变化,从而及时灵敏地调节本国的国际收支。此外,由于波兰所钉住的货币都实行浮动汇率,汇率经常变化,因此,在"钉住一篮子货币"的汇率制度下,汇率调整的过程也过于复杂。在这种情况下,为发挥汇率平衡国际收支的作用,波兰政府在实行了短暂的"钉住一篮子货币"的汇率制度后,于 1991 年 10 月开始实行"爬行钉住一篮子货币"的汇率制度。"爬行钉住一篮子货币"的特点是允许兹罗提的名义汇率在一定的区间内爬行浮动,当时规定每月的爬行区间为±0.5%。为扩大兹罗提汇率的弹性,波兰中央银行不断扩大了"兹罗提"的每月爬行区间,1992 年为±1.6%,1994 年为±1.5%,到 1995 年,月爬行区间扩大到±2%。(4)爬行钉住一篮子货币加区间浮动。1995 年 5 月,波兰在宣布兹罗提实现经常账户下可兑换的同时,正式放弃了"爬行钉住一篮子货币"的汇率制度,开始实施更加灵活、更具弹性的"爬行钉住一篮子货币加区间浮动"的汇率制度,并且不断扩大爬行浮动的区间。到 1999 年 3 月,兹罗提汇率的爬行浮动区间已扩大至 15%,这实际上已达到了国际上公认的较宽的浮动区间,从而为最终实现兹罗提汇率的自由浮动奠定了基础。(5)浮动汇率制度。由于兹罗提汇率向自由浮动过渡基本上水到渠成,因此,波兰政府于 2000 年 4 月放弃了"爬行钉住一篮子货币加区间浮动"的汇率制度,波兰中央银行不再干预外汇市场,而实行"没有浮动区间、没有中心平价、没有人为贬值、没有政府干预"的自由浮动汇率制度,兹罗提的汇率完全由市场供求来决定,至此,波兰终于成功地过渡到了自由浮动的汇率制度。

4. 随着汇率弹性的增大逐步开放本国的资本账户

波兰在不断进行汇率制度改革,以不断扩大汇率弹性,从而最终实现兹罗提汇率市场化的同时，也按照兹罗提汇率市场化的程度并根据“先流入、后流出，先长期、后短期”的顺序逐步开放本国的资本账户。1991 年，波兰允许外商投资企业将利润汇出；1994 年，允许非居民进入国内股票市场；1995 年，波兰放开了对大部分资本项目的外汇管制，对资本项目的管制仅限于短期资本；1996 年，波兰允许国外直接投资于国内的绝大部分行业，取消了对经合组织成员的直接投资限制，允许居民对外提供信用担保和贷款担保；1997 年，允许居民购买国外长期证券，提供非居民在国内市场发行和交易证券的最高限额，开放居民在经合组织资本市场上的证券操作；1999 年，除抵押债券外，波兰向所有居民和非居民开放证券市场，允许非居民为居民提供保证和担保，允许居民在境外进行本外币兑换；2000 年，波兰放开国内证券投资的管制；2002 年，波兰取消了最后的外汇管制，从而实现了资本账户的开放，而资本账户的开放又进一步刺激了波兰的金融发展及经济增长。

波兰一夜之间实现价格及利率的市场化并将本国货币汇率大幅贬值的激进改革虽然在短期给经济带来重大震荡，从而导致波兰经济短暂的衰退，但波兰很快摆脱了经济衰退的局面。如 1991 年波兰的经济增长率为 -7.00%，但 1992 年波兰的经济增长率则为 2.60%、1993 年为 3.80%、1994 年为 5.20%、1995 年为 7.00%、1996 年为 6.24%、1997 年则为 7.09%，从 1998 年到 2008 年，波兰的年均 GDP 增长率也达到 4.4%。同时，从 2002 年开始，波兰的通货膨胀问题基本得到解决，物价上涨率基本上都控制在 3% 以下，此外，由于外汇储备也不断增加，从 2005 年开始，波兰货币兹罗提的汇率也开始稳步升值，这一切都表明，波兰所采取的“先放开利率，然后逐步地同时实现汇率的市场化并开放资本账户”的模式是成功的。

（三）匈牙利

1989 年东欧剧变后，匈牙利也开始向自由市场经济体制转轨，但与俄罗斯和其他东欧转轨国家不同的是，匈牙利是唯一选择渐进式转轨模式的国家。匈牙利之所以采取渐进的改革方式，是因为匈牙利自 1968 年以来就一直进行在当时已被认为是相当激进的改革（匈牙利是苏联和东欧国家中第一个进行经济体制改革的国家），因而私人部门已在匈牙利占有相当比重，并逐渐形成了市场经济的基础，这就为匈牙利 20 世纪 90 年代以后向市场经济的渐进转轨奠定了基础。此外,匈牙利虽存在宏观经济的不平衡问题,但还没有达到严重失衡的程度,匈牙利的财政赤字和通货膨胀都不严重,因此匈牙利也没有必要采取激进的"休克疗法"。还有,匈牙利认为,在市场经济的基础已初步形成的情况下,采用渐进的方式实现转轨可以避免经济的大幅波动和社会的震荡,从而有利于宏观经济的稳定。但是,从转轨的目标来看,匈牙利渐进转轨的目标、内容与采取激进转轨方式的国家是完全一致的。在金融改革方面,匈牙利同样也是采取渐进的方式同时实现利率、汇率的市场化及资本账户的开放,具体情况如下:

1. 采取渐进的方式逐步实现利率的市场化

由于在1989年以前,匈牙利已实现了贷款利率的市场化,因此,1989年以后,匈牙利的利率市场化主要是实现存款利率的市场化。从国际经验来看,放开对存款利率的限制是实现利率完全市场化最关键、也是最后的一步。1989年1月,匈牙利废除居民三年期以上的银行存款利率的管制;1990年1月,匈牙利取消了半年期以上银行存款的利率上限限制;到1992年,匈牙利完全放开对存款利率的管制,从而实现了利率的完全市场化。匈牙利的利率市场化进程几乎与价格市场化同步。①

2. 逐步实现本国货币的自由兑换

从1990年开始,匈牙利就逐步放松对经常账户的管制。1996年1月1日,匈牙利为加入经济合作与发展组织(OECD),实现了货币在经常账户下的可兑换。到2001年,匈牙利又开放了本国的资本账户,取消了对外汇交易的所有限制,从而实现了本国货币的自由兑换。

3. 在逐步实现本国货币自由兑换的过程中逐步推进本国汇率的市场化

1995年,为实现本国货币福林在经常账户下的可兑换,匈牙利开始实行爬行区间钉住的汇率制度。2001年,在开放本国的资本账户,取消对外

① 在价格的自由化改革上,匈牙利也采取了渐进的方式。匈牙利于1988年开始逐步放开价格,1990年放开了80%的价格,1992年则放开了90%的价格,从而使国家控制价格的品种逐步减少。在价格自由化的改革过程中,匈牙利对涉及群众利益的价格调整,如食品和水电、交通等公共事业价格上涨,政府还会在媒体上对公众进行解释,以争取公众的支持,并减少价格的自由化所引发的振荡。到1995年以后,匈牙利95%以上的商品实现了价格的自由化。

汇交易的所有限制,从而实现福林自由兑换的同时,匈牙利又放弃了爬行区间钉住的汇率制度,代之有干预的宽幅浮动汇率制度。这一制度的特点是:在一定的浮动幅度(±15%)内,福林的汇率完全由市场供求决定,如果福林的汇率浮动超过了±15%,则中央银行可以干预外汇市场的供求。由于匈牙利实行的有干预的宽幅浮动汇率制度实际上也达到了国际上公认的较宽的浮动区间,这就为最终实现福林汇率的自由浮动奠定了基础。

为保证宏观经济的稳定,增强人们对市场的信心,匈牙利也以通货膨胀目标制作为货币政策的新框架,以事先确定的通货膨胀目标为新的名义锚来取代汇率稳定目标,从而为向自由浮动汇率制度的成功过渡创造了重要条件。2008 年 2 月,匈牙利明确宣布实行自由浮动汇率制度。至此,匈牙利实现了本国货币汇率的完全市场化,并实现了向自由市场经济的转轨。总的来看,匈牙利的改革也取得了成功,这也为其加入欧元区创造了条件。

总之,根据世界相关国家在汇率市场化、利率市场化与资本账户开放方面的改革实践,可归纳出以下几个规律:(1)采取"在利率实现了市场化,但汇率没有市场化的情况下开放资本账户"改革模式的国家都爆发了货币危机;(2)采取"在利率实现了市场化,且汇率有一定的弹性但没有完全市场化的基础上开放资本账户"改革模式的国家(如韩国、俄罗斯等)同样爆发了货币危机;(3)在利率及汇率没有市场化的情况下就开放资本账户(如印尼)的国家也爆发了货币危机;(4)采取渐进的方式先放开利率,然后逐步地同时实现汇率的市场化并开放资本账户的国家(如智利),以及采取渐进的方式逐步同时实现利率、汇率的市场化及资本账户开放,且这三项改革相互协调配合的国家(如印度、波兰、匈牙利等)取得了成功。总之,根据汇率市场化、利率市场化与资本账户开放的国际经验可得出这样的结论:采取渐进的方式逐步同时实现利率、汇率的市场化及资本账户开放是最佳选择。

六、爆发货币危机的国家最终都通过实行浮动汇率制度从而使该国逐步摆脱了困境

有意思的是,爆发货币危机的国家最后都是通过实行浮动汇率制度,让本国货币汇率完全由市场供求决定,从而使该国最终逐步摆脱了危机,并使

经济得到恢复。

例如,虽然智利比索在1982年8月的货币危机中贬值43%,从而严重打击了智利的经济,但由于实行浮动汇率制度,让智利比索汇率由市场供求决定,因而解决了智利比索汇率高估的问题,结果提高了智利出口产品的竞争力,从而刺激了智利的出口,并进而使智利经济逐步摆脱了危机,最终经济得到恢复。

再如,阿根廷比索在2002年爆发的货币危机中累计贬值达75%,从而引发严重的通货膨胀并打击了阿根廷的经济,但阿根廷通过实行浮动汇率制度,让阿根廷比索大幅贬值,提高了阿根廷出口产品的竞争力,结果刺激了本国的出口,这既刺激了经济增长,同时又逐步改变了阿根廷经常账户持续逆差的状况,逐步稳定了公众对阿根廷货币及阿根廷经济的信心,进而为促进阿根廷的经济增长创造了条件。这意味着,阿根廷实行浮动汇率制度,让阿根廷比索汇率由市场供求决定既可以说是阿根廷金融危机的结果,但同时也可以说是阿根廷为应对金融危机而实行的重大改革(或者说是不得不实行的改革)。

墨西哥比索在1994年12月爆发的货币危机中三天内就暴跌了42.17%,并导致墨西哥1995年的GDP增长率下降为-6.2%。但是,墨西哥比索汇率大幅贬值也刺激了墨西哥的出口,同时,由于墨西哥比索汇率完全由市场供求决定,因而向外界传递了墨西哥将进一步加快市场化改革的信息,这就增强了投资者对墨西哥经济的信心,从而为墨西哥大量吸引外资,进而为刺激经济增长创造了条件。自1996年之后,墨西哥的经济开始恢复增长。1996年,墨西哥的经济增长率为5.14%、1997年为6.78%、1998年为4.91%。更重要的是,墨西哥的通货膨胀率得到有效控制,1995年墨西哥的通货膨胀率高达37.87%,此后不断下降,到2000年下降到9.50%。

巴西雷亚尔在1999年1月爆发的货币危机中一路贬值,不到半个月的时间,巴西雷亚尔汇率由1美元兑换0.638雷亚尔贬值到1美元兑换2雷亚尔的水平,货币贬值导致股市直线下跌,从而严重打击了巴西的经济。但由于巴西实行了浮动汇率制度,巴西雷亚尔大幅贬值,提高了巴西产品的出口竞争力,结果刺激了巴西的出口及经济增长。同时,实行浮动汇率制度也避免了巴西中央银行为维持雷亚尔兑美元的汇率而不得不持有大量外汇储备的情况,这就使得市场不必担心巴西的外汇储备状况,从而有利于恢复投资者的信心,进而有利于促使国内金融市场逐步恢复稳定。2000年,巴西的GDP增长率达到4.31%,2001年虽下降为1.31%,但自此以后逐年上升,到2010年,巴西的GDP增长率达到了7.49%。

泰国泰铢在1997年至1998年爆发的金融危机中连续大幅贬值,泰国爆发的货币危机造成泰国物价飞涨、股市大跌及经济衰退。1997年泰国的GDP增长率为-1.37%,1998年更大幅下降到-10.51%。但另一方面,泰铢大幅贬值也提高了泰国出口产品的竞争力,进而扩大了泰国的出口,从而刺激了泰国的经济增长。同时,由于泰国实行浮动汇率制度,也使市场机制充分发挥了在泰国经济中的调节作用,使泰铢汇率能够对经济的变化及时做出调整,这也为泰国摆脱危机奠定了基础。从1999年开始,泰国经济恢复增长,1999年泰国的GDP增长率达到4.45%,2000年则达到4.75%。

韩元在1997年爆发的货币危机中也大幅贬值,沉重打击了韩国的经济,1998年,韩国的经济增长率降至历史最低点(-6.7%)。但由于韩国实行浮动汇率制度以后,韩元的大幅贬值也提高了韩国出口产品的竞争力,从而扩大了韩国的出口,进而刺激了韩国的经济增长。从1999年开始,韩国经济在金融危机后逐步复苏,1999年,韩国的GDP增长率达到9.49%,2000年也达到8.49%。从1999年到2010年,韩国的GDP增长率年均达到近7%,出口的扩大及经济的增长又带动韩国外汇储备不断增加及韩元汇率不断升值。

印尼是在利率及汇率没有市场化的情况下就开放资本账户的,结果印尼也爆发了货币危机。印尼盾在1998年爆发的货币危机中累计暴跌80%,并因而使印尼的经济增长率从1997年的4.7%猛跌至1998年的-13%,但是,印尼盾的大幅贬值也刺激了印尼的出口及经济增长,从1999开始,印尼经济开始复苏,并呈现出加速增长的趋势,从2000年到2010年,印尼的GDP年均经济增长率达到了5.19%。同时,由于出口增加,促使印尼的外汇储备也不断增加。

俄罗斯则是试图在本国存在严重的财政赤字及通货膨胀情况下,采取激进的方式同时实现利率、汇率的市场化及资本账户的开放,试图一举向市场经济转轨,结果爆发了货币危机。在1999年爆发的货币危机中,卢布的贬值幅度高达 75%。但是,由于俄罗斯放弃"汇率走廊制",重新实行自由浮动汇率制度,使卢布大幅贬值,结果使卢布汇率回归到均衡点,并增加了俄罗斯出口产品的竞争力,这就为俄罗斯经济迅恢复增长奠定了基础。1999 年,俄罗斯的 GDP 增长率达到 6.40%,2000 年则达到 10%。[①]

以上情况充分说明:在实现利率及汇率市场化的基础上开放资本账户,不仅能避免货币危机的爆发,而且也是一国摆脱货币危机的有效措施。

第二节 利率平价理论

世界各国在利率与汇率市场化及资本账户开放方面的改革实践已证明,采取渐进的方式逐步同时实现利率、汇率的市场化及资本账户开放是最佳的选择或搭配。值得注意的是,经济学理论实际上早已证明:利率、汇率的市场化及资本账户开放互为前提,世界各国只有在同时实现利率及汇率的市场化和资本账户开放的情况下,才能实现货币、资本或资源在国内外的最优配置。

一、从购买力平价理论到利率平价理论

在所有的主流汇率理论中,由 Cassel(1922)所提出的购买力平价理论(Theory of Purchasing Power Parity,简称 PPP)是最有影响的。Cassel 认为,一种货币的价值是由它所能购买到的商品或劳务的数量决定的,而一种货币所能购买到的商品或劳务数量就是该货币的购买力,因此,可以说一种货

① 以上情况说明,货币危机的爆发也不完全是一件坏事。这是因为:货币危机的爆发有助于释放经济中已经存在或被隐藏的深层次问题,有利于挤出本国经济的"水分"(如消除本国汇率的高估现象以使本国货币汇率回归市场水平、挤出房地产及股市泡沫从而对畸形的经济结构进行硬调整,等等)。可见,货币危机实际上是对不合理的政策、扭曲的经济结构、不完善的制度安排的一次硬调整。同时,货币危机的爆发也会促使一国大力完善市场机制,进行经济结构的调整。这意味着,货币危机的爆发也是促使一国进行重大改革的催化剂。当然,货币危机的爆发虽然有利于挤出本国经济的"水分",但却是一剂猛药,在短期内会给一国经济带来巨大的痛苦和震荡。

币的价值是由其购买力决定的。而人们之所以需要外国货币是因为它在本国具有购买力。同样，外国人之所以需要本国货币，也是因为它在本国具有购买力。因此，本国货币与外国货币相交换，实际上等于本国货币的购买力与外国货币的购买力相交换。以本国货币表示的外国货币的价值，完全取决于这两种货币的购买力的比较。或者说，对本国货币和外国货币的评价主要取决于两国货币购买力的比较。这意味着，两国货币的汇率由两国货币的购买力比率决定。而货币购买力变动的原因在于物价的变化，因此，汇率的变动归根到底是由两国物价水平的比率的变动决定的。

购买力平价理论分为绝对购买力平价理论和相对购买力平价理论。绝对购买力平价理论认为，两国货币的汇率应该等于两国物价水平的比率，用公式表示为：

$$E = \frac{P_A}{P_B} \tag{4-1}$$

（4-1）式中，P_A 为 A 国的一般物价水平（物价指数），P_B 为 B 国的一般物价水平（物价指数），这意味着，E 是由两国物价水平（物价指数）的比率决定的。从汇率的角度来说，E 表示 1 单位 B 国货币值 A 国货币单位数的汇率（即以直接标价法表示的汇率，直接标价法是以本币来表示单位外币的价格）。如假定 A 国的物价水平是 B 国物价水平的两倍，则根据（4-1）式得，1 单位 A 国货币购买力是 B 国货币购买力的 $\frac{1}{2}$。汇率应为 $E = \frac{2\text{单位}A\text{国货币}}{1\text{单位}B\text{国货币}}$，这个汇率是均衡汇率。当汇率处于这一水平时，1 单位 B 国货币在 B 国购买到的东西与 2 单位 A 国货币在 A 国购买到的东西相等。实际上，购买力平价的名称就恰当地描述了它的内容，平价意味着等价。绝对购买力平价表明：各种货币之间的汇率就是同一商品在各国以各自货币表示的价格之比。[①]

但是，这种绝对购买力平价理论虽然可用以说明两国货币在某一时点的汇率决定问题，但却不能说明两国货币汇率在两个不同时点的决定与变

① Hill（2007）曾提出了一个有关购买力平价的定义：1 单位标准货币（如 1 美元）所能购买的商品或服务所对应的本国货币的数量。

动问题，因此，这只是一种静态的理论。此外，由于绝对购买力平价理论的前提条件（如"一价定律"）过于严格，因而使得绝对购买力平价理论失去实用性。为弥补这一缺陷，又产生了较为流行的相对购买力平价理论。

相对购买力平价理论则将汇率在一段时间内的变化归因于两个国家在这段时期中的物价水平或购买力的变化。这就是说，在一段时期内，汇率的变化要与同一时期内两国物价水平的相对变动成比例，两国新的汇率等于旧汇率乘以两国通货膨胀率的比率，即使两个国家为计算各自物价水平所选取的商品篮子的构成和范围不同时也是如此。由于相对购买力平价理论可解释或预测两国货币汇率在不同时点的决定或变动，故这是一种动态的理论。而且，即使存在着运输成本、关税、非贸易品及贸易障碍等使"一价定律"难以成立的因素，但只要这些因素维持不变，相对购买力平价理论仍然成立，这就在某种程度上克服了绝对购买力平价理论的缺陷。此外，由于各国一般所公布的是物价指数，而不是绝对价格水平，因此，这就使得相对购买力平价理论更具有适用性。

事实上，相对购买力平价理论是在绝对购买力平价理论基础上通过对等式取自然对数，并对等式求时间的导数而形成的，其过程如下：

根据绝对购买力平价理论，$E = \frac{P_A}{P_B}$，或 $P_A = E \times P_B$ （4-2）

对（4-1）式两边取自然对数，则得：$\ln E = \ln P_A - \ln P_B$ （4-3）

为求得等式中各变量的变动率，对该式求时间 t 的导数，得：

$$d\ln E/dt = d\ln P_A/dt - d\ln P_B/dt \tag{4-4}$$

根据对数的求导公式可得：

$$\frac{1}{E}\frac{dE}{dt} = \frac{1}{P_A}\frac{dP_A}{dt} - \frac{1}{P_B}\frac{dP_B}{dt} \tag{4-5}$$

上式中，$\frac{1}{E}\frac{dE}{dt}$ 表示 E 的变动率，可用 $\dot{E}$ 代表，$\frac{1}{P_A}\frac{dP_A}{dt}$ 表示 P_A 的变动率，用 $\dot{p}_A$ 代表，$\frac{1}{P_B}\frac{dP_B}{dt}$ 表示 P_B 的变动率，用 $\dot{P}_B$ 代表，则有：

$$\dot{E} = \dot{P}_A - \dot{P}_B \tag{4-6}$$

（4-6）式就是相对购买力平价理论的均衡等式，这一均衡等式说明：汇率变动率等于两国物价水平变动率(或通货膨胀率)的差异。或者说,一国汇率的贬值(升值)幅度与其通货膨胀率高于(低于)另一国的幅度是一样的。可见,相对购买力平价理论能够解释汇率在某一时期的变动。

相对购买力平价理论还可用图 4-1 加以表示:

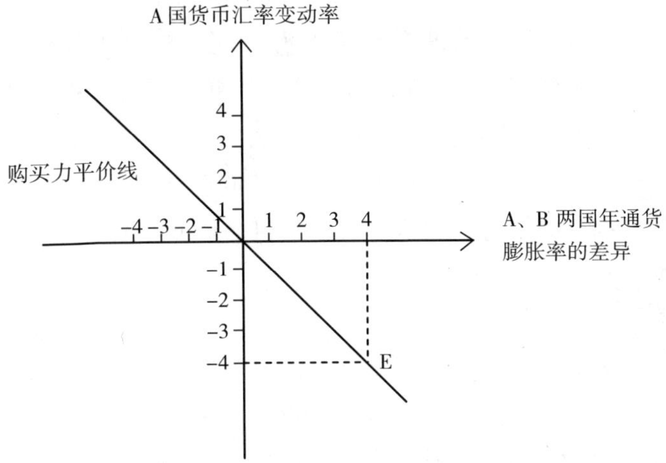

图 4-1　购买力平价图

图 4-1 中,横轴表示 A、B 两国年通货膨胀率的差异,正值为 A 国高,负值为 B 国高。纵轴代表 A 国货币汇率的变动率,正值为升值,负值为贬值。45°对角线为购买力平价线,线上任何一点都表示汇率变动率等于两国间通货膨胀率的差异。

总之,购买力平价理论从货币的基本功能出发,认为,一国之所以需要他国货币,是由于他国货币在他国具有商品与劳务的购买力;而他国需要本国货币是因为本国货币对于本国的商品与劳务具有购买力。购买力平价理论根据两国货币各自对商品或劳务的购买力作为汇率决定的基础,这既符合逻辑,又触及了汇率决定的基础,并能相当合理地表现一国货币的对外价值。同时,购买力平价对中长期汇率变动的主要原因的解释,在一定程度上是符合现实的,具有实用价值和可操作性。从经验数据来看,虽然由于汇率受货币以外的各种因素的影响,总是偏离购买力平价。但在正常情况下,长期均衡的汇率水平一般总是接近于购买力平价,因此,用购买力平价来说明贸易均衡状态下的汇率决定是正确的。

但是,购买力平价理论只是一种即期汇率决定理论,没有考虑到远期汇率的决定问题。而且,购买力平价理论有一个重要假定,即人们从事外汇交易只是为了进行国际贸易的需要。换言之,购买力平价理论没有考虑国际资本流动所派生的外汇交易对汇率的影响。随着生产和资本的国际化,资本国际流动的规模日益扩大,由国际资本流动所派生出来的外汇交易规模逐步超过了国际贸易派生出来的外汇交易,[①]经济的这种变化使得资本的流动成为决定汇率(特别是远期汇率)的一个重要因素。由于购买力平价理论没有考虑资本的国际流动对汇率的影响,因而购买力平价理论就无法解释经济全球化条件下汇率在短期内的剧烈波动现象。在这种情况下,就产生了解释资本流动如何影响汇率水平的利率平价理论。

二、利率平价理论

利率平价理论的前提假定主要有:(1)具有完善发达的国际金融市场,金融信息是完全充分的;(2)国际资本完全自由流动,政府没有实行管制资本流动的政策(这意味着各国的资本账户是开放的),国际市场套利[②]活动可以自由地进行;(3)套利活动中的交易成本为零,即不考虑信息费用、外汇买入价和卖出价的差异、存款利率和贷款利率的差异、其他附加费用,也不考虑经纪人及佣金的存在;(4)国际金融资产具有充分的可替代性,即不考虑各种金融资产在收益率、期限和流动性等方面的差异;(5)假定套利资金的供给弹性无穷大,即不考虑套利成本、信用风险、流动性偏好、货币政策等因素对套利资金供给的影响;(6)不同国家的金融资产完全可以相互替代;(7)汇率完全自由浮动,政府不干预汇率和外汇的供求;(8)利率能充分反映一国的资本供求关系。以上前提假定最关键的实际上是三个,即:资本账户是完全开放的,利率由市场供求决定,汇率完全自由浮动。

① 根据IMF的定义,国际资本流动可分为外商直接投资(包括权益资本、收益再投资和其他资本)、外商证券投资(包括股票、债券和金融衍生产品等)和外商其他投资(包括长短期贸易信贷、贷款、货币和存款以及未交易的股权和债券、保险和养老金等)三种类型。

② 所谓套利,就是指在两国利率出现差异的情况下,将资金从利率较低国家的货币兑换成利率较高国家的货币,从而获得利息差额的行为。套利又可以分为抵补套利和非抵补套利。

根据是否进行抵补(Covered)[1],利率平价理论分为"非抵补利率平价理论"(Uncovered Interest Parity)和"抵补利率平价理论"(Covered Interest Parity)。"抵补的利率平价理论"研究的是远期汇率是如何决定的,"非抵补的利率平价理论"研究的是即期汇率是如何决定的。此两者的不同之处在于对投资者的风险偏好所做的假定上。对于投资者按风险分类为:风险厌恶者需要获得一定的风险报酬才愿意持有风险资产;与此相反,风险爱好者愿意获得承担风险的权利,但其会付出一定代价;而风险中立者则愿意在没有风险收益的情况下承担风险。

(一)抵补利率平价理论

抵补利率平价理论的基本思想产生于外汇市场的实践,这一理论最早是由英国著名经济学家凯恩斯(Keynes)提出并由其他经济学家加以发展的理论。凯恩斯在1923年出版的《货币改革论》一书中指出:"在价格昂贵的货币市场上购买货币,其远期报价倾向于低于即期报价。两者每月的百分比差额等于利率差。在昂贵货币市场每月可能挣得的利率差高于在廉价货币市场可能挣得的利率差。"凯恩斯利率平价理论的主要观点可以概括为以下六点:(1)决定远期汇率的最根本因素是货币短期存款利率间的差距、两个金融中心间的利率差和用百分比表示的远期汇率相等;(2)远期及即期汇率间的差距,会根据市场供给与需求的实际情况,在利率平价的上下波动;(3)只要远期汇率与利率平价存在偏离,那么套利者就会选择将资金投入到获利更多的金融市场上去;(4)如果外汇市场参与者较少,或交易被少数人控制,那么就可能出现挂牌汇率与利率平价不一致的情况;(5)由于套利资金有限,因此现实中远期汇率常常不能与利率平价的水平完全一致;(6)纸币不可兑换时,银行利率的变化直接促使远期汇率进行重新调整。[2]总之,凯恩斯认为,套利性的短期资本流动会驱使高利率货币在远期外汇市场上贴水(the exchange discount),而低利率货币在远期外汇市场上升水

① 所谓"抵补",是指外汇市场上的套利者或借贷者为了消除或减少外汇风险,以防止因汇率不利变动使所拥有的外国资产的价值遭受损失,而将所持有的外汇处于资产等于负债的封闭或平衡部位的避险保值行为。

② 由于当时凯恩斯信奉古典经济学,因此,利率平价理论并不是"凯恩斯主义"经济学的组成部分。

(the exchange premium)，而且升、贴水率等于利率差异。或者说：经风险调整后，国内外利差应等于汇差。套利的收益刚好与套汇的损失相等。

但是，凯恩斯的这一理论是一种静态理论，凯恩斯仅仅分析了利差和汇率升贴水间存在均衡状态，却没有分析建立这种均衡状态的方式，而且，凯恩斯主要是说明远期差价的决定。后来，爱因齐格(Einzig,1937)针对凯恩斯纯静态理论的不足进行了改进，提出了利率平价理论的"交互原理"，揭示了即期汇率、远期汇率、国内外利率、国际资本流动之间的相互影响，并将外汇理论与货币理论结合起来，在古典利率平价理论的基础上开辟了现代利率平价理论。学术界突然将之称为"Keynes-Einzig 猜测"。[①] 其后，这一观点又经其他经济学家，如 Tsiang(1968)，Grubel(1963)，Stoll(1968)，Aliber(1973)，Levich(1975)等人进一步加以阐发。

抵补利率平价理论假定：所有的国际投资者和借款者都是风险厌恶者，在套利活动中都会通过套期保值性质的远期外汇交易来抵补市场即期汇率可能变动的风险。也就是说，抵补利率平价理论不考虑国际资本流动中的投机行为，抵补利率平价理论强调资本保值性交易在远期汇率决定中的作用。

主张抵补利率平价理论的学者认为，由于投资者总是希望最大限度地获得投资收益，因此投资者总是会根据国内外的利率差异以及对未来汇率的预期来进行投资选择，当各国间的利率存在差异时，投资者会将资本从利率较低的国家转移到利率较高的国家，以套取利差收益。但是，国际资本投资毕竟不同于国内的资本投资，因为存在着汇率波动的风险。故厌恶风险的投资者在进行国际资本投资时，必须同时考虑利率与汇率这两个因素来进行投资决策。假设 B 国利率高于 A 国，则投资者将资本从 A 国转移到 B 国比较有利，但这是基于汇率维持不变的结果，如果汇率发生不利的变动，则反而有可能造成损失。在这种情况下，投资者为了在从事套利活动时，避免承担由于汇率波动而产生的汇率风险，会在远期外汇市场上同时签订与套利方向相反的远期外汇合约(外汇交易双方签订一个在将来某一时间按

① 参见 David A.Peel and Mark P.Taylor, 2002, "Covered Interest Rate Arbitrage in the Interwar Period and the Keynes-Einzig Conjecture", *Journal of Money, Credit and Banking*, Vol. 34, No. 1, pp. 51-75。

预先确定的汇率水平交割一定数量外汇的合约)，将在B国进行资本投资所获得的收益按远期汇率(交易双方预先约定，并在事先确定的到期日依以进行外汇交割的汇率)卖出，并折合成本国货币，然后将此收益同在A国进行资本投资所获得的收益进行比较，这两种收益进行比较的结果即可作为资本投资方向的依据。只要这两种收益存在差异，就会发生资本的国际流动。这种资本的国际流动一直进行到通过利率的调整使得这两种收益相等为止。可见，在抵补利率平价理论中，套利者不仅要考虑利率收益，而且还要考虑由于汇率变动所产生的收益变动。

设 i_A 代表本国利率水平，i_B 代表外国利率水平，E_t 表示每单位外国货币折合成本国货币数额(直接标价法)的即期汇率(签订合约时的现行汇率)，F_t 则表示每单位外国货币折合成本国货币数额的远期汇率(远期汇率并非未来的即期汇率，它是预先约定的未来交割外汇时的汇率，在合约中一经确定就不能改变。远期汇率同即期汇率的差额即为远期差价)。

投资者一方面可以将货币在国内投资生息，使现在的1元在将来变成 $(1+i_A)$ 元，其中 i_A 为本国利率，$(1+i_A)$ 代表在国内投资的收益；另一方面，人们也可以将本国货币兑换成外币，在外国投资生息，使现在的1元在将来变成 $(1+i_B)\frac{F_t}{E_t}$，$(1+i_B)\frac{F_t}{E_t}$ 代表在国外投资的收益，然后投资者对这两种投资收益进行比较。如果：

$$(1+i_A)<(1+i_B)\frac{F_t}{E_t} \tag{4-7}$$

则表示在本国的投资收益小于在外国的投资收益，这时，人们会将本国货币兑换成外国货币，结果，本国货币的即期汇率因出售者增多而下跌，远期汇率则因购买者增多而上升，最后两边趋于相等。

反之，如果：

$$(1+i_A)>(1+i_B)\frac{F_t}{E_t} \tag{4-8}$$

则表示在本国的投资收益大于在外国的投资收益，这时，人们又会将外国货币兑换成本国货币，结果，本国货币的即期汇率因购买者增多而上升，远期汇率因出售者增多而下跌，最后两边也趋于相等。

总之,抵补利率平价理论的基本思想是,在资本具有充分流动性的情况下,投资者的套利行为将使国际金融市场上以不同货币计价的同类金融资产的收益率趋于一致,在这种情况下,投资者持有任何货币的收益率都是相等的,这也就是国际金融市场上的"一价定律"。

根据"一价定律"的基本思想,有:

$$1+i_A=(1+i_B)\frac{F_t}{E_t} \tag{4-9}$$

上式表示:将本国货币兑换成外国货币投资于外国金融资产上所获得的收益按远期汇率兑换成本国货币,与用本国货币投资于本国金融资产的本利和完全相等,市场上将不再存在套利机会。这时,外汇市场就处于均衡状态,汇率就由这一均衡状态决定。外汇市场均衡时的汇率就是均衡汇率。

将上式加以变换,得:

$$\frac{F_t}{E_t}=\frac{(1+i_A)}{(1+i_B)} \tag{4-10}$$

等式两边各减去 1,则得:

$$\frac{F_t-E_t}{E_t}=\frac{i_A-i_B}{1+i_B} \tag{4-11}$$

如果 i_B 的值很小,则可取近似值得:

$$\frac{F_t-E_t}{E_t}=i_A-i_B \tag{4-12}$$

(4-12)式中,$\frac{F_t-E_t}{E_t}$ 为远期汇率的升水率或贴水率[①],当远期汇率高于即期汇率时,称为汇率升水,而当远期汇率低于即期汇率时,则称为汇率贴水,当远期汇率等于即期汇率时,称为汇率平价(the exchange parity),这时,两国的利率也相等。

---

① 所谓远期升水或贴水是指一国货币的远期汇率高于或低于即期汇率的差额。如果外国货币(以本国货币表示)的远期价值大于即期价值,则意味着外国货币升水(即本国货币贴水);如果外国货币(以本国货币表示)的远期价值小于即期价值,则意味着外国货币贴水(即本国货币升水)。远期升水或贴水通常可视为汇率变动的预测因子,远期升水反映了该货币将要升值的预期,远期贴水则反映了该货币将要贬值的预期。

由于 $\frac{F_t - E_t}{E_t} = i_A - i_B$ 建立在投资者为避免汇率风险而进行套期保值性质的远期外汇交易，以抵补市场即期汇率可能出现的风险基础上，因此，该公式就是"抵补利率平价理论"（Covered Interest Parity）的基本公式，其基本结论是：在均衡状态下，即期汇率与远期汇率的差异（升水或贴水）是由两国的利率差异决定的。本国货币远期汇率的升水率等于本国利率水平低于外国利率水平的差距，本国货币远期汇率的贴水率等于本国利率水平高于外国利率水平的差距。或者说，利率较高的货币即期汇率上浮，远期汇率下浮；利率较低的货币即期汇率下浮，远期汇率上浮。当两国间的利率差异等于远期汇率的升水率时，资本在国家间不再移动。可见，抵补利率平价理论所要说明的，汇率的变动率等于两国利率的差异。

抵补利率平价理论可用图 4-2 表示。

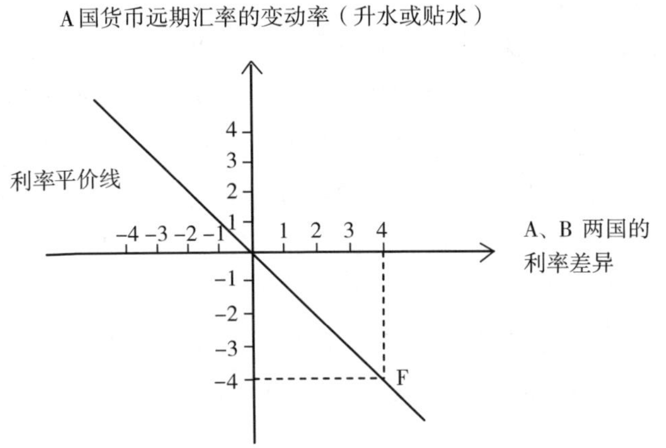

图 4-2　利率平价图

基于抵补利率平价理论，可得以下结论：

（1）两国货币的利差，尤其是货币短期存款利率之间的差额，影响并决定了远期汇率同即期汇率之间的关系。在稳定均衡的外汇市场上，两国货币的利差应该等于用年率表示的远期汇率同即期汇率的差价幅度（称为远期差价率、汇差率或升贴水率）。

（2）利率上升的国家，即期汇率上升，远期汇率下降，这意味着利率高的货币在远期将贬值，贴水率等于高出的利差，故利率高的货币被认为是

"弱货币";即利率高的国家远期汇率贴水,利率低的国家远期汇率升水,这意味着利率低的货币在远期将升值,升水率应等于低出的利差,故利率低的货币被认为是"强货币"。这是因为:一国利率上升,则该国金融资产的收益高于外国,这时会有大量资本流入,该国货币的即期汇率上升,但套利资本为了避免汇率风险,会同时按远期汇率卖出该国货币,结果该国货币的远期汇率因卖出者增多而下降;反之则反是。也就是说,短期汇率与利率正相关,远期汇率与利率负相关。当两种货币的利率相等时,表现为平价,这时,远期汇率等于即期汇率。

(3)如果市场供求状况的变化使得远期差价率偏离利差,套利机会就会使套利者将资金转移到更有利的金融中心。这种套利活动会引起资本在两国间的流动,从而影响即期汇率和远期汇率的变化,直到远期汇率与利差重新一致,套利机会消失,资本才停止流动,市场重新恢复均衡。可见,利率平价具有对套利的自动调节作用。

(4)远期汇率差率总是围绕利率平价上下波动,通常不会有很大的偏离。只有当用于套利的流动性资本的可得性受到限制,或者当其数量不足时,远期差价与利差才会发生长期的偏离。

(5)远期汇率与即期汇率存在着密切的关系。远期汇率的变动将引起远期外汇供求的变化,由此通过市场的套利交易以及对冲远期外汇风险头寸而进行的即期交易,从而影响到即期汇率。同样,即期汇率的变化也会影响远期汇率,因为远期汇率很大程度上取决于即期汇率。当即期汇率变动而改变对外汇市场的预期时,远期汇率必然由此而做出反应。

(6)对利率平价关系的分析,一般是将远期汇率同即期汇率之间的差异即"汇差"与两国利率之间的差异即"利差"进行比较。其基本关系是:远期汇率同即期汇率之间的差异等于两种货币之间的利率差异。利率平价理论实际上揭示了本币利率、外币利率、即期汇率与远期汇率这4个变量之间的关系。在市场经济条件下,无论这4个变量怎么变化,它们都必须遵循这样的原则:远期汇率和即期汇率之间的汇率差额必须等于两种货币之间的利率差额。

(7)汇率的变动会抵消两国间的利率差异,从事使金融市场处于均衡状态,即处于利率平价状态,可见,利率平价是外汇市场的均衡条件。

（二）非抵补利率平价理论

非抵补利率平价理论假定投资者是风险中立者，且具有理性预期的特征，对于未来汇率的预期是正确的，这意味着，非抵补利率平价理论假定两国间的套利活动是无风险的，强调风险报酬为零，因此，风险对投资者的行为没有影响，从而投资者或套利者不会进行套期保值，即投资者不通过远期外汇市场的操作来规避汇率变动的风险，而是根据自己对未来汇率变动的预期来计算预期的收益，并在承担汇率风险的前提下进行套利活动，其目的是为了获得更大的收益。在这种情况下，投资者将承担汇率变动的风险。这意味着，非抵补利率平价理论描述的是投机者的行为，而抵补利率平价中的套利者和保值者都假定是风险规避者。

由于非抵补利率平价理论假定投资者愿意承担汇率风险，而不会通过在远期外汇市场上卖出（或买进）远期外汇来规避汇率变动的风险，因此，投资者只是根据国内外的利率差异来进行投资选择，当各国间的利率发生差异时，投资者会将资本从利率较低的国家转移到利率较高的国家，从而将利息率较低的货币转换成利息率较高的货币以赚取利差收益，投资者不会同时进行与套利方向相反的远期外汇交易：[①]

设 i_A 代表本国利率水平，i_B 代表外国利率水平，E_t 表示每单位 B 国货币折合成 A 国货币数额的即期汇率（即期汇率是立即进行交易的货币汇率），E_t^e 为预期的未来的即期汇率。如图 4-2 所示，人们一方面可以将货币在国内投资生息，使现在的 1 元在将来变成（$1+i_A$）元，其中 i_A 为本国利率，这代表用本国货币投资于本国金融资产所获得的收益；另一方面人们也可以将本国货币兑换成外币，在外国投资生息，使现在的 1 元在将来变成 $(1+i_B)\dfrac{E_t^e}{E_t}$，这代表本国货币兑换成外国货币投资于外国金融资产所获得的收益，然后将这两种投资收益进行比较：

如果：

① 在具体计算并比较两国的投资收益时，投资者是通过对未来汇率的预期来进行的，即通过将本国货币兑换成外国货币投资于外国金融资产所获得的收益按预期的未来即期汇率兑换成本国货币，并与用本国货币投资于本国金融资产所获得的收益进行比较。

$$(1+i_A)<(1+i_B)\frac{E_t^e}{E_t} \tag{4-13}$$

则表示在本国的投资收益小于在外国的投资收益,这时,投资者就会将本国货币兑换成外国货币,结果,外国货币的即期汇率 E_t 因购买者增多而上升。但由于外国货币供应相对增多,因此,投资者预期外国货币的未来即期汇率 E_t^e 会下降,最后两边趋于相等,这时投资者才会停止投机活动。如果:

$$(1+i_A)>(1+i_B)\frac{E_t^e}{E_t} \tag{4-14}$$

则表示在本国的投资收益大于在外国的投资收益,这时,投资者又会将外国货币兑换成本国货币,结果,外国货币的即期汇率 E_t 因出售者增多而下降。但由于本国货币供应相对增多,因此,投资者预期外国货币的未来即期汇率 E_t^e 会上升,最后两边也趋于相等。因此有:

$$(1+i_A)=(1+i_B)\frac{E_t^e}{E_t} \tag{4-15}$$

(4-15)式意味着:将本国货币兑换成外国货币投资于外国金融资产上所获得的收益按预期的未来即期汇率兑换成本国货币,与用本国货币投资于本国金融资产的本利和完全相等,市场上将不再存在套利机会。或者说,同样的货币无论是投资于外国金融资产,还是投资于本国金融资产,其收益是完全相等的。这时,外汇市场就处于均衡状态,汇率就由这一均衡状态决定,这时的汇率就是均衡汇率。

将 $(1+i_A)=(1+i_B)\frac{E_t^e}{E_t}$ 式变形,得:

$$\frac{E_t^e}{E_t}=\frac{(1+i_A)}{(1+i_B)} \tag{4-16}$$

$$\frac{E_t^e-E_t}{E_t}=\frac{i_A-i_B}{1+i_B} \tag{4-17}$$

上式中,$\frac{E_t^e-E_t}{E_t}$ 表示预期的即期汇率变动率,如果 i_B 的值很小,则可取近似值,得:

$$\frac{E_t^e - E_t}{E_t} = i_A - i_B \tag{4-18}$$

(4-18)式为非抵补的利率平价理论的基本公式。该公式表明:两种货币的预期汇率变动率等于两国的利率差异。根据该公式,当本国利率低于外国利率时,本国货币的即期汇率会下降,但本国货币预期的未来即期汇率将上升,上升幅度等于本国利率水平低于外国利率水平的差距,以抵消本国利率低于外国利率水平的损失。相反,当本国利率高于外国利率时,本国货币的即期汇率会上升,但本国货币预期的未来即期汇率将下降,下降幅度等于本国利率水平高于外国利率水平的差距,使持有本国货币所获得的收益同持有外国货币所获得的收益相等。换言之,低利率的货币必定预期升值,原因很简单:没有人会持有一种低利率且预期汇率贬值的货币。而高利率的货币必定预期贬值,其结果是:以不同货币计价的相似资产的收益率趋于一致。

非抵补利率平价理论与抵补利率平价理论的区别就在于:非抵补利率平价理论用预期的未来即期汇率取代了抵补利率平价理论的远期汇率,但远期汇率是一个客观变量,而预期的未来即期汇率是一个主观变量。由于非抵补的套利活动更为普遍,更具广泛性,因此,20 世纪 70 年代以后,人们更注重非抵补利率平价理论,以反映资本的投机性交易而非保值性交易在即期汇率决定中日益重要的现实。同时,实证分析还显示,金融自由化程度越高的国家,非抵补利率平价越显著地成立。

(三)抵补利率平价与非抵补利率平价的基本观点及意义

虽然抵补利率平价中的远期汇率并不是非抵补利率平价中的未来即期汇率,但在充分有效的外汇市场上,远期汇率的升贴水将等于预期的即期汇率变动率,即远期汇率将等于预期在远期外汇合约到期日的即期汇率。或者说,远期汇率可被看作是人们在掌握所有的相关信息以后,对未来即期汇率的合理预期,这是因为:

在充分有效的外汇市场上,如果市场预期未来的即期汇率高于远期汇率,即如果 $E_t^e > F_t$,则投机者购买远期外汇,这样在期满后,当汇率变动到预期水平时($E_t^e = F_t$),就可以将远期合约进行交割时获得的外汇以当时高估的预期汇率水平卖出,从而获得这一差价所带来的盈利。投机者在远期市场上的交易将使 F_t 值增大,直到与预期的未来即期汇率相等时为止。可见,投机者的活动将使远期汇率完全由预期的未来即期汇率所决定,此时抵补利率平价与非抵补的利率平价同时成立,这时有:

$$\frac{F_t - E_t}{E_t} = i_A - i_B = \frac{E_t^e - E_t}{E_t} \tag{4-19}$$

即 $\frac{F_t - E_t}{E_t} = \frac{E_t^e - E_t}{E_t}$

(4-19)式表明,在有效的市场上,远期升贴水等于预期的即期汇率变动率。或者说,预期的未来即期汇率等于同一期限的远期汇率。如果在等式两边乘上 E_t ,则可将(4-19)式简化为:

$$F_t = E_t^e \tag{4-20}$$

(4-20)式表明:远期汇率等于预期在远期外汇合约到期日的即期汇率。在充分有效的外汇市场上,远期汇率等于市场参与者对未来某一时期的即期汇率的最佳估计值或最小方差的无偏估计值。这意味着,远期汇率虽然并不是未来的即期汇率,但远期汇率代表了市场对未来汇率水平的预期,预示着未来即期汇率的大致走向。该等式被称为"无偏性假说"。

在抵补利率平价与非抵补的利率平价同时成立的情况下,通过在 $\frac{F_t - E_t}{E_t} = i_A - i_B$(抵补利率平价)与 $\frac{E_t^e - E_t}{E_t} = i_A - i_B$(非抵补利率平价)等式两边乘上 E_t ,得:

$$E_t^e = F_t = i_A - i_B \tag{4-21}$$

(4-21)式同时说明了抵补与非抵补利率平价理论的基本观点:当本国利率水平高于外国利率水平时,本国货币的即期汇率会上升,但本国的远期汇率(抵补利率平价)及预期的未来即期汇率(非抵补利率平价)会下降;反之,当本国利率水平低于外国利率水平时,本国货币的即期汇率会下降,但本国的远期汇率(抵补利率平价)及预期的未来即期汇率(非抵补利率平价)会上升。其结果是:两国货币的未来收益率在折算成同一货币进行比较时应完全相等。

根据(4-21)式可得出利率平价理论有关汇率变动的基本观点是:预期的即期汇率变动率(或远期汇率的升贴水率)等于两国的利率差异,因此,两国间的利率差异可以作为汇率的预报器。同时，根据(4-21)式还可得出利率平价理论有关均衡汇率的基本观点：当同样的货币无论是投资于外国金融资产，还是投资于本国金融资产，其收益完全相等时（国际金融市场上的“一价定律”），外汇市场就处于均衡状态，均衡汇率就由外汇市场的这一均衡状态决定，这时的汇率就是均衡汇率。总之，利率平价理论明确地阐述了利率和汇率达到均衡的条件，并解释了当利率变动时，汇率将如何变动。所以，利率平价理论是一种联结两国利率变动与汇率变动的汇率决定理论，这为预测汇率的变动提供了理论依据。

利率平价理论的意义在于：

(1)与购买力平价理论不同的是，利率平价理论将汇率的决定由产品市场转移到货币市场，从实物部门转移到货币部门，考察了资本流动（而不是商品流动）与汇率决定之间的关系，这既适应了国际资本流动频繁的现实，又弥补了购买力平价理论只从实物部门考虑汇率决定的缺陷，从而开辟了汇率决定理论研究的新视角。

(2)利率平价理论从外汇市场均衡的角度探讨了均衡汇率问题。这是因为：根据利率平价理论，当同样的货币无论是投资于外国金融资产，还是投资于本国金融资产，其收益完全相等时，外汇市场就处于均衡状态，均衡汇率就由外汇市场的这一均衡状态决定，这时的汇率就是均衡汇率。

(3)以前的汇率决定理论主要研究即期汇率的决定问题，而利率平价理论不但研究了即期汇率的决定问题，而且还研究了远期汇率的决定问题。

(4)利率平价论将金融市场上利率与汇率这两个重要的金融资产价格变量联系起来进行分析，从而解释了利率变动对即期汇率和远期汇率（或预期的未来即期汇率）变动的影响，[①]这为预测汇率的变动提供了理论依据。

(5)解释了外汇市场上汇率和利率的相互作用机制。它强调了汇率和利率之间的必然联系，将汇率的决定同利率的变化有机地联系起来，正确揭示了利率变动和资本流动对即期汇率和远期汇率变动的影响。利率平价理论认为，不仅利率差会影响汇率的变动，而且汇率的变动会通过影响不同市

① 根据利率平价理论，利率对汇率的影响程度取决于投资者对远期汇率的预期。

场上的资金供求关系,进而影响利率的变动。[①]

(6)利率平价理论认为,在资本自由流动的情况下,投资者的套利或投机活动会使投资者无论是持有本国货币,还是持有外国货币,所获得的收益都完全相等,这意味着,利率平价机制是建立在资本自由流动、利率市场化和汇率自由浮动的基础上,因此,从现实来看,对利率平价理论进行检验也是衡量一国资本账户的开放程度或资本自由流动程度、利率市场化程度及汇率市场化程度的重要方法。[②] 同时,如果两国之间的利率平价成立,则意味着两国之间的资本是自由流动的,因此,对两国之间的利率平价关系进行检验,也是衡量两国之间金融一体化程度的重要方法。

还需要指出的是,由于利率平价理论认为,在资本自由流动及利率和汇率完全市场化的情况下,投资者的套利或投机活动会使得投资者无论是持有本国货币,还是持有外国货币,所获得的收益都完全相等(因为没有任何人会持有一种利率低且预期汇率将贬值的货币),或者说将同样的货币无论是投资于外国金融资产,还是投资于本国金融资产,其收益完全相等,这时,国内外市场不再存在套利机会或任何未加利用的盈利机会,这意味着国内外市场趋于均衡有效,这一均衡有效点也就是"帕累托最优点"(即货币或资本已在国内外实现了最优配置,在这一最优点,货币或资本的任何流动都不会带来收益的增加,而只会导致收益的减少)。当国内外利率水平趋于相等时,这时本国与外国的汇率水平也就确定下来。这时,人们无论是持有哪种货币,其收益都是没有差异的。这一点也意味着货币或资本在国内外的边际收益完全相等,货币或资本在国内外的边际收益完全相等表明货币或资本已在国内外实现了最佳的配置,这种配置意味着货币或资本所能获得的总收益达到最大化。

总之,根据利率平价理论实际上还可以得出这样的结论:只有在利率及

① 根据抵补利率平价理论,两国之间的利差等于远期汇率的升贴水率,而根据非抵补利率平价理论,两国之间的利差等于预期的即期汇率变动率。

② 根据利率平价理论,在资本完全自由流动的情况下,国内利率与国外利率应符合利率平价关系,即一国国内利率加上该国预期的即期汇率变动率应该等于国外利率。当两国之间存在不同的利率水平时,国际套利资本的流动将使得利差消失,或使得有关货币的汇率发生变动,以维持利率平价关系。故本国利率与国际利率之间是否符合利率平价关系是检验一国资本账户是否开放的重要方法,而本国利率与国际利率的联系程度就是资本账户开放程度的价格反映。

汇率同时市场化，且资本账户完全开放的情况下才能实现货币或资本在国内外的最优配置。

三、从利率平价理论到实际利率平价理论

由于利率平价理论只能说明短期汇率或远期汇率的决定与变动，且利率平价理论只考虑货币部门对汇率的影响，而没有考虑实体经济部门对汇率的影响，因而难以解释长期汇率的决定与变动。在这种情况下，一些经济学家（Frankel，1979；Mishkin，1984；Cumby and Obstfeld，1984）试图将购买力平价理论与利率平价理论综合在一起，由此提出了实际利率平价理论。

由于购买力平价理论均衡等式中的 $\dot{E}$ 是指汇率的变动率，利率平价理论均衡等式中的 $\frac{E_t^e - E_t}{E_t} = i_A - i_B$ 为预期的汇率变动率，$\frac{F_t - E_t}{E_t}$ 为远期汇率的升水或贴水，而在外汇市场有效性的假定下，远期汇率的升水或贴水实际上就是汇率的变动率，因此，$\dot{E}$ 与 $\frac{E_t^e - E_t}{E_t}$ 及 $\frac{F_t - E_t}{E_t}$ 实际上是相等的，这样，就可将购买力平价理论的均衡等式与利率平价理论的均衡等式两者综合起来，得：

$$\dot{E} = i_A - i_B = \dot{P}_A - \dot{P}_B \tag{4-22}$$

（4-22）式表明，汇率的变动率既等于两国的通货膨胀率之差，同时也等于两国利率水平之差。

同时，在开放的条件下，等式 $i_A - i_B = \dot{P}_A - \dot{P}_B$ 表明：两国的利率之差等于两国的通货膨胀率之差，或者说各国的利率差异源于各国通货膨胀率的差异，这可用图 4-3 加以表示：

如将 $\dot{E} = i_A - i_B = \dot{P}_A - \dot{P}_B$ 移项，可得：

$$\dot{E} = i_A - \dot{P}_A = i_B - \dot{P}_B \tag{4-23}$$

（4-23）式中，i_A 是 A 国的名义利率，$\dot{p}_A$ 是 A 国的通货膨胀率，因此，$i_A - \dot{P}_A$ 指的就是国的实际利率，而 i_B 是 B 国的名义利率，$\dot{P}_B$ 是 B 国的通货膨胀率，因此，$i_B - \dot{P}_B$ 就是 B 国的实际利率。

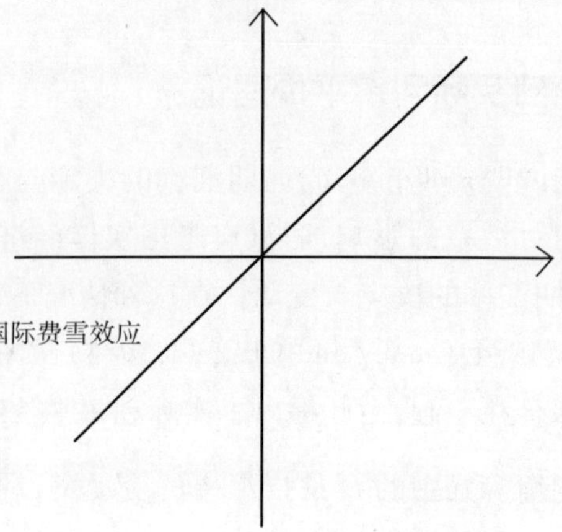

图 4-3　国际费雪效应图

将利率分为名义利率与实际利率是美国经济学家费雪(Fisher)提出的。费雪(1930)通过区分名义利率与实际利率,从而揭示了名义利率、实际利率与通货膨胀率三者之间的关系。他指出,在一个信息充分且能够充分预见的市场中,名义利率的升降与预期通货膨胀率的升降是一一对应的,即预期的通货膨胀率变动一个单位,名义利率也随之变动一个单位,而实际利率保持不变。因此,费雪认为,名义利率、实际利率与通货膨胀率三者之间的关系应为:

$$i = r + \dot{p} \tag{4-24}$$

上式中,i 为名义利率,r 为实际利率,$\dot{p}$ 为预期的通货膨胀率。

费雪认为,实际利率 r 在一定时期内是稳定的。因此,名义利率 i 的波动主要是因为人们对通货膨胀预期 $\dot{p}$ 的修正,也就是说,名义利率 i 的上升幅度和预期的通货膨胀率 $\dot{p}$ 相等,这又称为"费雪效应"。"费雪效应"表明,每一国的名义利率 i 等于实际利率 r 加上预期通货膨胀率 $\dot{p}$ 的和。或者说,一国的实际利率 r 等于名义利率 i 减去预期通货膨胀率 $\dot{p}$ 之差。由于实证研究中预期通胀率数据难以获得,同时,根据理性预期理论并假定通胀预测误差为平稳过程,因此,在实证研究中往往用实际通胀率代替预期通胀率。

故此,等式 $\dot{E} = i_A - \dot{P}_A = i_B - \dot{P}_B$ 表明:如果购买力平价理论与利率平价

理论成立，则两国间的实际利率（名义利率减去物价水平变动率）应该相等。等式 $\dot{E}=i_A-\dot{P}_A=i_B-\dot{P}_B$ 也称为费雪开放条件（Fisher open condition）或国际费雪效应，国际费雪效应同时也被称为实际利率平价理论。可见，国际费雪效应或实际利率平价理论实际上是在购买力平价理论、利率平价理论及费雪效应的基础上推导出来的。国际费雪效应或实际利率平价理论实际上表明：当两国的实际利率相等时，两国间将形成均衡汇率。

根据 $\dot{E}=i_A-\dot{P}_A=i_B-\dot{P}_B$，可将费雪开放条件、购买力平价理论与利率平价理论综合起来组成一个互为因果的关系图：

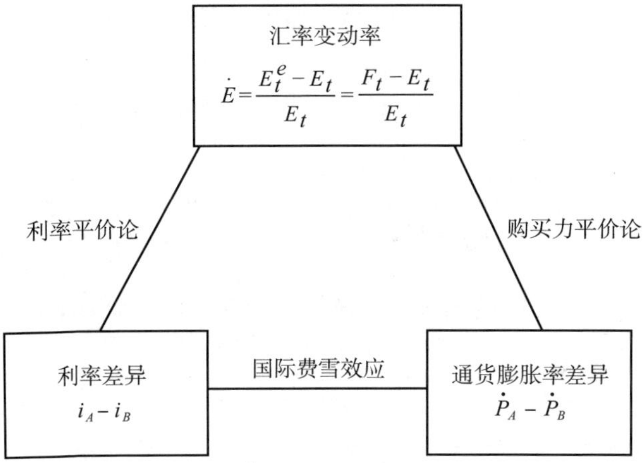

图 4-4 购买力平价理论、利率平价理论与国际费雪效应关系图

图 4-4 显示，国际费雪效应或实际利率平价理论通过将利率平价理论与购买力平价理论结合在一起，实际上将两国货币汇率的变动率与两国间的通货膨胀率之差与利率之差联系起来了，进而将通货膨胀率与利率的国际差异看作是共同决定汇率的基本因素。

国际费雪效应或实际利率平价理论的意义在于：

（一）可用于预测浮动汇率制下的各国即期汇率的变动趋势

由于国际费雪效应或实际利率平价理论将利率平价理论与购买力平价理论结合在一起，进而将通货膨胀率与利率的国际差异看作是共同决定汇率的基本因素，因而提供了一个未来即期汇率的市场预期估计值。根据国际费雪效应或实际利率平价理论：利率高的货币面临汇率贬值趋势，而利率低的货币面临汇率升值趋势。其原因在于:国际费雪效应认为在理想状态下,世界各国实际利率均相等,因此,名义利率的不同只是由于各国通货膨胀预期不同造成的,这意味着,本国利率高于外国利率是因为本国的通货膨胀率高于外国,[①]因此,本国利率相对外国利率提高反映的是本国通货膨胀率的上升(费雪效应将各国的利率差表达为各国预期通货膨胀率之差),[②]这样,本国货币汇率就将贬值,国际费雪效应所预测的汇率值与购买力平价理论所预测的汇率值就是一致的。

(二)衡量经济一体化的程度

由于费雪开放条件或实际利率平价理论的成立表明两国间的实际利率(名义利率减去物价水平变动率)相等,而要达到这一点,显然只有在两国之

---

① 根据"费雪效应",名义利率的变化主要反映的是预期的通货膨胀率的变化而不是实际利率的变化。

② 关于利率平价与物价水平的关系有两种代表性的观点:(1)货币学派(包括费雪的传统货币数量论)的观点。这一派观点假定价格可以充分及时地调整,即商品市场价格与资产市场价格具有相同的调整速度,现有价格水平能够充分反映市场供求的变化,在这种情况下,名义利率的变化能够反映预期通货膨胀率的变化,各国间利率差异等于各国间预期的通货膨胀率差异,因此,如果本国名义利率水平高于国外,就意味着本国物价水平高于国外,这样,本国货币汇率自然将贬值。货币主义的观点还可以从货币中性的角度解释,也就是说,由于货币是中性的,因此,如果本国货币供应一次性增加,则本国物价水平就会迅速上涨,引起通货膨胀率上升,从而导致本国货币贬值和名义利率上升。总之,货币主义认为:本国的名义利率与即期汇率存在正相关关系。通货膨胀对即期汇率的影响与名义利率对即期汇率的影响是同方向的。(2)凯恩斯学派的观点。凯恩斯学派在即期汇率的决定上不考虑通货膨胀率的变化。这一派观点认为价格是黏性的或在短期是刚性的,在这种情况下,名义利率的变化并不立即反映本国物价水平的变化,而反映的是本国货币政策松紧程度的变化。在这种情况下,如果本国名义利率上升,则意味着本国货币政策紧缩,此时外国资本流入,对本国货币的需求增大,因而本国货币汇率趋于升值。凯恩斯学派的观点还可以从货币非中性的角度解释。根据货币非中性的观点,当一国货币供应减少,而价格不能在短期迅速调整,这时只有通过利率的上升来实现市场的均衡。国内利率的上升导致国内外利差的变化,从而导致在即期外汇市场上本国货币汇率升值。因此,凯恩斯主义的观点是,本国的名义利率与即期汇率存在负相关关系,而与预期通货膨胀率无关。根据即期汇率决定的利率平价模型可以推断:在通货膨胀率很小的情况下或物价水平波动相对平缓的时期,凯恩斯的观点符合现实(如20世纪50年代加元与美元之间的汇率波动),在高通货膨胀率或物价水平波动幅度较大的情况下,货币主义的观点符合现实(如德国20世纪20年代的恶性通货膨胀时期)。实际上,要正确地理解利率与汇率之间的关系,首先必须区分名义利率与实际利率这两个概念。实际利率与名义利率的关系为:实际利率等于名义利率减去预期的物价水平变动率。了解名义利率与实际利率之间的差异以后,就不难理解一国名义利率的升值既可能意味着预期该国通货膨胀率的上升,也可能反映了该实际利率水平的提高,如果是前者,则对该国货币的实际需求就会下降,这会导致该国货币汇率下跌的压力;在后一种情况下,假如本国的实际利率高于外国,而且资本的国际流动不受限制,则资本就会流入该国,这将增大对该国货币的需求,从而导致该国货币汇率的上升。由此可见,这两种类型的变化,对汇率却正好起着相反的影响。问题的关键就在于如何判断一国利率的变化到底是由于实际利率的变化引起的,还是由于预期物价水平的变动引起的。

间不存在资本管制,因而资本能够自由流动的情况下才能实现。这是因为:只有在两国之间不存在资本管制,资本能够自由流动的情况下,两国之间的实际利率才会相等("一价定理")。[①] 这意味着,费雪开放条件或实际利率平价理论也是衡量经济一体化程度的重要指标。由于购买力平价建立在商品市场的套利活动基础上,利率平价则建立在金融市场的套利活动基础上,而实际利率平价实际上同时包括了金融市场和商品市场的自由套利行为,因此,实际利率平价比利率平价和购买力平价所反映的经济一体化程度更高。[②]

(三)可据此判断资源是否在国际市场实现了最佳配置

费雪开放条件或实际利率平价理论表明,资本的自由流动不但将国内外名义利率连接了起来,而且将国内外实际利率连接了起来。这实际上进一步证实:在利率及汇率同时市场化,且资本账户完全开放,因而资本可以自由流动的情况下,金融市场和商品市场都将达到"帕累托最优点",金融市场和商品市场都将不存在套利机会,这也意味着资源在国际市场实现了最佳配置。因此,通过检验费雪开放条件或实际利率平价是否成立,还可以判断资源是否在国际市场实现了最佳配置。

第三节　开放的宏观经济模型:*IS-LM-BP* 模型

一、*IS - LM - BP* 模型的前身:*IS - LM* 模型

IS - LM 模型是英国著名经济学家希克斯(Hicks)为弥补古典利率理

① 与购买力平价理论一样,国际费雪效应也依赖套利活动使各国的实际利率相等。

② 抵补的利率平价理论(Covered Interest Parity,CIP)、未抵补的利率平价理论(Uncovered Interest Parity,UIP)及实际利率平价理论(Real Interest Parity,RIP)这三类利率平价理论的成立与否均可用来衡量金融一体化的程度。其中,抵补利率平价所反映的一体化程度较低,仅包括资本的自由流动;非抵补的利率平价建立在两国货币和外汇市场自由套利的基础上,能够有效反映金融市场的政治溢价和风险溢价,可以较为客观地衡量金融市场一体化程度;而实际利率平价所反映的一体化程度则较高,包括了金融和商品市场的自由套利。

论、凯恩斯“流动性偏好”利率理论及可贷资金利率理论的缺陷而提出的。希克斯(1937)认为,以上这三种利率理论都没有考虑收入的因素,因而无法确定利率水平,不能明确得出利率究竟是多少的结论。

按照希克斯的说法,古典利率理论并不能确定利率的高低,因为储蓄是取决于收入的。因此,不知道收入,也就无法知道储蓄,从而利率也无法确定。利率不确定,投资也无法得知,结果收入也不能确定。凯恩斯的流动性偏好利率理论也不能确定利率水平的高低,因为按照流动性偏好利率理论,利率取决于货币需求与货币供应的均衡点,但货币需求却主要取决于收入,因此,要知道货币需求,也必须知道收入,否则,就不能够确定利率。可贷资金利率理论撇开了收入也同样不能够确定利率,因为可贷资金供应中的储蓄和可贷资金需求中的窖藏都与收入有关,储蓄和可贷资金需求并不仅是利率的函数。因此,希克斯认为,若不将收入考虑进去,任何理论都不能明确确定利率水平的高低。

为弥补以上三种利率理论的缺陷,希克斯于1937年发表了一篇著名的论文《凯恩斯与古典学派》[①],首倡著名的 *IS - LM* 模型[②],后经美国经济学家汉森加以说明和解释[③],从而建立了一种使利率与收入在储蓄和投资、货币供应和货币需求这四个因素的相互作用之下同时决定的利率理论,这就是由 *IS - LM* 模型所表述的利率理论。希克斯认为,在现实社会中,收入水平和利率水平必然是同时决定的,这就意味着商品市场和货币市场必须同时达到均衡,其模型的形成过程如下:

(一)商品市场的均衡

从商品市场来看,储蓄 S 与收入 Y 正相关,投资 I 与利率 r 负相关,储蓄等于投资是商品市场均衡的必要条件,因为只有在这一条件下,才能使商品市场的供给与需求相一致。商品市场的均衡可由图4-5四象限绘图法加以表示。

---

① Hicks, J., 1937, “Mr. Keynes and the ‘Classics’”, *Econometrica*, Vol. V, No. 2, pp. 147-189.

② 希克斯首倡 *IS-LM* 模型的初衷并不是为了提出一种新的利率理论,而是为了说明凯恩斯学派与古典学派的关系,并论证凯恩斯经济学与古典经济学一样,也只是一种特殊的理论,而不是一般理论。根据希克斯的分析,凯恩斯经济学的特殊性,就在于它只适用于经济萧条的特殊情况,而不适用于经济正常的一般情况,希克斯甚至认为凯恩斯经济学是“萧条经济学”。但希克斯将古典学派与凯恩斯理论加以综合的结果却在无意中形成了一种新的均衡利率理论。

③ 参见汉森:《货币理论与财政政策》,1949年英文版,第27—81页。

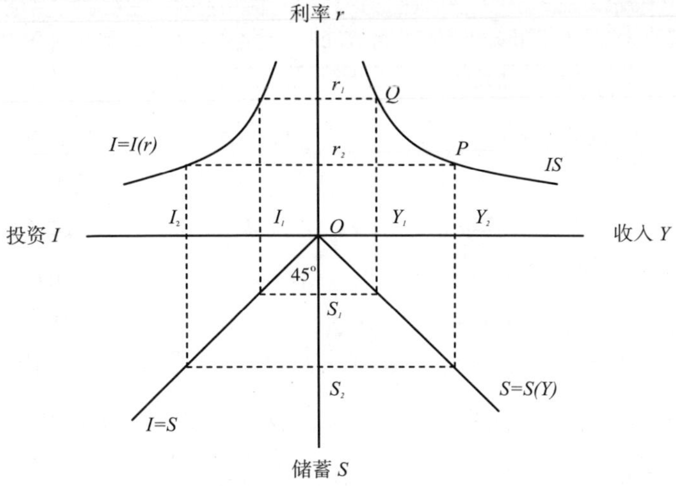

图 4-5　*IS* 曲线

在图 4-5 中,第二象限表示投资函数:$I = I(r)$,$dI/dr < 0$,故投资 I 与利率 r 成反比关系。第三象限的 45°角对角线表示商品市场的均衡条件:$I = S$ 。第四象限表示储蓄函数:$S = S(Y)$,$dS/dY > 0$,故储蓄 S 与收入 Y 成正比关系。第一象限表示收入 Y 与利率 r 之间的关系。在开始时,这一象限是空白的。

现在,若收入水平为 Y_2,则依据储蓄函数 $S = S(Y)$,可知道储蓄量为 S_2;通过第三象限商品市场的均衡条件 $I = S$ 得知,为了使商品市场均衡,投资量为 I_2;再根据第二象限的投资函数 $I = I(r)$ 得知,为了使投资量为 I_2,利率就必须为 r_2。于是可得知,当收入为 Y_2 时,使储蓄与投资相等的利率必为 r_2,这样,便得到一个使储蓄和投资相等的收入和利率的组合 $P(Y_2,r_2)$ 。同理,若收入为 Y_1,则可得到使储蓄等于投资的另一利率水平 r_1,因而就又得出了使储蓄等于投资的另一组收入和利率的组合 $Q(Y_1,r_1)$,依此可得到使储蓄与投资相等的所有收入和利率不同组合的点的轨迹,这条轨迹曲线就称为 *IS* 曲线。

IS 曲线表示使储蓄和投资达到平衡的所有收入和利率之间的关系,*IS* 曲线上任何一点的收入与利率的组合都代表储蓄和投资的平衡及商品市场的均衡,因此,*IS* 曲线可以说是商品市场均衡线。在任意给定的收入水平上,*IS* 曲线都对应一个使得商品市场处于均衡状态的利率水平。

IS 曲线向右下方倾斜[①],表示 IS 曲线的斜率为负,这是因为投资与利率负相关,当利率下降时,投资就会增加,于是就会得到较高的收入水平和与收入相对应的较多的储蓄。

影响 IS 曲线位移的因素有:(1)自主性支出(包括消费支出、投资支出和政府支出)的增加会使 IS 曲线向右移动。因为:在给定的利率水平下,自主性支出的增加导致总需求增加,而总需求决定国民收入,因此,总需求的增加会增加国民收入,因而 IS 曲线向右移动;而自主性支出的减少则使 IS 曲线向左移动。(2)政府税收的减少会使 IS 曲线向右移动,因为:在给定的利率水平下,税收的减少相当于增加了支出,这导致总需求增加,进而增加国民收入,因而 IS 曲线向右移动;政府税收的增加则使 IS 曲线向左移动。(3)净出口的增加会使 IS 曲线向右移动,因为:在其他条件不变时,净出口的增加意味着总需求的增加,总需求的增加会增加国民收入,因而 IS 曲线向右移动;净出口的减少则使 IS 曲线向左移动。(4)汇率的贬值会使 IS 曲线向右移动。因为:汇率贬值会使本国出口增加而进口减少,这相当于在利率不变的情况下提高了产出水平,从而使国民收入增加;汇率升值则使 IS 曲线向左移动。由于增加支出和减少税收是扩张性的财政政策,而减少支出和增加税收的政策是紧缩性的财政政策,因此,政府实行扩张性的财政政策会使 IS 曲线向右移动,而紧缩性的财政政策则使 IS 曲线向左移动。

(二)货币市场的均衡

从货币市场来看,由货币的供求均衡也可求出收入与利率之间的关系。按照凯恩斯的流动性偏好理论,利率决定于货币供应与货币需求相等的均衡点。货币需求 L 是收入 Y 和利率 r 的函数,其中又分为满足交易和预防动机的货币需求 L_1,以及满足投机动机的货币需求 L_2。货币供应是由中央银行所决定的外生变量,设为 M 。故货币市场均衡条件为: $M = L = L_1(Y) + L_2(r)$ 。货币市场的均衡也可用四象限绘图法加以表示,见图 4-6。

① IS 曲线的斜率主要取决于以下两个因素:(1)在其他条件不变的情况下,投资对利率的弹性越大,国民收入对利率的变动也就越灵敏,则 IS - LM - BP 曲线的斜率的绝对值越小, IS 曲线就越平坦;反之,投资对利率的弹性越小,国民收入对利率的变动也就越不灵敏, IS 曲线就越陡峭。(2)在其他条件不变的情况下,消费、投资、出口及政府支出对国民收入的乘数作用越大,则 IS 曲线就越平坦;反之则越陡峭。

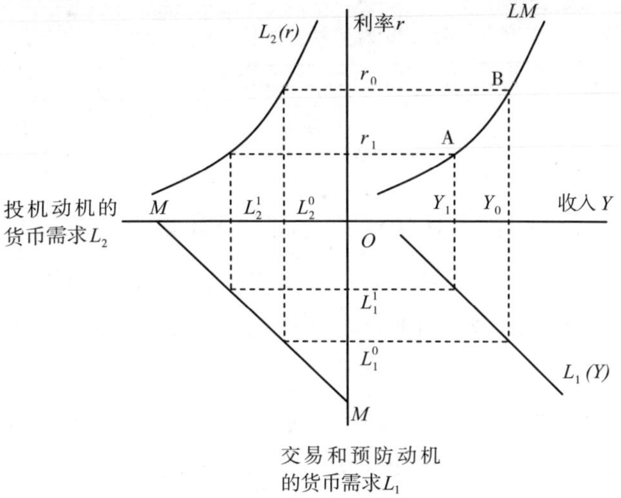

图 4-6　*LM* 曲线

在图 4-6 中,第三象限的横轴代表满足投机动机的货币需求 L_2,纵轴则代表满足交易和预防动机的货币需求 L_1。第二象限描绘了满足投机动机货币需求的曲线 $L_2(r)$,因为 L_2 是利率的减函数,故 $L_2(r)$ 曲线向左下方倾斜。在第四象限,描绘了满足交易和预防动机货币需求的曲线 $L_1(Y)$,因为 $L_1(Y)$ 是收入的增函数,故 L_1 曲线向右下方倾斜。第三象限表示货币市场的均衡,即货币供应等于货币需求。由于假定货币供应固定为 M ,故用于满足投机动机货币需求的货币供应量至多只能为 M ,同理,用于满足交易和预防动机货币需求的货币供应量也以 M 为限(即图中 OM 的数量),第三象限中 MM 直线上的各点就表示总货币供应 M 在投机动机的货币需求 L_2 和交易及预防动机的货币需求 L_1 之间加以分配的种不同组合。第一象限同样也是表示收入 Y 与利率 r 之间的关系。

现假定收入为 Y_0,则由第四象限的 $L_1(Y)$ 可知,社会上为满足交易和预防动机的货币需求为 L_1^0。由于货币供应量固定为 M ,故由第三象限的 MM 直线可知,为满足投机动机的货币需求则为 $M-L_1^0=L_2^0$。又根据第二象限的 $L_2(r)$ 可得出,当社会上为满足投机动机的货币需求为 L_2^0 时,利率水平就必然为 r_0。由此就得到一组使货币供应等于货币需求的收入和利率的组合 $B(Y_0,r_0)$ 。同理,可得到另一组使货币供求相等的收入与利率的组合

$A(Y_1,r_1)$。如此反复,就可求出所有满足货币供求相等的各种不同收入和利率组合点的轨迹,这条曲线即为 *LM* 曲线。

LM 曲线表示使货币供应与货币需求相等时的所有收入与利率之间的关系,*LM* 曲线上任何一点的收入与利率的组合都代表货币供应和货币需求的平衡及货币市场的均衡,因此,*LM* 曲线可以说是货币市场均衡线。在任意给定的收入水平上,*LM* 曲线都对应一个使得货币市场处于均衡状态的利率水平。*LM* 曲线的左边意味着存在超额货币供应,这时的利率水平高于均衡利率水平,人们手中持有的货币超过其意愿持有的水平,为了消除超额货币余额,人们会纷纷购买金融资产,金融资产的市场价格上升,利率下降,直到利率达到 *LM* 曲线上的均衡水平。反之,*LM* 曲线的右边意味着存在超额货币需求,这时的利率水平低于均衡利率水平,人们手中持有的货币少于其意愿持有的水平,因而人们会出售金融资产而换成货币,结果导致利率上升,直到利率达到 *LM* 曲线上的均衡水平。

LM 曲线向右上方倾斜①,表示 *LM* 曲线的斜率为正。这是因为当收入增加时,为满足交易和预防动机而持有的货币量也就增加,而在货币供应量一定的条件下,就必须相应地减少为满足投机动机而持有的货币量,这样,利率就必须相应提高,以使投机动机的货币需求降低。

影响 *LM* 曲线位移的因素有:(1)货币供应的变动。货币供应增加导致 *LM* 曲线向右移动。因为在产出(收入)不变的情况下,货币供应的增加会使得最初的 *LM* 曲线上存在过多的货币供应,这种超额的货币供应会通过利率的降低加以消除,只有利率的降低才能恢复货币市场的均衡,此时 *LM* 曲线向右移动;反之,货币供应减少则导致 *LM* 曲线向左移动。(2)货币需求的变动。货币需求增加会使 *LM* 曲线向左移动。因为在产出(收入)水平

① *LM* 曲线的斜率主要取决于以下两个因素:(1)在货币的交易需求不变的条件下,取决于货币的投机需求。如果货币的投机需求对利率越敏感,则 *LM* 曲线的斜率的绝对值越小, *LM* 曲线就越平坦;反之,如果货币的投机需求对利率越不敏感,则 *LM* 曲线的斜率的绝对值越大, *LM* 曲线就越陡峭。(2)在货币的投机需求不变的条件下,取决于货币的交易需求。如果货币的交易需求对国民收入的变动越敏感,则 *E* 曲线的斜率的绝对值越大, $\frac{P_A}{P_B}$ 曲线就越陡峭;反之,如果货币的交易需求对国民收入的变动越不敏感,则 *LM* 曲线的斜率的绝对值越小, *LM* 曲线就越平坦。凯恩斯学派认为 *LM* 曲线较平坦,因而有弹性,而货币学派则认为 *LM* 曲线较陡峭,因而缺乏弹性。

不变的情况下，货币需求的增加会造成货币供应不足，这时利率会上升，只有利率的上升才能恢复货币市场的均衡，因而 *LM* 曲线向左移动。

（三）商品市场和货币市场同时处于均衡状态下的利率决定

以上所导出的 *IS* 曲线和 *LM* 曲线分别代表商品市场和货币市场的均衡。但是，无论是 *IS* 曲线还是 *LM* 曲线都不能单独决定满足全部均衡状态的收入和利率。只有商品市场和货币市场同时达到均衡，即储蓄等于投资、货币供应等于货币需求时，均衡收入和均衡利率才能确定。因此，就应把 *IS* 曲线与 *LM* 曲线同时并入同一个直角坐标系内。

在图 4-7 中，*IS* 曲线和 *LM* 曲线的交点 E 所决定的收入 Y_e 和利率 r_e 就是使整个经济处于一般均衡状态的唯一的收入和利率水平。由于 E 同时是 *IS* 曲线和 *LM* 曲线上的点，因此 E 点所决定的收入 *Y* 和利率 *r* 能同时维持商品市场和货币市场的均衡，故为真正的均衡收入和均衡利率。E 则为一般均衡点，处于这点以外的任何收入和利率的组合，都会通过商品市场和货币市场的调整而回到均衡状态。

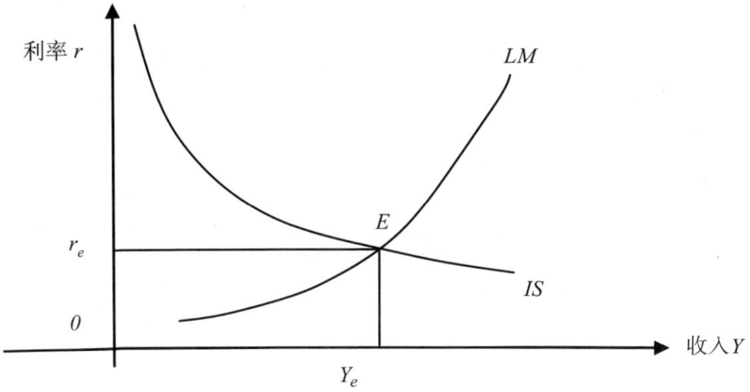

图 4-7　*IS-LM* 模型：封闭条件下的均衡利率及均衡收入

根据 *IS* - *LM* 模型，利率水平的高低取决于投资需求函数、储蓄函数、流动性偏好即货币需求函数、货币供应量这四个变量。当投资的边际效率上升时，*IS* 曲线向左上方移动，利率将上升；当边际储蓄倾向上升时，*IS* 曲线向左下方移动，利率将下降；当货币需求增大，即流动性偏好增强时，*LM* 曲线将向上移动，利率将上升，当货币供应增加时，*LM* 曲线将向下移动，利率将下降。

总之,*IS* - *LM* 模型认为,只有在储蓄与投资、货币供应与货币需求同时相等,即在商品市场和货币市场同时达到均衡的条件下,收入与利率同时被决定时,才能得到完整的、能使利率得到明确决定的利率理论。这意味着,*IS* - *LM* 模型认为,市场均衡利率是在产品市场和货币市场同时达到均衡时决定的,或者说,均衡利率是在货币领域和实体经济领域同时达到均衡时决定的。[①]

二、*IS–LM–BP* 曲线的推导

由于 *IS* - *LM* 曲线分析的利率理论没有涉及进出口贸易和资本流动,因此,*IS* - *LM* 分析的利率理论实际上只是封闭经济条件下的利率决定理论,而不是开放条件下的利率决定理论。事实上,在开放经济的条件下,一国的进出口贸易、经常账户、资本流动及国际收支状况会对本国的储蓄,从而会对本国的利率水平产生影响。

基于开放经济的现实,以蒙代尔(Mundell,1960、1963)和弗莱明(Fleming,1962)为代表的经济学家以凯恩斯经济理论为基础,以开放经济为背景,在 *IS* - *LM* 模型的基础上加入对外贸易和资本流动,以分析开放条件下的内外经济均衡问题[②],从而形成了蒙代尔-弗莱明(Mundell-Fleming)模型。[③] 由于蒙代

① *IS* 曲线可以说代表古典学派的利率理论,而 *LM* 曲线则可以说代表凯恩斯的流动性偏好利率理论。事实上,根据古典利率理论的基本思想,古典利率理论实际上探讨的是商品市场的均衡。而根据凯恩斯利率理论的基本思想,凯恩斯利率理论所探讨的实际上是货币市场的均衡。

② 古典经济学认为市场价格机制能够使经济自动达到均衡状态,因此,在古典经济学的理论框架中,并不存在经济失衡问题。

③ 1963 年,蒙代尔发表了《资本流动与固定及浮动汇率制度下的稳定政策》一文,论文提出在固定汇率和资本完全流动的情况下,货币政策完全失效。该文被认为是蒙代尔-弗莱明(Mundell-Fleming)模型的经典文献。弗莱明则发表了《固定与浮动汇率体系下的国内金融政策》一文,几乎同时提出了相同的思想。但相比之下,蒙代尔的研究更有深度与广度,因而影响更大。蒙代尔-弗莱明模型揭示了开放经济条件下的财政、货币、汇率等宏观经济政策的互相搭配,以及对经济内部平衡和外部平衡目标的影响,从而为分析不同汇率制度以及不同的资本流动性条件下财政和货币政策的效果提供了理论基础,并成为开放经济条件下制定宏观经济政策最重要的理论依据。蒙代尔-弗莱明模型的基本观点是:在资本完全流动的情况下,货币政策在固定汇率制度下对刺激经济毫无效果,即并不能导致国民收入增加(或减少),但在浮动汇率制度下则效果显著;财政政策在固定汇率制度下对刺激经济效果显著,即能够导致国民收入增加(或减少),但在浮动汇率制度下则效果甚微或毫无效果,财政政策的影响被汇率的变化所抵消。此外,蒙代尔-弗莱明模型还指出,在一个实行固定汇率且资本完全自由流动的世界里,对冲操作不但毫无意义,而且最终只会导致固定汇率制度的崩溃。

尔-弗莱明模型是描述商品市场和货币市场同进平衡的在 *IS - LM* 模型基础上加入国际收支这一因素形成的开放宏观经济模型①,因此,如果用 *BP* 曲线表示国际收支平衡线,则蒙代尔-弗莱明模型就可以画成 *IS - LM - BP* 模型。作为 *IS - LM - BP* 模型之一种的蒙代尔-弗莱明模型目前已成为分析开放经济条件下宏观经济政策效果的主要工具。②

但要指出的是,蒙代尔-弗莱明模型是以资本具有完全流动性为假设前提的开放经济模型,该模型显示,在资本完全自由流动的情况下,利率的微小变动都会导致资本的巨额流动,因此,国内利率水平必须与国际均衡利率水平一致, *BP* 曲线是一条水平线,因此,蒙代尔-弗莱明模型是 *IS - LM - BP* 模型的一个特殊情况,即资本完全流动假设条件下的 *IS - LM - BP* 模型。此后,蒙代尔-弗莱明模型经过不断修改完善,进而形成能考虑资本不完全流动情况的 *IS - LM - BP* 模型。

值得指出的是, *IS - LM - BP* 模型既是分析开放条件下国内外经济均衡的一个宏观经济模型,同时也可以说是开放条件下的均衡利率理论模型,这一模型实际上是将国际收支对均衡利率的影响考虑进来的③,因此,运用 *IS - LM - BP* 模型不但能够更好地分析在不同汇率制度下及不同的资本流动性条件下财政政策和货币政策的效果,而且也能够更好地描述国内外经济均衡④以及经济内外均衡同时实现时的均衡利率。

---

① 蒙代尔-弗莱明模型在 *IS - LM* 模型基础上继承了凯恩斯的价格刚性思想。蒙代尔-弗莱明模型建立在以下假设基础之上:(1)资本完全自由流动,且经济体系的所有证券资产具有完全的替代性,这样国内证券资产价格完全由套利行为决定。(2)小国经济,即该国不能影响外国的收入水平及国际利率水平,因此国内利率水平与国际利率水平同步变化,直到最终套利活动停止。(3)存在闲置资源,规模收益不变,货币工资固定,这意味着供给具有弹性,价格水平固定。

② *IS - LM - B* 模型存以以下假定:(1)国内外价格水平不变,实际汇率与名义汇率同比例变动。同时,由于假定本国价格水平固定,因此, *IS - LM - B* 模型也是一种短期分析。(2) *IS - LM - B* 模型的理论基础是凯恩斯主义的需求分析,假定总供给曲线水平在实现充分就业之前是水平线,总供给可以随总需求的变化而迅速作出调整,因此,总产出由总需求决定,可见, *IS - LM - B* 模型又是一种需求分析。(3)马歇尔-勒纳条件成立。(4)在不考虑总供给的情况下来分析经济政策的影响。此外,该模型以国内经济的均衡,即以 *IS - LM* 的成立为前提;其次,该模型假定 *BP* 的移动是在浮动汇率制度下进行的。

③ 根据蒙代尔-弗莱明模型的理论框架,蒙代尔-弗莱明模型所分析的事实上是开放条件下内外经济均衡同时实现条件下的均衡利率决定问题。

④ 内部均衡指的是无通货膨胀下的充分就业,外部均衡是指国际收支维持在可持续的理想状态。

根据开放条件下的国民收入恒等式:

Y(国民收入)= C(消费)+ I(投资)+ X(出口)- M(进口,由于用于进口的支出会形成外国的国民收入,而不形成本国的国民收入,故需从等式中减去),有:

$$Y - C = I + X - M \tag{4-25}$$

由于国民收入减去消费($Y - C$)等于储蓄 S ,即:

$$Y - C = S \tag{4-26}$$

将 $Y - C = S$ 代入(4-25)式得:

$$S = I + (X - M) \tag{4-27}$$

(4-27)式表明,当本国出口大于进口,因而本国经常账户出现顺差时,表明该国的储蓄增加。这是因为:出口大于进口相当于本国出口当前的消费,而进口未来的消费。本国出口收入大于本国的进口支付实际上意味着对经常账户有逆差的贸易伙伴提供了融资,无论这种融资采取何种形式(银行信贷或购买外国债券等),本国均获得对外国资产未来收益的要求权,故本国经常账户顺差意味着本国在国外金融资产的积累或增加,因而本国经常账户顺差也被称为是对外净投资①,因此,一国经常账户顺差表明该国的储蓄(国外储蓄)增加②。而一国经常账户发生赤字则意味着该国的消费增加了,因为进口大于出口相当于该国进口当前的消费,而出口未来的消费。在这种情况下,该国必须举借外债或动用以前积累的国外资产为经常账户的逆差融资,这时该国国外净资产减少或对外负债增加,这在国际收支表中反映的是利用金融资产和储备资产为经常账户赤字融资。可见,一国经常账户余额会影响到一国的储蓄和投资③,因而也会影响到本国的利率

① 一个净出口为正的国家,由于它出售给外国的商品和服务超过它所购买的外国商品和服务,它必然得到等同于净出口价值的国外资产;相反,一个净出口为负的国家则必须向国外出售它的资产以偿还净出口的负债。因此,在开放的经济条件下,一国可以通过获得外国金融资产来进行储蓄。

② 在资本自由流动的国家,其经常账户顺差时,资本账户通常为逆差,反之则反是。这是因为,从理论上来说,一国经常账户的顺差相当于本国以获得外国金融资产的形式为外国经常账户的逆差提供融资,因此,本国经常账户的顺差对应着资本及金融账户的相应逆差,这也意味着资本外流,因为经常账户逆差国必须利用金融资产的净流入为其经常账户的逆差融资。

③ 在开放经济的条件下,经常账户的差额反映了一国净债权人或净债务人的地位。因此,经常账户差额又被国际银行家视为评估向外国贷款的重要变量之一。

水平，因此，要研究开放经济条件下的利率决定，就必须考虑一国的经常账户及国际收支状况。

在开放经济条件下，假定外汇市场是完全自由的，则外汇市场的供求状况就能够完全反映一国国际收支（包括经济账户与资本账户）的状况。这说明，经常账户和资本账户的总和既可以表示一国的国际收支，同时也可以表示外汇市场的外汇供求状况。

在外汇市场上，经常账户的余额等于出口 X 与进口 M 的差额（不考虑转移收支，或将其并入进口项目），即 $X-M$ 。如以本国货币表示，则经常账户的余额为：

$$X-M=PX(Y^*,P^*,P,E)-EP^*M(Y,P,P^*,E) \tag{4-28}$$

（4-28）式中，P 为以本国货币表示的本国产品的价格；Y^* 为外国的国民收入水平；E 为汇率，$E=\dfrac{Cd}{Cf}$，C_d 为本国货币，C_f 为外国货币；P^* 为以外国货币表示的外国产品的价格；Y 为本国的国民收入水平。

资本账户则反映资本的流出入。在外汇市场上，国际资本的移动主要受国家间利率差异的影响。在其他条件不变时，一国的利率水平愈高，资本流入将愈多，资本流出将愈少；利率水平愈低，资本流入将愈少，资本流出将愈多。因此，一国的资本外流净额（即资本流出减去资本流入的差额，用 F 表示）与其利率水平 r 呈减函数的关系，即 $F=F(r)$ ，$\dfrac{\mathrm{d}F}{\mathrm{d}r}<0$。$F$ 的值为正代表资本净流出，为负则代表资本净流入。

若不考虑转移支付或将其并入经常账户，则将以上经常账户的余额（出口与进口的差额）和资本账户的余额（资本流出减去资本流入的差额）合并，即得一国的国际收支余额（用 B 表示）。这可写为下式：

$$B=PX(Y^*,P^*,P,E)-EP^*M(Y,P,P^*,E)-F(r) \tag{4-29}$$

若国际收支平衡，则 B 为零。因此，国际收支平衡的等式为：

$$PX(Y^*,P^*,P,E)-EP^*M(Y,P,P^*E)=F(r) \tag{4-30}$$

（4-30）式即表示国际收支的平衡，同时也表示外汇市场上的外汇供求达到均衡，故（4-30）式代表外汇市场实现均衡的条件。在（4-30）式中，Y^* 为外生变量，并假定在非充分就业条件下，P 与 P^* 固定不变，在固定汇

率制下,E 也固定不变。故在物价与汇率固定不变的假设条件下,(4-30)式可简化为:

$$PXo - EP^{*}M(Y) = F(r) \tag{4-31}$$

由(4-31)式所表示的外汇市场的均衡同样也可用四象限绘图表导出,见图 4-8。

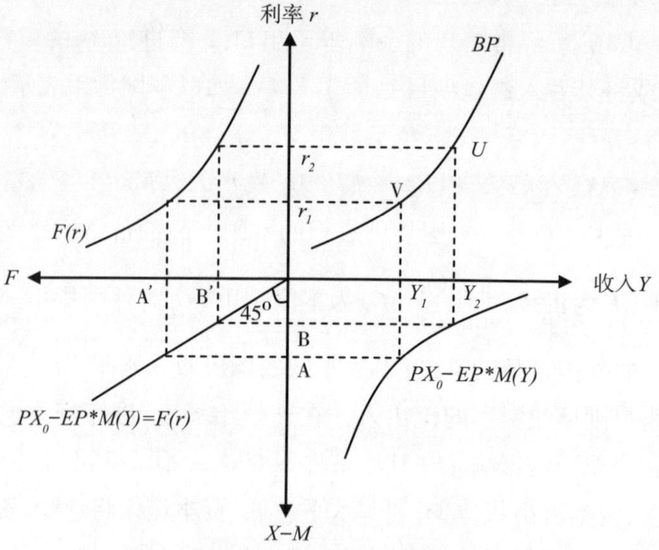

图 4-8　外汇市场的均衡

图 4-8 中,第二象限表示资本外流净额的函数:$F = F(r)$,$\frac{dF}{dr}<0$。由于资本外流净额是利率 r 的减函数,故资本外流净额曲线 $F(r)$ 从左下方向右上方倾斜。第三象限的 45°对角线表示外汇市场的均衡条件:$PX0 - EP^{*}M = F$ 。第四象限表示贸易余额($X - M$)函数,由于本国出口 X 是一个由外国国民水平 Y^{*} 所决定的外生变量,而本国进口 M 与本国国民收入水平 Y 呈增函数的关系,即 $M = M(Y)$,$\frac{dM}{dY}>0$,故贸易余额曲线 $PX0 - rP^{*}M$ 从左下方向右上方倾斜。第一象限也表示利率与收入之间的关系。

现假定收入为 Y_1 ,则根据第四象限的贸易余额曲线,可知经常账户的余额为 OA,通过第三象限的 45°对角线可得知,当经常账户的余额为 OA,

通过第三象限的45°对角线可得知,当经常账户的余额为OA时,资本流出净额必须为OA′,国际收支才能达到平衡。而要使资本流出净额为OA′,则根据第二象限的资本外流净额曲线$F(r)$可知利率就必须为r_1。由此就得到一组使外汇市场达到均衡,或使国际收支达到平衡的收入与利率的组合V(Y_1,r_1)。同理也可得到另一组使外汇市场达到均衡的收入和利率的组合U(Y_2,r_2)。如此反复,可得到所有的使外汇市场达到均衡的各种不同收入和利率的组合。将所有这些组合连接起来,即为外汇市场实现均衡的国际收支平衡线(Balance of Payment Curve,简称*BP*曲线)。[①]

*BP*曲线表示使国际收支达到平衡的所有收入和利率之间的关系,*BP*曲线上任何一点的收入与利率的组合都代表国际收支的平衡及外汇市场的均衡。在任意给定的收入水平上,*BP*曲线都对应一个使得外汇市场处于均衡状态的利率水平。*BP*曲线的左边任何一点都表示国际收支处于顺差状态,在这一点,对应于*BP*曲线上的任何一个收入水平,本国利率水平都过高(即本国利率高于外汇市场均衡所需的水平)。根据利率平价原理,这意味着本国利率水平高于外国利率水平,这将吸引资本流入,从而导致国际收支顺差。*BP*曲线的右边任何一点都表示国际收支处于逆差状态。在这一点,对应于*BP*曲线上的任何一个收入水平,本国利率水平都太低(即本国利率低于外汇市场均衡所需的水平,以至于不能维持国际收支的平衡),这将导致资本流出,从而导致国际收支逆差。[②]

*BP*曲线的斜率取决于资本的流动性程度大小。一般情况下,*BP*曲线为正斜率。[③] 其原因在于:若本国利率下降,则由于资本流出导致资本账户

---

① 决定*BP*曲线位置的是国内收入和利率水平,这是在汇率水平不变的假定条件下推导出来的。

② *BP*曲线左边任何一点之所以代表国际收支顺差,是因为:在相同的利率水平下,若本国收入水平减少,则进口会减少,故国际收支出现顺差。在这种情况下,要恢复国际收支平衡,就必须提高收入水平(如增加政府支出),使进口增加,或者通过降低利率促使资本流出。相反,*BP*曲线右边任何一点代表国际收支逆差。这是因为:在相同的利率水平下,若本国收入水平增加,则进口会增加,故国际收支出现逆差。在这种情况下,要恢复国际收支平衡,就必须降低收入水平(如减少政府支出),使进口减少,或者通过提高利率吸引资本流入。

③ *BP*曲线的斜率取决于两个因素,资本的流动性大小(或资本的受管制程度大小及资本流动对利率的敏感度)和进口对收入的敏感度。如果资本的流动性大(或资本的受管制程度小,以及资本流动对利率变化极为敏感),则*BP*曲线就较为平坦。因为在资本管制程度小的情况下,利率的微小变化就能引起大规模的资本流动,对于给定的边际进口倾向,必然要求收入的大幅度变化以

逆差。为恢复国际收支平衡,必须经常账户顺差。而要使本国经常账户顺差,就必须减少收入以减少进口。相反,当利率上升时,由于资本流入增加,资本账户顺差,为维持国际收支的平衡,则必须经常账户逆差。而要使本国经常账户逆差,则本国收入就必须增加以增加进口,可见,为维持国际收支平衡,收入与利率必须同方向变化,因此,*BP* 曲线为正斜率。

三、开放条件下的均衡利率决定:基于 *IS-LM-BP* 模型

(一)基本模型

由于在开放经济条件下,*IS* 与 *LM* 曲线的交点只能表示一国经济达到了内部均衡。因此,由此交点所决定的收入和利率还不能算是真正一般均衡的收入和利率,而只有当 *IS* 、*LM* 及 *BP* 三条曲线同时相交于一点时,才表示一国经济同时达到了内部均衡和外部均衡。该点也就是开放经济条件下的一般均衡点(如图 4-9 所示)。

变动贸易收支,抵消利率变化引起的资本流动,重新平衡国际收支,因此,*BP* 曲线就较为平坦。资本的流动性大小或资本流动对利率的敏感度有两种极端情况。一是资本完全不流动或资本流动对利率的敏感度为零,即无论利率如何变化,无论本国利率水平多高或多低,都不发生资本流动的情况(资本流动被完全管制),这时,资本流动与利率变化没有关系。由于 BP 与利率无关,因此,*BP* 曲线成为垂直线。二是资本完全流动或资本流动对利率变化的敏感度无穷大,即利率的微小变化就会引起资本无穷大的流动。只要本国利率水平高于外国利率,就会有无穷多的资本流入,国内资本市场与国际资本市场完全一体化,资本完全自由流动。反之,如果本国利率水平低于外国利率,就会有无穷多的资本流出,这时,只有收入作无穷大的变化才能恢复国际收支的平衡,故 *BP* 曲线成为水平线(这实际上就是 Mundell-Fleming 模型的假设前提)。总之,*BP* 曲线有三种情况:正斜率的 *BP* 曲线(当资本不完全流动时)、水平的 *BP* 曲线和垂直的 *BP* 曲线。显然,正斜率的 *BP* 曲线表示介于资本完全流动与资本完全不流动之间的资本不完全流动情况。影响 *BP* 曲线斜率的第二个因素是边际进口倾向。边际进口倾向越大,每变动一单位收入所产生的进口变动也越大,在出口给定的情况下,产生的经常账户的差额也越大,这意味着较小的收入变化就能平衡由利率变化引起的国际收支失衡,*BP* 曲线就越陡峭;反之,如果边际进口倾向很低,就要求收入的巨幅变动才能平衡因利率变化引起的国际收支失衡,这样,*BP* 曲线就越平坦。如果是水平的 *BP* 曲线,则在水平 *BP* 曲线的上方,表示任一收入水平下,利率均高于国际收支平衡所需的水平,因而导致资本流入,并进而造成国际收支顺差。反之,在水平的 *BP* 曲线的下方,利率均低于国际收支平衡所需的水平,因而导致资本流出,并进而造成国际收支逆差。如果是垂直的 *BP* 曲线,则在垂直 *BP* 曲线的左方,在任一利率水平下,收入水平都低于国际收支平衡所需要的水平,因此,本国进口较均衡水平时低,因而垂直 *BP* 曲线左方各点都代表国际收支顺差。反之,垂直的 *BP* 曲线的右方各点都代表国际收支逆差。

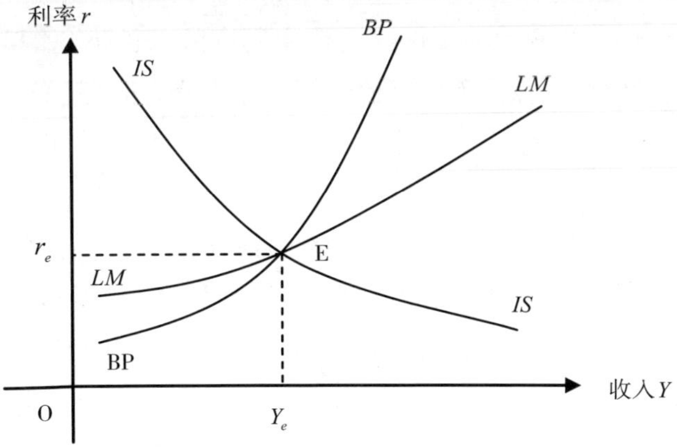

图 4-9　*IS-LM-BP* 模型

图 4-9 即 *IS - LM - BP* 模型。图中，*IS*、*LM* 及 *BP* 曲线的交点 E 为一国经济同时达到内外部均衡的一般均衡点。它表示商品市场、货币市场及外汇市场同时达到均衡。故由 E 点所决定的收入 Y_e 和利率 r_e 能同时保证商品市场、货币市场及外汇市场的均衡。也就是说，由 E 点所决定的收入 Y_e 和利率 r_e 是使整个经济同时达到内部均衡和外部均衡的唯一的收入和利率水平。

IS - LM - BP 模型说明，在开放经济条件下，只有在储蓄等于投资、货币供给等于货币需求、进口等于出口、国际收支达到平衡、收入和利率同时被决定时，才能得到真正确定的开放经济条件下的均衡利率。这就是 *IS - LM - BP* 模型利率理论的结论。可见，*IS - LM - BP* 模型不但能够说明一国经济在开放条件下同时达到内部均衡和外部均衡的条件，而且能够说明开放条件下均衡利率的决定。如果说，*IS - LM* 模型利率理论中的均衡利率是在货币经济领域（货币市场）和实体经济领域同时达到均衡时决定的，则 *IS - LM - BP* 模型利率理论中的均衡利率是在货币经济领域（货币市场）、实体经济领域（商品市场）及对外经济领域（外汇市场）同时达到均衡，即国内外同时达到均衡时决定的。

（二）在资本完全自由流动及实行固定汇率制度的条件下，本国货币政策无法影响本国利率水平

基于 *IS - LM - BP* 模型，在资本完全自由流动及实行固定汇率制度的

条件下,本国货币政策无法影响本国利率水平。这是因为:

在资本完全自由流动及实行固定汇率制度的条件下,如果一国希望降低利率,因而采取扩张性货币政策使本国利率下降,结果就会出现资本的大量流出,并使该国国际收支出现大量逆差,从而使该国货币面临贬值压力。在这种情况下,该国中央银行为维持汇率固定将不得不出售外汇,并买进本国货币,结果将使该国货币供应量减少,因而使该国扩张性的货币政策失效,同时使该国利率水平上升,最后重新回到原来的与国际均衡利率水平 r^* 一致的水平(这意味着本国货币政策无法影响本国利率水平),见图 4-10。

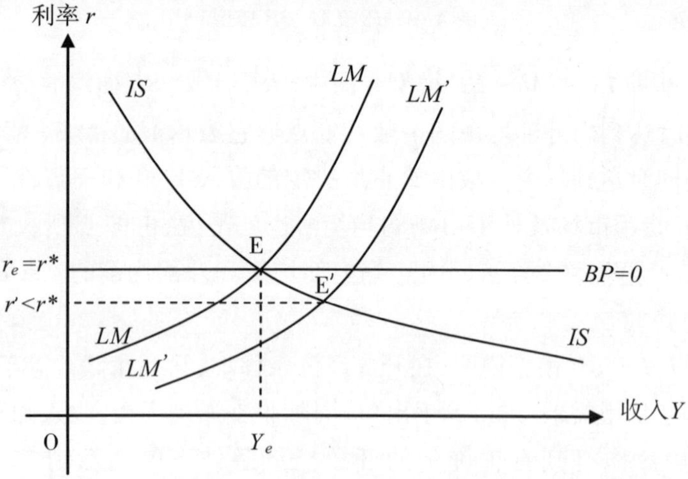

图 4-10　资本完全自由流动条件下的均衡利率决定

图 4-10 中,假设经济的初始状态处于 E 点,这时,国内的利率水平 r_e 与国际均衡利率水平 r^* 一致,国际收支达到平衡。即 $BP=0$。这时既无超额的外汇供给,又无超额的外汇需求。由于资本完全自由流动,所以 BP 为水平线。现在假定中央银行实行扩张性货币政策,使 LM 曲线右移到 LM',经济处于 E′点。但在 E′点,由 LM' 曲线与 IS 曲线的交点所决定的本国均衡利率水平低于国际均衡利率水平,因此出现资本外流,进而导致本国国际收支逆差,从而使本国汇率面临贬值压力。在这种情况下,本国中央银行为维持汇率固定将不得不大量抛售外国货币,并收回本国货币,结果使该国货

币供应量减少，LM' 向左移动到原来的 LM 曲线，从而使该国扩张性货币政策失效（即该国的扩张性货币政策并不能刺激国民收入增加），并使该国利率水平上升到原来的与国际均衡利率水平 r^* 一致的水平。

同样，在资本完全自由流动及实行固定汇率制度的条件下，如果一国希望提高利率，因而采取紧缩性货币政策使本国利率上升，结果就出现资本的大量流入，并使该国国际收支出现大量顺差，从而使该国货币面临升值压力，在这种情况下，该国中央银行为维持汇率固定将不得不大量抛售本国货币，并买进外汇，结果使该国货币供应量增加，从而使该国紧缩性货币政策失效，同时使该国利率水平下降，并重新回到原来的与国际均衡利率水平 r^* 一致的水平（这同样意味着本国货币政策无法影响本国利率水平）。

综上所述，在资本完全自由流动及实行固定汇率制度的条件下，任何国家都既不能独立地控制本国货币供应量，又不能独立地决定本国的利率水平。从无法控制本国货币供应量来看，任何独立执行的货币政策都会引起资本的大量流出或流入，并迫使货币当局增加或减少货币供应，从而使本国利率水平回到国际均衡利率的水平上。从无法决定本国利率来看，在资本完全自由流动及实行固定汇率制度的条件下，无论本国利率低于或高于国际均衡利率水平，都将导致资本大量流出或流入，从而造成无论本国资本供给小于需求或资本供给大于需求，结果都将使本国利率水平重新回到国际均衡利率水平。以上分析还说明：在资本完全自由流动及实行固定汇率制度的条件下，利率的任何调整都会因资本的流出入而抵消了其对各个经济变量的调节作用。

总之，在资本账户开放但汇率没有市场化的条件下，一方面本国货币政策无法影响本国利率水平，另一方面本国的利率也难以发挥调节作用。这意味着，如果本国的汇率没有市场化，就会影响本国利率的调节作用。

（三）只有在资本完全自由流动及同时实行浮动汇率制度的条件下，才能形成本国的均衡利率

基于 $IS-LM-BP$ 模型，只有在资本完全自由流动及同时实行浮动汇率制度的条件下，才能形成本国的均衡利率。这是因为，在资本自由流动且汇率自由浮动的情况下，汇率的自由浮动才能使一国经济达到内外均衡，进而形成本国的均衡利率。

如果一国国际收支出现逆差（*IS* 曲线和 *LM* 曲线的交点低于 *BP* 曲线的情况），则该国货币贬值（devaluation）或汇率下浮（depreciation），而这将会使 *BP* 曲线向右下方移动，这是因为：在外汇市场的均衡条件：$PXo - EP^{*}M = F$ 得到满足的情况下，货币贬值或汇率下浮会导致经常账户顺差。这时，对应于原来的 *BP* 曲线上的任何一个利率水平，都需要更高的国民收入水平才能保证国际收支的平衡，因为只有本国国民收入提高才能有更多的进口以消除经常账户的顺差。同时，在资本自由流动的条件下，为实现国际收支的平衡，该国还需降低利率以促使资本流出，结果就导致 *BP* 曲线向右下方移动到 *BP′* 曲线，进而形成 *IS* 曲线、*LM* 曲线与 *BP* 曲线交于 E 点的均衡状态，这时，该国同时在货币经济领域（货币市场）、实体经济领域（商品市场）及对外经济领域（外汇市场）达到均衡，因而自然形成能同时实现内外经济均衡的均衡利率水平，见图 4-11。

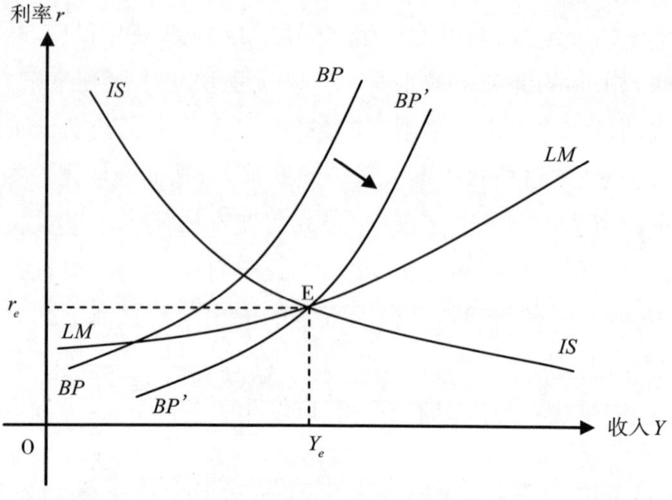

图 4-11　内外经济均衡

反之，如果本国国际收支顺差（*IS* 曲线和 *LM* 曲线的交点高于 *BP* 曲线的情况），则本国货币升值（revalution）或汇率上浮（appreciation），这将使 *BP* 曲线向左上方移动。这是因为：在外汇市场的均衡条件：$PXo - EP^{*}M = F$ 得到满足的情况下，本国货币升值或汇率上浮会导致经常账户逆差。这时，对应于原来的 *BP* 曲线上的任何一个利率水平，都需要更低的国民收入水平才能保证国际收支的平衡，因为只有本国国民收入降低才会有更少的进口以消除经常账户的逆差。同时，在资本自由流动的条件下，为实现国际收支的平衡，该国还需提高利率以促使资本流入，结果就导致 *BP* 曲线向左上方移动到 *BP′* 曲线，进而形成 *IS* 曲线、*LM* 曲线与 *BP* 曲线交于 E 点的均衡状态，这时，该国经济同样达到货币经济领域（货币市场）、实体经济领域（商品市场）及对外经济领域（外汇市场）的同时均衡，因而同样能形成同时实现内外经济均衡的均衡利率，见图 4-12。

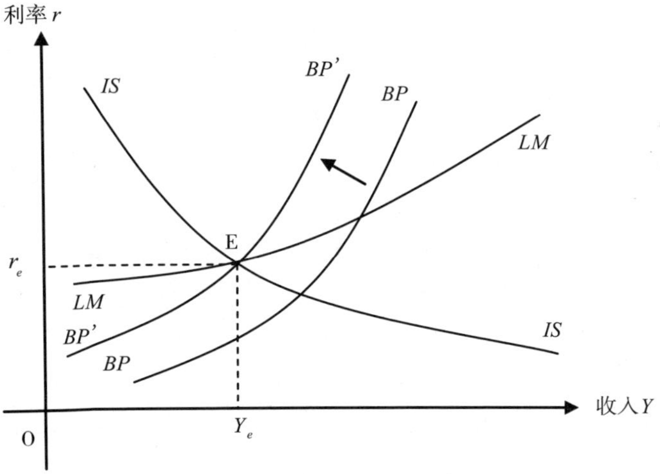

图 4-12　汇率的市场化及资本账户的开放是利率市场化的前提

以上分析说明，只有在资本完全自由流动及同时实行浮动汇率制度的条件下，才能形成本国的均衡利率，汇率的自由浮动能够促使国际收支的平衡，进而促使一国经济达到内外均衡，即促使一国同时实现商品市场、货币市场及外汇市场的均衡，[①]这样，就自然形成货币经济领域（货币市场）、实体经济领域（商品市场）及对外经济领域（外汇市场）同时达到均衡时的均衡利率水平。这也意味着，要实现利率的市场化并进而形成均衡利率水平，就必须同时实现汇率的市场化及资本账户的开放，即汇率的市场化及资本账户的开放是利率市场化的前提。

① 在 *IS* - *LM* - *BP* 模型中，财政政策影响 *IS* 曲线，货币政策影响 *LM* 曲线，而在浮动汇率制度下，汇率政策会同时影响 *IS*、*LM* 及 *BP* 曲线。

(四)利率市场化是实现经济内外均衡的前提,因而也是开放资本账户并形成均衡汇率的前提

上文分析显示,开放条件下均衡利率的实现需要汇率的自由浮动及资本账户的开放,但同时,利率市场化也是实现经济内外均衡的前提,因而也是开放资本账户并形成均衡汇率的前提,见图 4-13。

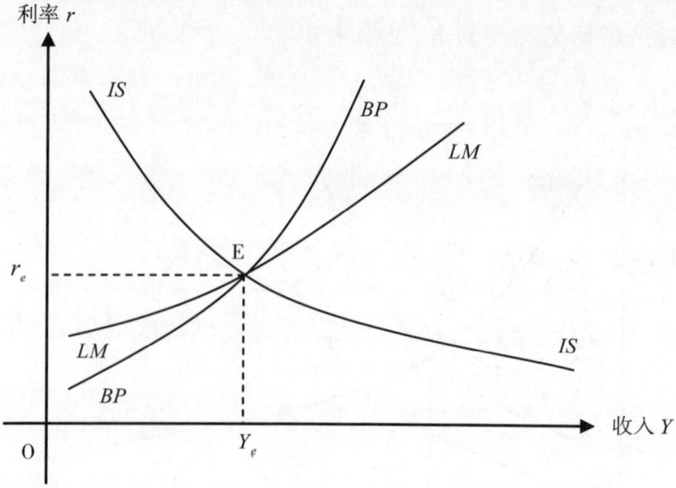

图 4-13　利率市场化与资本账户开放及均衡汇率之间的关系

BP 曲线的左边任何一点都表示国际收支处于顺差状态,在这一点,对应于 *BP* 曲线上的任何一个收入水平,本国利率水平都过高,因而吸引资本大量流入,从而导致国际收支顺差。在这种情况下,只有本国利率完全市场化,即本国利率水平能够随着资本的大量流入而下降,一直下降到 *BP* 曲线上的均衡状态,从而促使资本流出,才能恢复本国国际收支的平衡。相反,*BP* 曲线的右边任何一点都表示国际收支处于逆差状态。在这一点,对应于 *BP* 曲线上的任何一个收入水平,本国利率水平都太低,因而诱发资本大量流出,从而导致国际收支逆差。在这种情况下,只有本国利率水平随着资本的大量流出而上升,一直上升到 *BP* 曲线上的均衡状态,从而促使资本流入,才能恢复本国国际收支的平衡,并进而在此基础上形成均衡汇率。可见,根据开放的宏观经济模型 *IS - LM - BP* 模型,在资本自由流动及浮动汇率制度下,只有实现本国利率的市场化,才能通过本国利率水平的变动,自

动调节资本的流出入及国际收支，从而使该国同时在货币经济领域（货币市场）、实体经济领域（商品市场）及对外经济领域（外汇市场）达到均衡实现经济的内外均衡，并进而形成均衡汇率。这意味着，利率市场化也是实现经济内外均衡，因而也是开放资本账户并形成均衡汇率的前提，因此，一国要实现汇率的市场化并开放资本账户，就必须首先或同时实现本国利率的市场化。

总之，根据开放的宏观经济模型 *IS－LM－BP* 模型，汇率的市场化及资本账户的开放是利率市场化的前提，而利率市场化又是开放资本账户并形成均衡汇率的前提，因此，这就从理论上进一步证明：利率及汇率的市场化与资本账户的开放必须同时实现。

第四节　基于蒙代尔－弗莱明模型的“三元悖论”

在蒙代尔－弗莱明模型的基础上，美国著名经济学家克鲁格曼（Krugman，2000）提出了开放条件下的“三元悖论”思想。

一、蒙代尔－弗莱明模型的“二元悖论”

蒙代尔－弗莱明模型假定资本自由流动是外生给定的（蒙代尔认为，作为市场经济国家，资本自由流动是必需的）。蒙代尔－弗莱明模型有关资本流动、汇率制度及货币政策的基本观点是：

（一）在固定汇率制度下，如果资本具有完全的自由流动性，则货币政策无效

根据蒙代尔－弗莱明模型，在资本完全自由流动及实行固定汇率制度的条件下，如果一国中央银行要采取扩张性的货币政策，以刺激经济增长并实现充分就业，这一措施的最初影响是使 *LM* 曲线向右平移到 *LM′* 曲线，经济均衡点由向右移动至 E′，因而可能使国民收入增加。但由于货币供应量

的增加导致使 *LM* 曲线向右平移,因而使利率由下降到 r' ,结果造成资本外流,这将导致资本账户出现逆差。同时,由于货币供应量增加导致利率下降因而使国民收入增加,结果进口增加,这将导致经常账户出现逆差,如此一来,将导致该国国际收支逆差,从而使本国汇率出现贬值压力。在这种情况下,该国中央银行为维持汇率固定将不得不出售外汇,并买进本国货币,结果使该国货币供应量减少,曲线向左移动到原来的 *LM* 曲线,利率水平又恢复到原来的水平,最终将抵消扩张性货币政策对国民收入的影响,国民收入仍然恢复到原来的水平,内外均衡点重新恢复到 E 点,这意味着,该国扩张性的货币政策是无效的,见图 4-14。

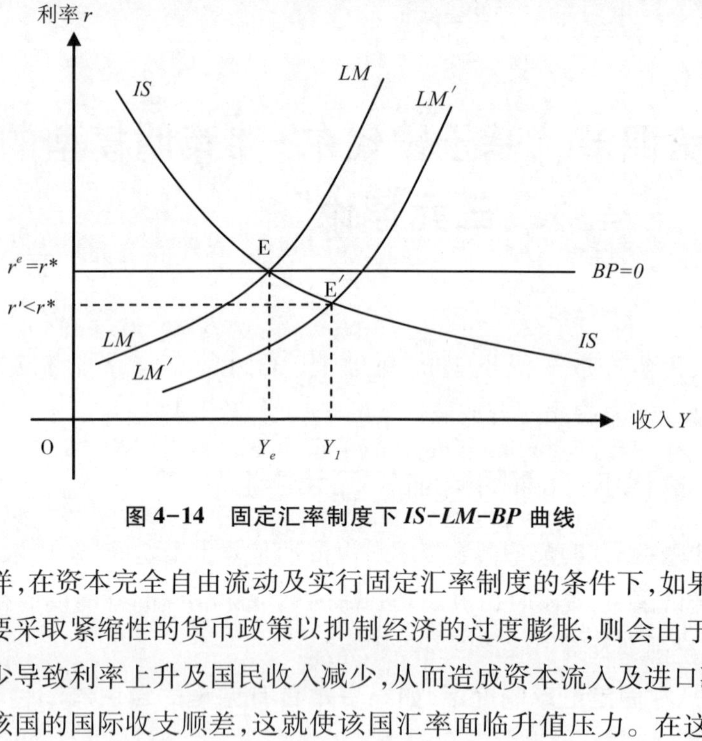

图 4-14　固定汇率制度下 *IS-LM-BP* 曲线

同样,在资本完全自由流动及实行固定汇率制度的条件下,如果一国中央银行要采取紧缩性的货币政策以抑制经济的过度膨胀,则会由于货币供应量减少导致利率上升及国民收入减少,从而造成资本流入及进口减少,进而导致该国的国际收支顺差,这就使该国汇率面临升值压力。在这种情况下,该国中央银行为维持汇率固定将不得不买进外汇,并出售本国货币,结果使该国货币供应量增加,利率下降,这就会自动抵消紧缩性货币政策对国民收入的影响,国民收入仍然恢复到原来的水平,因此,该国紧缩性的货币政策同样是无效的。

（二）在浮动汇率制度下，货币政策有效

根据蒙代尔-弗莱明模型，在浮动汇率制度条件下，如果中央银行执行扩张性的货币政策，使 LM 曲线右移到 LM'，经济均衡点由 E 向右移动至 E′点。在 E′点，由 LM' 曲线与 IS 曲线的交点所决定的本国利率水平 r'，低于原来的 r^e 水平，由于利率下降，因此出现资本外流，从而导致本国国际收支逆差，进而促使本国汇率贬值。本国货币贬值将刺激本国出口增加，从而使本国国民收入增加。这意味着，在浮动汇率制度下，本国扩张性货币政策能够有效地刺激国民收入的增长。另一方面，本国出口的增加会使 IS 曲线向右移动。因为在其他条件不变时，本国出口（国外需求）的增加意味着总需求的增加，而总需求的增加会刺激国民收入的增长，结果使国民收入水平由 Y_1 增长到 Y_2。这说明在浮动汇率制度下，货币政策是有效的，见图 4-15。

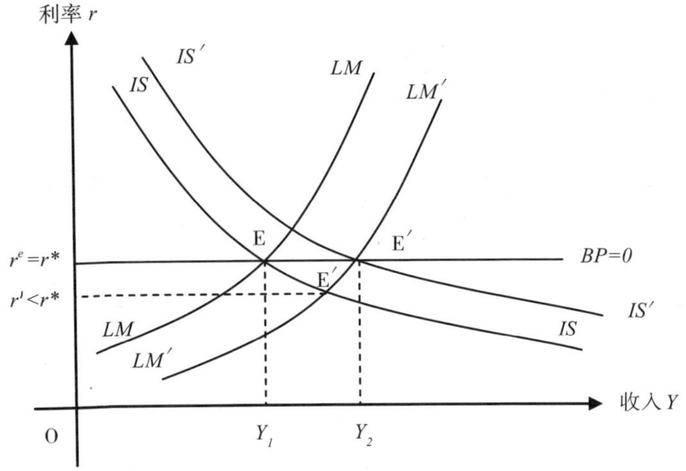

图 4-15　浮动汇率制度下 *IS-LM-BP* 曲线

同样，根据蒙代尔-弗莱明模型，在浮动汇率制度条件下，如果中央银行执行紧缩性货币政策以抑制经济的过度膨胀，则会由于货币供应量减少导致利率上升及国民收入减少，从而造成资本流入及进口减少，进而导致该国的国际收支顺差，这就会使该国汇率升值。而该国汇率升值将导致该国出口减少，从而使该国的总需求下降，并导致本国国民收入减少。这意味着，在浮动汇率制度下，本国紧缩性货币政策能够促使本国国民收入减少，

因而该国紧缩性货币政策也是有效的。

二、克鲁格曼的"三元悖论"

受蒙代尔-弗莱明模型的启发,在亚洲金融危机爆发以后,美国经济学家克鲁格曼(1998、2000)指出,在资本流动条件下,固定汇率制度是金融危机爆发的主要原因。同时,克鲁格曼在蒙代尔-弗莱明模型的基础上,将资本自由流动的假设变成一个变量,并据此画出了一个"永恒的三角形"(the eternal triangle),以更清晰地表述蒙代尔-弗莱明模型的基本思想,结果将蒙代尔-弗莱明模型的"二元悖论"变成"三元悖论"。其基本思想是:各国在货币政策的独立性、汇率的稳定性、资本的完全流动性这三个目标中只能实现两个,而不能同时实现三个。这又被称为"开放经济中的三元冲突"(Krugman,2000),见图4-16。

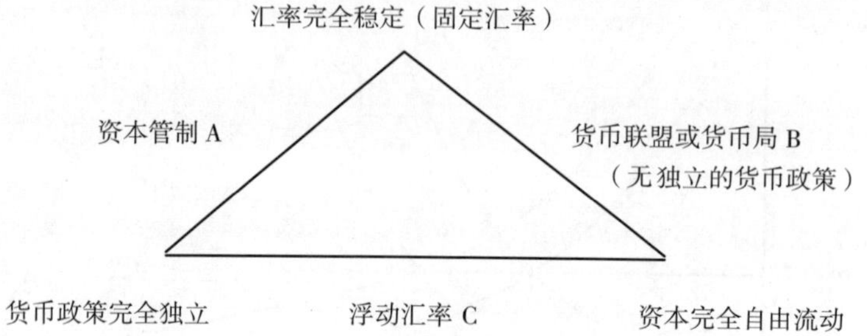

图4-16 "三元悖论"及开放经济中的"三元冲突"

图4-16中,三角形的三个顶点各表示一个目标,三角形的每一边分别表示这条线所连接的两顶点的政策目标组合。在A边表示的政策组合中,一国在选择固定汇率制度的同时追求货币政策的独立性,则严格的资本管制就是必不可少的;在B边表示的政策组合中,一国在实行固定汇率制度的同时允许资本的自由流动,则该国就必须放弃货币政策的独立性;在C边表示的政策组合中,一国在允许资本自由流动的同时追求货币政策的独立性,则必须放弃固定汇率制度而实行浮动汇率制度。克鲁格曼(1998、2000)在弗莱明和蒙代尔(1962)的基础上提出了这样的观点:资本自由流动、汇率稳定及货币政策的独立性这三者之间是不能共存的。

根据克鲁格曼的"三元悖论",一国在资本自由流动、汇率稳定及货币政策的独立性之间有以下几种组合：

（1）一国如果选择货币政策自主权和汇率稳定的政策组合，那么就必须实行资本管制（即“三元悖论”中的 A 选择），但这不利于刺激本国的经济及金融发展，而且也不符合经济全球化的发展趋势。

（2）一国如果要在开放资本账户的同时试图保持汇率的稳定，那么必须放弃货币政策的自主权（即“三元悖论”中的 B 选择），但这会导致中央银行无法主动通过货币政策的操作来调节或稳定本国的宏观经济，从而不利于本国经济的稳定。

更严重的是，如果一国在开放资本账户的同时实行固定汇率制度，则有可能导致巨大的金融风险。这是因为：（1）固定汇率实际上仅仅只能固定“名义汇率”，而不能固定“实际汇率”，因此，长期实行固定汇率制度反而可能使本国货币币值无法随市场供求的变化而变化，进而易于形成高估，这就会削弱本国产品的竞争力，从而导致贸易及经常账户的逆差。（2）固定汇率制度等于政府为国内外市场主体的汇率风险提供了担保，这就会使国内市场主体忽视汇率风险，并会起到鼓励外汇投机活动的作用。（3）在固定汇率制度下，如果本国出现国际收支持续逆差，就会形成本币贬值的预期，但由于汇率固定将导致本币币值高估，在本币将贬值的预期心理作用及本国资本账户开放的情况下，投机者为了谋利就会大量抛售币值高估的本国货币，而大量买进币值低估的外币，①一旦中央银行为维持汇率固定的外汇储备被耗尽，中央银行再也无法通过出售外汇储备来稳定本国货币的汇率水平时，本国的货币危机就会随之爆发。②

一些学者曾经研究过一国在实行固定汇率制度时，如果该国面临投机性货币攻击，是否可以使用利率政策以对抗货币攻击，从而保持本国货币汇率的稳定。但结果发现：如果一国实行固定汇率制度，则该国并不能通过提高利率来阻止本国货币的贬值。Obstfeld（1994）认为，在固定汇率制度下，

① 在汇率固定的情况下，国际收支顺差国的货币汇率因无法及时升值而形成低估，而国际收支逆差国的货币汇率因无法及时贬值而形成高估，这就给外汇投机活动创造了市场空间。而且，固定汇率制度下的外汇投机是只赚不赔的单向投机。

② 选择资本自由流动、固定汇率制和货币政策不独立这三者的组合有一个严格的前提条件，那就是：该国的外汇储备是无限的。显然，在现实中，一国的外汇储备不可能是无限的。

提高一国的名义利率以抵御投机性货币攻击是不明智的,这会增加公众对本币未来贬值的预期,同时也会增大投资成本,抑制经济增长,从而加速货币危机的出现。Basurto 和 Ghosh(2001)认为,亚洲金融危机的爆发表明,提高利率并不能阻止本国货币的贬值。这是因为:高利率(或者高的实际利率)会导致更多公司破产,从而造成更大的国家风险溢价,以至于随着利率的上升,投资者的期望回报率实际上是减少的,从而导致更多的资本外逃和生成更大的汇率下行压力。这一分析说明,如果一国的汇率没有市场化,仅只依靠利率的调节并不能解决资本账户开放以后所出现的货币危机问题。

(3)一国要想在拥有独立的货币政策前提条件下,通过开放本国的资本账户以刺激本国的经济及金融发展,就必须实行浮动汇率制度(即“三元悖论”中的 C 选择)。这意味着,“三元悖论”也是资本账户开放的理论基础。①

由于开放资本账户,实现资本的自由流动及人民币的自由兑换既是中国经济改革的目标,又是中国分享经济全球化的利益以成为世界经济强国的必要条件,同时,中国作为一个世界经济大国也必须有自己独立的货币政策,因此,按照一国只能在资本自由流动、独立的货币政策及固定汇率这三

① 2008 年国际金融危机爆发后,短期资本大规模的跨境流动对各国货币政策效果产生了巨大的冲击。据此,一些学者开始重新思考资本账户开放和金融开放政策对一国货币政策或者汇率制度选择所产生的影响。Rey(2015)认为,国际金融一体化对新兴国家带来了新的冲击来源——全球金融周期,在此背景下,Rey 认为,由于全球金融周期具有很强的联动性(尤其是在爆发金融危机时),因此,即使一国实施浮动汇率制度,该国也不能维持独立的货币政策,一国央行只能在资本流动管制与货币政策独立性之间选择一个。据此,Rey(2015)提出了“二元悖论”的观点(Dilemma not Trilemma)。从理论来看,Rey 的“二元悖论”观点滥觞于 21 世纪初爆发的国际金融危机之后开始的金融周期理论。金融周期理论认为,在传统的经济周期以外,全球范围内还存在一种由金融因素驱动、波动频率更低的周期——金融周期,且会从核心国家(如美国)向外围国家传导,而金融周期的下行通常会引发金融危机(Borio,2012)。Rey 在此基础上认为,在全球性金融周期的影响下,即使一国实施有弹性的汇率制度,该国也难以维持长期利率相对于美国长期利率的独立性。或者说,在全球性金融周期的影响下,各国货币政策的独立性不再依赖于汇率制度的选择,而是演变为资本的自由流动与一国货币政策的自主有效性不可兼得。这意味着,在全球性金融周期的影响下,货币政策的独立性与汇率制度无关,而与资本流动性有关。Rey 认为,在“二元悖论”条件下,一国如果要获得独立的货币政策,则必须对资本的自由流动进行管制(或者说,一国要阻断金融周期的传播,就必须对资本流动进行管制)。实际上,“二元悖论”与“三元悖论”的根本分歧在于“浮动汇率制国家是否能保持货币政策的独立性”这一问题上。

个目标之间取其二,而不能同时实现这三个目标的“开放经济中的三元冲突”或“不可能三角”定律,中国显然也应该选择资本自由流动、货币政策独立及浮动汇率制度的组合,即中国应该同时实现利率及汇率的市场化与资本账户的开放。

第五章 汇率市场化、利率市场化与资本账户开放同时实现的具体步骤及方式

以上分析已经充分说明:要使中国央行完全摆脱所面临的一系列"两难困境",并完全实现中国经济的市场化及国际化,以使中国能够充分利用国内外资源而最大限度地实现经济的长期持续增长或高质量发展,中国的最佳选择是:采取"激进战略"与"渐进方式"相结合的方式同时实现资本账户的开放及人民币汇率和利率的市场化。

第一节 通过实现利率和汇率的市场化推进资本账户的完全开放

一、在完善中国金融市场的基础上实现利率的市场化

从中国目前的情况来看,人民币利率的市场化已取得了重大的突破。2015 年 10 月 24 日,中国在金融市场(包括同业拆借、回购、国债、金融债、企业债、互换市场、网络金融如 P2P)上的利率及金融机构的贷款利率已实现市场化的基础上,宣布不再设置存款利率浮动上限。这意味着,中国取消了对存款利率的管制,这是一次意义极为重大的改革。从各国利率市场化改革的实践来看,除了采取"一步到位"的激进方式进行利率市场化改革的

国家以外，所有国家无一不是将放开对存款利率的限制作为利率市场化最关键也是最后的一步。从这一角度来看，中国放开对存款利率的管制意味着中国的利率市场化改革从名义上看已经完成。

但应注意的是，中国不再设置存款利率浮动上限的举措是在将存款基准利率下降到1.5%的历史最低点，且实际存款利率接近于零（当时的CPI同比上涨1.3%）的基础上进行的，在这一历史最低点上放开存款利率上限的管制并不会导致存款利率上升到过高的水平，因而并不会对中国经济带来重大冲击。事实上，中国这一次放开存款利率上限的管制并没有对中国以影子银行、民间借贷为主的非正规金融市场及整个金融体系产生明显影响。而且，中国央行实际上仍然采取“窗口指导”（行政色彩较浓）、自律机制等方式对存款利率进行“引导”，中央银行还暗示会制止高息揽储的行为（这实际上是限制市场供求对利率的决定作用），这意味着中国事实上存在着隐形的存款利率上限管制问题。特别是，中国央行设置存款基准利率本身就是对存款利率的一种控制，中国央行所设置的存款基准利率并不是真正意义上的市场基准利率，而实质上仍是一种管制利率，因此，如果站在公平竞争的市场经济角度来看，中国的存款利率还没有实现真正意义上的完全市场化。此外，虽然中国于2013年实现了贷款利率的市场化，但由于中国央行仍然要公布官方的贷款基准利率，而且，从实际操作来看，如果金融机构确定的贷款利率过高，则中国的相关监管机构也会进行“窗口指导”，中国央行甚至明文规定“不得一浮到顶”，等等，这意味着，中国的利率形成机制仍然在相当程度上是受管制的，并不是真正的市场化定价，市场还没有真正成为决定利率水平及其变化的主体。事实上，由于中央银行仍公布存贷款基准利率，因此，中国金融市场上的产品定价大多仍以固定利率为主，同时，由于中国货币市场与债券市场上的利率变化对信贷市场的存贷款利率影响有限，多数商业银行并不会以货币市场或债券市场上的利率作为贷款定价的依据，其贷款定价仍主要参考中央银行公布的贷款基准利率，等等，这导致市场利率难以传导到信贷市场的存贷款利率，值得指出的是，中国货币当局隐形的政策限制也影响了利率市场对存贷款利率的传导效率。而且，2016年发布的“十三五”规划中明确要求“推进汇率和利率市场化”，这也在政策层面上说明了我国尚未真正实现利率的市场化。此外，还需注意的是,目前中国的许多商业银行仍然沿用以中央银行公布的存贷款基准利率为基础的定价模式。这意味着,要实现人民币利率的完全市场化,并充分发挥人民币利率的市场调节作用,中国实际上还有工作要做。

由于利率是一种价格,在市场经济条件下,价格是由市场决定的,市场供求双方的竞争程度越高,则市场所形成的价格就越能准确地反映市场的供求关系,而能够准确反映市场供求关系的价格就是均衡价格。这意味着,只有形成高效、统一、竞争充分的金融市场,才能形成市场基准利率及均衡利率。因此,中国要完全放开对利率的管制,实现利率的市场化,从而让利率水平和利率、风险结构及期限结构完全由供求双方在市场上通过竞争来决定,首先必须就大力发展并不断完善中国的金融市场。

(一)完善同业拆借市场及国债市场,培育中国的市场基准利率

在利率管制被完全放开,从而利率完全由供求双方在市场上通过竞争来决定以后,基准利率的形成就至关重要。基准利率是金融市场中投资者要求的最低回报率,它起着决定整个利率水平的作用,基准利率是有效传递市场信号,并连接货币市场和资本市场,从而最终影响经济主体市场行为的关键。从利率市场化的角度来看,只有市场形成了公认的基准利率,并由市场基准利率取代中央银行所设定的存贷款基准利率,中央银行才能真正退出对利率的管制,从而让利率完全由市场供求决定。这意味着,基准利率是整个市场化利率形成的基石,只有形成了市场公认的基准利率,才有利于真正地实现利率的市场化。基准利率也是市场投资者进行投资组合和风险控制的基础,是其他信用类产品以及金融衍生产品的定价依据,基准利率还会影响市场的预期,市场基准利率取代管制基准利率有利于激发市场的交易活动,从而有利于推动金融创新。还有,基准利率也是中央银行货币政策操作的重要依据,是连接中央银行、金融市场、金融机构及企业或个人的枢纽变量。此外,基准利率的产生还有利于发挥利率平价的作用,以应对资本流动对国内经济的冲击,并实现资源在国家间的合理配置。

从各国的经验来看,基准利率一般会选用参与主体多、报价和成交活跃、交易规模大、被市场广泛认可、活跃度高且与各个市场及实体经济关联性较强以及中央银行能够施加影响并能不断加以灵活调整的市场利率。在市场经济国家，基准利率一般是金融机构之间短期借贷所形成的同业拆借利率和短期国债利率。其原因是：从同业拆借利率来看，由于金融机构在市场上被视为是信用等级较高的市场主体，是集合资金供求双方的中介，因此，金融机构之间进行短期借贷所形成的同业拆借利率最能灵敏地反映金融机构超额准备金的头寸状况，因而是最能反映资金供求关系的利率，这样，同业拆借利率自然被作为金融机构的定价基准，从而自然成为有代表性的基准利率。

而从短期国债利率来看，短期国债利率之所以也被金融市场广泛认同为基准利率，是因为：(1)由于国债以国家信用为担保，因此，短期国债被视为是无风险金融资产，国债市场是一个不存在信用风险的市场，这样，短期国债利率自然就被视为无风险利率，而无风险利率也是投资者要求的最低回报率，这自然就被视为基准利率。(2)在市场经济国家，由于政府的财政收支受到国会及法律的严格约束，因此，国库券的发行量较大，且国债市场参与者众多，持有者广泛，因此，国债市场接近完全竞争市场，因而能够准确地反映资金的供求状况，这样，短期国债的利率也自然被金融市场广泛认同为基准利率，国债的收益率曲线也自然被作为基准收益率曲线，并构成金融市场的重要基础。在发达国家的金融市场上，以国债收益率曲线所反映的利率水平是其他金融产品和金融资产重要的定价参考。

为培育中国的基准利率，从而为中国利率的完全市场化奠定基础，中国应采取以下措施进一步完善中国的同业拆借市场，并以此使中国的 Shibor[①] 真正成为能充分反映市场供求，且影响广泛、传导性强的基准利率，以便在官方的存贷款基准利率取消以后，让基准利率 Shibor 作为金融定价的基础，从而最终使中国能在市场基准利率基础上形成合理的市场利率体系：(1)在取消市场准入审批的基础上不断增加报价银行[②]，改变报价银行同质性过强的状况，以不断扩大同业拆借市场的供求主体，并不断增大市场交易

① Shibor 以位于上海的全国银行间同业拆借中心为技术平台计算、发布并命名，是由信用等级较高的银行组成报价团自主报出的人民币同业拆出利率计算确定的算术平均利率，是单利、无担保、批发性利率。

② 2016 年 2 月，中国政府取消了金融机构进入全国银行间同业拆借市场的行政审批事项。

基础,活跃市场报价和拆借交易,从而使 Shibor 能更全面、更充分地反映市场供求并能产生更广泛的影响;(2)进一步优化 Shibor 报价生成机制,加强对报价行的监督管理,增大报价的成交量要求(缺乏成交量支撑的报价难以反映市场供求),杜绝虚盘报价行为,报价银行必须履行报价承诺及交易的义务或责任,以不断提高 Shibor 的报价质量及真实性和有效性;(3)增加 Shibor 的周度、月度、季度报价机制,为使用 Shibor 周度、月度、季度利率为定价基础的金融产品创新提供定价依据;(4)将 Shibor 与商业银行存贷款利率挂钩,促使商业银行以 Shibor 为基础加点浮动定价,增大 Shibor 在商业银行资产负债管理上的应用比率,从而充分发挥 Shibor 在整个利率体系中的基准作用;(5)将 Shibor 的报价向中长期信贷市场扩展,逐步构建市场化的中长期信贷市场基准利率;(6)让 Shibor 在票据贴现、短期融资券、固息债以及浮息债中发挥基准作用;(7)促进以 Shibor 为基准的产品创新,不断扩大 Shibor 定价产品发行规模,增强 Shibor 的基准性和公信力,从而不断扩大 Shibor 在商业银行、企业及个人客户之间的应用范围和影响程度;(8)鼓励商业银行创新推出与 Shibor 挂钩的金融衍生产品(如远期利率协议、利率期货、利率互换、债券期权、利率期权,等等),以进一步奠定 Shibor 在整个利率体系中的作用;等等。在此基础上,中国央行可将 Shibor 确定为货币政策的操作目标。

另一方面,中国还应采取以下措施促进中国国债市场的发展:(1)扩大国债的发行规模,特别是要增加短期(如 3 个月、4 个月及 9 个月等)国债的发行量(美国财政部每周都拍卖一年期以内的短期国库券),通过定期、均衡、滚动地发行短期、中期和长期国债,以增大国债市场的活跃程度,并形成长、中、短期不同期限的国债种类,从而丰富国债的品种结构及期限结构。国际经验表明:国债的期限结构越丰富,投资者也就越多,其价格所显示的市场信息也就越充分、越全面。(2)不断扩大国债市场的参与主体,增大国债投标价格的市场竞争程度,并完善国债市场的做市商制度,以提高国债价格的信息含量,保证交易时间、价格及数量的连续性和及时性,从而增大国债市场的流动性,并进而使国债二级市场上形成的市场利率及收益率曲线能够及时、灵敏、准确地反映资金市场的供求状况。(3)不断完善国债的市场化发行机制,逐步实现国债余额管理和滚动发行。(4)降低单次国债的发行规模并提高国债(特别是短期国债)的发行频率以形成有规律的发行频率,以便在国债市场期限结构多样化的基础上形成一条有效且完整的国债收益率曲线。(5)借鉴国际经验,将中国的银行间债券市场逐渐发展为国债场外(OTC)市场,将交易所债券市场发展为国债场内市场,最终形成统一开放的国债一级市场和高流动性的国债二级市场,以改变目前国债市场的分割状态,①形成统一联动的国债市场,解决市场分割不利于公众形成合理的预期问题,进而在此基础上形成统一的国债收益率曲线,②从而最终使中国的国债收益率成为中国另一个影响广泛的市场基准利率,使其成为金融市场的定价基础,并向整个市场提供期限完整的无风险利率信息,以此促进中国金融市场的发展及完善中国的利率体系。(6)中国还应该发展国债期货交易,这是因为:国债期货能够直接反映市场对国债收益率的预期,因而能为基准利率体系寻找合理远期利率提供参照标准,进而能够进一步促进基准利率收益率曲线的形成;而且,国债期货能够熨平利率波动,从而能够保证基准利率体系的相对稳定性;此外,国债期货还是基础性利率风险管理工具,投资者可以利用国债期货管理利率风险。因此,发展国债期货也是

① 1997年6月,中国央行要求所有商业银行退出交易所市场,并同时组建了银行间债券市场,自此,中国的国债市场分割为银行间市场与交易所市场两部分。

② 在市场经济条件下,一般是以国债收益率曲线近似代表市场基准收益率曲线。一般来说,市场基准收益率曲线具有以下功能:(1)预测利率的变化。国债收益曲线的形状变化反映了市场对未来利率预期的变化,如果收益率曲线向上倾斜,则意味着市场预期利率上升、证券价格下跌。反之则反是。(2)分析盈利机会。收益曲线向上倾斜越陡峭,借贷之间的收益差价就越大,金融中介能从中获得的潜在收益就越多。反之则反是。(3)发现定价过低或过高的债券。如果某种证券的收益率位于国债收益率曲线之上,那么这就向投资者发出了一个信号:这种证券相对于其他相同期限的证券,其价格暂时被低估,当其他条件相等时,这是投资者可利用的买入信号。反之则反是。(4)金融产品的定价依据。金融产品的定价依赖于对市场利率及其变动的准确估计,因此,通过分析收益率曲线,公司能够估计出不同期限的公司债券所必须支付的利率。(5)为利率产品的投资决策提供依据。(6)预测宏观经济的变化。在市场经济条件下,收益率曲线的形状反映了对未来通货膨胀和产出增长的预期。大量的研究成果证实:收益率曲线变得平坦(长期与短期债券收益率的差距缩小)预示着经济将降温,而收益率曲线向下倾斜则意味着未来经济存在衰退的可能。这是因为:由于企业对未来前景悲观,因此发行长期债券筹资进行投资的意愿降低,这导致长期资金的需求下降,结果造成收益率曲线变得平坦或向下倾斜,可见,收益率曲线可以为经济预测、货币政策的制定及实施提供信息。(7)构成货币政策的传导渠道。因为债券收益率曲线的变动会传导至其他市场,影响市场预期,因而成为货币政策的传导渠道,等等。但要注意的是,在中国,由于债券市场存在发展历史较短、交易市场分割、期限结构单一、债券市场尤其是国债市场流动性不足、做市商制度不完善、市场交易主体结构单一和投资行为短期化等一系列问题,中国的收益率曲线的市场拟合度还不精确。

推进利率市场化的配套措施。

(二)在充分发挥基准利率作用,并以此形成合理的市场利率体系基础上,中央银行不再公布官方的存贷款基准利率,真正让人民币利率由市场供求决定

为充分发挥基准利率的作用,为放开政府对利率的管制创造前提条件,中国应采取各种措施以不断提高基准利率的公信力及影响力。

为提高 Shibor 的公信力及影响力,可采取以下措施:(1)商业银行应根据 Shibor 来确定优惠利率(prime rate),实现商业银行存贷款利率与 Shibor 挂钩;(2)通过推动更多的产品定价与 Shibor 挂钩,比如推出标准额度的基于 Shibor 的可转让大额存单,短期的贷款利率定价参照 Shibor 利率等,逐步覆盖表内表外各种产品,进一步巩固 Shibor 的基准地位;(3)加强 Shibor 在银行内部资金转移定价中的应用,并以此为契机加快金融机构自身的定价机制建设,夯实利率市场化的微观基础;(4)强化利率定价的自我约束,提高报价精确性,引导正常的价格竞争区间,提高 Shibor 的公信力和透明度;等等。

在完善同业拆借市场及国债市场,以培育出中国的市场基准利率,并充分发挥基准利率作用的基础上,中国央行应取消通过公布官方存贷款基准利率来影响存贷款利率的做法,同时也不再规定金融机构具体业务的利率水平,以此真正让人民币利率完全由市场供求决定。

(三)完善央行的利率调节机制

在基准利率成为整个市场化利率形成的基础,且中国央行不再公布存贷款基准利率,从而实现人民币利率的完全市场化以后,中国央行可以通过市场化的货币政策工具(如调整中央银行的政策性利率或进行公开市场操作等)来影响市场基准利率(包括 Shibor 和国债利率)水平,进而调节整个市场的利率水平(包括存贷款利率水平),从而理顺从央行政策利率到各类市场基准利率,从货币市场到债券市场再到信贷市场,进而向其他市场乃至实体经济的传导渠道,以形成“中央银行政策利率—市场基准利率—市场基准收益率曲线或商业银行优惠利率—证券市场价格(债券和股票市场)或贷款利率—消费(储蓄)及投资—产出及物价”这一完

整的货币政策利率传导链条，使中国的货币政策由从数量型调控转向价格型调控。[①]

对于市场基准利率及短期市场利率，中央银行可以通过运用政策利率（包括短期回购利率和常备借贷便利利率加以调节）。[②] 具体的机制为：如中央银行为刺激经济，可以降低政策利率水平如短期回购利率或常备借贷便利利率水平，在这种情况下，商业银行就会直接向中央银行借入短期资金，而不必在同业拆借市场借入资金，这样，同业拆借市场的资金需求就会下降，结果就会导致同业拆借利率这一市场基准利率下降，并由此引起市场利率水平的下降，进而刺激经济的增长；反之，中央银行为了紧缩经济，则可以提高政策利率水平（如短期回购利率或常备借贷便利利率水平），在这种情况下，商业银行将不得不在同业拆借市场上借入资金，结果使同业拆借市场上的资金需求上升，结果导致同业拆借利率这一市场基准利率上升，并会因此引起市场利率水平的上升，进而压抑过热的经济。

为提高货币政策的透明度，保证利率水平的稳定，避免因调节不当而造成经济的波动，以使市场主体形成稳定的预期，并使商业银行有意愿使用市场基准利率作为定价基础，中国央行可以建立"利率走廊（interest rate corridor）"。所谓"利率走廊"是指中央银行通过设定和变动自己的存贷款利率（利率差为走廊宽度），实现对同业拆借利率的调节和控制。[③] 在中国，"利率走廊"的上限是中央银行对商业银行发放贷款的利率（如短期回购利率或常备借贷便利利率），而下限为商业银行在中央银行存款的利率（如中国央行对商业银行支付的超额存款准备金利率），中间为中央银行调控的目

① 以利率为货币政策的中介目标，实质上是通过市场价格机制将货币政策的最终目标与企业、居民的微观目标结合起来，并最终实现资源的合理配置。

② 常备借贷便利以抵押方式发放，合格抵押品包括高信用评级的债券类资产及优质信贷资产等。中国人民银行创造了常备借贷便利（SLF）来提供流动性（期限为1—3个月），以及中期借贷便利（MLF）来注入3个月期限的资金。

③ 目前发达国家中央银行对利率的调控可以分为两大模式，一是以美联储和日本央行为代表的公开市场操作模式；二是以加拿大和欧洲中央银行为代表的利率走廊模式。目前，不仅发达国家中有欧元区国家以及瑞典、加拿大、英国、澳大利亚、新西兰、挪威、瑞士等已经采用利率走廊调控，新兴市场国家如埃及、巴基斯坦、土耳其、印度等也开始采用。从发展趋势来看，利率走廊模式有取代公开市场操作模式之势。之所以如此，是因为：（1）利率走廊调控比公开市场机制更加透明和有效；（2）利率走廊调控比公开市场机制的调控成本低；（3）利率走廊调控模式相对于公开市场操作更容易引导公众预期；等等。

标(同业拆借利率)。同业拆借利率将在中央银行确定的存贷款利率之间浮动,由这一上下限所确定的利率浮动空间便是“利率走廊”。当中央银行存贷款利率提高时,商业银行拆借利率也会随之升高;反之,商业银行拆借利率下降。通过这种方法将直接管制与市场机制相结合的方法,中央银行可以有效地将市场利率水平控制在自己所期望的水平上。

对于市场中长期利率,中国央行则可以通过再贷款、中期借贷便利(MLF)、抵押补充贷款(PSL)等工具加以调节。在此基础上,实现中国央行货币政策调节机制由数量型调节转向价格型调节。一般来说,人们更关注当前和未来的价格而非货币总量的信息(Barro,1986),因此,利率价格信号更为透明且容易观察,而货币总量数据通常比较滞后且在度量和可控性方面存在困难。因此,货币政策调节机制由数量型调节转向价格型调节将大大提高中国货币政策的调节效率。

(四)大力提高商业银行负债端及资产端的市场化定价程度,并在市场基准利率的基础上形成合理的市场利率体系

为提高市场利率的传导效率,中国还需进一步深化金融改革,如加快发展同业存单、大额存单市场及回购协议市场,并以此逐步替代理财产品,同时,还要大力推行信贷资产的证券化,以大力提高商业银行负债端及资产端的市场化定价程度。

同时,在市场生成了公认的基准利率,且中央银行不再公布官方存贷款基准利率来影响存贷款利率,同时也不再规定金融机构具体业务的利率水平,市场基准利率完全取代中央银行所设定的存贷款基准利率以后,可由金融机构首先在市场基准利率的基础上根据以下几个条件自主确定优惠利率,[①]以此作为

① 市场经济条件下,优惠利率指的是商业银行对最佳客户的贷款利率,其在利率定价中的作用相当于基准利率,是商业银行对企业、消费者及其他借款者贷款利率的基准。在美国,尽管优惠利率由商业银行自行确定,但在实践中,一般是大银行率先根据联邦基金利率(美国的同业拆借利率)的水平或变动来决定或调整优惠利率。《华尔街日报》则根据全美资产总额排名前30位的大商业银行的利率报价编制和发布全国统一的优惠利率指数。其经验定价公式:联邦基金目标利率+300个基点。从中国的情况来看,中国央行于2013年7月放开贷款利率管制以后,为进一步完善商业银行定价机制,建立健全了市场利率定价自律机制,并引入了贷款基础利率(LPR)集中报价和发布机制。LPR是商业银行对其最优质客户所执行的贷款利率,其他贷款利率可在此基础上加点生成,这实际上就相当于西方市场经济国家的优惠利率。贷款基础利率的报价和发布也是Shibor在中国信贷市场的拓展及应用。

金融机构发放贷款的基准利率，这些条件主要是：(1)该客户是资本雄厚的大企业；(2)该客户信誉良好、信用等级高；(3)该客户在与同行的竞争中处于领先地位；(4)该客户与银行关系密切；等等。在此基础上商业银行再根据市场供求、风险大小、期限长短和流动性等因素溢价，确定对客户的零售贷款利率，以此形成健全的利率定价系统，并进而形成合理的利率结构。金融机构的定价公式可为：

$$R = R^{*} + IP + DP + LP + MP \tag{5-1}$$

其中，R 为金融机构确定的各类贷款的名义利率水平，R^{*} 为优惠利率，IP (inflation premium)代表通货膨胀溢价，即预期的未来通货膨胀率、DP (default risk premium)代表违约风险贴水，即借款人或债务人到期不按合约支付利息或偿还本金的可能性(而风险的基准是以国库券作为无风险资产、以公司债券作为不同信用级别风险溢价)、LP (liquidity risk premium)代表流动性风险贴水、MP (maturity risk premium)代表期限风险溢价(以收益率曲线作为期限溢价基准)。

存款利率的定价与贷款利率的定价相似，主要根据不同客户的金额、流动性等情况设定具体的存款利率水平。

至于货币市场、债券市场等金融市场的利率则可根据上海银行间同业拆借利率(Shibor)、短期回购利率、国债收益率等来确定，以此形成一条完整的市场收益率曲线，并与信贷市场的优惠利率一起形成合理的市场利率体系。

(五)大幅降低法定存款准备金率，以帮助商业银行应对利率市场化的挑战，并提高中央银行政策利率的传导效率

在实现利率的完全市场化以后，有可能因市场竞争加大从而导致中国商业银行的存贷利差大幅缩小，在这种情况下，中国就必须大幅降低法定存款准备金率，以降低存贷利差大幅缩小对中国银行业的冲击，从而帮助商业银行应对利率市场化的挑战。同时，大幅降低法定存款准备金率也有利于增加货币市场的资金供给，从而有利于促进货币市场的发展，这又有利于推进短期利率的市场化。此外，大幅降低法定存款准备金率还有利于提高中央银行的政策利率(包括短期回购利率和常备借贷便利利率等)对银行存贷款利率及债券收益率的传导效率。

(六)大力发展中国的债券市场,以此实现长短期利率的全面市场化,并提高中央银行政策利率的传导效率

由于债券是基础性金融产品,或者说是典型的利率金融工具和信用金融工具,在债券的基础上可衍生出证券化产品或其他结构性产品,因此,债券市场是金融市场的基石,是实现利率市场化的关键。同时,由于债券能为投资者提供确定的现金流,因此,债券也是风险相对较小的金融产品。也就是说,债券不但能为金融体系提供巨大的流动性,为政府、金融机构、工商企业等机构提供筹措资金的便利渠道,而且能为全社会投资者提供低风险的投资工具。完善的债券市场不仅有利于投资者进行现金管理和资产管理,而且也是金融资产定价的基础。更重要的是,建立发达的债券市场也是促使本国货币由贸易结算货币转向投资及储备货币,从而实现本国货币国际化的重要环节。这是因为:债券相较股票而言风险较小,流动性较强,股票由私营企业发行,而债券既可由私营企业发行,也可由公共部门、国际机构发行,期限也较灵活;此外,债券的发行规模也大于股票。因此,债券是吸引境外本国货币回流的重要投资品种,债券市场比股票市场对推动资本账户开放及实现本国货币国际化的作用更为重要。此外,能够吸引长期投资者的债券市场还可以起到抵消资本流出的影响。因此,发达的债券市场有利于缓冲资本账户开放以后的跨境资本流动冲击,并由此能够降低汇率波动可能带来的风险。

还需指出的是,债券市场也是传导中央银行货币政策的重要平台,而且,债券交易所形成的收益率曲线是所有金融工具收益水平的基准,因此,为形成完整的市场利率体系,并进而形成市场主导的、合理完整的收益率曲线,从而实现长短期利率的全面市场化,以此提高中央银行政策利率的传导效率,应允许企业及金融机构大量发行短期或长期债务工具(如商业票据、中期票据、可转让存单、企业债券,等等),以加快中国债券市场的发展。

为加快中国债券市场的发展,从中国的现实来看,中国一方面要改变债券市场的分割状况,另一方面特别需要加快以商业信用为基础的债券市场的发展,其中主要又是企业债券[①]市场的发展,以避免债券市场主要以政府债券或准政府债券为主,从而改变债券市场被视为零信用风险市场的局面,以形成按照风险高低确定利率水平的债券市场,提高企业对市场利率的敏感性。[②] 为此,中国可采取以下措施:(1)加快民营企业的发展,在民营企业不断发展的基础上打破对发债主体的限制,让更多的民营企业能够进入债券市场发行公司债券,以构建公平竞争的公司债券市场。由于民营企业必须独立承担经营失败或破产的财产责任,因此,让更多的民营企业发行债券显然有利于加快中国公司债券市场的发展。(2)改变中国债券市场的分割状况,即改变既有国家发改委审批的企业债、又有中国证监会审批的公司债,还有中央银行单独管理短期融资券、中期票据以及私募债等市场相对分割的状况,建立统一的监管体系并对中国的企业债券发行采取注册制,建立统一的债券托管系统和监管体系,以最终形成统一的债券市场。[③] (3)大力扩张债券的发行规模(但要避免由政府承担违约责任的企业债券的发行),以提高市场的广度和深度,并强化债券交易环节的监管。(4)建立完善的市场化信用评级机制、市场化违约机制以及投资者保护机制,以加快中国信用债的发展。(5)推进按照公司债券性质及

① 企业债券是中国特定制度下存在的一种特殊法律规定的债券形式,特指中国国有企业发行的债券。在市场经济国家,资本金全部属于国家所有的国有独资企业不具有发行公司债券的产权基础。这是因为:从理论上讲,发行公司债券的公司必须是承担有限责任的,如“有限责任公司”和“股份有限公司”等。由于国有企业不是有限责任公司,因此,从理论上来说,国有企业一般不能发行公司债券。即使发行债券,国家或政府也要承担连带的无限责任,在某些方面属于政府债券的性质。这也意味着,要促进中国债券(特别是公司债券)市场的发展,中国还必须在产权制度的改革上有进一步的突破。

② 中国债券市场的品种目前有:国债、央行票据、金融债券、短期融资券、中期票据、公司债券、可转换公司债券、资产支持债券、企业债券、可分离交易的可转换公司债券,等等。从美国的情况来看,美国的债券市场是由国债、联邦机构债券、市政债券、公司债券(包括金融债券)、资产支持证券和抵押担保债券等组成的,其中,国债和公司债券所占的比重最大。根据发行主体的不同,美国又将公司债券分为公共事业类公司债券、运输业类公司债券、工业类公司债券、银行与金融类公司债券和国际债券等五类。按债券评级划分,公司债券又分为投资级债券和高收益债券。

③ 目前,中国的债券市场包括有银行间债券市场(场外市场,面向金融机构,以交易国债、地方债、金融债及中期票据为主)、交易所债券市场(包括场内零售交易和场外大宗交易,主要面向散户或机构,以交易公司债、资产支持债券及中小企业私募债为主)和柜台债券市场,这三个市场在交易主体、交易机制、交易规模及交易品种方面存在较大差异,市场还没有完全统一,这就难以形成统一的基准利率,且不利于形成有效的市场。

发行人信用等级等条件决定公司债券利率的市场机制的形成,以实现公司债券利率市场化,进而实现资源的合理配置。(6)通过各种销售渠道(包括柜台、网络等)不断扩大公司债券的投资者范围,建立公司债券直接面向实体企业和居民个人销售的多层次市场机制,让实体企业及居民个人直接购买公司债券进行投资活动,从而改变仅由金融机构投资公司债券的单一投资格局,使公司债券真正成为社会大众的投资工具。(7)允许公司债券在场外交易,并鼓励债券市场的产品结构创新。(8)大力培育机构投资者(包括保险公司、商业银行、养老基金、投资基金等),以提高债券市场的流动性及促进市场的稳定。此外,中国还应积极推进银行信贷资产的证券化;等等。

(七)允许更多的投资者进入金融市场,并允许市场参与者在金融市场上进行套利活动,以及大力发展利率类衍生产品以提高中国金融市场的效率

为提高中国金融市场的效率,以充分发挥市场的作用,中国应允许更多的投资者(包括金融机构、企业及个人投资者等)进入金融市场,同时,中国还应允许市场参与者在金融市场(包括货币市场、信贷市场及资本市场等)上进行套利活动。允许市场参与者进行套利活动是中央银行通过市场化的货币政策工具影响整个金融市场和宏观经济走势的必要条件,是促使市场利率走向全面均衡的必要条件。这是因为:如果货币市场利率、信贷市场利率或资本市场利率走势发生了差异,那么,市场参与者在这两个市场之间所进行的套利交易将促使货币市场、信贷市场或资本市场之间的利差缩小。可见,市场参与者在金融市场的套利活动也起着利率传导的作用,没有这种套利活动,各个金融市场(包括货币市场、信贷市场及资本市场)的利率传导将受阻。

发达国家的经验表明,利率市场化的推动需要利率类衍生产品市场(包括远期利率协议、利率期货、利率期权、利率掉期期权及利率互换等)的配合。这是因为:在利率被放开而完全由市场供求决定以后,如果市场参与者不能进行相应的利率衍生产品的交易,则面对利率风险的市场参与者就难以利用远期利率协议、利率期货、利率期权及利率互换等利率衍生产品来规避、管理或对冲利率风险,显然,在这种情况下实现利率的市场化将会给中国经济带来冲击。因此，要成功地实现利率的市场化，就应该大力发展利率类衍生产品。同时，中国在实现利率市场化以后大力发展利率类衍生产品还有利于提高市场的效率。例如，市场交易双方通过签订远期利率协议以锁定未来的利率水平，就能起到管理利率风险或实现利率风险的转移和分散的作用。此外，市场参与者还可以通过进行利率衍生产品的交易来预测利率走势以创造新的交易或投资机会，从而充分发挥利率市场化提高市场效率的功能。可见，大力发展利率衍生产品市场可减少市场参与者风险敞口，并保障利率市场化的推进过程更加平滑顺畅。

此外，中国还应推动证券市场与信贷市场的融合与竞争、交易所市场与银行间市场的融合与竞争，以不断提高利率传导的效率。

二、在实现利率市场化的同时实现人民币汇率的市场化

在放开对存款利率的管制以实现利率完全市场化的同时，中国应大胆地采取以下步骤实现人民币汇率的完全市场化：

（一）逐步放宽实需原则，允许市场主体在无真实的贸易或投资背景下，并在无形的市场上进行外汇交易

目前，国际外汇市场都实行无实需原则，允许市场主体在无真实的贸易或投资背景下进行外汇交易。同时，国际上的外汇交易大部分是在无形的市场上进行的。为形成规范的外汇市场，使中国的外汇市场真正与国际接轨，并在此基础上真正实现人民币汇率的市场化，使人民币汇率能更充分地反映市场信息，中国应逐步放宽实需原则，允许市场主体在无真实的贸易或投资背景下进行套期保值性的或投机性的外汇交易，使外汇市场上的交易能够全面地反映市场的供求状况。同时，为使市场主体能够及时地根据市场的变化灵活地进行外汇交易，以主动对冲汇率风险或获得投机利润，中国还应允许市场主体在场外的无形市场上进行外汇交易。

（二）实现人民币汇率中间价的市场化

要实现人民币汇率的完全市场化，中国还必须实现人民币汇率中间价的市场化。为此，中央银行首先应该逐步降低对人民币汇率中间价的干预，让人民币汇率中间价逐步由外汇市场上的做市商的报价决定，使人民币汇

率中间价真正变成市场可交易的定盘汇率(管涛,2017)。[①] 由于银行之间的外汇交易规模巨大,因此,人民币汇率中间价或基准汇率可由外汇银行之间的外汇交易确定,以此实现人民币汇率中间价的市场化。

(三)由外汇银行公布当日银行间外汇市场外汇买卖的即期汇率

在实现人民币汇率中间价市场化的基础上,由外汇银行根据当时的外汇市场供求状况,参考前一营业日银行间外汇市场的加权平均价,公布当日银行间外汇市场(即外汇批发市场)外汇买卖的即期汇率。[②] 外汇银行与客户之间的外汇买卖(即外汇零售市场)可由客户根据市场供求状况,在银行间外汇市场生成的即期汇率基础上与外汇银行自由议价成交。

(四)允许市场主体从事外汇经纪业务

为在外汇市场规模不断扩大、市场交易主体越来越分散的情况下提高外汇市场的效率,应该允许那些对外汇市场的信息有相对优势且具有专业知识的市场主体(包括居民个人)专门从事只收取佣金(brokerage),而不承担外汇风险的外汇经纪业务。这样,那些力图通过专门从事外汇经纪业务而获得佣金收入的市场主体,会为获取佣金而千方百计地搜集价格信息,以便通过集中众多外汇买卖双方的报价,尽可能地为买卖双方提供最好的交易价格,以减少市场的搜寻和信息成本,并迅速配对买卖双方,从而加快市场的成交速度,这样就能使外汇市场更有效率,并使汇率能更真实地反映外汇的供求关系,从而有利于促进均衡汇率的形成。

(五)央行基本退出常态式外汇干预

在实现人民币汇率中间价市场化的基础上,中央银行要逐步减少在外

① 这要使中国商业银行由外汇市场上的交易中介转变为做市商。做市商制度是国际外汇市场的基本市场制度。做市商通过不间断的买卖双边报价和交易,随时随地为前来询价(price hitter)的市场主体提供各类货币的有竞争力的买入汇价和卖出汇价,并承诺随时随地通过买进或卖出外汇以满足客户的需求,从而保证外汇交易的连续进行,为市场提供流动性,提高交易效率,并使汇率能真正反映市场参与者的意愿,减少汇率的波动,分散风险。总之,做市商起着集中市场供求信息的作用,因而成为重要的定价中心。

② 保持交易日收盘价格和下一个交易日开盘价格的连续性很重要。保持价格连续性是对市场供求变化的肯定。保持汇率价格连续性会让外汇市场交易更加活跃,市场供求反映更充分。在不连续的价格下,每一个持仓过夜的市场参与者都面临极大的风险,这些额外增加的风险会让众多的交易者(尤其是金融机构)退场,从而会导致汇率不能充分反映市场供求关系。

汇市场的干预规模及频率，[①]中央银行不再对人民币汇率设定一个需要捍卫和追求的基准水平，也不预先设定汇率的波动幅度，不再为将汇率固定在某一水平上而不得不被动地大量买进或卖出外汇，从而使人民币汇率真正由市场供求关系决定。

（六）根据存款利率市场化的进展情况不断放宽直至最终取消人民币汇率的每日浮动幅度，逐步过渡到浮动汇率制度

根据存款利率市场化的进展情况不断放宽人民币汇率的每日浮动幅度，如从每日浮动2%大幅放宽到每日浮动5%、10%，逐步达到国际上公认的较宽的浮动区间15%，并在中国的利率实现完全的市场化以后大胆地放开对人民币汇率浮动幅度的限制，实行“没有浮动区间、没有中心平价、没有人为贬值、没有政府干预”的浮动汇率制度，让外汇银行根据市场供求关系自行决定挂牌汇率，外汇银行与客户间的外汇买卖可在公布的市场汇率的一定幅度之内成交，从而完全实现人民币汇率的市场化。

（七）改进及完善中央银行的汇率干预机制

当然，在实行“没有浮动区间、没有中心平价、没有人为贬值、没有政府干预”的浮动汇率制度以后，中国央行也不应完全放弃对外汇市场的干预及对汇率的调节，但干预外汇市场的目标应是促使资源的合理配置，中央银行应仅仅只是在人民币汇率短期出现过度波动或长期偏离均衡水平时才可以干预外汇市场，以避免人民币汇率的短期过度波动对实体经济造成不利的冲击或长期偏离均衡水平影响资源的合理配置，而不是为人民币汇率确定一个基准水平。同时，中央银行在干预外汇市场时，必须向公众公布干预的原因、干预规模以及干预时间，从而以透明的方式向市场传递中央银行的干预意图，以提高中央银行外汇干预的信誉，并让人民币汇率变化的规则更加透明，从而可以更好地与市场进行沟通，使公众形成合理的预期。总之，中央银行汇率干预机制的一个基本原则应是：不在于人为地追求汇率水平的稳定而在于促使资源配置效率的提高。

由于汇率的市场化可能带来“汇率超调”问题（Dornbusch，1976），因

---

① 事实上，从国际经验来看，频繁干预外汇市场并不必然比浮动汇率制度带来更加稳定的真实有效汇率。

此，为防范汇率过度波动对贸易或投资所产生的不良影响及对国内经济的冲击，中央银行可建立外汇平准基金，以便通过外汇平准基金的市场操作来熨平人民币汇率的短期过度波动。①

三、在实现利率及汇率市场化的同时完全开放中国的资本账户

从理论和现实的角度来看，在实现人民币利率及汇率市场化的同时开放中国的资本账户并不会导致资本的过度流出入。这是因为：在利率市场化的情况下，如果因放开境外非居民在境内资本市场上的交易管制而出现大量资本流入，从而造成国内资金供给增加时，利率就会及时地下降，这就能够有效地抑制资本的大量流入。相反，如果因出现大量资本流出而导致国内资本短缺时，利率又会及时地上升以有效地抑制资本的大量流出。可见，在利率市场化的基础上放开境外非居民在境内资本市场上的交易管制不会导致出现因资本的过度流出入而严重冲击国内经济稳定的情况。同时，在人民币汇率市场化的情况下，由于人民币汇率能够随市场供求关系的变化而灵活变化，因而就能够及时地消除汇率的高估或低估，进而能够消除套汇机会，这就能够避免大量资本（特别是短期资本）基于套汇投机的目的而频繁进出，从而冲击国内经济的现象。

基于此，中国在实现人民币利率及汇率市场化的同时，就完全可以按照"先开放居民在国外的交易，后开放非居民在国内的交易""先取消对机构投资者的交易及汇兑管制，后取消个人投资者的交易及汇兑管制""先开放资本市场，后开放货币市场""先开放中长期资本的交易，后开放短期资本的交易""先开放有真实交易背景的资本交易，后开放无真实交易背景的资本交易"以及对于金融交易活动"先放开对金融机构的管制，后放开对非金

① 为防止汇率过度波动影响正常的国际贸易及投资活动，同时也为了防止各国政府为追求自身利益而不适当地操纵汇率，国际货币基金组织对浮动汇率制度下的政府干预制定了一系列原则性规定。国际货币基金组织原所属的二十国委员会在 1974 年 6 月发表的《国际货币制度改革大纲》的附件 4 中指出：原则上，对于一日或一周这样的短期内发生的汇率大幅度波动，允许利用干预或其他方法来维持汇率的稳定；禁止与汇率波动方向相一致的干预，即不能在汇率上升时通过干预使汇率进一步上升，或汇率下跌时通过干预使之进一步下跌。此外，国际货币基金组织于 1977 年通过的《关于汇率政策的监督》的决议规定：各国政府的汇率政策原则是：（1）成员国政府的干预不能妨碍有效的国际收支调节，不能是为了对其他成员国取得不公正的竞争优势而实施；（2）成员国当本国货币在短期内波动较大时，必须进行干预；（3）干预要兼顾国内外利益。

融机构及居民个人的管制”、对于非金融交易活动则“先放开对非金融机构及居民个人的管制,后放开对金融机构的管制”的原则或顺序尽快在较短的时间内采取渐进与激进相结合的方式开放中国的资本账户,并在资本账户的管理上采取负面清单的管理办法,取消事前审批、数量控制等做法,以真正实现中国资本账户的开放①。具体步骤如下:

(一)放开有真实贸易背景的商业信贷管制

由于有真实贸易背景的商业信贷与经常账户密切相关,稳定性较强,风险相对较小,因此,中国在实现利率的市场化以后,可以完全放开有真实贸易背景的商业信贷管制。放开商业信贷管制,有助于中国企业在国际贸易、投资、生产和金融活动中逐步取得主导权。同时,放开商业信贷管制,也有利于促进国内银行业的竞争,扩大企业的融资渠道,这就有利于推动中国金融体系的不断完善,并有效地改善企业(特别是中小企业)的融资状况,从而使金融体系能够更充分地为实体经济提供服务,此外还能为人民币跨境结算和香港离岸市场建设拓宽人民币回流渠道。

(二)放开境内企业和个人在境外进行直接投资的限制

1. 放开境内企业在境外进行直接投资的限制

为使中国能够充分利用全球资源以最大限度地推动中国的经济增长,在人民币利率及汇率实现市场化的情况下,中国应放开境内企业(特别是民营企业)境外直接投资的限制,以有利于境内企业在全球市场上选择收益最大的地方投资,或选择成本最低的地方生产,从而使国内外资源得到最有效的利用,使国内的生产及投资决策符合各国的比较优势,并利用全球市场以取得更大的规模经济效益,以及最大限度地创造本国的竞争优势。同时,通过放开境内企业在境外进行直接投资的限制也有利于造就更多的中国跨国公司。这样,中国的跨国公司就能以企业的内部经营行为代替国际市场上的交易行为,以企业内部的贸易取代国际市场上的贸易,以要素和产品在企业的内部流动取代外部国际市场的流动,将国际企业内部化,以便在

---

① IMF 则将资本账户开放具体理解为以下四个方面:(1)居民不仅可通过经常账户的交易,也可通过资本账户的交易获得外汇;(2)所获外汇既可在外汇市场上出售给银行,也可在国内或国外持有;(3)经常账户和资本账户下交易所需要的外汇可自由在外汇市场上购得;(4)国内外居民可以自由将本币在国内外持有。

企业内部通过管理手段来利用及配置资源,降低在国际市场上通过市场交易来配置资源所需的交易成本,从而最大限度地降低生产及交易成本,并实现企业利润的最大化,而且这还有利于降低国际贸易争端对国内经济的影响。总之,放开境内企业在境外进行直接投资的限制将有利于达到以下目标:(1)在世界范围内最大限度地扩大生产及销售规模;(2)在世界范围内最大限度地降低生产或投资成本,并分散经营风险;(3)降低国际市场上的交易成本;(4)利用不同国家的区位优势以获得最大效率;①(5)降低国际贸易争端对国内经济的影响;等等。

2. 放开境内个人在境外进行直接投资的限制

在实现人民币利率及汇率市场化的情况下,中国可以考虑放开对境内居民个人的资本流动管制,取消境内居民的购汇额度限制,允许境内居民个人在境外进行直接投资活动,②从而让境内居民个人在市场机制较完善的经济体通过进行直接投资活动成为企业家并获得预期的利润,这将有利于极大地培育中国的企业家精神。

(三)放开境内居民(包括个人、机构及企业等)在境外货币市场、资本市场及外汇市场的交易限制

1. 放开境内企业或金融机构在境外资本市场进行证券投资活动的限制

在人民币利率及汇率实现市场化的情况下,中国可考虑合并或取消 QDII 制度(即合格境内机构投资者制度)和 RQDII 制度(人民币合格境内机构投资者),放开境内企业或机构在境外资本市场进行证券投资活动的限制,③允许境

① 区位优势是英国经济学家 Dunning(1977)解释企业跨国投资动机所提出的概念。区位优势主要体现在以下方面:生产要素投入和市场的地理分布状况;劳动力、能源、原材料和半制成品等生产要素的价格、质量和生产能力;市场规模、经济结构与特点;运输和通讯成本;政府的政策;贸易壁垒、税率、投资环境、政治稳定性等;商业、法律和交通状况,基础设施建设状况;文化环境的差异,包括语言、文化、商业、风俗;等等。区位优势不仅决定着企业从事国际投资的倾向,而且也决定着企业在国外进行直接投资的部门结构和生产类型。

② 目前,境内居民个人参与境外直接投资的渠道仍不明确,只能通过设立特殊目的的公司间接实现境外投资。这意味着,境内居民个人还不能自由地进行跨境直接投资活动。

③ QDII 制度是中国在资本账户没有开放的情况下,允许经认可的境内合格机构(如商业银行、证券公司、保险机构和信托公司等)参与境外资本市场投资的一项过渡性制度安排。境内投资者可通过合格境内机构投资者(QDII)间接参与境外资本市场。RQDII 制度则是中国在资本账户没有开放的情况下,允许经认可的境内合格机构运用来自境内的人民币资金投资境外金融市场的人民币计价产品。

内机构根据境内外利率及汇率的变化，在境外资本市场通过购买中长期国债、政府机构债券或市政债券、中期票据、投资级及以上的公司债券、抵押支持债券、基金及信托等金融产品进行投资活动，以充分利用境内外金融市场实现收益和风险的最佳组合。

2. 放开境内个人在境外资本市场进行证券投资活动的限制

在人民币利率及汇率实现市场化的情况下，中国还应逐步放开境内个人在境外进行证券投资和对境外非居民提供贷款的限制，①使境内居民个人能够自由地将人民币兑换成外汇或直接使用人民币在境外进行跨境证券投资或贷款活动，这将拓宽中国境内居民个人的投资渠道，丰富中国境内居民个人的资产组合及优化其资产配置。

在人民币汇率完全市场化的情况下，由于在境外投资存在较大的汇率风险，因此，境内投资者对境外的投资自然会十分理性和审慎，在这种情况下就完全可以取消 QDII 制度，以实现中国资本账户的开放。这样做有利于拓宽外汇或人民币的投资渠道，缓解中国的流动性过剩问题，进而推动中国外汇市场的发展及金融市场的国际化。同时，这还会鼓励国内更多企业走出国门，以减少贸易顺差和资本账户的盈余，从而推动中国经济的外部平衡。

在人民币利率实现市场化的情况下，境内居民个人会通过比较境内外的利率水平做出合理的贷款决策，在这种情况下放开境内居民个人对境外非居民提供贷款的限制，并不会导致资金的大量流出。这是因为：如果境内居民个人大量对境外非居民提供贷款，造成境内资本短缺，则会导致人民币利率上升，这时，境内居民个人就会自动减少对境外非居民的贷款。而放开境内居民个人对境外非居民提供贷款的限制，就有利于使境内居民个人获得更大的收益，同时，放开境内居民个人对境外非居民提供贷款的限制，也有利于扩大人民币作为跨境借贷货币的规模，从而有利于推进人民币的国际化。

---

① 在境内居民个人在境外进行证券投资活动方面，中国在极少数城市试点推出了合格境内个人投资者制度（QDII2）。QDII2 可以说是 QDII 的延伸，但与 QDII 必须通过机构投资者进行境外投资活动不同，QDII2 允许境内居民个人直接在境外进行证券投资活动。然而，由于 QDII2 仅只在极少数城市试点，且要求投资者个人的金融净资产达到相当规模（最近 3 个月个人金融净资产日均余额不低于 100 万元人民币）。这意味着，即使中国全面推出了 QDII2 制度，中国境内绝大多数居民个人的跨境证券投资活动仍然是受到限制的。

从国外经验来看,经常账户顺差的国家实际上应考虑更多地放开资本流出,以保证国际收支的平衡。由于中国的经常账户自1994年“汇率并轨”以来一直长期持续顺差,因此,中国完全可以大胆地放开对境内居民资本流出的管制,允许个人自由地进行跨境投资。需要指出的是,当国内居民持有的外币或国外资产过少时,汇率的波动就越容易引起恐慌性购汇,从而会将贬值的预期放大,导致汇率“自由落体”式的下跌。相反,如果该国居民持有大量的外币或国外资产(在发达国家,居民的总资产中大约有20%左右配置于全球市场),则当该国的汇率波动(特别是该国货币贬值)时,该国居民会因持有大量的国外资产而不容易出现恐慌性的购汇行为。这意味着,放开对境内居民个人资本流出的管制,允许境内居民个人自由地进行跨境投资,让境内居民个人持有相当的外币或国外资产也有利于中国实行浮动汇率制度。

3. 放开境内企业和金融机构境外借款的管制

在人民币利率及汇率实现市场化的情况下,还可以放开境内企业和金融机构境外借款(既包括人民币,也包括外汇)的管制,允许境内金融机构在境外同业拆借市场融资,允许境内企业或金融机构在境外发行货币市场工具(包括大额可转让存单、扬基债券、商业票据、银行承兑汇票及回购协议,等等)或基金、信托等金融产品,取消对中国境内企业或金融机构在境外发行债券或上市的限制,[①]同时允许境内企业和金融机构将在境外获得的资金调回境内。

放开境内企业和金融机构境外借款的管制,不但有利于境内的高效率企业充分利用境外货币市场和资本市场,以最大限度地扩大融资规模,进而能够在全球市场上选择成本最低的地方融资以最大限度地降低成本,并更好地抓住市场机会,从而最大限度地获得盈利,而且还有利于提高境内金融机构服务境内实体经济部门的能力,使境内金融机构能够充分利用国际金

① 2015年9月,中国取消了企业发行外债的额度审批,实行备案登记制。需要特别指出的是,放开民营企业在境外发行人民币债券的限制应是推动中国资本账户开放的一个重要突破口。因为这既可以提供更多的以人民币计价的金融产品及投资工具,增强人民币在国际上的价值储藏功能,从而推动人民币逐步成为国际投资货币,同时又可以利用国际金融市场改善民营企业的公司治理结构,并解决民营企业的融资难问题,从而大大提高国内经济的市场化程度。

融市场以更好地为境内实体经济部门提供融资服务，因此，中国在实现人民币利率及汇率市场化的同时，可以大胆地放开境内企业和金融机构境外借款的管制。

在人民币利率及汇率实现市场化的情况下，境内企业和金融机构的境外借款规模并不会无约束地扩张。这是因为：如果境内企业和金融机构大量在境外借款，而导致在境内的借款需求不足，则人民币利率就会下降，同时，境内企业和金融机构大量在境外借款还会导致外币升值，这样，国内的借款成本就会下降，而境外的借款代价上升，在这种情况下，境内企业和金融机构就会自动平衡境内外的借款需求。可见，人民币利率的灵活升降会自动调节境内企业和金融机构在境内和境外的借款需求。

4. 允许境内机构和企业在境外购买货币市场工具及金融衍生产品进行投资活动

允许境内机构在境外购买货币市场工具（境外货币市场工具较为丰富，主要包括短期国债、短期市政债券、大额可转让存单、扬基债券、商业票据、银行承兑汇票、回购协议，欧洲美元以及货币市场共同基金，等等），使境内机构能够利用境外货币市场进行短期投资，使其短期闲置资金能够最大限度地获得收益，并同时保证流动性以及优化其资产组合。

此外，为有利于境内机构在运用专业知识对未来利率或汇率的变动进行预测的基础上，通过投资境外金融衍生品而获得盈利或进行风险对冲，也应放开对境内机构投资境外金融衍生产品（如远期、期货、互换和期权等）的限制。

（四）放开境外居民在境内货币市场、资本市场和外汇市场的交易限制

目前，中国对境外居民在境内的直接投资已基本放开，[1]因此，中国下一步开放资本账户的一项重要内容就是要放开还存在着的对境外居民在境内货币市场、资本市场和外汇市场的交易限制。

---

① 目前，中国对于外资来华直接投资已取消外汇登记核准，行政审批手续进一步简化，直接投资清盘购汇也无须审批。只是从项目审批的角度看，商务部门仍需对 FDI 进行必要的事前审批，但这与发达国家的实践相一致，旨在调控境外直接投资流向的行业与区域，并没有实质影响该项目的开放程度。

1. 放开境外非居民在境内银行开立人民币账户的管制,并允许持有人民币的境外非居民用人民币在境内进行直接投资、证券投资及向境内居民提供贷款

在实现了人民币利率及汇率市场化的同时,应放开境外非居民在境内银行开立人民币账户的管制,并允许持有人民币的境外非居民用人民币在境内进行直接投资、证券投资及向境内居民提供贷款,以扩大人民币的跨境贷款规模,拓宽人民币的回流渠道。

一旦中国实现人民币利率的市场化,将迫使境内商业银行为揽储而展开竞争,在这种情况下,可以允许非居民在国内开立人民币账户,使境内商业银行可以为获得非居民的存款而进行竞争,这将会促使国内商业银行不断提高其国际竞争力。同时,实现人民币利率的市场化,使国内利率能够及时地随着国内外资金供求的变化而升降,还有利于降低或消除套利机会和空间,在这种情况下,放开非居民在境内银行开立人民币账户的管制,就不必过于担心因中国利率水平高于国外而导致的资金大量流入,或因中国利率水平低于国外而导致的资金大量流出。

2. 放开证券类的一级市场,取消境外企业和金融机构在中国证券市场上发行证券的限制

目前,由于跨境贸易人民币结算中出口支付的比例较大,因而导致大量的人民币被境外机构和企业持有,这些资金头寸在缺乏投资增值选择的条件下,除了作为银行存款和支付准备之外,已成为境外人民币债券市场的重要资金来源。在这种情况下,中国在实现人民币利率及汇率的市场化以后,就可以让那些信用评级较高的境外机构及企业在境内发行人民币债券,①以不断扩大人民币债券的发行规模,并允许那些具有相当规模(规模基

① 从实践来看,多数国家都将债券市场的开放作为促进资本账户开放和货币国际化的突破口。例如,美国通过加快离岸美元市场建设,扩大债券市场的对外开放,为美元成为国际贸易结算货币和储备货币起到了举足轻重的作用。从中国的情况来看,非居民在中国境内和境外发行的人民币债券都属于人民币国际债券。其中,在境内发行的人民币债券属于在岸人民币国际债券,在境外发行的人民币债券属于离岸人民币债券。目前,境外企业和金融机构在境内银行间债券市场发行人民币债务融资工具基本上没有政策障碍,境外机构可在境内发行以人民币计价的"熊猫债券"(中国于 2005 年开始允许境外机构在境内发行以人民币计价的外国债券,即"熊猫债券"),并能够将"熊猫债券"的发行所得以人民币或外汇的形式汇到境外。但由于"熊猫债券"的发行主体、债券的收益率以及发行"熊猫债券"所募集资金的跨境使用仍然受到限制,境内外信用评级及会计和审计要求方面存在差异,目前境外企业和金融机构在境内发行"熊猫债券"的规模并不大。

准)、股权充分分散(股权分散基准)及盈利率较高且盈利十分稳定(经营基准)的境外企业在中国上市或发行以人民币计价的股票。此外,还应允许境外非居民在境内出售或发行基金、信托等集合投资类证券。[①]

同时,在资本账户充分开放的条件下,还应明确规定境外非居民在境内发行债券或股票获得的人民币既可以在境内使用(如增资或再投资),也可以将其直接汇出或兑换成外汇汇出在境外使用。

3.放开境外非居民在境内资本市场上的交易管制,并允许境外非居民在境内购买、出售或发行基金、信托等集合投资类证券

在实现人民币利率及汇率市场化的同时,中国还可考虑取消QFII制度(即合格境外投资者制度)和RQFII制度(即人民币合格境外投资者制度)等过渡性制度安排,[②]允许境外非居民(特别是境外投资银行、养老基金、保险公司、共同基金及主权基金等机构投资者)直接进入境内资本市场用外汇或其所持有的人民币从事证券投资活动,[③]并改准入审批制为登记备案制,

① 集合投资类证券是指旨在对证券或其他资产形式的资产组合进行管理,以风险分散为原则,根据需求持续地或有规律地向公众发行,并在特定的时间直接或间接从持有人手中按照净资产价值赎回的证券,如股权证、登记证明或者投资者在某一机构如共同基金、单位和投资信托等有集体投资利益的其他证明。

② QFII制度是指允许合格的境外机构投资者,在相关规定及限制的条件下汇入外汇并兑换为本地货币,然后通过严格监管的专门账户投资于当地证券市场,其资本利得、股息等经批准后可以兑换成外汇汇出。按照中国QFII制度的规定,合格的境外投资者可以在中国境内资本市场投资于以下产品:(1)在中国证券市场上市的股票、债券和认股权证;(2)在银行间债券市场上交易的固定收益产品;(3)证券投资基金;(4)股指期货;(5)中国证监会批准的其他金融工具;等等。但中国在QFII制度下,对境外机构投资者的准入条件、投资规模、投资品种、资金汇出入等还存在相当的限制。因此,QFII制度是一种在资本账户没有开放的情况下推动资本市场开放的过渡性制度安排。为扩大人民币跨境使用,扩大人民币的回流渠道,2011年底我国又推出了RQFII制度,允许符合条件的境外机构在批准的额度内,运用来自境外的人民币资金投资境内证券市场。通过RQFII机制,既可以完成人民币国际化的一个闭环,也能够推动我国资本市场的对外开放。但在RQFII制度下,境外机构投资者的准入条件、投资规模也仍存在限制。目前,境外投资者在境内资本市场的投资比率仍很低。

③ 2017年6月21日,中国央行公布《内地与香港债券市场互联互通合作管理暂行办法》(简称"债券通"),允许境外投资者经香港使用人民币或外汇投资于内地银行间债券市场("北向通"),投资标的为内地银行间债券市场交易流通的所有券种,包括国债、地方债、政府支持机构债、政策性银行债、商业银行债、非银行金融机构债、非金融企业债务融资工具、企业债、资产支持证券等。这是继"沪港通""深港通"之后,中国资本账户开放的又一新进展。从理论上来说,"债券通"为境外人民币回流境内增添了新的渠道,有利于增加境外离岸市场上的人民币需求,并进一步提高境内人民币债券市场的开放度。但值得注意的是,这一新进展并没有开放境内投资者对境外债券市场的投资限制(即没有同时开通"南向通"),因此这次改革的目的在于吸引更多的境外资金投资

且不再设额度限制。同时,中国还应允许境外非居民(特别是机构投资者)在境内通过购买基金、信托等集合投资类证券进行投资活动。

在人民币利率及汇率实现市场化的情况下,由于在中国资本市场进行投资存在着利率及汇率风险,因此,那些缺乏资质和实力的境外机构投资者就不敢贸然进入中国资本市场进行投资活动。而且,在利率市场化的情况下,如果因放开境外非居民在境内资本市场上的交易管制而出现资本大量流入,从而造成国内资金供给增加时,利率就会及时地下降,从而能够有效地抑制资本的大量流入。相反,如果出现资本大量流出,从而会加剧国内资本短缺时,利率又会及时地上升以有效地抑制资本的大量流出。可见,在利率市场化的基础上放开境外非居民在境内资本市场上的交易管制,不会导致出现因资本的过度流出入而严重冲击国内经济稳定的情况。

因此,中国在实现人民币利率及汇率市场化的同时,可以取消合格境外投资者制度,放开境外非居民在境内资本市场上的交易管制,①从而让更多的外国机构投资者进入中国资本市场,让中国的资本市场成为全球投资者能够参与的开放型资本市场,以繁荣中国的资本市场,并为境外非居民人民币持有者提供投资机会,不断拓宽人民币的回流机制,从而推动人民币成为国际借贷货币及投资货币,最终实现人民币的国际化。

4. 放开境外非居民在境内外汇市场上的交易管制,允许境外非居民从事外汇投机活动

中国已于2015年允许境外央行类机构(境外央行和其他官方储备管理机构、国际金融组织、主权财富基金等)进入中国银行间外汇市场,开展包括即期、远期、掉期和期权在内的各品种外汇交易,并延长了外汇交易的时间,此举有利于提高人民币在岸市场的成交量及提升银行间市场人民币汇率的代表性,同时,这一措施也将为外国央行在官方储备中持有人民币资产创造条件。

于境内债券市场,这反映出中国在资本账户开放问题上仍然存在"鼓励资本流入,而控制资本流出"的不对称开放措施。显然,这还不是真正意义上的资本账户开放。

① 2020年5月7日,中国宣布取消合格境外机构投资者(QFII)和人民币合格境外机构投资者(RQFII)的投资额度限制,并对合格投资者跨境资金汇出入和兑换实行登记管理,允许合格投资者自主选择汇入资金币种和时机。这一举措意味着中国向资本账户的开放又迈出了一大步。

为进一步推进资本账户的开放，中国在实现人民币利率及汇率的市场化以后，可以大胆地放开除境外央行类机构以外的境外非居民（包括机构、企业及个人）在中国境内外汇市场上的交易活动。因为：在人民币汇率市场化的情况下，人民币汇率会双向浮动，既可能上浮，也可能下浮，在这种情况下放开境外非居民在境内外汇市场上的交易管制，不会出现因单边预期人民币汇率升值而大量资本流入的状况。事实上，放开境外非居民在境内外汇市场上的交易管制，将会促使人民币在岸市场与离岸市场的一体化，这就有利于形成能够充分反映境内外外汇供求状况的人民币均衡汇率。

在人民币汇率实现市场化的情况下，中国也可以允许境内机构和居民个人在境外从事投机活动，这样做不但有利于提高市场效率，而且在人民币汇率能够随市场供求关系的变动而变动的情况下，投机者难以找到汇率明显高估或低估的机会，且要承担汇率反向变动的风险情况下，投机者恶意投机的可能性较小。事实上，如果任何人总是在某种货币已经贬值到低于其长期价值后再将其卖掉，或是在某种货币已经升值到高于其长期价值后再买进，则这些人就长期而言就会亏本，从而不得不退出市场。因此，从长期来看，导致不稳定的投机者将会被逐出市场，留下来的都是会推动汇率向其长期价值调整，从而避免长期亏损的具有更好洞察力和预测力的投机者。

需要指出的是，在汇率能够随着市场供求的变动而变化的情况下，投机者的行为反而会有利于促进汇率的稳定。这是因为：当某种货币可能贬值时，投机者会就买进这种货币，这就降低该种货币贬值的幅度；而当某种货币可能升值时，投机者会卖出这种货币，这就会降低该种货币升值的幅度，投机者低价买进，或高价卖出的行为将减轻汇率波动的幅度。可见，在人民币汇率市场化的情况下，外汇投机者的行为也有促进人民币汇率稳定的作用。[①]

5. 放开境外非居民在境内货币市场上的交易管制

由于利率及汇率的市场化可以提供一个自动抵御资本流动及国际经济

① 大量的实证研究表明，浮动汇率制度下投机者的套汇行为使得市场汇率不至于过分偏离其长期均衡值，而固定汇率制度的僵化倒有可能导致汇率的严重高估或低估。当市场一致预期到这种大幅度的偏离时，集中的投机行为不仅会加剧外汇市场的不稳定，而且还可能演化成严重的金融危机。

冲击的屏障,从而能够避免资本的过度流出入。因此,中国在实现利率及汇率市场化的同时,可以在境内银行间债券市场已向境外机构投资者全面放开的基础上,①进一步放开境外非居民在境内货币市场上的交易管制,允许境外非居民在境内购买、出售或发行货币市场工具(包括短期国债、大额可转让存单、商业票据、银行承兑汇票及回购协议,等等)。具体来说是:允许实力雄厚的境外大企业或财务公司在境内购买、出售或发行商业票据(短期融资券),允许境外商业银行在境内购买、出售或发行大额可转让存单或银行承兑汇票,允许境外商业银行及货币市场共同基金等在境内购买短期国债、商业票据并可以从事回购协议活动,等等,这将会极大地促进中国货币市场的发展。同时,允许境外非居民在境内购买、出售或发行货币市场工具也有利于刺激货币市场工具的市场价格上涨并降低货币市场的利率水平,从而有利于降低境内的融资成本。

6. 允许非居民在境内购买、出售或发行金融衍生工具(包括远期、期货、期权、互换等)

金融衍生工具指的是收益与基础资产相关联的金融资产,金融衍生工具是在利率市场化及汇率市场化的基础上发展起来的,因此,实现人民币利率及汇率的市场化还会促进金融衍生市场的发展。② 在这种情况下,允许境外非居民在境内购买、出售或发行衍生金融工具将有利于在境内金融市场上创造新的交易及投资机会,从而有利于扩大境内金融市场的规模、广度、深度及弹性,同时,允许境外非居民在境内购买、出售或发行衍生金融工具还有利于市场主体控制或转移基础金融资产价格波动的风险,有利于提

① 2016年2月,中国取消了境外机构投资者投资境内银行间债券市场的资格审核与额度限制,将合格市场参与者的范围扩大到包含商业银行、保险公司、证券公司、基金管理公司及其他资产管理机构在内的各类金融机构。这相对QFII制度是一个很大的进步,因为QFII制度有资格审核和额度方面的限制,且只允许境外机构购买在证券交易所挂牌的债券,而银行间债券市场则提供了更大的交易平台。

② 中国衍生品金融市场存在的主要问题是:发展滞后,创新能力偏低,规模偏小。导致这一状况的原因在于三个方面:第一,中国的金融市场欠发达,直接融资比例较低,市场交易的基础金融产品不够丰富,交易规模不大,这从根本上制约了衍生品的发展;第二,利率和汇率的市场化没有实现完全的市场化,因而市场对风险管理需求并不迫切,市场参与主体缺乏强烈的动机去研发避险工具;第三,金融基础设施落后,迄今为止尚未形成市场化公认的包含短期、中长期的基准利率曲线,使得衍生品难以科学定价。

供有关未来价格预期的信息或有利于价格发现，有利于活跃现货市场以及提高市场的效率。

（五）取消各类资本账户在汇兑环节的所有限制，实现资本账户的自由兑换

中国在实现人民币利率及汇率市场化的同时，可以大胆地取消各类资本账户在汇兑环节的所有限制，实现资本账户的自由兑换。为此，可明确规定：境内居民（包括企业、机构及个人）可以自由将人民币兑换成外汇，可以自由地持有外汇，并能自由地进行外汇买卖；同时，也明确规定境内居民可以同境外非居民之间进行货币的自由兑换，即允许境内居民在国外开立外汇账户，并允许境外非居民自由地用外汇兑换人民币，政府对境内居民或境外非居民兑换外汇或本币的币种、数量、价格及目的完全放开，境内居民也可以将其在境内获得的人民币兑换成外汇汇出。[①] 最重要的是要规定人民币与外汇之间的兑换价格（汇率）由市场决定，从而使人民币真正成为“可自由使用的货币”。

（六）放开对短期资本流出入的管制，实现资本的自由流动

在人民币利率与人民币汇率同时市场化的情况下，人民币利率及汇率的灵活变动会自由调节资本的流出入，从而使资本的流出入在利率平价的作用下最终趋于平衡状态，而不会出现资本的过度持续流入或流出的情况，而且，在人民币利率及人民币汇率同时实现市场化的情况下实现资本的自由流动也有利于避免出现“通过阻止资本外流以维持那些无法继续生存的企业，而限制资本流入却剥夺了有竞争实力的企业的盈利机会”等不合理状况，从而有利于大大地提高经济效率。因此，在人民币利率及人民币汇率同时实现市场化的情况下，中国可以大胆地放开对资本（包括短期资本）流出入的管制，以实现资本的自由流动及跨境贸易投资的自由化。[②]

---

① 目前，中国对境内居民个人的换汇额仍有一定的限制，中国境内居民个人的换汇额受限于每人每年五万美元的制度规定，这意味着，中国还没有实现货币的自由兑换。

② IMF 按照资本流动的形式将资本流出入分为三大类：一是与资本市场证券和货币市场工具直接相关的资本流出入；二是由商业信贷和金融信贷活动导致的资本跨境流动；三是由商业银行贷款及相关账户变动导致的资本跨境流动。目前中国短期资本活动较少的对外头寸表明：中国的跨境资本流动主要是以实体经济为基础。

总之,采取以上措施将放开境内居民(包括个人、机构及企业等)在境外货币市场、资本市场和外汇市场的交易限制以及放开境外居民在境内货币市场、资本市场和外汇市场的交易限制,这将有利于实现国内外金融市场的一体化。

第二节 开放资本账户有利于形成开放条件下的均衡利率及均衡汇率

一、开放中国的资本账户有利于形成开放条件下的人民币市场基准利率及均衡利率

需要提出的是,只有在利率市场化的前提下才能开放中国的资本账户,但另一方面,开放中国的资本账户又有利于在人民币利率被放开以后形成能全面反映开放条件下的市场供求关系的均衡利率。这是因为:

(一)开放中国的资本账户将有利于形成有广度、深度和弹性的资本市场

由于在开放资本账户以后,居民与非居民之间的贷款管制将被放开,境外非居民(特别是境外投资银行、养老基金、保险公司、共同基金等机构投资者)能够进入境内资本市场(包括债券市场和股票市场)直接从事投资活动,且不再设置额度限制,境外企业或金融机构在中国证券市场上发行证券的限制也会被取消。同时,由于还将允许境外非居民(特别是机构投资者)在境内购买、出售或发行基金、信托等集合投资类证券,境外非居民在境内资本市场的交易管制也将被放开,这就会极大地增加中国境内资本市场(包括公司债券市场和股票市场)上的资金供给,并极大地增加中国境内资本市场上的交易主体、交易规模、交易品种及交易方式。

资本市场的交易主体越多及交易规模越大,则意味着资本市场的"广度"越大,这就有利于全面地反映市场的供求状况,充分吸收各种信息及预期。同时,这还有利于提高资本市场定价的异质性,完善作为定价基准的收益率曲线,并能为发行人提供多种融资方式以及有利于丰富风险对冲工具,

等等。同时,资本市场上的交易主体越多及交易规模越大,则就越能限制单个交易商对价格的影响,这又意味着资本市场的"深度"越大。资本市场的"深度"具体表现为:(1)市场在任一时点、任一价格的交易量都足够大,能避免出现因报价太高或太低而无法成交或仅仅有限成交的情况;(2)在当前交易价位上很容易寻找到买者和卖者,从而市场交易能够在较稳定的价格上持续不断地进行;(3)市场的"深度"还体现为,由于市场有足够大的交易量,因此足以限制单个交易商对价格的影响,并保证某一时期、一定范围内的成交量变动不会导致市价的异常波动;等等。金融市场的"深度"体现的是市场的完善程度。此外,资本市场的"广度"和"深度"越大,则资本市场就会越有"弹性"(市场的"弹性"是指市场价格一有波动,就会引发大量追求收益的交易,从而使市场价格能迅速调整到供求均衡水平上的能力)。因为:市场参与者的类型和数量越多、交易量越大,则市场交易就越不会被少数人或某些利益集团所操纵,这样,金融市场的价格(利率)就越能迅速地调整到供求均衡的水平上。还有一点需要指出的是,市场参与者的类型和数量越多,就越有利于分散市场风险。

可见,开放中国的资本账户将会大大增加中国境内资本市场上的资金供给,并极大地增加中国境内资本市场上的交易主体、交易规模、交易品种及交易方式,进而有利于增大中国资本市场的广度、深度及弹性,这就有助于激活市场交易,并提高资本市场上的价格信息含量及定价效率。① 更重要的是,通过开放资本账户还可以极大地改进中国的公司治理水平和资本市场的运作效率,使中国的资本市场能更有效地配置资源。

此外,允许境内外机构在境外发行以人民币计价的债券,也有利于在境外推动以人民币计价的金融市场的发展,从而有利于推动人民币的国际化。②

① Levine 和 Zervos(1995)对 20 世纪 80 年代显著降低了国际资本流动壁垒的 16 个样本国家进行了研究,结果发现,5 个国家的股票市场规模在降低国际资本流动壁垒以后显著增大,而其余 11 个国家的股票市场流动性在降低国际资本流动壁垒以后显著增强。Kubota(2009)通过对 1974—2007 年 145 个国家资本账户开放与金融市场发展的年度数据进行分析,发现一国资本账户的开放不但促进了一国股票市场及债券市场的发展,而且还促进了私人信贷和银行资产规模的扩大。

② 目前,离岸人民币债券发行量有限,市场处于供不应求的状态,同时市场上缺乏其他有效的人民币投资渠道,导致离岸人民币债券投资者大多持有到期,二级市场交易并不活跃。此外,人民币回流机制尚不完善,非金融企业在境外发行人民币债券,所筹集的资金需要经过外汇管理局的审批才能回流国内,这些都不利于使人民币成为国际投资货币。

(二)开放中国的资本账户将有利于增大中国货币市场的广度、深度和弹性

开放中国的资本账户意味着允许境外非居民在境内购买、出售或发行货币市场工具(包括短期国债、大额可转让存单、商业票据、银行承兑汇票及回购协议,等等),并放开对短期资本流出入的管制,这自然会极大地增加中国境内货币市场(包括同业拆借市场、国债市场、票据市场及回购协议等)上的交易主体、交易规模、交易品种及交易方式。可见,开放中国的资本账户同样有利于增大中国货币市场(包括同业拆借市场、国债市场、票据市场等)的广度、深度和弹性。而货币市场广度、深度和弹性的不断增大又会为短期的国际热钱流动提供一个缓冲带,从而有利于减少国际热钱流动对国内经济的冲击。

例如,放开非居民在国债市场上的交易限制,允许境外非居民自由购买国债,这将有利于增加中国国债市场的广度、深度和弹性,并进而促使中国的国债利率成为开放条件下的市场基准利率。

此外,开放中国的资本账户将会促进离岸人民币市场的发展,而一旦离岸人民币市场具备足够的规模和流动性,其价格就能影响在岸人民币存贷款和债券的价格,从而会使离岸人民币利率与境内人民币利率趋同,进而促进境内人民币利率的市场化。换言之,离岸人民币市场如果变得足够大,市场就会真正取代政府成为利率制定者(McCauley,2011)。

总之,开放中国的资本账户将有利于在中国形成一个有广度、深度和弹性的金融市场。

(三)金融市场的广度、深度和弹性越大,就越容易形成能更充分地反映市场供求状况的市场基准利率及市场均衡利率

从市场经济的角度来看,金融市场的广度、深度和弹性越大,则市场被人为操纵的机会就越小,流动性就越高,因而金融市场的价格就越能更广泛地反映市场上的供求关系,即金融市场的定价就越准确、越有效。[①] 这意味

① 有效市场假说的定义是:金融资产的市场价格能充分反映有关金融资产价值的全部可得信息。从市场经济的角度来看,有效市场的形成机理如下:(1)由于在市场上从事交易的每个人都是理性的经济人,因而每个投资者都会理性地利用有关他购买的金融资产的所有可获得的信息,来

着,只有在有效的金融市场基础上放开人民币利率,才能生成能够充分反映市场信息及市场供求状况的市场基准利率及市场均衡利率。①

因为:在一个真正有广度、深度和弹性的金融市场上,由于有更多的供求双方相互自由选择、自由交易及相互讨价还价,在这个基础上形成的市场供求双方一致同意或都愿接受的利率就能广泛地或全面地反映市场的供求关系,而这种在更多的供求双方相互自由选择、自由交易及相互讨价还价的基础上产生的能使市场供求双方一致同意或都愿接受,从而能够更广泛地或更全面地反映市场供求关系的利率就是真正的市场均衡利率。可见,开放中国的资本账户有利于在人民币利率被放开以后形成更能反映市场供求关系的均衡利率。

总之,通过开放中国资本账户不但能够极大地促进中国金融市场的发展,从而提高中国直接融资的比率,进而促使储蓄更有效地转化为投资以实现经济的内部平衡,而且还能够更有效地推进利率的市场化。

(四)开放资本账户将使该国的金融市场更有效率

需要指出的是,金融市场上的自由交易实际上是要汇集所有市场参与者所掌握的知识、信息及所有市场参与者的智慧来评估金融工具预期的未来现金流,因此,金融市场的自由交易意味着允许持有不同信息、知识、观点或想法的投资者通过市场对某一投资机会的风险及收益表达自己的判断

对金融工具的未来收益进行预测或估计,以确定金融资产的内在价值。(2)当市场参与者都是理性经济人的情况下,所有信息都会被及时而充分地用于估计金融工具的未来预期收入。这是因为:根据"理性预期"假设,人们会根据自己的条件对未来做最好的判断或预期,人们的判断或预期也许并不准确,但由于对未来的预期正确与否关系到他的切身利益,因此,人们不会忽略所有相关的信息。(3)在理性的市场参与者众多的情况下,这实际上是能汇集所有市场参与者所掌握的知识、信息及所有市场参与者的智慧来评估金融工具的未来预期收入。(4)市场主体将根据金融工具内在价值(金融工具未来预期收入的现值之和)的最佳估值来决定金融工具当期的市场价格。(5)由于人们平均来说不会犯系统性的错误,因此,在众多理性市场主体的一致评价下所形成金融工具当期的市场价格将等于金融工具的内在价值(金融工具未来预期收入的现值之和),并能完全反映所有可获得的信息,而且,向市场提供的任何新信息都能迅速地反映在新价格上,这种价格能够完全反映新的可获得的信息的市场就是有效率的市场。可见,金融市场上的交易主体越多,交易越自由,则市场就越有效。

① 这意味着,在中国,最重要的并不是事先确定什么利率是基准利率,而应是首先构建具有广度、深度及弹性的金融市场,然后由市场生成基准利率。

(预期),这意味着,金融市场上的自由交易实际上意味着是集中所有市场参与者所掌握的知识、信息及所有市场参与者的智慧,来评估成千上万个大大小小的投资项目(金融工具的交易行为实际上反映了市场参与者对投资项目的评估),并共同地精心计算不同投资机会的市场价值及回报率,以便从这些项目中筛选出最有价值及盈利前景的投资项目。可见,金融市场自由交易的实质是去发现真正有回报的投资机会,并且促使投资者向真正有盈利机会的项目投资。

从以上这个意义上来讲,一国开放资本账户实际上能够起到汇集国内外众多的市场参与者所掌握的知识、信息、智慧及投资策略的作用,显然,这将使该国的金融市场能够更好地选择最具回报及盈利前景的投资项目,从而使该国的金融市场更有效率。可见,开放资本账户有利于提高中国金融市场的效率并使利率的市场化改革取得最佳的效果。

二、只有开放资本账户才能形成真正有广度、深度及弹性的外汇市场,进而有利于形成开放条件下的人民币均衡汇率

在实现人民币汇率市场化以后,要有利于形成人民币均衡汇率,并使人民币汇率能够充分发挥调节功能,前提是要形成一个有广度、深度及弹性的外汇市场。

虽然中国的外汇市场自 2005 年 7 月开始的汇率制度改革以来不断发展[①],但是,由于中国的资本账户没有完全开放,因此导致中国的外汇市场(指境内外汇市场,即人民币在岸市场)存在以下问题:(1)外汇市场的广度不够。由于中国的资本账户没有开放,因此,中国外汇市场上的外汇供求并没有完全包括资本账户的外汇供求,这样,中国外汇市场上的外汇供求并不能全面反映整个外汇的供求状况,显然,如果中国在这样的外汇市场基础上实现人民币汇率的市场化,很难形成真正意义上的能够反映整个外汇供求状况的均衡汇率。(2)市场交易主体不充分,中国外汇市场的交易主体主要是银行,非银行金融机构较少。同时,由于资本账户没有完全开放,非居

① 从交易方式来看,2005 年中国推出人民币外汇远期交易;2006 年推出人民币外汇掉期交易,且银行间外汇市场在即期竞价交易的基础上,引入了双边询价和做市商制度;2007 年则推出了人民币外汇货币掉期交易;2011 年又推出了人民币外汇期权交易;等等。

民不能自由地进入国内外汇市场进行外汇交易，不存在真正意义上的外汇经纪人，这导致中国的外汇市场缺乏广度和深度。(3)中国的外汇市场与其他市场没有一体化，外汇市场、货币市场、证券市场及保险市场资金不能自由流动。(4)中国外汇市场的交易量较小。(5)外汇交易品种不全，绝大部分交易集中在人民币兑美元上。(6)外汇衍生产品的交易量很少；等等。总之，中国外汇市场的广度、深度都与中国作为全球第一大贸易国的地位不符。

显然，要解决中国外汇市场目前所存在的问题，以此真正形成一个有广度、深度及弹性的外汇市场，就应该开放中国的资本账户。这是因为，开放资本账户将会带来以下效果：

(一)将真正形成统一的外汇市场

在开放中国的资本账户以后，由于跨境资本交易的限制及各类资本账户在汇兑环节的限制被取消，因此，境内居民和非居民既可在经常账户下进行外汇交易，又可在资本账户下进行外汇交易，因此，这个市场上的外汇供求将既包括经常账户的外汇供求，同时又包括资本账户的外汇供求，从而自然能全面反映整个外汇供求状况。显然，这样的外汇市场才真正是统一的市场。

1. 将真正形成开放的、多层次的外汇市场

开放中国的资本账户意味着放开非居民在外汇市场上的交易管制，并取消各类资本账户在汇兑环节的所有限制，中国的境内居民和非居民既可以将持有的人民币自由兑换成外汇汇出，又可以将外汇兑换成人民币投资于中国的金融市场。而且，开放中国的资本账户还有利于让境外机构进入中国的外汇市场，这将有利于形成多层次的、开放的、无形的市场。显然，这样的外汇市场将既包括银行与顾客间交易的外汇零售市场，又包括国内外金融机构之间相互进行外汇交易的外汇批发市场。

2. 将自动增加外汇市场上的交易主体

开放中国的资本账户意味着放开非居民在外汇市场上的交易管制，并取消各类资本账户在汇兑环节的所有限制实际上也是放开中国外汇市场上的主体资格限制。这是因为：通过开放中国的资本账户，允许中国居民自由持有外汇及自由地将外汇汇出，从而形成由中国央行、商业银行、政府机构

及私人部门共同持汇的格局。同时，通过放开居民与非居民之间的贷款管制，允许境内个人境外直接投资，取消对中国企业或机构到海外发行证券或上市的限制，开放集合投资类证券（如基金、信托）、担保、保证等融资便利，允许非居民在境内人民币市场通过发行票据、债券、股票及借款等方式融入人民币，允许非居民将融入的人民币兑换成外汇汇出，放开非居民在境内外汇市场上的交易管制，对居民放开境外借款的管制，并允许居民将借得的外汇贷款调回境内结汇后使用人民币，将自动地大大增加外汇市场的交易主体，从而改变中国外汇市场的交易主体以境内机构为主，且境内机构又以银行金融机构为主的交易主体过于单一的局面，从而丰富中国外汇市场的交易主体，并有利于使中国的外汇市场与全球外汇市场融为一体。

需要指出的是，由于外汇市场中的各个交易主体所掌握的知识、信息或投资机会不同，各自的风险偏好也不同，因此，外汇市场上的各个交易主体对未来汇率变动的预期也不同，这意味着，外汇市场上的交易主体不断增多将改变人民币汇率单边变动的预期，这就有利于改变投资者不愿借贷人民币的倾向，从而有利于推进人民币的国际化。此外，由于不同市场主体的风险偏好及风险承担能力不同，因此，外汇市场上的交易主体不断增多也有利于分散汇率风险。事实上，市场规模越大，则市场化解风险的能力也就越强。由于市场是由拥有不同想法、观点或信息的造市者形成及推动的，市场上掌握不同想法、观点或信息的交易主体越多，对未来价格（如汇率）变化的看法越不同，则市场交易也就会越活跃，市场也会越有效率，这意味着，外汇市场上的交易主体不断增多会自动地推动外汇市场的发展。总之，在外汇市场上追求各自利益的市场主体越多，则外汇市场能越能有效地发挥其价格发现、资源配置及风险管理的功能。

3. 将自动扩大外汇市场的规模及交易品种，并实现外汇交易方式的多元化

开放中国的资本账户意味着取消跨境资本交易的限制及各类资本账户在汇兑环节的所有限制，允许境内个人境外直接投资，并放开境内民营企业境外直接投资的限制，即居民可以自由地使用人民币购汇对外直接投资，同时允许非居民在境内人民币市场通过发行票据、债券、股票及借款等方式融入人民币在境内使用，并允许非居民将融入的人民币兑换成

外汇汇出在境外使用，同时允许非居民将融入的人民币兑换成外汇汇出并放开对短期资本流出入的管制，等等，这些措施都将会自动地扩大中国外汇市场的规模和交易品种。[①] 同时，取消各类资本账户在汇兑环节的所有限制，放开非居民在境内外汇市场上的交易管制，也将自动实现外汇交易方式的多元化。

4. 自动增大市场的流动性

通过开放中国的资本账户使人民币成为可自由兑换的货币，则中国外汇市场上的流动性就会自动增加，交投活跃的市场就能够充分反映种类参与主体的供求状况，并充分吸纳各种信息与预期，从而能够使人民币汇率反映真实或潜在的市场供求，进而为浮动汇率制度的实行提供市场基础。

（二）开放资本账户将有利于形成全面反映外汇供求关系的均衡汇率

总之，在开放中国的资本账户以后，由于跨境资本交易的限制及各类资本账户在汇兑环节的限制被取消，境内外居民及非居民可根据自己的需要自由地持有外汇，并自由地买卖外汇，自由选择外汇买卖的数量、品种及方式，因此将形成真正意义上的外汇市场，并使中国外汇市场的广度、深度及弹性不断增大。

而外汇市场的参与者越多，供求双方的竞争程度越高，则外汇市场就越有效。这是因为：市场参与者越多，则市场参与者的不同交易动机、需求和对价格的不同预期，越能够增加市场的效率和竞争。而且，市场参与者越多，则外汇市场所形成的汇率就越能更全面、准确地反映外汇的供求关系，而能够全面、准确反映外汇供求关系的汇率就是均衡汇率。可见，只有在中国外汇市场的广度、深度及弹性不断增大的基础上完全实现人民币汇率的市场化，才能形成真正全面反映外汇供求关系的均衡汇率。也就是说，开放中国的资本账户能使汇率更能反映市场供求关系及市场的变化，并为开放条件下的人民币均衡汇率的形成提供市场基础。

---

① 2005 年 8 月 15 日，中国银行间外汇市场正式推出远期人民币外汇交易业务；2007 年 8 月 17 日，中国允许具备银行间远期外汇市场会员资格的境内机构开展货币掉期业务；2011 年 2 月 14 日又推出人民币对外汇期权；等等。

三、开放资本账户实际上还有利于促进外汇衍生品市场的发展,进而有利于缩小汇率水平的波动

(一)开放资本账户有利于推动远期外汇市场的发展

在人民币汇率随市场供求变化而变化的情况下,由于未来的即期汇率难以预见,因此,无论是从事进出口贸易,还是从事对外投资活动的企业或个人都会面临未来汇率变动所带来的风险甚至损失,在这种情况下,境内外居民都会有动机在双方自愿的基础上,按预先一致同意的汇率(远期汇率,即在远期外汇交易中预先约定的未来交割外汇时的汇率)签订远期外汇合约,以锁定成本和获得预期的收益,进而避免未来汇率变动所带来的风险甚至损失。这意味着,在人民币汇率随市场供求关系变化而变化的情况下,远期外汇市场不可或缺。按照 IMF 的定义,一国只有存在远期外汇交易,才是真正拥有外汇市场的国家(因为远期外汇交易的发展会吸引越来越多的市场主体进入外汇市场),而且,外汇期货交易和外汇期权交易都是在外汇远期交易的基础上发展起来的,因此,远期外汇市场的发展极为重要。

而在资本账户没有完全放开的情况下,是难以形成真正意义上的远期外汇市场的。这是因为:在资本账户没有开放,而只是经常账户开放的情况下,将只存在贸易项下的远期结售业务,人民币与外汇的远期交易只能局限于贸易项下。而真正意义的远期外汇市场很难区分经常账户中的贸易项目下的交易和资本账户下的交易。同时,在资本账户没有完全放开的情况下,由于资本(特别是短期资本)不能自由流出入,境内居民不能完全根据自己的意愿自由地进入国际金融市场举借短期资金,境内金融机构也不能自由地同国外银行进行外币的同业拆借,这就限制远期外汇供求的规模,同时也使抵补利率平价背后的套利机制不存在,这就会限制远期外汇交易的市场化程度。外币同业拆借市场不存在,从事远期外汇交易的银行便无法通过外币的同业拆借来做掉期交易,以消除客户货币兑换中的汇率风险。而开放资本账户则有利于解决以上问题,同时,开放资本账户意味着境内外居民和非居民既可以进行以规避汇率风险、套期保值(hedging)为目的的远期外汇交易,也可以进行以套利(arbitrage)或投机为目的的远期外汇交易,这就会极大地促进中国远期外汇市场的发展。

还有，外汇市场的发展是以国内金融市场的发展为基础的，远期外汇市场就更是如此。完全有效的远期外汇市场的发展离不开发达的金融现货市场，这是因为：只有在发达的金融现货市场上，市场参与者才能灵活地在国内金融市场上为从事远期外汇交易而及时地筹资或进行掉期交易，如通过货币市场借入人民币，在即期市场上买进外汇，然后，在外币拆借市场上拆出外币，到期时再用收入的外币本金和利息按预定的远期汇率卖给对方，等等。只有在这一基础上，远期外汇市场才会发展壮大。由于资本账户的开放能够促进中国金融现货市场的发展，因此，资本账户的开放能够从多方面推动中国远期外汇市场的发展。而且，由于资本账户的开放有利于在人民币利率被放开以后形成更能反映市场供求关系的均衡利率，因此，在这种情况下，人民币利率将既能真实地反映市场供求状况，又能随着市场供求关系的变化而灵活地变化，远期汇率的定价就会有准确的市场依据。这样，市场参与者就能够准确地比较本币与外币的真实收益，从而能够准确地判断从事远期外汇交易的真实成本和真实收益，这也有利于促进远期外汇市场的健康发展。

远期外汇市场的发展将会使中国的外汇市场从一个狭隘的市场发展成为一个真正有深度和广度的市场。在存在远期外汇市场的情况下，人民币汇率的形成及变化将不仅仅只是反映当前的外汇供求状况，而且还会反映市场参与者对未来汇率的预期、反映未来的外汇供求。

（二）开放资本账户将极大地增强中国外汇市场的功能并有利于缩小汇率水平的波动

国际上发达、成熟的外汇市场除了外汇现货市场以外，还包括有外汇远期、外汇期货、外汇期权、外汇互换等多种外汇衍生品市场。显然，开放中国的资本账户，允许非居民在境内购买、出售或发行衍生金融工具有利于中国外汇衍生品市场的发展。而外汇衍生品市场具有以下功能：(1)在基础资产的基础上创造出新的交易及投资机会；(2)控制或转移基础金融资产价格波动的风险，以及降低交易双方的成本；(3)提供避险工具从而活跃现货市场；(4)衍生品市场上的价格是预测未来现货价格的重要依据；(5)通过套利交易提高市场的效率；等等。总之，外汇衍生品市场的发展将为市场参与者提供多种获利或避险的机会，从而增强中国外汇市场的功能。

同时,还应注意的是:由于衍生品具有高杠杆、高波动性、可做空等多种特征,因此,开放中国的资本账户,允许非居民在境内购买、出售或发行衍生金融工具也会导致外汇市场上的投机活动,这就会带来较大的风险。但是,又必须指出,外汇投机活动是汇率随市场供求关系的变化而不断变化的产物,中国要实行浮动汇率制度,汇率也必然会频繁波动。事实上,外汇投机活动是市场参与者根据自己对未来汇率变化趋势的预测或主观判断,试图从与自己的预测相同的汇率变动中获取买卖差价收益的行为。也就是说,投机活动实际上是通过承担风险来试图获得未来的不确定性收益。如果投机者预测失败,则会招致巨大的亏损,可见,外汇投机者在投机过程中将承担巨大的风险。只有在投机者预期正确的情况下,投机者才会获利,因此,投机收益实际上是投机者承担风险的报酬,或者说是投机者运用自己的知识对未来价格变动进行预测的脑力劳动的报酬,因而是可以接受的(用自己的财产冒险是无可厚非的)。投机者必须广泛搜集信息,且必须具有专业知识才能让他们比别人更准确地预测现在和未来的稀缺性,只有这样他们才能准确地观测未来的价格走向。这意味着,投机实际上是运用专业知识在市场上竞争,投机活动起着向市场传递专业知识、信息或向市场表达预期的作用,投机者作为风险承担者实际上也是企业家的一种。允许正当投机活动的存在也就是让那些在预测价格方面更有比较优势,也更愿意承担价格变动风险的人去承担风险,通过专心致志地研究未来市场及价格变动的动向(这些有比较优势预测价格变动的投机者显然比主要专注政治,而并不一心专注市场的政府官员能更准确地预测价格的变动)获取收益。允许正当投机活动的存在能使每个人都充分发挥各自的比较优势,并提高整个社会承担风险的能力。

而且,让完全自担风险的市场参与者从事投机活动,还有利于缓和外汇市场的供求不平衡状况并降低汇率的波动,这是因为:投机者为了获利,会在因外汇供大于求而使汇率跌到较低水平时买进外汇,这样就会抑制汇率水平的过度下跌;在因外汇供不应求而使汇率上升到较高水平时卖出外汇,这样就会抑制汇率水平的过度上升,从而缩小汇率水平的波动。可见,开放资本账户允许非居民在境内购买、出售或发行衍生金融工具,虽然有可能导致外汇市场上的投机活动,从而带来较大的风险;但另一方面,这种投机活动从长期来看也有利于缩小汇率水平的波动,从而有利于外汇市场的稳定。这意味着,开放中国的资本账户,允许非居民在境内购买、出售或发行衍生金融工具事实上也有着于稳定人民币汇率的功能。

事实上,在开放资本账户使境内居民和非居民能自由持有外汇及自由进行境内外直接投资或间接投资的情况下,境内居民和非居民所承担的汇率风险也随之增加。在这种情况下,为有利于市场参与者减少外汇交易中的市场风险,也应允许市场参与者购买、出售或发行衍生金融产品(特别是针对价格发现、风险管理及投机套利的衍生金融产品)。市场的形成和发展就在于无时不有一大批人绞尽脑汁地寻找获利(包括通过投机活动获利)的机会,因此,允许外汇市场的投机活动能增强外汇市场供求的灵活性,从而极大地促进外汇市场的发展。而且,职业投机者相当于远程预警系统,他们为人们提供信息,并提供激励机制使人们按照这些信息行事,从而使人们避免危机。正是由于这些投机者承担了市场风险,创造了市场流动性,才使得市场风险转移的功能得以顺利实现。总之,只有在外汇市场上同时存在着发挥市场不同功能且承担不同风险的保值者、风险偏好者和短期投机者的情况下,外汇市场才能充分发挥规避风险的功能,并有利于缩小人民币汇率水平的波动幅度。

从国际金融市场的角度来看,自 20 世纪 80 年代以来,随着金融衍生工具的发展,汇率风险已可以较容易地通过远期市场和其他对冲工具来规避(尽管套汇是有成本的,但诸如买入汇差和潜在汇率风险贴水这样的成本一般认为是很小的),Frankel(1995)发现,汇率波动对国际贸易和投资的负面影响在 20 世纪 80 年代以前比较显著,但进入 20 世纪 80 年代以后,这种影响开始逐步消失。①

(三)通过开放资本账户将实现境内金融市场与境外金融市场的一体化

开放资本账户以后所出现的资本自由流动与货币的自由兑换将使货币市场与外汇市场融为一体,在这种情况下,人民币利率就能通过同时影响贸易项及境内外的资金流动从而影响汇率,同时,货币市场与外汇市场的一体

---

① Frankel, J., "No Single Currency Regime is Right for All Countries or at all Times", *Essay in International Finance*, No.215, 1999, Department of Economics, Princeton University.

化也有利于中央银行实现货币政策与汇率政策的协调与配合。

第三节　利率和汇率市场化及资本账户的开放与人民币的国际化

同时实现资本账户的开放及人民币汇率和利率的市场化,不但能使中国央行完全摆脱“稳定汇率还是稳定货币供应及物价”的两难困境,以及有利于解决中国货币供应量不断持续增长及所形成的超额货币问题,而且还有利于推动人民币的国际化,进而极大地增强中国经济的国际竞争力,并使中国能够在国际金融体系中发挥主导作用,使中国真正成为全球经济及金融强国。

一、开放资本账户是人民币国际化的前提条件

货币国际化的含义是非居民用该货币计价国际贸易、进行支付以及作为资产和负债的标值货币。Cheung、Ma 和 McCauley(2010)曾明确指出,“人民币的充分国际化最终会要求全面开放资本账户”,这是因为:人民币的国际化意味着人民币获得国际市场的广泛认可和接受,被全球企业、金融机构与私人投资者自愿认同,能够在境外流通,并能充分发挥交易媒介、计价单位和价值储藏的功能,从而成为国际上普遍认可的国际结算货币、计价货币、投资货币和储备货币。Andrews 和 Kenen(2008)曾指出,一国货币要成为国际货币,必须经过以下步骤:(1)完全开放资本账户;(2)货币发行国在国际贸易和国际金融交易中具备以本国货币作为部分结算货币的能力;(3)非本国居民可以持有任意数量的本国货币;(4)非本国法人可以发行以本国货币计价的各种金融工具;(5)货币发行国的法人可以在海外发行以本国货币计价的金融工具;(6)国际金融市场习惯用该国货币发行债券①;(7)该国货币作为其他国家的储备货币。

① 一种货币典型的国际使用是:在该货币发行国以外的市场(离岸市场)上,由一个非居民向另一个非居民发行销售以该国货币计价的债券。

基于以上观点，显然，人民币要成为国际货币，就必须达到以下标准：(1)在贸易中作为计价货币及结算货币；(2)可以在国际市场进行拆借，作为外债被借用；(3)能够在境内外开立人民币的信用证、保函，实行对外担保；(4)在国际上开立企业和银行的人民币票据；(5)在其他国家可以自由兑换，如可以开立人民币账户；(6)人民币能够用于直接投资及证券投资；等等。这意味着，人民币要成为国际货币，除了中国的经常账户必须完全开放以外，中国的资本账户也必须充分开放，使境内的人民币能通过资本账户流向境外，同时使境外的人民币也能通过资本账户回流到境内，只有这样，才能使人民币在国际上被自由地广泛使用和持有，并进而才能成为国际上普遍认可的国际结算货币、计价货币、投资货币和储备货币。[①]

(一)通过开放资本账户促使人民币在更大范围内成为结算货币和计价货币

人民币要成为国际货币，首先表现为国际结算货币和计价货币。[②] 如果一国的资本账户不开放，则该国的货币就难以成为国际结算货币和计价货币。而资本账户开放将使得境内外机构、企业及个人可以更自由地兑换人民币，那么人民币用于贸易结算的吸引力将进一步增加，并进而使人民币成为境内外机构、企业和个人在各类跨境交易中广泛使用的货币。而且，人民币成为国际计价货币将有利于降低国外物价变化对中国货币政策的影响。

(二)通过开放资本账户推动人民币成为国际借贷货币

通过开放资本账户扩大人民币对外贷款和直接投资规模，鼓励个人、企业及机构使用人民币自主进行海外投资、金融机构以优惠贷款等方式推动人民币资本输出；同时，通过开放资本账户便利非居民在资本项下用外币兑换人民币，并对非居民提供人民币贷款，便利非居民在境内发行人民币债券，以及便利居民购买境外人民币证券，促进国家之间的资产互换；等等，这些都将推动人民币的国际化。

---

① 对于非国际储备货币国而言，该国所有资产均存在风险敞口，导致金融安全问题永恒存在。同时，该国央行还会受到其他国家货币政策的外溢性干扰。

② 结算货币并不等于计价货币，对于进出口贸易商来说，以本国货币作为结算货币并不能规避汇率风险，只有以本国货币作为计价货币，才能规避汇率风险。

(三)通过开放资本账户推动人民币成为国际投资货币

国际经验表明,一国货币成为国际货币的关键因素是该货币在国际上作为投资货币的深度和广度,而不仅仅只是作为贸易结算的交易媒介。Park(2010)认为,决定一种货币成为国际性货币的长期因素是该货币以金融资产的方式被持有的深度,而非仅仅只是作为贸易清算的交易媒介。这意味着,作为国际货币,金融交易中大量使用该种货币比贸易计价货币重要得多。因此,如果一国的资本账户不开放,金融市场对外封闭,不能提供该国货币的回流渠道,因而使境外该国货币的持有者无法将该国货币作为投资工具,则该国的货币就不可能成为投资货币。

可见,只有开放中国的资本账户,允许境内企业及机构(特别是境内大企业和金融机构)在境外发行或出售以人民币计价的货币市场工具及资本市场工具,并放开境外非居民在境内发行或出售以人民币计价的货币市场工具及资本市场工具,以及放开境外非居民在境内资本市场、货币市场及外汇市场上的交易管制,取消各类资本账户在汇兑环节的限制,允许资本自由进出和允许境外非居民自由买卖境内金融资产,即允许境外非居民能够随时出售以人民币计价的货币市场工具及资本市场工具,并在需要时将收益兑换成本国货币,这样,才能使人民币真正成为有吸引力的资产,从而才能使越来越多的境外投资者愿意持有以人民币计价的金融产品,将人民币资产作为其投资组合中的重要组成部分。在这一基础上,人民币作为资本市场计价货币的接受程度就自然会不断提高,并能够改变目前境外人民币需求主要来自境内企业或机构的状况,使境外经济主体不但愿意将人民币作为计价或结算手段,而且愿意将人民币作为国际投资货币,并将其列为投资组合中的"安全"资产。从这个意义上来说,人民币要成为国际投资货币,中国就必须开放资本账户,开放资本账户是使人民币成为国际市场上可投资货币的前提条件。

更重要的是,开放资本账户将有利于形成有广度、深度和弹性的金融市场(包括资本市场和货币市场),这就自然有利于提供多样化的金融产品。而有了多样化的金融产品,才能充分满足国际市场上风险偏好各不相同的各类投资者的投资需求,从而极大地满足人民币持有者的投资需求。同时,发达的金融市场还能为以人民币计价的金融资产配置和资金流动服务提供国际范围内的服务，从而有利于促进人民币的国际化。事实上，没有产品丰富、规模巨大及完全开放的金融市场，人民币要成为真正的国际货币几乎是不可能的。中国金融市场的深度和广义决定了人民币的国际地位，以及国际市场对人民币的接受程度。Lim(2006)认为，正是因为美国拥有高流动性、多样化、有深度的金融市场，才吸引了全球的投资者，进而巩固了美元的价值储藏功能，并由此强化了美元的交易媒介和计价单位的功能，从而最终使美元成为广受欢迎的国际结算货币、计价货币、投资货币和储备货币。Galati 和 Wooldridge(2006)运用均值—方差分析，比较了美元和欧元的国际货币地位，最后得出结论认为：美国发达的金融市场是美元比欧元更胜一筹的首要条件。这说明，通过开放资本账户来促进中国金融市场的发展是实现人民币国际化的重要途径。

(四)通过开放资本账户促使人民币成为国际储备货币

国际经验表明，一国货币成为国际储备货币是货币国际化取得成功的重要标志之一，然而，人民币作为储备货币功能的发挥只有在中国的资本账户充分开放的情况下才能实现。这是因为：由于一国持有储备的根本原因是为了满足国际支付与流动性的需要，因此，只有当中国的资本账户充分开放，从而使境外居民对人民币有大量需求时，才能促使该国的央行掌握更多的人民币作为储备货币，以便让该国的居民能够随时兑换到人民币。Kroeber(2011)指出，人民币国际化的关键在于是否向外国开放金融市场。人民币要成为国际储备货币，中国的金融市场就必须提供丰富的、具有低风险且流动性较好的金融资产，并且这些金融资产必须在公开透明、无人为操纵的市场上交易。[①] 相反，如果中国的资本账户不开放，境内外居民不能在境内外金融市场上大量发行以人民币计价的金融产品，从而不能为人民币持有者提供丰富多样的投资产品，则外国政府或中央银行就不可能将人民币作为储备货币以维持该国的国际清偿力。

① 一般来说，储备资产通常由流动性强、容易变现的外汇资产构成，如银行存款和长短期政府债券，这就可以解释为什么决定货币储备货币地位的是一国的债券市场的深度而不是股票市场的市值。事实上，外国政府或中央银行若愿意将人民币作为储备货币，势必以固定收益债券作为储备货币的基本形态，因为储备资产必须具备两个最基本的属性：一是风险低，而债券因为能提供确定的现金流，因而债券的风险相对较低；二是流动性较大，由于债券有期限的限制，债券的期限也可以多样化，且债券的风险相对较小，因此债券的流动性也相对较大。

总之,中国只有开放资本账户,才能拓宽人民币流入和流出渠道,使得人民币使用从贸易领域扩大到资本领域,从支付结算货币扩大到投资交易货币和储备货币,以不断提高人民币在国际贸易结算及国际投资中的比重,并刺激各国及私人部门对人民币计价资产的需求,从而最终实现人民币的国际化。①

二、人民币利率及汇率的市场化同样也是人民币国际化的先决条件

(一)人民币汇率的市场化有利于扩大人民币的跨境借贷规模,从而有利于推动人民币成为国际借贷货币

一般认为,只有人民币汇率升值才有利于推进人民币的国际化。因为:在人民币汇率不断升值的情况下,境外经济主体对人民币资产的持有意愿就自然会不断增大,因而就会促使境外人民币资产存量不断扩大,进而不断推进人民币国际化的进程。但应注意的是,从长期来看,如果人民币汇率只是单向变动(如单向升值),则境外人民币持有者就不愿贷出人民币(因为贷出人民币将承担汇率风险,而持有人民币则能获得人民币升值所带来的利益)。同时,境外投资者因预期人民币汇率单向升值也不愿借入人民币(因为这样会在未来增大财务成本)。还有,人民币单向升值意味着境外非居民使用人民币进行长期投资并不划算,越长的投资期意味着越高的财务成本。显然,这就不利于扩大人民币的跨境借贷规模及资产业务规模,进而不利于使人民币逐步成为国际借贷货币及投资货币。因此,只有实现人民币汇率的市场化,让人民币汇率由市场供求决定,让人民币汇率有升有降,才有利于不断扩大人民币的跨境借贷规模,从而有利于真正推进人民币的国际化。

事实上,在人民币汇率有升有降的情况下,以人民币汇率计价的金融资产相对收益和风险就会相应发生变化。这样,人民币的持有者或投资者对人民币资产的偏好也会发生变化,因而会相应调整其持有的人民币资产规模,这就会导致人民币资产的交易规模不断扩大,从而自然地推进人民币的

① 境外持有人民币的规模越大,则中国经济与国际经济的联系就会越紧密。

国际化进程。从现实来看，由于不同的人的能力、智慧不同，其所掌握的知识、信息或投资机会也可能不同，因此，不同的人对未来价格变化趋势的判断也往往是不同的。同样，外汇市场上不同的市场参与者对未来汇率变动的预期也可能不同，外汇市场上的交易活动就是在不同的市场参与者对未来汇率预期不同的基础上发展起来的。由于有的市场参与者（包括居民和非居民）会预期人民币升值，有的市场参与者则预期人民币汇率贬值，因此，在人民币汇率实行浮动汇率制度的情况下，那些预期人民币会升值的市场参与者自然会愿意买入人民币，而那些预期人民币贬值的市场参与者则愿意卖出人民币。这样，人民币资产的市场交易规模就会不断扩大，进而就自然会推进人民币的国际化进程。

由于那些预期人民币会升值的市场参与者（包括居民和非居民）愿意贷出人民币（因为这样可以在未来使收回的以人民币计价的本金价值增大），而那些预期人民币贬值的市场参与者则愿意借入人民币（因为这样会在未来会使偿还的以人民币计价的本金价值减少，从而减少债务负担），这就能改变境外人民币持有者因预期人民币汇率单向升值而不愿贷出人民币。同时，境外投资者因预期人民币汇率单向升值也不愿借入人民币，因而境外人民币主要以存款形式存在，人民币资产（包括贷款）业务很少的局面。可见，实现人民币汇率的市场化会使人民币的跨境借贷规模及资产业务规模不断扩大，进而最终有利于促使人民币逐步成为国际借贷货币及投资货币。

还有，只有在人民币汇率能够准确地反映市场真实供求的基础上，人民币的国际结算业务才能发展起来。[①] 相反，在人民币汇率没有市场化的情况下，全球贸易与交易就不可能以人民币作为结算与支付的货币，同时人民币创造投资工具的能力也会受到严重限制。

此外，如果在人民币汇率没有市场化的情况下推动人民币的国际化，则会因人民币汇率不能随市场供求关系的变化而变化，导致汇率的高估或低估，在这种情况下就容易出现套汇机会，从而会造成资本的大量流出入，进

① 中国目前推行的“人民币国际化”，实质上是在未能解决利率和汇率市场化的情况下，推行资本账户自由化的一种尝试，是在人民币汇率单边升值预期下所形成的。但是，建立在人民币单边升值预期这一特定条件基础上的人民币国际化不可持续。

而冲击国内经济，这反而会对中国经济带来不利影响。因此，只有实现人民币汇率的市场化，使人民币汇率能够随外汇供求关系的变化而变化以形成均衡汇率，才能消除人民币汇率的高估或低估现象，进而能在人民币实现国际化以后自动抑制资本的过度流出入，从而保证国内经济的稳定。

（二）人民币利率的市场化是人民币成为国际投资货币及国际储备货币的前提条件

在利率市场化的条件下，套利会使不同资本市场的利率趋于一致，这就有利于减少套利空间，降低投机性跨境资金流动，促进资金交易性跨境流动的需求，进而有利于加快人民币的国际化进程。

利率是各类金融产品定价的基础，因此，只有人民币利率实现了市场化并能最终形成均衡的市场利率，就意味着中国的金融市场能够通过汇集所有市场参与者所掌握的知识、信息及所有市场参与者的智慧来正确地评估金融工具的未来预期收益及价值，这样，以人民币计价的金融资产才能被正确地定价（这也意味着资源实现了最佳配置），这样的金融资产才会真正具有投资价值。[①] 只有在这种情况下，人民币的投资价值才可以根据市场因素进行正确的评估，因而国际投资者才愿意大量持有以人民币计价的金融产品，进而才能真正推动人民币成为国际投资货币。事实上，由于利率是固定收益类金融产品主要的定价因素，如果人民币利率不能随市场供求关系变化而变化，则以人民币计价的固定收益类金融产品的交易就很难活跃起来，这就会影响人民币作为国际投资货币的功能。这意味着，人民币利率的市场化是人民币成为国际投资货币的前提条件。

需要指出的是，由国际货币基金组织（IMF）创设的可以进行官方交易的储备资产——特别提款权（SDR）的利率是根据货币篮子组成货币的每周货币市场利率进行加权计算的。目前，SDR 利率是以美、日、英 3 个月期国债利率以及 3 个月期欧洲央行回购利率四者加权而得到的，人民币要成为 SDR 货币篮子中的重要货币并进而成为国际货币，人民币利率也必须市场化。

---

① 次贷危机的一个重要原因就是市场不知道如何对这种次级债券定价，定价体系的混乱引发了资金流动的混乱，结果演变成金融危机。

最后，由于人民币国际化意味着中国资本市场的全面开放，如果人民币利率不能随着市场供求关系的变化而及时地变化，进而不能及时地抵御资本的过度流出入，则会因资本的过度流出入而给国内经济带来重大冲击或风险，甚至还有可能引发货币危机。在这种情况下，只有利率的市场化才能在人民币实现国际化以后提供一个自动抵御资本流动及国际经济冲击的屏障，进而保证国内经济的稳定与增长。

人民币国际化意味着越来越多的国际贸易计价结算将使用人民币，同时，人民币国际化也意味着人民币本身就是储备货币，可以直接作为国际清偿手段，在这种情况下，中国就完全没有必要持有大量的外汇储备，这就自然能消除中国央行因大量持有外汇储备而造成的效率损失或福利损失，以及中国央行资产负债规模过大及资产结构不合理、中国央行的货币政策越来越被动等一系列现实问题。此外，人民币国际化还有利于降低中国居民在开放条件下所面临的交易成本及汇率风险，并使中国获得国际铸币税以及最大限度地扩大中国金融市场的深度及广度，等等。更重要的是，人民币国际化将使中国能在最高的层次上充分利用全球资源以最大限度地实现中国经济的增长。

总之，以上分析充分说明，采取“激进战略”与“渐进策略”相结合的方式同时实现资本账户的开放及人民币汇率和利率的市场化是中国的最佳选择。

下　篇

利率与汇率变动及资本账户开放的经济效应

本书上篇的分析充分说明,要解决中国货币政策的两难困境及中国货币供应量的长期过度增长问题,并完全实现中国经济的市场化及国际化,从而使中国能够充分利用国内外资源以最大限度地实现经济的持续增长,中国的最佳选择是:采取"激进战略"与"渐进方式"相结合的方式实现资本账户的开放及人民币汇率和利率的市场化。而中国实现资本账户的开放及人民币汇率和利率的市场化也将是中国经济及金融领域重大而深刻的变革,这对中国经济甚至世界经济都将会产生重大影响。那么,接下来需要解决的问题是:中国在开放资本账户及实现人民币汇率和利率市场化的情况下,汇率、利率的频繁变动及资本的流动会对中国经济带来哪些具体的影响?其福利效果如何?显然,解决这些问题具有更为重要的现实意义。为此,本书下篇将专门对"汇率、利率的频繁变动及资本的流动会对中国经济带来哪些具体的影响"这一问题进行深入的实证分析,以便为中国在开放资本账户及实现人民币汇率和利率市场化的过程中采取最佳的政策措施,进而使中国经济能在双向开放的条件下获得最大利益提供理论参考或启示。

第六章　利率与汇率变动及资本账户开放的经济效应：文献综述

为采用实证分析方法全面分析“汇率、利率的频繁变动及资本的流动会对中国经济带来哪些具体的影响”这一问题，并力求得出稳健的结论，本书首先对国内外有关利率与汇率变动及资本账户开放的经济效应方面的理论研究成果进行文献综述，以便为本书的实证研究提供借鉴。

第一节　汇率变动的经济效应：国内外文献综述

一、汇率变动的经济效应：国外文献综述

在开放经济条件下，汇率是一国参与国际经济活动最重要、最具有综合意义的价格（Levich，1998），它不仅是沟通宏观经济与微观经济、货币经济与实物经济的中介，而且也是连接国内外相对价格、国内市场与国际市场的桥梁，是实现一国内外部经济均衡的核心变量。“汇率的变动至关重要，因为它们改变了在国际市场上交易的所有物品、劳务和资产的价格。”[①]这意

① 詹姆斯·D.格瓦特尼、理查德·L.斯特鲁普、卢瑟尔·S.索贝尔：《经济学：私人与公共选择》，梁小民译，中信出版社 2004 年版，第 86 页。

味着,汇率的变动会对一国乃至各国的经济活动产生广泛的影响。为此,曾有许多学者对汇率变动的经济效应进行了深入的理论研究及实证分析,值得注意的是,目前学者们在许多问题上存在着争议。

(一)汇率变动是否会对经济带来冲击存在争议

在这方面,主要有三种不同的观点。

1. 汇率过度波动会阻碍经济增长

一派学者认为,汇率过度波动会阻碍经济增长,其主要观点包括以下:(1)汇率波动通过改变生产的相对成本或相对竞争力,进而给一国经济带来冲击(Arize,2000;Burgess 和 Knetter,1998;Gourinchas,1999;Kandilov 和 Leblebicioglu,2011;Klein、Schuh 和 Triest,2003;Sauer 和 Bohara,2001)。(2)汇率波动通过减少企业进行研发投入的概率从而对生产率及经济增长产生负面影响(Aghion、Bacchetta、Ranciere 和 Rogoff,2009),汇率的不确定性还会影响外商对研发的直接投资(Becker、Nigel 和 Stephen,2009);Choi 和 Hyun(2016)使用韩国 1990—2007 年制造业数据,比较了钉住汇率制和浮动汇率制下汇率波动对全要素生产率的影响,结果发现,汇率波动在两种汇率制度下都对全要素生产率有负面影响。(3)汇率波动会影响在国外市场运营的本国企业的未来现金流和利润预期,进而影响本国企业的国外投资(Aizenman,2003)。(4)汇率波动通过降低银行系统的信贷可用度,从而影响一国经济(Bernanke 和 Gertler,1990)。(5)汇率波动通过损害企业资产负债表和净资产,从而对一国经济造成不利影响(Bernanke 和 Gertler,1990;Braun 和 Larrain,2005);等等。

Aghion、Bacchetta、Ranciere 和 Rogoff(2009)通过建立一个简单的两期模型,从宏观视角将汇率波动和生产率增长联系起来,并采用 83 个国家 1960—2000 年的面板数据进行实证检验,结果发现:汇率波动降低了总体生产率的增长,尤其是在金融市场不发达以及金融冲击构成宏观经济波动主要来源的国家。Slavtcheva(2015)发现,给定其他条件不变,固定汇率制度下生产率更高。这是因为,在固定汇率制度下,通货膨胀率更低。而低通货膨胀率往往有利于生产率的增长。Caglayan 和 Demir(2014)的研究认为,汇率波动会对总产出和长期增长产生不利影响。Rodriguez(2017)发现,在经济开放程度较低的国家,生产率增长与汇率弹性之间存在着负相关关系。

2. 汇率变动对经济的影响很小

也有一些学者认为,汇率变动对经济的影响很小。Edwards(1986)利用12个发展中国家1965—1980年的数据,检验了汇率变动对实际产出行为的影响,在他的计量模型中除了汇率变量外,还引入了反映货币政策和财政政策变化的因素以及贸易条件。他的估计结果表明:一国汇率贬值在第一年有轻微的紧缩效应(汇率升值则有轻微的扩张效应),但从第二年开始,这种效应发生逆转,从而产生扩张效应(汇率贬值则产生紧缩效应),从长期来看,汇率贬值(或升值)对经济的影响是中性的。

Kamin和Klau(1998)采用27个国家1970—1996年的相关数据,并运用固定效应的误差修正模型进行实证分析,结果发现,实际汇率贬值的效应短期是紧缩性的,但在长期则是中性的。Kapa和Goldberg(1998)选取1972—1995年美国制造业的数据,并使用多元线性回归方法进行研究,研究结果显示:汇率变动与行业就业的关联性不强,汇率变动的经济影响不显著。

Gagnon(2003)发现,汇率变动对于总劳动成本影响甚微,对实际产出的作用有限。Tovar(2005)认为,汇率贬值对于产出同时具有扩张和紧缩两种效应,扩张效应主要通过汇率的支出转换效应,紧缩效应则主要通过资产负债表效应和利率影响渠道。Bahmani和Oskooee等(2007)基于美国1961—2000年的相关数据,使用对数线性模型检验美元贬值对部门就业和工资的影响时发现:美元贬值短期内对大部分部门就业和工资有影响,但长期内美元汇率是中性的,美元汇率变动对就业和工资均没有显著影响。

3. 汇率变动对发达国家的经济影响较小,但对发展中国家的经济影响则较大

还有一些学者认为,汇率变动的经济效应在不同的经济体中可能不同。Burgess和Knetter(1988)使用7个发达的工业国家的行业层面数据,来考察汇率对就业的影响时发现:汇率变动对就业的影响在不同国家存在很大差异,汇率变动对就业的影响还取决于本国的市场化程度,特别是本国劳动力市场调整的灵活程度。来自发达国家企业的层面证据表明:实际汇率波动对发达国家的出口影响不明显(Berman等,2012;Amiti等,2014)。Aghion、Bacchetta、Ranciere和Rogoff(2009)等人在进行了跨国分析以后认为,汇率

过度波动会阻碍经济增长,特别是在资本市场较薄弱以及金融冲击是宏观经济波动主要来源的国家。Grier 和 Smallwood(2007)的研究发现,汇率波动对发展中国家的就业会带来不利影响,但汇率波动对发达国家的就业影响不明显。Rodriguez(2017)对 123 个国家 1970—2010 年的相关数据进行分析后发现:一国金融市场与国际金融市场的一体化程度及资本流动程度越高,则汇率波动对该国生产率增长的负面影响越小。

(二)汇率贬值会对经济带来有利影响

一派观点认为,汇率贬值会对一国经济带来有利的影响,这主要是因为:

1. 汇率贬值有利于刺激出口和就业并促进经济增长

传统的经济学理论认为,汇率贬值对产出具有扩张作用。这一作用特别是在发展中国家更加明显。Arslan 和 Wijnbergen(1993)的研究表明,20 世纪 80 年代土耳其里拉的贬值促进了土耳其的出口扩张。Dornbusch 和 Werner(1994)对墨西哥的实证研究表明,汇率贬值促进了墨西哥的经济增长,而汇率升值则抑制了墨西哥的产出增长。Fang 等人(2006)研究了汇率贬值对 8 个亚洲国家出口的影响。结果表明,汇率贬值刺激了大多数国家的出口贸易,但汇率贬值刺激出口的效应存在国际差异。Galindo、Lzquierdo 和 Montero 等人(2007)研究了 9 个拉丁美洲国家的相关数据,结果发现汇率贬值会促进就业的扩张。Rodrik(2008)的研究表明:发展中国家持续的实际汇率贬值增加了贸易部门的投资收益,减轻了由制度和市场扭曲而产生的经济成本,进而促进了经济增长。Nouira 等(2011)利用 1991—2005 年 52 个发展中国家的数据研究发现,许多国家通过本国货币贬值提高了其国内制造业企业的出口竞争力,并因而刺激了本国的出口及经济增长。Haddad 和 Pancaro(2011)的研究结果也表明,短期内真实汇率贬值与出口贸易增长之间的正相关关系仅适用于人均收入较低的国家。

Tovar(2005)基于多国数据并运用动态随机一般均衡模型进行研究后发现,汇率贬值整体上具有产出扩张效果,而且扩张性效果在汇率波动相对平稳时期更为明显。Kandil 和 Mirzaie(2003)将汇率变动分解为可预期变动和不可预期变动两部分,并运用理性预期模型探讨了美元汇率变动对就业和工资的影响,研究发现,美元贬值对建筑业的就业增长有正效应。

Berg 和 Miao(2010)、Nino 等(2011)及其他人的研究均表明:汇率贬值促进了出口贸易的增长,改善了贸易余额,并进一步促进了经济增长;相反,汇率升值将导致经济增长下降。Nicita(2012)利用 100 个国家 2000—2009 年的面板数据对固定效应模型进行了估计。结果表明,汇率贬值促进了出口并抑制了进口。

2. 汇率贬值是否能够起到扩大出口而抑制进口,从而起到改善国际收支的作用,取决于本国与外国的出口供给弹性和进口需求弹性的大小

一般来说,汇率贬值有利于一国扩大出口而抑制进口,从而会使本国的出口大于进口;而汇率升值则会抑制出口而鼓励进口,从而会使本国的进口大于出口。这是因为:本国汇率贬值一方面使国内产品在国际上以外币表示的价格相对降低,另一方面又使进口商品以贬值国货币表示的价格相对上涨。而本国汇率升值一方面使国内产品在国际上以外币表示的价格相对上涨,另一方面又使进口商品以贬值国货币表示的价格相对降低。Marshall(1923)、Lerner(1944)、Robinson(1937,1947)都指出,汇率贬值是否能够起到扩大出口而抑制进口,从而起到改善国际收支的作用,取决于本国与外国的出口供给弹性和进口需求弹性的大小。

在本国和外国的出口供给弹性无穷大(即产品生产在固定成本的情况下进行)的情况下,当本国与外国进口需求弹性之和的绝对值大于 1 时(即"马歇尔—勒纳条件"),汇率调整才能够达到调节国际收支的目的。否则,如果本国与外国进口需求弹性之和的绝对值等于或小于 1,则汇率调整就不可能有效地调节本国的国际收支,反而有可能导致国际收支的恶化。因为在本国出口供给弹性和进口需求弹性都很低的情况下,为改善本国国际收支状况而实行本国汇率贬值,会使出口外汇收入因本国出口产品的价格下跌率大于出口数量的增长幅度而减少,而进口外汇支出却会因外国进口产品的价格上涨率大于进口数量的下降幅度而增加,结果反而会使本国的国际收支逆差进一步扩大。

3. 汇率贬值虽然在短期对经济造成紧缩效应,但在长期却会产生扩张效应

Acar(2000)利用 18 个发展中国家的数据,分析了发展中国家汇率贬值对产出增长的影响。他将国家分成了两组,第一组包括 10 个发展中国家

1970—1994 年 25 年的数据,第二组包括 8 个以加工制造业出口为主的国家和 8 个以农业及初级产品出口为主的国家 1973—1992 年 20 年的数据,分别使用固定影响模型进行估计。结果表明,汇率贬值在第一年造成紧缩效应,但一年后出现扩张效应。

4. 汇率贬值有利于促进企业生产率的提高

一般来说,汇率对企业的影响渠道包括三个方面,即市场效应(对企业出口份额的影响)、成本效应(对企业资本品进口的影响)以及竞争效应(因进口品价格变化所形成的竞争效应)。基于这几方面,一些学者研究了汇率变动对企业生产率的影响。Mcloed 和 Mileva(2011)认为,实际汇率贬值促进了全要素生产率上升和经济增长,其中制造业部门的出口是关键的传导路径。Verdoorn(1993)认为,汇率贬值通过扩大出口及就业会刺激本国企业的生产规模扩大,这就有利于企业生产率的增长。Desai、Foley 和 Forbes 等人(2008)发现:美国跨国公司的生产率在大幅贬值之后增长更快。Fung 和 Liu(2009)考察了台币在 1998 年东南亚金融危机后的贬值对企业生产率的影响,他们使用 1992—2000 年中国台湾上市公司数据的研究发现,台币贬值提高了企业出口规模、台湾内部市场规模和总体生产规模,从而促进了企业生产率提高,台币实际汇率贬值 10%将导致企业生产率提高 14.05%。Tomlin 和 Fung(2015)研究发现,企业在本国汇率贬值期间通过扩大出口及生产规模从而提高了生产率。

5. 汇率贬值会通过影响一国的收入分配从而影响一国的总需求

美国经济学家 Alexander(1952)认为,国际收支的弹性理论存在只强调汇率贬值的相对价格效应,但忽视汇率贬值的收入效应的缺陷。为此,Alexander 以凯恩斯的宏观经济分析为基础,并根据国民收入的恒等式将国际收支(贸易收支)与一国的国民收入和支出联系起来,强调收入和支出在国际收支调节中的作用,从而提出了国际收支的吸收论。

Alexander(1952)认为,一国的汇率变动对该国国际收支的影响取决于汇率变动对该国国民收入及国内总吸收的影响。如果汇率变动导致国民收入小于总吸收,则会导致国际收支逆差。相反,如果汇率变动促使国民收入大于总吸收,则会改善国际收支,也就是说,在 Alexander 看来,一国的汇率贬值能否改善该国的国际收支,取决于汇率贬值能否减少国内总吸收和增加国民收入。

在此基础上，Alexander 还提出，一国的汇率贬值会通过影响一国的收入分配，从而影响一国的总吸收，并进而影响一国的国际收支。这就是 Alexander 提出的贬值的收入再分配效应（Redistribution Effect）。Alexander 指出，汇率贬值的收入再分配效应一般有以下表现：（1）一国的汇率贬值会导致物价的上涨；（2）由于物价上涨往往先于工资的提高，因而汇率贬值所引起的物价上涨将会使收入从获得固定货币收入的劳动者（即工资收入者）转移到投资者、企业家等社会阶层（即资本所得者）手中；（3）一国汇率贬值所引起的物价上涨还会使实际收入的一部分转变为政府的税收；等等。根据 Alexander 的观点，一国的汇率贬值将导致收入分配从边际消费（吸收）倾向高的工资收入者转到边际消费（吸收）倾向低的资本所得者或政府手中，这就会造成本国的总吸收（总支出）减少，进而会改善本国的国际收支或导致国际收支出现顺差。①

Diaz-Alejandro（1967）、Cooper（1971）、Krugman 和 Taylor（1978）也持同样的观点。他们认为，由于工人等低收入阶层获得的是名义工资，因此，汇率贬值会降低只能获得固定收入的低收入阶层的收入份额，而低收入阶层相对于高收入阶层具有更高的边际消费倾向，因此，一国的汇率贬值通过收入分配效应引起总需求的下降。

（三）汇率贬值会对经济带来不利影响

另一派观点则认为，汇率贬值会对一国经济带来不利的影响，主要有以下观点：

1. 汇率贬值虽然在短期有利于促进就业，但在长期却会抑制就业

Oskooee（2007）运用美国 1987—2005 年的制造业数据分别从短期和长期分析了美元汇率对就业的影响，实证结果显示：美元汇率贬值在短期一定程度上刺激了制造业的就业扩张，就业得到一定程度的提高，但从长期来

---

① 当然，根据 Alexander 的观点，也可能存在另一种情况：一国的汇率贬值导致收入分配从边际消费（吸收）倾向低的资本所得者或政府转移到边际消费（吸收）倾向高的工资收入者，那么这就会导致本国的总吸收增大，并进而有可能导致本国国际收支出现逆差。此外，还应注意的是，如果一国的汇率贬值导致收入分配从边际消费（吸收）倾向高的工资收入者转到边际消费（吸收）倾向低的资本所得者或政府手中，则有可能刺激投资的增加而增大吸收，从而导致本国国际收支逆差。

看，美元汇率贬值对制造业就业的促进作用不明显，甚至还产生了抑制作用。

2. 汇率贬值不利于企业生产率的提高

Porter(1990)曾指出，汇率贬值一方面导致国外市场竞争压力的减弱，另一方面又因进口成本上升而阻碍国内企业的创新投资，结果导致企业生产率下降。McCallum(1999)发现，20 世纪 90 年代初期加拿大元的大幅贬值导致进口资本品价格的上涨，进而造成加拿大企业资本设备投资的下降，最后使得加拿大企业的生产率相对于美国企业下降。Harris(2001)通过对加拿大所进行的实证分析表明，加拿大元贬值使得加拿大工资水平相对于美国吸引力下降，结果导致技术人才流向美国，这就使得加拿大企业的人力资本减少，从而不利于加拿大企业生产率的提高。Leung 和 Yuen(2005)使用加拿大制造业数据的分析表明，加拿大元每贬值 10%，将导致加拿大制造业资本劳动比例下降 1.7%，其中，1991—1997 年加拿大元的贬值导致制造业资本劳动比例下降了 2.7%，进而对制造业企业的生产率产生了严重冲击。Gopinath 和 Neiman(2014)发现：在阿根廷货币大幅贬值期间(2001—2002 年)，阿根廷的全要素生产率也大幅下降，原因在于阿根廷货币的大幅贬值影响了技术设备的进口。

Choi 和 Pyun(2017)采用韩国 2006—2013 年企业层面的数据，研究了韩元汇率贬值对企业生产率的影响，结论是：韩元汇率贬值在短期对企业生产率有正向影响，但韩元汇率的持续贬值因削弱了国外产品的竞争力，反而减弱了韩国本国企业的创新活动，同时还因进口成本上升而阻碍韩国本国企业更有效地分配资源，从而降低了韩国本国企业的生产率。也就是说，Choi 和 Pyun 认为，汇率贬值虽然在短期有可能刺激企业生产率的提高，但在长期却会抑制企业生产率的提高。

3. 汇率贬值对企业生产率的影响因国家不同而不同

Alfaro、Cunat、Fadinger 和 Liu(2018)使用 90 多个经济体(包括 70 个新兴经济体和 20 个工业化国家)2001—2010 年企业层面的面板数据，深入分析了实际汇率变动对制造业企业的生产率和研发活动的影响，结果发现：(1)对于出口密集型的亚洲新兴经济体，实际汇率贬值对企业生产率和研发活动的影响为正；(2)对于拉丁美洲和东欧国家这些进口密集型新兴经济体,实际汇率贬值对企业生产率和研发活动存在负面影响;(3)对于工业化国家,实际汇率贬值对企业生产率和研发活动的影响不显著。这意味着实际汇率贬值对企业生产率的影响因国家不同而不同。

4. 汇率贬值会造成一国收入缩水及工资水平下降

Cooper(1971)利用24个发展中国家1953—1966年的相关数据进行实证分析,结果发现,汇率贬值"经常"是收缩性的。Knight(1976)在小型开放经济体模型下研究汇率变动的收入分配效应,他发现,汇率贬值会提高资本收入而降低劳动收入,因此,汇率贬值会恶化收入分配;相反,汇率升值则有助于改善收入分配。Edwards(1989)根据39个发展中国家的相关数据分析了货币贬值和实际工资之间的关系,他分析了三种工资数据:(1)非农业工资,(2)制造业工资,(3)农业工资。结果发现:在发展中国家,汇率贬值导致农业工资水平比制造业工资水平下降更多,这意味着汇率贬值会导致收入分配状况的恶化。

Belke 和 Gros(2002)的实证分析发现,很多国家的汇率贬值都导致了该国实际工资水平的下降。Ripoll(2005)发现,汇率变动会对不同的行业带来不同的分配效应,汇率贬值对于贸易部门的劳动及资本报酬有利,而对非贸易部门的劳动及资本报酬不利。López 和 Perrotini(2006)在凯恩斯理论的基础上进行经验分析也得出结论:一国货币汇率贬值会导致该国收入缩水,从而会对该国的总需求及收入分配产生不利影响。Lavoie(2006)认为,一国货币汇率贬值会造成生活水平的下降。Fiorito 和 Amico(2012)认为,汇率贬值通过引起工资商品价格的上升,从而导致实际工资水平的下降。

5. 汇率贬值会降低一国的产出

Krugman 和 Taylor(1978)的研究表明,如果一国存在着贸易赤字,当汇率贬值时,由于进口品价格上升,因而会降低该国的实际收入水平,进而会对该国的总需求及产出带来紧缩效应。Bruno(1979)和 Wijnbergen(1986)指出,对于一个需要大量进口的国家而言,本币贬值会提高进口成本,而进口成本上升对国民收入增长的负向作用可能超过出口上升(因汇率贬值)对国民收入增长的正向作用,最终将导致国内产出下降。Edwards(1988)认为,汇率贬值虽然有助于改善一国的国际收支,但却可能会导致产出的减少和失业增加。Edwards 提出的原因是:汇率贬值会通过价格变化产生负的实际余额效应,进而导致产出下降;汇率贬值会使收入从边际消费倾向高的群体(低收入者)向边际消费倾向低的群体(高收入者)转移,从而会导致总需求和产出的下降;汇率贬值还会使进口中间产品的价格上升,从而造成本国生产成本上升,进而导致产出下降。Hoffmaister 和 Vegh(1996)针对乌拉圭的实证研究以及 Moreno(1999)针对 6 个东亚体国家的实证研究都表明,汇率贬值总是导致产出下降,而汇率升值总是导致产出上升。

Kamin 和 Rogers(2000)以多国 1981—1995 年的季度数据为样本,并应用 VAR 模型进行实证分析发现:持续的汇率贬值将持续地对产出产生不利影响。Kandil 和 Mirzaie(2003)利用理性预期模型,将汇率变动分解为可预期变动和不可预期变动两部分,探讨了美国汇率变动对就业和工资的影响。研究发现,美元贬值对制造业和交通运输业名义工资增长有负效应。Frankel(2005)发现,汇率贬值在金融危机时期导致了经济的衰退。

6. 相对于发达国家,发展中国家的汇率贬值对其产出的抑制效应更为明显

许多学者比较分析了发展中国家与发达国家的汇率贬值对该国产出的影响,结果发现:相对于发达国家,发展中国家的汇率贬值对其产出的抑制效应更为明显。Gylfason 和 Radetzki(1991)运用 12 个发展中国家的相关数据进行实证分析,研究结果发现:对于这些发展中国家来说,汇率贬值在短期和中期都对产出带来了紧缩效应。Rogers 和 Wang(1995)运用包含有政府支出、通货膨胀、实际汇率、产出水平和货币供给增量等 5 个变量的 VAR 模型,对墨西哥的汇率贬值与产出之间的关系进行了实证分析,结果发现实际汇率贬值导致了产出的减少。Santaella 和 Vela(1996)采用名义汇率贬值率和产出的双变量 VAR 模型对墨西哥的经济进行分析,结果发现汇率贬值在短期将导致产出增加,但在长期却会使产出减少。Rodriguez 和 Diaz Gazani(1995)运用包括产出增长、实际工资增长、汇率贬值、通货膨胀、货币增长和全要素生产率等 6 个变量在内的 VAR 模型,对秘鲁的宏观经济进行分析,发现汇率贬值对产出水平具有不利的影响。

Berument 和 Pasaogullari(2003)则利用 VAR 模型的脉冲反应函数和预测误差方差分解等计量分析手段对土耳其实际汇率贬值的经济效果进行实证分析,结果显示土耳其的实际汇率贬值对经济增长具有紧缩效应。

Blecker 和 Razmi(2007)将实际汇率贬值分为两种,一种是发展中国家汇率的整体贬值,另一种是个别国家相对于该国出口竞争对手所采取的实际汇率贬值。在此基础上,Blecker 和 Razmi(2007)选取了 18 个发展中国家的相关数据,并运用 GMM 方法进行实证分析发现:实际汇率贬值对发展中国家总体来说具有收缩效应。

7. 发达国家的汇率贬值对其产出的紧缩效应比发展中国家更大

也有学者的研究却发现,发达国家汇率贬值对其产出的紧缩效应比发展中国家更大。Kamin 和 Klau(1997)利用面板数据和修正模型对 27 个国家(8 个拉美国家、6 个亚洲国家及 13 个工业发达国家)的汇率贬值对本国产出的影响进行了比较分析,研究结果发现:在短期,发达国家和发展中国家的汇率贬值对本国产出的紧缩效应基本是一样的,但在长期,发达国家的汇率贬值对其产出的紧缩效应比发展中国家更大。

8. 汇率贬值对发达国家和发展中国家的影响完全不同

Gylfason 和 Risager(1984)构造了一个小国模型,分别对发展中国家和发达国家汇率贬值的效应进行了研究。他们的分析结果表明:对于发达国家来说,汇率贬值对其国民收入具有扩张性的作用;但是对发展中国家来说,汇率贬值对其国民收入却起着紧缩性的作用。Mills 和 Pentecost(2000)研究了汇率贬值对波兰、匈牙利、斯洛文尼亚、捷克这四个国家产出的影响,结果发现汇率贬值对不同国家经济增长的影响不一致,汇率贬值对匈牙利和斯洛文尼亚的经济增长的影响不明显,对捷克的经济增长有负面作用,而对波兰经济增长却产生了正向的促进作用。

9. 汇率贬值会导致通货膨胀

Fiorito 和 Amico(2012)认为,汇率的贬值会引起商品价格的上升,这将导致实际工资的下降。而且,由于实际工资水平的下降,工人可能会要求提高名义工资。当更高的工资成本引发商品价格的上升时,就会引起工资推动型的通货膨胀。

10. 汇率贬值会增加外债负债

Diaz-Alej 和 Ro(1967)、Cooper(1971)等人的研究则发现:汇率贬值会增加发展中国家的外债负债,因为一国汇率贬值意味着该国需要用更多的本币才能还清同样的外部债务。

(四)汇率升值会对经济带来有利影响

1. 汇率升值有利于提高该国的资源配置效率及全要素生产率

Krugman(1989)与Porter(1990)都认为,汇率升值迫使企业在出口产品的价格竞争力下降的情况下加快技术创新,这就有利于促进技术进步及生产率的提高。Melitz(2003)指出,汇率升值会导致生产率低下的企业退出出口市场,只有那些进行技术创新,从而不断提高生产效率的企业才能够继续出口,这就自然导致其生产率及出口品的质量和竞争力不断上升。Gao(2006)认为,经济结构转换和实际汇率升值是相辅相成的,经济结构升级导致实际汇率升值,而实际汇率升值通过促进资本和劳动力资源的高效分配,反过来又将促进企业技术进步和生产率提高。Jeanneney 和 Hua(2011)认为,实际汇率的升值将提高工人的整体福利,在一个非熟练劳动力工人工资很低的国家,这种变化可以提高工人的效率,降低熟练技术工人的频繁流动倾向,这就有助于提高企业生产率。据此,Jeanneney 和 Hua 指出,实际汇率与生产率之间存在一种良性循环,即实际汇率升值能够带动生产率提高,而生产率提高也会推动汇率升值。Tomlin(2014)在理论上证明了本国货币升值不仅会加剧进口的竞争,而且还减少了本国企业的出口机会,结果迫使低效率的企业退出市场,最终有利于改善资源配置效率。

Schnabl 和 Baur(2002)对日本的分析发现,1985 年日元升值显著促进了日本出口商的生产率提升。Baggs、Beaulieu 和 Fung(2009)等人则利用加拿大 1986—1997 年的数据进行实证分析后证实,加元升值降低了加拿大企业的存活概率,提高了企业的退出倾向,加速了企业进入或退出市场,从而显著改善了资源配置效率。Ekholm 等(2012)以挪威进入 21 世纪出现的汇率升值作为自然实验,使用了挪威制造业企业的数据研究了挪威克朗升值对企业绩效的影响,Ekholm 等人的研究发现,由于挪威克朗升值提高了出口竞争的激烈程度,结果刺激了挪威制造业实际生产率的提高。

Fung(2008)通过对台币升值与中国台湾企业 1986—1996 年的生产率变动情况进行分析,结果发现:台币实际汇率升值一方面导致更多低效率的企业被淘汰,另一方面又使得生存下来的效率较高的企业得以扩大规模,这两个因素有力地促进了中国台湾企业整体生产率的提高。Tang(2010)的研究则证明,货币实际升值带来的竞争压力会促使企业采用新技术,进而有利于提高生产率。Ribeiro、McCombie 和 Lima(2015)的研究则发现,相对于高收入经济体而言,低收入经济体的货币汇率升值对推动技术进步、提高工资水平上升及促进经济增长率的作用更为有效。

2. 汇率升值有利于扩大总需求、产出及就业

Kaleckian(1971)指出,汇率升值能促使制造部门的工资水平提高,这就有利于扩大总需求。Coper(1971)认为,本币汇率升值将降低本国对外债务的本币支付金额,从而可以减轻本国的外债负担,这意味着本国政府的财政支出能力将会提高,从而有利于扩大该国的总需求。Bruno(1979)的实证研究也发现,汇率升值通过降低物价水平导致居民实际货币余额和实际财富增加,这就有利于扩大居民的支出,进而有利于扩大总需求。此外,汇率升值具有收入再分配效应。这是因为:汇率升值通过降低物价水平从而导致实际工资的上升,由于工资收入者的边际消费倾向更强,因此,汇率升值所引起的这种收入再分配效应有利于扩大总需求,进而有利于产出及就业水平的扩大。

Krugman 和 Taylor(1978)、Lizondo 和 Montiel(1989)、Moreno(1999)及 Mill 和 Pentecost(2000)都认为,汇率升值可能会对产出起到扩张效应。这是因为:汇率升值后,出口企业利润下降,由于利润收入较之工资收入边际消费倾向较低,因此,降低出口企业利润将提高整个社会的边际消费倾向,从而能够刺激国内总需求,并进而有利于刺激产出的增加。Krugman 和 Taylor(1978)的研究还证明,如果一国初始存在着贸易顺差,则汇率升值会扩大总需求,从而会提高国内实际收入水平。

Bird、Grrham 和 Rajan(2001)认为,从供给角度来看,本币升值将减少进口企业的现金支出,从而减少进口企业对银行贷款的依赖性,这就会使利率下降,从而能够刺激国内总需求,并进而有利于刺激产出的增加。此外,一些学者(Goldberg 和 Tracy,2001;Campa 和 Goldberg,2001;Nucci 和 Pozzolo,2010)认为,汇率升值通过降低进口中间产品成本会对就业产生促进作用,并能抵消汇率升值导致出口下降对就业产生的负面影响。

(五)汇率升值会对经济带来不利影响

1. 汇率升值不利于出口

Friedman(1953)、Mundell(1963)、Dornbusch(1976)及 Fischer(1980)等

著名经济学家都认为,汇率升值会导致本国进口增长和出口减少。Gagnon(1992)的研究发现,本国出口产品的价格会随汇率升值而上升,显然,出口产品价格的上升会降低国外需求,从而不利于本国的出口。Engel(2003)认为,在浮动汇率制度下,本国货币相对于外币升值,在PCP(生产者货币定价)情况下,国内产品的价格相对较高,结果国外对国内产品的需求下降,最终导致本国出口下降。Cheung和Sengupta(2013)考察了2000—2010年间汇率对印度非金融部门出口的影响,结果发现卢比的升值对印度企业出口产生显著的负面作用。可见,认为汇率升值不利于本国出口是主流经济学的基本观点。

2. 汇率升值不利于企业生产率的提高

针对Baggs、Beaulieu和Fung(2009)等人有关加元升值改善了加拿大的资源配置效率,进而提高了加拿大的全要素生产率这一观点,Lafrance和Schembri(2000)提出了不同看法。他们认为,汇率升值与企业生产率并不存在因果关系。因为有很多因素同时影响企业生产率和汇率变化,其中最重要的是具有顺周期性的总需求因素,从加拿大20世纪90年代来看,当总需求旺盛时,资本和劳动要素得到充分利用,企业调整要素配置的速度很快,从而有助于企业生产率提高;但当总需求下降时,劳动和资本调整速度较慢,由此导致企业生产率下降。而总需求特别是出口需求旺盛时,汇率将面临升值压力;当总需求下降时,汇率将存在贬值压力。因此,加拿大20世纪90年代的汇率升值和生产率提高可能是总需求发生变化同时影响二者的结果,而并非汇率升值和生产率提高两者之间存在因果关系。Fung等(2011)的实证研究发现,加元的升值实际上降低了企业的生产规模及生产率。Caglayan和Demir(2014)运用土耳其排名前一千家制造业企业1993—2005年的数据,研究了汇率变动对企业生产率的影响,结果发现汇率波动对企业生产率有负面影响,具体结果是:实际汇率升值1%将导致生产率增长下降约0.2%。Tomlin和Fung(2015)的研究也表明,汇率升值会降低高效率企业的生产效率,原因在于高效率的企业失去了规模经济优势。

3. 汇率升值导致就业减少及工资下降

Kaleckian(1971)指出,本币汇率升值虽然有可能短期在制造业部门促成工资份额的上升,但同时会导致企业利润份额的下降,这就会对投资及就业产生不利影响,反而不利于整体工资收入的增长。Branson 和 Love(1988)使用了 1970—1986 年美国的制造业行业数据,研究了美元汇率变动对制造业就业水平的影响,他们的研究结果显示美元升值最终使得制造业部门的就业水平降低。

Revenga(1992)使用工具变量法对美国 1977—1987 年制造业的行业数据进行分析,结果发现,汇率每升值 1%,制造业的就业水平就下降 0.2%,同时工资降低 1%—2%。这是因为,汇率升值刺激了进口,而进口品的大量增加导致国内一些行业的劳动需求下降,结果造成就业及工资水平下降。Schuh 和 Triest(2000)运用最小二乘法分析了美元升值对美国制造业就业的影响,结果发现:美元升值以后,美国制造业的就业岗位明显减少。Klein、Schuh 和 Triest(2003)使用美国 1983—2001 年的制造业数据对就业的汇率弹性进行研究,结果表明:美元汇率每升值 1%会导致国内就业率下降 0.47%,其中对贸易品行业的就业影响最大。Faria 和 Ledesma(2005)通过其构建的汇率与就业的长期均衡模型进行实证分析,也发现美元升值对美国就业有显著的负面影响。Frenkel 和 Taylor(2006)及 Michetti 和 Tropeano(2008)等人都基于价格不变的宏观开放一般均衡模型指出,汇率升值既抑制就业及产出,又降低劳动者的收入,而汇率贬值则既有利于提高就业及产出,又能改善收入分配。

(六)有关汇率变动经济效应的争议

综上所述,目前国外学术界在汇率变动(贬值或升值)对一国经济到底是有利还是不利还存在着较大的争议,其中主要有以下方面:

1. 汇率贬值是抑制总需求还是扩大总需求存在争议

一种观点认为汇率贬值会导致收入分配从边际消费倾向高的工资收入者转移到边际消费倾向低的资本所得者或政府手中,这就会降低总需求,从而抑制国民收入的增长;另一派观点则认为汇率贬值会导致收入分配从边际消费倾向低的资本所得者或政府转移到边际消费倾向高的工资收入者手中,这就会扩大总需求,从而有利于刺激国民收入的增长。

2. 汇率贬值是有利于扩大就业还是减少就业存在争议

一派观点认为,汇率贬值有利于促进企业出口,进而提高出口收益,最后导致企业增加劳动力需求,从而有利于扩大就业;另一派观点则认为,汇率贬值会导致企业进口中间品的成本上升,这使得企业总成本上升,并有可能导致一些企业亏损甚至破产,结果使得企业对劳动力的需求减少,进而造成就业水平的下降。

3. 汇率贬值是降低工资还是提高工资存在争议

一种观点认为汇率贬值导致实际工资下降,其机制为:(1)汇率贬值→进口商品价格上升→CPI 上升,实际工资下降;(2)汇率贬值→国外融资和进口成本增加→劳动力需求降低→实际工资降低。另一种观点则认为汇率贬值导致实际工资上升,其机制为:汇率贬值→产品(国际)竞争力提高→产出增加→劳动力需求增加→实际工资提高。

4. 在汇率升值是提高工资还是降低工资的问题上也存在争议

一种观点认为,本国汇率升值使得进口品的价格下降,这意味着本国实际工资水平的上升和居民实际财富的增加,进而有利于总需求的扩大;另一种观点则认为,由于本国汇率升值会抑制出口并刺激进口,结果会导致本国就业水平的下降,进而会造成本国工资水平下降。

5. 在汇率低估政策是否有助于促进经济增长的问题上存在争议

一种观点认为,采取汇率低估政策能够促进经济增长,其原因主要有以下几点:(1)低估本国货币汇率有利于刺激出口。事实上,实际汇率低估是许多国家促进工业化和经济增长的重要手段,尤其是对依赖出口拉动经济增长的发展中国家而言更为有效(Rodrik,2008; Berg 和 Miao,2010; Macdonald 和 Vieira,2010);(2)实际汇率低估为将资源从生产率较低的部门转移到现代生产率较高的制造业领域提供了激励;(3)汇率低估会将收入从劳动者手中转移到企业或收入较高的家庭,这就有利于鼓励储蓄并刺激投资,从而有利于刺激经济增长(Gluzmann 等,2012)。

另一种观点则认为,汇率低估对经济增长不利,其原因主要是:(1)汇率低估会导致外汇储备的过度积累,这可能会造成效率低下,并提高持有外汇储备的机会成本;(2)汇率低估使本国货币政策过于宽松,从而易于造成资产价格的过度上涨,并进而引发经济泡沫;(3)实施汇率低估政策类似于对出口商进行补贴,这种补贴有可能降低效率;(4)低估汇率可能会提高国内企业进口设备和其他原材料的成本,从而不利于长期的经济增长(Boler 等,2015)。Chen(2017)使用 49 个国家(包括发达国家和发展中国家)

1996—2011 年的面板数据集进行实证研究,发现汇率低估会阻碍技术创新。这是因为,由于汇率低估导致进口成本投入增大,在这种情况下,企业为降低成本,将不得不减少研发支出,这就不利于长期的经济增长。

二、人民币汇率变动的经济效应:文献综述

(一)人民币汇率升值会对中国经济带来不利影响

由于中国自 1994 年通过实现人民币官方汇率与外汇调剂市场汇率的并轨,并在此基础上实行"有管理的浮动汇率制度"以来,人民币汇率一直处于升值状态,因此,国内外学术界主要讨论的是人民币汇率升值对中国经济的影响。

1. 人民币汇率升值会减少中国的出口

Park(2005)使用牛津经济预测模型研究了人民币汇率升值对中国贸易的影响,结果发现:如果人民币升值 10%,中国的贸易顺差将下降 150 亿美元。Kamada 和 Takagawa(2005)则采用亚洲经济模型研究了人民币汇率升值对中国贸易的影响,结果发现:人民币升值 10%将导致中国的总贸易顺差下降,下降额将占中国国内生产总值的 0.5%。Marquez(2006)使用中国 1992—2004 年的月度数据,分别分析了人民币真实汇率变动对进口和出口的影响,实证结果表明,人民币汇率升值 10%,出口量减少 5%,进口量减少 1%。

Thorbecke 和 Smith(2010)考察了人民币汇率对中国出口到 33 个国家或地区的影响,结果表明,人民币汇率对一般贸易出口和加工贸易出口的影响存在很大的差异,一般贸易的出口汇率弹性高达 1.2,而加工贸易的出口汇率弹性仅为 0.4。也就是说,如果人民币升值 10%,那么中国的一般贸易出口会减少 12%,加工贸易出口减少 4%。汤铃(2011)等采用 CGE 模型通过模拟分析显示,人民币汇率大幅度升值会通过削减出口企业利润而对中国的经常账户产生强烈的负面冲击。Tang 和 Zhang(2012)利用 2000—2006 年的中国进出口海关月度数据,考察了实际汇率变动对中国出口的影响,研究结果表明,如果人民币实际汇率升值 10%,则企业的出口额将下降 4%。张会清和唐海燕(2012)基于 2005—2009 年中国工业企业的样本数据,采用 Heckman 选择模型评估人民币升值对出口贸易的整体影响和结构

影响。研究发现,人民币升值不但对中国企业的出口产生了显著的负面冲击,而且也不利于中国出口贸易结构的优化调整。

邓小华和李占风(2014)从我国进出口商品贸易结构以及贸易国别来源角度,采用实证分析方法考察人民币实际汇率变动对我国进口和出口商品贸易结构的影响,结果发现:人民币实际汇率升值(贬值)将抑制(促进)我国出口贸易发展。汇率变动对工业制成品的影响较初级产品更为显著,人民币汇率升值不利于我国工业制成品的出口增长。邹宏元和罗大为(2014)运用SVAR模型,分析了人民币汇率变动与中国主要工业制成品行业的出口规模之间的动态关系,他们的研究认为,在人民币名义有效汇率受到正向冲击后,大多数行业的出口量明显下降,从而导致利润降低。王宇哲和张明(2014)用分布滞后模型与自回归模型估计了人民币的汇率传递效应,结果发现:人民币汇率升值1%将使得出口量下降1.28%或1.62%,出口额下降0.54%或0.68%。余淼杰和王雅琦(2015)基于中国行业数据进行的分析发现,人民币名义汇率的升值会带来企业出口种类的减少。

2. 人民币升值并不一定会减少中国的贸易顺差,可能会导致中国经济的紧缩

McKinnon和Schnabl(2006)从汇率和工资、价格、利率这几个方面研究了中国国际收支的调整问题,他们认为:人民币升值并不一定会减少中国的贸易顺差,可能会导致中国经济的紧缩。这是因为:人民币升值会导致工资成本上升过快,从而影响经济的增长。因此,McKinnon和Schnabl认为,中国真正的威胁可能是人民币持续升值带来的通货紧缩。周建和赵琳(2016)通过构建人民币汇率波动与中国货币政策及其宏观经济系统影响机制的理论模型,并在模型参数校准的基础上进行了政策模拟,结果显示:如果人民币汇率升值发生在中国经济周期运行的底部,则国内经济的滞胀风险将显著增加。

3. 人民币汇率升值会降低中国的生产率

索玛琳等(2005)基于中国29个省份1993—2001年的面板数据进行实证分析,结果发现:人民币实际汇率升值对中国的全要素生产率具有较弱的负面影响。赵文军(2014)基于中国省际面板数据的实证研究发现,人民币实际汇率升值会直接造成全要素生产率的降低。赵文军指出,导致这一现

象的原因在于:人民币实际汇率升值导致贸易部门的利润空间受挤压,并会削弱贸易部门的融资能力和投资积极性,结果引发贸易部门的生产要素流向非贸易部门。但由于非贸易部门生产效率较低,因此,生产要素从贸易部门流向非贸易部门就自然造成全要素生产率的下降。宗伟濠(2013)使用中国行业层面数据的分析发现,人民币汇率升值无益于中国行业生产率的提升。

梁中华和余淼杰(2014)利用中国制造业企业2001—2007年的微观面板数据,并采用倍差法和固定效应模型,分析了2005—2007年人民币汇率升值对出口企业盈利能力的影响。实证结果表明:自2005年人民币汇率升值后,出口企业的权益回报率与非出口企业相比显著降低5%。对出口越依赖的企业越受到人民币汇率升值的影响,其盈利能力及资产周转率的下降幅度也越大。刘啟仁和黄建忠(2017)则分析了人民币实际有效汇率变动对出口企业研发投资的影响,他们的研究认为,人民币实际有效汇率的升值和预期波动风险的增大均显著不利于企业进行研发投资,从而不利于企业生产率的提高。

4. 人民币汇率升值对中国劳动密集型的低端产业冲击较大

黄先军、曹家和(2010)以及卢万青(2010)的研究都发现,人民币汇率升值对中国劳动密集型的低端产业冲击较大。曹伟和申宇(2014)构建了行业名义有效汇率和省份名义有效汇率指数,并运用系统GMM估计方法分别研究了汇率水平变化和汇率波动幅度对行业固定资产投资和省份固定资产投资的影响,其研究结果显示:人民币汇率升值会导致劳动密集型行业减少投资,但对资本密集型行业的投资影响不明显。

5. 人民币汇率大幅升值会对国内就业产生负面影响

万解秋和徐涛(2004)的研究表明,在人民币汇率比较稳定阶段,汇率小幅度的波动对就业的影响不显著,但当汇率出现较大幅度升值时,国内就业会受到显著的负面冲击。他们还发现:人民币的实际升值将可能使制造业产业的就业率下降,但是制造业出口份额以及投资水平的提高会在一定程度上抵消这一影响。魏巍贤(2006)使用可计算一般均衡模型,利用中国2000年17个部门的投入产出数据,分析了人民币汇率升值对宏观经济的影响。他的研究发现:人民币汇率升值对就业产生了不利的影响,且受冲击最大的是劳动密集型行业。李众敏等人(2013)的实证分析表明,人民币实际汇率升值不仅会通过出口开放渠道对中国工业行业的净就业水平产生显著的负面影响,同样会通过进口竞争渠道对中国工业行业的净就业水平产生显著的负面影响。在控制其他因素以后,人民币实际有效汇率升值10%会造成中国工业行业净就业水平下降2.6%—3.9%,其中,国有企业和外资企业相对于私营企业的就业水平对人民币实际汇率升值的反应更为敏感。徐伟呈和范爱军(2013)的研究发现,人民币汇率升值对中国制造业的就业及工资增长产生了负面影响。郑杨(2015)通过VAR模型探讨人民币实际有效汇率变动对就业的影响,结果发现:人民币实际有效汇率升值在短期会对就业产生促进作用,但在长期则会对中国的就业产生明显的负面影响。

6. 人民币汇率升值会抑制中国出口企业的盈利能力

刘沁清、邵挺(2011)的研究发现:人民币汇率升值会降低中国制造业的利润,特别是轻工业和机电产品制造业所受到的影响最大。顾海峰和于家珺(2018)选取2006—2016年中国上市公司的微观面板数据进行实证分析,研究结果表明:人民币汇率升值对制造业出口企业、私营出口企业以及西部出口企业的盈利水平影响较大,总体而言,人民币实际有效汇率每升值1%,则出口企业毛利润下降0.372%。

7. 人民币汇率升值会对中国的产出带来不利影响

何新华等(2003)借助结构型宏观经济季度模型,就人民币汇率升值对中国宏观经济产生的影响进行了模拟分析,不同方案模拟的结果都显示:中国的名义GDP在人民币汇率升值后均呈下降的态势。李建伟和余明(2003)利用结构式联立方程模型,就人民币有效汇率升值对中国经济增长产生的影响进行了模拟分析,结果也得出人民币汇率大幅升值对中国经济发展不利的结论。同时,他们还发现:人民币汇率大幅升值不仅会对中国经济增长产生负面冲击,而且也会对世界经济间接产生不利影响。

施建淮(2007)运用VAR模型考察了人民币实际汇率与中国产出之间的关系,结果发现:汇率升值在中国是紧缩性的,即人民币汇率升值抑制了产出的增长。卢万青、李建梁(2007)的研究结果发现,人民币实际有效汇率每上升1个百分点,经济增长率就下降0.12个百分点,人民币大幅升值将危害中国经济的持续快速增长。吴凌燕(2008)采用全球贸易模型分析了人民币升值对中国经济的影响,结果也发现:人民币升值在长期内对产出存在显著的负效应,且这种负效应随着升值幅度的增加有增强的趋势。赵永亮(2015)基于中国1994—2013年的相关数据,分析了人民币汇率升值对中国经济的影响,实证结果发现:人民币汇率升值对中国产出具有明显的收缩作用。人民币实际有效汇率每升值1%,中国实际工业增加值下降0.2%,其中,人民币汇率升值对制造业的影响较大。

Wei(2006)通过可计算一般均衡(CGE)模型调查了人民币汇率升值的宏观影响,结果表明:如果人民币汇率升值5%、10%和20%,则中国的实际GDP增长率将分别下降0.29%、0.73%和2.18%。Lu和Chen(2007)基于中国1995—2005年的宏观数据估计了人民币汇率升值的乘数效应,证明人民币实际有效汇率升值1%将使进出口分别下降2.37%和2.19%,并使经济增长率降低0.12%。IMF(2011)在一份有关人民币汇率变动的溢出效应报告中,分析了人民币汇率升值对世界经济的影响,该报告认为,在缺少结构性改革的情况下,人民币汇率升值会降低中国的经济增长,并降低中国对亚洲其他国家中间品的需求。

8. 人民币汇率升值不但难以有效遏制中国的通货膨胀,反而会加剧中国的通货膨胀率

Zhang(2009)认为,人民币汇率升值不但难以有效遏制通货膨胀,反而有可能会加剧通货膨胀。这是因为对人民币汇率升值的预期会吸引大量的资本(尤其是投机性资本)流入,从而会导致流动性过剩,进而有可能加剧中国的通货膨胀。张成思(2011)的研究也表明,人民币汇率大幅快速升值在短期内会造成通货膨胀压力增大,而且从长期来看还将加剧中国经济的失衡状态。朱建平和刘璐(2012)运用自回归分布滞后模型(ARDL)考察了1980—2010年人民币汇率、国内总需求及通货膨胀之间的长期和短期关系,结果发现:从长期来看,人民币汇率升值并未抑制通货膨胀,相反却抬高了国内的物价水平。杨子晖等(2016)首次采用最新发展的样本外Granger因果检验等技术方法,对中国通货膨胀的"输出性"与"输入性"特征展开系统的研究,结果发现:中国于2005年启动的人民币汇率形成机制改革并没有有效地吸收来自国外物价变动的冲击,汇率的"通胀屏蔽

功能”并未显现。

9. 人民币汇率升值拉大了收入分配差距

万解秋和徐涛(2004)分析了人民币汇率调整对就业的实际影响,研究结果表明,人民币汇率升值抑制了就业的增长,同时,人民币汇率升值还拉大了收入分配差距。这是因为:人民币汇率升值对低收入者并不利(因为就业机会减少),但对高收入者有利(因为人民币汇率升值会带来财富效应)。魏巍贤(2006)使用可计算一般均衡模型,利用我国 2000 年 17 个部门的投入产出数据,对人民币汇率升值对宏观经济的影响进行了评价。他的研究发现,对中国农村居民而言,人民币汇率升值是不利的,这意味着,人民币汇率升值会加大城乡收入分配的差距。刘庆玉(2006)系统分析了人民币汇率升值对我国行业间、区域间、不同阶层间收入分配效应的影响,他也发现,人民币汇率升值导致中国行业间、区域间以及不同阶层间的收入差距进一步扩大。Xia(2010)基于向量自回归模型(VAR),采用 1994—2008 年的季度数据分析了中国实际汇率与城乡收入差距之间的相互动态关系,也发现人民币实际汇率的升值扩大了城乡收入差距。徐洪才(2011)也认为,人民币汇率升值对拥有大量人民币存款的高收入阶层有利。

(二)人民币汇率升值会对中国经济带来有利影响

1. 人民币汇率升值能够刺激企业扩大投资

田素华(2008)的研究发现:人民币对美元名义汇率波动幅度加大和对美元持续升值促进了私营企业、港澳台商投资企业和外商投资企业新增固定资产投资规模的扩大,但却不利于促进国有及国有控股企业新增固定资产投资规模的扩大。同时,就资金来源看,人民币对美元名义汇率波动幅度加大和对美元持续升值还促进了外商直接投资的进入,因此,田素华认为,总的来说,人民币对美元名义汇率波动幅度加大和对美元持续升值促进了中国的企业新增固定资产投资。

2. 人民币汇率升值有利于促进中国产业结构的调整及升级

刘宇和姜波克(2008)的研究发现:人民币汇率升值会限制劳动力和资源密集型部门的生产规模,致使资源从这些部门中流出以支持高端产业的发展,因此,人民币汇率升值有利于优化本国的产业结构并提高生产率。陈瑞刚(2008)也认为人民币汇率升值有利于促进中国高技术产业的发展。

巴曙松和王群（2009）运用协整检验、脉冲反应等计量方法研究了人民币汇率升值对三大产业就业量的影响，结果表明：从长期影响看，人民币实际汇率升值将在短期对第二产业的就业产生负面影响，并会减少农业部门的就业人数，但人民币实际汇率升值会增加第三产业的就业量，从而有利于促进第三产业的发展。人民币实际有效汇率每上升1%，第三产业占GDP的比重就将上升0.56%。Xu（2009）认为，人民币汇率升值有利于促进中国服务业的发展，有利于中国摆脱对出口需求的过度依赖，实现经济结构的调整，并推动国际收支逐步实现平衡。李利（2012）也发现：随着人民币汇率的升值，第一产业占比减少，而第二和第三产业占比增加；劳动密集型行业占比下降，资本技术密集型行业占比上升。Huang和Tao（2012）的研究同样发现，人民币汇率升值以后，农业和工业份额稳步下降，服务业份额大幅增加，这意味着，人民币升值能为中国的经济结构调整带来好处。王松奇和徐虔（2015）利用中国1997—2013年31个省级地区的面板数据，分析了人民币汇率升值对中国产业结构的影响，他们发现：人民币汇率升值对一些附加值低、技术含量低的劳动密集型行业有抑制作用，但对于第三产业以及第二产业中技术密集型行业具有促进作用。余淼杰、张睿（2016）认为，人民币汇率升值有利于促使中国出口企业自主创新能力的提升，并有利于推动中国产业结构优化升级。

3. 人民币汇率升值有利于提高中国的生产率

Jeanneney和Hua（2010）利用1986—2007年中国9个省份的面板数据，发现人民币汇率升值促进了中国国内劳动生产率的提高，并且内陆省份劳动生产率的提高幅度显著高于沿海省份。许家云、佟家栋和毛其淋（2015）基于2000—2007年工业企业微观数据和高度细化的海关数据，深入考察了人民币实际有效汇率对中国制造业企业生产率的影响，并以此分析人民币汇率对微观企业生产率的影响，结果显示：人民币汇率升值虽然不利于外资企业生产率的提升，但却会刺激国内国有企业、民营企业、高技术企业以及融资能力强的企业生产率的提升。许家云、佟家栋和毛其淋等人认为，其原因可能在于：（1）人民币汇率升值使外资企业的劳动力成本上升，同时，外资企业在人民币汇率升值以后往往选择减小生产规模，结果导致企业生产率下降；（2）由于人民币汇率升值会对规模较小的民营企业带来冲击,进而迫使低效率的民营企业退出市场,这就有可能从整体上促进民营企业生产率的提升;(3)由于国有企业受到融资方面的政策倾斜,且生产规模往往较大,因而国有企业在面临人民币汇率升值时相比其他企业更有优势通过扩大投资及生产规模而提高自身生产率;(4)人民币汇率升值有利于高技术企业的生产率提升;(5)企业融资能力越强,则人民币汇率升值对其生产率的正向作用越大,这是因为企业融资能力越强,则该企业就越有能力通过技术投资以提高生产率,从而应对人民币汇率升值所带来的冲击。

刘啟仁和黄建忠(2016)研究了人民币汇率升值对企业间资源配置的改善效应。他们的研究认为,人民币汇率升值给要素配置不合理的企业或垄断行业造成了较大的竞争压力,这就有利于促使企业合理配置资源,并有利于改善资源配置效率。刘竹青和盛丹(2017)利用2000—2007年中国工业企业数据库和海关贸易数据库,检验了人民币汇率与中国制造业企业加成率分布之间的关系,其研究结论是:虽然人民币汇率升值可能降低中国企业的国际竞争优势,迫使一部分企业退出国际市场,但人民币汇率升值却有利于中国企业的优胜劣汰和技术创新,对优化资源配置和提高社会福利有重要意义。何砚和陆文香(2017)以2000—2010年中国制造业企业的数据为基础,并利用2005年人民币汇率制度改革这一自然实验,使用双重差分法全面考察了人民币汇率升值对出口企业创新活动的影响。研究发现:人民币汇率升值显著促进了出口企业创新能力的提升,特别是对融资约束较轻和规模较大企业的创新活动的促进作用更大,人民币汇率升值对企业创新的积极影响随着企业出口强度的提高而增强。何砚和陆文香指出,汇率升值之所以能够促进一国企业的创新活动,一是通过降低进口成本为企业创新提供了有利条件(即成本效应),二是通过加剧出口竞争压力从而迫使企业不得不进行创新活动(即市场竞争效应)。

余静文(2017)运用匹配的中国工业企业数据库和中国海关总署企业进出口数据库来构建企业层面的汇率暴露指标,并利用2005年人民币汇率制度改革来识别汇率冲击对企业退出行为的影响。研究结果表明,汇率冲击对生产率低的企业的退出影响更大,这意味着,人民币汇率升值起到了改善要素配置效率的作用。余静文(2017)还尝试从微观层面揭示汇率在中国产业结构升级及中国经济转型中的作用。研究发现,人民币汇率升值强化了企业创新动机，提高了企业新产品产值及其占工业总产值的比重。以1998—2007年为样本区间，人民币实际有效汇率提高1%，出口企业新产品产值占工业总产值比重将会提高0.098%，新产品产值提高幅度为2.36%。若以2001—2007年为研究样本区间，人民币实际有效汇率提高1%，出口企业新产品产值占工业总产值比重将会提高0.12%，新产品产值提高幅度为2.61%。余静文认为，人民币升值强化了企业创新动机，是因为人民币汇率升值所引起的市场竞争加剧迫使企业不得不进行创新。此外，余静文(2017)还发现，私有企业的新产品创新行为对汇率变化最敏感。

余静文(2018)还基于2005年人民币汇率制度改革这一事件，利用匹配的中国工业企业数据库和海关数据库，采取倾向性得分匹配和双重差分的方法来识别汇率变动对企业生产率的因果影响，并通过构建企业层面的汇率暴露指标来识别汇率变动影响企业的竞争环境渠道，尝试从微观层面揭示汇率在中国经济结构转型中的重要作用。其研究结果表明，企业在面临竞争加剧时会通过提高生产率的方式来加以应对，2005年后人民币实际汇率升值通过竞争环境渠道使企业全要素生产率提高1.1%、企业劳动生产率提高1.2%。这表明，汇率升值能够通过影响竞争环境而发挥促进结构调整和产业升级的作用。

王雅琦和卢冰(2018)认为，人民币汇率升值能够降低出口企业的进口成本，这将促使出口企业进口更多的先进技术设备和中间投入品，因而有利于企业生产率的提升。刘明、李雪松和盛如旭(2018)基于投入产出关系的"空间"杜宾面板模型，利用2008—2014年中国工业30个细分行业数据，实证检验了人民币实际有效汇率波动对我国工业全要素生产率的影响。实证结果表明：人民币实际有效汇率每升值1%，全要素生产率上升0.55%。

4. 人民币汇率升值有利于刺激出口产品质量的提高，且会延长出口高质量产品的企业的出口持续期

许家云、佟家栋和毛其淋(2015)利用高度细化的工业企业数据库和海关贸易数据库，首次从微观层面进行研究，结果发现：(1)人民币汇率升值促进了企业出口产品质量的提升，但是该效应因企业生产率水平、融资约束、所有制和贸易方式的不同而具有显著的异质性；(2)通过对出口贸易进

行分解,发现人民币汇率升值有利于新进入企业的产品质量提升;(3)人民币汇率升值显著缩短了出口低质量产品的企业的出口持续期,但却延长了出口高质量产品的企业的出口持续期;(4)人民币实际汇率升值使企业更加专注于核心产品的生产,进而有利于提升企业出口产品的竞争力。余淼杰和张睿(2016)的研究也发现:人民币汇率升值导致出口企业数量减少,说明人民币汇率升值加剧了出口企业的竞争压力,从而迫使企业不得不提高出口产品的质量。

王雅琦、谭小芬、张金慧和卢冰等人(2018)基于2000—2006年合并的中国海关数据库和工业企业数据库,考察了人民币汇率变动对制造业企业出口产品质量的影响,结果也发现:人民币汇率升值有利于提升中国制造业企业的出口产品质量,具体来说,人民币实际有效汇率每升值10%,产品质量提升0.25%。张明志和季克佳(2018)利用2000—2006年中国工业企业数据和海关产品层面交易数据,研究了垂直专业化视角下人民币汇率变动对制造业企业出口产品质量的影响。研究发现:人民币汇率升值提高了“企业—目的地”层面的出口产品质量,而企业垂直专业化水平的提高又扩大了汇率升值的正向影响作用。

5.人民币汇率升值有助于缓解通货膨胀压力

Frankel(2004)指出,由于人民币汇率被低估,因此,中国在内部经济过热的情况下,放弃钉住汇率制度而让人民币汇率升值,将有助于缓解通货膨胀的压力。施建淮、傅雄广和许伟等人(2008)的研究认为,人民币汇率升值会通过降低进口品的价格从而起到抑制通货膨胀的效果。

6.人民币升值有利于增加中国居民的收入并改善收入分配

Huang和Tao(2012)的研究发现:人民币汇率每升值1%,将在短期内使中国的实际平均工资提高0.01%,在长期内则提高0.03%。李颖、钱程和王海兵(2014)基于厂商价格加成模型,运用中国39个工业行业年度数据,构建面板联立方程进行两阶段最小二乘法回归,研究了人民币汇率变动对工资份额和利润份额的影响。他们发现,由于人民币汇率升值会使实际工资及居民的实际购买力增加,因此,人民币汇率升值有利于改善收入分配,而人民币汇率贬值则会恶化收入分配。

7. 人民币汇率升值短期对经济增长可能有不利影响,但在长期却具有正向作用

刘永余和王博(2015)选取中国1996—2013年的季度数据,利用具有符号约束的贝叶斯时变随机波动向量自回归模型(TVP-SV-VAR),分析了人民币汇率升值冲击对中国产出的时变影响。结果表明:在短期,人民币汇率升值对于总产出具有负向作用,但在长期,人民币汇率升值却对总产出具有正向作用。

8. 人民币汇率升值在整体上有利于促进中国经济的良性发展

李宏彬等(2011)利用中国42个行业2007年投入产出表模拟了汇率不同升值幅度下各行业利润率的动态变化情况,发现因人民币汇率升值而受益的行业略多于受损的行业。王年咏、刘方和高云玲(2014)的研究表明,人民币汇率升值虽然不利于改善国有企业的资本配置效率,但有助于提高非国有企业的资本配置效率,这就有利于促进中国经济的市场化。

(三)人民币汇率贬值会对中国经济带来有利影响

1. 人民币汇率贬值有利于促进中国的出口

Baak(2008)运用中国1986年第一季度至2006年第二季度的季度数据,研究了实际汇率变动与中美贸易之间的关系,协整分析表明人民币对美元实际汇率每贬值1%,中国对美国的出口就增加1.7%。卢中原等(2011)分析了2005年以来人民币汇率变动与中国出口变动的情况,结果发现:人民币实际有效汇率每贬值1%,将会促使中国出口价值提高0.77%。

2. 人民币汇率贬值对中国的制造业就业有促进作用

范言慧、宋旺(2005)选取了1980—2002年中国制造业的相关数据,分析了我国实际汇率变动对就业量的影响,结果表明:人民币汇率贬值对中国制造业的就业有促进作用,而且,如果开放程度越大,则人民币汇率贬值对制造业就业的促进作用也越大。

3. 人民币汇率贬值有利于促进中国的经济增长

陈占强(2000)通过建立一个市场均衡模型来研究货币贬值的宏观经济效果,结果发现:人民币汇率贬值在短期内将导致国民生产总值下降,但经过一段时滞作用后,人民币汇率贬值对国民生产总值的扩张性效应会逐渐显现出来。陈国伟和夏江(2002)从一般理论框架出发,利用中国1978

年到2000年的相关数据,运用协整检验和误差修正模型进行回归分析,研究结果发现:人民币实际有效汇率每贬值1%,总产出上升0.019%。因此,陈国伟和夏江认为,人民币实际汇率贬值对总产出的作用是扩张性的而不是紧缩性的。李建伟和余明(2003)以1995年1月到2003年6月的统计数据为样本进行了实证研究,得到的结论是:人民币实际有效汇率贬值有助于产出的增加。李未无(2005)在Kamin和Rogers的理论框架基础上,通过构建含有产出、货币供给量和实际汇率三个变量的VAR模型并进行实证分析,结果发现:人民币汇率贬值与中国的经济增长存在正向的因果关系。黄万阳(2007)利用相关关系和因果关系的检验方法对人民币实际有效汇率与中国经济增长的关系进行了分析,结果发现:人民币实际有效汇率贬值促进了经济增长,且人民币实际有效汇率贬值促进经济增长的效应有提高趋势。徐高和杨业伟(2015)利用国际经验参数估算人民币汇率贬值对中国经济的影响,估算结果显示:汇率贬值对经济增长有较为明显的推动作用,人民币实际有效汇率贬值10%,将促进中国经济增长率提高1个百分点左右。

(四)人民币汇率贬值会对中国经济带来不利影响

1.人民币汇率贬值会导致物价上涨及出口和产出的下降

魏巍贤和马喜立(2017)通过构建单一国家和多国的动态CGE模型,分别模拟了2016—2030年人民币持续贬值和先贬后升两种情景,并从物价水平、国际贸易、经济总量和行业产出等方面分析人民币贬值对中国经济的影响,研究发现:人民币贬值将给中国带来通胀压力,同时人民币汇率贬值只能在短期内扩大净出口,在长期反而导致出口及经济增长率下降。张天顶和吕金秋(2018)采用CSMAR数据库的微观企业数据,研究了汇率水平变化和波动对中国上市公司出口的影响,结果发现:人民币汇率贬值不但不能促进中国上市企业的出口,反而导致中国上市企业出口量的下降,而且,人民币汇率的大幅波动也会抑制中国出口。Yang(2018)基于2011—2016年中国A股上市公司的相关数据,研究发现人民币汇率贬值会严重阻碍中国出口企业的创新投资,这从长期来看也不利于扩大中国的出口。

2. 人民币汇率贬值会抑制国内投资与消费,且会对劳动密集型产业及非贸易行业带来不利冲击

Wei 和 Zhang(2018)利用动态全球多区域可计算的一般均衡模型(CGE),来模拟 2017—2026 年人民币贬值对中国及世界经济的可能影响,结果发现:人民币汇率贬值会抑制中国的投资与消费,并导致资本外逃,从而最终会引起实际 GDP 的下降。Apergis(2015)通过选取中国 1981—2012 年的相关数据并利用非线性自回归分布滞后模型(NARDL),研究发现:人民币汇率贬值会导致进口原材料成本的增加,并增大中国的贫困度。刘思跃和唐松慧(2017)采用 2005 年 7 月至 2016 年 9 月的相关月度数据,分别构建了不同行业的时间序列数据,来考察汇率变动对投资的非对称性影响,结果发现:相较于资本密集型行业,人民币汇率贬值对劳动密集型行业的冲击更大。徐建国(2011)则发现:人民币汇率贬值会抑制中国非贸易部门的发展,并导致服务行业增长停滞。

3. 人民币汇率贬值会加速资本外流并导致外汇储备的流失,结果反而会恶化中国的贸易收支

李翀(2017)认为,人民币汇率贬值不但没有对中国的出口带来明显的正面影响,反而增加了中国对外债务的负担,并造成外汇储备的流失。张云和李秀珍等(2017)针对中国与 18 个主要贸易伙伴的季度数据,并利用非对称自回归分布滞后模型误差校正方法,检验了人民币实际有效汇率升贬值与双边贸易差额的关系,研究发现:人民币对美元贬值恶化了中国的贸易收支。

4. 人民币汇率贬值会对中国的资本市场带来不利影响

张兵(2008)认为,人民币汇率贬值将会导致资本流出,因而会对中国的资本市场产生不利影响。邓燊和杨朝军(2008)对 2005 年“汇改”后人民币汇率变动与中国股市之间的关系进行研究,结果发现:无论是在短期还是在长期,人民币汇率贬值往往伴随着股价的下降,可见,人民币汇率贬值会对中国的资本市场带来不利影响,进而不利于中国金融市场的稳定。

5. 人民币贬值会提高利润份额并降低工资份额,从而加剧收入分配的失衡

李颖、钱程和王海兵(2014)基于厂商价格加成模型利用中国 39 个工

业行业2002—2010年的相关数据,实证考察了人民币汇率变动对工资份额和利润份额的影响。研究发现,人民币汇率贬值提高了利润份额,降低了工资份额,这意味着,人民币汇率贬值加剧了收入分配的失衡。相反,人民币汇率升值则有利于提高工资水平,从而有利于改善收入分配。Jeanneneya等人(2010)以1982—1996年为样本区间,具体分析了中国的实际有效汇率和城乡单位资本收入比之间的关系,其实证结果表明:人民币汇率贬值扩大了城乡单位资本收入比,人民币汇率贬值对农村不利。

(五)人民币汇率水平的升降变动对中国经济的影响不大

在分析人民币汇率水平的升降变动对中国经济的影响时,也有一些学者认为人民币汇率水平的升降变动对中国经济的影响并不大,这其中主要包括以下观点:

1. 人民币汇率水平的变动对中国的出口影响并不大

刘富江和江源(2010)通过对2005—2007年人民币升值期间主要出口企业的利润率和亏损面进行实证分析后认为,即使人民币汇率升值3%,出口企业整体利润率只会下降0.6%,因此,人民币汇率升值对出口企业的负面影响被夸大了。李艳丽(2011)利用1999—2010年产品出口面板数据进行实证研究,结果表明人民币汇率变化对中国出口并无显著影响。

2. 人民币实际汇率变动对实际工资的影响不显著

范言慧和宋旺(2005)选取了1980—2002年的相关数据,分析了中国实际汇率变动对就业量的影响,结果表明实际汇率贬值(升值)对制造业就业有促进(抑制)作用,但对实际工资的影响不显著。丁剑平和鄂永健(2005)、史恩义(2007)的实证研究结果也发现人民币汇率变动对工资水平的影响并不显著。明娟和张建武(2011)基于1978—2009年的样本年数据,使用ARDL模型研究了人民币实际有效汇率变动对中国行业就业和工资的影响,研究结果发现,人民币实际有效汇率变动对大部分行业的实际工资没有显著影响。

3. 人民币汇率变动对中国的物价影响有限

白钦先和张志文(2011)采用两阶段最小二乘法就1994年第一季度至2011年第一季度人民币名义有效汇率变动对中国通货膨胀的传递效应进行了实证研究。结果发现:在控制了通胀惯性、实质GDP增长、国际能源和食品涨价、流动性过剩等影响通货膨胀的重要因素后,人民币汇率变动对中国通货膨胀的影响非常有限。在假定其他条件不变的情况下,人民币汇率升值 10%,用 CPI 衡量的通货膨胀下降不到 1%。

4. 人民币汇率升值对中国的国际收支及就业影响都不大

Groenewold 和 He(2007)的研究认为,人民币汇率升值对中美两国国际收支的失衡影响甚微。贺力平(2008)的研究发现,人民币汇率升值对中国的经常账户影响不显著。骆传朋(2009)利用主成分分析法以及协整检验的研究表明,人民币汇率的升值无论从长期或者短期看,都不会对中国的就业水平造成实质性的不利影响。从长期来看,国内就业水平对人民币汇率的弹性系数仅为 0.022,并且逐年下降。戴觅等(2013)利用 2000—2006 年中国的微观数据,研究了人民币汇率升值对中国企业就业水平的影响,结果发现不同企业的反应不一样,一部分制造业企业的就业人数因为人民币汇率升值下降,但却有一部分企业的就业人数因人民币汇率升值而上升,最终的结果是:人民币汇率升值总体上对中国企业就业人数的影响很小,人民币实际有效汇率升值 10%,企业的就业人数只会减少 0.12%。

5. 人民币汇率升值短期对经济增长可能有不利影响,但长期影响有限

何新华、吴海英和刘仕国(2003)借助结构型宏观经济季度模型,就人民币升值对中国宏观经济产生的影响进行了模拟分析。模拟结果表明:即使人民币升值 15%,从长期看也不会对中国宏观经济运行产生严重危害,人民币升值所带来的负面影响仅发生在最初一两年内。Huang 和 Tao(2012)以中国于 2005 年开始实行的人民币汇率制度改革作为政策实验,使用一般均衡模型模拟分析 2005 年以后人民币汇率升值对中国经济增长、贸易、资本流动、通货膨胀、就业和工资的短期和长期影响,结果发现:(1)人民币汇率升值会对中国的投资产生显著的负面影响,短期为 0.08%,但长期仅为 0.03%;(2)当人民币汇率升值 1%,中国的实际 GDP 短期将下降 0. 04%,但长期影响将减至 0.02%;等等。总之,从长远来看,人民币汇率升值对中国经济的负面影响较小。王桂虎(2015)通过实证研究发现:人民币汇率波动与我国的 GDP 增长率之间不存在显著的相关性。

(六)人民币汇率波动对中国经济的影响较大

当然,也有不少学者认为人民币汇率水平的升降变动对中国经济的影

响较大,其中主要包括以下观点:

1.人民币汇率波动对中国经济增长的影响取决于人民币汇率的波动幅度

魏巍贤(2006)使用可计算一般均衡模型,并利用中国2000年17个部门的投入产出数据,分析了人民币汇率升值对中国宏观经济的影响,结果发现:人民币汇率小幅升值(5%以下)对中国经济的影响甚微,但人民币汇率大幅升值(10%以上)确实对中国经济增长不利。卢万青和陈建梁(2007)通过构建一个汇率与经济增长的理论模型,并在此基础上进行实证分析也发现:人民币汇率波动对中国经济增长的影响取决于人民币汇率的波动幅度,当人民币汇率的波动在一定的范围之内时,汇率波动对经济增长的影响较小,而当人民币汇率波动幅度很大时,就会对中国经济增长产生较大的影响。

2.人民币汇率波动会对中国的进出口贸易产生负面影响

杨凯文和臧日宏(2014)通过考察中国与11个主要国际贸易伙伴的进出口贸易情况,并应用ARDL协整方法分析人民币汇率波动对中国进出口贸易的影响,结果表明:人民币汇率波动对中国的进出口(尤其是出口)产生了负面影响。谭小芬、王雅琦和卢冰(2016)基于高度细化的企业—产品—出口目的地层面海关出口交易数据,考察2002—2009年间人民币汇率波动对中国企业出口的影响。结果表明,当人民币汇率水平波动时,中国企业的出口额及出口产品的种类都会显著减少。但谭小芬、王雅琦和卢冰又指出,金融市场化程度的提高会显著抑制汇率波动对进出口贸易的负面作用。

3.人民币汇率波动对股票价格影响较大

周虎群和李育林(2010)针对国际金融危机背景下人民币汇率与股价之间的联动关系进行实证分析,结果发现:人民币汇率波动对股价的影响较大。这意味着,人民币汇率的波动会对中国的资本市场带来冲击。Zhou、Li和Lin(2013)通过构建EGARCH和VAR模型,研究了人民币汇率市场化改革对中国股票市场的潜在影响。他们的研究结果表明:如果人民币汇率完全市场化,则将使中国股票市场的波动率提高三倍。

4. 较大的人民币汇率波动会在一定程度上减弱中国货币政策的调控效果

周建和赵琳（2016）采用动态随机一般均衡模型（DSGE）分析人民币汇率波动对货币政策实施效果的影响，他们在模型参数校准的基础上进行了政策模拟，研究结果表明，较大的人民币汇率波动会减弱中国货币政策的调控效果。这是因为：汇率波动会通过传递效应产生价格的不确定性，从而会影响通胀预期，进而影响货币政策的实施效果。

5. 中国如果实行完全的浮动汇率制度将不利于福利水平的提高

崔小勇、张鹏杨和张晓芳（2016）基于引力模型框架，研究了汇率制度转型对于贸易的影响作用，他们运用工具变量法重新估计了贸易开放对于人均收入的影响作用，认为汇率制度转型通过贸易对一国福利水平产生影响。结果表明：如果中国实行完全的浮动汇率制度，短期将造成中国福利水平下降 2.956%，而在长期则会下降 12.044%。这意味着，人民币汇率水平的波动对中国经济不利。

综上所述，从国内目前的相关研究来看，国内学术界在人民币汇率升值（贬值）以及人民币汇率水平的升降变动对中国经济是有利还是不利等问题上仍存在较大的争议而没有达成共识。

第二节　利率变动的经济效应：国内外文献综述

一、利率变动的经济效应：国外文献综述

从国外学术界的情况来看，有关利率变动的经济效应主要包括以下代表性的观点：

（一）降低利率有利于刺激国民收入的增长，而高利率则对经济不利

1. 低利率有利于刺激总需求，而高利率则抑制总需求

瑞典学派的创始人维克塞尔（Wicksell）最早论述了利率与经济增长之

间的关系。维克塞尔创造性地将利率分为货币利率与自然利率,货币利率实际上指的是市场利率,而自然利率是与实物资本收益率或生产率相一致,并能保证资本供求均衡,且还可保持物价为中性(既不会造成物价水平上涨,也不会导致物价水平下跌)的利率。维克塞尔指出,当货币利率低于自然利率时,投资及消费需求就会扩大,因而就会导致物价上涨;当货币利率高于自然利率时,投资及消费需求就会减少,因而导致物价水平下跌。

而凯恩斯(Keynes)则在其所提出的"有效需求"概念及所构建的宏观经济理论基础上指出,降低利率有利于刺激国民收入的增长。这是因为:投资是决定国民收入增长的重要因素,而投资需求取决于利率及资本边际效率(即增加一个单位投资预期可以得到的利润率)的相对比较。由于资本边际效率是递减的,因此在这种情况下,只有降低利率才能刺激投资需求,从而刺激有效需求,进而增加就业并促进国民收入的增长。

Hellman 等(1997)等人根据凯恩斯主义的有效需求理论进一步指出,利率上升对经济增长不利。这是因为:利率提高以后会使投资的成本上升,从而会降低投资需求。同时,利率升高虽然会增加居民储蓄,但会降低消费,从而使得总需求下降,进而抑制经济增长。相反,如果政府控制存款利率,使存款利率低于市场利率水平(但要保证实际存款利率为正值),从而使银行的经营成本降低并因此能够获得资本租金,这样,银行业就能得以发展,并进而会刺激经济的增长。

Aghion 和 Bolton(1997)则将利率内生化,认为经济的发展将带来利率水平的降低,在这种情况下,穷人受到的信贷约束相应降低,因此,穷人成为自我雇用者和企业家的机会就会增加,这就有利于扩大就业机会,增加对劳动力的需求,因而有利于工资水平的提高并有利于刺激经济增长。

Argitis 和 Pitelis(2006)使用 ARDL 模型,发现高利率对企业部门的资本积累产生了显著的负面影响。Argitis(2009)采用欧盟国家的面板数据进行研究,发现过高的利率对就业和总需求都产生了负面影响。Argitis 和 Michopoulou(2010)进一步指出,高利率对消费、投资和 GDP 增长会产生负面影响。因此,实行低利率政策才能够刺激消费、投资和 GDP 增长。

2. 高利率抑制投资,从而不利于经济增长

许多针对发展中国家的经验研究都发现:高利率抑制投资,对经济增长不利。Khakthata(1980)指出,对于大多数低收入水平的发展中国家,资本的实际收益率较低,如果在资金短缺的情况下实行利率市场化,市场利率将会涨到资本的实际收益率之上,这将会抑制投资需求,从而不利于经济增长。如果当前利润率的降低使企业家对未来利润的预期更加悲观,则投资减少的规模将更大。Greene 和 Villanueva(1991)利用 23 个国家 1975—1987 年的数据所做的实证分析表明:实际利率与投资之间存在明显的负相关关系,即实际利率提高会导致投资水平下降。Demetriadeshe 和 Michael(1992)通过对 64 个发展中国家 1962—1990 年的数据的研究发现:高实际利率的资本成本效应较投资资金的聚集效应更为强烈,因此高利率将会抑制投资,从而带来不利于经济增长的风险。

而针对发达国家的经验研究也同样表明:高利率会抑制投资,从而抑制经济增长。Kashyap 等(1996)针对发达国家的研究指出:紧缩性货币政策(利率的上升)一方面会抑制企业的债务融资,另一方面还会导致股价下跌或增大股权融资成本,从而抑制公司的股权融资,并进而最终抑制企业的投资,这就不利于经济增长。Mojon 等(2002)运用欧洲四国(德、法、意、西)的数据研究了货币政策(以利率的调整为代表)与企业投资之间的关系,他们发现,货币政策(利率)的变化通过影响企业的资本成本从而影响企业的投资。

Bernanke 和 Gertler(1987、1989、1995)以紧缩的货币政策(利率上升)为例分析了货币政策通过影响企业的资产负债状况,进而影响企业投融资活动的机制。他们认为,紧缩的货币政策会通过以下方面影响公司的资产负债状况,并进而影响公司的投资行为:(1)紧缩性货币政策会导致企业现金流减少。一方面,利率的增加直接增加了利息支出,结果增加了公司的现金流出量;另一方面,货币政策紧缩会减少消费者的消费支出,使公司销售收入减少,这会减少公司现金流入,弱化公司财务状况。(2)利率上升降低公司资产价格,从而减少公司可抵押资产的市场价值,结果间接影响公司的外部融资能力。(3)紧缩的货币政策会导致公司净值下降,资信度降低,导致公司外部融资成本上升,这样,公司就会减少投资。货币政策变化通过影

响企业资产负债表从而影响企业投融资行为有三种途径:(1)企业现金流;(2)企业可抵押资产价格;(3)公司净值。

Chatelain 和 Tiomo(2003)选取法国 1990—1999 年 6946 家制造企业的面板数据进行实证分析,发现企业的投资决策对利率的变化较敏感,利率上升会导致企业投资水平的下降。Bernanke 和 Kuttner(2005)认为,利率的变化通过影响折现率的变动而影响企业的资本成本,并进而影响企业的投资。Angelopoulou 和 Gibson(2007)的实证研究发现,在货币政策紧缩时期,负债多的企业投资呈现下滑态势,说明紧缩性的货币政策抑制了企业的投资活动。总之,以上这些学者都认为,利率的上升会抑制投资,从而不利于经济增长。

3. 利率水平与产出水平负相关

Fuhrer 和 Moore(1995)的实证分析结果显示:利率水平与实际产出水平具有负相关关系,即利率上升将导致产出下降。Uribe 和 Yue(2003)研究了国际利率、国别利差和 7 个发展中国家真实经济波动的关系,结论表明真实利率和产出之间存在显著的负相关关系。Rochon 和 Rossi(2006a, 2006b)通过实证研究发现,那些采取通货膨胀目标制的国家,由于要在长期内维持较高的利率水平,结果导致产出下降、失业率上升以及劳动收入份额的下降。Michetti 和 Tropeano(2008)运用包含固定价格的简化宏观经济模型讨论了开放型的发展中经济体的利率、汇率及收入分配。他们发现,发展中国家为吸引外资流入并抑制通货膨胀而采取了高利率政策,结果却造成经济增长率的下降及工资水平的降低。

4. 高利率会带来风险

Hellman 等(1997)还基于信息不对称理论指出:一般而言,当利率水平较高时,借款者愿意投资风险较大而收益较高的项目,以获得较多的预期收益;反之,当利率水平较低时,借款者则愿意投资于风险较小的项目,以获得比较稳定的预期收益。利率的这种"激励效应"使得以利润最大化为经营目标的银行在确定贷款利率水平时,必然要考虑利率水平的高低对借款者行为的影响。因为:如果银行为了获得较高的利息收入而将贷款利率确定在比较高的水平上,必然会刺激借款者投资于高风险的项目,而高风险的项目显然会增加借款者破产的可能性,降低其还款概率,银行贷款的风险也将随之增大。因此,Hellman 等(1997)指出,如果实行完全的金融自由化改革,通过放开利率使利率大幅上升,则会促使银行为获得高收益而从事高风险项目的贷款,这会带来风险,从而影响金融体系的稳定。

5. 高利率不但不利于稳定本国货币的汇率,反而有可能引发货币危机

Obstfeld(1994)发现,在固定汇率制度下,提高一国的名义利率以抵御投机性货币攻击是不明智的,这会增加公众对本币未来贬值的预期,同时也会增大投资的成本,抑制经济增长,进而加速货币危机的爆发。Flood 和 Jeanne(2000)的研究发现,在投机者对本国货币进行攻击之前提高利率,而不做相应的政策调整以解决本国金融体系的脆弱性问题,并不能维护本国的固定汇率制度和防止货币危机的爆发。这是因为:在本国金融体系存在脆弱性的情况下提高利率反而会加大投机者对本国货币的攻击。Dekle 等(2001)认为,高利率一方面会吸引大量资本流入从而导致资产的泡沫,另一方面又会造成大量企业破产,这样就往往会导致金融危机。Choi 和 Park(2008)在研究 1997 年亚洲货币危机期间利率和汇率的短期和长期因果关系时发现,高利率并不能在货币危机期间起到稳定汇率水平的作用,反而由于造成投资的高成本从而抑制经济增长,进而不利于货币危机问题的解决。

(二)过低的利率水平对经济不利

第二次世界大战以后,主张实行低利率政策以刺激投资及有效需求,从而刺激经济增长并解决就业问题的凯恩斯主义经济理论在全球产生了很大的影响。受这一经济理论的影响,许多发展中国家纷纷对利率进行管制,以便通过压低利率,从而降低国内金融机构的融资成本及生产企业的投资成本,刺激本国的经济增长。但发展中国家长期实行低利率政策的结果却是一方面从微观经济层面降低了资金使用效率及资源配置效率,从而并没有有效地促进经济增长;另一方面又因过低的利率导致投资需求的过度膨胀而助长了通货膨胀,结果影响了宏观经济的稳定。这意味着,进行利率管制并实行低利率政策存在着严重的弊端。

正是在这种背景下,Mckinnon 和 Shaw 分别于 1973 年先后提出了“金融深化”理论。Mckinnon 和 Shaw(1973)认为,利率管制及低利率不利于促进经济增长。他们基于发展中国家的政府强制规定和控制利率,使其低于

市场均衡水平的现实指出,这种对利率水平进行管制所导致的低利率一方面导致社会储蓄的下降,造成资本供给不足,并影响到金融业的发展;另一方面又因为低利率导致生产率很低的投资项目也得以获得融资,结果导致投资效率下降,从而严重阻碍了经济增长,并导致金融体系与实体经济同时呆滞落后。为此,Mckinnon 和 Shaw 指出,发展中国家要解决金融落后及经济不发达的问题,政府就必须放弃对金融业的管制和人为干预,实行金融的"市场化"或"自由化"(包括让利率由市场供求关系决定,即实现利率的市场化)。

Mckinnon 和 Shaw 强调,利率的市场化一方面会刺激储蓄的增加,另一方面会阻止企业家从事在均衡利率水平下不可能盈利的低收益投资,在市场均衡利率水平上,显然只有那些生产率较高的项目才能得到融资。可见,利率的市场化一方面会提高社会储蓄率,从而扩大资本积累;另一方面又能提高投资效率,从而对国民经济的发展起乘数促进作用,并进而实现金融发展与经济增长之间的良性循环。

Kapur(1976)和 Mathieson(1980)对 Mckinnon 和 Shaw 的模型进行了理论上的扩展,他们通过加入金融中介机构的代理变量,分别研究了开放经济和封闭经济两种不同经济类型下的利率市场化影响经济增长的银行信贷渠道。研究结果表明:利率水平上升以后,随之而来的就是一国实际货币需求的上升,在实际货币需求上升之后,贷款以及投资水平也会上升,结果促进了经济增长。

Fry(1980)在 Mckinnon 和 Shaw 的"金融深化"理论基础上采用累计时间序列回归估计方法,对 7 个亚洲国家 1961—1972 年的相关数据进行实证研究后得出结论:在亚洲,平均实际利率每上涨 1%,国民收入将上升 0.5%。同时,Fry 还对 61 个发展中国家的储蓄和投资函数进行了研究,结果显示:实际利率每低于均衡利率的 1 个百分点,国民收入增长率将下降 0.5 个百分点左右。Fry(1988)又对 22 个发展中国家 1971—1980 年的相关数据进行实证分析后发现:实际利率为强负数的国家,其经济增长率在 1%以下;实际利率为弱负数的国家,其经济增长率为 4%—6%;实际利率为正数的国家,其经济增长率为 6%。Gelb(1989)对 34 个欠发达国家 1965—1985 年的相关经济数据进行分析表明,实际利率为正值的国家,其经济增长率为

5.6%,实际利率为明显负值的国家,其经济增长率为3.8%,实际利率为强负值的国家,其经济增长率仅为1.9%。Woodford(2003)等强调,若长期压低利率且低于"自然利率",则会出现过度投资,金融机构将会持续获得垄断性收益,势必影响储蓄向投资转化,从而不利于经济增长,且通胀将长期维持在较高水平。

一些学者还研究了发达国家的情况,结果也发现,低利率同样会对发达国家带来不利影响。Taylor 和 Speaker(2008)指出:由于美联储自2001年以来采取了低利率政策,政策利率长期低于泰勒规则所揭示的利率水平,结果引发了房地产泡沫和次贷危机。Bharath、Dahiya、Saunders 和 Srinnasan(2011)认为,人为维持过低利率会诱发企业过度投资,结果将导致企业生产率的下降。Hosono 和 Takiazwa(2012)利用1981—2007年日本制造业上市企业的数据进行实证分析发现,20世纪90年代日本金融业对许多僵尸企业大量发放低利率的银行信贷,结果导致了严重的资本错配,并造成生产率的长期停滞。他们认为,如果消除对僵尸企业的利率补贴可以使日本的全要素生产率上升6.2%。BIS(2014)针对全球金融危机之后,各国虽然长期实行超低利率(甚至零利率或负利率)政策,但各国经济仍然迟迟不见起色这一现实指出:过低利率使风险定价消失,进而引发经济金融非理性繁荣及其后的资产负债表衰退,结果反而对经济带来不利影响。

以上分析说明,国外学术界在利率高低与经济增长的关系问题上一直存在着争议。

(三)只有实现利率的市场化才有利于经济增长

1.政府对利率的管制会造成无谓的成本损失

Berthelemy 和 Varoudakis(1996)认为,政府对利率的管制会造成三大无谓的成本:一是福利损失成本,即利率管制会降低借贷市场的效率;二是微观经济成本,即政府对利率的管制限制了金融机构的自主权;三是宏观经济成本,即政府对利率的管制会抑制储蓄,进而会抑制投资。基于此,Berthelemy 和 Varoudakis 认为,只有实现利率的市场化,才有利于刺激经济增长。

2.利率市场化有利于增加资本积累或资本存量

Gupta 和 Lensink(1996)认为取消利率管制以实现利率的市场化,将促使资本积累的增加且不会造成通货膨胀率的上升。Galbis(1997)的实证研究结果显示:当实际利率高于均衡利率时可以增加资本存量,进而刺激国民收入水平的提高。Abiad 等人(2004)的研究发现,当利率实现市场化以后,居民会增加对金融资产的投资,这将有利于增加经济体的资本存量,进而有利于刺激经济增长。

3. 利率市场化有利于刺激一国的金融发展

Obstfeld(1994)认为,利率市场化不仅可以抑制管制带来的社会福利的无谓损失,而且增加了金融机构的定价权和自主权,从而有利于刺激金融业的发展。Ash 和 Harry(1999)通过对 80 个国家的相关数据进行实证分析发现:利率的市场化促进了金融中介机构运行效率的提高,并使银行资产规模/GDP 这一比率得以上升。Landa(2003)认为,利率的市场化扩大了金融机构的业务范围。Maghyereh(2004)以苏丹银行为样本进行研究发现:利率市场化强化了银行间的竞争程度,结果导致银行经营效率的提高。Udoh(2012)选取 1970—2008 年尼日利亚的年度数据作为样本进行研究,结果发现:利率市场化程度的加深促进了尼日利亚银行储蓄量的增加,进而对尼日利亚的经济增长起到了一定的促进作用。

4. 利率市场化有利于缓解企业的融资约束

Harris 等(1994)运用面板数据研究了印度尼西亚的利率市场化对企业融资及投资活动的影响,结果发现,利率市场化虽然会使融资成本升高,但却有利于缓解企业(特别是中小企业)的融资约束,从而有利于企业扩大投资。Gelos 和 Werner(2002)对墨西哥进行了实证分析,结果也发现利率市场化缓解了企业的融资约束。Leaven(2003)通过选取 10 年间 13 个发展中国家企业的面板数据进行分析发现,利率市场化可以降低信息不对称问题,同时他还发现,利率市场化虽然对于缓解大型企业的融资约束并不明显(这也许是因为大型企业一般不存在融资约束问题),但却大大缓解了中小型企业的融资约束问题。Koo 和 Shin(2004)基于韩国企业数据的研究也发现:利率市场化确实有利于缓解企业的融资约束,特别是能够明显地缓解小企业以及新创办企业的融资约束问题。Ghosh(2006)采用印度的公司年度面板数据进行研究,结果发现利率市场化尤其能够缓解成长型企业的融资约束问题。

5. 利率市场化会促进一国的经济增长率上升

除了许多学者研究了发展中国家的利率市场化与其经济增长之间的关系以外,一些学者也分析了发达国家的利率市场化与其经济增长之间的关系,结果同样发现利率市场化有利于促进经济增长。Lopez-Mejia(1991)、Bayoumi(1993)、Garby 和 Ireland(1994)三项独立的研究都显示,英国 20 世纪 80 年代的利率市场化和金融自由化促进了英国的消费繁荣及经济增长。Bekaert、Harvey 和 Lundblad 等人(2005)的实证研究发现:各国在实现利率市场化后,平均的经济增长率上升了 1—2 个百分点。Romero-Avila(2009)通过对 15 个欧盟成员国 1960—2001 年的面板数据研究,认为利率市场化与资本账户开放二者推动经济增长具有显著性,即便剔除经济周期及其他政策因素后,统计显示结果仍然是稳健的。

Lee 和 Shin(2007)检验了包括利率市场化在内的金融自由度指数与经济增长的关系,结果发现:以利率市场化为核心的金融自由化对经济增长的正面作用远远大于因放松金融管制导致危机爆发的负面影响,甚至在爆发金融危机国家中,以利率市场化为核心的金融自由化对经济增长的促进效果仍然大于金融危机所带来的不利影响。Abiad、Oomes 和 Ueda(2008)通过对 5 个亚洲国家企业的微观层面的 Tobin Q 值的考察发现,包括利率市场化在内的金融改革能够有效改善资金配置效率并进而促进经济增长,即使是控制了通货膨胀、贸易开放程度及金融深化等指标并考虑到内生性问题之后,结论仍然是稳健的。

6. 利率市场化短期有可能加剧金融脆弱性甚至导致金融危机,但长期有利于经济增长

Diaz-Alejandro(1985)的研究认为:包括利率市场化在内的金融市场化改革在短期确实有可能造成一国经济的波动或加剧一国金融的脆弱性,甚至还有可能导致一国爆发金融危机,但在长期却有助于一国的经济摆脱由于金融压抑所导致的效率损失,从而促进经济增长。

(四)利率变动对国民收入及资本收入份额并不具有确定性的影响

在国外学术界对利率上升是刺激国民收入增长还是抑制国民收入增长这一问题上存在争议的同时,一些学者的研究却发现:利率变动对国民收入增长并不具有确定性的影响。

以 Robinson 及 Kaldor 等人为代表的新剑桥学派认为凯恩斯高估了利率的作用,基于三种原因,他们认为利率对经济的调节作用是有限的:第一,由于影响投资的主要因素是资本边际生产率,而资本边际生产率决定于利润率,利润率又是由国民收入在劳动与资本之间的分配比率所决定的,这种分配比率并非主要取决于利率,而是主要取决于一国历史的、制度的原因,因此利率对投资的影响有限;第二,由于物价主要取决于生产率和货币工资的变动率,而利率对于物价的影响或调节作用十分有限;第三,由于利率是由企业、银行及公众的经济行为共同决定的,同时,随着全球经济渐趋一体化,一国的利率水平在很大程度上将受到国际因素的影响,因此不应夸大中央银行控制利率的能力,这也导致一国难以通过变动利率来调节经济。

现代货币数量论的代表人物 Friedman(1956)也认为,利率对经济的影响是微弱的甚至是不确定的。如果货币当局通过调节利率去影响经济,只会使货币政策的传导路径"杂乱无章"和"崎岖不平"。Friedman 指出,中央银行可以直接通过调节货币供应来影响产出,而无需通过利率来"迂回"完成。货币学派的另一位代表人物 Merchavi(1995)则认为,*IS - LM* 模型忽视了利率的期限结构、金融资产的多元性以及金融机构的中介作用,认为短期利率变化转瞬即逝,并不影响产出决策。理性预期学派的代表人物 Lucas 和 Sargent(1981)还专门利用 VAR 模型分析了名义利率变动与产出的关系,结果发现名义利率的变动并不能解释产出的变化。无独有偶,20 世纪 80 年代兴起的真实经济周期理论从理性预期和市场自动出清等假定前提出发,认为产出的波动是由供给面的真实经济因素(如技术进步等)冲击引起的,而非货币、利率等需求面冲击所致。这也意味着,真实经济周期理论认为利率对产出没有什么影响。

Khatkhate(1988)和 Bandiera(2000)都发现:许多国家在实行利率市场化后,实际利率虽然提高了,但却并没有促进国民收入的增长。Hein(1999)基于 Bhaduri 和 Marglin(1990)的无货币因素总供求模型,构建了一个包含实际利率变量的后卡莱斯基分配和增长模型,试图探究实际利率的变动对资本收入份额的影响,结果 Hein 并未发现实际利率的变动对资本收入份额具有确定性的影响。Aksoy 和 Leon-Ledesma(2004)使用 Johansen 的

VAR 和 Pesaran 的协整技术分析了美国和英国的名义利率变动与产出之间的关系,结果发现在美国和英国这样的发达国家,名义利率和产出之间并没有确定的相关关系。

(五)只有保证实际利率的稳定才有利于国民收入的增长

美国著名经济学家泰勒(Taylor,1993)则在综合维克塞尔的累积过程理论、费雪效应(Fisher Effect)、传统货币数量论、凯恩斯货币理论以及现代货币数量论的基础上提出了著名的"泰勒规则"(Taylor Rule)。泰勒认为,实际利率过高或过低都对经济不利,只有将实际利率保持在2%的水平,才能对经济既不起刺激作用,同时也不起抑制作用,以形成稳定的利率环境,这样,市场机制就能充分发挥作用,经济就能以其自身的潜能持续稳定地增长,从而实现物价稳定和经济增长的双重目标。

(六)利率变动对经济的影响是非对称的

1. 利率的正向变动(上升)对经济的影响显著高于负向变动(下降)对经济的影响

Morgan(1993)借鉴 Cover(1992)的研究思路及方法[①],基于美国1963—1992年的数据,将利率作为货币政策的替代变量进行回归分析,结果发现:利率的正向变动(上升)对经济的影响显著高于负向变动(下降)对经济的影响。Rhee(1995)运用韩国1970—1992年的季度数据进行实证分析后也发现:利率的正向变动(上升)对通货膨胀的影响要显著大于利率的负向变动(下降)的影响。Karras(1996)也认同 Rhee 的观点,他将国家数量扩张到

① 在20世纪20年代以前,大多数经济学家认为紧缩性与扩张性货币政策的效果是对称的。但在20世纪30年代爆发的经济大萧条过程中,扩张性的货币政策对经济复苏几乎没有产生什么影响,这一事实使学者们认识到,只有紧缩性的货币政策才是有效的。Cover(1992)在这一问题上做出了开拓性的研究。他通过选取美国1951—1987年货币供应量、90天国库券利率、失业率以及实际GDP的季度数据,并采用二阶段估计方法进行实证分析,结果发现:紧缩性货币政策对产出有显著的抑制作用,而扩张性货币政策则对产出没有显著的影响。紧缩性货币政策的效果大于扩张性货币政策的效果。由此,Cover 提出了"货币政策的非对称性"问题。此后,Thoma、Rhee 和 Rich 等人运用 Cover(1992)的方法对不同国家的数据进行实证分析,实证结果表明各国的货币政策确实具有非对称性。不过,需要指出的是,这些研究都是以货币供应量作为货币政策的代理变量,因此这些文献所研究的是货币供应量变动对经济的非对称影响问题。然而,自20世纪90年代以来,由于经济全球化及金融自由化浪潮席卷全球,因此货币供应量不再适宜作为货币政策的中介目标,各国货币政策的调控手段也由数量调节转变为利率调节。在此背景下,不少国外学者开始研究利率变动的非对称效应问题。

38个国家,结果显示,各国都存在货币政策(以利率作为货币政策的替代变量)的非对称效应。Sensier等人(2002)运用英国的数据也得出了相同的结论,Sensier等人运用STR模型进行研究发现:当经济增长率高于正常水平时,利率对经济的影响显著大于一般年份的影响。Bernanke和Gertler(1995)、Bruinshoofd和Candelon(2004)、Garcia和Schaller(2002)及Jamilov和Egert(2014)等人也都认同利率变动的非对称效应,他们都普遍认为,利率变动对产出具有非对称效应,正向的利率冲击对产出影响较为显著,负向利率冲击对产出产生的影响不大,即利率上升导致产出的下降程度大于利率下降刺激产出增加的程度。

2. 经济衰退时期的利率变动对经济的影响更显著

Garcia(1999)也研究了当经济处于经济周期的不同阶段时货币政策的效果,在研究中,他将利率作为货币政策的替代变量,结果发现:在经济衰退时期,利率变动对于经济的影响更显著。Garcia和Schaller(2002)率先使用马尔科夫机制转换模型对货币政策的非对称性进行了研究,并且得出了同样的结论。他们利用利率的变化率来代表货币政策的趋向,即利率升高代表政府实行紧缩的货币政策、利率降低代表政府实行扩张性的货币政策。通过实证研究他们发现:相对于经济膨胀期,经济衰退时期的货币政策似乎对经济更能产生显著的影响,而经济膨胀时期的货币政策效果并没有想象中的那么大。

3. 利率上升对就业有显著的抑制效应,而利率下降对就业的影响则不显著

Garibaldi(1997)率先研究货币政策对就业的非对称性影响,发现紧缩的货币政策(利率上升)对就业具有显著的抑制效应,而扩张的货币政策(利率下降)对就业的影响则不显著。

4. 利率变动对不同行业的影响不同

很多学者(Blinder,1987;Farmer,1984;Christiano和Eichenbaum,1992;Bermake和Gertler,1995;Christiano,1997;Barth和Ramey,2000)认为,利率变动对不同行业的影响是不同的。其形成机理是:假定企业还未获得销售收入之前,用来支付固定资产投资和生产要素费用一般都是通过贷款来完成,而不同产业在生产成本方面却存在差异。具体而言,当利率上升时,生

产成本会随之上升,但各个行业成本上升的比率不同,因此表现出对利率变动的不同反应。Ganley 和 Salmon(1997)基于 1970—1995 年的英国数据,运用 VAR 模型对货币政策效应的研究发现,利率变动对不同产业的影响具有非对称性,其中建筑业对利率敏感性最强,受利率影响较大,而消费品制造业、服务业和农业的利率敏感性则较弱。Hayo 和 Uhlenbrock(1999)关注了货币政策对不同行业所呈现的异质性或非总量(disaggregate)的不对称影响,他们同样基于 VAR 模型框架,研究对象是德国制造业部门的 28 个行业,结果发现:重工业比非耐用消费品具有更高的利率敏感性。Dedola 和 Lippi(2000)利用 OECD 的 5 个国家 21 个行业的面板数据进行分析后得出结论:公司规模、融资能力、财务费用负担等因素是各个行业的利率敏感性不同的重要原因。

5. 利率频繁变动会增大经济的不确定性

Belke 和 Göcke(2006)的研究表明,中央银行频繁改变利率会增大经济的不确定性,这会影响企业的投资决策。并且,在政策不确定性程度很高的情况下,降低利率可能是无效的政策。

(七)利率变动是导致物价正向变动还是反向变动的理论争议

利率变动是导致物价正向变动还是反向变动,这也是一个存在争议的很有意义的问题。主流的宏观经济理论主要从需求面的角度来分析货币政策效果,认为利率变动会导致物价反向变动,即利率上升会导致物价水平下降。这是因为:利率上升会导致人们增加储蓄,并会抑制人们的投资需求及消费需求,从而造成总需求下降,进而导致物价水平的下降;反之,利率下降则会导致物价水平的上涨。

受主流经济理论的影响,许多国家在实践中都试图通过提高利率来抑制通货膨胀。例如,美国于 20 世纪 50 年代至 60 年代中期以及 80 年代到 90 年代的利率上升在一定程度上抑制了通货膨胀,英国 20 世纪 90 年代的高利率政策和德国 20 世纪 80 年代初的高利率政策都有效抑制了通货膨胀,韩国和印度尼西亚在 20 世纪 60 年代末以及中国台湾在 20 世纪 50 年代至 60 年代的高利率政策也对抑制通货膨胀起到了作用。

但是,Sims(1992)基于美国、德国、法国、英国及日本 1957—1991 年的相关数据,并运用 VAR 模型实证分析了利率变动与物价变动以及产出变动之间的关系,结果却发现:提高利率水平的紧缩性货币政策在短期不但导致产出下降,而且还导致价格水平的上升。这一发现说明,利率变动并不是导致物价反向变动,而是导致物价正向变动。Sims 将这一与主流宏观经济理论不同的发现称为"价格之谜"(Price Puzzle)。

事实上,"利率变动是导致物价正向变动还是反向变动"这一问题在国外学术界长期以来一直存在着争议,这可以分为以下几个阶段:

(1)19 世纪初。有关"利率变动是导致物价正向变动还是反向变动"的代表性争议是"李嘉图—图克之谜"(the Richardo-Tooke Conundrum)。作为古典学派的代表人物,李嘉图(Richardo)研究的是实际利率问题。李嘉图认为,利率取决于实物因素而与货币因素无关,当利率降低时,投资的需求就会增加,因而会导致物价水平上升;反之,则导致物价水平下降。利率与物价呈反方向的变动关系。而"银行学派"的代表人物图克(Tooke)则认为利率与物价呈正相关关系。图克指出,利率是生产成本的一部分,因此,利率上升将使生产成本上升,进而导致物价上升;反之,利率下降则会造成物价下降,这一观点与李嘉图正好相反。李嘉图和图克的争论对后世产生了较大的影响,但由于李嘉图是正统经济学的代表,因此,他的观点得到了很多人的认可和支持。然而,从当时的现实来看,英国的利率水平与物价水平确实也有同升同降的关系,这又显然支持了图克的观点。因此,利率与物价的正负关系在当时成了悬而未决的"谜"。

(2)19 世纪末。瑞典学派的创始人维克塞尔(Wicksell)在《利息与价格》(1898)一书中系统研究了利率与物价之间的关系。他认为,之所以李嘉图和图克的观点不同,是因为他们没有将利率区分为"自然利率"和"货币利率",因此,李嘉图和图克的观点都不准确。为此,维克塞尔将利率分为"自然利率"和"货币利率"。维克塞尔所说的"自然利率"就是与实物资本收益率或生产率相符、与资本供求一致的利率(凯恩斯后来扬弃了"自然利率"的概念而使用了"资本的边际效率"这一概念),而"货币利率"就是金融市场上的利率,即市场利率或名义利率。维克塞尔的观点是:自然利率对物价的影响是中性的,既不会造成物价水平上涨,也不会导致物价水平下跌。在这种情况下,货币利率低于自然利率会导致投资扩张,从而形成物价上升的累积过程;反之,货币利率高于自然利率会形成物价下降的累积过程。这意味着,在自然利率一定的情况下,货币利率或名义利率与物价水平呈反向变动关系。经过维克塞尔的系统阐述,名义利率与物价呈反向关系的观点逐步成为主流观点。

(3)20 世纪 30 年代。英国经济学家吉布森(Gibson,1923)利用英国 1791—1928 年长达 137 年的利率(以长期公债利率代表)和物价(以批发物价指数代表)数据进行分析,发现在长达一百多年的时间内,名义利率与物价是正相关关系。由于吉布森的这一观点与认为名义利率与物价负相关的主流观点不同,因此被凯恩斯称为“吉布森悖论”(Gibson Paradox)。为解释“吉布森悖论”,费雪(Fisher,1930)在维克塞尔的基础上,将利率分为“名义利率”和“实际利率”,并指出名义利率会随着预期通货膨胀的变化同向调整,从而保持实际利率不变,这就是著名的“费雪效应”。“费雪效应”实际上指出:在名义利率一定时,实际利率与通货膨胀呈反向关系。这是因为:实际利率上升会抑制投资及消费,从而导致物价水平下降;反之,实际利率下降则引起物价水平上升。相反,在实际利率一定时,物价水平和名义利率同方向变动(即当物价上升时,名义利率必须随之上升)。“费雪效应”被认为较好地解释了利率与物价之间的关系,同时,“费雪效应”还较好地解释了另一个有争议的问题:到底是利率变动引起物价变动,还是物价变动引起利率变动?因而“费雪效应”具有广泛而深远的影响。

(4)20 世纪 50 年代。现代货币数量论的代表人物 Friedman(1953)认为,从长期来看,价格的预期效应会带动名义利率与物价水平同升同降,也就是说,在存在适应性价格预期的情况下,利率会引起物价水平同方向变动。Brennan(1958)则根据其提出的库存理论认为:利率变动会导致物价反向变动。这是因为:市场利率是持有商品库存所形成的边际成本中的资金占用成本部分,因此,市场利率上升则会增大持有库存的资金成本并降低库存需求,这就会促进商品现货供给,进而压低商品现货价格。这意味着,学者们在“利率变动是导致物价正向变动还是反向变动”这一点上的争议仍没有得到解决。

(5)20 世纪 90 年代。除了 Sims(1992)发现“价格之谜”外,泰勒认为,在保持实际利率不变的情况下,提高名义利率可以降低物价水平,而降低名义利率则会刺激物价水平上升,这意味着名义利率与物价呈反向变动关系。

(6)21 世纪初。为了解释 Sims(1992)提出的“价格之谜”,Barth 和 Ramey(2001)继承图克的思想,试图从企业成本及供给面的角度来考察利率与物价间的关系。为此,Barth 和 Ramey 从微观经济出发,基于美国 1959—2000 年的宏观和行业加总数据,从供给面及企业融资成本的角度出发,并遵循价格刚性和现金先行等思想,提出利率变动的“成本渠道效应”。他们认为:企业在生产过程中需要使用营运资本,因而需要借入资金,这样,名义利率水平的高低就会影响企业的融资成本,并进而影响其产品的定价,从而最终对物价水平产生影响。Barth 和 Ramey 认为,虽然从需求面的角度来看,提高利率的紧缩性货币政策可以通过减少总需求来降低通货膨胀,但从供给面或企业融资成本的角度来看,企业的融资成本也会因利率上升而增加,货币政策的冲击通过成本渠道放大,高利率会转换成高生产成本。同时,利率上升所带来的企业成本上升会产生负向的供给效应,从而紧缩产出并带来通货膨胀的压力,因此,提高利率水平的紧缩性货币政策不仅不会促使物价下降,反而会加剧通货膨胀。这意味着,正是“成本渠道效应”的存在导致利率变动会造成物价的正向变动。Barth 和 Ramey 所提出的“成本渠道效应”为 Sims 所发现的“利率变动并不是导致物价反向变动,而是导致物价正向变动”的“价格之谜”提供了理论解释,并与主流的利率变动的“需求渠道效应”理论共同构成研究利率变动与物价变动关系的理论基础。

从实践来看,厘清利率与物价的关系到底是正向变动关系还是反向变动关系极为重要,因为这关系到货币政策影响实体经济的效果及对宏观经济走势的判断。如果利率变动导致物价反向变动,那么提高利率能够抑制通货膨胀;相反,如果利率变动会导致物价正向变动,那么提高利率则会导致物价水平的进一步上升。可见,理论判断的不同会导致政策主张完全相反。

由于认为利率变动导致物价反向变动的学者们是从需求面分析利率水平与物价水平之间的关系,而认为利率变动导致物价正向变动的学者们则是从供给面来分析利率水平与物价水平之间的关系。因此,许多学者又开始同时从需求面和供给面这两个方面采用实证分析方法来综合分析利率与物价之间的关系,以综合考察利率变动的需求面效应和供给面效应孰强孰弱。但是,国外学术界在这一问题上同样也存在较大的分歧,这主要包括以

下不同的观点:

(1)认为利率的需求面效应占主导地位,即利率变动总的来说会导致物价水平反向变动

Christiano 等(2005)的研究证实:利率的成本渠道效应只在短期起作用,在长期是利率的需求面效应占据主导地位,即利率上升在长期会导致物价水平下降。Kaufmann 和 Scharler(2009)比较了欧元区和美国两种金融体系下的成本渠道效应,他们的分析发现在一个标准化的金融体系中,成本渠道效应在货币政策冲击传导到产出和价格中的作用是有限的,因此,利率变动的需求面效应占主导地位。

(2)认为短期内利率的成本渠道效应超过需求面效应

Barth 和 Ramey(2001)通过对美国过去 40 年 21 个行业的研究,发现短期内利率的成本渠道效应超过需求面效应,紧缩性货币政策后会出现价格上涨。这一结论得到了后续研究的支持(Dedola 和 Lippi,2005;Gaiotti 和 Secchi,2006;Ravenna 和 Walsh,2006;Chowdhury 等,2006;Tillmann,2008,2009a,2009b),其中 Dedola 和 Lippi(2005)以及 Gaiotti 和 Secchi(2006)分别从行业和公司两个微观层面证明了成本渠道效应的存在,并认为成本渠道效应的作用甚至超过了需求面效应的作用,即利率变动会通过影响企业的成本从而影响物价,因而形成利率变动导致物价正向变动的现象。Chowdhury 等(2006)、Revenna 和 Walsh 等(2006)还将成本渠道效应引入了标准的新凯恩斯主义理论模型,认为名义利率冲击类似于一个成本冲击或供给冲击,通过影响通货膨胀的动态调整,进而影响宏观经济。Tillmann(2008)在一般均衡的框架内,用最小路径法对前瞻性 Phillips 曲线进行估计,结果发现利率成本渠道效应的存在,Tillmann(2009b))还研究了美国的利率成本渠道效应的时变动态性质。

(3)认为虽然存在利率的成本渠道效应,但该效应并不显著

Hulsewig 等人(2006)运用新凯恩斯主义 DSGE 模型进行实证分析认为,利率的不完全传导使得"成本渠道效应"并不显著。Rabanal(2007)运用新凯恩斯模型估计了利率的成本渠道效应在货币政策中的作用,他所构造的模型解释了产出、通货膨胀、真实工资、利率的联动效应,最终得出利率的成本渠道效应在美国和欧洲均不显著的结论。Kaufmann 和 Scharler

(2009)发现,虽然在美国和欧元区国家存在利率的成本渠道效应,但该效应并不显著。

(4)认为不存在利率的成本渠道效应

Henzel 等(2009)通过对欧元区的实证分析则发现,并不存在所谓的"价格之谜",即不存在利率的成本渠道效应。Gabriel 和 Martins(2010)运用广义经验似然估计法也没有识别到美国的成本渠道效应。

(5)认为利率的成本渠道效应超过需求面效应,即利率变动总的来说会导致物价水平正向变动

在 Barth 和 Ramey(2001)的基础上,许多学者(Dedola 和 Lippi,2005;Gaiotti 和 Secchi,2006;Ravenna 和 Walsh,2006;Chowdhury 等,2006;Tillmann,2008,2009a,2009b)分别从行业和公司两个微观层面证明了成本渠道效应的存在,即利率变动会通过影响企业的成本从而影响物价,因而形成利率变动导致物价正向变动的现象。Calvo 和 Vegh(1995)指出,央行提高利率在短期内可以降低通胀率,但长期内无法有效抑制通胀率,甚至会加剧通货膨胀。Ravenna 和 Walsh(2006)运用 DSGE 模型对美国的相关数据进行实证分析发现:当利率增加 1%(按季度变化),企业生产的边际成本提高 0.1%。Gaiotti 和 Secchi(2006)采用一个涵盖了 2000 个意大利制造业公司 14 年的商品价格和其各种不同债务的借款利率的特别面板数据,从微观层面验证了货币政策成本渠道效应的存在,且其作用大小与每个公司持有的营运资本额成比例。

(6)利率的成本渠道效应只在短期或实施紧缩性货币政策时显著

Christiano 等(2005)的研究证实:利率的成本渠道效应只在短期起作用,即利率的上升在短期内会刺激物价水平上升。但在长期,利率变动的需求面效应强于供给面效应,即利率的上升会抑制物价水平的上升。Castelnuovo(2010)通过对美国的实证研究也认为,"价格之谜"只在实施紧缩性货币政策的时候出现。也就是说,只有在利率上升的情况下,利率变动才与物价水平变动呈正向变动关系,这意味着,利率变动导致物价水平正向变动只存在于利率上升的情况。

Tillmann(2009)使用滚动窗口的 GMM 方法估计出了增广的新凯恩斯主义菲利普斯曲线,发现利率的成本渠道效应具有显著的时变动态效应,且

利率的成本渠道效应在 1979 年沃尔克(Volcker)担任美联储主席之前最显著,而在沃尔克和格林斯潘(Greenspan)担任美联储主席的时代(1979—2006 年)显著下降,之后成本渠道效应的显著性又恢复。Tillmann 还指出,由于利率的成本渠道效应是基于货币政策传导的银行信贷渠道,因此成本渠道效应的时变效应很可能反映了周期性的金融摩擦。

(7)利率的成本渠道效应是否显著与一国的金融体系有关

Allen 和 Gale(2004)则指出,不同金融体系下政策利率的传导有所不同,在银行主导的金融体系中,由于利率平滑较明显,紧缩性利率冲击对企业的影响减小,利率的成本渠道效应的传导就会受阻。Chowdhury 等(2006)对 G7 国家的利率变动效应进行了实证分析,结果发现:德国和日本的成本渠道效应弱于美国和英国。这意味着利率的成本渠道效应是否显著与一国的金融体系(金融市场主导或银行主导)有关。Hulsewig 等(2009)运用新凯恩斯主义动态一般均衡模型对这一现象进行了解释。他们认为,在银行主导型的金融体系中,银行往往会平滑贷款利率,这就会减缓利率变动对企业成本面的冲击,从而使成本渠道效应被削弱。这意味着,在银行主导的金融体系中,利率变动的成本渠道效应较弱。

(8)利率的成本渠道效应大小与信贷市场的信息不完全程度、垄断程度及企业的外部融资依赖程度有关

Bernanke 和 Gertler(1989)、Kaufmann 和 Scharler(2009)等人认为,利率的成本渠道效应大小与信贷市场的信息不完全程度、垄断程度及企业的外部融资依赖程度有关,信贷市场的信息不完全程度、垄断程度及企业的外部融资依赖程度越高,则利率的成本渠道效应越显著。

(9)认为利率的需求面效应在宏观层面占主导地位,而成本渠道效应在微观层面更显著

Gaiotti 和 Secchi(2006)提出,利率的需求面效应和成本渠道效应的区别体现在,前者在本质上是宏观层面(或行业层面)的影响渠道,而后者在微观层面(个体层面)的影响效果更为显著。

(10)利率升降对物价水平的影响具有非对称效应

Senda(2001)则认为,利率冲击对通货膨胀具有非对称效应,即利率下降导致的价格上涨程度要明显大于同等幅度利率上升带来的价格下降程

度,这与 Morgan(1993)、Bernanke 和 Gertler(1995)、Bruinshoofd 和 Candelon(2004)、Garcia 和 Schaller(2002)及 Jamilov 和 Egert(2014)等认为利率上升导致产出的下降程度大于利率下降刺激产出增加程度的利率非对称效应正好相反。

总之,以上情况说明,国外学术界在利率变动是导致物价反向变动还是正向变动这一问题上并没有达成共识,这就使得利率与物价的关系在理论上变得扑朔迷离。

二、国内外学术界有关中国利率变动经济效应的文献综述

从国内有关利率问题的理论研究情况来看,由于中国于 1986 年开始允许建立区域性的同业拆借市场,并开始进行利率市场化改革的尝试,因此,长期以来,国内的相关研究主要是从宏观的角度结合西方利率理论来探讨中国利率市场化的必要性及可行性,中国利率市场化改革的经济影响以及中国利率市场化改革应采取的步骤或方式等问题,应该说,这方面的研究成果较多,其中以专著形式发表的有代表性的研究成果主要有郑先炳(1991)、李格非(1998)、彭小泉(1999)、赵英军(1999)、韩汉军(1999)、李社环(2000)、胡维熊(2001)、刘利(2001)、刘义圣(2002)、施兵超(2003)等人的研究。同时,由于中国的利率市场化改革是中国经济市场化改革的重要内容,且人民币利率的变动不仅会对中国经济产生影响,而且也可能影响到国外经济,因此,中国的利率问题也引起了国外学者的关注。

(一)利率管制及低利率水平对中国经济不利

1. 利率管制导致效率低下

Feyzioglu 等(2009)的研究认为,对利率进行管制削弱了中国银行业的竞争程度,影响了中国金融业的运行效率及风险控制。Song 等(2011)认为,利率管制是导致中国国有企业和非国有企业资本错配的重要原因。刘小玄和周晓艳(2011)的研究发现,由于长期以来中国的利率一直受到严格的管制,因此导致中国金融服务效率的低下及资源的错误配置。刘瑞明(2011)认为,利率的双轨制及企业所有制的歧视导致大量低效率的企业(特别是低效率的国有企业)得以维持生存。张勇等人(2014)将利率双轨制引入含融资溢价的新凯恩斯 DSGE 模型,以福利最大化为标准,分析了利

率双轨制的效率问题。在理论研究的基础上，张勇等人（2014）认为，在金融市场和产品市场的扭曲状况没有解决，且国有企业的预算软约束问题没有根除的情况下实现利率的市场化，则不仅会推高融资成本，而且预算软约束的国有企业和地方融资平台会进一步挤压对利率敏感的私有部门的融资机会，从而进一步加剧资本分配的无效率。胡新明和彭方平（2018）认为，正是由于中国利率长期被人为压低并低于"自然利率"水平，因此这既从微观层面导致企业过度投资，又造成企业生产率的低下及资源的错配。

2. 利率管制助长投资需求的过度膨胀

林毅夫（2009）认为，由于低利率实际上是拿居民部门的存款变相地补贴贷款投资的企业部门，因此，低利率无疑会助长投资需求的过度膨胀。Huang 和 Wang（2010）认为，由于中国长期实施利率管制，基准贷款利率明显低于市场利率，从而压低了资本成本，结果刺激了投资需求，导致中国的投资率过高。投资率过高又造成经济过热、资产泡沫和产能过剩。Lardy（2012）则将中国的高投资率和低消费率归咎于利率的管制。

陈小亮和陈伟泽（2017）通过构建含有垂直生产结构和利率管制的动态一般均衡模型，研究了资本错配的产生机理。他们发现，利率管制激发了亏损或低效率国有企业的投资冲动，使许多未跨越盈利门槛的国有企业也能进行投资活动，结果导致亏损的国有企业数量增加。同时，利率管制也激发非国有企业的投资冲动，但由于行政进入壁垒迫使它们只能在下游（上游产业主要指位于产业链前端、生产中间产品的行业，如基础行业等；下游行业主要指使用中间产品生产最终产品的行业，如一般生产加工行业）竞争，下游对中间产品的需求随之增加，结果间接强化了国有企业的定价权，不利于市场的公平竞争。

3. 利率管制不利于资本积累

徐爽和李宏瑾（2006）在经典拉姆齐模型的基础上，建立了一个劳动收入者和资本收入者相分离的双代表性个体模型，对利率市场化对消费、资本存量和经济增长的长期影响进行了理论分析，结果发现利率管制不利于促进资本积累，而利率市场化能够提高经济作为一个整体在长期内的消费水平和资本存量，并缩小不同所有者之间的消费差距。

4. 利率管制及低利率水平恶化了中国的收入分配状况,并导致中国的消费需求不足

Aziz 和 Cui(2007)发现,中国的低利率是中国家庭财产性收入较少的重要原因,中国的低利率也导致中国的家庭收入占 GDP 的比率下降。白重恩和钱震杰(2009)以资金流量表为基础,利用省际收入法 GDP 数据和财政收入统计数据调整了资金流量表中的要素分配结构,并定量分析了 20 世纪 90 年代中期以来中国的国民收入在企业、政府和居民部门间的分配格局的变化及其原因。其中有一个重要观点就是:利率大幅下降的直接后果是使财产性收入在国民收入中的占比相应降低。从总量上看,居民部门是企业部门外部资金的主要来源,因此过低的存款利率一方面减少了居民部门的财产性收入,另一方面也使企业的资金成本保持在较低水平,这实际上就是拿居民部门的存款变相地补贴贷款投资的企业部门。Feyzioglu 等(2009)的研究也发现,中国偏低的管制存款利率限制了中国居民的财产性收入,中国可以说是全球居民财产性收入较低的国家。陈斌开和林毅夫(2012)从金融抑制的角度进行了分析,认为中国压低利率造成居民补贴企业的财富分配机制,使得分配从居民向企业和政府倾斜。李涛和陈斌开(2012)的研究发现:利率管制导致居民财产性收入和预期可支配收入下降,结果压抑了居民部门的消费水平和消费增长率。Huang 和 Wang(2010)及 Lardy(2012)认为,由于中国的利率管制降低了中国的消费率,因而导致中国的内需不足。

陈昆亭等(2015)深入研究了中国利率政策的收入分配效应。他们认为,长期的利率管制通过扭曲收入分配,结果形成财富积累的差距愈益悬殊,这显然会影响长期的经济增长。为证明这一观点,他们通过建立一个以劳动者和企业家分类的两部门动态随机一般均衡模型,并引入劳动群体偏好差异以及消费、储蓄、投资倾向的不同,同时将利率划分为储蓄利率、贷款利率和资本边际回报利率,在此基础上分别考察其短期均衡水平(自然水平)、长期均衡水平以及现实经济中实际执行的政策性利率所形成的利率扭曲冲击对宏观经济的影响,并分析这种冲击相对于其他冲击对经济周期波动的影响。他们的模型显示:(1)实际储蓄利率负向冲击,即只在很短的时间以很有限的幅度引致经济增长,但接着会形成远超过增长幅度的大幅

度萧条,并导致一般工薪家庭的平均消费比例下降,而企业家的家庭平均消费水平上升;(2)金融市场摩擦(存贷款利差)冲击影响经济稳态,因而影响中长期经济发展趋势。模型表明:长期的利率管制通过扭曲收入分配,导致财富积累差距悬殊,从而影响长期经济增长的潜在动力。总之,陈昆亭等认为,解决利率扭曲问题不单是解决收入分配问题的基础,也是解决长期增长问题的关键。陈小亮和陈伟泽(2017)的研究也发现:利率管制导致中国居民家庭的可支配收入下降,结果消费支出总额下降了10.7%。

5. 利率管制导致中国经济失衡

陈彦斌等(2014)通过构建含有异质性生产效率冲击与融资约束的动态一般均衡模型,研究中国的利率管制、融资约束和异质性生产效率冲击之间的关系,结果发现,中国长期所实行的利率管制(特别是人为地压低利率)导致了中国总需求结构的失衡,这主要表现为:(1)利率管制压低了资金成本,从而导致投资率偏高;(2)利率管制提高了家庭“强制储蓄”的比重,降低了家庭可支配收入,导致居民部门消费率偏低;(3)融资约束降低了全社会资本配置效率和生产效率,迫使政府进一步提高利率管制程度以达到增加产出的目的,结果加剧了总需求结构失衡程度。陈昆亭等人(2015)认为,利率是资本要素的价格,因而是一切商品价格的基础,因此,利率扭曲是资本市场价格及一切商品价格扭曲的根本原因,而资本和商品市场的价格扭曲引起了更大范围的经济失衡和扭曲。

陈斌开和陆铭(2016)根据CEIC数据库进行的估算结果显示,从1987年1月到2009年12月,中国平均的贷款实际利率不到1%,而存款实际利率则更低。据此,他们估计,中国的官方利率至少比市场利率低50%—100%。在此基础上,他们认为,中国长期实行的利率管制政策导致了中国经济的多重失衡,这主要包括:(1)国民收入分配结构失衡,即由于利率被压低导致劳动收入占国民收入比重下降,而资本收入占国民收入比重上升,国民收入分配不断从居民向企业和政府倾斜;(2)需求结构失衡,即由于利率被压低导致劳动收入占国民收入比重下降,而劳动者是消费的主体,企业是投资的主体,因此,利率被压低导致消费率下降,投资率上升,结果造成消费占GDP比重持续下降;(3)产业结构失衡,即由于利率被压低导致资本价格过低,企业越有激励使用资本替代劳动,结果导致中国的产业结构过度资本密集化;(4)利率被压低导致中国的城市化滞后于工业化;(5)利率被压低使企业有激励使用资本替代劳动,结果导致就业增长速度落后于经济增长速度。据此,陈斌开和陆铭认为,中国经济结构性问题的根源是金融市场的扭曲(核心是利率的管制),为此他们提出,要解决中国经济的结构问题并实现中国经济的长期持续增长,就必须实现利率的市场化。

6. 利率管制削弱了货币政策的传导效果

Yue 和 Zhou(2007)利用 Granger 因果关系检验,研究了货币政策的利率传导机制在中国是否显著这一问题。他们的研究结果发现:在中国,投资支出和市场利率之间没有因果关系,家庭消费和市场利率之间也没有因果关系,这表明中国的货币政策传导是有阻滞的。他们认为,原因就在于中国的利率管制削弱了货币政策的传导效果。Feyzioglu 等人(2009)的研究指出,对利率进行管制抑制了中央银行搜集市场利率的信息渠道。Mehrotra 和 Fung(2010)认为,利率在中国货币政策传导机制中的作用有限,利率变动对实体经济的影响微弱。Koivu(2009)的研究也持同样的观点。Sun 等(2010)运用向量自回归(VAR)方法分析了中国短期利率(用七天的回购利率代表)的变化在多大程度上导致了产出、价格水平和汇率的波动。他们的研究结果发现,中国的短期利率对于产出和价格的变化均没有显著影响。此外,短期利率对于货币供应量也没有重大影响。因此,Sun 等(2010)认为,将短期货币市场利率作为货币政策的操作目标是无效的。Porer 和 Xu(2009)、何东和王红林(2011)认为,中国对存款利率的管制限制了货币市场价格功能信号的有效发挥。

7. 利率管制导致人民币利率对中国实体经济及国民收入的影响有限

许多学者的研究发现,利率管制导致利率对实体经济及国民收入的影响有限。汪晓亚(1999)实证分析了 1996—1999 年我国利率下降对经济的影响,结果发现利率下降对经济的刺激影响并不显著。谢平和袁沁敔(2003)的实证分析认为,中国的利率政策对于宏观经济的影响不显著。连娟(2005)通过对中国与美国的利率与经济增长率之间关系的实证分析与比较,得出中国的利率政策有效性较弱的结论。

Qin 等(2005)分析了中国货币政策对实体经济的影响。他们发现,中国的货币政策体系遵循普勒(Poole)模型,主要是通过利率、法定存款准备金率和对基础货币的数量控制这三个政策工具,这三个政策工具在短期都能有效地影响总产出和价格,但在长期对实体经济没有影响。Laurens 和 Maino(2007)利用 1994—2005 年的季度数据,引入 5 个变量:实际 GDP、CPI、汇率、短期贷款利率、货币供给,估计中国的 VAR 模型,根据早期的研究,发现利率与 GDP 之间的联系较弱。宋秀芳(2008)利用中国上市公司的面板数据,从微观层面对利率变动与投资变动之间的关系进行实证分析,结果发现:利率变动对中国投资规模变动的影响不大。罗良文和雷鹏飞(2011)选取了 1978—2009 年 32 年间的数据,结果发现当实际利率水平上升时,GDP 也会跟着增长,但是影响效应很弱。

陈源泉和黄渤(2009)认为,中国的利率对于实体经济的影响十分有限,利率的升降更多的时候体现为一种政策信号。赵天荣和李成(2009)以金融深化理论为分析框架阐述利率市场化选择的理论逻辑,在哈罗德—多马经济增长模型基础上分解出实际贷款利率对投资效率和投资规模两种影响效应,实证检验的结果是:实际贷款利率变动对中国经济增长率的冲击效应不显著。马文涛(2011)、Miao 和 Peng(2012)也认为中国货币政策中的利率调整所造成的经济波动较小。①

王艺明和蔡昌达(2012)则运用 DSGE 模型实证分析了中国的利率变动对实际产出、消费和投资的影响,他们的研究结果发现,中国的利率变动对实际产出、消费和投资的影响并不显著,即利率的变动对于产出的长期影

① 需要指出的是,在许多学者的研究认为利率对中国实体经济及国民收入的影响有限的同时,也有一些学者的研究认为人民币利率的变动对中国实体经济的影响较强,如唐安宝和何凌云(2007)运用 Granger 因果检验法对中国和美国两国利率政策的产出效应进行实证检验和比较分析,结果表明:中国利率政策的产出效应比美国更强。唐安宝、何凌云认为,原因可能在于:一是美国的利率政策旨在稳定经济,而中国的利率政策目标侧重于刺激经济增长;二是中国央行可以直接调整存贷款基准利率,且美国央行只能调整联邦基准利率,而美国央行一般采取微调的方式调整利率,对产出的冲击较小;三是美国企业的投资决策更多地考虑投资收益的大小,因此,利率变动对其投资决策的影响相对较小。当然,更多的学者认为人民币利率的变动对国有经济部门影响不大,但对私营部门和合资企业有影响。如 Dickinson 和 Liu(2007)研究了中国 1984—1997 年的相关数据,结果发现:国有经济与利率之间没有明显的相关性,但利率的变动对合资企业和私有经济的影响日渐显著。徐明东和陈学彬(2012)采用 1999—2007 年的全部国有及规模以上工业企业的微观数据,使用 GMM 动态面板方法估计了全样本以及不同所有制企业投资的资本成本敏感性,通过实证检验也得出中国的国有和集体企业对利率不敏感,但私营和外企则对利率较为敏感的结论。

响是中性的。①

(二)实现利率的市场化对中国经济有利

从国内的相关研究来看,国内绝大多数学者都认为利率市场化及利率水平随市场供求关系而上升有利于刺激中国经济增长。

1. 实现利率的市场化有利于调整中国的总需求结构及产业结构

金中夏等(2013)受 Friedman(1957)的永久性收入假说以及徐爽和李宏瑾(2006)的理论模型的启发,在 Long 和 Plosser(1983)研究的基础上,通过构建、校准和模拟一个简单的动态随机一般均衡模型(DSGE),就实际利率、实际工资变化对宏观经济及经济结构的影响进行了深入分析,结果表明:(1)实际利率上升将提高消费占 GDP 的比重,从而有利于改善宏观经济结构,进而促进经济的平稳发展及国民收入的增长;(2)在劳动力市场存在价格黏性的情况下,实际利率上升不会降低产出水平;(3)在面对外部冲击时,利率上升可以减少宏观经济波动。因此,金中夏等提出,中国应大力推进利率的市场化改革,以实现中国经济的长远健康发展。

连平(2014)的研究认为,利率市场化将有利于刺激中国服务业的发展。沙虎居和陈刚(2015)的研究也发现利率市场化有利于优化中国的产业结构。陈彦斌等(2014)通过构建含有异质性生产效率冲击与融资约束的动态一般均衡模型,研究了中国利率市场化改革的宏观经济效应。他们的研究发现:利率市场化有利于改善中国的总需求结构。其中主要表现为:利率市场化改革将使居民部门消费占 GDP 的比重提高 4.7 个百分点,而投资占 GDP 的比重降低 1.6 个百分点,因此总需求结构将有所改善。

2. 利率市场化有利于促使企业产出和企业数量的扩大

王任(2014)在新凯恩斯主义垄断竞争模型的基础上,通过同时引入成

① 国内外学者之所以认为中国的利率变动对实体经济的影响不显著,原因除了中国长期以来对利率进行管制以外,更重要的原因可能在于中国的制度(特别是产权制度)。这是因为:占中国经济主导地位的国有经济部门(指以国家为唯一所有者或大股东的企业和银行,State-owned Enterprises and Bank)因缺乏独立的财产权,其法人治理结构并不完善,且不能完全独立承担经营亏损或融资失败的财产责任,因而这些经济部门缺乏真正内在的自我约束及自我激励机制,这就决定了这类经济部门并没有真正的内在动力或压力为最大限度地获得收益及降低成本以避免亏损或破产的命运而紧紧盯住利率的变化,以便及时根据利率的上升或下降做出最佳的投资及生产决策,显然,在这种情况下,利率的变动很难对实体经济产生有效的影响。

本传导机制和企业进出市场模式，从而构建了一个动态随机一般均衡模型。在此基础上，王任以中国经济为基础进行数值模拟分析，研究结果表明：利率市场化会提高银行间的竞争程度，使得银行利差变小，而银行利差收窄会降低企业的融资成本，使得企业利润上升，这会吸引更多的市场进入者，因而企业产出和企业数量都会相应扩大，这就有利于扩大就业，并增加家庭福利。

3. 利率市场化有助于缓解非国有企业、中小企业及成长型企业的融资约束问题

林毅夫（2001）认为，高成长性的企业在利率市场化的改革中将首先获益。王东静和张祥建（2007）针对中国于2004年取消贷款利率上限这一利率市场化改革事实，并运用中国沪深两市A股上市公司财务数据，利用协方差分析模型验证了利率市场化与企业融资行为的关系，结果发现：取消贷款利率上限有利于缓解企业融资约束，其中对中小企业的影响尤为显著，并在一定程度上降低了大企业的过度资金需求。李成等（2014）运用中国工业部门39个行业国有企业和私营企业2002—2011年的面板数据进行实证分析发现：利率市场化改善了非国有经济的融资困境。胡晖和张璐（2015）选取中国230家中小板企业2004—2012年间的面板数据进行实证分析后发现，企业的融资约束，特别是中小成长型企业的融资约束会随着利率市场化的进展而得到缓解，且在利率市场化的条件下，非国有企业融资约束的缓解程度比国有企业更显著。马弘和郭于玮（2016）利用2004年贷款利率改革的准自然实验，通过构造双重差分模型，实证研究发现利率市场化有助于降低信贷歧视问题。郑曼妮等（2018）利用2009—2016年沪深A股上市公司的财务数据，利用双重差分法检验利率市场化对过度负债企业降杠杆的影响，研究结果表明：利率市场化有利于降低过度负债企业的杠杆率，但预算软约束会弱化这一机制，导致利率市场化改革降低过度负债国有企业杠杆的作用并不显著。

4. 利率市场化能够改善中国的资本配置效率，进而有利于促进中国经济效率的提高

杨筝、刘放和李茫茫等（2017）以2003—2015年非金融类上市公司为研究样本，以中国取消贷款利率上下限作为自然实验，实证检验我国利率市场化

如何影响企业投资决策及其资本配置效率，结果发现：取消贷款利率限制提升了中国企业的投资效率。具体来说：(1)利率市场化对企业投资不足及投资过度均有显著的抑制作用；(2)利率市场化导致企业非效率投资的减少，特别是显著减少了非国有企业的非效率投资；(3)取消贷款利率上限相对取消贷款利率下限更有助于抑制企业非效率投资，也就是说，取消贷款利率的上下限对企业非效率投资的影响呈非对称性；(4)从融资行为来看，利率市场化显著抑制了企业过度负债；(5)随着利率市场化程度推进，企业投资的价值效应呈现不断提升趋势。刘方(2017)通过分别选取中国国有企业1996—2011年35个行业的595个观测值，非国有企业1998—2011年34个行业的476个观测值，然后进行实证分析后发现：中国的利率市场化改善了国有企业的资本配置效率。杨筝、刘放和李茫茫等(2017)还以2003—2015年非金融类上市公司为研究样本，实证检验我国利率市场化如何影响企业投资决策及其资本配置效率，结果发现：取消贷款利率限制提升了中国企业的投资效率。蔡雯霞和邱悦爽(2018)使用2001—2015年高度细化的企业层面微观数据，深入考察了利率市场化对中国上市公司全要素生产率(TFP)的影响，结果得出以下结论：利率市场化对企业TFP提升的净效应为1.076，即利率市场化进程每推进1%，将导致企业生产率提高1.076%。

吴晗和张克菲(2019)利用2001—2017年的中国沪深两市A股上市公司的数据，基于2004年和2013年取消存贷款利率上下限的两次外生冲击，从异质性企业融资数量和融资成本两方面考察利率市场化如何影响信贷资源配置效率。研究结果表明，取消贷款利率上下限整体上对全部企业的新增贷款无明显影响，但有利于促进资金由低成长型企业流向高成长型企业，且随着利率市场化改革的不断推进，利率市场化改革显著降低了高成长型企业的贷款成本。这意味着，利率市场化能够改善信贷资源的配置效率。

5. 利率市场化虽然会导致正规金融市场上的融资成本上升，但却会造成非正规市场上的融资成本下降

纪洋等(2016)还针对中国经济具有金融双轨制的特点——同时存在正规和非正规两个金融市场，且存在价格和数量管制双重扭曲的现实，构建了双轨制下的一般均衡模型并佐以数值模拟，发现利率市场化虽然会导致正规金融市场的融资成本上升3.01%—3.69%，但却会降低非正规金融市

场的融资成本 0.85%—1.19%，进而有利于推进中国金融的市场化改革并实现资源的合理配置。

6. 利率市场化有利于促进收入分配的合理化

白重恩和钱震杰（2009）、陈斌开和林毅夫（2012）、陈昆亭等（2015）等人都认为，实现利率的市场化有利于促进收入分配的合理化。纪洋等人（2015）在利率双轨制模型的基础上，经过比较静态分析、参数校准与数值模拟，刻画了“计划轨”的存款利率影响“市场轨”的贷款利率的微观机制，并分析了利率市场化与收入或财富分配之间的关系。纪洋等人（2015）的数值模拟结果是，中国实现利率市场化以后，存款利率将从 3. 25%上升到 3. 5%，贷款利率将从 6.87%下降到 6.82%。也就是说，中国实现利率的市场化将提高存款利率，从而会增加居民的收入，但并不会抬高企业的融资成本，反而会帮助银行吸纳存款，增加可贷资金，从而能够降低贷款利率（居民财富增加以后，储蓄会增加，从而自然促使贷款利率降低）。总之，纪洋等认为，放开存款利率管制将有利于促使财富从银行部门向居民部门转移财富，并促使贷款利率降低。

7. 实现利率的市场化有利于提高中国货币政策的有效性

李宏瑾（2015）利用 Clower（1967）的现金先行机制，在新古典框架下构建了一个包括银行部门生产函数的 DSGE 模型，通过稳态方程、脉冲响应和数值模拟，分析了放开存款利率管制对中国经济的影响。其研究结果表明：（1）随着利率的升高，银行部门在宏观经济波动中的作用愈加重要；（2）实体经济对货币政策冲击的反应程度逐渐增强，货币政策的有效性提高，利率传导渠道更加显著；（3）产出和通货膨胀的波动将随着利率的上升而下降；等等。战明华和李欢（2018）利用 SVAR 模型脉冲偏导分离技术，从利率市场化和影子银行两个维度测算了金融市场化进程对货币政策不同传导渠道相对地位的影响，研究结果显示：中国的利率市场化改革减少了金融摩擦并完善了市场化的利率体系，并减少了对数量式的借贷渠道的依赖，从而增加了货币政策通过利率这一价格机制传导的效率。

8. 实现利率的市场化有利于促进国民收入的增长

曾宪久（2001）基于 *IS - LM* 模型以及新古典宏观学派等不同理论，选择 1978—1998 年的存款利率和 GDP 增长率进行线性回归分析，结果发现：

中国的实际利率每上升 1%,GDP 将增长 0.22%。

Chen(2002)采用协整检验和贝叶斯向量自回归模型(BVAR)对 1952—1999 年这段时期中国经济的利率、储蓄和收入之间的因果联系进行了实证研究。协整检验的结果表明利率、储蓄与收入之间存在稳定的长期关系。Chen 认为,实现利率的市场化有利于提高资本配置效率,从而可以促进经济的平稳增长。Feyzioglu、Porter 和 Takats(2009)的研究发现,中国实现利率的自由化可能会导致更高的利率,这将抑制边际投资,提高金融中介的效率及货币政策传导的有效性,并缓解资金不足部门的融资约束问题。戴国海和陈涤非(2011)选取了 1996 年 1 月到 2010 年 9 月的数据,实证检验结果表明:利率的上升有助于改善资源配置,进而能够促进经济增长。

金中夏、洪浩和李宏瑾(2013)通过构建、校准和模拟 Stockman(1981)现金先行动态随机一般均衡模型(DSGE),分析和预测在中国完全放开利率以后,名义存款利率上升对我国宏观经济及经济结构所产生的影响,结果表明:(1)名义存款利率上升通过提高存款实际利率和企业资本边际成本将有效抑制投资和资本存量增长,提升消费占 GDP 的比重,从而有利于改善经济结构并促进经济可持续发展;(2)在面对外部冲击时,利率上升可以减少宏观经济波动;(3)货币政策冲击对实体经济影响的持续性增强,货币政策利率传导渠道更加通畅;(4)利率上升将抑制投资并对宏观经济带来负面冲击的担心,并没有得到模型的支持。金中夏、洪浩和李宏瑾认为,利率市场化对中国的经济增长是有利的。

连平(2014)认为,尽管利率市场化会导致整体利率水平上升,但商业银行为争夺优质客户而竞争,反而会降低优质客户的利率,从而有利于降低高效率企业的融资成本,这就有利于提高资源的配置效率和企业投资的整体回报率,从而有利于刺激实体经济的发展。同时,存款利率的上升也有利于刺激储蓄的增加,从而有利于解决中国的资金紧张问题,进而有利于促进经济增长。连平(2014)还指出,利率市场化能够提高中国企业和居民的福利。

陈小亮和陈伟泽(2017)的研究发现,借助于同时进行利率市场化改革和国有企业的改革(核心是消除行政进入壁垒)这两类改革,中国的资本配置效率将提高 11.2%,总产出将增加 23.4%,而居民消费水平则将大幅增加

66.7%。杨伟中、余剑、李康(2018)通过构建包含异质性金融部门和企业部门的动态随机一般均衡模型(DSGE),研究深化利率市场化改革对中国经济的影响,他们的研究发现:利率市场化有利于促使资金配置优化及推动经济的高质量发展,进而能使经济总产出增长 1.6%,企业部门杠杆率将下降 6%。

9. 中国实现利率的市场化虽然会造成名义经济变量的波动加大,但并不会导致实体经济的过度波动

郭路等(2015)通过引入区分企业所有制性质的生产行为,构建出一个结构性货币政策的动态随机一般均衡模型,分析了中国货币政策对不同所有制企业以及经济波动所产生的影响,并模拟了利率市场化前后的政策作用效果。他们的研究结果显示:中国进行利率市场化改革,虽然会造成名义变量(价格、货币等)波动的加大,但是却会减少真实经济变量的波动。这意味着,中国实现利率的市场化并不会导致实体经济的过度波动。李威和吕江林(2016)立足于中国国情构建了一个六部门的新凯恩斯 DSGE 模型,在模型中通过引入利率管制等方程来刻画中国央行货币政策行为,并在生产函数中引入资本利用率,同时把资本利用率引入折旧,将折旧处理成资本利用率的一个函数,以模拟中国利率市场化改革带来的冲击效应。研究结果表明:利率的市场化对宏观经济的冲击效应并不显著,甚至大部分经济变量对利率市场化的冲击并不敏感,利率市场化的风险并没有想象中的那么巨大。据此,李威和吕江林认为,中国的商业银行等金融机构以及居民、企业等各经济主体已经在很大程度上适应了利率的市场化波动,因此,中国已具备了实现利率市场化的条件。

(三)实现利率的市场化及利率水平的上升在短期可能不利于经济增长,但在长期却有利于刺激经济增长

萨奇(1996)选取了 20 个已经完成利率市场化改革的国家的名义利率水平和经济增长之间的关系进行了研究,结果发现:高利率在短期内确实会抑制经济增长,但在长期,较高的利率水平通过促进资本的积累促进了一国的经济增长。黎志刚和尚梦(2014)以中国 1980—2012 年为样本研究期,利用 ARDL 模型实证分析了利率市场化与经济增长率之间的关系,结果发现,利率市场化虽然在短期不利于经济增长,但在长期却有利于促进经

济增长。李萍和冯梦黎(2016)从三个方面对利率市场化进行衡量,建立了利率市场化总指数。在此基础上,李萍和冯梦黎选取10个指标尝试从三大维度对中国经济增长质量进行综合衡量,并采用实证分析方法揭示利率市场化与经济增长质量之间的内在关联与作用机理,结果发现:利率市场化在短期可能会导致产出暂时性的降低,对经济增长水平质量的影响是负向的;但从长期来看,利率市场化可以有效减少低效率的资金配置,从而能有效提高经济增长的质量,即利率市场化从长期来看对经济增长质量的影响是正向的。

(四)利率市场化可能对中国经济不利或可能带来较大的风险,低利率对中国经济有利

1. 利率市场化会带来金融风险

张先锋和吕民乐(2002)详细分析了利率市场化的风险成本,认为利率市场化后,中国利率水平有被大幅抬高的可能,尤其是存款利率的突然放开会引发银行间的恶性竞争,同时企业负担加重、金融机构倒闭数量增加,影响社会的稳定。吴涛(2002)从微观和宏观这两个层面探讨了中国利率市场化进程中的金融安全问题。陈彧(2003)则指出,中国实行利率市场化将会给中国的商业银行带来一系列风险,如重新定价风险、收益率曲线风险、利率市场化后相同到期日的资产负债的利率发生不同幅度变动的基本风险以及与提前还贷或支取存款相关的选择权风险。张晓晖和索娜(2004)从宏观经济运行、微观经济主体、金融市场发育状况等方面,对中国利率市场化过程中潜在的风险因素进行分析。张礼卿和李建军(2005)提出,实现利率的市场化有可能影响到金融的稳定及经济的增长。这是因为:利率频繁波动将增加流动性风险,加大金融机构的竞争压力等,而且,利率水平的上升也会对中国经济产生抑制作用。顾宁和黄丽萍(2007)也分别从微观及宏观两个层面讨论了中国利率市场化改革的可能风险,如微观层面上的商业银行风险、非银行金融机构风险以及国有企业风险;宏观层面上的金融调控风险、通货膨胀风险、泡沫经济风险、经济区域发展不平衡风险。Wu(2009)的实证分析认为,中国如果实现利率的市场化,则会大大增加中央银行的货币冲销成本,并有可能给中央银行带来财务风险。王道平(2016)基于全球88个国家1970—2012年的面板数据,研究了利率市场化改革对

系统性银行危机发生概率的影响。研究结果表明：利率市场化将提高系统性银行危机的概率。

2. 利率市场化可能导致中国的产出下降

陈彦斌等(2014)通过在一般均衡模型框架下进行数值模拟，认为利率市场化有利于改善中国的总需求结构，但如果中国不实行相关的配套改革而只是单独实施利率市场化改革，则将使贷款利率从 3.66% 提高到 4.59%，提高幅度达到 25.4%，全社会投资规模因为资金成本的上升而萎缩，资本存量将下降 10.3%，最终导致总产出下降 7.2%。这意味着，利率的市场化可能对中国经济造成很大冲击。当然，陈彦斌等人也指出，如果中国在实现利率市场化的同时，通过配套金融改革降低私营企业的融资约束，那么不仅能够改善总需求结构，而且还可以避免利率市场化对总产出的冲击。Liu 等人(2017)通过构建含借贷约束的两部门模型，分析了中国的利率市场化政策对国有和非国有部门资本配置的影响。研究发现，利率市场化虽然可以改善部门内的资本配置，但是却会恶化部门间的配置效率。总体而言，Liu 等人认为，利率市场化未必能起到改善中国资源配置和总体福利的效果。

3. 低利率对中国经济有利

姜莉莉(2016)根据中国 1990—2008 年的相关数据进行实证分析后发现：(1)从利率产出效应的传导途径上看，利率主要是通过投资和消费的渠道影响中国的 GDP 增长；(2)中国的实际存贷款利率与 GDP 增长率呈反向关系，即实际存贷款利率高的时期，GDP 增长率就低，而实际存贷款利率低的时期，GDP 增长率就高。而名义存贷款利率与 GDP 增长率间的关系则不明显。这说明，在中国，低实际利率政策对经济增长具有较为明显的推动作用。

4. 利率市场化提升中国经济效率是有条件的

谭语嫣、纪洋和黄益平(2017)则在同时考虑利率管制和信贷干预的框架下研究利率市场化改革对生产效率的影响后得出结论认为：如果信贷歧视没有消除，取消利率管制不但不一定能够改善资源配置，反而有可能降低经济效率。谭语嫣、纪洋和黄益平的观点是深刻的。他们指出，在利率市场化中，单纯推行价格改革并不能解决资本错配问题。在改变数量管制之前推行价格改革可能适得其反。他们还发现,数量改革优先于价格改革的经济体,改革过渡得更为顺利。他们最后认为,数量改革先行或同时推行两类改革,才能提升经济效率。谭语嫣、纪洋和黄益平所说的数量改革实际上就是要逐步减少或取消政府对信贷的干预。这意味着,利率市场化要能促进经济效率的提高是有前提条件的。陈小亮和陈伟泽(2017)也指出,只有同时进行国企改革及利率市场化改革,才能有效地提高中国的资本配置效率。他们的研究发现,同时推进这两类改革后,资本配置效率将提高11.2%,总产出将增加23.4%。

(五)利率变动对中国经济的影响是非对称的

随着中国利率市场化改革的不断深入及利率变动对中国经济的影响逐步增大,国内的学者也开始重视利率变动对中国宏观经济的非对称影响这一问题,其中有以下代表性的观点:

1.利率上升对经济的影响大于利率下降对经济的影响

王立勇等(2010)构建多变量Logistic平滑迁移向量自回归模型(LSTVAR),考察了中国在不同经济状态下,正负利率冲击对主要宏观经济变量的非对称效应。研究结果表明,当经济萧条时,正向利率冲击(利率上升)对通货膨胀的抑制效果较明显,而负向利率冲击(利率下降)对通货膨胀的刺激效果并不显著。而当经济过热时,利率变动对价格和产出均具有明显的非对称效应,其中,相比负向利率冲击对产出的刺激效应,正向利率冲击对产出的抑制效应更大,同时正向利率冲击对通货膨胀的抑制效应也比负向利率冲击对通货膨胀的刺激效应更大且持续时间更长。张延良和白未乐(2011)基于中国1993—2007年的实际数据,通过格兰杰因果检验、ADF单位根检验、Engle-Granger两步法协整检验以及自回归分布滞后模型等方法考察了利率变动对投资、产出及物价的影响效应。研究结果表明:利率冲击对产出、投资、物价三个宏观经济变量的影响具有非对称效应,紧缩性政策或正向利率冲击(即利率上升)对经济的影响效应大于扩张性政策或负向利率冲击(即利率下降)对经济的影响效应。江春和冯丝卉(2015)采用门限回归模型对中国央行的基准利率与产出之间的非对称效应进行了实证检验。结果发现:中国央行政策利率的调整对产出的影响具有非对称性,政策利率的降低对产出的影响十分微弱,但政策利率的提高则会显著抑制产出。

2. 利率变动对产权性质不同的企业的作用效果不同

徐明东和陈学彬（2012）采用中国1999—2007年全部上市和非上市工业企业的微观财务数据，使用动态面板GMM等方法估计了全样本以及不同类型企业投资的资本成本（利率变动）敏感性，实证结果发现：中国的国有企业和集体企业投资对利率变动不敏感，而私营企业和外资企业则较为敏感，这意味着，中国利率变动对产权性质不同企业的作用效果是不同的，利率变动对国有企业的影响不显著。郭路等人（2015）引入区分企业所有制性质的生产行为，构建了一个结构性货币政策的动态随机一般均衡模型，并在模型中纳入具有中国特点的结构性利率、基准利率和市场利率，分析了中国货币政策对不同所有制性质企业以及经济波动所产生的影响，并模拟了利率市场化前后的政策作用效果。研究发现：利率变动对私营企业的影响要远远大于对国有企业的影响，其中特别是利率变动导致私营企业的工资水平出现较大幅度的波动，且这种波动远远大于产出的波动。

3. 利率变动对不同行业及不同规模企业的影响存在非对称效应

由于中国的制度还需要进一步完善，中国的市场还没有实现完全公平竞争，因此，国内一些学者也开始从结构的角度研究中国利率变动对不同行业、不同规模的企业的非对称影响。如戴金平等（2005）通过对我国第一、第二、第三产业的相关研究发现，第一、第二产业和房地产业对利率变动的反应明显，且房地产业对利率冲击的反应持续时间很长，第三产业、餐饮业和批发贸易零售业对利率变动的反应较小，这与Ganley和Salmon（1997）的结论基本一致。同时，戴金平等指出，行业的市场结构（垄断或竞争）、要素密集程度以及产品的需求弹性都是导致利率变动对不同行业或企业产生不同影响的重要因素。

肖争艳等（2013）在金融加速器模型的基础上构建含有企业异质性的动态随机一般均衡模型，并以此考察了我国利率变动对不同规模企业的非对称效应。研究结果表明，相对于大企业，中小企业更易受到正向利率冲击的影响，在利率上升的情况下，中小企业的产出下降幅度大约是大企业的三倍。

杨咸月（2014）基于国家统计局工业企业数据，通过VAR的方法探讨了利率变动对中国大、中、小三种规模企业的影响效应。结果发现，利率上升对大、中、小企业的作用效果截然不同。利率上升对大企业的影响较弱，而中、小企业受利率上升的冲击影响则非常显著，其中中型企业尤为严重，在利率上升的情况下，中型企业不仅外部融资水平降低，而且主营业务收入、存货、利润等都全面下降。

马铁群和李晓春(2016)通过使用 VAR 模型实证检验了利率变动对城镇不同规模企业就业的非对称效应，结果表明，利率变动对城镇不同规模企业之间具有非对称影响。具体而言，利率变动对城镇大型企业就业变动的影响有限且后期不断削弱，对城镇中小企业就业变化而言，利率上升抑制城镇中小企业就业规模的影响大于利率下降扩大城镇中小企业就业规模的影响。

胡新明和彭方平(2018)基于微观数据进行实证分析，发现利率变动对不同规模企业生产率的影响也是非对称性的，对于规模过大或过小的企业，加息有利于促进生产效率的提高，而对于规模适中的企业而言，减息有利于生产效率的提高。但总的来看，加息有利于中国企业生产率的提高。

4. 利率变动对不同行业的影响存在非对称效应

戴金平等人(2006)用 ADL 模型验证了实际利率变动对六个行业的长期异质性效应；接着采用 VAR 模型及脉冲响应函数检验各行业生产产值对利率冲击的短期动态反应，发现对利率变动的敏感性从第一产业、第二产业到第三产业逐步递减，对批发零售业影响最小。各行业内部要素密集度是造成利率变动对不同行业的影响存在非对称效应的关键因素。戴金平等人认为，之所以第一产业对利率变动敏感，可能是因为中国第一产业中的行业均为劳动密集型行业，而这些行业面对的是完全竞争的市场，其行业的利润率低，从而对生产成本的变动更为敏感。而第三产业及餐饮业之所以受贷款利率变动的影响较小，原因在于第三产业中的大部分企业所获得的银行贷款较少。

张淑娟和王艳天(2016)通过建立非线性 STVEC 模型和广义脉冲响应函数，研究了货币政策产业效应的双重非对称性。他们发现：在中国，利率冲击对三大产业的产出所带来的影响效果是完全不同的。当利率上升时，第三产业的产出下降最明显，其次是第二产业，而第一产业的产出变化相对较小。相反，当利率下降时，却出现了不同的结果，第二产业的产出增长最明显,第三产业次之,第一产业增速最小。陆桂贤、许承明和许凤娇(2016)通过使用1999—2013年中国的省际面板数据检验了利率变动对产业资本配置效率的影响,结果发现:实际利率的提高会抑制第二产业的投资,但却有利于刺激第三产业的投资,且还会促进第三产业资本配置效率的提高。

(六)实际利率上升是促进还是抑制国民收入增长的理论争议

1. 实际利率上升会刺激国民收入的增长

宾国强(1999)运用中国1978—1996年的相关数据进行实证分析后发现:实际利率每提升1%,中国的金融深化程度就会提高0.74%,而经济增长率则随之提高0.879%。宾国强还认为,中国应该把实际利率控制在5%左右,同时稳定物价,这样,中国经济将会趋于稳定增长的水平。战明华和苏胜强(2000)从哈罗德经济增长模型入手进行分析,研究表明,中国的实际利率水平与经济增长呈正相关关系,提高实际利率水平有利于深化金融改革并刺激经济增长。张孝岩和梁琪(2010)的研究也发现,中国利率水平的上升刺激了生产、消费和收入的增长。

2. 实际利率上升有利于促进企业生产率的提高

胡新明和彭方平(2018)首次应用线性和非线性模型,基于中国的微观数据,研究了利率的生产率效应。他们的研究结果发现:由于中国利率长期被人为压低并低于"自然利率"水平,导致企业过度投资和资源错配,结果造成项目投资的效率低下,进而影响企业的生产率。在中国,提高利率有利于促进企业生产效率的提高,即总的来说,利率上升对企业生产效率存在显著的正效应。但他们基于非线性模型的研究又发现,中国利率的生产率效应存在显著的非线性,即对规模过大或过小的企业,加息有利于促进生产效率的提高,而对于规模适中的企业而言,则降息有利于生产效率的提高。

3. 名义利率上升短期可能抑制产出,但长期对产出可能有促进作用

刘永余和王博(2015)选取中国1996—2013年的季度数据,利用具有符号约束的贝叶斯时变随机波动向量自回归模型(TVP-SV-VAR),针对人民币利率冲击在不同经济环境中对产出的时变影响进行分析。结果表明,在中国,名义利率对于总产出的短期和长期影响均具有明显的不稳定特征。在短期,名义利率的上升直接导致资本成本的增加和投资规模的降低,对经济增长具有明显的负向影响。但在长期,名义利率的提高通过拉动居民储

蓄,利率上升对经济的负向作用逐渐削弱,最后甚至转为正向的促进作用。

4. 中国的名义利率与产出负相关,实际利率与产出正相关

曾宪久(2001)基于 *IS-LM* 模型以及新古典宏观学派等不同理论,选择中国 1978—1998 年的存款利率和 GDP 增长率进行线性回归分析,发现中国在 1978—1998 年间,名义利率每上升 1%,GDP 下降 0.7%,但实际利率每上升 1%,则 GDP 增长率提高 0.22%。

5. 实际利率的上升会抑制国民收入的增长

李广众(2000)基于 1984—1997 年的数据分析得出,中国实际利率与投资具有显著的负相关关系,实际利率的上升会抑制国民收入的增长。陈彦斌等(2014)在一般均衡模型框架下进行了数值模拟,并得出结论认为,中国的利率市场化将使贷款利率上升 25.4%,总产出下降 7.2%,这意味着,利率市场化及利率水平的上升将对中国经济带来负面冲击。

6. 实际利率上升在金融市场化程度较低时刺激国民收入增长,在金融市场化程度较高时抑制国民收入增长

沈坤荣和汪健(2000)、韩延春(2001)等人都实证分析了中国的实际利率变动与国民收入增长率变动之间的关系,结果发现,在中国,利率变动对经济增长或国民收入增长的影响因经济发展阶段的不同而不同。具体来说,在第一阶段(1978—1989),当实际利率每上升 1%时,中国的经济增长速度就会增加 0.62%;在第二阶段(1990—1999),当实际利率每上升 1%,中国的经济增长速度反而下降 0.27%。由于在第一阶段,中国的金融市场化程度较低,而在第二阶段,中国的金融市场化程度较高,因此,这一研究成果说明:在金融市场化程度较低的情况下,实际利率的上升会刺激国民收入的增长;但在金融市场化程度较高的情况下,实际利率的上升会抑制国民收入的增长。

伍聪(2015)系统研究了中国从 1953 年到 2012 年长达半个多世纪的利率水平与经济增长之间的关系。其回归分析显示:1953—1977 年,实际利率每上升 1%,实际 GDP 增长率则上升 1.314%,实际利率与经济增长正相关;1978—1991 年,实际利率每上升 1%,实际 GDP 增长率上升 0.6%,实际利率与经济增长正相关;1992—2012 年,实际利率每上升 1%,则实际 GDP 增长率下降 0.346%,实际利率与经济增长负相关。伍聪的研究结果同样说

明:在金融市场化程度较低的情况下,实际利率的上升会刺激国民收入的增长;而在金融市场化程度较高的情况下,实际利率的上升会抑制国民收入的增长。

此外,钱水土和于广文(2004)则认为,中国的名义利率与产出不相关,但实际利率与产出相关。

以上分析说明,目前国内学术界在实际利率上升是刺激国民收入增长还是抑制国民收入增长这一问题上存在争议。

(七)利率变动是导致物价正向变动还是反向变动的理论争议

在利率变动是导致物价正向变动还是反向变动这一问题上,国内学术界也存在争议,目前主要有三种观点:

1. 利率的变动会导致物价水平反向变动

国内大多数学者主要是从需求面研究利率对实体经济的作用,认为利率的变动会导致物价水平反向变动,即利率上升会导致物价水平下降,而利率下降会导致物价水平上升。这其中又有两种观点:(1)虽然利率变动会导致物价水平反向变动,但这种影响不显著。由于中国利率长期处于管制之下,利率传导机制不畅,利率对价格的影响并不显著(谢平和袁沁敔,2003;周立群和伍志文,2004;潘耀明等,2008;李相栋,2009)。(2)利率变动对物价的影响随着中国利率市场化改革的深入而不断加强。一些学者认为,随着中国利率市场化进程的逐步深入,利率传导机制越来越顺畅,利率对物价水平的影响日益显著。耿强等(2011)在新凯恩斯菲利普斯曲线的框架下分析我国通货膨胀的动态,认为随着利率市场化改革的推进,利率变化对物价波动产生越来越明显的反向影响并不断加强。

刘永余和王博(2015)运用具有随机波动的贝叶斯时变向量自回归模型(TVP-SV-VAR),针对人民币利率冲击在不同经济环境中对物价的时变影响进行了分析。他们的研究结果表明,名义利率冲击对于物价水平的影响基本为负,因此紧缩的货币政策(利率上升)将会导致物价水平的降低,中国并不存在"价格之谜"。其中,名义利率冲击的短期影响较大且具有一定的时变特征,而长期影响则较为微弱且稳定。当通货膨胀较高时,利率正向冲击(利率上升)对于物价的抑制作用相对较强。

2. 利率的变动导致物价水平正向变动,即利率上升会导致物价水平上升,且这一现象在经济下滑时期更加显著

国内也有不少学者从供给面来分析利率变动与物价变动之间的关系,结果发现中国存在利率的成本渠道效应,即利率变动会导致物价水平正向变动,也就是说,利率上升在短期内会推高通货膨胀(彭方平和连玉君,2010;隋建利等,2011;王轶君,2011)。蒋海和储著贞(2011)通过构建适合中国的含有成本渠道的混合型新凯恩斯菲利普斯曲线,并采用SVAR、GMM等方法,利用宏观季度数据估计出模型参数,其实证检验结果为:紧缩性货币政策(提高利率)短期内将推高通货膨胀。据此,他们指出,中国央行在制定利率政策时应考虑利率的成本渠道效应问题。彭方平和连玉君(2010)的研究发现:在中国,利率的成本渠道效应在经济下滑时期比经济过热的时期更加显著。Liu 等(2009)运用格兰杰因果关系检验研究了中国的利率与通货膨胀之间的因果关系,他们的实证研究结果表明:在长期,中国利率水平的上升有导致通货膨胀的风险。金中夏和洪浩(2013)通过构建一个现金先行动态随机一般均衡模型,并以此分析中国的名义存款实现利率化是否影响我国宏观经济,其实证结果是:在中国,名义存款利率上升将导致存款实际利率和企业资本边际成本上升。

3. 中国利率变动的需求渠道效应大于成本渠道效应

国内越来越多的学者则认为,中国既存在利率变动的需求渠道效应,同时又存在利率变动的成本渠道效应,但总的来说,中国利率变动的需求渠道效应大于成本渠道效应。齐杨和柳欣(2011)运用 VAR 模型基于制造业的实证研究认为,中国确实存在"成本渠道效应",利率上升 1 个百分点会导致价格上涨约 0.17 个百分点。但是,齐杨和柳欣又指出,以价格工资比为被解释变量的 OLS 回归表明,在中国,利率的成本渠道效应弱于需求渠道效应。王轶君(2011)借鉴 Tillmann(2009)使用的滚动窗口的 GMM 方法估计出了增广的新凯恩斯主义菲利普斯曲线,并检验了利率的成本渠道效应在中国的时变动态效应,他们发现:利率的成本渠道效应只在短期显著。王艺明和蔡昌达(2012)则运用 DSGE 模型实证分析了中国利率与通货膨胀之间的关系,结果发现,不论是在短期还是在长期,中国紧缩性货币政策(利率上升)都能有效抑制通货膨胀,即利率变动会导致物价水平反向变

动。王任(2014)将成本传导机制和企业行为纳入到DSGE模型中，分析了利率政策冲击和利率市场化对中国实体经济产生的影响，认为利率通过需求面、供给面和广义边际(extensive margin)三种渠道影响物价，但总的来说利率变动后通货膨胀出现反向变动，即需求面效应占主导地位。

以上分析说明：在利率变动是导致物价正向变动还是反向变动这一问题上，国内学术界也同样没有达成共识。

第三节　资本账户开放的经济效应：国内外文献综述

开放资本账户是许多国家经济自由化改革的重要内容，甚至往往被视为是经济自由化改革的最后一步，而且，从世界各国的情况来看，虽然一些国家获得了开放资本账户所带来的增长效应，但也有不少国家(特别是发展中国家、新兴市场国家以及转轨国家)开放资本账户以后却出现了金融市场的大幅波动，甚至爆发了货币危机及经济的衰退。可以说，资本账户开放是新兴市场国家经济自由化进程中最困难、最有争议、也是最有风险的改革，这就在学术界引发了有关资本账户开放利弊得失的理论争论。国内外有大量的学者在这一领域进行过理论研究及实证分析，但却一直没有形成共识，资本账户开放的经济效应仍是经济学中最具争议的议题之一，这一点与学术界在"贸易自由化能够刺激经济增长，增进社会福利"上基本达成共识的情况有所不同。从国外学术界的情况来看，在这一问题上目前主要存在以下不同的观点。

一、资本账户开放有利论

目前，主张资本账户开放对一国经济有利的学者较多。这一派学者认为，开放资本账户会带来以下利益：

(一)有利于促进资本的全球优化配置

MacDougall(1960)和Kemp(1966)认为,在各国开放资本账户,因而资本能够在国际间自由流动的情况下,资本将从边际产出低的资本充裕国流向边际产出高的资本稀缺国,结果资本流入国和资本流出国的产出都增加,进而世界整体产出和福利水平上升,为此,他们建立了一个理论模型:该模型假设国际资本流动只在两国A和B之间发生。其中,A国是资本充裕国,拥有资本量OC,而B国为资本稀缺国,资本量为O′C,且A国的资本边际产出曲线用A′A表示,类似,B′B为B国的资本边际产出曲线,模型还假设两国均存在资本边际收益递减的规律。如图6-1所示。

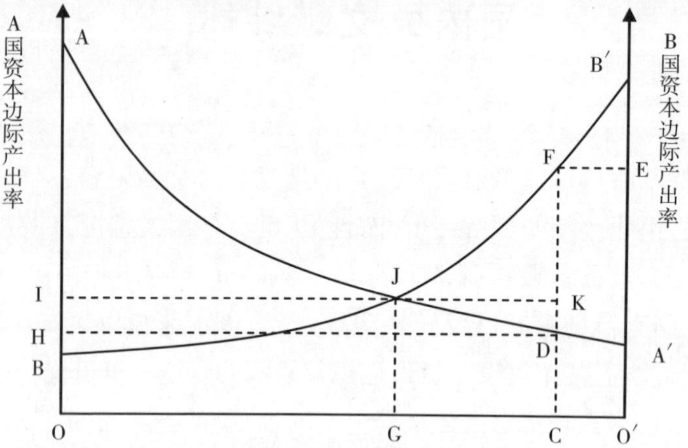

图6-1 MacDougall-Kemp模型

在不存在资本流动的情况下,A国资本实现的产出为面积AOCD,而B国实现的产出为面积为O′B′FC,世界总产出是这两个面积之和。在资本可自由流动的情况下,资本将从资本充裕国A向资本稀缺国B流动,以获得较高的资本边际收益。此时达到的新的均衡点J,即A国的资本存量为OG,资本边际效率为OI,大于资本不能流动时OH的水平。B国的资本存量为O′G。此时,A国的产出为面积AOGJ,B国的产出为面积O′B′JG,且世界总产出为这两个面积之和。因此,当资本可自由流动时,世界的总产量增加了面积FJD。A国由资本输出中得到了额外收益JDK,而B国也从资本输入中得到了额外收益FJK,两者之和与世界总产量的增加量相等。同时,

MacDougall(1960)和Kemp(1966)还认为,在资本账户开放后,穷国可以获得资本流入(因穷国资本稀缺,资本在穷国的边际回报率较高),直到穷国的资本边际回报率等于富国的资本边际回报率,从而使世界各国的利率水平(及其他要素价格)逐步趋同,这样,各国的收入差距将会逐步缩小,即产生所谓的"收入收敛效应"。总之,MacDougall-Kemp的模型认为,资本在自由流动的情况下,资本从边际产出低的资本充裕国流向边际产出高的资本稀缺国,结果资本流入国和资本流出国的产出都增加,进而世界整体的产出和福利水平上升。这一理论模型构成了资本账户开放福利效应的理论基础。

Mathieson和Rojas-Suarez(1993)认为,资本自由流动有利于一国企业根据国际市场的价格进行正确的投资决策,从而有利于促进本国的经济增长。Edison等人(2002)则从福利经济学的角度指出了资本账户开放的福利含义:资本账户的开放既能提高一国及世界各国的经济效率,同时又能改善一国及世界各国的收入分配状况,从而能大大提高世界各国的福利水平。Grilli和Ferretti(1995)认为,一些国家虽然可以在低利率的情况下实行资本管制以避免套利行为的发生,但这却会对国际借贷及资源的合理配置产生不利影响。Fischer(1998)指出,开放资本账户的根本利益在于促进资本的自由流动,而资本的自由流动能促进资本在全球范围实现优化配置,使全球储蓄得到有效的利用,进而促进全球经济更快的增长并获得更大的福利。

Reinhardt等人(2010)则对"卢卡斯悖论"(Lucas's Paradox)进行了重新审视。[①] 他们构造了一个数据集,其中包含人口超过100万的109个国家1980—2006年的经常账户收支、收入水平、金融开放程度以及相关控制变量,并在此基础上进行实证分析。结果发现:开放资本账户的欠发达国家更具有资本净流入倾向,而发达国家则具有资本净流出倾向。这意味着,发展中国家开放资本账户有利于吸引资本流入,从而有利于促进本国的经济增

① 新古典经济学理论认为,由于穷国的资本边际产出高于富国,因此资本一般将由相对富裕的国家流向相对贫穷的国家。但美国著名经济学家卢卡斯教授在1990年发表了一篇题为《资本为什么不从富国流向穷国》的经典论文,在这篇论文中,卢卡斯提出,由于发达国家和发展中国家存在人力资本的差距,因此,这将阻碍资本从富国流向穷国。卢卡斯提出的这一与新古典经济学理论完全不同的观点被称为"卢卡斯悖论"(Lucas's Paradox)。

长。Reinhardt 等(2010)的研究结果证实了新古典经济学的观点,即在各国开放资本账户,因而资本能够在国际间自由流动的情况下,资本将从边际产出低的资本充裕国流向边际产出高的资本稀缺国。

(二)有利于平滑消费以提高各国的效用水平

Greenwald(1984)认为,资本账户的开放还能使一国在收入大幅度波动的条件下起到平滑消费的作用,从而有利于熨平经济的周期波动,这就有利于经济的稳定。这是因为,在资本账户开放的国家里,国内金融市场是与世界金融市场互动的,这样,即使该国收入水平发生波动,也可以通过国际借贷一方面用他国的储蓄弥补本国的储蓄缺口,从而增加投资,促进经济增长,另一方面通过国际借贷也有助于稳定一国居民的消费水平,使国内消费和投资保持在一个适当的水平上,从而有利于经济的稳定和均衡发展。

Obstfeld 和 Rogoff(1996)则认为,在资本账户开放的情况下,消费者可以借助国际资本市场进行跨期平滑,从而能在国际范围内分散消费风险并提高各国的效用水平。由于各国人口年龄结构不同,人口抚养比低的国家往往储蓄率较高,资本账户开放能使这些国家将盈余的储蓄资金贷给资金缺乏的国家以获得更多的未来收益,这就有利于提高两国的效用及福利水平。Buch 和 Yener(2010)基于标准完全市场模型对 G7 国家的经济开放对消费波动的影响进行了实证分析,结果发现:资本账户的开放程度越大,则消费水平的波动越小。

(三)有利于实现资产在国际间的合理组合,从而有助于分散风险并获得稳定的收益

Solnik(1974)、Errunza 和 Losq(1985)、Eun 和 Janakina-manan(1986)、Grubel(1996)、Stulz(1999)、Obstefeld(1999)、Henry(2003)、Obstfeld 和 Taylor(2004)等人的研究都表明,在一国没有开放资本账户时,居民的资产配置只能以国内为限;而当资本账户完全开放后,本国居民就可以进入国际市场,在国际范围内进行资产选择以实现资产的分散或合理组合,从而可以减轻来自国内实际部门和金融部门的各种冲击,这就有利于最大限度地降低风险并获得稳定的预期收益。可见,开放资本账户能给投资者带来更多的投资选择。Fischer(1998)认为,由于不同国家的经济周期不同步,因此,持有不同国家的资产可以降低投资组合的风险,这意味着,开放资本账户能

使本国的投资者获得更高的经风险调整的回报率。

(四)资本账户的开放能够培育一国的企业家精神

熊彼特(Schumpeter,1912)曾指出:“创办新企业的困难也会随着与国外市场、信贷形式等等联系的建立而逐渐变小。”[①]这一观点实际上说明:如果一国开放其资本账户,则该国创办新企业就更容易,或者说,一国开放资本账户有利于培育该国的企业家精神。Alfaro 和 Chanda(2006)也研究了资本账户开放对培育企业家精神所起的作用。他们认为,企业家是风险承担者、协调人、组织者、填补空白的人、创新者或创造性模仿者,是经济增长的发动机。他们通过对近 100 个国家大约 2400 万家公司 1999—2004 年的数据进行分析后发现:在资本账户开放程度较高的国家,小企业的比例更高。Alfaro 和 Chanda 由此证明,开放资本账户有利于培育一国的企业家精神。[②]

Gorodnichenko 等(2009)通过分析 27 个转型国家的企业数据发现,全球化对新兴市场国家的企业进行创新活动以改善其竞争地位创造了压力并提供了机会。Gupta(2009)分析了股票市场自由化对新兴经济体产业增长的影响,结果发现更依赖于外部融资且面临较好成长机会的产业在金融开放后增长更快。Moshirian 等(2015)通过对 1980—2008 年 51 个发展中国家的样本进行检测,发现资本账户开放后依赖于外部股权融资的产业的创新水平显著提高,并指出融资约束的放松、人力资本的利用以及外国技术的传播是资本账户开放促进创新的三种可能渠道。

(五)资本账户的开放有利于推动一国的金融深化及金融发展

1. 资本账户的开放有利于促进一国资本市场的发展

Levine 和 Zervos(1995)对 20 世纪 80 年代显著降低国际资本流动壁垒的 16 个样本国家进行了研究,结果表明,这些国家资本账户可兑换的进展显著推动了这些国家股票市场的发展,其中,5 个国家的股票市场规模显著

---

① 熊彼特:《经济发展理论》,李默译,陕西师范大学出版社 2007 年版,第 276 页。

② 国外许多学者认为,具有创新精神的企业家主要集中在小企业。其原因在于:从市场经济的角度来看,小企业会更倾向于进行研发活动,这是因为小企业要在竞争激烈的市场中生存下来并得以发展壮大,就必须大量地进行研发或创新活动,故小企业通常被认为是创新、资源重组、变革和就业的原动力。

增大,11 个国家的股票市场流动性显著增强。Kim 和 Singal(2000)检验了20 个新兴经济体开放资本市场以后的变化,结果发现:开放资本账户促进了股票市场收益率的上升,同时也使股票市场更有效率。Schundeln 和 Funke(2001)以 27 个新兴经济体为样本,对这些经济体资本账户开放前后的证券市场发展状况进行实证分析,结果表明:开放资本账户增强了这些经济体证券市场的规模和流动性。Henry(2000a,2000b,2007)的研究结果发现:股票市场自由化至少在中期确实会提高股票价格,降低资本成本并扩大投资和经济增长。Chinn 和 Ito(2006)评价了 108 个国家 1980—2000 年的样本数据,结果发现:金融开放促进了股票市场的深化。Gourinchas 和 Jeanne(2006)指出,开放的股票市场由于提高了风险分担从而减少了股票风险溢价。

2. 资本账户开放有利于刺激一国金融规模的扩张

Klein 和 Olivei(2000,2008)认为,一国可以通过开放资本账户以吸引资本流入,从而"进口"金融体系。同时,他们的研究还表明,资本账户开放的国家比那些资本账户受限制的国家明显具有更好的金融深度。这是因为:资本账户自由化使一国的金融体系暴露在国际竞争中,这就有利于促进一国金融效率的提高。同时,国外银行的子公司或分支机构的进入还会为以前被忽视的领域提供金融服务,并通过引入金融创新拓宽金融服务范围,从而促进一国的金融深化。此外,国外金融机构的进入还有利于促进国内储蓄及资本流入,从而有利于增加一国的总储蓄。Brada 和 Claudon(2007)选取了 108 个样本国家 1970—2003 年的相关数据进行实证分析,也得出资本账户开放有利于促进一国金融发展的结论。Nicolo 和 Ivaschenko(2008)指出,一国实现与全球金融的一体化有利于加快本国的金融发展及提高资本市场的流动性。Baltagi 等人(2009)也发现,资本账户的开放能够有效地促进一国的金融发展。

Calderon 和 Kubota(2009)通过对 145 个国家(其中有 24 个是工业国家)1974—2007 年资本账户开放与金融市场发展的年度数据进行分析,结果发现:一国资本账户的开放不但促进了一国股票市场及债券市场的发展,而且还促进了私人信贷和银行资产规模的扩大。此外,资本账户开放还带来银行体系的效率提升。IMF(2001)对 1979—1999 年部分发展中国家的相关经验研究表明,与资本账户管制的国家相比,资本账户开放国家的私人信贷占 GDP 的比重相对更高,且私人投资率也更高。

Larrain 和 Stumpnery(2015)通过采用 1995—2005 年东欧 10 个国家(包括保加利亚、捷克共和国、爱沙尼亚、匈牙利、拉脱维亚、立陶宛、波兰、罗马尼亚、俄罗斯、乌克兰等)集中放松资本账户交易管制时期的典型数据集进行分析发现:资本账户开放使得资本流入占 GDP 的比重提高 2.8 个百分点、私人信贷占 GDP 的比重则提高 5.6 个百分点,并使利率差降低 6 个百分点,这表明资本账户的开放有利于推动一国的金融深化及金融发展。

3. 开放资本账户有利于提高一国金融体系的效率

Chinn 和 Ito(2006)也指出,开放资本账户有利于改善该国的金融服务并提高一国金融体系的效率。Jenkinson 和 Manning(2007)认为,快速变革的全球金融市场为金融服务的使用者提供了巨大的好处,金融中介的成本更低了,管理和限制金融风险的能力提高了,同时金融产品的交易也带来了巨大的利润,因此,Jenkinson 和 Manning 认为,金融开放有利于提高金融业的效率。Jayaraman 和 Kothar(2016)的研究则发现,随着企业跨境融资规模的增加,境内银行业的市场竞争程度随之增大,结果有效地促进了一国银行业效率的提高。

(六)开放资本账户有利于一国降低资本成本,并提高一国的投资率

Errunza 和 Losq(1985)的研究证明,由于资本市场的开放使得证券由全球定价,结果导致了平均股权资本成本的下降。Quinn(1997)以 58 个国家为样本,搜集了这些国家 1960—1989 年的相关数据,包括人均 GDP、投资率、金融自由度变化值、资本账户开放度等,结果发现,资本账户的开放能够降低融资成本,提高一国的投资率及生产率,从而能够有效地促进一国的经济增长。Santis 和 Imrohoroglu(1997)及 Bekaert 和 Harvey(1997)的实证研究表明,证券市场的开放降低了资产价格的波动率,并进而促进了投资。Baldwin 和 Forslid(2000)认为,金融开放度会增加国内金融市场的深度与广度,也会通过减轻金融抑制并将利率调至出清市场竞争水平来提升金融中介机构的效率,由此降低了资本成本。Bekaert 和 Harvey(2000)、Galindo 等(2002)的实证分析都发现,在资本账户开放以后,随着资本成本减少,更多的投资项目将会产生正的净现值,这就刺激了投资。

Henry(2003)的研究发现:发展中国家开放股票市场至少在中期提高了股票价格,这就降低了资本成本,进而促进了投资并提高了产出增长率,由此支持了发展中国家可以从资本账户开放中受益这一观点。Chari 和 Henry(2008)则指出,发展中国家资本账户自由化的直接结果就是:制造业的企业能够以比资本账户自由化之前更快的速度积累资本并进口更多的资本品来提高资本积累速度。Braun 和 Raddatz(2007)认为,实现金融的开放可能会产生新的投资机会,而发展中国家的一个重要问题就在于缺乏生产率的投资机会。

Prati 等(2010)基于 26 个经济体(包含 11 个工业国和 15 个新兴经济体)492 家公司 1995—2004 年的非平衡面板会计和市场数据进行实证分析发现,在资本账户开放的国家,企业有更多的机会融资,且企业的资产更加多样化,这使得企业在面对冲击时经营更稳定并能降低违约的可能,因此信贷评级水平更高。而更高的信贷评级使得公司能以较低的成本筹集资金,从而刺激投资和经济增长。Verala(2017)的实证研究则发现,资本账户开放后利率下降了 3.9 个百分点,这意味着,开放资本账户能够改善国内企业的融资环境。

(七)有利于刺激一国企业效率的提高,并进而促进一国生产率的上升

1. 开放资本账户可以改善公司治理从而提高一国的全要素生产率

Rajan 和 Zingales(2003)认为,开放资本账户可以改善公司治理或者建立更高质量的政府,从而有利于提高一国的全要素生产率。Mitton(2006)的研究则表明,资本市场的开放给企业提供了新的融资渠道及投资机会,从而提高了增长率。而且,外国投资者会要求更好的监管,这将有利于改善公司的治理机制并提高企业的效率及盈利率。同时他也发现,那些股票对外国投资者开放的企业在销售业绩、投资及效率方面都表现得更好。Ferreira 和 Matos(2008)的研究认为,由于开放资本账户使得外国的机构投资者可以进入本国资本市场,这就有利于促进公司治理,进而有利于提高一国的生产率。Bekaert 等(2009)也认为,金融开放能够改善一国的公司治理,进而有利于刺激一国生产率的提高。

2. 资本账户开放能够促使资源更合理的配置，进而有利于促进全要素生产率的提高

Kose、Prasad 和 Terrones 等(2009)使用包含 67 个国家(21 个工业国以及 46 个发展中国家)1966—2005 年的年度数据集，对金融开放和全要素生产率之间的关系进行实证分析，他们发现，金融开放使市场竞争更加激烈，这促使企业做出更好的进入或退出决策，并促使资源从生产率较低的部门流动到生产率较高的部门，结果促进了一国全要素生产率的提高。Kose、Prasad 和 Terrones 等(2008)的估计表明，一个资本账户开放的经济体，年均全要素生产率的增长率要比对资本账户实行管制的国家高出 0.11 至 0.15 个百分点。

Benhima(2013)发现：发展中国家的企业家由于面临借贷约束，往往选择投资短期项目而舍弃长期项目投资，造成在期限上的资本错配。Benhima 通过构建三期的企业家投资模型，分析了全球金融市场整合如何改善资本错配和促进新兴市场国家的经济增长。研究结果表明，全球金融一体化使得国际资本能够流向新兴市场国家，这有助于降低新兴市场国家企业的借贷约束，使得企业有更多资源投资到盈利性更高的长期项目上，从而能够改善资本配置效率。

Larrain 和 Stumpnery(2017)使用东欧 10 个国家 1995—2005 年的国家层面综合数据与企业层面的微观数据，研究了资本账户开放对企业资本配置效率和全要素生产率的影响。研究结果表明：资本账户开放可以通过减轻融资约束，并提高资本在企业和行业(特别是更依赖外部融资的企业和行业)间的配置效率，促使资本在企业间的边际产出趋于一致，进而降低了资本在企业间边际产出的离散度，结果从总体上促进了企业生产率的提高。平均来看，东欧 10 个国家开放资本账户使得这些国家的全要素生产率从 8%提高至 13%。

Verala(2017)通过构建一个小型开放经济体模型，论证了在金融发展水平足够高的情况下，资本账户开放会通过以下两个渠道促进整体生产效率提高：一是资本账户开放通过改善融资环境并鼓励存在融资约束的企业进行创新活动以提高生产率，这称为“资本重配效应”；二是资本账户开放通过促进市场竞争使得不存在融资约束的企业同样要进行创新活动以提高

生产率,这称为“竞争效应”。总之,Verala(2017)认为,资本账户开放使国内企业的资本密集度增长了25%,劳动力生产率提高了5%,全要素生产率提高了3%,RD投入提高了9%,创新活动提高了12%。特别是,资本账户开放对那些更依赖外部融资的行业的生产率的促进作用更大。

3. 开放资本账户有利于效率较高的企业不断扩大规模,并进而刺激全要素生产率的提高

Chari和Henry(2004)通过研究资本控制对资源配置的影响,发现效率较好的公司在资本账户开放以后投资规模都有较大的增长。Abiad、Oomes和Ueda(2004)的研究发现:一国在资本管制结束后,资本由低回报率的公司转向了高回报率的公司,使得资本配置效率得以提高。Vlachos和Waldenstrom(2005)发现:开放资本账户及国内股票市场,对创造新的企业和刺激生产增长有着显著的正面影响。Eichengreen(2003)及Bekaert等(2005)认为,金融开放有利于那些效率较高的企业直接到国际金融市场融资,这就有利于那些效率较高的企业不断扩大规模,这当然有利于提高一国的生产率。Braun和Raddatz(2007)认为,实现金融开放(包括资本账户的开放)会产生新的投资机会,并促使资源重新配置,进而有利于刺激全要素生产率的提高。

4. 开放资本账户有利于推动技术进步

Levine(1997)、Levine和Zervos(1998)认为,由于资本账户自由化有助于风险分担,因此,这就鼓励了对风险性更高的技术投资。Bustos(2007)发现,阿根廷在20世纪90年代初开放资本账户之后,新进入的出口厂商比其他企业的技术升级速度更快。Gorodnichenko等人(2009)通过分析27个转型国家的企业数据发现,全球化对新兴市场国家的企业进行创新活动以改善其竞争地位创造了压力并提供了机会。Varela(2017)还发现资本账户开放增强了企业的技术研发强度以及行业的整体竞争水平。

5. 对更依赖外部金融的行业及非贸易部门企业的发展有显著的正向促进作用

Eichengreen等(2011)针对包括49个国家36个行业1980—2004年共3979个观测值的数据集进行实证研究,结果表明,资本账户开放对更依赖外部金融的行业发展有正向促进作用。Larrain和Stumpnery(2015)对

1995—2005 年东欧 10 国资本账户开放对企业资本配置效率和全要素生产率的影响的分析结果表明:资本账户开放对更依赖外部融资的企业资本配置效率和全要素生产率的促进作用更为明显,同时,他们还发现资本账户开放使得更依赖外部融资的企业股票市值增加更多。

Prati 等(2010)的研究还发现:与其他部门企业相比,非贸易部门企业从资本账户开放中受益更多。其原因在于:贸易部门企业因拥有外贸收入,所以即使资本账户受限也不会影响其潜在的外币获取能力。而当资本账户限制程度加大时,非贸易部门企业外汇借贷成本增加,融资能力下降,因此,开放资本账户能显著降低非贸易部门的融资约束,因而对非贸易部门的发展有正向促进作用。

6. 有利于吸引大量的外商直接投资,进而有利于刺激生产率的提高

Borensztein、De Gregorio 和 Lee(1998)的研究表明,与国际金融市场融合程度高的经济体会吸引大量的外商直接投资(FDI),而这种 FDI 的流入会产生大量的"技术溢出效应"(Technology Spillover Effect),从而会刺激本国生产率及经济增长率的提高。Eichengreen(1999)也认为,如果想要通过加入全球经济体系来获得较快的经济增长率,开放资本账户就是必不可少的。开放资本账户将使市场信息更加公开,且开放资本账户有利于吸引 FDI 的大量流入,而 FDI 的大量流入会产生技术溢出效应并带来先进的管理经验,从而能够提高 FDI 流入国的全要素生产率,进而推动该国的经济持续增长。Bandyopadhyay(2006)的研究表明,国有金融机构的增长会降低全要素生产率的增长,但以 FDI 为主的跨国信贷的增长则有利于全要素生产率的提高。因此,Bandyopadhyay 认为,为保护国内金融机构的利益而限制 FDI 流入本国金融行业是一个错误的政策,因为这样的政策会降低资源配置效率和阻碍生产率的增长。

此外,Bonfiglioli(2008)采用 70 个国家 1975—1999 年的数据实证检验了资本账户开放对资本积累和全要素生产率的影响,他发现:虽然开放资本账户对资本积累几乎没有什么影响,但开放资本账户通过消除国际金融交易的限制,促进了金融产品的多样化及金融效率的提高,结果就推动了全要素生产率的提高。Bekaert 等(2011)搜集了 96 个国家 1980—2006 年的相关数据,并在此基础上实证分析了资本账户开放和股票市场自由化对实际

人均 GDP、资本存量和全要素生产率的增长的影响,他们的研究结果显示:(1)资本账户开放和股票市场自由化对全要素生产率增长的影响确实很大并且在统计学意义上是显著的。资本账户的开放每年促进人均实际 GDP 增长 0.98%—1.5%。(2)资本账户开放对于全要素生产率增长的影响比其对资本存量增加的影响更大。(3)经济更加发达或者制度质量更高的国家,资本账户开放所获得的生产率增长效应更大。Gourinchas 和 Jeanne(2006)、Bekaert、Harvey 和 Lundblad(2011)都认为,即使考虑到资本账户开放有可能带来货币及金融危机,资本账户开放提高生产率的净效应仍然为正。

(八)有利于促使工资水平上升并消除贫困

一些学者认为,一国开放资本账户有利于促使该国工资水平的上升。这是因为:资本账户开放会促进一国生产率的上升,这就会引起劳动需求的上升,进而刺激工资水平的上升。Henry 和 Sasson(2008)对新兴市场国家资本账户开放对其生产率及实际工资的影响进行了实证分析,他们的实证研究发现,18 个于 1986—1993 年间对外资开放股票市场(资本账户开放的重要内容)的发展中国家及地区(包括智利、阿根廷、哥伦比亚、印度、约旦、韩国、马来西亚、尼日利亚、菲律宾、中国台湾、泰国、津巴布韦、委内瑞拉及土耳其等),制造业的年均实际工资增长率上升了 7 倍。其主要原因是开放资本账户通过降低资本成本,从而促使厂商增加了投资,结果刺激了生产率的提高并因而引起劳动需求的上升。

Agénor(2002)提出了一个独到的见解。他认为,对于发展中国家而言,经济及金融的全球化是否对低收入者有利取决于该国经济及金融开放的程度,在开放程度较低(这也意味着改革不彻底,因为开放本身就是改革)的情况下,全球化对低收入者不利,而在开放程度较高的情况下,全球化对低收入者有利。或者说,开放对低收入者不利并不是因为发展中国家在开放的道路上走得过远,而恰恰是走得不够。这是因为:在开放程度较低、改革不彻底的情况下,非熟练劳动力(低收入者)一方面受到国外的冲击,另一方面又因国内存在不利于低收入者的机会不公平、劳动力市场不完善及金融约束等问题而导致收入相对下降,这样,低收入者就会受到伤害。相反,如果全面地实现对外开放并在更大的程度上参与全球化,就能刺激一国进行全面的制度改革,以促使一国创造公平的竞争环境并完善金融体系,这就有利于刺激经济增长并减少贫困,从而真正对低收入者有利。

Mishkin(2006,2009)指出,即使在经济及金融全球化的过程中出现了金融危机,但世界各国也不应在经济及金融的全球化面前退却,这是因为:经济及金融的全球化对各国是有利的。他指出,经济及金融的全球化并非敌人,反对全球化肯定会损害低收入者的利益,除非实行全球化,否则欠发达国家不可能走向富有。从现实来看,经济及金融的全球化确实对发达国家有利,但对发达国家有利实际上对欠发达国家也有利。因为发达国家经济增长的结果将会扩大从欠发达国家的进口,而这就有利于欠发达国家扩大出口,从而有利于刺激欠发达国家的经济增长。同时,Mishkin 还强调,对消除世界贫困来说,发达国家向欠发达国家开放商品或服务市场远比金融援助(因为对欠发达国家的援助不利于刺激欠发达国家进行改革)重要。总之,全球化对欠发达国家是机遇而非威胁,如果不能成功地实现金融全球化,欠发达国家将难以挖掘它们的增长潜力而会导致持续的贫困。

(九)有利于抑制通货膨胀

许多学者认为,在资本账户开放的情况下,由于国际资产之间的替代性增强,因此,一国若采取通货膨胀政策,就会导致资本外逃和货币替代,进而出现财政收入不增反降的可能,甚至出现货币危机,基于此,许多学者认为开放资本账户有利于一国控制通货膨胀。Muinhos(2000)认为:资本流入会从两个方面对国内通胀产生影响:首先,资本流入会促使本币升值,进而会降低本国的通胀压力;其次,资本流入使得本国政府不再通过发行货币为财政赤字融资,这也有助于降低国内通胀水平。Gruben 和 Meleod(2002)研究了 100 个国家的样本,结果显示,在 20 世纪 90 年代初期,资本账户开放降低了一国的通货膨胀率,原因在于资本账户开放增加了对本币需求的利率弹性,提高了宽松货币政策的成本,从而约束了中央银行的行为。Gruben 和 McLeod(2003)进一步通过对 100 多个国家进行实证研究后发现,资本账户开放与低通胀之间有较强的联系,特别是在 20 世纪 90 年代,资本账户的自由化能够降低通货膨胀率,降低幅度达到 3—6 个百分点。Rogoff(2003)认为经济的全球化导致了世界物价水平的下降。Helder 和 Manoel(2007)针对资本账户自由化与通货膨胀的关系的问题,对巴西进行了测试,结果发现资本账户的自由化能够降低通货膨胀。Gupta(2008)认为,资本账户开放会增加本国居民使用何种货币的选择范围,从而提高对本国货币的需求弹性。资本账户的开放程度越高,对本国货币的需求弹性就越大,这将增强对央行行为的约束,从而有利于抑制通货膨胀。

Sedik 和 Sun(2012)选取 1995—2010 年间开放资本账户的 37 个国家作为研究样本,并构建了一个资本账户自由化的指数,指数下降意味着资本流动自由化程度上升。然后,Sedik 和 Sun 在此基础上运用面板数据回归进行实证分析,结果显示:资本账户的开放度越高,经济增长率、资本流动总量以及股权收益率也越高,且通胀率越低。具体来说是:资本账户自由化的指数下降 0.1%,则 GDP 增长大约为 0.14%,股票回报率增加约 2.9%,通胀率则下降约 0.7%。

(十)导致更高的增长率

许多学者认为,开放资本账户有利于推动一国的对外开放并进而促进经济增长。这是因为:开放资本账户将有利于实现国内金融体系与国际金融体系的一体化,以创造一个更具竞争性的市场环境,使国内生产及投资决策在更大的程度上及更广的范围内依赖市场价格机制,这将有利于各国的生产及投资决策更符合各国的比较优势,进而有效地促进一国的经济增长和社会福利的提高。

Mathieson 和 Rojas-Suarez(1993)认为,实现资本在国内外的自由流动可以使一国的国内生产要素价格趋近国际水平,这就有利于一国企业根据国际市场的价格进行正确的投资决策,从而有利于促进本国的经济增长。Quinn(1997)选择了 58 个国家(其中东南亚国家 6 个、拉美国家 16 个、经合组织国家 20 个和 16 个其他国家)1960—1989 年的相关数据,并使用扩展的经济增长回归模型进行实证检验,结果表明:资本账户开放对于人均实际 GDP 的增长具有显著的正向作用。Eichengreen(1999)则指出,如果想要通过加入全球经济体系来获得较快的经济增长率,金融自由化和金融开放就是必不可少的。Klein 和 Olivei(2000)对 1986—1995 年 82 个发达国家和发展中国家的资本账户开放、金融发展及经济增长的相关指标进行了回归分析,其研究结果显示资本账户的开放对于经济增长有显著的促进作用。Bekaert、Harvey 和 Lundblad(2011)基于全球 96 个国家 1980—2006 年的相关数据进行实证分析后认为,资本账户开放每年能够促进人均实际 GDP 增长 0.98%—1.5%。

(十一)开放资本账户有利于降低经济的波动性

Kenneth 和 Rogoff(2003)认为,经济开放程度的提高将使得价格弹性增加,这就有利于增大一国经济的供给弹性。Guerrieri 等(2007)的研究认为,经济开放度的增加有助于产出的稳定,这是因为:生产者不仅为国内市场提供产品,还为其他国家市场提供产品,在经济开放度高的国家,国内需求冲击对产出的影响较小。Manganelli 和 Popov(2010)认为,通过开放资本账户有助于一国的金融体系优化资源配置,这就可以实现经济的多样化并降低经济的波动。Loungani(2013)认为,一国资本账户的开放程度越大,则越有利于降低贸易壁垒对一国经济的影响,从而有利于该国经济的稳定增长。

(十二)向国际投资者传递本国市场化改革的信号并推进改革

Bartolin 和 Drazen(1997)认为,一国推进金融全球化具有重要的"信号"作用,这会被市场理解为该国政府在未来会对国外投资者采取更加友好的态度,因此,开放本国的资本账户有利于创造良好的外部经济环境,有利于增强投资者的信心,这不但有利于鼓励外资的流入,而且还有利于避免资本外逃。这意味着,认为开放资本账户(在本国市场化改革的基础上进行)会导致资本大量外逃的担心是没有必要的(Laban 和 Larrain,1997),因为开放资本账户实际上就是向国际投资者传递本国市场化改革的信号。Sweeney(1997)认为,开放资本账户将使市场信息更加公开、透明,市场主体可以利用这种公开、透明的市场信息准确地判断并正确地评估每个投资项目的预期收益及风险,从而做出正确的投资决策,这就有利于实现资本的合理配置。

Herger 等(2008)还认为,对外开放能通过传递新的思想及观念来促进国内的改革。Ju 和 Wei(2007)提出了一个很有意思的观点:发展中国家可以通过开放资本账户以进口外资(包括外商直接投资及外国金融机构)或出口本国资本,从而弥补国内金融体系效率较低和国内公司治理机制不完善等方面所存在的问题。这意味着,Ju 和 Wei 实际上认为一国可以通过开放资本账户来代替国内的经济及金融改革。

(十三)开放资本账户有利于市场机制的形成,并有利于减少政府对经济的干预及管制成本

Edwards(1999)认为,在本国资本账户开放的条件下,一国政府试图采取管制措施使其利率和其他国内金融资产价格偏离均衡的市场出清水平是徒劳的。这是因为,如果一国政府试图在资本账户开放的情况下仍然对利率进行管制,那么就会导致资本外逃,这反而不利于本国的经济稳定及增长。因此,开放资本账户可以大大削弱政府对本国金融的干预或管制,并有利于消除国内的金融抑制状况及促进国内金融业的市场竞争。Gourinchas和Jeanne(2002)的研究强调,金融开放或金融全球化所产生的市场纪律效应会促使一国采取更有诚信、更符合市场纪律的宏观经济政策。Gourinchas和Jeanne认为,资本账户开放的收益可能并非源自外国资本,而是来自开放过程中的国内经济扭曲程度的减轻以至消除。

Kim(2003)认为,在资本账户自由化的条件下,政府将不得不严格控制财政赤字,否则就会导致资本大量外逃,因此,资本账户开放有利于减少财政赤字。他利用54个工业化国家和发展中国家的数据进行分析,结果发现:资本的跨境自由流动确实能够显著降低财政赤字占GDP的比率。Kose(2006)的研究则强调,金融全球化对经济增长的好处更多地在于其带来大量的间接效应,如完善一国的金融制度与金融监管水平,促使一国实行更好的宏观经济政策,等等。Dobson(2007)认为,金融开放有利于促使本国形成透明的制度规则,并消除歧视性的政策。Abiad等(2008)认为,金融开放或金融全球化的作用在于能够减少政府的作用,而扩大市场的作用。Obstfeld(2009)认为,金融开放能够矫正国内经济的扭曲,从而有利于市场机制的形成与完善。

二、开放资本账户中性论

需要注意的是,国外学术界也有许多学者认为开放资本账户对经济的影响是中性的,即开放资本账户既会对经济产生有利的作用,同时也会带来不利的影响,开放资本账户对一国经济的影响并不确定。这其中又有以下几种观点:

(一)资本账户开放与经济增长率没有相关性

Aliesina 等人(1994)的研究发现:20 个新兴工业国家 1950—1990 年间的资本账户开放与其经济增长率没有相关性。Grilli 和 Milesi-Ferretti (1995)对 61 个样本国家 1966—1989 年的人均收入增长率、资本账户管制指标、经常账户控制测试指标、多重汇率安排等相关数据进行了实证研究,结果并不支持资本账户开放和经济增长率之间存在相关关系。Grilli 和 Milesi-Ferretti 的研究未能证明国际金融自由化对经济增长有稳健的长期影响。在他们的实证研究中包含了大量的发展中国家和发达国家样本,结果表明金融一体化对经济增长并未产生显著的影响。Kraay(1998)运用 IMF 的资本管制指标进行了研究,也未能发现金融开放对经济增长具有稳健的长期影响。Rodrik(1998)使用了 100 个国家 1975—1989 年的相关数据进行计量检验,结果并没有发现资本账户开放与经济增长存在统计意义上的显著关联性。Prasad 等人(2003)也指出,资本账户自由化或金融全球化是否有利于经济增长还缺乏有力的证据。金融的对外开放与一国的经济增长速度之间没有必然联系。Ben Naceur 等(2008)对 MNEA 地区资本市场自由化效应的研究表明,资本市场自由化对经济和投资增长没有影响。

(二)资本账户自由化对经济增长的长期影响很小

Razin 和 Yuen(1994)的计量分析结果表明,资本账户自由化对经济增长的长期影响很小。Carrsquilla(1998)研究了 19 个拉丁美洲国家 1985—1995 年资本账户开放的情况,也得出资本账户开放与经济增长率相关性很小的结论。Willett(1995)则指出,实现资本的自由流动既可能促进一国的经济增长,但同时也可能造成一国经济的波动。以强调自由贸易而著名的自由学派经济学家 Bhagwati(1998)也指出:"没有证据表明资本自由流动会解决任何问题。"Gourinchas 和 Jeanne(2006)运用参数化的一般模型分析资本流入对经济增长的影响时发现,资本账户开放对经济增长的影响较小,因为生产率是长期经济增长的主要影响因素,而资本流入并没有带来生产率的增长。Henry(2007)基于新古典经济增长模型的研究认为,资本账户自由化只能暂时性地促进经济增长,但不会永久性地促进经济增长,即从长期来看,资本账户自由化对经济增长的影响很小,资本账户自由化对经济增长的作用更多的是水平效应,而非增长效应。

(三)开放资本账户对经济增长的影响并不确定

Eichengreen(2001)针对 Quinn(1997)的经典研究认为,Quinn 之所以得出资本账户开放有利于经济增长的结论,一是因为 Quinn 的实证样本中包含的发展中国家相对较少,而发达国家相对较多。一般来说,发展中国家资本账户开放的经济增长促进效应小于发达国家,因此,这样的样本选择自然会得出资本账户开放与经济增长正相关的结论。二是 Quinn 所选择的样本时间较早,始于 1960 年。而较早时期的资本账户开放主要集中在外商直接投资上。由于直接投资与经济增长的正向关系比较确定,因此,这就自然得出资本账户开放有利于经济增长的结论。但在资本账户开放的后期,特别是 20 世纪 80 年代以后,资本账户的开放越来越集中在短期的资本流动上,而这种短期国际资本流动与经济增长的关系并不十分确定。

世界银行(2001)也曾指出,资本账户的开放对于一国经济增长是积极的还是消极的,目前并没有形成共识。Edison 等(2002)则指出:"现在文献所提供的有关资本账户自由化增长效应的证据是含混的。"Eichengreen 和 Leblang(2003)通过实证研究分析了为什么文献没有得到资本账户自由化和经济增长之间关系的确切结论。他们认为,资本账户自由化对经济增长的绩效有两种效应:一方面,资本账户自由化有利于促使资源的合理配置及提高经济效率,进而可以促进经济增长;但另一方面,资本账户自由化又会使本国经济易于遭受外部冲击,进而不利于本国的经济增长。因此,他们认为,资本账户自由化对经济增长的影响是随机的,依赖于特定的经济环境。

Arthur 和 Wilmarth(2003)认为:资本账户自由化确实带来了许多利益,这包括更快的贸易增长、金融发展及经济增长,但同时,资本账户自由化也导致企业和消费者对外部融资的过度依赖,结果加剧了一国金融体系的脆弱性。Bussière 和 Fratzscher(2008)研究了 45 个发达国家和新兴市场经济体 1980—2002 年间资本账户开放和经济增长之间的关系,结果发现:金融开放虽然在短期内促进了经济增长,但中长期并没有促进经济增长。Alwyn 等(2009)使用 Probit 模型和资本账户自由化指数研究了资本账户自由化对加勒比地区经济的影响,结果表明:资本账户自由化对加勒比地区经济的影响有好有坏,影响并不确定。

（四）资本账户中不同子项目的开放或不同类型的资本流动对经济增长的影响不一样

一些学者则研究了资本账户开放过程中不同子项目的开放对经济增长的影响。Reison 和 Soto(2001)使用 44 个发展中国家 1986—1997 年的面板数据,研究了 FDI、股权资本流入、债券资金流入以及银行长短期信贷的流入对经济增长的影响,其结论是 FDI 和股权资本流入有利于促进经济增长,但银行长短期信贷的流入则对经济增长有负面影响。Choong 等人(2010)将资本流动分为 FDI、证券投资和对外债务,利用 1988—2002 年的基于事实的衡量指标,分别探讨了三类资本流动对发达国家和发展中国家经济增长的影响,结果发现:无论是发达国家还是发展中国家,FDI 对经济增长均具有显著的正向影响,而证券投资和对外债务对经济增长则有显著的负面影响。

三、资本账户开放不利论

在现实中,由于许多国家(特别是发展中国家和经济转轨国家)开放资本账户却导致本国经济波动甚至爆发金融危机(如 1994 年的墨西哥金融危机,1997 年的亚洲金融危机,1999 年的俄罗斯金融危机,2001 年的阿根廷金融危机,等等),因此,有不少学者开始对资本账户的开放持否定的态度,甚至一些曾经大力支持全球化的经济学家,如 Bhagwati 等人也开始对金融的全球化持怀疑态度。Bhagwati(2004)指出:“一些经济学家所声称的资本自由流动能带来巨大利益看来是缺乏说服力的。”Edison 等(2004)通过总结相关文献发现,认为资本账户开放对经济增长没有促进作用的文献占大多数。目前,认为开放资本账户不利的基本观点主要有以下几种:

（一）资本账户开放使得一国的金融体系容易受到外部冲击,因而易于爆发货币危机或金融危机

1. 资本账户开放意味着拆除了外汇管制这堵抵御国际金融投机的“防火墙”

之所以有不少学者开始对资本账户的开放持否定的态度,是因为这些学者认为,取消跨境资本交易限制以实现资本账户的开放意味着拆除了外汇管制这堵抵御国际金融投机的“防火墙”,由于金融市场的价格调整比产

品市场的价格调整更快,波动更大,因此,一国因开放资本账户所引发的资本频繁流出流入,将造成该国汇率、利率及各类资产价格的波动加剧,并进而影响该国的金融稳定。也就是说,一国资本账户的开放将使得一国的货币及金融体系容易受到外部冲击,因而易于爆发货币危机或金融危机。

国外最早提出资本账户开放会带来金融风险的学者是 Alejnadro(1985)。Alejnadro 通过研究 20 世纪 70 年代智利早期的金融自由化(包括资本账户的自由化)情况,结果发现金融自由化带来了金融风险。Furman 和 Stiglitz(1998)认为,亚洲金融危机的源头就是资本账户的开放。Rodrik(1998)、Eichengreen(2001)、Agenor(2003)、Andersen 和 Tarp(2003)等人也持相同的观点。Sun(2002)分析指出,1997 年亚洲金融危机的爆发充分说明,资本账户的开放以及由此带来的跨境资金频繁流动是这些国家金融风险陡增并引发区域性金融危机的真正原因。

2. 资本账户开放极易导致过度借贷,从而易于增大银行业危机并导致金融体系的脆弱性

Luna(1997)的研究发现,许多国家的资本账户开放以后,由于资本大量流入,结果导致房地产价格等资产价格上涨及银行不良贷款比例的上升。Mckinnon 和 Pill(1998)的研究表明,资本账户开放所引起的短期资本流入极易导致新兴市场经济体金融机构的过度借贷,从而加剧金融体系的脆弱性。Asli 和 Enrica(1998)利用 1980—1995 年 53 个国家的面板数据进行了实证检验,结果发现:银行危机更容易在资本账户开放的经济体中发生。Kunt 和 Detragiache(1999)运用多元 Logit 模型发现:金融自由化和银行危机之间存在高度相关性。Demirguc-Kunt 和 Detragiache(1997、1998)分别搜集 1980—1994 年 65 个国家和 1980—1995 年 53 个国家的数据,并在此基础上构建宏观经济变量和制度变量模型,对金融危机发生的概率进行估计,结果发现金融自由化和金融脆弱性具有高度的相关性。Denizer 等(2000)发现:资本账户的开放会加剧宏观经济以及金融体系的不稳定程度,从而降低了银行的效率。Reinhart 和 Rogoff(2009)认为,资本账户开放显著增大了银行危机。Eduardo 等人(2003)认为,新兴市场国家开放资本账户有可能促使低风险的经济发达国家的银行更多地将国内借得的低利率资金贷放给新兴市场国家的高风险项目,这增大了新兴市场国家银行体系的脆弱性。

Bonfiglioli(2008)实证分析认为，资本账户开放后的金融一体化并不会显著推动国内金融市场发展与深化，而是更可能引发国内银行系统风险的爆发。Angkinand 等(2010)的研究同样表明：资本账户开放增加了银行危机发生的概率。Misati 和 Nyamongo(2011)对非洲国家的实证分析发现，资本账户的开放加剧了金融体系的波动性，从而提高了银行危机发生的可能性。Magud 等(2014)认为，资本的大量流动往往造成发达国家和新兴市场经济体信贷规模的急剧扩张，从而影响其银行体系的稳定性。

此外，Daniel 和 Jones(2007)还发现，即使是银行体系非常完善的发达国家，在资本账户开放的初期，也会经历一个银行风险突然上升的过程。

3. 资本过度流入可能产生“突然逆转”的风险，并进而引发国内金融动荡

Goldfajin 和 Valdes(1997)认为，资本流动的负面影响主要不在于其规模，而在于资本流动方向的突然改变。Williamson(1998)研究了1980—1997年间35个发生系统性金融危机的案例，发现有24个金融危机案例与资本账户的开放有关。Calvo(1998)的研究认为，资本账户的过快开放往往会引起短期资本的过度流入并易于产生逆转风险，继而会引发国内的经济动荡。Cooper(1998)指出，发展中国家金融自由化改革的经验表明，资本的过度流入不仅会导致宏观经济过热，进而引起经常账户恶化和货币动荡，而且还往往加剧整个金融体系的脆弱性。而且，在迄今所发展的两代货币危机模型中，每一个货币危机模型都离不开资本的自由流动(Krugman，1979；Obstfeld，1994)。

Kim 和 Lee(2006)认为，资本市场自由化伴随的是巨额资本的流入和流出，加大了危机发生的可能性和危机发生的规模，进而对经济增长不利。Chang(2011)认为，资本账户开放会增加银行挤兑和资本流动突然停止的风险，从而导致金融危机。Jeanne(2012)提出“繁荣—崩溃循环”(Boom-bust Cycle)的观点。他认为：如果一国在国内制度不完善、政策不健全、金融部门落后的情况下开放资本账户，刚开始，流入国内的大量资本会进入非生产领域，导致资产价格泡沫，但随后，随着资本流入的突然中断，资产泡沫势必会破灭，因而资产价格会大幅下降，结果会引发金融危机，进而形成“繁荣—崩溃循环”。

4. 资本账户开放有可能导致货币错配,从而给经济带来潜在的风险

Schindler 和 Valenzuela(2010)基于 26 个经济体(包含 11 个工业化国家和 15 个新兴经济体)492 家公司 1995—2004 年的非平衡面板会计和市场数据进行实证分析后发现,资本账户开放也可能导致货币错配,从而给经济带来潜在的风险。

(二)资本的自由流动不一定带来资源的最优配置

Hellmann 等人(1998)指出,国际金融市场特别是发展中国家的金融市场存在着信息不对称的问题,在信息不对称的情况下,市场化并不能够带来资源的有效分配。这意味着,在信息不对称的情况下,资本的自由流动不一定导致资源的最优配置,特别是对国内经济存在严重扭曲、市场非有效的发展中国家就更是如此。而且,在信息不对称的情况下,短期投机性资本的大量流入往往带有破坏性和顺周期性,甚至往往导致经济的泡沫,从而损害实体经济并破坏金融稳定。Fabio 和 Andrew(2002)发现:资本账户开放并不一定导致投资增加和经济效率的提高,相反却加剧了一国金融体系的脆弱性甚至诱发金融危机。Alessandria 和 Jun(2005)发现:开放资本账户将有可能弱化金融中介机构的功能,结果使得资金更容易流向净现值为负及不受监管的投资项目,从而会降低经济效率。

(三)资本账户开放易于导致经济的波动及宏观经济的失衡

由于资本账户开放以后,汇率的变动往往受到资本流动的影响,而不再直接与进出口贸易等实际经济活动相联系,这就易于导致经济的波动及失衡。从实证分析的情况来看,尽管大量的研究表明,发展中国家金融危机的根源在于国内宏观经济政策的失误,但是也有一些研究证据确实表明,开放资本账户在其中起了重要的推动作用。Jagdish(1998)和 Copper(1998)分别指出,资本自由流动会加大市场扭曲、鼓励过度投机,并最终导致经济的波动。Jones(2000)认为,资本市场自由化将会加剧经济的非有效现象,从而引发经济危机。

Stiglitz(2000、2002)指出,资本流动是顺周期的循环,当一国政府不希望资本流入时(如国内流动性过剩、资产泡沫严重及经济过热),短期资本反而会大量流入;而当一国政府不希望资本流出时(如国外利率上升、本国爆发金融危机),短期资本反而会大量流出,这意味着,资本账户开放以后

的顺周期资本流动将加剧经济的波动,而且,国际资本市场的震荡及其传染效应将会进一步加剧国内经济的波动。Stiglitz(2000、2002)还指出,如果资本流动的变化独立于一国的政策和经济周期,那么开放资本账户将增加该国发生货币危机的风险。Moel(2001)也认为,资本账户开放会导致一国宏观经济的不稳定,因为过多的资本流入会加大本国实施宏观经济政策的难度。Laibson 和 Mollerstrom(2010)认为,资本的大量流入会导致资产价格出现泡沫,这就有可能导致消费过度,从而有可能引起贸易赤字并造成经济的失衡。

(四)资本账户开放会加剧收入分配的不平等

Cobham(2001)认为,国内金融自由化及资本账户的自由化有可能导致农村地区和小企业的资金流失,从而会加剧收入分配的不平等。Claessens 等(2002)认为,发展中国家虽然通过资本账户自由化获取了国外的廉价资源,提高了金融市场竞争效率,但是这些廉价的国外资本可能只是流入了少数企业,为其迅速膨胀创造机会,但这却会加重发展中国家的收入分配不平等。Siegel(2003)的研究表明:韩国的资本账户自由化迅速增强了具有政治背景的企业财团的经济实力和地位。而智利、俄罗斯、泰国等国所进行的金融自由化改革,主要是为少数人提供了大量额外利润。Wade(2004)的研究发现:无论是在国内层面还是在国际层面,经济及金融的全球化并没有缩小收入的差距,相反却导致了更多的不平等。Lawrence(2009)对尼日利亚的资本账户开放情况做了研究,发现尼日利亚的资本账户开放反而加剧了中小型企业的生存难题。可见,资本账户的自由化有可能加剧了收入分配的不平等。

(五)不利于推进改革

Stiglitz(2002)驳斥了"资本账户开放可以引致国内改革"这一观点。他认为,在国内条件不具备、监管体系不完善的情况下开放本国资本账户,往往会出现国际资本超过国内金融体系吸收能力而大量流入的情况,这显然会冲击国内金融体系并导致本国金融的脆弱性。在这种情况下,发展中国家显然无法进行改革。可见,资本账户的开放反而有可能不利于推进发展中国家的国内改革。同时,Stiglitz 还驳斥了"资本账户不开放就不利于吸引外国直接投资"的观点。他指出:资本的大量流入不仅会导致货币汇率升值,从而打击出口并恶化国际收支,而且会带来经济的不稳定性,这反而降低了对外商直接投资的吸引力,可见,“资本账户不开放就不利于吸引外国直接投资”的观点似是而非。

(六)对经济增长不利

Alesina 等(1994)、Grilli 和 Milesi-Feretti(1995)分别从发达国家和发展中国家的相关数据中发现:资本管制有利于经济增长,而资本账户的开放反而不利于经济增长。Kim 和 Lee(2002)认为,由于资本账户的开放加大了金融危机爆发的概率,结果反而对经济增长不利,这对于金融体系较为脆弱的发展中国家而言就更是如此。Caprio 等(2006)通过对 30 个国家的实证研究发现,由于资本账户的开放加剧了利率的波动,造成金融体系的不稳定,最终阻碍了经济增长。Yan(2007)认为,在资本账户开放的条件下,资本更容易进行投机活动,这显然对经济增长不利。Aoki 等(2009)认为,在不完善的金融体系下,经济体容易遭受资本开放的冲击,而国内外冲击将导致资产价格下跌,信贷收缩,全要素生产率下降,进而造成经济衰退。Ang(2011)利用 44 个国家的面板数据进行实证研究后发现:许多国家金融开放的一个后果是资源从实体经济的创新部门大量转移至金融部门,这反而减缓了技术进步速度,从而对一国生产率产生了不利影响。

(七)发展中国家及新兴市场国家开放资本账户更易出现金融的不稳定

Stiglitz(2000、2002)认为,发展中国家开放资本账户的初衷是为了促进资本流入,但发展中国家开放资本账户往往是资本流出,因此,开放资本账户无疑增加了资本外逃的便利性,开放资本账户对于发展中国家而言是“没有回报的风险”。同时,由于短期资本的流动具有很大的不稳定性,因此,短期资本大量流入发展中国家并不一定会导致投资的增加。事实上,在金融的全球化过程中,发展中国家承担了更多的风险,特别是缺乏安全保障的发展中国家。总之,Stiglitz 认为,发展中国家资本账户的自由化并未给该国的投资和产出带来有利影响,反而增加了金融危机爆发的可能性。Lee(2004)的研究发现,对于新兴市场经济体来说,资本账户开放导致的国际收支不平衡往往会引发金融危机。Caballero 和 Krishnamurthy(2004)的研究表明,当经济体的金融发展水平处于中等水平时,资本账户的过早开放可能加剧金融不稳定的风险。Honohan 和 Beck(2007)基于非洲的经验研究证明，在缺少信息披露制度和法律约束的情况下，外资银行的进入未必能够促进金融发展。Korinek(2011)认为，开放资本账户将使新兴经济体更容易受到全球金融市场周期性波动的影响。

四、开放资本账户是否有利取决于一国的前提条件

针对有关资本账户开放利弊得失的理论争议，许多学者认为，产生这些争议的原因可能在于：(1)实证研究中使用的样本国家和时期、资本账户开放衡量指标、控制变量选取和研究方法都存在差异(Eichengreen 等，2011；Kose 等，2009；Quinn 和 Toyoda，2008)。Kose 等(2009)则发现，使用事实型(De Facto)指标或者细化的法规型(De Jure)指标更倾向于得到资本账户开放促进经济增长的结论；(2)资本账户开放对经济增长作用的结果还与资本流入与流出的结构、资本所进入的行业性质和资本账户开放次序等因素相关(Reisen 和 Soto，2001；Bussiere 和 Fratzscher，2008；Vanassche，2004；Vlachos 和 Waldenstrom，2005；Eichengreen 等，2011)；等等。

另外，进入 21 世纪以后，国外一些学者则试图从一个新的角度给出一个合理的解释以弥补理论上的争议。这些学者在大量实证分析的基础上提出了这样的观点：开放资本账户对一国是否有利的关键取决于该国是否具备相应的前提条件[①]，也就是说，如果一国具备了相应的前提条件，则开放资本账户对该国有利，但如果一国不具备相应的前提条件，则开放资本账户就会对该国不利。或者说，资本账户开放对经济增长的影响存在“门槛效应”。“门槛效应”理论认为，只有当一国经济和金融发展水平以及制度质量等各种因素达到一定水平(或超过一定的门槛值)以后，资本账户开放才能显著促进该国的经济增长。目前，这一领域里的研究成果主要

① 在 21 世纪之前，IMF(1992、1998)曾经系统地阐述了一国开放资本账户的前提条件，这主要包括：(1)合理的汇率机制及汇率水平；(2)充足的国际清偿手段，主要包括充足的外汇储备和获得国外融资的能力；(3)稳定的宏观经济环境及完善的宏观调控体系(包括实现财政平衡及消除过多的货币)；(4)公众的信心；(5)银行体系健康；(6)金融市场发达；(7)强有力的，具有高度独立性及自主权的中央银行；(8)国内经济和金融结构可以承受资产价格多变所带来的影响；等等。IMF 有关资本账户开放前提条件的观点不但被绝大多数国家所接受，而且对相关的理论研究产生了重大影响。

包括以下两个方面。

(一)开放资本账户是否有利取决于一国的经济及金融发展水平

目前,许多学者分别从不同方面探讨了资本账户开放对一国有利的前提条件,这主要包括以下观点:

1. 一国的人均收入水平或工业化水平越高,开放资本账户就越有利

Klein 和 Olivei(1999)、Bailliu(2000)及 Edwards(2001)的研究都发现,在工业化国家,资本账户的开放促进了经济的增长。而在低收入国家,资本账户的开放却抑制了经济的增长。Carlos 和 Barry(2001)的研究发现:资本账户开放对高收入经济体的正向效应明显比低收入经济体大。Arteta 等(2001)的研究也证明,资本账户的开放对高收入国家的有利影响比低收入国家大得多。Chinn 和 Ito(2002)通过对 1977—1997 年全球范围内的国家数据进行动态面板回归,证实了资本账户开放在新兴工业国家对金融深化的促进作用更大,影响波及银行金融机构及证券市场,但在欠发达国家仅有股市在资本账户开放的条件下得到了发展。Eichengreen 等(2011)的研究发现:对于低收入和中等收入国家而言,没有证据表明金融部门因资本账户的开放而受益。

2. 一国的金融发展水平越高,开放资本账户就越有利

Kim 和 Lee(2002)认为随着资本账户的开放,由于资金频繁地流出或流入,因此,对于金融体系较为脆弱的发展中国家而言,资本账户开放导致危机爆发的可能性较大。Bekaert 等(2006)指出,国内金融体系发展程度会影响资本账户开放对国内实体经济的冲击,金融体系不健全、金融市场发展不完善会加剧资本账户开放对国内宏观经济波动及金融动荡的影响,从而会导致国内金融危机的爆发。Kose 等(2006)研究显示,如果国内金融发展水平比较低,金融监管效率低下,公司治理效率不高,则大量资本的流入会进一步加剧金融风险。此外,大量经验研究表明,资本流动的波幅可能会因为一国金融发展水平的提高而降低(Broner 和 Rigobon,2005;Aoki 等,2007;Broto 等,2007;Broner 和 Ventura,2010;Park 和 An,2011)。Aoki 等(2010)的理论研究表明,资本账户开放对国际资本流向的影响取决于国内金融市场发展的程度,如果国内金融市场发展不完善,则资本账户开放对国内宏观经济的影响是不利的,主要原因在于,它会直接导致全要素生产率的长期停

滞。Kitano(2011)认为，在一个不完善的金融体系中，国外流入的资本在国内的使用效率很低，因此，一国金融发展水平对资本账户开放能否促进经济的增长至关重要。

Mukerjit 和 Tallon(2003)研究了不同类型经济体的资本账户开放对经济增长的影响，结果显示：对于金融发展水平较高的国家，资本账户开放没有放大经济增长的波动；而对于金融发展程度较低的国家，资本账户的开放确实会引发或加剧经济的波动。Mukerji 和 Tallon(2003)的研究也表明，对于金融发展程度较高的国家，资本账户开放不会增大其经济增长的波动性。Schmitz(2011)认为金融体系自由化程度高的国家，国际资本流入往往比较集中。

3. 市场制度越成熟，开放资本账户就越有利

Edward(2000)运用包含不同国家的资本账户开放变量的经济增长模型分析证明，开放资本账户与经济增长之间的正相关仅限于市场制度较成熟的西方发达国家。Michael 等(2001)曾选取涵盖发达国家和发展中国家的时间序列和截面数据，以分析资本账户开放与金融深化及经济增长之间的关系，结果发现：OECD 工业化国家的资本账户的开放与金融深化及经济增长之间存在比较明显的相关关系，但这种相关关系在发展中国家并不明显。

4. 法治水平越高，宏观经济越稳定，则开放资本账户就越有利

Arteta 等(2001)选用 60 个国家 1973—1992 年的数据进行分析发现，开放资本账户促进经济增长的效应随着时间的变化而变化，并且与如何度量开放程度以及与国别有关的先决条件紧密联系。在法制健全、资本账户开放之前已经有较高的开放程度，且宏观经济的不平衡已经在自由化前被消除的国家，资本账户的开放与经济增长之间表现出较强的正相关。Demirg 和 Detragiache(2002)对 53 个国家的实证研究表明，实施金融自由化的国家，如果其金融体系越健全，法律法规越完善，政府官员的寻租行为越少，合同的执行率越高，则开放资本账户后发生金融危机的概率就越小，否则就越大。这意味着，一国想要从资本账户开放中受益，其法治水平首先要达到一定的水准。

5. 资本账户开放对经济金融的影响存在非线性效应

Kose 等(2011)采用金融发展(私人信贷规模/GDP)作为门槛变量进行研究发现:资本账户开放对经济增长的效应存在门槛效应,金融深化水平越高,则资本账户开放的经济增长效应越明显。但是,当金融深化突破某一门限值时,这一效应就不复存在了,即资本账户开放对经济金融的影响存在非线性效应。Klein(2003)认为,资本账户开放与经济增长之间的关系呈现倒"U"形,即在一定的经济发展水平区间,或者说在中等收入国家,资本账户开放能促进经济增长,而不发达国家和富裕国家开放资本账户未必能促进经济增长。Edison 等(2004)发现资本账户开放对经济增长的影响存在国别的异质性,他们的实证分析发现中等收入国家明显受益于资本账户的开放。

此外,Ghanda(2005)发现:在民族成分相对复杂的国家,资本管制会阻碍经济增长,而在民族成分相对单一的国家,资本管制对经济发展有促进作用。

(二)开放资本账户是否有利关键取决于一国的制度质量

近年来,越来越多的学者深刻认识到,金融开放是否对一国有益或者说是否会导致金融危机最重要的前提条件是该国的制度质量。可以说,将制度质量与资本账户开放联系起来是国外学术界的最新研究进展。目前,这一领域的研究结论主要包括以下几点:

1. 在制度质量低下的情况下开放资本账户难以取得预期的效果

Johnson 等(2000)从法律制度这一角度分析了一国开放资本账户的效果。他们认为,如果一国在其法律制度不完善(主要表现为对投资者的利益保护不力)的情况下开放资本账户,往往会爆发金融危机。Ito(2005)以及 Chinn 和 Ito(2006)对 108 个国家 1980—2000 年的数据进行实证分析后得到的结论是:(1)只有当制度质量达到一定程度(临界值)时,资本账户的开放才能促进该国的金融发展;(2)正是因为欠发达国家的制度质量没有达到临界值,因此,在这些国家,资本账户的开放不是促进而是阻碍了金融发展;(3)只有在那些行政体系的质量及法治水平较高,且腐败程度较低的国家,资本账户的开放才会促进资本市场(特别是股票市场)的发展。Honohan 和 Beck(2007)的研究发现:非洲的经验表明,在缺少信息披露制度和契约约束的情况下,外资银行的进入未必能够促进金融发展。Jeanne 等(2012)认为,如果一国在国内制度不完善、政策不健全、金融部门落后的情况下开放资本账户,则流入国内的大量资本会进入非生产领域,这会导致资产价格泡沫,而资本流入的突然中断又会导致泡沫破灭,结果造成资产价格大幅下降,进而引发金融危机。

Law 和 Demetriades(2006)对来自 43 个发展中国家 1981—2001 年的数据使用动态面板数据进行分析后发现,贸易和资本流动对于促进制度质量较高的中等收入国家的金融发展有效,而对制度质量较低的低收入国家的作用则要低得多。Klein 和 Olivei(2008)的研究也表明,资本账户的自由化可能无法为所有国家都提供同样的福利。资本账户自由化和金融深化之间的正相关关系似乎集中在经济发达的经济合作与发展组织(OECD)成员国中,因此他们认为,只有在适当的体制和健全的宏观经济政策下,资本账户自由化的好处才能充分发挥。

2. 制度质量的高低影响资本的流动

Alfaro 等(2003)通过搜集 50 个国家 1971—1998 年的数据进行实证分析后认为,制度因素是影响资本流动最重要的因素,这一方面对"卢卡斯悖论"提供了有启示意义的解释,同时又为将制度因素引入到金融开放、资本流动等问题的研究开创了道路。Noy 和 Vu(2007)在控制了某些宏观经济变量和制度因素后,发现资本账户开放与外资流入并不存在显著的正相关关系,只有在贪腐程度和政治风险较低的国家,开放资本账户才可以促进资本流入。

Faria 和 Mauro(2004)认为,一国的制度质量越高,则该国吸引的外国投资就会越多。Wei(2006)研究了产权保护和金融发展对资本流动类型的影响。他发现,在产权保护力度一定的情况下,更高的金融发展水平会降低 FDI 的流入,同时吸引更多金融资本的流入。Ju 和 Wei(2007)的研究显示,拥有高效的金融体系、合理的公司治理及有效的产权保护的发达国家通常是 FDI 的净出口国,但同时也是金融资本的净进口国。而金融体系效率较低、公司治理机制较不完善,且产权保护较弱的发展中国家倾向于出现相反的情况:净出口金融资本,同时净进口 FDI。也就是说,在金融全球化背景下,金融不发达、公司治理不完善的国家会表现为 FDI 的流入和金融资本的流出。而在产权保护力度一定的情况下,更高的金融发展水平会降低 FDI 的流入,同时吸引更多金融资本的流入。因此,Ju 和 Wei 指出,一国的产权保护程度将决定其受益于金融全球化的程度,制度健全的国家将会在金融全球化中受益,而制度不完善的国家则会在金融全球化中受到损害。Ju 和 Wei 还认为,一国的产权保护越严格,则资本自由流动的好处就越大。他们还特别指出,对于那些劳动力富余的国家,产权保护越有效,则该国越有可能从资本的自由流动中获利。

3. 资本账户开放对一国国内金融发展的影响取决于该国的制度质量

Prasad(2003)、Kose 等(2007)认为,只有建立良好的制度才能使资本账户的自由化转化为更高水平的金融深化。Calderon 和 Kubota(2009)通过搜集全球 145 个国家 1974—2007 年的相关数据进行实证分析后发现:资本账户开放对国内金融发展的影响取决于制度质量、投资者保护程度与贸易开放度的高低。在那些制度质量及投资者保护程度较高的国家,资本账户的开放显著扩大了私人信贷、银行资产及资本市场的规模,同时还有效地促进了该国金融业效率的提高。

4. 资本账户开放对经济增长的影响好坏取决于该国制度质量的高低

Menzie 和 Ito(2002)使用 1977—1997 年间大量样本国家的总体数据进行实证研究发现:从总体上来说,制度质量更高的经济体比那些制度质量较低的经济体在金融自由化或资本账户的开放中获益更多。Aizenman 和 Noy(2004)的实证研究也表明,只有在一国的法治水平达到一定的程度之后,较高的金融开放水平才有利于该国的经济发展。Klein(2005)运用 71 个国家 1976—1995 年的数据进行了实证分析,他也发现:制度质量高的国家享受了资本账户的开放对经济增长带来的最大好处。因此,他认为,要使资本账户的开放对经济增长产生最大的好处,开放资本账户的国家就应为这种开放创造良好的制度基础,这是因为:制度质量的高低影响到金融体系在不同产业部门配置资本的效率,也影响到国内储蓄能在多大程度上转换为有效的投资和国外投资者投资于本国时所要求的溢价。Schularick 和 Steger(2006)通过搜集大量的相关数据,并对自 1880 年以来的国际资本流动历史进行实证分析后得出结论认为:在良好的产权保护基础上实行金融开放(资本自由流动)才能有效地刺激经济增长。

Mishkin(2009)通过对新兴市场经济国家金融开放的实践进行深入分析后指出，一国只有在良好制度(特别是能够高效配置资源的良好产权制度)的基础上实行金融开放才会使该国充分享有开放所带来的利益；相反，如果没有建立良好的制度，则实行金融开放就有可能带来负面作用。Brone和Ventura(2010)也认为，只有建立良好的制度，金融开放才能给本国经济带来好处，因为这一方面会吸收大量的资本流入，另一方面又能使流入的资本得到合理的配置，从而刺激本国的经济增长。Eichengreen、Gullapalli和Panizza(2011)的研究也指出：资本账户及金融开放的正向促进效应只发生于具备以下条件的国家：拥有完善的金融体系、良好的会计准则、有效的债权人保护手段和健全的法治。

5. 只有在制度较完善的情况下开放资本账户才能避免金融危机的爆发

Demirguc-Kunt和Detragiache(1998)的研究证实，在金融开放(包括资本账户开放)进程中，提高制度质量在降低金融脆弱性方面具有重要意义。他们采用了人均GDP、法律与秩序、官僚主义程度、合约实施的质量、行政部门的效率以及腐败程度6个指标来衡量一国的制度质量。结果表明，制度质量与金融脆弱性的相关性非常显著，而且不同制度质量的效果差别非常大。例如，当一个经济体中的“法律与秩序”的指标数值为0(最差状态)时，则金融开放对金融危机概率的影响为1.770；当这一数值为3(中间状态)时，则影响为负数，也就是说，金融开放不会导致金融危机。当“合约实施的质量”这个指标数值由最低移到最高时，则金融开放对金融危机概率的影响将降到0.980。

Shimpalee和Breuer(2006)的分析则富有逻辑性。他们指出，由于货币危机一般是由资本的大量流出引发的，那么，接下来的问题就是“是什么原因引发了大量的资本流出?”回答为“风险和不确定性”。那么，“风险和不确定性又是由什么原因造成的呢?”他们认为，回答应是“制度”。Shimpalee和Breuer分别从经济、金融、政治、法律及社会安排等方面列出了13个制度变量(包括政府机构的质量、政治稳定性、腐败、法律、宗教、内部冲突、外部冲突、汇率制度、资本管制、中央银行的独立性、存款保险、金融自由化、法律起源等)，并搜集了30个国家1984—2002年的相关数据，然后在此基础上实证分析这些制度变量与货币危机之间的关系，结果发现，政治不稳定、法律制度存在缺陷、广泛的腐败、事实上的固定汇率制度及中央银行缺乏独立性等制度因素都会增大爆发货币危机的可能性,而且,一国的制度质量越低,则其在货币危机期间产出的下降幅度越大。Shimpalee 和 Breuer 认为,良好的制度有利于稳定市场预期,降低市场的不确定性,从而降低货币危机爆发的可能性。此外,Shimpalee 和 Breuer 还发现,实行大陆法系的国家更易于爆发货币危机。

Mishkin(2009)认为,经济增长最关键的制度是保证资本能配置到最有生产力的用途上。一些发展中国家开放资本账户之所以没有带来相应的效果,是因为这些国家没有好的制度使其比较优势得到发挥,没有好的制度促使资本配置到最有生产力的用途上,显然,在这种情况下,实行金融开放并不会带来好的效果,反而有可能带来负面作用。可见,这些国家所爆发的金融危机并不是金融开放造成的,而是由该国的制度不完善导致的。

综上所述,以上这些学者所说的"制度"主要包括以下方面:(1)法律制度(Johnson、Boone、Breach 和 Friedman,2000);(2)产权保护制度(Wei,2006;Mishkin,2009);(3)行政体系的质量(Chinn 和 Ito,2006);(4)健全的公司治理机制(Ju 和 Wei,2007);(5)合约实施的质量(Demirguc-Kunt 和 Detragiache,1998);(6)会计准则及信息披露制度(Honohan 和 Beck,2007;Eichengreen、Gullapalli 和 Panizza,2011),等等。

总之,进入 21 世纪以来,越来越多的学者逐步达成了一个重要共识:如果不建立好的制度,则资本账户的开放并不一定对一国有利,甚至还可能带来货币危机或金融危机;只有在良好的制度基础上开放资本账户,才能使该国充分享有资本账户开放所带来的好处以更好地促进本国的经济增长。

五、资本账户的开放在短期会带来痛苦,但在长期则是有利的

Kaminsky 和 Schmukler(2002、2003)建立了一个全面考虑利率市场化、资本账户开放和贸易开放在内的金融自由化理论模型,并针对 1973—1999 年 28 个发达国家和发展中国家的相关数据进行实证分析,结果发现,资本账户的开放及金融的自由化在短期内会形成一定的金融泡沫,导致金融风险一定程度的积聚,甚至有可能导致"繁荣—破裂"周期。但从长期来看,则会通过逐步优化一国的金融结构并完善其金融市场功能,从而有利于经

济发展和金融稳定。也就是说，伴随资本账户开放及金融自由化的金融脆弱性只是短期效应，资本账户的开放在短期会带来痛苦，但在长期则是有利的。Tornell、Westermann 和 Martinez(2004)的研究发现，发展中国家在贸易自由化后进行的金融自由化，的确加大了金融危机的可能性，但是金融自由化同时也导致了更高的经济增长，经济快速增长的国家通常是那些曾经历"繁荣—破裂"周期的国家，偶然的金融危机是经济快速增长的副产品。

Ranciere 等(2006)以资本市场开放和私人资本流动指标作为金融自由化的代理变量，通过构建用以分解增长效应和危机效应的计量方法，对 60 个国家 1980—2002 年金融自由化的实践进行分析发现，金融自由化对经济增长的促进效应要远远大于所引发危机的不利影响。Lee 和 Shin(2007)借鉴 Rancier 等(2006)的方法，检验了包括利率市场化在内的金融自由度指数与经济增长的关系，同样发现放松金融管制对增长的正面作用要远远大于危机的负面影响。Klein(2003)的研究也发现资本账户开放与经济增长呈倒"U"形关系，且对中等收入国家的效果更为明显。

Evans 和 Hnatkovska(2014)研究发现，在资本账户开放初期，由于资本流动的波动剧烈，可能会给一国带来一定的不利影响。但随着资本账户开放程度的不断提高，经济及金融的波动程度都会下降。其原因是：资本账户越开放，居民(包括企业和个人)既可以从国内金融市场上获得私人信贷，又可以通过国际金融市场获得融资，进而达到平滑消费或投资的目的，从而最终能够减少产出的波动。

六、国内学者有关资本账户开放经济效应的跨国分析

近年来，越来越多的国内学者也开始参照国外学者的研究方法，通过进行跨国分析来探讨资本账户开放的经济效应，并以此为基础研究中国的资本账户开放问题。

(一)资本账户开放对经济增长的影响存在门槛效应

林清泉和杨丰(2011)在 Kose 等(2006)研究的基础上，使用 Hansen(1999)的面板门槛模型，以世界银行开发的国家治理指标作为门槛变量，计算出门槛值后发现，当治理指标高于此门槛值时，金融开放可以促进经济

增长,而当治理指标低于此门槛值时,金融开放则可能会阻碍经济增长。邓敏和蓝发钦(2013)基于多个发达国家及发展中国家1980—2005年的数据,采用面板门槛模型全面考察了金融发展、制度质量、贸易开放及多项宏观经济政策对资本账户开放增长效应的影响,结果表明除了通货膨胀波动和贸易开放之外,其他因素对资本账户开放的效果都具有一定的门槛效应。此外,作者还进一步对比分析了资本账户子项目开放条件的门槛水平。

陆军和熊衍飞(2014)使用44个国家和地区1973—2013年的面板数据,考察资本账户开放、制度质量与经济增长三者间的关系。实证分析结果表明,资本账户开放对经济增长的影响是间接的,其作用力大小取决于一定的制度基础。而在相同的资本账户开放程度下,OECD国家开放资本账户所获得的增长红利显著高于新兴市场国家或发展中国家。

郭桂霞和彭艳(2016)基于87个国家1990—2012年的数据,同样采用面板门槛模型,但以经济发展、金融发展、对外开放以及制度质量为门槛变量检验了其对资本账户开放增长效应的影响,结果显示以上因素均存在门槛效应。与其他相关文献不同,郭桂霞和彭艳还基于中国的跨省数据检验了资本账户开放对中国各省份经济增长的门槛效应,结果表明:在省级层面,经济发展水平和对外开放程度会对资本账户开放的增长效应产生显著的影响。

(二)只有在汇率波动较小的情况下开放资本账户才对经济有利

李丽玲和王曦(2016)在Barro经典增长模型的基础上引入资本账户开放和汇率波动,采用182个国家1970—2013年的面板数据进行实证分析,考察了资本账户开放与汇率风险对经济增长的综合影响。结果发现:(1)不考虑汇率波动时,资本账户开放存在“门槛效应”,即资本账户开放对中高收入国家的经济增长具有明显促进作用,但对低收入国家的经济增长并没有促进作用。这意味着,只有当一国的经济金融发展水平达到一定程度时,资本账户的开放才能显著地促进经济增长。同时,李丽玲和王曦还发现,汇率波动较小的国家资本账户开放的经济增长效应更明显。(2)考虑汇率波动时,资本账户开放的增长效应有所弱化,汇率波动越大,资本账户开放促进经济增长的边际效应越小。李丽玲和王曦实际上指出:只有在汇率波动较小的情况下开放资本账户才对经济有利。

（三）资本账户开放对经济的作用效应十分复杂

1. 资本账户开放有利于降低发达国家的通货膨胀水平，但无论是对发达国家还是对发展中国家，资本账户开放对经济增长的直接效应都不明显

张永升等（2014）的实证分析发现：资本账户开放能够降低发达国家的通货膨胀水平，但无论是对发达国家还是对发展中国家，资本账户开放对经济增长的直接效应都不明显。

2. 资本账户开放带来两种不同的效应

雷文妮、金莹（2017）通过对176个国家1980—2013年的面板数据进行实证分析后发现，资本账户开放带来两种不同的效应，一种是通过分散风险、加强纪律性以及促进信息共享等渠道推动经济增长；另一种是加剧了资本流动的不稳定性，从而增大产出的波动性和危机爆发的可能性，两者的共同作用使得资本账户开放与经济增长之间呈现一种倒“U”形的关系。

3. 不同类型的资本流动对经济增长的影响不同

智琨和傅虹桥（2017）利用58个中低收入国家1995—2012年的年度数据作为回归样本，采用系统广义矩估计的方法进行实证回归，研究结果发现：不同类型资本账户开放对中低收入国家经济增长的影响存在异质性，其中，直接投资的开放能够显著促进经济增长，但证券投资的开放和金融信贷的开放均对经济增长有显著的负面影响。

第四节　有关中国资本账户开放问题的理论探讨

从国内学术界的情况来看，国内曾有众多的学者（周小川、谢平，1993；姜波克、易纲，1999；姜波克，1999；陈炳才，1999；李扬、黄金老，2000；张礼卿，2000；陈全庚，2001；黄金老，2001；汪小亚，2001；廖发达，2001；丁志杰，2002；王雅范、管涛、温建东，2002；胡援成，2002；谈世中，2002；巴曙松，2003；华民，2003；刘光灿，2004；沈悦，2004；李瑶，2004；姜波克、朱云高，

2005；邱崇明，2005；施建淮，2005、2007；金立群，2005；赵庆明，2005；张军、金煌，2005；李婧，2006、2007；吴信如，2006；陈雨露、罗煜，2007；陈志刚，2007；李巍，2008；叶伟春，2009、2011；刘仁武、刘华，2009；马勇、陈雨露，2010；陈雨露，2010；张成思、李颖，2010；张燕生、贺力平，2011；刘仁武等，2011；陈科、应益荣，2012；周小川，2012；孙立行，2012；王元龙，2012；李稻葵，2013；马骏、徐建刚，2012；曹远征，2013；张成思、朱越腾、芦哲，2013；陈元、钱颖一，2014；盛松成、刘西，2015；殷林森、吴君，2015）对中国资本账户的开放问题进行过系统的理论研究。由于许多学者认为对资本账户进行适当的管制是维护中国金融安全的最后一道屏障（余永定，2000；Ariyoshi、Akira、Habermeier、Lauren，2001；Mundell，2001；Peng 和 Bajna，2008），因此，资本账户的开放实际上被视为中国金融改革的最后一步，在这种情况下，国内的相关研究主要聚焦于中国资本账户开放的战略目标、前提条件、开放步骤、配套改革措施，以及资本账户开放对中国金融体系及货币政策的冲击等问题上。但由于中国近年来不断推进资本账户的开放进程，因此，目前国内学术界有关资本账户开放经济效应的实证分析也越来越多。

一、不赞成中国目前开放资本账户的观点

值得注意的是，学术界有不少学者对中国资本账户的开放持否定的态度，其理由主要有以下几个方面：

（一）开放资本账户意味着撤销抵御国外经济冲击的“防火墙”，这可能给中国经济带来重大风险

许多学者（余永定，2000；Ariyoshi、Akira、Habermeier、Lauren，2001；Mundell，2001；Peng 和 Bajna，2008）都认为，中国之所以没有受 1997 年亚洲金融危机的传染，关键就在于中国的资本账户没有开放，因此，对资本账户进行适当的管制是维护中国金融安全的最后一道屏障。一旦中国开放资本账户，则意味着中国撤销了抵御国外经济冲击，特别是金融投机的“防火墙”，这就有可能影响国内的金融稳定，并可能给中国经济带来重大风险。Rey（2013）认为，中国金融体系存在脆弱性，国内外套利空间巨大，因此，中国在开放资本账户的过程中稍有不慎就有可能触发金融危机。

Aizenman（2015）认为，中国出口导向型的经济增长模式虽然是成功

的,但是,这种成功的模式难以持久,因此,中国经济增长需要再平衡。Aizenman又指出,中国在没有解决好国内金融稳定的情况下,不宜快速开放资本账户。因为资本账户开放将使中国更易受到外部冲击的影响,中国还可能承担丧失货币政策自主权和付出金融稳定的成本,如果忽视这一点将给中国乃至全球带来风险。英国央行2013年底发布的一份研究报告显示,如果中国开放资本账户,可能导致中国对外资产和负债与全球GDP之比,由不到5%升高至近35%。这意味着,中国会因资本账户的开放而在更大的程度上直接受到全球经济的影响或冲击。

王彬(2014)认为,资本账户开放后促进经济增长的前提条件是,拥有一个完善成熟的金融市场以及能够对国际资本流动实现有效监管。同时,王彬针对中国的实践,通过数值模拟考察了资本账户开放及汇率自由化对中国宏观经济与社会福利的影响,结果显示:如果中国完全实现汇率自由化与资本账户开放,则很容易放大随机冲击因素对宏观经济稳定的负面影响,从而导致社会福利的损失。

(二)开放资本账户并非刺激中国经济的决定因素

林毅夫(2013)则明确反对资本账户开放,他认为资本账户开放并非经济增长的决定因素,一个国家长期经济增长源于技术创新、产业升级、基础设施和制度安排不断完善,发展中国家只要按照要素禀赋结构决定的比较优势来发展经济,即使资本相对短缺也能积累足够资本来推动经济快速发展,而不必非得依赖外部融资。事实上,自第二次世界大战以来,从低收入国家发展成为高收入国家,在其进入高收入国家行列之前都没有开放资本账户。而一些发展中国家开放资本账户的结果却是经济波动频繁,甚至大多爆发了货币危机。林毅夫还特别指出,中国国内很多经济扭曲没有消除,存在不少结构性问题,在这种情况下,资本账户的开放并不会刺激中国的经济增长,反而会因引起资本的大进大出而导致中国经济的波动。张礼卿(2013)则指出:由于中国的要素市场没有完全市场化,要素价格仍存在不合理的问题,因此,在这种情况下开放资本账户不仅难以促进资源的合理配置,反而有可能造成更多的经济扭曲,并造成宏观经济的失衡。华民(2014)认为,资本账户自由化对于发展中新兴市场经济体并无任何好处,反而会因为资本的自由流动而带来流动性冲击。

（三）中国目前还不具备开放资本账户的条件

Groomberg（2001）认为，中国的银行体系存在脆弱性，且资本市场也不完善，在这种情况下，中国资本账户开放存在极大的风险。Arroyo（2003）认为，完善的国内市场并不一定能消除资本账户开放所带来的不利影响。因为当一国放松资本管制时，它就必须放弃汇率稳定或者独立的货币政策。而放弃这两者之中的任何一个，都将使一国的宏观经济调控变得更为困难，而中国政府还缺乏资本自由流动条件下的宏观调控经验。Peng 和 Bajna（2008）认为，中国之所以在亚洲金融危机爆发之后的 1998 年至 1999 年没有爆发货币危机，原因在于中国实行了资本管制。相反，如果中国在金融体系存在严重的脆弱性的情况下实行资本账户开放及人民币汇率的自由浮动，则有可能使中国面临爆发货币危机的问题。

Lardy 和 Douglass（2011）认为，完善的国内银行体系、发达的金融市场和均衡的汇率是资本账户自由兑换的三个主要先决条件。而中国在这三个方面都面临重大挑战，中国还没有满足这其中的任何一个先决条件，在这种情况下，中国开放资本账户有很大的风险。Lardy 和 Douglass 特别指出，由于人民币汇率被低估，因此，在这种情况下开放资本账户，可能会产生基于人民币升值预期的大规模投机性资本流入，这显然会冲击中国的经济。Lardy（2011）还认为中国没有实现利率的市场化，就很难评估金融体系健全度，此外，中国的企业债券市场极度不发达，这也不利于中国资本账户的开放。张明（2012）及余永定（2014）指出，在全球金融市场依然动荡不安、发展中国家金融稳定受到更为严重的冲击，中国经济的趋势增长率在下降、人口老龄化、经济货币化、产能过剩、资源与环境约束等因素导致旧的增长模式难以为继的内外环境下，当前并非加快中国资本账户开放的良好时机。

余永定（2013、2014）、张斌（2012）、张明（2012、2013）等人认为，由于中国的劳动力、土地及资源成本上升，已有的制度改革红利衰减，同时，由于中国的制造业份额已近饱和，人口、资源开始向以服务业为主的第三产业转移，中国经济的潜在增长率下降，因此，在这种情况下开放资本账户，有可能出现大规模资本外流的情况，这就有可能影响国内经济稳定，并有可能导致人民币贬值。孙俊和于津平（2014）基于动态随机一般均衡模型的理论框架，构建了中国资本账户开放的福利评价标准，并实证模拟了资本账户不同开放路径所引发的宏观经济效应。研究结果是：外商直接投资和对外证券投资开放程度分别是资本账户引发经济长期和短期波动的决定因素，在中国当前的条件下，如果完全放松对外商直接投资的选择约束则有可能导致中国经济跌入"低增长、高波动"的陷阱。总之，这些学者都认为目前中国还不具备开放资本账户的前提条件。

（四）开放资本账户有可能导致资本大量流出，并进而影响中国的经济增长

张志超（2002）和张礼卿（2013）认为，在资本账户开放问题上中国面临的最大挑战是资本外逃。Laurenceson 和 Tang（2005）的研究预测，若中国完全开放资本账户，非 FDI 流动规模占 GDP 的比重将增加 4.6 个百分点，并对金融稳定构成严峻挑战。叶伟春（2011）也认为，中国开放资本账户会导致大量资本外逃。Bayoumi 和 Ohnsorge（2013）则估算，中国在开放资本账户以后，资本外流将占到 GDP 的 5%。杨小海、刘红忠和王弟海（2017）在两国 DSGE 模型的框架下，根据经济基本面对中国对外股权投资逐渐开放的过程进行政策模拟，并评估其可能存在的潜在风险，模拟结果显示，无论在哪种政策安排下，放松资本管制均会导致中国面临资本外流的压力，而且流出的速度会随着管制程度的放松而加快。据此，杨小海、刘红忠和王弟海认为，在中国目前的情况下，放开国内居民关于直接投资和股票投资的资本流出管制，中国将会面临巨大的资本外流压力。在巨大的资本外流压力面前，人民币汇率很难维持在均衡水平。此时若开放中国的资本账户，投机资本就会大量流出套汇，这必然会影响中国的经济增长并造成国民福利的损失。

总之，许多学者之所以认为中国开放资本账户有可能导致资本大量外逃，原因主要在于中国的企业债务比率过高，且国内投资渠道有限以及中国的银行体系存在较大的脆弱性，等等。

（五）开放资本账户后资本的大量流动会给中国经济带来风险

在许多学者担心资本账户开放会导致大量资本外逃的同时，也有许多学者担心资本账户的开放会造成大量资本的流入（张礼卿，2013；余永定、张明，2013；张斌，2013）。汪小亚（2001）认为，资本账户开放是中国金融改革的发展方向，但中国开放资本账户会从资本流入和资本流出量方面形成潜在的风险。姜波克和朱云高（2004）指出，中国开放资本账户后会出现资本流动的过度波动,从而会给中国经济带来风险。贾俊雪和郭庆旺(2006)研究了金融开放对宏观经济稳定性的影响,他们在分析美国经济冲击对中国实体经济波动的影响因素及其度量时,将贸易自由化和金融自由化分别进行了实证分析,用法规描述指标法构建了金融自由化指数,发现贸易依存度的提高总体有助于经济稳定,但是金融自由化的推进却加剧了国内经济的波动。

张屹山和张鹏(2010)也研究了资本账户开放对中国宏观经济波动的影响,他们利用产出、价格水平、货币供应量、消费和证券市场规模等几个方面的指标来衡量宏观经济波动,将1993—2008年的数据分为不同阶段,并通过VAR模型及菲利普(Philip,2001)的资本存量模型,分析了中国资本账户开放对中国资本流动构成的影响,最后也发现:资本账户开放以后,资本流入对于促进国内经济增长的作用不但越来越不明显,反而造成宏观经济变量的波动。潘英丽(2015)认为,促使中国资本流入与资本流出的动力同样强盛,因此,在这种情况下开放资本账户会出现资本的大量流动,从而会给中国经济带来冲击,不利于国内经济的稳定。杨子晖、陈创练(2015)认为,中国的跨境资本流动占GDP的比重不仅低于美国与欧盟等发达国家的平均水平,而且也低于中低收入国家以及世界的平均水平。因此,随着中国资本账户的开放,中国金融市场的稳定性将受到明显冲击,金融市场的波动性风险也将随之增大。

(六)开放资本账户有可能加剧国内银行体系的风险甚至有可能使中国面临货币危机问题

向文华(2004)认为,中国若开放资本账户,则有可能导致过度借款和银行不良资产的增大,这将会危及中国银行体系的稳定。孙立坚等(2002)认为,开放资本账户后,激增的资本流动可能导致一国银行部门出现过度借贷和资本市场波动,这些都有可能引发金融危机。赵昆(2004)认为随着货币市场、证券市场的逐步开放,资本自由流动将会给中国经济、金融调控和金融监管带来许多难题,大量短期资本的流入和流出会对中国金融安全造成极大威胁。李巍(2007)建立了一个由金融发展程度、资本账户开放与金融不稳定指标组成的向量自回归(VAR)模型,并利用中国1982—2005年的年度数据,对这些变量的长期协整关系和短期的调整动力学进行了实证分析,结果显示:资本账户开放度与金融不稳定指标在长期关系中呈现正向关系,即随着资本账户开放程度的提高,会引起金融不稳定程度的上升。李巍还指出,持续的人民币汇率升值预期和人民币汇率的形成机制缺陷会导致资本的大量流入,进而会引起通货膨胀和经济的泡沫化。何慧刚(2007)、焦成焕(2009)、李巍和张志超(2010)、马勇和陈雨露(2010)、李成和白璐(2013)及毕海霞(2013)都认为:资本账户开放是一把利弊兼有的"双刃剑",虽然开放资本账户能获得许多好处,但在资本账户开放以后,资本的过度流入(诱发泡沫的形成)与资本流动逆转(资本恐慌性外逃)都会扭曲一国的经济金融结构,甚至直接引爆金融危机。

曹远征(2013)等人认为,由于中国资本市场的广度和深度与发达经济体相比仍存在一定差距,抵御投机资金冲击的能力较弱,因此,一旦中国对全球投资者开放资本账户,则资本的频繁流出流入会导致中国的股票市场、基金、外汇、房地产等市场价格出现大幅波动,从而给中国经济带来重大风险。方显仓、孙琦(2014)的研究发现:资本账户开放水平越高,越容易加剧国内银行体系风险,银行体系风险的加剧反过来又会延缓资本账户开放进程,且不利于中国经济的稳定与增长。

总之,许多学者认为,由于短期资本的流动是顺周期的,短期资本的大进大出不仅可能造成汇率发生超调,还可能造成资产价格大起大落,从而加剧系统性金融风险,对经济与金融稳定的破坏性较大。

(七)开放中国的资本账户有可能导致人民币汇率剧烈波动,并有可能产生货币替代问题

Laurenceson 和 Tang(2005)预测,若中国完全开放资本账户,则非 FDI 流动规模占 GDP 的比重将增加 4.6%,这将对中国的金融稳定构成严峻挑战。李巍和张志超(2008)的研究更是表明,中国的资本账户无论是完全开放还是部分开放,都会导致国内经济的不稳定。张明(2012)、张斌(2013)及余永定(2014)均认为,因开放资本账户而带来的短期资本的大进大出将导致人民币汇率的剧烈波动,这就不利于国内经济的稳定。华民(2014)认为,开放中国的资本账户意味着将中国的市场与全球市场直接连接起来,这将会使中国经济直接受到来自国外实体部门及金融部门的各种冲击,因此,这会给中国经济带来风险。王彬、马文涛及刘胜会(2014)在开放经济的动

态随机一般均衡模型基础上进行研究，结果发现：在条件不成熟时贸然地开放资本账户会给一国经济稳定带来不必要的负面冲击。

一些学者则指出，在中国企业债务比率过高，且国内投资渠道有限以及中国银行体系存在较大脆弱性的情况下开放资本账户，必须高度关注货币替代问题的产生。所谓货币替代，是指一国居民因对本币的币值稳定失去信心，或本币资产收益率相对较低时发生的大规模货币兑换，从而使外币在价值贮藏、交易媒介和计价标准等货币职能方面全部或部分地替代本币。邓乐平和冯用富（2002）的研究发现：中国于 1994 年实现人民币经常项目有条件的可兑换后，货币替代水平急剧上升，中国的货币替代程度（即外币与本币之比）1995 年曾达到 6.69%，2000 年仍高于 4%，这是需要引起我们高度关注的问题。卜亚（2005）、毕海霞（2013）都认为，资本账户的开放有可能导致中国出现货币替代问题，进而会对国内经济带来不利的冲击。

此外，还有学者认为，开放资本账户会影响中国货币政策的独立性。如边卫红（2002）认为，资本账户开放是一项隐含着巨大风险的改革，货币政策独立性与汇率稳定之间的冲突是开放资本账户可能面临的最大风险。侯金亮和刘攀（2002）认为，随着资本账户的开放，中国金融体系遭受外部冲击的可能性会增加，且货币政策的效力会减弱。

二、主张中国应该开放资本账户的观点

（一）对资本账户进行管制代价高昂且负面作用很大

Huang 等（2011）认为，虽然相对封闭的资本账户帮助中国抵御了亚洲乃至全球的金融危机的冲击，并因此有利于维持中国的国内经济和金融的稳定，但代价是高昂的，因为这降低了资本配置的效率。Huang 等（2011）的实证分析显示，对资本账户的管制限制了中国 GDP 的增长。黄玲（2011）则以 1970—2008 年 118 个新兴市场及发展中国家和地区为样本进行实证分析，结果发现大多数货币暴跌事件事实上发生在资本管制较严的背景下，在控制了与货币危机相关的变量的影响后，资本管制程度的放松反而会降低货币危机发生的概率。资本管制越严格的地方，经济基本面越脆弱。黄玲的这一分析表明：对资本账户进行管制并不是防止货币危机爆发的根本措施，相反，对资本账户进行管制会因降低一国的资源配置效率，从而埋下

最终有可能爆发货币危机的隐患。

王曦和陈中飞（2015）则以 probit 模型实证分析了 88 个国家（地区）资本账户开放的一般经验，发现中国资本账户实际开放程度远落后于国际经验所应达到的水平，从而认为中国加快推进开放资本账户的条件已经成熟。

（二）中国已具备了开放资本账户的基本条件

Huang 等（2011）还认为，中国目前已经具备了开放资本账户的基本条件，这主要包括良好的宏观经济条件、高速的经济增长、大量的经常账户盈余及庞大的外汇储备等。此外，开放资本账户的其他一些条件（如金融监管体系的完善，等等）实际上可以通过资本账户的开放来创造，因此，Huang 等认为中国应该加快实现资本账户的自由化。2012 年 2 月，由盛松成牵头的中国人民银行调查统计司课题组发布了一份名为《加快资本账户开放条件基本成熟》的研究报告，该报告提出当前中国开放资本账户的条件（宏观经济稳定、金融监管完善、外汇储备充足、金融机构稳健等）已具备，资本账户开放总体利大于弊、符合中国经济发展内在要求、开放后风险基本可控。同时，他们认为中国开放资本账户的时机也已经成熟，这主要有：（1）国际金融危机降低了西方企业的估值水平，因此开放资本账户会为中国企业的对外投资提供极好的机会；（2）开放资本账户有助于推动跨境人民币使用与人民币离岸中心建设；（3）开放资本账户可以通过促进低附加值产能转移和拓宽家庭海外投资渠道等方式来促进国内经济结构调整。（4）现有资本账户管制效率不断下降；等等。基于此，盛松成等也建议中国应加快资本账户的开放。

彭文生（2012）认为，由于资本管制效率不断降低及中国在经济全球化中的地位不断提高，这两个根本因素使中国资本账户的开放不可避免。黄益平（2012）、谢平（2013）、李伏安（2013）等人认为，由于人民币汇率已接近均衡水平，套汇空间已变窄，开放资本账户不至于导致资本大规模流入，同时，中国拥有全球最多的外汇储备，足以应对可能存在的风险，这也意味着，中国开放资本账户的条件已经成熟。

（三）开放资本账户可以促进国内的改革

江春（2003）针对国内外学者大多认为合适的汇率水平、完善的价格体系及完善的国内金融体系是实现资本账户的先决条件这一观点提出，开放资本账户实际上恰恰有利于形成合适的汇率水平、完善的价格体系及完善的国内金融体系。这是因为:根据价格由市场供求双方的交易行为所决定的基本规律,显然,只有开放本国的资本账户,进而实现本国货币的自由兑换,才能通过外汇的自由买卖以形成合适的汇率水平,这意味着开放资本账户实际上恰恰有利于形成合适的汇率水平;同样,如果不实现货币自由兑换以引进国际市场的价格机制及价格体系,也就难以实现国内外价格体系的一体化,从而也就谈不上完善本国的价格机制及价格体系。还有,如果不实现本国货币的自由兑换,则本国金融的国际化就难以实现,从而也就难以形成完善的国内金融体系。可见,开放资本账户实际上恰恰有利于形成完善的价格体系及完善的国内金融体系。也就是说,开放资本账户恰恰有利于推动国内的市场化改革。巴曙松(2013)也指出,开放资本账户可以推动国内的金融改革。

(四)开放资本账户能够有效缓解企业的融资约束,并使中国的跨国国际投资头寸显著增加

陈学胜等(2012)基于对中国上市公司的实证分析发现:尽管不同企业在资本市场开放过程中的受益程度存在差别,但资本市场开放确实有效缓解了企业的融资约束。He 等(2012)研究了资本账户自由化如何影响中国国际投资地位这一问题。他们的研究结果表明,如果中国开放资本账户,则中国的跨国国际投资头寸会显著增加,并且流入和流出会变得更加平衡。私人部门会将其净负债头寸调整到一个均衡水平,而公共部门将会大大地减少其相对 GDP 的净资产头寸。由于私人部门对外债权的重要性提升,而官方外汇储备的重要性下降,中国可以获得来自海外更高的净投资收入。

(五)开放资本账户会促进利率与汇率的市场化,并有利于推动人民币的国际化

解淑青和李晓杰(2013)对中国利率市场化、汇率市场化形成机制与资本账户开放关系进行了实证研究。他们选取了中国 1981—2005 年的时序数据,构建了利率、汇率与资本账户开放三个变量的 VAR 模型,并在此基础上运用格兰杰因果检验动态计量方法进行实证分析,研究结果为:从误差修正模型来看,资本账户开放对汇率与利率的市场化有正向促进作用。从格兰杰因果检验来看,资本账户开放会促进利率与汇率的市场化,同时利率与汇率的市场化也会促进资本账户的开放。Peng(2010)的研究则认为,中国开放资本账户有利于促进人民币的国际化。

(六)开放资本账户有利于促进经济增长

施建淮(2007)的研究认为,资本账户开放促进了中国众多领域的改革。陶然(2007)采用中国1996—2005年的数据作为样本,选取国内生产总值、资本管制程度、研究与开发经费存量以及全要素生产率建立模型,对中国资本账户开放度与经济增长之间的关系进行了实证分析,结果表明:资本账户的开放对于中国GDP的增长起到了刺激作用。

于冬(2010)在对中国资本账户开放度进行测度的基础上,对中国资本账户开放的经济增长效应进行了实证检验,结果发现:在长期,资本账户开放程度的提高确实有利于经济增长。Sedik和Sun(2012)在他们所构建的资本账户自由化指数的基础上,探讨了资本账户开放对中国经济的影响,他们的研究发现:资本流动的自由化对中国宏观经济及金融可能产生的影响有:(1)更高的单位资本GDP增长率;(2)较高的股本回报率;(3)较低的通胀率;等等。陈一非(2013)考察了资本账户开放、汇率制度改革及利率市场化的关系,发现资本账户的开放有利于经济增长,并且资本账户的开放与汇率制度的改革之间存在协同效应,长期来看,资本账户开放与汇率制度改革对经济增长具有联合推动作用。

刘璐萍(2015)的实证研究发现:开放资本账户会吸引更多的资本流入,因而会刺激经济增长。沙文兵和肖明智(2016)基于可计算一般均衡模型对人民币升值和贬值给中国经济带来的影响进行了模拟,结果表明:在资本账户管制的条件下,人民币贬值对中国经济相对有利,而在资本账户开放的条件下,人民币升值对中国经济的影响更为有利。郭桂霞和彭艳(2016)基于全球87个国家1990—2012年的跨国数据和中国31个省(直辖市、自治区)2002—2013年的跨省数据,采用多门槛回归法从国家与省份两个层面对中国资本账户开放的经济效应进行实证分析,测算了中国资本账户开放的门槛值,并根据门槛值对样本进行了分组,结果发现:(1)资本账户开放对经济增长确实存在门槛效应。国家层面的显著门槛因素包括经济发展水平、金融发展水平、对外开放程度以及制度质量,而省级层面的显著门槛因素则包括经济发展水平和对外开放程度。(2)开放资本账户对经济增长的促进作用与开放程度之间呈现非单调的关系:在开放程度较低的情况下,随着对外开放程度的提高,开放资本账户对经济增长的促进作用较明显,但当开放程度很高时,再开放资本账户,对经济增长的促进作用就不再显著。由于中国的开放程度整体并不高,因此,开放资本账户有助于刺激中国的经济增长。

(七)中国开放资本账户将对全球经济产生有利影响

Bayoumi 和 Ohnsorge(2013)采用计量分析方法估计了中国资本账户开放对全球经济的影响,他们的研究结果显示:中国的资本账户自由化可能会引发大量的国内储蓄寻求海外投资多元化而产生净资本流出,而这将会对全球资产价格产生重大影响。同时,他们的计量结果还显示,中国开放资本账户以后,海外资产将发生相当于 GDP 的 15%—20%的存量增长,而中国的海外负债将发生相当于 GDP2%—10%的存量增长,这意味着,中国开放资本账户将导致显著的资本净流出。此外,中国开放资本账户还将使中国的外汇储备减少,中国外汇资产存量将调整至占 GDP 的 2%—10%。Hooley(2013)认为中国庞大的经济体量意味着资本管制的任何放松都将与全世界息息相关。如果进展顺利,这将为中国带来更均衡和更持续的经济增长,并促进全球需求"再平衡"。

(八)只要方式适合,资本账户的开放并不会诱发金融危机

马勇和陈雨露(2010)以全球范围内具有代表性的 55 个国家的跨国数据为基础,通过实证分析系统考察了资本账户开放和系统性金融危机之间的相关关系。实证结果表明:在资本账户开放和系统性金融危机的关系方面,重要的是开放方式的选择,而不是开放程度的高低。从长期来看,资本账户开放程度的提高并不会诱发金融危机,但激进式的资本账户开放方式会显著增加金融危机的发生概率。

此外,国内不少学者(李瑶,2004;张礼卿,2004;刘仁武和刘华,2009、2011;陶然,2009;叶伟春,2009、2011;翁东玲,2010;夏斌和陈道富,2011;陈科和应益荣,2012;曹远征,2013)还从不同角度提出了许多有针对性的对策建议,以防范资本账户开放所可能带来的风险,这主要包括:完善跨境资本流动监测体系、建立风险预警机制、建立中国银行业的全面风险管理体系、加强金融监管、征收资本交易税或利息税、实行外汇保证金或外汇头寸

限额制度、规定保留必要的资本管制和审慎性监管措施、提高信息的透明度、建立跨境资本流动的国际合作机制，等等。也有一些赞成开放资本账户的学者（黄志强，2014）主张，为防范资本账户开放所可能带来的风险，投机性很强的短期外债项目可长期不开放。

第七章　汇率变动的经济效应：基于中国的实证分析

由于实现人民币汇率的市场化是解决中国货币政策的两难困境及中国货币供应量的长期过度增长问题，并完全实现中国经济市场化及国际化的一个关键，因此，本书首先分析人民币汇率变动对中国经济的影响。

第一节　中国行业层面外汇风险暴露问题研究

中国在实现人民币汇率的市场化以后，人民币汇率浮动幅度的不断增大必然会影响到中国的政府部门、金融部门、企业部门和家庭部门等主要经济部门，并会影响到中国的相关行业（特别是出口行业），从而使中国各经济部门所面临的外汇风险暴露（以本国货币计价的公司价值对于汇率波动的暴露或敏感系数）逐渐增大，因此，对中国各行业外汇风险暴露问题进行深入的实证分析就极为必要。

由于本书所阐述的外汇风险暴露指的是以本国货币计价的公司价值对于汇率波动的暴露或敏感系数，因此，本书将采用资本市场法，以中国行业层面的企业股票收益率对人民币汇率波动的敏感度来度量中国各行业的外汇风险暴露程度。事实上,Adler 和 Dumas(1984)早就提出外汇风险暴露可以由股票收益率对汇率波动的敏感度来度量,基于此,他们采用了资本市场法量化了外汇风险暴露对于公司股票收益率的影响。自此以后,一系列研究汇率波动对公司股票收益率影响的文献(Jorion,1990;Griffin 和 Studlz,2001;Bartram,2004;Parsley 和 Popper,2006;Bartram 和 Bodnar,2007;Bahmani-Oskooeeand Saha,2016)都是在 Adler 和 Dumas(1984)研究的基础上进行展开。

有必要指出的是,国内学者也针对外汇风险暴露问题进行了研究:罗航和江春(2007)使用 2005 年人民币汇率改革之后的数据,检验了上证 A 股公司股票收益率和汇率波动之间的关系,发现 A 股上市公司对汇率波动十分敏感,从人民币升值过程中受益的公司占 15.3%。陈学胜和周爱民(2008)以上证 180 指数样本股作为样本研究了外汇风险暴露,发现中国上市公司总体外汇风险暴露程度比较高,外国控股程度的高低对风险暴露没有明显的影响。基于行业层面的外汇风险暴露研究,倪庆东和倪克勤(2010)运用深市 18 个行业的数据,采用双因素模型发现 56%的行业存在显著的外汇风险暴露。倪庆东(2011)对上证 180 指数成分公司进行了外汇风险暴露研究,结论表明约有 36%的公司存在外汇风险暴露。针对金融行业,陈晓莉和高璐(2012)运用现金流量法和市场法发现中国金融行业面临显著的外汇风险暴露,人民币升值对其股票收益和现金流均有不利影响。徐晨鹏和王相宁(2012)运用 GARCH 模型研究了外汇风险暴露以及非对称的波动率暴露,发现 14 个行业中的 6 个行业存在显著的外汇风险暴露,其中 2 个行业从人民币升值中获益,4 个行业受到人民币升值的不利影响;9 个行业对汇率具有显著的波动率暴露不对称性。考虑到外汇风险暴露的时变性,邹宏元和罗然(2017)动态地分析了中国行业层面的外汇风险暴露情况,发现在人民币贬值的影响下 10 个行业的指数的动态反应都呈现了先下跌后上涨的 J 曲线形态,并且 10 个行业中的 7 个行业存在显著的外汇风险暴露。

通过对已有关于外汇风险暴露的文献进行梳理,本书发现国内外学者的研究仍存在以下待改进之处:第一,较多的文献基于公司层面数据进行外汇风险暴露的研究,统计存在显著外汇风险暴露公司的比例。虽然有学者采用行业层面数据进行分析，但没有关注行业特性引起的不同行业外汇风险暴露系数显著性和符号的差异，更没有在长期和短期视角下，系统性地分析货币贬值和货币升值对各行业股票收益率影响的区别。第二，在研究方法上，较多学者都沿用了简单的线性模型估计外汇风险暴露系数，假设汇率波动和股票收益率之间为线性关系。虽然有学者考虑到理论预测的偏差可以在一定程度上被外汇风险暴露的时变性或非对称性特征解释，但并没有在模型中将两者相结合，分析随时间变化的非对称外汇风险暴露机制，更没有区分长期和短期外汇风险暴露非对称性特征的差异。第三，已有的文献中关于建立长期关系的检验时，多采用 Johansen 的协整检验和误差修正模型进行分析，对于样本选取的要求较高，存在局限性，无法提供汇率波动和股票收益率之间长期协整关系的证据。

为此，本节将结合中国的行业层面的股票价格指数数据来深入分析人民币汇率波动对中国各行业的影响，从而为中国的各行业、各部门和投资者防范及化解外汇风险提供理论参考。基于这一目的，本部分所要解决的问题是：中国各行业是否存在显著的外汇风险暴露系数？存在外汇风险暴露的公司主要分布于哪些行业？各行业长期和短期外汇风险暴露的特征是否相同？此外，考虑到外汇风险暴露可能为非线性和非对称形式，为了采用更合适的模型以提高实证结果的适用性和准确性，同时区分人民币升值和贬值冲击对各行业的影响，本部分将进一步在理论模型中增加非线性部分以检验非线性形式的外汇风险暴露，从而研究人民币升值和贬值冲击对各行业的影响是否相同这一问题。

本节研究的创新点主要在于：第一，考虑了外汇风险暴露的时变性，通过建立行业股票收益率和汇率波动之间的长期关系，动态地分析了汇率波动对各行业的影响，区分了长期和短期的外汇风险暴露系数。第二，结合外汇风险暴露的时变性和非对称性特征，运用 NARDL 模型捕获了各行业非线性形式的外汇风险暴露，区分了长期和短期以及正向和负向的外汇风险暴露系数。第三，根据行业特征，系统性地分析了人民币升值和贬值冲击在长期和短期对各行业的非对称影响，并解释了导致不同行业非对称性特征的原因。

一、理论模型

Adler 和 Dumas(1984)指出:外汇风险暴露是公司资产或者负债的价值对于实际汇率变动的敏感性或者相关性,股票收益率可以作为公司价值的代理变量,而由于汇率变动对各个公司股票收益率的影响都可认定为外生的,不存在内生性问题,因此使用资本市场法可以有效地描述公司市值与汇率变动之间的关系,估计外汇风险暴露系数。然而这个方法没有考虑相关的宏观变量,出于此考虑,Jorion(1990)提供了修正的资本市场方法,将代表市场风险因素的股票市场收益率变量加入模型,以控制宏观变量对实证结果的影响,提高计量的准确性。基于 Jorion(1990)的双因素模型,本部分采用的行业层面线性外汇风险暴露模型如下所示:

$$R_{i,t} = \alpha_{0,i} + \beta_{i,t}EX_t + \gamma_{i,t}RM_t + \varepsilon_{i,t} \tag{7-1}$$

其中,$R_{i,t}$ 是行业 i 的股票收益率,$\alpha_{0,i}$ 是常数项,$\beta_{i,t}$ 为外汇风险暴露系数,EX_t 代表汇率变动,RM_t 代表股票市场指数收益率,$\gamma_{i,t}$ 是行业股票收益率相对于股票市场指数收益率的敏感系数,$\varepsilon_{i,t}$ 为白噪音。

方程(7-1)可以被称为长期模型,其系数只能体现汇率变动的长期效应,不能反映汇率变动的短期冲击。考虑到外汇风险暴露系数的非对称性特征,本部分运用 Pesaran 等(2001)提出的自回归分布滞后(Autoregressive Distributed Lag,ARDL)模型,同时检验长期和短期的系数,动态地分析外汇风险暴露。将方程(7-1)嵌入 ARDL(p,q)形式,可得以下的误差修正模型:

$$\Delta R_{i,t} = \mu + \rho R_{i,t-1} + \theta EX_t + \lambda RM_t + \sum_{j=1}^{p-1} \eta \Delta R_{i,t-j} + \sum_{j=0}^{q-1} (\pi \Delta EX_{t-j} + \varphi \Delta RM_{t-j}) + \varepsilon_{i,t} \tag{7-2}$$

其中,Δ 为变量的一阶差分,μ 为常数项,ρ、θ 和 λ 为长期参数,η、π 和 φ 为短期参数,p 和 q 分别是被解释变量和解释变量的滞后阶数,$\varepsilon_{i,t}$ 是行业 i 的误差项。长期外汇风险暴露系数 $L = -\frac{\theta}{\rho}$,短期外汇风险暴露系数 $S = \pi$。

在 ARDL 方法中,首先需要采用 Pesaran 等(2001)提出的边界检验

(F_{PSS})对原假设 $H_0: \rho = \theta = \lambda = 0$ 进行检验,确定变量之间是否存在长期的均衡关系。相较于一般线性模型,ARDL 模型的优势在于不仅仅可以展现变量之间的长期关系,而且还可以反映变量的短期影响。同时,不同于其他的体制转换模型,ARDL 模型可以通过简单的 OLS 方法进行检验。此外,无论变量为 $I(0)$ 或 $I(1)$ 的时间序列或者两种不同阶的时间序列是否同时存在模型中,都不会影响模型的检验结果。

早期的国内外研究都假设公司收益率对于本币的升值和贬值的反应是对称的,然而人民币升值和贬值对于各行业的收益率影响可能是非对称的,而正是由于股票收益率对汇率变动的非对称反应导致了非线性外汇风险暴露。根据 Koutmos 和 Martin(2003)的研究,有三个主要原因导致了非对称外汇风险暴露:市场定价行为(PTM Behaviour)、滞后行为(Hysteretic Behaviour)和非对称套期保值行为(Asymmetric Hedging Behaviour)。市场定价行为表示以市场占有率为目标的出口型公司不会在本国货币升值的时候提高以外币计价的商品价格;与之相反,当本国货币贬值时,公司却更有意愿降低商品的价格以增加销量。滞后行为表明一个新的出口型公司会因为本国货币贬值而进入市场,但当本国货币升值时,公司不能立刻退出市场,导致了滞后性。最后,非对称套期保值行为表明出口(进口)公司仅运用单边的期权对冲策略,买入(卖出)期权对抗本国货币升值(贬值),这意味着,外汇风险暴露存在非对称特性,因此,采用简单的线性模型设定并不合适。基于此,本部分将采用非线性 ARDL(NARDL)模型研究汇率变动和股票收益率之间长期和短期的非对称关系。该模型是由 Shin 等(2014)基于 ARDL 模型的扩展形式,将变量的变动进行正向和负向分解以体现出模型的非线性和非对称性。

$$R_{i,t} = \alpha_{0,i} + \beta^{+} EX_t^{+} + \beta^{-} EX_t^{-} + \gamma^{+} RM_t^{+} + \gamma^{-} RM_t^{-} + \varepsilon_{i,t} \tag{7-3}$$

其中,$EX_t = EX_0 + EX_t^{+} + EX_t^{-}$,$RM_t = RM_0 + RM_t^{+} + RM_t^{-}$;EX_t^{+} 和 EX_t^{-} 分别为变量 EX_t 正向和负向的部分和过程,RM_t^{+} 和 RM_t^{-} 分别为 RM_t 正向和负向的部分和过程:

$$EX_t^{+} = \sum_{j=1}^{t} EX_j^{+} = \sum_{j=1}^{t} \max(\Delta EX_t, 0), EX_t^{-} = \sum_{j=1}^{t} EX_j^{-} = \sum_{j=1}^{t} \min(\Delta EX_t, 0) \tag{7-4}$$

$$RM_t^+ = \sum_{j=1}^{t} RM_j^+ = \sum_{j=1}^{t} \max(\Delta RM_t, 0), RM_t^- = \sum_{j=1}^{t} RM_j^- = \sum_{j=1}^{t} \min(\Delta RM_t, 0) \tag{7-5}$$

其中，β^+ 和 β^- 分别为正向和负向汇率变动对行业收益率影响的长期非对称外汇风险暴露系数；γ^+ 和 γ^- 分别为正向和负向市场收益率变动对行业收益率影响的长期非对称系数，$\varepsilon_{i,t}$ 是行业 i 市场收益率的误差项。

为了动态地分析外汇风险暴露，区分长期和短期的非对称性，可以将方程(7-3)写成 ARDL (p,q) 形式，转化为包含长期和短期非对称性的误差修正模型：

$$\Delta R_{i,t} = \mu + \rho R_{i,t-1} + \theta^+ EX_t^+ + \theta^- EX_t^- + \lambda^+ RM_t^+ + \lambda^- RM_t^- + \sum_{j=1}^{p-1} \eta \Delta R_{i,t-j} + \sum_{j=0}^{q-1} (\pi^+ \Delta EX_{t-j}^+ + \pi^- \Delta EX_{t-j}^- + \varphi^+ \Delta RM_{t-j}^+ + \varphi^- \Delta RM_{t-j}^-) + \varepsilon_{i,t} \tag{7-6}$$

其中，Δ 为变量的一阶差分，μ 为常数项，ρ 、θ^+ 、θ^- 、λ^+ 和 λ^- 为长期参数，η 、π^+ 、π^- 、φ^+ 和 φ^- 为短期参数，p 和 q 分别是被解释变量和解释变量的滞后阶数，$\varepsilon_{i,t}$ 是行业 i 的误差项。长期正向外汇风险暴露系数 $L^+ = -\frac{\theta^+}{\rho}$，长期负向外汇风险暴露系数 $L^- = -\frac{\theta^-}{\rho}$，短期正向外汇风险暴露系数 $S^+ = \pi^+$，短期负向外汇风险暴露系数 $S^- = \pi^-$ 。

本节选用 NARDL 模型检验中国各行业的外汇风险暴露是否存在非线性和非对称性是基于该模型的以下几个优点：(1) NARDL 模型能够检验变量之间是否存在协整关系，并且检验协整关系可为线性或非线性。(2) NARDL 模型方法中包含了一个动态的误差回归项，因此可以同时检验长期和短期的非对称性。(3) NARDL 模型适用于检验较小样本中的协整关系，考虑中国的数据时间序列样本不足，采用 NARDL 模型较适合研究中国各行业外汇风险暴露情况。(4) 与 ARDL 模型的优点一致，NARDL 模型中的变量具有较大灵活性，可以是 $I(0)$ 或 $I(1)$ 的时间序列，并且两种时间序列可以同时存在模型中。

二、数据来源及数据描述

基于前文的理论模型,本节使用 2005 年 7 月至 2018 年 7 月的月度数据进行研究。中证全指、成分股的收盘价以及中证行业指数均来自 WIND 数据库,人民币实际有效汇率指数 *REER* 以及各国双边汇率来自中金网。中证全指指数包含了上证 A 股指数和深成指数中的流动性较大的权重股,具有较高的市场代表性,可以整体地反映中国股票市场行情走势,以中证全指收益率作为市场收益率指标的代理变量比较合适。中证全指及其收益率走势如图 7-1 所示。

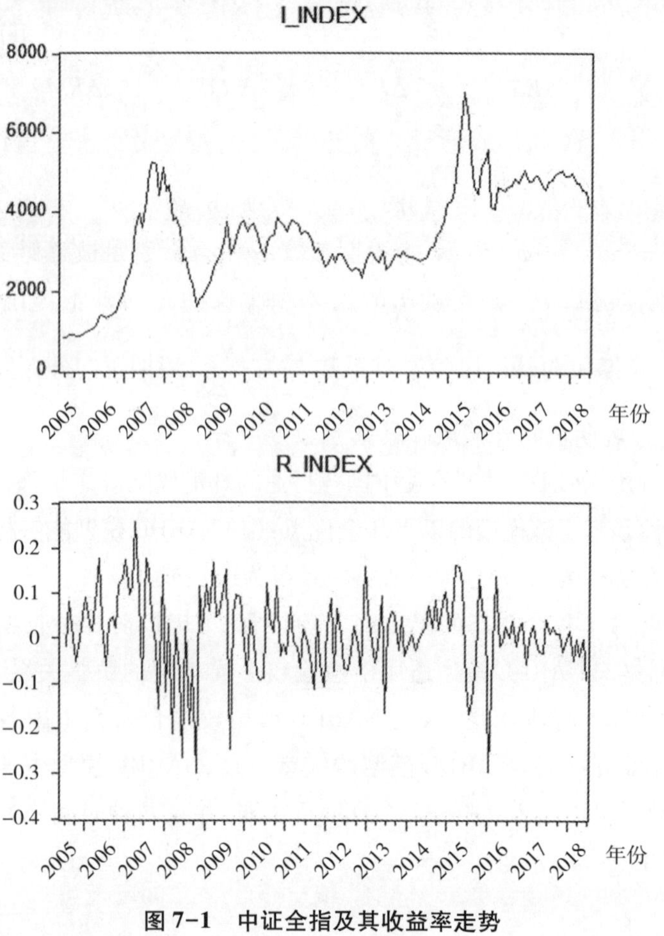

图 7-1　中证全指及其收益率走势

表 7-1 中证全指行业分类

行业	行 业 小 类
能源	能源设备与服务、石油、天然气与消费用燃料
原材料	化学制品、建筑原材料、容器与包装、金属与采矿、纸类与林业产品
工业	航空航天与国防、建筑产品、建筑与工程、电气设备、机械制造、工业集团公司、贸易公司与经销商、商业服务与商业用品
	航空货运与物流、航空公司、海运、公路与铁路、交通基本设施
可选消费	汽车与汽车零部件、家庭耐用消费品、休闲设备与用品、纺织品、服装与奢侈品、酒店、餐馆与休闲、综合消费者服务、媒体、经销商、百货商店、专营零售
主要消费	食品与主要用品零售、饮料、食品、家常用品、个人用品
医药卫生	医药卫生、设备与用品、医药卫生提供商与服务、制药、生物科技
金融地产	银行、保险、资本市场、房地产管理和开发
信息技术	软件与服务、技术硬件与设备、半导体产品与设备
电信业务	综合电信业务、无线电信业务、通信设备
公用事业	电力公用事业、燃气公用事业、复合型公用事业、水公用事业

本节的 10 个中证行业指数包含了从中证全指样本中抽取了各行业流动性和市场代表性较好的股票构成指数样本,以反映沪深两市中各行业股票的整体表现。如表 7-1 所示,本节的 10 个行业分类是根据 GICS 国际准则进行的中国股市一级部门分类,涵盖众多细分行业,可以完善地显示产业结构。因此,本节以中证全指行业指数收益率作为行业收益率的代理变量。中证行业指数和收益率走势分别如图 7-2 和图 7-3 所示。

人民币实际有效汇率指数 *REER* 将本国与各国的汇率进行加权平均,指数上升代表本国货币相对价格上升,指数下降代表本国货币相对价格下降。如图 7-4 所示,人民币实际有效汇率指数 *REER* 在 2005 年汇率改革之后呈现出了长期上升的趋势,出口依赖型行业受到影响较大,产业结构逐渐调整为内需拉动型。而汇率变动一直处于比较稳定的状态,除了 2008—2010 年金融危机时段出现了较大幅度的波动外,其余时间段均在较小范围内波动。虽然人民币实际有效汇率在近 10 年上升了近 50%,但人民币汇率在中国央行的调控下每次都只是在可控范围内

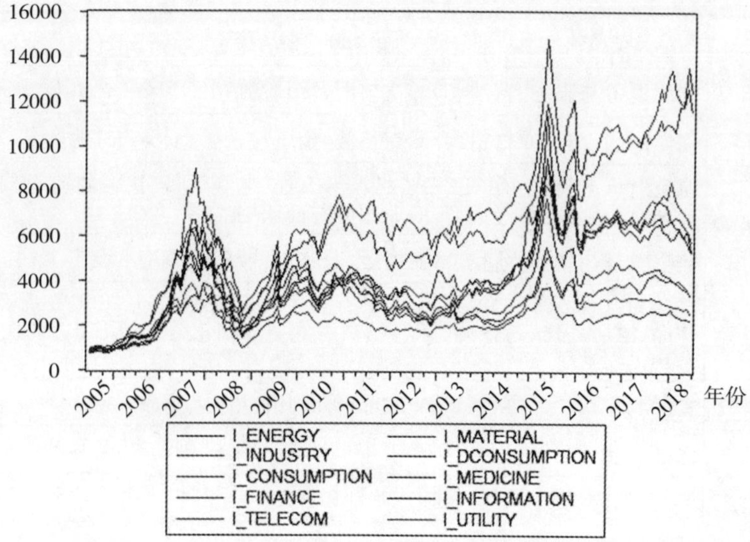

图 7-2　中证行业指数走势

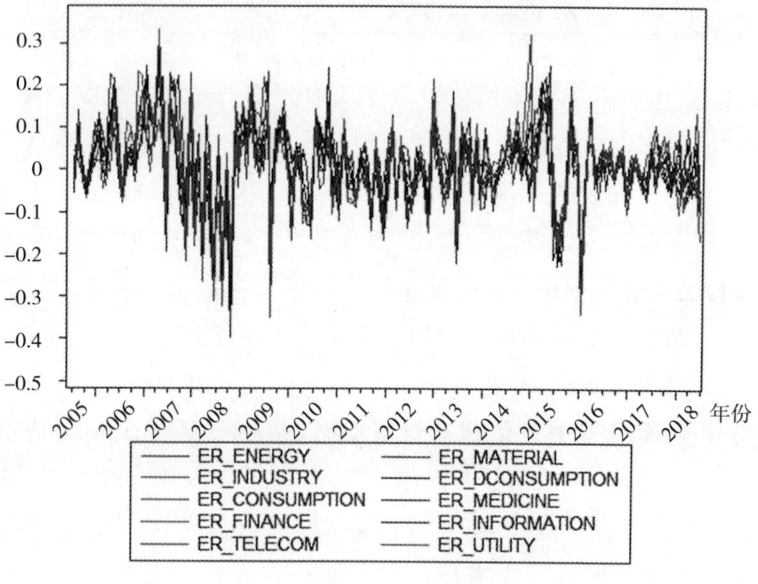

图 7-3　中证行业收益率走势

小幅升值,没有出现暴涨暴跌现象。考虑到中国贸易伙伴国较多,人民币实际有效汇率指数 *REER* 包含了各国货币的影响,并且剔除物价水平的干扰,本节将人民币实际有效汇率指数 *REER* 的变动作为汇率变动的代理变量。

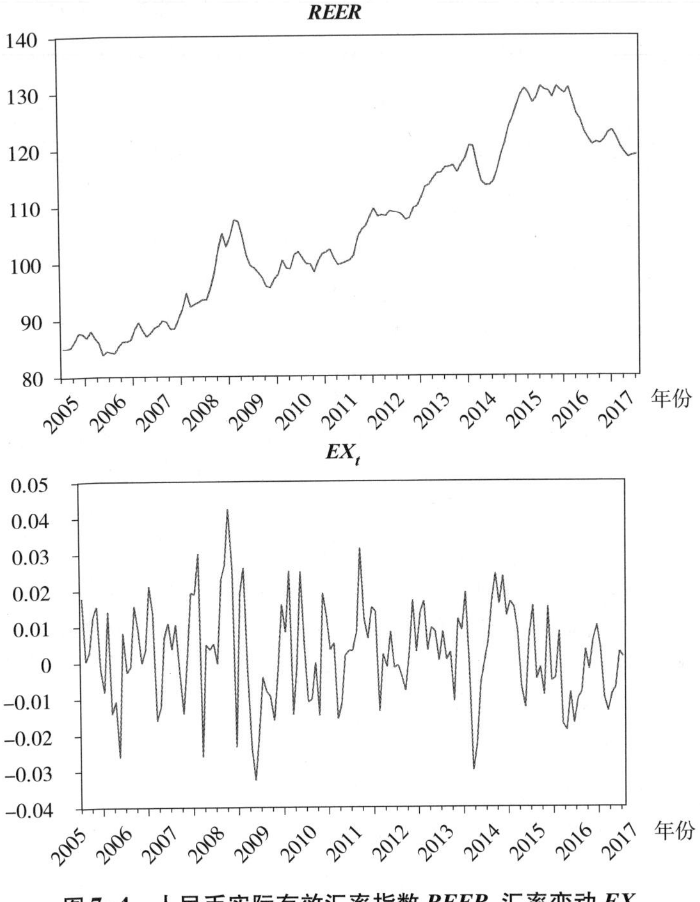

图 7-4　人民币实际有效汇率指数 *REER*,汇率变动 EX_t

在实证模型中,市场收益率 RM_t 为沪深 300 综合指数自然对数的差分,行业收益率 $R_{i,t}$ 为行业 i 股票收益率自然对数的差分,汇率变动 EX_t 为人民币实际有效汇率自然对数的差分:

$$RM_t = \mathrm{Ln}(p_{index,t}) - \mathrm{Ln}(p_{index,t-1}) \tag{7-7}$$

$$R_{i,t} = \mathrm{Ln}(p_{i,t}) - \mathrm{Ln}(p_{i,t-1}) \tag{7-8}$$

$$EX_t = \mathrm{Ln}(REER_t) - \mathrm{Ln}(REER_{t-1}) \tag{7-9}$$

三、实证分析结果

(一)描述性统计

表 7-2 中显示了研究中所有变量的描述性统计,汇率变动(EX_t)均值为 0.003,标准差为 0.014;市场收益率均值为 0.010,标准差为 0.092;行业指数收益率均值最高的为主要消费行业和医药卫生行业(0.017),收益率均值最低的为能源行业(0.006),而各行业指数收益率的标准差与市场收益率的标准差接近,表明行业间收益率差别较大,但行业间的波动率较为相似。相较于市场收益率和各行业指数收益率,汇率变动的均值和标准差较小,表明中国股票价格波动幅度相较于汇率波动幅度更大。除了汇率变动之外,股票市场收益率和各行业指数收益率变量均体现出偏度<0 及峰度>3 的分布特点,J-B 检验量均拒绝了“存在正态分布”的原假设,表明股票市场收益率和各行业指数收益率变量均服从左偏分布。

表 7-2 变量描述性统计

变 量	均值	最大值	最小值	标准差	偏度	峰度	J-B 检验概率
汇率变动(EX_t)	0.003	0.042	-0.033	0.014	0.043	3.072	0.960
市场收益率	0.010	0.259	-0.300	0.092	-0.655	4.415	0.000***
能源	0.006	0.241	-0.396	0.103	-0.535	4.427	0.000***
原材料	0.009	0.272	-0.329	0.107	-0.619	4.141	0.000***
工业	0.009	0.280	-0.330	0.099	-0.575	4.572	0.000***
可选消费	0.012	0.294	-0.324	0.095	-0.577	4.722	0.000***
主要消费	0.017	0.230	-0.287	0.087	-0.443	4.254	0.000***
医药卫生	0.017	0.325	-0.291	0.091	-0.350	4.522	0.000***
金融地产	0.012	0.321	-0.349	0.099	-0.284	4.512	0.000***
信息技术	0.013	0.257	-0.341	0.108	-0.540	3.886	0.002***
电信业务	0.012	0.236	-0.340	0.098	-0.762	4.522	0.000***
公用事业	0.007	0.333	-0.300	0.089	-0.197	5.019	0.000***

注:表中 J-B 检验显示的为原假设为正态分布的检测量的 p 值。*、**、*** 分别表示在 10%、5%、1%的显著水平下显著。

（二）单位根检验

ARDL 和 NARDL 模型其中一个优点是在模型中不要求所有变量为平稳的。但是根据 Pesaran（2001）以及 Narayan 和 Smyth（2005）的研究，当变量为 $I(0)$ 或 $I(1)$ 时间序列时，检测两个变量之间协整关系的 F_{PSS} 检测量的临界值是不同的，并且模型中不允许存在 I（2）或以上的时间序列，所以必须先对所有时间序列变量进行单位根检验。

表 7-3　单位根检验

变　量	ADF	KPSS
汇率变动	-8.944***	0.068
市场收益率	-10.640***	0.170
能源	-10.999***	0.272
原材料	-11.062***	0.171
工业	-10.837***	0.171
可选消费	-10.607***	0.167
主要消费	-10.919***	0.248
医药卫生	-11.604***	0.211
金融地产	-10.431***	0.167
信息技术	-11.157***	0.127
电信业务	-11.577***	0.163
公用事业	-11.776***	0.124

注：ADF 和 KPSS 检验中都包含了常数项。ADF 检验的原假设为时间序列不平稳，在 1%、5%和 10%显著水平的临界值分别为-3.476、-2.882 和-2.578，最优滞后阶数取决于 SIC（Schwarz Information Criterion）。KPSS 检验的原假设为时间序列平稳，在 1%、5%和 10%显著水平的临界值分别为 0.739、0.463 和 0.347，最优滞后阶数取决于 Newey-West 检测量。*、**、*** 分别表示在 10%、5%、1%的显著水平下显著。

表 7-3 中显示了 ADF 和 KPSS 两种单位根检验的结果，ADF 检验的原假设为时间序列不平稳，而 KPSS 检验的原假设为时间序列平稳。所有变量都拒绝 ADF 检验的原假设且不能拒绝 KPSS 检验的原假设，表明所有变量的时间序列都为 $I(0)$ 的时间序列，因此，本节所选用的汇率变动 EX_t、股票市场收益率 RM_t 和各行业股票收益率 $R_{i,t}$ 数据均可支持 ARDL 和 NARDL 模型。

（三）线性模型

表 7-4 中为运用方程（7-2）进行回归，检验中国各行业外汇风险暴露的结果，其中 A 部分为长期外汇风险暴露系数的统计结果，B 部分为短期外汇风险暴露系数的统计结果，C 部分为模型诊断。采用 ARDL 模型时，10 个行业中的 7 个行业存在显著的长期和短期外汇风险暴露系数，其中 5 个行业存在显著的长期外汇风险暴露系数，5 个行业存在显著的短期外汇风险暴露系数。相较于针对国内外行业层面外汇风险暴露的研究（倪庆东，2010；徐晨鹏和王相宁，2013；邹宏元和罗然，2017；Koutmos 和 Martin，2003；Cuestas 和 Tang，2015），本节运用 ARDL 模型研究显示，存在显著外汇风险暴露行业的比例有所提高。

表 7-4A　行业收益率和汇率变动之间的长期关系

行业	μ	$R_{i,t-1}$	EX_{t-1}	RM_{t-1}	L
能源	−0.001	−1.071***	−1.194***	1.013***	−1.115
原材料	−0.002	−1.033***	−0.383***	1.159***	−0.371
工业	−0.003*	−1.012***	0.524***	1.071***	0.518
可选消费	0.002	−0.930***	0.073	0.917***	\
主要消费	0.009***	−0.958***	−0.687***	0.817***	−0.717
医药卫生	0.008*	−0.981***	−0.239	0.854***	\
金融地产	0.003	−0.975***	−0.257	0.889***	\
信息技术	0.002	−1.041***	0.301	0.993***	\
电信业务	0.001	−1.015***	0.442	0.965***	\
公用事业	−0.004	−1.060***	0.839***	0.938***	0.792

注：表 7-4A 中显示的为变量 $R_{i,t-1}$、EX_{t-1}、RM_{t-1} 的长期参数 ρ、θ、λ，长期外汇风险暴露系数 $L=-\dfrac{\theta}{\rho}$；\代表长期系数不显著。由于本节关注的重点是外汇风险暴露系数，因此没有计算出行业收益率对于市场收益率的长期敏感系数。*、**、*** 分别表示在 10%、5%、1%的显著水平下显著。

表 7-4B　行业收益率和汇率变动之间的短期关系

行业	0	1	2	3	4	5	6	S
能源	−0.543*	\	\	\	\	\	\	−0.543

续表

行业	0	1	2	3	4	5	6	S
原材料	\	0.512***	\	\	\	\	\	0.512
工业	0.238*	\	\	\	−0.263***	−0.217*	−0.234*	−0.476
可选消费	\	\	\	\	\	\	\	\
主要消费	\	\	\	\	\	\	\	\
医药卫生	\	\	\	\	−0.470*	\	\	−0.470
金融地产	\	\	\	\	\	\	\	\
信息技术	\	\	\	\	\	\	\	\
电信业务	\	\	\	\	\	\	\	\
公用事业	0.408*	\	\	\	\	\	\	0.408

注:表 7-4B 中显示的为变量 ΔEX_{t-j} 滞后 6 阶内所有显著的短期参数 π,第一行中的数字 0—6 分别对应参数的 0—6 阶滞后;定义短期的外汇风险暴露系数为变量 ΔEX_{t-j} 第一个显著的参数 S;\代表滞后 6 阶之内的短期参数均不显著。*、**、*** 分别表示在 10%、5%、1%的显著水平下显著。

表 7-4C　模型诊断

行业	F_{PSS}	Adj.R^2	AIC	SIC
能源	55.89***	0.88	−3.22	−3.1
原材料	57.50***	0.97	−4.49	−4.33
工业	50.71***	0.98	−4.93	−4.75
可选消费	42.71***	0.95	−4.36	−4.22
主要消费	49.89***	0.9	−3.76	−3.64
医药卫生	48.06***	0.86	−3.27	−3.15
金融地产	46.64***	0.84	−3.02	−2.88
信息技术	40.49***	0.88	−3.08	−2.94
电信业务	50.29***	0.86	−3.08	−2.94
公用事业	55.68***	0.92	−3.83	−3.69

注:F_{PSS} 为边限协整检验的统计量,拒绝原假设表明两个变量之间存在长期协整关系。Adj.R^2 为调整后的拟合优度,AIC 和 SIC 分别为 Akaike Information Criterion 和 Schwarz Information Criterion 准则。*、**、*** 分别表示在 10%、5%、1%的显著水平下显著。

此外,从计量方法角度看,表 7-4C 中的 F_{PSS} 检验结果表明各行业股票市场收益率和汇率变动之间存在长期协整关系,而 AIC 和 SIC 等数值也都显示 ARDL 模型的拟合度更高,适应性更强。因此,对于外汇风险暴露的研究,ARDL 模型可以反映出外汇风险暴露的时变特性,相较于一般线性模型具有更强的解释能力。另外,根据金融理论,汇率变动在短期影响公司的资本负债表和利润,仅在长期影响公司的产量和销量,因此汇率变动对于公司影响的渠道和机制存在本质的区别。在针对外汇风险暴露进行动态分析时,采用 ARDL 的动态分析方法更优于采用时间窗口或者滚动回归方法(Glaum 等,2000;Chen 等,2016;Bartram 和 Bodnar,2012;Wei 和 Starks,2013),不仅描绘了外汇风险暴露的时变特征,也更符合经济事实。

考虑到行业特征,本节研究发现不同行业短期和长期的外汇风险暴露系数的符号和数值存在较大差异,意味着人民币升值和贬值在短期和长期对各行业的影响均不同。表 7-4A 显示的为汇率变动对行业的长期影响,10 个行业中的 5 个行业存在显著的长期外汇风险暴露,分别为能源行业、原材料行业、工业行业、主要消费行业和公用事业行业。其中,能源行业、原材料行业和主要消费行业的长期外汇风险暴露系数为负,其数值分别为-1.115、-0.371 和-0.717,意味着人民币贬值(升值)在长期有利于(有损于)能源行业、原材料行业和主要消费行业。该类行业的反应机制比较类似,可能的原因是能源行业、原材料行业和主要消费行业的公司多为净出口商。一方面,人民币贬值导致了这 3 个行业公司出口商品价格下降,国际竞争力增强;另一方面,国外消费品价格上升,由于替代效应,人们对国内产品的需求增加,从而这 3 个行业公司的产量上升,公司利润和股票收益率在长期提高。与之相反,工业行业和公用事业行业的长期外汇风险暴露系数为正,其数值分别为 0.518 和 0.792,意味着人民币升值(贬值)在长期对工业行业和公用事业行业有益(有损)。可能的原因是工业行业和公用事业行业的公司多为净进口商,一方面,出口贸易依存度较低,主要销售市场均在国内,汇率升值不会影响销量反而会减少进口商品的成本,从而使行业的股票收益率升高;另一方面,由于中国的外资准入壁垒和关税壁垒,削弱了同行业中外国进口商品与本国产品之间的竞争。

表 7-4B 显示的为汇率变动对行业的短期影响,10 个行业中的 5 个行业存在短期的外汇风险暴露,分别是能源行业、原材料行业、工业行业、医药卫生行业和公用事业行业。其中,原材料行业和公用事业行业的短期外汇

风险暴露系数为正,其数值分别为 0.512 和 0.408,意味着人民币升值(贬值)会使原材料行业和公用事业行业短期内受益(受损);与之相反,能源行业、工业行业和医药卫生行业的短期外汇风险暴露系数为负,其数值分别为−0.543、−0.476 和−0.470,意味着人民币贬值(升值)会使能源行业、工业行业和医药卫生行业短期内受益(受损)。一个可能的解释是原材料行业和公用事业行业的公司拥有较多的海外债务,而能源行业、工业行业和医药卫生行业的公司拥有较多的海外融资和海外资产。

可选消费行业、金融地产行业、信息技术行业和电信业务行业这 4 个行业的短期和长期外汇风险暴露系数均不显著,意味着汇率变动冲击对这些行业的公司影响较小,可能的原因是这类行业的公司涉及的国际业务比例较低,拥有较少的外币资产或外币债务,或具有较完善的外汇风险管理方法和策略,或是由于外汇风险暴露存在非对称性,计量模型不够精确导致。

综上所述,与 Cuestas 和 Tang(2015)及江春和万鹏博(2018)的研究结论一致,外汇风险暴露存在"行业效应",行业之间的差异性较大,各行业的外汇风险暴露程度不同,汇率变动冲击对行业影响的方向也不同。因此,央行进行外汇干预时需要针对不同的行业特性,有针对性地制定补贴和扶持政策以抵消汇率变动冲击对行业的影响。另外,中国可以通过优化产业结构,实现产业多元化以降低汇率变动冲击对中国经济的整体影响。

(四)非线性模型

表 7−5 为采用方程(7−6)进行回归的结果,检验中国各行业外汇风险暴露的结果,其中表 7−5A 部分为长期外汇风险暴露系数的统计结果,表 7−5B 部分为短期外汇风险暴露系数的统计结果,表 7−5C 部分为模型诊断。

表 7−5A　行业收益率和汇率变动之间的长期非对称关系

行业	μ	$R_{i,t-1}$	EX^+_{t-1}	EX^-_{t-1}	L^+	L^-
能源	−0.048***	−1.058***	−0.799***	−1.161***	−0.755	−1.097
原材料	−0.031***	−0.989***	−0.046	−0.027	\	\
工业	−0.015***	−0.973***	0.282***	0.479***	0.290	0.492
可选消费	−0.023*	−1.753***	−0.175	0.343*	\	0.196

续表

行业	μ	$R_{i,t-1}$	EX_{t-1}^{+}	EX_{t-1}^{-}	L^{+}	L^{-}
主要消费	-0.001	-0.962***	-0.995***	-0.919***	-1.034	-0.955
医药卫生	-0.015	-1.451***	-0.473	-0.114	\	\
金融地产	-0.011	-1.491***	-0.151	-0.718***	\	-0.482
信息技术	-0.018	-0.979***	0.047	0.547*	\	0.559
电信业务	-0.065***	-1.618***	0.629***	1.010***	0.389	0.624
公用事业	-0.005	-1.064***	1.223***	1.153***	1.149	1.084

注:表 7-5A 中显示的为变量 $R_{i,t-1}$ 、EX_{t-1} 、RM_{t-1} 的长期参数 ρ 、θ 、λ ,长期正向外汇风险暴露系数为 $L^{+}=-\frac{\theta^{+}}{\rho}$,长期负向外汇风险暴露系数为 $L^{-}=-\frac{\theta^{-}}{\rho}$;\代表长期系数不显著。由于本节关注的重点是外汇风险暴露系数,因此没有计算出行业收益率对于市场收益率的长期敏感系数。*、**、*** 分别表示在 10%、5%、1%的显著水平下显著。

表 7-5B　行业收益率和汇率变动之间的短期非对称关系

短期正向参数								
行业	0	1	2	3	4	5	6	S^{+}
能源	-0.882*	\	\	\	0.781*	\	\	-0.882
原材料	\	0.693***	\	\	\	\	\	0.693
工业	\	\	\	\	\	\	\	\
可选消费	\	\	0.609***	\	\	-0.612*	-0.804***	-0.804
主要消费	-0.797***	\	\	\	\	-0.886***	\	-0.797
医药卫生	\	\	1.204***	\	\	-0.969*	\	1.204
金融地产	\	\	\	\	\	\	\	\
信息技术	\	\	\	\	-1.047***	-0.868*	\	-1.047
电信业务	\	\	\	\	-1.113***	\	1.075*	-1.113
公用事业	\	-0.727*	\	\	\	\	\	0.727
短期负向参数								
行业	0	1	2	3	4	5	6	S^{-}
能源	\	\	\	\	\	\	-1.002	-1.002
原材料	0.473*	\	\	-0.449***	\	\	\	0.473
工业	\	\	\	\	\	\	\	\

续表

可选消费	\	\	-1.022***	\	-0.573***	\	\	-1.022
主要消费	\	\	-0.572*	\	\	0.701*	\	-0.572
医药卫生	\	\	-0.831*	\	\	1.125***	\	1.125
金融地产	\	\	1.052***	\	\	\	\	1.052
信息技术	\	\	\	\	\	\	\	\
电信业务	\	\	\	\	\	\	-0.959*	-0.959
公用事业	0.563*	\	-0.610*	\	\	\	\	0.563

注:表 7-5B 中显示的为变量 ΔEX_{t-j} 滞后 6 阶内所有显著的短期参数 π,第一行中的数字 0—6 分别对应参数的 0—6 阶滞后;定义短期正向外汇风险暴露系数为变量 ΔEX_{t-j} 第一个显著的参数 S^{+},定义短期负向外汇风险暴露系数为变量 ΔEX_{t-j} 第一个显著的参数 S^{-}(为了方便分析,医药卫生行业选择程度最大的滞后 5 阶短期参数,可选消费行业选择程度最大的滞后 6 阶短期参数);\代表滞后 6 阶之内的短期参数均不显著。*、**、*** 分别表示在 10%、5%、1%的显著水平下显著。

采用 NARDL 模型时,各行业的模型设定均为长期和短期非对称时最优,实证结果表明无论长期或短期,各行业的正向外汇风险暴露系数和负向外汇风险暴露系数存在显著性或符号不同。该结果与 Koutmos 和 Martin(2007)、Cuestas 和 Tang(2015)对于行业层面非对称外汇风险暴露的研究一致,中国行业存在外汇风险暴露的非对称性。在剔除不显著的外汇风险暴露系数后,本研究发现不同行业短期和长期、正向和负向的外汇风险暴露系数的符号和数值存在较大差异,意味着人民币升值和贬值在短期和长期对各行业的影响均不同。然而根据表 7-5 中外汇风险暴露系数的显著性,所有行业至少受到一种汇率变动冲击(长期正向冲击、长期负向冲击、短期正向冲击、短期负向冲击)的影响,行业特性与该行业是否受到汇率变动影响却无关。根据 Priestley 和 Ødegaard(2007)的研究,通常来讲,行业的贸易依存度和该行业所面临的外汇风险暴露呈正相关关系,贸易依存度较高的行业存在更大的外汇风险暴露系数,贸易依存度低或者完全只针对国内市场的行业外汇风险暴露系数不显著。然而,Bartram(2012)提出虽然仅针对国内贸易,完全不参与进出口或者外币贷款等业务的行业不会受到交易暴露或者折算暴露的影响,但该行业仍然会受到经济暴露的影响:国外货币价值变动会产生进口竞争效应(Import Competition),影响国内的商品市场价格,因此汇率波动会间接地影响国内公司的成本和利润。本研究的实证分析结果显示中国行业大多存在经济暴露,无论行业属于贸易品部门还是非贸易品部门,汇率变动都会直接或间接地影响该行业的公司,因此行业特征不会影响外汇风险暴露系数的显著性,仅影响外汇风险暴露的方向和程度。

从长期角度而言,人民币升值对5个行业产生影响,人民币贬值对8个行业产生影响,其中,从贬值中获益的行业仅有3个。此外,其中5个同时受到人民币升值和贬值双向影响的行业中,能源行业、工业行业和电信业务行业的负向外汇风险暴露程度大于其正向外汇风险暴露程度,而主要消费行业和公用事业行业的正向外汇风险暴露程度和负向外汇风险暴露程度十分接近。总体而言,在长期,人民币贬值相对于人民币升值对较多的行业产生冲击,且人民币贬值的冲击程度更大。

从短期角度而言,人民币贬值和人民币升值都对9个行业产生影响,其中5个行业从人民币贬值中获益。但受到影响的行业略有区别,金融地产行业仅受到人民币贬值的影响,而信息技术行业仅受到人民币升值的影响,而其中7个同时受到人民币升值和贬值双向影响的行业中,原材料行业、主要消费行业、医药卫生行业、电信业务行业和公用事业行业5个行业的正向外汇风险暴露程度大于其负向外汇风险暴露程度,而能源行业和可选消费行业2个行业的负向外汇风险暴露程度大于其正向外汇风险暴露程度。总体而言,在短期,人民币升值和人民币贬值对同样多的行业产生冲击,而人民币升值的冲击程度更大。

根据倪庆东(2009)的实证分析结果,人民币升值相对于人民币贬值冲击对中国公司的总体影响更大。然而,本研究的实证分析结果与之不同,结果不一致的原因可能是他基于2005—2008年的国家层面数据研究,较短的时间周期和国家层面的数据不足以反映中国目前外汇风险暴露的状况。更重要的是,他的研究没有区分汇率变动的长期影响和短期影响,各行业可能仅仅是在短期更多地受到人民币升值的影响,而在长期更多地受到人民币贬值的影响。根据徐晨鹏和王相宁(2013)的研究结论,人民币升值的波动相对于人民币贬值的波动对行业收益率的波动影响更显著,而本研究着重于分析汇率变动影响行业收益率的非对称性而不是波动率的非对称性,实证分析结果表明更多的行业的收益率在长期受到人民币贬值的影响而不是人民币升值的影响。结果不同的原因可能是汇率变动对行业收益率的影响机制和汇率变动的波动率对行业收益率的波动率的影响机制是不同的。相较于 Bahmani-Oskooee 和 Saha(2016)的实证分析结果,本研究的结果不仅表明了各行业的长期外汇风险暴露存在非对称性,也提供了短期外汇风险暴露存在非对称性的证据。值得注意的是,8 个行业的长期外汇风险暴露系数表现出了非对称性,而 9 个行业的短期外汇风险暴露系数表现出了非对称性,需分别分析造成短期和长期的非对称性的原因。因此,在分析汇率变动对行业的股票收益率影响时,需将人民币升值冲击和贬值冲击、长期冲击和短期冲击区分后再进行分析。

(五)外汇风险暴露的非对称性分析

为了方便系统性地分析汇率变动对不同行业的动态非对称影响,本部分将外汇风险暴露系数的总体情况汇总在表 7-6 中显示。

表 7-6　各行业非对称外汇风险暴露系数

行业	L^+	L^-	S^+	S^-
能源	-0.755	-1.097	-0.882(0)	-1.002(6)
原材料	0	0	0.693(1)	0.473(0)
工业	0.290	0.492	0	0
可选消费	0	0.196	-0.804(6)	-1.022(2)
主要消费	-1.034	-0.955	-0.797(0)	-0.572(2)
医药卫生	0	0	1.204(2)	1.125(2)
金融地产	0	-0.482	0	1.052(2)
信息技术	0	0.559	-1.047(4)	0
电信业务	0.389	0.624	-1.113(4)	-0.959(6)
公用事业	1.149	1.084	0.727(1)	0.563(0)

注:表 7-6 显示的为各行业长期和短期非对称外汇风险暴露系数,(.)为滞后阶数;0 代表外汇风险暴露系数不显著。

根据 Bartov 和 Bodnar(1994)的分析,之前的研究未能发现外汇风险暴露显著的证据是因为没有通过适当的模型构建汇率变动和股票收益率之间的关系,模型中缺少汇率升值和贬值对公司非对称影响的因素。而根据相关的公司金融理论模型,公司的行为存在市场定价行为(Marston,1990)、滞后行为(Christophe 和 Stephen,1997)和非对称套期保值行为(Koutmos 和 Martin,2003),因而导致了非对称外汇风险暴露。另外,从计量角度出发,基于线性模型的分析都假定回归的残差是独立同分布的,然而,部分学者(Hsieh,1989 等)发现汇率变动存在二阶矩的暂时依赖性。而这个依赖性来自于条件异方差,即时间序列出现一个较大的变动之后可能出现一个符号相反的较大变动。因此,线性模型中可能存在条件异方差从而导致了参数估计的偏差和无效,从而未能检验出显著的外汇风险暴露系数。Bartram(2004)认为外汇风险暴露系数不显著的一个重要原因是外汇风险暴露是非线性的,基于线性的模型设定不能描绘外汇风险暴露的非线性特征,而其非对称性在很大程度上造成了非线性外汇风险暴露,基于非对称形式的模型更适合外汇风险暴露的研究。

基于以上事实,Koutmos 和 Martin(2003)从理论角度和实证角度分析了非对称外汇风险暴露,结合之前的公司金融理论模型,他们将导致非对称外汇风险暴露的原因归结为三类:市场定价行为(PTM Behaviour)、滞后行为(Hysteretic Behaviour)和非对称套期保值行为(Asymmetric Hedging Behaviour)。为了分析导致中国各行业外汇风险暴露非对称的原因,本研究将理论和实证相结合,并提出了预防性对冲理论,结合之前文献的研究,将中国各行业分类以分析其短期和长期外汇风险暴露非对称性的成因。

1. 非对称市场定价行为

非对称外汇风险暴露可能由于非对称定价行为导致。市场定价行为指的是公司根据外国市场的竞争程度调整出口品的价格,然而,公司的市场定价行为对于汇率的升值和贬值存在非对称性。为了描述市场定价的非对称性,本研究将采用 Knetter(1994)提供的两时段双寡头模型予以阐述。当公司的市场份额存在价值时,公司会提供更低的价格,而一个存在市场份额目标的出口型公司不会在国内汇率升值时上调以外国货币计价的产品价格。因此,出口型公司与其选择提高以外国货币计价的产品价格,面临销量降低和市场份额降低的风险,还不如选择维持以外国货币计价的产品价格,降低公司的边际利润。此外,当汇率贬值时,存在市场份额目标的出口型公司也不会选择提高自身的边际利润,而是下调以外国货币计价的产品价格，以换取更高的销量和市场份额。因此，汇率升值对公司现金流的影响程度会大于汇率贬值对公司现金流的影响程度，从而引起了非对称外汇风险暴露。

外汇风险暴露的非对称性也可能来自于产量限制。对于出口型公司，本国货币贬值可以提升公司产品的销量，但公司由于自身原因无法在短期内提高生产的数量，从而导致了产量限制。另外，受到外国政府的干预，控制了外国市场进口该产品的数量，也会导致产量限制。因此，当本国货币贬值时，产量限制减弱了销量提升的可能性，出口商只能选择提高以外国货币计价的产品价格以达到市场出清的目的。然而，当本国货币升值时，公司不存在这样一类产量限制，并不会出现受产量限制的定价行为。在这种情况下，汇率贬值对公司现金流的影响程度会大于汇率升值对公司现金流的影响程度，从而引起了方向相反的非对称外汇风险暴露。

2. 滞后行为

非对称外汇风险暴露也可能由于公司的滞后行为导致。当本国货币贬值时，会吸引新的出口型公司进入市场；而当本国货币升值时，这些出口型公司会继续留在市场中，这种行为被称为滞后行为。Christophe 和 Stephen (1997) 认为当本国货币升值时滞后行为提高了公司投资的沉没成本（如进入成本），因而导致了行业和市场中存在非对称的竞争效应，引起了非对称外汇风险暴露。当本国货币贬值时，相对较低的本国货币价值会吸引新的出口型公司进入市场，而新公司的进入提升了行业的竞争水平，行业中现存公司的利润必然下降。因此，在本国货币贬值时，有新公司进入的行业的现金流的提升低于没有新公司进入的行业的现金流提升。更进一步说，如果本国货币贬值导致大量新出口型公司进入市场，行业（市场）竞争水平提高引起的公司利润下降，超过本国货币贬值引起的公司利润上升，那么本国货币贬值并不会使行业（市场）中的公司获益。然而，当本国货币升值时，由于沉没成本的存在，即使公司已经存在经营亏损，也不会马上退出市场，行业（市场）的竞争水平没有发生变化。因此，本国货币升值一定会使行业（市场）中公司的利润下降。总而言之，由于非对称竞争效应的存在，本国货币贬值不一定会使出口型公司获益，而本国货币升值一定会使出口型公司受损。

3. 非对称套期保值行为

非对称套期保值行为源于公司对汇率变动进行金融性对冲时,采取单方向的套期保值策略。例如,一个存在外币净多头头寸(如拥有外币应收账款的净出口型公司)的公司更倾向于对货币升值进行套期保值,而不对货币贬值进行套期保值。相应地,一个存在外币净空头头寸(如拥有外币应付账款的净进口型公司)的公司更倾向于对货币贬值进行套期保值,而不对货币升值进行套期保值。由于公司持有的外币头寸和公司类型不同,导致了外汇风险暴露的非对称性。另外,非对称套期保值行为引起的非对称外汇风险暴露来自于公司针对交易暴露和折算暴露的响应措施,并不会影响市场或行业的供求关系,因此,本研究认为非对称套期保值行为仅引起短期外汇风险暴露的非对称性。

4. 预防性对冲

本研究提供了一个新的理论解释这类行业短期外汇风险暴露的非对称性:预防性对冲行为。对于持有外币净空头头寸的公司,由于本国货币升值在短期使公司获益,但无法预测汇率的长期变动方向以及对公司的影响,从而选择减少当期的外币空头头寸,以预防公司长期利润的下降。而在本国货币贬值时,公司利润下降,无法进行预防性对冲。因此,在短期,本国货币贬值相对于本国货币升值对这类公司的影响更大。而对于持有外币净多头头寸公司,在无法预测汇率的长期变动方向以及对公司的影响的前提下,反应机制应该相同。因此,在短期,本国货币升值相对于本国货币贬值对这类公司的影响更大。

5. 短期非对称性特征

基于上述理论,对于短期外汇风险暴露的行业特征,本研究基于非对称套期保值行为和预防性对冲行为的理论,根据表 7-6 中显著的短期外汇风险暴露系数对行业进行分类,行业可以被分为 4 类。

第 1 类行业为原材料行业、医药卫生行业和公用事业行业。这类行业的短期正向和负向外汇风险暴露系数 S^+ 和 S^- 均为正且显著,意味着这类行业同时受到人民币的升值冲击和贬值冲击,且都获益于人民币升值,受损于人民币贬值。此外,短期正向外汇风险暴露系数的绝对值大于短期负向外汇风险暴露系数的绝对值,即 $|S^+| > |S^-|$,表明这类行业的短期正向外

汇风险暴露程度高于短期负向外汇风险暴露程度。这类行业的公司可能持有较多的外币应付账款和负债，人民币升值会在短期提升公司的价值和未来的现金流，基于短期利润，这类行业的公司仅会对人民币贬值进行套期保值。因此，非对称套期保值行为导致了人民币升值相对于人民币贬值对这类行业的影响更大。

第 2 类行业为金融地产行业。该行业的正向外汇风险暴露系数 S^+ 不显著，负向外汇风险暴露系数 S^- 为正且显著，意味着该行业仅受到人民币贬值的影响，且受损于人民币贬值。此外，短期正向外汇风险暴露系数的绝对值小于短期负向外汇风险暴露系数的绝对值，即 $|S^+|<|S^-|$，表明这类行业的短期正向外汇风险暴露程度低于短期负向外汇风险暴露程度。该行业的公司可能持有较多的外币应付账款和负债，人民币升值会在短期提高公司的净利润，在无法预测汇率的长期变动方向时，公司选择减少当期的外币空头头寸，以预防公司长期利润的下降。因此，预防性对冲行为导致了人民币贬值相对于人民币升值对该行业的影响更大。

第 3 类行业为主要消费行业、信息技术行业和电信业务行业。其中主要消费行业和电信业务行业的短期正向和负向外汇风险暴露系数 S^+ 和 S^- 均为负且显著，意味着这类行业同时受到人民币的升值冲击和贬值冲击，且都受损于人民币升值，获益于人民币贬值。而信息技术行业的正向外汇风险暴露系数 S^+ 为正且显著，负向外汇风险暴露系数 S^- 不显著，意味着该行业仅受到人民币升值的影响，且受损于人民币升值。此外，短期正向外汇风险暴露系数的绝对值大于短期负向外汇风险暴露系数的绝对值，即 $|S^+|>|S^-|$，表明这类行业的短期正向外汇风险暴露程度高于短期负向外汇风险暴露程度。这类行业的公司可能持有较多的外币应收账款和资产，人民币贬值会在短期提高公司的净利润，在无法预测汇率的长期变动方向时，公司选择减少当期的外币多头头寸，以预防公司长期利润的下降。因此，预防性对冲行为导致了人民币升值相对于人民币贬值对该行业的影响更大。

第 4 类行业为能源行业和可选消费行业。这类行业的短期正向和负向外汇风险暴露系数 S^+ 和 S^- 均为负且显著，意味着这类行业同时受到人民币的升值冲击和贬值冲击，且都受损于人民币升值，获益于人民币贬值。此

外,短期正向外汇风险暴露系数的绝对值小于短期负向外汇风险暴露系数的绝对值,即 $|S^+| < |S^-|$,表明这类行业的短期正向外汇风险暴露程度低于短期负向外汇风险暴露程度。这类行业的公司可能持有较多的外币应收账款和资产,人民币贬值会在短期提升公司的净利润,基于短期利润,这类行业的公司仅会对人民币升值进行套期保值。因此,非对称套期保值行为导致了人民币贬值相对于人民币升值对这类行业的影响更大。

总而言之,基于行业特征的差异,不同行业的公司在短期对人民币升值和人民币贬值采取不同的应对策略,而非对称套期保值行为和预防性对冲行为导致了外汇风险暴露的短期非对称性。

6. 长期非对称性特征

对于长期外汇风险暴露的行业特征,本研究基于市场定价行为和滞后行为的理论,根据表 7-6 中显著的长期外汇风险暴露系数对行业进行分类,行业也可以被分为 4 类。

第 1 类行业为公用事业行业。该行业的长期正向和负向外汇风险暴露系数 L^+ 和 L^- 均为正且显著,意味着这类行业同时受到人民币的升值冲击和贬值冲击,且都获益于人民币升值,受损于人民币贬值。此外,长期正向外汇风险暴露系数的绝对值大于长期负向外汇风险暴露系数的绝对值,即 $|L^+| > |L^-|$,表明这类行业的长期正向外汇风险暴露程度高于长期负向外汇风险暴露程度。这类行业的公司可能多为净进口型公司,人民币升值可以降低公司的进口成本,但由于外国公司生产规模的原因或中国政府对市场的进口限制,无法提高产品的供应量,进口品的价格会上升以达到市场出清状态。而人民币贬值时不会出现这样一种产量限制。因此,受产量限制的定价行为导致了人民币升值相对于人民币贬值对这类行业的影响更大。

第 2 类行业为工业行业、可选消费行业、信息技术行业和电信业务行业。其中工业行业和电信业务行业的长期正向和负向外汇风险暴露系数 L^+ 和 L^- 均为正且显著,意味着这类行业同时受到人民币的升值冲击和贬值冲击,且都获益于人民币升值,受损于人民币贬值。而可选消费行业和信息技术行业的长期正向外汇风险暴露系数 L^+ 不显著,长期负向外汇风险暴露系数 L^- 为正且显著,意味着这类行业仅受到人民币贬值的冲击,且都受

损于人民币贬值。此外,长期正向外汇风险暴露系数的绝对值小于长期负向外汇风险暴露系数的绝对值,即 $|L^+| < |L^-|$,表明这类行业的长期正向外汇风险暴露程度低于长期负向外汇风险暴露程度。这类行业的公司可能多为净进口型公司,由于国内市场的竞争,外国公司存在市场份额目标,在人民币贬值时不会调整进口品的价格,从而人民币贬值相对于人民币升值对这类行业的影响更大。另外,由于滞后行为,人民币升值会吸引新的公司进入行业,但人民币贬值时公司不会退出,行业内的竞争水平维持不变,从而人民币贬值相对于人民币升值对这类行业的影响更大。因此,市场份额目标的定价行为和滞后行为两种因素共同导致了人民币贬值相对于人民币升值对这类行业的影响更大。

第 3 类行业为主要消费行业。该行业的长期正向和负向外汇风险暴露系数 L^+ 和 L^- 均为负且显著,意味着该行业同时受到人民币的升值冲击和贬值冲击,且都受损于人民币升值,获益于人民币贬值。此外,长期正向外汇风险暴露系数的绝对值大于长期负向外汇风险暴露系数的绝对值,即 $|L^+| > |L^-|$,表明这类行业的长期正向外汇风险暴露程度高于长期负向外汇风险暴露程度。这类行业的公司可能多为净出口型公司,由于国外市场的竞争,公司存在市场份额目标,在人民币升值时不会调整出口品的价格,从而人民币升值相对于人民币贬值对这类行业的影响更大。另外,由于滞后行为,人民币贬值会吸引新的公司进入行业,但人民币升值时公司不会退出,行业内的竞争水平维持不变,从而人民币升值相对于人民币贬值对这类行业的影响更大。因此,市场份额目标的定价行为和滞后行为两种因素共同导致了人民币升值相对于人民币贬值对这类行业的影响更大。

第 4 类行业为能源行业。该行业的长期正向和负向外汇风险暴露系数 L^+ 和 L^- 均为负且显著,意味着这类行业同时受到人民币的升值冲击和贬值冲击,且都受损于人民币升值,获益于人民币贬值。此外,长期正向外汇风险暴露系数的绝对值小于长期负向外汇风险暴露系数的绝对值,即 $|L^+| < |L^-|$,表明这类行业的长期正向外汇风险暴露程度低于长期负向外汇风险暴露程度。这类行业的公司可能多为净出口型公司,人民币贬值可以提升公司的销量,但由于公司自身生产规模的原因或外国政府对市场的进口限制,无法提高产品的供应量,出口品的价格会上升以达到市场出清

状态。而人民币升值时不会出现这样一种产量限制。因此,受产量限制的定价行为导致人民币贬值相对于人民币升值对这类行业的影响更大。

总而言之,基于行业特征的差异,不同行业的公司在长期对人民币升值和人民币贬值采取不同的应对策略,而市场份额目标的市场定价行为、受产量限制的定价行为和滞后行为导致了外汇风险暴露的长期非对称性。

四、结论及建议

本节运用非线性自回归分布滞后(NARDL)模型,选取 2005 年 7 月至 2018 年 7 月 10 个行业的数据,动态地分析了中国上市公司行业层面的外汇风险暴露情况,本节的实证分析结果及建议如下:

第一,中国所有行业均存在显著的长期或短期外汇风险暴露,且外汇风险暴露程度较大,其中 8 个行业存在显著的长期外汇风险暴露,9 个行业存在显著的短期外汇风险暴露,因此,中国所有行业的公司都应该强化外汇风险意识,并构建防范外汇风险的机制,如:出口贸易的同时进行进口贸易,尽量平衡买卖头寸;以多种货币作为计价结算货币,使各种汇率变动的风险相互抵消;利用外汇衍生工具进行套期保值,锁定汇率波动。同时,中国的企业还可以采取生产多样化(主要包括产品种类、规格多样化,原材料及零部件供应来源多样化)、销售多样化(产品打入不同国家或地区的市场,采用不同的销售条件、多样化的定价策略)、理财多样化(从不同国家的金融市场上筹集多种资金)等策略来使企业所面临的外汇风险相互抵消或使外汇风险降到最低限度。

第二,由于外汇风险暴露存在时滞性和 J 曲线特性,因此,央行的外汇干预可能在短期不起作用或者引起相反的效果,为此,建议中国央行逐步退出常态式外汇干预,而仅仅只是在人民币汇率长期偏离均衡水平从而影响资源的合理配置时才进行外汇干预。

第三,外汇风险暴露存在短期和长期的非对称性,且无论在长期还是短期,人民币贬值相较于人民币升值对较多的行业产生影响,因此人民币的长期升值趋势并不会对较多行业产生不利影响,这提醒我们,在人民币汇率的双向波动中,中国应更多地关注人民币汇率贬值所带来的风险。

第四，人民币汇率的正向变动和负向变动对于不同行业的长期和短期影响均不相同，因此，从宏观来看，中国可以通过实现产业结构的多元化来大大地减缓外汇风险对中国经济的冲击。

第五，从微观来看，投资者可以通过选择相关性很小甚至为负数的各行业的股票组合来实现外汇风险的对冲。

第六，为有利于中国的企业控制、转移或对冲汇率波动的风险，中国应加快外汇衍生市场（包括外汇远期、外汇期货、外汇期权、外汇互换等）的发展。

第二节　人民币汇率变动对企业投资的影响

一、引言

2015 年 10 月召开的党的十八届五中全会将开放由之前的“对外开放”新表述为“双向开放”。这是中国改革开放思路的一个重大改变，也是新常态下中国主动顺应国际经济环境和国内发展条件的深刻变化，通过发展更高层次的开放型经济，为经济持续增长注入新动力的战略举措。需要注意的是，在开放经济环境下，由于汇率为连接国内外相对价格、国内市场与国际市场的桥梁，是平衡内外部经济的核心变量，因此，人民币汇率频繁地双向变动将会对国内经济产生广泛而深刻的影响。从这一角度来讲，汇率俨然已经成为国内外经济发展的重要变量，汇率变动不仅会通过进出口渠道对开放经济体产生冲击，还会通过影响一国经济政策的调整并进而对经济产生重要影响。

作为市场经济主体的生产部门，生产性企业的经营及发展在经济增长过程中占据着重要的地位，尤其是通过企业投资、生产经营等行为促进国民经济增长，而且这一增长还发挥着重要的加速器作用。而作为驱动企业发展的重要因素之一，企业投资行为决策的变化，不仅能够从宏观总量层面影响企业的生产性经营活动，进而对其利润产生冲击，还会从微观结构层面影响企业的进一步发展,尤其是促使企业管理者采取有效的应对策略,进一步促进企业高效率的发展。需要特别指出的是,企业在生产经营过程中,其投入品或生产要素价格的变动会直接影响企业投资决策行为并进而影响企业的生产经营活动。如前文所述,汇率的变动不仅会通过汇率传递的进出口价格效应对企业价值产生重要影响,还会通过价格加成及融资约束等因素的作用而对企业的投资行为产生异质性影响。

本章所关注的问题是:在企业生产经营过程中,人民币汇率这一重要变量对企业的投资行为究竟会产生怎样的影响?这一影响具有怎样的微观机理及外在表现特征?特别地,这一影响是否因企业的固有特征属性变化(如不同所有制、融资约束及价格加成等)而产生改变?对上述问题的进一步考察,不仅有助于了解人民币汇率变动对企业的冲击,进而有利于企业采取正确的决策以规避汇率风险,还有利于企业采取切实可行的策略以进行有效投资并实现企业价值的最大化目标。从这一角度来看,基于微观企业层面考察人民币汇率变动对企业投资行为的影响无疑具有重大的现实意义。

事实上,在汇率影响企业投资的微观机理上,已有学者针对其影响的不同渠道展开分析,其中,汇率变化会通过影响企业出口收入并进而影响企业的投资决策,如 Campa 和 Goldberg(1999)认为,汇率变动会通过改变企业出口产品在国际上的相对价格,并进一步通过影响产品竞争力而对出口额产生影响。出口额象征着企业的收入水平,此时收入的变化会促使企业调整现有的投资决策而实现其价值最大化。Chowdhury 等(2015)研究发现,汇率变动会通过影响企业的边际收益而对投资行为产生重要影响,特别地,汇率贬值会增加企业的边际收益,并进一步提高企业投资;相反,汇率升值会引致企业边际成本的提高,从而降低企业的投资水平。

学者还从异质性视角考察了汇率变动对企业投资行为的影响,特别是从企业所有制类别(如 Campa 和 Goldberg,1999;吴国鼎和姜国华,2015)、行业类型(如 Goldberg,1993;Campa 和 Goldberg,1995)、价格加成(Keller 和 Yeaple,2009;余淼杰,2011)等异质性视角考察汇率变动对企业投资行为所带来的影响。具体而言,吴国鼎和姜国华(2015)研究发现,人民币汇率升值会通过产品竞争渠道对企业投资产生负面影响,且这一负面影响对于销售更多集中于本土市场的企业更加明显,也即人民币汇率变动对低出口依存度企业的投资影响相对较大。Nucci 和 Pozzolo(2001)研究发现,汇率升值能够降低企业的进口成本,从而使得出口企业面临较大的进口产品竞争,产品竞争的加剧不利于企业盈利能力的提高,这将进一步降低企业的投资。Campa 和 Goldberg(1995)研究发现,汇率变动对低加成率行业投资结构具有显著的影响。Aghion 等(2009)从行业层面阐述了汇率变动对企业生产率的变动,并以生产率为切入点,进一步分析了汇率对企业投资的影响。Manova 和 Yu(2016)认为企业的融资约束水平决定了其在全球价值链中的地位,从事加工贸易的企业实际上相对于从事一般贸易的企业融资约束程度更高。Poncet 等(2010)认为国有企业更容易获得银行的融资,因而当汇率在影响企业的投资决策时,融资约束所发挥的作用相对较小。Kandilov 和 Leblebicioglu(2011)研究发现企业投资还受市场势力冲击的影响,当市场势力较强时,意味着汇率变动对企业投资的影响相对较大。

总的来看,已有研究基于多维视角重点考察了汇率变动对企业投资的影响,这为本章进一步细化及深入分析人民币汇率变动对企业投资及生产率的冲击提供了较好的研究基础。但需要指出的是,已有研究仍存在如下待拓展之处:第一,在考察汇率对投资的影响时,较多的研究基于宏观层面进行分析,缺乏从微观层面的考察。仅有少数研究从企业层面考察汇率变动的冲击效应时,由于控制变量遗漏及模型选择的原因,使得研究结果存在偏误。第二,尽管部分研究尝试从理论层面分析汇率影响企业投资的微观机理,但已有的理论分析并没有在一般均衡的框架下进行考察,因而无法从结构层面考察汇率变动影响企业投资的机制。尽管有国外学者尝试从包括不同部门的结构性视角考察汇率影响企业投资的机理,但考察中国实际因素的研究还相对缺乏。

有鉴于此,本章将在已有研究成果的基础上,力求从一个新的视角考察人民币汇率变动影响企业投资的微观机理及经验证据。首先,在微观机理层面,本章将从一般均衡视角构建家庭、企业、金融中介及中央银行的两国模型,并在市场出清及均衡稳态的环境下考察人民币汇率变动如何影响企业的投资行为。其次,在实证分析上,本章将重点使用中国工业企业数据库和中国海关数据库对汇率影响微观企业的投资行为进行实证考察,其中,由于中国海关数据库详细介绍了每个企业的出口与进口目的地,以及在出口与进口目的地的贸易额,因而有利于测算不同企业的实际有效汇率,这一汇率本身能够刻画企业的异质性特征,从而能够为更准确刻画汇率变动对投资的影响提供启示。最后,需要强调的是,由于企业的自身特征存在显著差异,本章从不同融资约束、企业的出口与进口属性、高技术与低技术以及全要素生产率等视角对企业进行分类,并以此分析人民币汇率变动对企业投资影响的异质性特征。

因此,与已有的研究相比,本章的边际贡献主要体现于:第一,在一般均衡视角下考察汇率变动影响企业投资行为的微观机理,有利于从结构层面深入分析汇率变动影响企业投资行为的渠道,并从动态视角刻画这一影响的均衡状态;第二,基于企业层面测算实际有效汇率,不仅能够直接从微观层面反映企业的风险暴露,还能从异质性视角刻画企业进口与出口产品在国际环境中的竞争情形,因而有利于更为准确地从细化层面描述汇率变动对企业投资行为的影响。第三,结合能够反映企业自身异质性特征的融资约束、技术层级、属性类别及价格加成,有利于更为全面地定量考察人民币汇率变动对企业投资的影响。

二、理论分析

为厘清汇率变动影响企业投资的微观机理,我们假设企业经营和投资的目标是其价值最大化,且对当期资本的需求取决于未来收益的贴现值。基于此,我们令 $\pi(K_t, e_t)$ 表示生产厂商的利润函数,其中 K_t 表示 t 时刻的资本存量, e_t 表示直接标价法下的实际汇率。企业在时刻 t 的投资水平记为 I_t ,该投资遵循调节成本 $C(I_t)$,且为递增的凸函数(Hayashi,1982)。因此,参照 Nucci 和 Pozzolo(2001)的研究,我们将企业的 Bellman 方程表示如下:

$$V_t(K_t) = \max_{I_t} \{ [\pi(K_t, e_t) - I_t - C(I_t)] + \beta_{t+1}^t E_t [V_{t+1}(K_{t+1})] \} \tag{7-10}$$

其中, $\pi(\cdot)$ 表示利润, β_{t+1}^t 表示第 t 期至 $t+1$ 期企业的随机贴现因子, E_t 表示条件期望因子。为简化上式且不失经济含义,我们将资本品价格进行标准化，并将资本存量 K_t 的积累方程表达为 $K_t = K_{t-1} + I_t$。同时，我们可通过包络定理刻画企业投资的边际演化路径：

$$q_t = [\frac{\partial \pi(K_t, e_t)}{\partial K_t}] + \beta_{t+1}^t E_t(q_{t+1}) \tag{7-11}$$

其中，q_t 表示资本的边际价值，即 $\partial V_t / \partial K_t$。通过对（7-11）式进行迭代，我们可将 q_t 展开并重新表达为：

$$q_t = E_t \sum_{j=0}^{\infty} \beta_{t+j}^t [\frac{\partial \pi(K_{t+j}, e_{t+j})}{\partial K_{t+j}}] \tag{7-12}$$

其中，（7-12）式所隐含的经济学含义为，资本的边际价值是未来资本边际产出现值的无偏统计量，而且第 j 期的随机贴现因子可表达为：

$$\beta_{t+j}^t = \prod_{i=1}^{j} (1 + r_{t+i-1})^{-1} \tag{7-13}$$

在上式中，r 为名义收益率。通过求解满足（7-10）式最大化的一阶均衡条件，我们可将关于投资的函数形式表示为：

$$1 + [\frac{\partial C(I_t)}{\partial I_t}] = q_t \tag{7-14}$$

诚如前文所言，我们假设调节成本递增且是关于投资的凸函数，同时（7-14）式中的 $\frac{\partial C(I_t)}{\partial I_t}$ 可视为投资变动的边际成本，依然是关于投资 I 的增函数。因此，企业投资将是关于资本边际价值 q_t 的增函数。对（7-12）式进行变换，我们可以得到下式：

$$I_t = \varphi\{E_t \sum_{j=0}^{\infty} \beta_{t+j}^t [\frac{\partial \pi(K_{t+j}, e_{t+j})}{\partial K_{t+j}}]\} \tag{7-15}$$

其中，$\varphi(\cdot)$ 为增函数。参照 Campa 和 Goldberg（1999）的研究，假设国内与国外市场均具有非完全竞争属性，此时可将企业的目标利润函数表示为：

$$\pi(K_t, e_t) = \max_{p, p*, L, L*} x(p_t)p(e_t) + e_t x^*(p_t^*)p^*(e_t) - w_t L_t - e_t w_t^* L_t^* \tag{7-16}$$

其对应的约束条件如（7-17）式所示：

$$s.t.\ x_t + x_t^* = F(K_t, L_t, L_t^*) \tag{7-17}$$

其中,$x(p_t)$ 与 $x^*(p_t^*)$ 分别表示企业面临的本国与外国需求函数,p_t 与 p_t^* 分别表示企业产品在本国与外国市场上的销售价格,w_tL_t 与 $e_tw_t^*L_t^*$ 分别表示企业生产过程中所产生的本国要素与外国要素成本。遵照 Campa 和 Goldberg(1999)的研究,我们将资本的边际收益表达为:

$$\frac{\partial\pi(\cdot)}{\partial K_t}=\frac{1}{K_t}[p_tx_t\frac{1}{\mu_t}+e_tp_t^*x_t^*\frac{1}{\mu_t^*}-w_tL_t-e_tw_t^*L_t^*] \tag{7-18}$$

其中,μ_t 与 μ_t^* 分别为本国与外国市场的成本加成率,且可表示为价格需求弹性($\vartheta_{t,x}$, ϑ_{t,x^*})的函数,具体形式如下所示:

$$\mu_t=(1+1/\vartheta_{t,x})\mu_t^*=(1+1/\vartheta_{t,x^*}) \tag{7-19}$$

为简化上式,本研究假设模型的不确定性内生且完全由汇率的变动所引致,并假定货币供给具有一定的持续性。依据利率平价条件,我们可将汇率预期表示为即期汇率的一致估计量,因此我们有(7-20)式:

$$E_t(e_{t+j}-e_t)=0\quad\forall j\geqslant 0 \tag{7-20}$$

对(7-15)式进行差分,并将其与(7-17)式联立,可将汇率变动对投资边际影响的显函数表达为(7-18)式所示:

$$\begin{aligned}\frac{\partial I_t}{\partial e_t}=&\varphi\{E_t\sum_{j=0}^{\infty}\beta_{t+j}^t[\frac{\partial\pi(K_{t+j},e_{t+j})}{\partial K_{t+j}}]\}\frac{1}{1-\beta}[\frac{\partial K_t^{-1}(p_tx_t\mu_t^{-1}+e_tp_t^*x_t^*\mu_t^{*-1})}{\partial e_t}]\\&-\varphi\{E_t\sum_{j=0}^{\infty}\beta_{t+j}^t[\frac{\partial\pi(K_{t+j},e_{t+j})}{\partial K_{t+j}}]\}\frac{1}{1-\beta}[\frac{\partial K_t^{-1}(w_tL_t+e_tw_t^*L_t^*)}{\partial e_t}]\end{aligned} \tag{7-21}$$

诚如前文所言,$\varphi\{E_t\sum_{j=0}^{\infty}\beta_{t+j}^t[\frac{\partial\pi(K_{t+j},e_{t+j})}{\partial K_{t+j}}]\}$ 非负,同时将贴现因子设定为常数,即 $\beta_{t+1}^t=\beta$ 。值得指出的是,汇率变动对企业投资的影响究竟是正抑或为负,还取决于 $\frac{\partial K_t^{-1}(p_tx_t\mu_t^{-1}+e_tp_t^*x_t^*\mu_t^{*-1})}{\partial e_t}$ 与 $\frac{\partial K_t^{-1}(w_tL_t+e_tw_t^*L_t^*)}{\partial e_t}$ 的相对大小,倘若前者大于后者,此时汇率变动对企业投资的影响将表现为正,反之则为负。而且 $p_tx_t\mu_t^{-1}+e_tp_t^*x_t^*\mu_t^{*-1}$ 可视为企业的收入,而 $(w_tL_t+e_tw_t^*L_t^*)$ 体现了企业的潜在成本,若 $p_tx_t\mu_t^{-1}+e_tp_t^*x_t^*\mu_t^{*-1}$ 大于 $(w_tL_t+e_tw_t^*L_t^*)$ 时,意味着人民币汇率变动将主要通过出口收入渠道影响企业投资;反之,成本渠道占主导作用。为明晰该经济学逻辑,我们进一步将(7-21)式重新表达为:

$$\frac{\partial I_t}{\partial e_t}=\varphi\{E_t\sum_{j=0}^{\infty}\beta_{t+j}^{t}[\frac{\partial\pi(K_{t+j},e_{t+j})}{\partial K_{t+j}}]\}\frac{1}{1-\beta}\cdot\frac{TR}{K\cdot e}\{\frac{1}{1+\mu^{*}}\chi[\eta_{p*e}(1+\vartheta_{x*})+1-\varepsilon_{\mu*,e}]$$
$$+\frac{1}{1+\mu}(1-\chi)[\eta_{p,e}(1+\vartheta_{x})-\varepsilon_{\mu,e}]-\frac{1}{\bar{\mu}}(1+\eta_{w*,\varepsilon})\alpha\} \tag{7-22}$$

其中,TR 表示总收入,χ 表示出口收入份额,$\eta_{p,e}$ 与 $\eta_{p*,e}$ 分别表示企业产品在国内市场与国外市场中价格对汇率的弹性。$\varepsilon_{\mu,e}$ 与 $\varepsilon_{\mu*,e}$ 分别表示国内与国外市场中对汇率的价格加成弹性。α 表示进口成本占总成本的份额,$\bar{\mu}$ 指企业的平均成本加成率。因此,在(7-22)式所示的分析框架中,χ 越大,表明企业的出口收入份额较大,也进一步体现了汇率变动时,企业的竞争效应较强。需要注意的是,χ 还与汇率传递弹性 $\eta_{p*,e}$ 有关①。同时假定价格加成的汇率弹性为 $\varepsilon_{\mu*,e}$,以及外国需求的价格弹性为 ϑ_{x*},若其绝对值大于1,此时汇率变动对企业投资的影响将具有潜在的"放大"效应。为此,我们提出如下研究假说:

假说1:人民币汇率变动会通过收入、成本及竞争渠道对企业投资产生影响,且该影响与价格变动的汇率弹性有关。

从国内的卖方市场来看,汇率变动的盈利能力取决于 $(1-\chi)$,且其与国内价格的弹性 $\eta_{p,e}$ 有关。一旦国内的需求弹性 ϑ_x 具有完全性,此时汇率贬值将会引起本国产品价格的上升,这在一定程度上对收入产生不利冲击。需要指出的是,汇率贬值对出口收入的正向效应主要源于产品在国外市场中的销售,而对投资的影响则来自于成本层面的变动,而且汇率变动对投资的影响还取决于进口成本份额 α 以及进口产品价格的汇率弹性 $\eta_{w*,e}$,为使这一指标更加贴近现实,我们将该弹性的取值区间设定为(0,1)。

需要指出的是,(7-22)式还隐含着另外一层经济含义,即当垄断势力较低时,汇率变动所带来的收入与成本效应则相对较大,同时也意味着低价格加成的企业投资对汇率变动的反应更为敏感。特别地,企业投资决策中存在的融资约束以及对汇率风险进行套期保值的可能性加强了低价格加成与汇率变动之间的联系。需要特别提及的是,我们之所以将利润作为企业投资决策中的一个关键因素,是因为资本市场中存在着广泛的信息与激励

① 特别是当该弹性等于1时,意味着汇率变动的传递效应具有完全性;当该弹性为0时,表明汇率变动的效应为完全不传递;而当该弹性介于0和1之间时,表明汇率的传递效应具有不完全特征。

问题，这使得企业投资决策对公司净值较为敏感。因此，在当前的利润与现金流表现出共同变化趋势的情况下，汇率变动对企业现金流的冲击会在垄断势力较低的企业中更为明显。为此，我们提出如下研究假说：

假说 2：人民币汇率变动对企业投资的影响具有明显的异质性特征。

总的来看，以上理论分析表明，当汇率变化时，可供企业投资的项目池也会发生明显的变动，此时企业的投资变化不仅来源于外部投资项目池的变动，还与收入效应、成本效应以及价格加成效应等企业自身因素之间的关系密切相关。特别地，企业的财务约束程度也会因汇率的变动而产生重要影响，并进而对企业投资产生冲击。由于现金流对低价格加成企业的汇率反应更为强烈，从而使得较小的企业规模有助于放大货币价值冲击对投资的影响。因此，汇率变动对企业投资的影响还受企业异质性特征的约束，也即在不同的企业特征属性下，汇率变动对企业投资的影响也会呈现异质性特征。

三、实证分析设计与结果

（一）指标来源

关于对企业投资的度量，目前已有较多的研究从不同角度对其进行测量。但需要指出的是，由于工业企业数据库中缺乏企业的原始投资额，因而无法用原始投资额度量企业的投资。基于数据的可得性，并借鉴陈艳艳和罗党论（2012）的研究，本章首先将本期固定资产净值余额减去上期固定资产净值平均余额，然后再加上本期折旧，并用该数值作为企业年度投资额的代理变量。

而对企业层面汇率的计算，借鉴 Goldberg（2004）、戴觅和施炳展（2013）的研究，采用如下公式进行计算：

$$REER_{it} = 100 \times \prod_{k=1}^{n} \left(\frac{e_{kt}}{e_{k0}} \cdot \frac{P_{CHt}}{P_{kt}}\right)^{w_{ikt}} \qquad (7-23)$$

其中，e_{kt} 表示国家 k 在时刻 t 的名义汇率，e_{k0} 表示国家 k 在时刻 t 的基期汇率，P_{CHt} 与 P_{kt} 分别表示中国与 k 国在 t 时刻的消费者价格指数，本章将 2010 年作为基期，即 2010 年的价格指数为 100，w_{ikt} 表示企业 i 在 t 时刻与 k 国之间的贸易份额，也即企业 i 在 t 时刻与 k 国的贸易额占企业 i 总贸易额的比重。因此，（7-23）式所隐含的经济学含义为，企业在向目的地国家出口或进口时，出口额或进口额所占比重能够较好地反映出企业的行为受汇率变动影响的程度。举例而言,当企业向美国出口或进口时,出口或进口额的比重越大,则该企业受美元汇率的影响也就越大。因此,相对于宏观名义或实际汇率而言,企业的有效汇率能够综合反映企业的行为受汇率变动的影响。而且由于不同企业在不同国家间的贸易往来存在显著差异,因此采用整体的名义汇率考察企业的异质性显然不具合理性,而本章所测算的企业层面汇率则能够有效刻画不同企业所面临的真实汇率。结合研究目的,本章重点考察企业的出口有效汇率对企业投资的影响。此外,还需提及的是,本章中的实际有效汇率为间接标价法,即 1 单位人民币等于 n 单位的外币,因此该值上升,意味着人民币升值,反之,人民币呈现贬值态势。

为全面考察汇率变动对企业投资的影响,本章首先从基准层面考察汇率变动对企业投资的影响,并进一步梳理在不同渠道下,人民币汇率变动对企业投资的影响,而在这一过程中,本节通过纳入不同的代理变量来衡量人民币汇率影响企业投资的渠道及机制。相应地,本节还通过在基准模型中纳入控制变量的形式以考察人民币汇率变动影响企业投资的异质性特征。根据前文分析,可将汇率影响企业投资的计量模型表示如下:

$$Invest = \alpha_0 + \alpha_1 \ln er + \alpha_2 control + v_i + v_t + \varepsilon_{ijkt} \tag{7-24}$$

上述模型中的 $Invest$ 为企业的投资额,且已经对其进行自然对数处理,$\ln er$ 表示企业实际有效汇率的对数值,$control$ 为控制变量,v_i 、v_t 表示控制了企业截面与年度效应的双固定效应模型,ε_{ijkt} 表示外生扰动项,用来刻画外生冲击。需要指出的是,在考察汇率变动影响企业投资的异质性过程中,本节将侧重于从企业的异质性特征这一角度进行综合考察,如企业规模、融资约束、价格加成、技术分类、所有制类别等。主要控制变量的表达形式如下:

关于融资约束(fc)的度量,本节借鉴许家云等(2015)的研究,首先计算利息支出与固定资产的比值,在此基础上进一步取自然对数,并将取对数之后的数值作为融资约束的代理指标,而对企业规模的衡量,本章采用企业销售额的自然对数进行衡量。关于价格加成的衡量,本节借鉴余淼杰(2011)、吴国鼎和姜国华(2015)的研究,采用主营业务收入与主营业务成本之差所占主营业务收入的比值,即(主营业务收入-主营业务成本)/主营业务收入,并将该比值作为企业价格加成的代理变量。此外,为了考察汇率变动对企业投资的影响是否因企业生产率的不同而存在异质性,本节还特地将企业的全要素生产率作为控制变量。而关于全要素生产率的测度,本节采用 Olley-Pakes(OP)法进行测度(毛其淋和盛斌,2013)。

结合本节的研究目的,并依据前文所述变量的选取原则,将本节所涉及的变量及其相应的表示形式整理如表 7-7 所示。

表 7-7 变量名称及定义

变量类型	变量名称	变量符号	度量方式	参考依据
被解释变量	企业投资	Ln *invest*	本期固定资产净值余额-上期固定资产净值平均余额+本期折旧	陈艳艳和罗党论(2012)
解释变量	企业汇率	Ln *ER*	企业进出口额所对应的加权汇率,即企业的实际有效汇率	李宏彬等(2011)、戴觅和施炳展(2013)
	企业规模	Ln *scale*	企业销售额的自然对数进行衡量	吴国鼎和姜国华(2015)
	融资约束	Ln *fcon*	利息支出与固定资产比值的自然对数	许家云等(2015)
	资本密集度	Ln *kl*	固定资产净值年平均余额与从业人员年平均人数比值的对数	许家云等(2015)
	企业退出	Ln *exit*	用虚拟变量表示,当企业 i 在 t 期存在,而在 $t+1$ 期不存在时,即 $exit = 1$, 否则 $exit = 0$	许家云等(2015)
	企业年龄	Ln *age*	用当年年龄与企业开业年份的差额	许家云等(2015)
控制变量	价格加成	Ln *markup*	主营业务收入与主营业务成本之差所占主营业务收入的比值	余淼杰(2011)、吴国鼎和姜国华(2015)
	出口依存度	*Ckyc*	企业出口值占其年度销售额的比例	吴国鼎和姜国华(2015)
	国有企业	*state*	用虚拟变量表示,当企业所有制为国有企业时,取值为1,否则为0	作者分类
	出口企业	*export*	用虚拟变量表示,当企业有出口行为时,取值为1,否则为0	作者分类
	高技术企业	*TFP*	用虚拟变量表示,企业的全要素生产率高于其中位数时,表示为高技术企业,取值为1,否则为0	作者分类

上述数据中企业的出口汇率经海关数据库测算，其余数据则来自于工业企业数据库和海关数据库的匹配，样本选择期间为2000—2006年。为了实现二者的较好匹配，本章借鉴Yu（2015）的方法对工业企业数据库和海关数据库进行匹配，具体处理过程如下：（1）删除了雇员人数小于8人的企业样本；（2）删除企业代码不一致、商品价格（贸易量、贸易额）小于零或者为负值的样本；（3）删除工业增加值、中间投入额、固定资产净值年平均余额以及固定资产中任何一项存在零值或者负值的企业样本；（4）删除企业销售额、平均工资存在零值或负值的企业样本；（5）删除企业年龄小于零的企业样本（许家云等，2015）。

（二）实证分析结果

1. 基准回归

为全面考察汇率变动对企业投资行为的影响，遵照前文的思路，首先采用基准模型进行回归，结果见表7-8中第（1）列，不难发现，在不加入任何控制变量时，汇率对企业的影响系数为-0.079，由于该系数为负且在1%的显著性水平下显著，表明在不考虑其他控制变量的情况下，人民币汇率升值能够显著降低企业的投资。第（2）至第（6）列为逐步加入了汇率与资本劳动比、汇率与企业退出、汇率与企业规模、汇率与融资约束交互项及汇率滞后项的结果，通过引入不同的控制变量，以此考察汇率变动影响企业投资的过程中，会通过怎样的渠道发挥重要作用，而且便于比较哪种渠道所发挥的作用明显。从表7-8中的结果可以看出，当加入资本劳动比与汇率的交互项时，企业汇率的系数为-0.505，且在1%的显著性水平下显著，表明人民币汇率升值不利于企业投资，且人民币汇率升值1%时，会使得企业的投资下降0.505%。同时资本劳动比与汇率的交互项系数为0.111，同样在1%的显著性水平下显著，再次表明汇率变动会通过企业的资本劳动要素配置效应影响企业投资，且本节的研究结果表明资本的深化有利于企业增加投资。类似地，第（3）列显示了加入企业退出虚拟变量后，企业投资的弹性为负，且企业退出对企业投资的影响系数为-0.059，并在1%的显著性水平下显著。这说明企业的退出不利于企业的投资，这一结果也符合经济学直觉和逻辑，特别地，人民币汇率升值会使得企业的竞争效应加剧并进而使得企业的进入和退出竞争效应增加，而企业的退出使得生产率降低而不利于企业的投资。还需要指出的是,当企业退出时,会由于"涟漪效应"而使得同行业的企业投资动机不足,这也进一步体现了企业退出对于投资的效应为负。

表 7-8 基准回归结果

变量	(1)	(2)	(3)	(4)	(5)	(6)
Ln *er*	-0.079*** (-2.69)	-0.505*** (-17.78)	-0.502*** (-17.72)	-1.529*** (-50.58)	-1.687*** (-42.76)	
Ln *er* (-1)						-0.112*** (-2.35)
Ln *er* * *kl*		0.111*** (117.90)	0.112*** (118.96)	0.113*** (122.26)	0.111*** (75.71)	0.087*** (44.56)
Ln *er* * *exit*			-0.059*** (-22.67)	-0.027*** (-10.16)	-0.021*** (-5.26)	-0.026*** (-4.93)
Ln *er* * *scale*				0.098*** (84.99)	0.106*** (62.84)	0.067*** (31.58)
Ln *er* * Ln*fcons*					-0.009*** (-11.28)	-0.008*** (-7.30)
常数项	7.681*** (56.63)	7.842*** (60.31)	7.812*** (60.17)	7.927*** (62.45)	8.279*** (52.10)	1.105*** (3.52)
样本数目	238991	238090	238090	237974	139892	92989
控制变量	是	是	是	是	是	是
企业效应	是	是	是	是	是	是
年份效应	是	是	是	是	是	是
R^2	0.652	0.016	0.407	0.671	0.661	0.596

注:**、*** 分别表示 5%和 1%的显著性水平(下同)。

表 7-8 中第(4)列是在模型中加入企业规模变量之后,人民币汇率变动对企业投资的影响。不难发现,人民币汇率与企业规模的交叉项系数为 0.098,该系数为正且通过了 1%的显著性检验,意味着汇率与企业规模交叉项的增加,将有利于企业投资增加。这一结果背后所隐含的经济学含义为,当企业规模扩大时,有利于企业提高生产率并进一步增加投资,从而使得企业利润增加。而且当企业规模经济一旦形成时,此时汇率升值还会形成企业的兼并重组,企业市场份额的扩大,也会反过来提高企业的规模经济水平,并增加企业的投资。

表7-8中第(5)列重点刻画了融资约束效应在汇率变动影响企业投资过程中所发挥的潜在作用。不难发现，融资约束的系数为负(-0.009)，且在1%的显著性水平下显著，意味着融资约束的提高，将不利于企业的投资，这一结果符合经济学逻辑，而且该结果背后所隐含的潜在机理可概述为，当人民币汇率升值时，企业的投资动机不足，这是由于企业的出口收入降低而导致的。而此时企业如果希望通过改变投资决策以提高企业利润，融资约束的存在一定程度上抑制了企业的投资活动。特别地，企业融资约束程度提高1%时，企业的投资活动平均下降0.009%。

需要指出的是，政策变量往往具有滞后效应，因此为了突出汇率变动所具有的滞后效应，本章将汇率的滞后1期项引入模型中，结果见表7-8中的第(6)列所示。可以看出，通过引入汇率变动的滞后期，汇率的系数为-0.112，该系数为负，且通过了1%的显著性检验，意味着当期人民币汇率的升值，还将对企业的下期投资产生一定的抑制效果。而且在引入汇率的滞后期时，除企业退出的投资效应变大之外，其余变量的投资效应均显著降低，表明汇率变动对投资的影响不仅能够加大企业退出的概率，还具有一定的滞后效应与持久性。

总的来看，人民币汇率的升值将不利于企业投资决策，且在这一影响渠道中，资本劳动比发挥的作用最为明显，即汇率变动会影响企业的要素配置而进一步影响企业的投资，特别地，当资本要素占比较高时，此时将有利于企业的投资。其次是企业的规模经济效应，若企业的规模经济越明显，表明企业的投资动机越明显。再次是融资约束，融资约束越大，对企业投资的抑制效果也越大，而且融资约束的存在，会使得企业在面临汇率升值时，无法获得足够的资金进行投资，因而表现为融资约束在汇率升值对企业投资的影响过程中发挥着潜在的负面影响。最后是企业的退出效应，该效应的出现会加大企业的退出概率，而且由于企业退出具有较强的“涟漪效应”与“示范效应”，因此企业的退出也将不利于企业投资。

2. 个体属性异质性回归

为了考察汇率变动对企业投资的影响是否与企业出口依存度、成本价格加成有关及不同地区之间是否存在差异，本节还进一步在模型中纳入企业出口依存度、成本价格加成变量以及东部、中部和西部等异质性变量，具体结果如表 7-9 所示。

表 7-9 汇率影响企业投资的异质性影响(按个体属性分)

变量	(1)	(2)	(3)	(4) 东部	(5) 中部	(6) 西部
Lner	-1.773*** (-38.41)	-1.748*** (-34.30)	-1.852*** (-31.12)	-1.814*** (-29.08)	-2.184*** (-8.27)	-2.035*** (-6.74)
Lner * *kl*	0.109*** (66.50)	0.128*** (62.80)	0.125*** (55.23)	0.125*** (53.28)	0.119*** (12.18)	0.128*** (9.31)
Lner * *exit*	-0.018*** (-3.95)	-0.015*** (-2.34)	-0.014*** (-1.99)	-0.015*** (-2.01)	-0.022 (-0.67)	0.018 (0.45)
Lner * *scale*	0.111*** (57.71)	0.107*** (44.57)	0.117*** (42.43)	0.119*** (41.70)	0.104*** (8.50)	0.088*** (5.49)
Lner * ln*fcons*	-0.009*** (-10.05)	-0.012*** (-10.51)	-0.012*** (-9.36)	-0.011*** (-8.76)	-0.019*** (-3.42)	-0.008 (-1.13)
Lner * *expratio*	0.004*** (3.64)		0.004*** (2.47)	0.005*** (2.79)	-0.001 (-0.14)	-0.004 (-0.61)
Lner * *markup*		0.021*** (10.51)	0.021*** (9.40)	0.022*** (9.10)	0.027*** (2.72)	0.007 (0.68)
常数项	8.526*** (45.55)	8.369*** (41.55)	8.524*** (35.95)	8.203*** (32.87)	10.952*** (10.46)	10.729*** (9.83)
样本数目	112785	94069	75993	67841	4921	3231
控制变量	是	是	是	是	是	是
企业效应	是	是	是	是	是	是
年份效应	是	是	是	是	是	是
R^2	0.681	0.651	0.673	0.675	0.653	0.649

从表 7-9 的回归结果可以看出,当加入企业出口依存度时,人民币汇率对企业投资的弹性系数为-1.773,且在 1%的显著性水平下显著,而且出口依存度与汇率的交互项系数为 0.004,同样通过了 1%的显著性检验,表明出口依存度的增加,能够提升汇率变动对企业投资的影响,且当出口依存度每上升 1%时,汇率变动对企业投资的净效应将会上升 0.004%。类似地,当纳入成本价格加成时,其与汇率的交互项系数为 0.021,且通过了 1%的显著性水平检验,意味着当企业的成本价格每上升 1%时,此时企业的投资也会相应地增加 0.021%。需要注意的是,引入成本价格加成时,人民币汇

率变动对投资的系数为-1.748,小于引入出口依存度时汇率对投资的影响系数(-1.773),这表明企业成本价格加成在汇率影响企业投资的过程中发挥着重要作用。需要特别指出的是,当同时引入成本价格加成和出口依存度时,此时汇率变动对投资的影响系数为-1.852,该系数比单独加入出口依存度和单独加入成本价格加成时的系数大,也即当同时加入出口依存度和成本价格加成时,人民币汇率升值对投资的抑制效应更大。该结果潜在的机理可概述为:一是成本价格加成与出口依存度在人民币汇率变动过程中存在“叠加”效应,特别地,当企业具有较强的成本价格加成能力时,汇率变动对企业投资的冲击将会由于成本价格加成能力的提高而增加;二是出口依存度的提高会加大出口汇率变动对企业投资的冲击。特别地,出口依存度与成本价格加成的“叠加”效应会加大汇率变动对企业投资的影响。

为了进一步从区位层面考察人民币汇率变动对企业投资的影响,本节还分别考察了人民币汇率变动对东部、中部和西部企业的投资异质性,结果见表7-9中的第(4)、(5)、(6)列。第一,从汇率的系数来看,人民币汇率升值均能够抑制不同地区企业的投资,且人民币汇率升值对中部地区企业投资的影响最大,其次是西部,而对东部地区企业投资的影响最小。第二,从资本劳动比的效应来看,该要素的提升会显著提高汇率变动对企业投资的冲击幅度,且该效应在西部地区表现得最为明显,其次是东部,略强于中部地区0.6%。第三,企业退出效应对投资的效应在东部地区显著,且该效应为负,表明退出效应不利于企业的投资。但需要提及的是,企业退出对中部和西部地区的影响则不显著,表明中部或西部地区企业的退出对投资的影响不明显,也表明中部和西部地区企业的市场份额小于东部地区。该结果与企业的规模效应在汇率对企业投资的影响中发挥的作用相一致,尽管规模效应在人民币汇率影响企业投资的过程中均发挥着显著的正向作用,但该效应在东部地区表现得最为明显,其次是中部地区,西部地区的效果最小。第四,融资约束与成本价格加成在汇率影响企业投资的过程中所发挥的作用只在东部和中部地区最为明显,而对西部地区企业投资的影响并不显著。第五,出口依存度只对东部地区企业投资的影响显著,而对中部和西部地区企业投资的影响均不显著,且出口依存度每上升1%时,此时人民币升值对企业投资的影响程度将会上升0.005%,这也体现了出口依存度在汇率影响东部企业投资过程中所发挥的作用最为显著。

3. 分样本回归

为进一步从多维角度考察汇率变动对企业投资的异质性影响,本节还将样本企业分为出口企业和非出口企业,以及国有企业、民营企业和外资企业、高技术企业和低技术企业三组类别,并在每组类别下分别进行回归,在控制企业效应和年度效应之后,回归结果如表 7-10 所示。

表 7-10 汇率变动对企业投资的异质性影响(按企业类型分)

变量	出口类型		所有制类型			技术类型	
	出口企业	非出口企业	国有企业	民营企业	外资企业	高技术企业	低技术企业
Lner	−1.852*** (−31.12)	−1.277*** (−8.69)	−1.830*** (−4.55)	−2.002*** (−23.52)	−1.655*** (−12.66)	−2.038*** (−21.32)	−1.903*** (−19.77)
Lner * *kl*	0.125*** (55.23)	0.147*** (20.10)	0.076*** (3.78)	0.143*** (37.58)	−0.119*** (30.39)	0.134*** (40.05)	0.115*** (27.47)
Lner * *exit*	−0.014*** (−1.99)	−0.003 (−0.15)	−0.049 (−1.25)	−0.011 (−0.96)	−0.010 (−0.77)	−0.011 (−0.93)	−0.014 (−1.24)
Lner * *scale*	0.117*** (42.43)	0.056*** (7.10)	0.123*** (5.70)	0.124*** (26.61)	0.107*** (22.36)	0.134*** (28.73)	0.127*** (25.70)
Lner * *fcons*	−0.012*** (−9.36)	−0.013*** (−3.40)	0.009 (1.33)	−0.018*** (−8.13)	−0.007*** (−3.52)	−0.011*** (−6.01)	−0.008*** (−3.85)
Lner * *expratio*	0.004*** (2.47)		0.002 (0.28)	0.002 (0.97)	0.006* (1.92)	0.003 (1.17)	0.005*** (2.02)
Lner * *markup*	0.021*** (9.40)	0.027*** (4.09)	−0.002 (−0.12)	0.032*** (7.33)	0.016*** (4.20)	0.024 (6.32)	0.019*** (5.28)
常数项	8.525*** (35.95)	8.189*** (14.80)	9.836*** (7.46)	8.534*** (27.29)	8.152*** (14.51)	8.192*** (21.88)	8.678*** (23.51)
样本数目	75993	18076	2685	32066	23362	40377	35616
控制变量	是	是	是	是	是	是	是
企业效应	是	是	是	是	是	是	是
年份效应	是	是	是	是	是	是	是
R^2	0.673	0.496	0.678	0.657	0.683	0.698	0.652

表 7-10 中的第(1)、(2)列分别为出口企业与非出口企业的投资对人民币汇率变动的反应。通过对比不难发现,人民币汇率升值均会降低出口企业与非出口企业的投资,且在 1%的显著性水平下显著,但人民币汇率升

值对出口企业投资的抑制效应更大。由于资本劳动比对出口与非出口企业的投资效应为正且均通过了1%的显著性检验,表明资本劳动比的提升在人民币汇率升值过程中会促进企业的投资,而且这一效应对非出口企业相对较大,意味着非出口企业中资本的边际效应较大。从退出效应来看,企业退出会使得人民币汇率升值降低出口企业的投资,但对非出口企业的影响不明显,这也进一步体现了当出口企业出现退出状态时,此时人民币汇率升值对出口企业投资的影响明显增加。从企业规模与汇率交互项的系数来看,其对出口企业与非出口企业的影响均为正,且通过了1%的显著性检验,使得人民币汇率升值对企业投资的影响会因规模效应的存在而表现为正向影响,且规模效应每增加1%,人民币汇率升值对企业投资的影响在出口企业中平均增加0.117%,在非出口企业中平均增加0.056%,也表明人民币汇率升值对出口企业投资的影响强于对非出口企业投资的影响。类似地,从融资约束的系数来看,其对出口企业与非出口企业投资的影响系数分别为-0.012与-0.013,且通过了1%的显著性水平检验,表明企业投资会因融资约束和人民币汇率升值的共同影响而下降,且融资约束每增加1%,出口企业与非出口企业投资受汇率升值的影响平均下降0.012%与0.013%,系数极为接近,表明融资约束的存在使得人民币汇率升值对企业投资的抑制效应大致相当。最后,由于成本价格加成与汇率交互项对出口企业与非出口企业的影响系数分别为0.021和0.027,表明当企业的成本价格加成能力每提高1%,人民币汇率升值对企业投资的影响将平均增加0.021%与0. 027%,且非出口企业投资的弹性略大于出口企业。

从企业所有制类型的回归结果可以发现,人民币汇率升值对民营企业投资的抑制效应最大,其次是国有企业,而对外资企业投资的影响最小。资本劳动比的系数显示,资本劳动比每提升1%,人民币汇率升值对民营企业投资的影响将平均增加0.143%,而对国有企业投资的影响将平均增加0.076%,但对外资企业的投资具有显著的抑制效应。该结果所隐含的经济学含义为,在人民币汇率升值影响企业投资的过程中,资本和劳动要素的配置效应在民营企业中发挥的促进作用强于国有企业,而为了规避人民币汇率升值风险,外资企业将会选择降低资本的投入并进一步减少投资,因此使得外资企业的投资对汇率与资本劳动比交互项的响应为负。需要指出的是,在国有企业、民营企业和外资企业中,尽管退出效应会降低企业的投资,但这一效应并不显著,也即企业的退出并不会显著降低国有企业、民营企业和外资企业的投资。企业规模与汇率交互项对不同所有制类型企业投资的影响均显著为正,对国有企业与民营企业的影响基本相同,略大于对外资企业投资的影响。从融资约束与汇率交互项系数来看,民营企业和外资企业的弹性系数均显著为负,表明随着融资约束程度的提高,人民币汇率升值对企业投资的抑制效应将会增加,且人民币汇率升值对民营企业投资的冲击强于对外资企业投资的冲击,而国有企业对融资约束的反应则不显著,这主要源于国有企业受融资约束的程度较小,因此使得人民币汇率升值通过融资约束渠道对其投资的影响不显著。类似地,成本价格加成在民营企业与外资企业投资中影响显著为正,但在国有企业中并不显著,一方面表明成本价格加成的提升,人民币汇率升值将对民营企业与外资企业的投资具有正向促进作用,而另一方面表明国有企业的成本价格加成将不会显著改变人民币汇率变动对国有企业投资的影响。需要额外提及的是,出口依存度在汇率影响企业投资的过程中的作用只显著存在于外资企业,而对国有企业和民营企业投资的影响不明显。

最后,本节将企业划分为高技术企业和低技术企业,而划分高技术企业和低技术企业的方法是将企业的全要素生产率的中位数作为临界值,当企业全要素生产率大于中位数时,将其视为高技术企业;而当企业全要素生产率小于中位数时,则将其视为低技术企业。从表 7-10 中的最后两列不难发现,汇率变动对高技术企业与低技术企业投资的影响系数分别为-2.038和-1.903,且二者均在1%的显著性水平下通过了显著性检验。同时研究结果还表明,汇率对高技术企业投资的影响强于对低技术企业投资的影响,这体现了人民币汇率升值对高技术企业投资的影响显著强于对低技术企业投资的冲击。同样,汇率与资本劳动比交互项对企业投资的影响为正,且通过了1%的显著性水平检验,表明当资本劳动比提升 1%时,会使得人民币汇率升值对企业投资的影响平均提高 0.134%和 0.115%,而且高技术企业投资对资本劳动比的反应相对较强。类似地,企业规模与汇率交互项系数均为正,且通过了 1%显著性水平的检验,表明企业规模经济的提高,会使得人民币汇率升值对企业投资的影响平均增加 0.134% 和 0.127%,同时也表明高技术企业投资对规模经济的反应相对较大。融资约束与汇率交互项对企业投资的影响在高技术企业与低技术企业中均为负,同样都通过了 1% 显著性水平的检验,再次表明融资约束提高 1%,人民币汇率升值对企业投资的影响平均下降 0.011% 和 0.008%。最后,从出口依存度、成本价格加成与汇率交互项的系数来看,二者对低技术企业投资的影响均为正,且通过了既定的显著性水平检验,表明出口依存度与成本价格加成的提高,会使得人民币汇率升值对企业投资的影响增加。但对高技术企业而言,出口依存度与成本价格加成对这类企业投资的影响并不显著,这也进一步体现了高技术企业在面临汇率变动的冲击时,能够较好地调整其相应的投资水平以及具有较好的价格调整能力,并不会出现因成本价格加成及出口依存度的变动而导致汇率变动对企业投资产生冲击。

总的来看,在将全样本区分为出口企业和非出口企业以及国有企业、民营企业和外资企业、高技术企业和低技术企业时,人民币汇率对企业的投资表现出较强的异质性特征。异质性特征的存在使得人民币汇率对企业投资影响的渠道有所差异,这也进一步表明企业投资的影响因素较多,且在不同的环境及影响机制下,不同因素所带来的影响也具有明显差异。因此,为客观考察人民币汇率变动对企业投资的影响,应综合不同传导渠道及不同环境约束分别进行考察。就总的影响来看,人民币汇率升值倾向于降低企业投资,而人民币汇率贬值则倾向于增加企业投资,这也充分体现了人民币汇率变动在影响企业投资的过程中,更倾向于通过出口的收入渠道产生影响,也即收入渠道效应占主导。

四、结论与启示

为从微观层面刻画人民币汇率变动对企业投资的内在机理及经验证据,本章首先构建汇率变动影响企业投资的理论模型,并在此基础上进一步采用 2000—2006 年海关数据库与中国工业库数据匹配的数据进行实证分析。基准回归结果表明:

虽然从宏观来看,人民币汇率贬值对中国经济不利,但从微观来看,人民币汇率的过度升值也会抑制企业的投资,其中资本劳动比在这一影响过程中发挥的作用最大且为正。由于该效应能够提高企业的要素配置效率,且该效应对投资的影响效应为正,因而使得劳动比的提高,会在促进企业提升生产率的同时进一步促成企业的投资决策。其次是企业的规模效应,该效应为正且统计显著,表明企业规模经济的形成有利于促进企业投资。再次,企业的退出效应会增加投资。最后是融资约束的存在,会使得企业在面临汇率升值时,无法获得足够的资金进行投资,因而融资约束在汇率升值对企业投资的影响过程中发挥着潜在的负面影响。

同时为进一步从多维视角综合量化人民币汇率变动对企业投资的影响是否存在异质性,本章还将企业区分为出口企业和非出口企业、国有企业和非国有企业以及高技术企业和低技术企业,发现人民币汇率对企业的投资表现为较强的异质性特征,异质性特征的存在使得人民币汇率对企业投资影响的渠道有所差异,这也进一步表明影响企业投资的因素较多,且在不同的环境及影响机制下,不同因素所表现的影响差异明显。因此,为客观考察人民币汇率变动对企业投资的影响,应综合不同传导渠道及不同环境约束进行考察。就总的影响来看,人民币汇率升值倾向于降低企业投资,而人民币汇率贬值则倾向于增加企业投资,这也充分体现了人民币汇率变动在影响企业投资的过程中,更倾向于通过出口的收入渠道发挥效应,也即收入效应占主导作用。

基于上述实证分析结果,可以得到如下三点启示:第一,由于人民币汇率主要通过收入效应影响企业投资,即人民币汇率升值将会抑制企业的投资行为,因此货币当局在制定汇率政策时,也需要考虑汇率升值对投资的抑制效果。在一定浮动区间内维持汇率的稳定,对企业的投资及发展具有重要的作用。第二,由于企业的规模经济效应对于其投资具有重要的促进作用,因此在提高企业生产率的同时,进一步促使企业规模的扩大,无疑能够降低企业投资因汇率变动而存在的风险。第三,由于融资约束不利于企业的投资,尤其在出口企业中更为显著,因此提高金融资源配置的效率,适时并有效地降低融资约束程度,对于提高企业的投资水平以及提高企业的生产率将具有重要的意义。

第三节　人民币汇率变动对股价的影响

一、引言

较长一段时间以来,外汇市场干预和利率管制政策是中国央行管理人民币汇率预期、维持人民币汇率水平的基本稳定以及平衡内外部经济的重要手段。与人民币汇率预期和即期汇率水平及宏观经济形势所表现出来的阶段性特征相一致的是,中国的央行外汇干预及利率变动也呈现出明显的阶段性差异。从 2005 年 7 月中国进行汇率制度改革直至 2008 年 9 月全球金融危机爆发,人民币开始面临持续升温的单边升值预期,并最终表现为即期汇率的加速升值。在这种情况下,为抑制人民币过快升值以及流动性注入可能带来的通货膨胀风险,中国央行不得不频繁且大规模地进行"买进外汇—投放基础货币—回笼基础货币"的冲销型外汇市场干预,同时对利率实施管制以压低利率水平,从而在一定程度上降低中央银行外汇冲销操作的成本以及避免因利差扩大导致外资大量流入而再次助长人民币升值预期。2008 年爆发的全球金融危机打破了人民币持续近三年之久的升值预期,取而代之的则是骤然上升的贬值预期。此时,为了保证出口和提振经济,中国央行的外汇市场干预仍维持先前的单边正向操作,并迅速下调存贷款基准利率,以保持较为宽松的利率和货币环境。这种情况一直持续到 2011 年 10 月左右。此后至今,随着人民币汇率市场化程度的不断提高,汇率的双向波动和升贬交替开始成为"常态",中国央行实施单边正向操作的基础已不复存在,外汇市场干预总体呈现双向操作的特点。与此同时,中国央行加快放松对存贷款利率的管制。目前,银行贷款利率的下限管制和 1 年期以上定期存款利率的上限管制已经完全放开。如同目前中国的宏观经济已经全面步入"新常态",汇率预期的形成机制、利率调控及其定价以及中央银行外汇市场干预所面临的基础环境已经发生了结构性的变动。

随着中国金融自由化进程的逐步深化,尤其是资本账户的进一步开放和“沪港通”的开通,中国的资本市场与国际资本市场之间的联系愈发紧密。在这种情况下,国内外利率的相对变化及人民币汇率预期的变动很可能诱发中国资本市场的波动。这是因为,利差和汇率预期的变化一方面会改变中国金融资产的预期收益率并进而改变国内外投资者的资产配置结构以及资产供求关系,从而最终对资产价格产生影响;另一方面还可能促使上市公司调整其投资、生产、劳动用工及经营决策,从而对企业基本面价值和股票估值产生影响。以 2015 年 6 月爆发的股市大幅动荡为例,人民币汇率贬值和由此引发的贬值预期,以及美元加息预期与国内降息所形成的潜在利差“倒挂”在一定程度上加速和助长了这次股市的下跌速度和力度。鉴于此,本章所要重点关注的问题是:人民币汇率预期和中美息差的变化是否会给中国资本市场带来冲击或风险,特别是会对股票价格产生怎样的动态影响? 而正如上文所述,央行的外汇市场干预实际上可以通过影响汇率预期和即期汇率,甚至通过影响国内利率水平而对股价产生间接冲击。因此,本节特别将央行外汇干预也纳入到分析框架中,并从理论层面深入揭示汇率预期、国内外利差和外汇市场干预的变化对股票价格的传导渠道及其作用机理,进一步从实证层面全面考察汇率预期、国内外利差和外汇市场干预与股票价格之间的动态关系。特别地,由于人民币汇率预期和利率的变动以及中央银行的外汇市场干预具有明显的阶段性特征,因此,本章还将特别关注这种动态关系在不同的阶段或者经济环境下表现出怎样的跨期特征?对于上述重大现实问题的研究不但有助于深入分析人民币汇率预期、国内外利差和外汇市场干预对股票价格的内在传导机制以及深入认识中国资本市场的波动状况及其原因,同时还有助于预测股价波动和宏观经济的未来走向,因而具有非常重要的理论与实践意义。

但需指出的是,目前国内外将汇率预期、利差和外汇市场干预与股价全面联系起来进行分析的成果并不多,而多是从其中某一个或两个方面切入研究与股价之间的影响关系。其中,在有关汇率(预期)与股价之间影响关系的研究成果中,又以研究汇率(而非汇率预期)与股价之间关系的居多(Dornbusch 和 Fischer, 1980; Branson, 1983; Adler 和 Dumas, 1984; Gavin, 1989;Baldwin 和 Krugman,1989;Knetter,1994;Hibiki 和 Koyama,2011;Walid 等,2011;Tsai,2012;吕江林等,2007;朱新蓉和朱振元,2008;巴曙松和严敏,

2009;严武和金涛,2010;刘莉和万解秋,2011;谷任和张卫国,2012;何诚颖等,2013;刘林等,2015;等等)[①],而对汇率预期与股价关系进行的研究则相对较少(麦金农和大野健一,1999;Kanas,2000;Kim,2003;Mehmet,2004;徐爽等,2009;郭凯和张笑梅,2014;肖卫国等,2014)。值得指出的是,何诚颖等(2013)和刘林等(2015)考虑到外汇市场干预对汇率和股价之间关系的重要影响并因此将其纳入到考察范围中,但他们的研究并没有考虑汇率预期对股价以及外汇市场干预通过改变汇率预期而对股价产生影响。而在研究利率与股价影响关系的相关文献中,较多学者单一分析利率变动对股票成交量和股价(包括对银行类股票价格)的影响(Fama,1981;Hashemzadeh 和 Taylor,1988;Prasad 和 Rajan,1995;Dinenis 和 Staikouras,1998;Lobo,2000;Reilly 等,2007;Ferrer 等,2010;Ferrer 等,2014;唐齐鸣和李春涛,2000;何宏,2004;马金城,2008;吴言林等,2013;等等),而较少将研究视野拓展至开放经济环境中因国内外利差和汇率或汇率预期的变动而导致国际资本流动或者上市公司企业价值发生变化并进而对股价产生影响的情况(Choiet 等,1992;Mok,1993;Wetmore 和 Brick,1994;Kasman 等,2011;Andrie 等,2015)。具体来说,目前学术界围绕汇率预期、利率和外汇市场干预对股价的影响所取得的成果可概括为以下四个层面:

第一,关于汇率和外汇市场干预与股价之间影响关系的分析。何诚颖等(2013)从投资者异质性的角度出发并将外汇市场干预纳入到汇率与股价关系的理论与实证分析框架中。他们借助 2005 年汇改后至 2019 年 12 月的月度数据进行实证分析后发现,中国央行的外汇市场干预既能起到稳定人民币汇率的作用,而且在短期内还能对股价起到正向推动作用。刘林等(2015)的研究也将外汇市场干预和投资者异质性纳入到最后的分析框架中,并得出人民币对美元汇率与股价之间的关系具有时变性且主要取决于整体的宏观经济环境,如汇率预期因素等。这是因为,在汇率影响股价的过程中,汇率预期不仅是连接二者的一个重要的经济变量,而且汇率预期的形成机制和作用机理还是资产价格波动的重要基础,因而汇率预期

① 这类研究认为,汇率的变化通常会通过影响国际资本流动、国内利率水平、国内外投资者的资产投资组合,以及进出口上市公司的企业价值而最终影响到股票价格(该影响也被定义为外汇风险暴露)。

的变化对股价势必产生重要的影响。虽然刘林等(2015)的研究注意到了这一点,但并没有就汇率预期对股价的理论传导机制和实际影响展开深入的分析。

第二,关于汇率预期与股价之间影响关系的研究。郭凯和张笑梅(2014)通过构建VAR模型对汇率预期影响股价进行了实证分析。结果表明,以境外人民币NDF报价衡量的汇率预期对中国股价具有显著的引导作用。徐爽等(2009)在资产价格均衡决定过程中纳入汇率体制转换过程并进行比较静态分析后得出,本币升值预期对均衡资产价格的影响不会超过预期升值幅度,且本币升值的速度与资产价格变动并无显著相关性。肖卫国等(2014)采用平滑转换回归(STR)模型研究了人民币汇率预期对股票价格的非线性影响。其中,肖卫国等的研究发现,人民币过度升值预期及过度宽松或紧缩的货币政策会使得股价下跌,而渐进式升值预期及适度宽松的货币政策才会使得股价上涨。由此,他们指出要维护股市稳定,就应逐步削弱人民币升值预期和保持适度宽松的货币政策。然而,不难发现,以上这些研究主要从过去几年人民币汇率所面临的实际问题出发并因此着重关注升值预期对中国股价的影响,而对贬值预期如何影响股价的问题则关注不够。

第三,同时考察汇率和利率与股价之间的影响关系。Mok(1993)的研究表明,香港恒生指数的波动中包含了丰富的利率和汇率变动信息。Kasman等(2011)发现土耳其利率和汇率变动对银行类股票收益率的影响显著为负。Andries等(2014)采用小波分析方法对印度汇率和利率的变动对股价的影响进行了实证研究。结果显示,相比汇率变动而言,印度利率水平的变动更能对股价发挥信号作用。从国内方面来看,李成等(2010)从资产价格和汇率波动角度考察了中国的最优利率规则。他们发现,中国利率调控对资产价格及汇率变化的反应系数相对较小或不显著,说明央行并未对资产价格等因素给予过多关注。刘柏和张艾莲(2014)通过协整检验发现人民币汇率、利率与股价之间存在稳定的长期均衡关系,并由此认为可通过改善股票市场与外汇市场和货币市场之间的传导渠道来提高中国政府对宏观经济的调控效率。很显然,这类研究既没有综合考虑汇率预期和外汇市场干预可能通过改变汇率和利率水平而对股票市场产生间接影响,也没有就国内外利差的变化对股价产生的影响进行具体分析。

第四,在实证分析方法方面,上述学者所采用的方法主要有OLS估计和GARCH模型(Kasman等,2011)、VAR模型(郭凯和张笑梅,2014)、协整检验(张艾莲,2014)、格兰杰因果关系检验(Mok,1993;Gupta等,2002;郭凯和张笑梅,2014)、GMM估计(李成等,2010)等等。还有一些学者意识到汇率(预期)和利率的变动以及外汇市场干预与股价之间可能存在非线性关系,如何诚颖等(2013)、刘林等(2015)采用TVP-VAR模型来估计汇率和外汇市场干预对股价的动态影响。但是,这种估计方法并不能充分刻画和直观反映中国汇率制度以及利率和外汇市场干预政策所呈现出的区制转换特征。肖卫国等(2014)所采用的STR模型考虑到了这一点,但却没有将汇率预期及股价的月度数据所可能具有的自相关特征考虑进模型当中。Andries等(2014)利用小波分析方法分别从时域和频域两个角度同时考察了汇率和利率的变动对股价的影响。但是,由于该方法中的小波相位差工具并不适用于三个及三个以上变量之间关系的估计,这使得该方法在此类问题中的应用价值大大降低,而且该方法还不利于准确甄别变量间关系发生区制转换的具体位置。

本节通过构建开放经济条件下的两国模型,并结合无抛补利率平价理论以及考虑投资者异质性的股价动态调整方程全面刻画人民币汇率预期、中美息差和外汇市场干预影响股价的作用机理。在此基础上,本章进一步选取2006年10月至2020年7月的样本数据,并采用含有两个结构突变点的单位根检验、边限协整检验以及Logistic平滑转换误差修正模型(STECM)综合考察人民币汇率预期、中美息差和外汇市场干预对股价的影响及其区制转换特征。本节之所以选用STECM进行分析的原因在于,该模型假设变量之间的关系具有区制异质性而且从低区制向高区制的转换是平滑过程而非“瞬时突变”的单一形式。此外,该模型既允许选取合适的转换变量,又允许对转换函数的形式加以取舍,而传统的非线性模型(如马尔科夫区制转换模型)则只能变换其中之一。因此,平滑转换误差修正模型非常适合描述转轨经济体的经济变量之间的关系。本节的主要贡献有:第一,从理论层面全面揭示人民币汇率预期、国内外利差和外汇市场干预对股价的传导机理;第二,从实证层面综合考察了人民币汇率预期、中美息差和外汇市场干预对股价的非对称影响；第三，以人民币汇率预期和外汇市场干预为转换变量，重点考察了在人民币升值预期和贬值预期，以及央行正向外汇干预和负向外汇干预的不同经济环境下，上述变量之间的关系呈现出怎样的区制转换特征。总的来说，本节的研究有助于全面深入地认识汇率预期和国内外利差水平的变化以及央行外汇市场干预与股价之间的响应关系，而且对于正确预测股价变动、有效防范金融风险、完善外汇市场、资本市场和货币市场之间的传导机制具有重要的理论和实践意义。

接下来，本节的研究结构安排如下：第二部分介绍汇率预期、中美息差和外汇市场干预与股价之间的理论传导机制；第三部分介绍实证分析方法和数据来源，并对数据进行描述性统计及初步的平稳性检验；第四部分则对实证结果进行深入具体的阐述；第五部分是本章的结论部分。

二、理论分析

为了清晰地阐述人民币汇率预期影响股价的机理，本节结合无抛补利率平价理论以及考虑投资者异质性的股价动态调整方程全面刻画人民币汇率预期、中美息差和外汇市场干预对股价的影响。本节首先构建一个包含有两国的开放经济模型，在该开放经济模型中只包含有两种货币（人民币及美元）、本国股票市场以及两国投资者。根据无抛补利率平价理论（Uncovered Interest Parity，UIP）可知，在不考虑交易成本以及资本流动无障碍的前提下，究竟以何种货币形式持有资金主要取决于各种货币的实际收益率。在两国货币利率存在差异的情况下，资金将从低利率国家流向高利率国家赚取利差。为了避免汇率波动所产生的风险，投资者往往进行抛补套利，以赚取无风险收益。大量的外汇交易导致低利率货币远期出现升水，高利率货币远期出现贴水。随着套利的不断进行，远期价差最终与两国利差持平，用公式描述如下：

$$(1+r_t^*)\frac{S_{t+1}}{S_t}=(1+r_t) \tag{7-25}$$

其中，r_t 与 r_t^* 分别表示本国利率与外国利率，S_t 代表即期汇率（直接标价法下），S_{t+1} 表示远期汇率。将上式进行对数化处理，具体表达如（7-26）

式所示：

$$\Delta S_{t+1} = S_{t+1} - S_t = r_t - r_t^* \tag{7-26}$$

值得注意的是，无抛补利率平价理论还有一个更为严格的假设条件——投资者为风险中性。换句话而言，投资者主要依据预期收益率来决定投资的货币结构，持有本币资产预期收益率是本币的利率，但持有外币资产所获取的收益率不再是外币利率与远期外币升贴水率，而是外币利率加上预期的汇率变动率，用公式描述如下：

$$(1 + r_t^*)\frac{E_t(S_{t+1})}{S_t} = (1 + r_t) \tag{7-27}$$

其中，r_t 与 r_t^* 分别表示人民币利率与美元利率，$E_t(S_{t+1})$ 表示以 t 为基点的超前一期。将(7-27)式进行对数化处理，具体表达如(7-28)式所示：

$$S_t = E_t(S_{t+1}) + (r_t - r_t^*) \tag{7-28}$$

其中，为了确保稳定性，对(7-28)式进行一阶差分，具体表达如(7-29)式所示：

$$\Delta S_t = \Delta E_t(S_{t+1}) + \Delta(r_t - r_t^*) \tag{7-29}$$

由于中国自 1994 年起就开始实行有管理的浮动汇率制度，央行一直是外汇市场上的重要参与者，其通过在外汇市场上买入或卖出外汇以引导市场的汇率预期，从而最终达到稳定人民币汇率的目的。尤其是 2003 年至 2011 年，大规模的国际收支顺差引发了市场上较为强烈的人民币升值预期，因此，央行的外汇干预在这段时期内集中体现在为了遏制人民币过快升值而进行的单向购汇行为，以及为了回笼购汇所投放的基础货币而进行的冲销操作。而面对持续增长的外汇储备，央行经常性的冲销干预会导致国内利率上升，使财政预算成本大幅度提高，并导致国内外利差难以消除。何诚颖等(2013)也指出，外汇市场干预行为会通过资产组合效应影响股票市场。因此，我们进一步将以央行的净外汇购买量衡量的外汇市场干预纳入到(7-29)式中后得到：

$$\Delta S_t = I_{t-1} + \Delta E_t(S_{t+1}) + \Delta(r_t - r_t^*) \tag{7-30}$$

值得注意的是，为了体现外汇市场干预对汇率的内生性影响，因此模型中的外汇市场干预为其滞后一期值。而如果引入外汇市场干预的同期值，将会导致分析结果出现有偏(Biased)的现象。

借鉴 Dieci 和 Westerhoff(2013)、何诚颖等(2013)及吴丽华和傅广敏(2014)的研究,本章假设在国内股票市场中存在两种交易者:技术交易者和基本面价值交易者。而且定义技术交易者与基本面价值交易者所占比例分别为:

$$w_{c,t}=\frac{1}{1+\varphi\,(F-P_t)^2} \tag{7-31}$$

$$w_{f,t}=\frac{\varphi\,(F-P_t)^2}{1+\varphi\,(F-P_t)^2} \tag{7-32}$$

鉴于此,本章设定本国股价的调整函数为:

$$P_{t+1}=P_t+\lambda\left[\frac{1}{1+\varphi\,(F-P_t)^2}(d^h_{c,t}+d^f_{c,t})+\frac{\varphi\,(F-P_t)^2}{1+\varphi\,(F-P_t)^2}(d^h_{f,t}+d^f_{f,t})\right] \tag{7-33}$$

其中,P 为股票价格,λ 为价格调整系数,$d^h_{c,t}$ 与 $d^h_{f,t}$ 分别为本国技术交易者和基本面价值交易者需求,$d^f_{c,t}$ 与 $d^f_{f,t}$ 分别为国外技术交易者和基本面价值交易者需求。由于技术交易者尝试从过去的股价中获得未来的变动趋势,因此可以将技术交易者的需求函数表示为:

$$d^h_{c,t}=\kappa(p_t-p_{t-1}) \tag{7-34}$$

其中 κ 表示为正的反应系数,(7-34)式体现了本国的技术交易者主要依靠最近的股价变动趋势进行决策,如当观察到股价上升,此时投资者将会选择购买。而基本面价值交易者主要是通过股价的均值进行盈利,因此本国基本面价值交易者的需求函数可表示如下:

$$d^h_{f,t}=\pi(F-P_t) \tag{7-35}$$

其中,π 表示正的反应系数,F 表示本国股票市场的基本面价值,其背后所隐藏的经济含义是当本国股价被低估(或高估)时,基本面价值交易者将会购买(或抛售)股票。

而对于国外技术交易者而言,其所关注的不仅仅是最近的股价变动趋势,还包括最近的汇率变动趋势,因此国外技术交易者的需求函数为:

$$d^f_{c,t}=\vartheta(S_{t-1}+P_t-S_t-P_{t-1}) \tag{7-36}$$

其中,ϑ 表示为正向反应参数,S_t 为 t 期汇率。假设股价和汇率上升,此时国外技术交易者将会购买本国股票。而一旦股价或(和)汇率下降,此时国外技术交易者将会减少购买本国股票。值得注意的是，一旦股价下跌的部分小于汇率上升的部分，此时国外技术交易投资者同样会购买本国股票。

类似地，本节将国外基本面价值交易者对本国股票需求函数表示如下：

$$d_{f,t}^{f}=\xi(F-P_{t}+F^{S}-S_{t}) \tag{7-37}$$

其中，ξ 为正的反应系数，F^S 为汇率的基本面价值。该式所隐含的经济含义为当国外基本面价值交易者在考虑股价均值回复的过程中，还考虑了汇率变动因素。一旦股票与外汇市场被低估，此时的国外基本面价值交易者要比国内基本面交易者购买更多的股票。

将(7-34)式、(7-35)式、(7-36)式及(7-37)式同时代入(7-33)式，可以得到股价的动态调整方程，具体可由(7-38)式表示如下：

$$\begin{aligned}\Delta P_{t+1}&=\lambda\left\{\frac{1}{1+\varphi\,(F-P_{t})^{2}}[\kappa(P_{t}-P_{t-1})+\vartheta(P_{t}-P_{t-1}-\Delta S_{t})\right.\\&\quad+\frac{\varphi\,(F-P_{t})^{2}}{1+\varphi\,(F-P_{t})^{2}}[\pi(F-P_{t})+\xi(F-P_{t}+F^{S}-S\}\\&=\lambda\left\{\frac{1}{1+\varphi\,(F-P_{t})^{2}}[(\kappa+\vartheta)\Delta P_{t}-\vartheta\Delta S_{t}]\right.\\&\quad\left.+\frac{\varphi\,(F-P_{t})^{2}}{1+\varphi\,(F-P_{t})^{2}}[(\pi+\xi)(F-P_{t})+\xi(F^{S}-S_{t})]\right\}\end{aligned} \tag{7-38}$$

此时，将(7-30)式与(7-28)式同时代入(7-38)式中，结果见(7-39)式所示：

$$\begin{aligned}\Delta P_{t+1}=\ &\lambda\left\{\frac{1}{1+\varphi\,(F-P_{t})^{2}}[(\kappa+\vartheta)\Delta P_{t}-\vartheta[I_{t-1}+\Delta E_{t}[S_{t+1}]+\Delta(r_{t}-r_{t}^{*})]\right.\\&\left.+\frac{\varphi\,(F-P_{t})^{2}}{1+\varphi\,(F-P_{t})^{2}}[(\pi+\xi)(F-P_{t})+\xi[F^{S}-E_{t}[S_{t+1}]-(r_{t}-r_{t}^{*})]]\right\}\end{aligned} \tag{7-39}$$

从理论分析中不难发现，影响股价变动的因素主要有其自身价格、汇率预期、外汇市场干预和中美息差。值得注意的是，随着时间跨度的不断变大，基本面价值 F 和 F^S 以及技术交易者与基本面价值交易者的比重都会随着经济环境的变化而变化,也即汇率预期对股价的影响并非一成不变,而是具有非线性的动态变化特征。

三、实证分析

(一)STECM 模型

在对变量之间的短期关系进行分析时,常使用的模型为误差修正模型。而线性误差修正模型主要建立在以下两个重要假设的基础上:第一,短期偏离向长期均衡的调整机制是对称的;第二,短期偏离向长期均衡的调整速度是均匀的。因此,如果变量间的短期调整过程是非对称的,即在不同区制下调整的速度有所不同,则传统的线性误差修正模型将不再能准确地拟合这种非线性调整机制。此时,引入非线性分析技术才能更为真实地揭示变量之间的非线性关系。自 Tersvirat 和 Anderson(1997)首次提出平滑转换自回归(STAR)模型来刻画单个变量的非线性平滑转换过程以来,Weise(1999)和 Rothman 等(2001)相继将该模型拓展至多个变量的非线性分析。平滑转换模型通常具有三个优点:(1)平滑转换模型比简单的门限回归(Threshold Regression)和马尔科夫机制转换模型(Markov Switching Model)更贴近现实。这是因为门限模型和马尔科夫机制转换模型的假设是对系数产生一个“突变”,但是只有所有经济部门同时且变动方向一致时,这种假设才成立。(2)由于转换函数形式的不同,平滑转换模型可以刻画经济变量的非线性和非对称形式。(3)平滑转换模型既可以选取合适的转换变量,又可以允许选取合适转换函数的形式,而传统的非线性模型(如门限模型和马尔科夫机制转换模型)只能变换其中之一。但是,与 Weise 提出的平滑转换向量自回归(STVAR)模型不同的是,Rothman 等(2003)提出的平滑转换误差修正模型(Smooth Error Correction Model,STECM)由于考虑到了具有长期稳定关系的误差修正项,因而能够更好地刻画变量在不同区制下由短期偏离向长期均衡的非线性平滑转移过程。

结合本节第二部分的分析,我们构建人民币汇率预期、外汇市场干预及中美息差对股价动态作用的平滑转换误差修正模型,具体如下:

$$\Delta SP_t = (\alpha_0 + \alpha_1 ecm_{t-1} + \sum_{i=1}^{p1} \alpha_2^* \Delta SP_{t-i} + \sum_{i=0}^{p2} \alpha_3^* \Delta x_{t-i}) + (\rho_1^{'} + \theta_1^{'} ecm_{t-1}$$

$$+ \sum_{i=1}^{p1} \theta_2^* \Delta SP_{t-i} + \sum_{i=0}^{p2} \theta_3^* \Delta x_{t-i}) * F(z_{t-d};\tau,k) + \mu_t \qquad (7\text{-}40)$$

其中,μ_t 是零均值白噪声过程; $F(z_{t-d};\tau,k)$ 为转换函数, $x = (NDF, INTV, ID)$。通常对转换函数有两种形式的设定,即对数型(Logistic)函数和指数型(Exponential)函数,分别表示如下:

$$F(z_{t-d};\tau,k) = [1 + \exp(-\tau(z_{t-d} - k)/\sigma_{z_t})]^{-1}, \tau > 0 \qquad (7\text{-}41)$$

$$F(z_{t-d};\tau,k) = 1 - \exp(-\tau(z_{t-d} - k)^2/\sigma_{z_t}^2), \tau > 0 \qquad (7\text{-}42)$$

这两种形式的转换函数取值范围均在0—1之间,即 $0 \leqslant F(z_{t-d};\tau,k) \leqslant 1$。其中, z_{t-d} 为转换变量, d 为转换变量的递延参数;而 τ 为平滑参数,表示转换变量 z_t 从较低区制向较高区制的调整速度,也间接地反映了股价对变量反应的敏感度。τ 越大,表示转换函数调整的速度越快,因而解释变量受到短期冲击的时间就越短,特别是当 τ 无限趋近于无穷大时,则 STECM 转化为门限误差修正模型;而 τ 越小,则表示转换函数调整的速度较慢,且解释变量并不容易马上对冲击做出反应。当 τ 趋近于零时,则 STECM 退化为线性 ECM。k 则表示两个区制之间的门限值(threshold value)。而当所选定的转换变量 $z_{t-d} \geqslant k$ 或 $|z_{t-d}| \geqslant k$ 时,则变量会在不同区制间进行调整和转换,且门限值 k 越低,转换变量就越容易在不同区制之间进行动态调整。转换变量通常可以是模型中的误差修正项 ecm_t 、x_t 滞后成分的函数或者其他外生滞后变量(郑挺国和刘金全,2008)。

对数型转换函数关于转换变量 z_{t-d} 单调递增,且当 $z_{t-d} \to +\infty(-\infty)$ 时, $F(z_{t-d};\tau,k) \to 1(0)$ 。这意味着,对数型转换函数允许模型关于 z_{t-d} 进行单调转换,因而模型在不同区制内的调整动作呈现非对称特征。此外,当 $z_{t-d} = k$ 时,有 $F(z_{t-d};\tau,k) = 0.5$,此时与 $\tau = 0$ 的情形相同,STECM 也退化为线性 ECM。而指数型的转换函数则关于门限值 k 进行对称转换,即转换变量在更大的范围内具有相同的调整动作,而仅在转换期间,即在门限值 k 附近处才会有不同的调整动作。且对于指数型的转换函数而言,当 $|z_{t-d}| \to +\infty$时,有 $F(z_{t-d};\tau,k) \to 1$。相应地,使用这两种转换函数所构建的平滑转换误差修正模型分别称为对数型 STECM(即 LSTECM)和指数型

STECM(即 ESTECM)。

实际上,检验模型(7-40)是否存在非线性调整过程的问题可转化为检验转换函数 $F(z_{t-d};\tau,k)$ 中的 τ 是否等于零。遵循 Luukkonen 等(1988)的研究,我们将该模型在 $\tau=0$ 处进行三阶泰勒展开,并呈现以下辅助回归式形式:

$$\widehat{\mu}_{1t}=\pi_0+\pi_1^{'}\cdot W_t+k_1^{'}\cdot W_t(z_{t-d})+k_2^{'}\cdot W_t(z_{t-d})^2+k_3^{'}\cdot W_t(z_{t-d})^3+\zeta_{1t} \tag{7-43}$$

其中,$\widehat{\mu}_{1t}$ 为模型(7-40)的回归残差,假设转移变量 z_{t-d} 和递延参数 d 已知,则此时检验模型(7-40)是否存在非线性调整机制的问题又随即转化为检验(7-43)式中的所有非线性项是否为零,即:

$$H_{01}:k_1^{'}=k_2^{'}=k_3^{'}=0 \tag{7-44}$$

构造如下拉格朗日乘子(LM)检验统计量:

$$LM=\frac{(SSR_0-SSR_1)/3(k+1)}{SSR_1/(T-4(k+1)-1)} \tag{7-45}$$

其中,SSR_0 和 SSR_1 分别为 $\widehat{\mu}_{2t}$ 和 $\widehat{\zeta}_{2t}$ 的残差平方和。此时,该 LM 统计量在原假设 H_{01} 下服从自由度 $3(k+1)$ 为和 $T-4(k+1)-1$ 的 F 渐进性分布,且当 LM 统计量的伴随概率较小时,则拒绝原假设,接受备择假设,即模型存在非线性的短期动态调整机制。此外,关于转换变量递延参数 d 的选择,则需要在辅助回归式(7-43)式中代入不同的 d 值并重复进行 LM 检验,且 p 值最小时所对应的 d 值即为最合适的递延参数。

一旦模型确定存在非线性调整机制,则我们可继续基于辅助回归式(7-43)式进行下列检验,以进一步区分模型是适合 LSTECM 还是 ESTECM。这些检验的原假设如(7-46)式所示:

$$\begin{aligned}&H_{04}:k_3^{'}=0\\&H_{03}:k_2^{'}=0\mid k_3^{'}=0\\&H_{02}:k_1^{'}=0\mid k_2^{'}=k_3^{'}=0\end{aligned} \tag{7-46}$$

在分别对这些原假设进行 LM 检验后,若 H_{04} 被拒绝,则转换函数为奇函数,表示模型(7-40)应选择 LSTECM;若接受 H_{04} 但拒绝 H_{03},则转换函数为偶函数,表示模型(7-40)应该选择 ESTECM;若接受 H_{04} 和 H_{03} 但拒绝

H_{02}，则此时模型还应该选择 LSTECM。

（二）变量选取

结合前文的理论分析，本研究主要涉及的变量有人民币汇率预期、股价、央行外汇市场干预以及中美息差（人民币利率与美国利率）。其中，离岸市场的人民币对美元无本金交割协议报价（Non-deliverable Forward，NDF）同时考虑了双边名义汇率的变动和通货膨胀率的变化，且相对于在岸市场汇率波动所受到的外界约束相对较少，交易规模日渐庞大。因此，本章最终选择 1 年期人民币对美元 NDF 报价作为人民币汇率预期的代理指标。股价采用上证综合指数收盘价，并对其进行对数化处理，目的在于降低其波动性以及获得较小的回归残差。需要特别指出的是，中国央行的外汇资产以人民币计价，其余额的变动主要反映中国央行买入或卖出外汇时相应投放或回笼的等价值的人民币资金变动。这意味着，中国央行外汇资产余额的变动可近似地看成是当期为调节外汇市场供求关系并进而维持人民币汇率基本稳定而进行的外汇市场干预。因此，本章最终选用中国央行外汇资产余额的对数差分[①]作为外汇市场干预（*INTV*）的代理变量。人民币利率采用上海银行间同业拆借市场 1 月期的月度加权平均利率[②]（*Shibor*）作为代理变量，而美元利率则采用伦敦同业拆借市场 1 月期的美元加权平均利率（*Libor*），中美息差（*ID*）即为二者的差额。以上数据来自于中经网统计数据库、FRED 数据库及 Wind 数据库。数据样本期间为 2006 年 10 月至 2020 年 7 月。

表 7-11 为本章所研究变量的描述性统计结果。从该表中不难发现，其中外汇市场干预的平均值最大，为 12.200，最大值为 12.520，最小值为 11.27，股价的平均值最小，为 2.201。同样的，股价的标准差最大，为 2.921，表明股价的波动较为剧烈，而中美息差的标准差最小，为 0.231，意味着中美息差波动最小。此外，从峰度可以看出汇率预期的峰度最大，为 0.937。同时，从偏度分布可以看出，所有变量均为正值，说明均服从右偏分布。

① 由于中国部分月份的央行外汇资产变动值为负，不能直接取自然对数。因此，本章以央行外汇资产余额的对数差分值作为外汇市场干预的代理变量。

② 这是因为，相较于其他期限的银行间同业拆借交易，1 月期的同业拆借交易最为活跃。

表 7-11　描述性统计结果

变量	平均值	标准差	最小值	最大值	峰度	偏度	p10	p25	p50	p75	p90
SP	2.201	2.921	-14.880	22.840	0.798	2.391	23.060	-0.065	0.732	2.391	3.678
ID	7.942	0.231	7.438	8.692	0.405	7.964	3.589	7.635	7.772	7.964	8.069
INTV	12.200	0.290	11.270	12.520	-1.415	12.280	4.312	11.730	12.110	12.280	12.370
NDF	6.564	0.334	6.123	7.622	0.937	6.456	3.216	6.231	6.289	6.456	6.763

(三)平稳性检验

在处理时间序列数据问题时,为了避免虚假回归问题的出现,对变量进行平稳性检验非常必要。常用的方法主要有 ADF、PP 和 KPSS 等,但是倘若变量存在结构突变(Structural Break),ADF、PP 及 KPSS 的检验“势”则大大降低。鉴于此,为了检验结果的可信度,本章采用 Narayan 和 Popp (2010)所提出的一种新型平稳性检验方法(NP 检验),该方法能够检验变量的动态变化是否为非线性形式,而且还能够检验是否含有结构突变点及其个数。假设对于时间序列 r_t ,其数据形成过程(Data Generating Process, DGP):

$$r_t = d_t + \mu_t \tag{7-47}$$

$$u_t = \rho u_{t-1} + \varepsilon_t \tag{7-48}$$

$$\varepsilon_t = A\,(L)^{-1}B(L)e_t \tag{7-49}$$

其中, d_t 是时间序列中的确定性成分, μ_t 为随机波动性成分且 $e_t \sim i.i.d.(0,\sigma_e^2)$ 。假设滞后多项式 $A(L)$ 和 $B(L)$ 的滞后阶数分别为 p 与 q 。NP 检验主要包括两种形式:第一种是允许在变量的水平项中含有两个突变点,第二种是允许在水平项及斜率中含有两个突变点。其中两种离群点的形式分别表示如下:

$$d_t^{M_1} = a + btA\,(L)^{-1}B(L)e_t(L)(q_1DU_{1,t} + q_2DU_{2,t}) \tag{7-50}$$

$$d_t^{M_2} = a + btA\,(L)^{-1}B(L)e_t(L)(q_1DU_{1,t} + q_2DU_{2,t} + g_1DT_{1,t} + g_2DT_{2,t}) \tag{7-51}$$

其中, $DU'_{i,t} = I(t > T'_{B,i})$ 及 $DT'_{i,t} = I(t > T'_{B,i})(t - T'_{B,i})$,其中 $i = 1,2$ 且 $T'_{B,i}$ 表示结构突变位置。参数 q_i 和 g_i 分别表示水平项及斜率大小。(7-50)式及(7-51)式中的 $A\,(L)^{-1}B(L)\,e_t$ 允许结构突变点随着时间的变

化而发生变动。而对于上述两种模型的检验形式分别为：

$$r_t = \rho r_{t-1} + \alpha_1^* + \beta_1^* t + \delta_1 DU_{1,t-1}^{'} + \delta_2 DU_{2,t-1}^{'} + \theta_1 D(T_B^{'})_{1,t}$$

$$+ \theta_2 D(T_B^{'})_{2,t} + \sum_{j=1}^{k} \beta_j \Delta r_{t-j} + e_t \qquad (7-52)$$

$$r_t = \rho r_{t-1} + \alpha_1^* + \beta_1^* t + \delta_1 DU_{1,t-1}^{'} + \delta_2 DU_{2,t-1}^{'} + \theta_1 D(_{TB}^{'}$$

$$+ \theta_2 D(_{TB}^{'} + \gamma_1 DT_{2,t-1}^{'} + \gamma_2 DT_{2.t-1}^{'} + \sum_{j=1}^{k} \beta_j \Delta r_{t-j} + e_t \qquad (7-53)$$

对于 NP 检验而言，其原假设为 $\rho = 1$，而其备择假设为 $\rho < 1$。具体来讲，NP 在进行突变点模型的过程中，主要依据 Kapetanios（2005）所提出的顺序格子搜索结合蒙特卡罗（Monte Carlo）模拟，在第一种模型的约束 $\theta_2 = \delta_2 = 0$ 以及第二种模型的约束 $\theta_2 = \delta_2 = \gamma_2 = 0$ 下 $|t|$ 最大进行判断，具体可用（7-54）式及（7-55）式表示：

$$\hat{T}_{B,1} = \arg\max_{T_{B,1}} | t_{\hat{\theta}_1}(T_{B,1}) | \qquad (7-54)$$

$$\hat{T}_{B,2} = \arg\max_{T_{B,1}} | t_{\hat{\theta}_1}(\hat{T}_{B,1}, T_{B,2}) | \qquad (7-55)$$

其中，采用 Narayan 和 Popp（2010）检验得出的结果见表 7-12。不难发现，本章中的所有变量均含有两个结构突变点，除了股价与人民币汇率预期呈现非线性平稳的特征外，其余均呈现非线性发散趋势，而且 θ_1 与 θ_2 系数均显著，意味着结构突变点处于变量的趋势成分中。同时，变量的非线性变动特征也为后续采用非线性计量经济模型提供了一定的基础。

表 7-12　含有结构突变的单位根检验

	SP	*ID*	*INTV*	*NDF*
k	5	3	5	6
*Tb*1	2008.08	2008.01	2008.05	2008.01
*Tb*2	2010.09	2016.06	2018.05	2017.09
ρ	−0.181***（−3.847）	−0.094（−1.996）	−0.225（−1.862）	−0.087*（−2.495）
α_1^*	1.461***（3.769）	0.284*（2.846）	0.417（1.172）	0.540（2.251）
δ_1	0.017（0.407）	−0.009（−0.039）	−0.253（−0.763）	0.094（1.567）
δ_2	−0.066（−2.357）	−0.015（−0.082）	−0.091（−0.343）	−0.083（−1.656）
θ_1	−0.228*（−2.797）	2.330***（3.527）	−1.964*（−2.558）	0.357***（4.058）

续表

	SP	*ID*	*INTV*	*NDF*
θ_2	-0.345***(-4.256)	3.397***(5.201)	1.991*(2.591)	-0.233*(-2.671)
β_1	0.085(0.949)	-0.211(-2.439)	-0.559***(-4.287)	-0.023(-0.223)
β_2	0.223*(2.509)	-0.210(-2.502)	-0.049(-0.366)	0.058(0.544)
β_3	0.157(1.721)		-0.003(-0.023)	-0.024(-0.219)
β_4	0.304***(3.436)		-0.161(-1.314)	0.019(0.181)
β_5	0.223(2.390)			

注:***、**、*分别表示1%、5%和10%的显著性水平;括号内的值表示t统计值。

四、实证结果

(一)边限协整分析

由于变量存在非平稳序列,因此有必要对变量之间的协整关系进行检验。在对经济变量进行协整检验时,大量的经验研究采用 Johansen(1988)和 Juselius(1990)提出的 Johansen 协整检验方法来估计多个变量之间的长期关系。然而,该方法要求模型中的所有时间序列均为同阶单整序列。这意味着,一旦模型中出现非同阶单整序列时,该方法将不再适用。为解决这一问题,Persaran 等(2001)特别提出基于自回归分布滞后误差修正模型(ARDL-ECM)的边限协整检验(Bound Test)方法来检验这类变量间的短期和长期关系。相对于 Johansen 协整检验而言,边限协整检验适用于以下三类协整问题:(1)时间序列均为平稳的数据生成过程,即均为 $I(0)$ 序列;(2)时间序列均为一阶单整,即均为 $I(1)$ 序列;(3)部分序列为 $I(0)$ 序列,而其余变量则为 $I(1)$ 序列。此外,边限协整检验在小样本情形和单方程估计中具有很强的适用性。考虑到本章模型中序列的非同阶单整特性且数据样本容量并不大,因此本章使用 ARDL-ECM 的边限协整检验和误差修正分析方法来考察人民币汇率预期对股价的具体影响。

在利用边限协整检验汇率预期与股价以及相应经济变量之间的协整关系时,首先我们给出相应的 ARDL-ECM 模型,具体如下所示:

$$\Delta SP_t = \sum_{i=1}^{p} a_{1i}\Delta SP_{t-i} + \sum_{i=0}^{p} a_{2i}\Delta NDF_{t-i} + \sum_{i=0}^{p} a_{3i}\Delta ID_{t-i} + \sum_{i=0}^{p} a_{4i}\Delta INTV_{t-i} + b_1 SP_{t-1} + b_2 NDF_{t-1} + b_3 ID_{t-1} + b_4 INTV_{t-1} + \varepsilon_t \tag{7-56}$$

其中,ε_t 为白噪声随机误差项,Δ 表示序列的一阶差分项,P 是差分项的最优滞后期,而该滞后期是依据 VAR 模型里的 AIC 或 SBC 信息准则选定①。边限协整检验方法的基本思路即是运用 F 检验来对 ARDL-ECM 中水平序列的滞后项系数进行联合显著性检验。由于 F 检验统计量并不符合标准的渐进性分布特性,因此,Pesaran 等(2001)特别采用蒙特卡罗方法模拟出不同显著性水平以及模型是否包含限制性常数项和趋势项等情况下的临界值(也叫边限值),该临界值包含上边限值和下边限值。在一定显著性水平下,当 F 统计量大于上边限值时,则拒绝原假设 H_0,接受备择假设 H_1,则股价 SP_t 与向量 X_{1i} 之间存在长期稳定关系;当 F 统计量小于下边限值时,则接受原假设,即股价 SP_t 与向量 X_{1i} 之间不存在协整关系;而当 F 统计量处于上下边限值之间时,则协整关系不确定。其中,利用 ARDL-ECM 模型检验变量之间关系的边限协整检验结果如表 7-13 所示。

表 7-13 边限协整检验结果

滞后阶数(P)	F 统计量	下界限 $I(0)$	上界限 $I(1)$
1	6.09***	3.74	5.06

注:Pesaran 等(2001)认为高于上限为显著,低于下限为不显著,而介于下限与上限之间的值则为不确定;*** 表示 1%的显著性水平。

其中,根据 AIC 与 SBC 得出的最优滞后阶数为 $P=1$,而且当滞后阶数为 1 时所对应的残差项呈现序列不相关的特征。同时从表 7-13 中的边限协整检验结果可以发现,由于 F 统计量为 6.09,大于上界限值 5.06,因此应拒绝不存在协整关系的原假设,意味着汇率预期、外汇市场干预、中美息差与股价之间存在长期稳定的均衡关系。

(二)含有区制平滑转换的短期关系分析

需要强调的是,(7-40)式中转换变量 z_{t-d} 的选取对模型的最终估计结

① 在 ARDL-ECM 模型中,不同的变量可以设置不同的滞后阶数(Pesaran 和 Shin,1999;Pesaran 等,2001)。

果尤为关键,且不同的转换变量可以赋予模型不同的经济含义。Chang 等(2007)在估计 LSTVECM 时,以误差修正项的滞后值作为转换变量,并据此考察变量间在短期内的正向偏离和负向偏离朝均衡方向调整的过程是否对称;而郑挺国和刘金全(2008)及王培辉(2010)则将产出增长率、年通货膨胀率的滞后值等作为转换变量以考察不同的“经济状态”或“政策状态”下,模型的参数会发生何种变化。为了体现汇率的升值和贬值预期以及央行的正向和负向外汇市场干预对股价的影响可能依赖于不同的经济环境而产生不同的变动,本章分别将汇率预期和外汇市场干预作为转换变量进行具体分析。本节设定最大的递延参数为 6,并依据最大 *LM* 值与最小伴随概率值确定最优递延参数,结果如表 7-14 所示。

表 7-14　递延参数的统计结果及模型的非线性形式

转换变量	统计量	1	2	3	4	5	6
DNDF	*LM*	1.548(0.074)	2.025(0.017)	0.926(0.575)	2.980(0.000)	1.545(0.073)	0.901(0.487)
	H_{04}	1.266(0.293)	1.202(0.206)	0.855(0.542)	2.864(0.010)	2.014(0.058)	0.591(0.715)
	H_{03}	1.501(0.174)	2.131(0.047)	1.468(0.196)	2.673(0.013)	0.593(0.644)	1.394(0.221)
	H_{02}	1.696(0.122)	2.517(0.015)	0.473(0.877)	2.301(0.027)	1.877(0.072)	0.775(0.613)
DINTV	*LM*	2.773(0.001)	2.193(0.009)	2.178(0.008)	2.748(0.004)	1.610(0.065)	1.625(0.070)
	H_{04}	1.900(0.089)	0.742(0.427)	1.602(0.126)	1.382(0.212)	1.044(0.412)	0.299(0.954)
	H_{03}	1.473(0.193)	0.977(0.461)	0.674(0.713)	3.927(0.003)	2.349(0.033)	3.541(0.003)
	H_{02}	4.971(0.000)	4.462(0.001)	3.991(0.003)	2.193(0.046)	1.282(0.271)	1.114(0.373)

注:小括号内的数值为统计量相应的伴随概率。

从表 7-14 中不难发现,当选择汇率预期的变动值为转换变量时,递延参数为 4 时所对应的 F 统计值最大且伴随概率最小,因此,汇率预期变动值的滞后 4 期为转换变量的最优形式。同理,当选择外汇市场干预的变动值为转换变量时,递延参数为 1 时所对应的 F 统计值最大且伴随概率最小,认为外汇市场干预变动值的滞后 1 期为转换变量的最优形式。同时,当确定好转换变量的递延参数后,接下来便对转换函数的非线性形式进行检验,根据 Granger 和 Terasvirat(1993)的研究并结合(7-46)式可以发现,当以汇率预期与外汇市场干预为转换变量时，其相应的转换函数均为 LSTECM 模型。

由于 STECM 模型为非线性模型，因而无法采用普通最小二乘法（OLS）对变量的参数进行估计。鉴于此，本章采取非线性最小二乘法（Non-linear Least Square，NLLS）来估计模型中所有的参数。其中，该方法需要应用到高斯—牛顿（Gauss-Newton）迭代算法，其基本思想是从模型参数的初始值出发，在此基础上迭代产生一系列参数点，直至该参数序列收敛到使目标函数值最小时，该算法才会自动停止。值得注意的是，参数初始值的设置对 NLLS 最终估计结果的精确性尤为重要。如果参数初始值设置不当往往会造成迭代次数超限、参数序列无法收敛等问题，并进而使得估计结果不可信。对待此问题，本节所采取的方法是先运用 SIMPLEX 算法预估模型参数的初始值，然后将这些初始值代入 Gauss-Newton 算法中重新进行估计，从而有效减少迭代次数及避免无法收敛等问题，并进而提高模型参数的解释力。依据以上步骤，本节最终利用 NLLS 方法估计出的结果如表 7-15 所示。

表 7-15　参数估计结果

变　量	汇率预期为转换变量模型		外汇市场干预为转换变量模型	
	系数	t 统计值	系数	t 统计值
$\Delta SP(-1)$	0.269***	2.488	0.049***	2.342
ΔID	−0.024*	−2.048	0.049***	2.355
$\Delta ID(-1)$	0.016*	1.683	0.024*	1.855
ΔNDF	−0.211***	−2.625	−0.417*	−1.890
$\Delta NDF(-1)$	0.022*	2.084	0.074***	2.262
$\Delta INTV$	0.037***	3.725	−0.007***	−3.227
$\Delta INTV(-1)$	0.015***	2.093	−0.097	−1.476
$ecm(-1)$	−0.079***	−2.449	−0.077*	−1.878
常数项	−0.009	−0.324	−0.019*	−1.863
$\Delta SP(-1)\_N$	−0.103***	−3.453	0.152*	1.757
ΔID_N	0.019***	2.732	−0.058***	−2.179
$\Delta ID(-1)\_N$	−0.004***	−3.076	−0.011***	−2.486
ΔNDF_N	−0.055***	−2.121	0.056*	2.199
$\Delta NDF(-1)\_N$	−0.573***	−2.197	−0.744***	−2.603

续表

变 量	汇率预期为转换变量模型		外汇市场干预为转换变量模型	
	系数	t 统计值	系数	t 统计值
$\Delta INTV\_N$	−0.029 *	−1.861	−0.018 ***	−3.556
$\Delta INTV(-1)\_N$	−0.042	−1.400	0.065 *	1.959
$ecm(-1)\_N$	−0.071 *	−1.792	−0.046 ***	−2.503
常数项_N	0.011 ***	2.343	0.031	1.114
τ	100.977	——	59.389	——
k	0.026	——	0.012	——

注:*** 、** 、* 分别表示 1%、5%和 10%的显著性水平;_N 表示模型中的非线性部分。

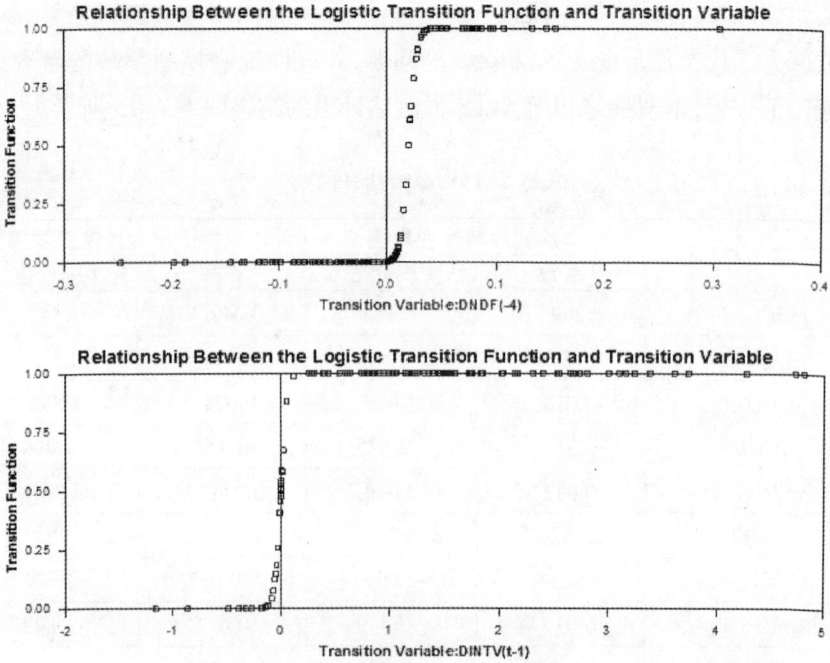

图 7-5 转换函数散点图

从表 7-15 中的参数估计结果以及图 7-5 中的转换函数散点图中可以看出,当分别选择人民币汇率预期差分项的滞后 4 期和央行外汇市场干预差分项的滞后 1 期值作为转换变量时,汇率预期、中美息差和外汇市场干预对股价的影响均呈现出显著的区制转换特征。其中,以汇率预期的差分项为转换变量时，上述变量之间的影响关系发生区制转换时对应的转换变量的门限值为0.026。这意味着，当人民币汇率预期的变动幅度小于0.026，即人民币汇率出现小幅贬值预期（在0—0.026之间）以及转而出现升值预期（小于0）时，汇率预期、中美息差和外汇市场干预对股价的影响处于低区制内；反之，当人民币汇率预期的变动幅度大于0.026，即人民币汇率出现较大幅度的贬值预期时，汇率预期、中美息差和外汇市场干预对股价的影响处于高区制内；而且上述变量之间的影响关系从低区制向高区制发生平滑转换的速度为100.977，也再次说明汇率预期、中美息差和外汇市场干预对股价的影响会随着市场对人民币汇率预期的变化而产生明显的变化。而以央行外汇市场干预差分项为转换变量时，汇率预期、中美息差和外汇市场干预对股价的影响发生区制转换时对应的门限值为0.012。这意味着，当央行减少外汇购买（在0—0.012之间）甚至转向负向外汇市场干预（小于0）时，上述变量之间的影响关系处于低区制内；反之，当央行正向外汇市场干预的幅度（即外汇占款的增长幅度）大于0.012时，上述变量之间的影响关系处于高区制内。而且，高、低区制之间的转换过程较为平滑，转换速度参数的值为59.389。以下分别就不同转换变量下汇率预期、中美息差和外汇市场干预分别对股价产生何种影响进行具体阐述。

对于汇率预期而言，当人民币处于小幅贬值预期以及升值预期的环境中，汇率预期变动的当期值及滞后1期值对股价的影响系数分别为-0.211和0.022。而当人民币出现较大幅度的贬值预期时，汇率预期变动的当期值及滞后1期值对股价的影响系数分别为-0.266（即-0.055-0.211）和-0.551（即-0.573+0.022）[①]。这表明，当人民币已经出现大幅贬值预期时，汇率预期的进一步贬值将会给股价带来更大程度的负面影响。这是因为，继续出现的贬值预期很可能导致大量的资本从股票市场抽逃，进而导致股价大幅下跌。而当央行基本退出正向干预甚至进行负向外汇市场干预时，汇率预期变动的当期值及滞后1期值对股价的影响系数分别为-0.417和0.074且净效应为负，表明在央行对外汇市场进行负向干预（即通常是为了抑制汇率贬值预期而向外汇市场投放流动性）的情况下，市场上仍然存在的人民币贬值预期将会导致股价下跌；反之，当央行进行正向干预时，汇率预期变

① 后文中高区制内变量参数的值也为线性部分参数和非线性部分参数之和。

动的当期值及滞后 1 期值对股价的影响系数分别为-0.361 和-0.670 且系数均为负。这表明,在央行进行正向干预(即通常是为了抑制汇率升值预期而回购外汇)的情况下,如果人民币继续出现升值预期,则由于大量的资本流入股市使得股票市场的供求关系发生改变,因而最终助推股价上涨。

对于中美息差而言,其对股价的影响也因汇率预期环境及央行外汇市场操作的不同而发生变动。具体而言,当人民币处于小幅贬值预期以及升值预期的环境中,息差变化的当期值及其滞后 1 期值对股价的影响系数分别为-0.024 和 0.016;而在人民币处于较大幅度的贬值预期的环境下,息差变化的当期值及其滞后 1 期值对股价的影响系数分别为-0.005 和 0.012。同时,在央行外汇负向干预下,息差变化的当期值及其滞后 1 期值对股价的影响系数分别为 0.049 和 0.024;而在央行外汇正向干预下,息差变化的当期值及其滞后 1 期值对股价的影响分别为-0.009 和 0.013。该结果一方面表明中美息差对股价的影响在人民币小幅贬值和升值预期环境下(净效应为负)比贬值预期环境下大,同时在央行负向干预的情况下(净效应为正)要比正向干预的情况下要大;另一方面,该结果的显著性意味着中美息差对股价的影响具有显著的非对称性。该结果所隐含的经济含义为:当汇率升值预期显现时,央行倾向于上调利率水平。由于利率存在累积效应,从而股价会受到影响。同时利率也代表了市场无风险的收益水平,加息会使得投资股票的机会成本加大,由此会改变股票的供求关系进而对股价产生影响;而当央行采取负向外汇市场干预时,基础货币投放量很可能会减少,并进而导致货币供应量增速放缓,此时下调利率并不会带来股价的上涨。

对于外汇市场干预而言,当人民币处于小幅贬值预期以及升值预期的环境中,当期及滞后 1 期的央行外汇市场干预对股价的影响系数分别为 0.037 和 0.015,而在人民币处于较大幅度贬值预期的环境下,当期及滞后 1 期的央行外汇市场干预对股价的影响系数分别为 0.008 和-0.020。但是,由于在人民币处于较大幅度贬值预期的条件下,央行外汇市场干预的滞后 1 期对股价的影响不显著,因而外汇市场干预对股价的影响在汇率小幅贬值预期以及升值预期的环境中相对较大且为正。这意味着,当市场抱有人民币"走强"的预期时,此时央行的正向外汇市场干预会强化升值预期,进而助推股价上涨。而在以其自身为转换变量时,特别是在央行基本退出正向外汇市场干预甚至进行负向外汇市场干预的环境中，当期及滞后 1 期的央行外汇市场干预对股价的影响系数分别为-0.007 和-0.097；而在央行正向外汇市场干预的环境中，当期及滞后 1 期的央行外汇市场干预对股价的影响系数分别为-0.025 和-0.032。值得注意的是，由于在央行基本退出正向外汇市场干预甚至进行负向外汇市场干预的条件下，滞后 1 期的央行外汇市场干预对股价的影响不显著，意味着央行外汇市场干预对股价的影响在央行正向干预的环境中相对较大且为负。这表明，在此种情况下，如果央行继续加大正向外汇市场干预的力度，反而会影响投资者对风险预期的判断，并有可能会引发股价下跌。

五、结论

随着经济体系的不断开放以及金融自由化改革的全面深入，中国资本市场与国际资本市场之间的联系愈发紧密。利差和汇率预期的变化一方面会改变中国金融资产的预期收益率并进而改变国内外投资者的资产配置结构以及资产供求关系，从而最终对资产价格产生影响；另一方面还可能促使上市公司调整其投资、生产、劳动用工及经营决策，从而对企业基本面价值和股票估值产生影响。基于此，对人民币汇率预期、外汇市场干预和中美息差与股价的关系展开深入研究，不但有助于厘清人民币汇率预期对股价的内在传导机制以及全面认识外汇市场及资本市场的波动状况，同时还有助于调节中国国际收支平衡以及维持稳定的经济金融发展，更对通货膨胀和宏观经济的未来走向以及对中国央行货币政策操作的有效性进行准确评估提供有力的证据，因而具有非常重要的理论与实践意义。

本节通过构建开放经济条件下的两国模型，结合无抛补利率平价理论以及考虑投资者异质性的股价动态调整方程对人民币汇率预期、外汇市场干预与中美息差影响股价的作用机理进行分析，并进一步选取 2006 年 10 月至 2020 年 7 月的样本数据，采用含有两个结构突变点的单位根检验、边限协整检验和平滑转换误差修正模型（STECM）分析在不同的区制环境下人民币汇率预期、外汇市场干预和中美息差对股票的影响，理论分析与实证研究结果显示，人民币汇率预期、外汇市场干预与中美息差对股价的影响存在显著的区制异质性且具体表现为：（1）汇率预期的变化对股价的影响总体为负，且该影响在人民币出现大幅贬值预期的情况下比在小幅贬值以及升值预期的环境下大，在央行正向外汇市场干预的条件下比在负向外汇市场干预的条件下大。(2)中美息差的变化在人民币小幅贬值及升值预期的情况下对股价的影响为负，而在大幅贬值预期的情况下对股价的影响为正；另外，息差的变化在央行采取负向外汇市场干预的条件下对股价的影响为正，而在央行采取正向外汇市场干预的条件下对股价的影响为负。(3)央行外汇市场干预对股价的影响在人民币小幅贬值以及升值预期的环境中相对较大且为正，而在大幅贬值预期的环境下为负但并不显著；与此同时，央行外汇市场干预对股价的影响在央行正向外汇市场干预的环境中相对较大且为负，在采取负向外汇市场干预的情况下虽也为负但并不显著。因此，总的来看，在人民币汇率预期、中美息差和央行外汇市场干预三个影响因素中，中国股价受到汇率预期变化的影响最大，其次是央行外汇市场干预，而受到息差波动的影响则最小。

以上研究结果表明，当人民币已经出现较大幅度的贬值预期时，贬值预期的进一步增强，以及由于人民币降息或美元加息而导致的中外息差缩小或是“倒挂”均会导致股价下跌，虽然此时央行的负向外汇市场干预有一定的“止跌”作用，但该作用并不显著；反之，当人民币处于小幅贬值或是升值预期的环境中，升值预期的进一步增强，以及由于人民币加息所导致的息差扩大则会导致股价上涨，而此时央行大幅的正向外汇市场干预可能会助长股市泡沫的产生。该结论意味着，在中国资本账户不断开放以及汇率和利率市场化深入推进的过程中，强化人民币汇率预期的管理、完善利率调控机制以及保持适度的央行外汇市场干预对于减少国际资本的投机并进而防范股票市场的异常波动具有非常重要的作用。

第四节　人民币汇率变动对国际资本流动的影响

一　引言

自 2005 年 7 月我国将钉住美元的固定汇率制度转变为有管理的浮动

汇率制度以来,人民币汇率弹性不断增强。2015 年 8 月,中国还进行了旨在增强人民币汇率中间价市场化程度和基准性的改革,并且一次性将人民币兑美元汇率中间报价下调 1136 点,贬值幅度达 1.8%,创下单日最大降幅。此后连着三个交易日,人民币兑美元汇率中间价累计下跌 2848 个基点,贬值超过 4%,这一改革初步实现了提高中间价市场化程度和基准地位的改革目标。此后,人民币汇率波动频率及幅度愈加明显。人民币汇率的频繁波动不仅引起了公众及学界的持续性关注,更是引发了政府的高度重视。与此同时,短期国际资本流动具有投机动机强、流动速度快和规模大的特征。从经济学直觉来讲,由于短期国际资本具有投机动机强、流动速度快和规模大等特点,因此当人民币汇率呈现升值态势时,将会出现短期国际资本净流入的态势;反之,当人民币汇率具有贬值倾向时,短期国际资本将呈现净流出的格局。但现实中真的如此吗? 图 7-6 左图描绘了短期国际资本流动与汇率变动走势,不难发现,在较多的时间段内,即使人民币汇率呈现升值态势,短期国际资本也呈现净流出状态。究竟是什么因素使得这一现实情境与经济学直觉相悖? 偏离这一经济学直觉背后所隐含的机理是什么? 特别是随着人民币汇率形成机制的不断变化,其双向波动的特征愈加明显且逐渐常态化,这就为本节进一步深入分析人民币汇率与资本流动的关系提供了新的契机。

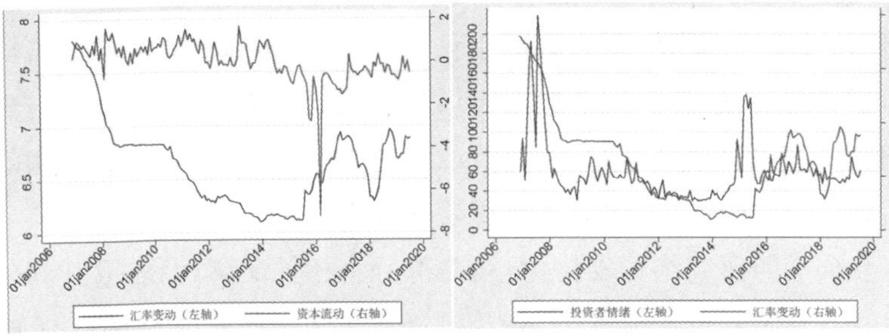

图 7-6 人民币汇率、资本流动与投资者情绪的动态走势

需要指出的是,货币政策的出台是投资者关注的重要信息之一,投资者情绪易受货币政策的影响。特别是货币政策的出台在向公众释放信号的过程中,金融媒介或市场很有可能会对此进行过度解读,这一行为将会引致投资者情绪过度乐观或悲观(Bernanke 和 Kuttner,2005;Kurov,2010),而且相对于经验丰富的机构投资者,个体投资者更倾向于对该类信息做出反应(Mahani 和 Poteshman,2008)。作为货币政策的重要传导渠道之一,汇率的变动引起了公众及投资者的广泛关注。尽管我国并未明确将汇率作为货币政策“锚”,但在实际操作中,货币当局通过稳定汇率来引导市场预期并进而稳定公众信心,这在一定程度上隐含了汇率稳定在货币政策中发挥着重要的信心“锚”作用(管涛,2017)。值得注意的是,汇率不仅是政策工具,更是一种资产价格,市场参与者的行为决策并形成的一致预期对汇率的变动起到了重要的推动作用,特别是当投资者情绪发生变动并在既定的市场形成“羊群效应”时,势必会对人民币汇率的变动产生一定的冲击。图 7-6 右图描述了投资者情绪与汇率的动态走势,不难发现,在较多的时间段内,二者拐点位置频繁、相似地出现,特别是当期或滞后期的走势呈现一致的情形,意味着投资者情绪与汇率变动之间具有极强的联动性。因此,从这一角度来看,投资者情绪在汇率波动中所发挥的潜在作用值得关注。

以上典型事实表明,国际资本流动、汇率及投资者情绪之间存在动态关联性。鉴于此,本节将从学理层面考察以下问题:汇率、国际资本流动及投资者情绪之间具有怎样的内在传导机制与外在表现形式?特别是这种外在表现形式具有怎样的特征以及在长期和短期内是否相异?不同类型的投资者情绪(投资者情绪高涨和低迷)对汇率变动的影响是否存在差异?这种差异在人民币汇率升值与贬值的不同环境下又具有怎样的特征?显然,对上述问题的进一步研究,不仅有助于认识汇率与国际资本流动偏离均衡所隐含的驱动因素,还有利于把握人民币汇率的机制嬗变及波动成因,更重要的是,能为货币当局采取适当的决策以维持人民币汇率在合理、均衡的区间内波动提供一定的启示,因而具有重要的理论与现实意义。

本节余下的研究结构安排为:第二部分为相关文献回顾;第三部分介绍研究假说以及国际资本流动、汇率及投资者情绪联动的理论框架;第四部分为模型设定、指标选取及数据来源;第五、六部分别从全局性及不同情景视角展开实证分析;第七部分为研究结论与政策启示。

二、文献回顾与述评

目前,鲜有研究同时从动态系统视角考察国际资本流动、汇率与投资者情绪之间的联动效应,而多是从其中某一方面切入研究汇率对国际资本流动的影响(王叙果等,2012;赵进文和张敬思,2013)、国际资本流动对汇率的影响(Saltar,1959;Swan,1960;Dornbusch,1974;Obstfeld,1984;朱孟楠和刘林,2010)、投资者行为与国际资本流动(Sula,2010;Agosin 和 Huaita,2012;Ghosh 等,2012;Forbes 和 Warnock,2012)以及汇率与投资者情绪(Evans 和 Lyons,2002;Frommel,2008;Danielsson 等,2012;King 等,2013;Plakandaras 等,2015;French,2017)之间的关系。总的来看,可将汇率与国际资本流动以及投资者情绪与汇率相关的研究从以下三个方面阐述:

第一,关于汇率对国际资本流动的影响。一些学者的研究揭示了汇率影响国际资本流动的传导机制,如:王叙果等(2012)研究发现总资本流动对人民币实际有效汇率升值产生微弱的负影响,而外商直接投资导致实际有效汇率较为显著的升值效应。赵进文和张敬思(2013)研究发现人民币汇率升值会使得短期资本流出,而人民币汇率贬值则使得短期资本流入。另一部分学者则分析了短期国际资本流动对汇率的影响,如:Saltar(1959)、Swan(1960)及 Dornbusch(1974)从理论层面阐述了资本流动对汇率的影响,并发现大量的资本流动会使得实际有效汇率升值。Obstfeld(1984)发现随着资本账户的不断开放,资本流动在短期内会导致本币实际汇率升值。朱孟楠和刘林(2010)在开放经济条件下采用 VAR 模型实证分析了短期国际资本流动与汇率的关系,发现短期国际资本流入会导致汇率升值。

第二,鉴于国际资本流动具有时间短、规模大、影响严重等特点而备受关注,因此学界还从规模和持续性的角度考察了国际资本异常流动,并发现国际资本流入"激增"显著增加了随后发生"突然中断"的概率(Sula,2010;Agosin 和 Huaita,2012)。而且有学者认为国际与国内投资者行为是上述现象产生的主要原因(Ghosh 等,2012;Forbes 和 Warnock,2012)。特别是在全球市场风险加大的情况下,国际资本异常流动现象更加明显。

第三,关于投资者情绪与汇率的研究。目前,将投资者情绪应用到汇率定价的文献相当少,且行文思路基本一致,即:将投资者情绪纳入微观的指令流模型展开分析,并将汇率动态决定表述为参与者对未来汇率的一种主观信念,且该信念会影响市场预期,所得结论基本达成共识,认为包含投资者情绪的指令流模型能够较好地解释汇率变动(Evans 和 Lyons,2002;

Frommel,2008;Danielsson 等,2012;King 等,2013)。此外,学者还应用投资者情绪对外汇市场是否有效进行检验(Plakandaras 等,2015)以及将股票市场作为中介,并梳理了投资者情绪对汇率的冲击(French,2017)。

总之,关于汇率与资本流动交互影响的文献已汗牛充栋,而投资者行为在国际资本流动的研究中也有所涉及,且投资者情绪与汇率关系的研究也日渐引起学界关注。但由于受不同汇率制度、样本选择区间以及研究方法的影响,已有的研究成果所得出的结论不尽一致。整体而言,无论理论分析还是经验论证,已有研究均为进一步考察人民币汇率机制嬗变、波动成因以及外汇市场与资本市场之间的联动效应提供了重要参考与启示。但纵观已有研究,现有成果还存在如下进一步拓展的空间:第一,鲜有文献从行为金融学,特别是从投资者情绪的视角来考察人民币汇率的变动。基于人民币汇率形成机制尚待完善,人民币国际化及汇率市场化仍在推进的典型事实,外汇市场中较多的套利现象使得投资者行为在汇率定价中的作用日渐凸显。第二,从研究假设来看,较多的研究隐含着人民币汇率形成机制的过程遵循线性变化特点,缺乏考虑汇率波动成因的非线性特征,更没有将投资者情绪纳入汇率动态决定的框架中,并从历史演进的视角进行考察。第三,从研究逻辑来看,尽管有研究采用门槛模型或平滑转换模型通过模拟临界值的形式将投资者情绪分为高涨和低迷、股票市场状态分为牛市与熊市以及汇率变动分为升值与贬值,但临界值的模拟尚不能准确从经济学直觉上对上述变量的不同情景进行刻画,同时也缺乏从历史演进的视角对不同时点及时期下的这种关系进行刻画,显然存在进一步深度研究的必要。

有鉴于此,本节将在开放经济框架下构建一个包含投资者情绪、资本流动与汇率变动的动态跨期调整模型,从系统联动视角刻画投资者情绪、资本流动与汇率三者互动的微观机理。进一步地,本节采用包含随机波动的贝叶斯时变向量自回归模型(TVP-SV-BVAR)对上述联动效应的非线性特征进行刻画,并通过设定不同的预测步长考察这种时变性关系在短期、中期和长期间的差异。由于 TVP-SV-BVAR 模型不仅能够从时变演进的视角量化投资者情绪、资本流动与人民币汇率的联动特征,还可以比较不同时点及不同时期下脉冲响应的动态变化,因而能够为从时变视角洞悉三者关系的边际演化特征提供证据。此外,为考察投资者情绪、国际资本流动与汇率变动之间潜在的非对称传导机制，我们还借鉴 Shin 等（2014）的思想，将投资者情绪区分为高涨和低迷以及人民币汇率区分为升值和贬值等多重情景，并以此综合考察三者之间的联动效应。

相对于已有的研究而言，本节的边际贡献及主要工作体现于：第一，构建包含投资者情绪、资本流动及汇率变动的非线性动态系统，从理论层面分析投资者情绪、资本流动与汇率联动的分析范式，并立足于非对称视角提出系列待检验假说，有助于深入认识人民币汇率动态变化的微观机理；第二，考虑到人民币汇率形成机制的复杂性以及不同环境、时期下系统联动的非一致特点，本节采用 TVP-SV-BVAR 模型从时变演进视角描述转轨经济下的投资者情绪、资本流动与人民币汇率之间的关系，其中的时变参数不仅可以展现投资者情绪、资本流动与汇率联动的历史演变特征，还能间接地解释外汇市场与资本市场互动的"超边际"现象。总的来说，本节的研究有助于从理论与实证两个层面廓清投资者情绪、国际资本流动与人民币汇率之间的动态关系，而且对于准确预测人民币汇率变动以及完善外汇市场、资本市场与货币市场之间的传导机制具有重大的理论和实践意义。

三、研究假说与理论框架

（一）研究假说

从理论上来讲，货币当局为稳定汇率波动而在外汇市场进行干预时，市场往往会对这一干预行为进行过度解读，并进而影响投资者的资产配置行为。具体而言，当汇率表现为升值状态时，央行为抑制人民币汇率的进一步升值，会通过在外汇市场上投放基础货币购买外汇操作进行对冲干预。反之，货币当局则通过在外汇市场上卖出外汇回笼基础货币的方式抑制人民币汇率贬值。特别地，当汇率表现为升值或贬值的不同状态时，不同干预方向操作所存在的潜在异质性效果很有可能对投资者情绪及其决策行为产生不同的影响（司登奎等，2016；王爱俭和邓黎桥，2016）。与此同时，投资者的异质性预期在影响其投资决策的过程中，还会反过来对汇率进一步产生冲击。还有一点需要指出的是，当股票市场表现为牛市或熊市两种不同状态时，投资者会通过过度投资助长股市泡沫或减少投资而相应地改变投资决策并调整资产配置，此时也会对外汇市场产生非对称冲击，特别是受资本流动、企业的投融资决策以及风险溢价等因素的影响,投资者对汇率预期并以此所采取的决策也将发生变化。为此,我们提出假说 1a 和 1b。

假说 1a:汇率与投资者情绪的交互影响在升值与贬值环境下表现相异。

假说 1b:汇率与投资者情绪的交互影响在情绪高涨与低迷状态下表现相异。

依据价格黏性原理,当汇率发生变动时,一方面会对企业进出口产生影响,并对厂商的资金成本及营运资金回流产生冲击,还可能促使企业调整其投资、生产、劳动用工及经营决策,进一步对企业价值产生影响(江春等,2015);另一方面还会改变我国金融资产的预期收益率并进而改变国内外投资者的资产配置结构以及资产供求关系,从而最终对股价产生冲击。此外,受企业非对称决策操作的影响,股价对汇率升值及贬值的反应也存在差异,如汇率贬值不仅会直接引发资本外流直接影响股价,还会通过引起汇率预期的自我强化而间接影响股价变动(江春等,2016)。此外,汇率的双向波动引起升值或贬值交替的常态化,较多的厂商在"依市定价"的过程中,股价的频繁波动会通过多种渠道而反过来影响汇率。还需指出的是,当股票市场处于牛市或熊市两种不同的状态时,一方面,企业的价值受融资约束的影响,其自身价值会受到冲击并影响股价;另一方面,投资者会增加或减少相应的投资而改变供需的均衡状态,并进一步影响股价。此外,由于汇率变动对投资者与企业资产负债表的影响在不同的股市状态下不尽一致,从而使得汇率对股价的冲击依赖于牛市或熊市环境而呈现非对称性。为此,我们提出研究假说 2。

假说 2:汇率与国际资本流动的交互影响在升值与贬值环境下表现相异。

(二)理论框架

为了阐述投资者情绪、股价与汇率联动的微观机理,本节在开放经济框架下构建一个包含投资者情绪和股价的汇率动态跨期调整模型。该开放经济模型中包含的要素主要为两种货币(本币及外币)、两国股票市场以及两国投资者,且两国投资者中分别有技术交易者及基本面价值交易者,且基本面价值交易者与技术交易者在市场中的比例会随着时间的变动而发生变化,其中,技术交易者通过追随股价变动而调整投资决策,而基本面价值交易者通过对比市场股价与其内在价值的变动而做出反应。其中,非线性系统架构如下:

1. 本国股票市场(H)

依据资产价格变动的形成机理,我们假设本国下期股价一方面取决于当期价格水平,同时还取决于当期期末的需求,因此我们将股价的动态调整路径表示如下:

$$P_{t+1}^{H} = P_{t}^{H} + \alpha^{H}(D_{c,t}^{HH} + D_{f,t}^{HH} + D_{c,t}^{HA} + D_{f,t}^{HA}) \tag{7-57}$$

其中,P_{t}^{H} 、P_{t+1}^{H} 分别为 t 、$t+1$ 期本国股票市场股价,α^{H} 为国内股票价格调节因子,也即价格的需求弹性,$D_{c,t}^{HH}$ 、$D_{f,t}^{HH}$ 分别为本国技术交易者与基本面价值交易者对本国股票的需求,$D_{c,t}^{HA}$ 、$D_{f,t}^{HA}$ 分别为外国技术交易者与基本面价值交易者对本国股票的需求。需要说明的是,资本市场中的投资者并非完全理性,且这种非理性取决于技术交易者的非理性程度以及套利的风险和成本。投资者情绪作为非理性行为的表现形式之一,其变化会在很大程度上改变投资者决策并进而影响其资产配置(Campbell 等,1993;Eichengreen 和 Mody,1998;Berger 等,2016)。鉴于此,我们将本国投资者情绪引入至股票定价模型之中,考虑到技术交易者根据外部环境变动会相应地改变投资决策,因此我们在本理论模型中只考虑技术交易者的投资者情绪变化对股票需求的影响。此外,考虑到本国股票市场发展相对不完善、散户投资比例较高,而外国股票市场发展相对完善,且假设外国股价不易受投资者情绪的冲击,因此本研究只考虑本国投资者情绪的变动,而不考虑外国投资者情绪的变动。因此,可将本国与外国两种交易者对本国股票的需求表示如下:

$$D_{c,t}^{HH} = \beta^{HH}(P_{t}^{H} - P_{t-1}^{H} + b\Delta ISI_{t})D_{f,t}^{HH} = \gamma^{HH}(F^{H} - P_{t}^{H}) \tag{7-58}$$

$$D_{c,t}^{HA} = \beta^{HA}(P_{t}^{H} + S_{t} - P_{t-1}^{H} - S_{t-1})D_{f,t}^{HA} = \gamma^{HA}(F^{H} + F^{S} - P_{t}^{H} - S_{t}) \tag{7-59}$$

其中,F^{H} 表示本国股价的基本面价值,β^{HH} 、γ^{HH} 、β^{HA} 及 γ^{HA} 分别表示参数调节因子,ΔISI_{t} 表示投资者情绪的变动,我们将其表达为一种主观信念,且假设主观信念的变动是由市场环境变动所引起的内生冲击,形式

如下:

$$ISI_t = f(\hat{\theta}_t)\ ,\ \hat{\theta}_t = \hat{\delta}\hat{v}_t + (1-\hat{\delta}_t)\hat{\varepsilon}_t \tag{7-60}$$

其中,$\hat{\theta}_t$ 表示投资者观察到的市场环境变动,且与股价收益 $\hat{v}_t$ 相关①,且股价收益 $\hat{v}_t$ 与外生冲击 $\hat{\varepsilon}_t$ 具有相同的分布,但彼此独立,即 $\hat{v}_t$ 与 $\hat{\varepsilon}_t$ 独立同分布。我们将投资者情绪设置为状态变量并记为 $\hat{a}$,并设定其具有两种状态(分为高涨与低迷),同时记情绪处于高涨(H)的概率为 φ_0,而情绪变动为低迷(L)的概率为 $1-\varphi_0$。我们将投资者所观察到的信号最后变成真实的次数记为 $\hat{s}_t$,并将其表达为 $\hat{s}_t = \sum_{u=1}^{t}\hat{\delta}_u$。由于交易者只能在期末才能判断所观察到的信号是否真实,因此我们进一步利用贝叶斯信息准则将投资者信念的能力表达为:

$$\varphi_t(s) = \Pr\{\hat{a} = H \mid \hat{s}_t = s\} = \frac{H^s\ (1-H)^{t-s}\varphi_0}{H^s\ (1-H)^{t-s}\varphi_0 + L^s\ (1-L)^{t-s}(1-\varphi_0)} \tag{7-61}$$

而将理性投资者的预期变动表达为:

$$\mu_t(s) \equiv E[\hat{a} \mid \hat{s} = s] = H\varphi_t(s) + L[1-\varphi_t(s)] \tag{7-62}$$

由于事先无法设定投资者的非理性行为,而且鉴于做市商的信念集与投资者期末的信念一致,因此该信息集也体现了做市商期末的信念集。可见,投资者情绪是股价的内生变量,其变动会对股价产生影响。此外,需要说明的是,(7-59)式中的 S_t 为间接标价法下的汇率,因此(7-59)式中外国技术交易者与基本面价值交易者的需求是将本国股价换算成国外价格之后的函数形式。此外,上述所有的公式均为对数线性化之后的形式。

2. 外国股票市场(A)

与国内股价的形成机理相似,我们假设国外股价的动态调整路径如(7-63)式所示:

$$P_{t+1}^A = P_t^A + \alpha^A(D_{c,t}^{AA} + D_{f,t}^{AA} + D_{c,t}^{AH} + D_{f,t}^{AH}) \tag{7-63}$$

其中,P_t^A、P_{t+1}^A 分别为 t、$t+1$ 期外国股票市场股价,α^A 为国外股票价格调节因子,$D_{c,t}^{AA}$、$D_{f,t}^{AA}$ 分别为外国技术交易者与基本面价值交易者对外国

① 我们做出该假定的原因是本研究中投资者情绪指数是依据股票市场构建的。

股票的需求，$D_{c,t}^{AH}$ 、$D_{f,t}^{AH}$ 分别为本国技术交易者与基本面价值交易者对外国股票的需求。此时,我们依然假设本国股票市场投资者非完全理性,且对股票的需求受投资者情绪的影响,而假设国外投资者需求不受投资者情绪的影响,因此,我们可将本国与外国投资者对外国股票的需求函数表示如下:

$$D_{c,t}^{AA} = \beta^{AA}(P_t^A - P_{t-1}^A) D_{F,t}^{AA} = \gamma^{AA}(F^A - P_t^A) \tag{7-64}$$

$$D_{c,t}^{AH} = \beta^{AH}[P_t^A - S_t - (P_{t-1}^A - S_{t-1}) + b\Delta ISI_t] D_{F,t}^{AH} = \gamma^{AH}[F^A - F^s - (P_t^A - S_t)] \tag{7-65}$$

其中，F^A 与 F^S 分别表示股票与汇率的基本面价值，β^{AA} 、γ^{AA} 、β^{AH} 、γ^{AH} 均为参数调节因子,(7-64)式表示国外技术交易者与基本面价值交易者对国外股票的需求,(7-65)式为国内技术交易者与基本面价值交易者对外国股票的需求。值得注意的是,由于投资者只能采用他们本国的货币进行交易,因此我们在(7-65)式中引入汇率的目的是为了对货币进行换算。

3. 外汇市场(F)

如前文所述,当将汇率视为资产价格时,其当期的汇率不仅取决于前期的汇率水平,还取决于本国与外国投资者对彼此股票的需求而引起的资本净流入。鉴于此,我们将外汇市场上汇率的动态跨期调整方程表示如下:

$$S_{t+1} = S_t + \alpha^s\left[\exp(P_t^H)(D_{c,t}^{HA} + D_{F,t}^{HA}) - \frac{\exp(P_t^A)}{\exp(S_t)}(D_{c,t}^{AH} + D_{F,t}^{AH})\right] \tag{7-66}$$

其中，α^s 表示大于 0 的调节因子，$\exp(P_t^H)(D_{c,t}^{HA} + D_{F,t}^{HA})$ 表示外国投资者对本国股票需求所产生的资本流入，$\frac{\exp(P_t^A)}{\exp(S_t)}(D_{c,t}^{AH} + D_{F,t}^{AH})$ 表示本国投资者对外国股票需求所引起的资本流出,此时(7-66)式中等号右边的第二项则表示资本的净流入①。因此,(7-66)式所隐含的经济含义为:下期的汇率水平取决于当期的汇率水平以及当期资本的净流入。如果 $\exp(P_t^H)(D_{c,t}^{HA} + D_{F,t}^{HA}) - \frac{\exp(P_t^A)}{\exp(S_t)}(D_{c,t}^{AH} + D_{F,t}^{AH}) > 0$,意味着资本的净流入会

① (7-66)式中之所以采用 $\exp(p)$ 而非 p ,是因为我们在前文已经对价格变量取了对数,而(7-66)式也是对数线性化之后的形式,因此相当于对价格取双重对数,为避免这一差异,我们利用 $e^{\ln p} = p$ 原理,对其进行指数化处理。

使得汇率具有潜在的升值压力;反之,汇率则有贬值的倾向。

此外,我们假定在整个市场上技术交易者所占比例为 $w_{c,t}$,则基本面价值交易者所占比例为($1-w_{c,t}$)。借鉴何诚颖等(2013)的研究,我们将上式进行联立,可得关于汇率、股价及投资者情绪三者之间的动态系统,具体如下:

$$P_{t+1}=G(P_t,S_t,ISI_t)S_{t+1}=G^s(P_t,S_t,ISI_t) \tag{7-67}$$

$$G(P_t,S_t)=P_t+a[(1-w_{c,t})(D_{F,t}+D^f_{F,t})+w_{c,t}(D_{c,t}+D^f_{c,t})] \tag{7-68}$$

$$G^s(P_t,S_t,ISI_t)=S_t+\alpha^s[\exp(P^H_t)(D^{HA}_{c,t}+D^{HA}_{F,t})-\frac{\exp(P^A_t)}{\exp(S_t)}(D^{AH}_{c,t}+D^{AH}_{F,t})] \tag{7-69}$$

其中,

$$\begin{cases}D^{HH}_{c,t}=\beta^{HH}(P^H_t-P^H_{t-1}+b\Delta ISI_t),D^{HH}_{f,t}=\gamma^{HH}(F^H-P^H_t)\\D^{HA}_{c,t}=\beta^{HA}(P^H_t+S_t-P^H_{t-1}-S_{t-1}),D^{HA}_{f,t}=\gamma^{HA}(F^H+F^S-P^H_t-S_t)\\D^{AA}_{c,t}=\beta^{AA}(P^A_t-P^A_{t-1}),D^{AA}_{F,t}=\gamma^{AA}(F^A-P^A_t)\\D^{AH}_{c,t}=\beta^{AH}[P^A_t-S_t-(P^A_{t-1}-S_{t-1})+b\Delta ISI_t],D^{AH}_{F,t}=\gamma^{AH}[F^A-F^s-(P^A_t-S_t)]\end{cases} \tag{7-70}$$

根据动态系统(7-67)式—(7-69)式,并进行化简,我们可得:

$$p_{t+1}=p_t+A(F-p_t)+B(s_t-F^s) \tag{7-71}$$

$$s_{t+1}=s_t-C(F-P_t)+D(S_t-F^s)+M\theta_t \tag{7-72}$$

其中,

$$\begin{cases}A=a[(1-w_{c,t})(\gamma+\gamma^f)-w_{c,t}(\beta+\beta^f)]\\B=a[(1-w_{c,t})-w_{c,t}\beta^f]\\C=d[Z(\gamma-\beta^f)]\\D=d[Z\beta^f+dW_{c,t}-f(1-W_{c,t})]\\Z=\exp(P_t)\end{cases} \tag{7-73}$$

因此,将(7-71)式—(7-73)式进行联立并简化,可以获得投资者情绪、股价及汇率变动之间的关系,具体如(7-74)式、(7-75)式所示:

$$\Delta ISI_{t+1} = \frac{B}{D}(\Delta s_{t+1}) + (A + \frac{BC}{D})(F - p_t) \tag{7-74}$$

$$\Delta S_{t+1} = -\frac{C}{A}(\Delta ISI_{t+1}) + (D + \frac{BC}{A})(s_t - F^s) + -\frac{B}{D}p_t \tag{7-75}$$

从上述理论分析中可以发现，投资者情绪、资本流动是引起汇率变动的因素；同样，汇率变动和资本流动也会引起投资者情绪的变动。而且从上述分析中也可以看出，汇率变动会直接影响资本流动，同时也会通过影响投资者情绪而间接影响资本流动；投资者情绪会直接影响资本流动，还会通过资本流动进一步影响汇率，也即三者存在联动效应。上述理论分析还表明，系数 A 和 B 的动态性是由股市中技术交易者所占比重决定的，而系数 C 和 D 的动态性则是由外汇市场上技术交易者所占比重、投资者情绪和资本流动所决定的，因此投资者情绪与汇率的动态关系还取决于技术交易者中投资者情绪的动态变化，也即投资者情绪与汇率的关系呈现非线性时变特征。

四、模型设定、指标选取及数据来源

（一）模型设定

遵照前文理论分析，为从时变视角考察投资者情绪、国际资本流动与人民币汇率非线性联动效应，同时考虑到汇率的动态变化受制于不同时间点因素的影响，因此本节采用含有时变参数的向量自回归（TVP-SV-BVAR）模型进行实证分析。依据 Primiceri（2005）、Korobilis（2013）的研究，设定 TVP-SV-BVAR 模型形式如下：

$$y_t = z_t\theta_t + \varepsilon_t \tag{7-76}$$

$$\theta_t = \theta_{t-1} + \Omega_t \tag{7-77}$$

其中，y_t 表示在 t 时刻的人民币对美元汇率，$z_t = [1, x_{t-1}, y_{t-1}, \dots y_{t-p}]$ 表示控制变量矩阵，$\theta_t = [\varphi_{t-1}, \beta_{t-1}, \gamma_{t-1}, \dots \gamma_{t-p}]$ 为系数向量。（7-76）式、（7-77）式所体现的一个优点在于系数具有时变特性。Ω_t 表示时变外生冲击，且其构成变量之间的方差—协方差矩阵为 Ω_t 。不失一般性，我们借鉴 Primiceri（2005）及 Franta 等（2012，2014）的研究，对 Ω_t 进行转换以使得方差与协方差均具有时变性特征，具体如（7-78）式所示：

$$A_t\Omega_t A_t' = \Sigma_t\Sigma_t' \tag{7-78}$$

此时,我们可对 Ω_t 进行求解,结果如下:

$$\Omega_t = A_t^{-1}\Sigma_t\Sigma_t'(A_t^{-1})' \tag{7-79}$$

其中,A_t 为 n 维三角矩阵,且可表示如(7-80)式所示:

$$A_t = \begin{bmatrix} 1 & 0 & \cdots & 0 \\ \alpha_{21,t} & 1 & \ddots & \vdots \\ \vdots & \ddots & \ddots & 0 \\ a_{n1,t} & \cdots & a_{n(n-1),t} & 1 \end{bmatrix} \tag{7-80}$$

其中,Σ_t 为对角矩阵,其形式表示如下:

$$\Sigma_t = \begin{bmatrix} \sigma_{1,t} & 0 & \cdots & 0 \\ 0 & \sigma_{2,t} & \ddots & \vdots \\ \vdots & \ddots & \ddots & 0 \\ 0 & \cdots & 0 & \sigma \end{bmatrix} \tag{7-81}$$

因此,我们可将(7-76)式重新表述如下:

$$y_t = \sum_{j=1}^{K}\theta_{jt}y_{jt} + A_t^{-1}\Sigma_t\varepsilon_t \tag{7-82}$$

同时,我们可对(7-79)式中的所有系数进行叠加,并重新表示成矩阵的形式,具体如下:

$$y_t = X'\alpha_t + X'\beta_t f(\cdot) + A_t^{-1}\Sigma_t\varepsilon_t \tag{7-83}$$

其中,$X' = I_n \otimes [1, ER'_{t-1}, \ldots ER'_{t-p}, X'_t \ldots X'_{t-p}]$,且 $\otimes$ 表示克罗内克积。

接下来,我们进一步设定模型中参数的变动法则,设定 α_t 与 β_t 服从随机游走,且设定标准差 Σ_t 为随机波动,而且该波动服从随机游走特征。因此,我们可将系数的动态变化表示如下:

$$\beta_t = \beta_{t-1} + v_t \tag{7-84}$$

$$\alpha_t = \alpha_{t-1} + \xi_t \tag{7-85}$$

$$\log\sigma_t = \log\sigma_{t-1} + \eta_t \tag{7-86}$$

值得注意的是,本节还假定模型参数($\varepsilon_t, v_t, \xi_t, \eta_t$)服从联合正态分布①,

① 由于我们采用的是贝叶斯 Gibbs 抽样进行参数估计,目的是使得抽样前后的先验信息与后验信息均为正态分布,使得 Likelihood 值为正态,并有利于进行参数估计。当然,无论外生冲击分布已知且非正态,还是外生冲击未知,我们都可相应地采用有限混合正态分布以及贝叶斯非参结合无限正态分布进行逼近。

表示如下:

$$\begin{pmatrix}\varepsilon_t\\ v_t\\ \xi_t\\ \eta_t\end{pmatrix} \sim N\left(0,\begin{pmatrix}I & O & O & O\\ O & \sum_\beta & O & O\\ O & O & \sum_\alpha & O\\ O & O & O & \sum_\sigma\end{pmatrix}\right) \tag{7-87}$$

同时,我们还可以将其方差联合分布表述如下:

$$V = \mathrm{var}\left(\begin{bmatrix}\varepsilon_t\\ v_t\\ \xi_t\\ \eta_t\end{bmatrix}\right) = \begin{bmatrix}I_n & 0 & 0 & 0\\ 0 & Q & 0 & 0\\ 0 & 0 & S & 0\\ 0 & 0 & 0 & W\end{bmatrix} \tag{7-88}$$

其中,I_n 表示 n 维单位矩阵,Q、S、W 均为正定矩阵。我们进一步对模型参数的先验分布进行设定,采用最小二乘法(OLS)的点估计获得参数 B_0 的均值及方差,假设具有 h 个独立解释变量,则参数分布可表示为:

$$\beta_0 \sim N(\hat{\beta}_{OLS}, h\mathrm{var}(\hat{B}_{OLS})) \tag{7-89}$$

我们采用相似的方式获得 A_0 的参数,具体为:

$$\alpha_0 \sim N(\hat{\alpha}_{OLS}, h\mathrm{var}(\hat{A}_{OLS})) \tag{7-90}$$

最后,我们将超参数的先验信息构建如下:

$$Q \sim IW(k_Q^2 \cdot \tau \cdot \mathrm{var}(\hat{\beta}_{OLS}), \tau) \tag{7-91}$$

$$W \sim IG(k_w^2 \cdot (1 + \dim(W)) \cdot I_n, (1 + \dim(W))) \tag{7-92}$$

$$S_l \sim IW(k_S^2 \cdot (1 + \dim(S_l)) \cdot \mathrm{var}(\hat{A}_{1,OLS}), (1 + \dim(S_l))) \tag{7-93}$$

其中,Q、S 均服从逆威沙特(IW)分布,而 W 服从逆伽马(IG)分布,τ 为检验样本的大小,S_l 为矩阵中相应的块,$\hat{A}_{1,OLS}$ 表示 $\hat{A}_{OLS}$ 相应的块,超参数先验分布 σ^{-1} 的自由度为每个矩阵的维数加 1。此外,为了将结构剩余转换成简化残差的形式,我们借鉴 Fry 和 Pagan(2011)的研究,使得正交矩阵 Q 满足下式:

$$A_t^{-1}\Sigma_t\partial_t = A_t^{-1}\Sigma_t Q' Q_{\partial t} \tag{7-94}$$

其中,对于上式中的每一元素,我们均可以用矩阵形式表示如(7-95)式所示,且式中的 i 和 j 分别表示矩阵的行与列。

$$Q(\theta_m)_{ij} = \begin{pmatrix} 1 & \cdots & 0 & \cdots & 0 & \cdots & 0 \\ \cdots & \ddots & \cdots & \cdots & \cdots & \cdots & 0 \\ 0 & \cdots & \cos(\theta_m) & \cdots & -\sin(\theta_m) & \cdots & 0 \\ \vdots & \vdots & \vdots & 1 & \vdots & \vdots & \vdots \\ 0 & \cdots & \sin(\theta_m) & \cdots & \cos(\theta_m) & \cdots & 0 \\ \cdots & \cdots & \cdots & \cdots & \cdots & \ddots & \cdots \\ 0 & \cdots & 0 & \cdots & 0 & \cdots & 1 \end{pmatrix} \tag{7-95}$$

(二)指标选取及数据来源

依据前文理论分析,本节所涉及的变量主要有人民币对美元汇率、短期国际资本流动及投资者情绪。对于人民币汇率而言,本节采用直接标价法下的人民币对美元即期汇率(ER)进行衡量。在测量国际资本流动时,不同学者得出的结果迥异,为了数据的可得性兼顾测度结果的时效性,本节借鉴张明(2011)的做法,采用央行外汇占款增量与净出口及实际利用 FDI 之差来衡量短期资本流动。关于投资者情绪的度量,现有文献主要采用单一代理指标(如 Gilchrist 等,2005;Daniel 和 Titman,2006;Polk 和 Sapieza,2009;等等)或者合成指标(如 Baker 和 Wurgler,2006、2007;易志高和茅宁,2009;等等)。其中,易志高和茅宁(2009)选取基金折价率(行情基金按照基金份额加权的综合折价率,$DCEF$)、上月交易量(月交易金额与月流通市值的均值比,$TURN$)、当月 IPO 个数(IPO)、IPO 首日收益(流通股数加权平均收益率,$IPOR$)、上月新增投资者开户数(NIA)及消费者信心指数(CCI)共六个指标,进一步采用主成分分析法进行合成。借鉴这一思想,基于中国股市的发展特点,并遵循数据的可得性与代表性原则,本节参考 Baker 和 Wurgler(2006)并遵循马晓逵和孙杰(2012)的做法,选取 A 股上月封闭基金平均折价率(传统封闭基金上月平均溢价率)、IPO 首日收益率均值(当月 IPO 股票的平均首日收益率,若当月没有则为 0)、当月 IPO 个数(若无则为 0)、当月新增开户数目的三分位、上月市场换手率以及上月消费者信心指数等 6 个指标,并进一步采用主成分分析的方法构建综合投资者情绪指数(ISI)。

上述数据来源于 Wind 数据库、中国人民银行及国泰安数据库。考虑到自 2005 年 7 月人民币汇率制度改革以来,人民币对美元汇率的浮动区间不断加大且更具弹性,因此本节选择的研究样本期间为 2006 年 12 月至 2019 年 7 月。

五、基于全样本的实证分析

为避免模型估计出现“伪回归”的情形,对所涉及的变量进行平稳性检验进而选择合适的估计方法非常必要。由于经济金融变量往往会受到突发事件(如非预期政策冲击)或制度调整的影响,因而很可能会产生结构突变(sharp breaks)或平滑渐变(smooth shifts)的情形。而此时传统的单位根检验方法(如 ADF、PP 和 KPSS 等)的检验“势”则大大降低。鉴于此,为了提高检验结果的可信度,本节采用 Narayan 和 Popp(2010)所提出的一种新型平稳性检验方法(NP 检验),该方法能够检验变量的动态变化是否为非线性形式,而且还能够检验是否含有结构突变点及其个数。假设对于时间序列 r_t ,其数据形成过程(Data Generating Process,DGP):

$$r_t = d_t + \mu_t \tag{7-96}$$

$$u_t = \rho u_{t-1} + \varepsilon_t \tag{7-97}$$

$$\varepsilon_t = A(L)^{-1} B(L) e_t \tag{7-98}$$

其中, d_t 是时间序列中的确定性成分, μ_t 为随机波动性成分且 $e_t \sim i.i.d.(0,\sigma_e^2)$ 。假设滞后多项式 $A(L)$ 和 $B(L)$ 的滞后阶数分别为 p 与 q 。NP 检验主要包括两种形式:第一种是允许在变量的水平项中含有两个突变点,第二种是允许在水平项及斜率中含有两个突变点。其中两种离群点的形式分别表示如下:

$$d_t^{M_1} = a + btA(L)^{-1}B(L)e_t(L)(q_1DU_{1,t} + q_2DU_{2,t}) \tag{7-99}$$

$$d_t^{M_2} = a + btA(L)^{-1}B(L)e_t(L)(q_1DU_{1,t} + q_2DU_{2,t} + g_1DT_{1,t} + g_2DT_{2,t}) \tag{7-100}$$

其中, $DU'_{i,t} = I(t > T'_{B,i})$ 及 $DT'_{i,t} = I(t > T'_{B,i})(t - T'_{B,i})$,其中 i=1,2 且 $T'_{B,i}$ 表示结构突变位置。参数 q_i 和 g_i 分别表示水平项及斜率大小。(7-99)式及(7-100)式中的 $A(L)^{-1}B(L)\ e_t$ 允许结构突变点随着时间的变化而发生变动。而对于上述两种模型的检验形式分别为:

$$r_t = \rho r_{t-1} + \alpha_1^* + \beta_1^* t + \delta_1 DU'_{1,t-1} + \delta_2 DU'_{2,t-1} + \theta_1 D(T'_B)_{1,t} + \theta_2 D(T'_B)_{2,t} + \sum_{j=1}^{k} \beta_j \Delta r_{t-j} + e_t \tag{7-101}$$

$$r_t = \rho r_{t-1} + \alpha_1^* + \beta_1^* t + \delta_1 DU'_{1,t-1} + \delta_2 DU'_{2,t-1} + \theta_1 D(T'_B)_{1,t} + \theta_2 D(T'_B)_{2,t} + \gamma_1 DT'_{2,t-1} + \gamma_2 DT'_{2.t-1} + \sum_{j=1}^{k} \beta_j \Delta r_{t-j} + e_t \tag{7-102}$$

对于 NP 检验而言,其原假设为$\rho = 1$,而其备择假设为$\rho < 1$。具体来讲,NP 在进行突变点模型的过程中,主要依据 Kapetanios(2005)所提出的顺序格子搜索结合蒙特卡罗(Monte Carlo)模拟,在第一种模型的约束$\theta_2 = \delta_2 = 0$以及第二种模型的约束$\theta_2 = \delta_2 = \gamma_2 = 0$下$|t|$最大进行判断,具体可用(7-103)式及(7-104)式表示:

$$\hat{T}_{B,1} = \arg\max_{T_{B,1}} |t_{\hat{\theta}_1}(T_{B,1})| \tag{7-103}$$

$$\hat{T}_{B,2} = \arg\max_{T_{B,1}} |t_{\hat{\theta}_1}(\hat{T}_{B,1}, T_{B,2})| \tag{7-104}$$

其中,采用 Narayan 和 Popp(2010)检验得出的结果如表 7-16 所示。不难发现,本节中的所有变量均含有结构突变点,而且三个变量均在 1%的显著性水平下呈现非线性平稳的变动特征。此外,由于θ_1与θ_2系数均显著,意味着结构突变点处于变量的趋势成分中。同时,变量的非线性变动特征也为后续采用非线性计量经济模型提供了一定的基础。

表 7-16　含结构突变的平稳性检验

	ER	*ISI*	*CF*
k	4	4	5
*Tb*1	2007.12	2007.10	2007.10
*Tb*2	2010.08	2008.02	2009.07
ρ	-0.622^{***}(-3.563)	-1.539^{***}(-5.409)	-0.736^{***}(-3.987)
α_1^*	-0.034^{***}(-3.118)	10.110^{*}(2.243)	0.062^{***}(2.907)
δ_1	0.001(0.153)	-53.860^{***}(-3.787)	-0.065(-2.166)
δ_2	-0.025^{*}(-1.839)	42.030^{***}(3.140)	0.007(0.355)

续表

	ER	*ISI*	*CF*
θ_1	-0.089*(-2.352)	-72.240***(-2.966)	-0.281***(-3.389)
θ_2	-0.118***(-3.175)	51.910***(2.229)	-0.245***(-2.887)
β_1	0.001*(2.454)	0.022(0.348)	-0.161(-0.953)
β_2	-0.279(-1.727)	0.232(0.957)	-0.085(-0.551)
β_3	-0.366***(-2.581)	-0.223(-1.145)	-0.093(-0.706)
β_4	-0.304***(-2.597)	-0.182(-1.297)	0.141(1.257)
β_5	-0.180(-2.152)	-0.192***(-2.222)	0.163***(1.984)

注:***、**、* 分别表示 1%、5%和 10%的显著性水平;括号内的值表示 t 统计值。

本节进一步采用 TVP-SV-BVAR 模型从动态演进视角刻画投资者情绪、股价与人民币汇率变动的关系。我们首先依照先验概率分布,根据马尔科夫蒙特卡罗(MCMC)算法对初始值进行迭代,然后进一步对参数的后验概率进行抽样,进而形成参数的条件后验分布,并以此构造合适的矩阵对简约形式的冲击进行重组以形成时变条件下的冲击效果。为了降低因模拟次数选择而导致检验结果的失真,我们选择贝叶斯技术的"前向滤波、后向抽样"的多步移动 Gibbs 抽样方法进行分析,其中抽样 11000 次,为避免因初始值对模拟估计带来的影响,将前 1000 次结果作为"预烧(burn-in)"舍掉,因此模型中的参数估计值是基于 10000 次抽样获得。

表 7-17 和图 7-7 分别显示了根据 MCMC 算法对 TVP-SV-BVAR 模型的参数回归及估计结果。不难发现,在剔除预烧期的样本后,样本的自相关性下降,且样本取值路径平稳,意味着多步移动 Gibbs 抽样方法能够产生有效的样本。同时从表 7-17 中可以发现,在 95%的置信水平下,CD 统计量能够显著拒绝"趋于后验分布"的原假设,意味着本节选择的预烧期能够使得马尔科夫链趋于集中,同时从非有效性的回归结果中也可看出,模型中的样本对于参数估计具有较高的有效性。此外,由于所估计参数在 95%的置信水平下均显著,一方面表明投资者情绪、股价与汇率变动之间所构成的系统稳定,同时也进一步表明采用 TVP-SV-BVAR 模型来考察三者之间的联动效应具有一定的合理性与可靠性。

表 7-17　TVP-SV-BVAR 的参数回归结果

参数	均值	标准差	95%置信区间	CD	非有效性
$(\sum_{\beta})_1$	0.023	0.003	[0.018,0.029]	0.070	9.560
$(\sum_{\beta})_2$	0.022	0.003	[0.018,0.028]	0.330	10.570
$(\sum_{\alpha})_1$	0.208	0.727	[0.044,0.928]	0.060	64.150
$(\sum_{\alpha})_2$	0.100	0.067	[0.044,0.287]	0.060	121.230
$(\sum_{h})_1$	0.453	0.200	[0.158,0.901]	0.003	153.910
$(\sum_{h})_2$	0.807	0.221	[0.482,1.313]	0.289	85.000

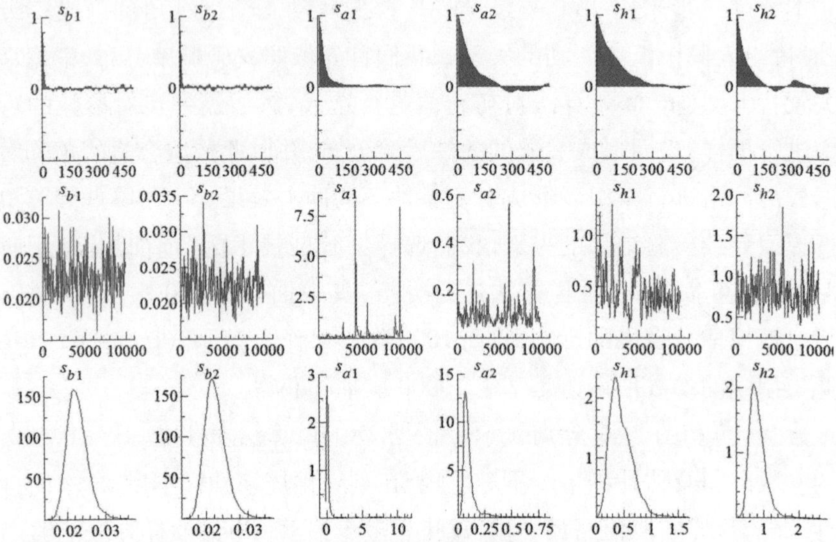

图 7-7　TVP-SV-BVAR 参数估计结果

在 TVP-SV-BVAR 模型中,所有的参数都是时变的,脉冲响应函数是根据估计得到的每个时点上的时变参数计算而得,图 7-8 和图 7-9 分别为不同时点和不同时期的脉冲响应结果。依据图 7-8 可以得到如下结果:

第一,从资本流动对投资者情绪的冲击效应($\varepsilon_{CF} \rightarrow ISI$)可以看出,在

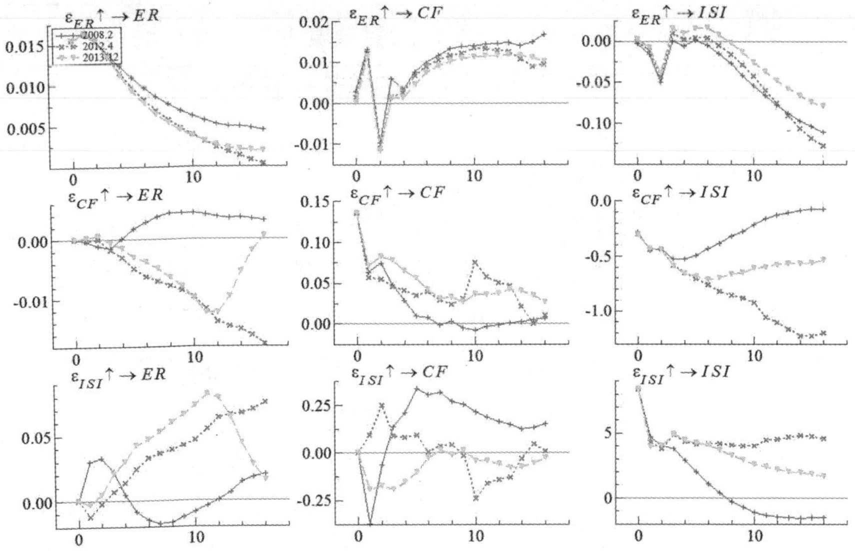

图 7-8　不同时点下的脉冲响应图

不同的时点下，该冲击效应始终保持一致性，且表现出先降后升的逆“驼峰”形，并在第 5 期达到极值后于第 16 期衰减至 0，一方面表明该冲击效应较为稳定，且资本流动在短期内能够陡然加剧投资者情绪的波动；另一方面也体现了国际资本流动对投资者情绪的冲击具有一定的持久性，同时也体现了资本流入会引起投资者情绪的波动。而由于资本流动对人民币汇率的冲击（ $\varepsilon_{CF} \to ER$ ）在较多的时间内表现为负，且随着时间的推移，其冲击效应并没有发生较大幅度的变动，表明资本流入能够引发人民币汇率升值，且具有持久性。这一结果符合经济学直觉，其背后潜在的机制可概述为：资本流入意味着人民币资产具有较强的吸引力，人民币资产需求的相对增加会对人民币汇率形成潜在的升值压力。资本流动对汇率冲击效应的持久性意味着资本流动与汇率之间的联动性较强，同时也体现了资本市场与外汇市场之间的联系在全球金融一体化程度不断加深以及我国资本账户不断开放的背景下表现得愈加紧密。

第二，从汇率对投资者情绪的冲击（ $\varepsilon_{ER} \to ISI$ ）来看，当汇率受到正向冲击时，投资者情绪会在短期内负向增加，且在不同时点下走势基本相似，表明汇率的波动能够显著加剧投资者情绪的波动，同时从该冲击还可以发现,人民币汇率贬值能够显著加剧投资者情绪波动,且在长期内表现尤为明显,这一结果体现了人民币汇率贬值在引起投资者情绪波动的过程中,较易形成投资者的一致预期,预期的自我强化是投资者情绪加强的主要原因。由于汇率对资本流动的冲击效应($\varepsilon_{ER} \rightarrow CF$)呈现先降后升的逆"驼峰"形,且系数在第 2 期达到极值之后开始见效,这一结果所隐含的经济含义为:人民币汇率的正向冲击(贬值)能够引发资本外流,且这一效应在短期内表现为非常明显的趋势特征,但由于中国存在资本管制的典型事实,特别是发生资本外流时,依据中国货币政策操作经验,货币当局会在外汇市场上通过冲销干预的形式扭转汇率贬值态势,伴随着汇率贬值态势的弱化,此时资本外流的幅度开始减小并于第 10 期收敛至稳态。

第三,从投资者情绪对资本流动的冲击($\varepsilon_{ISI} \rightarrow CF$)来看,由于其冲击系数在 0 值附近波动且多为负值,意味着投资者情绪上涨能够引发资本外流,这一结果所隐含的潜在机制可概述为,投资者情绪的正向变动意味着投资者对资本市场的恐慌度有所增加,体现了资本市场不确定性程度明显上升,这也进一步表明了国内资本市场隐含着不可忽略的潜在风险,此时投资者会减少国内投资而转向国外,从而形成潜在的资本流出压力。需要指出的是,这一结果既能较好地印证前文理论分析中投资者情绪与资本流动关系的潜在机制,而且投资者情绪对汇率的影响效应也能够较好地反映这一结果,特别是投资者情绪受到一单位正向冲击时,人民币对美元汇率会在短期内呈现明显的贬值态势,但该效应并非一成不变,而是呈现先上升后下降的"驼峰"形,冲击系数在第 10 期达到极值之后趋于下降,意味着投资者情绪对汇率的冲击效应主要体现在短期与中期,而在长期的效果并不明显。但需要注意的是,投资者情绪作为资本市场交易及景气的重要指标之一,其对资本流动的冲击幅度整体小于对汇率的冲击,这体现了投资者情绪在影响资本流动的过程中,还会进一步影响投资者的预期,特别是预期的自我强化与实现特征使得人民币汇率变动幅度更为明显。此外,本节分析得到的这一结果充分体现了投资者情绪在资本市场与外汇市场联动中发挥着潜在的"助推器"作用,因而稳定投资者情绪对于稳定资本流动及汇率波动具有重要的作用。

为从不同时期考察三者之间的联动性特征,我们进一步设定预测步长

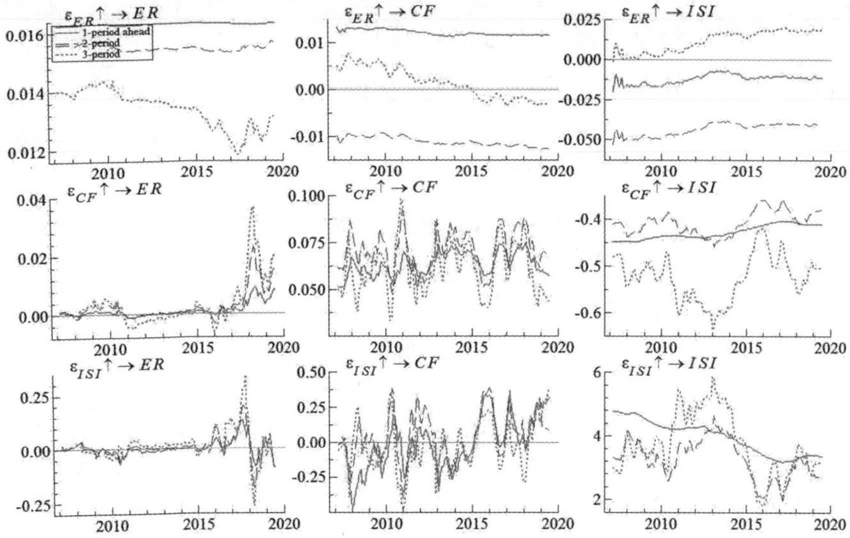

图 7-9　不同时期下的脉冲响应图

为 $h=1$、2、3，并从短期、中期和长期下对该效应予以分析，结果如图 7-9 所示①。首先，从资本流动对投资者情绪的冲击可以发现，不同时期下的冲击系数均一致，再次印证了资本流入能够引发投资者情绪的波动。资本流动对投资者情绪的影响主要体现于短期且相对稳定，而中期和长期的走势基本相似并呈倒“S”形，表明资本流动对投资者情绪的影响具有明显的非线性时变特征。需要注意的是，自 2008 年金融危机之后，投资者情绪对资本流动的态度发生了明显的转变，这是因为股市泡沫的存在以及政策的不确定性使得资本流动与投资者情绪之间的关系较弱。值得注意的是，在经济环境趋于稳定之后，资本流动对投资者情绪的冲击又一度表现为稳定效果。而从资本流动对汇率的冲击效应来看，无论短期、中期还是长期，资本流入均会引发人民币汇率贬值，充分体现了“非抵补资产收益率平价条件”在中国表现得尤为明显。从经济学直觉上来看，资本流入会助推股价的上涨，并进而使得人民币汇率表现为升值趋势。但依据中国的发展现实来看，当大量外资进入国内并引发国内物价上涨甚至严重通货膨胀时，此时投资者会

① 在划分短期、中期和长期的依据上，不同学者所选取的步长不尽一致，我们设定预测步长 $h=1$、2、3 并意指短期、中期和长期，是从相对意义而言的。

形成对人民币汇率的贬值预期,贬值预期的自我强化效果会进一步使得人民币汇率贬值趋势显现,而且这也进一步体现了人民币汇率贬值预期在人民币汇率变动中发挥着潜在的重要决定作用。

其次,从汇率对投资者情绪的冲击效应来看,由于冲击效应系数短期和中期为负,表明人民币汇率贬值会降低投资者情绪的波动,而且从人民币汇率变动对资本流动的效应来看,当人民币汇率受到正向冲击时,即人民币汇率表现为贬值特征,此时资本流动表现为外流状态,而且对比二者的幅度可以发现,人民币汇率贬值对投资者情绪的冲击强于对资本流动的影响,这一结果所隐含的潜在机制可概述为:当人民币汇率表现为贬值态势时,投资者会改变自身资产配置而选择将资本投向收益率较高的国外资产,从而出现资本外流。事实上,在这一过程中,人民币汇率不仅会直接影响投资者情绪,还会通过影响资本流动并间接影响投资者情绪,也即资本流动会在人民币汇率影响投资者情绪的过程中发挥潜在的"助推器"作用,这也进一步印证了人民币汇率变动对投资者情绪的冲击强于对国际资本流动的影响,同时也进一步体现了资本市场与外汇市场之间的联系愈加紧密。

最后,从投资者情绪对汇率与资本流动的冲击效应来看,二者存在明显的共同特征是冲击效应均主要体现在短期,且在不同时点上表现为明显的异质性特征。尽管二者均表现为较多的结构突变点,但相对而言,投资者情绪对汇率的冲击效应更易出现结构突变点,特别是拐点的频繁出现也进一步体现了投资者情绪对汇率的影响更易受外部环境变动及其他非预期外部冲击的影响。需要指出的是,在较长的时间区间,二者结构突变点产生的位置极为相似,意味着资本市场与外汇市场之间具有极强的联动性。此外,由于投资者情绪对汇率与资本流动的影响程度较大,且在部分时间区间内二者的幅度较为相似,充分体现了投资者情绪在资本流动与汇率变动中所发挥的潜在作用值得重视。

六、基于不同情景的实证分析

Sims 和 Zha(2006)从理论及实证层面阐述了一个基本事实,即:不同的经济环境下,经济变量之间的关系及货币政策效应具有非对称性特征。得益于该启示,本部分尝试将股市状态分为牛市和熊市、投资者情绪区分为高涨和低迷、人民币汇率区分为升值和贬值,并以此考察三者之间潜在的非对称互动机制[①]。其中,在对上述状态变量进行区分时,我们借鉴 Shin 等(2014)的做法,采取如下统计形式对投资者情绪与汇率进行区分:

$$X_t^+ = \sum_{j=1}^{t} \Delta X_j^+ = \sum_{j=1}^{t} \max(\Delta X_j, 0)\ X_t^- = \sum_{j=1}^{t} \Delta X_j^- = \sum_{j=1}^{t} \min(\Delta X_j, 0) \tag{7-105}$$

其中,投资者情绪的正向变动表示为投资者情绪高涨,而负向变动则表示为投资者情绪低迷。类似地,投资者情绪高涨意味着情绪波动幅度的增加,而低迷则为情绪波动幅度的减小。由于本节所选取的汇率为直接标价法下的人民币对美元即期汇率,因此其正向变动意味着人民币汇率贬值,而负向变动则为人民币汇率升值。

(一)将人民币汇率分为升值与贬值的情形

图 7-10 显示了人民币汇率升值与贬值、投资者情绪及资本流动的联动效应在不同时点下的脉冲响应函数,不难发现,在四个不同的时点下,人民币汇率升值对投资者情绪的冲击($\varepsilon_{ER_N} \to ISI$)与贬值对投资者情绪的冲击($\varepsilon_{ER_P} \to ISI$)分别具有一致性,也即人民币汇率升值及贬值对投资者情绪的影响均具有稳定性,但二者影响的方向及幅度显著相异。具体而言,人民币汇率贬值对投资者情绪的影响呈现先升后降的“驼峰”形,且当人民币汇率受到贬值冲击时,投资者情绪会在第 1 期达到极值,随后开始衰减并于第 8 期收敛至稳态。这一结果所隐含的经济学含义为:人民币汇率贬值能够引发投资者情绪的上涨,其潜在的机制主要体现为人民币汇率贬值会导致本币资产收益率下降,本国投资者将减少本币投资而增加外币投资,此时会导致资本流出加剧,这又会反过来引起投资者预期并引致投资者情绪波动增加,从而表现为人民币汇率贬值会加剧投资者情绪上涨的结果。此外,由于投资者情绪在第 1 期达到峰值之后开始下降,并于第 2 期达到极小值,进一步体现了人民币汇率贬值对投资者情绪的冲击主要体现于短期,但具有一定的持久性。而从人民币升值对投资者情绪的冲击效应来看,其冲击

① 限于篇幅,我们在正文中只报告不同时点及不同时期下的脉冲响应函数,而将不同情景下的参数估计与回归结果置于附录之中。

系数为负且在第1期达到极小值之后,随后开始衰减并于第10期收敛于稳态,意味着人民币汇率升值能够降低投资者情绪波动,这一结果所隐含的潜在机制可概述为:当人民币汇率处于升值状态时,本国投资者并不会减少本国的投资而将资本投向国外,也即国内相对稳定的经济环境并不会过多地改变投资者行为决策,此时投资者决策并不会发生较大的变动,也即其情绪并不会表现为明显的变动。需要指出的是,人民币汇率贬值对投资者情绪的冲击明显强于人民币汇率升值对投资者情绪的影响,且前者约是后者的10倍。

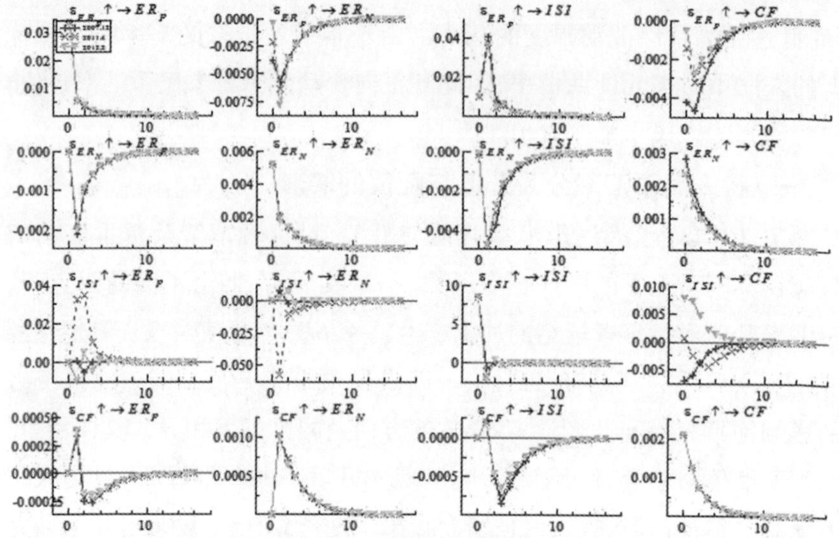

图7-10　不同时点下的脉冲响应图

而从不同时点下人民币升值与贬值对资本流动的冲击效应来看,人民币汇率受到升值冲击时,会表现为资本净流入的状态,但随着汇率升值冲击的不断减弱,资本流入也呈现稳定的指数型衰减,这一结果符合经济学直觉,即:人民币汇率升值会吸引投资者转向国内投资,并表现为明显的资本净流入状态。而人民币汇率贬值对资本流动的冲击则相反,即人民币汇率受到1单位贬值冲击时,资本流动表现为净流出状态,且在第1期达到极小值之后开始衰减,也即人民币汇率贬值会引发投资者减少人民币资产投资,投资者会减少本币投资而表现为明显的资本净流出状态。

图7-11中不同时期下的脉冲响应函数也可以进一步验证该上述结果。

从人民币汇率升值及贬值对投资者情绪的冲击效应来看,人民币汇率升值对投资者情绪的影响系数为负,表明人民币汇率升值能够降低投资者情绪波动,而由于人民币汇率贬值对投资者情绪冲击系数为正,意味着人民币汇率贬值能够加剧投资者情绪波动。需要强调的是,人民币汇率升值与贬值对投资者情绪的冲击效应主要体现在短期,而且从历史演进的视角可以发现,随着人民币汇率形成机制的不断完善,人民币汇率变动对投资者情绪的影响有下降趋势,尽管人民币汇率贬值对投资者情绪的冲击有所下降,但其冲击幅度依然强于人民币汇率升值的影响,且是人民币汇率升值效应的 10 倍左右,意味着人民币汇率贬值所带来的投资者情绪波动值得重视。

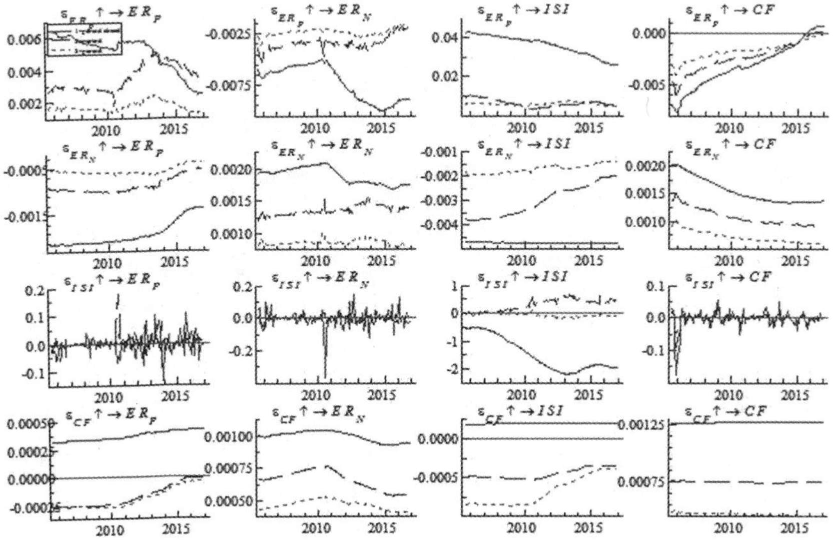

图 7-11 不同时期下的脉冲响应图

进一步研究不同时期下人民币汇率升值及贬值对资本流动的影响可以发现,当人民币汇率受到升值冲击时,其对资本流动的影响系数为正,表明人民币汇率升值会引发资本流入,而且人民币汇率升值对资本流动的影响效应主要体现在短期,且近年来人民币汇率升值对资本流动的冲击效应明显下降。同时从人民币汇率贬值对资本流动的冲击来看,人民币汇率受到贬值冲击时,无论在短期、中期还是长期,资本流动都表现为净流出的状态且短期效应明显,这一结果印证了人民币汇率贬值会引致资本流出的结果。

从历史演进的视角来看,人民币汇率贬值对资本流动的冲击效应明显下降,特别是在2015年之后,当人民币汇率处于贬值状态时,还会引起资本净流入,这一结果可归因于2015年汇改之后,人民币汇率一度表现为明显的贬值趋势,短期内投资者并没有对汇率立即形成贬值预期,相反一部分投资者由于预期人民币汇率不会一直贬值而做多人民币资产,从而表现为资本净流入状态。需要特别指出的是,人民币汇率贬值所引发的资本流出幅度大于人民币升值所引起的资本流入。因此,从这一角度来讲,人民币汇率对资本流动的冲击具有明显的非对称特征。

(二)将投资者情绪分为高涨与低迷状态的情形

依前文所述,情绪高涨意指投资者情绪波动幅度的增加,而低迷则为情绪波动幅度的减小,这在一定程度上隐含了投资者对市场环境所表现出的乐观与悲观态度。图7-12与图7-13分别显示了不同时点与不同时期投资者情绪高涨和低迷两种情形下的脉冲响应走势。从图7-12中不难发现,投资者情绪高涨和低迷对资本流动的冲击效应($\varepsilon_{ISI_p} \to CF$, $\varepsilon_{ISI_N} \to CF$)在不同的时点上表现为明显的异质性,而且投资者情绪高涨较易引发资本流出,情绪低迷会引致资本流入。还需指出的是,投资者情绪高涨对资本流动的冲击强于情绪低迷的影响,这一结果符合经济学直觉,即投资者情绪的高涨表明其恐慌程度较大,即能够激发投资者关注并促使交易量的增加。相反,情绪的低迷对资本流动的影响在不同时点下有所差异,但二者的共同之处体现在明显的持续效应,即情绪的变动对资本流动的影响虽然在短期内幅度较大,但随着时间的不断演进,其衰减的期限较长,也即投资者情绪对资本流动的影响具有一定的持久性。这一结果背后所隐含的机制可概述为:由于情绪是股价的内生变量,如前文所述,当以股价作为中间传导媒介时,投资者情绪的低迷实际上暗含了情绪波动较小,也即资本市场环境相对稳定,此时良好的发展环境会引发投资者增加本币投资,并进而表现为资本净流入状态。相反,投资者情绪的高涨在一定程度上隐含了股票市场表现得并不乐观,此时本国投资者很有可能减少本币投资而相对增加外币投资,从而出现资本净流出状态。

类似地,从投资者情绪高涨与低迷对人民币汇率的冲击效应可以发现,在不同时点下,投资者情绪波动幅度的增加(降低)均会引发人民币汇率贬

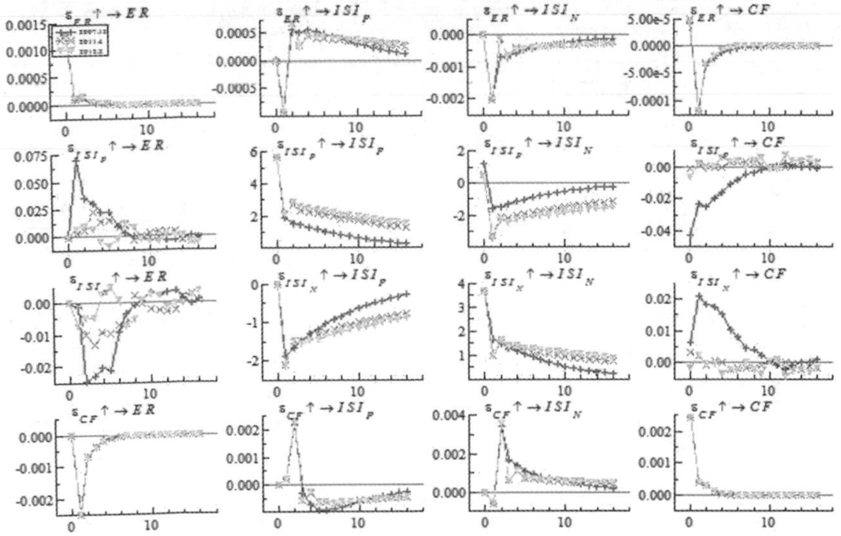

图 7-12 不同时点下的脉冲响应图

值(升值)。如前文所述,投资者情绪波动幅度的增加会引发资本外流,由于外汇市场上资本的外流使得人民币资产需求下降,此时人民币汇率将表现为贬值态势。同时,情绪波动增加在引发资本外流的过程中,还会引发投资者对人民币汇率形成一定的贬值预期,而且贬值预期的自我强化特征会进一步加剧汇率的贬值效果;相反,投资者情绪波动幅度的下降将会引起资本流入,并继而引发人民币汇率升值。因此,总的来看,投资者情绪的变动不仅会对汇率产生直接影响,还会通过影响资本流动并间接影响汇率,也即投资者情绪在汇率变动过程中发挥着潜在的"助推器"作用,而且对比投资者情绪对汇率及资本流动的影响幅度可以看出,投资者情绪对汇率的冲击幅度强于对资本流动的冲击,特别是当投资者情绪高涨时,该效应表现得尤为明显。

图 7-13 描绘了不同时期投资者情绪高涨与低迷对汇率冲击的边际演化特征。可以看出,无论在短期、中期还是长期,投资者情绪高涨与低迷对汇率的冲击均表现为较强的一致性,而且两种不同情景(情绪高涨与低迷)下的冲击均表现为明显的时变性特征,同时极值点与突变点的频繁出现,表明投资者情绪高涨与低迷对汇率的冲击易受到不同时期下的外部冲击影

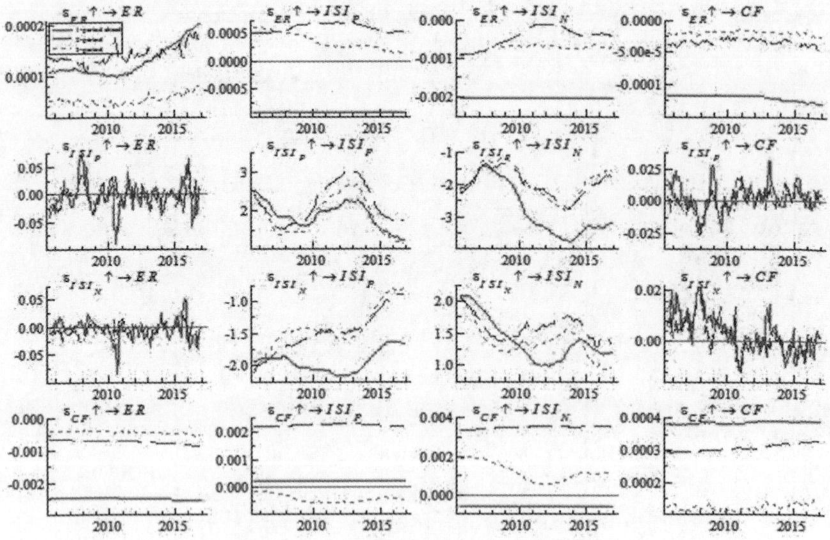

图 7-13　不同时期下的脉冲响应图

响,如 2008 年所发生的金融危机以及 2010 年美联储实施的宽松货币政策等,此时投资者情绪会发生变动并进而对人民币汇率产生较强的冲击。因此,在投资者情绪高涨与低迷对人民币汇率影响的非对称性及时变性特征中,特殊事件及非预期外部冲击发挥着重要的作用。还有一点需要指出的是,投资者情绪高涨与低迷对汇率的冲击在短期、中期与长期的走势分别一致,表明投资者情绪变动对汇率的冲击具有较强的稳定性。此外,比较投资者情绪高涨与低迷对资本流动的冲击可以发现,二者走势基本一致,且短期效应明显,表明当投资者情绪变动会在较短的时间内对资本流动产生冲击,但这种影响作用并非一成不变,而是呈现明显的时变特征。由于投资者情绪高涨对资本流动的冲击效应强于情绪低迷,且受非预期政策冲击影响明显。因此,采取平滑的政策操作对于稳定投资者情绪波动并进而减少资本流动与汇市波动具有重要的意义。

七、研究结论与政策启示

本节基于开放经济框架构建了包含投资者情绪、资本流动与汇率变动的内生动态系统,从理论层面考察了三者互动的微观传导机制,结果发现,投资者情绪、资本流动与汇率变动之间存在非线性的联动效应。为量化该效应，本节选取了 2006 年 12 月至 2019 年 7 月的样本数据，采用 TVP-SV-BVAR 模型进行实证分析。全样本下的研究结果表明：资本流动不仅会对汇率变动产生直接影响，同时还会通过影响投资者情绪并对汇率产生间接“叠加”影响。同时，人民币汇率变动可对资本流动产生直接影响，同时还会通过影响投资者情绪间接影响资本流动。由于投资者情绪在资本流动与汇率之间发挥着“助推器”作用，因此使得资本市场与外汇市场的“涟漪效应”增强。此外，投资者情绪对资本流动的短期影响较强而对汇率的影响具有明显的滞后性与持久性。

进一步在不同情景下考察投资者情绪、资本流动与人民币汇率变动的联动性，结果发现：第一，人民币汇率贬值能够加剧投资者情绪波动且具有持续性，而汇率升值则会降低投资者情绪，同时人民币汇率贬值对投资者情绪的冲击作用约是人民币汇率升值效应的 10 倍，但人民币汇率贬值对投资者情绪的冲击作用主要体现在短期，而人民币汇率升值对投资者情绪的影响则具有一定的持久性。第二，人民币汇率升值（贬值）会引起资本净流入（流出），其中，人民币汇率贬值所引起的资本净流出幅度强于人民币汇率升值的效应，但后者的效应具有一定的持久性。第三，投资者情绪会直接影响汇率，还会通过影响资本流动并对汇率产生“叠加”效应。投资者情绪高涨对汇率的影响作用强于资本流动，且这一作用在投资者高涨的环境下尤为突出。

基于本节的研究结果，我们可以得到以下三点启示：第一，鉴于汇率变动会对投资者情绪与资本流动产生直接影响，且投资者情绪波动会影响股价波动并进而对外汇市场产生冲击，三者之间较强的互动机制在不同的市场环境下具有异质性。因此，货币当局可加强公众沟通和预期引导，维持人民币汇率在合理、均衡的区间内波动，这对于稳定投资者预期以及股市、汇市的稳定具有重要作用。第二，随着中国资本账户的不断开放以及金融双向开放的逐步推进，股票市场与外汇市场的联系也愈加紧密，由于投资者情绪在二者联动中发挥着重要的“助推器”作用，因此货币当局可考虑将投资者情绪纳入货币政策的考量内容，通过对投资者情绪的因势利导，从而对资本流动及汇率的有序波动起到重要的推动作用。第三，伴随着人民币汇率市场化的不断推进，汇率的双向波动或许会遇到更为复杂的环境及非预期外部冲击，企业应通过提高竞争力的方式以规避汇率风险所带来的潜在损失。此外，投资者应理性看待政府出台的相关政策，充分相信当局的政策效果，特别是避免对政策的过度、错误解读而与当局的政策"锚"相悖，这对金融市场稳定具有重要的积极作用。

第五节　人民币汇率变动对物价的影响

一、引言

近年来，中国在汇率的市场化方面进行了一系列重大变革：1994 年以前，我国先后经历了固定汇率制度和双轨汇率制度，在 1994 年汇率并轨之后，我国实行以市场供求为基础、有管理的浮动汇率制度。加入世贸组织以后，中国开始逐渐放松资本管制，尤其是从 2005 年 7 月开始，人民币汇率制度通过改革得到完善，开始由单一钉住美元转向钉住一篮子货币，实行以市场供求为基础、有管理的浮动汇率制度，形成了更富弹性的人民币汇率机制；2008 年 7 月，为应对金融危机的冲击，我国重新开始钉住美元，同时还收窄了人民币波动的幅度；2010 年 6 月，央行重启汇率改革，进一步增强人民币汇率弹性，导致人民币兑美元汇率处于稳中有升的态势。2015 年 8 月，人民币汇率不再钉住单一美元，而是选择若干种主要货币，赋予相应的权重，组成一个货币篮子。同时，以市场供求为基础，参考一篮子货币计算人民币多边汇率指数的变化，维护人民币汇率在合理均衡水平上的基本稳定。然而，现行人民币汇率尚不是完全由市场供求直接决定的，中国外汇市场也存在着进入壁垒、交易主体过于集中及资本账户管制等问题。而更能说明问题的是，即使是在 2005 年汇改后，中国人民银行实际上仍与之前实行钉住美元的固定汇率制一样对外汇市场进行频繁干预，加上人民币单边升值预期导致大量热钱流入，中央银行被动投放了大量基础货币以买入外汇来抑制人民币快速升值。而与之前的区别是不再将汇率固定在某一水平，而是让其在有限的幅度内浮动，实现汇率的弹性管理。当前中国经济发展的现实背景是既存在巨大的外部顺差，又面临逐渐走高的通胀压力，形成人民币升值与通胀并存的局面，导致人民币呈现“内贬外升”的特征以及资本和经常账户出现双顺差的局面。而中国之所以不让汇率完全随市场供求的变化而变化，是担心汇率浮动幅度过大（尤其是人民币大幅升值）会打击出口，进而影响就业及经济增长。而且，当外商竞争者提高价格时，国内进口竞争厂商为了维持利润而不得不提高价格，从而会对国内的物价产生一定的影响。

一般而言，汇率变动对物价的影响主要通过三种渠道传递：第一，汇率变动导致一国的外汇储备发生变化，货币当局会采取改变市场流动性的举措来稳定汇率，从而会导致物价发生变化；第二，汇率变动影响外商产品定价，主要体现在进口产品的价格上，充当原材料的进口品价格以成本形式作用在最终消费品价格上，进一步对国内的物价产生影响；第三，汇率变动会通过影响净出口，对国内总需求产生一定的冲击，并进而反过来影响国内产品的价格。也就是说，汇率变动会从不同角度以及不同层面直接或间接地影响物价的变动。特别是在现代开放经济中，一国价格水平的稳定是宏观经济实现内外均衡的重要指标之一，也是各国宏观经济政策所追求的重要目标，而且汇率的变动会通过一系列传导机制影响货币政策的制定。这就给我们提出了以下值得深入研究的问题：人民币汇率与物价之间到底有怎样的关系？汇率对物价的影响是固定不变的还是依赖特定的经济环境？中国应如何在防范汇率市场化给中国经济可能带来的通胀风险的同时坚决而稳妥地推进汇率的市场化改革？因此研究汇率变动对国内物价水平的影响，不但能够提高汇率政策对物价的实施效果，有助于调节我国国际收支平衡以及维持稳定的经济金融发展，更对预测通胀走向和评估中央银行货币政策操作的效率提供稳健的实证证据，还关系到汇率市场化的进一步改革，并进而对中国宏观经济的走向起到决定性作用，因而具有非常重要的理论与实践意义。

受全球金融危机的不利冲击，世界各国纷纷采取“量化宽松”的政策来缓解经济压力。由购买力平价理论不难发现，随着市场流动性的不断增多，货币价值会随之改变，即汇率也将会发生明显的变动。但是购买力平价理论是建立在两国资本自由流动的假设之上，这对于很多金融市场尚没有完全开放的国家而言，显然不具有适用性。而且购买力平价理论仅论述了物价的变动对汇率所产生的单方面影响，却没有考虑汇率也会反过来影响物价，但有学者指出汇率变动对物价有一定的影响，并阐述了汇率变动通过影响进出口商品价格进而影响物价水平的传导机制（Einzig，1935）。因此，汇率对物价的影响便成为学者重点关注的热点问题，而且国内外学者均从不同视角对于二者的传导机制展开分析。关于汇率与物价关系的研究最早可追溯到 Cassel（1918）所阐述的购买力平价理论，该理论认为汇率是由本国与外国的购买力之比所决定，反映了物价对汇率影响的单向渠道，因此该理论也受到了学术界的不断挑战。随着时间的推移，越来越多的事实不断证明汇率传递是不完全的，即认为汇率的变动往往并不是一对一地反映到进出口商品的价格上来，这一现象在国际经济学研究中被称为汇率变动的“不完全传递效应”，同时有学者还发现汇率对物价的传递具有一定的时滞性（Knetter，1989；Goldberg 和 Knetter，1997；McCarthy，2007）。

关于汇率对物价影响的理论分析，学者相继从微观及宏观视角对其展开研究，其中微观视角下研究汇率变动与物价水平之间关系的学者主要有：Krugman（1986）提出了“依市定价（price to market）”理论，该理论认为当汇率发生变动时，外商通过调整出口商品价格来稳定出口价格，从而导致了汇率对贸易品价格的传递，并进一步导致国内物价发生变化。具体而言，由于市场不完备，市场上不完全竞争厂商根据不同的市场制定有差别的价格，因此当汇率变动时，厂商为了稳定出口价格，可以进行相应的成本调整，最终导致汇率对出口价格的不完全传递。Dornbusch（1985）利用产业组织理论分析了汇率传递效应，发现产品的替代程度及市场结构可以影响汇率的传递效应。Froot 和 Klemperer（1989）发现汇率变动不但导致了外商调整出口价格，而且本国的进口商品价格也会对汇率变动非常敏感。Hooper 和 Mann（1989）首先在非完全竞争市场的框架下分析了汇率变动对进口制造业的影响，进一步通过构造外商生产成本指数来衡量进口价格的变化，结果发现汇率变动对进口产品的价格具有重要的影响，而且该影响具有国家异质性。Feinberg（1989）通过构建含有国际经济和产业组织的模型定量刻画汇率波动与国内生产价格之间的关系，具体分析了产业是否受汇率的影响以及不同产业之间为什么呈现不同的影响，结果发现美元汇率变动主要通过影响原产品进口价格，并通过影响国内生产价格进一步决定物价水平，而且对资本高度敏感的产业受到的影响较大。Goldberg（1995）通过对汽车产业的消费支出状况进行调查，并从汇率传导的角度分别对总需求和总供给展开分析，结果发现汇率的变动会影响汽车产业的发展。

而在宏观视角下研究汇率变动与物价关系的研究最早起始于 Obstfeld 和 Rogoff（1995）在一价定律的条件下分析了汇率的传递过程，发现当汇率变动时，外商可以通过重新定价将该汇率变动带来的负向效应传递到国内价格，而且该负向效应的大小与进口品占总消费的比例有关。Joseph 等（1998）通过构建含有协整的结构开放经济模型实证检验了东南亚三国（马来西亚、新加坡和菲律宾）的汇率决定与通货膨胀之间的关系，结果发现汇率的影响受紧缩货币政策、高通胀以及政府债务支出等影响。Kim（1998）通过采用向量误差修正模型分析了欧元区汇率传导对物价水平的影响，结果发现当名义汇率即期贬值 10%时，物价水平会在 12 个月之后平均上涨 0.4%。Taylor（2000）通过构建交错价格模型，从汇率冲击的持久性和冲击影响厂商的比例两个方面来探讨了当汇率变动时，厂商应该采取怎样的应对方式，并进而提出了汇率传递内生于通货膨胀的假设。Leigh 和 Rossi（2002）及 Kang 和 Wang（2003）发现，土耳其和日本等国的汇率变动对批发物价指数、进口物价指数的传递效应比 CPI 更明显。Prasad（2008）通过构建国内通胀、进口价格和汇率的多变量经济系统，采用因果关系检验方法对汇率的传导效应进行了预测，结果表明该方法对于预测通货膨胀具有较好的效果。

不同理论关于汇率波动对物价水平的影响所得出的结论并不一致，因此从实证角度验证二者的关系显得尤为必要。在实证分析方面，早期学者主要使用单方程对汇率的传递效应进行刻画，如：Leith（1991）利用单方程模型刻画了汇率政策变动对产品定价的影响，分别考虑了固定汇率的渐变性和离散性对进口产品以及国内通胀的影响。Ghosh 和 Rajan（2009）采用单方程模型对亚洲国家汇率的变动与进出口商品的价格进行分析。然而随着计量方法的拓展，学者开始较多地采用向量自回归模型（VAR）检验了汇率对各产业进口价格或总体进口价格的传递效应，代表性学者有：McCarthy

(2000a)利用VAR方法选取了9个OECD国家为研究对象,分析了汇率对进口价格、PPI和CPI的影响,结果发现汇率传递在进口份额较大的国家中明显。Goldfajn和Werlang(2000)及Devereux等(2004)的研究则共同表明,汇率变动的物价传递效应与经济体开放度、经济周期、初期实际汇率错位的大小、初期通胀率大小及价格黏性有关。Sammo等(2003)对四个亚洲国家汇率变动与物价的传递效应进行研究,结果发现汇率变动对进口物价指数比对消费者物价指数影响明显。Campa和Goldberg(2002)通过选取25个OECD国家作为研究对象,实证分析了汇率变动对进口价格的影响,结果发现在高通胀的经济环境下,汇率对进口价格的影响较小,这与经济环境以及产业组织结构有关。随着研究的不断深入,很多学者意识到传统的线性模型难以描述汇率对物价影响的真实变动特征,因此关于这一议题的非线性研究逐渐显现,如:McCarthy(2000b)通过选择特定工业经济体进行分析,构建了包含有价格传导机制的结构向量自回归模型(VAR),进一步通过脉冲响应和方差分解检验了汇率对进口产品价格的影响,结果发现汇率传导对于占据较大份额的进口国家具有重要的影响作用,而且该影响具有显著的时变特征,即在1996—1998年汇率对物价的影响较强且显著,而在1982年之后该效应呈下降态势。Hironobu(2012)利用门限误差修正模型(TVECM)研究了名义汇率对价格的非线性阈值效应,并对购买力平价理论进行检验。

相对于国外学者的研究而言,国内学者对人民币汇率变动与物价关系的研究多以实证分析为主,得出的结论与国外基本相似,大多认为人民币汇率的传递效应是不完全的,代表性学者有:卜永祥(2001)利用协整检验和向量误差修正模型(VECM)估计发现,人民币汇率对国内物价的长期影响比短期影响显著。毕玉江和朱钟棣(2006)研究表明,人民币汇率变动对CPI传递不完全并存在时滞,进口价格对人民币汇率变动的弹性远高于CPI对汇率变动的弹性。孙立坚等(2003)通过建立新开放宏观经济模型来检验内生货币政策在价格传递机制中的制约作用,发现货币政策可以制约汇率和外国价格对本国价格的传递效应。封北麟(2006)基于递归VAR模型的研究表明,人民币汇率变动对工业品出厂价格指数及其分类指数的影响要大于对CPI及其分类指数的影响,汇率的传递效应不显著。持相似观点的有毕玉江和朱钟棣(2006)、陈六傅和刘厚俊(2007)、杜运苏和赵勇

(2008)、王晋斌和李南(2009)及周杰琦(2010)。此外,刘亚等(2008)利用自回归分布滞后模型(ARDL)发现,人民币汇率对国内通胀水平的传递是不完全的,长期和短期汇率传递效应都很低,并且存在时滞。王培辉和袁薇(2010)利用时变参数模型研究了人民币汇率变动与物价之间的动态关系,发现汇率传递效应具有显著的阶段性特征。黄寿峰和陈浪南(2010)利用结构变化协整、递归估计以及边限协整检验(Bound Co-integration Test)方法分析了人民币汇率变动对物价水平的动态传递效应,结果发现汇率对物价的传递效应在1998年8月发生了结构变化。高瞻(2010)认为,汇率的变动会通过外汇储备及货币供应量的变化而对通胀产生影响。陈浪南等(2008)及黄寿峰和陈浪南等(2011)发现,人民币汇率变动的物价传递效应发生了结构性变化且传递效应总体趋减。另外,国内学者还就是否应通过人民币升值来抑制物价上涨进行了研究。一部分学者倾向于支持通过人民币升值来抑制通胀(Liang 和 Qiao,2007;王广谦,2011),而更多学者认为汇率政策不应当过多承担稳定物价的责任(Li 和 He,2007;张成思,2009;邓永亮,2010;项后军和潘锡泉,2011;王家玮等,2011;郭其友等,2011)。

通过对既有的研究进行梳理,特别是对国内外研究差异进行剖析,我们不难发现学者从不同的层面对汇率传递问题进行了较多的研究,无论从理论模型到实证分析,还是从微观层面到宏观视角,抑或从单方程分析到VAR系统的研究,均取得了较为丰硕的成果,为深入把握汇率变动对物价的动态影响提供了不可或缺的参照基础。但是纵观已有的研究也不难发现,学术界对于汇率与物价的传导机制研究,主要围绕汇率变动影响进出口价格进行解释,却忽略了资本账户的变动。在汇率变动对物价变化的传递效应方面,主要围绕该效应是否具有完全的特征、是否动态变化以及汇率对异质产品的价格影响是否具有异质性的特点。而在经验研究的基础上,所利用的汇率大多是名义汇率,缺乏内含的通胀环境,而且关于汇率对物价水平的非对称效应和区制转换特征也缺乏有力的分析。在研究方法层面,较多的研究还停留在线性分析以及结合一些经验证据的说明之上,并假设汇率对物价的影响是固定不变的。然而,在不同的经济环境下,政策的实施(伴随利率及汇率的变动)对物价的影响并非固定不变,而是和汇率自身的变动大小以及经济环境基本面有很大的关联,也即汇率对物价的影响可能会由于发生结构突变而产生一种非对称的影响。严格来讲,如果采用线性方法对汇率的传递效应进行分析,即假设汇率发生突变时,对物价产生的冲击在向长期均衡调节的过程中呈现对称、等速特征。显然,这种假设与现实相悖,也必将产生不合理的检验结果。虽然有学者利用非线性方法对汇率的传导机制进行研究,如采用非线性阈值向量自回归模型(TAR)进行分析,但是该方法所隐含的假设为汇率对物价的影响存在一种跳跃性的结构突变。然而,现实中这种跳跃性的突变很少存在,这是因为现实经济对政策的反应往往具有一定的滞后性,也即变量之间的影响并非跳跃,而是存在一种"渐进"的特性。此外,上述研究也仅限于从长期视角分析二者之间所存在的动态关系,却忽略了该长期关系也反过来会对物价及汇率存在一种短期的动态调节行为,从而不利于把握物价对汇率变动的真实反应。

鉴于此,本书将从汇率变动所引起的资本账户冲击、成本冲击与需求冲击三个层面阐述汇率变动对物价影响的理论传导机制,进一步从实证层面利用 Rothman 等(2001)所扩展的非线性平滑转换误差修正模型(STECM)对 1996 年 2 月至 2016 年 12 月人民币实际有效汇率与物价之间的非对称影响关系进行定量研究,通过引入不同的转换变量检验汇率变动在不同的经济环境下对物价所产生的影响,以期发现物价对汇率变动的敏感性、汇率影响物价的形式和大小,进一步为防控汇率风险提供一定的参考。由于平滑转换误差修正模型不仅考虑了变量之间协整关系的误差项,也即变量之间的长期动态调节,能清楚地表现出变量之间所存在的非对称形式以及大小,还能从短期的角度分析变量之间的非对称动态调节行为,能够较好地刻画汇率对物价水平的非对称影响。

接下来,本节的研究结构将安排如下:第二部分是方法介绍及数据来源;第三部分主要使用非线性平滑转换误差修正模型实证分析汇率对物价的传导;第四部分是基本结论与启示。

二、方法介绍及数据来源

(一)方法介绍

在对变量之间的短期关系进行分析时,常使用的模型为误差修正模型。

而线性误差修正模型主要建立在以下两个重要假设的基础上:第一,短期偏离向长期均衡的调整机制是对称的;第二,短期偏离向长期均衡的调整速度是均匀的。因此,如果变量间的短期调整过程是非对称的,即在不同区制下调整的速度有所不同,则传统的线性误差修正模型将不再能准确地拟合这种非线性调整机制。此时,引入非线性分析技术才能更为真实地揭示变量之间的非线性关系。自 Tersvirat 和 Anderson(1997)首次提出平滑转换自回归(STAR)模型来刻画单个变量的非线性平滑转换过程以来,Weise(1999)和 Rothman 等(2001)相继将该模型拓展至多个变量的非线性分析。平滑转换模型通常具有三个优点:(1)平滑转换模型比简单的门限回归(Threshold Regression)和马尔科夫机制转换模型(Markov Switching Model)更贴近现实。这是因为门限模型和马尔科夫机制转换模型的假设是对系数产生一个“突变”,但是只有所有经济部门同时且变动方向一致时,这种假设才成立。(2)由于转换函数形式的不同,平滑转换模型可以刻画经济变量的非线性和非对称形式。(3)平滑转换模型既可以选取合适的转换变量,又可以允许选取合适转换函数的形式,而传统的非线性模型(如门限模型和马尔科夫机制转换模型)只能变换其中之一。但是,与 Weise 提出的平滑转换向量自回归(STVAR)模型不同的是,Rothman 等(2003)提出的平滑转换误差修正模型(Smooth Error Correction Model,STECM)由于考虑到了具有长期稳定关系的误差修正项,因而能够更好地刻画变量在不同区制下由短期偏离向长期均衡的非线性平滑转移过程。

我们构建汇率变动对物价影响的计量模型,具体见(7-106)式所示。该模型能够引入不同的转换变量分析汇率对物价的非对称效应,从而能够深入且较为全面地从定量层面分析汇率对物价的影响:

$$\Delta CPI_t = (\alpha_0 + \alpha_1 ecm_{t-1} + \sum_{i=1}^{p_1} \alpha_2 \Delta CPI_{t-i} + \sum_{i=0}^{p_2} \alpha_3 \Delta x_{t-i}) + (\rho_1' + \theta_1' ecm_{t-1} + \sum_{i=1}^{p_1} x_i' \Delta CPI_{t-i} + \sum_{i=0}^{p_2} \Delta x_{t-i}) * F(z_{t-d};\tau,k) + \mu_t \quad (7-106)$$

其中,μ_t 是零均值白噪声过程;$F(z_{t-d};\tau,k)$ 为转换函数,$x=(REER, M, II, EI, IR)$。通常对转换函数有两种形式的设定,即对数型(Logistic)函数和指数型(Exponential)函数,分别表示如下:

$$F(z_{t-d};\tau,k)=[1+\exp(-\tau(z_{t-d}-k)/\sigma_{z_t})]^{-1},\tau>0 \tag{7-107}$$

$$F(z_{t-d};\tau,k)=1-\exp(-\tau(z_{t-d}-k)^2/\sigma_{z_t}^2),\tau>0 \tag{7-108}$$

这两种形式的转换函数取值范围均在0—1之间,即$0\leqslant F(z_{t-d};\tau,k)\leqslant 1$。其中,$z_{t-d}$为转换变量,$d$为转换变量的递延参数;而$\tau$为平滑参数,表示转换变量$z_t$从较低区制向较高区制的调整速度,也间接地反映了物价对变量反应的敏感度。τ越大,表示转换函数调整的速度越快,因而解释变量受到短期冲击的时间就越短,特别是当τ无限趋近于无穷大时,则STECM转化为门限误差修正模型;而τ越小,则表示转换函数调整的速度较慢,且解释变量并不容易马上对冲击做出反应。当τ趋近于零时,则STECM退化为线性ECM。k则表示两个区制之间的门限值。而当所选定的转换变量$z_{t-d}\geqslant k$或$|z_{t-d}|\geqslant k$时,则变量会在不同区制间进行调整和转换,且门限值k越低,转换变量就越容易在不同区制之间进行动态调整。转换变量通常可以是模型中的误差修正项ecm_t、X_t滞后成分的函数或者其他外生滞后变量(郑挺国和刘金全,2008)。

对数型转换函数关于转换变量z_{t-d}单调递增,且当$z_{t-d}\to+\infty(-\infty)$时,$F(z_{t-d};\tau,k)\to 1(0)$。这意味着,对数型转换函数允许模型关于$z_{t-d}$进行单调转换,因而模型在不同区制内的调整动作呈现非对称特征。此外,当$z_{t-d}=k$时,有$F(z_{t-d};\tau,k)=0.5$,此时与$\tau=0$的情形相同,STECM也退化为线性ECM。而指数型的转换函数则关于门限值k进行对称转换,即转换变量在更大的范围内具有相同的调整动作,而仅在转换期间,即在门限值k附近处才会有不同的调整动作。且对于指数型的转换函数而言,当$|z_{t-d}|\to+\infty$时,有$F(z_{t-d};\tau,k)\to 1$。相应地,使用这两种转换函数所构建的平滑转换误差修正模型分别称为对数型STECM(即LSTECM)和指数型STECM(即ESTECM)。

实际上,检验模型(7-106)是否存在非线性调整过程的问题可转化为检验转换函数$F(z_{t-d};\tau,k)$中的τ是否等于零。遵循Luukkonen等(1988)的研究,我们将该模型在$\tau=0$处进行三阶泰勒展开,并呈现以下辅助回归式形式:

$$\widehat{\mu}_{1t}=\pi_0+\pi_1{}'\cdot W_t+k_1{}'\cdot W_t(z_{t-d})+k_2{}'\cdot W_t(z_{t-d})^2+k_3{}'\cdot W_t(z_{t-d})^3+\zeta_{1t} \tag{7-109}$$

其中,$\widehat{\mu}_{1t}$ 为模型(7-106)的回归残差,假设转移变量 z_{t-d} 和递延参数 d 已知,则此时检验模型(7-106)是否存在非线性调整机制的问题又随即转化为检验(7-109)式中的所有非线性项是否为零,即:

$$H_{01}:k_1^{'}=k_2^{'}=k_3^{'}=0 \tag{7-110}$$

构造如下拉格朗日乘数(LM)检验统计量:

$$LM=\frac{(SSR_0-SSR_1)/3(k+1)}{SSR_1/(T-4(k+1)-1)} \tag{7-111}$$

其中,SSR_0 和 SSR_1 分别为 $\widehat{\mu}_{2t}$ 和 $\widehat{\zeta}_{2t}$ 的残差平方和。此时,该 LM 统计量在原假设 H_{01} 下服从自由度 $3(k+1)$ 为和 $T-4(k+1)-1$ 的 F 渐进性分布,且当 LM 统计量的伴随概率较小时,则拒绝原假设,接受备择假设,即模型存在非线性的短期动态调整机制。此外,关于转换变量递延参数 d 的选择,则需要在辅助回归式(7-109)式中代入不同的 d 值并重复进行 LM 检验,且 p 值最小时所对应的 d 值即为最合适的递延参数。

一旦模型确定存在非线性调整机制,则我们可继续基于辅助回归式(7-109)式进行下列检验,以进一步区分模型是适合 LSTECM 还是 ESTECM。这些检验的原假设为:

$$\begin{aligned}&H_{04}:k_3^{'}=0\\&H_{03}:k_2^{'}=0\,|\,k_3^{'}=0\\&H_{02}:k_1^{'}=0\,|\,k_2^{'}=k_3^{'}=0\end{aligned} \tag{7-112}$$

分别对这些原假设进行 LM 检验。若 H_{04} 被拒绝,则转换函数为奇数函数,表示模型(7-106)应选择 LSTECM;若接受 H_{04} 但拒绝 H_{03},则转换函数为偶数函数,表示模型(7-106)应该选择 ESTECM;若接受 H_{04} 和 H_{03} 但拒绝 H_{02},则此时模型还应该选择 LSTECM。

(二)数据来源及处理

根据前文的理论分析可以发现在汇率对物价传递的过程中,主要涉及货币供给、利率水平、进出口价格等重要经济变量。因此,为了较为准确且全面地分析汇率对物价变动所产生的非对称效应,本书所选指标涉及消费者价格指数(CPI)、实际有效汇率(E)、货币供给增长率(M)、利率水平(IR)、进口商品价格指数(II)和出口商品价格指数(EI)。其中,由于美国是世界最大经济体以及美元是国际通用货币,而且我国是拥有美元外汇储备最多的国家,因此本书所选的汇率指标是指人民币对美元的汇率,且人民币实际汇率(E)等于人民币对美元的名义汇率与居民消费者价格指数(CPI)之比,即 $E = 100 \times ($名义汇率$\times CPI^{*})/CPI$,其中, CPI^{*} 表示美国居民消费者价格指数,而 CPI 表示本国消费者价格指数。由于实际有效汇率不仅考虑了双边名义汇率的变动,而且还剔除了通货膨胀对货币本身价值变动的影响,能够真实地反映货币的购买力。货币供给采用 M2 增长率,所选数据样本属性为月度数据,样本范围为 1996 年 2 月至 2020 年 7 月,所有数据均来自于中经网统计数据库。

三、实证分析

(一)平稳性检验

针对非平稳数据的特性可知,即使变量之间毫无关系,但是由于具有相同的时间趋势,同样会导致出现"伪回归"问题。此外,如果非平稳的时间序列模型中的被解释变量与解释变量的差分项存在相关关系,则模型中的变量会出现内生性问题,会导致传统检验结果的有偏、不一致性。因此,为了避免计量分析中出现"伪回归"问题,本书首先对变量进行单位根检验,常用的单位根检验方法主要有 ADF、PP 和 KPSS 等,但是不可忽略的是,如果变量受到突发事件的影响,很有可能会对变量产生一种"突变"性影响,从而会导致变量产生结构性突变点。鉴于此,为了提高检验结果的可信度,本书首先使用 ADF、PP 和 KPSS 等传统单位根检验方法(结果如表 7-18 所示),然后在此基础上采用 Enders 和 Lee(2012)所提出的灵活性傅立叶单位根检验①(Flexible Fourier Test),结果如表 7-19 所示。

① 该方法采用拉格朗日乘数(Lagrange Multiplier,LM)统计量改进了传统的单位根检验模型,由于突变点往往有转变到零频谱密度函数的趋势,而该方法可以通过仅采用一小部分的低频分量进行蒙特卡罗模拟出结构突变点个数,因此对于检验含有结构突变时间序列的稳定性具有较高的检验"势"。

表 7-18　传统线性单位根检验结果（含截距项）

变量	原始值			一阶差分值		
	ADF	PP	KPSS	ADF	PP	KPSS
CPI	-2.739(1)*	-3.037[7]***	0.143[10]	-11.056(0)***	-11.326[5]***	0.033[7]
REER	-1.2546(1)	-1.072[4]	1.597[11]***	-9.751(0)***	-9.798[1]***	0.086[4]
M	-2.034(3)	-1.785[8]	1.048[11]	-5.663(2)***	-13.446[7]***	0.048[8]
II	-4.304(3)***	-3.167[7]***	0.265[10]	-11.032(0)***	-11.375[6]***	0.028[7]
EI	-2.688(1)*	-3.481[5]***	0.186[10]	-17.945(0)***	-17.785[4]***	0.038[1]
IR	-4.407(0)***	-4.003[5]***	0.485[10]***	-11.279(2)***	-32.351[73]***	0.300[11]

注：***、** 分别代表 1%、5%的显著性水平，小括号中的数字表示滞后阶数（lag-order），中括号中的数字表示窗宽（bandwidth），ADF、PP 的原假设是序列存在一个单位根，而 KPSS 的原假设为序列是平稳的。

表 7-19　非线性傅立叶平稳性检验

变量	残差平方（RSS）	突变点（K）	*F*(*K*)	滞后期（△S）	$\tau_{LM}(k)$
CPI	64.644	5	0.591	0	-37.774***
REER	0.1086	4	31.408***	5	-230.668***
M	189.653	4	2.273*	5	-37.887***
II	41.425	5	8.546***	2	-1.889
EI	48.139	1	7.100***	5	-14.566***
IR	48.113	5	0.774	5	-49.471***

注：***、* 分别表示 1%、10%的显著性水平；$\tau_{LM}(k)$ 的临界值采用 bootstrap 法模拟 10000 次得到。

从表 7-18 中的检验结果可以看出，物价水平（*CPI*）、进口价格指数（*II*）、出口价格指数（*EI*）和利率水平（*IR*）的原序列在经过 ADF 与 PP 检验时，均在一定的显著性水平上拒绝了存在单位根的原假设，认为这些变量是平稳的，而物价水平（*CPI*）、货币供给增长率（*M*）、进口价格指数（*II*）和出口价格指数（*EI*）经过 KPSS 检验时，均接受了“序列是平稳”的原假设。同时，经过一阶差分后，上述序列均在一定的显著性水平上拒绝了存在单位根的原假设，认为这些变量是平稳的，认为上述序列均服从于 $I(0)$。而汇率（*REER*）的原序列均为非平稳，但是经过一阶差分后，再次进行 ADF、PP 和 KPSS 检验之后，发现所有变量都变为平稳序列，表明汇率

($REER$)序列服从于 $I(1)$ 。而从表 7-19 中的非线性傅立叶平稳性检验结果可以看出,由于汇率($REER$)、货币供给增长率(M)、进口价格指数(II)和出口价格指数(EI)的 $F(K)$ 均至少在 10%的显著性水平上拒绝了"序列为线性"的原假设,表明本书所选择的变量均呈现非线性的动态变化特征,这也为本书后续所要使用非线性计量经济模型提供了良好的佐证。同时,从 Enders 和 Lee(2012)所提出的傅立叶检验结果可以发现,除物价水平(CPI)和进口价格指数及利率水平(IR)(II)序列存在 5 个结构突变点之外,汇率($REER$)和货币供给增长率(M) 序列 含有 4 个结构突变点,出口价格指数(EI)序列含有 1 个结构突变点。此外,从 $\tau_{LM}(k)$ 的统计显著性不难发现,商品进口指数(II)没有通过显著性检验,而消费者价格指数、实际有效汇率、货币供给、出口价格指数和利率均通过了显著水平的 1%的检验,再次证明了所选的 6 个指标非同阶平稳。

(二)边限协整检验

由于变量存在非平稳序列,因此有必要对变量之间的协整关系进行检验。在对经济变量进行协整检验时,大量的经验研究采用 Johansen(1988)和 Juselius(1990)提出的 Johansen 协整检验方法来估计多个变量之间的长期关系。然而,该方法要求模型中的所有时间序列均为同阶单整序列。这意味着,一旦模型中出现非同阶单整序列时,该方法将不再适用。为解决这一问题,Persaran 等(2001)特别提出基于自回归分布滞后误差修正模型(ARDL-ECM)的边限协整检验(Bound Test)方法来检验这类变量间的短期和长期关系。相对于 Johansen 协整检验而言,边限协整检验适用于以下三类协整问题:(1)时间序列均为平稳的数据生产过程,即均为 $I(0)$ 序列;(2)时间序列均为一阶单整,即均为 $I(1)$ 序列;(3)部分序列为 $I(0)$ 序列,而其余变量则为 $I(1)$ 序列。此外,边限协整检验在小样本情形和单方程估计中具有很强的适用性。考虑到本节模型中序列的非同阶单整特性且数据样本容量并不大,因此本书使用 ARDL-ECM 的边限协整检验和误差修正分析方法来考察汇率对物价水平的传导关系。

在利用边限协整检验汇率与物价以及相应经济变量之间的协整关系时,首先我们给出相应的 ARDL-ECM 模型,具体如下所示:

$$\Delta CPI_t = \sum_{i=1}^{p} a_{1i}\Delta CPI_{t-i} + \sum_{i=0}^{p} a_{2i}\Delta REER_{t-i} + \sum_{i=0}^{p} a_{3i}\Delta M_{t-i} + \sum_{i=0}^{p} a_{4i}\Delta II_{t-i} + \sum_{i=0}^{p} \Delta EI_{t-i} + \sum_{i=0}^{p} \Delta IR_{t-i}$$
$$+ b_1 CPI_{t-1} + b_2 REER_{t-1} + b_3 M_{t-1} + b_4 II_{t-1} + b_5 EI_{t-1} + b_6 IR_{t-1} + \varepsilon_t \qquad (7-113)$$

这里,ε_t 为白噪声随机误差项,Δ 表示序列的一阶差分项,P 是差分项的最优滞后期,而该滞后期是依据 VAR 模型里的 AIC 或 SC 信息准则选定①。边限协整检验方法的基本思路是运用 F 检验来对 ARDL-ECM 中水平序列的滞后项系数进行联合显著性检验。以模型(7-110)为例,检验物价水平 CPI 与向量 X_t 之间是否存在协整关系的 F 检验原假设和备择假设分别为:

$$H_0: b_1 = c_1 = 0 \qquad (7-114)$$

$$H_0: b_1 \neq c_1 \neq 0 \qquad (7-115)$$

由于 F 检验统计量并不符合标准的渐进性分布特性,因此,Pesaran 等(2001)特别采用蒙特卡罗方法模拟出不同显著性水平以及模型是否包含限制性常数项和趋势项等情况下的临界值(也叫边限值),该临界值包含上边限值和下边限值。在一定显著性水平下,当 F 检验统计量大于上边限值时,则拒绝原假设 H_0,接受备择假设 H_1,则物价水平 CPI 与向量 X_{1i} 之间存在长期稳定关系;当 F 检验统计量小于下边限值时,则接受原假设,即物价水平 CPI 与向量 X_{1i} 之间不存在协整关系;而当统计量处于上下边限值之间时,则协整关系不确定。

一旦确定变量间存在长期稳定关系之后,则模型(7-113)可转化成以下包含误差修正项 M_2 的形式:

$$\Delta CPI_t = \sum_{i=1}^{p} a_{1i}\Delta CPI_{t-i} + \sum_{i=0}^{p} a_{2i}\Delta REER_{t-i} + \sum_{i=0}^{p} a_{3i}\Delta M_{t-i} + \sum_{i=0}^{p} a_{4i}\Delta II_{t-i} + \sum_{i=0}^{p} \Delta EI_{t-i} + \sum_{i=0}^{p} \Delta IR_{t-i}$$
$$+ b_1 CPI_{t-1} + b_2 REER_{t-1} + b_3 M_{t-1} + b_4 II_{t-1} + b_5 EI_{t-1} + b_6 IR_{t-1} + c\Delta ecm_{t-1} + \mu_t$$
$$(7-116)$$

该模型也被称为限制性误差修正模型(ECM)。最后,我们对这些 ECM 进行估计。若估计所得的误差修正 ecm_{t-1} 项的系数 c 显著且为负,即表明变量之间的短期偏离会动态地调整至均衡状态,且调整的速度由 c 的绝对

① 在 ARDL-ECM 模型中,不同的变量可以设置不同的滞后阶数(Pesaran 和 Shin,1999;Pesaran 等,2001)。

值大小来决定;而其他所有差分项的系数则反映这些变量的短期波动对被解释变量短期变化的影响。其中,根据 AIC 与 SBC 得出的最优滞后阶数为 $P=3$,而且当滞后阶数为 3 时所对应的残差项呈现序列不相关的特征。同时从表 7-20 中的边限协整检验结果可以发现,由于 F 检验统计量为 3.269,大于上界限值(3.02),因此应拒绝不存在协整关系的原假设,意味着物价水平与人民币实际汇率、货币供给、进口价格指数、出口价格指数和利率存在长期稳定的均衡关系。

表 7-20　边限协整检验结果

滞后阶数(P)	F 检验统计量	下界限 $I(0)$	上界限 $I(1)$
3	3.269***	−1.95	3.02

注:Pesaran 等(2001)认为高于上限为显著,低于下限为不显著,而介于下限与上限之间的值则为不确定。*** 表示 5%的显著性水平。

(三)线性检验

如前文所述,我们以去掉转换函数的模型(7-106)为例,先按照泰勒在原点处进行 3 阶展开,因此本书分别在不同的滞后阶数下对其进行检验,而且在线性检验过程中,Terasvirta(1998)认为在原假设为线性关系的条件下,需要将每个可能作为转换变量的指标进行检验,且转换变量通常是解释变量。检验结果如表 7-21 所示:

表 7-21　线性检验结果

转换变量	P=1	P=2	P=3
ΔCPI_{t-i}	1.3030(0.1717)	0.9367(0.5524)	1.4050(0.1113)
$\Delta REER_{t-i}$	2.1504***(0.0027)	1.2299(0.1997)	1.3498(0.1393)
ΔM_{t-i}	1.6749***(0.0323)	0.9395(0.5488)	0.9278(0.5643)
ΔIR_{t-i}	1.8116***(0.0160)	1.3133(0.1613)	1.0794(0.3722)
ΔII_{t-i}	1.7107(0.0266)	1.4934(0.0751)	1.2988(0.1717)
ΔEI_{t-i}	1.0651(0.3885)	0.9685(0.5102)	0.9589(0.5227)
ECM_{t-i}	1.2212(0.2304)	1.1662(0.2803)	1.1804(0.2666)

注:***、** 分别表示 1%与 5%的显著性水平;括号内数值为统计量的伴随概率。

从表 7-21 中不难发现 *REER*、*M* 及 *IR* 的滞后项作为转换变量时，其滞后 1 期均统计显著，而滞后 2 期及滞后 3 期均统计不显著。同时 *CPI*、*II*、*EI* 与 *ECM* 的所有滞后阶数均不显著，因此本书分别采用 $\Delta REER$、ΔM 及 ΔIR 的滞后 1 期作为转换变量对汇率传递与物价水平之间的非线性效应进行分析，即 $\Delta REER_{t-1}$、ΔM_{t-1} 和 ΔIR_{t-1}。

（四）模型形式设定与检验

考虑到模型的线性形式被显著拒绝，而且由于不同的经济理论决定了经济变量之间的影响关系并不是确定的，因此我们无法直接给出转换函数的形式。我们将转移变量的递延参数最大值设为 10，经过多次重复的 *LM* 检验，值得说明的是，转换变量 z_{t-d} 的选取对模型的最终估计结果尤为关键，且不同的转换变量可以赋予模型不同的经济含义。Chang 等（2007）在估计 LSTECM 时，以模型中的误差修正项作为转换变量以考察变量间在短期内的正向偏离和负向偏离朝均衡方向调整的过程是否对称；而郑挺国和刘金全（2008）、王培辉（2010）则将产出增长率、年通货膨胀率等作为转换变量以考察不同的"经济状态"或"政策状态"下，模型的参数会发生何种变化。鉴于此，本书采用 Terasvirta（1998）所提出的顺序 F 检验统计量对转换函数的形式进行检验，检验结果如表 7-22 所示：

表 7-22　转换函数形式的检验

转换变量	F_1	F_2	F_3
$\Delta REER_{t-1}$	1.116（0.336）	1.495*（0.077）	0.738（0.807）
ΔM_{t-1}	2.473***（0.048）	1.252（0.146）	0.682（0.914）
ΔIR_{t-1}	1.594*（0.068）	1.273（0.299）	1.083（0.472）

注：括号内数值为检验统计量的伴随概率；***、* 分别表示 5%与 10%的显著性水平。

从表 7-22 中可以发现，当利用汇率的滞后 1 期作为转换变量进行检验时，发现 F_1 与 F_3 统计量不显著而 F_2 统计量显著，意味着应接受 F_1 而拒绝 F_2，因此当选择汇率的滞后 1 期作为转换变量时，指数型函数（ESTECM）将是合适的转换函数形式。而当利用货币供给与利率的滞后 1 期作为转换变量时，发现 F_1 统计量显著而 F_2 与 F_3 统计量不显著，意味着此

时应该选用逻辑性函数(LSTECM)作为转换函数。因此模型的形式分别如下所示:

$$\Delta CPI_t = (\alpha_0 + \alpha_1 ecm_{t-1} + \sum_{i=1}^{p1} \alpha_2 \Delta CPI_{t-i} + \sum_{i=0}^{p2} \alpha_3 \Delta x_{t-i}) + (\rho_1^{'} + \theta_1^{'} ecm_{t-1} + \sum_{i=1}^{p1} x_i^{'} \Delta CPI_{t-i} + \sum_{i=0}^{p2} \Delta x_{t-i}) * F(\Delta REER_{t-d};\tau,k) + \mu_t \quad (7-117)$$

$$\Delta CPI_t = (\alpha_0 + \alpha_1 ecm_{t-1} + \sum_{i=1}^{p1} \alpha_2 \Delta CPI_{t-i} + \sum_{i=0}^{p2} \alpha_3 \Delta x_{t-i}) + (\rho_1^{'} + \theta_1^{'} ecm_{t-1} + \sum_{i=1}^{p1} x_i^{'} \Delta CPI_{t-i} + \sum_{i=0}^{p2} \Delta x_{t-i}) * F(\Delta M_{t-d};\tau,k) + \mu_t \quad (7-118)$$

$$\Delta CPI_t = (\alpha_0 + \alpha_1 ecm_{t-1} + \sum_{i=1}^{p1} \alpha_2 \Delta CPI_{t-i} + \sum_{i=0}^{p2} \alpha_3 \Delta x_{t-i}) + (\rho_1^{'} + \theta_1^{'} ecm_{t-1} + \sum_{i=1}^{p1} x_i^{'} \Delta CPI_{t-i} + \sum_{i=0}^{p2} \Delta x_{t-i}) * F(\Delta IR_{t-d};\tau,k) + \mu_t \quad (7-119)$$

在确定好合适的转换变量和恰当的转换函数后,我们采取非线性最小二乘法(Non-linear Least Square,NLLS)来估计模型(7-117)、模型(7-118)和模型(7-119)中所有的参数。关于NLLS估计需要特别说明的是,由于所估计模型已确定为非线性形式,因而并不能采取如线性OLS一样求取多元函数极值的方法来得到模型参数的估计值,而是需要采用更为复杂的优化算法来求解。常用的算法有搜索算法和迭代算法两种。本书所采取的则是高斯—牛顿(Gauss-Newton)迭代算法,其基本思想可简单表述为"跟踪误差最小化",即从模型参数的初始值出发,在此基础上迭代产生一系列参数点,直至该参数序列收敛到使目标函数最小时,算法停止。因此,在该过程中,参数初始值的设置对NLLS最终估计结果的精确性尤为重要。事实上,参数初始值设置不当往往会造成迭代次数超限、参数序列无法收敛等问题,并进而使得估计结果不可信。对待此问题,本书所采取的方法是先运用SIMPLEX算法预估模型参数的初始值,然后将这些初始值代入Gauss-Newton算法中重新进行估计,从而有效减少迭代次数及避免无法收敛等问题,提高模型参数的解释力。其中,参数估计结果如表7-23所示:

表 7-23　参数估计结果

参数	方程（7-120）	方程（7-121）	方程（7-122）
α_0	0.381	0.193	0.059
α_1	0.711	-0.231	-0.672
α_2	-6.341	-0.564	-2.156
α_3	0.418	-0.023	-0.016
α_4	0.012	0.015	0.100
α_5	0.043	0.025	0.013
α_6	0.015	0.024	-0.146
α_7	-0.019	0.041	0.054
α_8	-0.177	0.003	-0.151
α_9	1.504	0.137	-0.048
α_{10}	-1.939	0.176	0.047
α_{11}	4.973	0.215	0.177
β_0	-0.512	-0.136	-0.726
β_1	-25.861	-60.646	-11.830
β_2	29.493	62.372	22.813
β_3	-0.144	-7.522	0.041
β_4	0.007	0.635	0.203
β_5	-0.008	-6.825	-0.165
β_6	0.012	-1.463	-0.435
β_7	0.060	0.737	-0.174
β_8	0.189	-0.572	-0.671
β_9	-1.327	-10.702	-0.099
β_{10}	2.026	-24.271	-0.198
β_{11}	-5.082	-16.991	0.267
τ	0.038	0.332	0.147
k	0.009	0.003	0.139

注：方程（7-120）、方程（7-121）、方程（7-122）分别是转换变量为$\Delta REER_{t-1}$、ΔM_{t-1}和ΔIR_{t-1}的条件下汇率对物价影响的表达式。

首先,当选择汇率作为转换变量时,所对应的转换函数为指数型,意味着物价对汇率变动的影响只取决于汇率变动的绝对值,而与汇率变动的方向无关。从估计结果中不难发现,汇率传递对物价变动的影响在汇率变动率为0.009处发生区制转换,而且该区制转换点将汇率变动对物价的影响分为两个不同的区制,一般将汇率变动率小于0.9%定义为低区制区间,而将汇率变动率大于0.9%定义为高区制区间。其中,在低区制区间,汇率每上升1%时,汇率对物价的影响为0.012,即当人民币贬值1%(即汇率升高1%)时,物价水平会相应地上升0.012%。而当汇率变动进入高区制区间中,此时汇率对物价的影响将由模型中的线性和非线性部分共同决定汇率对物价的影响机制,即汇率对物价的影响变为0.019(0.012+0.007),意味着在较高的区制区间中,当汇率平均变动1%,此时的物价将会变动0.019%,敏感性提升了58%,进一步证明了汇率变动对物价的影响具有显著的非对称效应。但是也不难发现,区制转换点为0.009,非常接近于0,表明汇率变动而产生的区制转换并不明显,也就是说汇率的变动对物价的影响并不明显,也即该效应较小。由于汇率变动意味着币值对外价格发生变化,而该币值的变动显然可以用供需相对变化来进行解释,这里所隐含的政策含义是当汇率发生不同幅度的变动时,政府部门应以资本账户为调整目标,通过增加或减少外汇储备来调节人民币币值的稳定,并以此来调整国内的物价水平,由此揭示了汇率对物价的影响具有非对称的特点,而是与汇率自身的变动有着显著的关联。同时,τ为0.038,体现了货币供给由低区制向高区制区间转换的速度,代表了物价变动对汇率变动反应的敏感程度。其中,以汇率差分后的滞后1期为转换变量的转换函数所发生的区制转换图形如图7-14与图7-15所示。

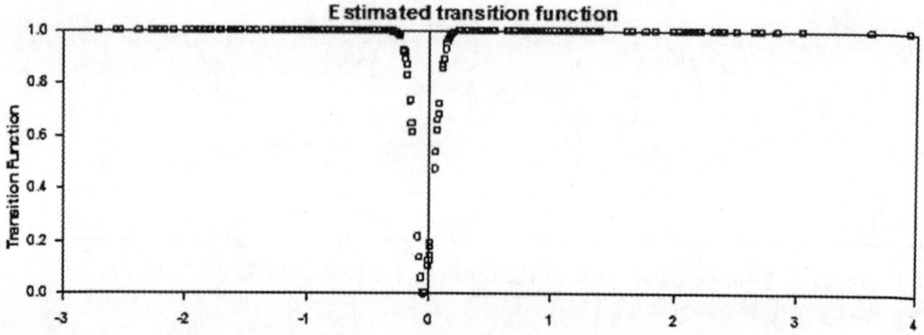

图7-14　以汇率差分滞后1期为转换变量条件下的转换函数估计

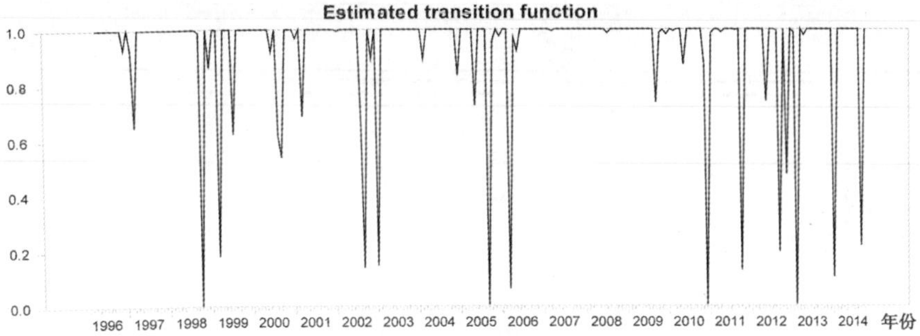

图 7-15　以汇率差分滞后 1 期为转换变量条件下的转换函数图

其次,在以货币供给增长率为转换变量的条件下,汇率传递对物价变动影响的非线性效应在货币供给增长率为 0.003 处发生区制转换,由于该值非常接近于零,意味着以该区制转移点所区分的不同区制对应着货币供给增长率的正负值以及经济紧缩与通胀的区间。而当区制转换点为 0.003 时,其对应的转换函数值为 0.17,表明由低区制向高区制转换发生在货币供给增长率为 0.3%处。当货币供给增长率处于较低的区制区间中,汇率对物价的影响为 0.015,意味着当货币供给增长率处于较低的区制区间时,汇率每变动 1%,则物价相应地变动 0.015%。当货币供给增长率进入到较高的区制区间时,此时汇率对物价的影响将变为0.650(0.015+0.635),表明当货币供给增长率处于较高的区制区间时,物价对汇率的影响敏感性增强。这里所隐含的政策含义是:当货币供给增长率小于 0.3%时,表明经济处于较低的区制区间,意味着经济处于较为紧缩的发展状态,此时政府部门为了刺激经济的发展,会向市场注入更多的流动性,通过振兴产业经济的发展,并以此促进经济的快速发展。相反,当货币供给增长率高于 0.3%时,表明经济处于较高的区制区间,意味着此时经济的发展处于较为快速的发展阶段,此时政府会逐渐降低向市场所注入流动性,并以此减少通货膨胀等负面的效应,表明我国央行将货币量作为货币政策的中介目标具有一定的合理性,同时也隐含着有效控制市场中的货币总量对稳定物价至关重要。而τ为 0.332,体现了货币供给由低区制向高区制区间转换的速度,也进一步反映了物价变动对货币供给反应的敏感程度。其中,以货币供给差分滞后 1 期为转换变量的转换函数所发生的区制转换形式如图

7-16 与图 7-17 所示。

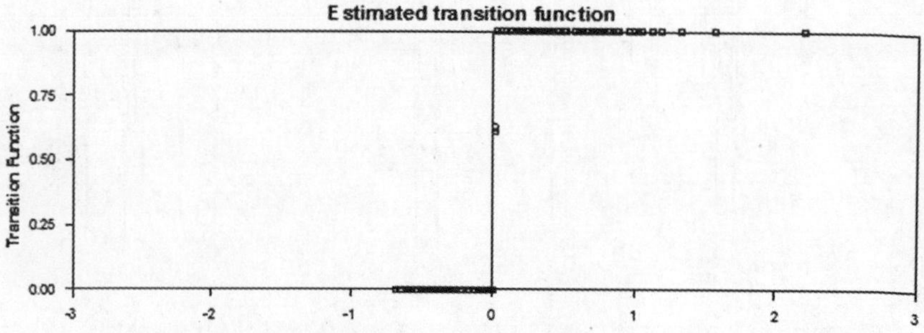

图 7-16　以货币供给差分滞后 1 期为转换变量条件下的转换函数估计

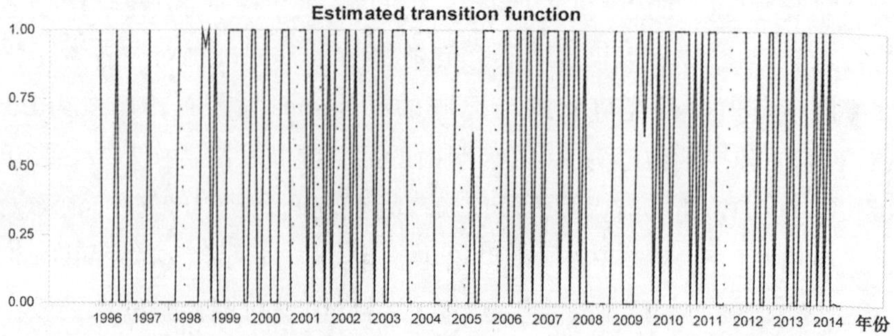

图 7-17　以货币供给差分滞后 1 期为转换变量条件下的转换函数图

最后,当选择利率为转换变量时,所对应的区制转换发生在利率变动为 0.139 处,意味着当利率变动下降 13.9%时,物价波动处于较低的区制区间,而当利率波动上升 13.9%时,物价波动处于较高的区制区间,表明利率上升和下降相同的幅度时,此时汇率对物价的影响却具有不同幅度(大小)的变化,也即汇率对物价的影响具有非对称的特点。而当区制转换点为 0.139 时,此时所对应的转换函数的值为 0.904,且在较低的区制区间内,汇率对物价的影响效应为 0.100,而当进入较高的区制区间内,汇率对物价的影响为 0. 303(=0.203+0.100),表明在较高的区制区间内,汇率变动对物价的影响明显变大,意味着当利率变动幅度超过 13.9%时,此时的汇率传递在调节物价向均衡的变动过程中所起到的效果明显增强,而且所估计的τ值为 0.147,表明利率对物价影响由低区制向高区制转移的速度为 0.147,也体现了物价对利率变动反应的敏感程度。其中,以利率差分滞后 1 期为转换变量的转换函数所发生的区制转换图形如图 7-18 与图 7-19 所示。

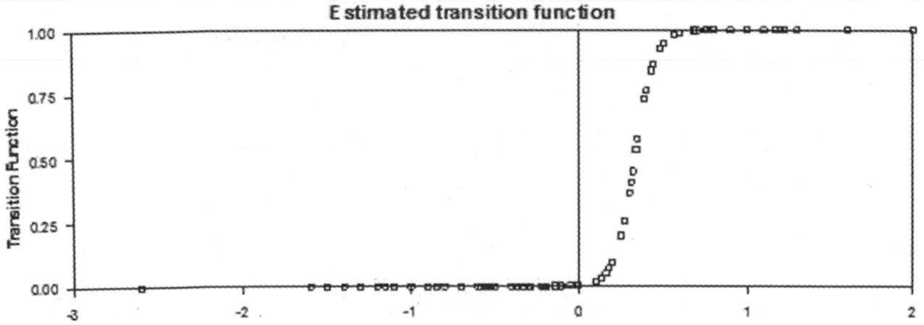

图 7-18　以利率差分滞后 1 期为转换变量条件下的转换函数估计

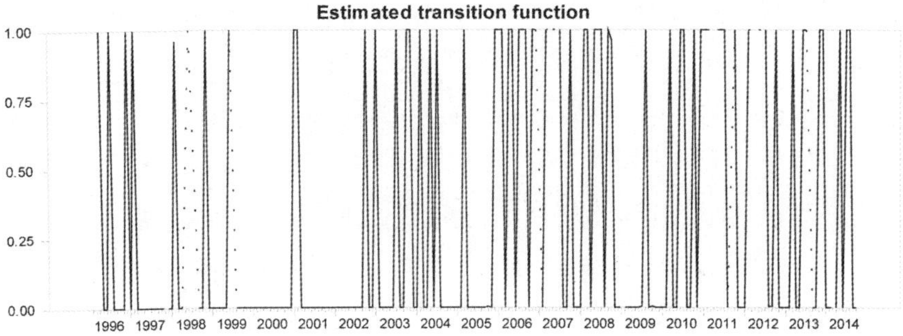

图 7-19　以利率差分滞后 1 期为转换变量条件下的转换函数图

四、结论与启示

汇率变动对物价的传递效应一直是学术界研究的热点问题,同时也是货币当局为稳定经济目标以及出台相关政策的重要参考,因此揭示汇率对物价的影响不仅有助于调节我国国际收支平衡以及维持稳定的经济金融发展,更对预测通胀走向和汇率市场化的进一步改革以及中国宏观经济的走向起到决定性作用。本节基于汇率传递理论,分别从资本冲击、成本冲击与需求冲击三个层面对汇率与物价的关系进行理论分析,利用有别于传统线性计量方法的平滑转换误差修正模型(STECM)检验了汇率传递对物价变动的影响,由于该方法能够在考虑变量存在结构突变特性的基础上,通过选取不同的转换变量来分析汇率在不同经济环境下对物价的影响,并进一步刻画汇率传递对物价影响的非线性及非对称效应。实证分析结果表明汇率传递对物价影响的具体形式受汇率、利率、货币供给自身变动的影响,而且通过引入汇率、利率与货币供给的变动作为转换变量,发现汇率对物价的传递效应具有不同的传递形式,即汇率对物价的影响具有非对称的特点。同时,物价变动对货币供给量的变化反应最为敏感,其次是利率,最后是汇率。一方面体现了汇率变动对物价的传递效应较小,意味着货币当局在出台政策时可以将重心集中于稳定国内物价,不必担心汇率波动对国内物价水平的影响,从而为实现更为弹性的汇率制度以及进一步促进人民币汇率市场化提供良好的经济环境。另一方面表明我国物价水平的变动很大程度上要归因于货币量的变动,意味着物价水平能否稳定直接关系到币值稳定目标的实现,因此控制货币量将成为今后我国央行工作的重点。而且我们通过以上分析发现汇率传递对物价的影响并非固定不变,而是在不同的条件下呈现出显著的非对称性,特别是随着我国经济环境的基本面发生变化而引起均衡价格水平发生变动,也就是说,经济环境的不稳定性越高,则会有越来越多的厂商进行重新定价,导致了名义价格黏性变弱,此时消费者价格会随着人民币汇率的变化而发生相应的变化。因此,人民银行应该根据经济形势对不同经济变量的变化进行监测,从而更好地执行更加稳健的货币政策,将人民币有效汇率对消费者价格指数传递效应维持在相对较低的水平,有效地防止由于人民币被动升值引发的我国物价水平被动变动,以利于我国央行实施相对独立的货币政策。此外,由于我国长期实行相对稳定的汇率制度,实体经济部门比较缺乏汇率风险意识,也较少使用避险工具,这就要求我国应该加快推动人民币汇率市场化,完善人民币汇率形成机制,增加人民币汇率弹性,加大人民币汇率浮动的幅度,实施更富弹性的汇率管理制度,使之更加真实地反映外汇市场的供求状况,并尽量避免汇率发生大幅的波动和因此而导致的物价波动。

第六节　人民币汇率变动与产出的交互影响

前文已有研究表明,目前国内外学术界对于汇率贬值是抑制总需求还是扩大总需求,是有利于扩大就业并提高工资还是减少就业并降低工资这些问题仍存在诸多争议,对于人民币汇率升值到底对中国经济发展是有利还是不利这一问题也一直存在着争议。目前学术界对人民币汇率与产出的实证研究集中在汇率变动对经济增长的影响,而忽视了汇率与产出的关联性,即二者之间的相互作用。由此,本节将探讨人民币汇率与产出的关联性,揭示二者之间的作用关系。

需要指出的是,虽然人民币汇率市场化改革不断向前推进,人民币汇率浮动区间不断加大,但汇率稳定和本外币利差倒挂之间的冲突、国际收支的巨额顺差、外汇储备过多以及内外经济失衡等与人民币汇率有关的问题并没有从根本上得以解决,因此,让人民币中间汇率由市场供求决定并进一步加大人民币汇率的浮动幅度,从而实现人民币汇率的市场化已势在必行。实现人民币汇率的市场化不仅有利于解决中国内外经济的失衡问题,而且能使市场价格机制在中国的内外经济活动中充分发挥作用,从而有利于推动中国经济的结构调整及经济增长模式的转换。汇率不仅是一种资产价格,还是政策工具,在平衡内外部核心变量的过程中,更是对宏观经济发挥着重要的作用。特别地,在人民币汇率形成机制不断完善以及人民币汇率双向波动逐渐显现的现实背景下,宏观经济增长对汇率变动的反应愈加明显。因此,探究人民币汇率与产出之间的动态交互影响及其背后所隐含的潜在机理,不仅有利于把握人民币汇率变动对产出影响的内在特征和外在表现,还有利于当局采取合适的政策以维持人民币汇率的基本稳定并进而促进经济平稳健康发展,因而具有非常重要的理论价值和现实意义。

有鉴于此,本节将构建一个包含汇率和产出的内生多元动态模型,从系统联动视角刻画汇率变动和产出之间的微观作用机理。进一步,采用包含随机波动的贝叶斯时变向量自回归模型(TVP-SV-BVAR)对汇率与产出之间联动效应的时变性特征进行刻画,并通过设定不同的预测步长考察这种时变性关系在短期、中期和长期的潜在差异。由于TVP-SV-BVAR模型不仅能够从时变演进的视角量化汇率变动和产出的联动特征,还能比较不同时点及不同时期系统冲击的脉冲响应特征和大小。此外,为考察潜在的非对称动态传导机制,本节还将人民币汇率分离为升值和贬值异质性情景,并以此综合考察汇率变动和产出在异质性情景下的联动效应,结果表明人民币实际有效汇率升值在短期内会抑制产出增加,但在中长期会促进产出增加。同时,产出增加能够在一定程度上助推人民币汇率升值。这一发现给我们的启示是:我们不必担心在人民币汇率实现市场化以后会因人民币升值而影响中国的经济增长,因为人民币汇率升值在中长期有利于促进产出增加。

一、文献回顾与述评

关于汇率变动与经济增长之间的关系,学界对此展开了丰富的研究(Aizenman和Lee,2010;Benigno等,2015;Aghion等,2011;吴安兵,2019;王晓永等,2020;邓贵川和谢丹阳,2020),但研究尚未形成共识。一部分研究认为汇率升值不利于经济增长,代表性成果有:Dollar(1992)以发展中国家为研究对象,实证分析了汇率波动与经济增长之间的关系,研究发现汇率升值与经济增长之间存在负相关关系。Bosworth等(1995)研究了1960—1992年88个发达国家和工业化国家的经济增长决定因素,研究发现汇率升值会通过降低要素生产率进而对产出产生负面影响。Aghion等(2001)结合理论与实证研究发现,对于金融发展水平较低的国家,汇率升值会降低企业研发投资,这将对经济增长产生负面的影响。魏巍贤(2006)研究发现,人民币汇率升值对国内实际产出的影响呈现非线性特征,且汇率升值并不利于中国经济发展。施建淮(2007)实证分析了人民币实际有效汇率对经济增长的影响,结果表明汇率升值会导致我国产出下降。同样,Vieira等(2013)分析了1970—2009年发达国家和新兴国家的汇率变动的宏观经济效应,发现汇率长期升值并不利于经济增长。魏巍贤和马喜立(2017)基于动态CGE模型对人民币汇率双向波动与经济发展的关系进行深入探究发现,人民币汇率升值对经济增长的抑制效应主要体现在短期。

还有学者认为汇率变动有助于促进经济发展。Kamin 和 Rogers (2000)、Couharde 和 Sallenave(2013)认为货币升值具有扩张效应,即货币升值有利于促进经济增长,且该扩张效应在发展中国家尤为凸显。Edwards 和 Yeyati(2005)研究发现,汇率波动可以通过提供更大的适应能力来吸收外部冲击,同时避免一国经济在适应外部冲击过程中产生较高成本,进而促进本国经济发展。王曦和冯文光(2009)认为货币升值虽然在短期内降低了总产出,但长期内则有助于产出水平的增长。Nino(2011)选取 1861—1939 年和 1950—2011 年两个时期为研究样本,发现汇率升值能够有效促进经济增长,且这种正相关关系在发展中国家更为显著,而在发达国家显著性则较弱。关伟等(2012)和贾凯威(2015)相继研究发现人民汇率升值能够显著促进宏观经济增长。王晓永等(2020)研究发现无论是长期还是短期,实际汇率升值对中国经济增长均具有促进作用。

还有一部分研究发现汇率变动对经济增长的影响并不显著。Bleaney 和 Greenaway(2001)研究表明,汇率波动不利于投资增加,但对经济增长并未产生显著影响。陈国伟和夏江(2002)基于单方程协整模型对人民币实际汇率与我国总产出的关系进行研究,结果发现实际汇率贬值并未对产出增加产生显著促进作用。卢万青和陈建梁(2007)提出实际汇率对中国经济增长影响的直接效应取决于汇率的波动幅度,当汇率波动幅度较小时,其对产出的影响并不显著。丁正良和纪成君(2014)分别从长期和短期视角对经济增长与汇率波动的关系进行研究,结果发现人民币实际汇率和经济增长存在长期的均衡关系,但在短期内并不显著。吴安兵(2019)基于 TVP-SV-VAR 模型研究发现,人民币汇率升值短期内将抑制经济增长,降低物价水平,不利于就业的提升和实际工资的增长,但在中长期内几乎对经济发展不存在显著影响。

需要特别提及的是,关于汇率变动对宏观经济影响的研究,学者们还采用了不同的模型对其进行相关分析。部分研究利用单方程模型或 VAR 模型实证考察汇率对实体经济的冲击效应(Tharakan,1999;Taylor,2000; Choudhri 和 Hakura,2001;Ito 和 Sato,2008),研究结果基本形成共识,认为汇率对实体经济冲击效果在不同的外部环境下存在明显的差异。此外,

SVAR 模型、BVAR 模型、FAVAR 模型、BSVAR 模型等多方程模型被广泛采纳用于研究人民币实际汇率的宏观经济效应(施建淮等,2008;欧阳志刚,2009;李颖等,2010;Vieira 和 Holland,2013)。还有部分学者采用一般均衡模型探讨汇率对经济的冲击效应,主要包括一般均衡模型(魏巍贤,2006)和 DSGE 模型(Cristadoro 等,2006;Bouakez 等,2010;Adebiyi 和 Mordi,2012)。Cristadoro 等(2006)和 Bouakez 等(2010)构建了包含汇率波动的小型开放经济 DSGE 模型,探讨汇率波动与其他宏观经济变量之间的关系。

相对于已有的研究而言,本研究的边际贡献及主要工作体现在:第一,基于开放经济体系构建包含汇率和产出的非线性动态系统,从理论上揭示了汇率变动与产出之间的内生联动效应,有助于深入认识人民币汇率变动对宏观经济影响的微观机理;第二,为印证理论上所刻画的非线性联动效应,本研究进一步采用含随机波动的时变向量自回归模型(TVP-SV-BVAR)从时变演进视角描述转轨经济下人民币汇率与产出之间的关系,由于该模型的参数并非一成不变,而是可以在不同的经济情景下随时间变化,因而可以从动态演化视角描述人民币汇率与产出的非线性时变特征。

二、理论分析

为从理论上刻画汇率与产出相互作用的机理,借鉴 Rhodd(1993)的研究,在开放经济框架下深入刻画产出与汇率联动关系的内生系统模型。首先,可将产品市场的总产出表示为:

$$Y = C + I + G + X - M \tag{7-120}$$

其中,Y、C、I、G、$X-M$ 分别代表总产出、消费支出、国内投资支出、政府支出、净出口。将(7-120)式进一步变形,可得:

$$Y - C - G = I + X - M \tag{7-121}$$

其中,$Y-C-G$ 可视为国内储蓄,$X-M$ 则等价于国外投资,此时,可将产品市场的均衡条件进一步表示为(7-122)式所示:

$$S = I_d + I_f \tag{7-122}$$

其中,S 为总储蓄,I_d 为国内投资支出,I_f 为国外投资支出,该式所隐含的潜在经济学含义可概述为总储蓄等于国内投资与国外投资之和。S 的变化一方面与国内总产出 Y 相关,另一方面与国内利率相关,因此,可

进一步将储蓄函数表示为关于总产出与利率的隐函数,具体如(7-123)式所示:

$$S = S(Y,r) \tag{7-123}$$

上式中,r 为国内利率,在(7-123)式所表示储蓄关于 Y 和 r 的函数中,Y 越大则储蓄 S 越大,r 越高则 S 越大,即一国总支出越高则该国储蓄水平越高,且利率越高则储蓄水平也相对越高。换言之,储蓄是关于总产出与利率的增函数。同时,我们也可将国内投资表示为关于总产出 Y 和利率 r 的函数,具体如下所示:

$$I_d = I_d(Y,r) \tag{7-124}$$

需要指出的是,在(7-124)式中,国内投资与 Y 正相关,但与 r 负相关,意味着产出 Y 增加会促进国内投资也随之增加,而利率 r 增加,此时国内投资将会减少。因此,结合(7-123)式和(7-124)式可知,价格型货币政策(利率)与数量型货币政策(信贷)对产出具有重要的影响。进一步地,可将国外投资表示为关于总产出 Y 与汇率 e 的函数:

$$I_f = I_f(Y,e) \tag{7-125}$$

(7-125)式表达的含义可概述为,国外投资的变动受国内收入与汇率的共同影响。特别地,Huong(2019)认为,国外投资与国内收入呈负相关关系,潜在原因在于 Y 的增加会促进中间产品的进口并从事扩大再生产活动,此时汇率将会有升值态势,并进而导致净出口 $X - M$ 降低,也会引起国外投资下降。与此同时,国外投资同样可能直接或间接地受汇率波动的影响。由此可以看出,除了上述(7-124)式中的与货币政策相关的指标外,总产出增加还受到包括汇率在内的外部因素影响。进一步地,可将产品市场上的均衡条件方程(7-122)表示为如下线性形式:

$$S_0 + S_1Y + S_2R - I_{d0} - I_{d1}Y + I_{d2}r - I_{f0} - I_{f1}Y + I_{f2}e = 0 \tag{7-126}$$

在稳态时,货币供给与货币需求相等,可将货币市场的均衡条件表示为:

$$M_d = M_s \tag{7-127}$$

需要指出的是,尽管货币需求 M_d 与 Y 正相关,但与利率 r 负相关,即利率 r 上升,将会导致货币需求下降。因此,可将(7-127)式进一步表示为:

$$L_0 + L_1Y + L_2r = M_s \tag{7-128}$$

根据 Rhodd(1993)的研究，在固定汇率制度下，随着收入水平 Y 增加，出口降低将会使得贸易余额减少，尽管资本流动在短期内有助于改善贸易余额，但从长远来看，国际资本流动的影响效应并不明显，此时可将均衡条件进一步表示为：

$$T_0 + T_1 Y + T_2 E + F_0 + F_1 Y + F_2 r - B = 0 \tag{7-129}$$

进一步可将(7-126)式、(7-128)式、(7-129)式联立并写成如下矩阵形式：

$$\begin{bmatrix} S_1 - I_{d1} - I_{f1} & S_2 - I_{f2} & 0 \\ L_1 & L_2 & 0 \\ T_1 + F_1 & F_2 & -1 \end{bmatrix} \begin{bmatrix} Y \\ r \\ B \end{bmatrix} = \begin{bmatrix} -S_0 + I_{d0} + I_{f0} + I_{f0}e \\ M_s - L_0 \\ T_0 - T_2 e - F_0 \end{bmatrix} \tag{7-130}$$

国内总产出 Y 可以根据(7-130)式求得，上述模型的建立同时考虑到了衡量货币政策、财政政策和外部影响相关的因素。因此，该模型应包括汇率、政府支出和货币供应(或国内信贷或利率)。

此外，Edwards(1986)、Upadhyaya 和 Upadhyay(1999)将贸易条件作为小型开放经济中净出口的指标。根据 Selimi 等(2017)的研究，本研究选取贸易开放度作为经济增长的外部影响指标。总产出以实际国内生产总值作为衡量指标。为了避免异质性，使分析结果更加稳健，模型中的所有变量都取自然对数形式。因此，可将模型进一步表示如下：

$$\begin{aligned} \ln REALGDP_t = {} & \beta_0 + \beta_1 \ln(REER) + \beta_2 \ln(CREDIT) \\ & + \beta_3 \ln GOVEXP + \beta_4 \ln TRADE + v_t \end{aligned} \tag{7-131}$$

其中，t 表示时间，$REALGDP$ 表示实际国内生产总值，$REER$ 表示实际有效汇率，$CREDIT$ 为国内信贷，$GOVEXP$ 表示政府支出，$TRADE$ 表示贸易开放度。β_0、β_1、β_2、β_3、β_4 分别为模型规范化后实际国内生产总值、实际有效汇率、国内信贷、政府支出以及贸易开放度的系数。特别地，β_4 反映了本币实际贬值对实际产出增长的影响。

三、数据来源与说明

基于数据的可得性和研究的时效性，本研究的样本区间为2007年第一季度至 2019 年第四季度。对于产出的衡量,本研究采用实际 GDP 增长率予以刻画。而对于人民币汇率的计算,我们采用人民币实际有效汇率(*REER*)衡量,以期更加真实地反映一国货币对外价值。其中,实际有效汇率指数是按照本国与参照国相对价格水平进行调整后的汇率,采用名义有效汇率指数乘以本国价格水平和参照国价格水平加权几何平均的比率来表示:

$$REER_i = \prod_{j=1} [\frac{P_i R_i}{P_j R_j}]^{W_{ij}} \tag{7-132}$$

其中, $REER_i$ 为第 i 国的实际有效汇率; P_i、P_j 分别为 i 国和 j 国的消费价格指数; R_i、R_j 分别为 i 国和 j 国以美元表示的名义汇率; W_{ij} 为第 i 个国家赋予第 j 个国家的竞争力权重,并且 $\sum_{i \neq j} W_{ij} = 1$。本研究选取 2010 年为基期,实际有效汇率基准值为 100,特别地,由于实际有效汇率不仅考虑了贸易伙伴国双边汇率的相对变化,而且还剔除了通胀对货币本身价值变动的影响,因而能够综合地反映本国货币的对外价值和相对购买力,该值增加,表明汇率升值,反之则表示汇率贬值。国内信贷(*CREDIT*)采用货币供应量 M2 与国内生产总值的比例表示。政府支出(*GOVEXP*)采用政府财政支出占国内生产总值的比重表示。贸易开放指数(*TRADE*)采用进出口总额与国内生产总值之比计算。上述所有变量均来自于 Wind 数据库。

需要指出的是,如果变量受到突发事件(非预期政策冲击等)的影响,很有可能会导致变量产生结构性突变点(structural breaks),从而导致传统方法的检验"势"大大降低。在针对时间序列数据存在结构突变的情况进行处理时,传统方法一般会通过使用虚拟变量对突变点进行刻画,但使用虚拟变量意味着时间序列数据出现了较为剧烈和快速的结构突变(sharp breaks)。因此,有学者发现时间序列数据还存在平滑渐变(smooth shifts)的特性(Enders 和 Lee,2012)。鉴于此,为了提高检验结果的可信度,本研究进一步借鉴 Bahmani-Oskoee 等(2015)所提出的能同时捕捉结构突变和平滑渐变的单位根方法。具体而言,假设 *DGP* 如下:

$$y_t = \alpha + \beta T + \sum_{l=1}^{m+1} \theta_l DU_{l,t} + \sum_{l=1}^{m+1} \rho_l DT_{l,t} + \sum_{k=1}^{n} \gamma_{1,k} \sin(\frac{2\pi kt}{T}) + \sum_{k=1}^{n} \gamma_{2,k} \cos(\frac{2\pi kt}{T}) + \varepsilon_t \tag{7-133}$$

其中,α、T 分别表示截距项和时间趋势项,m 表示结构突变点个数,n 代表傅立叶函数的频率,k 表示平滑渐变点的个数,$\gamma = [\gamma_1, \gamma_2]'$ 是用来测量波动的振幅和位移的分量。当 $\gamma_1 = \gamma_2 = 0$ 时,表明变量具有标准的线性变化特征,否则傅立叶函数将会有不同的频率分量对非线性特征进行刻画,由此所隐含的统计检验意义为原假设 $\gamma_1 = \gamma_2 = 0$ 一旦被拒绝,则可判定该时间序列具有非线性的特征。DU 与 DT 是用来捕捉结构突变点的,且其形式可表示为如下形式:

$$DU_{l,t} = \begin{cases} 1 & TB_{l-1} < t < TB_l \\ 0 & \text{其他} \end{cases} \quad DT_{l,t} = \begin{cases} t - TB_{l-1} & TB_{l-1} < t < TB_l \\ 0 & \text{其他} \end{cases} \tag{7-134}$$

同时,本节还借鉴 Gallant(1981)的研究,将 $\sum_{k=1}^{n} \gamma_k \sin(\frac{2\pi kt}{T})$ 与 $\sum_{k=1}^{n} \gamma_k \cos(\frac{2\pi kt}{T})$ 纳入模型之中,以此来捕捉平滑渐变点的个数。Enders 和 Lee(2012)认为将上式中傅立叶函数的频率 n 设定为 1,可以避免出现过度拟合的问题,因此可将(7-134)式重新表达如下所示:

$$y_t = \alpha + \beta T + \sum_{l=1}^{m+1} \theta_l DU_{l,t} + \sum_{l=1}^{m+1} \rho_l DT_{l,t} + \gamma_1 \sin(\frac{2\pi kt}{T}) + \gamma_2 \cos(\frac{2\pi kt}{T}) + \varepsilon_t \tag{7-135}$$

在对(7-135)式进行参数估计时,本研究首先确定结构突变点个数(m)以及平滑渐变点个数(k),其中平滑渐变点个数(k)的选取是依据 Bai 和 Perron(1998)估计结果所对应的残差平方和最小进行判定,并以此确定结构突变点个数的位置。进一步地,本研究利用 Becker 等(2004,2006)的做法,利用 F 统计值来检验变量是否具有非线性形式,其中 F 统计量的表达式为:

$$F(k*) = \frac{(SSR_{ur} - SSR_r(k))/2}{SSR_r(k)/T - q} \tag{7-136}$$

其中,SSR_{ur} 与 SSR_r 分别表示(7-136)式中无约束(含有结构突变点)及受约束(不含有结构突变点)回归所得到的残差平方和。但是由于冗余参数(nuisance parameter)的存在,该统计量并不具有标准的分布形式,因此本研究采用蒙特卡罗(Monte Carlo)模拟的形式来获得相应的临界值。其中,检验结果如表 7-24 与图 7-20 所示。

表 7-24 含结构突变点与平滑渐变点的平稳性检验

变 量	*REER*	*GDP*	*CREDIT*	*GOVEXP*	*TRADE*
模型设定	(C,T)	(C,T)	(C,T)	(C,T)	(C,T)
Bartlett 统计值	0.0452	0.0836***	0.0723	0.1863*	0.0524
CV 90%	0.0538	0.0524	0.0901	0.1621	0.0623
CV 95%	0.0668	0.0622	0.1137	0.2137	0.0747
CV 99%	0.0957	0.0852	0.1662	0.326	0.1049
结构突变点(*m*)	5	5	3	0	2
突变点 1	2008Q03	2008Q01	2008Q04	——	2008Q03
突变点 2	2011Q03	2011Q01	2013Q04	——	2010Q04
突变点 3	2012Q04	2014Q02	2017Q04	——	——
突变点 4	2014Q03	2015Q03	——	——	——
突变点 5	2016Q01	2018Q01	——	——	——
平滑渐变点(*k*)	5	4	4	1	1
F 统计值	8.4096***	8.7902***	2.6956*	2.7311*	103.1527***
CV 90%	2.4958	2.4642	2.6834	2.1867	2.2731
CV 95%	3.8384	2.9376	3.2237	3.3603	2.9276
CV 99%	4.6437	3.678	3.7796	5.9749	4.1087

注:***、* 分别表示 1%与 10%的显著性水平;临界值(CV)采用蒙特卡罗模拟 10000 次获得。

从表 7-24 中含结构突变点与平滑渐变点的非线性平稳性检验结果可以看出,由于 F 统计值在既定的显著性水平下均显著,意味着上述所有变量均能够显著拒绝“序列为线性”的原假设,表明本研究所选择的变量均呈现非线性的动态变化特征,这也为本研究后续所要使用非线性计量经济模型进行实证分析提供了良好的证据。从结构突变点检验结果可以发现,汇率与产出含有 5 个结构突变点,信贷含有 3 个结构突变点,贸易开放度含有 2 个结构突变点。而从平滑渐变点的检验结果来看,汇率含有 5 个平滑渐变点,产出与信贷含有 4 个平滑渐变点,而政府支出和贸易开放度含有 1 个

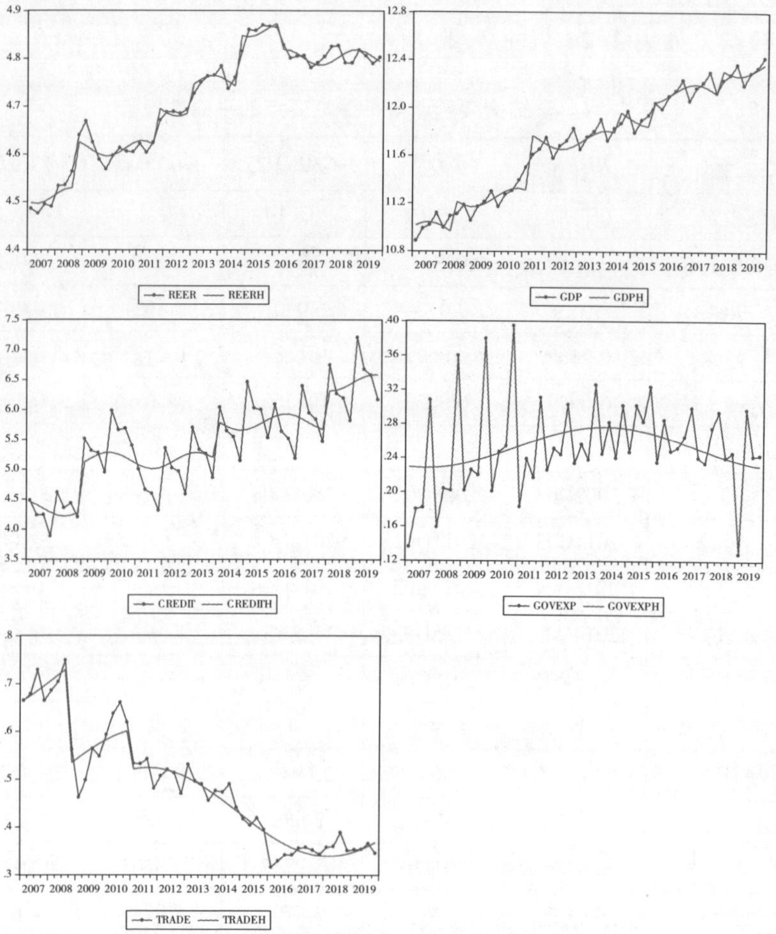

图 7-20 变量动态变化及非线性拟合

平滑渐变点。同时,从 Bartlett 统计结果可以发现,除产出和政府支出分别在 95%和 90%的显著性水平上拒绝了“序列为平稳”的原假设,其余变量均在 90%的显著性水平上接受了“序列为平稳”的原假设,认为除产出和政府支出变量之外,汇率、信贷、贸易开放度均为非线性平稳序列。同时从图 7-20 中的非线性拟合图中可以看出含有结构突变和平滑渐变的平稳性检验对变量的动态变化具有较好的拟合效果,表明含有结构突变和平滑渐变的平稳性检验对于变量的平稳性具有较高的检验“势”。

四、模型设定

为了进一步从时变视角验证人民币实际有效汇率和产出之间的关系,借鉴 Primiceri(2005)、Franta 等(2012、2014)与江春等(2018)的研究,采用含随机波动的时变贝叶斯向量自回归模型(TVP-SV-BVAR)从动态演进视角对人民币汇率与产出联动效应的时变性特征予以刻画。其中,可将 TVP-SV-BVAR 模型表示如下:

$$y_t = z_t\theta_t + \varepsilon_t \tag{7-137}$$

$$\theta_t = \theta_{t-1} + \eta_t \tag{7-138}$$

其中,y_t 表示在 t 时刻的内生变量(人民币实际有效汇率和产出),$z_t = [1, x_{t-1}, y_{t-1}, \dots y_{t-p}]$ 表示控制变量矩阵,$\theta_t = [\varphi_{t-1}, \beta_{t-1}, \gamma_{t-1}, \dots \gamma_{t-p}]$ 为系数向量。(7-137)式、(7-138)式所体现的一个优点在于系数并非恒定不变,而是具有时变特性。为减少因冗余参数而对模型估计所造成的偏差影响,可将(7-137)式重新表示为:

$$y_t = \sum_{j=1}^{K} \theta_{jt} y_{jt} + A_t^{-1}\Sigma_t\varepsilon_t \tag{7-139}$$

进一步将(7-139)式重新表达为矩阵的形式,具体如下:

$$y_t = X'\alpha_t + X'\beta_t f(\cdot) + A_t^{-1}\Sigma_t\varepsilon_t \tag{7-140}$$

其中,$X' = I_n \otimes [1, ER'_{t-1}, \dots ER'_{t-p}, X'_t \dots X'_{t-p}]$,且 $\otimes$ 表示克罗内克积。

接下来,我们进一步设定模型中参数的变动法则,设定 α_t 与 β_t 服从随机游走特征,且设定标准差 Σ_t 为随机波动。因此,我们可将系数的动态变化表示如下:

$$\beta_t = \beta_{t-1} + v_t \tag{7-141}$$

$$\alpha_t = \alpha_{t-1} + \xi_t \tag{7-142}$$

$$\log\sigma_t = \log\sigma_{t-1} + \eta_t \tag{7-143}$$

值得注意的是,本部分模型是以(7-140)式作为状态空间模型的测量方程,且状态方程为(7-141)式—(7-143)式所示。其中,ε_t、v_t、ξ_t 和 η_t 为时变外生冲击,且其构成的方差—协方差矩阵为 Ω_t。不失一般性,我们借鉴 Primiceri(2005)及 Franta 等(2012、2014)的研究,对 Ω_t 进行转换以使得外生冲击的方差与协方差均具有时变性特征,具体如(7-144)式所示:

$$A_t\Omega_t A_t' = \Sigma_t \Sigma_t' \tag{7-144}$$

此时,我们可对 Ω_t 进行求解,结果如下:

$$\Omega_t = A_t^{-1}\Sigma_t\Sigma_t'(A_t^{-1})' \tag{7-145}$$

其中,A_t 为低维三角阵,且可表示如(7-146)式所示:

$$A_t = \begin{bmatrix} 1 & 0 & \cdots & 0 \\ \alpha_{21,t} & 1 & \ddots & \vdots \\ \vdots & \ddots & \ddots & 0 \\ a_{n1,t} & \cdots & a_{n(n-1),t} & 1 \end{bmatrix} \tag{7-146}$$

且 Σ_t 为对角矩阵,具体如下:

$$\Sigma_t = \begin{bmatrix} \sigma_{1,t} & 0 & \cdots & 0 \\ 0 & \sigma_{2,t} & \ddots & \vdots \\ \vdots & \ddots & \ddots & 0 \\ 0 & \cdots & 0 & \sigma \end{bmatrix} \tag{7-147}$$

另外,本研究设定模型所包含的新息($\varepsilon_t, v_t, \xi_t, \eta_t$)服从联合正态分布[①],具体如下所示:

$$\begin{pmatrix} \varepsilon_t \\ v_t \\ \xi_t \\ \eta_t \end{pmatrix} \sim N\left(0, \begin{pmatrix} I & O & O & O \\ O & \sum_\beta & O & O \\ O & O & \sum_\alpha & O \\ O & O & O & \sum_\sigma \end{pmatrix}\right) \tag{7-148}$$

同时,我们还可以将其方差联合分布表示如下:

$$V = \mathrm{var}\left(\begin{bmatrix} \varepsilon_t \\ v_t \\ \xi_t \\ \eta_t \end{bmatrix}\right) = \begin{bmatrix} I_n & 0 & 0 & 0 \\ 0 & Q & 0 & 0 \\ 0 & 0 & S & 0 \\ 0 & 0 & 0 & W \end{bmatrix} \tag{7-149}$$

---

① 由于我们采用的是贝叶斯 Gibbs 抽样进行参数估计,这样做的目的是使得抽样前后的先验信息与后验信息均为正态分布,使得 Likelihood 值为正态,并有利于进行参数估计。当然,无论外生冲击分布已知且非正态,还是外生冲击未知,我们可相应地采用有限混合正态分布以及贝叶斯非参结合无限正态分布进行逼近。

其中,I_n 表示 n 维单位矩阵,Q、S、W 均为正定矩阵。我们进一步对模型参数的先验分布进行设定,我们采用最小二乘法(OLS)的点估计获得参数 B_0 的均值及方差,假设具有 h 个独立解释变量,则参数分布可表示为:

$$\beta_0 \sim N(\hat{\beta}_{OLS}, h\text{var}(\hat{B}_{OLS})) \tag{7-150}$$

我们采用相似的方式获得 A_0 的参数,具体为:

$$\alpha_0 \sim N(\hat{\alpha}_{OLS}, h\text{var}(\hat{A}_{OLS})) \tag{7-151}$$

而对于 $\log\sigma_0$ 而言,其均值的先验分布是先通过 OLS 估计获得标准差,并对其进行对数化处理,且其方差—协方差矩阵可表示为如下形式:

$$\log\sigma_0 \sim N(\log\hat{\sigma}_{OLS}, hI_n) \tag{7-152}$$

最后,我们将超参数的先验信息构建如下:

$$Q \sim IW(k_Q^2 \cdot \tau \cdot \text{var}(\hat{\beta}_{OLS}), \tau) \tag{7-153}$$

$$W \sim IG(k_w^2 \cdot (1 + \dim(W)) \cdot I_n, (1 + \dim(W))) \tag{7-154}$$

$$S_l \sim IW(k_S^2 \cdot (1 + \dim(S_l)) \cdot \text{var}(\hat{A}_{1,OLS}), (1 + \dim(S_l))) \tag{7-155}$$

其中,Q、S 均服从逆威沙特(IW)分布,而 W 服从逆伽马(IG)分布,τ 为检验样本的大小,S_l 为矩阵中相应的块,$\hat{A}_{1,OLS}$ 表示 $\hat{A}_{OLS}$ 相应的块,超参数先验分布的 σ^{-1} 的自由度为每个矩阵的维数加 1。而且,借鉴 Cogley 和 Sargent(2001)的做法,采用常数与 OLS 参数估计相应方差的乘积的形式来刻画特征向量。

此外,为了将结构剩余转换成简化的残差的形式,我们借鉴 Fry 和 Pagan(2011)的研究,使得正交矩阵 Q 满足下式:

$$A_t^{-1}\Sigma_t\partial_t = A_t^{-1}\Sigma_t Q' Q_{\partial t} \tag{7-156}$$

其中,$Q_{\partial t}$ 表示与单位方差不相关的结构剩余向量,我们可以通过如下形式进行转换:

$$Q = Q_{12}(\theta_1) \times Q_{13}(\theta_2) \times Q_{14}(\theta_3) \times \cdots \times Q_{1n}(\theta_{n-1}) \times Q_{23}(\theta_4) \times \cdots Q_{n-1,n}(\theta_{2n-1}) \tag{7-157}$$

其中,对于每一元素,我们均可以表示成如(7-158)式中的矩阵形式,其中,(7-158)式中的 i 和 j 分别表示矩阵的行和列。

$$Q(\theta_m)_{ij} = \begin{pmatrix} 1 & \cdots & 0 & \cdots & 0 & \cdots & 0 \\ \cdots & \ddots & \cdots & \cdots & \cdots & \cdots & 0 \\ 0 & \cdots & \cos(\theta_m) & \cdots & -\sin(\theta_m) & \cdots & 0 \\ \vdots & \vdots & \vdots & 1 & \vdots & \vdots & \vdots \\ 0 & \cdots & \sin(\theta_m) & \cdots & \cos(\theta_m) & \cdots & 0 \\ \cdots & \cdots & \cdots & \cdots & \cdots & \ddots & \cdots \\ 0 & \cdots & 0 & \cdots & 0 & \cdots & 1 \end{pmatrix} \tag{7-158}$$

五、实证结果及分析

(一)基于全样本的实证分析

1. 模型参数稳定性和有效性检验

在进行实证分析之前,我们首先根据 AIC 准则对模型的滞后阶数进行选择,结果发现当滞后 1 期时,AIC 的值最小,由此我们最终确定 TVP-SV-BVAR 模型的最优滞后阶数为 1。在设置参数初始值后,我们基于统计软件 OxMetrics6,并利用马尔科夫蒙特卡罗(MCMC)方法重复抽样 10000 次,以获得有效样本,由此最终得到模型参数估计,如图 7-21 和表 7-25 所示。图 7-21 第 1 行展示了样本的自相关系数。容易看出,自相关系数逐渐下降趋于零,其下降趋势较为稳定迅速;第 2 行为样本取值路径,表明抽样数据较为平稳;第 3 行为样本的后验密度,后验分布比较集中,表明模型产生了有效的、不相关的样本数据。

模型参数有效性检验结果如表 7-25 所示,TVP-SV-BVAR 模型中 6 个参数的后验均值均落在 95%的置信区间内,CD 收敛诊断值也表明不能拒绝收敛于后验分布的原假设;同时,无效影响因子的最大值为 53.430,远小于抽样次数 10000 次,说明在连续抽样 10000 次的条件下,至少可得到大约 187(10000/53.430)个不相关样本,这意味着所得样本个数对于模型的后验推断足够充分,本次抽样是有效的。

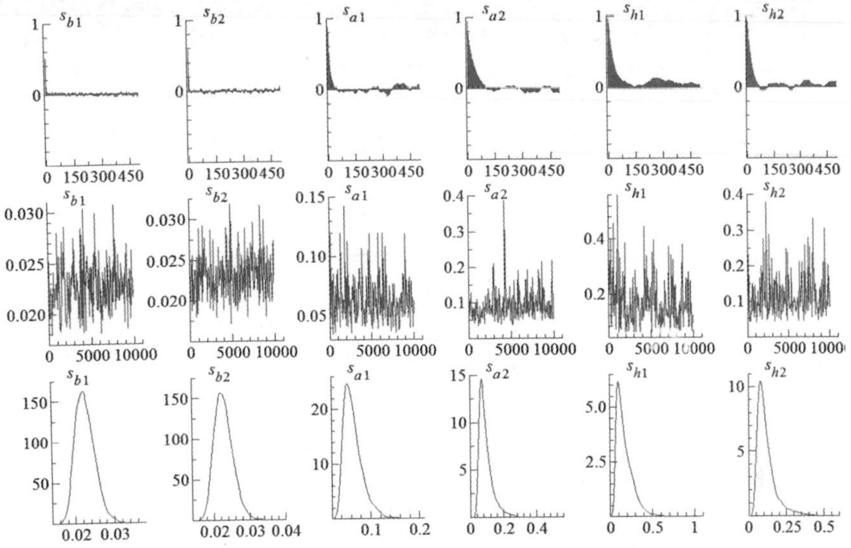

图 7-21 TVP-SV-BVAR 模型参数估计结果

表 7-25 TVP-SV-BVAR 模型参数有效性估计结果

变量	平均值	标准差	95%置信区间下界	95%置信区间上界	Geweke-CD 检验	无效影响因子
$(\sum_{\beta})_1$	0.023	0.003	0.018	0.028	0.813	6.250
$(\sum_{\beta})_2$	0.023	0.003	0.018	0.028	0.132	2.900
$(\sum_{\alpha})_1$	0.064	0.019	0.038	0.112	0.514	15.090
$(\sum_{\alpha})_2$	0.092	0.041	0.044	0.205	0.126	53.430
$(\sum_{h})_1$	0.116	0.063	0.048	0.295	0.231	43.410
$(\sum_{h})_2$	0.116	0.063	0.048	0.295	0.231	43.410

注:α,β,h (i,j,k =1,2,3)分别表示$\Sigma\alpha$ 、Σ_β 和Σ_h 的第 i、j、k 个对角元素,并且$\Sigma\alpha$ 和$\Sigma\beta$ 的估计值和标准差都乘以 100。CD 检验为 Geweke(1992)提出的收敛性检验(Convergence Diagnostics),其原假设为参数收敛于后验分布。无效因子是经过 11000 次 MCMC 抽样后计算得到的结果,主要用来判断 MCMC 抽取样本的有效性。

2. 不同时点的脉冲响应分析

依据 TVP-SV-BVAR 模型的贝叶斯后验分布,我们可以得到每个时点下的参数估计结果，并进而得出不同时点和不同时期的时变冲击，其脉冲响应结果分别如图 7-22 与图 7-23 所示。依据图 7-22 中不同时点下的研究结果，我们可以得到如下发现：

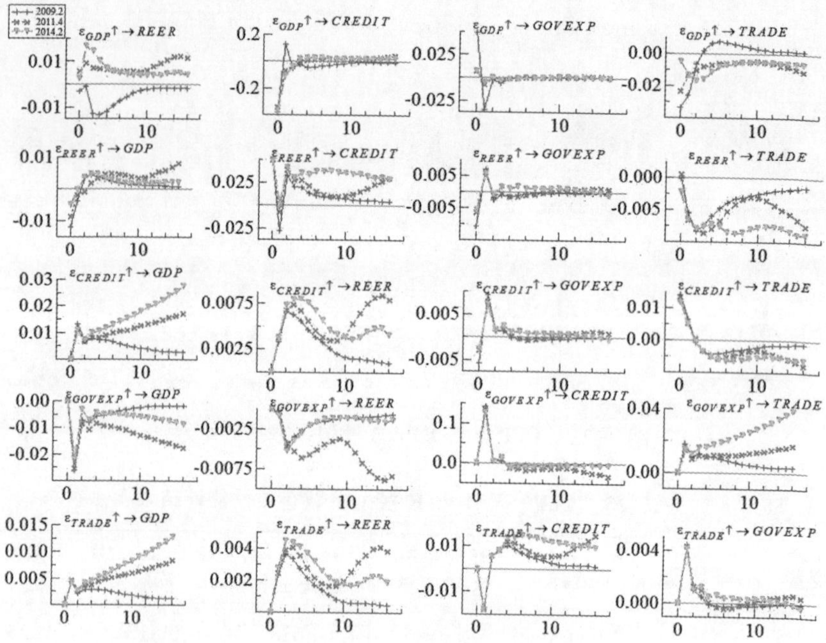

图 7-22　不同时点的脉冲响应图

从图 7-22 的脉冲响应结果可以看到，人民币实际有效汇率对产出的冲击效应（ $\varepsilon_{REER} \rightarrow GDP$ ）在不同的时点下基本保持相同的动态趋势，均表现出明显的“驼峰”形，而且当人民币实际有效汇率受到 1 个单位的正向冲击时，产出产生明显的负向响应，且最小响应值发生约为-0.015，随后人民币实际有效汇率对产出的冲击效应开始衰减，并于第 2 期负向响应变为零，伴随着期限的增加，人民币实际有效汇率对产出的冲击效应开始呈现明显的正向响应。这一结果表明，实际有效汇率 1 个标准差的正向冲击之后，产出在初期开始呈现下降态势，说明期初人民币实际有效汇率升值对产出有紧缩性影响。这种紧缩性影响持续两期之后，产出开始呈现正向增加态势，体现了人民币实际有效汇率对产出的影响具有扩张性影响特征，这种扩张性影响在第 10 期之后趋于平稳，并且这种平稳状态一直持续到期末。该结果意味着，从长期来看，人民币实际有效汇率对产出的扩张性影响较为稳定。进一步地，从产出对人民币实际有效汇率冲击的脉冲响应（ $\varepsilon_{GDP} \rightarrow REER$ ）结果可以发现，虽然产出在不同时点下对人民币实际有效汇率的冲击路径存在差异，但对于 2011 年 4 月和 2014 年 2 月两个时点而言，产出对人民币实际有效汇率均表现为稳定的正向影响响应，并且这种平稳状态一直持续到期末，体现了产出增加会助推人民币实际有效汇率升值的态势具有一定的持续性。

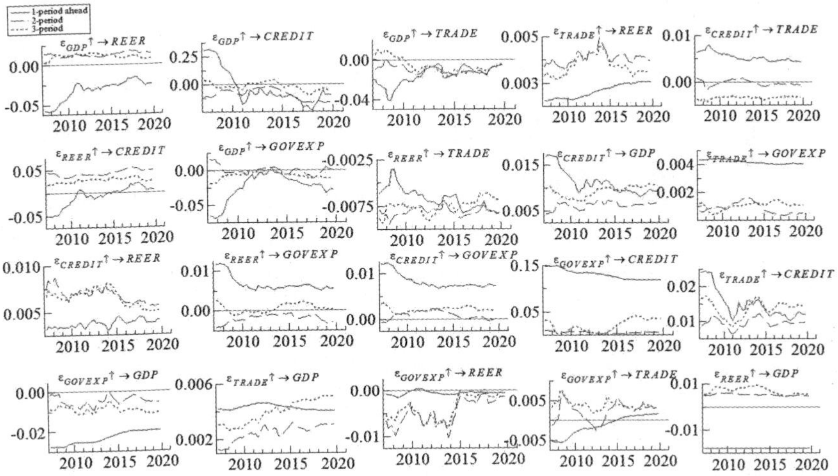

图 7-23　不同时期的脉冲响应图

3. 不同时期的实证结果

为了比较人民币实际有效汇率与产出之间的联动效应在不同时期的潜在差异，我们将步长设定为 $h=1$、2、3，并以此从相对视角刻画不同提前期下的脉冲响应结果，其结果如图 7-23 所示。不难发现，人民币实际有效汇率对产出的冲击（ $\varepsilon_{REER} \rightarrow GDP$ ）在三种不同提前期下的时变脉冲响应走势基本稳定且呈现相对一致的态势。具体而言，短期内，人民币实际有效汇率对产出的冲击效应具有明显的负向冲击，而从中期和长期来看，人民币实际有效汇率对产出的冲击效应呈现明显的正向态势，一方面表明采用 TVP-SV-BVAR 模型刻画人民币实际有效汇率对产出的冲击具有较强的稳健性，另一方面也进一步体现了人民币实际有效汇率在中长期对产出具有显著的扩张性影响,即会助推产出增加。同时,人民币实际有效汇率对产出的冲击还呈现如下两点特征:第一,人民币实际有效汇率对产出的影响随着预测步长的增加开始从负向影响转变为正向影响,体现了人民币实际有效汇率升值在短期内会抑制产出增加,但该抑制效应随着期限的增加开始减弱甚至开始呈现增加态势。第二,从中长期来看,人民币实际有效汇率对产出的正向影响较为稳定,具有明显的正向影响,这一结果与不同时点下的结论基本一致,其背后所隐含的潜在原因可概述为:人民币实际汇率升值会通过降低进口中间投入品成本而增加国内投资需求,这将在一定程度上助推产出增加。与此同时,从产出对人民币实际有效汇率的冲击效应($\varepsilon_{GDP} \rightarrow REER$)来看,产出对人民币实际有效汇率的冲击在中期和长期内具有正向的影响,即产出增加在中期和长期内均会助推人民币实际有效汇率升值。

(二)基于不同情境的实证分析

Sims 和 Zha(2006)从理论及实证层面阐述了一个基本事实,即:不同的经济环境下,经济变量之间的关系可能具有非对称性特征。得益于该启示,本部分尝试将汇率变动区分为正向变动及负向变动(即人民币汇率升值和贬值),并以此考察不同情形下的汇率变动与产出之间的关系是否存在差异。其中,在对上述状态变量进行区分时,借鉴江春等(2016、2017)的研究,采取如下统计形式刻画汇率的非对称性变动:

$$X_t^+ = \sum_{j=1}^{t} \Delta X_j^+ = \sum_{j=1}^{t} \max(\Delta X_j, 0) \qquad X_t^- = \sum_{j=1}^{t} \Delta X_j^- = \sum_{j=1}^{t} \min(\Delta X_j, 0) \tag{7-159}$$

需要指出的是,由于本研究所选取的汇率为人民币有效汇率指数,因此其正向变动意味着人民币汇率升值,而负向变动则为人民币汇率贬值。

1. 不同时点的脉冲响应分析

图 7-24 显示了汇率正向变动和负向变动对产出等经济变量在不同时点下的脉冲响应演化结果,不难发现,在不同的时点下,汇率正向变动对于产出的影响($\varepsilon_{REERPO} \rightarrow GDP$)和负向变动对于产出的影响($\varepsilon_{REERNE} \rightarrow GDP$)分别具有一致性,且汇率正向变动对产出的影响大于负向变动对产出的冲击。具体而言,在初期汇率正向变动(即人民币汇率升值)对产出的

影响效应为负，并于第 1 期达到极小值，随后该负向效应开始缓慢减小并于第 2 期收敛至稳态零处，此后，汇率正向变动（即人民币汇率升值）对产出的影响效应呈现明显的正向作用，这种正向影响作用在第 4 期之后趋于平稳且一直持续至期末。该结果所隐含的潜在经济含义可概述为：当人民币汇率受到 1 单位正向冲击（即人民币汇率升值）时，在短期内会对产出产生抑制作用，但在中长期内会助推产出的增加。类似地，汇率负向变动（即人民币汇率贬值）在初期对产出的影响为正，且在当期达到极大值（约为 0.007），此后，这一正向效应开始逐渐降低，并在第 1 期后呈现负向影响，进一步于第 4 期收敛至稳态，进一步体现了人民币汇率贬值虽然能够在短期内增加产出，但在长期则会抑制产出。

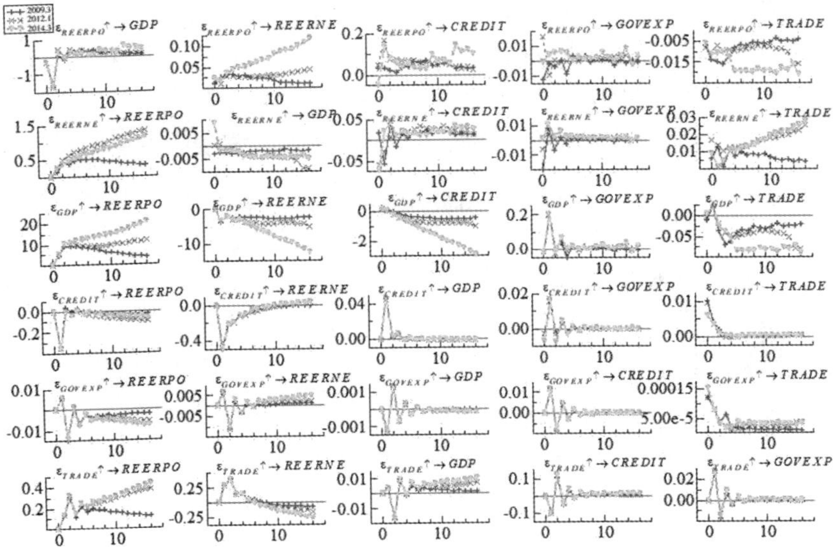

图 7-24　不同时点的脉冲响应图

从产出对人民币汇率升值（ $\varepsilon_{GDP} \rightarrow REERPO$ ）和贬值（ $\varepsilon_{GDP} \rightarrow REERNE$ ）的脉冲响应结果可以发现，虽然不同时点产出对人民币实际有效汇率冲击的态势存在显著差异，但产出对人民币汇率升值和贬值的冲击效应具有较强的稳定性，特别地，产出对人民币汇率升值表现出稳定的正向响应，且这种稳定状态一直持续到期末，体现了产出的增加也会助推人民币实际有效汇率升值。由于产出对人民币汇率贬值的冲击（ $\varepsilon_{GDP} \rightarrow REERNE$ ）表现为稳定的负向响应,进一步体现了产出的增加倾向于抑制人民币实际有效汇率贬值。

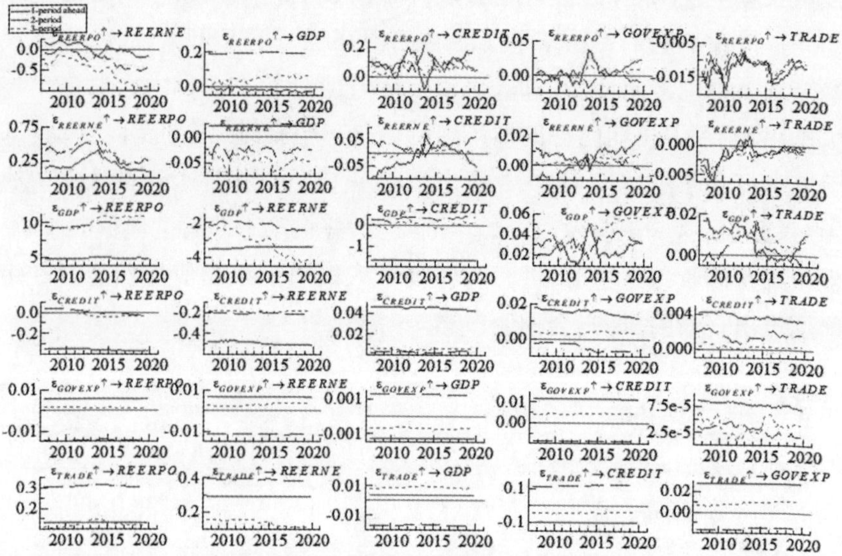

图 7-25 不同时期的脉冲响应图

2. 不同时期的脉冲响应分析

为刻画汇率变动对产出影响在不同时期内所呈现的潜在差异,我们进一步将预测步长设定为 $h=1、2、3$,并以此从相对视角刻画汇率变动与产出的交互影响在短期、中期和长期的异质性影响。图 7-25 显示了不同时期内汇率升值和贬值对产出冲击的非对称性动态演化特征。不难发现,无论汇率升值抑或是贬值,其对产出的冲击效应在不同的期限内分别具有较为一致的走势,也即汇率升值与贬值对产出的冲击效应具有稳定性。具体而言,汇率正向变动对产出的冲击在短期内为负,而在中长期下的系数则表现为正,说明人民币汇率升值在短期内会抑制产出的增长,但在中长期下有利于促进产出增加。相对而言,人民币汇率贬值在短期则会增加产出,但在中长期内倾向于抑制产出的增加。此外,从产出对人民币汇率升值和贬值的冲击效应可以看出,在短期、中期和长期,汇率升值与贬值对产出冲击的响应均具有稳定性,具体而言,汇率正向变动对产出冲击的响应为正,而汇率负向变动对产出冲击的响应则表现为负,这表明产出的增加倾向于助推人民币实际有效汇率升值。

六、结论与启示

本研究采用包含随机波动的贝叶斯时变向量自回归模型(TVP-SV-BVAR)对汇率与产出的交互效应特征进行刻画,并通过设定不同的预测步长考察这种时变性关系在短期、中期和长期的潜在差异。由于TVP-SV-BVAR模型不仅能够从时变演进的视角量化汇率变动和产出的交互影响特征,还能比较不同时点及不同时期系统冲击的脉冲响应特征,因而能为从动态演化视角考察汇率与产出间的交互效应提供准确的经验证据。此外,为考察潜在的非对称传导机制,本研究还进一步将汇率变动分离为升值和贬值异质性情景,并以此综合考察汇率变动和产出之间的非对称交互影响效应,研究结果表明:无论汇率升值抑或是贬值,其对产出的冲击效应在不同的期限内分别具有较为一致的走势,也即汇率升值与贬值对产出的冲击效应具有稳定性。具体而言,汇率正向变动对产出的冲击在短期内为负,而在中长期的系数则为正,说明人民币汇率升值在短期会抑制产出的增长,但在中长期有利于促进产出增加。相对而言,人民币汇率贬值在短期则会增加产出,但在中长期倾向于抑制产出的增加。此外,产出的增加倾向于助推人民币实际有效汇率升值。特别地,人民币汇率与产出之间的交互效应还呈现明显的非对称性与时变性特征。

基于上述结论,本研究认为:从长期来看,虽然人民币汇率升值在短期会抑制产出增加,但在中长期有利于助推经济的增长。因此,决策当局不必担心在人民币汇率实现市场化以后会因人民币升值而影响中国的经济增长,因为人民币汇率升值在中长期将会促进产出的增加。同时,由于人民币汇率贬值虽然在短期会刺激产出增加,但在长期并不利于经济的健康和持续发展。因此,中国政府应避免通过汇率贬值的方法来促进中国的出口及刺激经济。中国的最佳选择应是:在实现人民币汇率市场化的同时,通过持续推动供给侧结构性改革及"创新"活动,而不断提高中国的全要素生产率及中国的出口产品质量,进而促进中国经济的高质量发展,这样能避免人民币汇率的贬值,并保证人民币汇率的稳定及稳步升值,从而最终形成人民币汇率升值与中国经济高质量发展的良性循环。

第七节 人民币汇率变动对中国企业生产率的影响

自 2005 年 7 月 21 日人民币汇率形成机制改革以来,人民币汇率市场化的程度不断提高,特别是自 2015 年 8 月 11 日中国改革人民币汇率中间价的形成机制以来,人民币汇率波动越来越频繁,人民币汇率双向波动的幅度越来越大,在这种情况下,人民币汇率的市场化改革将会对中国企业的全要素生产率产生什么样的影响?这也是本书所要研究的一个问题。这是因为:从现实来看,中国经济经过四十年的高速增长,目前已步入中等收入国家的行列,但是,随着劳动力、土地及资源成本不断上升,产能过剩,制造业份额已近饱和,中国原有的主要依靠要素投入及规模扩张的传统增长模式已难以为继。在这种情况下,中国经济必须由依靠资源投入来刺激经济的增长转向依靠不断提高资源的利用效率来促进经济的长期持续增长。从中国的现实来看,不断提高资源利用效率是实现经济高质量发展的关键。从理论上来看,根据新古典经济增长理论,所谓资源利用效率就是全要素生产率(Total Factor Productivity,以下简称 TFP)。[①] TFP 这一概念最早是由诺贝尔经济学奖获得者 Solow 于 1958 年提出的。从理论上来说,经济增长的原因只有两个,一个是资源投入(包括资本、劳动和土地及自然资源等)的增加,二是资源利用效率的提高。从现实来看,由于资源是有限或稀缺的,因此,经济长期持续增长或经济高质量发展的关键或核心是资源利用效率或 TFP 的不断提高,这意味着 TFP 是促进经济高质量发展的真正源泉。基于此,深入分析人民币汇率的市场化改革对中国企业全要素生产率的影响显然有利于考察人民币汇率市场化改革与中国经济高质量发展之间的关系。

① 由于本书第九章“资本账户开放的经济效应”将从全要素生产率这一角度集中实证分析资本账户开放对一国经济的净效应,以从根本上回答资本账户开放对一国(特别是对中国)到底是有利还是不利这一有争议的问题,因此,有关全要素生产的理论模型及核算方法将在第九章加以阐述。

为解决以上问题,本节选取2000—2019年中国沪深A股非金融类上市公司作为研究样本,基于2005年和2015年人民币汇率市场化改革这两次宏观外生政策冲击(以下统一用“汇改”表示这两次宏观外生政策冲击)作为准自然实验和倾向得分匹配双重差分方法全面识别人民币汇率市场化改革对中国上市公司TFP的影响,并从企业创新效应、资源配置效应、融资约束效应以及市场竞争效应、市场结构效应和信贷资源可得效应等重要传导机制检验“汇改”影响上市公司TFP的作用机制。进一步地,本节同时考察了企业规模大小、企业所有制类型和区位分布等不同而导致的异质性效应。

一、理论分析与研究假说

(一)人民币汇率市场化改革对中国企业全要素生产率的影响及研究假设

自Solow首次提出TFP这一概念后,就有不少学者采用不同的计量方法对一国的TFP进行测算(Kendrick,1961;Denison,1962)。例如,Denison(1962)的研究中,将资源配置的改善(Improve Resource Allocation)、规模经济(Economies of Scale)及知识进展(Advance of Knowledge)纳入到TFP估算的分析框架中。首先,资源配置的改善代表的是,相较于生产率较低的部门,资源被有效地分配到高生产率的部门。而Denison之所以要将规模经济作为全要素生产率的一部分,是因为TFP的计算公式假定规模收益不变,但现实中却存在因生产经营规模递增而平均成本递减的“规模经济”的现象,也就是说,“规模经济”意味着资源利用效率的提高,TFP的内涵必须包括规模经济的因素。至于Denison所说的“知识进展”则实际上包括技术、管理及组织等方面的进步。

而实现人民币汇率的市场化,使人民币汇率能够及时随着国内外市场供求的变化而变化,这将使国内价格与国际市场价格紧密联系起来,从而能够准确地传递国内外的市场价格信号(在开放经济中,汇率是最重要的资源配置价格)。在这种情况下,国内企业就能够准确地了解国外产品与本国产品的相对价格与相对成本差异,并能准确地进行成本和效率的国际比较,以促使国内企业将资源用于生产相对成本低于国外的产品,这就自然有利于使中国的企业在比较优势的基础上实现资源的合理配置。同时,由于人民币汇率的市场化将使国内价格与国际市场价格紧密联系起来,因此,这还将促使那些没有比较优势(即相对成本“高于”国外)的低效率国内企业退出市场,而刺激那些具有比较优势(即相对成本“低于”国外)的高效率国内企业不断扩大生产经营规模,从而实现规模经济。此外,在国内外价格联系紧密,因而使国内外市场逐步连成一体的情况下,由于市场竞争加剧,因此这就会促使中国的企业为了自己的生存和发展而不得不通过加大研发或创新来降低成本以提高竞争力,而且,在国内外价格紧密联系的情况下,国内企业还可以根据比较优势的原则通过进口相对成本低于国内的技术设备,从而推动技术进步,等等。可见,实现人民币汇率的市场化可能有利于促使中国的企业提高全要素生产率。基于以上的分析,特提出本节的研究假设1:

研究假设1:人民币汇率市场化改革可能会提升中国上市公司的全要素生产率。

(二)“汇改”改变企业TFP的传导渠道及研究假设

Alfaro等(2018)曾利用发达国家和发展中国家企业层面的细化数据评估制造业企业对实际汇率变化的反应,其所构建的企业TFP动态模型显示汇率变动改变了进口中间品的成本,并通过影响出口需求、借贷约束和研发创新进而改变了企业的TFP。企业创新是“汇改”影响中国A股上市公司TFP的重要传导机制,这是因为:人民币汇率的市场化改革将会极大地推动国内要素市场的改革及要素价格的市场化,而这又将使国内企业更合理地配置资源、生产要素(资本和劳动力等)的能力加强,市场竞争的不断深化助推了企业进行自主创新生产与研发,进而提高了中国上市公司的TFP。同时,人民币汇率的变动也会通过影响国内外价格的变化,进而引起市场竞争程度的改变,从而冲击国内企业的TFP。一方面,人民币汇率市场化改革后,国内市场竞争程度加大,国内企业为了避免激烈的行业竞争而不得不进行自主研发与创新;另一方面,“汇改”后人民币汇率变动引起产品价格的变动进而导致产品竞争力的变化,这也会在一定程度上冲击国内企业的出口,如果出现最终产品由出口国外转为国内销售的情况,这将导致市场竞争进一步加剧,伴随着国外产品竞争力的提升,国内企业往往被倒逼进行自主创新以提升产品的竞争力。同时,“汇改”在一定程度上改变了国内要素市场价格的形成机制,进而引起国内市场结构发生改变,也就是说,“汇改”可能在一定程度上改变了企业所在区域的市场化程度,进而影响了生产要素的市场价格,最终通过要素配置效率和规模经济改变了企业的 TFP。

对于微观企业来说,资本和劳动力资源的错配会显著冲击企业的 TFP。Hsieh 和 Klenow(2009)通过中国和印度企业层面的数据研究发现资源错配会显著降低企业的 TFP。Whited 和 Zhao(2021)在 Hsieh 和 Klenow(2009)研究的基础上对可能导致错配的因素和 TFP 扭曲的金融负债进行理论建模,并利用中国和美国制造业企业等微观数据研究发现,资源的次优分配、金融类型的错误配置、企业规模的错配等都会导致中国企业 TFP 的扭曲。

融资约束(*sa*)是上市公司参与持续创新所面临的重要问题。如果企业面临的融资约束越大,则企业研发创新缺乏足够的资本支持(解维敏和方红星,2011)。特别地,一个国家国内金融市场和金融机构的发展可以促进企业的创新(Benfratello 等,2008;Hsu 等,2014;唐清泉和巫岑,2015),进而提高企业的 TFP。Aghion 等(2009)指出在金融市场不发达的国家,汇率的波动(浮动的汇率制度)会降低生产率,较高的金融发展水平能够缓解企业家进行创新活动的融资约束,因此,在金融发展水平较高的国家,更富弹性的汇率制度选择会显著提升该国的生产率。本节用图 7-26 展示人民币汇率市场化改革影响中国上市公司 TFP 的作用路径。

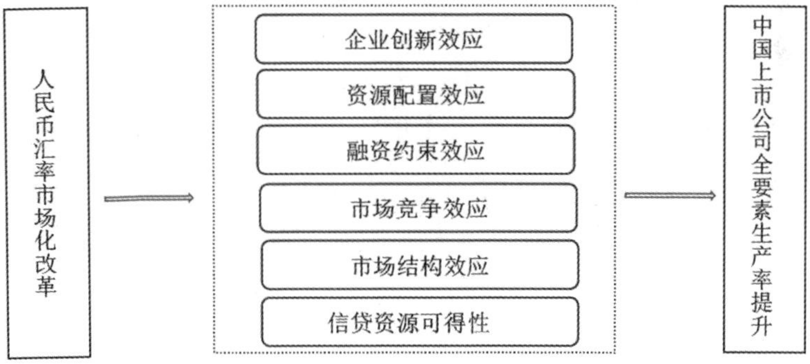

图 7-26　人民币汇率市场化改革影响中国上市公司 TFP 的作用路径

根据以上的分析,特提出本节的研究假设 2:

研究假设 2:企业创新效应、资源配置效应、融资约束效应、市场竞争效应、市场结构效应和信贷资源可得性等因素可能是人民币汇率市场化改革影响上市公司 TFP 的潜在重要传导机制。

(三)"汇改"影响企业 TFP 的异质性效应及研究假设

自 Melitz(2003)首次提出企业异质性贸易理论(Firm Heterogeneity Trade Theory)后,企业层面的异质性效应也逐渐被纳入微观研究框架中。企业异质性贸易理论,学术界又称之为"新新贸易理论",是最近二十年来国际贸易领域中十分重大的理论创新,新新贸易理论主张贸易的基础应建立在企业层面的异质性的基础上,即企业自身不同的生产率的基础上。由于中国的企业在企业规模、上市年份、所在区域、行业属性、产权性质(所有权属性)、技术水平、资本劳动密集程度、人力资本、公司组织与管理方式等方面普遍存在较大的差异,而企业层面较大的异质性会引起在企业生产率上的迥异,因此,根据以上的分析,特提出本节的研究假设 3:

研究假设 3:上市公司在企业规模、企业所有制类型、区位分布等方面存在的差异可能对"汇改"影响上市公司 TFP 产生异质性影响。

二、模型设定、指标选取及数据说明

(一)模型设定

为了从中国经济高质量发展的视角,探究人民币汇率变动和汇率市场化改革是否显著影响微观企业 TFP 并验证本节的研究假设,本节利用 2000—2019 年中国沪深 A 股上市公司的样本数据,在样本期间引入 2005 年和 2015 年两次重大的人民币汇率市场化改革这一准自然实验。由于存在海外销售收入的上市公司生产与经营整体上受"汇改"政策冲击更加明显,因此,把中国沪深 A 股非金融类上市公司分为受到"汇改"冲击的企业(即存在海外销售收入的上市公司)和未受到"汇改"冲击的企业(即没有海外销售收入的上市公司),存在海外销售收入的上市公司作为实验组,没有海外销售收入的上市公司作为对照组。参考毛其淋和方森辉(2020)的研究,本节建立如下的基准双重差分模型:

$$TFP_{i,t} = \beta_0 + \beta_1 Treat_i * Post_t + \beta_2 X_{i,t} + \mu_i + \lambda_t + \varepsilon_{i,t} \quad (7-160)$$

其中,i 代表企业($i = 1, 2, \cdots, N$),t 代表年份;$TFP_{i,t}$ 代表基于 OP 法、LP 法或 ACF 法测算的中国沪深 A 股上市公司 TFP(已做对数化处理);

$Treat_i$ 代表分组虚拟变量,若是受到"汇改"冲击的上市公司,取值为 1,否则取值为 0; $Post_t$ 代表处理期虚拟变量,如果是 2005 年(或 2015 年)之后的年份取值为 1,否则取值为 0; $X_{i,t}$ 代表一系列随个体和时间变化的影响上市公司 TFP 的控制变量。β_0 代表常数项,β_1 代表处理组和处理期交互项的系数,β_2 代表控制变量的系数,μ_i 代表不随时间改变的企业固定效应,λ_t 代表时间固定效应,$\varepsilon_{i,t}$ 为随机误差项。交互项系数 β_1 即是本节最感兴趣的汇率市场化改革的上市公司 TFP 提升效应,如果 β_1 显著为正,则人民币汇率市场化改革的政策净效应为正,反之则意味着"汇改"的政策净效应为负或者不存在正向效应。

在进行"平行趋势"检验时,如果发现实验组与对照组的变动趋势满足共同趋势假设,则可以直接采用 DID 方法;当"平行趋势"的假设不符合的时候,需要使用倾向得分匹配(PSM)的计量技术对模型中的样本进行匹配,具体来说,通过 PSM 这一匹配方法,科学地设计出一个和处理组有着平行趋势的控制组样本,这组样本作为新的控制组后,处理组和新的控制组相应地也就满足了"平行趋势"假设。

(二)指标选取、样本选择与数据来源

1. 企业全要素生产率

TFP 一直以来相对难以精确地测算,常见的 TFP 的衡量方法主要有参数方法,例如索洛残差法、生产函数法和随机前沿生产函数法(SFA)。指数法和数据包络法(DEA)等非参数方法也被较广泛地使用到 TFP 的估计中。参数法需设定具体的生产函数形式,简单易操作,但须满足一系列假设条件,若现实情况不满足假设条件,则参数法的测算结果就会存在较大误差。而非参数法不需要设定具体的函数形式,可避免因生产函数设置不当带来的误差,常利用微观层面的数据来测度具体的行业或企业(例如制造业企业)的 TFP。目前,企业层面的 TFP 主要包括 OLS 法、OP 法、LP 法和 ACF 法等几种常见的测算方法。

张志强(2015)、尹恒(2015)以及 Rovigatti 和 Mollisi(2018)曾详细比较了以上几种测度方法的优点和缺陷。Olley 和 Pakes(1996)首次提出了两步估计法并用投资水平作为生产率的代理变量以克服内生性问题,最早估计出美国电信设备行业的生产率,这一方法后来被称作 Olley-Pakes 法(以

下简称“OP 法”)。该方法得到了 Levinsohn 和 Petrin(2010)以及 Ackerberg 等(2015)的进一步完善, Levinsohn 和 Petrin(2010)首次提出了 Levinsohn-Petrin 法(以下简称“LP 法”),Ackerberg、Caves 和 Frazer(2015)则提出了 Ackerberg-Caves-Frazer 法(以下简称“ACF 法”)。

鲁晓东和连玉君(2012)以及 Giannetti 等(2015)曾使用 OLS 法分别估算出中国工业企业的 TFP 和中国上市公司的 TFP。许家云等(2015)曾使用 OP 法测算出 2000—2007 年中国工业企业的 TFP,其认为使用传统的 OLS 法会导致企业 TFP 的显著性低估,OP 法和 LP 法的估计结果较为相近,且在 OLS 法和 LP 法二者之间,OP 法的估计结果相较之下更加可靠。刘莉亚等(2018)和宋敏等(2021)同时利用 OP 法和 LP 法估算了中国沪深 A 股上市公司的 TFP。

本研究首先使用 OP 法对中国沪深 A 股上市公司的 TFP 进行估算,在后续的稳健性检验中,将 OP 法测算的企业 TFP 替换为用 LP 法和 ACF 法测算的 TFP 来进行稳健性检验。其中,基于 OP 法的估计思想并参考任胜钢等(2019)、宋敏等(2021)对上市公司 TFP 测算的模型设定,本研究的 TFP 估计如下式所示:

$$\ln Y_{i,t} = \alpha_0 + \beta_1 * \ln L_{i,t} + \beta_2 * \ln K_{i,t} + \beta_3 * \ln M_{i,t} + \beta_4 * age_{i,t} + \beta_5 * exit_{i,t} + \beta_6 * poe_{i,t} + prov_m + ind_k + \lambda_t + \varepsilon_{i,t} \quad (7-161)$$

其中, $Y_{i,t}$ 代表上市公司 i 在第 t 年的产出,用营业收入代表;$\ln L_{i,t}$ 代表上市公司 i 在第 t 年的劳动力投入,使用上市公司员工数量来代表;$\ln K_{i,t}$ 代表上市公司 i 在第 t 年的资本投入,使用上市公司固定资产年末净额来表示;$\ln M_{i,t}$ 代表上市公司的中间品投入(中间品投入=营业成本+销售费用+管理费用+财务费用-折旧摊销-支付给职工以及为职工支付的现金),用购建固定资产无形资产和其他长期资产支付的现金来衡量; $age_{i,t}$ 代表企业年龄; $exit_{i,t}$ 为企业进入退出的虚拟变量; $poe_{i,t}$ 代表的是企业的产权性质;$prov_m$代表的是省份固定效应, ind_k 和 λ_t 分别代表的是行业和时间固定效应, $\varepsilon_{i,t}$ 为随机误差项。

图 7-27 展示了基于以上几种企业 TFP 测算方法得出的中国沪深 A 股上市公司 TFP 年平均值的折线图。由图 7-27 可以直观地看出,基于 OP 法计算出的 2000—2019 年中国沪深 A 股上市公司的企业 TFP 处于 ACF 法和 LP 法 TFP 之间,LP 法 TFP 的均值最大,ACF 法 TFP 的均值最小。同时,近

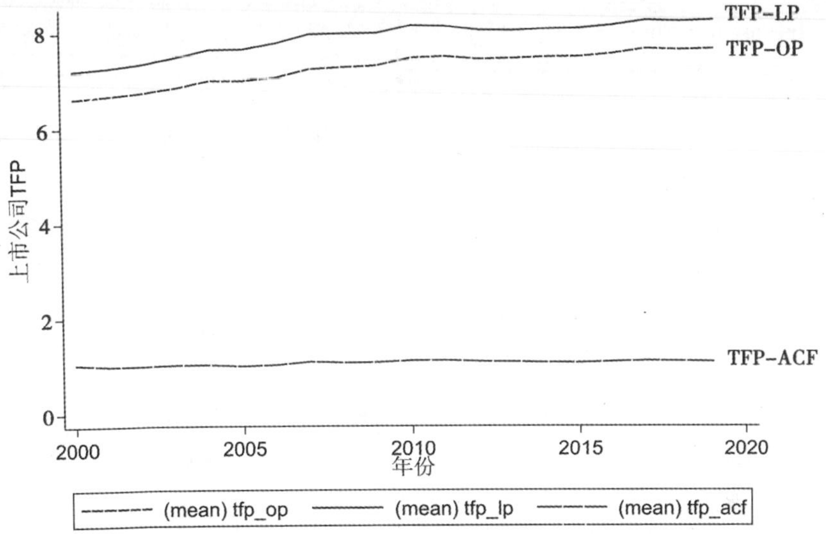

图 7-27 2000—2019 年中国沪深 A 股上市公司 TFP 年平均值

注:上图中使用的 A 股上市公司样本为剔除了金融行业的上市公司和已退市的上市公司、剔除了 IPO 当年及以前的数据、剔除了既发行 A 股又发行 B 股的上市公司以及剔除了样本区间内 ST、*ST 和 PT 公司后的样本。同时,已对所有 TFP 取对数处理。

年来,中国 A 股上市公司的 TFP 年平均值呈现出缓慢上升的趋势。因此,本节基准回归使用基于 OP 法计算的上市公司 TFP 数据,稳健性检验中给出了基于 LP 法计算的回归结果。由于 ACF 方法计算出的各年上市公司 TFP 均值变化较小,故舍去。

2. 人民币汇率的处理

(1)人民币汇率的水平变动。参考 Alfaro 等(2019)的研究,本节选取人民币的实际有效汇率($Exchange_{i,t}$)作为汇率的衡量指标,数据来源于世界银行的世界发展指数数据库(WDI)。人民币实际有效汇率上升代表人民币相对价值的上升(即人民币汇率升值),下降则表示人民币汇率贬值。人民币实际有效汇率的变化幅度($ER_{i,t}$)用人民币实际有效汇率对数的差分来表示(余静文,2016),计算公式如下:

$$ER_{i,t} = Ln(Exchange_{i,t}) - Ln(Exchange_{i,t-1}) \tag{7-162}$$

(2)人民币汇率的波动幅度。本研究认为,在研究人民币汇率变动对企业 TFP 的影响时,不仅需要关注人民币汇率升值或贬值的作用,还需考虑人民币汇率波动幅度大小的效应。因此,本研究从 IMF 的 IFS(International Financial Statistics)数据库中提取人民币的月度汇率数据,利用人民币月度实际有效汇率对数差分的标准差来计算人民币汇率年波动幅度的大小(张天顶和吕金秋,2018),人民币汇率波动幅度($Vol\_ER_{i,t}$)的计算如下式所示:

$$Vol\_ER_{i,t} = stdev[Ln(Exchange_{i,t}) - Ln(Exchange_{i,t-1})] \quad (7-163)$$

3. 控制变量

为了缓解因遗漏变量导致的内生性问题,参考 Brandt 等(2012)、Boeing 等(2016)、王杰和刘斌(2014)、许家云等(2015)、余静文(2018)、钱雪松等(2018)及宋敏等(2021)的研究,本研究在模型中纳入了以下相关的企业级控制变量:(1)企业规模($size$),代表的是企业年末总资产(对其取对数值);(2)公司年龄(age),这里指的是企业上市年限,等于所在年份减去企业的上市日期;(3)产权性质(poe),如果该企业为民营企业,则 $poe=1$,否则$poe=0$;(4)资本密集度(kl),即企业资本劳动比率,等于固定资产净值年平均余额与从业人员年平均人数的比值取对数;(5)资产回报率(roa),为企业年末净利润和年末总资产的比值;(6)企业成长性($growth$),为企业营业收入的年增长率;(7)公司现金流($cashflow$),代指的是企业经营活动产生的现金流量净值与年末总资产的比值;(8)企业前 10 大股东股权集中程度($top10\_HHI$);(9)公司董事会独立性($indep$),为企业独立董事的人数与董事会总人数的比值;(10)资产负债率($leverage$),为企业年末总负债与总资产的比值。同时本研究在模型中也加入了潜在的中介机制变量,分别是企业研发创新产出($rdoutput$)、资本密集度(kl)、融资约束(sa)、市场竞争(hhi)、市场化水平($marketindex$)和金融可得性(fc)。表 7-26 详细地展示了所有变量的变量类型、变量名、代表的符号和详细的变量构造说明。

表 7-26 相关变量的详细说明

变量类型	变量名	符号	变量说明
被解释变量	企业全要素生产率	tfp_op	OP 法测算的企业 TFP
		tfp_lp	LP 法测算的企业 TFP
		tfp_acf	ACF 法测算的企业 TFP

续表

变量类型	变量名	符号	变量说明
控制变量	企业规模	*size*	ln(企业年末总资产)
	企业年龄	*age*	企业上市年限,等于所在年份减去企业的上市日期
	资产回报率	*roa*	企业年末净利润和年末总资产的比值
	企业成长性	*growth*	企业营业收入(主营业务收入)的年增长率
	企业现金流	*cashflow*	企业经营活动产生的现金流量净值与年末总资产的比值
	公司董事会独立性	*indep*	企业独立董事的人数与董事会总人数的比值
	资产负债率	*leverage*	企业年末总负债与总资产的比值
机制变量	研发创新	*rdoutput*	使用企业层面的创新产出衡量企业研发创新水平,即企业 i 在第 t 年申请并最终取得授权的发明与实用新型专利的总数
	资本密集度	*kl*	企业资本劳动比率,等于固定资产净值年平均余额与从业人员年平均人数的比值取对数
	融资约束	*sa*	按照 Hadlock 和 Pierce(2010)的方法测算中国 A 股上市公司面临的融资约束程度:$sa_{it} = -0.737 * Size_{it} + 0.043 * Size_{it}^2 - 0.04 * age_{it}$
	市场竞争	*hhi*	行业竞争程度,即行业层面的赫芬达尔指数:$hhi_{jt} = \sum_{i \in I_j} (sale_{it}/sale_{jt})^2 = \sum_{i \in I_j} S_{it}{}^2$ 其中,$sale_{it}$ 表示企业 i 在第 t 年的销售收入,$sale_{jt}$ 表示行业 j 在第 t 年的总销售收入,S_{it} 表示企业 i 在第 t 年的市场占有率
	市场化水平	*marketindex*	樊刚等(2018)构建的各省综合市场化指数
	金融可得性	*fc*	根据蔡庆丰等(2020),使用上市公司周边银行分支机构数量来衡量上市公司信贷资源可得性

续表

变量类型	变量名	符号	变量说明
其他变量	产权性质	*poe*	如果该企业为民营企业,则 $poe=1$,否则 $poe=0$

资料来源:作者根据相关文献整理得出。

4. 数据来源与数据说明

(1)数据来源

本节选取的是中国沪深 A 股的上市公司作为研究对象,研究时间段为 2000—2019 年。其中,人民币汇率数据来自于国际清算银行(Bank for International Settlements,BIS)数据库、世界银行的世界发展指数(World Development Indicators,WDI)数据库、国际货币基金组织(IMF)的国际金融统计数据库(International Financial Statistics,IFS)以及中经网统计数据库(CEInet Statistics Database)。上市公司的所有基本信息及财务数据基本来源于国泰安的 CSMAR 数据库和 Wind 数据库。本研究的核心被解释变量和企业层面的控制变量等相关数据基本来自于国泰安的 CSMAR 数据库和 Wind 数据库中的上市公司年度财务报表及其附注,行业层面的控制变量基于上述财务报表计算得出,省份层面的变量来自于国家统计局的分省份年度数据库。

(2)数据删减与说明

首先,根据相关文献的数据删减惯例,沪深 A 股的金融行业上市公司经营和盈利模式与一般行业不同,本研究剔除了属于金融行业的上市公司样本;选择 2000—2019 年的数据,删除其他年份的数据;在样本所选期间内,存在部分上市公司经营不善最终退市的情形,本研究剔除已退市的上市公司;剔除 IPO 当年及以前的数据;剔除了既发行 A 股又发行 B 股的上市公司;剔除了样本区间内 ST、* ST 和 PT 的公司,这些上市公司不满足中国证监会的相关监管条例稳定经营。考虑到数据样本中如果存在极端值会对回归结果产生较大影响,本研究对所有连续型的研究变量都统一地进行了双侧(上下)百分之一的缩尾(Winsorize)处理。

(三)主要变量的描述性统计

表 7-27 基准回归主要变量的描述性统计

变量符号	均值	标准差	最小值	P25	中位数	P75	P95	最大值
tfp_op	7.3842	1.0242	3.6538	6.7150	7.3276	8.0061	9.2553	10.1929
tfp_lp	8.0165	1.0253	5.0757	7.3101	7.9319	8.6277	9.9346	10.9793
tfp_acf	1.0743	0.2011	0.0169	0.9666	1.0569	1.1643	1.4353	1.9251
size	21.8677	1.3018	18.1714	20.9483	21.7157	22.6152	24.2866	26.3951
age	9.3713	6.3642	1.0000	4.0000	8.0000	14.0000	21.0000	27.0000
kl	12.3486	1.0896	8.7194	11.7331	12.3767	12.9982	14.1032	16.3636
roa	0.0304	0.0775	−0.6803	0.0120	0.0335	0.0614	0.1220	0.4698
growth	0.0613	1.8791	−5.7470	−1.1028	0.0551	1.2313	3.2174	5.9128
cashflow	0.3206	0.1941	0.0055	0.1743	0.2796	0.4307	0.7142	0.9674
indep	0.3510	0.0903	0.0000	0.3333	0.3333	0.4000	0.4444	0.6000
leverage	0.4622	0.2418	0.0330	0.2947	0.4532	0.6096	0.8078	3.5023
rdoutput	31.8612	62.4305	0.0000	6.0000	14.0000	31.0000	109.0000	956.0000
marketindex	7.8397	1.7721	2.3700	6.5800	7.9789	9.3700	9.9422	10.0000
hhi	0.1489	0.1211	0.0066	0.0553	0.1105	0.2124	0.3974	0.5775

资料来源:作者根据原始数据经过 stata 计算整理得出。

表 7-27 展示了本节基准回归中主要变量的描述性统计信息,主要包括相关变量的均值、标准差、最小值、第 25 分位数、中位数、第 75 分位数、第 95 分位数和最大值。详细来看,首先,本节样本中基于 OP 法和 LP 法测算的中国沪深 A 股上市公司的 TFP 的均值分别为 7.3842 和 8.0165,标准差分别为 1.0242 和 1.0253,与宋敏等(2021)的统计结果类似,基于 OP 法和 LP 法计算的样本企业 TFP 变动趋势相似,两种算法下企业 TFP 的均值与中位数较为相近,说明样本中企业 TFP 基本呈现对称分布的形态。而使用 ACF 方法计算的企业 TFP 明显低于基于其他两种方法计算的结果。

其次,样本中上市公司的公司规模(企业年末总资产取对数值,*size*)平均值为 21.8677,上市平均年限为 9.3713 年。资本密集度(企业资本劳动比率,*kl*)平均值为 12.3486,样本上市公司的资产回报率(*roa*)平均值为 3.04%,企业营业收入的年增长率(企业成长性,*growth*)为 6.13%,企业经营活动产生的现金流量净额与年末总资产的比值(企业现金流,*cashflow*)平均值为 32.06%。企业独立董事的人数与董事会总人数的比值(*indep*)平均值为 35.1%,验证了样本中上市公司的独立董事安排与中国证监会公布的三分之一的要求是相匹配的。样本上市公司的杠杆率(*leverage*)平均水平为 46.22%。样本期限内上市公司所在省份的市场化水平(*marketindex*)的均值为 7.8397,中位数为 7.9789,呈现略微左偏的形态,说明中国各省份市场化程度呈现出一定的区域不平衡的特点。行业层面的赫芬达尔指数(*hhi*)平均值为 14.89%,中位数 11.05%,呈现出轻微右偏的形态。

表 7-28 展示了基准回归中主要变量皮尔逊(Pearson)相关系数矩阵。由相关系数表可以看出,本节的主要变量之间的相关系数大部分都小于 0.8,回归结果则不受严重的多重共线性的影响,说明本节的模型设定是合理的。另外,企业规模和企业 TFP 显著正相关,意味着大规模的上市公司 TFP 较大,规模经济提升企业 TFP。

表 7-28　基准回归变量的相关系数矩阵

变量符号	*tfp_op*	*tfp_lp*	*tfp_acf*	*size*	*age*	*growth*	*cashflow*
tfp_op	1						
tfp_lp	0.996	1					
tfp_acf	0.434	0.416	1				
size	0.769	0.797	0.319	1			
age	0.249	0.295	-0.101	0.330	1		
kl	-0.080	-0.054	-0.210	0.189	0.081	1	
roa	0.172	0.149	0.497	0.088	-0.112	-0.048	1
growth	0.571	0.562	0.216	0.508	0.082	0.015	0.117
cashflow	-0.099	-0.121	0.187	-0.027	-0.038	-0.029	0.213
indep	0.166	0.171	0.073	0.183	0.166	-0.032	0.006
leverage	0.205	0.391	-0.129	0.215	0.252	0.015	-0.339
marketindex	0.090	0.052	0.103	0.043	-0.136	-0.063	0.051
hhi	0.181	0.184	0.167	0.208	-0.091	-0.028	0.109

续表

变量符号	*indep*	*leverage*		*marketindex*		*hhi*	
tfp_op							
tfp_lp							
tfp_acf							
size							
age							
kl							
roa							
growth							
cashflow							
indep	1						
leverage	0.001	1					
marketindex	0.043	-0.148	1				
hhi	0.001	0.013	-0.017	1			

资料来源：作者根据原始数据经过 stata 计算整理得出。

三、实证分析

（一）平行趋势检验

由于双重差分法模型的一个关键适用前提是，研究样本的处理组和对照组两者间必须满足“平行趋势”的研究假设，该部分着重使用多种方法对平行趋势假设进行全面的检验。参考王璐等（2020）的研究方法，首先，本研究尝试将处理组和控制组的中国上市公司 TFP 的变化趋势进行对比，也就是观察因变量 TFP 在处理组和控制组各个年份的走势是否存在一定程度的平行趋势。其次，本研究通过事件研究法（Event Study Approach）对平行趋势假设进行进一步的检验。

在 2000—2019 年这 20 年样本期间内，人民币汇率经历了两次重大的改革，分别是 2005 年和 2015 年人民币汇率市场化改革，基于这两次“汇改”将样本期划分成四个时间段，也就是 2000—2005 年、2005—2009 年、2010—2015 年和 2015—2019 年。这四个时间段人民币汇率分别呈现出明显的贬值（2000—2005 年）、升值（2005—2015 年）再贬值（2015—2019 年）的变动趋势，这也为利用人民币汇率市场化改革这一外生政策冲击(准自然实验)来研究人民币汇率变动与企业 TFP 的关系提供了可能。因此,我们分别利用双重差分(Difference-in-Difference,简称 DID)方法对两次"汇改"的政策效应进行估计。

首先,对于 2005 年汇率市场化改革,"汇改"的前一两年 ATE(t)都位于 0 附近,95%的置信区间也包含 0,所以就说明这个系数是不显著的,在 2005 年"汇改"的外生政策冲击之前,处理组和控制组的变化趋势基本相似,也就符合了平行趋势检验。然而,对于 2015 年"汇改"来说,系数在"汇改"前后都是显著偏离 0 大幅波动,说明实验组和控制组的确是不可进行比较的。综合以上的检测结果,传统的 DID 方法不适用,接下来本节使用 PSM-DID 方法对实验组和控制组进行重新匹配。

(二)基准回归结果

1. 倾向性得分匹配的检验

基于倾向性得分匹配双重差分(Propensity Score Matching Difference-in-Difference,简称 PSM-DID)方法,本部分使用基准模型对人民币汇率市场化改革对中国沪深 A 股上市公司 TFP 的综合影响效应进行分析。在进行基准回归之前,需要使用倾向性得分匹配(Propensity Score Matching,简称 PSM)方法对实验组和控制组进行重新匹配。表 7-29 报告了 PSM 匹配的检验结果。由该表可以看出,在匹配前实验组和控制组的偏差比率都显著较高,偏差比率的绝对值大于 5%(余静文,2018)。匹配之后,两组的偏差值都呈现出降低的趋势。再看 t 检验的结果,匹配前的实验组和控制组的差异较为显著,匹配后两者差异则失去显著性。本节着重关注被解释变量——上市公司 TFP(*tfp_op*),根据 *tfp_op* 的 PSM 检验结果可以看出,上市公司 TFP 的组间差异并不显著。以上的所有 PSM 检验结果证明了本节使用倾向性得分匹配双重差分方法的适用性。

表 7-29 基准回归 PSM 匹配结果的检验

变量	样本	实验组	控制组	偏差比率(%)	t 检验值	P>|1|
2005 年汇率市场化改革						
tfp_op	未匹配	7.364	6.9487	43.0	19.70	0.000

续表

变量	样本	实验组	控制组	偏差比率（%）	t 检验值	P>|1|
	已匹配	7.3617	7.1668	20.2	8.11	0.000
size	未匹配	21.46	21.187	25.4	5.20	0.000
	已匹配	21.456	21.401	5.1	1.94	0.052
age	未匹配	6.9301	6.8231	2.8	1.31	0.190
	已匹配	6.937	6.9879	−1.3	0.53	0.595
roa	未匹配	0.03082	0.02103	12.5	5.68	0.000
	已匹配	0.03078	0.02843	3.0	1.31	0.189
growth	未匹配	0.3006	−0.07148	20.5	9.53	0.000
	已匹配	0.29514	0.23712	3.2	1.25	0.210
cashflow	未匹配	0.29308	0.31383	−11.2	5.03	0.000
	已匹配	0.2932	0.29771	−2.4	1.02	0.310
indep	未匹配	0.343	0.27627	61.4	25.64	0.000
	已匹配	0.34266	0.34605	−3.1	1.93	0.054
leverage	未匹配	0.50902	0.51776	−3.2	1.46	0.145
	已匹配	0.50886	0.50912	−0.1	0.04	0.967
2015 年汇率市场化改革						
tfp_op	未匹配	7.6546	7.5318	12.2	9.34	0.000
	已匹配	7.6547	7.6211	3.3	2.80	0.005
size	未匹配	22.132	22.124	0.6	0.49	0.626
	已匹配	22.132	22.123	0.7	0.58	0.562
age	未匹配	8.8611	11.692	−42.0	−32.03	0.000
	已匹配	8.8615	8.7563	1.6	1.36	0.174
roa	未匹配	0.03392	0.03499	−1.5	1.11	0.266
	已匹配	0.03397	0.03534	−1.9	1.53	0.126
growth	未匹配	0.26567	−0.16368	22.5	17.10	0.000
	已匹配	0.26575	0.26163	0.2	0.18	0.858
cashflow	未匹配	0.30316	0.35753	−27.9	21.60	0.000
	已匹配	0.30317	0.30628	−1.6	1.43	0.152
indep	未匹配	0.37626	0.37347	5.2	3.92	0.000
	已匹配	0.37626	0.37547	1.5	1.22	0.221

续表

变量	样本	实验组	控制组	偏差比率(%)	t 检验值	P>|1|
leverage	未匹配	0.42153	0.45524	-15.6	11.93	0.000
	已匹配	0.42155	0.419	1.01	0.314	1.01

2. 基准回归结果

主要的基准回归结果如表 7-30 和表 7-31 所示。本节使用的是基于企业和时间双向固定效应的聚类稳健标准误估计。首先,表 7-30 展示的是 2005 年人民币汇率改革后实验组中上市公司 TFP 的变化情况。*Treat * Post* 的系数即为 2005 年"汇改"对受到"汇改"冲击(存在海外销售收入的上市公司为实验组)的上市公司 TFP 的净效应。在控制了企业固定效应和时间固定效应后,第(1)列到第(8)列分别报告了依次加入公司规模、公司年龄、资产回报率、企业成长性、企业现金流、公司董事会独立性、资产负债率等控制变量的基准回归结果,结果显示 2005 年"汇改"对上市公司 TFP 的政策净效应显著为正,也就意味着,2005 年"汇改"对上市公司 TFP 提升效应是显著的。

表 7-30 PSM-DID 基准回归结果——基于 2005 年人民币"汇改"

变量	(1) *tfp_op*	(2) *tfp_op*	(3) *tfp_op*	(4) *tfp_op*	(5) *tfp_op*	(6) *tfp_op*	(7) *tfp_op*	(8) *tfp_op*
*Treat * Post*	0.106***	0.0366	0.0366	0.0459**	0.0433**	0.0429*	0.0434**	0.0415***
	(3.492)	(1.504)	(1.504)	(1.993)	(1.966)	(1.948)	(1.973)	(2.826)
size		0.605***	0.605***	0.589***	0.524***	0.524***	0.524***	0.516***
		(22.01)	(22.01)	(22.04)	(22.02)	(21.94)	(21.94)	(49.57)
age			0.0185***	0.0224***	0.0273***	0.0274***	0.0253***	0.0285***
			(4.291)	(5.220)	(7.006)	(7.028)	(4.554)	(7.328)
roa				1.370***	1.278***	1.289***	1.288***	1.164***
				(10.05)	(10.06)	(10.05)	(10.05)	(19.49)
growth					0.0794***	0.0794***	0.0794***	0.0783***
					(14.31)	(14.32)	(14.35)	(26.71)
cashflow						-0.0306	-0.0309	-0.0699**

续表

变量	(1) *tfp_op*	(2) *tfp_op*	(3) *tfp_op*	(4) *tfp_op*	(5) *tfp_op*	(6) *tfp_op*	(7) *tfp_op*	(8) *tfp_op*
						(-0.560)	(-0.565)	(-2.173)
indep							0.0544	0.0788
							(0.510)	(0.999)
leverage								-0.189***
								(-8.267)
Constant	6.684***	-5.925***	-5.958***	-5.696***	-4.341***	-4.324***	-4.321***	-4.081***
	(279.2)	(-10.37)	(-10.51)	(-10.37)	(-8.867)	(-8.773)	(-8.767)	(-18.74)
汇率水平	控制	控制	控制	控制	控制	控制	控制	控制
汇率波动	控制	控制	控制	控制	控制	控制	控制	控制
企业 FE	Yes	Yes	Yes	Yes	Yes	Yes	Yes	Yes
时间 FE	Yes	Yes	Yes	Yes	Yes	Yes	Yes	Yes
Observations	10112	10112	10112	10112	10112	10112	10112	10112
R-squared	0.209	0.417	0.417	0.451	0.493	0.493	0.493	0.497
Number of stkcd	1356	1356	1356	1356	1356	1356	1356	1356

注：***、** 和 * 分别表示在 1%、5%和 10%的显著性水平下显著，括号中为对应的 t 统计量。

对于模型中的控制变量来说，除了独立董事对上市公司 TFP 的提升效应不显著，其他控制变量的系数基本都在 1%的水平上显著为正，意味着在控制其他变量不变的情况下，较大的公司规模（*size*）、公司上市年限越久（*age*）、资产回报率越大（*roa*）、企业更具成长性（*growth*）、更充足的现金流（*cashflow*）和较高的资产负债率（*leverage*）都能在一定程度上促进上市公司 TFP 的提升。具体来说，规模较大的企业一般具有规模经济、较强的融资能力以及相对完善的营运和管理系统（姚洋和章奇，2001），企业较强的盈利能力和充足的现金流可以支持企业进行持续的研发创新活动进而提升公司 TFP（余淼杰和李晋，2015），而成长性越好的上市公司面对内外部经营冲击的应对能力和未来发展能力显著高于成长性较差的公司。以上可能通过规模经济、技术进步以及资源配置效率的提升来促进上市公司 TFP 的提高。

其次，表 7-31 展示的是 2015 年人民币汇率改革后实验组中上市公司 TFP 的变化情况。*Treat* * *Post* 的系数即为 2015 年"汇改"对受到"汇改"冲击(存在海外销售收入的上市公司为实验组)的上市公司 TFP 的净效应。在控制了企业固定效应和时间固定效应后,第(1)列到第(8)列分别报告了依次加入公司规模、公司年龄、资产回报率、企业成长性、企业现金流、公司董事会独立性、资产负债率等控制变量的基准回归结果,结果显示 2015 年"汇改"对上市公司 TFP 的政策净效应显著为正,也就意味着,2015 年"汇改"的上市公司 TFP 提升效应是显著的。对于模型中的控制变量来说,控制变量的显著性和系数符号基本与既有文献的研究结果一致。除了独立董事对上市公司 TFP 的提升效应为正但不显著,其他控制变量的系数均显著为正,意味着较大的公司规模、公司上市年限越久、资产回报率越大、企业更具成长性、更大的现金流和较大的资产负债率都能在一定程度上促进上市公司 TFP 的提升。

在控制了其他可能影响中国上市公司 TFP 的变量后,本节通过 PSM-DID 方法识别出了 2005 年和 2015 年两次人民币"汇改"对上市公司 TFP 的影响,并且发现两次"汇改"的 TFP 提升效应显著为正,说明了两次"汇改"都成功促进了上市公司 TFP 的提高。这也验证了本节的研究假设 1。同时,出现以上研究结果的可能原因是,随着人民币汇率市场化改革的不断深入,人民币汇率能够更加准确地传递国内外的市场价格信号,国内企业能够准确地了解国外产品与本国产品的相对价格与相对成本差异,这也有利于中国企业在比较优势和市场竞争的基础上实现资源的合理配置、规模经济和技术进步。因此,"汇改"在一定程度上促进了中国上市公司 TFP 的提高。

表 7-31　PSM-DID 基准回归结果——基于 2015 年人民币"汇改"

变量	(1) *tfp_op*	(2) *tfp_op*	(3) *tfp_op*	(4) *tfp_op*	(5) *tfp_op*	(6) *tfp_op*	(7) *tfp_op*	(8) *tfp_op*
*Treat * Post*	0.101***	0.0333**	0.0333**	0.0367**	0.0288*	0.0241	0.0240	0.0210**
	(4.652)	(2.066)	(2.066)	(2.319)	(1.884)	(1.587)	(1.582)	(2.545)
size		0.557***	0.557***	0.545***	0.509***	0.505***	0.505***	0.498***
		(37.28)	(37.28)	(36.76)	(35.55)	(35.74)	(35.76)	(93.31)
age			-0.0428***	-0.0411***	-0.0740***	-0.0674***	-0.0677***	-0.0815
			(-3.188)	(-3.117)	(-5.755)	(-5.267)	(-5.301)	(-0.243)

续表

变量	(1) tfp_op	(2) tfp_op	(3) tfp_op	(4) tfp_op	(5) tfp_op	(6) tfp_op	(7) tfp_op	(8) tfp_op
roa				0.923***	0.888***	0.963***	0.963***	1.033***
				(10.45)	(10.44)	(11.09)	(11.11)	(27.75)
growth					0.0439***	0.0429***	0.0430***	0.0428***
					(19.49)	(19.27)	(19.28)	(27.99)
cashflow						-0.263***	-0.263***	-0.239***
						(-8.781)	(-8.773)	(-13.64)
indep							0.0929	0.0915
							(0.877)	(1.434)
leverage								0.130***
								(6.120)
Constant	7.312***	-4.613***	-4.404***	-4.198***	-3.257***	-3.119***	-3.157***	-3.012*
	(279.2)	(-10.37)	(-10.51)	(-10.37)	(-8.867)	(-8.773)	(-8.767)	(-18.74)
汇率水平	控制	控制	控制	控制	控制	控制	控制	控制
汇率波动	控制	控制	控制	控制	控制	控制	控制	控制
企业 FE	Yes	Yes	Yes	Yes	Yes	Yes	Yes	Yes
时间 FE	Yes	Yes	Yes	Yes	Yes	Yes	Yes	Yes
Observations	23543	23543	23543	23543	23543	23543	23543	23543
R-squared	0.167	0.464	0.464	0.481	0.501	0.507	0.507	0.508
Number of stkcd	3263	3263	3263	3263	3263	3263	3263	3263

注：***、**和*分别表示在1%、5%和10%的显著性水平下显著，括号中为对应的t统计量。

3. 稳健性检验

该部分主要检验双重差分模型基准回归结果是否可靠和稳健。本节通过更换核心指标的测算方法、更换研究样本选择的年限等常用方法来进行全面的稳健性检验。

(1)更换核心指标的测算方法

该部分尝试更换核心变量的衡量方法来进行稳健性检验。我们将样本期间上市公司 TFP 的计算法改为 LP 法，表 7-32 和表 7-33 给出了基于 LP 法的主要回归结果。通过更换本节核心被解释变量的测度方法后，无论是2005年还是2015年“汇改”,基于LP法计算的上市公司TFP的回归结果与本节的基准回归结果基本一致,说明本节基准回归的研究结果是稳健的。

表7-32 基于LP法计算的上市公司TFP——2005年人民币“汇改”

变量	(1) *tfp_lp*	(2) *tfp_lp*	(3) *tfp_lp*	(4) *tfp_lp*	(5) *tfp_lp*	(6) *tfp_lp*	(7) *tfp_lp*	(8) *tfp_lp*
*Treat * Post*	0.0772***	0.0282	0.0282	0.0402*	0.0406*	0.0397*	0.0407**	0.0415***
	(2.852)	(1.253)	(1.253)	(1.878)	(1.959)	(1.919)	(1.969)	(3.235)
size		0.533***	0.533***	0.493***	0.456***	0.454***	0.454***	0.407***
		(20.99)	(20.99)	(19.76)	(19.13)	(19.12)	(19.12)	(36.66)
age			0.0309***	0.0396***	0.0419***	0.0425***	0.0376***	0.0383***
			(7.905)	(9.929)	(10.98)	(11.23)	(7.381)	(11.03)
roa				1.757***	1.653***	1.695***	1.693***	2.115***
				(13.85)	(13.73)	(14.31)	(14.29)	(29.21)
growth					0.0528***	0.0527***	0.0528***	0.0524***
					(13.11)	(13.10)	(13.12)	(20.15)
cashflow						-0.102**	-0.103**	-0.0399
						(-2.117)	(-2.128)	(-1.358)
indep							0.127	0.0862
							(1.412)	(1.233)
leverage								0.476***
								(12.61)
Constant	7.213***	-3.889***	-3.941***	-3.222***	-2.450***	-2.389***	-2.376***	-1.630***
	(337.3)	(-7.332)	(-7.483)	(-6.244)	(-4.971)	(-4.855)	(-4.833)	(-7.247)
汇率水平	控制	控制	控制	控制	控制	控制	控制	控制
汇率波动	控制	控制	控制	控制	控制	控制	控制	控制
企业FE	Yes	Yes	Yes	Yes	Yes	Yes	Yes	Yes
时间FE	Yes	Yes	Yes	Yes	Yes	Yes	Yes	Yes
Observations	9225	9225	9225	9225	9225	9225	9225	9225
R-squared	0.359	0.505	0.505	0.547	0.569	0.570	0.570	0.579
Number of stkcd	1365	1365	1365	1365	1365	1365	1365	1365

表 7-33　基于 LP 法计算的上市公司 TFP——2015 年人民币“汇改”

变量	(1) *tfp_lp*	(2) *tfp_lp*	(3) *tfp_lp*	(4) *tfp_lp*	(5) *tfp_lp*	(6) *tfp_lp*	(7) *tfp_lp*	(8) *tfp_lp*
*Treat * Post*	0.107***	0.0392**	0.0392**	0.0416***	0.0339**	0.0291**	0.0290**	0.0252***
	(5.004)	(2.565)	(2.565)	(2.771)	(2.330)	(2.016)	(2.008)	(3.225)
size		0.587***	0.587***	0.575***	0.544***	0.541***	0.541***	0.523***
		(38.90)	(38.90)	(38.41)	(37.52)	(37.83)	(37.86)	(93.86)
age			0.112***	0.120***	0.0584	0.0372	0.0378	0.0318
			(4.149)	(5.585)	(1.122)	(1.073)	(1.077)	(0.129)
roa				0.956***	0.919***	0.994***	0.995***	1.122***
				(10.48)	(10.41)	(11.05)	(11.07)	(30.10)
growth					0.0398***	0.0389***	0.0390***	0.0385***
					(19.29)	(19.09)	(19.09)	(26.62)
cashflow						-0.265***	-0.264***	-0.222***
						(-9.170)	(-9.169)	(-12.93)
indep							0.0976	0.0950
							(0.990)	(1.566)
leverage								0.242***
								(10.54)
Constant	7.872***	-4.741***	-5.270***	-5.102***	-4.140***	-3.875***	-3.921***	-3.629***
	(616.5)	(-14.57)	(-14.77)	(-14.76)	(-10.25)	(-10.88)	(-10.88)	(-3.099)
汇率水平	控制	控制	控制	控制	控制	控制	控制	控制
汇率波动	控制	控制	控制	控制	控制	控制	控制	控制
企业 FE	Yes	Yes	Yes	Yes	Yes	Yes	Yes	Yes
时间 FE	Yes	Yes	Yes	Yes	Yes	Yes	Yes	Yes
Observations	22989	22989	22989	22989	22989	22989	22989	22989
R-squared	0.197	0.499	0.499	0.516	0.534	0.540	0.540	0.543
Number of stkcd	3289	3289	3289	3289	3289	3289	3289	3289

(2)更换研究样本选择的年限

基准回归分析中我们将 2000—2019 年的样本期间划分为 4 个时间段,这部分则取消样本时间段的划分,将所有的时期同时纳入每次“汇改”的政策评估中。表 7-34 和表 7-35 给出了基于全样本时期两次“汇改”的政策效应评估结果。使用全样本年限来估计两次“汇改”政策的 TFP 提升效应后,回归结果与本节基准回归结果基本一致,说明基准回归的研究结果是可信和稳健的。

表 7-34 更换研究样本选择的年限——2005 年人民币“汇改”

变量	(1) tfp_op	(2) tfp_op	(3) tfp_op	(4) tfp_op	(5) tfp_op	(6) tfp_op	(7) tfp_op	(8) tfp_op
*Treat * Post*	0.156 ***	0.0510 ***	0.0510 ***	0.0607 ***	0.0463 ***	0.0431 **	0.0436 **	0.0436 ***
	(5.899)	(2.692)	(2.692)	(3.311)	(2.648)	(2.474)	(2.507)	(5.338)
size		0.558 ***	0.558 ***	0.546 ***	0.489 ***	0.486 ***	0.486 ***	0.488 ***
		(42.84)	(42.84)	(42.89)	(41.46)	(41.55)	(41.55)	(116.1)
age			0.0746	0.0767	0.0282	0.0149	0.0152	0.0185
			(1.054)	(1.087)	(0.368)	(0.229)	(0.232)	(0.0640)
roa				1.359 ***	1.277 ***	1.351 ***	1.351 ***	1.306 ***
				(16.56)	(16.55)	(17.15)	(17.15)	(37.87)
growth					0.0675 ***	0.0668 ***	0.0669 ***	0.0668 ***
					(23.05)	(22.86)	(22.87)	(44.57)
cashflow						-0.203 ***	-0.203 ***	-0.218 ***
						(-6.306)	(-6.307)	(-13.68)
indep							0.0936	0.0978 *
							(1.045)	(1.952)
leverage								-0.0656 ***
								(-4.510)
Constant	6.494 ***	-4.973 ***	-4.747 ***	-4.562 ***	-3.531 ***	-3.445 ***	-3.447 ***	-3.456 ***
	(210.0)	(-18.44)	(-13.66)	(-13.35)	(-10.39)	(-10.94)	(-10.91)	(-3.937)
汇率水平	控制	控制	控制	控制	控制	控制	控制	控制
汇率波动	控制	控制	控制	控制	控制	控制	控制	控制
企业 FE	Yes	Yes	Yes	Yes	Yes	Yes	Yes	Yes
时间 FE	Yes	Yes	Yes	Yes	Yes	Yes	Yes	Yes
Observations	33657	33657	33657	33657	33657	33657	33657	33657
R-squared	0.352	0.589	0.589	0.610	0.635	0.637	0.637	0.637
Number of stkcd	3263	3263	3263	3263	3263	3263	3263	3263

表 7-35　更换研究样本选择的年限——2015 年人民币“汇改”

变量	(1) tfp_op	(2) tfp_op	(3) tfp_op	(4) tfp_op	(5) tfp_op	(6) tfp_op	(7) tfp_op	(8) tfp_op
Treat * Post	0.107***	0.0240**	0.0240**	0.0322***	0.0120	0.00805	0.00807	0.00968
	(8.857)	(2.502)	(2.502)	(3.439)	(1.323)	(0.890)	(0.892)	(1.070)
size		0.560***	0.560***	0.548***	0.491***	0.487***	0.487***	0.490***
		(133.1)	(133.1)	(133.4)	(117.7)	(116.9)	(116.9)	(116.7)
age			0.0736	0.0751	0.0280	0.0148	0.0151	0.0182
			(0.240)	(0.251)	(0.0966)	(0.0511)	(0.0523)	(0.0632)
roa				1.355***	1.273***	1.348***	1.347***	1.302***
				(40.33)	(39.07)	(40.86)	(40.85)	(37.75)
growth					0.0677***	0.0671***	0.0671***	0.0671***
					(45.00)	(44.68)	(44.70)	(44.68)
cashflow						-0.205***	-0.205***	-0.220***
						(-13.14)	(-13.14)	(-13.81)
indep							0.0846*	0.0889*
							(1.689)	(1.775)
leverage								-0.0661***
								(-4.539)
Constant	6.506***	-5.001***	-4.778***	-4.599***	-3.559***	-3.470***	-3.472***	-3.481***
	(327.7)	(-56.89)	(-5.119)	(-5.058)	(-4.041)	(-3.951)	(-3.953)	(-3.964)
汇率水平	控制	控制	控制	控制	控制	控制	控制	控制
汇率波动	控制	控制	控制	控制	控制	控制	控制	控制
企业 FE	Yes	Yes	Yes	Yes	Yes	Yes	Yes	Yes
时间 FE	Yes	Yes	Yes	Yes	Yes	Yes	Yes	Yes
Observations	33657	33657	33657	33657	33657	33657	33657	33657
R-squared	0.349	0.589	0.589	0.610	0.634	0.636	0.636	0.637
Number of stkcd	3263	3263	3263	3263	3263	3263	3263	3263

4. 潜在机制检验

在人民币汇率市场化改革的过程当中,“汇改”对中国沪深 A 股上市公司的作用机制值得深入探讨与挖掘。相较于常用的几种机制检验方法(增加交乘项或是通过分组回归),本节使用中介效应检验方法来探索汇率市场化改革通过何种机制影响了上市公司的TFP。具体来说,本节使用Baron和Kenny(1986)的中介效应逐步检验方法(Causal Steps Approach),检验模型如下所示:

$$Mechanism_{i,t} = \partial_0 + \partial_1 Treat_i * Post_t + \partial_2 X_{i,t} + \mu_i + \lambda_t + \varepsilon_{i,t} \quad (7-164)$$

$$TFP_{i,t} = \varphi_0 + \varphi_1 Treat_i * Post_t + \varphi_2 Mechanism_{i,t} + \varphi_3 X_{i,t} + \mu_i + \lambda_t + \varepsilon_{i,t} \quad (7-165)$$

在基准模型的基础上,本部分首先检验了人民币汇率市场化改革对中国上市公司TFP的影响并得到系数β_1;然后,通过对模型(7-164)进行估计,得到汇率市场化改革对潜在机制变量$Mechanism_{i,t}$的影响,即系数∂_1;紧接着,通过对模型(7-165)进行估计,得到加入机制变量$Mechanism_{i,t}$后的"汇改"TFP提升效应的系数φ_1以及机制变量$Mechanism_{i,t}$的系数φ_2,φ_1指的是控制了中介变量$Mechanism_{i,t}$后"汇改"对上市公司TFP的影响,φ_2代表了控制"汇改"的影响后中介变量$Mechanism_{i,t}$对上市公司TFP的效应;最后通过比较β_1、∂_1、φ_1和φ_2的系数显著性及其符号,综合判断$Mechanism_{i,t}$是否为人民币"汇改"影响中国上市公司TFP的重要机制变量。

在完成对模型的所有回归后,机制变量$Mechanism_{i,t}$的中介效应(也称作间接效应)为系数∂_1和φ_2的乘积,其与总效应和直接效应的关系为:

$$\beta_1 = \varphi_1 + \partial_1 * \varphi_2 \quad (7-166)$$

在理论分析与研究假说部分,本节假设有以下几个潜在传导机制在人民币汇率市场化改革对中国微观企业的政策效应中起到关键作用。该部分则对以上几个重要潜在传导机制进行系统的检验,以此验证本节的研究假设2是否成立。根据前文的理论分析,该部分主要检验了企业创新效应、资源配置效应、融资约束效应、市场竞争效应、市场结构效应和信贷资源可得性等潜在因素对于人民币汇率市场化改革影响中国上市公司TFP的重要传导作用。

(1)企业创新效应

现有研究一般从微观企业的创新投入与创新产出等方面研究企业的创新能力。企业创新投入的代理指标一般选取企业的研发强度这一变量(解维敏和方红星,2011),而企业创新产出一般选取企业每年申请并最终取得授权的发明与实用新型专利的数量来衡量(赵子夜等,2018)。本节使用企业创新产出作为企业创新能力的测度指标,这是因为企业创新产出比创新投入能更好地代表企业实际呈现出的创新水平。考虑到中国上市公司创新产出数据存在较多缺失值(有很多上市公司没有创新投入与产出),机制检验部分使用2000—2019年的全样本数据。中介效应检验结果表明,企业创新效应的完全中介效应显著,企业创新效应通过技术进步促进上市公司TFP的提升。这是因为,人民币汇率市场化改革的最终目的是改善人民币汇率的形成机制并使人民币汇率最终由市场供求来决定,人民币"汇改"后人民币汇率的决定更加市场化,这将有力地推动国内生产要素的市场化改革,当国内生产要素价格更加市场化后,国内企业配置生产要素(资本和劳动力等)的能力加强,市场竞争的不断深化助推了企业进行自主创新生产与研发,进而提高了中国上市公司的TFP。

表7-36 机制检验:企业创新效应

变量	(1)	(2)	(3)	(4)
	2005年"汇改"		2015年"汇改"	
	tfp_op	*rdoutput*	*tfp_op*	*rdoutput*
*Treat * Post*	0.0295	4.783	0.0227	10.71
	(0.462)	(0.846)	(0.292)	(1.550)
rdoutput	0.00125**		0.00121**	
	(2.405)		(2.301)	
控制变量	*Control*	*Control*	*Control*	*Control*
企业FE	Yes	Yes	Yes	Yes
时间FE	Yes	Yes	Yes	Yes
Number of stkcd	802	802	788	788

(2)资源配置效应

资本劳动要素配比(*kl*)代表了上市公司资本深化的程度。表7-37展示了资本劳动要素配置效应的中介效应检验结果。由检验结果可以看出,资本劳动资源配置的中介效应显著,无论是2005年"汇改"还是2015年"汇改",加入资本劳动要素配比变量后,"汇改"影响上市公司TFP的平均净效应为正且系数较基准回归增大,单独地考虑"汇改"对资本劳动要素配比的影响,结果发现其系数显著为正,意味着"汇改"通过提高上市公司资本劳动要素配置,促进了资本深化的程度,进而对上市公司TFP产生了促进作用。同时，“汇改”在一定程度上改变了国内要素市场价格的形成机制，国内企业配置生产要素（资本和劳动力等）的能力加强，提升了企业资源配置的效率，进而提升了企业的TFP。

表 7-37　机制检验：资源配置效应

变量	(1)	(2)	(3)	(4)
	2005 年“汇改”		2015 年“汇改”	
	tfp_op	*kl*	*tfp_op*	*kl*
*Treat * Post*	0.0708***	0.0815*	0.0227	10.71
	(3.006)	(1.752)	(0.292)	(1.550)
kl	−0.181***		−0.211***	
	(−13.50)		(−15.10)	
控制变量	*Control*	*Control*	*Control*	*Control*
企业 FE	Yes	Yes	Yes	Yes
时间 FE	Yes	Yes	Yes	Yes
Number of stkcd	2261	2261	2261	2261

（3）融资约束效应

融资约束（*sa*）是上市公司参与持续创新所面临的重要问题。如果企业面临的融资约束越大，则企业研发创新缺乏足够的资本支持（解维敏和方红星，2011）。表 7-38 给出了关于企业融资约束的中介效应检验结果。由检验结果可以得出，2005 年和 2015 年“汇改”的相关系数符号和显著性基本一致，加入融资约束后，融资约束变量显著为负，“汇改”对企业 TFP 的平均净效应为正，单独考虑“汇改”对融资约束的影响，研究发现“汇改”缩小了上市公司面临的平均净融资约束，意味着两次“汇改”成功地降低了上市公司面临的融资约束，缓解了企业研发创新的资本压力，进而促进了企业技术进步并提高了企业 TFP。

表 7-38　机制检验：融资约束效应

变量	(1)	(2)	(3)	(4)
	2005 年“汇改”		2015 年“汇改”	
	tfp_op	*sa*	*tfp_op*	*sa*
*Treat * Post*	0.146***	−0.0134***	0.0919***	−0.00764**
	(5.687)	(−2.612)	(4.299)	(−2.036)

续表

变量	(1)	(2)	(3)	(4)
	2005 年“汇改”		2015 年“汇改”	
	tfp_op	***sa***	***tfp_op***	***sa***
sa	-1.151^{***}		-1.232^{***}	
	(−8.139)		(−6.479)	
控制变量	*Control*	*Control*	*Control*	*Control*
企业 FE	Yes	Yes	Yes	Yes
时间 FE	Yes	Yes	Yes	Yes
Number of stkcd	3263	3263	3263	3263

(4)市场竞争效应

市场竞争是一把双刃剑。一方面,较强的市场竞争冲击会导致企业缩减市场份额甚至退出市场;另一方面,竞争程度的加深也促使上市公司加强自主创新,从市场竞争中脱颖而出,适度的竞争会通过提高企业创新、技术水平和运营管理能力而提高上市公司的 TFP。表 7-39 检验了行业竞争程度(*hhi*)的中介效应。由表 7-39 的检验结果可知,市场竞争的中介效应显著。

表 7-39　机制检验:市场竞争效应

变量	(1)	(2)	(3)	(4)
	2005 年“汇改”		2015 年“汇改”	
	tfp_op	***hhi***	***tfp_op***	***hhi***
*Treat * Post*	0.0557^{***}	-0.0141^{***}	0.0328^{**}	-0.0109^{***}
	(2.966)	(−4.079)	(2.053)	(−3.897)
hhi	0.263^{***}		0.263^{***}	
	(2.728)		(2.728)	
控制变量	*Control*	*Control*	*Control*	*Control*
企业 FE	Yes	Yes	Yes	Yes
时间 FE	Yes	Yes	Yes	Yes
Number of stkcd	3263	3263	3263	3263

(5)市场结构效应

该部分检验市场化指数(*marketindex*)在“汇改”影响上市公司 TFP 中

的中介作用。首先,对于2005年的"汇改",市场结构效应的中介效应不显著,在考虑市场结构效应后,市场结构因素的中介效应显著,"汇改"通过影响各省份的市场化水平进而促进了上市公司的TFP。这可能是由于"汇改"在一定程度上改变了企业所在区域的市场化程度,进而影响了生产要素的市场价格,最终通过要素配置效率和规模经济改变了企业的TFP。

表7-40 机制检验:市场结构效应

变量	(1)	(2)	(3)	(4)
	2005年"汇改"		2015年"汇改"	
	tfp_op	*marketindex*	*tfp_op*	*marketindex*
*Treat * Post*	0.201***	0.00667	0.0328**	-0.0109***
	(6.493)	(0.399)	(2.053)	(-3.897)
marketindex	0.0153		0.0336*	
	(0.879)		(1.879)	
控制变量	*Control*	*Control*	*Control*	*Control*
企业FE	Yes	Yes	Yes	Yes
时间FE	Yes	Yes	Yes	Yes
Number of stkcd	3263	3263	3263	3263

(6)信贷资源可得性

最后,金融市场和金融机构的发展可以促进企业的创新(Benfratello等,2008;Hsu等,2014;唐清泉和巫岑,2015),进而提高企业的TFP。本节借鉴蔡庆丰等(2020)的研究,利用上市公司周边银行网点数量这一指标来衡量上市公司信贷资源可得性和金融可得性。表7-41给出了基于上市公司信贷资源可得性这一传导机制的中介效应检验结果。由相关结果可以得出,首先,2005年和2015年两次"汇改"的TFP提升效应基本一致,相关系数的符号和显著性也基本相同,加入信贷资源可得性这一机制变量后,"汇改"对上市公司TFP的影响显著为正,"汇改"也同时有利于上市公司获得更多的信贷资源,进一步说明了"汇改"可以通过促进上市公司信贷资源的可得性进而提升上市公司的TFP。

表 7-41　机制检验:信贷资源可得性

变量	(1)	(2)	(3)	(4)
	2005 年"汇改"		2015 年"汇改"	
	tfp_op	*fc*	*tfp_op*	*fc*
*Treat * Post*	0.146***	0.00443***	0.0927***	0.00241**
	(5.699)	(2.865)	(4.314)	(2.342)
fc	3.479***		3.570***	
	(6.406)		(4.109)	
控制变量	*Control*	*Control*	*Control*	*Control*
企业 FE	Yes	Yes	Yes	Yes
时间 FE	Yes	Yes	Yes	Yes
Number of stkcd	3263	3263	3263	3263

四、异质性分析

从潜在传导渠道检验中本节识别出"汇改"影响上市公司 TFP 的重要中介作用机制,"汇改"通过影响上市公司创新、企业资本劳动力配比、企业面临的融资约束、市场竞争、市场结构和信贷资源的可得性等进一步改变上市公司的 TFP。本部分则在基准的倾向得分匹配双重差分方法上使用分组回归的方式,基于 Melitz(2003)的企业异质性理论,从企业规模、企业所有制类型、区位分布等上市公司存在的差异探索其中可能存在的异质性效应,以验证本节的研究假设 3 是否成立。

(一)企业规模

熊彼特认为规模较大的企业往往拥有相对较多的各项资源和更高的研发创新收益,同时,规模较大的企业一般存在较低的融资约束,这使大规模企业能够通过规模经济、技术进步和资源的有效配置等提升自身的 TFP。本部分将 2000—2019 年研究样本中的中国上市公司根据企业规模的中位数分为大规模企业和小规模企业,同时检验了 2005 年和 2015 年两次人民币汇率市场化改革可能存在的异质性效应。检验结果如表 7-42 所示,无论是 2005 年"汇改"还是 2015 年"汇改",两次"汇改"对大规模上市公司的 TFP 提升作用更加明显。

表 7-42　异质性分析:企业规模差异

变量	(1)	(2)	(3)	(4)
	2005 年“汇改”		2015 年“汇改”	
	大规模企业	小规模企业	大规模企业	小规模企业
*Treat * Post*	0.0657 *	0.0261	0.0687 ***	-0.0113
	(1.938)	(1.080)	(2.766)	(-0.448)
控制变量	*Control*	*Control*	*Control*	*Control*
企业 FE	Yes	Yes	Yes	Yes
时间 FE	Yes	Yes	Yes	Yes
Observations	11815	11728	11815	11728

注: ***、** 和 * 分别表示在 1%、5%和 10%的显著性水平下显著,括号中为对应的 t 统计量。

(二)企业所有制类型

为了探究企业所有制类型差异所产生的异质性效应,本部分将 2000—2019 年研究样本中的企业根据产权性质分为民营企业和国有企业,同时检验了 2005 年和 2015 年两次人民币汇率市场化改革可能存在的异质性结果。检验结果如表 7-43 所示,两次“汇改”对民营上市公司和国有上市公司的影响是存在差异的,2005 年“汇改”较 2015 年“汇改”对两种类型的企业 TFP 提升作用更显著。

表 7-43　异质性分析:所有制类型差异

变量	(1)	(2)	(3)	(4)
	2005 年“汇改”		2015 年“汇改”	
	民营企业	国有企业	民营企业	国有企业
*Treat * Post*	0.0581 **	0.0817 **	-0.00322	0.0310
	(2.080)	(2.103)	(-0.152)	(1.414)
控制变量	*Control*	*Control*	*Control*	*Control*
企业 FE	Yes	Yes	Yes	Yes
时间 FE	Yes	Yes	Yes	Yes
Observations	13218	8859	13218	8859

(三)企业区位分布

中国中东西三个地区在区域资源禀赋、经济发展水平、区域治理水平及对外开放程度等方面存在较大的差异,企业所在区域的差异可能使"汇改"的政策效果存在区域的异质性。本部分将2000—2019年研究样本中的企业根据上市公司所在区域分为东部企业和中西部企业,同时检验了2005年和2015年两次人民币汇率市场化改革可能存在的异质性结果。检验结果如表7-44所示,相较于东部企业,两次"汇改"对中西部企业TFP的提升作用更加显著,这说明两次"汇改"有效地促进了中西部上市公司的高质量发展。

表7-44　异质性分析:企业区位分布差异

变量	(1)	(2)	(3)	(4)
	2005年"汇改"		2015年"汇改"	
	东部企业	中西部企业	东部企业	中西部企业
*Treat * Post*	0.0544**	0.118**	0.00739	0.110***
	(2.079)	(2.399)	(0.408)	(2.962)
控制变量	*Control*	*Control*	*Control*	*Control*
企业FE	Yes	Yes	Yes	Yes
时间FE	Yes	Yes	Yes	Yes
Observations	16154	3941	16154	3941

五、结论和政策建议

本节通过选取2000—2019年中国沪深A股上市公司作为研究样本,基于2005年和2015年人民币汇率市场化改革这两次准自然实验和(倾向得分匹配)双重差分方法全面检验了人民币汇率市场化改革对上市公司TFP的影响,并从企业创新效应、资源配置效应、融资约束效应、市场竞争效应、市场结构效应和信贷资源可得性等方面检验了"汇改"影响中国上市公司TFP的作用机制和传导渠道。

本节研究发现:(1)2005年和2015年人民币汇率市场化改革后上市公司的TFP水平都出现了显著的提升,这一结论在更换其他合适的计量模型、更换核心指标的测算方法、更换研究样本选择的年限、增加模型中的控制变量等一系列稳健性检验后依然成立;(2)企业创新效应、资源配置效应、融资约束效应、市场竞争效应、市场结构效应和信贷资源可得性是人民币汇率市场化改革影响上市公司盈利能力的主要传导渠道,具体而言,“汇改”通过提高上市公司创新、企业资本劳动配置比、各省份市场化水平和信贷资源可得性这几条渠道提高了中国上市公司的 TFP,同时,“汇改”缓解了上市公司面临的融资约束和市场竞争,进而提升了企业的 TFP;(3)上市公司规模大小、企业所有制类型和区位分布等不同产生了显著的异质性,两次人民币汇率市场化改革对大规模企业和中西部上市公司 TFP 的提升作用更加显著。总之,人民币汇率市场化改革起到了促进中国企业 TFP 提高的作用。由于经济高质量发展的关键或核心是 TFP 的不断提高,因此,这意味着实现人民币汇率的市场化有利于促进中国经济的高质量发展。

第八章　利率变动的经济效应：基于中国的实证分析

由于实现利率市场化是实现汇率市场化的前提条件，因此，人民币汇率的市场化必然伴随着人民币利率的市场化。但是，中国在实现利率的完全市场化以后，利率一方面将会随着市场供求关系的变化而变化，另一方面也可能由于中央银行基于宏观调控的需要而被频繁加以调整。在这种情况下，利率的变动对中国的消费、投资、就业、总产出及物价水平等宏观经济变量及经济结构会产生什么影响？中央银行应该如何调节利率才有利于保证宏观经济的稳定并以此促进经济的增长？等等，这些也都是需要我们深入探讨的问题。

第一节　利率变动对中国物价的影响

由于对物价变动趋势的预测是宏观经济预测的重要部分，保持物价水平的稳定既是让市场价格机制充分发挥作用的前提条件，也是宏观经济的最终目标之一，因此，本节将首先分析利率变动对中国物价水平的影响。

前面的文献综述已表明：目前，国内外学术界在利率变动是导致物价反向变动还是同向变动这一问题上并没有达成共识。从实践来看，中国同样也存在着利率变动对物价影响不确定的现象。如 1994 年,中国的通货膨胀率达到 21.4%,随后央行采取了提高利率的政策(贷款基准利率提高 2.7 个百分点,存款基准利率提高 1.8 个百分点)。结果,从 1995 年开始,中国的物价水平逐步下降(1995 年为 17.1%,1996 年为 8.3%)。可见,当时中国央行提高利率起到了抑制通货膨胀的作用。然而,2006—2007 年,央行陆续 8 次加息,存款基准利率由 2.52%上升至 4.14%,贷款基准利率由 5.85%上升至 7.47%,而此间的通货膨胀率却由 2005 年第四季度的 1.38%持续上涨至 2008 年初的 8.09%,此后物价水平才开始下降,这还不排除是受到金融危机影响的可能。类似的,2010 年和 2011 年也分别有 2 次和 3 次的加息操作来应对通货膨胀,但是央行所采取的加息政策,不仅没有起到抑制通货膨胀的效果,反而在短期内使得物价水平伴随利率水平的上升而上升。由图 8-1 可以看出,自 1996 年至 2016 年,中国利率与通货膨胀率大体呈同向变动,反映出通过利率调节物价的短期效果很不明显,说明中国可能也存在着"价格之谜"的现象。

那么,在中国利率变动与物价变动之间到底存在什么样的关系?

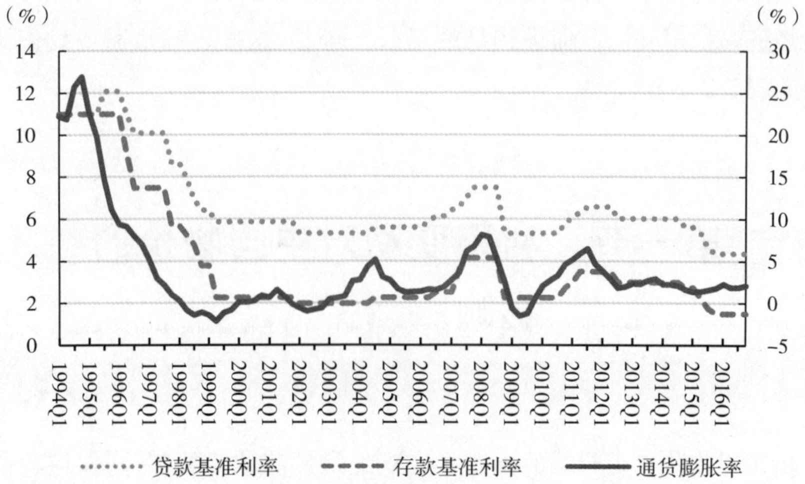

图 8-1　1994—2016 年中国存贷款利率和通货膨胀率走势图

注:本图采用季度数据,左轴代表人民币贷款基准利率、人民币存款基准利率,右轴代表以 CPI 计算的通货膨胀率。为了更好地反映出利率变动趋势,本图选用了变动次数相对更多的 6 个月至 1 年期贷款基准利率和 1 年定期存款基准利率。

本节所要研究的问题是:在中国,利率变动到底是导致物价反向变动还是同向变动?中国的利率变动与物价变动之间到底存在什么样的关系?如果利率变动导致物价反向变动,那么利率上升能够抑制物价水平的上涨;相反,如果利率变动导致物价同向变动,那么利率上升会导致物价水平上涨。结论不同,对人们经济决策所提供的信息及所得出的政策主张将完全不同,因而也会造成完全不同的经济效果。显然,深入研究这一问题以厘清中国的利率与物价之间的关系具有极为重要的理论及现实意义,这不但有利于人们更准确地判断利率变动对物价的影响,而且也有利于人们更好地预测中国宏观经济的变化趋势,进而有利于完善中国的宏观调控机制。

需要指出的是,从国内学者所采用的研究方法来看,目前国内学者(彭方平和连玉君,2010;隋建利等,2011;王轶君,2011;蒋海和储著贞,2011;王艺明和蔡昌达,2012;蒋海和储著贞,2014;龙少波等,2014;袁越和胡文杰,2017)主要采用VAR或VAR变式为主的实证研究方法,[①]而这些实证研究(VAR或VAR变式)框架都以结构稳定为前提,属于局部均衡分析及比较静态分析,但这种非结构化模型没有考虑模型参数因结构性变化(如利率市场化改革)而很容易引发"卢卡斯批判"(Lucas Critique)[②]。显然,在中国实现利率的完全市场化以后,利率变动将会对金融机构、企业及居民的经济

① 国内学者王任(2014)虽然将成本传导机制和企业行为纳入到DSGE模型中,分析了利率政策冲击和利率市场化对中国实体经济的影响,但他只是研究利率上升对物价水平的短期影响,至于长期影响则没有说明,同时,他也没有分析利率下降对物价水平的影响。

② "卢卡斯批判"提出的背景是:在20世纪70年代经济滞胀时期,以凯恩斯主义为基础的经济计量模型的预测性和解释力崩溃了,它们的表现很令人失望,原因在于模型中控制结构方程的参数发生了变化。卢卡斯认为,以凯恩斯主义经济学为基础建立起来的计量经济学模型是失效的,原因在于这些模型并非真正的结构模型,因为真正的结构模型必须要能够真实反映经济的结构。而以凯恩斯主义经济学为基础建立起来的计量经济学模型是以过去观测到的宏观经济变量之间的统计关系为基础,或者说这些模型中的数值是根据人们过去的行为估算出来的,但在理性预期下,人们的经济行为是会变化的,人们的预期受到政府政策规则的影响,因此,政府政策规则一改变,人们的预期也将随着改变,因而经济行为也会发生改变(即"上有政策,下有对策")。在这种情况下,如果模型中的行为参数(或变量的系数)的值仍是固定的,那就无法反映真正的经济现实,从而不再是真正的结构性经济计量模型,用它来进行经济预测或评估政策效果,自然会产生误差,而无法得到准确的结果,从而使经济计量模型的模拟变得无效,因为根据过去数值做出的预测是没有意义的。据此,卢卡斯认为,以凯恩斯主义经济学为基础建立起来的计量经济学模型是失效的。而且,卢卡斯还认为,凯恩斯主义以统计数据和宏观经济模型来解释和预测经济的做法,本身就包含了政府对经济的干预,因而不能代表市场的真实结果。这意味着,这样的解释和预测所形成的宏观经济结论是不正确的。

行为产生广泛的影响。同时，还要看到的是，各经济行为主体之间也存在着相互的影响。显然，这种因各经济行为主体相互影响而导致模型行为参数改变的问题更适合在一般均衡的框架下进行研究分析。因此，如果仅通过局部均衡的方法从某一个角度对利率变动的经济效应进行分析，难免存在较大的局限性。

近年来，经济分析工具的一个重要突破是动态随机一般均衡模型（Dynamic Stochastic General Equilibrium Model，简称"DSGE 模型"）的迅速发展及广泛运用。所谓动态随机一般均衡模型，就是指该模型具有三大特征：（1）"动态"，指经济个体考虑的是跨期最优选择（Intertemporal Optimal Choice）。因此，模型得以探讨经济体系中各变量如何随时间变化而变化的动态性质。（2）"随机"，指经济体系受到各种不同的外生随机因素的冲击。举例来说，可能的冲击有技术性冲击（Technology Shock）、货币政策冲击（Monetary Shock）、偏好冲击（Preference Shock）等等，这些外生的随机冲击与各经济主体的决策共同决定了模型的动态过程。（3）"一般均衡"，意指宏观经济体系中，消费者、厂商、政府与中央银行等每一个市场参与者，在根据其偏好及对未来的预期下，所作出最优选择的总和。

DSGE 模型是在真实经济周期理论（RBC 理论）①的基础上通过引入新凯恩斯主义经济学所强调的不完全竞争、价格和工资刚性（或黏性）以及其他不同学派的观点而发展起来的，它既吸收了新古典经济学的精髓，同时又继承了新凯恩斯主义的思想。DSGE 模型以微观经济理论和宏观经济理论为基础，利用动态优化方法对各经济主体在不确定性环境下的行为决策进行详细描述与刻画，以研究不确定性环境下的一般经济均衡问题。DSGE 模型是一种包含了理性预期的随机动态最优化模型，它的基本思路是严格依据微观经济学的一般均衡理论，利用动态最优化方法对各经济主体（居民、厂商、中央银行等）在不确定性环境下的行为决策进行详细的刻画，从而得到经济主体在资源约束、技术约束及信息约束等条件下的最优行为方程，再加上市场出清条件，并考虑加总方法，最终得到不确定性环境下总体

① 真实经济周期理论也称为真实商业周期理论，在完全竞争市场、价格和工资具有完全的灵活性，不存在外部性、信息是完全的以及行为主体具有理性预期的假设下，认为随机的技术冲击等供给方面的因素是经济周期或经济波动的主要来源。

经济满足的方程。

具体来说,DSGE 模型有以下优点:

(1)完善的微观基础。DSGE 模型与传统宏观经济学模型最大的不同之处在于将微观基础引入到经济分析之中,在模型中既引入名义刚性(或黏性)及不完全竞争等更现实的假设,又加入了居民的效用最大化、厂商利润最大化和理性预期三个元素。该模型对微观经济主体设定动态最优函数,在给定约束条件下,求出个体的跨期最优行为方程,并从经济主体动态最优决策和一般均衡的基础出发推导出宏观经济变量之间的关系,从而将宏观经济的运行规律与微观个体的最优化行为结合在一起。因此,DSGE 模型不但具有坚实的微观经济学基础,又有明确的宏观经济含义,从根本上保证了宏观经济分析与微观经济分析的一致性,且具有更加接近现实的假设。总之,DSGE 模型的分析框架是在微观经济理论的基础上,基于经济主体的行为决策采用适当的加总技术得到经济总量的行为方程,这从根本上保证了宏观经济分析与微观经济分析的一致性,从而使得模型具有良好的整体特性。这说明,运用 DSGE 模型来进行实证分析能够将宏观层面的利率变动与微观层面各经济主体的决策或行为考虑进来,这就有利于分析利率变动如何通过影响微观经济主体的行为,并进而影响到宏观经济,因而这就有利于得出更符合现实的结论。

(2)DSGE 模型不但具有坚实的微观经济学基础,而且具有更加接近现实的假设,可以说在理论的构建上非常完美。新凯恩斯主义 DSGE 模型既吸收了新古典经济学的一些精髓,如理性人和最大化假设、跨时优化选择和一般均衡思想,同时又继承了凯恩斯主义的一些传统,如名义刚性(或黏性)及不完全竞争假设,市场非出清和政策有效性原则;从其方法论来看,既是微观分析与宏观分析的综合,又是经济理论、计量分析和计算机技术的综合运用,因此可以说,DSGE 模型是一种“新的综合”模型。

(3)动态、随机的模型环境,使得对经济动态性质的研究成为可能。DSGE 模型引入了外生随机冲击,考虑了经济中各行为主体之间的相互作用和相互影响,在不确定性环境下对经济主体的行为决策、行为方程中参数所依赖的结构性参数、各经济冲击的设定和识别进行了详细的描述,DSGE 模型的动态调整机制是从经济主体的最优行为决策直接得到的,因而

DSGE 模型本质上是结构性模型,能够真实反映经济的结构变化,该模型能够将变量之间的关系与传导机制展现出来,从而能够避免模型参数因结构性变化所导致的“卢卡斯批判”,这使得政策试验较为精确,不会因预期的改变而影响政策分析结论。

(4)结构性的模型设定。由于 DSGE 模型采用的是结构性的模型设定,能清晰地区分内、外生变量,从而能较好地克服宏观经济政策与微观企业行为之间的内生性问题,这就为研究宏观经济因素与微观企业行为提供了良好的分析工具。同时,由于 DSGE 模型建立在经济当事人(包括企业)偏好的假设之上,强调微观个体的最优化行为,因此,DSGE 模型可以用来精确评价政策调整(包括利率及汇率的调整)的效果。

(5)作为有着计量基础的定量模型,DSGE 模型拟合数据能力强,可以利用实际数据进行模拟、估计及校准,使得理论模型可以与实际的时间序列数据相比较,有助于识别波动来源,并易于检验模型对现实数据的解释力,从而作为政策分析的基准数量模型,等等。

(6)作为当前宏观经济学的主流研究方法,DSGE 模型能够更好地针对各种不同经济冲击进行脉冲响应分析,从而能够得到更为稳健的结论,做出更为有效的预测。同时,DSGE 模型非常适用于进行政策评估(Barsky、Ustiniano 和 Melosi,2014)。DSGE 模型通过冲击反应函数,可以让经济体系各个外生冲击(包括中间产品价格和工资的加成冲击、偏好冲击、利率冲击,货币政策和财政政策对应的冲击等)的动态传导过程透明化,进而了解各种不同的冲击(尤其是货币政策冲击,包括利率及汇率或资本流动等)对各经济主体(包括家庭、厂商及政府等)的动态影响,并进行经济预测,发现结构突变和预测政策变动影响,这就为考察资本账户开放、利率变化及汇率变化对中国宏观经济的影响以及可能产生的风险提供了技术上的可行性。

基于此,本节将尝试运用 DSGE 模型分析利率变化对中国各经济主体(包括居民、金融机构、企业及政府等)及宏观经济的影响。本节将既研究利率上升对物价水平的短期影响,也研究其长期影响;既研究利率上升对物价水平的影响,也研究利率下降对物价水平的影响,以弥补国内相关研究只关注利率上升对物价水平的短期影响,至于长期影响则没有充分说明的缺陷。同时,本节还将分别分析工资黏性、价格黏性、贷款利率黏性以及需要外部融资企业所占比例的变动对成本渠道和需求渠道的强度所造成的影响,以便准确地把握利率变动与物价变动的规律,从而为市场参与者及政策制定者在利率市场化的条件下进行经济预测或制定相关决策提供理论参考。

一、理论模型

基于 Christiano 等(2005)的分析框架,本节构建了一个包含企业、家庭、商业银行及中央银行的新凯恩斯主义 DSGE 模型。与 Rabanal(2007)一样,为了纳入成本渠道,我们假定一部分企业需要从银行获得贷款来支付生产要素成本,不同的是,本节没有将中国的银行部门设定为货币政策冲击的中性传导者,而是假定中国的银行部门处于垄断竞争的环境中,商业银行在决定贷款利率时存在成本调整摩擦,即贷款利率对货币政策冲击的反应具有黏性。因此,央行政策利率的变动难以在短期引起贷款利率相同比例的变动,体现出政策利率对贷款利率的不完全传导。

(一)最终产品厂商

最终产品厂商是完全竞争的,总的最终产品的生产函数是:

$$Y_t = \left[\int_0^1 Y_t^{\frac{\chi-1}{\chi}}(i)\,di\right]^{\frac{\chi}{\chi-1}} \tag{8-1}$$

Y_t 是最终产品,$Y_t(i)$ 是中间产品,由 $i \in (0,1)$ 表示,$\chi > 1$ 是不同类型产品间的替代弹性。最终厂商的利润最大化,会得到每个中间产品厂商的如下需求方程:

$$Y_t(i) = \left(\frac{P_t(i)}{P_t}\right)^{-\chi} Y_t \tag{8-2}$$

其中,$P_t = \left[\int_0^1 P_t^{1-\chi}(i)\,di\right]^{\frac{1}{1-\chi}}$ 是最终产品价格,由最终产品部门的零利润条件得出,$P_t(i)$ 是中间产品的价格。

(二)中间产品厂商

中间产品厂商 $i \in (0,1)$ 处于垄断竞争的环境中,每个公司 i 的生产函数为柯布—道格拉斯形式:

$$Y_t(i) = A_t \tilde{K}_t^{\alpha}(i) N_t^{1-\alpha}(i) \tag{8-3}$$

A_t 是生产技术因子，$\tilde{K}_t(i)$ 是资本,是资本存量的有效利用，$\tilde{K}_t(i) = u_t K_{t-1}(i)$ ，u_t 是资本利用率。$N_t(i)$ 是劳动供给，$\alpha \in (0,1)$ 是资本产出弹性系数。

公司 i 的名义利润为：

$$\prod\nolimits_t^{firm}(i) = P_t(i)Y_t(i) - Q_t^{firm}(i) \tag{8-4}$$

$Q_t^{firm}(i)$ 是名义生产成本,公司在完全竞争的市场中租入有效资本投入生产,然后选择复合的劳动投入。对于公司 $i \in [0,v]$ ，$0 \leqslant v \leqslant 1$,需要从银行借入贷款 $L_t(i)$ 来支付工资 $W_t N_t(i)$,则其名义生产成本为 $Q_t^{firm}(i) = R_t^L W_t N_t(i) + R_t^K \tilde{K}_t(i)$,其余公司的名义生产成本为 $Q_t^{firm}(i) = W_t N_t(i) + R_t^K \tilde{K}_t(i)$,工资率 W_t 、总的名义贷款利率 R_t^L 和资本租金率 R_t^K 当作是给定的,公司在每期期末还贷。

公司 $i \in [0,v]$ 持有一个贷款组合,这个组合可以在银行提供的所有类型的贷款 k 中选择：

$$L_t(i) = \left[\int_0^1 L_t^{\frac{\zeta-1}{\zeta}}(i,k)\,\mathrm{d}k\right]^{\frac{\zeta}{\zeta-1}} \tag{8-5}$$

$L_t(i)$ 是公司 i 的贷款需求,它与工资 $W_t N_t(i)$ 相等，$\zeta > 1$ 是不同类型贷款 k 之间的替代弹性。每个公司通过选择贷款需求规则来得到最优的贷款组合。对于 k 类型贷款的需求为：

$$L_t(k) = \left(\frac{R_t^L(k)}{R_t^L}\right)^{-\zeta} L_t \tag{8-6}$$

$L_t(k) = \int_0^1 L_t(i,k)\,\mathrm{d}i$ 是对贷款 k 的需求，$L_t = \int_0^1 L_t(i)\,\mathrm{d}i$ 是总的贷款量，$R_t^L = \left[\int_0^1 R_t^L(k)^{1-\zeta}\mathrm{d}k\right]^{\frac{1}{1-\zeta}}$ 是总的贷款利率，$R_t^L(k)$ 是 k 类型贷款的总利率。

企业对自己的产品拥有一定的市场权利,他们用随机贴现因子 $\Lambda_{t,t+l}$ 来实现预期收益最大化,该随机贴现因子与下文定义的代表性家庭跨期边际替代率相等。利润在每期末分配给家庭。我们假定企业在任意时间 t 干扰实现之前做出所有的决策。

企业面临着交错定价(Calvo,1983),价格水平 P_t 在每期决定,每期有

$1-\theta_p$ 的企业可以调整价格,其余 θ_p 的企业保持价格不变。

$$P_t = [(1-\theta_p)(P_t^*)^{1-\chi} + \theta_p(P_{t-1})^{1-\chi}]^{\frac{1}{1-\chi}} \tag{8-7}$$

P_t^* 是新设定的价格。在可以调整价格的企业中,也分为两类,有 $1-\omega_p$ 的企业是重新设定最优价格,而 ω_p 的企业是根据过去通货膨胀的指数化规则制定的。

企业利润最大化设定其最优价格会得到如下一阶条件:

$$E_{t-1}\sum_{t=0}^{\infty}\theta^l \Lambda_{t,t+l} Y_{t+l}\left[P_t^f(i) - \frac{\chi}{\chi-1}P_{t+l}\varphi_{t+l}(i)\right] = 0 \tag{8-8}$$

$P_t^f(i)$ 是最优价格,E_{t-1} 是根据 $t-1$ 时期的信息做出的预期,$\varphi_t(i)$ 是实际边际成本:

$$\varphi_t(i) = \begin{cases} \dfrac{1}{\Phi}\left(\dfrac{R_t^K}{P_t}\right)^{\alpha}\left(\dfrac{R_t^L W_t}{P_t}\right)^{1-\alpha}, i \in [0,v] \\ \dfrac{1}{\Phi}\left(\dfrac{R_t^K}{P_t}\right)^{\alpha}\left(\dfrac{W_t}{P_t}\right)^{1-\alpha}, i \in [v,1] \end{cases} \tag{8-9}$$

其中 $\Phi = \alpha^{\alpha}(1-\alpha)^{1-\alpha}$ 。这样一来,在系统均衡时,最优价格 $P_t^f(i)$ 是加权预期实际边际成本上的一个加价,有成本渠道的企业和无成本渠道的企业间存在差异,所有企业的平均最优价格为:

$$P_t^f = [(1-v)(P_t^{f,nc})^{1-\chi} + v(P_t^{f,c})^{1-\chi}]^{\frac{1}{1-\chi}} \tag{8-10}$$

$P_t^{f,nc}$ 是无成本渠道企业的最优价格, $P_t^{f,c}$ 是有成本渠道企业的最优价格。

最后,ω_p 比例的企业在每期通过对过去通货膨胀的指数化来重新设定价格,具体形式为 $P_t^b = P_{t-1}^*(P_{t-1}/P_{t-2})$,意味着新设定价格的方程演变为 $P_t^* = (P_t^f)^{1-\omega_p}(P_t^b)^{\omega_p}$ 。

(三)家庭

假设一系列的家庭 $j \in [0,1]$,通过选择消费 $C_t(j)$ 和 $N_t(j)$ 来最大化其期望效用:

$$E_{t-1}\sum_{l=0}^{\infty}\beta^l U_{t+l}(j) \tag{8-11}$$

E_{t-1} 是根据 $t-1$ 期信息做出的期望,$\beta \in (0,1)$ 是贴现因子。效用函

数为:

$$U_t(j)=\frac{[C_t(j)-H_t]^{1-\sigma}}{1-\sigma}-\frac{N_t^{1+\eta}(j)}{1+\eta} \tag{8-12}$$

$C_t(j)$ 是消费支出, σ 是相对风险厌恶系数, $N_t(j)$ 是劳动供给, η 是劳动边际负效用弹性,为劳动供给弹性的倒数。H_t 是消费习惯,与 $t-1$ 期总的家庭部门消费正相关, h 是消费习惯系数, $H_t=hC_{t-1}$ 。

家庭面临的跨期预算约束为:

$$\begin{aligned}&P_tC_t(j)+P_tI_t(j)+D_t(j)=W_t(j)N_t(j)+\\&[R_t^Ku_t(j)-P_t\Psi(u_t(j))]K_{t-1}(j)+R_{t-1}^DD_{t-1}(j)+Div_t(j)\end{aligned} \tag{8-13}$$

每个家庭决定自己的消费 $C_t(j)$ 和投资 $I_t(j)$,持有 $D_t(j)$ 的银行存款,存款利息为 R_t^D 。收入来源于提供劳动 $W_t(j)N_t(j)$ 、为企业提供资本以及企业分红 $Div_t(j)$,资本投资的收入为资本回报 $R_t^Ku_t(j)K_{t-1}(j)$ 减去改变资本利用率的成本 $P_t\Psi(u_t(j))K_{t-1}(j)$ 。由于资本在期初就已经决定好了,所以提供资本的收入取决于上期期末资本水平 $K_{t-1}(j)$,资本利用率为 $u_t(j)$ 。当资本利用率是 1 的时候,资本利用成本为 0,即 $\Psi(1)=0$(Smets 和 Wouters,2003)。资本积累方程为:

$$K_t(j)=(1-\delta)K_{t-1}(j)+\left[1-S\left(\frac{I_t(j)}{I_{t-1}(j)}\right)\right]I_t(j) \tag{8-14}$$

δ 是资本折旧率。资本存量的演变考虑到了资本调整成本的存在,它通过方程 $S(\cdot)$ 来实现,这个方程是递增且凸的,在稳态下满足(Christiano 等,2005)。

我们假定每个家庭面临的初始条件相同,而且状态依存要求市场是完全的。这保证了对所有控制变量(除了 $W_t(j)$)的一个系统均衡,所以除了工资以及与之相对的劳动需求外,我们不用考虑指数 j。

1. 消费和储蓄决策

在跨期预算约束条件下,最大化家庭的期望终身效用可以得到如下的一阶条件:

$$\lambda_t=(C_t-hC_{t-1})^{-\sigma} \tag{8-15}$$

$$\lambda_t=\beta E_{t-1}\left(\lambda_{t+1}\frac{R_t^DP_t}{P_{t+1}}\right) \tag{8-16}$$

λ_t 是拉格朗日乘数。

2. 交错工资设定

我们假定家庭在随机间隔中交错决定他们的工资(Erceg 等,2000)。在每一期,只有 $1-\theta_w$ 的家庭重新决定他们的名义工资,其余的家庭保持不变。总的名义工资满足:

$$W_t=[(1-\theta_w)(W_t^*)^{1-\varphi}+\theta_w W_{t-1}^{1-\varphi}]^{\frac{1}{1-\varphi}} \tag{8-17}$$

W_t^* 是新设定的工资。能改变工资的家庭中,$(1-\omega_w)$ 的家庭重新最优化他们的工资,ω_w 的家庭根据过去的通胀调整工资。

家庭将会选择最优工资水平来最大化跨期预算约束下的目标方程和对他们这种劳动类型的需求:

$$N_t(j)=\left[\frac{W_t(j)}{W_t}\right]^{-\eta}N_t \tag{8-18}$$

$N_t=\left[\int_0^1 N_t^{\frac{\eta-1}{\eta}}(j)\,\mathrm{d}j\right]^{\frac{\eta}{\eta-1}}$ 是总的劳动,$W_t=\left[\int_0^1 W_t^{1-\eta}(j)\,\mathrm{d}j\right]^{\frac{1}{1-\eta}}$ 是总的名义工资。与最大化问题相关的一阶条件为:

$$E_{t-1}\sum_{t=0}^{\infty}(\beta\theta_w)^l N_{t+l}(j)\left[\frac{\varphi}{\varphi-1}N_{t+l}^{\eta}(j)-\frac{W_t^f(j)\lambda_{t+l}}{P_{t+l}}\right]=0 \tag{8-19}$$

$W_t^f(j)$ 是最优名义工资。根据过去通货膨胀设定工资的家庭根据这样的规则制定工资:$W_t^b=W_{t-1}^*(P_{t-1}/P_{t-2})$,新设定工资的动态方程为:$W_t^*=(W_t^f)^{1-\omega_w}(W_t^b)^{\omega_w}$。

3. 资本和投资决策

家庭如果要提高资本的供给,要么是投入新的资本,这需要一个时期的储备;要么改变已有资本的利用率。两种方法都是有成本的,因为要放弃消费。

一阶条件为:

$$Q_t=E_{t-1}[\Lambda_{t,t+1}(Q_{t+1}(1-\delta)+r_{t+1}^K u_{t+1}-\Psi(u_{t+1}))] \tag{8-20}$$

$$Q_t\left[1-S\left(\frac{I_t}{I_{t-1}}\right)\right]+E_{t-1}\Lambda_{t,t+1}Q_{t+1}S'\left(\frac{I_{t+1}}{I_t}\right)\left(\frac{I_{t+1}}{I_t}\right)^2=1+Q_tS'\left(\frac{I_t}{I_{t-1}}\right)\left(\frac{I_t}{I_{t-1}}\right) \tag{8-21}$$

$$r_t^K=\Psi'(u_t) \tag{8-22}$$

Q_t 是资本的实际影子价值,如托宾 Q, $\Lambda_{t,t+l}=\beta^l(\lambda_{t+l}/\lambda_t)$ 是随机贴现因子, r_t^K 是资本的实际租赁成本。

(四)商业银行

商业银行由 $k\in[0,1]$ 表示,在垄断竞争的环境中向企业发放贷款。银行 k 的利润为:

$$\prod\nolimits_t^{bank}(k)=R_t^L(k)L_t(k)-R_t^D D_t(k)-R_t^M B_t(k) \tag{8-23}$$

$L_t(k)$ 是贷款规模, $R_t^D(k)$ 是贷款利率, $D_t(k)$ 是储蓄规模, R_t^D 是总的存款利率, $B_t(k)$ 是在货币市场上的净头寸, R_t^M 是总的货币市场利率,由央行控制。

我们假定银行提供有差异的贷款,在贷款利率上有竞争。贷款的不同可能是在特定的贷款品种上的专业化(如专注于小微企业)或者是在特定地区专业化。每个银行的资产负债表约束为:

$$L_t(k)=D_t(k)+B_t(k) \tag{8-24}$$

这个式子将贷款规模与储蓄水平和货币市场净头寸联系起来。对于再融资来说,假定储蓄和货币市场信贷是完全替代的,即意味着存款利率总是与货币市场利率相等。

银行在设定贷款利率的时候面临调整成本,我们假定只有 $1-\tau$ 的银行在每期都选择最优的贷款利率,其余的银行保持贷款利率不变。

能够最优设置贷款利率的银行的利润最大化能得到如下一阶条件:

$$E_t\sum_{l=0}^{\infty}\tau^l\Lambda_{t,t+l}L_{t+l}(k)\left[R_t^{L*}(k)-\frac{\zeta}{\zeta-1}R_{t+l}^M\right]=0 \tag{8-25}$$

$R_t^{L*}(k)$ 是最优贷款利率, $\Lambda_{t,t+l}$ 是随机贴现因子,利用贷款需求方程式(8-6)并求解一阶条件得:

$$R_t^{L*}(k)=\frac{\zeta}{\zeta-1}\frac{E_t\left[\sum_{l=0}^{\infty}\tau^l\Lambda_{t,t+l}\,(R_{t+l}^L)^{\zeta}L_{t+l}R_{t+l}^M\right]}{E_t\left[\sum_{l=0}^{\infty}\tau^l\Lambda_{t,t+l}\,(R_{t+l}^L)^{\zeta}L_{t+l}\right]} \tag{8-26}$$

最优贷款利率对于所有银行来说都是相同的,因此 $R_t^{L*}(k)=R_t^{L*}$ 。最后,总贷款利率为:

$$R_t^L=[(1-\tau)\,(R_t^{L*})^{1-\zeta}+\tau\,(R_{t-1}^L)^{1-\zeta}]^{\frac{1}{1-\zeta}} \tag{8-27}$$

(五)中央银行

模型的最后,我们给出央行的反应函数,货币政策规则一般可以分为货币供应量规则和利率规则,随着中国经济市场化程度的提高和利率市场化的深入,中国的货币政策从以数量型调控为主转向以价格型调控为主,利率作为政策工具在货币政策中的作用日益显现。Zhang(2009)的实证研究表明,在中国,利率规则在调控宏观经济的过程中比货币供应量规则更有效。因此,模型采用 Zhang(2009)的修正泰勒规则形式来刻画中国的利率变化:

$$\hat{R}_t^M = \mu_1 \hat{R}_{t-1}^M + (1-\mu_1)[\mu_2(E_t\pi_{t+1} - \pi_t) + \mu_3\pi_t + \mu_4\hat{Y}_t] + \varepsilon_t^m$$

$$0 < \mu_1 < 1, \mu_2 > 0, \mu_3 > 0, \mu_4 > 0 \tag{8-28}$$

$\hat{R}_t^M$ 和 $\hat{Y}_t$ 表示的是对其稳态值的对数线性偏离,参数 μ_1 刻画了利率平滑,μ_2、μ_3 和 μ_4 是对通货膨胀和产出缺口的反应系数。ε_t^m 是利率冲击。根据 Zhang(2009)的实证,其参数为:$\mu_1 = 0.75$,$\mu_2 = 2.6$,$\mu_3 = 0.4$,$\mu_4 = 0.6$,即具体的利率规则为 $\hat{R}_t^M = 0.75\hat{R}_{t-1}^M + 0.65(E_t\pi_{t+1} - \pi_t) + 0.1\pi_t + 0.15\hat{Y}_t$ 。较高的利率平滑系数意味着利率政策具有较强的持续性。

(六)市场均衡和对数线性化

以上是模型的整体分析框架,但模型是非线性的,为了便于进行实证分析,我们对各个变量在稳态均衡下进行对数线性化,变量 $\hat{X}_t$ 表示对其稳态值的对数线性偏离,$\hat{X}_t = \ln(X_t) - \ln(\bar{X})$,$\bar{X}$ 表示稳态值。根据本节所构建的模型并对其进行对数线性化,从理论上分析利率变动如何从需求渠道和成本渠道影响物价水平。

最终产品市场均衡的特征是产出与家庭的消费需求和投资需求相等,投资根据资源成本调整,体现为不同的资本利用率:

$$\hat{Y}_t = \gamma_C\hat{C}_t + (1-\gamma_C)\hat{I}_t + \alpha(1-\frac{1}{\chi})\hat{u}_t \tag{8-29}$$

其中,$\gamma_C = 1 - \left[\alpha\delta(1-\frac{1}{\chi})/(\frac{1}{\beta} - 1 + \delta)\right]$ 。

外部习惯为 h 的消费方程为:

$$\hat{C}_t = \frac{1}{1+h}E_{t-1}\hat{C}_{t+1} + \frac{h}{1+h}\hat{C}_{t-1} - \frac{1-h}{(1+h)\sigma}E_{t-1}(\hat{R}_t^M - \pi_{t+1}) \tag{8-30}$$

投资方程为:

$$\hat{I}_t = \frac{\beta}{1+\beta}E_{t-1}\hat{I}_{t+1} + \frac{1}{1+\beta}\hat{I}_{t-1} + \frac{\rho}{(1+\beta)}E_{t-1}\hat{Q}_t \tag{8-31}$$

$\hat{Q}_t$ 是存量资本的实际影子成本:

$$\hat{Q}_t = \beta(1-\delta)E_{t-1}\hat{Q}_{t+1} + [1-\beta(1-\delta)]\,E_{t-1}\hat{r}^K_{t+1} - E_{t-1}(\hat{R}^M_t - \pi_{t+1}) \tag{8-32}$$

资本累积方程为:

$$\hat{K}_t = (1-\delta)\hat{K}_{t-1} + \delta\hat{I}_t \tag{8-33}$$

当期期末的资本存量由前一期的资本存量和当期投资支出决定。

实际资本租金率为:

$$\hat{r}^K_t = \hat{Y}_t - \hat{u}_t - K_{t-1} + \hat{\varphi}_t \tag{8-34}$$

资本利用方程为:

$$\hat{u}_t = \psi\hat{r}^K_t \tag{8-35}$$

$\psi = \Psi'(1)/\Psi''(1)$,我们假定在稳态下资本利用率为1。该式可以使得实际资本租金率和资本利用率的变化相对平稳。

通货膨胀的演变由混合的新凯恩斯主义菲利普斯曲线描述:

$$\pi_t = \gamma_f E_{t-1}\pi_{t+1} + \gamma_b\pi_{t-1} + k_p E_{t-1}\hat{\varphi}_t \tag{8-36}$$

其中, $\gamma_f = \dfrac{\beta\theta_p}{\theta_p + \omega_p[1-\theta_p(1-\beta)]}$, $\gamma_b = \dfrac{\omega_p}{\theta_p + \omega_p[1-\theta_p(1-\beta)]}$,

$k_p = \dfrac{(1-\theta_p)(1-\beta\theta_p)(1-\omega_p)}{\theta_p + \omega_p[1-\theta_p(1-\beta)]}$。

实际边际成本为:

$$\hat{\varphi}_t = \alpha\hat{r}^K_t + (1-\alpha)(\hat{W}_t - \hat{P}_t + v\hat{R}^L_t) - a_t \tag{8-37}$$

企业的实际边际成本由实际租金率、实际工资水平和贷款利率决定。若(8-37)式中 $v=0$,模型中就不包含成本渠道效应,只体现需求面效应的作用。

名义工资的变化由家庭的工资决定行为决定:

$$\Delta\hat{W}_t = \beta\rho_1 E_{t-1}\Delta\hat{W}_{t+1} + \omega_w\rho_1\Delta\hat{W}_{t-1} - \beta\theta_w\rho_2 E_{t-1}\pi_t + \rho_2\pi_{t-1} + \kappa_w E_{t-1}[\widehat{MRS} - \hat{W}_t - \hat{P}_t] \tag{8-38}$$

其中:

$$\rho_1 = \frac{\theta_w}{\omega_w + \theta_w[1 - \omega_w(1 - \beta\theta_w)]}, \rho_2 = \frac{(1 - \theta_w)\omega_w}{\omega_w + \theta_w[1 - \omega_w(1 - \beta\theta_w)]}$$

$$\kappa_w = \frac{(1 - \theta_w)(1 - \omega_w)(1 - \beta\theta_w)}{\omega_w + \theta_w[1 - \omega_w(1 - \beta\theta_w)](1 + \eta\varphi)}$$

边际替代率为:

$$\widehat{MRS}_t = \frac{\eta}{1 - \alpha}\hat{Y}_t - \frac{\alpha\eta}{1 - \alpha}(\hat{u}_t + \hat{K}_{t-1}) + \frac{\sigma}{1 - h}(\hat{C}_t - h\hat{C}_{t-1}) \tag{8-39}$$

总贷款利率的演化方程为:

$$\hat{R}_t^L = \beta\zeta_1 E_t \hat{R}_{t+1}^L + \zeta_1 \hat{R}_{t-1}^L + \zeta_2 \hat{R}_t^M \tag{8-40}$$

其中,$\zeta_1 = \frac{\tau}{1 + \beta\tau^2}$,$\zeta_2 = \frac{(1 - \beta\tau)(1 - \tau)}{1 + \beta\tau^2}$。

贷款利率由预期的贷款利率、过去的贷款利率和货币市场利率决定。如果 τ 为 0,则货币市场利率对贷款利率的传导就是完全的,此时 $\hat{R}_t^L = \hat{R}_t^M$。

本节中我们考虑两种冲击:技术冲击和货币政策冲击。技术冲击 a_t 和货币政策冲击 m_t 服从一阶自回归 $AR(1)$ 过程,具体如下:

$$a_t = \rho_a a_{t-1} + \varepsilon_t^a \tag{8-41}$$

$$m_t = \rho_m m_{t-1} + \varepsilon_t^m \tag{8-42}$$

所有冲击 $(\varepsilon_t^a, \varepsilon_t^m)$ 为白噪声,我们假设这两个冲击变量的标准差都服从 Inv-Gamma 分布。

根据上述方程,我们研究利率对通货膨胀的影响渠道。从需求角度分析,名义利率上升会提高存量资本的实际影子成本((8-32)式),进而减少投资((8-31)式),实际租金率会由于投资需求的减少而降低,所以实际边际成本下降((8-37)式),进而抑制通货膨胀((8-36)式),这是利率影响通货膨胀的第一条需求渠道;同时,名义利率上升会提高消费的边际效用((8-16)式),减少消费((8-15)式、(8-30)式),从而降低实际工资,导致实际边际成本下降((8-37)式),进而抑制通货膨胀((8-36)式),这是利率影响通货膨胀的第二条需求渠道。从供给角度分析,当(8-37)式中 $v > 0$ 时,名义利率的上升导致贷款利率的提高((8-40)式),进而直接导致实际边际成本上升((8-37)式),加剧通货膨胀((8-36)式),这是利率影响通货膨胀的成本渠道。具体而言,利率的需求渠道对实际边际成本的影响,是通过作用于实际工资和实际租金率来间接影响实际边际成本的，而成本渠道则更加直接地通过贷款利率作用于通货膨胀，并且通货膨胀惯性的存在会削弱利率的需求渠道效应，这些都增加了货币政策的不确定性。因此，为了比较需求渠道和成本渠道的强弱关系，以厘清利率变动对通货膨胀的影响，下文将对模型进行数值模拟，用一般均衡方式检验上述金融系统的行为特征。

二、参数校准和估计

DSGE 模型的数值求解需要知道模型中参数的取值，通常而言，参数的取值可以通过校准、最大似然估计或者贝叶斯估计等方法得到。然而，Dejong 和 Dave（2007）指出最大似然估计很容易出现模型识别的问题。简而言之，就是在同一种结构化模型中采用不同的两套参数会得到相同的概率分布问题。而贝叶斯估计则能很好地处理模型识别问题，因为它可以利用先验信息来施加权重，再利用实际数据来修正这些先验分布。因此本节将采用参数校准和贝叶斯估计来确定模型结构参数的值。

（一）参数校准

反映模型稳态特性的有关参数主要是通过校准来确定，本节按照季度频率进行校准，校准结果如表 8-1 所示。对于折现因子β 的设定，本节依据马骏（2016）的研究，选取 0.9925。我们设定折旧率δ 为 0.03，这实际上意味着资本的年度折旧率为 12%（Song 等，2011）。产品替代弹性χ 反映的是企业的垄断能力，王艺明和蔡昌达（2012）将其定为 6，考虑到本节模型方法与其相似，本节也将其定为 6。参考 Christiano 等（2005）的研究，我们将劳动供给弹性的倒数η 的校准值设定为 1。关于风险厌恶系数σ ，本节参照 Hüelsewig 等（2009）的研究将其设定为 2。Hüelsewig 等（2009）的研究将资本产出弹性α 校准为 0.3，马骏（2016）将其设定为 0.5，王艺明和蔡昌达（2012）结合国内外研究的估计和校准结果设定为 0.36，本节也将其校准为 0.36。不同工种的替代弹性 φ 反映了家庭对于工资的垄断能力，Christiano 等（2005）将其设定为 21，而 Smets 和 Wouters（2003）、Hüelsewig 等（2009）的模型均将其设定为 3，本节也将其设定为 3，基于稳健性考虑，本节也对 $\varphi=21$ 的情况进行了估计，结果与取值为 3 的时候基本一致。家庭消费习

惯 h 的设定参考刘斌（2008）的研究，取值 0.65。投资调整成本系数 γ 与资本利用成本函数 ψ 的取值依据王艺明和蔡昌达（2012）的研究，分别设定为 100.8319、1.9696。对于需要外部融资的公司比例 ν，刘斌（2008）将其取值为 0.8，马骏（2016）的取值为 0.7，为了与银行贷款占社会总融资规模更相匹配，本节将其校准为 0.7。我们参照王艺明和蔡昌达（2012）的研究，将厂商中价格指数化比例 ω_p 以及家庭中工资指数化比例 ω_w 分别取值为 0.2592、0.3827。

表 8-1　参数校准赋值

参数	赋值	参数	赋值	参数	赋值
β	0.9925	σ	2	γ	100.8319
δ	0.03	α	0.36	ψ	1.9696
η	1	φ	3	ν	0.7
χ	6	h	0.65	—	—
ω_p	0.2592	ω_w	0.3827	—	—

（二）参数估计

动态参数的估计需要内生变量的观测数据，由于在理论模型中我们设定了两个外生冲击，为了避免产生奇异性，故选取两个可观测变量，产出 Y 和通货膨胀率 *CPI*。本节使用 1996 年第一季度到 2016 年第四季度的季度数据，数据来源于中经网数据库及 Wind 数据库。参照王君斌（2010）的处理方法，首先得到每个季度的现值，再除以当年的 GDP 平减指数得到实际 GDP。对实际 GDP 取自然对数并进行季节调整，用 HP 滤波去除趋势得到实际产出序列。将 *CPI* 增长率减去其样本均值，就得到所需要的通胀率序列。参数估计的先验分布和后验分布如表 8-2 所示。

表 8-2　参数估计的先验分布和后验分布

变　量	符号	先验分布	先验均值	先验标准差	后验均值	后验标准差
价格黏性	θ_p	Beta	0.6	0.2	0.5165	0.18
工资黏性	θ_w	Beta	0.6	0.2	0.9263	0.18

续表

变　量	符号	先验分布	先验均值	先验标准差	后验均值	后验标准差
贷款利率黏性	τ	Uniform	0.5	0.2	0.4901	0.19
技术冲击标准差	σ_{ε^a}	Inv-Gamma	0.01	∞	0.0246	0.0012
货币政策冲击标准差	σ_{ε^m}	Inv-Gamma	0.01	∞	0.0115	0.0012

从以上的估计结果可以我们可以看出:

(1)中国名义价格黏性和名义工资黏性的估计值分别为0.5165和0.9263。换算成调整区间,意味着价格平均在2.01个季度内保持不变,工资平均在13.56个季度内保持不变,工资比价格更具有黏性,这一结果与Christiano等(2005)以及王艺明和蔡昌达(2012)的估计结果均较为接近。名义价格黏性和名义工资黏性是决定成本渠道与需求渠道强弱的关键因素。需求渠道假设价格具有较高的黏性,提高利率时,工资水平可以得到更加灵活的调整;而成本渠道则假设工资具有较高的黏性,提高利率时,物价水平可以得到更加灵活的调整。因此,成本渠道显著的一个前提就是经济中有着较低的价格黏性和较高的工资黏性(Rabanal,2007)。

(2)利率的不完全传导程度由参数τ反映,其估计结果为0.4901,换算成调整区间,则意味着贷款利率在平均1.96个季度内保持不变,表明金融市场的黏性比产品市场和劳动市场要稍微低一些。

根据参数校准和估计的结果,中国厂商中依赖外部融资的比例及工资指数化程度都比较高,这为利率的成本渠道效应的发挥奠定了微观基础。同时,劳动力市场黏性较高,金融市场黏性较低,所以成本渠道效应很可能比较明显,其具体情况还需要进行脉冲响应分析才能加以判断。

三、脉冲响应分析

本节的脉冲响应分析部分主要结合前文所论述的典型事实与模型设定,以厘清利率变动对物价造成影响的传导机制,以及此过程中的影响因素。成本渠道增加了利率政策的不确定性,Chowdhury等(2006)认为成本渠道的显著程度与两个因素相关:一是企业对外部融资的依赖程度;二是银行平滑利率的倾向,即贷款利率黏性。此外,价格黏性和工资黏性也会对成本渠道的强度产生重要影响(王艺明和蔡昌达,2012)。因此,本节首先设定基准情形,研究一单位正向利率冲击对各经济变量特别是物价和通货膨胀所造成的影响,随后,在维持其他设定和参数不变的前提下,逐一调整价格黏性、工资黏性、贷款利率黏性和依赖外部融资企业比例的大小,以研究这四个变量的变动会对利率的传导机制造成怎样的影响,以及这四个变量的变动分别对成本渠道和需求渠道的强度的影响。为了便于观察比较,本节略去了那些不受参数变动影响的变量的脉冲响应图,只考察那些调整参数大小以后,脉冲响应发生变化的变量。

(一)基准情形

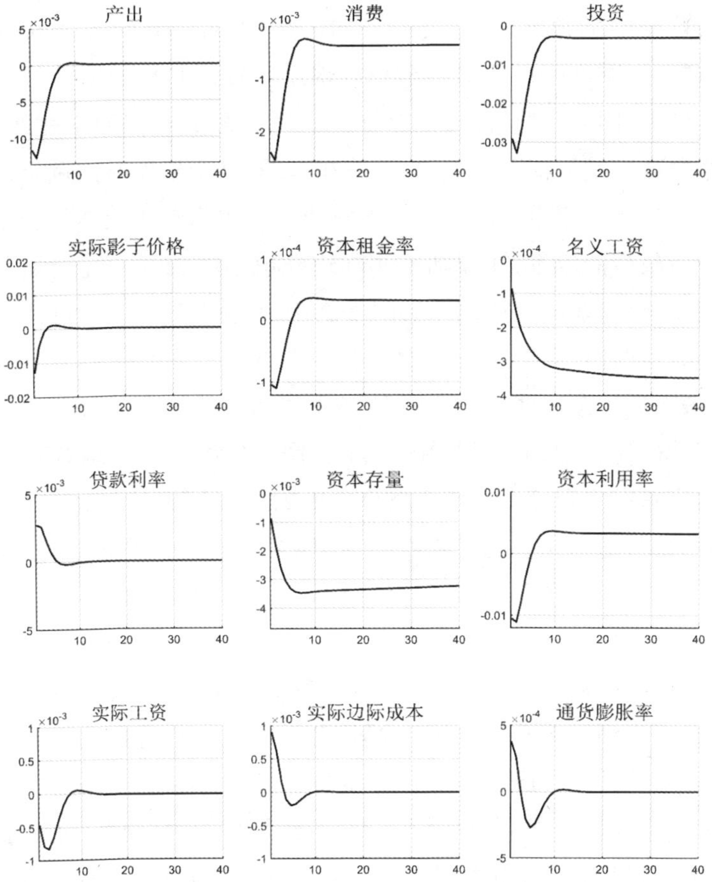

图 8-2　加息冲击对各变量的影响

从需求渠道的角度来看,随着利率的上升,产出、消费和投资都受到抑制。这说明利率的一个正向冲击增加了消费和投资的机会成本,抑制了家庭和企业进行消费和投资的意愿,减少了总需求,从而导致产出下降。资本实际影子价格(即托宾Q)受到正向利率冲击后先向下跳跃,4个季度以后才逐渐回调至稳态附近,这也导致了厂商的投资需求在短期内减少。由于投资需求减少的影响,资本租金率在受到正向利率冲击后向下跳跃,随后逐渐回调,并在大约7个季度后维持在稳态值以上。名义工资受到正向利率冲击以后向下跳跃,并在大约7个季度内快速下降,此后在中长期逐渐下降至新的稳态。同时,利率的正向冲击还导致了实际工资的下降,实际工资在受到冲击后的前3个季度内持续降至较低水平,之后逐渐回调至稳态附近。

从成本渠道的角度来看,受到正向利率冲击以后,贷款利率先向上跳跃,随后在5个季度内逐渐回调至稳态附近。贷款利率的增加使得企业的贷款成本增加,因此,加息冲击后企业的实际边际成本先向上跳跃,并在随后的5个季度持续下降至0点以下,并在大约10个季度时回调至稳态值附近。这说明贷款利率上升所增加的融资成本不仅抵消了资本租金率和实际工资下降所减少的成本,还推动了实际边际成本的上升。受贷款利率增加的影响,资本存量在受到冲击以后向下跳跃,并在此后6个季度内持续下降至新的稳态,这种负向影响将在中长期持续下去。资本利用率在冲击后先向下跳跃,随后逐渐回调至稳态以上,在大约8个季度后达到新的稳态。

利率冲击对通货膨胀的影响是综合了需求渠道和成本渠道的总体影响。通货膨胀在受到冲击后向上跳跃,表现出显著的成本渠道特征。随后通胀开始回调,至第3季度回调为负,此时成本渠道的影响强度减弱,需求渠道效应凸显,通胀在第5季度达到最低点,接着慢慢调整至稳态附近,影响持续约10个季度。这个结果表明,正向利率冲击在短期对通货膨胀存在正向影响,在中长期存在负向影响。在利率冲击的瞬间,通货膨胀立即向上跳跃,这是因为利率上升首先导致企业融资成本上升,进而通过企业行为引起物价水平上升,此时成本渠道效应显著。但是,在中长期,由于利率的上升抑制了企业的投资需求,并促使家庭削减消费并增加储蓄,进而减少了总需求,促使通货膨胀由正转负,此时需求渠道效应显著。值得注意的是,从偏离稳态的幅度来看,通货膨胀的负向偏离幅度小于正向偏离幅度,由此可以看出,虽然在第 3 季度后需求渠道效应超过供给渠道效应,但利率变动的需求渠道效应强度并不高。

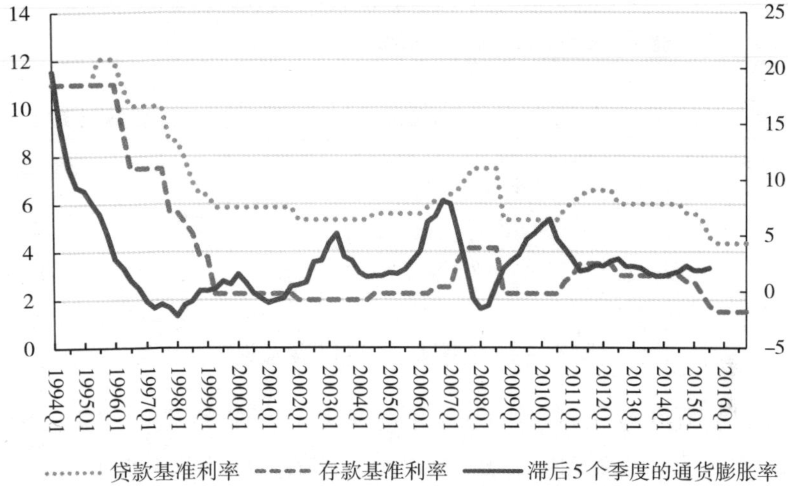

图 8-3　利率冲击的需求面效应

根据图 8-2 的脉冲响应结果,利率变动在短期内呈现成本渠道效应,引起通货膨胀同向变动,3 个季度后,需求面效应开始凸显,至第 5 季度左右达到峰值,此时利率变动将引起通货膨胀反向变动。为了印证我们的研究结论,并更为直观地观察利率变动的需求渠道效应,图 8-3 考察了利率冲击对 5 个季度以后通货膨胀的影响,与图 8-2 中的同向变动趋势相比,图 8-3 中更多地呈现出了反向变动关系。这是因为:图 8-2 关注的是利率变动对通货膨胀的短期影响,此时成本渠道效应占主导地位;而图 8-3 则更加关注中长期影响,此时需求渠道效应占主导地位。由图 8-3 可知,自 2006 年下半年以来,利率与 5 个季度后通货膨胀的反向变动关系尤为显著,这印证了我们的实证结果,即加息冲击对通货膨胀的抑制存在滞后效应,且这种滞后效应在滞后 5 个季度时最为明显。但是,2006 年之前,利率与通货膨胀并不存在明显的反向变动关系,这可能是受到利率市场化进程的影响。深化利率市场化改革可以加强货币政策的有效性,使利率传导渠道更加通畅(金中夏,2013)。2006 年以前,中国金融市场存在着较多的利率管制,导致利率难以有效调控通货膨胀。然而,继 2004 年底完全开放金融机构贷款利率上限后,中国又在 2006 年 8 月扩大了商业性个人住房贷款利率的浮动范围,此后中国利率市场化改革进入加速阶段。因此,利率对通货膨胀的抑制效应也随着利率市场化进程的推进而越发显著。

(二)价格黏性调整对结果的影响

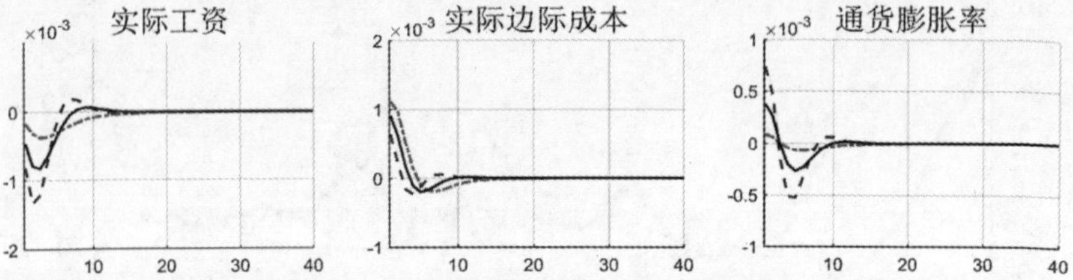

图 8-4　价格黏性调整对结果的影响

将价格黏性在基准模型的基础上分别调高 50%和调低 50%[①],发现实际工资、实际边际成本和通货膨胀率发生了变化,如图 8-4 所示。由图 8-4 可知,受到加息冲击以后,价格黏性的变动并不影响需求渠道的强度,但是会对成本渠道造成影响:价格黏性的增加,抑制了加息冲击后实际工资水平的下降,导致实际边际成本相比基准情形出现小幅上升,说明价格黏性的增加可以小幅增强成本渠道的强度。然而,尽管价格黏性的增加并未对需求渠道造成影响,甚至增强了成本渠道的强度,但加息冲击后的通胀上涨并未因成本渠道的加强而进一步加剧,反而随着价格黏性的增加得到了大幅抑制。这是因为价格黏性的增加抑制了冲击后物价水平的波动,从而大幅减小了通货膨胀的波动幅度,即便此时成本渠道的强度得到了小幅增强,但整体来看,较高的价格黏性依然可以缓解短期内利率上升导致的通胀加剧。同时,由于较高的价格黏性减小了冲击后通胀的波动幅度,利率上升在中长期内对通胀的抑制效果也受到大幅削减。

综上所述,加息冲击后,价格黏性变动并不影响需求渠道的强度,较高的价格黏性可以小幅增强成本渠道的强度,大幅减小通货膨胀的波动幅度,使得利率对通胀在短期内的加剧效果和在中长期内的缓解效果均受到抑制。

① 价格黏性基准情形取值为 0.5165,下调 50%取值为 0.2583,上调 50%取值为 0.7748。

(三)工资黏性调整对结果的影响

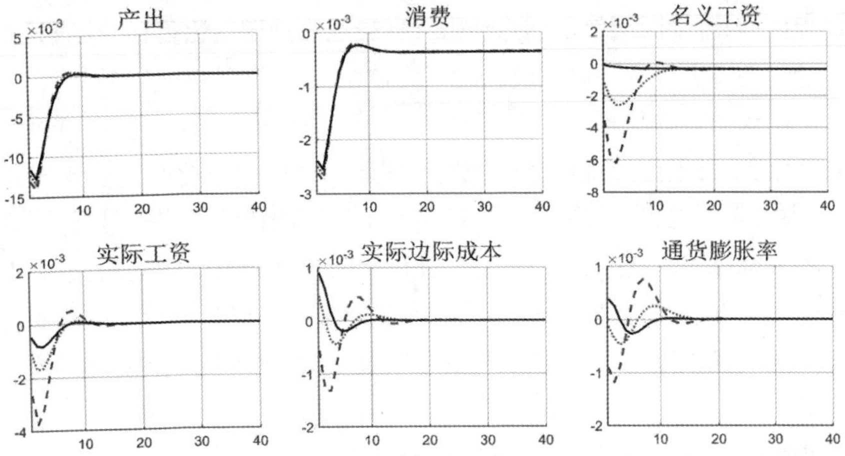

图 8-5　工资黏性调整对结果的影响

将工资黏性在基准模型的基础上分别调低 25%和调低 50%[①],变量的变动情况如图 8-5 所示。工资黏性的减小,可以小幅增强需求渠道的强度,反映为图 8-5 中产出和消费较小的正向变动幅度;大幅削弱成本渠道的强度,反映为图 8-5 中实际边际成本和通货膨胀较大的反向变动幅度。这是因为,一方面,面临加息冲击以后,较低的工资黏性将会进一步推动加息导致的工资水平下降,这在一定程度上加剧了消费需求和总产出的萎缩,增强了需求渠道的强度。另一方面,加息冲击后消费需求和总产出萎缩,企业对生产要素的需求降低,工资水平面临下行压力,此时较低的工资黏性意味着工资水平可以较为灵活地向下调整,从而减少了企业外部融资负担,降低了企业的实际边际成本,导致成本渠道的强度减弱。换言之,受到加息冲击以后:若工资黏性较高,则工资水平无法灵活向下调整,企业面临较高的外部融资成本,只好调高物价水平以补偿其成本的增加,此时成本渠道效应凸显;若工资黏性较低,则工资水平可以灵活向下调整,企业的融资负担得以相对减轻,从而不必大幅调高物价水平以补偿其成本的增加,此时成本渠

① 工资黏性基准情形取值为 0.9263,由于此值较大,因此对照组只向下取值,下调 25%取值为 0.6947,下调 50%取值为 0.4632。

道的强度受到削弱。

总体来看,工资黏性的降低既增强了需求渠道的强度,又削弱了成本渠道的强度,两者同时缓解了加息冲击导致的通胀加剧。值得注意的是,工资黏性的变动增大了利率调控效果的不确定性,当工资黏性处于较低水平时,加息对通胀的影响与基准情形相比甚至会出现反转:短期内加息可以抑制通货膨胀,中长期内加息将会加剧通货膨胀。这是因为此时工资水平可以灵活调整,实际工资在加息冲击后的前 2 个季度内持续下降至最低点,随后持续上升至第 6 季度达到 0 点以上,此后实际工资保持惯性上涨,至第 8 季度达到最高点,最后在第 11 季度回调至稳态附近。实际边际成本的变动趋势与实际工资相似,从而导致了通货膨胀短期受到抑制,中长期加剧的变化特征。

(四)贷款利率黏性调整对结果的影响

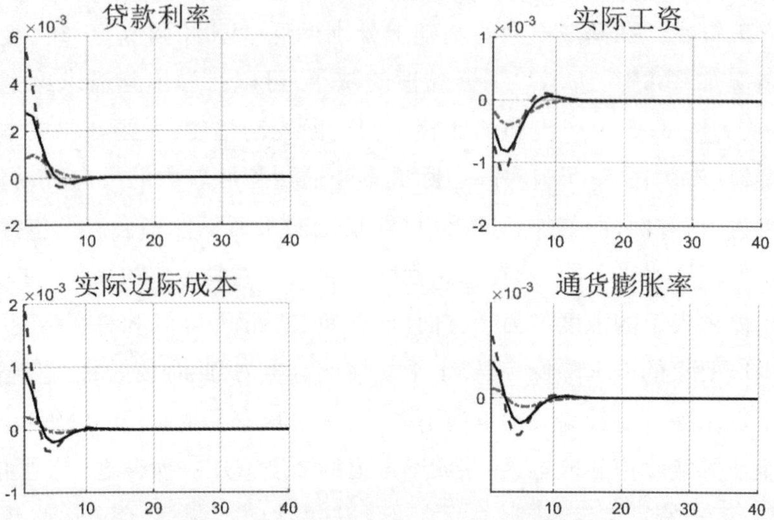

图 8-6　贷款利率黏性调整对结果的影响

将贷款利率黏性在基准模型的基础上分别调高 50%和调低 50%①,发现贷款利率、实际工资、实际边际成本和通货膨胀率四个变量发生了变化。

① 贷款利率黏性基准情形取值为 0.4901,下调 50%取值为 0.2451,上调 50%取值为 0.7352。

由图 8-6 可知，贷款利率黏性的变动不影响需求渠道的强度，但是会对成本渠道的强度造成影响：较低的贷款利率黏性会增强成本渠道的强度，反之则反是。贷款利率黏性的变动主要通过两个方面对成本渠道造成影响：受到加息冲击以后，较低的贷款利率黏性使得贷款利率可以更加灵敏地随着政策利率上调而上调，增加了企业的外部融资成本，从而增强了成本渠道的强度；但与此同时，较低的贷款利率黏性意味着企业将面临更高的外部融资成本，此时，相比于贷款利率黏性较高的情况，工资水平向下调整的幅度更大，从而削弱了成本渠道的强度。

总体而言，加息冲击后，较低的贷款利率黏性对成本渠道强度的增强作用不仅抵消了其削弱作用，还推动了实际边际成本的上升，进而加剧了通货膨胀的上涨。值得注意的是，加息冲击后，较低的贷款利率黏性也增大了物价水平和通货膨胀的波动幅度，使得利率对通胀在短期内的加剧效果和在中长期内的抑制效果均得到增强。

（五）需外部融资企业比例调整对结果的影响

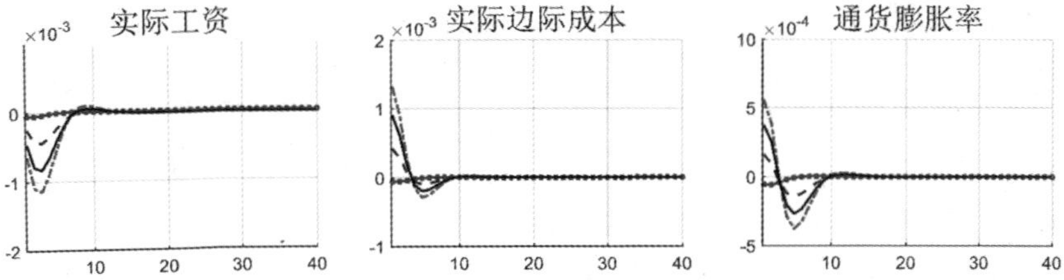

图 8-7　需外部融资企业比例调整对结果的影响①

为了引入成本渠道，本节在模型构建中假定企业需要营运资本以支付工资，这部分资金首先来源于内部融资，超出内部融资的缺口通过银行贷款予以补足。本节通过需要外部融资的企业比例来刻画总体企业对银行贷款的依赖程度，这部分企业比例的大小决定了成本渠道的强弱。当需要外部融资的企业比例为 0 时，代表所有企业都不需要贷款，此时经济中不包含成本渠道；当该比例为 1 时，代表所有企业都需要贷款以发放工资，此时经济

① 需外部融资企业比例基准情形取值为 0.7，下调 50%取值为 0.35，不含成本传导时该比例取值为 0，完全成本传导时该比例取值为 1。

中是完全成本渠道。由图 8-7 可知,需要外部融资的企业比例变动不影响需求渠道的强度,但是会对成本渠道的强度造成影响:较高的需要外部融资的企业比例会增强成本渠道的强度,较低的需要外部融资的企业比例会削弱成本渠道的强度。需外部融资企业比例的变动主要通过两个方面对成本渠道造成影响,受到加息冲击以后,需要外部融资企业比例越高,意味着总体企业对银行贷款的依赖程度越大,企业将面临更高的外部融资负担:一方面,这使得实际边际成本有上升趋势,增强了成本渠道的强度;另一方面,相比于需外部融资企业比例较低的情况,此时工资水平向下调整的幅度更大,使得实际边际成本有下降趋势,削弱了成本渠道的强度。

与贷款利率黏性调整的效果相反,加息冲击后,较高的需外部融资企业比例对成本渠道的强度整体表现出增强作用,实际边际成本进一步上升,加剧了通货膨胀的上涨。此外,加息冲击后,较高的需外部融资企业比例也增大了物价水平和通货膨胀的波动幅度,使得利率对通胀在短期内的加剧效果和在中长期内的抑制效果均得到增强。

四、结论

本节将利率的成本传导机制引入到新凯恩斯主义 DSGE 模型当中,运用贝叶斯估计方法,同时从供给角度和需求角度进行实证分析,研究了我国利率变动会导致物价发生怎样的变化,以及一些重要变量对利率调控效果的影响机制。本节研究发现:随着我国经济市场化改革、劳动力市场化改革、利率市场化改革以及金融改革的不断深化,价格黏性、工资黏性、贷款利率黏性减弱以及需外部融资企业比例①趋于减少。其中,价格黏性减弱、需外部融资企业比例的减少会削弱成本渠道的强度;工资黏性的减弱会小幅增强需求渠道的强度,大幅削弱成本渠道的强度;贷款利率黏性的减少会增强成本渠道的强度。本节的最终研究结果是:在中国,利率变动的成本渠道效应是一个短期效应,在 3 个季度以后,利率变动的需求渠道效应将占主导

① 根据本节的模型构建,需外部融资的企业是指那些依赖银行贷款的企业。随着我国金融改革的深化,企业进行外部融资时,将不仅仅局限于银行贷款这一利率敏感性较高的途径,而可以越来越多地选择股票融资等利率敏感性相对较低的途径。因此,需外部融资的企业比例将逐渐下降,成本渠道的强度被削弱。

地位。这意味着:在中国,利率变动在短期使物价同向变动(即在短期,利率上升导致物价水平上升,利率下降导致物价水平下降),在中长期使物价反向变动(即在长期,利率上升导致物价水平下降,利率下降导致物价水平上升)。

基于以上实证分析结果,笔者认为:

(1)由于中国利率的成本渠道效应是一个短期效应,在中长期则是利率的需求面效应占主导地位,因此,我们虽然应该高度关注利率市场化所可能带来的物价上涨压力及相关风险。但从长期来看,中国因实现利率市场化而导致利率水平上升并不会加剧通货膨胀。这意味着,我们不必担心因实现利率的市场化会严重影响中国的宏观经济稳定。

(2)尽管利率变动的需求渠道效应在中长期占主导地位,但其强度并不高。造成这一现象的原因可能是:长期以来,中国的银行信贷绝大部分投向国有经济部门,且国有经济部门因存在预算软约束问题及政府的隐性担保,因而一般对利息成本变化并不敏感,在这种情况下,利率变动显然不能显著地影响占中国经济主导地位的国有经济部门的投资需求,这从宏观来看就在一定程度上影响了利率变动的需求渠道效应。这意味着,只要我国在产权制度的改革方面取得重大突破,进一步加深经济市场化程度,消除国有企业的垄断地位,使那些成本过高的低效率企业能被市场利率这把"筛子"自动淘汰掉,则中国的利率需求渠道效应就会大大增强。同时,由于中国价格黏性及工资黏性的程度会随着中国经济市场化的不断深化而减弱,从而也会削弱成本渠道效应的强度并增强利率变动的需求渠道效应,因此,随着中国经济市场化程度的不断提高,利率变动的需求渠道效应将在中长期占主导地位且强度会不断增大。这意味着,随着中国经济市场化的不断深化,利率变动对需求面的影响将会越来越大,在这种情况下,中国就完全可以实行价格型的货币政策。

(3)长期以来我国存在着一定的金融管制且金融体系为银行主导型,导致了利率的不完全传导,这在一定程度上削弱了利率的成本渠道效应。可以预见的是,我国金融管制的逐步放开及金融市场的发展,特别是随着贷款利率黏性的降低,利率变动的成本渠道效应也会得到增强。也就是说,随着我国经济市场化及利率市场化的完成,利率变动的需求渠道效应和成本渠道效应都将增强。这意味着,随着我国经济市场化及利率市场化的完成,利率变动所导致的物价波动将会较为显著,这需要引起我们的高度注意。

(4)在利率变动的需求渠道效应和成本渠道效应随着中国经济市场化程度不断提高都将增强的情况下,央行在调节利率水平时要充分考虑利率调整的短期、长期效应的不同,应把握好调节的频率和力度,以避免因调节不当而造成经济的波动。从这个意义上来说,中国央行应建立以前瞻性、小幅度、灵活调整为主要特征的"利率微调"模式,即根据既定的宏观经济目标前瞻性地通过对利率水平的小幅微调来提高利率政策的精确度和有效性,以稳定市场预期,从而既保证经济的短期稳定又实现经济的长期增长。

第二节 利率变动对中国居民部门的影响

为分析利率变动对中国居民部门的影响,本节将基于中国现实,构建一个包含房地产市场的新凯恩斯动态随机一般均衡(DSGE)模型,并在此基础上运用脉冲响应分析考察短期中国利率变动对居民部门的消费和房地产价格的影响,同时还运用方差分解的方法特别地考察长期利率变动对房地产价格影响的贡献度。

一、引言与文献综述

随着中国经济的持续稳定增长,房地产行业在逐步成为中国国民经济的支柱产业的同时,也在带动其周边产业的迅猛发展,进而成为中国经济增长的重要推动力量。但不断上涨的房价已成为中国宏观经济稳定的重大隐患。国家统计局数据显示,自 2004 年以来,中国商品住房销售价格和房地产投资完成额累计平均上涨幅度分别为 4.5 倍和 24.6 倍,而北京、上海、深圳等一线城市的商品住房均价更是从 2004 年的 4500 元上涨到 2016 年的 40000 元左右。为此,中国货币当局多次采用利率政策对快速上涨的房价进行调控。例如从2004年初到2007年底,中国央行为了抑制房价的过快上涨将贷款基准利率由5.31%先后九次提高到7.56%,其中2007年一年内就连续六次上调贷款基准利率。之后随着国际金融危机的爆发,中国央行从2008年10月开始连续五次下调贷款基准利率以拉动内需稳定产出,楼市在此期间也开始回暖。2011年中国央行又先后三次上调贷款基准利率以缓解房地产投资过热。此后,国家相继出台"国八条""国五条"等房地产调控措施。但尽管如此,房价仍然没有回归合理水平。因此,本节所关注的问题是:在当前利率市场化已经进入实质性阶段的背景下,利率变动对居民部门包括消费、房地产价格在内的变量到底具有怎样的影响?中国央行运用利率政策调节房地产价格是否有效?本节认为,研究以上这些问题有利于为货币当局针对提高居民部门福利制定更有效的利率政策提供参考。

事实上,国内外学者针对利率变动对房地产价格影响的问题已进行过富有成效的讨论,但结论并不一致。多数学者认为利率对房地产价格具有负向效应。如Akoi等(2002)通过VAR方法研究了英国利率冲击对房地产价格的影响,实证分析结果显示,在利率上涨了50个基点之后,5个季度内英国房价下降了0.8%。Iacoviello(2005)使用结构向量自回归模型(SVAR)研究了欧洲6国自1980年以来影响房价波动的宏观经济因素,结果发现,在短期内利率会对房地产价格造成显著的影响,提高利率会使得各国的房价出现不同程度的下跌。Markus(2010)基于10个经合组织成员国的数据,采用VAR方法研究了利率和房价之间的关系,结果表明正向利率冲击会降低房价,它可以解释12%—24%的房价波动。张宇、吴璟和刘洪玉(2010)利用10个城市的面板数据研究利率与房价短期波动之间的关系,发现短期内利率对房价存在即期负效应,效应大小受各城市住房市场活跃度影响。沈悦、周奎省和李善燊(2011)基于中国9年的季度数据,采用FAVAR模型研究了中国利率与房价之间的关系,研究认为两者之间呈负相关关系,即利率上升能够使房地产价格在一定程度上下降。胡在铭(2012)基于2000年到2009年的数据进行回归分析后发现,长期内利率和房价存在低度的负相关关系;但在短期内,房价对利率变动并不敏感。赖一飞等(2014)基于2003年3月到2012年7月的月度数据,采用VAR方法分析了利率冲击对房地产价格的影响,研究结果表明,虽然利率对房价存在负向作用,但作用效果有限,仅靠利率并不能很好地抑制房价的过快上涨。施有文、王明甫和林晓虹(2014)基于中国35个大中城市2000—2012年的面板数据,采用GMM估计的实证研究表明,短期内实际利率的变动与房价存在微弱的反向关系。徐淑一、殷明明和陈平(2015)通过VAR方法考察了中国利率对房地产价格的动态影响,研究认为,货币政策对房地产价格具有可控性,主要体现在:第一,提高市场利率能够显著抑制房价上涨;第二,利率冲击对房地产价格的影响并不是短期行为,会存在长期影响。

此外,有部分学者认为利率对房地产价格存在正向影响。如Kenny(1999)、Dolde和Tirtiroglu(2002)均通过VAR方法实证分析得出了房价与利率之间存在正相关关系的结论。梁斌和李庆云(2011)通过构建一个新凯恩斯DSGE模型,并基于1998—2009年的中国数据对中国利率对房价的影响进行了研究,结果表明,利率对中国房价具有正向推动作用,但其对房价波动的贡献有限。李松华(2015)在DSGE模型中引入房地产价格来分析不同类型的货币政策调控工具对房价的影响,研究结果表明,加息会导致中国房价上升。同时还有一些学者认为利率对房价不存在影响,或存在影响但方向不定。Wong等(2003)基于1981—2001年的香港数据的研究发现,利率对房价的影响在不同时期是不一致的。具体而言,在1997年之前,香港处于通货膨胀期,此时利率和房价之间存在负相关关系;而在1997年之后,香港处于通货紧缩期,此时利率和房价之间存在正相关关系。况伟大(2010)在一般的住房市场比较动态均衡模型中引入中央银行,并基于中国1996—2007年35个大中城市的面板数据研究了利率对房价的影响,回归结果表明,利率变动对房价变动没有显著影响,中央银行只通过利率政策难以达到调控房价的目的。Deniz、Alain和Francisco(2011)基于18个发达国家1981年第一季度到2006年第四季度的相关数据进行实证研究发现,短期利率的变动并不会对房地产价格造成影响。李松华(2015)通过数理建模的方式理论推导认为长期内利率会对房价产生影响,但影响方向并不明确。

综上分析,学界虽然针对利率变动对房地产价格的影响问题取得了诸多有价值的成果,但仍存在较多争议,并未有一致的结论。另外,国内学者研究这一问题的方法同样多以VAR或VAR变式为主。显然,这种非结构化模型很容易引发“卢卡斯批判”。事实上,随着中国利率市场化不断加速向前推进,各经济行为主体之间的相互影响也将更加广泛,因此通过基于局部均衡框架的实证方法分析利率变动对房地产价格的影响得到的结论难免会存在较大的局限性。而 DSGE 模型则能很好地解决此问题,鉴于此,本节在 Iacoviello(2005)的研究基础上,基于中国现实,构建一个包含房地产市场的 DSGE 模型,用以研究中国利率变动对居民部门的影响问题,从而弥补国内相关研究的不足,并为货币当局针对提高居民部门福利的利率政策制定及执行提供新的思路。

二、基本假设与模型框架

(一)家庭部门

假设代表性家庭通过选择消费 $C_{h,t}$ 、劳动供给 $L_{h,t}$ 、实际货币余额的持有量 M_t/P_t 以及房屋持有量 $\kappa_{h,t}$ 来最大化其期望效用:

$$E_0\sum_{t=0}^{\infty}\{\beta_h^t[\ln C_{h,t}+\theta_\kappa\ln\kappa_{h,t}-\theta_L L_{h,t}^{1+\varphi}/(1+\varphi)+\theta_M\ln(M_t/P_t)]\} \tag{8-43}$$

其中, E_0 为期望算子, $0<\beta_h<1$ 为家庭部门的折现因子, θ_κ 、θ_L 和 θ_M 分别表示房产、劳动以及实际货币余额对效用的相对贡献度, φ 为劳动供给对真实工资弹性的倒数。假定家庭部门的本期收入为工资收入 $W_tL_{h,t}$ 、上一期的货币余额 M_{t-1} 、家庭部门的银行贷款总量 $B_{h,t}$ 之和,支出为本期消费 $P_tC_{h,t}$ 、本期货币余额 M_t ,本期在住房方面的支出 $q_t(\kappa_{h,t}-\kappa_{h,t-1})$ 以及上一期的贷款利息 $R_{t-1}B_{h,t-1}$, R_t 为名义利率,则家庭部门预算约束可表示为:

$$W_tL_{h,t}+M_{t-1}+B_{h,t}=P_tC_{h,t}+R_{t-1}B_{h,t-1}+M_t+q_t(\kappa_{h,t}-\kappa_{h,t-1}) \tag{8-44}$$

求解以公式(8-42)为目标函数、公式(8-43)为约束条件的最优化问题可得家庭部门的最优决策:

$$1/C_{h,t}=\beta_hE_t[R_t/(C_{h,t+1}\pi_{t+1})] \tag{8-45}$$

$$W_t/(P_tC_{h,t})=\theta_LL_{h,t}^{\varphi} \tag{8-46}$$

$$\theta_M/(M_t/P_t)=(1-1/R_t)/C_{h,t} \tag{8-47}$$

$$q_t=\theta_\kappa/\kappa_{h,t}+\beta_hE_t[q_{t+1}/(P_{t+1}C_{h,t+1})] \tag{8-48}$$

其中，$\pi_{t+1}=\frac{P_{t+1}}{P_t}$ 表示通货膨胀,(8-45)式为消费需求的欧拉方程,(8-46)式是最优劳动供给方程,它表明工资越高,家庭部门愿意提高的劳动供给越多,(8-47)式为实际货币持有余额,(8-48)式为家庭部门的住房需求。

(二)房地产部门

由于当前中国房地产市场的特殊性和复杂性,本节将房地产部门细分为开发商部门和要素供应部门,其中,假设要素供应部门为中间厂商,处于完全竞争的市场环境中,而开发商为处于垄断竞争市场环境的最终厂商。

1. 房地产要素供应商

由于房地产要素供应商通过购买中间要素产品生产房地产开发商所需要的最终要素产品,因此,对于任意房地产要素供应商购入的中间要素产品 j 而言,本节假设代表性要素供应商以 $P_t(j)$ 的价格购买数量为 $Y_t(j)$ 的中间要素产品来生产开发商所需要的最终要素产品 Y_t ,以 CES 的形式进行加总可得最终要素产品:

$$Y_t=\left\{\int_0^1 [Y_t(j)]^{(\eta-1)/\eta}\mathrm{d}j\right\}^{\eta/(\eta-1)} \tag{8-49}$$

其中 η 为中间要素产品的替代弹性。如果房地产要素供应商以 P_t 的价格进行销售,则要素供应商依据利润最大化原则选择中间要素产品的需求 $Y_t(j)$ 以及最终要素产品的价格 P_t :

$$Y_t(j)=\mathrm{argmax}P_t\left\{\int_0^1 [Y_t(j)]^{(\eta-1)/\eta}\mathrm{d}j\right\}^{\eta/(\eta-1)}-\int_0^1 P_t(j)Y_t(j)\,\mathrm{d}j \tag{8-50}$$

求解(8-50)式得到 $Y_t(j)=[P_t(j)/P_t]^{-\eta}Y_t$,依此可以求得最终要素产品的价格 P_t :

$$P_t=\left\{\int_0^1 [P_t(j)]^{1-\eta}\right\}^{1/(1-\eta)} \tag{8-51}$$

2. 房地产开发商

本节假定存在一个房地产开发商的连续统,每个房地产开发商均面临相同的技术水平 A_t ,投入劳动要素 $L_{e,t}$ 、资本要素 K_t 和土地要素 $\kappa_{e,t}$ 生产最终品 Y_t ,其生产函数假定为如下形式:

$$Y_t=A_tK_t^{\gamma}\kappa_{e,t}^{\mu}L_{e,t}^{1-\gamma-\mu} \tag{8-52}$$

其中,$0 < \gamma < 1, 0 < \mu < 1, 0 < 1 - \gamma - \mu < 1$,分别表示资本要素、土地要素和劳动要素投入在总投入中的比重。

房地产开发商的经营目标仍然是厂商利润最大化:

$$E_0 \sum_{t=0}^{\infty} \beta_e^t \ln C_{e,t} \tag{8-53}$$

其中,$0 < \beta_e < 1$ 为房地产开发商的折现因子。本节假定家庭部门的折现因子 β_h 要大于房地产开发商的折现因子 β_e,这主要是由于房地产开发商相较于家庭部门更愿意在金融市场上进行投融资而推迟消费。

与家庭部门类似,房地产开发商所面临的预算约束为:

$$P_t Y_t + B_{e,t} = P_t C_{e,t} + R_{t-1} B_{e,t-1} + W_t L_{e,t} + q_t(\kappa_{e,t} - \kappa_{e,t-1}) + I_t \tag{8-54}$$

其中,I_t 为房地产开发商的投资,其与资本存量(K_t)之间还存在如下关系:

$$I_t = K_t - (1 - \delta) K_{t-1} \tag{8-55}$$

δ 为折旧率。本节根据 Calvo(1983)交错定价原则引入价格黏性,假设对于房地产开发商而言,在第 t 期,一旦价格确定之后,以 ρ 的概率保持不变到 $t+1$ 期,以 $1-\rho$ 的概率在 $t+1$ 期重新进行利润最大化定价。结合 Calvo 定价规则,则总体价格水平的演变方式为:

$$P_t = [\rho P_{t-1}^{1-\eta} + (1 - \rho) P_t^{*\ 1-\eta}]^{1/(1-\eta)} \tag{8-56}$$

我们在零通胀假设下对(8-56)式进行对数线性化处理可得:

$$\pi_t = (1 - \rho)(P_t^* - P_t) \tag{8-57}$$

进而得到如下形式的菲利普斯曲线:

$$\pi_t = \beta_e E_t(\pi_{t+1}) + \frac{(1 - \rho)(1 - \beta_e \rho)}{\rho} mc_t \tag{8-58}$$

其中,mc_t 为均衡时实际边际成本。

(三)商业银行

由于家庭部门和房地产开发商均需要通过银行贷款等融资方式来填补其资金缺口,本节假设两部门均只有银行贷款这一种融资渠道,且仅能进行部分融资,我们参考马亚明和刘翠(2014)的思路,假定商业银行在面对借款人违约时,需花费交易成本 $(1-n)E_t(q_{t+1}\kappa_{i,t}\pi_{t+1}/R_t)$,这表明家庭和房地产开发商最大的贷款额需满足:

$$B_{i,t} \leqslant nE_t(q_{t+1}\kappa_{i,t}\pi_{t+1}/R_t) \tag{8-59}$$

其中,$i=h,e$,n 表示商业银行对家庭和房地产开发商的信贷约束比例(为简化,两部门的信贷约束比例假设相同)。

(四)中央银行

中央银行负责施行货币政策,中国中央银行货币政策的主要目标是保证币值稳定并以此促进经济增长。但事实上,国内外已有不少学者(Iacoviello,2005;Kontonikas,2005;李强,2009;赵进文和高辉,2009;肖争艳和彭博,2011;Xiao,2013;马亚明和刘翠,2014;徐淑一、殷明明和陈平,2015)认为房地产价格作为资产价格中的重要一种应当受到中央银行的重视,在货币政策规则中引入房地产价格,能够有效地抑制房地产价格泡沫。为此,本节在中央银行的货币政策考虑因素中纳入房地产价格对其均衡价格水平的偏离($q_t/\tilde{q}$)。具体而言,本节设定中央银行遵循以下形式的拓展泰勒规则来制定货币政策:

$$R_t/\bar{R} = [(R_{t-1}/\bar{R})]^{\lambda_R}[(\pi_t/\tilde{\pi})^{\lambda_\pi}(Y_t/\tilde{Y})^{\lambda_Y}(q_t/\tilde{q})^{\lambda_q}]^{1-\lambda_R}e^{\varepsilon_t^i} \tag{8-60}$$

中央银行依据(8-60)式制定货币政策规则意味着政策利率会对通货膨胀缺口、产出缺口以及房地产价格变化做出反应。其中,$\tilde{\pi}$、$\tilde{Y}$ 和 $\tilde{q}$ 分别表示稳态时的通货膨胀水平、产出水平和房价,λ_R 为利率平滑因子,λ_π、λ_Y 和 λ_q 分别为中央银行对通货膨胀、产出和房价偏离其稳态值的反应程度。ε_t^i 表示随机的利率冲击。

(五)政府部门

本节中政府部门的支出完全来源于政府自身的税收收入,主要包括消费税和个人所得税两大税种,需要指出的是,个人所得税除了对家庭部门工资所征收的个人所得税外,同时也包括对出售二手房所征收的个人所得税。具体而言,政府支出可以表示成如下形式:

$$G_t = \tau_w W_t + \tau_\kappa \kappa_t + \tau_c C_t \tag{8-61}$$

其中,G_t 表示 t 时期的政府支出,τ_w、τ_κ 和 τ_c 分别表示工资个人所得税率、房地产交易所征收的个人所得税率和消费税率。

(六)市场均衡

市场出清时,本节有如下总体资源约束等式:

$$Y_t = C_t + I_t + G_t \tag{8-62}$$

至此，各经济主体均在各自预算约束下达到各自的效用最大化，同时受到中央银行货币政策规则和市场出清条件的约束，形成了一个大型方程组体系。

（七）模型求解

根据上述各部门的一阶最优条件和均衡条件求解模型的稳态，并校准稳态时的大部分参数值；然后利用对数线性化的方法，在稳态值附近进行对数线性化处理，得到模型的对数线性化系统①；最后，求解模型，利用可观测数据，通过贝叶斯估计得到剩余其他参数的值。

三、参数校准和贝叶斯估计

通常来说，对于 DSGE 模型中反映稳态特性的参数采用校准法来估计，而对于模型中反映动态特征的参数则需采用计量方法估计。由于本节的重点是研究利率变动对房地产价格带来的影响，因此贝叶斯估计主要用于估计货币政策规则的反应系数，其他参数值均根据现有文献采用校准的方式。

（一）参数校准

需要指出的是，对动态随机一般均衡模型系统进行参数校准应在一个稳定的样本区间内进行，但基于中国目前的国情，实际操作时存在一定的困难。这主要是因为中国目前仍处在经济转型期，中国经济在过去的几十年都在进行不断的调整，而且各组成部分的改革进程并不统一导致部分变量的样本区间会存在一些结构性突变。鉴于反映稳态的参数确认并非本节研究的重点，因此本节的参数校准将直接参考现有研究。具体包括，由于中国首套住房最低首付为三成，因此 n 取 0.7。β_h 和 δ 参照刘斌（2008）的研究分别取值为 0.995 和 0.035，β_e 参考 Iacoviello（2005）的研究取值为 0.95，φ 和 ρ 参考马理（2015）的研究分别取值 3 和 0.75，由于均衡时实际边际成本 mc_t 是关于 η 的函数，η 参考李成、黎克俊和马文涛（2011）的研究取值为 11，则均衡时实际边际成本 mc_t 为 0.91，θ_κ 参考马亚明和刘翠（2014）的研究取值为 1.5，根据李巍和张志超（2011）的估计，γ 和 μ 均取值为 0.3，关于税率的

① 限于篇幅，对数线性化结果并未列出。

取值参考最新的年鉴数据, τ_w 取值 0.25, τ_c 取值 0.16, τ_κ 取值 0.2。

(二)贝叶斯估计

本节在贝叶斯估计下使用产出、通货膨胀率、利率和房价四个观测变量构建预测方程组。数据来源包括国家统计局网站、中经网数据库及 Wind 数据库,基于数据的可得性及中国的现实,本节的样本区间为 2005 年 1 月到 2019 年 12 月。其中,采用贷款基准利率表示基准利率,采用 CPI 的月度同比表示通货膨胀,采用工业增加值同比增速表示实际产出,采用当月商品住宅销售额与商品住宅销售面积的比值表征房地产价格。所有数据均经过季节性调整和 HP 滤波。贝叶斯估计结果如表 8-3 所示。

表 8-3 DSGE 模型的贝叶斯估计结果

含 义	参数	先验分布	后验均值	95%置信区间
中国货币政策利率平滑系数	λ_R	B [0.5,0.1]	0.8047	[0.5311,1.0783]
中国货币政策通货膨胀缺口偏好	λ_π	G [0.5,0.2]	0.6591	[0.4328,0.8853]
中国货币政策产出缺口偏好	λ_Y	G [1.0,0.2]	1.3523	[1.2257,1.4789]
中国货币政策房地产价格偏好	λ_q	G [1.5,0.2]	1.8016	[1.5332,2.0699]

注:B 表示 Beta 分布,G 表示 Gamma 分布。

四、脉冲效应与方差分解

(一)脉冲响应分析

本节基于上述两节构建的包含房地产部门的 DSGE 模型和相应的参数校准和估计,通过脉冲响应分析考察利率上升(下降)对居民部门的消费、房地产需求、房地产销售价格和房地产投资的影响。图 8-8 和图 8-9 展示了消费、房地产需求、房地产销售价格和房地产投资分别对一个标准误的正向利率冲击以及负向利率冲击的脉冲响应。其中横坐标表示经济调整的期数,以月度为单位;纵坐标表示经济变量偏离稳态的百分比。

由图 8-8 可以看出,当中国房地产市场受到正向利率冲击时,一方面,房地产销售价格和房地产需求的反应较为相似,两者在初期(前 4 个月)会有正向的反应,且均在第 2 个月达到最大,其幅度分别约为 0.22% 和

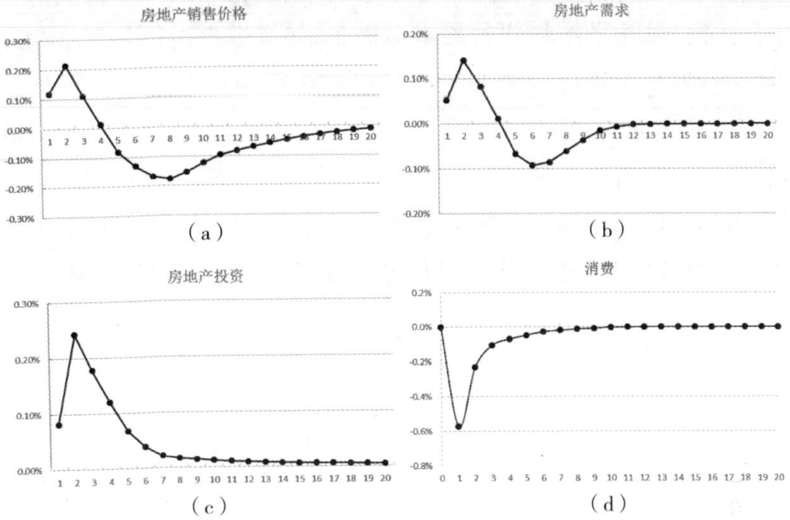

图 8-8　居民部门各变量对正向利率冲击的脉冲响应

0. 15%,之后逐渐出现负效应,并分别在第 8 个月和第 6 个月达到最大的负效应,如图 8-8(a)、(b)所示;另一方面,房地产投资会在第 2 期达到最大,约为 0.25%,之后慢慢收敛到 0,但值得一提的是,房地产投资在整个正向利率冲击脉冲效应的 20 期内均为正,如图 8-8(c)所示。这表明,在短期内,利率上升对中国的房地产市场的影响与对发达经济体的房地产市场的影响存在一定的差异,通常而言,对于发达经济体的房地产市场而言,加息政策短期往往会带来资产价格的挤出效应,从而抑制房价的上涨。而对于中国的房地产市场而言,利率上升短期内不但不能对房价产生平抑效果,反而会造成房价的进一步上涨。分析其内在逻辑,可能有如下三点原因:第一,从房地产需求的角度来看,房地产价格进入上涨通道后有明显的自我强化效应。也就是说,消费者面对房价的持续上涨会形成对未来房价进一步上涨、政策利率上调的预期,因此消费者为了资产保值以及避免未来支付更多的利息,会倾向于尽早购房,故利率的上升不能降低消费者对房地产的需求,反而会强化消费者对于未来政策利率上调的预期,从而造成短期内房地产需求的进一步上升,进而导致短期内房价的上涨。第二,从房地产投资的角度来看,因利率上升引起的融资成本的增加远不及投资房地产带来的超额利润,这会吸引大量资金进入房地产市场,而热钱的流入必定会进一步推高房价。第三,从房地产销售价格本身而言,如果中央银行上调贷款基准利率,房地产开发商会把部分增加的利息成本转嫁到房地产销售价格上从而保留其预期的利润空间,这也会导致房地产价格短期内的进一步上涨。总而言之,当房地产价格在房地产市场繁荣时期通常处于价格上升通道,短期内,货币当局难以采用提高利率的措施来平抑房地产价格,而且由于存在逆向激励效应,提高利率通常会造成房地产价格的进一步上升,甚至于更快上涨。

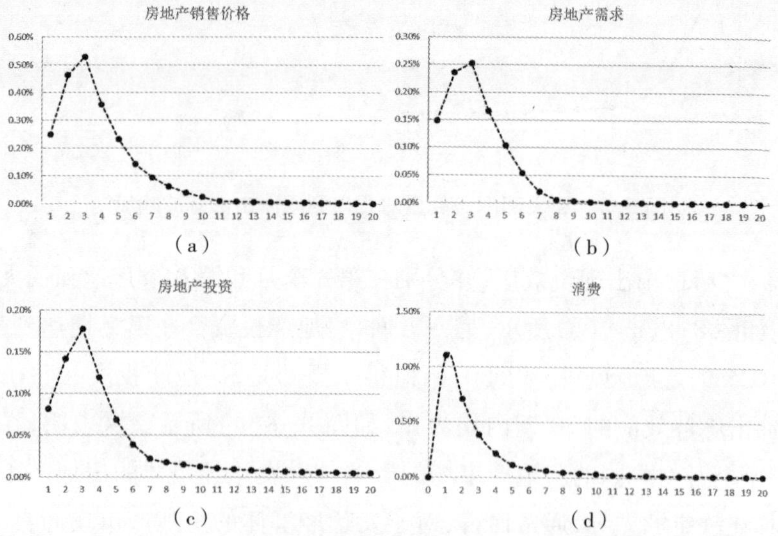

图 8-9　居民部门各变量对负向利率冲击的脉冲响应

图 8-9 表明,负向利率冲击对房地产销售价格、房地产需求和房地产投资均会产生正向的影响,且整个响应期内呈现出先上升后快速下降的态势,这与发达经济体的房地产市场反应基本一致。与正向利率冲击相比不同的是,三者对负向利率冲击的脉冲响应均是在第 3 个月达到最大值,分别约为 0.52%、0.25%和 0.18%,随后逐步回落直至收敛到 0。我们通过图 8-8 和图 8-9 的对比可以得到如下两点结论:第一,利率冲击对房地产价格上涨均存在一定的助推作用,但作用有限。因为房地产价格对正向和负向利率冲击的脉冲响应的峰值分别仅为 0.2%和 0.5%。第二,无论是正向利率冲击还是负向利率冲击,房地产销售价格和房地产需求的脉冲响应变动趋

势基本一致，这表明中国过高的房地产需求是房价持续走高的重要原因。

另外，利率冲击对居民部门消费的影响呈现非对称特征。结合图 8-8(d)和图 8-9(d)所示，利率下降对消费的刺激作用远大于利率上升对利率的抑制作用。具体而言，在负向利率冲击下，消费在短期内快速上升，也在第 1 期达到最大值，约为 1.2%，之后快速下降，下降幅度到第 10 期左右趋于平缓。而消费对于正向利率冲击的响应在第 1 期达到最小值，约为 -0.55%。可见，在作用强度上，负向利率冲击对消费的刺激作用约为正向利率冲击对消费的抑制作用的 2.4 倍。这可能是由于当前中国的储蓄率仍较高，利率下降会使得居民将储蓄转化为消费的边际倾向更大，但在高储蓄率的背景下，利率上升并不会使得居民再增加储蓄，从而造成利率变动对消费的非对称影响。也就是说，在中国，降低利率对消费的刺激作用大于提高利率对消费的抑制作用。

（二）方差分解

本节采用预测误差方差分解的方法进一步探讨利率冲击对房地产价格变化的贡献度。表 8-4 展示了基于 DSGE 模型的房地产价格变动的预测误差方差分解结果。由表 8-4 可知，利率冲击对房地产价格波动的贡献度随着时间不断减小，第 1 期的方差分解中，利率冲击对房地产价格波动的贡献度为 4.33%，第 10 期时为 4.21%，而在无限期的方差分解中，利率冲击对房地产价格波动的贡献度仅为 4.04%。这表明，从长期看，利率变动对房地产价格的上涨存在一定的助推作用，但作用并不十分显著。

表 8-4　基于 DSGE 模型的方差分解结果

期	冲击变量	R
1	q	4.33%
10	q	4.21%
∞	q	4.04%

五、结论

本节基于中国现实，构建了一个包含房地产市场的动态随机一般均衡

模型,并在此基础上运用脉冲响应分析和方差分解研究了中国利率变动对居民部门的影响问题。本节的研究结果表明:

第一,在消费方面,负向利率冲击(即降低利率)对消费的刺激作用约为正向利率冲击(即提高利率)对消费的抑制作用的 2.4 倍,这表明降低利率对消费的刺激作用大于提高利率对消费的抑制作用。

第二,从短期看,利率上升对房地产价格的平抑效果并不明显,且由于存在逆向激励效应,利率上升反而会造成房地产价格的进一步上升,甚至于更快上涨。而降低利率必然造成房地产价格的上涨。

第三,在无限期的方差分解中,利率冲击对房地产价格波动的贡献度仅为 4.04%。这意味着,从长期看,利率变动对房地产价格的影响并不十分显著。

第三节　利率变动对中国企业部门的影响

本节将研究利率变动对中国企业部门的影响。但需要指出的是,大量的实证分析(Allen、Qian 和 Qian,2005;Guariglia 和 Poncet,2008;Hasan、Wachtel 和 Zhou,2009)已充分证明,长期以来,中国的商业银行对于私营部门的扶持力度较小,绝大部分的银行信贷都用于支持国有部门的生产。这表明:中国的商业银行对非国有企业存在着信贷歧视问题,中国的国有企业相较于非国有企业在融资过程中更容易获取商业银行的信贷支持,这种特殊的信贷供给结构可被称为二元信贷供给结构。显然,这种二元信贷供给结构会对中国利率政策的有效性产生影响。

本节所要研究的问题是:在中国目前独特的二元信贷供给结构条件下,中国央行运用利率政策调节经济的效果是对称的或是非对称的?即中国央行降低利率或提高利率对产出和通货膨胀的作用效果和作用时间是对称的或是非对称的?以及利率的升降变动对于不同类型的企业(国有企业和非国有企业)的影响是对称的还是非对称的? 本节认为,研究以上这些问题有利于为中国央行在利率市场化条件下制定更有针对性的利率政策提供参考。

为此,本节将基于中国现实,构建包含异质性厂商和二元信贷供给结构的动态随机一般均衡模型(DSGE),并运用脉冲响应分析全面考察中国利率变动对国有企业与非国有企业部门的影响,并进而以此为基础分析利率变动对中国的就业及产出的影响。

一、模型构建

本小节在 Iacoviello(2005)以及 Chen 等(2005)的研究基础上,基于中国现实,建立包含异质性厂商和二元信贷供给结构的多部门动态随机一般均衡模型,模型主要包括家庭部门、企业部门、商业银行部门和中央银行四个部门。其中,家庭部门会为企业部门提供劳动力并获取劳动报酬,与上期从商业银行部门存款中所获得的本息一起共同支付本期消费以及本期存款。企业部门又可细分为最终品生产商和中间品生产商。中间品生产商使用其现有资本以及从家庭部门吸纳的劳动力来生产中间品,并向家庭部门支付工资。而最终品生产商会购买中间品并生产成为最终消费品出售给家庭部门;商业银行部门从家庭部门获得储蓄,其中一部分用于缴纳存款准备金,剩下的一部分储蓄加上其自身资本积累会由中间品生产商贷款用于工人的工资支付,并获取贷款利息、承担贷款风险;中央银行负责执行货币政策。

(一)家庭部门

假设家庭是连续、无限存在的个体,通过选择消费 C_t 和劳动供给 L_t 来最大化其期望效用:

$$E_0 \sum_{t=0}^{\infty} \{\beta_h^t \upsilon_t^c [(C_t^h)^{1-\sigma_h}/(1-\sigma_h) - L_t^{1+\varphi}/(1+\varphi)]\} \tag{8-63}$$

其中 E_0 为期望算子,$0 < \beta_h^t < 1$ 为家庭部门的折现因子,υ_t^c 表示家庭的消费边际效用,σ_h 为家庭消费的跨期替代弹性的倒数,φ 为劳动供给弹性的倒数。假定家庭部门的本期收入为工资收入 $w_t L_t$ 加上上期存款的本息和的折现值 $(1+i_{t-1}^d)D_{t-1}/\pi_t$,支出为消费和本期储蓄,则家庭部门预算

约束可表示为:

$$w_t L_t + (1 + i_{t-1}^d) D_{t-1} / \pi_t = C_t^h + D_t \tag{8-64}$$

其中,π_t 为通货膨胀率,i_t^d 为存款利率。求解以(8-63)式为目标函数、(8-64)式为约束条件的最优化问题一阶条件可得(8-65)式、(8-66)式:

$$(1 + i_t^d) \beta_h E_t [(C_{t+1}^h / C_t^h)^{-\sigma_h} \upsilon_{t+1} / \pi_{t+1} \upsilon_t] = 1 \tag{8-65}$$

$$w_t = (C_t^h)^{\sigma_h} L_t^{\varphi} \tag{8-66}$$

其中,(8-65)式是消费需求的欧拉方程,它表明家庭部门的消费与存款利率正相关,存款利率的下降会降低未来的消费水平。而(8-66)式是最优劳动供给方程,它表明家庭部门在工资提高的情况下愿意提高自身的劳动供给。

(二)企业部门

本节中的企业部门分为最终品生产商部门和中间品生产商部门,而中间品生产商部门又分为国有企业(G)和非国有企业(F),本节设定企业部门的折现因子 β_e 要小于家庭部门的折现因子 β_h,这主要由于企业部门相较于家庭部门的消费和存款更愿意在金融市场上进行投融资而推迟消费(李威和吕林江,2016)。

1. 最终品生产商

由于最终品生产商生产的产品是完全同质的,并且是完全竞争的,因此对于最终品生产商而言,假设其以 $P_t(j)$ 的价格购买中间品生产商生产的中间品 $Y_t(j)$,以 CES 的形式进行加总可得最终品生产商生产的最终产品:

$$Y_t = \left\{ \int_0^1 [Y_t(j)]^{(\theta-1)/\theta} dj \right\}^{\theta/(\theta-1)} \tag{8-67}$$

其中,θ 为中间产品的替代弹性。如果最终品生产商以 P_t 的价格进行销售,则最终品生产商依据利润最大化原则选择中间品的需求 $Y_t(j)$ 以及价格 P_t:

$$Y_t(j) = \mathrm{argmax} P_t \left\{ \int_0^1 [Y_t(j)]^{(\theta-1)/\theta} dj \right\}^{\theta/(\theta-1)} - \int_0^1 P_t(j) Y_t(j) dj \tag{8-68}$$

求解(8-67)式和(8-68)式得到 $Y_t(j) = [P_t(j) / P_t]^{-\theta} Y_t$,依此可以求得

最终品的价格 P_t :

$$P_t = \left\{\int_0^1 [P_t(j)]^{1-\theta}\right\}^{1/(1-\theta)} \tag{8-69}$$

2. 中间品生产商

本节假定每个中间品生产商生产的中间品都与其他中间品生产商生产的不同,因此可以合理地假设中间品生产商是具有定价能力的。本节引入垄断竞争模型,则两类中间品厂商 $j(j = G,F)$ 面临不同的社会平均生产技术 A_t^j (国有企业的生产技术要落后于非国有企业的生产技术,即 $A_t^G < A_t^F$),投入劳动 $L_t(j)$ 以及资本 $K_t(j)$ 生产中间品 $Y_t(j)$,其生产函数假定为 Cobb-Douglas 函数形式:

$$Y_t(j) = A_t^j [K_t(j)]^{\alpha} [L_t(j)]^{1-\alpha} \tag{8-70}$$

中间品生产商本期从商业银行获取融资,通过将中间品出售给最终品生产商获取收入,用于本期消费、劳动力支付、资本支付以及支付上一期的贷款本息和,则中间品生产商的目标函数为:

$$E_0 \sum_{t=0}^{\infty} \beta_{je}^t \upsilon_t^c (C_t^j)^{1-\sigma_e}/(1-\sigma_e) \tag{8-71}$$

则中间品生产商的预算约束为:

$$C_t^j + w_t^j L_t(j) + r_t^j K_t(j) + I_t^j + (1 + i_{t-1,j}^b) B_{t-1}^j / \pi_t = Y_t(j)/X_t + B_t^j \tag{8-72}$$

其中, r_t^j 和 w_t^j 分别表示资本价格和劳动价格, C_t^j 表示企业的消费, I_t^j 表示企业的投资,满足 $I_t^j = K_{t+1} - (1-\delta)K_t$, $1/X_t$ 表示中间品和最终品的价格比, B_t^j 为商业银行贷款。求解(8-71)式和(8-72)式的最优化问题的一阶条件:

$$w_t^j = (1-\alpha) Y_t(j) / X_t L_t(j) \tag{8-73}$$

$$r_t^j = \alpha Y_t(j) / X_t K_t(j) \tag{8-74}$$

$$(1-\alpha)/\alpha = w_t^j L_t(j) / r_t^j K_t(j) \tag{8-75}$$

$$1/(1 + i_{t,j}^b) = \beta_{je} [\upsilon_{t+1} (C_{t+1}^j / C_t^j)^{-\sigma_e} / \upsilon_t \pi_{t+1}] \tag{8-76}$$

(8-73)式是工资的决定方程,(8-74)式是资本价格的决定方程,(8-75)式是中间品生产商消费需求的欧拉方程。将(8-75)式和(8-76)式分别代入生产函数中,就可以得到中间品生产商的劳动需求和资本需求:

$$L_t(j) = Y_t(j)\ [r_t^j(1-\alpha)/\alpha w_t^j]^{\alpha}/A_t^j \tag{8-77}$$

$$K_t(j) = Y_t(j)\ [r_t^j(1-\alpha)/\alpha w_t^j]^{\alpha-1}/A_t^j \tag{8-78}$$

因此,中间品生产商生产 $Y_t(j)$ 数量的中间品所需要的总成本为:

$$TC_t^j = r_j K_t(j) + w_j L_t(j) = w_j\ [r_j(1-\alpha)/w_j\alpha]^{\alpha} Y_t(j)/(1-\alpha)A_t^j \tag{8-79}$$

则可以求出相应的边际成本:

$$MC_t^j = w_j\ [r_j(1-\alpha)/w_j\alpha]^{\alpha}/(1-\alpha)A_t^j \tag{8-80}$$

(8-80)式的经济学含义有如下两点:第一,同一类中间品生产商在 t 期的边际成本都相同,与单个中间品生产商 j 无关。第二,边际成本与融资成本 r_j 正相关,与生产效率 A_t^j 负相关,也就是说,企业的融资成本越高,边际成本越高;企业的生产效率越高,则边际成本越低。

本节根据 Calvo(1983)交错定价原则引入价格黏性,假设对于中间品生产商而言,在第 t 期,一旦价格确定之后,以 ρ 的概率保持不变到 $t+1$ 期,以 $1-\rho$ 的概率在 $t+1$ 期重新进行利润最大化定价。因此,在 t 期那些可以重新定价的企业通过选择 $P_t^*(j)$ 来进行下列最优化:

$$P_t^*(j) = \mathrm{argmax} E_t \sum_{0}^{\infty} \beta_e^i \rho^i [P_t^*(j) Y_{t+i}(j) - P_{t+i} MC_{t+i} Y_{t+i}(j)] \tag{8-81}$$

$$\text{s.t. } Y_{t+i}(j) = Y_{t+i}\ [P_{t+i}/P_t^*(j)]^{\theta} \tag{8-82}$$

求解上述最优化问题可得最优定价 $P_t^*(j)$:

$$P_t^*(j) = \theta E_t \sum_{i=0}^{\infty} \beta_e^i \rho^i [P_{t+i} MC_{t+i} Y_{t+i}(j)]/(\theta-1) E_t \sum_{i=0}^{\infty} \beta_e^i \rho^i Y_{t+i}(j) \tag{8-83}$$

结合 Calvo 交错定价原则,则价格水平的演变方式为:

$$P_t = [\rho P_{t-1}^{1-\theta} + (1-\rho) P_t^*\ (j)^{1-\theta}]^{1/(1-\theta)} \tag{8-84}$$

(三)商业银行部门

基于中国商业银行对国有企业和非国有企业不同信贷供给方式的二元信贷供给结构这一现实,并参考 Chen 等(2005)的研究,本节对二元信贷供给结构的刻画如下。

1. 商业银行对国有企业的信贷决策

商业银行从家庭部门吸收存款 D_t,其中一部分作为存款准备金,剩下的部分优先满足国有企业的信贷需求,假设商业银行对国有企业的贷款利

率为 $i_{t,G}^{b}$,则商业银行对国有企业信贷的目标函数为:

$$E_0\sum_{t=0}^{\infty}\beta_b^t[i_{t,G}^{b}B_t^G-i_t^dD_t^G+\chi_ti_t^rD_t^G-u_b^G(B_t^G)^2/2] \quad (8-85)$$

其中,B_t^G 为商业银行对国有企业的信贷规模,χ_t 为法定存款准备金率,i_t^d 为存款基准利率,i_t^r 为存款准备金利率,$u_b^G(B_t^G)^2/2$ 为商业银行对国有企业贷款的管理成本,它是关于 B_t^G 的函数。商业银行所面临的预算约束为:

$$B_t^G=(1-\chi_t)D_t^G \quad (8-86)$$

本节求得(8-85)式和(8-86)式组成的最优化问题可以得到商业银行对国有企业的贷款利率需满足(8-87)式:

$$i_{t,G}^{b}=(i_t^d-\chi_ti_t^r)/(1-\chi_t)+u_b^GB_t^G \quad (8-87)$$

2. 商业银行对非国有企业的信贷决策

商业银行在满足国有企业的贷款需求之后,再来对非国有企业的贷款供给进行决策,假设 $i_{t,F}^{b}$ 为商业银行对非国有企业的贷款利率,则商业银行对非国有企业的目标函数如下:

$$E_0\sum_{t=0}^{\infty}\beta_b^t[i_{t,F}^{b}B_t^F-i_t^dD_t^F+\chi_ti_t^rD_t^F-\varphi(B_t-B_t^{CB})^2/2Y_t-u_b^F(B_t^F)^2/2]$$

(8-88)

其中,B_t 为商业银行的总信贷规模,B_t^{CB} 为中央银行贷款规模控制目标,φ 为商业银行贷款规模超标的惩罚系数,$u_b^F(B_t^F)^2/2$ 为商业银行对非国有企业贷款的管理成本。商业银行对非国有部分的预算约束为:

$$B_t^F\leqslant(1-\chi_t)D_t^F \quad (8-89)$$

$$B_t=B_t^F+B_t^G,\ D_t=D_t^F+D_t^G \quad (8-90)$$

我们求解(8-88)式、(8-89)式和(8-90)式组成的最优化问题,可以得到商业银行对非国有企业贷款利率为:

$$i_{t,F}^{b}=(i_t^d-\chi_ti_t^r)/(1-\chi_t)+\varphi(B_t-B_t^{CB})/Y_t+u_b^FB_t^F \quad (8-91)$$

(8-87)式和(8-91)式表明:相对于国有企业而言,商业银行对非国有企业的贷款利率会更高,且随着中央银行对商业银行信贷规模超标的惩罚力度的增加而升高。

(四)中央银行

中央银行负责施行货币政策,中国央行货币政策的主要目标是保证币值稳定并以此促进经济增长,但随着次贷危机引发的国际金融危机的爆发,近年来许多学者的研究(如范从来和盛天翔,2012;Ozkan 和 Unsal,2012;肖卫国,2016)都表明,央行在制定货币政策时还要考虑到维护金融稳定。为此,本节将信贷规模对其稳态值的偏离($B_t/\tilde{B}$)纳入到央行的货币政策考虑因素之中,以反映中国央行在制定货币政策时实际上考虑到了维护金融稳定这一现实。为此,本节设定央行遵循以下形式的拓展泰勒规则来制定货币政策:

$$i_t^d = (i_{t-1}^d)^{\lambda_i}\left[\bar{i}^d(\pi_t/\tilde{\pi})^{\lambda_\pi}(Y_t/\tilde{Y})^{\lambda_Y}(B_t/\tilde{B})^{\lambda_B}\right]^{1-\lambda_i}e^{\varepsilon_t^i} \tag{8-92}$$

其中,$\tilde{\pi}$ 、$\tilde{Y}$ 和 $\tilde{B}$ 分别表示稳态时的通货膨胀、产出和信贷水平,λ_i 为利率平滑因子,λ_π 、λ_Y 和 λ_B 分别为央行对通货膨胀、产出以及信贷规模偏离其稳态值的反应程度,ε_t^i 表示随机的利率冲击。

需要指出的是,对于存款准备金率的设定,本节采用外生设定的方式,这主要是考虑到就当前而言,我们很难为存款准备金也设定一个针对主要宏观经济变量反应的货币政策规则,然而存款准备金率可以认为是央行调节经济中的流动性的一种工具,周炎和陈昆亭(2012)就实证研究表明中国存款准备金率的变动效应跟货币供应量的变动效应完全相反。这表明,就对实体经济的影响而言,中国存款准备金率的调节和货币供给量的调控方式并无本质区别。同时本节结合中国目前的实际情况,外生设定存款准备金率的稳态值为$\chi_t = 15\%$ 。

(五)市场均衡

当市场出清时,本节有如下等式:$Y_t = C_t^h + C_t^j + I_t^j$ ($j = G, F$)。至此,各经济主体均在各自预算约束下达到各自的效用最大化,同时受到中央银行货币政策规则和市场出清条件的约束,形成了一个大型方程组体系。

(六)模型求解

根据上述各部门的一阶最优条件和均衡条件求解模型的稳态,并校准稳态时的大部分参数值;然后利用对数线性化的方法,在稳态值附近进行对数线性化处理,得到模型的对数线性化系统;最后,求解模型,利用可观测数据,通过贝叶斯估计得到剩余其他参数的值。

二、参数估计

通常来说，对于 DSGE 模型中反映稳态特性的参数采用校准法来估计，而对于模型中反映动态特征的参数则需采用计量方法来估计。由于本节的重点是研究利率调整对经济带来的影响，因此参数的贝叶斯估计主要是放在货币政策规则上，其他参数值均根据现有文献采用参数校准的方式。

（一）参数校准

本节对于某些参数的校准将直接参考现有研究。需要作出说明的是，为了简便起见，本节参照刘斌的做法，把消费的跨期替代弹性做了统一，也就意味着 $\sigma_h=\sigma_e$ 。表 8-5 提供了稳态时部分有关参数的具体校准值、含义以及参考依据。

表 8-5 DSGE 模型的参数校准

含 义	参数	取值	参考依据
家庭主观贴现率	β_h	0.9950	刘斌
国有企业贴现率	β_e^G	0.9642	王去非等
非国有企业贴现率	β_e^F	0.9539	王去非等
消费贡献程度	υ	1	王去非等
消费跨期替代弹性倒数	σ_h 、σ_e	2	马理
劳动供给弹性倒数	φ	3	马理
不能调整价格的厂商比例	ρ	0.75	马理
资本投入比重	α	0.33	张卫平
季度资本折旧率	δ	0.035	刘斌
中间产品的替代弹性	θ	10	肖卫国等
存款准备金利率稳态值	i_{ss}^r	0.45%	王去非等
贷款总额和产出之比	B_{ss}/Y_{ss}	1.75	实际值
非国有企业产出占比	Y_{ss}^F/Y_{ss}	0.91	实际值
技术冲击一阶自回归系数	ω_a	0.81	李松华
成本冲击一阶自回归系数	ω_ψ	0.80	李松华
技术冲击标准差	σ_a	0.0356	李松华

续表

含　义	参数	取值	参考依据
成本冲击标准差	σ_ψ	0.0130	李松华
利率对信贷规模偏离的弹性	λ_B	0.24	戴金平

（二）贝叶斯估计

对于反映动态特征的参数，本节采用贝叶斯估计的方法。由于本节建立的模型包含三种外生冲击，所以在贝叶斯估计下使用产出、通货膨胀和利率三个观测变量构建量测方程组。本节的数据来源是国家统计局网站，中经网数据库以及 Wind 数据库，基于数据的可得性及中国的现实，本节的样本选择从 2005 年第一季度到 2019 年第四季度的季度数据，数据处理过程如下：(1)产出缺口：采用国内生产总值的季度均值剔除物价得到实际值，本节对其使用季节性调整之后，再使用 HP 滤波法对数据进行处理，分离出趋势因素和循环因素，最后根据实际产出与潜在产出之差来计算得到产出缺口。(2)通货膨胀缺口：CPI 的环比增长率去掉均值得到通货膨胀缺口。(3)基准利率：同业拆借利率的均值。贝叶斯估计结果如表 8-6 所示。

表 8-6　DSGE 模型的贝叶斯估计结果

含　义	参数	先验分布	后验均值	95%置信区间
货币政策利率平滑系数	λ_i	B [0.8,0.1]	0.8214	[0.5521,1.0907]
货币政策通货膨胀偏好	λ_π	G [0.5,0.2]	0.7027	[0.5041,0.9013]
货币政策产出缺口偏好	λ_Y	G [1.0,0.2]	1.4516	[1.2319,1.6712]

注：B 表示 Beta 分布，G 表示 Gamma 分布。

三、实证分析及稳健性检验

为全面考察中国利率变动对宏观经济的非对称影响，本节在动态随机一般均衡模型构建、参数校准和贝叶斯估计的基础上，从以下两个方面对利率变动的非对称效应进行研究：第一，本节考察不同类型企业的信贷规模、实际工资、投资、就业和产出在同方向利率变动冲击下的脉冲响应（见图

8–10 和图 8–11）；第二，本节考查经济中总产出、投资、就业及通货膨胀在正、负向利率冲击下的脉冲响应（见图 8–12）。其中，横坐标表示经济调整的期数，以季度为单位；纵坐标表示经济变量偏离稳态的值。

（一）利率变动对不同类型企业的非对称影响

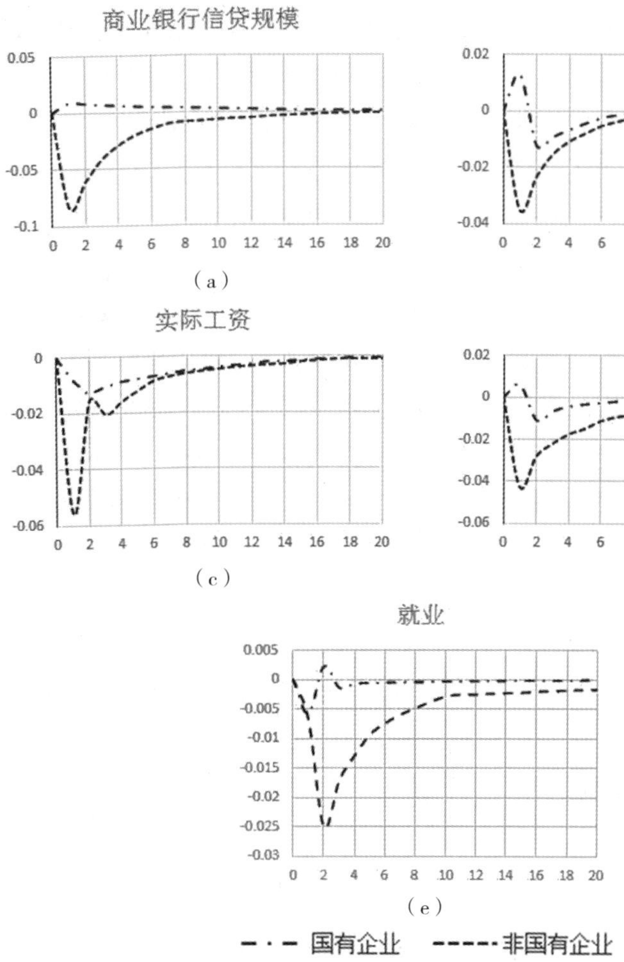

图 8–10　正向利率冲击下不同类型企业主要经济变量的脉冲响应

图 8–10 比较了正向利率冲击下不同类型企业的信贷规模、实际工资、投资、就业和产出的脉冲响应。从图 8–10 中可以看出，由于中国当前的产权制度及其所决定的二元信贷供给结构，正向利率冲击对不同类型企业的

产出、实际工资、投资和就业虽然在作用方向上具有一定的对称性,但在作用强度上具有明显的非对称特征,而商业银行对不同类型企业的信贷规模无论是从作用方向还是作用强度以及作用时间跨度上都具有明显的非对称性。具体而言,在正向利率冲击下,商业银行对非国有企业的信贷规模在初期有明显的下降,幅度大约为8%,之后缓慢回升,直到第10期才基本趋于稳态。但对国有企业的信贷规模几乎没有影响,甚至略有上升,如图8-10(a)所示。非国有企业的产出在正向利率冲击下降幅约为-3.5%,其降幅约为国有企业产出在正向利率冲击下降幅的2倍,如图8-10(b)所示。非国有企业的实际工资在正向利率冲击下的降幅约为国有企业实际工资在正向利率冲击下降幅的4倍,如图8-10(c)所示。投资的情况和产出基本类似,如图8-10(d)所示。在就业方面,如图8-10(e)所示,非国有企业就业在受到正向利率冲击时初期快速下降,下降幅度为2.5%,虽然之后开始逐步回升,但从长期看,利率上升对非国有企业就业有显著的负向影响;相比而言,由于商业银行会优先满足国有企业的贷款需求,同时国有企业自身也存在更为广泛的融资渠道能够获得资金,国有企业就业在第1期达到最小值-0.5%之后有所反弹,在第3期开始趋于平稳,从长期来看,正向利率冲击对国有企业的就业也表现为负向影响。

通过分析其内在逻辑不难发现,利率冲击对国有企业和非国有企业产出的非对称影响主要是通过两种传导渠道造成的:首先是商业银行的信贷渠道。由于中国存在二元信贷供给结构,商业银行优先满足国有企业的贷款需求,在这种情况下,一旦出现利率上升且商业银行的信贷总供给减少的情况,商业银行首先会减少对非国有企业的信贷供给,这就导致非国有企业更加难以获得信贷支持,因而非国有企业的投资及产出会受到较大程度的抑制。其次是利率变动的成本渠道,即利率上升会导致非国有企业的融资成本上升。由于非国有企业对利率的变动更敏感,因此,利率上升会导致非国有企业的投资和就业下降,进而导致非国有企业的产出下降;而国有企业对利率的变动并不十分敏感,因此,利率上升对国有企业投资及产出的影响弱于非国有企业,结果自然出现非国有企业的产出在正向利率冲击下的降幅为国有企业的2倍,且非国有企业的实际工资在正向利率冲击下的降幅约为国有企业实际工资在正向利率冲击下降幅的4倍这一现象。

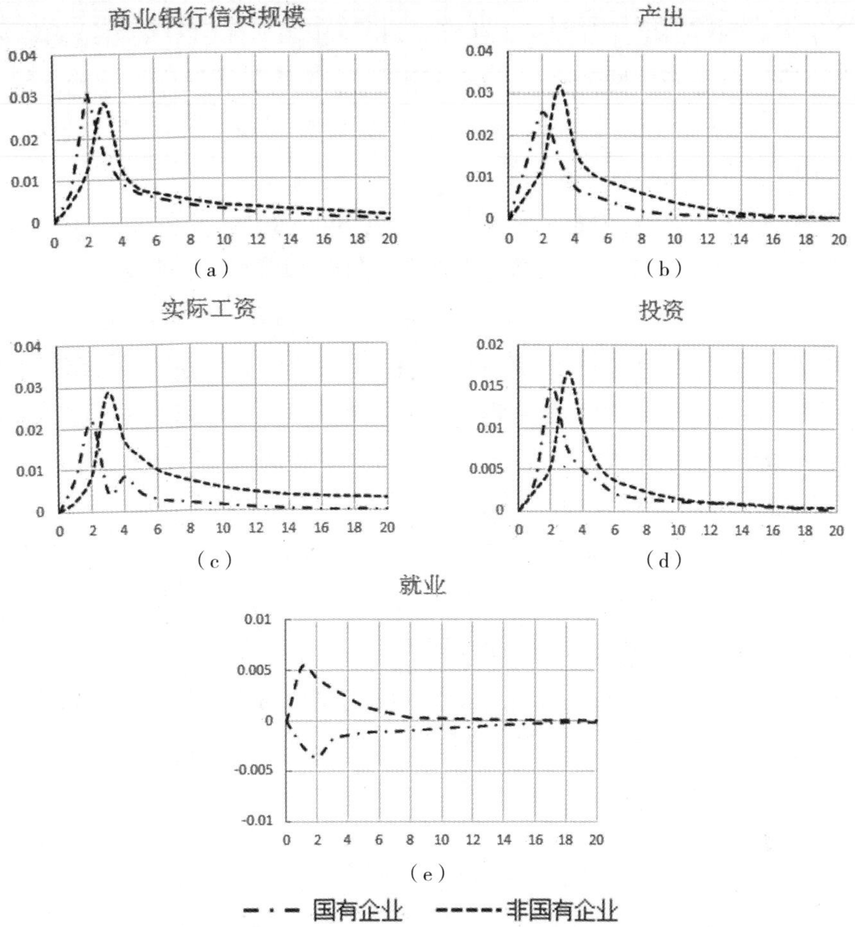

图 8-11　负向利率冲击下不同类型企业主要经济变量的脉冲响应

图 8-11 比较了负向利率冲击下不同类型企业商业银行信贷规模、实际工资、投资、就业和产出的脉冲响应。在作用方向上,利率下降对国有企业和非国有企业信贷规模、实际工资、投资和产出的影响具有一致性,但对两种类型企业的就业具有明显的非对称影响。具体而言,利率下降对国有企业和非国有企业的商业银行信贷规模、产出、实际工资和投资都具有正向作用。但在作用时间上两者具有差异性,我们发现,在负向利率冲击下,国有企业各主要经济变量都在第 2 期达到最大值,而非国有企业各主要经济变量则要落后一期,在第 3 期才达到最大值。这主要是因为利率下降对于

产出在短期内具有一定的刺激作用,且提供了更宽松的融资环境,因此企业都有增大的融资需求并进而扩大生产,但由于中国二元信贷供给结构特征,商业银行面对不同类型企业增大的融资需求,依然会优先满足国有企业的融资需求,再满足非国有企业的融资需求,因此体现在各主要经济变量达到最大值时间上的先后。

但值得注意的是,利率下降对国有企业和非国有企业就业存在非对称影响,如图 8-11(e)所示。在负向利率冲击下,非国有企业就业在第 1 期上升到最大值,约为 0.55%,之后快速下降,在第 10 期左右下降幅度趋于平缓;但负向利率冲击对国有企业就业却有负向影响,国有企业就业在初期快速下降,在第 2 期达到负向最大值,约为-0.4%,从第 6 期开始趋于平缓,并表现出长期的负向影响。这表明相对于国有企业而言,非国有企业因为市场化程度较高且有较高的生产率,利率下降通过提供宽松的融资环境能够显著刺激非国有企业就业,而非国有企业就业的增加会同时挤压国有企业就业。

(二)利率变动对主要宏观经济变量的非对称影响

图 8-12 显示了一单位标准差的正向利率冲击对投资、就业、通货膨胀和总产出产生负向影响,而一单位标准差的负向利率冲击对投资、就业、通货膨胀及总产出产生正向影响,但两者在影响强度和影响时间方面均具有明显的非对称性。

首先,如图 8-12(b)所示,利率变动对投资的影响呈现出明显的非对称性。在作用强度方面,负向利率冲击对于投资的刺激作用远不如正向利率冲击对于投资的抑制作用。具体而言,在正向利率冲击下,投资在初期快速下降,并在第 2 期达到最小值-4%,之后快速上升,上升幅度在第 10 期趋于平缓,从长期来看,利率上升对投资具有显著的负向影响;而在负向利率冲击下,由于受商业银行的二元信贷供给结构的影响,相对于正向利率冲击,投资会滞后一期,即在第 3 期达到最大值,约为 2.5%,之后缓慢下降,到第 14 期左右收敛到 0,在作用强度方面,利率上升对投资的抑制作用约为利率下降对投资刺激作用的 1.5 倍。

其次,如图 8-12(c)所示,在正向利率冲击下,就业在第 2 期达到最小值,约为-2.3%,之后缓慢回升,正向利率冲击对就业表现为长期的负向影

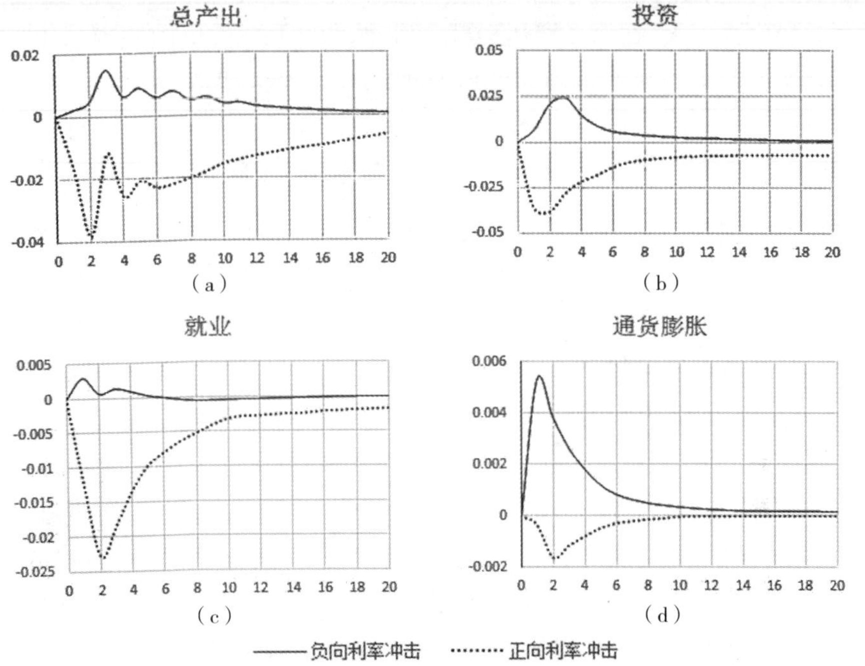

图 8-12　不同方向利率冲击对总产出、投资、就业和通货膨胀的影响

响;在负向利率冲击下,就业在第 1 期达到最大值,约为 0.3%,之后波动式回落,相比而言,利率上升带来的就业下降幅度要远大于利率下降带来的就业上升幅度,这主要是因为利率上升带来融资成本的提高,同时由于非国有企业在融资渠道方面的匮乏使得其就业量在利率上升时大幅萎缩。而利率下降虽然会在一定程度上缓解非国有企业融资贵的问题,提升非国有企业的就业,但随着效率较高的非国有企业占领市场,效率较低的国有企业的就业会因此受到较大的挤压,因此从总的就业来看,由于国有企业就业的下降会抵消一部分非国有企业就业的上升,进而导致利率下降带来的就业上升幅度小于利率上升带来的就业下降幅度。

再次,如图 8-12(d)所示,一方面,负向利率冲击刺激通货膨胀的效果较明显。通货膨胀对于负向利率冲击的响应在短期内快速上升,在第 1 期就达到最大值,约为 0.55%,之后快速下降,下降速度从第 8 期开始趋于平缓。另一方面,正向利率冲击抑制通货膨胀的效果并不明显。如图

8-12(d)所示,通货膨胀对于正向利率冲击的响应在整个脉冲响应20期内的波动幅度并不大,在第2期达到最小值,约为0.18%。负向利率冲击刺激通货膨胀的效果约为正向利率冲击抑制通货膨胀的效果的3倍。

最后,利率变动对总产出的影响也呈现出明显的非对称性。具体如图8-12(a)所示,一方面,在负向利率冲击下,总产出在初期上升,并在第3期达到最大值,约为1.5%,之后波动式下降,从中长期来看,负向利率冲击对经济总产出的影响并不明显。这可能是由于在负向利率冲击下,由于非国有企业也能获得一定的融资支持,而非国有企业效率较高,因此,负向利率冲击能够在短期内刺激总产出上升。但是,由于二元信贷供给结构的存在,因此,在中长期内,大量的贷款仍然主要流向效率较低的国有企业,且因为负向利率冲击对国有企业更有利,这就使得负向利率冲击中长期刺激总产出的效果并不明显。另一方面,由于二元信贷供给结构的存在,商业银行会优先满足国有企业的贷款需求,因此,一旦出现利率上升且商业银行的信贷总供给减少的情况,商业银行首先会减少对非国有企业的信贷供给,因而非国有企业的投资及产出会受到较大程度的抑制。这样,正向利率冲击就自然会使总产出明显下降。图8-12(a)显示,正向利率冲击使总产出在短期内快速下降,并在第2期达到最小值,约为-4%,之后波动式回升,从第10期开始,回升幅度趋于平缓,可见,从中长期来看,正向利率冲击对于总产出的负向作用十分明显。具体而言,在作用强度上,正向利率冲击对于产出的抑制作用约是负向利率冲击对于产出的刺激作用的2.6倍。

由上一章对居民部门消费的考察和前两节的脉冲响应分析,我们可以厘清利率变动对中国各主要宏观经济变量影响的渠道,并基于此分析产生非对称效应的具体机制。

首先,结合上一章研究的利率变动对居民部门消费的影响,利率变动对产出的非对称效应主要通过以下两个渠道造成:一个是“利率—消费—产出”渠道。当经济体受到正向利率冲击的影响时,即政策利率上升,由于政策利率是基准利率,其上升会使得包括存贷款利率在内的其他利率随之上升。一方面,从机会成本的角度来看,存款利率的上升提高了对家庭储蓄的利息补偿,这也意味着当期家庭持有货币的机会成本增大,在当期消费和未来消费的选择中,家庭更倾向于选择未来消费,家庭的实际货币余额需求降低，因此当利率上升时，家庭会选择减少消费，增加储蓄，进而造成产出的下降。另一方面，根据现代消费理论，利率变动对于消费的影响存在不确定性。具体来说，利率变动对家庭消费支出既有替代效应又有收入效应，且两种作用方向是相反的。利率对消费的替代效应是指利率上升导致家庭用储蓄（未来消费）替代现期消费，其结果导致消费下降。利率对消费的收入效应是指利率上升导致居民利息收入增加，收入增加又促进了个人当期消费支出的增加，其结果导致消费上升。由于在中国是替代效应大于收入效应，因此两方面同向作用的结果是利率上升会导致居民减少当前消费支出，从而导致社会的有效需求减少，进而造成产出的减少。

另一个是"利率—投资—产出"渠道。由于贷款利率决定企业的融资成本，那么从企业投资的角度讲，利率变动的影响主要体现在两个方面：一方面，利率变动影响投资规模；另一方面，利率变动影响投资效率。新古典投资理论认为，在市场有效的前提下，企业投资决定于资本的边际效率、资本的获得成本和产出品的价格。利率作为企业资本使用成本的代理变量，利率水平构成企业投资的成本约束。仍以正向利率冲击为例，利率上升意味着企业投资成本的上升，若企业预期的投资收益不发生逆转性变动，那么企业投资就会因其投资成本的上升而受到影响。在此情况下，企业投资规模将一直缩减至资本边际效率上升到当前利率水平时为止。而根据凯恩斯理论，投资下降会导致社会的有效需求减少，从而造成产出水平的下降。

事实上，二元信贷供给结构下的利率变动对产出的非对称影响就主要体现在"利率—投资—产出"渠道的利率变动影响投资规模这一方面，具体而言，在二元信贷供给结构下，商业银行为了保证对国有企业的信贷支持，首先会选择缩减对非国有企业的信贷规模，非国有企业因此面临更紧的信贷约束，无法获得足够的信贷支持用以生产，从而导致非国有企业的投资和就业大幅下降，其产出水平随之大幅降低。虽然国有企业的投资和就业在初期仍能够得到一定的保证，但由于非国有企业在融资成本和信贷支持两方面受到的极大限制及其导致的整体经济效率的降低，中长期内国有企业的投资和就业水平均会下降，进而造成社会总需求的降低，最终造成总产出的大幅减少。反之，当利率下降时，虽然融资成本会降低，但面对国有企业和非国有企业同时增大的融资需求，在二元信贷供给结构下，商业银行会优先满足国有企业的信贷需求，再满足非国有企业的信贷需求，这也体现在上述脉冲响应分析图中，国有企业的投资和就业会先于非国有企业的投资和就业上升，从而导致两者产出水平在受到负向利率冲击后达到最高点时间上的先后。总而言之，由于商业银行二元信贷供给结构的存在，利率上升先抑制的是生产效率较高的非国有企业的投资，而利率下降则先刺激生产效率较低的国有企业的投资，因此生产效率上的差异造成利率下降对总产出的刺激效果不如利率上升对总产出的抑制效果明显。

其次，利率变动对就业的影响渠道有两方面：一方面是利率变动会通过消费、投资影响总需求，即需求效应。以正向利率冲击为例，利率上升会导致消费和投资的萎缩从而造成总需求的减少，进而造成就业水平的下降。另一方面是所谓的替代效应，正如之前我们所提到的，政策利率的上升会带来贷款利率的上升从而造成融资成本的上升，那么随着资金使用价格的升高，劳动力价格相对来说变便宜了，因此在决定要素投入组合时，企业此时会选择更多地增加其劳动需求来生产商品以获得更多的利润，就业水平因此上升。反之则反是。也就是说，需求效应和替代效应的相对大小决定了利率变动对就业的影响方向。但根据国内大多数学者的研究表明，中国利率变动的需求效应较为显著，且要远大于替代效应，因此，利率变动与就业呈反向变动关系。基于此，我们不难分析出利率变动对就业的非对称效应就主要体现在利率变动对就业影响的需求效应上。具体而言，利率变动对就业的非对称影响主要体现在由于利率上升带来融资成本的提高，同时由于非国有企业在融资渠道方面的匮乏使得其投资在利率上升时大幅萎缩，此时国有企业和非国有企业均会选择缩小其生产规模进而降低劳动需求。而利率下降虽然会在一定程度上缓解非国有企业融资贵的问题，提升非国有企业的投资，非国有企业会选择扩大生产，从而提高非国有企业的劳动需求，但随着效率较高的非国有企业占领市场，效率较低的国有企业的就业会因此受到较大的挤压，因此从总的就业来看，由于国有企业就业的下降会抵消一部分非国有企业就业的上升，进而导致利率下降带来的就业上升幅度小于利率上升带来的就业下降幅度。

最后，利率变动对通货膨胀的影响渠道是：一方面利率上升会强化人们对于货币政策趋紧的预期，商业银行会缩减其信贷规模，市场中总的流通资金减少，通货膨胀能够得到抑制；另一方面是成本渠道，即政策利率的上升会带动贷款利率的上升，从而增加国有企业和非国有企业融资成本，根据模型中的设定，企业融资成本的上升会反映到商品的边际成本的提高上，最终反映到其商品价格的提高上，而商品价格的提高意味着企业将一部分成本的增加转嫁到家庭（消费者），各类商品价格的上涨会引起相对价格上涨，进而会刺激通货膨胀的加剧。两种渠道的作用效果相反，因此孰大孰小将决定利率与通货膨胀是同向变动还是反向变动。反之则反是。基于此，我们就可以从二元信贷供给的角度解释利率变动对通货膨胀非对称影响的具体机制：当利率上升时，紧缩性货币政策预期下，商业银行会缩减其信贷规模，而在二元信贷供给结构下非国有企业的信贷规模会首先受到缩减，因此非国有企业的投资和产出均受到限制，从而意味着能够获得足够信贷资金支持的国有企业在市场上拥有更大的定价权，因此国有企业会将利率上升带来的成本增加更多地反映在商品价格上，从而引起相对价格的上涨，此时价格普涨带来的通货膨胀上升会更多地抵消因信贷资金减少带来的通胀下降。反之，当利率下降时，融资成本降低，国有企业和非国有企业均有扩大生产的需求，但由于二元信贷供给结构的影响，商业银行会首先满足效率较低的国有企业增大的信贷需求，效率较高的非国有企业的信贷需求则可能无法得到全部满足，而效率较高的非国有企业由于其市场化程度较高，竞争更为激烈，因此同等情况下，其商品价格要比国有企业的商品价格低，这意味着在非国有企业信贷需求无法得到全部满足的情况下，市场中的商品价格的降低幅度远没有利率上升时市场中商品价格的升高幅度大，此时商品价格的下降会更少地抵消因市场上流通资金变多所导致的通胀上升。这就造成了利率上升对通货膨胀的抑制效果不如利率下降对通货膨胀的刺激效果显著的结果。

（三）稳健性检验

上述脉冲响应的结果是在特定参数下获得的，参数值的设定对于脉冲响应的结果可能会有一定的影响，因此需要对参数的设定进行敏感性分析，检查参数取值的改变是否会对本节主要结论产生影响。本节以关键参数存款准备金率 x_t 为例，这是因为存款准备金率在一定程度上会影响银行的信贷供给。本节分别选取 x_t 的三个值 12.50%、15.00%和 17.50%进行敏感性分析,以观察本节结论对于 x_t 取值的稳健性。从敏感性分析的结果来看(见图 8-13、图 8-14),模型中考察的主要变量的变化方向、趋势以及相对变化程度基本没有改变,由此可见,本节实证分析结果对参数 x_t 具有稳健性①。本节还对其他参数进行了敏感性分析,分析结果均表明结果是稳健的。鉴于本节参数过多,篇幅有限,在此不再赘述。

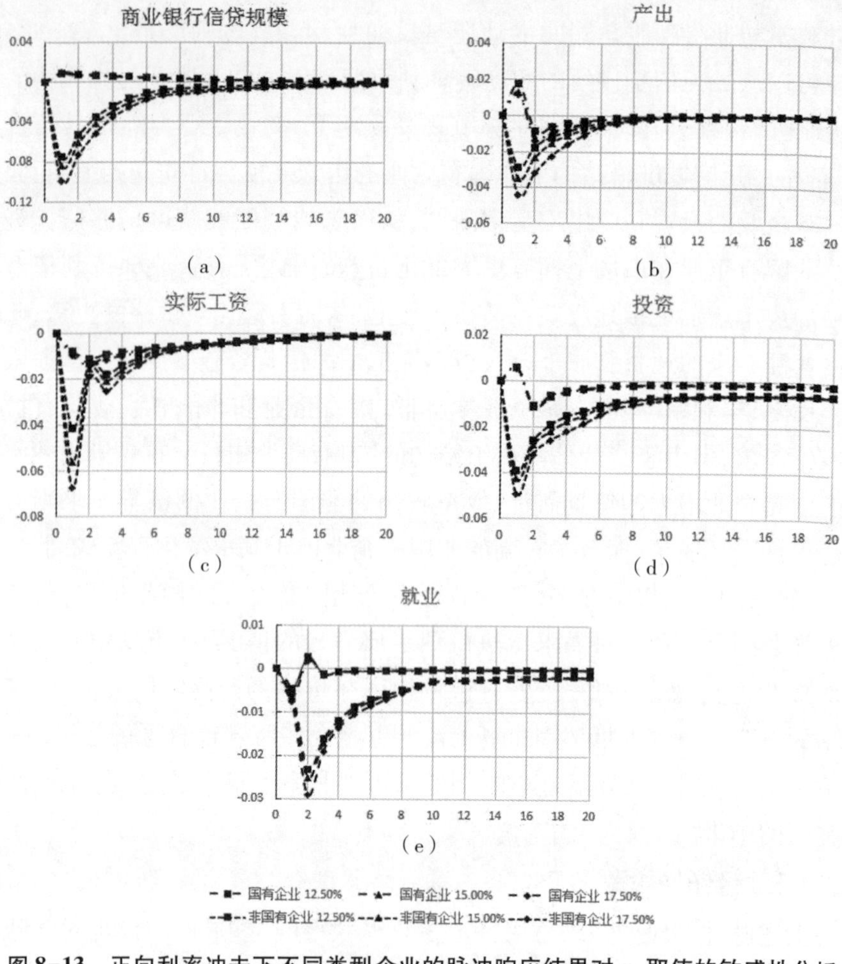

图 8-13　正向利率冲击下不同类型企业的脉冲响应结果对 x_t 取值的敏感性分析

① 负向利率冲击下不同类型企业主要经济变量的脉冲响应结果对于 x_t 取值的敏感性分析也是稳健的,限于篇幅,本节没有列出。

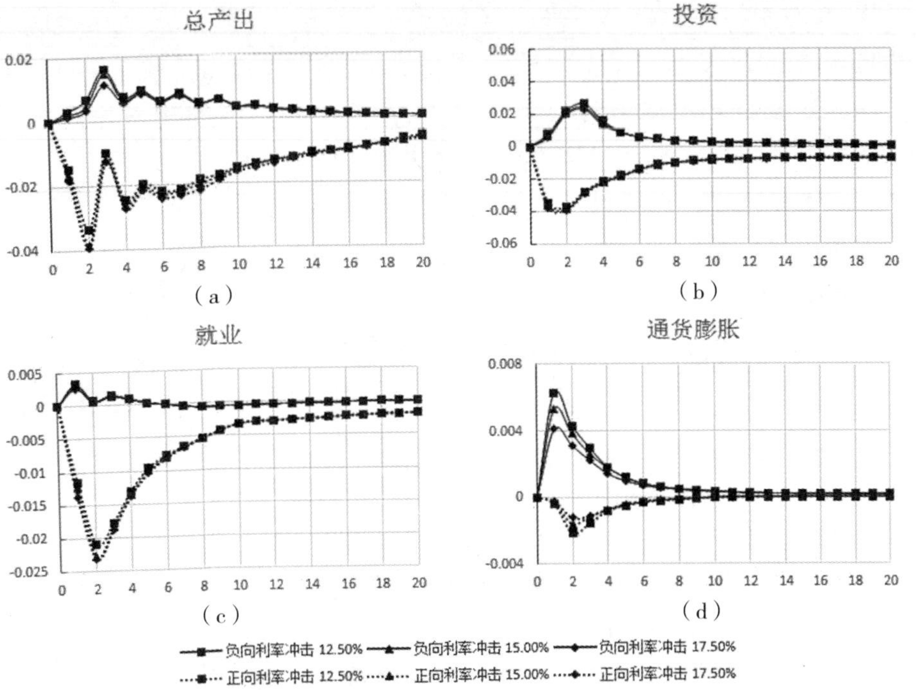

图 8-14　不同方向利率冲击下各宏观经济变量的脉冲响应结果对 x_t 取值的敏感性分析

注：图中“负向利率冲击 12.50%”表示 x_t = 12.50 时负向利率冲击给总产出、通货膨胀、就业和投资带来的影响。其他图例解释类似。

四、结论及建议

本节基于中国的现实，在动态随机一般均衡框架中引入异质性厂商和二元信贷供给结构，并在此基础上考察了利率变动对总产出和通货膨胀的非对称效应以及利率变动对不同类型企业的非对称影响，本节研究结果表明：由于中国的金融体系过于偏向对国有企业的支持，中国的国有企业相较于非国有企业在融资过程中更容易获取商业银行的信贷支持，因此，从长期来看，中国利率变动对企业部门及宏观经济的影响具有以下特点：

（一）紧缩性利率政策对非国有企业带来的负向效应较为显著

由于中国的金融体系过于偏向对国有企业的支持，因此，正向利率冲击（即利率上升的紧缩性政策）对国有企业融资规模的负向冲击效应并不明显，但对非国有企业的信贷规模却具有显著的负向冲击作用。这意味着:相对于国有企业,紧缩性利率政策对非国有企业带来的负向效应较为显著。

(二)负向利率冲击对社会总投资、就业及总产出的刺激作用不如正向利率冲击对社会总投资、就业及总产出的抑制效果明显

由于中国的金融体系过于偏向对国有企业的支持,且国有企业对利率的变动并不十分敏感,因此,在正向利率冲击的情况下,对国有企业融资规模的负向冲击效应并不明显,因而对国有企业的投资及产出影响不明显,但在这种情况下,对利率变动敏感的非国有企业不但面临更紧的信贷约束,而且还面临融资成本上升的冲击,结果导致非国有企业的融资规模显著下降,进而造成非国有企业的投资、就业及产出水平大幅降低。因此,正向利率冲击对全社会总投资、就业及总产出的抑制作用明显。

反之,在负向利率冲击(即利率下降的扩张性政策)的情况下,虽然因融资环境的改善及融资成本的降低,效率较高的非国有企业能获得较多的融资,会使非国有企业的投资、就业及产出规模扩大,但由于效率较低的国有企业在利率下降的扩张性政策条件下能够获得更多的融资,大量的贷款仍然主要流向效率较低的国有企业,因此,这就使得负向利率冲击中长期刺激总产出的效果并不明显,结果就导致负向利率冲击对社会总投资、就业及总产出的刺激作用不如正向利率冲击对社会总投资、就业及总产出的抑制效果明显。

本节的实证分析结果已表明:利率上升对投资的抑制作用约为利率下降对投资刺激作用的1.5倍,利率上升对产出的抑制作用约是利率下降对产出刺激作用的2.6倍。这意味着,在中国,负向利率冲击对社会总投资、就业及总产出的刺激作用不如正向利率冲击对社会总投资、就业及总产出的抑制效果明显。

(三)利率上升对通货膨胀的抑制效果并不明显,但却会显著地抑制总产出

由于中国的金融体系过于偏向对国有企业的支持,而国有企业因不承担破产的最终财产责任而对利率的变动并不敏感,同时国有企业的效率也相对较低,因此,在这种情况下,利率的上升并不能够有效地抑制国有企业的投资需求。此外,由于一些国有企业效率较低,不得不将因利率上升所造成的成本上升更多地反映在商品价格上,这就导致利率上升对通货膨胀的抑制效果在中国并不明显。此外,由于国有企业不承担亏损或破产的财产责任因而没有内在的压力消化利率成本的上升,效率较高的非国有企业又难以获得贷款的情况下,利率的上升显然会较显著地抑制总产出。

(四)降低利率并不能显著地刺激总产出上升,却会刺激通货膨胀显著上升

由于中国的金融体系过于偏向对国有企业的支持,同时国有企业的效率也相对较低,在扩张性的负向利率冲击下,由于大量的资源会流向效率较低的国有企业,因此,降低利率虽然在短期对总产出有一定的刺激作用,但从长期来看,利率的降低并不能显著地刺激总产出的上升。同时,在扩张性的负向利率冲击下,由于大量的资源会流向效率较低的国有企业,因而往往出现"投入多、产出少"的问题,结果容易出现因总需求超过总供给而形成的需求拉上型的通货膨胀。这意味着,在中国,利率下降刺激通货膨胀的效果较为显著。从长期来看,利率下降刺激通货膨胀的效果约为利率上升抑制通货膨胀效果的3倍。

基于以上研究结果,本书提出以下政策建议:

(1)中国要使利率的市场化改革达到最大的效果,即一方面既能发挥提高利率以抑制通胀的功能,同时又能避免其过度压抑经济增长;另一方面既能充分发挥降低利率以刺激经济增长的作用,同时避免利率下降引起通胀,中国就必须在制度改革方面(特别是在产权制度改革方面)有重大突破,以真正建立起公平竞争的市场机制,让所有的企业(包括国有企业和非国有企业,特别是私营企业及中小型企业等)在金融市场上、在市场利率这把"筛子"下公平竞争,彻底打破中国金融机构大量向国有企业提供信贷支持而对非国有企业存在信贷歧视的二元信贷结构,促使中国的商业银行完全根据企业的效率高低、信用状况、风险大小以及长远的发展前景,而不是根据企业的产权性质来提供信贷支持及其他金融服务,从而让那些真正有效率的企业能够在市场利率这把"筛子"下脱颖而出,进而使资源流向效率最好的企业或用途上。只有这样,才能充分发挥降低利率以刺激经济增长的作用,同时又有利于避免利率上升过度压抑经济增长,从而真正提升利率市场化的效果。

(2)基于中国利率变动效应的非对称性,中央银行应该实行以下政策组合:在经济下滑时,为刺激经济增长,可采取降低利率,但稳定货币供应(即不减少货币供应量(以避免经济进一步衰退),同时也不增长货币供应量(以避免通货膨胀)的政策组合;而在经济过热时为抑制通货膨胀,则采取不增加货币供应(以避免通货膨胀),但提高利率的政策组合,以通过利率这把"筛子",促使只有高效率的企业才能获得资源而低效率的企业将被淘汰,从而提高资源的利用效率,进而实现经济的高质量发展。

第四节　利率变动的结构效应

值得指出的是,由于制度因素的长期影响,导致中国存在复杂多元的异质性经济结构,如中国存在着国有企业、股份制企业、民营企业及外资企业等不同所有制类型的企业。同时,由于国有企业的所有者是政府,在政府的保护或隐性担保下,国有企业一直享受着各种政策优惠,且许多国有企业占据着垄断行业,而民营企业一般处于竞争性行业,国有企业和民营企业处于不同的竞争地位。显然,在这种异质性经济结构突出的经济体中,作为总量调节的利率这一价格工具的运用,在实践中是否会因对不同类型的企业或行业产生不同影响所产生的结构效应而影响利率工具的调控效率或甚至带来相反的效果? 这也是一个值得我们研究的问题。

利率的成本渠道效应理论认为,利率水平的高低及变动会影响企业的融资成本及投资成本,由于中国存在复杂多元的异质性经济结构,因此,利率水平的高低及变动显然会影响不同行业或企业的融资成本。这意味着,在中国,作为总量调节的利率这一价格工具会因对不同类型的企业或行业产生不同影响而产生结构效应。基于此,本节将基于利率的成本传导渠道,从供给面及微观经济的角度来分析利率高低及变动在中国异质性经济结构中的具体作用机制。

一、模型构建

由于利率成本传导渠道是以生产过程中需要使用的净营运资本(存货+应收账款-应付账款)为基础的,因此,本书参考 Bils 和 Chang(2000)、Gaiotti 和 Secchi(2006)的思路构造一个价格函数。

假设商品市场是垄断竞争的,企业生产商品使用边际成本加成定价法定价;要素市场是完全竞争的,企业是要素价格的接受者,生产要素包括劳动力、资本和原材料。产出函数如下:

$$Y_t = A_t M_t^{\delta} N_t^{\beta} K_t^{\alpha} \tag{8-93}$$

其中,A_t 为生产技术,M_t 为原材料,N_t 为劳动力,K_t为资本。

为了引入成本渠道,假设在每一个生产阶段,有比例为 k_M 的原材料成本作为营运资本提前投入,有比例为 k_N 的工资需要提前支付,这两部分前期成本投入要以利率 r_t 来对外融资获取资金实现。

接着,设原材料价格、劳动薪酬和资产的价格分别为v_t、w_t 和 c_t ,故生产总成本写为:

$$C_t = v_t M_t(1 + k_M r_t) + w_t N_t(1 + k_N r_t) + c_t K_t \tag{8-94}$$

则成本最小化问题描述为:

$$\min_{\{M_t, N_t, K_t\}} C_t \tag{8-95}$$

$$\text{s.t. } Y_t = A_t M_t^{\delta} N_t^{\beta} K_t^{\alpha} \tag{8-96}$$

首先定义:

$$v_t' = v_t(1 + k_M r_t) \tag{8-97}$$

$$w_t' = w_t(1 + k_N r_t) \tag{8-98}$$

两边取对数变化为:

$$\dot{v}_t' = \dot{v}_t + \Delta\log(1 + k_M r_t) \cong \dot{v}_t + k_M \Delta r_t \tag{8-99}$$

$$\dot{w}_t' = \dot{w}_t + \Delta\log(1 + k_N r_t) \cong \dot{w}_t + k_N \Delta r_t \tag{8-100}$$

则总成本重新写为:

$$C_t = v_t' M_t + w_t' N_t + c_t K_t \tag{8-101}$$

企业的成本最小化问题的一阶条件意味着:

$$N_t = (A^{-1} y_t)^{\frac{1}{\delta+\alpha+\beta}} \left[\left(\frac{\beta c_t}{\alpha w_t'} \right)^{\alpha} \left(\frac{\beta v_t'}{\delta w_t'} \right)^{\delta} \right]^{\frac{1}{\delta+\alpha+\beta}} \tag{8-102}$$

$$K_t = \left(\frac{\alpha w_t^{'}}{\beta c_t}\right) N_t \tag{8-103}$$

$$M_t = \left(\frac{\delta w_t^{'}}{\beta v_t^{'}}\right) N_t \tag{8-104}$$

根据(8-103)式有:

$$\dot{N}_t + \dot{w}_t^{'} = \dot{K}_t + \dot{c}_t \tag{8-105}$$

则总成本再次可以表示为:

$$C_t = v_t^{'} M_t + w_t^{'} N_t + c_t K_t - [\frac{\delta + \alpha + \beta}{\beta}] w_t^{'} N_t$$

$$[\frac{\delta + \alpha + \beta}{\beta}] w^{'} [(\frac{\beta c_t}{\alpha w_t^{'}})^{\alpha} (\frac{\beta v_t^{'}}{\delta w_t^{'}})^{\delta}]^{\frac{1}{\delta+\alpha+\beta}}$$

$$(\delta + \alpha + \beta) [(\frac{c_t}{\alpha})^{\alpha} (\frac{w_t^{'}}{\beta}) (\frac{v_t^{'}}{\delta})^{\frac{1}{\delta+\alpha+\beta}} (A_t^{-1} y_t)^{\frac{1}{\delta+\alpha+\beta}} \tag{8-106}$$

边际成本及其对数变化分别表示为:

$$MC_t = \frac{\partial C_t}{\partial y_t} = \left[\left(\frac{c_t}{\alpha}\right)^{\alpha} \left(\frac{w_t^{'}}{\beta}\right)^{\beta} \left(\frac{v_t^{'}}{\delta}\right)^{\delta} \right]^{\frac{1}{\delta+\alpha+\beta}} A_t^{\left(-\frac{1}{\delta+\alpha+\beta}\right)} \; y_t^{\left(\frac{1}{\delta+\alpha+\beta}-1\right)} \tag{8-107}$$

$$\dot{MC}_t = \frac{\alpha + \beta}{\delta + \alpha + \beta} \dot{w}_t^{'} + \frac{\delta}{\delta + \alpha + \beta} \dot{v}_t^{'} + \left[\frac{1}{\delta + \alpha + \beta}(\dot{Y}_t - \dot{A}_t) - \dot{Y}_t\right]$$

$$+ \frac{\alpha}{\delta + \alpha + \beta}(\dot{N}_t - \dot{K}_t) \tag{8-108}$$

基于 $\dot{Y}_t = \dot{A}_t + \delta \dot{M}_t + \beta \dot{N}_t + \alpha \dot{K}_t$ 以及(8-107)式、(8-108)式,最终求得边际成本的对数变化表达式为:

$$\dot{MC}_t = (1 - \gamma) \dot{w}_t + \gamma \dot{v}_t - [\dot{Y}_t - \gamma \dot{M}_t - (1 - \gamma) \dot{N}_t] + h \Delta r_t + (1 - \gamma) k_N \Delta r_t \tag{8-109}$$

所有带上圆点变量表示其变化率。$\gamma = \delta/(\delta + \beta + \alpha) = [v_t M_t(1 + k_m r_t)] / C_t$ 代表生产总成本中原材料的占比;$h = \gamma k_M$ 表示生产总成本中营运资本的占比。

考虑厂商定价的利润最大化问题,设定的最优价格应满足边际成本加成定价原则,有 $\dot{P}_t = \dot{MC}_t$,则产品价格函数可以写成以下两种形式:

$$\dot{P}_t = (1-\gamma)\,\dot{w}_t + \gamma\,\dot{v}_t - [\dot{Y}_t - \gamma\,\dot{M}_t - (1-\gamma)\,\dot{N}_t] + h\,\Delta r_t + (1-\gamma)\,k_N\,\Delta r_t \tag{8-110}$$

$$\dot{P}_t = (1-\gamma)\,U\dot{L}C_t + \gamma\,U\dot{M}C_t + h\,\Delta r_t + (1-\gamma)\,k_N\,\Delta r_t \tag{8-111}$$

利率通过两个交互项进入等式:分别与 h=营运资本/总成本和与$1-\gamma$=附加值/总成本相乘。

在(8-110)式中,方括号内的 $[\dot{Y}_t - \gamma\,\dot{M}_t - (1-\gamma)\,\dot{N}_t]$ 是对产出增量的描述(被简化为每单位工人产出和每单位投入产出增量的加权平均值),它包含三重含义:用 A_t代表了外生技术冲击对产出的影响;度量了冲击对生产者的资本成本 c_t的影响(引入了劳动力/资本和原材料投入/资本的增长率);即使在非不变规模报酬条件下,这个等式也可以捕捉到生产规模的影响。

在(8-111)式中,$U\dot{L}C_t \equiv \dot{N}_t - \dot{w}_t - \dot{Y}_t$ 表示单位产品劳动成本变化,$U\dot{M}C_t \equiv \dot{M}_t - \dot{v}_t - \dot{Y}$ 表示单位产品原材料成本变化。将(8-110)式和(8-111)式分别转换为实证计量形式可表示为:

$$\begin{aligned}\dot{P}_{it} = {} & \alpha_i + \tau_t + \alpha_1[(1-\gamma_i)\,\dot{w}_{st}] + \alpha_2[\gamma_i\,\dot{v}_{st}] - \alpha_3[\dot{Y}_{it} - \gamma_i\,\dot{M}_{it} - (1-\gamma_i)\,\dot{N}_{it}] \\ & + \alpha_4[h_i\Delta\,\dot{r}_{it}] + \alpha_5[(1-\gamma_i)\Delta\,\dot{r}_{it}] + \alpha_6[CU_{it}] + \varepsilon_{it}\end{aligned} \tag{8-112}$$

(8-112)式中的 s 和 i 分别表示行业和个体效应,$(1-\gamma_i)\,\dot{w}_{st}$ 表示附加值占比与合同工资变动的乘积,$\gamma_i\,\dot{v}_{st}$ 表示原材料成本占比与原材料成本变动的乘积,$\dot{Y}_{it} - \gamma_i\,\dot{M}_{it} - (1-\gamma_i)\,\dot{N}_{it}$ 是对产出增量的描述。

$$\begin{aligned}\dot{P}_{it} = {} & \alpha_i + \tau_t + b_1[(1-\gamma_i)U\dot{L}C_{it}] + b_2[\gamma_i U\dot{M}C_{it}] + b_3[h_i\Delta r_{it}] \\ & + b_4[(1-\gamma_i)\Delta r_{it}] + b_5[CU_{it}] + \varepsilon_{it}\end{aligned} \tag{8-113}$$

为考察利率成本传导渠道对不同行业、不同产权属性、不同规模企业的影响,本书将以上模型(8-113)式进行分组回归来考察利率成本传导渠道在不同行业、产权和规模间的作用效果。

在(8-113)式中,$\dot{P}_{it}$ 代表企业 i 在 t 期产品价格的增长率;α_i 和 τ_t 分别代表个体效应和时间效应,同时 τ_t 包含了所有宏观面影响因素;$h_i\,\Delta r_{it}$ 表示营运资本占比与利率变化的乘积、$(1-\gamma_i)\,\Delta r_{it}$ 表示 1-原材料投入占比(附加价值占比)与利率变化的乘积;CU_{it} 作为代表不同企业价格加成的控制变量引入该计量模型,表示各个公司对生产设备的使用率,通常反映了制造类企业实际和潜在产出间的缺口;$(1-\gamma_i)\,U\dot{L}C_{it}$ 表示单位劳动力成本变动与附加值占比之积;$\gamma_i\,U\dot{M}C_{it}$ 表示单位原材料成本变动与原材料成本占比之积。

其中,$\dot{P}_{it}$ 是被解释变量,$(1-\gamma_i)\,U\dot{L}C_{it}$、$\gamma_i\,U\dot{M}C_{it}$、$h_i\,\Delta r_t$、$(1-\gamma_i)\,\Delta r_t$、$CU_{it}$ 则均为解释变量。

为了直观地考察并对比不同所有制、不同规模中利率传导渠道的作用效果,本节直接引入代表企业产权属性和规模大小的虚拟变量 OWN_i(国有企业为1,非国有企业为0)和 $SIZE_i$(大型企业为1,中小型企业为0)与利率变动相关变量的交互项,得到如下模型:

$$\dot{P}_{it}=\alpha_i+\tau_t+c_1[(1-\gamma_i)U\dot{L}C_{it}]+c_2(\gamma_iU\dot{M}C_{it})+c_3(h_i\,\Delta r_t)+c_4[(1-\gamma_i)\Delta r_t]+c_5(CU_{it})+c_6(h_i\,\Delta r_t\times SIZE_i)+c_7[(1-\gamma_i)\,\Delta r_t\times SIZE_i]+\varepsilon_{it} \tag{8-114}$$

$$\dot{P}_{it}=\alpha_i+\tau_t+d_1[(1-\gamma_i)U\dot{L}C_{it}]+d_2(\gamma_iU\dot{M}C_{it})+d_3(h_i\,\Delta r_t)+d_4[(1-\gamma_i)\Delta r_t]+d_5(CU_{it})+d_6(h_i\,\Delta r_t\times OWN_i)+d_7[(1-\gamma_i)\,\Delta r_t\times OWN_i]+\varepsilon_{it} \tag{8-115}$$

同样地,主要考察含有产权、规模虚拟变量与利率相关交互项系数 c_6-c_7、d_6-d_7 估计值的显著性以及符号、大小,如果回归系数显著,则企业的产权属性、规模大小是加剧(削弱)企业成本敏感性的关键因素。

此外,由于通常国有企业的平均规模大于非国有企业,为了更好地识别企业产权属性和规模大小对成本效应的影响程度,本节在模型中引入规模和产权虚拟变量可以对比考察这一问题。

二、数据描述和变量说明

考虑到非上市企业财务数据的可得性和数据更新的滞后性,本节选取财务数据更完整和具有规范行业分类的上市公司作为实证研究样本。为保证实证研究数据的完整性,本节选取的实证研究样本包含沪深两市所有上市工业企业,其行业分类标准参照中国证监会2012年修订后的《上市公司行业分类指引》,共计三个工业门类下38个大类行业2003—2019年的企业微观财务数据。对样本的剔除和筛选条件为:(1)剔除非营业状态的工业企业;(2)剔除观测区间内数据缺失较多的企业,保留具有连续10年以上观测值的企业数据;(3)剔除具有异常数值的企业——原材料投入比大于1

或小于 0 的样本企业。通过上述对样本中企业的初步筛选和对异常样本的剔除,本节得到 36 个工业行业 1220 家上市公司时间跨度为 17 年的非平衡面板数据集,共计 17483 个观测值用于实证回归。分行业的工业出厂品价格指数来源于 Wind 数据库,工业企业微观财务数据源于上市公司披露的年度报告、Wind 数据库,央行贷款基准利率和银行间 7 天同业拆借加权利率来源于中国人民银行官网。

同时,在下文的进一步分析中,本节将根据企业注册类型以及 Wind 数据库的分类标准,将所有上市工业企业划分为国有企业和非国有企业两类;根据工业和信息化部、国家统计局、国家发展改革委、财政部制定的《关于印发中小企业划型标准规定的通知》,将本节样本所选择期间内平均从业人员数大于等于 1000 人的企业划分为大型企业,小于 1000 人的企业划分为中小型企业。

本部分实证研究的被解释变量为价格指数变化率 $\dot{P}_{it}$ 。

Gaiotti 和 Secchi(2006)使用的是意大利 SIM(制造业投资调查)数据库中个体企业平均产品价格变化率,但在中国,考虑到数据的可得性,本书综合参照彭方平(2010)、储著贞(2012)的做法,使用各行业产品出厂价格指数(PPI)来作为微观企业生产产品价格的代理变量,取对数差分得到其变化率,具体做法为:将 Wind 数据库中的按工业行业(大类)划分的工业生产者出厂价格指数,以 2002 年为基期作定基变换后,进一步求取其对数差分。价格指数的行业分类标准依据国家统计局发布的《国民经济行业分类》(GB/T 4754-2011),剔除部分缺少数据行业后,最终得到 36 个工业行业的 PPI 数据用于下文实证分析。

本节实证研究的解释变量则包括以下:

(1)利率变动率(Δr_{it}):Gaiotti 和 Secchi(2006)使用的是直接从银行数据库中获取的企业商业贷款利率和商业票据贴现率,同样考虑到数据的可得性,通常使用企业财务费用/总负债来衡量个体融资利率。为进行稳健性检验,Gaiotti 和 Secchi(2006)使用了另外两种利率,即总利息成本/总融资债务的 r_{it}^{CA} 和意大利央行逆回购政策性利率 r_{it}^{P} 。鉴于此,本节参考储著贞(2012)的做法,选用了央行 6 个月至 1 年期贷款基准利率 r_t^A 和银行间 7

天同业拆借加权利率 r_t^B 来替代个体企业融资利率 r_{it} 。由于企业一般是通过短期贷款筹措生产的运营资本,故选择这两类短期的基准利率更加合理。如图 8-15 所示,可以看到三种利率变化情况具有一致的时间趋势,这除了便于后续的稳健性检验,还进一步说明,随着中国金融市场的发展、市场化改革的推进,上市工业企业债务融资成本(单个企业向银行融资用于支付物质和人力资本投入的利率,由于缺少相关数据,文中采用利息支出/总负债作为融资利率替代变量)与基准利率变动趋势的联系更为紧密,央行通过调控基准利率作用于企业融资成本的效果显著。

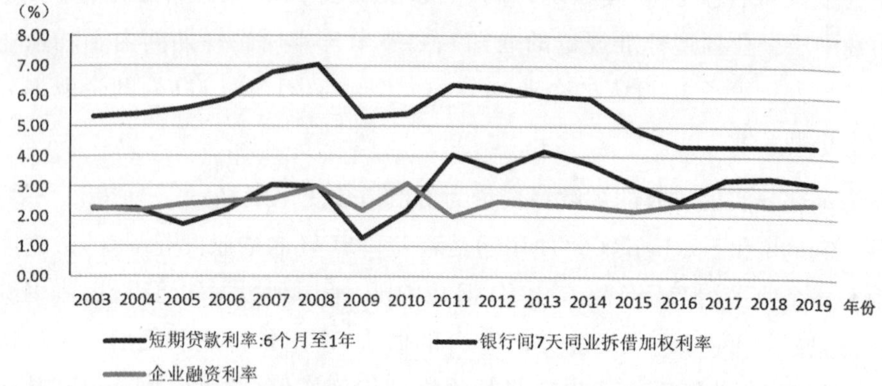

图 8-15 三类利率趋势对比图

(2)原材料投入占比(γ_i):原材料成本占比=原材料成本/总成本,但由于原材料数据的缺失,本节综合参考 Gaiotti 和 Secchi(2006)、彭方平(2010)、储著贞(2012)、张小燕(2016)的做法,使用(1-营业利润/营业成本)来度量该变量。

(3)营运资本比率(h_i):Gaiotti 和 Secchi(2006)使用的是净营运资本/总生产费来表示 h_{it} ,同样考虑到数据的可得性,本节参考彭方平(2010)、储著贞(2012)的做法,使用存货/营业成本表示。

由于 γ_{it} 和 h_{it} 的周期性变化可能在回归过程中引入噪声,同时可能导致其与因变量的伪回归问题,参照 Gaiotti 和 Secchi(2006)的做法,本节取 γ 和 h 在样本区间内的均值作为其替代变量,得到其时间固定形式。这不仅与理论模型更加相符合,而且也满足了计量的要求。

(4)单位产品劳动成本变化率($\dot{ULC}_{it}$):借鉴 Gaiotti 和 Secchi(2006)、彭方平(2010)的做法,用 $\Delta\ln(Wage_{it}) - \Delta\ln(Sale_{it})$ 表示,其中 $Wage_{it}$ 为劳务薪酬,用应付职工薪酬替代,$Sale_{it}$ 代表企业产品销售总额,本节参考张小燕(2016)的做法,使用营业收入替代。

(5)单位原材料成本变化率($\dot{UMC}_{it}$):同样借鉴 Gaiotti 和 Secchi(2006)、彭方平(2010)的方法,用 $\Delta\ln(MC_{it}) - \Delta\ln(Sale_{it})$ 表示,其中 MC_{it} 表示生产中投入的原材料成本,但上市公司财务报表中通常缺乏这一数据的统计和衡量,彭方平(2010)使用的是从工业中间投入指标中扣除工资支出的方法进行估算,由于本节与其选取样本数据库的差异,最终参照张小燕(2016)的做法,使用应付账款作为替代变量。

(6)设备使用率(CU_{it}):一般用实际产能/潜在产能表示,但鉴于中国缺乏衡量潜在产能的相关指标,故本节借鉴彭方平(2010)的研究,采用总资产周转率表示,即销售收入/总资产。

(7)产权性质(OWN_i):本节根据上市工业企业注册类型以及 Wind 数据库的分类标准,将样本中上市工业企业划分为国有企业和非国有企业两类,国有企业的 OWN_i 取值为 1,非国有企业取值为 0。

(8)企业规模($SIZE_i$):根据工业和信息化部、国家统计局、国家发展改革委、财政部制定的《关于印发中小企业划型标准规定的通知》以及企业员工总数,将样本所选择期间内平均从业人员数大于等于 1000 人的企业划分为大型企业,$SIZE_i$ 取值为 1,小于 1000 人的企业划分为中小微型企业,$SIZE_i$ 取值为 0。

为分析样本的基本特征,并观测数据的基本分布,进一步列出变量的描述性统计结果见表 8-7。

表 8-7　变量描述性统计结果

变量名	观测值	均值	标准差	最小值	最大值
总样本					
$\dot{P}_{it}$	17484	0.00787	0.0517	-0.468	0.373
Δr_{it}	17484	0.0805	0.355	-0.580	0.830

续表

变量名	观测值	均值	标准差	最小值	最大值
$\dot{ULC}_{it}$	17484	0.0203	0.600	−9.281	9.803
$\dot{UMC}_{it}$	17484	0.0166	0.439	−9.043	9.768
h_i	17484	0.356	0.301	0.00487	3.381
γ_i	17484	0.859	0.114	0.241	0.995
CU_{it}	17484	0.788	0.547	0.00110	22.24
大型企业					
$\dot{P}_{it}$	14706	0.00829	0.0525	−0.468	0.373
Δr_{it}	14706	0.0798	0.352	−0.580	0.830
$\dot{ULC}_{it}$	14706	0.0146	0.576	−9.281	9.803
$\dot{UMC}_{it}$	14706	0.0157	0.422	−9.043	9.768
h_i	14706	0.343	0.291	0.00487	3.381
γ_i	14706	0.867	0.104	0.241	0.995
CU_{it}	14706	0.806	0.549	0.00110	22.24
中小型企业					
$\dot{P}_{it}$	2778	0.00566	0.0469	−0.468	0.321
Δr_{it}	2778	0.0843	0.365	−0.580	0.830
$\dot{ULC}_{it}$	2778	0.0500	0.712	−7.088	7.411
$\dot{UMC}_{it}$	2778	0.0216	0.516	−3.306	5.813
h_i	2778	0.425	0.345	0.00702	2.224
γ_i	2778	0.814	0.148	0.300	0.992
CU_{it}	2778	0.692	0.525	0.0241	5.300
国有企业					
$\dot{P}_{it}$	7479	0.0114	0.0600	−0.468	0.373
Δr_{it}	7479	0.0780	0.343	−0.580	0.830
$\dot{ULC}_{it}$	7479	0.00149	0.651	−9.281	9.803
$\dot{UMC}_{it}$	7479	0.0199	0.463	−9.043	9.768

续表

变量名	观测值	均值	标准差	最小值	最大值
h_i	7479	0.315	0.290	0.00487	2.684
γ_i	7479	0.886	0.105	0.306	0.995
CU_{it}	7479	0.786	0.558	0.00110	22.24
非国有企业					
$\dot{P}_{it}$	10005	0.00521	0.0443	−0.468	0.321
Δr_{it}	10005	0.0825	0.363	−0.580	0.830
$U\dot{L}C_{it}$	10005	0.0343	0.558	−7.088	7.403
$U\dot{M}C_{it}$	10005	0.0142	0.419	−3.899	5.305
h_i	10005	0.386	0.306	0.0302	3.381
γ_i	10005	0.839	0.116	0.241	0.994
CU_{it}	10005	0.789	0.538	0.0485	7.871

表 8-7 为剔除异常值后，1220 家企业主要变量的描述性统计结果，营运资本比率 h_i 全样本均值为 0.356，即企业平均存货周转天数约为 4 个月；h_i 在不同截面样本中从 0.00487 变化到 3.381，可以有效识别出企业营运资本需求异质性；分行业样本描述性统计（见表 8-8）可以看出 γ 和 h 存在显著的规模、产权、行业面差异性，而利率变动通过与二者交乘进入企业生产品价格模型，则利率成本传导渠道在不同企业中可能存在不同结构效应，这将在下文的实证检验中得到进一步的阐述和分析说明。

表 8-8　γ 和 h 分行业均值统计情况

行　业	γ_i	h_i	行　业	γ_i	h_i
煤炭开采和洗选业	0.79	0.10	化学纤维制造业	0.92	0.24
石油和天然气开采业	0.83	0.21	橡胶和塑料制品业	0.88	0.24
黑色金属矿采选业	0.97	0.38	非金属矿物制品业	0.83	0.40
有色金属矿采选业	0.89	0.40	黑色金属冶炼及压延加工	0.95	0.21
农副食品加工业	0.92	0.36	有色金属冶炼及压延加工	0.93	0.30

续表

行　业	γ_i	h_i	行　业	γ_i	h_i
食品制造业	0.82	0.43	金属制品业	0.89	0.35
酒、饮料和精制茶制造业	0.84	0.76	通用设备制造业	0.89	0.48
纺织业	0.86	0.37	专用设备制造业	0.84	0.58
纺织服装、服饰业	0.80	0.68	汽车制造业	0.89	0.26
皮革、毛皮、羽毛及其制品和制鞋业	0.86	0.68	铁路、船舶、航空航天和其他运输设备制造业	0.90	0.50
木材加工及木、竹、藤、棕、草制品业	0.89	0.32	电气机械及器材制造业	0.87	0.33
家具制造业	0.80	0.32	计算机、通信和其他电子设备制造业	0.86	0.36
造纸及纸制品业	0.89	0.28	仪器仪表制造业	0.74	0.46
印刷和记录媒介复制业	0.80	0.45	其他制造业	0.86	0.39
文教、工美、体育和娱乐用品制造业	0.84	0.41	废弃资源综合利用业	0.86	0.37
石油加工、炼焦及核燃料加工业	0.93	0.14	电力、热力生产和供应业	0.82	0.16
化学原料及化学制品制造业	0.87	0.22	燃气生产和供应业	0.87	0.15
医药制造业	0.76	0.44	水的生产和供应业	0.66	0.49

三、实证研究

本节面板数据的基本回归用 Stata 16.0 实现;使用非线性面板平滑转换模型(PSTR)回归时,使用 Matlab R2020a 编程完成。

在处理面板数据时,回归模型的选择一般包括固定效应模型(FE)和随机效应模型(RE):前者假设模型内不可观测的随机变量与解释变量相关,估计系数主要使用了个体组内离差信息,为"组内估计量"(Within Estimator);后者假设不可观测的随机变量与个体特征、解释变量不相关,估计的系数为"随机效应估计量"(Random Effercts Estimator)。从经济理论来看,随机效应模型较少见,但在回归前仍需通过 Hausman 检验来选择合适的模型。Hausman 检验的原假设为"H_0:不可观测的随机变量与个体特征、解释变量不相关(选择随机效应模型)”,使用本节样本的检验结果表明,在显著水平为1%的情况下拒绝原假设,即基于本节样本数据特征应选择固定效应模型来进行系数估计更有效。

通常情况下,利率传导可能具有时滞性,商品价格调节存在黏性效应,但大多数企业调整价格的时间间隔不会超过2年(彭方平,2010),故本节根据不同组别模型的适用性,取滞后1—2阶的利率作为自变量。另外,在下文所有模型中均加入时间虚拟变量以作为代表宏观冲击等所有时间效应的控制变量。

(一)利率成本传导渠道的结构效应

结合表8-8的描述性统计结果,可以明显看出,不同行业的营运资本占比 h_i 与原材料成本占比 γ_i 均值不同,这可能导致利率变动通过营运资本成本和劳动力成本对各个行业的影响效果存在差异。

为了便于归纳和分析,依据《上市公司行业分类指引》,并参照国家统计局发布的《投入产出表》行业分类,本节将证监会分类下属性相近行业合并后归类为以下行业进行分组回归。将本节选取的36个工业行业统一合并为以下14个行业部门,具体为:(1)煤炭开采和洗选业;(2)石油和天然气开采业;(3)金属矿采选业(黑色、有色金属矿采选业);(4)食品制造业(农副食品加工业,食品制造业,酒、饮料和精制茶制造业);(5)纺织及皮革制品业(纺织业,纺织服装、服饰业,皮革、毛皮、羽毛及其制品和制鞋业);(6)木材加工品和家具制造业(木材加工及木、竹、藤、棕、草制品业,家具制造业);(7)造纸印刷和文教体育用品(造纸及纸制品业,印刷和记录媒介复制业,文教、工美、体育和娱乐用品制造业);(8)石油加工、炼焦及核燃料加工业;(9)化学工业(化学原料及化学制品制造业,医药制造业,化学纤维制造业,橡胶和塑料制品业等);(10)非金属矿物制品业;(11)金属产品制造业(金属冶炼及压延加工业和金属制品业);(12)机械设备制造业(通用、专用设备制造业、交通运输设备制造业、电气机械及器材制造业、通信设备、计算机及其他电子设备制造业、仪器仪表及文化办公用机械制造业、机械设备修理业等);(13)其他制造业(其他制造业、废弃资源综合利用业);(14)电力、热力、燃气、水的生产和供应业。

表 8-9 基本回归结果

行 业	$h_i\Delta r_{it}$	$h_i\Delta r_{it-1}$	$h_i\Delta r_{it-2}$	$(1-\gamma_i)\Delta r_{it}$	$(1-\gamma_i)\Delta r_{it-1}$	$(1-\gamma_i)\Delta r_{it-2}$
煤炭开采和洗选业	1.942* (1.92)	4.127*** (2.99)	2.121* (1.83)	−0.320 (−0.76)	−0.851 (−1.00)	−0.642 (−1.25)
石油和天然气开采业	−2.681 (−0.01)	−4.992 (−0.12)	5.289*** (2.20)	1.812 (0.08)	2.197 (0.21)	−1.725 (−0.57)
金属矿采选业	0.064 (0.02)	0.008 (0.01)	0.011 (0.21)	0.025 (0.17)	0.031 (0.29)	0.982* (1.99)
食品制造业	0.122 (0.41)	−0.521*** (−2.22)	−0.220 (−0.76)	−0.392* (−1.89)	0.122 (0.71)	0.031 (0.26)
纺织及皮革制品业	−0.099 (−0.98)	−0.128 (−0.82)	−0.137 (−0.32)	0.182 (0.65)	0.438 (1.00)	0.409 (1.31)
木材加工和家具制造业	−0.221 (−0.72)	0.082 (0.29)	0.166 (0.14)	−0.272 (−1.02)	−0.323 (−1.15)	−0.300 (−1.04)
造纸印刷和文体用品制造业	0.104 (0.14)	0.164 (0.54)	−0.428 (−1.44)	0.102 (0.49)	−0.341*** (−2.43)	0.084 (0.60)
石油等加工业	3.865 (1.16)	2.592 (0.73)	3.192 (0.41)	−2.408 (−1.26)	−0.314 (−0.98)	−0.224 (0.74)
化学工业	0.896* (1.03)	0.576* (1.72)	0.378*** (2.12)	0.103 (0.39)	0.134 (0.54)	0.216* (1.94)
非金属矿物制品业	0.976* (1.73)	0.712*** (2.31)	0.691* (1.49)	0.083 (0.44)	0.215 (0.26)	0.015 (0.19)
金属产品制造业	0.271 (0.88)	0.593* (1.90)	0.613* (1.99)	−1.191 (−1.44)	−1.882*** (−2.20)	0.607 (1.25)
机械设备制造业	0.018 (0.51)	−0.003 (−0.20)	−0.083 (−0.22)	−0.006 (−0.20)	0.005 (0.16)	0.185 (0.27)
其他制造业	−0.507 (−1.19)	0.617 (1.40)	1.101 (1.32)	1.216* (1.65)	0.729 (0.89)	0.697 (1.21)
电力、热力、水的生产和供应业	1.583* (1.89)	1.253*** (3.61)	0.808 (0.81)	−0.092*** (−2.80)	−0.103*** (−3.64)	−0.182*** (−2.20)

注:括号内为 t 值,*、** 和 *** 分别表示 10%、5%和 1%的显著水平。

从表 8-9 中的回归结果,可以较为直观地看到利率变动对不同行业企业成本面作用效果存在显著差异:煤炭开采和洗选业,石油和天然气开采业,金属矿采选业,非金属矿物制品业,化学工业,电力、热力、水的生产和供应业等行业利率变动系数显著为正,利率成本传导渠道显著;其中煤炭开采和洗选业、石油和天然气开采业以及电力、热力、水的生产和供应业生产成本对利率变动的系数显著大于1，在利率上升时，其融资成本上升更高，导致产品出厂价变动幅度更大。而其他行业的成本渠道不显著或者利率变动系数显著为负。

虽然总的看来，利率变动对各个行业的影响各有不同，但分行业回归结果却存在一定规律。基于已有研究成果并结合中国实体经济的实际情况，本节从行业所处产业链上下游位置和生产要素使用情况两个方面分析归纳成本渠道行业结构效应的规律和成因。

1. 产业链

本节主要参考申万宏源证券的分类标准，对工业企业中各行业进行生产产业链上、中、下游的划分，具体分类情况如表8-10所示：

表8-10 行业的上、中、下游区分（申万宏源分类方法）

上游（原材料）	中游（制造）	下游（消费）
C采掘（采掘服务、煤炭开采、石油开采） Y有色金属（工业金属、黄金、金属非金属新材料、稀有金属）	D电子设备业（电机、电气自动化设备、电源设备、高低压设备） D电子（半导体、电子制造、光学光电子、其他电子、原件） G国防军工业（船舶制造、地面兵装、航空装备、航天设备） G钢铁 H化工（化学纤维、化学原理、化学制品、石油化工、塑料、橡胶） J机械设备业（金属制品、通用机械、仪器仪表、运输设备、专用设备） J建筑材料（玻璃制造、其他建材、水泥制造） J建筑装饰（房屋建设、基础建设、园林工程、专业工程、装修装饰） N农林牧渔业（畜牧养殖、动物保健、林业、农产品加工、农业综合、饲料、渔业、种植业） Q轻工制造业（包装印刷、家用轻工、其他轻工制造、造纸）	C传媒（互联网传媒、文化传媒、营销传媒） F房地产（房地产开发、园区开发） F纺织服务（纺织制造、服务家纺） J计算机（计算机设备、计算机应用） J家用电器（白色家电、包装印刷、家用轻工、其他轻工制造、视听器材、造纸） Q汽车（其他交运设备、汽车服务、汽车零部件、汽车整车） S商业贸易（贸易、商业物业经营、一般零售、专业零售） S食品饮料（食品加工、饮料制造） X休闲服务（餐饮、景点、酒店、旅游综合） Y医药生物（化学制药、生物制品、医疗服务、医疗器械、医药商业、中药）

对照表 8-10 的分类结果,我们可以大致看出,表 8-9 中生产成本增长率与利率变动显著正向变动的行业基本处于产业链的中上游,如煤炭开采和洗选业、石油和天然气开采业、金属矿采选业属于上游行业,化学工业、非金属矿物制品业等属于中游行业,而大部分中下游行业如食品制造业、纺织及皮革制品业、木材加工和家具制造业、造纸印刷和文体用品制造业、机械设备制造业等生产产品出厂价变化率受到利率变动的影响系数均不显著或者显著为负,总体呈现较低的融资成本敏感性。

由于产业链上各行各业投入生产的要素结构和成本存在差异,故融资成本变动对出厂价格影响各有不同。具体而言,产业链中上游的工业企业生产前期的劳动力和原材料投入占比较大,生产前期的资金投入较多,导致该类企业具有较高的外部融资依赖度,从而其产品出厂价对利率变动的生产成本面冲击更敏感,故成本效应更显著;接着因为中下游企业劳动以及原材料成本占比的下降,其前期需要投入的营运资本减少,企业前期投入外部融资依赖程度相对降低,利率变动在向产业链中下端传导的过程中效果逐渐被削弱甚至不显著。

接着我们通过使用密集度对工业企业生产过程中的要素进行分类,来进一步讨论该问题。

2. 要素密集度

齐杨(2011)提出,中国特有的产业结构(制造业以劳动密集型企业为主)提高了工业企业对利率变动的敏感程度。沈建斌(2012)指出,利率传导渠道具有行业结构效应的主要原因之一是各行业的资本劳动密集程度不同,劳动密集型企业对劳动力要素相对价格比例的弹性更大,因此对利率变动更敏感。

中国的产业结构中,工业(第二产业)规模占比大,是中国的主导产业,参照《国民经济行业分类》(GB/T 4754-2011)和李利(2012)的分类方法,根据其不同生产要素的密集度情况,本节进一步将上述行业分成劳动、资本和技术密集型行业,具体分类如下:

表 8-11　基于要素密集度的行业分类

劳动密集型行业	资本密集型行业	技术密集型行业
煤炭开采和洗选业	石油和天然气开采业	印刷和记录媒介复制业

续表

劳动密集型行业	资本密集型行业	技术密集型行业
黑色金属矿采选业	造纸和纸制品业	医药制造业
有色金属矿采选业	化学纤维制造业	通用设备制造业
农副食品加工业	黑色金属冶炼和压延加工业	专用设备制造业
食品制造业	有色金属冶炼和压延加工业	汽车制造业
酒、饮料和精制茶制造业	石油加工、炼焦和核燃料加工业	铁路、船舶、航空航天和其他运输设备制造业
纺织业 纺织服装、服饰业	化学原料和化学制品制造业	电气机械和器材制造业
皮革、毛皮、羽毛及其制品和制鞋业	电力、热力生产和供应业	计算机、通信和其他电子设备制造业
木材加工和木、竹、藤、棕、草制品业	燃气生产和供应业	仪器仪表制造业
家具制造业	水的生产和供应业	废弃资源综合利用业
文教、工美、体育和娱乐用品制造业		
橡胶和塑料制品业		
非金属矿物制品业		
金属制品业		

同样地，对照表 8-11，从表 8-12 中的回归结果可以看出，利率成本传导渠道显著的行业中，煤炭开采和洗选业、金属矿采选业（包括黑色金属矿采选业、有色金属矿采选业）、非金属矿物制品业属于劳动密集型行业，石油和天然气开采业、化学工业、电力、热力、水的生产和供应业等属于资本密集型行业，而其他行业利率变动成本面作用效果有限或者不显著。

表 8-12　基本回归结果

行　业	$h_i\Delta r_{it}$	$h_i\Delta r_{it-1}$	$h_i\Delta r_{it-2}$	$(1-\gamma_i)\Delta r_{it}$	$(1-\gamma_i)\Delta r_{it-1}$	$(1-\gamma_i)\Delta r_{it-2}$
煤炭开采和洗选业		4.071*** (2.42)	2.902* (1.83)		-0.810 (-0.78)	-0.633 (-1.00)
石油和天然气开采业		-3.989 (-0.22)	6.798* (1.94)		1.952 (0.21)	-1.871 (-1.62)

续表

行业	$h_i\Delta r_{it}$	$h_i\Delta r_{it-1}$	$h_i\Delta r_{it-2}$	$(1-\gamma_i)\Delta r_{it}$	$(1-\gamma_i)\Delta r_{it-1}$	$(1-\gamma_i)\Delta r_{it-2}$
金属矿采选业			0.010 (0.02)			0.985*** (2.19)
食品制造业	0.206 (0.71)	-0.451*** (-2.09)		-0.422* (-1.83)	0.102 (0.77)	
纺织及皮革制品业		-0.317 (-0.92)	-0.101 (-0.24)		0.398 (1.82)	0.409 (1.40)
木材加工和家具制造业	-0.201 (-0.91)	0.033 (0.13)		-0.133 (-1.09)	-0.423 (-1.66)	
造纸印刷和文体用品制造业		0.154 (0.59)	-0.410 (-1.54)		-0.321*** (-2.99)	0.191 (0.47)
石油等加工业	4.066 (1.81)	2.699 (0.93)		-1.388 (-1.15)	-0.104 (-0.56)	
化学工业			0.488*** (2.00)			0.176*** (2.43)
非金属矿物制品业	1.077* (1.81)			0.281 (0.74)		
金属产品制造业	0.570 (0.68)	0.496* (1.91)		-1.291 (-1.51)	-1.692*** (-2.09)	
机械设备制造业	0.008 (0.31)	-0.018 (-0.19)		-0.106 (-0.29)	0.015 (0.26)	
其他制造业	-0.685 (-1.48)	0.731 (1.15)		1.201* (1.25)	0.701 (0.70)	
电力、热力、水的生产和供应业		0.303*** (2.99)			-0.101*** (-2.73)	

注:括号内为 t 值,*、** 和 *** 分别表示 10%、5%和 1%的显著水平。

戴金平(2006)发现对利率变动的敏感性从第一产业到第三产业逐步递减,他认为之所以第一产业对利率变动敏感,可能是因为中国第一产业中主要为劳动密集型行业,且其商品市场为完全竞争市场,行业利润低,技术投入和生产效率较低,从而该类型行业的生产成本对融资成本的变动(利率变动)更为敏感;第三产业受贷款利率影响小,因为其中大部分行业为具有较高程度的垄断性和较大的利润空间,自有资金充足,且具有较低的信贷融资需求。针对本节的实证研究结果可知,对于劳动和资本密集型企业,前者劳动投入成本占比高,后者技术装备等资金投资量大,二者分别对生产劳动力、原材料要素和设备的投入成本依赖度较高,故生产产品定价具有更高的生产成本敏感性;而技术密集型行业较前两类行业而言资源消耗更低,所需劳动力较少,同时耗费原材料较少,产品成本中引入技术型人才的投入比重大,企业的机械化、自动化水平更高,具有更高的劳动生产率和经济效益,故其产出对前期投入的劳动和原材料成本敏感性较低。

综合上述对实证研究结果的分析与归纳可以发现,利率传导的成本效应存在显著的行业异质性,且遵循一定规律:产业链中上游的工业企业具有显著的成本效应,而中下游企业中的这一现象并不明显;成本效应显著的行业基本属于劳动和资本密集型行业,成本效应对技术密集型行业作用有限。

(二)利率成本传导渠道的规模结构效应

由于企业的规模大小是影响信用评估的关键因素,可在一定程度上决定企业外部融资难易度和成本高低,从而会影响企业对融资利率变动的敏感性,因此利率变动对不同规模的企业的影响也可能存在差异。本书根据国家发展改革委、财政部、工业和信息化部及国家统计局制定的《关于印发中小企业划型标准规定的通知》以及企业员工总数,将样本所选择期间内的平均从业人员数大于等于 1000 人的企业划分为大型企业,小于 1000 人的企业划分为中小型企业。

基于回归模型(8-115)式,将样本数据按照企业规模大小分组得到回归结果见表 8-13。

表 8-13　按规模分组回归结果

变　量	(1)大型企业	(2)大型企业	(3)中小型企业	(4)中小型企业
$(1-\gamma_i)\ \dot{ULC}_{it}$	0.015*** (2.35)	0.008*** (2.20)	0.011 (0.51)	0.003 (0.42)
$\gamma_i\ \dot{UMC}_{it}$	0.008*** (3.52)	0.009*** (3.12)	0.010*** (3.64)	0.012*** (3.29)
$h_i\ \Delta r_{it}$	−0.021 (−0.61)		−0.103 (−0.64)	
$(1-\gamma_i)\ \Delta r_{it}$	−0.049 (−0.81)		0.175 (0.26)	

续表

变　量	(1)大型企业	(2)大型企业	(3)中小型企业	(4)中小型企业
Δr_{it}		-0.041^{***} (-2.20)		0.066^{***} (2.12)
CU_{it}	0.010^{***} (2.92)	0.012^{***} (3.92)	0.009^{***} (2.95)	0.010^{***} (2.00)
R^2	0.29	0.31	0.29	0.29
F 值	318.14	312.01	69.04	72.02

注:括号内为 t 值,* 、** 和 *** 分别表示 10%、5%和 1%的显著水平。

表 8-13 中的第(1)和(2)列是大型企业的估计结果。模型(1)中的 $h_i \Delta r_{it}$ 和 $(1-\gamma_i)\Delta r_{it}$ 系数不显著,而在直接引入 Δr_{it} 的模型(2)中,利率变动系数在 5%显著水平下为-0.041,即利率与产品价格反向变动,加息可以有效抑制产品价格上涨。总体看来,利率成本传导渠道在大型企业中不显著。第(3)和(4)列是中小型企业的回归结果。虽然模型(3)中利率变动相关系数不显著,但在直接引入 Δr_{it} 的模型(4)中,Δr_{it} 的系数在 5%的显著水平下为 0.066,利率与产品价格正向变动,中小型企业中的利率成本传导渠道显著。

直接在模型中引入规模虚拟变量 $SIZE_i$,可以得到更加直观的结果,即回归模型(8-114)式。将样本所选择期间内平均从业人员数大于等于 1000 人的企业划分为大型企业,其 $SIZE_i$ 取值为 1,小于 1000 人的企业划分为中小型企业,$SIZE_i$ 取值为 0。若 $SIZE_i$ 与利率变动交互项显著小于 0,则大型企业的成本敏感性被削弱,故企业规模也是影响利率成本传导渠道作用效果的因素之一。

表 8-14　加入规模虚拟变量后模型的回归结果(仅列出交互项)

变　量	(1)	(2)
$h_i \Delta r_{it} \times SIZE_i$	-0.305^{***} (-2.39)	
$(1-\gamma_i)\Delta r_{it} \times SIZE_i$	0.129 (0.51)	

续表

变　量	(1)	(2)
$\Delta r_{it} \times SIZE_i$		-0.097^{***} (-2.81)
R^2	0.32	0.31
F 值	236.21	306.67

注:括号内为 t 值,*、** 和 *** 分别表示 10%、5%和 1%的显著水平。

根据表 8-14 的回归结果,当加入规模虚拟变量和利率变动相关变量的交互项后,$h_i \Delta r_{it} * SIZE_i$和 $\Delta r_{it} * SIZE_i$的系数为负且显著,大型企业的成本传导渠道作用效果被削弱,较中小型企业而言具有更低的成本敏感性,获取营运资本更有优势。

由于利率变动通过工业企业的营运资本融资成本影响到企业产品的生产成本,最终导致成本传导渠道的存在,因而该渠道的这一结构效应来源于不同规模企业外部融资情况的差异。通常情况下,大型企业较之中小型企业而言,总资产规模大,通过外部融资时具有更多的抵押担保资产、更长的信贷历史和更高的信誉水平等,融资的违约风险更低,在金融市场上往往被各类金融机构视为更加优质的客户,受到了一定程度的资金优待,从而具有较低的外部融资约束和融资成本。然而,中国大量的中小型企业由于经营发展需求,对外部融资依赖度较高,且其生产规模较小,信誉状况较大型企业相对较差,财务制度不够健全,同时在外部融资时没有足够的抵押资产,因此具有更高的信用风险,而无法达到部分金融机构的借贷要求,存在不同程度的外部融资约束,较大型企业而言更难获取营运资金,从而具有更高的融资成本(曾海舰,2010;徐明东,2011)。特别是在经济下行时期,中小企业由于规模较小,一方面银行出于风险防范会提高对这类企业的信贷条件和贷款利率,另一方面由于小规模企业更难受到投资者认可,在资本市场发行债券的难度和成本也更高,甚至转而尝试更高成本的非正规融资方式(影子银行近年的快速发展也间接证实了这一情况),进一步抬高了其融资成本。因此,综合对比二者的自身性质、外部融资依赖度和融资约束大小来看,在加息情况下,大部分中小型企业受到利率变动的成本面效应波动更大,故利率的上升会传导至其生产产品的价格上,从而可以观测到中小型企业中存在显著的利率成本传导渠道。较之大规模企业,更依赖于外部融资的小规模企业受到政策冲击的影响更大(Oliner 和 Rudebusch,1996)。

(三)利率成本传导渠道的产权结构效应

为了从微观层面更全面和深入地研究利率变动的成本效应,本节进一步分析政策传导在不同产权企业之间的效应,回归模型仍为:

$$\dot{P}_{it} = \alpha_i + \tau_t + b_1[(1-\gamma_i)U\dot{L}C_{it}] + b_2(\gamma_i U\dot{M}C_{it}) + b_3(h_i \Delta r_t) + b_4[(1-\gamma_i)\Delta r_t] + b_5(CU_{it}) + \varepsilon_{it} \tag{8-116}$$

本书根据上市工业企业注册类型以及 Wind 数据库的分类标准,将样本中的上市工业企业划分为国有企业和非国有企业两类,分组回归得到系数结果见表 8-15。

表 8-15　按产权分组后货币政策成本渠道回归结果

变　量	(1)国有企业	(2)国有企业	(3)非国有企业	(4)非国有企业
$(1-\gamma_i)\ U\dot{L}C_{it}$	0.012*** (1.89)	0.008* (1.99)	0.004 (0.27)	0.003 (0.21)
$\gamma_i\ U\dot{M}C_{it}$	0.018*** (4.92)	0.010*** (4.05)	0.015*** (3.89)	0.011*** (3.52)
$h_i\ \Delta r_{it}$	-0.311*** (-2.01)		0.179 (0.14)	
$h_i\ \Delta r_{it-1}$	-0.215 (-1.77)		-0.009 (-0.11)	
$h_i\ \Delta r_{it-2}$	-0.031 (-0.19)		0.013 (0.21)	
$(1-\gamma_i)\ \Delta r_{it}$	-0.076 (-0.66)		0.041 (0.81)	
$(1-\gamma_i)\ \Delta r_{it-1}$	-0.011 (-0.21)		0.012 (0.19)	
$(1-\gamma_i)\ \Delta r_{it-2}$	-0.003 (-0.11)		-0.001 (-0.03)	
Δr_{it}		-0.081*** (-2.99)		0.129*** (2.31)
Δr_{it-1}		-0.047*** (-2.54)		-0.014 (-0.41)
Δr_{it-2}		-0.021 (-1.20)		-0.010 (-0.33)

续表

变 量	(1)国有企业	(2)国有企业	(3)非国有企业	(4)非国有企业
CU_{it}	0.011*** (3.72)	0.009*** (3.93)	0.018*** (4.08)	0.021*** (4.61)
R^2	0.32	0.32	0.41	0.41
F 值	137.22	158.19	145.12	181.03

注：括号内为 t 值，*、** 和 *** 分别表示 10%、5%和 1%的显著水平。

表 8-15 中的第(1)和(2)列是国有企业的估计结果。从回归结果可以发现，国有企业产品定价与利率变动相关变量长期看来并不具有显著的正相关关系（相关性不显著或者为负数），利率成本传导渠道不存在；第(3)和(4)列是非国有企业的估计结果，在模型(3)中，利率变动与相关投入成本占比的交互项的系数也并不显著，但若直接考虑其融资利率变动 Δr_{it} 对其产品价格的影响（非国有企业模型(4)），Δr_{it} 的系数在 5%的显著水平下为 0.129，非国有企业产品价格变化率与利率变化具有正向相关性，即非国有企业存在显著的利率成本传导渠道。

通过引入所有制虚拟变量 OWN_i（国有企业为 1，非国有企业为 0），可以得到更加直观的结果，回归的模型为(8-115)式所示。如表 8-16 所示，模型(1)和(2)中，所有制虚拟变量 OWN_i 与利率变动相关变量的交互项都显著为负，故判断得出实体企业的国有制属性是导致其成本敏感性降低的重要原因。另外，由于通常国有企业的平均规模大于非国有企业，国有企业与非国有企业资本成本敏感性差异可能来源于规模而非仅仅是其产权因素（Athey 和 Laumas，1994）。基于前文的研究方法，本节同时在模型中引入所有制虚拟变量 OWN_i 和规模虚拟变量 $SIZE_i$ 的相关交互项，用于对比识别企业产权属性和规模大小对成本渠道的影响程度，但考虑到模型的拟合优度和二者显著性对比，最终选用 Δr_{it} 分别与两个虚拟变量的交互项来对比观测，从表 8-16 中模型(3)的回归结果可以看到，此时虚拟变量 OWN_i 与本期和滞后一期利率的交互项系数在 5% 显著水平下分别为 -0.116 和 -0.081，虚拟变量 $SIZE_i$ 的交互项系数不再显著，说明企业的国有属性是弱化成本传导渠道的主要因素，即对同样规模的企业而言，国有企业获取营运资金更具优势，具有更低的融资成本敏感性。

表 8-16　加入所有制、规模虚拟变量后模型的回归结果(仅列出交互项)

变　量	(1)OWN	(2)OWN	(3)OWN&SIZE
$h_i\,\Delta r_{it} \times OWN_i$	-0.301* (-1.38)		
$h_i\,\Delta r_{it-1} \times OWN_i$	-0.116 (-1.51)		
$h_i\,\Delta r_{it-2} \times OWN_i$	-0.033 (-0.18)		
$(1-\gamma_i)\,\Delta r_{it} \times OWN_i$	-0.081 (-0.53)		
$(1-\gamma_i)\,\Delta r_{it-1} \times OWN_i$	-0.009 (-0.05)		
$(1-\gamma_i)\,\Delta r_{it-2} \times OWN_i$	0.002 (0.09)		
$\Delta r_{it} \times OWN_i$		-0.108*** (-3.91)	-0.116*** (-2.63)
$\Delta r_{it-1} \times OWN_i$		-0.041*** (-2.16)	-0.081*** (-2.09)
$\Delta r_{it-2} \times OWN_i$			-0.023 (-0.81)
$\Delta r_{it} \times SIZE_i$			-0.039 (-0.82)
$\Delta r_{it-1} \times SIZE_i$			0.021 (0.42)
$\Delta r_{it-2} \times SIZE_i$			0.009 (0.09)
R^2	0.31	0.32	0.31
F 值	231.08	297.18	228.01

注:括号内为 t 值,*、** 和 *** 分别表示 10%、5%和 1%的显著水平。

总体看来,利率成本传导渠道在不同产权属性企业之间存在差异。参考已有研究成果,本节对此的解释是:

由于国有企业的所有者是政府,因此,长期以来,中国的国有企业一直受到政府的人为保护及优惠政策的倾斜。具体而言,一方面,国有企业长期以来受到政策扶持和融资优待:国有企业除了盈利需求外,还具有配合国家产业发展政策、解决人口就业问题等政策任务,生产经营的盈利性受到限制,故政府通常会采取一定的信贷扶持手段间接为国有企业提供融资补贴以降低其生产运营成本,同时大型国有银行和股份制银行等也会给予国有企业更多的信贷优惠和支持。另一方面,国有控股的隐性担保、行业垄断地位带来的盈利稳定性、优于其他所有制企业的财务基本面质量和资信水平都使国有企业具有更高的融资信誉,在金融市场上也相对更具融资优势。国有企业无论是从信贷市场借款融资,还是在资本市场发行股票或者债券筹资,相对都具有更低的信用风险,筹措资金方式多且成本更低。此外,由于国有企业不承担融资或投资失败以致破产的财产责任,因此,国有企业普遍存在着预算软约束的问题。更重要的是,由于在现实中,国有企业和民营企业的产权地位及法律地位实际上是完全不同的,且国有企业一般占据着行业的垄断地位,而民营企业一般处于竞争性行业,国有企业和民营企业处于不同的竞争地位,使得国有企业更有机会获得因垄断地位所带来的利润,充足的自有资金使其相对民营企业而言具有更低的外部融资依赖度。因此,由于受到较低的融资约束,无论在货币政策紧缩或者宽松期间,国有企业产品价格均不易受到因利率变化而引发的外部融资成本变化的影响。

对于大部分非国有企业,相比于国有企业,其资产规模、经营效益、政策扶持、信誉水平、竞争地位均处于劣势,除了面临更大的市场竞争压力,非国有企业相对国有企业而言更易受到政府相关政策和金融机构的融资歧视,因此获取外部资金更难,融资成本更高,受到不同程度融资约束的影响,具有更高的资金成本敏感性和投融资约束。特别地,在从紧的货币政策施行期间,贷款基准利率上升,加剧了国有企业采用正规且低成本方式获取资金、非国有企业采用非正规且高成本的方式获取运营资金的分化现象,从而进一步拉大了二者的融资成本差距(徐明东,2013),因此,非国有企业较国有企业而言对利率变动成本面的冲击具有更高的敏感性。

四、结论及政策建议

总之,本书从供给面及微观经济的角度出发,根据代表性厂商的成本加成定价原理将利率引入其商品定价公式,使用2003—2019年沪深上市工业企业面板数据,基于利率成本传导渠道,结合中国的异质性经济结构,重点考察和分析利率成本传导渠道的行业、规模和产权结构效应的存在及其成

因,结果有以下发现:

(1)在中国,利率成本传导渠道具有显著的行业结构效应,即利率变动会因对不同行业的成本影响不同而对不同行业产生异质性影响,具体而言:对劳动、资本密集型行业及产业链中上游的工业企业,利率上升会显著导致其生产成本上升,但对技术密集型行业而言,利率上升对该行业成本的影响较小。这意味着技术密集型行业所占比重越大,则利率上升对实体经济的冲击就越小。这一发现的政策含义是:中国要为利率的市场化奠定良好的行业基础,就应该大量发展技术密集型行业以不断优化中国的产业结构。因为技术密集型行业占较大比重的产业结构能够缓解利率频繁变动对实体经济的不利冲击。

(2)利率成本传导渠道在不同规模的企业之间存在差异。利率成本传导渠道在大型企业中不显著,而中小企业由于生产规模较小,信誉状况较大型企业相对较差,财务制度不够健全,同时在外部融资时没有足够的抵押资产,因此具有更高的信用风险,而难以达到金融机构(特别是大型金融机构)的借贷要求,因而中小企业相对于大型企业而言较难获取营运资金,存在较大的外部融资约束,且中小企业具有更高的融资成本,在这种情况下,中小型企业受利率成本面的冲击相对于大型企业更大,利率成本传导渠道在中小企业中较显著。这一发现的政策含义是:中国要为利率的市场化奠定良好的微观经济基础,就必须通过建立公平竞争、优胜劣汰的市场机制促使高效率的企业不断发展壮大,并鼓励企业之间通过并购重组而不断扩大规模,以创造更多具有规模经济效率的大企业。这是因为:具有规模经济效率的企业越多,就越有利于中国在实现利率市场化以后缓解利率频繁变动对实体经济的不利冲击。

(3)利率的成本传导渠道在不同所有制企业中具有不同的显著程度,即利率的变动对不同所有制企业的影响不同。根据本书的实证研究,在上市国有企业中,利率变动的成本冲击作用效果不明显,而非国有企业中存在显著的利率成本传导渠道,利率变动对非国有企业的成本冲击作用效果明显。这意味着,国有企业对利率的变动不敏感,而非国有企业对利率的变动较敏感。这一发现的政策含义是:中国要为利率的市场化奠定良好的市场主体基础,就必须加快民营企业的发展,并逐步让民营企业成为重要的市场主体。这是因为:利率水平的高低及利率水平的变动要能充分发挥其调节作用,其前提条件是市场主体必须能对利率的变动做出灵敏的反应,而市场主体要能对利率的变动做出灵敏的反应,其前提又是市场主体必须真正关心成本的高低及成本的变动;而市场主体要真正关心成本的高低及成本的变动,其前提是该市场主体必须独立地承担经营亏损及破产的财产责任,而市场主体真正独立地承担经营亏损及破产的财产责任,则该市场主体就必须是真正拥有独立财产的产权主体。也就是说,利率的变动要能充分发挥其调节作用,其前提条件是市场主体是真正拥有独立财产的产权主体,因而其必须独立承担经营亏损及破产的财产责任。显然,并不真正拥有独立财产,因而并不能真正独立承担经营亏损及破产的财产责任,具有预算软约束的国有企业是不具备这一条件的,而真正拥有独立财产的民营企业,由于其必须独立承担经营亏损及破产的财产责任,因此,其必然会真正关心成本的高低及成本的变动,在这种情况下,利率的变动必然会通过影响其成本而有效地影响其经营行为。这样,利率的变动就自然会充分发挥其应有的调节作用。因此,必须加快民营企业的发展,让民营企业成为重要的市场主体,推动中国经济的进一步市场化,才有利于充分发挥利率合理配置资源及灵敏调节市场供求的作用。

第九章　资本账户开放的经济效应：基于全要素生产率的视角

由于国内外学术界对资本账户开放的利弊得失存在极大争议，且资本账户开放对一国经济的影响十分广泛，经济效应也十分复杂。限于篇幅，本书将集中从资本账户开放如何影响一国的全要素生产率这一角度深入分析一国开放资本账户对该国经济效率的影响，并以此考察资本账户的开放与中国经济高质量发展之间的关系。为使本书的结论具有稳健性，本书采取了跨国实证分析的方法。

第一节　资本账户开放水平的度量

本书认为，国内外学术界之所以在资本账户开放对一国经济到底是有利还是不利这一问题上存在较大的争议，其中一个原因可能是：不同学者在各自的研究中针对不同的时期、不同国家的资本账户开放程度采用了标准不一的衡量手段（Quinn 和 Toyoda，2008）。因此，有必要对资本账户开放的衡量方式进行深入探讨，分析各衡量指标的构建基础、特征和优缺点，归纳在不同研究背景下应该选用何种衡量方法。

目前，衡量资本账户开放程度的指标有很多，按照指标构建基础和具体特性可大致概括为两类：法规型和数量型。法规型指标反映政府对资本账户下国际资本流动的主观限制范围和限制程度，本质上是对资本账户开放水平的定性度量。法规型指标的构建来源主要包括：国际货币基金组织

IMF 发布的《年度汇兑安排与限制》(*Annual Report on Exchange Arrangements and Exchange Restrictions*,简称 AREAER);世界经济与合作组织 OECD 发布的《资本流动自由化法规》(*Code of Liberalization of Capital Movements*)以及各国中央银行年度报告或法律规范。本书对 1950—2016 年期间发表的,在世界范围内引用率较高的 92 篇有关资本账户开放水平测度的文献调查分析后发现,有 46.2%的文献采用了法规型资本账户开放指数。虽然法规型指标在学术领域得到广泛的应用,但是也存在明显缺陷,即无法准确地体现实际开放程度或管制的严格程度。为了克服这一缺陷,一些学者尝试构建了可以更好地衡量资本账户开放程度或资本管制程度的数量型指标,具体包括三类:国际资本流动指数(Kraay,1998;Lane 和 Milesi-Ferretti,2003、2007);投资率—储蓄率指数(Feldstein 和 Horioka,1980);利率差异指数与资产定价指数(Frankel,1992;Edison 等,2002;Kose 等,2006)。但是该类指数也存在一些问题,如无法明确地界定资本账户完全开放的标准,即无法确定完全放开管制所对应的指标取值。图 9-1 展示了衡量资本账户开放度量的方法与分类。

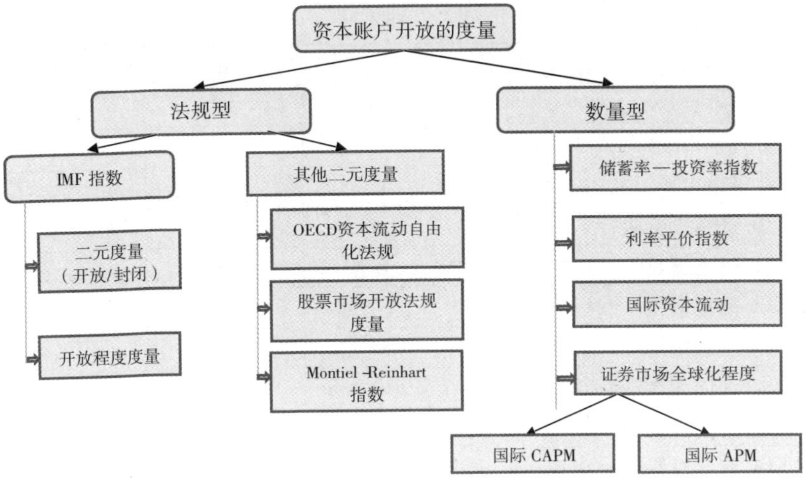

图 9-1　资本账户开放的度量方法及其分类

一、法规型资本账户开放指标

国际货币基金组织 IMF 每年会对各国在跨境资本交易与汇兑方面的政策法规进行评估,并以报告的形式公布,《年度汇兑安排与限制》便成为法规型指标的一个重要构建基础。除此之外,法规型指标还包括 OECD 指数、SML(股票市场开放)指数和 Montiel-Reinhart 指数。表 9-1 罗列出了 IMF 在 1994—2012 年间发布的 AREAER 报告中所涉及的跨境资本流动分类和子类。IMF 方法一般是基于“资本交易”项目中的各子项目的限制情况所制定的,是典型的二元度量方法。也就是说,如果一国在“资本交易”项目中特定子项目存在管制,则该国资本账户开放指数为“0”,否则为“1”。例如,Glick 等(2004)提出,如果一国除对“金融信用”子项目进行管制之外还至少限制 4 个子项目,则认定该国资本账户处于“封闭状态”。

表 9-1　1994—2012 年 IMF 发布的 AREAER 所涉及内容及演变

AREAER 涉及的资本流动类别	1994—1995 年	1996 年	1997—2012 年
1. IMF 协议状态	√	√	√
2. 汇兑安排	×	√	√
3. 汇兑结构	√	√	√
4. 国际收支安排	√	√	√
5. 无形资产交易限制	√	√	√
6. 出口收付	√	√	√
7. 资本交易	√	√	√
8. 资本市场	×	√	√
9. 货币市场工具	×	√	√
10. 证券投资组合	×	√	√
11. 衍生工具	×	√	√
12. 商业信用	×	√	√
13. 金融信用	×	√	√
14. 保证和金融后备	×	√	√
15. 直接投资	×	√	√
16. 直接投资流动性	×	√	√
17. 房地产交易	×	√	√
18. 私人资本交易	×	×	√
19. 商业信贷机构规定	×	√	√
20. 机构投资者规定	×	√	√

注:作者根据 IMF 发布的历年 AREAER 归纳总结。其中“×”表示该类别不在当年 AREAER 所涉及范围之内,“√”表示该类别存在于 AREAER 所涉及范围之内。

然而，基于国际货币基金组织 AREAER 报告“资本交易”子项目所构建的二元法规型资本账户开放指标，也可能会提供误导性的信息，原因是报告中对一些子项目的统计经常出现缺失值和空白的情况。根据 IMF 的 AREAER 的统计规则，缺失值代表着“数据在发布时无法获得”。然而，不同学者对这些缺失值或空白值的处理方式不同，一部分学者通常视缺失值为缺乏资本管制规则，因此视为法规型二元指数为“0”的值；与之相反，Edison 等（2004）、Miniane（2004）、Prasad 和 Rajon（2008）在处理类似的缺失值问题时采用了相反的方式，他们将报告中的缺失值或空白值定义为“没有特别规定”，并对二元指数赋值为“1”，也即是认为这个国家的资本账户的子项目是开放的。在现实中，这些空白或缺失的报告栏实际上并不包含任何关于资本账户开放程度的信息，因此以“0”或“1”的赋值方式去定义多少有些武断。这意味着，早期的法规型二元度量法可能无法对一国资本账户水平进行准确度量。

法规型二元度量法无法反映资本账户开放的程度或资本管制的效率。为了克服这个缺陷，一些学者在二元度量指标的基础上构建了“百分比”指数法（“Share”指数）（Harvey 和 Lundblad，2002；Chinn 和 Ito，2008）。“Share”指数表示在目标分析年份之内，资本账户不受限制的年份数量占年份总数量的百分比。遗憾的是，这种“Share”指数不能用于跨时间分析，因为它不会随时间而变化。随着学者们对于测度方法研究的深入，不断有新的衡量方法涌现，例如 Quinn 指数（1997）、Chinn 和 Ito 指数（2002，2008）、Mody 和 Murshid 指数（2005）。Chinn 和 Ito（2008）资本账户开放指数是近期的实证研究中最具创新性和应用最为广泛的衡量指标。该指数在 IMF 发布的 AREAER 报告基础上通过第一标准化主成分操作，从四个资本流动限制指标（资本账户开放、经常账户开放、出口外汇收入管制程度、汇兑结构）中获取（见表 9-1）。这四个资本流动限制指标每一个都是用五年内资本账户完全开放年份的数量占比所表现出的，因此可以在一定程度上反映资本流动限制的变动趋势。该指数的初始取值范围为-1.895 至 2.389，经过标准化处理后取值范围为 0 至 1，取值越大表明该国资本账户开放水平越高。除此之外，Kaopen 数据库覆盖从 1970 年以来 181 个国家和地区的资本账户开放数据，覆盖广泛且更新及时，被国内外学者广为采用（杨荣海和李亚波,2017;郭桂霞和彭艳,2016;Chinn 和 Ito,2008;Bekaert 等,2011;Kose 等,2009;Larrain 和 Stumpner,2017;等等)。

基于股票市场开放水平的 SML(Stock Market Liberalization)指数法也是已有文献中常用的法规型指标之一,常被称为“官方股票市场开放指数”(Bekaert,2005)。之所以被认为是“开放”或“封闭”二元度量指标,主要原因是,该指数反映了政府允许外国人或境外机构购买国内股票市场上所发行股票的具体日期,或者是国内公司在国外市场上市的日期(Henry,2000、2003;Bekaert,1995;Mitton,2006)。然而,由于股票市场相关政策法规的制定和实施是一个渐进的过程,而不是一个单一的事件,因此上述日期数据的统计工作在许多情况下是困难重重的,统计数据时要么日期不详,要么具体日期不明确。总的来说,SML 指数是对资本账户开放程度的一种不太准确的衡量,原因是资本账户开放所涉及的范围很广泛(包括跨境资本流动与汇兑等),但是该指数只考虑资本账户开放的一小部分——股票市场开放水平。此外,该指数也没有反映股票市场的开放程度。

二、数量型资本账户开放指标

法规型指标未必能反映资本账户开放的实际水平,这是因为:(1)法规型指标大多根据 IMF、OECD 统计的资本账户相关政策或法规数据构建,仅仅是对资本账户开放相关政策法规的定性度量,这些政策法规在执行过程中很可能受各种因素的影响而出现效率下降;(2)政策法规随着时间的推移而发生变化,这无疑会增大统计偏差;(3)这些指标也不能反映双向流动的管制情况,因此无法通过使用多种金融工具以及投资者通过投资组合的多样化,对国际投资风险的分散效率进行反映。因此,法规型资本账户开放指标本身具有偏离实际情况且天生无法克服的局限性(娄伶俐和钱铭,2011)。

数量型资本账户开放指标通常基于四大类实际经济指标,即国际资本流动、国家储蓄与国家投资率、利率差异和资产价格整合(Edison 等,2002;Eichengreen,2001)。需要指出的是,数量型资本账户开放指标与法规型资本账户开放指标相比更容易出现内生性问题(Dolley 和 Chinn,1995;Eichengreen,2001;Chanda,2005)。其中的原因可能是:首先,资本市场的参与者可能预期到资本账户开放,并在宣布开放日期之前采取行动(Chari 和 Henry,2004)。其次,资本流动指标不仅可能受到资本账户开放政策的影响,还可能受到与财政、货币、汇率政策或环境因素有关的一系列其他法规的影响。这种内生性问题最终可能会造成实证结论偏差,因为这些指标可能衡量的是资本账户开放的效果,而不是开放的程度。本书将数量型指标按其数据基础分为四大类:国际资本流动;储蓄率—投资率;利率差异;资产价格。

(一)国际资本流动

第一类以数量为基础的度量指数是以跨境实际资本流动与国内生产总值的比率为具体衡量方式,这些指数的特点之一就是可以实现对各国资本账户开放产生的实际影响效果进行度量。然而,Kose 等(2006)认为资本流动总额的波动较少,因此这些流动往往不能作为开放程度的衡量标准。总体而言,这类指数主要有两种表现形式:一是跨境资本流入和流出总额与 GDP 之比(这与贸易开放程度的衡量方式非常类似),二是国外资产和负债总额或净存量之和与 GDP 之比。此外,Swan(1998)和 Kray(1998)还将资本账户中年度对内和对外直接投资、证券投资和其他投资项目的国际收支总额全部计算在内,并计算得出其与国内生产总值的比例。前者还调查研究了短期和长期的政府和居民部门,进而对“其他投资”也进行了狭义定义。

需要指出的是,第二类衡量资本账户开放程度的数量指标是以负债和资产总额(净)流动与 GDP 之比为表现形式,而不是基于资本的流入与流出与 GDP 之比(Lane 和 Milesi-Ferretti,2007)。这类指标在一定程度上减少了测量误差,这是因为,一国的境外负债和资产的年度变动比资本流入与流出变动的波动幅度要小。随着资本账户开放内涵的不断拓展,该类型指标也相应地随之改进,逐步发展为用境外资产和负债的总水平与 GDP 之比,加上直接投资和组合权益资产与 GDP 之比。值得注意的是,上述两类数量型资本账户开放指标之间的分隔线并不明显。第一类指标是对国际收支表中的资本账户所包含子项目的度量。第二类指标是针对资本账户中所有关于境外金融资产和负债所有权变动的交易进行度量。

然而,基于国际资本流动的数量型指标在衡量资本账户管制程度时也存在一定缺陷,具体表现如下:第一,跨境国际资本流动并不是仅仅发生在金融市场高度开放的经济体之间,即便在开放程度较高的经济体之间也有可能仅有少量的资本流动,此外,金融资产价格的持续均等化将消除对跨境资本流动的激励。第二,对于衡量结果的定义不明确,也很难就一个国家的资本流动指数的大小作出资本账户开放程度的结论。例如,对于一个金融完全开放的国家,境外资产和负债的总水平与 GDP 之比,加上直接投资和组合权益资产与 GDP 之比应该是 50%还是 10%? 要回答这个问题仅靠指标本身的数值是很难的,通常还要根据被分析样本的具体情况来定。为了使该衡量方法更为准确可靠,Montiel(1994)提出用 5%作为中等资本账户开放水平国家的评价基准。

(二)储蓄率—投资率

资本账户开放程度越高,就越有可能通过储蓄—投资渠道对经济表现产生影响。Feldstein 和 Horioka(1980)最早提出用储蓄率—投资率衡量资本账户开放,他们认为,长期以来经常账户的平均规模较小,这表明国际资本流动存在大量障碍(在传统意义上,经常账户规模被理解为衡量储蓄和投资之间的差额)。然而,这种方法受到 Obstfeld(1986)、Edwards(2001)和 Prasad 等(2003)的强烈质疑,资本完全流动的假设与传统凯恩斯主义的解释基本不一致,即投资水平的外部变化会导致收入的变化,直到由此产生的储蓄水平等于投资水平。这种衡量方法会产生严重的内生性问题,原因是:(1)财政政策可能会被纳入经常账户余额的变化;(2)区域内不同经济体可能共享同一种货币;(3)国际利率可能受到国家政策或经济规模等因素的影响。

(三)利率差异

根据完全资本账户开放下的利率平价条件和恒定的汇率风险溢价,以本币计值的资产的名义收益率应等于以外币计值的相同资产的收益率,然而,全球金融一体化并未完全达成,因此外汇风险与汇兑限制难以消除,这就造成了国际国内储蓄和投资利率的差异。利率差异法的本质是衡量全球资本市场的一体化程度,而不是国家总储蓄挤出总投资的程度,因此,该方法侧重于反映各国之间的回报率差异,而不是分析储蓄与投资之间的相关性。一般而言,要衡量资本流动性,就需要对以同一种货币计价的"境内"和"境外"资产的名义收益率进行比较分析,境内和境外利率差别较大意味着该国的资本账户开放程度较低(Obstfeld,1986;Edwards,2001;Edison 等,

2002)。缺乏资本流动是造成利率差异存在的原因之一。

利率差异法有三种主要的衡量方式:(1)抛补利率平价(CIP);(2)无抛补利率平价(UIP);(3)利率平价(RIP)。在实际层面上,利率平价法衡量资本账户开放水平存在一定的问题,原因是无风险利率和资本账户存在管制两种情况会对该衡量方法产生类似的影响(Obstfeld,1986)。其他关于CIP 和 UIP 的实证研究使用了新的代理变量表示资本控制,比如黑市外汇溢价。当金融市场效率较低时,黑市外汇溢价的变动可以反映资本流动性较差(Saxena 和 Wong,1999;Arteta 等,2001;Chinn 和 Ito,2002)。Chanda(2005)提出了一种衡量黑市外汇溢价的新方法,通过使用世界经济自由年度报告(EFWAR)中的两个子类别"公民在国内外拥有外币银行账户的自由"和"官方汇率与黑市汇率之间的差异"来构建,每个子类别都拥有 50%的权重。

综上所述,与资本流动指数相似,利率差异度量是资本账户开放程度的一种方式,但该指标自身存在明显的缺陷,同时也会受到货币政策目标或扩张型财政政策等可能影响利率水平的宏观政策的影响,产生相应的内生性问题。

(四)资产价格

资产价格法衡量资本账户开放水平的内在逻辑与利率差异法的逻辑类似。这种方法建立在平价测试、套利测试和资本资产定价模型(CAPM)的基础上,属于股票市场开放度量方法 SML 的一种延续(Levine 和 Zervos,1998;Bekaert,1995;Kose 等,2006)。按照指标的构建基础大致分为两类:(1)根据证券市场全球化指数构建;(2)根据标准普尔国际金融公司指数中的投资指数(IFCI)或全球化指数(IFCG)构建。

三、资本账户开放指标在实证研究中的应用

在介绍了各种衡量资本账户开放程度指标的内涵和特点之后,接下来的部分将对这些指标在实证研究中的应用情况进行总结分析。虽然有大量的文献实证检验资本账户开放与经济增长之间的关系,但是需要着重指出的是,Minine(2004)、Lane 和 Milesi-Ferretti(2007)、Chinn 和 Ito(2008)在资本账户开放的衡量方法方面作出了突出贡献。本研究对国际上引用率较高

的92篇有关资本账户开放水平测度的文献进行调查分析,明确其研究所用的数据类型和分析角度,并将对应的数量呈现于表9-2。研究发现,在这92篇已有研究文献中,国家层面分析的文献数量占总文献的63%,采用年度数据的文献占总文献的76%。如表9-2所示,许多学者在国家层面及行业层面的资本账户开放的实证研究中,广泛采用以IMF资本管制分类数据库为基础的资本账户开放衡量方法。

表9-2 资本账户开放(金融开放)部分实证文献调查统计

	篇数	年度数据	月度数据	源自IMF数据库	其他来源
总计	92	73	18	63	72
国家层面研究	58	52	12	52	43
行业层面研究	27	14	6	8	29
企业层面研究	7	6	1	4	3

注:A-基于IMF AREAER的CAL指数,基于IMF数据库的IMF-CAL指数:年度汇兑安排与限制(AREAER),国际收支年鉴(BoF),世界经济展望,特殊数据传播标准(SDDS),协调组合投资调查(CPIS)和国际金融统计(IFS),E-IFC的EMDB(国际金融公司新兴市场数据库)。

资料来源:作者根据92篇论文测算所得。

本节对现有金融开放或资本账户开放的度量方法进行粗略统计,并分析文献中不同度量方法对应的研究内容,统计分析结果汇总于表9-3。据不完全统计,现有资本账户开放衡量指标约234种,有59%是以宏观国家层面的跨境资本流动为研究对象,在这些宏观度量指标中,有57%是数量型指标,42%是法规型指标。在所有数量型指标中,以国际资本流动和资产价格为基础的衡量指标是最常见的,分别占所有数量型指标的39%和29%。而在法规型指标中,SML指数法是使用次数最多的。总体而言,大多数实证研究都是基于数量型资本流动指标和以IMF数据来源为基础的法规型指标。需要指出的是,从上述统计分析结果来看,Chinn和Ito(2008)所构建的法规型指标的应用程度虽然不是最广的,这可能是由于该方法问世时间较短,但是从近期的相关文献来看,该指标的使用频率相当之高。

表 9-3　资本账户开放（金融开放）衡量指标的使用频率

	所有的实证分析	国家层面分析	行业、企业层面分析
衡量指标总数	234	139	95
数量型	135	75	60
储蓄率—投资率	7	7	-
国际资本流动	53	22	31
利率差异	12	12	-
资产价格	40	20	20
数量型指标与法规型指标相关性研究（Bekeart，1995）	2	2	-
贸易自由化指数	18	11	7
世界区域指数（Bekaert，1995）	1	1	-
贸易自由化与 FDI	2	-	2
法规型	99	64	35
国际货币基金组织（IMF）二元指数	19	16	3
国际货币基金组织（IMF）开放强度指数	26	26	-
除 IMF 数据库之外的其他法规型指标（OECD 等）	20	4	16
SML 指数	34	18	16

资料来源：作者根据既有文献分析计算。

虽然从既有文献来看，资本账户开放的衡量指标多种多样，但实际上，只有少数几个指标可以应用在大范围的跨国实证研究之中。接下来的部分将对这些指标进行比较分析，选出几个具有代表性的指标，用以度量各国资本账户开放水平。在经过对比各种资本账户开放衡量指标的数据可得性、时间跨度、涵盖国家数量后，本研究选出 8 个资本账户开放程度指标，呈现于表 9-4。其中，有 5 个是法规型指标，如 SML 指数、IMF 指数、Chinn-Ito 指数等。数量型指标采用三种常规方法来衡量，如以国际资本流动为基础的 Kray 和 Swan(1998)指数,Lane 和 Milesi-Ferretti 指数和以利率差异为基础的 Chanda 指数。

表 9-4　有代表性和广适性的资本账户开放指数

名称	构建基础	描述	取值	年份	国家覆盖面
法规型指标					
开放/封闭形式的二元指标					
SML 指数	不同国家股票市场开放度指标来源	建立在对资本跨境流动方面是否存在规定/限制的基础上	0(完全封闭)至 1(完全开放)	1980—2006	49 个国家
IMF 指数	IMF 的 AREAER	建立在对资本跨境流动方面是否存在规定/限制的基础上	0(完全封闭)至 1(完全开放)	1980—2014	96 个国家
Glick 等(2004)指数	IMF 的 AREAER	建立在对资本跨境流动方面是否存在规定/限制的基础上	0(完全封闭)至 1(完全开放)	1980—2014	190 个国家
开放强度指标					
资本交易指数	IMF 的 AREAER	衡量资本账户限制的强度	范围 0 至 11	1980—2014	190 个国家
Chinn 和 Ito(2008)指数	IMF 的 AREAER	衡量资本账户限制的强度	取值越高表明开放水平越高	1980—2014	182 个国家
数量型指标					
国际资本流动指数					
Kray 和 Swan(1998)指数	IMF 的国际收支年鉴、国际金融统计	根据实际资本流动	占 GDP 百分比	1995—2017	114 个国家
Lane 和 Milesi-Ferretti(2007)指数:IFIGDP GEQGDP	Lane 和 Milesi-Ferretti(2001)	GEQGDP:投资组合和直接资本流动占 GDP 比例;IFIGDP:直接投资资产(负债)总额占 GDP 比例	占 GDP 百分比	1970—2011	136 个国家
利率差异指数					
Chanda(2005)指数	世界的经济自由度	公民在国内外拥有外币银行账户的自由和官方汇率与黑市汇率的差异	范围在 0—10 之间	1970—2006	139 个国家

表 9-5　全球资本账户开放浪潮

第一次浪潮 1980s	第二次浪潮 1990s	第三次浪潮 2000s
Costa Rica(1980—1981) Denmark(1988—2006) Ecuador(1980—1985,1988—1992) Guadeloupe(1989—1997) Indonesia(1980—1996) Mexico(1980—1981) Malayasia(1980—1996) New Zealand(1983—2006) Peru(1980—1983) Paraguay(1982—1983) Uruguay(1980—1992) Venezuela(1980—1983)	Argentina(1993—2006) Austria(1993—2006) Costa Rica(1995—2003) Ecuador(1995—2006) Spain(1994—2006) Finlandia(1991—2006) France(1990—2006) Gambia(1991—2006) Greece(1996—2006) Honduras(1993—1995) Ireland(1992—2006) Israel(1996—1997) Italy(1990—2006) Jamaica(1996—2006) Kenya(1996—2006) Mauritius(1996—2006) Niger(1995—2006) Nicaragua(1996—2006) Norway(1995—2006) Peru(1993—2006) Poland(1998—2006) Portugal(1993—2006) Paraguay(1996—1997) El Salvador(1996—2000) Sweden(1993—2006) Uruguay(1996—1997,1999—2003) Venezuela(1996—2006) Zambia(1990—2006)	Chile(2006) Costa Rica(2005—2006) Guadalupe(2004—2006) Haiti(2003—2006) Israel(2002—2006) Paraguay(2003—2006) Uruguay(2005—2006)

资料来源:作者根据 Chinn 和 Ito(2008)资本账户开放指数测算。

Chinn 和 Ito(2008)资本账户开放指数(简称“Chinn-Ito 指数”)是近期最具创新性和应用最为广泛的指标。该指数是在 IMF 发布的 AREAER 报告基础上通过第一标准化主成分操作,从四个资本流动限制指标中获取,并吸收“Share”指标衡量开放程度的优点,可以较好地度量一国资本账户开放的水平。表 9-5 统计了以 Chinn-Ito 指数为衡量标准的全球主要国家资本账户开放趋势。从统计结果我们可以看出,资本账户自由化的三次浪潮分别出现在 20 世纪 80 年代、90 年代和 21 世纪初。第一阶段资本账户开放浪潮在 1980 年之前就已经开始,当时有 20%的国家取消了资本账户管制,其开放动因主要源自 1982 年墨西哥爆发的债务危机造成了恶劣的财政影响,加之 20 世纪 80 年代美国出现了储蓄和贷款危机。第二次浪潮始于 20 世纪 90 年代,有 23 个国家取消了跨境资本流动限制,加上在第一阶段开放浪潮后期重新实施资本管制的几个国家(如委内瑞拉、乌拉圭、巴拉圭、秘鲁、哥斯达黎加和厄瓜多尔)。但是在这次开放浪潮之后便先后出现了不同程度的货币和银行危机,汇率波动产生了强烈的负向影响,尤其是在拉丁美洲和亚洲。21 世纪初的第三波开放浪潮主要包括南美洲和非洲的新兴国家和发展中国家。

总之,按照指标构建基础和具体特性,目前衡量资本账户开放程度的指标大致归为法规型和数量型这两类。法规型指标反映政府对资本账户下国际资本流动的主观限制范围和限制程度,本质上是对资本账户开放水平的定性度量;基于资本流动现实及宏观经济现状的数量型指标,反映了跨境资本流动的实际情况。考虑到大多数度量指标在大样本跨国实证分析中存在一定的局限(数据时间跨度较短,涵盖国家较少),而且不同类型指标本身也存在缺陷,因此,在接下来的实证分析中,本节选用几个最具代表性,且能较好地应用于宏微观研究的指标衡量资本账户开放水平。具体而言,在“资本账户开放对全要素生产率的影响:理论分析与基于跨国数据的实证研究”“资本账户开放对全要素生产率的影响:基于金融危机因素的跨国实证检验”“资本账户开放对全要素生产率的影响:门槛效应研究”的跨国实证检验中,本书统一采用 Chinn 和 Ito(2008)构建的法规型 Kaopen 指数、Lane 和 Milesi-Ferretti(2007)构建的一国境外资产与负债总额占 GDP 百分比度量各国资本账户开放程度;而在“资本账户开放对企业全要素生产率的影响:基于中国工业企业数据的研究”“资本账户开放与中国的企业创新”“资本账户开放与中国的金融发展”等项研究中,本书首先基于中国 Kaopen 指数和境外资产与负债总额占 GDP 百分比进行定性分析,随后借鉴 Kraay(1998)以及 Feldstein 和 Horioka(1980)的研究成果,分别用国际直接投资占 GDP 百分比、投资率—储蓄率指数衡量我国各省份资本账户开放水平,并进行定量分析。

第二节　资本账户开放对全要素生产率的影响

目前,国内虽然有不少学者支持中国资本账户的开放,但对资本账户开放持怀疑态度或认为开放资本账户会给中国经济带来较大风险的学者似乎相当多(余永定,2000;姜波克、朱云高,2004;林毅夫,2013;张礼卿,2013;余永定、张明,2013;张斌,2013;华民,2014)。那么,资本账户开放到底对中国是有利还是不利?需要指出的是,自 2014 年美联储开始退出量化宽松(QE)以来,特别是自 2015 年 8 月 11 日起中国宣布完善人民币汇率中间价报价机制以来,由于受中国经济增长放缓、出口增速下降等因素的影响,人民币汇率改变了一直以来所存在的升值状态而进入持续贬值的进程。由于担心人民币汇率大幅贬值及资本大量外流会引发金融市场及中国经济的大幅震荡,从而不利于中国经济稳定及增长,因此,中国央行不得不通过抛售外汇来进行市场干预并采取了一些限制跨境资本流动的资本管制的措施,以控制资本外流,进而避免因资本大量流出而造成人民币汇率的不断贬值,并抑制外汇储备的不断减少。这就引出了值得深入讨论的重大理论及政策问题:采取限制跨境资本流动的资本管制措施虽然在短期有利于中国经济的稳定,但从长期来看是否对提高中国的经济效率及促进中国经济的持续增长有利?下一步中国是应该继续维持对资本账户进行管制的状态?还是进一步大力推进资本账户的开放?

为解决以上问题,本书将从资本账户开放对全要素生产率的影响这一角度来进行研究。

一、全要素生产率

本书之所以选择从全要素生产率这一角度来研究资本账户开放的经济效应问题是因为:根据新古典经济增长理论,经济增长是由两个因素促成的,一是资源投入的增加,二是资源利用效率的提高。资源投入的增加指的是资本和劳动的投入,资源利用效率指的就是全要素生产率。

全要素生产率(Total Factor Productivity, TFP)这一概念最早是由诺贝尔经济学奖获得者罗伯特·默顿·索洛于1958年所提出的,是以新古典增长理论为基础,把全要素生产率理解为产出增长率中扣除资本、劳动力等要素直接贡献后的剩余部分,包括技术进步因素和其他被忽略的因素对经济体产出增长的影响。在此之后,Kendrick(1961)、Denison(1962)等运用统计分析方法对全要素生产率进行了全面的分析和估算,从而开创了经济增长因素分析法,并使之成为国际上研究经济效率及经济增长问题的重要分析方法。

对全要素生产率的计算是在柯布—道格拉斯(Cobb-Douglas,简称"C-D")生产函数理论的基础上进行的。C-D生产函数理论的公式为:

$$Y_t = AK_t^{\alpha}L_t^{\beta} \tag{9-1}$$

其中,Y_t 为总产出;K_t 为资本投入量①,L_t 为劳动投入量,α 和 β 分别是资本和劳动的产出弹性②,分别表示资本和劳动投入增加各自所带来的产量与总产量之比,α 和 β 也可理解为资本和劳动各自的报酬占总收入的份额;t 表示生产函数随时间变化。

因此,根据C-D生产函数,全要素生产率可表示为:

$$A = \frac{Y_t}{K_t^{\alpha}L_t^{\beta}} \tag{9-2}$$

从(9-2)式可看出,所谓全要素生产率就是总产出量与全部要素投入量之比。

为将幂函数乘积形式的C-D生产函数线性化,对C-D生产函数取自然对数,有:

$$\ln Y_t = \ln A + \alpha \ln K_t + \beta \ln L_t \tag{9-3}$$

为求出各变量的变动率,对(9-3)式求对时间 t 的导数,得:

① 西方经济学家在建立生产函数时,一般将土地这种生产要素归算到资本中去,因此,还包括土地。

② 如何估算劳动和资本的产出弹性,这在国内外普遍认为是一个难题。一般说来,在生产过程中,生产要素的边际生产率越高,则其产出弹性越大,反之则越低。

$$\frac{\mathrm{dln}Y_t}{\mathrm{d}t}=\frac{\mathrm{dln}A}{\mathrm{d}t}+\alpha\frac{\mathrm{dln}K_t}{\mathrm{d}t}+\beta\frac{\mathrm{dln}L_t}{\mathrm{d}t} \tag{9-4}$$

根据对数求导公式,得:

$$\frac{\mathrm{d}Y_t}{\mathrm{d}t}\frac{1}{Y_t}=\frac{\mathrm{d}A}{\mathrm{d}t}\frac{1}{A}+\alpha\frac{\mathrm{d}K}{\mathrm{d}t}\frac{1}{K_t}+\beta\frac{\mathrm{d}L_t}{\mathrm{d}t}\frac{1}{L_t} \tag{9-5}$$

(9-5)式中,$\frac{\mathrm{d}Y_t}{\mathrm{d}t}\frac{1}{Y_t}$表示产出的增长率,同样,$\frac{\mathrm{d}A}{\mathrm{d}t}\frac{1}{A}$、$\frac{\mathrm{d}K}{\mathrm{d}t}\frac{1}{K_t}$和$\frac{\mathrm{d}L_t}{\mathrm{d}t}\frac{1}{L_t}$也分别表示全要素生产率、资本投入量和劳动力的增长率。

(9-5)式说明,一国总产出(GDP)的增长率是由全要素生产率的增长率、经过加权的资本增长率和劳动增长率(这实际上等于全部要素投入增长率)这些因素的共同作用实现的。也就是说,一国GDP的增长取决于两方面的因素:一是劳动和资本等要素投入的增长,二是全要素生产率的提高。

由于全要素生产率的含义很广,无法用数据直接计量,故将上式加以变换而将全要素生产率作为“余值”计算出来,其公式为:

$$\dot{A}=\dot{Y}_t-\alpha\dot{K}_t-\beta\dot{L}_t \tag{9-6}$$

其中,$\dot{A}$、$\dot{Y}_t$、和$\dot{K}_t$、$\dot{L}_t$分别代表全要素生产率、产出、资本和劳动的增长率。

“全要素生产率”更一般的含义是指生产要素的利用效率,“全”的意思并非是全部生产要素,在外生经济增长模型中,经济增长不仅是由有形的生产要素投入(资本、土地、劳动力等)所驱动的,还由诸如技术进步、管理能力、制度环境等非有形因素共同作用,而此处的“全”特指非有形、抽象化了的要素资源。一般而言,驱动全要素生产率提高的主要因素包括效率的改善、技术进步和规模效应。

从宏观层面来看,全要素生产率可以反映一国(地区)技术进步对经济增长的综合效应,是分析经济增长源动力的重要手段。郭庆旺和贾俊雪(1994)认为“估算全要素生产率有助于进行经济增长源泉分析,即分析各种因素(投入要素增长、技术进步和能力实现等)对经济增长的贡献,识别经济是投入型增长还是效率型增长,确定经济增长的可持续性”。因此,系统地考察一国全要素生产率可以为政策当局制定提高居民收入以及长期福利水平提供重要决策依据。从微观层面而言,全要素生产率是企业生产经营过程中各种资源生产效率的综合反映,受到技术水平、管理水平、资源配置水平等因素共同影响。从本质上来说,企业作为决策单元(DMU),是决定一国全要素生产率变化的根本因素,也是系统地衡量一国全要素生产率最为有效的证据,因此在考察宏观总量全要素生产率的基础上,进一步分析微观企业全要素生产率也是一个非常值得深入研究的领域。

全要素生产率在国家、区域、行业及企业层面上都可以进行研究,然而不同层面上的研究又必须采用不同的方法。学术界关于全要素生产率计算方法有很多,可大致归纳为两类:第一类为增长核算法,其代表性算法为"索罗余值法"及其拓展,索罗余值法以新古典增长理论为基础,把全要素生产率理解为产出增长率中扣除资本、劳动力等要素直接贡献后的剩余部分,包括技术进步因素和其他被忽略变量对产出增长的影响。具体地,在选取适当的生产函数表示经济体中产出与投入关系的基础上,基于普通最小二乘估计测算各投入要素的产出份额,实现对全要素生产率的测算。索罗余值法的出现为研究经济增长源泉理论奠定了基础,但也存在假设约束限制过强且与现实存在偏差等缺陷。第二类为前沿生产函数法,包括参数随机前沿分析(SFA)和非参数数据包络分析(DEA)。前沿生产函数法借助一些日趋精进的计量模型和计量工具,实现对全要素生产率进行精确估算,在假设约束和估算偏差方面都有较大的改进。

二、资本账户开放对全要素生产率的影响:理论分析与基于跨国数据的实证研究

由于资源总是有限或稀缺的,因此,经济长期持续增长的关键或核心是资源利用效率的不断提高,或者说,促进一国经济长期持续增长的关键或核心是全要素生产率。这意味着,全要素生产率或资源的利用效率是促进经济长期持续增长的真正源泉,因此,研究资本账户开放对全要素生产率的影响显然比研究资本账户开放对经济增长的影响能够更深入地揭示资本账户对一国经济的根本影响,并进而能从根本上准确地回答资本账户开放对一国到底是有利还是不利这一有争议的问题。

事实上,国外学术界已在资本账户开放对全要素生产率的影响这一领域进行了相当多的研究(Obstfeld,1994;Rajan 和 Zingales,2003;Abiad 等,2004;Bekaert 等,2005;Gourinchas 和 Jeanne,2006;Galindo 等,Braun 和 Raddatz,2007;Bonfiglioli,Ferreira 和 Matos,2008;Kose 等,Gorodnichenko、Svejnar 和 Terrell,2009;Bekaert 等,2010;Bekaert、Harvey 和 Lundblad,2011;Larrain 和 Stumpnery,2015),但十分遗憾的是,目前国内学术界主要是研究资本账户开放对经济增长的影响(陶然,2007;于冬,2010;陈一非,2013;刘璐萍,2015;郭桂霞和彭燕,2016;雷文妮、金莹,2017),而较少有学者研究资本账户开放对中国全要素生产率的影响,显然,这是一个非常值得深入拓展的研究领域。

为此,本节将在厘清资本账户开放对全要素生产率的影响机制基础上,采用 83 个国家 1996—2014 年的跨国面板数据,采用系统 GMM 模型,考察资本账户开放对全要素生产率增长率的影响。

(一)资本账户开放影响全要素生产率的理论分析

本节在 Hsieh 和 Klenow(2009)资源配置扭曲与全要素生产率模型的基础上引入资本账户开放,构建了一个包括家庭、企业和银行的三部门小型开放经济体理论模型,讨论资本账户开放和全要素生产率之间的相互联系。模型具备以下主要特征:第一,产品市场为垄断竞争市场,生产厂商由小型企业和大型企业两种类型企业构成;第二,资本账户管制政策制约国内企业从国际资本市场获取资金;第三,银行部门根据资本账户实际开放程度和国内金融发展水平决定资本流向。

小型开放经济体由三个部门构成:家庭、企业和银行。其中,家庭部门无弹性地供给劳动力和资本,并消费商品和服务;企业在垄断竞争市场环境下供给商品和服务;完全垄断的银行部门从家庭部门吸纳存款,并贷款给企业。假设行业 s 中企业 i 的生产函数符合柯布—道格拉斯函数,且规模报酬不变:

$$y_{si} = \alpha_{si} k_{si}^{\alpha_s} l_{si}^{(1-\alpha_s)} \tag{9-7}$$

进一步可将行业 s 的总产出函数表示为:

$$Q_s = \left(\sum_{i=1}^{n} y_{si}^{\frac{\sigma-1}{\sigma}} \right)^{\frac{\sigma}{\sigma-1}} \tag{9-8}$$

经济体总产出函数表示为:

$$Q = \Pi_{s=1}^{s} Q_s^{\theta_s} \tag{9-9}$$

假定市场中只存在两种类型企业,类型A与类型B,二者之间的差异主要体现在融资渠道和资金成本方面。具体地,类型A企业的生产规模较小、实力较弱,且只能通过传统的银行信贷渠道获取资金;类型B企业与A相反,生产规模较大、实力较强,除传统信贷渠道外还可以通过债券市场直接从家庭部门直接募集资金。由于银行部门是完全垄断的,因此银行为获取超额利润,会根据企业的资金需求弹性以高于存款利率的贷款利率将资金贷给企业,银行的利润加成系数为 λ_{si} ,则贷款利率可表示为: $r^l = \lambda_{si} r$,其中 r^l 、r 分别表示银行贷款利率、存款利率。类型A企业的融资渠道有限,只能通过单一的银行贷款获取生产和投资所需资金,因此相比较于类型B企业,类型A企业的银行资金需求弹性大,信贷成本较高。为方便讨论,模型假设同一行业中同一类型企业银行贷款利率相同,将行业 s 中类型A企业的银行贷款利率表示为 $\lambda_s r$,类型B企业的银行贷款利率表示为 r 。

企业在获取资本和劳动力时除支付必须的资本利息和劳动工资之外,由于受资本市场和劳动力市场摩擦的影响,还需要付出一些额外的成本。资本市场摩擦系数用 $\tau_{K,si}$ 表示,例如企业有可能无法通过正常的信贷渠道获得资金,或者希望降低贷款审批过程中的时间成本,那么企业需要支付更高的利率得到贷款或者在贷款利率的基础上额外付出隐性成本与银行建立关联。劳动力市场摩擦系数用 $\tau_{L,si}$ 表示,例如最低工资制度和不合法的雇佣行为均会导致企业劳动力成本的变动。为方便讨论,我们假设A、B两种类型企业受资本市场、劳动力市场摩擦的影响相同。企业的利润函数可表示为:

$$\pi_{si} = p_{si} q_{si} - w(1 + \tau_{L,si}) l_{si} - \lambda_{si} r(1 + \tau_{K,si}) k_{si} \tag{9-10}$$

其中, p_{si} 表示产品价格, q_{si} 表示产量, w 表示工资率, $\tau_{L,si}$ 表示劳动力市场摩擦系数, $\lambda_{si} r$ 表示贷款利率, $\tau_{K,si}$ 表示资本市场摩擦系数。根据企业获取最大化利润的一阶条件,资本和劳动力的边际收益 $MRPK_{si}$ 、$MRPL_{si}$ 可表示为:

$$MRPK_{si} = \lambda_{si} r(1 + \tau_{K,si}) \propto \frac{p_{si} q_{si}}{k_{si}} ;\ MRPL_{si} = w(1 + \tau_{L,si}) \propto \frac{p_{si} q_{si}}{l_{si}} \tag{9-11}$$

企业的外部融资需求具有明显的行业特征。Buera 等（2011）把固定成本视为衡量企业外部融资依赖程度的指标。按照成本的形态，企业的生产成本可分为固定成本和变动成本，由于不同行业生产技术特征存在差异，一些行业的固定成本较高（例如钢铁、电信行业），该行业内企业开始生产经营之前需要较多的资金投资于固定资产。Rajan 和 Zingales（1998）认为，金融发展使更依赖外部融资的行业有较快的增长，而资本账户的开放能够为其提供更多的融资机会，因此，外部融资依赖程度较高的行业应该在资本账户开放以后获益更多。

假设企业用于生产经营和固定资产投入的资金需要在金融市场获取。A 类型企业的银行贷款需求函数 D_s 可表示为：$D_s = \sum_{i \in F_{sA}} k_{si} + N_{sA}C_s$，其中，$i \in F_{sA}$ 表示企业属于类型 A；N_{sA} 表示行业 s 内 A 类型企业的集合；C_s 表示行业 s 内企业的固定成本，且同一行业内企业的固定成本相同。企业利润最大化条件下行业 s 中 A 类型企业的银行资金需求函数可表示为：

$$D_s = \xi_s Q_s P_s^{\sigma} \frac{w^{(1-\alpha_s)(\sigma-1)}}{r_{si}^{1+\alpha_s(\sigma-1)}} \sum_{i \in F_{sA}} \frac{\alpha_{si}(\sigma - 1)(1 + \tau_{L,si})^{-(1-\alpha_s)(\sigma-1)}}{(1 + \tau_{si})^{1+\alpha_s(\sigma-1)}} + N_{sA}C_s \tag{9-12}$$

其中 ξ_s 表示行业固定资金需求系数，为外生变量。根据需求函数 D_s 可进一步推导出资金需求弹性 η_s，$\eta_s = -[1 + \alpha_s(\sigma - 1)]\frac{D_s - N_{sA}C_s}{D_s}$。银行为获取最大化利润将根据资金需求弹性设定其利润加成系数 λ_s，一般而言垄断银行会对资金需求弹性较低的部门设定较高的利润加成，对资金需求弹性较高的部门设定较低的利润加成，银行资金需求弹性与银行利润加成系数 λ_s 存在如下关系：

$$\lambda_s = \frac{1}{1 + \frac{1}{\eta_s}} \tag{9-13}$$

当银行资金需求 D_s 提高，用于支付变动成本的资金需求占比 $\frac{D_s - N_{sA}C_s}{D_s}$ 增加，资金需求更富有弹性，则根据资金需求弹性与银行利润加成之间的反向变动关系，如（9-13）式所示，垄断银行会设定较低的利润加成系数,λ_s 因此下降。

由于资本市场摩擦系数 $\tau_{K,si}$、劳动力市场摩擦系数 $\tau_{L,si}$ 和垄断银行利润加成 λ_s 等因素的影响,行业全要素生产率会低于最优水平,进一步根据行业产出的函数表达式(9-8),可得出行业全要素生产率:

$$TFP_s = \frac{\left(\sum_i^N \frac{\alpha_{si}^{\sigma-1}(1+\tau_{L,si})^{-(1-\alpha_s)(\sigma-1)}}{\lambda_{si}(1+\tau_{si})^{1+\alpha_s(\sigma-1)}}\right)^{\frac{\sigma}{\sigma-1}}}{\left(\sum_i^N \frac{\alpha_{si}^{\sigma-1}(1+\tau_{L,si})^{-(1-\alpha_s)(\sigma-1)}}{\lambda_{si}(1+\tau_{si})^{1+\alpha_s(\sigma-1)}}\right)\alpha_s\left(\frac{\alpha_{si}^{\sigma-1}(1+\tau_{L,si})^{-(1-\alpha_s)(\sigma-1)}}{\lambda_{si}(1+\tau_{si})^{1+\alpha_s(\sigma-1)}}\right)^{1-\alpha_s}} \quad (9-14)$$

如果资本能够实现完全有效配置,那么行业的最优全要素生产率可表示为:

$$TFP_s^{\ *} = \left(\sum_i^N \alpha_{si}^{\sigma-1}\right)^{\frac{1}{\sigma-1}} \quad (9-15)$$

我们借鉴 Osotemehin(2015)的做法,对行业全要素生产率函数表达式取对数并近似展开。此外,为便于运算,我们令:

$$z_{si} \equiv \log(\alpha_{si}),\ v_{si}^k \equiv \log(\lambda_{si}(1+\tau_{si}^K)),\ v_{si}^L \equiv \log(1+\tau_{si}^L) \quad (9-16)$$

根据(9-14)式,进一步得出:

$$\log(TFP_s) = \frac{\sigma}{\sigma-1}\log\left(\sum h_{si}^Y\right) - \alpha_s\log\left(\sum h_{si}^K\right) - (1-\alpha_s)\log\left(\sum h_{si}^L\right) \quad (9-17)$$

其中:

$h_{si}^Y(z_{si},v_{si}^K,v_{si}^L) = \exp[(\sigma-1)z_{si} - \alpha_s(\sigma-1)v_{si}^K - (1-\alpha_s)(\sigma-1)v_{si}^L]$

$h_{si}^K(z_{si},v_{si}^K,v_{si}^L) = \exp[(\sigma-1)z_{si} - (1+\alpha_s(\sigma-1))v_{si}^K - (1-\alpha_s)(\sigma-1)v_{si}^L]$

$h_{si}^L(z_{si},v_{si}^K,v_{si}^L) = \exp[(\sigma-1)z_{si} - \alpha_s(\sigma-1))v_{si}^K - (\sigma-\alpha_s)(\sigma-1))v_{si}^L]$

$h_{si}^Y(z_{si},v_{si}^K,v_{si}^L),h_{si}^K(z_{si},v_{si}^K,v_{si}^L),h_{si}^L(z_{si},v_{si}^K,v_{si}^L)$

对(9-17)式取一阶泰勒近似:

$$\log(TFP_s) \cong \frac{\sigma}{\sigma-1}\log(N\bar{h}^Y) - \alpha_s\log(N\bar{h}^K) - (1-\alpha_s)\log(N\bar{h}^L) + \frac{\sigma}{\sigma-1}\frac{1}{N\bar{h}^Y}\sum(h_{si}^Y - \bar{h}^Y)$$

$$- \alpha_s\frac{1}{N\bar{h}^K}\sum(h_{si}^K - \bar{h}^K) - (1-\alpha_s)\frac{1}{N\bar{h}^L}\sum(h_{si}^L - \bar{h}^L) \quad (9-18)$$

对函数 $h_{si}^Y(z_{si},v_{si}^K,v_{si}^L)$, $h_{si}^K(z_{si},v_{si}^K,v_{si}^L)$, $h_{si}^L(z_{si},v_{si}^K,v_{si}^L)$ 分别取二阶近似,并根据大数定理对(9-18)式进一步展开,我们最终将行业全要素生产表示

为一个关于最优全要素生产率 TFP^*、资本和劳动力边际收益方差以及资本和劳动力边际收益协方差的函数:

$$\log(TFP_s) \cong \log(TFP_s^{\ *}) - k_{1s}\mathrm{Var}[\log(MRPK_s)] - k_{2s}\mathrm{Var}[\log(MRPL_s)] - k_{3s}\mathrm{Cov}[\log(MRPL_s),\log(MRPK_s)] \quad (9-19)$$

根据(9-19)式我们可以看出,行业全要素生产率与资本边际收益方差 $\mathrm{Var}[\log(MRPK_s)]$ 负相关,其中 $k_{1s}=\alpha[1+\alpha(\sigma-1)]>0$, $k_{2s}=(1-\alpha)[\sigma-\alpha(\sigma-1)]>0$, $k_{3s}=\alpha(1-\alpha)(\sigma-1)>0$。Hsieh 和 Klenow(2009)采用企业生产率(TFPQ)的离散度衡量资源跨企业的扭曲程度,然而生产率方差不但反映了资本、劳动力等生产要素配置的扭曲,同时还包含了企业生产率的差异。而本书的主要目的是考察资本账户开放、资本配置扭曲与全要素生产率之间的联系,资本配置扭曲是连接资本账户开放与全要素生产率的作用渠道,因此我们在 Hsieh 和 Klenow(2009)研究的基础上借鉴龚关和胡关亮(2013)的做法,用资本边际收益的离散度 $\mathrm{Var}[\log(MRPK_s)]$ 表示资本在企业间的错配程度,即资本配置扭曲。根据(9-11)式,可以进一步把 $\mathrm{Var}[\log(MRPK_s)]$ 表示为:

$$\mathrm{Var}[\log(MRPK_s)] = \mathrm{Var}[\log(1+\tau_{K,si})] + \frac{N_{sA}}{N_s}\left(1-\frac{N_{sA}}{N_s}\right)(\log\lambda_s)^2 \quad (9-20)$$

由(9-20)式可知,视资本市场摩擦系数 $\tau_{K,si}$ 为外生的情况下,资本配置扭曲 $\mathrm{Var}[\log(MRPK_s)]$ 直接与垄断银行的利润加成 λ_s 正向关联。这就意味着,在劳动力的边际收益方差和要素边际收益协方差不变的情况下,垄断银行利润加成的下降将促使资本在不同企业的边际收益的离散程度趋于降低,资本配置扭曲程度下降,资本配置效率提高。

在资本账户管制的情况下,银行主要通过以下两个渠道获取存款:以利率 r 从国内家庭部门获取银行存款;以利率 $r^*+\omega$ 从国外获取存款。其中,r^*、ω 分别表示国际存款利率和政府对国际资本交易所收取的税费,模型设定 $r>r^*$。资本账户开放后,国际资本交易税费变为 $\tilde{\omega}$,垄断银行在吸收存款方面依然面临两个选择,以利率 r 从国内家庭部门获取银行存款或者以利率 $r^*+\tilde{\omega}$ 从国外获取存款,银行部门最终选择通过成本更低的渠道获取存款,即银行最终的吸储选择将由 r、r^* 和 $\tilde{\omega}$ 的大小共同决定。一般而言,小型开放经济体国内存款利率 r 由金融发展水平决定,国内资本越稀缺金融发展水平越低,存贷款利率越高;反之,国内资本越丰裕金融发展水平越高,存贷款利率越低。本书借鉴 Larrain 和 Stumpner(2015)关于资本账户开放模型的设定,把资本账户开放政策理解为垄断银行能够以较低的国际资本交易税费 $\tilde{\omega}$(或者完全不收取交易费用,具体由资本账户开放程度决定)从国际市场获取存款,因此资本账户开放后银行部门存款利率趋于下降。

存款利率的下降意味着银行获取存款资金的边际成本降低,在利润最大化条件下垄断银行会增加贷款的供给总量。随着银行存款利率的降低与银行贷款总量的提高,企业扩大生产规模及固定投资所需资金成本降低,因此银行资金需求弹性提高。根据银行资金需求弹性与银行利润加成之间的函数关系式(9-13),资金需求弹性提高会促使垄断银行降低其利润加成系数 λ_s,因此资本账户开放降低了垄断银行的利润加成空间。更进一步,如(9-17)式所示,表示资本配置扭曲程度的资本边际收益离散度 $\mathrm{Var}[\log(MRPK_s)]$ 与垄断银行的利润加成系数 λ_s 呈正向关联,垄断银行利润加成的下降将导致资本在企业之间的错配情况得到缓解,即 $\mathrm{Var}[\log(MRPK_s)]$ 降低。根据行业全要素生产率函数式(9-16),资本的边际产出方差 $\mathrm{Var}[\log(MRPK_s)]$ 与行业全要素生产率存在负相关,这意味着资本边际产出方差的下降会提高行业的全要素生产率,进而促进整个经济体全要素生产率提高,如(9-18)式所示。

根据(9-16)式,用行业全要素生产率表示经济体总体全要素生产率:

$$TFP = \prod_s [TFP_s(K_s/K)^{\alpha_s}(L_s/L)^{1-\alpha_s}]\theta_s \tag{9-21}$$

总体而言,资本账户开放可以降低银行存贷款利率差额并促使垄断银行压缩利润加成,由此带来的融资成本下降将有效缓解企业的融资约束,并推动资本在企业和行业之间实现更有效率的配置。资本账户开放不仅有利于降低企业融资成本,也有利于资本合理配置到资本回报率更高、更需要资本的行业或企业,从而缓解资本配置扭曲,最终实现社会加总全要素生产率提升。更进一步,资本账户开放会通过如下渠道促进全要素生产率提高。

一是提升资本配置效率。要在经济发展中更好地实现技术改进和创新，关键在于如何为更具活力的企业和个人提供资金支持使其更多地投入到工业实践和科技研发之中，尤其是融资约束较强的中小型企业和极具创业精神的草根实践者。但是，受金融摩擦和一些其他因素的影响，金融市场不可避免地存在资本配置扭曲现象，使得资本无法有效地配置到规模较小但生产率较高的企业，以及投资周期较长但回报率较高的项目。金融一体化消除了国际资本流动限制，使各国资本市场趋于统一，这有助于形成一个投融资信息公开，并且根据资金供求信息迅速通过价格信号实现资本合理配置的市场体系。资本在利益的驱动下在全球资本市场自由流动，可以缩小不同国家资金成本的离散程度，缓解资本配置扭曲并降低融资成本，进而促进企业扩大融资水平并将更多的资金用于加强技术研发以及扩大生产规模，由此带来的技术进步和规模效应会推动企业以及经济体加总的全要素生产效率提高。Larrain 和 Stumpner（2017）认为，资本账户开放有利于通过降低银行获取存款的边际成本推动银行存贷款利率差额下降，从而降低企业融资成本并缓解资本配置扭曲，具体表现为资本在同一行业内边际收益的波动程度下降。此外，全球金融一体化也促进了金融中介市场的发展，增大了流动性较差的实物资本（如土地、建筑）实现交易的可能，促进资源的合理配置和使用效率。因此，资本账户开放能够缓解融资约束并提高资本配置效率，实现企业和社会加总生产效率的提升。

二是刺激国内金融市场发展。一国对资本账户交易进行管制的主要原因是国内金融系统尚不完善，进而通过限制资本账户交易规避国际资本流动可能造成的金融冲击。这种金融发展状况通常具有以下特征：金融中介规模小、效率低；金融市场信息不对称；金融监管水平低；存在过多的政府干预等，导致资本很难流入到真正需要的企业和行业，造成资本使用效率低下的困境，形成资本错配。资本账户开放一方面通过引入成本较低的国际资本缓解国内市场的金融抑制现象，使实际利率趋近于市场均衡利率，为国内外投资者和企业提供更多样化的投融资选择的同时提高资本使用率；另一方面，金融市场开放推动国内金融行业与国际接轨，迫使金融市场形成优胜劣汰的竞争机制，这有助于降低政府干预强度，挤出低效率金融中介机构，深化金融改革并缓解市场信息不对称，从而提高金融系统的运行效率。Kose 等（2009）和 Bekaert 等（2011）的研究均显示，资本账户开放会通过促进金融部门发展、完善金融市场结构,从而推动一国全要素生产率增长率提高。此外,全球金融一体化伴随着债务规模扩张以及金融风险扩散,在各国金融监管水平参差不齐的背景下,极易导致金融市场出现系统性危机并在世界范围内扩散。开放资本账户意味着将一国金融市场暴露在更大的外部风险之下,但同时,这种压力又会刺激政策当局加强金融监管、完善金融宏观审慎措施,为一国的经济发展提供有利的金融环境。总之,资本账户开放有助于提高国内信贷规模以及信贷配给效率,完善金融体系并促进经济体运行效率提高。

三是对一国制度质量和企业治理产生"规范效应"。正如 Hall 和 Jones(1999)所说,优良的制度质量是驱动全要素生产率提升的主要因素之一。而资本账户开放带来跨境资本流动的增加会对政府和企业的管治产生"规范效应",促进政府制度质量以及企业治理水平的提高。具体而言,如果一国拥有良好的政治稳定性、健全的法律法规体系、优良的投资环境,资本账户开放会吸引大量国际资本涌入,创造更多投资和就业机会并带动经济增长,同时也加大了国际资本波动对金融市场所产生的潜在风险。这是因为逐利性国际投机资本会尽可能利用政府监管缺位谋取利益,对市场稳定和经济发展造成破坏性影响;反之,政治动荡、法规缺失、宏观经济环境不稳定的国家放开资本账户管制后往往会触发严重的资本外逃,给经济发展带来巨大冲击。因此,无论一国的制度水平较高还是较低,国际资本波动所产生的潜在风险会促使政府进一步完善法律法规,提高宏观经济环境的稳定性、宏观经济政策的有效性,并促进企业提高自身的经营管理水平,社会整体制度质量趋于上升。从企业治理来看,由于存在信息不对称,国际投资者通常会要求更透明的企业信息以及更完善的企业管理监督体系,这无疑对改善公司的治理水平并提高生产效率、利润率具有非常有效的促进作用(Mitton,2006)。Rajan 和 Zingales(1998)、Ferreira 和 Matos(2008)等认为金融开放会通过改善公司治理水平或建立更高质量政府促进一国全要素生产率提高。

四是技术溢出与市场竞争效应。资本账户开放会通过不同形式的跨境资本流动(FDI 和跨境证券投资组合)对资本流入国和流出国产生技术外溢效应,有利于提高技术水平以及生产效率。随着资本账户开放,成功获取外商投资的国内企业凭借其与国际市场之间的融资纽带,与其他东道国企业相比往往具有更先进的生产技术,是行业内先进技术的传播者,也是提高市场竞争水平的助推者。一方面,国内同行业企业会通过复制或学习不断提高自己的技术水平,具体表现为:搜集外商投资企业新技术的基本知识以及自我研发,实现与外商投资企业相近的生产技术或管理模式,进而对行业以及社会整体生产率的提高产生促进效应。另一方面,外商投资企业在生产技术与经营模式方面较其他东道国企业具有优势,这会增强国内市场竞争的激烈程度,迫使东道国企业加大技术研发力度或提高资源的使用效率,进一步提高技术水平和资源配置效率,从而推动整体全要素生产率提高。此外,国内企业还可以凭借"看中学"总结外商投资企业在创新过程中的经验和教训,降低试错成本并提高效率。Gorodnichenko、Svejnar 和 Terrell(2009)发现全球化对新兴市场经济体的企业创新活动既形成了压力也创造了机会,整体上改善了这些企业的竞争地位。

(二)计量模型以及变量介绍

1.计量模型设定

本节使用 83 个国家 1995—2014 年面板数据考察资本账户开放对全要素生产率增长率的影响,在参考 Kose 等(2009)、Bekaert 等(2011)研究的基础上将基准模型设定如下:

$$TFPG_{i,t} = \alpha_1 InitialTFP_{i,t} + \alpha_2 FD_{i,t} + \alpha_3 Trade_{i,t} + \alpha_4 Ins_{i,t} + \alpha_5 Pop_{i,t} + \alpha_6 HL_{i,t} + \alpha_7 Life_{i,t} + \beta CAL_{i,t} + \lambda_i + \varepsilon_{i,t} \quad (9-22)$$

其中,被解释变量 $TFPG_{i,t}$ 和主要解释变量 $CAL_{i,t}$ 分别表示全要素生产率增长率和资本账户开放指数;$InitialTFP_{i,t}$、$FD_{i,t}$、$Trade_{i,t}$、$Ins_{i,t}$、$Pop_{i,t}$、$HL_{i,t}$、$Life_{i,t}$ 为控制变量,分别表示全要素生产率初始值、金融发展、贸易开放、制度质量、人口增长率、人力资本和平均寿命。本书在选取控制变量时,一方面选择已有相关文献中已经证明对生产率存在影响的变量,另一方面也加入资本账户开放影响全要素生产率的渠道变量。λ_i 和 $\varepsilon_{i,t}$ 分别表示国家的非观测固定效应和随机误差项。由于回归模型存在遗漏解释变量以及被解释变量和主要解释变量之间互为因果的可能,即不仅资本账户开放会影响生产率提高,同时较高的生产率增速也可能吸引更多的跨境资本流入,从而造成模型内生性问题。因此,本研究进一步采用 Arellano 和

Bond(1991)的差分 GMM 方法对模型进行估计，回归模型为：

$$TFPG_{i,t} = \gamma TFPG_{i,t-1} + \alpha_1 InitialTFP_{i,t} + \alpha_2 FD_{i,t} + \alpha_3 Trade_{i,t} + \alpha_4 Ins_{i,t} + \alpha_5 Pop_{i,t} + \alpha_6 HL_{i,t} + \alpha_7 Life_{i,t} + \beta CAL_{i,t} + \lambda_i + \varepsilon_{i,t} \quad (9-23)$$

2. 变量介绍

主要解释变量为资本账户开放。度量资本账户开放程度的指标有很多，按照指标构建基础和具体特性可大致概括为两类：法规型(De jure)和数量型(De facto)。法规型指标反映政府对资本账户下国际资本流动的主观限制范围和限制程度，是对资本账户开放水平的定性度量。数量型指标则是对一国资本实际流动水平的定量测度。本节选用学术界常用的法规型指标 Kaopen 指数(Chinn 和 Ito，2008)，以及用一国境外资产与负债占 GDP 比重(Lane 和 Milesi-Ferretti，2007)表示的数量型指标对各国资本账户开放程度进行度量。

被解释变量为全要素生产率增长率。全要素生产率的计算方法可大致归纳为两类：第一类为增长核算法，其代表性算法为"索罗余值法"，该方法以新古典增长理论为基础，把全要素生产率理解为产出增长率中扣除资本、劳动力等要素直接贡献后的残值。索罗余值法的出现为研究经济增长源泉理论奠定了基础，但也存在假设约束限制过强以及模型设定随意等缺陷。第二类为前沿生产函数法，包括参数随机前沿分析(SFA)和非参数数据包络分析(DEA)，代表性算法有 Hildreth 和 Houck(1968)的随机系数面板模型和 DEA-Malmquist 指数法。本节采用 DEA-Malmquist 指数法测算各国全要素生产率增长率，该算法的核心是利用投入与产出数据测算决策单位在两个时间点的生产率变化，其优点在于不需要成本最小化和利润最大化等约束性较强的经济行为假设，也不用相关的价格信息。借鉴 Fare 等(1994)的研究成果，本节基于非参数数据包络分析技术 DEA，采用 DEA-Malmquist 指数方法计算全要素生产率增长率，其计算函数表示为：

$$M_o(x^{t+1}, y^{t+1}, x^t, y^t) = [\frac{D^t(x^{t+1}, y^{t+1})}{D^t(x^t, y^t)} \times \frac{D^{t+1}(x^{t+1}, y^{t+1})}{D^{t+1}(x^t, y^t)}] \quad (9-24)$$

其中，$x^t, x^{t+1}, y^t, y^{t+1}$ 分别表示 t 和 $t+1$ 时期的投入量和产出量；$D^t(x^t, y^t)$ 表示以 t 时期投入与产出水平为参照的生产点距离函数；M_o 表示 t 与 $t+1$ 时期的全要素生产率变化。同时本书采用拓展的索罗余值法计算全要素生产率增长率用于稳健性检验。借鉴 Hall 和 Jones(1999)的做法,假设总产出函数为规模收益不变的柯布—道格拉斯函数形式:

$$Y_{i,t} = K_{i,t}^{\alpha}(A_{i,t}H_{i,t})^{1-\alpha} \tag{9-25}$$

其中,$Y_{i,t}$、$K_{i,t}$、$H_{i,t}$、$A_{i,t}$ 分别表示国家 i 在 t 时期的总产出水平、资本存量、人力资本增进型的劳动力水平和全要素生产率;$H = h_{i,t} \times L_{i,t}$,$h_{i,t}$、$L_{i,t}$ 分别表示劳动力水平和劳动力;α 为资本产出弹性,借鉴 Hall 和 Jones(1999)的做法设定 $\alpha = 1/3$。全要素生产率及其增长率可通过下式计算得出:

$$TFP_{i,t} = Y^{1.5}/K_{i,t}^{0.5}h_{i,t}L_{i,t} \tag{9-26}$$

$$TFPG_{i,t} = TFP_{i,t} - TFP_{i,t-1}/TFP_{i,t-1} \tag{9-27}$$

计算全要素生产率及其增长率所用数据大部分源自于宾夕法尼亚大学世界表格数据库(PWT 9.0),该数据提供了全球主要国家的宏观经济数据。本研究从 PWT 9.0 数据库中分别选取除去了价格因素的实际 GDP,根据永续盘存法计算所得的实际资本存量、就业人口和平均受教育年限等数据,分别表示产出水平、资本存量、劳动力和人力资本。

模型中控制变量主要包括:(1)全要素生产率初始值。引入全要素生产率初始值控制技术扩散等因素产生的生产率趋于近似的效应。(2)金融发展。资本账户开放通过促进金融部门发展提高资本的配置效率,推动全要素生产率提高。借鉴已有文献的常用做法,我们用私有部门信贷占 GDP 比重作为衡量金融发展规模的指标(Kose 等,2009;Bekaert 等,2011)。资本被较多地配置到私有部门,不仅表明经济体金融市场具有较高的发展规模,而且还是国内投资水平较高的一种表现。该数据由世界银行统计,在地域广度和时间跨度方面具有明显优势,常用于跨国分析。(3)贸易开放。国际贸易增长会通过不同途径作用于经济体的生产效率,如促进专业化分工、推动产品多样化以及加大市场竞争等,研究中需要加以控制。(4)制度质量。资本账户开放通过促进国内制度质量和公司治理水平提升进而对全要素生产率产生正向影响(Acemoglu 等,2001)。参考 Bekaert 等(2011)的做法,本节从《国家风险国际指南》(ICRG)数据库中选取一系列指标综合反映经济体制度质量水平,其中包括腐败、法律法规和行政质量,取值范围为 0—18,取值越大表示该制度质量水平越高。(5)人口增长率。人口增长率体现一国人口自然增长的速度及趋势,增长率较高表明投入生产活动的资源所占比例相对较低,资源稀释效应造成生活质量相对较低。(6)人力资本。人力资本反映了经济体内劳动力的整体知识水平和技能积累程度,是决定劳动生产率水平的重要因素。(7)人均寿命。人均寿命是以健康形式反映劳动力生产率的重要指标,人均寿命越高表明整体社会发展水平和劳动力生产率均处于较高水平。表 9-6、表 9-7 分别呈现主要变量说明以及变量描述性统计。

表 9-6　主要变量说明

变量分类	变量缩写	变 量 说 明	数据来源
被解释变量	*TFPG(M)*	全要素生产率增长率,DEA-Malmquist 指数法	根据 PWT 9.0 测算
	TFPG(S)	全要素生产率增长率,拓展的索罗余值法	根据 PWT 9.0 测算
主要解释变量	*Kaopen*	法规型资本账户开放指标,Chinn-Ito 指数	Chinn 和 Ito(2008)
	LM	数量型资本账户开放指标,境外资产与负债/国内生产总值	IMF
控制变量	*Initial TFP*	初始全要素生产率,每 5 年为一个周期,取期初值	根据 PWT 9.0 测算
	FD	金融发展,私人部门信贷占 GDP 百分比	WDI
	Trade	贸易开放水平,进出口贸易总额占 GDP 百分比	WDI
	Ins	制度质量,衡量政府与企业综合治理水平	ICRG
	Pop	人口增长率,衡量生活水平和资源配置	WDI
	HL	人力资本,中学入学率	PWT 9.0
	Life	预期寿命,新生儿预期平均寿命	WDI

表 9-7　变量描述性统计

变量	平均值	最大值	最小值	标准差	样本国家
TFPG(M)	1.02	1.42	0.69	0.05	83
TFPG(S)	1.26	65.81	-21.09	0.15	83
Kaopen	1.25	2.44	-1.86	1.45	83

续表

变量	平均值	最大值	最小值	标准差	样本国家
LM	3.34	75.76	0.37	4.52	83
Initial TFP	0.61	1.03	0.24	0.21	83
FD	65.97	312.15	2.00	43.87	83
Trade	75.75	439.66	12.01	50.88	83
Ins	10.32	16.00	3.00	3.27	83
Pop	−0.10	8.81	−8.71	3.65	83
HL	2.55	3.71	1.09	0.65	83
Life	72.41	83.43	35.90	53.72	83

（三）资本账户开放对全要素生产率增长率影响实证分析

1. 基准回归分析

表 9-8 汇报了资本账户开放影响全要素生产率增长率的基准回归结果。考虑到资本账户开放政策法规对经济生产效率的影响可能出现时滞，在研究中分别采用资本账户开放变量（*Kaopen* 指数）及其一期滞后项 *Kaopen*（-1）进行估计，根据回归结果显示，在分别采用上述两个解释变量进行回归的情况下，其显著程度和估计系数不存在明显区别，因此之后的回归分析中均采用 *Kaopen* 变量表示资本账开放。表 9-8 中，第（1）列为使用 1996—2014 年 83 个国家面板数据估计所得的基本结果，主要解释变量为资本账户开放一期滞后项 *Kaopen*（-1），该变量对应的估计系数为 0.08652，在 5%的显著水平上通过显著性检验。第（2）和（3）列为采用资本账户开放变量 *Kaopen* 和 *LM* 指数的回归结果，基本上与第（1）列结果保持一致，增加了检验结果的稳定性。第（4）和（5）列展示了将被解释变量变为由索罗余值法计算所得的全要素生产率增长率 *TFP*（*S*），虽然金融发展变量（*FD*）和制度质量变量（*Ins*）的估计系数和显著性发生了不小的改变，但是主要解释变量资本账户开放的估计结果并没有发生实质性变化。总体而言，我们的基准回归结果表明放宽资本账户限制有助于促进全要素生产率增长率提高。

表 9-8　基准回归结果

	TFP(M)			TFP(S)	
	(1)	(2)	(3)	(4)	(5)
Initial TFP	−0.05241 (0.06975)	−0.04394 (0.05159)	−0.04794 (0.05536)	−0.00227 (0.00392)	−0.00394 (0.00457)
FD	0.00324 *** (0.00097)	0.00143 *** (0.00095)	0.00297 *** (0.00092)	0.00175 (0.00284)	0.00251 (0.00193)
HL	−0.00064 *** (0.00031)	−0.00061 *** (0.00034)	−0.00059 *** (0.00033)	−0.00041 *** (0.00018)	−0.00048 *** (0.00015)
Trade	0.00548 *** (0.00121)	0.00372 *** (0.00097)	0.00472 *** (0.00097)	0.00387 *** (0.00073)	0.00419 *** (0.00192)
Ins	0.00759 * (0.00421)	0.00822 * (0.00541)	0.00684 * (0.00520)	0.00519 * (0.00285)	0.00534 (0.00439)
Life	0.03620 *** (0.00957)	0.02534 *** (0.00910)	0.03391 *** (0.01106)	0.02468 *** (0.01219)	0.02931 *** (0.01376)
Pop	−0.01923 *** (0.00668)	−0.01857 *** (0.00591)	−0.01857 *** (0.00591)	−0.01231 *** (0.00411)	−0.01408 *** (0.00482)
Kaopen(−1)	0.08652 *** (0.03932)				
Kaopen		0.08921 *** (0.03132)		0.06153 *** (0.0267)	
LM			0.07924 *** (0.03601)		0.08229 * (0.0461)
年份固定效应	YES	YES	YES	YES	YES
国家固定效应	YES	YES	YES	YES	YES
观测值	1328	1328	1328	1328	1328

注:*、**、*** 分别表示在 10%、5%、1%显著性水平上显著;括号内为对应的标准差;第(1)—(3)列对应的被解释变量为 Malmquist 指数法全要素生产率增长率;第(4)和(5)列对应的被解释变量为索罗余值法计算所得。

2. 资本流入限制与资本流出限制对全要素生产率增长率的影响

Kaopen 指标是对资本账户相关法规的定性分析,表示一国资本账户的整体开放水平,并没有具体区分资本流入和资本流出的开放情况。然而在现实操作过程中,经济体通常会根据国内金融体系发展情况或自身汇兑政策的需要,对资本流入与资本流出进行不同程度的管控。例如中国的决策层对境外直接投资类型的资本流入一直持鼓励或肯定的态度,而对资本流

出的管控则比较严。为深入考察资本流入限制和资本流出限制对全要素生产率的具体影响，本书引入一个可以衡量资本流入和流出限制水平的资本账户开放指标体系——简称“KA”。该指标体系是由 Fernandez 等(2015)在 Schindler(2009)法规型资本账户指数的基础上进一步拓展所得，测度了100个国家1995—2013年10个交易类别下国际资本交易的限制情况，具体交易类别包括：债券，集体投资，商业信贷，衍生性金融商品，直接投资，证券，金融信贷，保险，货币市场工具和房地产。更重要的是，该指标还对资本流入与流出限制情况进行了详细区分。

基于上述交易类别的数据，KA 指标体系用3个综合性指标概括了一国国际资本流动的整体限制情况：*KAI*、*KAO*、*KA*，分别用来衡量一国资本项目政策法规对国际资本流入的限制程度、资本流出的限制程度和总体限制程度，3个指标的取值范围均为0至1，取值越大表明交易限制越多。我们分别把 *KAI*、*KAO*、*KA* 指数引入回归模型并代替 *Kaopen* 指数，估计结果见表9-9。

表 9-9　资本流入、流出限制对全要素生产率的影响

	TFPG(S)			
	(1)	(2)	(3)	(4)
KA	−0.00923*** (0.00324)			
KAI		−0.04218*** (0.00954)		−0.08246*** (0.02181)
KAO			−0.00751* (0.00393)	0.03181* (0.01475)
其他控制变量	YES	YES	YES	YES
观测值	1292	1292	1292	1292
R^2	0.249	0.264	0.193	0.171
AR(1)	0.009	0.024	0.047	0.036
AR(2)	0.284	0.492	0.385	0.221

注：*、**、*** 分别表示在10%、5%、1%显著性水平上显著；括号内为对应的标准差；AR(1)、AR(2)汇报了检验估计量的P值。

表9-9汇报了1996—2013年76个国家面板数据系统GMM估计所得

结果。考虑到资本账户开放影响全要素生产率增长率的模型中,有可能存在遗漏解释变量以及被解释变量和主要解释变量之间互为因果的可能,从而造成模型内生性问题。因此,本书进一步采用 Arellano 和 Bond(1991)差分 GMM 方法对模型进行估计。根据检验结果,一阶自相关检验拒绝了不存在 AR(1)的假设,二阶自相关检验未能拒绝不存在 AR(2)的假设,这表明随机干扰项的序列自相关度处于可接受的水平,模型内生性问题得到了较好的处理。如表 9-9 中第(1)列结果所示,*KA* 指数系数为负且统计显著,这表明国际资本交易限制不利于全要素生产率提高,这与我们基准回归的结果保持一致。第(2)和(3)列中 *KAI*、*KAO* 指数系数为负且统计显著,估计系数分别为-0.04218 和-0.00751,这意味着对资本流入和流出施加限制将对全要素生产率增长产生负向影响。此外,综合第(4)列的检验结果我们还可以看出,相比较而言,限制资本流入对全要素生产率产生的负向影响较限制资本流出所产生的负向影响更大。

(四)结论

本节在梳理既有文献的基础上,系统地论证资本账户开放作用于全要素生产率的理论基础,并使用 83 个国家 1996—2014 年跨国面板数据,采用 Tornqvist 指数法、索罗余值法测算各国全要素生产率,使用法规型指标 *Kaopen* 指数衡量资本账户开放程度以及 *KA* 指数衡量跨境资本流入限制程度,实证考察了资本账户开放与全要素生产率增长率之间的关系。本节主要结论归纳如下:第一,资本账户开放主要通过资本配置效应、风险自律效应、市场竞争效应和规模经济效应促进一国全要素生产率提高。第二,实证检验结果表明,资本账户开放可以显著促进全要素生产率的增长率提高,该结论在采用不同计量方法和不同资本账户开放程度衡量方法的情况下均保持稳健;限制资本流入将对全要素生产率的提高产生较强的负向影响,而限制资本流出将对全要素生产率的提高产生较弱的负向影响。

基于以上研究结果,本节认为,中国应坚定不移地加快推进资本账户的开放,因为这既有利于刺激中国全要素生产率的提高,又有利于中国实现经济增长方式的转换。

第三节　资本账户开放对全要素生产率的影响:纳入金融危机因素的跨国实证检验

上节研究结论证明:一国开放资本账户有利于提高该国的全要素生产率。其原因可能在于:取消跨境资本交易管制可以缓解国内金融约束;提升金融机构运行效率;增强投资多样性并提高资金使用效率,促进金融市场发展的同时也提高了资本的配置效率。从企业的生产经营来看,更完善的金融市场和高效的资本配置意味着企业融资成本降低,进一步促进企业扩大融资水平并将更多的资金用于加强科技研发投入以及扩大生产规模,由此带来的技术进步和规模效应会推动企业以及经济体加总的全要素生产效率提高。

但是,需要高度注意的是,取消跨境资本交易限制的同时也会增大潜在的金融风险,进而会通过增大金融危机爆发的概率对一国的生产效率产生负面冲击。事实上,自从"金融自由化(包括金融开放或资本账户的开放)"政策逐渐在全球各国推广以来,金融危机爆发的频率及其严重程度均呈增长趋势(如图 9-2 所示)。

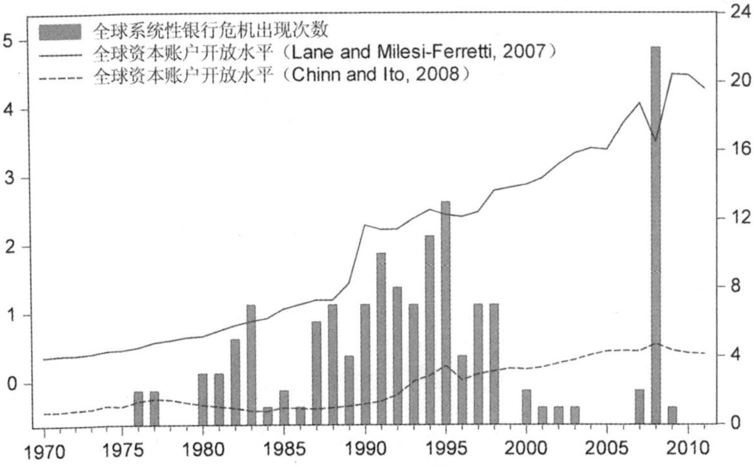

图 9-2　资本账户开放与系统性银行危机

金融危机造成产出水平大幅波动的同时也降低了金融系统的运行效率,尤其是金融中介机构配置资本的效率,这不仅严重阻碍资本的合理配置(Oulton 和 Sebastiá-Barriel,2013),还会对劳动力市场(Neumeyer 和 Perri,2005)和中间品市场(Mendoza 和 Yue,2008)的运行效率造成负面影响。从企业层面来看,金融危机导致的流动性骤降以及信贷紧缩会大大增加企业的资金成本并进一步影响企业的投资决策,尤其是科技研发方面的投入,对企业生产率的提高产生长期的负面影响(Millard 和 Nicolae,2014)。虽然金融危机的爆发也会使行业中生产率较低的企业退出市场,在一定程度上推动行业平均生产效率提高,但是在金融危机所导致的巨大负面影响下,少数低效率企业的退出对整个行业平均生产效率的提升效应显得微乎其微。Sandleris 和 Wright(2014)、Poczter 等(2014)则分别检验了阿根廷 2001—2002 年金融危机和东南亚金融危机对生产率的影响,结果表明金融危机严重影响了资本市场和劳动力市场配置效率,结果造成企业生产率大幅下降。

但是,目前国内外学术界在讨论资本账户开放的经济效应时,绝大多数文献将金融危机视为独立于资本账户开放的外生变量,忽视了资本账户开放可能导致金融危机爆发概率增大这一内在联系,因而无法从根本上回答资本账户开放对经济的净影响。从全要素生产率的角度来看,资本账户开放会通过提高资本配置效率进而促进经济体生产效率提高,然而取消跨境资本交易限制又会通过增大金融危机爆发的概率进而对生产率造成负向影响。从现实来看,正是由于决策层对完全开放资本账户后可能导致系统性金融危机发生的概率增大存在顾虑,才造成了一些国家对是否开放本国资本账户犹豫不决。现有文献大多就资本账户开放对一国的产出水平所产生的增长效应和危机效应分别展开研究,或者将金融危机视为与资本账户开放无关的外生冲击,而鲜有文献从全要素生产率视角,把资本账户开放的增长、危机这两种效应视为一个有机整体,考察资本账户开放对全要素生产率的整体影响。本书将力争解决这一问题。

(一)研究假说的提出

以上分析说明,资本账户开放一方面会通过提高资本配置效率进而促进经济体生产效率提高,但另一方面又可能通过增大金融危机爆发的概率进而对生产率造成负向影响。那么,资本账户开放对经济体生产效率的整体影响究竟如何？现有文献大多就资本账户开放作用于经济体全要素生产率的增长效应和危机效应分别展开研究,而鲜有文献从全要素生产率视角,把资本账户开放的增长效应和危机效应纳入同一个框架,分析资本账户开放对经济体全要素生产率的整体影响。①

有鉴于此,本书认为在探讨资本账户开放对生产率的影响时,应同时将资本账户开放可能引发金融危机这一因素考虑进来,以更全面地考察资本账户开放对经济体全要素生产率的整体影响。为此,本书使用全球83个国家1996—2011年的跨国面板数据,运用法规型和数量型资本账户开放程度指标,使用拓展的索罗余值法和Tornqvist指数法衡量全要素生产率,借助处理效应模型系统考察了资本账户开放对全要素生产率的整体影响,并将整体影响分解为促进效应和危机效应。

与已有文献相比,本研究的主要贡献在于:首先,区别于大多数基于产出增长层面的研究,本研究从全要素生产率角度探讨资本账户开放对经济发展的影响,揭示资本账户开放作用于经济发展的精准渠道。其次,本研究把资本账户开放的增长效应和危机效应纳入同一个实证分析框架,利用扩展的处理效应模型量化和比较两种效应,首次较全面地考察资本账户开放作用于经济体全要素生产率的净效应。

基于已有文献的研究成果,本研究对资本账户开放作用于全要素生产率的整体效应提出研究假说。资本账户开放一方面通过促进资本配置效率缓解融资约束,对经济体生产效率产生正向促进效应;但是另一方面,放松资本流动管制也使金融系统更多地暴露于金融风险之下,而金融危机一旦出现便会给经济体的总产出和生产效率造成较强的负面冲击。这意味着,资本账户开放对全要素生产率的整体效应是风险—收益的平衡。从金融市场发展来看,资本账户开放为投资者和借款人提供了丰富且多样化的投融资选择,扩大了金融中介机构信贷规模的同时也降低了信贷审批强度。伴随着不断上升的银行贷款和风险扩散,债务违约的几率大大增加,导致商业银行更易受到流动性冲击、外部冲击和信息冲击的影响,金融市场出现系统

① 李丽玲和王曦(2016)将汇率波动纳入资本账户开放与经济增长的整体检验框架,发现在考虑汇率波动时,资本账户开放促进经济增长的效应有所弱化。

性危机的概率增大。也就是说,资本账户开放虽然有效促进了国内投资水平的提高,但也在一定程度上增加了系统性金融危机出现的可能。大量的理论研究和经验证据已经证明,资本账户开放可以通过促进金融市场发展、制度质量提升等方式提高国内资本市场效率,缓解金融约束并鼓励企业扩大信贷水平,进而有效促进全要素生产率提高。资本账户开放虽然增大了金融危机出现的可能,但是从长期来看金融危机的发生频率并不高,即便出现了金融危机,其持续时间通常是非常短暂的,总体而言资本账户开放影响全要素生产率的净效应为正。由此,本章提出以下研究假说:

资本账户开放通过优化资本配置效率促进全要素生产率提高,同时也增大了金融危机爆发的概率并对生产率提高产生负面冲击,但促进效应强于危机效应,因此资本账户开放整体上对一国有利。

(二)处理效应模型设定与变量介绍

需要指出的是,传统检验模型很难实现将资本账户开放引致金融危机这一因素纳入整体的实证检验框架,大多文献将金融冲击视为外生变量进行处理,很难系统刻画资本账户开放的整体经济效应。为解决这一难题,本研究借助处理效应模型,采用工具变量的两阶段最小二乘法(2SLS-IV),检验在考虑金融危机因素下资本账户开放影响全要素生产率的整体效应,并将整体效应分解为正向促进和负向危机两个方面。

处理效应模型是针对某一类经济现象的计量处理方法。通常可以用来识别某个政策的影响,比如,政府推出一个促进就业的政策对不同劳动者的影响效应。一般可以将政策或者项目的参与组称之为“处理组”,未参与政策或项目的那部分劳动力被称为“对照组”或者“结果组”。而所谓的处理效应模型,就是针对这种经济现实进行回归估计的一大类计量经济方法,从20世纪70年代开始,有很多经济学家和计量学者发表了不同的文章介绍如何进行估计。

基于处理效应模型,并借鉴 Ranciere 等(2006)的模型设定,本研究将资本账户开放导致金融危机爆发的概率增大这一因素纳入资本账户开放影响全要素生产率的研究框架,重点考察资本账户开放作用于全要素生产率的整体效应。

1. 模型设定

在参考 Kose 等人(2009)和 Bekaert 等人(2011)等已有研究的基础上,本章构建了资本账户开放影响全要素生产率的基准回归模型:

$$TFPG_{i,t} = \alpha_1 PGDP_{i,t} + \alpha_2 HL_{i,t} + \alpha_3 Trade_{i,t} + \alpha_4 Ins_{i,t} + \alpha_5 Life_{i,t} + \alpha_6 FS_{i,t} + \beta CAL_{i,t} + \lambda_i + \theta_t + \varepsilon_{i,t} \quad (9-28)$$

其中,$TFPG_{i,t}$、$CAL_{i,t}$ 分别表示国家 i 在 t 份年的全要素生产率增长率和资本账户开放指数;$PGDP_{i,t}$、$HL_{i,t}$、$Trade_{i,t}$、$Ins_{i,t}$、$Life_{i,t}$、$FS_{i,t}$ 为控制变量,分别表示人均产出、人力资本、对外开放、制度质量、预期平均寿命、金融发展;λ_i、θ_t 和 $\varepsilon_{i,t}$ 分别表示国家固定效应、年份固定效应和随机误差项。

为进一步检验资本账户开放对全要素生产率所产生的双重影响:促进生产率提高效应和引发金融危机产生危机效应,本研究在基准回归方程(9-28)中引入金融危机虚拟变量 $I^c risis_{i,t}$,回归模型可进一步表示为:

$$TFPG_{i,t} = \alpha_1 PGDP_{i,t} + \alpha_2 HL_{i,t} + \alpha_3 Trade_{i,t} + \alpha_4 Ins_{i,t} + \alpha_5 Life_{i,t} + \alpha_6 FS_{i,t} + \beta_1 CAL_{i,t} + \beta_2 I^c risis_{i,t} + \lambda_i + \theta_t + \varepsilon_{i,t} \quad (9-29)$$

$I^c risis_{i,t}$ 为金融危机的虚拟变量,该变量被设定为由不可观测的变量 $W^*_{i,t}$ 决定的内生变量。本研究假设 $W^*_{i,t}$ 与资本账户开放变量和一系列控制变量之间存在线性关系,即 $W^*_{i,t}$ 由资本账户开放 $CAL_{i,t}$、一系列控制变量 $Z_{i,t}$ 和随机误差项 $\phi_{i,t}$ 共同决定。危机方程具体表示为:

$$I^c risis_{i,t} = \begin{cases} 1 & if \quad W^*_{i,t} > 0 \\ 0 & otherwise \end{cases}$$

$$W^*_{i,t} = \alpha Z_{i,t} + bCAL_{i,t} + \phi_{i,t} \quad (9-30)$$

(9-29)式、(9-30)式共同构成了资本账户开放影响全要素生产率的整体回归模型。通过这个设定,我们将资本账户开放对全要素生产率的影响分解为两种效应:一是资本账户开放对全要素生产率的促进效应;二是资本账户开放导致金融危机概率增大进而对全要素生产率产生危机效应。在"白噪声"假设下 $\phi_{i,t} \sim N(0,1)$,危机方程(9-30)可以进一步表示为:

$$I^c risis_{i,t} = \begin{cases} 1 & 概率:\Pr(W^*_{i,t} > 0) = \Phi(\alpha Z_{i,t} + bCAL_{i,t}) \\ 0 & 概率:\Pr(W^*_{i,t} \leqslant 0) = 1 - \Phi(\alpha Z_{i,t} + bCAL_{i,t}) \end{cases} \quad (9-31)$$

其中 Φ 表示符合正态分布的累积分布函数,该设定可以保证拟合概率值落在取值范围[0,1],进而使变量系数可以更好地通过 Probit 模型进行估计。值得注意的是,我们通过(9-29)式、(9-30)式所构建的整体回归模型与标准的处理效应模型非常相似(Heckman,1978)。具体而言,本模型中金融危机虚拟变量对应处理效应模型的“Treatment”;全要素生产率的整体效应回归方程(9-29)对应“结果方程”;金融危机回归方程(9-30)对应“处理方程”。

传统的处理效应模型估计思路为,假设误差项 $\varepsilon_{i,t}$ 和 $\phi_{i,t}$ 满足标准的联合正态分布且互为独立,即均值为 0 且其协方差矩阵 $\begin{pmatrix}\sigma & \psi \\ \psi & 1\end{pmatrix}$ 中的控制变量 ψ 等于 0。但是这种通过设定较强的约束假设对模型进行估计的方法存在一定的局限:一方面假设 ψ 等于 0 在实际中很难满足;另一方面如果 ψ 不为 0,那么回归结果将会高估处理效应,产生估计偏差。为解决这一问题我们借鉴 Maddala(1983)的研究,用两步法对模型进行估计。具体地,第一步用 Probit 模型估计危机模型:

$$\Pr(I^c risis_{i,t} = 1) = \Pr(W_{i,t}^* > 0) = \phi(\alpha Z_{i,t} + bCAL_{i,t}) \tag{9-32}$$

根据估计结果得到主要变量的估计系数 $(\hat{a},\hat{b})$,并根据估计系数构建 $hazard_{i,t}$ 变量:

$$hazard_{i,t} = \begin{cases}\phi(\hat{\alpha}Z_{i,t} + \hat{b}CAL_{i,t})/\Phi(\hat{\alpha}Z_{i,t} + \hat{b}CAL_{i,t}) \text{ 如果 } I^c risis_{i,t} = 1 \\ -\phi(\hat{\alpha}Z_{i,t} + \hat{b}CAL_{i,t})/1 - \Phi(\hat{\alpha}Z_{i,t} + \hat{b}CAL_{i,t}) \text{ 如果 } I^c risis_{i,t} = 0\end{cases} \tag{9-33}$$

第二步,把 $hazard_{i,t}$ 变量引入“结果”方程(9-29)进行回归,可以得到主要变量系数 α、β_1、β_2 的一致估计。经过上述处理,资本账户开放对全要素生产率的总体效应可表示为“促进效应”与通过导致金融危机爆发概率增大而产生的“危机效应”之和:

$$\text{整体效应} = \underbrace{\hat{\beta}_1}_{\text{促进效应}} + \underbrace{\hat{\beta}_2 \cdot E\{\Phi(\hat{\alpha}Z_{i,t} + \hat{b}) - \Phi(\alpha Z_{i,t})\}}_{\text{危机效应}} \tag{9-34}$$

其中,$E\{\cdot\}$ 表示资本账户开放作用于金融危机的偏效应。通过上述模型设定,我们得以在一个整体模型中既可以检验线性的全要素生产率效应模型,又可以检验与金融危机效应相关的 Probit 模型。更为重要的是,金融危机虚拟变量在模型中为内生变量,由资本账户开放和其他控制变量所决定,这一设定可以实现对资本账户开放引致金融冲击并对全要素生产率产生影响这一因素的全面考察。根据前文的研究假设,我们预期资本账户开放对全要素生产率的促进效应为正,资本账户开放通过引致金融冲击对全要素生产率产生的危机效应为负,总体而言净效应为正。上述假设是否成立需要我们借助所构建的实证模型进行验证。

2. 变量和数据说明

被解释变量为全要素生产率增长率,本章采用拓展的索罗余值法计算各国全要素生产率。借鉴 Hall 和 Jones(1999)的研究,假设总产出函数为规模收益不变的柯布—道格拉斯函数:

$$Y_{i,t} = K_{i,t}^{\alpha}(A_{i,t}H_{i,t})^{1-\alpha} \tag{9-35}$$

其中,$Y_{i,t}$,$K_{i,t}$,$H_{i,t}$,$A_{i,t}$ 分别表示国家 i 在 t 时期的总产出水平、资本存量、人力资本水平和全要素生产率;$H = h_{i,t} \times L_{i,t}$,$h_{i,t}$、$L_{i,t}$ 分别表示劳动力水平和劳动力数量;α 为资本产出弹性,借鉴 Hall 和 Jones(1999)的做法设定 $\alpha = 1/3$。全要素生产率及其增长率可通过下式计算得出:

$$TFP_{i,t} = Y^{1.5}/K_{i,t}^{0.5}h_{i,t}L_{i,t} \tag{9-36}$$

$$TFPG_{i,t} = (TFP_{i,t} - TFP_{i,t-1})/TFP_{i,t-1} \tag{9-37}$$

计算全要素生产率及其增长率所用到的数据大部分源自于宾夕法尼亚大学世界表格数据库(PWT 9.0),该数据提供了全球 182 个国家 1950—2014 年的主要宏观经济数据。我们从数据库中选取去除价格因素的实际 GDP、根据永续盘存法计算所得的实际资本存量、根据平均受教育年限计算所得的人力资本水平和就业人口数据,分别代入生产函数中表示总产出、资本存量、劳动力和人力资本,用以计算出全要素生产率增长率。此外,我们还采用 Tornqvist 指数法计算所得的全要素生产率增长率,作为被解释变量的另一种衡量方式同时进行回归分析,以保证检验结果的稳定。Tornqvist 指数法是在新古典经济增长理论的基础上,通过引入“Divix”指数的离散近似进而对全要素生产率进行估算的方法,是通过指数法计算全要素生产率中较为精确的一种,该数据可从 The Conference Board 数据库获取。

主要解释变量为资本账户开放程度。测度资本账户开放程度的指标有很多,按照指标构建基础和具体特性可大致概括为两类:法规型和数量型。法规型指标反映政府对资本账户下国际资本流动的主观限制范围和限制程度,是对资本账户开放水平的定性度量。数量型指标则是对一国资本实际流动水平的定量测度。本研究选用法规型指标 Kaopen 指数(Chinn 和 Ito,2006),以一国境外资产与负债占 GDP 比重(Lane 和 Milesi-Ferretti,2007)的数量型指标衡量各国资本账户开放水平。

金融危机。本研究参考的文献中常用的做法是用系统性银行危机作为金融危机的代理变量(Bekaert 等,2011),相关数据来源于 Laeven 和 Valencia(2013)所构建的金融危机数据库。Chaudron 和 De Haan(2014)分别检验了现有的几个金融危机数据库统计数据的准确程度,发现各数据库对银行危机的统计结果存在一定的差异,并认为本研究所使用数据库对系统性银行危机数据的衡量最为精确。当一系列银行危机事件同时发生时即可认定为经济体出现"系统性银行危机",这些银行危机事件主要包括:金融市场出现显著的银行危机标志;政府对银行业采取重大政策干预。本书将数据库所报告的危机出现年份以及出现之后两年的金融危机虚拟变量赋值为 1,否则为 0。此外,危机模型中包含除资本账户开放变量之外的一系列解释变量,本研究参考 Ranciere 等(2008)、Caballero(2016)的研究成果设定危机模型中控制变量包括:实际 GDP 增长率(*RGDPG*),通货膨胀率(*INFLA*),贸易条件变动(*TCOC*),国内实际资本增长率(*DRCG*),银行监管(*SUP*)。其中的多数变量被证实会对金融危机产生影响,且与全要素生产率之间不存在系统关联,这一设定避免出现弱识别现象,保证了估计的有效性。

其他控制变量包括:(1)人均收入水平(*PGDP*),综合衡量经济体发展水平。(2)人力资本(*HL*),人力资本指标反映了经济体内劳动力的整体知识水平和技能积累程度,是决定劳动生产率水平的重要因素,我们具体采用 Penn World Table 9.0 提供的劳动力平均受教育年限进行衡量。(3)贸易开放(*Trade*),对外贸易水平的提升会通过促进市场专业化分工、推动产品多样化以及提高市场竞争等渠道影响生产率,本研究使用进出口贸易总额占 GDP 百分比进行衡量。(4)制度质量(*INS*),资本账户开放会通过促进经济体制度质量和公司治理水平提升进而对全要素生产率产生正向影响(Acemoglu 等,2001)。本研究参考 Bekaert 等(2011)的做法从《国家风险国际指南》(ICRG)数据库中选取一系列指标综合反映经济体制度质量,其中包括腐败、法律法规和行政质量，取值范围为0—18，取值越大表示该制度质量水平越高。（5）预期平均寿命（*Life*）。表9-10展示了主要变量的描述性统计。

表9-10　主要变量描述性统计

变量名	简称	平均值	最大值	最小值	标准差	样本国家
实际GDP（M）	*RGDP*	71.64	15.52	63.92	18.10	83
实际资本存量（M）	*CS*	24.37	49.27	12.44	58.12	83
劳动力	*Emp*	26.54	784.43	0.14	2.35	83
人力资本	*HL*	2.55	3.71	1.09	0.65	83
TFP增长率（索罗余值法）	*TFPG*	1.26	91.81	−25.09	0.15	83
TFP增长率（Tornqvist指数法）	*TFPG*（*T*）	0.78	39.32	−21.36	3.26	83
资本账户开放（法规）	*De jure*	1.25	2.44	−1.86	1.45	83
资本账户开放（数量）	*De facto*	3.34	75.76	0.37	4.52	83
金融危机	*Crisis*	0.04	1.00	0.00	0.21	83
实际GDP增长率	*RGDPG*	3.31	−17.70	21.20	3.78	83
通货膨胀	*Infla*	4.62	52.4	−8.26	4.99	83
贸易条件变动	*TCOC*	−0.78	102.13	−66.8	9.82	83
国内信贷增长率	*DRCG*	85.54	296.46	3.82	60.35	83
人均收入水平	*PGDP*	9.41	11.53	5.03	1.36	83
金融发展	*FS*	65.97	312.15	2.00	43.87	83
贸易开放	*Trade*	82.50	439.66	15.64	51.49	83
制度质量	*Ins*	10.32	3.00	16.00	3.27	83
预期寿命	*Life*	72.41	83.43	35.90	53.72	83

（三）基于处理效应模型的实证检验

1. 资本账户开放影响全要素生产率整体效应检验结果

表 9-11 报告了资本账户开放对全要素生产率和金融危机影响的检验结果，数据样本为全球 83 个国家 1996—2011 年的数据。面板 A 和面板 B 分别对应以全要素生产率为被解释变量的整体效应模型（回归方程（9-29）），和以金融危机变量为被解释变量的 Probit 模型（回归方程（9-30））的回归结果。我们参考 Thompson（2011）的处理方法，使用异方差稳健聚类法分别计算每个模型的标准误差。

表 9-11 资本账户开放对全要素生产率的整体影响检验结果

面板 A	*TFP*		*TFP*（*T*）	
	（1）	（2）	（3）	（4）
GDPG	0.05241 （0.06975）	0.04794 （0.05536）	0.00427 （0.00392）	0.00494 （0.00457）
FS	0.00324*** （0.00097）	0.00297*** （0.00092）	0.00275*** （0.00084）	0.00291*** （0.00103）
HL	−0.00064*** （0.00031）	−0.00059*** （0.00033）	−0.00041*** （0.00018）	−0.00048*** （0.00015）
Trade	0.00548*** （0.00121）	0.00472*** （0.00097）	0.00387*** （0.00073）	0.00419*** （0.00192）
Ins	0.00759* （0.00421）	0.00684* （0.00520）	0.00519* （0.00285）	0.00534 （0.00439）
Life	0.03620*** （0.00957）	0.03391*** （0.01106）	0.02468*** （0.01219）	0.02931*** （0.01376）
Crisis	−0.01923*** （0.00668）	−0.01857*** （0.00591）	−0.01231*** （0.00411）	−0.01408*** （0.00482）
Hazard	0.08652*** （0.03932）	0.07924*** （0.03601）	0.06942*** （0.02839）	0.07590* （0.05063）
De jure	0.00804*** （0.00312）		0.00615*** （0.00267）	
De facto		0.00754* （0.00431）		0.00829* （0.00461）
面板 B	**CRISIS** **（Probit）**			
GDPG（*lag*）	0.86218*** （0.01643）	0.73214*** （0.01248）		

续表

INFLA	-0.04621*** (0.01826)	-0.04149*** (0.01368)		
TCOC	0.01372*** (0.00514)	0.01247*** (0.00468)		
DRCG	0.00493*** (0.00091)	0.00428*** (0.00084)		
SUP	-0.07852*** (0.02106)	-0.07793*** (0.01957)		
De jure	0.12167*** (0.03541)			
De facto		0.09824*** (0.02438)		
年份固定效应	YES	YES	YES	YES
国家固定效应	YES	YES	YES	YES
观测值	1328	1328	1328	1328

注：*、**、*** 分别表示10%、5%、1%的显著性水平；括号内容为标准差。

面板A的结果表明，无论资本账户开放指标是用法规型指标或是数量型指标，也无论全要素生产率增长率是采用拓展的索罗余值法或是Tornqvist指数法计算所得，资本账户开放对全要素生产率增长率的影响系数显著为正。根据第(1)和(3)列结果，法规型资本账户开放变量对全要素生产率增长率的影响系数分别为0.00804、0.00615，在5%的显著性水平上显著；根据第(2)和(4)列结果，数量型资本账户开放变量对全要素生产率的影响系数分别为0.00754、0.00829，在10%的显著性水平显著。该结果意味着，在考虑了资本账户开放可能引致金融危机这一因素的情况下，资本账户开放依然显著促进全要素生产率的提升。与预期一致，金融危机变量对全要素生产率增长率的影响显著为负，表明金融危机会对全要素生产率带来负面影响，这一结果也与相关文献的研究结果一致（Poczter等，2014）。第(1)和(2)列为使用拓展索罗余值法计算所得的全要素生产率对应的回归结果，第(3)和(4)列为使用Tornqvist指数法计算所对应的回归结果，危机变量的影响系数虽略有不同，但均呈现出显著的负向影响，影响系数分别为-0.01923、-0.01857、-0.01231、-0.01408。从其他控制变量的估计结果来看,金融发展和制度质量对全要素生产率增长率的影响在多数情况下均显著为正,这也证实了 Bekaert 等(2011)的研究结论,资本账户开放可以通过促进金融发展和提升制度质量对全要素生产率的提高产生正向影响。贸易开放对全要素生产率的影响系数在部分情况下显著为正,这与已有文献提出的观点保持一致,即贸易开放可以促进全要素生产率提高。

面板 B 的结果表明资本账户开放显著增大了金融危机爆发的概率,根据估计结果,资本账户开放程度每提高 1 个单位平均使系统性银行危机的发生概率增大 0.122%(de jure)和 0.098%(de facto)。该结果在考虑不同资本账户开放衡量指标的情况下均保持稳健,在 1%的显著性水平显著。我们的检验结果也是对金融开放会导致金融冲击爆发概率增大这一观点的进一步证实(Mehrez 和 Kaufmann,2000;Anginer 和 Demirgüç-Kunt,2014 等)。可能的原因为:资本账户开放后国际资本流入与流出的规模和频率会在短期内大幅上升,在刺激国内金融中介规模扩大的同时导致债务违约风险增大;另外,国际资本也会以证券投资组合的形式进入证券市场,这将大大降低金融监管的有效性,金融市场的系统性风险趋于上升。从其他控制变量来看,国内信贷水平增长率与系统性银行危机呈显著正相关,这与 Caballero(2016)的研究结果一致。私有部门信贷占 GDP 比重是经济体债务杠杆水平的体现(Bekeart 等,2011),较高的杠杆率是造成金融市场稳定性下降甚至引致区域性金融危机的主要因素。此外,银行系统监管水平对金融危机变量具有显著负向影响,这表明提高银行业监管水平可以有效降低银行系统性风险。

表 9-12　资本账户开放影响全要素生产率增长率效应分解

	De jure×TFPG	*De facto×TFPG*	*De jure×TFP(T)*	*De facto×TFP(T)*
促进效应	+0.804%	+0.754%	+0.615%	+0.829%
危机效应	−0.166%	−0.147%	−0.085%	−0.106%
整体效应	+0.638%	+0.607%	+0.530%	+0.723%

表 9-12 报告了资本账户开放影响全要素生产率的整体效应及其效应

分解。结果显示资本账户开放对全要素生产率提高的促进效应显著为正,与 Larrain 和 Stumpnery(2017)等学者的研究结果一致。本研究与已有研究的核心区别在于,将资本账户开放导致金融危机爆发概率增大这一因素引入整体生产率影响效应分析框架之内,在量化分析两种效应后进一步得出资本账户开放作用于全要素生产率的净效应。资本账户开放通过增加银行系统性危机爆发的概率进而会对全要素生产率的提高产生负向影响,该影响的作用系数可以通过计算得出。具体地,根据表 9-12 的结果我们用 *hazard* 变量的估计系数乘以金融危机变量的影响系数,得出危机效应的影响系数在不同资本账户开放指标和不同全要素生产率增长率指标选取的情况下,分别为-0. 166%、-0. 147%、-0. 085%、-0. 106%。虽然资本账户开放的危机效应显著负向影响全要素生产率,但其明显弱于资本账户开放的正向促进效应,因此资本账户开放对全要素生产率的净效应为正,效应大小在选用不同指标的情况下分别为+0. 638%、+0. 607%、+0. 530%、+0. 723%。实证检验结果与研究假设保持一致。

2. 稳健性检验

资本账户开放作用于全要素生产率的整体效应模型中,可能存在模型内生性、反向因果以及样本选择偏差等问题。鉴于此,我们通过改变估计方法,重新选择样本等方式对回归结果进行稳健性检验。

前文采用了 OLS 估计方法考察资本账户开放作用于全要素生产率的整体效应,该方法存在一个潜在的问题——无法处理变量间可能存在的反向因果因素,即更高的全要素生产率增长率可能会吸引更多的国外资本进入国内,造成估计结果无法准确反映资本账户开放以及金融危机对全要素生产率的作用大小;资本账户开放与金融危机还存在内生性问题。鉴于此,我们采用工具变量的两阶段最小二乘法(2SLS-IV)重新对全要素生产率整体效应模型进行估计,其中,金融危机 Probit 模型依然使用原有 MLE 方法进行估计。回归结果如表 9-13 所示,由于 Probit 模型估计方法不变,因此回归结果与之前相同,在此不重复展示。需要指出的是,工具变量为 Probit 模型中解释变量的滞后项,且这些工具变量通过 Sargan 过度识别检验确为有效的工具变量。

表 9-13 资本账户开放对全要素生产率的整体影响检验结果(2SLS-IV)

面板 A	*TFP*		*TFP*(*T*)	
	(1)	(2)	(3)	(4)
GDPG	0.06537 (0.05965)	0.05418 (0.04639)	0.00519 (0.00392)	0.00603 (0.00457)
FS	0.00439*** (0.00118)	0.00374*** (0.00109)	0.00338*** (0.00157)	0.00417* (0.00253)
HL	−0.00073*** (0.00031)	−0.00068*** (0.00023)	−0.00052* (0.00029)	−0.00059*** (0.00014)
Trade	0.00639*** (0.00291)	0.00611*** (0.00265)	0.00512*** (0.00092)	0.00533* (0.00296)
Ins	0.00832* (0.00378)	0.00903*** (0.00412)	0.00637 (0.00493)	0.00682* (0.00359)
Life	0.04351*** (0.01209)	0.03926*** (0.00869)	0.03147*** (0.01499)	0.03743*** (0.01086)
Crisis	−0.02719*** (0.00849)	−0.03114*** (0.00755)	−0.02942*** (0.00589)	−0.02078*** (0.00549)
Hazard	0.12631*** (0.03950)	0.13868*** (0.03206)	0.19511*** (0.02799)	0.17663*** (0.05872)
De jure	0.00982*** (0.00317)		0.01193*** (0.00301)	
De facto		0.00913*** (0.00299)		0.00851*** (0.00416)
年份固定效应	YES	YES	YES	YES
国家固定效应	YES	YES	YES	YES
Wald P-Value	0.00000	0.00000	0.00000	0.00000
Sargan P-Value	0.32651	0.28933	0.42958	0.36826
观测值	1328	1328	1328	1328

注:*、**、*** 分别表示 10%、5%、1%的显著性水平;Wald P-Value 为拟合优度检验;Sargan P-Value 为工具变量有效应检验。

比较 2SLS-IV 与 OLS 的回归结果,除资本账户开放变量和金融危机变量作用于全要素生产率的估计系数较 OLS 回归结果略大一些之外,其他解释变量回归系数的符号和显著性都与之前的结果基本一致,这意味着我们的实证结果在重新选用估计方法的情况下依然可以保持稳健。表 9-14 展示了资本账户开放作用于全要素生产率的整体效应及其效应的分解(促进效应与危机效应),虽然危机效应与使用 OLS 回归的结果相比有所增强,且资本账户开放促进全要素生产率提高的整体效应略微下降,但是净效应依然显著为正。根据检验结果,在选取不同资本账户开放和全要素生产率增长率指标的情况下,资本账户开放的整体全要素生产率效应分别为+0.639%、+0.481%、+0.616%、+0.484%。

表 9-14　资本账户开放影响全要素生产率增长率效应分解(2SLS-IV)

	*De jure * TFPG*	*De facto * TFPG*	*Dejure * TFP(T)*	*De facto * TFP(T)*
促进效应	+0.982%	+0.913%	+1.190%	+0.851%
危机效应	-0.343%	-0.432%	-0.574%	-0.367%
整体效应	+0.639%	+0.481%	+0.616%	+0.484%

由于大部分发达国家已经完全放开资本账户管制,而相当一部分发展中国家虽然正逐步放松资本交易管制,但是仍存在较大的开放空间,在政策的制定和实施过程中也更需要针对发展中国家资本账户开放的经验证据作为参考;此外,两步法处理效应模型可能存在潜在的样本选择偏差(Angkinand,2010)。鉴于此,本研究从原样本中剔除 OECD 国家以及部分人均收入水平过低的国家,重点考察发展中国家资本账户开放对全要素生产率的整体影响。基于 46 个发展中国家 1996—2011 年数据的子样本,我们对资本账户开放影响全要素生产率的整体效应模型进行估计,并将回归结果报告于表 9-15。结果显示,资本账户开放和金融危机等主要解释变量系数的估计大小和显著性水平与表 9-11 结果基本一致,进一步确保了检验结果的稳健性。

表 9-15　发展中国家样本检验结果

面板 A	*TFP*		*TFP(T)*	
	(1)	(2)	(3)	(4)
GDPG	0.07319 (0.05258)	0.05214 (0.03922)	0.00814 (0.00579)	0.00633 (0.00514)
FS	0.00297*** (0.00083)	0.00343*** (0.00103)	0.00343*** (0.00143)	0.00425*** (0.00213)

续表

HL	0.00059* (0.00032)	0.00062* (0.00053)	0.00039 (0.00029)	0.00051*** (0.00027)
Trade	0.00613*** (0.00292)	0.00521*** (0.00136)	0.00421*** (0.00089)	0.00647*** (0.00302)
Ins	0.00373 (0.00296)	0.00439 (0.00511)	0.00334 (0.00308)	0.00692* (0.00384)
Life	0.05361*** (0.02552)	0.04262*** (0.01633)	0.03175*** (0.01024)	0.04493*** (0.02139)
Crisis	−0.02486*** (0.00776)	−0.01961*** (0.00433)	−0.01729*** (0.00536)	−0.02011*** (0.01006)
Hazard	0.09531*** (0.03132)	0.09255* (0.04871)	0.08671*** (0.01923)	0.06371*** (0.02893)
De jure	0.01102*** (0.00510)		0.00961*** (0.00458)	
De facto		0.00832*** (0.00440)		0.01014*** (0.00483)
面板 B	**CRISIS(Probit)**			
GDPG(lag)	0.89413*** (0.02391)	0.92195*** (0.07435)		
INFLA	−0.05358*** (0.01384)	−0.06513*** (0.00951)		
TCOC	0.02237 (0.01451)	0.01852* (0.01019)		
DRCG	0.09127*** (0.00883)	0.00651*** (0.00095)		
SUP	−0.52193* (0.28943)	−0.09154*** (0.04359)		
De jure	0.30684*** (0.08229)			
De facto		0.17530*** (0.03891)		
年份固定效应	YES	YES	YES	YES
国家固定效应	YES	YES	YES	YES
观测值	736	736	736	736

注:*、**、*** 分别表示 10%、5%、1%的显著性水平;括号内为标准差。

(四)结论

本书基于83个国家1996—2011年的数据,将资本账户开放的增长效应和危机效应纳入同一个实证分析框架,利用扩展的处理效应模型量化和比较两种效应,首次较全面地考察资本账户开放作用于经济体全要素生产率的净效应。实证检验结果:基于拓展的处理效应模型的实证检验表明,资本账户开放作用于经济体全要素生产率的促进效应远大于引发金融危机所致的冲击效应,开放程度每增加一个单位可以促进全要素生产率增长率提升约0.638%,该结果在选用不同计量方法和数据样本的情况下依然保持稳健。这意味着,开放资本账户虽然有可能增大系统性银行危机出现的概率进而对全要素生产率提高造成不利影响,但是总的来说,资本账户开放作用于全要素生产率的净效应显著为正。

中国的政策当局一直以来都是以审慎、有序的方式推进资本账户开放,原因在于中国政策当局担心:如果中国取消跨境资本交易的限制以实现资本账户的充分开放,则很有可能给中国的金融稳定和经济发展带来重大冲击,因此,中国政策当局始终没有从法规层面完全改变对资本账户交易仍然进行管制的局面。而本研究的结果表明,资本账户开放虽然会增大经济体出现系统性银行危机的概率,进而对全要素生产率造成一定的负面冲击,但是总体而言,资本账户开放会更多地通过改善资本的配置效率,进而促进经济体全要素生产率提升。因此,中国完全可以大胆地取消对跨境(国)资本交易及汇兑的限制,以实现资本账户的开放从而实现资本的跨国自由流动。当然,中国在扩大资本账户开放水平的同时,应努力提升对国内金融市场监督管理的质量,降低国际投机性资本涌入对金融系统稳定的影响;将信贷规模控制在合意区间并建立风险预警机制,防范潜在的金融风险,从而使中国的资本账户开放政策能够极大地促进全要素生产率提高。

第四节　资本账户开放对中国工业企业全要素生产率的影响

目前,国内学术界主要从宏观层面来分析我国的资本账户开放,具体内容可归纳为:对产出增长的影响、开放次序、开放条件以及经济波动与冲击(陶然,2007;于冬,2010;陈一非,2013;熊衍飞等,2015;刘璐萍,2015;郭桂霞和彭燕,2016;雷文妮和金莹,2017),而几乎还没有文献研究系统考察中国资本账户开放对微观企业全要素生产率的影响,显然这是需要弥补的一个空白。同时,由于中国的劳动力、土地及资源成本上升,已有的制度改革红利衰减,传统的依靠要素驱动和资源消耗支撑的增长模式已难以持续,因此,将中国经济增长的驱动力从资源驱动转向依靠全要素生产率驱动,已势在必行。这意味着,不断提高全要素生产率无疑是中国实现经济增长模式的转换,以不断提高经济增长质量的重要途径。因此,深入分析资本账户开放对中国企业全要素生产率的影响,将真正有利于提升资本账户开放对中国经济的净效应。

有鉴于此,本节将在厘清资本账户开放影响企业生产率的理论机制基础上,系统考察资本账户开放对中国企业全要素生产率的具体影响。本节首先从理论上分析一国的资本账户开放如何影响企业的生产率,从国家、市场和企业层面将资本账户开放对企业生产率的影响概括为:制度质量和企业治理"规范效应",资本配置效应,技术进步与市场竞争效应以及规模经济效应。其次,在理论分析的基础上,本节基于 LP 和 GMM 方法系统估算企业全要素生产率,采用 1998—2008 年中国工业企业数据库中的制造业企业数据,在控制住其他因素的情况下考察资本账户开放对企业生产率的影响。实证结果表明,中国资本账户开放通过资本劳动配置效应、技术进步效应、市场竞争效应以及规模经济效应对企业生产效率的提高产生正向影响,资本账户开放程度每提高 1%会通过上述效应整体上促使企业全要素生产率提高 0.176%。更进一步,该影响效应的影响强度会因企业所有制和成立年限的不同而具有不同的特征,尤其是资本账户开放对国有企业全要素生产率提高的促进效应更强。

与已有文献相比,本研究的主要贡献在于:第一,首次从中国的企业全生产率角度研究资本账户开放的经济效应,现有文献大多都是以产出增长为主要研究对象。第二,我们就资本账户开放作用于企业全要素生产率的微观理论传导渠道进行了深入讨论,将理论机制概括为:企业资本配置效应、制度质量和企业治理"规范效应"、技术进步与市场竞争效应以及规模经济效应,是对已有理论研究的有益补充。第三,相关研究主要停留在总量层面,不仅不利于揭示资本账户开放影响经济增长的微观渠道,更无法体现资本账户开放对异质性行业或企业的生产率所产生的非对称影响,区别于已有研究,本研究从企业全要素生产率角度,从微观层面进一步考察了资本账户开放对经济增长的影响。

一、资本账户开放作用于企业生产率的理论传导机制

根据 Kendrick(1961)的观点,全要素生产率可分解为资源配置效率的改善、规模经济及知识进展(即技术、管理及组织等方面的进步),本节将资本账户开放影响企业生产效率的理论机制概括为:制度质量和企业治理"规范效应"、资本配置效应、技术进步与市场竞争效应以及规模经济效应。

(一)制度质量和企业治理"规范效应"

由资本账户开放带来的跨境资本流动增加会对政府和企业的管治水平产生"规范效应",即资本账户开放通过促进一国的制度质量以及企业治理水平提高进而推动企业生产率效率提高。如果一国拥有良好的政治稳定性、健全的法律法规体系、优良的投资环境,资本账户开放会吸引大量国际资本涌入,通过创造更多投资和就业机会并带动经济增长;但同时金融市场存在的潜在风险也随之增大,这是因为,具有逐利性特征的国际投机资本会尽可能利用政府监管缺位谋取私利,进而对市场稳定和经济发展造成破坏性影响。反之,政治动荡、法规缺失、宏观经济环境不稳定的国家放开资本账户管制后往往会触发严重的资本外逃,给经济发展带来巨大冲击。因此,无论一国的整体制度水平是高还是低,跨境资本流动产生的潜在风险会迫

使金融监管部门努力完善制度法规,提高金融市场的稳定性,这会为企业创造良好的宏观经济环境,对提高企业生产效率产生积极的影响。正如 Hall 和 Jones(1999)所言,制度质量直接影响到企业的生产率水平,优良的制度质量是驱动全要素生产率提升的主要因素之一。从企业治理层面来看,国际投资者在选择国内投资企业时,通常会要求国内企业拥有更透明的信息以及更完善的管理和监督体系(Mitton,2006),资本账户开放后国际直接投资和证券投资组合的不断增加无疑会对改善国内企业的治理水平产生较强的促进作用,从而推动企业产出效率提升。Ferreira 和 Matos(2008)的研究很好地印证了这一点,他们发现国际机构投资对被投资企业的经营管理具有正向影响,有助于企业降低资本支出、提高公司治理水平并推动企业市场价值上升。

(二)资本配置效应

新古典经济增长理论认为,资本深化(通常以资本—劳动力比率增长衡量)是驱动企业生产率提升的重要因素(毛其淋等,2015)。资本深化提高企业生产效率的关键在于,如何更好地为企业和个人提供资金支持使其更多地投入到生产实践和科技研发之中,尤其是融资约束较强的中小型企业或具备创业精神的企业家。然而,受金融发展水平、市场摩擦以及其他因素的影响,国内金融市场可能存在资本配置扭曲现象(龚关和胡关亮,2013),即资本无法合理有效地配置到需求资本的企业或个人。一国通过开放资本账户以消除跨境资本流动限制,有助于在国内外形成一个信息公开、公平竞争的资本市场,使资本根据价格信号合理流动。更进一步,全球资本在利益驱动下的自由流动有助于推动资本配置效率提升,缓解企业的融资约束。Larrain 和 Stumpnery(2017)的研究表明,取消资本账户管制可以有效缓解国内金融市场中资本配置的扭曲程度(表现为不同企业资本边际收益差异度下降),提高资本在企业和行业间的配置效率,缓解企业融资约束。资本市场配置效率的提高有利于企业扩大投资规模,影响企业的资本累积,进而提高企业资本与劳动力的配置比例,也即促进资本的深化。因此,资本账户开放可以通过改善资本配置效率,促进企业生产效率提升。Park 等(2014)发现,韩国金融开放促使金融中介机构增加对企业的贷款总额,从而促进企业提高生产效率,尤其是融资约束较强的中小型企业的生产效率。

(三)技术进步与市场竞争效应

技术进步是推动企业生产率提高的关键因素。资本账户开放不仅可以通过缓解企业融资约束为企业提高科技研发强度创造良好的融资环境,而且,在开放背景下随着拥有先进技术水平、管理模式的外资企业及外商投资的国内企业不断增加,其产生的技术溢出效应也会带动其他企业技术水平提高。借助于资本账户开放,具有良好基本面的企业有机会越过国内金融市场直接从国际市场获取资本,并依靠资金成本优势以及与国际资本市场之间的联系更容易获取相对前沿的生产技术和管理模式。该类企业既是行业内先进技术和经验的传播者,也是促进市场竞争水平提高的推动者。一方面,国内其他企业会通过复制或学习外商投资企业的先进经验不断提高自身的技术水平,改进经营模式;另一方面,外商投资企业在生产技术与经营模式方面存在的比较优势会给国内企业带来较大的竞争压力,迫使国内企业通过加大技术研发力度或提高现有资源的使用效率,通过提高生产效率避免被市场淘汰。此外,国内企业还可以凭借"看中学"总结优势企业在创新过程中的经验和教训,降低自身的"试错成本"并提高技术革新效率。Gorodnichenko 等(2010)的研究发现,金融全球化给新兴市场经济体的企业创新活动既带来了压力也创造了机会,整体上推动了这些企业竞争地位的上升。Verala(2017)论证了资本账户开放可以有效缓解外资企业和内资企业之间的融资成本扭曲,这既有利于降低内资企业与外资企业的资金成本差距,也促进了内资企业提高科技研发强度,从而通过提高市场整体竞争水平缩小内资企业与跨国公司之间的生产率差距。

(四)规模经济效应

规模经济有利于企业提高要素的使用效率,进而推动企业生产效率提升。一方面资本账户开放后,跨境资本的流入为国内企业提供多样化的投融资机会,缓解企业的融资约束,这有利于刺激企业提高融资总量并进一步用于扩大企业生产规模。另一方面,资本账户开放后资本配置效率的提高会缓解由市场垄断造成的资金成本扭曲,缩小不同类型企业之间的资本成本差异,推动市场的整体竞争水平。在优胜劣汰的市场竞争压力下,劣势企业被迫退出,其留下的产能和市场份额将被优胜企业或新进企业占有,这些企业进而有实现规模扩张的可能。因此,资本账户开放通过提高企业投资水平和促成优胜劣汰的市场竞争机制,进而有助于企业实现规模经济,提高生产效率。Levine 和 Schmukler(2007)、Bekaert 等(2005)均指出,开放的资本市场有利于国内企业不断发展壮大。Chari 和 Henry(2004)通过研究 5 个发展中国家企业层面的数据后发现,有较好基本面的公司在取消资本账户方面的交易限制之后都有较大的投资增长。

二、数据、变量与计量模型

(一)数据说明

本研究所使用的企业数据源自于国家统计局构建的 1998—2008 年中国规模以上工业企业数据库。该数据库是国内除经济普查数据库以外可得的最大的企业数据库,具有涵盖企业数量大、信息全面、时间跨度长等优势,被广泛应用于企业和行业层面的实证研究。为计算企业全要素生产率,我们需要对数据库中的数据进行系统的处理。首先,本研究参考 Brandt 等(2012)的方法对数据库数据进行系统的匹配和面板整理。需要指出的是,本书比照国标 1994(GB/T-1994)和国标 2002(GB/T-2002)中行业的详细分类,将样本企业的行业分类按照国标 2002 进行统一;在企业资本存量的具体计算方法方面,本研究参考杨汝岱(2015)的研究成果,用固定资产原值扣除上一年固定资产原值得到当期新增加固定资产名义值,然后用固定资产价格指数对其进行消胀进而得到当年新增实际资本存量,再根据永续盘存法和固定折旧率,计算得出企业 1998—2008 年除去价格因素的实际资本存量和实际投资额。其次,本研究根据已有文献(聂辉华等,2012)对样本数据进行删减,具体做法如下:(1)剔除制造业以外行业的企业样本;(2)剔除工业总产值、工业增加值、资本存量、中间品投入量、销售额等变量为负、为零的企业样本;(3)剔除员工人数小于 8 的企业样本;(4)剔除应付工资、成立年限为零、为负的企业样本。经处理后,观测样本中共包含观测值 2288476 个,企业 653983 家。

(二)主要变量

1. 企业全要素生产率

学术界计算企业全要素生产率较常使用的方法有 OLS、固定效应、OP(Olley 和 Pakes,1996)、LP(Levinsohn 和 Petrin,2003)和 GMM 等。一般而言,OLS 和固定效应方法需要对误差项进行约束性很强的条件假设,否则无法很好地解决模型的内生性问题,但是这些假设与现实严重相悖,且该类方法所采用的企业数据信息过于简略,很难精准刻画企业生产效率。虽然差分 GMM 方法使用工具变量可以有效地克服上述固定效应模型的内生性问题,但是差分和滞后处理对样本的时间跨度要求较高,这在很大程度上限制了该方法的应用(鲁晓东和连玉君,2012)。近年来,基于半参数估计的 OP 和 LP 方法在国内外学术界得到了广泛的使用。具体地,OP 方法假设企业当期的投资是由其生产效率所决定的,进而选取企业投资作为代理变量,通过推算最优投资函数的逆函数来测算企业当期的全要素生产率。考虑到一些企业并不会每年都进行投资,Levinsohn 和 Petrin(2003)类似地选取企业中间品投入作为代理变量对 OP 方法进行了拓展。通过对上述测算企业全要素生产率各方法进行比较分析,并参考现有相关文献(Varela,2017),本研究选用 LP 方法计算企业全要素生产率。估算步骤如下所示:

第一步,构建生产函数并对其进行对数化展开,进而得到如下简化的企业生产函数:

$$y_t = \alpha + \beta_l l_t + \beta_k k_t + \beta_m m_t + \omega_t + e_t \tag{9-38}$$

其中,y、l、k、m、ω、e 分别表示企业的产出、劳动力、资本存量、中间品投入、生产率冲击和误差项;β_l 和 β_k 分别为劳动力和资本的弹性系数。Olley 和 Pakes(1996)证明如果企业 i 对其生产率冲击 ω 有足够高的预期,那么企业为最大化收益会在当期进行更多的投资。在此基础上,如果用企业的中间品投入量作为投资的代理变量,则可将企业中间品投入量 m_t 的需求函数表示为:

$$m_t = m_t(\omega_t, k_t) \tag{9-39}$$

类似地,Levinsohn 和 Petrin(2003)假定企业中间品投入量的需求函数是生产率冲击 ω 的严格单调递增函数,则可以通过求得中间品投入需求函数的反函数得出企业生产率冲击函数表达式:

$$\omega_t = \omega_t(m_t, k_t) \tag{9-40}$$

将(9-40)式代入生产函数(9-38)式,则有:

$$y_t = \beta_l l_t + \eta(m_t, k_t) + e_t \tag{9-41}$$

其中,$\eta(m_t, k_t) = \alpha + \beta_k k_t + \beta_l l_t + \omega(l_t, k_t)$ 。我们采用半参数估计法对

(9-41)式进行估计,可以得出劳动力系数 β_l 的一致无偏估计。

第二步,根据已估计系数实现对资本存量系数 β_k 和生产率 ω_t 的无偏估计。估计思路与第一步类似,首先从产出函数(9-38)式中除去已估计的劳动力,可以得到新的回归方程:

$$\tilde{y}_t = y_t - \beta_l l_t = \alpha + \beta_k k_t + \beta_m m_t + \omega_t + e_t \tag{9-42}$$

假设 ω_t 满足一阶马尔科夫过程,可将 ω_t 分解为两部分,$\omega_t = E(\omega_t \mid \omega_{t-1}) + \sigma_t$。令函数 $f(\omega_{t-1})$ 满足 $f(\omega_{t-1}) = \alpha + E(\omega_t \mid \omega_{t-1})$,则(9-42)式可进一步表示为:

$$\tilde{y}_t = f(\omega_{t-1}) + \beta_k k_t + \beta_m m_t + e_t^* \tag{9-43}$$

在对(9-43)式的估计方面,可通过引入企业上一期的中间品投入量 m_{t-1} 作为工具变量实现。Levinsohn 和 Petrin(2003)认为企业上一期中间品投入 m_{t-1} 与当期生产率冲击 ω_t 是正交的,因此可以将 m_{t-1} 视为有效工具变量,从而实现对参数 β_k、β_m 的无偏估计。至此,我们根据企业生产率函数中各变量所对应的估计系数拟合生产函数(9-38)式,从而估算出企业的全要素生产率。此外,本研究还使用 GMM 方法估算企业生产率,用于检验下一部分实证结果的稳健性。

2. 资本账户开放

衡量资本账户开放程度的指标按照构建基础和性质可大致分为法规型(De jure)和数量型(De facto)。法规型指标是根据政府或监管部门对资本账户制定的相关政策法规构建的,反映了一国政府通过政策法规在主观上对跨境资本交易的限制范围和限制程度,是对资本账户开放水平的定性度量。代表性指标有:基于 IMF《年度汇兑安排和汇兑限制报告》(AREAR)不断改进的 Quinn 指数(Quinn,1997、2008)和 Chinn-Ito 指数(Chinn 和 Ito,2006);主要反映股票市场开放水平的 SML 指数(Henry,2000;Bekaert,1995;Mitton,2006)。数量型指标则是根据实际资本流动数据,对资本账户开放的定量测度。代表性指标有:国际资本流动指数(Kraay,1998;Lane 和 Milesi-Ferretti,2001、2007);投资率—储蓄率指数(Feldstein 和 Horioka,1980);利率平价指数与资产定价指数(Frankel,1992;Edison 等,2002;Kose 等,2006)。其中,Chinn-Ito 指数是众多法规型资本账户开放指标中应用较为广泛的一种,该指数是根据 IMF 发布的 AREAR 报告通过第一主成分分析法从四个资本账户大类指标中得到的。Lane 和 Milesi-Ferretti(2007)指数是学界数量型指标中应用最为广泛的(IMF,2010)。图 9-3 中左、右分别为基于上述两种指数计算的历年中国资本账户开放水平。

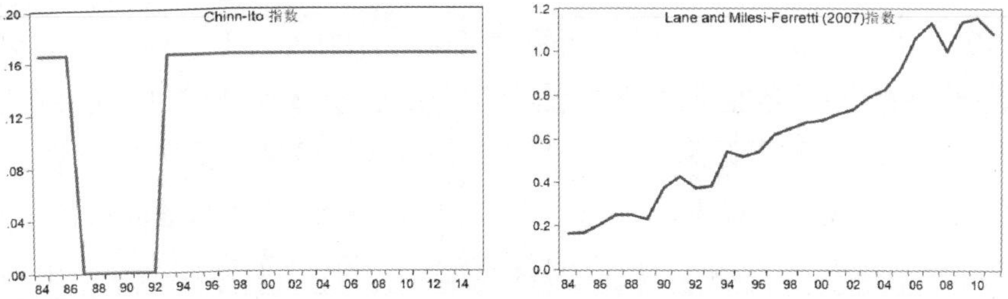

图 9-3　中国资本账户开放水平

虽然从法规型资本账户开放度量指标来看，中国的资本账户开放度长期保持在较低水平①，如图 9-3 中左图所示；但是同样被学术界广为采用的数量型指标却显示，中国资本账户开放水平不断提高并有继续扩大的趋势，如图 9-3 中右图所示。本研究认为，法规型指标未必能反映资本账户开放的实际水平，这是因为：法规型指标大多根据 IMF 统计的资本账户相关政策或法规数据所构建，仅仅是对资本账户开放相关政策法规的定性度量，这些政策法规在执行过程中很可能受各种因素的影响而出现效率下降。此外，政策法规随着时间的推移而发生变化，这无疑会增大统计偏差。因此，法规型资本账户开放指标本身具有偏离实际情况且天生无法克服的局限性(娄伶俐和钱铭，2011)。相较于法规型指标，基于实际资本流动数据的数量型指标具有事实导向的灵活特性，应更适合于实证考察我国资本账户开放的经济效应。鉴于此，本研究借鉴 Kraay(1998)、Feldstein 和 Horioka(1980)的研究成果，分别用国际直接投资占 GDP 百分比、投资率—储蓄率指数衡量我国各省份资本账户开放水平。

3. 外部融资依赖指数

有关行业外部融资的研究表明，更依赖外部融资的行业内企业的融资约束会更强(Rajan 和 Zingales，1998)。这里的外部融资依赖程度被定义为

① 经标准化处理后的 Chinn-Ito 指数取值范围为 0—1，中国资本账户开放的 Chinn-Ito 指数长期保持在 0.16。

除去源自于企业内部现金流之外的资本支出占总支出的比重。受行业技术特征的影响,一些生产规模较大或发展周期较长的行业往往需要较多的外部融资,相应的外部融资依赖程度较高。Buera 等(2011)通过构建一个存在金融约束的两部门模型,论证资本账户开放可以缓解金融约束并降低行业的资本错配,该效应在更依赖外部融资的行业中表现更为明显。如果资本账户开放可以缓解企业的外部融资约束困境,那么更依赖外部融资的行业内的企业理应获益更多。Rajan 和 Zingales(1998)用企业外部融资约束较小的美国企业作为样本,构建了反映行业技术特征的外部融资依赖指数。本研究将该指数中对应的 ISIC 2 位数制造业行业与本研究样本中采用的国标 2002 的 2 位数行业对照匹配,用以考察资本账户开放对我国不同类型行业内企业的生产率的影响。通过对数据进行整理后我们发现,外部融资依赖程度较小的行业有烟草业和纺织业等,外部融资依赖程度较大的行业有计算机、通信和其他电子设备制造业等。

(三)模型设定

根据理论机制探讨并参考已有实证研究(Larrain 和 Stumpnery,2017;Varela,2017),本研究构建以下基准模型考察我国资本账户开放对企业生产率提高的影响,具体设定如下:

$$\mathrm{Ln}TFP_{irt} = \alpha_0 + \beta_1 Cal_{rt} + \beta_2 X_{Irt} + \delta_1 D_t + \delta_2 D_r + \delta_3 D_i + \varepsilon_{irt} \tag{9-44}$$

其中,下标 i、r、t、j 分别表示企业、省份、年份和行业;TFP_{irt} 为企业全要素生产率;Cal_{rt} 为主要解释变量资本账户开放,变量系数 β_1 刻画了资本账户开放对企业全要素生产率的影响。控制变量 X_{Irt} 包括一组影响企业全要素生产率的控制变量。具体地,企业控制变量主要包括:资本劳动力比率(kl),用测算所得的企业资本存量除以企业从业人员数量来衡量;科技研发投入(rd),用企业科研投入的对数值衡量;规模($scale$),用企业销售额的对数值衡量;人力资本($human$),用企业本年应付工资总额除以企业从业人员数量衡量;成立年限(age),用企业成立年份与当期的年份的差额来衡量;融资约束(fc),用企业利息与固定资产总额之比的对数值来衡量;表示企业流动性的速动资产占比($sdzc$),用流动资产减去存货除以资产总额来衡量;退出市场虚拟变量($exit$),当企业在下一时期退出市场时,$exit$ 取值为 1,否则取值为 0。行业层面控制变量主要为行业外部融资依赖程度(EFD)。省份层面控制变量为人均 GDP（*pgdp*）、贸易开放程度（*trade*）、第一产业和第二产业占 GDP 比重，用以控制各个省份的经济发展综合水平、贸易开放水平和产业结构对企业生产率可能产生的影响。基于企业全要素生产率的面板数据，本研究在基准回归中分别采取控制年份、省份固定效应以及年份、企业固定效应两种设定。

更进一步，我们将样本细分为国有企业与非国有企业样本、成立年限较长企业与成立年限较短企业样本，探讨了资本账户开放对国有企业与非国有企业、成立年限较长企业与成立年限较短企业的异质性影响。

三、实证分析

（一）基准回归

表 9-16 报告了使用 1998—2008 年中国制造业企业非平衡面板数据所得的资本账户开放影响企业生产率的检验结果。第（1）列的回归中控制了企业层面基本解释变量，资本账户开放变量的估计系数为正，在 1%的显著性水平统计显著，表明资本账户开放可以促进企业生产率提升。第（2）—（5）列回归中逐渐加入企业成立年限、融资约束、流动性和行业外部融资依赖程度等企业和行业特征，结果依然保持稳健。第（6）列回归在之前的基础上控制了省份特征，尽可能避免因遗漏变量而产生估计偏误。此外，考虑到资本账户开放程度变动对企业全要素生产率的影响可能存在时滞，我们在第（7）列回归中用资本账户开放变量的滞后一期项代替原变量。回归结果显示，资本账户开放指标的滞后项和其他主要变量的估计系数的大小和显著性均未发生明显变化，因此在之后的实证分析中我们均维持使用资本账户开放的当期值。根据第（6）列的结果，在控制年份、省份、企业固定效应和其他因素不变的情况下，资本账户开放程度每提高 1 个百分点，企业全要素生产率平均上升约 0.08%。

表 9-16　基准回归结果

	（1）	（2）	（3）	（4）	（5）	（6）	（7）
Cal	0.2562*** （0.0224）	0.2329*** （0.0223）	0.24061*** （0.0223）	0.2404*** （0.0212）	0.2393*** （0.0211）	0.0836*** （0.0041）	

续表

	(1)	(2)	(3)	(4)	(5)	(6)	(7)
kl	-0.2601*** (0.0073)	-0.2459*** (0.0068)	-0.2166*** (0.0072)	-0.2161*** (0.0007)	-0.2143*** (0.0007)	-0.2037*** (0.0008)	-0.2042*** (0.0008)
rd	0.0025*** (0.0006)	0.0006 (0.0006)	0.0036*** (0.0006)	0.0037*** (0.0006)	-0.0000 (0.0006)	0.0001*** (0.0000)	0.0000*** (0.0000)
exit	0.0259*** (0.0029)	0.0299*** (0.0029)	0.0085 (0.0069)	0.0035* (0.0019)	0.0049* (0.0027)	0.0048*** (0.0025)	0.0048*** (0.0026)
scale	0.2297*** (0.0021)	0.2354*** (0.0021)	0.2537*** (0.0020)	0.2539*** (0.0020)	0.2423*** (0.0019)	0.2384*** (0.0018)	0.2293*** (0.0019)
human	0.1462*** (0.0017)	0.1429*** (0.0017)	0.2009*** (0.0016)	0.2004*** (0.0016)	0.1991*** (0.0016)	0.2003*** (0.0017)	0.2012*** (0.0017)
age		-0.0064*** (0.0000)	-0.0033*** (0.0000)	-0.0033*** (0.0000)	-0.0033*** (0.0000)	-0.0031*** (0.0000)	-0.0032*** (0.0000)
fc			-0.0007*** (0.0002)	-0.0008*** (0.0003)	-0.0007*** (0.0003)	-0.0008*** (0.0003)	-0.0008*** (0.0002)
sdzc				0.0085*** (0.0009)	0.0086*** (0.0009)	0.0079*** (0.0008)	0.0078*** (0.0009)
Efd					0.3386*** (0.0040)	0.3382*** (0.0037)	0.3381*** (0.0039)
$Cal_{(-1)}$							0.0809*** (0.0037)
常数项	4.3638*** (0.5757)	4.4410*** (0.0574)	5.0856*** (0.5448)	5.0818*** (0.0545)	5.1844*** (0.0543)	4.8306*** (0.0493)	4.8417*** (0.0485)
其他控制变量	No	No	No	No	No	Yes	Yes
年份效应	Yes	Yes	Yes	Yes	Yes	Yes	Yes
省份效应	Yes	Yes	Yes	Yes	Yes	Yes	Yes
企业效应	Yes	Yes	Yes	Yes	Yes	Yes	Yes
观测值	1050237	105237	105237	105237	105237	105237	826374
R^2	0.0968	0.1041	0.1357	0.1389	0.1480	0.1917	0.1853

注:*、**、*** 分别代表10%、5%、1%的显著水平;括号内数值为标准差。第(1)列回归中控制了企业资本劳动比率、科技研发、企业退出虚拟变量、企业规模和人力资本等企业特征;第(2)—(5)列回归中逐渐加入企业成立年限、融资约束、流动性和行业外部融资依赖程度等企业和行业特征;第(6)列回归中控制了省份特征;第(7)列将资本账户开放指标替换为其滞后一期项。

企业层面主要控制变量的估计结果也基本符合预期。研发投入越大、人力资本水平越高的企业生产全要素生产率越高;成立年限较长、融资约束越强的企业全要素生产率效率越低,这符合企业生命周期理论。

(二)资本账户开放影响企业生产率的机制检验

为检验资本账户开放是否通过资本劳动力配置效应、技术进步效应、市场竞争效应以及规模经济效应影响企业全要素生产率,本研究在基准回归方程中依次引入资本账户开放与资本劳动力比率、资本账户开放与技术进步、资本账户开放与企业退出、资本账户开放与企业规模变量的交互项 $Cal \times kl$、$Cal \times rd$、$Cal \times exit$、$Cal \times scale$ 进行回归,回归方程如下所示,回归结果汇报于表 9-17。

$$\mathrm{Ln}TFP_{irt} = \alpha_0 + \beta_1 Cal_{rt} + \beta_2 Cal_{rt} \times kl_{irt} + \beta_3 X + \delta_1 D_t + \delta_2 D_r + \delta_3 D_j + \varepsilon_{irt} \tag{9-45}$$

$$\mathrm{Ln}TFP_{irt} = \alpha_0 + \beta_1 Cal_{rt} + \beta_2 Cal_{rt} \times kl_{irt} + \beta_3 Cal_{rt} \times rd_{irt} + \beta_4 X + \delta_1 D_t + \delta_2 D_r + \delta_3 D_j + \varepsilon_{irt} \tag{9-46}$$

$$\mathrm{Ln}TFP_{irt} = \alpha_0 + \beta_1 Cal_{rt} + \beta_2 Cal_{rt} \times kl_{irt} + \beta_3 Cal_{rt} \times rd_{irt} + \beta_4 Cal_{rt} \times exit_{irt} + \beta_5 X + \delta_1 D_t + \delta_2 D_r + \delta_3 D_j + \varepsilon_{irt} \tag{9-47}$$

$$\mathrm{Ln}TFP_{irt} = \alpha_0 + \beta_1 Cal_{rt} + \beta_2 Cal_{rt} \times kl_{irt} + \beta_3 Cal_{rt} \times rd_{irt} + \beta_4 Cal_{rt} \times exit_{irt} + \beta_5 Cal_{rt} - scale_{irt} + \beta_6 X + \delta_1 D_t + \delta_2 D_r + \delta_3 D_j + \varepsilon_{irt} \tag{9-48}$$

第(1)—(4)列结果显示,资本账户开放以及资本账户开放与各变量之间交互项的估计系数大多为正值,且在 5%的显著性水平上统计显著。这一结果不但表明了资本账户开放程度提高对中国企业全要素生产率产生正向影响,同时也验证了前文理论分析部分所论证的资本账户开放可以通过资本劳动力配置效应、技术进步效应、竞争效应和规模经济效应作用于企业生产效率。进一步,我们根据表 9-17 中的第(4)列回归结果估算出资本账户开放对企业全要素生产率的影响净值为 0.176,这意味着资本账户开放程度每提高 1 个单位,会促进企业全要素生产率提高 0.176%。

表 9-17　资本账户开放作用于企业生产率的机制检验

	(1)	(2)	(3)	(4)
Cal	0.0778*** (0.0087)	0.07544*** (0.0092)	0.0813*** (0.0085)	0.0923*** (0.0074)

续表

	(1)	(2)	(3)	(4)
kl	-0.2201*** (0.0016)	-0.2191*** (0.0016)	-0.2197*** (0.0016)	-0.2213*** (0.0016)
rd	0.0000 (0.0005)	-0.0090*** (0.0014)	-0.0096*** (0.0014)	-0.0112*** (0.0014)
exit	0.0050* (0.0027)	0.0051* (0.0027)	-0.0648*** (0.0064)	-0.0608*** (0.0064)
scale	0.2422*** (0.0017)	0.2423*** (0.0020)	0.2419*** (0.0020)	0.2501*** (0.0024)
Cal × *kl*	0.0057*** (0.0001)	0.0044*** (0.0003)	0.0061*** (0.0004)	0.0053*** (0.0004)
Cal × *rd*		0.0073*** (0.0022)	0.0068*** (0.0015)	0.0085*** (0.0021)
Cal × *exit*			0.0001*** (0.0000)	0.0001*** (0.0000)
Cal × *scale*				-0.0000*** (0.0000)
常数项	4.7124*** (0.0498)	4.9610*** (0.0483)	4.8304*** (0.0469)	4.6901*** (0.0498)
其他控制变量	Yes	Yes	Yes	Yes
年份固定效应	Yes	Yes	Yes	Yes
省份固定效应	Yes	Yes	Yes	Yes
企业固定效应	Yes	Yes	Yes	Yes
观测值	1046465	1046465	1046465	1046465
组内 R^2	0.1881	0.1924	0.2069	0.2208

注:*、**、***分别代表10%、5%、1%的显著水平;括号内数值为标准差。第(1)—(4)列回归中逐步加入 *Cal×kl*、*Cal×rd*、*Cal×exit*、*Cal×scale* 等资本账户开放与相关变量的交互项。由于其他控制变量较多且表格空间有限,本书并未具体列出所有控制变量,下同。

(三)分组回归

1. 不同所有制样本回归分析

虽然国有企业较非国有企业在获取资源环节一直具有优势,但是非国有企业在资源利用和生产活力方面更为有效和灵活。此外,以民营企业为主的非国有部门在创新方面扮演着越来越重要的角色,资本账户开放对企业生产率的影响可能在国有企业和非国有企业中具有不同的效果。Verala (2017)基于匈牙利企业数据的研究表明,外资企业更有机会从国际资本市场获取较低成本资金,资本账户开放对外资企业的生产率促进效应低于对内资企业的促进效应。鉴于此,本书按照企业所有制将样本企业划分为民营企业、国有企业和外资企业三个子样本,分别考察资本账户开放对异质性企业生产率的影响,回归结果如表 9-18 所示。

表 9-18　分组回归结果

	按不同所有制分类			按企业成立年限分类	
	(1) 民营	(2) 国有	(3) 外资	(4) 成立年限短	(5) 成立年限长
Cal	0.1423*** (0.0351)	0.6150*** (0.4390)	-0.0608 (0.1825)	0.1532*** (0.0414)	0.0305 (0.0247)
Cal × *kl*	0.0180*** (0.0041)	-0.1098*** (0.0570)	-0.0147 (0.1916)	0.0168*** (0.0046)	0.0270*** (0.0094)
Cal × *rd*	0.0347*** (0.0039)	0.0184* (0.0121)	0.04399*** (0.0176)	0.0267*** (0.0050)	0.0242*** (0.0069)
Cal × *exit*	0.0001*** (0.0000)	0.0001 (0.0001)	0.0000 (0.0000)	0.0001*** (0.0000)	0.0002*** (0.0001)
Cal × *scale*	-0.0000*** (0.0000)	0.0000 (0.0000)	0.0003 (0.0002)	0.0000*** (0.0000)	0.0000*** (0.0000)
kl	-0.2161*** (0.0018)	-0.2263*** (0.0264)	-0.2086*** (0.0099)	-0.2180*** (0.0002)	-0.2312*** (0.0044)
rd	-0.0135*** (0.0017)	-0.0369* (0.0218)	-0.0236*** (0.0088)	-0.0119*** (0.0022)	-0.0114*** (0.0030)
exit	0.0516*** (0.0072)	-0.0257 (0.0709)	0.0218 (0.0539)	-0.0321*** (0.0088)	-0.0844*** (0.0152)
scale	0.1985*** (0.0031)	0.2537*** (0.0258)	0.3259*** (0.0143)	0.1914*** (0.0037)	0.2690*** (0.0054)
常数项	4.3238*** (0.0841)	3.9413*** (0.5832)	3.8961*** (0.3744)	4.2208 (5.2653)	3.8671*** (0.1000)
其他控制变量	Yes	Yes	Yes	Yes	Yes
年份固定效应	Yes	Yes	Yes	Yes	Yes
省份固定效应	Yes	Yes	Yes	Yes	Yes
企业固定效应	Yes	Yes	Yes	Yes	Yes

续表

	按不同所有制分类			按企业成立年限分类	
	(1) 民营	(2) 国有	(3) 外资	(4) 成立年限短	(5) 成立年限长
观测值	1046465	40424	172242	698024	348441
组内 R^2	0.1781	0.3350	0.2132	0.1956	0.2492

注:*、**、*** 分别代表 10%、5%、1%的显著水平;括号内数值为标准差。

表 9-18 中第(1)—(3)列的结果表明资本账户开放对民营企业和国有企业的生产效率提升具有显著促进效应,但是对外资企业的整体影响并不明显。可能的原因为,在资本账户管制条件下,由于外资企业拥有从国际资本市场上直接获取资金的优势,其融资渠道更为多样化,融资成本更接近国际资本市场的资金成本,因此资本账户开放所带来的国际资本流入并不会对外资企业的融资约束带来实质性的影响,但是会为内资企业提供更好的融资环境。就民营企业而言,资本账户开放指数以及资本账户开放相关交互项的估计系数大部分为正且通过较高水平的显著性检验,这意味着扩大资本账户开放水平有利于民营企业生产率的提升;国有企业资本账户开放以及资本账户开放与研发支出的交互项的估计系数均显著为正,表明资本账户开放对国有企业的生产率促进作用主要通过技术进步效应实现。比较表 9-18 中第(1)和(2)列的回归结果,我们可以看出资本账户开放对国有企业生产率提升的净效应强于民营企业,这可能是因为生产经营状况更为稳定且存在政府隐性担保的国有企业更受国际资本的青睐,资本账户开放带来的国际资本更多地流向国有企业。

2. 不同成立年限样本回归分析

总体而言,成立年限较短的企业生产规模小、融资渠道单一,该类企业大多通过传统的银行信贷获取生产经营所需资金;相比较而言,成立年限较长的成熟企业融资方式更为丰富,除了可以通过银行借款获取资金外还可以从证券市场募集所需资本。Larrain 和 Stumpner(2017)指出,资本账户开放缓解了金融市场的资本配置扭曲并且推动资金配置效率提高,这一影响对融资约束更强的年轻企业作用更强。本研究沿用 Larrain 和 Stumpner(2017)的处理方法,根据样本中所有企业开业年份的 50 分位值 1998 年,将

1998年及1998年之后开业的企业归类为成立年限较短的企业样本，1998年之前开业的企业归类为成立年限较长的企业样本，分别考察资本账户开放对企业生产率的影响，回归结果汇报于表9-18中的第(4)和(5)列。结果显示，资本账户开放对不同成立年限企业的整体影响虽然均显著为正，但是对成立年限较短的企业生产率促进效应明显更强，这一结果与Larrain和Stumpner(2017)的研究保持一致。可能的原因为，一方面根据企业生命周期理论，年轻企业在生产经营和技术革新等方面更具活力，其资本的边际效应更高；另一方面，年轻企业融资渠道较少、融资约束较强，资本账户开放对国内资本市场产生的资本配置效应对缓解年轻企业融资约束进而影响其生产率的作用更明显。

（四）稳健性检验

本研究通过以下几个方面对主要结论进行稳健性检验。第一，采用不同计量方法估算企业全要素生产率。LP方法计算企业生产率虽然能够解决模型内生性问题和选择偏误，但是该算法是建立在劳动力投入是外生的假设之上的。然而中国劳动力供给充足，劳动力价格较为低廉，当企业面临生产率冲击时很有可能通过改变劳动力投入数量进而实现产出最优化(Blomstrom-Kokko,1996)，因此有必要采用其他算法计算企业生产率，并代入回归方程检验结论的稳健性。根据前文关于估计方法的讨论，本研究选用GMM方法重新估算样本企业全要素生产率。第二，采用不同的指标衡量资本账户开放。本研究参考Feldstein和Horioka(1980)研究成果[①]使用投资率—储蓄率指数衡量各省份资本账户开放程度，进一步检验结论的稳健性。需要指出的是，在构建投资率—储蓄率指数方面，我们借鉴郭桂霞和彭艳(2016)的研究，首先计算出各省份的储蓄率与投资率，然后将二者之间的相关系数作为资本账户开放水平的代理变量，相关系数越接近于0表明该省份资本账户开放水平越高，反之越接近于1表示开放水平越低。储蓄率用资本形成总额与货物与服务净流出额之和除以GDP衡量。第三，考虑到资本账户开放与企业生产率之间可能存在的反向因果关系，即企业生

① Feldstein and Horioka(1980)提出，如果一个国家的储蓄率与投资率是相关的，则表明该国资本账户开放水平处于较低水平。

产率越高的地区资本账户开放程度越大,本研究使用系统 GMM 回归模型进一步检验结论的稳健性。表 9-19 稳健性检验结果表明,资本账户开放促进我国企业全要素生产率提高的结论保持相当的稳健性。

表 9-19　稳健性检验结果

	(1) TFP-GMM	(2) TFP-LP	(3) SYS-GMM
Cal	0.0583 * (0.0236)		0.0813 *** (0.0085)
Cal(投资 — 储蓄)		−0.0187 *** (0.0034)	
Cal × *kl*	0.8651 *** (0.1468)	0.0024 *** (0.0011)	0.0061 *** (0.0004)
Cal × *rd*	−0.0017 (0.0137)	0.0062 *** (0.0015)	0.0068 *** (0.0015)
Cal × *exit*	0.0002 *** (0.0000)	0.0017 *** (0.0053)	0.0001 *** (0.0000)
Cal × *scale*	−0.0001 *** (0.0000)	−0.0315 *** (0.0029)	
kl	0.1624 *** (0.0068)	−0.0045 *** (0.0013)	−0.2197 *** (0.0016)
rd	0.0425 *** (0.0060)	0.0190 *** (0.0061)	−0.0096 *** (0.0014)
exit	−0.1405 *** (0.0269)	0.0162 * (0.0098)	−0.0648 *** (0.0064)
scale	−0.3733 (0.3251)	0.2261 *** (0.0393)	0.2419 *** (0.0020)
常数项	5.2631 *** (0.2305)	2.7671 *** (0.3541)	4.8304 *** (0.0469)
其他控制变量	Yes	Yes	Yes
年份固定效应	Yes	Yes	NO
省份固定效应	Yes	Yes	NO
企业固定效应	Yes	Yes	NO
观测值	1046465	1046465	895743
组内 R^2	0.1861	0.1503	

注:*、**、*** 分别代表 10%、5%、1%的显著水平;括号内数值为标准差。

四、结论

全球金融危机冲击下的世界宏观经济走向尚不明朗，许多国家对开放资本账户存在疑虑，一些国家有重拾资本账户交易管制政策的迹象（Jinjarak 等，2013），在复杂多变的国际经济背景下，开放资本账户能否带来经济增益是各界关注的焦点。本研究分别用国际直接投资占 GDP 百分比、投资—储蓄率指数衡量我国资本账户开放水平，并基于 1998—2008 年制造业企业数据，考察了中国的资本账户开放对企业全要素生产率的影响效应。研究结果显示，资本账户开放通过资本配置效应、技术进步与技术溢出效应、市场竞争效应和规模经济效应对企业全要素生产率提高产生正向影响，在我国尚未完全放开跨境资本交易限制的背景下，提高资本账户开放水平可以促进企业全要素生产率提高。上述结论在使用不同资本账户开放指标、不同算法下的企业全要素生产率数据以及考虑模型内生性问题的情况下依然保持稳健。从企业层面特性来看，资本账户开放对国有企业生产率提高的促进效应较非国有企业更强，对成立年限较短的年轻企业较成立年限较长的成熟企业更强。

基于以上实证研究结果，本书认为，开放资本账户对中国是有利的。特别值得指出的是，开放资本账户更有利于刺激国有企业的改革及效率的提高。因此，为极大地提高中国的经济效率，从而促使中国经济增长模式的转换及经济的长期可持续增长，中国应毫不动摇地实现资本账户的开放。

第五节　资本账户开放对全要素生产率的影响：门槛效应研究

由于开放资本账户是否对一国经济有利这一问题长期以来一直存在着争议，因此，一些学者另辟蹊径，认为资本账户开放对经济增长的影响存在门槛效应，目前国内外有关资本账户开放门槛效应的文献大都以产出增长为主要研究对象。然而，本研究认为，对全要素生产率的影响是资本账户开放影响一国经济最重要的渠道，因此，以全要素生产率为主要考察视角分析资本账户开放的门槛效应将更有意义。为此，本研究基于 64 个国家 1984—2012 年的跨国数据，采用 Hansen(1999) 多门槛面板回归法实证检验资本账户开放影响全要素生产率的“门槛效应”。通过测算所对应的门槛值对样本进行内生分组，检验不同类型的经济体开放资本账户对其全要素生产率增长率的影响。本研究的主要贡献体现在：第一，首次以全要素生产率为主要研究对象探讨资本账户开放的门槛效应，从深层次维度揭示不同国家资本账户开放效果迥异的内在原因；第二，采用 Hansen(1999) 多门槛模型考察资本账户开放影响全要素生产率可能存在的多重门槛，准确、全面地分析资本账户开放的门槛效应。

一、门槛回归计量模型

本研究使用 Hansen(1999) 平衡面板多门槛模型，检验资本账户开放对全要素生产率的促进效应在不同宏观发展条件下是否会呈现不同的特征，我们以单一、双重门槛检验模型为例对门槛模型进行简要介绍。

（一）单一门槛模型

基础回归模型如下所示：

$$Y = \alpha OPEN + \beta X + e \tag{9-49}$$

其中，Y 是被解释变量，代表全要素生产率。$OPEN$ 是首要解释变量，代表资本账户开放程度。X 是一组控制变量，包括贸易开放程度、中学入学率、金融发展水平等。假定由于不同的国家宏观发展水平存在差异，其资本账户开放对本国全要素生产率的影响效果也会有所不同，即资本账户开放对全要素生产率的影响存在门槛效应，且门槛值唯一，则(9-49)式可表示为：

$$Y = \begin{cases} \alpha_1 OPEN + \beta X + e, q_i < \gamma \\ \alpha_2 OPEN + \beta X + e, q_i \geqslant \gamma \end{cases} \tag{9-50}$$

其中，q_i 是某一宏观发展条件变量（如人均收入），γ 是相应变量的特定单一门槛值。整理(9-50)式，有：

$$Y = I(q_i < \gamma)\alpha_1 OPEN + I(q_i \geqslant \gamma)\alpha_2 OPEN + \beta X + e \tag{9-51}$$

其中, $I(^{*})$ 为指示函数。令 $X_{\gamma}=\begin{cases} I(q_i<\gamma)OPEN \\ I(q_i\geqslant\gamma)OPEN \end{cases}$,则可将(9-50)式简化为 $Y=\alpha X_{\gamma}+\beta X+e$ 。对于给定的门槛值,可通过最小二乘法得到 α 和 β 的估计值。令 $S_1(\gamma)$ 为单一门槛假设下的残差平方和,可表示为:

$$S_1(\gamma)=S_1[\alpha'(\gamma),\beta'(\gamma),\gamma]=Y'Y-Y'X_{\gamma}^{*}(X_{\gamma}^{*}{}'X_{\gamma}^{*})^{-1}X_{\gamma}^{*}{}'Y \tag{9-52}$$

门槛值 γ 的估计量就是使(9-52)式达到最小时的 γ 值,记为 $\hat{\gamma}_1=\text{argmin}_{\gamma_1}S_1(\gamma)$ 。当确定门槛值后,还要对门槛值进行显著性检验,即通过检验 α_1、α_2 是否相等检验存在门槛值的显著性。$H_0:\alpha_1=\alpha_2$;相应的 $H_0:\alpha_1\neq\alpha_2$。似然比检验统计量 F 表示为:

$$F=S_0-S_1(\hat{\gamma}_1)/\hat{\sigma}^2 \tag{9-53}$$

其中, S_0 为门槛效应不存在时 α 估计量的残差平方和; $S_1(\hat{\gamma}_1)$ 为存在单一门槛值时 α 估计量的残差平方和; $\hat{\sigma}^2$ 为门槛值 γ 的方差, $\hat{\sigma}^2=S_1(\hat{\gamma}_1)/n(T-1)$ 。(9-53)式中 F 统计量并不是渐进标准分布,无法确定其显著性水平,因此本研究采用 Hansen(1999)“自举法”(bootstrap)重复多次模拟似然比检验,得到模拟统计量 $\widetilde{F}$,把 $\widetilde{F}$ 大于 F 的次数占总模拟次数的百分比作为 bootstrap P 值的估计值,如果 P 值小于临界值,则拒绝原假设。

如果门槛值通过了显著性检验,还要进一步确定其置信区间。原假设为:$H_0:\hat{\gamma}_1=\gamma_1$, γ_1 为实际门槛值,似然比检验的统计量为:

$$LR(\gamma_1)=[S_1(\gamma_1)-S_1(\hat{\gamma}_1)]/\hat{\sigma}^2 \tag{9-54}$$

当 $LR(\gamma_1)\leqslant f(\theta)=-2Ln(1-\sqrt{\theta})$ 时,不能拒绝存在门槛效应的原假设。

(二)双重门槛模型

双重门槛模型是在单一门槛模型的基础上所构建的。假设除存在第一个门槛 γ_1 之外,还存在第二个门槛值 γ_2,则双重门槛基础回归模型设定如下:

$$Y=I(q_i<\gamma_1)\alpha_1 OPEN+I(\gamma_1\leqslant q_i\leqslant\gamma_2)\alpha_2 OPEN \\ +I(q_i\geqslant\gamma_2)\alpha_3 OPEN+\beta X+e \tag{9-55}$$

由于暂无法确定第二个门槛值与第一个门槛值之间的大小关系,因此需同时考虑两种情况。若 $\gamma_2>\hat{\gamma}_1$,通过对所有 γ_2 逐个检验得出最小残差平方和,记为 $S(\hat{\gamma}_1,\gamma_2)$;类似地,若 $\hat{\gamma}_1>\gamma_2$,也可得出最小残差平方和

$S(\gamma_2,\hat{\gamma}_1)$,$\hat{\gamma}_1$ 为第一个门槛值的估计值。令:

$$S_2^\gamma(\gamma_2)=\begin{cases}S(\hat{\gamma}_1>\gamma_2),\text{if}\gamma_2>\hat{\gamma}_1\\S(\gamma_2,\hat{\gamma}_1),\text{if}\hat{\gamma}_1>\gamma_2\end{cases} \tag{9-56}$$

第二个门槛值即为使得 $S_2^\gamma(\gamma_2)$ 达到最小值时的 γ 值,记为 $\hat{\gamma}_2^\gamma=\text{argmin}_{\gamma_2}S_2^\gamma(\gamma_2)$,在门槛值估计的有效性上,$\hat{\gamma}_2^\gamma$ 比 $\hat{\gamma}_1$ 更为渐进有效,这是因为 $\hat{\gamma}_1$ 是通过残差平方和方程(9-52)估算所得,在逐个计算过程中可能会漏掉一些检验区间,所以有必要以 $\hat{\gamma}_2^\gamma$ 为基准,重新估算第一个门槛值。令:

$$S_1^\gamma(\gamma_1)=\begin{cases}S(\gamma_1,\hat{\gamma}_2^\gamma),\text{if}\gamma_1<\hat{\gamma}_2^\gamma\\S(\hat{\gamma}_2^\gamma,\gamma_1),\text{if}\gamma_1>\hat{\gamma}_2^\gamma\end{cases} \tag{9-57}$$

则第一个门槛值即为使得 $S_1^\gamma(\gamma_1)$ 达到最小值时的 γ 值,记为 $\hat{\gamma}_1^\gamma=\text{argmin}_{\gamma_1}S_1^\gamma(\gamma_1)$ 。多重门槛模型即是在双重门槛模型的基础上,用同样的方法检验是否存在三个甚至 n 个门槛值。双重门槛模型置信区间的确定方法与单一门槛模型相同,需构建双重门槛值似然比统计计量 F:

$$LR_1(\gamma_1)=[S_1^\gamma(\gamma_1)-S_1^\gamma(\hat{\gamma}_1^\gamma)]/\hat{\sigma}^2 \tag{9-58}$$

$$LR_2(\gamma_2)=[S_2^\gamma(\gamma_2)-S_2^\gamma(\hat{\gamma}_2^\gamma)]/\hat{\sigma}^2 \tag{9-59}$$

其中,$S_1^\gamma(\gamma_1)$ 、$S_2^\gamma(\gamma_2)$ 与前式所定义相同。γ_1、γ_2 的置信区间分别为:$LR_1(\gamma_1)\leqslant f(\theta)$,$LR_2(\gamma_2)\leqslant f(\theta)$,θ 表示显著性水平。

(三)数据来源与变量描述

本研究选用64个国家1984—2012年的数据进行实证分析,这样选取数据的范围和时间区间的主要原因:一是尽量把世界主要发达国家和新兴市场经济体涵盖在样本之内;二是涵盖资本账户开放政策集中实施的时期;三是充分考虑主要变量数据的可得性。本研究采用标准经济增长模型核算全要素生产率。总产出函数为柯布—道格拉斯生产函数:$Y_{it}=TFP_{it}K_{it}^{a_k}(H_{it}L_{it})^{a_l}$,对该函数进行对数处理,得出全要素生产率增长率计算公式:$\text{Ln}TFP_{it}=\text{Ln}Y_{it}-a_k\text{Ln}K_{it}-a_l\text{Ln}H_{it}L_{it}$ 。Y_{it}、TFP_{it}、K_{it}、$H_{it}L_{it}$ 分别表示国家 i 在年份 t 时期的总产出水平、全要素生产率、资本总量、人力资本总量。其中,总产出水平 Y 是根据平减指数法剔除价格因素后计算得出的实际GDP;资本总量 K 是根据永续盘存法,以固定折旧率计算得出年度值;人力资本总量为借鉴Barro和Lee(2000)的做法,把各时期入学数据代入教育收益函数(Mincerian 函数)估算所得; a_k 、a_l 分别表示资本弹性系数和劳动力弹性系数,我们借鉴 Bernanke 和 Gurkaynak(2002)的做法设定 $a_k = 1/3$,且规模报酬不变。数据来源于 Penn World Table 9.0 与 IMF 数据库。

本研究采用 Chinn 和 Ito(2008)所构建的资本账户开放指标衡量各国资本账户开放水平,简称"Kaopen 指数",初始取值范围为-1.895 至 2.389,经过标准化处理后取值范围为 0 至 1,取值越大表明该国资本账户开放水平越高。Kaopen 指数最早是由 Chinn 和 Ito(2006)在 IMF《汇兑安排和汇兑限制年度报告》(AREAER)的基础上通过标准化主成分操作从四个资本流动限制子指标(资本账户开放度、经常账户开放度、出口外汇收入管制程度、复汇率制)中获取,在重点考察资本账户开放水平的基础上,同时兼顾经常账户限制、出口结汇安排以及多重汇率制度等因素,从而有效解决了传统二元度量指标不能反映开放程度的缺点;每个子指标的取值均是对近五年的数据进行加权平均所得,因此 Kaopen 指数还可以在一定程度上反映资本流动限制的变动趋势。

本书借鉴 Bekaert 等(2010)和郭桂霞(2016)的做法选取贸易开放度、金融发展、中学入学率和制度质量指标作为控制变量。贸易开放用进出口商品和服务的总值占 GDP 的百分比表示;金融发展用国内私人部门信贷占 GDP 的百分比表示;中学入学率用在校生总数占符合官方入学年龄人数的百分比表示;制度质量指标反映了一国政府和企业的综合治理能力,由法律法规、政治风险、政府干预三个指标组成,取值范围为 0—18,取值越大表示该国制度质量越优。贸易开放度、金融发展和中学入学率的数据来源为世界银行 WDI 数据库,制度质量的数据来源为《国际风险指南》(ICRG)数据库。

为检验资本账户开放对全要素生产率的作用效应是否受经济体宏观发展因素的影响,本研究参考国外有关门槛效应的文献做法设定了 4 个门槛变量,分别为:人均收入水平、金融深化、制度质量和投资环境。学术界经常采用广义货币总量占 GDP 的百分比来表示一国金融的深化水平,但是近年来越来越多的学者认为这种方法存在缺陷,广义货币总量指标并不能完全体现市场的货币需求,这是因为在一些金融市场发达的国家,企业经常通过证券市场募集资金。鉴于此,本书借鉴 Bekaert(2010)的做法采用广义货币与股票交易额占 GDP 的百分比表示金融深化,全面体现各国金融发展水平。投资环境指数用以衡量一国对国外投资的吸引力,由"合同执行水平""付款推迟""外汇调回能力"三个指标组成,取值范围为0—12,取值越大表示该国投资环境越好。投资环境和制度质量是从《国际风险指南》数据库(ICRG)中获取,其他数据是从世界银行数据库和IMF数据库获取。表9-20、表9-21分别呈现了变量解释和描述性统计。

表9-20 主要变量及解释

变量分类	变量缩写	指 标 含 义
被解释变量	*TFPG*	全要素生产率增长率
解释变量	*Kaopen*	资本账户开放程度,用Chinn和Ito指数衡量
	FD	金融发展,用国内私人部门信贷占GDP的百分比衡量
	MS	中学入学率,用中学在校生总量占符合中学官方入学年龄人数的百分比衡量
	TRADE	贸易开放度,用进出口贸易总额占GDP的百分比衡量
	INS	制度质量,衡量国家、企业综合治理水平
门槛变量	*PGDP*	人均收入水平,用人均国内生产总值表示
	FDepth	金融深化,用广义货币与股票交易额占GDP的百分比衡量
	Profile	投资环境,衡量国家对国外投资的吸引力
	INS	制度质量,衡量一国政府、企业的综合治理水平

表9-21 变量描述性统计

变量	平均值	最大值	最小值	标准差	样本数量
FD	58.42	312.15	2.00	43.51	64
FDepth	96.71	467.53	6.55	68.92	64
INS	3.40	5.33	0.33	1.20	64
Profile	7.71	12.00	1.00	2.51	64
Kaopen	0.50	2.39	−1.89	1.61	64
TFPG	6.50	8.08	4.34	0.63	64
MS	78.58	162.61	4.87	30.11	64
PGDP	12158.43	101563.70	153.08	14759.37	64
TRADE	75.75	439.66	12.01	50.88	64

二、实证分析

本研究采用 Hansen(1999)多门槛面板回归模型分别检验以金融深化、制度质量、投资环境、人均收入水平作为门槛变量时,资本账户开放对全要素生产率的影响是否存在门槛效应。根据门槛效应检验结果,渐进有序地对样本进行细分,把总样本分为数个具有相似特征的子样本,并对各子样本逐一深入分析,系统地测度资本账户开放对全要素生产率的“门槛效应”。

(一)首轮门槛效应检验

本研究以人均收入水平、金融深化、制度质量和投资环境为条件变量进行“自举法”门槛检验,检验结果如表 9-22 所示。

表 9-22　门槛检验结果

门槛变量		金融深化	人均 GDP	投资环境	制度质量
单一门槛假设	F 值	10.29	41.72	43.89	29.03
	P 值	0.85	0.30	0.12	0.40
	门槛值	37.50	594.03	3.13	8.81
双重门槛假设	F 值	34.75***	49.48***	31.39*	14.21
	P 值	0.03	0.04	0.10	0.18
	门槛值	37.50、51.45	594.03、9415.15	3.13、8.79	7.6、8.81

注:*、**、*** 分别表示在 10%、5%、1%的显著性水平上显著。

表 9-22 给出了分别以金融深化、人均收入水平、投资环境和制度质量为门槛变量时,资本账户开放对全要素生产率增长率的影响存在单一、双重门槛值假设的检验结果。以金融深化为条件变量的双重门槛假设在 5%的显著性水平上通过检验,P 值为 0.03,存在双重门槛;以人均收入水平为条件变量的双重门槛假设在 5%的显著性水平上通过检验,P 值为 0.04,存在双重门槛;以投资环境为条件变量的双重门槛假设在 10%的显著性水平上通过检验,P 值为 0.10,存在双重门槛;以制度质量为条件变量时不存在显著门槛值。总体而言,人均收入水平、金融深化、投资环境等衡量一国宏观发展的指标均会影响资本账户开放的全要素生产率效应。此外,制度质量

指标是否构成门槛效应有待于样本细分后进一步检验。

本研究借鉴雷达和赵勇(2007)、郭桂霞和彭艳(2016)的做法,首先选取人均收入水平指标对应的门槛值对样本进行第一轮细分。我们根据64个国家1984—2012年人均收入水平的均值,以表9-22结果所示的人均GDP变量的门槛值:594.03、9415.15为依据,将样本分成3个子样本,分别是:低人均收入国家样本{人均收入水平<594.03美元/人},共4个国家;中等人均收入国家样本{594.03美元/人≤人均收入水平<9415.15美元/人},共33个国家;高人均收入国家样本{人均收入水平≥9415.15美元/人},共27个国家。然后,分别对子样本再以金融深化、投资环境、制度质量为条件变量进行"自举法"门槛效应检验。

(二)低人均收入国家样本门槛检验

本研究针对低收入水平国家,分别检验以制度质量、金融深化、投资环境为门槛变量时,资本账户开放对全要素生产率的影响是否存在"门槛效应",结果如表9-23所示。

表9-23　低人均收入国家样本门槛检验

门槛变量		金融深化	投资环境	制度质量
单一门槛假设	F值	43.831*	30.736	16.705
	P值	0.090	0.13	0.34
	门槛值	86.68	5.75	3.00
双重门槛假设	F值	12.583	8.661	6.936
	P值	0.46	0.430	0.64
	门槛值	46.68、95.86	4.58、5.75	3.0、6.83

注:*、**、***分别表示在10%、5%、1%的显著性水平上显著。

表9-23结果表明,以投资环境和制度质量为门槛变量未能通过门槛效应假设检验;以金融深化为门槛变量时存在单一门槛值,单一门槛假设在5%的显著性水平上通过检验,P值为0.090,门槛值为86.68。这意味着,如回归结果表9-24所示,在人均收入水平较低的国家,若金融深化水平越过门槛值86.68,资本账户开放将对全要素生产率增长率产生正向影响,对应

的 *OPEN* 指数系数估计值为 0.035；若金融深化指数低于 86.68，则资本账户开放非但不能促进全要素生产率增长率的提高，反而会产生负向影响，估计系数为-0.036。

表 9-24　低人均收入国家样本金融深化门槛检验结果

解释变量	估计系数	S.E	Het S.E
Trade	0.00012	0.00067	0.00063
FD	0.004	0.0014	0.00093
MS	0.012	0.0034	0.0025
Ins	0.0032	0.00076	0.00067
Open_1{$FDepth_{it}$<86.68}	-0.036	0.007	0.0064
Open_2{$FDepth_{it}$≥86.68}	0.035	0.012	0.016

（三）中等人均收入国家样本门槛检验

针对中等人均收入样本，分别以制度质量、金融深化、投资环境为门槛变量，检验资本账户开放对全要素生产率的影响是否存在“门槛效应”，回归结果如表 9-25 所示。

表 9-25　中等人均收入国家样本门槛检验

门槛变量		金融深化	投资环境	制度质量
单一门槛假设	F 值	20.271	74.663***	9.575
	P 值	0.35	0.02	0.870
	门槛值	51.36	3.04	5.28
双重门槛假设	F 值	38.161***	15.834	13.065
	P 值	0.02	0.370	0.480
	门槛值	37.68、51.36	3.04、8.71	5.08、7.83

注：*、**、*** 分别表示在 10%、5%、1%的显著性水平上显著。

根据表 9-25，以金融深化为条件变量的双重门槛假设在 5%的显著水平上显著，P 值为 0.02；以投资环境为条件变量的单一门槛假设在 5%的显著水平上显著，P 值为 0.02；以制度质量为条件变量的门槛假设未能通过显著性检验。因此,在中等收入水平国家,以金融深化和投资环境为条件变量时,资本账户开放对全要素生产率的影响存在门槛效应。

观察中等人均收入国家样本中各国家投资环境的数据后发现,几乎所有国家1984—2012年投资环境指数的均值都高于门槛值3.04,所以不再以投资环境指标对样本进一步细分。我们根据样本国家1984—2012年金融深化指数的均值,选用金融深化指数所对应的两个门槛值37.68和51.36作为细分依据,将中等人均收入国家样本细分为3个子样本:较高金融深化程度样本{594.03美元/人≤人均收入水平<9415.15美元/人;金融深化程度≥51.36},共19个国家;中等金融深化程度样本{594.03美元/人≤人均收入水平<9415.15美元/人;37.68≤金融深化程度<51.36},共9个国家;较低金融深化程度样本{594.03美元/人≤人均收入水平<9415.15美元/人;金融深化程度<37.68},共5个国家。

再对中等金融深化程度样本和较低金融深化程度样本分别以制度质量和投资环境进行新一轮门槛回归,结果显示不存在门槛效应。在对较高金融深化程度样本进行检验时发现,存在以制度质量为条件变量的门槛效应。结果如表9-26所示。

表9-26 中等人均收入、高金融深化程度国家样本门槛检验

门槛变量		投资环境	制度质量
单一门槛假设	F值	15.55	38.25*
	P值	0.54	0.09
	门槛值	3.08	5.93
双重门槛假设	F值	6.96	15.03
	P值	0.86	0.39
	门槛值	3.08、9.38	5.93、10.66

注:*、**、***分别表示在10%、5%、1%的显著性水平上显著。

表9-26结果表明,以制度质量为门槛变量的单一门槛假设在10%的显著性水平上通过检验,P值为0.09,门槛值为5.93;以投资环境为门槛变量时不存在门槛效应。我们以制度质量对应的门槛值作为划分依据,根据

1984—2012 年的平均制度质量水平,再次把中等人均收入、较高金融深化程度国家样本细分为:较高制度质量子样本{594.03 美元/人≤人均收入水平<9415.15 美元/人;金融深化程度≥51.36;制度质量≥5.93},共 6 个国家;较低制度质量子样本{594.03 美元/人≤人均收入水平<9415.15 美元/人;金融深化程度≥51.36;制度质量<5.93},共 13 个国家。

(四)高人均收入国家样本门槛检验

与之前类似,我们以金融深化水平、制度质量和投资环境为门槛变量对高人均收入水平样本进行门槛检验,结果如表 9-27 所示。

表 9-27　高人均收入国家样本门槛检验

门槛变量		金融深化	投资环境	制度质量
单一门槛假设	F 值	26.80	19.54	61.83*
	P 值	0.08	0.44	0.08
	门槛值	163.01	8.83	5.67
双重门槛假设	F 值	25.36*	2.44	24.69
	P 值	0.19	0.90	0.29
	门槛值	163.01、231.14	7.75、8.83	5.67、8.53

注:*、**、*** 分别表示在 10%、5%、1%的显著性水平上显著。

表 9-27 结果表明,以金融深化为门槛变量的单一门槛假设在 10%的显著性水平上通过检验,P 值为 0.08,门槛值为 163.01;以制度质量为门槛变量的单一门槛假设在 10%的显著性水平通过检验,P 值为 0.08,门槛值为 5.67;以投资环境为门槛变量时不存在门槛效应。

观察高人均收入水平样本各国制度质量指标的数据后发现,所有国家制度质量指数均值均大于门槛值 5.67,因此不再根据制度质量进行样本细分。我们以金融深化程度门槛检验所得到的门槛值 163.01 为划分依据,把高人均收入水平样本细分为 2 个子样本:较高金融深化程度样本{人均收入水平≥9415.15 美元/人;金融深化程度≥163.01},共 7 个国家;较低金融深化程度样本{人均收入水平≥9415.15 美元/人;金融深化程度<163.01},共 20 个国家。紧接着,再以投资环境和制度质量水平为门槛变量分别对两个子样本进行门槛检验,结果发现较低金融深化程度样本中存在门槛效应,回归结果如表 9-28 所示。

表 9-28　高人均收入、低金融深化程度国家样本门槛检验

门槛变量		投资环境	制度质量
单一门槛假设	F 值	79.38^{***}	159.48^{***}
	P 值	0.00	0.00
	门槛值	9.00	5.67
双重门槛假设	F 值	14.78	7.62
	P 值	0.25	0.72
	门槛值	3.08、9.38	5.67、6.67

注：*、**、*** 分别表示在10%、5%、1%的显著性水平上显著。

表 9-28 结果表明，以投资环境为门槛变量的单一门槛假设在 1%的显著性水平上显著，这表明投资环境变量在该组样本门槛回归中存在显著门槛效应，门槛值为 9.0；虽然以制度质量为门槛变量的单一门槛假设在 1%的显著性水平上显著，也构成门槛效应，但通过观察样本内国家的数据可知，所有国家制度质量指标均值均大于 5.67 的门槛值，因此不再以制度质量指标细分样本。

我们以投资环境变量所对应的门槛值 9.0 为细分依据，把较低金融深化程度样本再次分为两个子样本：较好投资环境样本{人均收入水平≥9415.15 美元/人；金融深化程度<163.01；投资环境≥9.0}，共 12 个国家；较差投资环境样本{人均收入水平≥9415.15 美元/人；金融深化程度<163.01；投资环境<9.0}，共 8 个国家。至此，我们完成所有样本细分工作。

（五）子样本回归分析

我们把原始样本逐步细分为 8 个具有相似宏观发展特征的子样本，子样本所包含的国家如表 9-29 所示。

表 9-29　样本细分结果

样本	代表国家	样本内国家特征	国家数量
1	几内亚，尼日尔	低人均收入 {PGDP<594.03}	4
2	多米尼加，喀麦隆	中等人均收入，低金融深化程度 {594.03≤PGDP<9415.15；FDepth<37.68}	5
3	委内瑞拉，秘鲁，罗马尼亚	中等人均收入，中等金融深化程度 {594.03≤PGDP<9415.15；37.68≤FDepth<51.36}	9

续表

样本	代表国家	样本内国家特征	国家数量
4	巴西，中国，菲律宾，埃及	中等人均收入，高金融深化程度，低制度质量 {594.03 ≤ PGDP < 9415.15；FDepth ≥ 51.36；Ins < 7.43}	13
5	南非，智利，摩洛哥	中等人均收入，高金融深化程度，高制度质量 {594.03 ≤ PGDP < 9415.15；FDepth ≥ 51.36；Ins ≥ 7.43}	6
6	爱尔兰，希腊，巴林	高人均收入，低金融深化程度，低投资环境 {PGDP≥9415.15；FDepth<163.01；Profile<9}	8
7	英国，加拿大，新西兰	高人均收入，低金融深化程度，高投资环境 {PGDP≥9415.15；FDepth<163.01；Profile≥9}	12
8	美国、西班牙、日本	高人均收入，高金融深化程度 {PGDP≥9415.15；FDepth≥163.01}	7

完成样本细分之后，紧接着分别检验各子样本国家资本账户开放对全要素生产率的影响，回归结果如表 9-30 所示。

表 9-30　样本国家资本账户开放的全要素生产率效应

解释变量	样本 1	样本 2	样本 3	样本 4	样本 5	样本 6	样本 7	样本 8
Kaopen	-0.091*** (-3.14)	-0.032* (-1.967)	0.045*** (2.16)	0.016* (1.59)	0.027*** (1.88)	0.018 (1.52)	0.024* (1.77)	0.037*** (4.66)
Trade	-0.0035* (-1.73)	0.0016* (1.79)	-0.0007 (-0.73)	0.0006 (0.79)	0.004*** (-1.24)	0.0028*** (4.19)	7.27E-05 (0.52)	-0.0014*** (-5.67)
FD	-.020*** (-4.45)	-0.0016 (-0.14)	-0.008*** (-4.49)	-0.005*** (-6.64)	0.0021* (1.94)	-0.0006 (-1.33)	0.0007* (1.89)	0.0017*** (8.11)
MS	0.029*** (11.46)	0.041*** (2.03)	0.016*** (8.328)	0.006*** (5.25)	0.017*** (15.68)	-0.89*** (5.87)	0.003*** (4.80)	0.0002 (0.29)
ins	0.067*** (3.81)	-0.0016*** (-0.137)	0.115*** (6.00)	0.073*** (4.04)	0.035*** (2.33)	-0.088*** (-5.79)	0.007 (0.71)	0.047*** (6.59)
C	4.61*** (41.04)	5.05*** (61.21)	4.75*** (24.68)	5.73*** (44.75)	4.65*** (38.53)	6.65*** (43.06)	6.5*** (48.52)	6.33*** (71.37)
R^2	0.649	0.797	0.420	0.217	0.803	0.311	0.132	0.763
N	116	145	261	377	174	232	348	174

注：*、**、*** 分别表示在 10%、5%、1%的显著性水平上显著；括号内为 t 统计值。

从表 9-30 的结果可以看出,不同子样本内国家资本账户开放对全要素生产率增长率的影响方向、程度及显著性都存在较大差异,这表明资本账户开放的全要素生产率效应受宏观发展条件的影响。具体分析如下:

1. 低人均收入国家样本

低人均收入水平样本 1 共包含 4 个国家,衡量资本账户开放程度的 Kaopen 指数系数为-0.091,在 1%的显著性水平上统计显著。这表明,人均收入水平较低的国家开放资本账户总体上会对全要素生产率产生较强的负向影响。这可能是由于低收入国家无论是金融发展规模还是金融系统运作效率均处于较低水平,金融市场摩擦系数较大,开放资本账户之后非但不能提高资本配置效率促进要素回报率的提升,反而还可能因无法应对国际资本流动的负面冲击而导致金融危机。如表 9-23 结果所示,当低人均收入国家金融深化程度越过门槛值 86.68 以后,Kaopen 指数回归系数显著为正,这意味着,资本账户开放对全要素生产率增长率的促进效应是以经济体达到一定的金融发展水平为前提的。

2. 中等人均收入国家样本

样本 2—5 属于中等人均收入水平样本。其中,样本 2 中所包含的国家金融深化程度较低,对应的 Kaopen 指数的系数为-0.032,在 10%的显著性水平上显著。样本 3 为中等金融深化程度国家,对应的 Kaopen 指数的系数为 0. 045,在 1%的显著性水平上显著。样本 4 和样本 5 都属于中等人均收入水平、高金融深化程度样本,二者的差异体现在制度质量指数。样本 4 中的国家制度质量水平相对较低,而样本 5 中的国家制度质量水平相对较高,其对应的 Kaopen 系数分别为 0.016 和 0.027,显著水平为 10%和 5%。

根据上述结果,样本 2—5 对应的 Kaopen 指数系数依次为-0.032、0.045、0.016 和 0.027。这表明,对中等人均收入水平国家而言,在以金融深化程度为衡量指标的金融发展水平越过一定的门槛之后,开放资本账户将对全要素生产率增长率起到明显的推动作用,而这种效应在金融发展水平越过特定门槛值后并继续迅猛提高的初期表现得尤为明显。这是因为在经济体金融发展水平达到特定门槛值后,由资本账户开放所带来跨国资本流入增加和存贷款利差下降将在短期对积压已久的资本错配现象产生较强的缓释效应,此后随着金融发展水平继续提高该效应趋于平稳。而且,随着金融整体发展规模的不断扩大,国际资本流动总量和波动程度也随之加大并反作用于国内经济发展,这就要求政府提高相应的制度建设水平并加强金融风险防范,否则有可能导致资本优化配置效应的降低,因此资本账户开放的全要素生产率效应随之下降。样本 4 和样本 5 的回归结果充分表明一国制度质量的高低会影响资本账户开放的全要素生产率效应。样本 4 和样本 5 均属于中等人均收入水平且较高金融发展水平样本,制度质量较高国家所在的样本 5 对应的 Kaopen 指数回归系数(0.027)高于样本 4 所对应的系数(0.016),这意味着制度质量水平越高的经济体资本账户开放对全要素生产率增长率的促进效应越明显。

3. 高人均收入国家样本

样本 6—8 内所包含的国家人均收入水平较高,且金融深化程度整体处于高位,相比较而言,样本 6 和样本 7 的金融深化程度较低,而样本 8 较高。样本 7 的投资环境较样本 6 更高,Kaopen 指数的系数值为 0.024,且在 10%的显著水平上显著;样本 6 国家的 Kaopen 指数系数为 0.018。这意味着在人均收入水平较高、金融发展水平相对较低的国家,投资环境指数越高越有利于资本账户开放促进全要素生产率提高。样本 8 包含以美国、德国为代表的 7 个国家,这些国家不但拥有较高的人均收入水平和金融深化程度,而且具有较好的制度质量和投资环境,资本账户开放对全要素生产率的促进作用明显较强,Kaopen 指数的系数为 0.037,在 1%的显著性水平上显著。

从结果中我们不难看出,对于高收入水平国家而言,较高的金融发展水平和较好的投资环境会放大资本账户开放的全要素生产率效应,也即资本账户开放对全要素生产率增长率的正向影响作用会由于金融发展水平较高、投资环境较好而表现得更为明显。

三、结论

本节采用 64 个国家 1984—2012 年的数据,运用 Hansen 多门槛面板模型实证检验了人均收入水平、金融深化、制度质量和投资环境等宏观经济发展因素在资本账户开放影响全要素生产率的过程中所呈现的门槛效应。资本账户开放的全要素生产率效应会由于不同国家宏观经济发展水平的不同,而呈现不同的特性,我们的实证研究结果证实了资本账户开放对全要素生产率的影响确实存在门槛效应,具体表现为:(1)人均收入水平、金融深化、制度质量和投资环境等初始宏观因素在很大程度上决定了资本账户开放影响全要素生产率增长率的方向和程度。(2)资本账户开放对全要素生产率增长率产生正向促进效应需要以一定的金融发展水平为前提条件,这种正向影响效应在金融发展水平越过特定门槛值后的初期最为明显,随着金融发展水平继续提高,该效应的影响力逐渐下降并趋于平缓,整体呈现非对称特征。(3)在中等人均收入且金融发展水平相对较高的国家,制度质量越高资本账户开放促进全要素生产率提高的效应越强;在高人均收入且金融发展水平相对较低的国家,投资环境指数越高,资本账户开放促进全要素生产率提高的效应越强。

根据 2016 年 ICRG 的统计数据,中国的制度质量指数在全球范围内处于中等偏下的水平,因此,如果中国能进一步完善相关的制度,并有效地保护投资者的财产权,以及合理地界定政府的职能并不断完善政府的行政管理体制,从而不断提高中国的制度质量并不断改善中国的投资环境,则最终会使我国制度质量指数越过相应的门槛值 5.93,在这种情况下,资本账户开放指数每提高一个单位,全要素生产率将提高 0.027 个单位。因此,本书认为,为使开放资本账户这一重大改革能给中国带来最大的好处,中国就必须完善相关的制度。

第十章　研究总结及政策建议

本书一方面采取历史分析法对自1949年新中国成立以来一直到2019年这70年间，中国在人民币汇率与利率政策以及资本账户管制或开放方面的利弊得失进行了全面的回顾和剖析，并在此基础上采用规范分析法对中国应该如何进行改革以实现金融的双向开放提出了一系列的政策建议；另一方面又采取实证分析方法具体地考察利率和汇率的变动以及资本账户的开放对中国宏观经济及微观经济的影响，结果产生了一系列有意义的研究结论，并在此基础上得出了相关的政策建议，现总结如下。

第一节　“从对外封闭走向金融开放：中国路径”内容总结

第一，中国在对外封闭的计划经济时期（1949—1978年）采取汇率高估、资本管制及利率管制政策，虽然降低了国有企业的成本，对迅速实现工业化起到了一定的作用，但同时也带来了许多弊端，这主要是：（1）汇率高估及利率管制人为地压低了进口成本及资本成本，这就削弱了国内工业企业降低资源消耗或生产成本的压力，从而在一定程度上导致了国内工业生产的低效率。（2）长期高估人民币汇率导致大多数贸易品的国内价格高于国际市场价格，在中国的出口换汇成本因经济效率低下而不断提高的情况下,又造成“出口越多,则亏损越大”的局面。在这种情况下,国家为了完成出口创汇计划以保证进口的需要,就只有增加财政补贴,以至于造成沉重的财政负担。(3)人民币汇率高估(外汇价格过低)也导致外汇的过度需求,从而人为地加剧了外汇的短缺,使中国长期受到外汇储备短缺的困扰。(4)资本管制导致国内市场同国际市场完全隔绝,使国际市场信息及国际市场的竞争压力无法传递到国内,结果严重阻碍了国内的技术创新,并导致国内企业的低效率。(5)利率管制导致投资需求过大,从而造成资金的短缺并导致投资效率的低下。等等。总之,中国在对外封闭的计划经济时期长期实行的汇率高估、资本管制以及利率管制政策的结果是经济的低效率。

第二,人民币不可自由兑换的对外开放时期(1978—1993年)中国所实行的双重汇率制度虽然缓和了人民币汇率的高估状况,从而使中国向对外开放迈出了一步,但这种制度也存在许多弊端,这主要包括:(1)被认为是实行贸易歧视;(2)割断了国际市场价格机制对国内经济的调节作用;(3)不利于企业自负盈亏;(4)容易导致腐败和投机行为;(5)不利于吸引外资;等等。这意味着,人民币汇率高估的问题并没有得到根本解决。结果,在这一时期,中国的进出口贸易仍然在大部分年份是逆差,中国的外汇储备仍然严重不足。

中国当时之所以要实行双重汇率,是因为当时中国还没有真正进行经济的市场化改革。这主要体现在以下方面:

(1)由于中国没有真正进行经济的市场化改革,因此,当时中国的民营企业还很落后,而国有企业改革又没有触及所有权这一核心问题(中国从1979年到1986年所实行的利润留成、利改税以及1987年以后所实行的承包经营责任制只是使国有企业获得了一定的经营自主权及一定的剩余索取权,但并没有触及国有企业的所有权问题),当然更谈不上将国有企业改造成真正拥有独立财产的产权主体或市场主体,结果,国有企业效率低下的问题一直没有得到根本解决。在这种情况下,政府为保护国有企业(特别是国有外贸企业),就不得不实行双重汇率,使需要进口品的国有企业可以按官方汇率以较少的人民币兑换外汇支付进口,从而可以减少进口成本,同时使生产出口品的国有企业可以将出口外汇收入按较高的人民币贸易结算价或外汇调剂市场汇率兑换成较多的人民币,从而减少亏损或增加盈利。

（2）由于中国没有实现价格的完全市场化，因此，中国价格体系不合理的问题也没有得到根本解决。结果，一方面，由于中国的农副产品、基本生活消费品、能源及原材料价格过低，因此，从人民币在生产要素以及非贸易品方面的购买力来看，人民币汇率存在低估的问题，在这种情况下，中国就不得不实行高估的人民币官方汇率，以保证较低的国内要素成本及较低的国内生活费用，从而维持企业的利润及国内的基本生活水平，并保证中国的非贸易收入；另一方面，由于中国工业制成品的价格过高，因此，从人民币在贸易品方面的购买力来看，人民币汇率又确实存在高估的问题，从而不利于中国的出口，在这种情况下，中国就不得不实行比人民币官方汇率水平低的人民币贸易内部结算价或让外汇调剂市场汇率，以解决因中国工业制成品的出口换汇成本及价格过高，使中国的出口品（特别是工业制成品）在国际上缺乏价格竞争力的问题，从而以此来刺激出口。

但是，由于中国的出口换汇成本因中国经济的低效率（原因在于中国经济的市场化改革不深入）而不断上升，同时，人民币汇率的贬值也造成物价水平的上涨，结果形成“汇率贬值—物价上涨—出口换汇成本上升—进出口贸易逆差—汇率再贬值”的恶性循环，这就使得这一阶段人民币汇率的不断贬值并没有从根本上解决中国进出口贸易逆差的问题（自 1979 年至 1993 年这 15 年中有 10 年的进出口贸易是逆差）。这同时表明，人民币汇率水平的高估问题并没有在这一时期得到根本解决。

总之，中国这一时期（1978—1993 年）的实践证明：要实现汇率的市场化，前提是首先要实现经济的市场化。

第三，中国于 1994 年开始实行人民币官方汇率与外汇调剂市场汇率的并轨，并改进人民币汇率形成机制，试图形成以“市场为基础”，“单一、有管理”的“浮动汇率”制度。这一改革举措意味着人民币汇率向市场化方向迈出了一大步，这一改革基本解决了人民币汇率水平的高估问题，并由此刺激了中国的出口及外汇储备的不断增长，同时也明显地改善了外商投资环境，从而推动了中国经济的进一步对外开放。

由于中国的出口不断扩大，外资不断流入，因此形成外汇供给大于外汇需求的状况，但由于当时占中国经济主导地位的国有企业缺乏内在的自我约束及激励机制且效率低下的问题一直没有得到根本解决，同时，市场价格机制在中国当时还没有完全发挥调节作用,中国的金融体系当时还很不完善且利率没有市场化,以及国内的企业家精神受到压抑和中国居民收入占国民收入的比重过低,这种种因素的存在又导致中国的内需不足。在内需不足的情况下,中国的经济增长在很大的程度上要依靠外需(出口)来推动,这样,中国又不可能实行浮动汇率制度或真正意义上的"有管理的浮动汇率制度",从而任由人民币汇率水平随外汇供给的不断增大而升值。

这再次证明:没有经济的市场化,就不可能有汇率的市场化。

第四,在中国很大程度上依靠出口来推动经济增长,导致外汇供给不断增长,进而形成人民币汇率升值压力的情况下,中国央行就不得不采取投放基础货币买入外汇的办法,来增加对外汇的需求及人民币的供给,进而压抑人民币汇率水平的升值并保证人民币汇率水平的基本稳定。具体情况是:(1)从1994年1月到2005年7月,人民币汇率水平只从1994年汇率并轨时的1美元兑换8.70元人民币升值到1998年的1美元兑换8.28元人民币。而从2000年一直到2005年7月21日,人民币汇率水平则基本固定在1美元兑换8.27元人民币的水平上,从而使人民币汇率制度由名义上的"有管理的浮动汇率制度"演变成"有管制的固定汇率制度"。(2)2005年7月21日以后,虽然中国开始实行"参考一篮子货币进行调节、有管理的浮动汇率制度",并不断扩大人民币汇率的浮动幅度(浮动幅度从0.3%逐步扩大到2%),但人民币汇率的浮动幅度仍然十分有限。从2005年7月21日到2015年8月,人民币汇率制度实际上相当于一种爬行钉住的汇率制度。

然而,"天下没有免费的午餐",中央银行通过持续投放基础货币买入外汇,以压抑人民币汇率水平的升值并保证人民币汇率水平基本稳定的做法虽然为中国的出口扩张、就业扩大及经济增长提供了良好的宏观经济环境,但造成中央银行外汇占款及资产规模日益膨胀、外汇储备大幅增加以及基础货币和货币供应量不断扩张,结果导致中国的超额货币问题愈益严重,进而形成"人民币对外升值、对内贬值"的扭曲现象。由于人民币不是自由兑换货币,在国际金融市场上并不能够获得人民币升值的好处,因此,"人民币对外升值、对内贬值"一方面导致国内生产成本上升,另一方面又造成本国产品的国外竞争力下降,从而给国内企业造成双重的不利影响。同时,由于中央银行通过压抑人民币汇率水平以保证中国的出口持续扩张,结果导致中国的国际收支持续顺差。可见,中央银行为保证中国出口而通过持续投放基础货币买入外汇,以压抑人民币汇率水平升值的做法造成了中国经济的内部失衡和外部失衡,并使中国央行陷入既要防止货币供应量增长过快以稳定物价,同时又要稳定人民币汇率水平的两难境地。

第五,更重要的是,由于中央银行为保证出口而大量买入外汇,以压抑人民币汇率水平升值的做法造成货币供应量的持续增长及超额货币愈益严重,结果反而逐步形成了人民币汇率贬值的压力,并使中国央行陷入"是维持人民币汇率水平的稳定还是维持外汇储备的稳定"这一新的两难困境。

在中国为提高人民币汇率市场化程度而于 2015 年 8 月 11 日进行改革以后,人民币汇率水平的变动情况证明:从长期来看,有关国际收支及汇率问题的货币主义观点是成立的。这些观点包括:(1)因贸易顺差而导致货币供给量的过度增加会造成物价水平的上涨;(2)一国因货币供应量增长过快而出现超额的货币供给时,该国的货币将贬值;(3)一国不可能长期存在贸易(或国际收支)的顺差,它最终会因货币数量的不断增加及物价水平的不断上涨而自行消失;(4)政府对经济的人为干预会导致经济的波动;等等。

第六,要解决中国货币供应量持续增长及其所形成的超额货币问题,进而消除人民币汇率的贬值压力及预期问题,中国恰恰应该实行浮动汇率制度,让人民币汇率水平由市场供求来决定,并随着市场供求关系的变化而变化,从而真正实现人民币汇率的市场化。同时,实行浮动汇率制将使中国完全摆脱货币政策的两难困境,更重要的是,实行浮动汇率制度将有利于推动中国经济的市场化及中国经济增长模式的转换。

总之,人民币汇率自 1949 年新中国成立以来一直到 2019 年这 70 年的实践证明:市场化是唯一出路。

第七,中国要实行浮动汇率制度,其前提条件是要开放资本账户。这是因为,只有开放中国的资本账户,才能形成真正意义上的外汇市场,显然,只有在这一基础上实现人民币汇率的市场化,让人民币汇率由外汇市场的供求决定,才能形成全面反映整个外汇供求状况的均衡汇率。

然而,开放资本账户的前提条件又是通过实行浮动汇率制度以实现汇率的市场化。这是因为:在资本账户开放的条件下,如果一国的汇率不能随市场供求关系的变化而灵活变化,就往往会形成汇率的高估或低估,在这种情况下就容易出现套汇机会,国内外利差如果没有汇率的变动来抵消也会形成套利的机会,从而会导致资本大量流出入并攻击本国货币,进而有可能引起国内经济动荡,甚至有可能爆发货币危机。这意味着,汇率的市场化与资本账户的开放必须同时实现。

第八,中国实行浮动汇率制度的另一个前提又是人民币利率的市场化。这是因为:一旦中国实行浮动汇率制度,而人民币利率又没有市场化,则一旦中国因大量资本流入而导致人民币汇率出现升值压力时,利率不能因资本大量流入而及时下降,则资本的持续流入或许会导致汇率的过度升值,并进而影响出口及经济增长,或者会导致外汇储备过度增加,进而导致货币供应过度增加及通货膨胀潜在压力不断增大。相反,如果中国因大量资本流出而导致人民币汇率出现贬值压力时,而利率不能因资本大量流出及时上升,则资本的持续流出或许将导致人民币汇率的过度贬值,从而有可能导致本国爆发货币危机,或者导致中央银行的外汇储备大幅减少,进而有可能导致通货紧缩,从而严重抑制经济的增长。因此,实现利率的市场化是汇率市场化的前提。

然而,实现人民币汇率的市场化又是人民币利率市场化的前提条件,这是因为:在人民币汇率由市场供求决定的情况下,中国央行将不再承担稳定汇率的义务,而可以通过调节利率来调节国内经济,可见,实现人民币汇率的市场化是中国央行独立调节国内利率水平,从而实现本国利率市场化的前提。同时,在开放的条件下,如果国内外利差没有汇率的变动来抵消就会造成套利的机会,从而会导致资本频繁的流出或流入,因此,实现人民币汇率的市场化,还可以消除因国内外利差所造成的套利机会。这意味着,汇率的市场化和利率的市场化也应该同时实现。

第九,利率的市场化也是开放资本账户的前提条件。这是因为:在资本账户完全开放的条件下,如果国内利率不能对市场供求的变化做出迅速反应,则资本账户的开放就会为境内外投资者创造套利机会。在这种情况下,如果出现大量资本流入(流出)的情况,造成国内资金供给增加(减少)时,而利率不能因资本大量流入(流出)而下降(上升),则资本的持续流入(流出)将导致国内经济泡沫(衰退)。在这种情况下,只有利率因实现了市场化而能够及时地因资本大量流入(流出)而下降(上升),才能有效地抑制资本流入(流出)及其所产生的经济泡沫(衰退),进而保证国内经济的稳定。

然而,开放资本账户又是利率市场化的前提条件。这是因为:开放中国的资本账户将有利于中国形成一个有广度(市场参与者众多)、深度(市场存在足够大的交易量)和弹性(市价总能迅速地调整保持到供求均衡的水平上)的金融市场,显然,只有这样的金融市场(包括货币市场和资本市场)才能充分反映开放条件下的资金供求状况,同时,也只有在这一基础上放开人民币利率,让人民币利率由市场供求决定,才能形成充分反映市场供求状况的市场均衡利率。这意味着,利率的市场化和资本账户的开放也应该同时实现。

第十,由于汇率的市场化、利率的市场化及资本账户的开放互为前提条件,因此,利率和汇率的市场化及资本账户的开放就必须同时实现。而且,同时实现利率和汇率的市场化及资本账户的开放也能解决中国货币政策与汇率政策的两难困境及中国货币供应量的长期过度增长问题,并完全实现中国经济的市场化及国际化,从而使中国能够充分利用国内外资源以最大限度地实现经济的持续增长,这说明:采取"激进战略"与"渐进方式"相结合的方式实现资本账户的开放及人民币汇率和利率的市场化是中国的最佳选择。

第二节 "利率与汇率变动及资本账户开放的经济效应"内容总结

必须高度重视并清醒地认识到:中国要同时实现利率和汇率的市场化及资本账户的开放,必然会对中国经济带来重大影响,因此,为深入考察同时实现利率和汇率的市场化及资本账户的开放对中国宏观经济及微观经济的影响,并使中国能在同时实现利率和汇率市场化及资本账户开放以后采取有效的对策,以使同时实现利率和汇率市场化及资本账户开放能给中国经济带来最大的好处,本书又在理论分析的基础上采取了实证分析方法具体地考察利率和汇率的市场化以及资本账户的开放对中国宏观经济及微观经济的影响,结果产生了以下一系列研究结论。

一、人民币汇率变动的经济效应

(一)人民币汇率变动对不同行业的影响

本书采用2005年7月至2018年7月的行业股票收益率和人民币实际有效汇率REER(本书将人民币实际有效汇率的变动作为汇率变动的代理变量)的月度数据,具体分析了人民币汇率变动对10个行业(包括日常消费行业、可选消费行业、能源行业、材料行业、电信服务行业、金融行业、医疗保健行业、工业行业及公共事业行业、信息技术行业)的冲击,结果发现:

(1)10个行业中存在显著的长期外汇风险暴露(即受人民币汇率波动影响较大)的5个行业分别为:日常消费行业、材料行业、工业行业、电信服务行业和公共事业行业。

(2)人民币贬值(升值)在长期有利于(有损于)日常消费行业、材料行业。该类行业的反应机制比较类似,一方面,人民币贬值导致了这两类行业公司的出口商品价格下降,国际竞争力增强;另一方面,国外消费品和材料价格上升,由于替代效应,居民对国内日常消费品和材料的需求增加,从而使这两个行业公司的产量上升,公司利润和股票收益率在长期提高。

(3)人民币升值(贬值)在长期对工业行业、电信服务行业和公共事业行业有益(有损)。可能的原因是电信服务行业和公共事业行业的公司多为国有公司,进出口贸易依存度较低,主要销售市场均在国内且竞争较弱,汇率升值不会影响销量反而会减少进口原材料的成本,从而使行业的股票收益率升高。

(4)10个行业中仅有金融行业的长期外汇风险暴露系数 L^{+} 和 L^{-} 在统计上均不显著,表明无论任何方向的汇率变动在长期均不能影响金融行业的股票收益率。这意味着,金融行业不受人民币汇率双向变动的影响。

(5)由于日常消费行业包含食品、饮料、个人日常用品等行业,其出口贸易依存度较高,因此日常消费行业在长期和短期都受益于人民币贬值,而受损于人民币升值。

(6)人民币汇率的正向变动和负向变动对于不同行业的长期和短期影响均不相同,在短期,日常消费行业、电信服务行业、公共事业行业和金融行业受到人民币汇率双向变动的影响,材料行业仅受到人民币升值的影响,医疗保健行业和可选消费行业仅受到人民币贬值的影响;在长期,日常消费行业、电信服务行业和公共事业行业受到人民币汇率双向变动的影响,材料行业和医疗保健行业仅受到人民币升值的影响,可选消费行业、能源行业、工业行业和信息技术行业仅受到人民币贬值的影响,金融行业不受人民币汇率双向变动的影响。

(7)总体而言,无论在短期还是长期,人民币的长期升值趋势都不会对较多行业产生不利影响,而人民币汇率贬值相对于人民币汇率升值会对较多的行业产生冲击,影响相对较大,且覆盖面广,这提醒我们,在人民币汇率的双向波动中,中国应更多地关注人民币汇率贬值所带来的风险。

(二)人民币汇率变动对企业投资的影响

本书基于中国工业企业与海关贸易年度数据,从微观视角系统考察了人民币汇率变动对企业投资行为的影响,并重点分析了其中的潜在机制及异质性特征。基准回归结果表明:

人民币汇率变动对企业的投资表现出较强的异质性特征,其中主要表现为:(1)虽然从宏观来看,人民币汇率贬值对中国经济不利,但从微观来看,在短期内,人民币汇率的过度升值也会抑制企业的投资,且人民币汇率升值对中部地区企业投资的影响最大,其次是西部,而对东部地区企业投资的影响最小。(2)人民币汇率升值对民营企业投资的冲击强于外资企业,而国有企业对人民币汇率变动的反应则不显著,这主要源于国有企业受融资约束程度较小,因此使得人民币汇率升值通过融资约束渠道对其投资的影响不显著。(3)汇率变化对企业投资的影响系数在高技术行业中相对较大,而在低技术行业中则相对较小,这说明人民币汇率升值对高技术企业的影响作用大于对低技术行业的冲击。一个潜在的原因可能是中国高技术行业需要依靠进口高技术中间品来进行生产,因此,当人民币汇率升值后,此时对高技术企业的投资的抑制效果较大。(4)企业规模的扩大及融资约束的改善有利于缓解人民币汇率升值对企业投资的抑制作用。这是因为:企业规模经济的形成及融资约束的缓解均有利于促进企业投资,从而能够在一定程度上抵消人民币汇率升值对企业投资的抑制作用。(5)从总的影响来看,人民币汇率升值倾向于降低企业投资,而人民币汇率贬值则倾向于增加企业投资额,这也充分体现了人民币汇率变动在影响企业投资的过程中,更倾向于通过出口的收入渠道发挥效应。

(三)人民币汇率变动对股价的影响

必须高度关注的是,人民币汇率的市场化及资本账户的开放必然会使中国的资本市场与国际资本市场之间的联系越发紧密,同时,人民币汇率的变动也会对中国的股市带来冲击。为此,本书通过构建开放经济条件下的两国模型,结合无抛补利率平价理论以及考虑投资者异质性的股价动态调整方程对人民币汇率预期、外汇市场干预与中美息差影响股价的作用机理进行分析,并选取 2006 年 10 月至 2020 年 7 月的样本数据,采用含有两个结构突变点的单位根检验、边限协整检验和平滑转换误差修正模型(STECM)分析在不同的区制环境下人民币汇率预期、外汇市场干预和中美息差对股票的影响,理论分析与实证研究结果显示:

(1)汇率预期的变化对股价的影响总体为负,且该影响在人民币出现大幅贬值预期的情况下比在小幅贬值以及升值预期的环境下大,在央行正向外汇干预的条件下比在负向外汇干预的条件下大。

(2)中美息差的变化在人民币小幅贬值及升值预期的情况下对股价的影响为负,而在大幅贬值预期的情况下对股价的影响为正;另外,息差的变化在央行采取负向外汇市场干预的条件下对股价的影响为正,而在央行采取正向外汇市场干预的条件下对股价的影响为负。

(3)央行外汇市场干预对股价的影响在人民币小幅贬值以及升值预期的环境中相对较大且为正,而在大幅贬值预期的环境下为负但并不显著;与此同时,央行外汇市场干预对股价的影响在央行正向外汇市场干预的环境中相对较大且为负,在采取负向外汇市场干预的情况下虽也为负但并不显著。因此,总的来看,在人民币汇率预期、中美息差和央行外汇市场干预三个影响因素中,中国股价受到汇率预期变化的影响最大,其次是央行外汇市场干预,而受到中美息差波动的影响则最小。

本书的研究结果表明,当人民币汇率已经出现较大幅度的贬值预期时,贬值预期的进一步增强,以及由于人民币降息或美元加息而导致的中外息差缩小或是"倒挂"均会导致股价下跌，虽然此时央行的负向外汇干预有一定的"止跌"作用，但该作用并不显著；反之，当人民币处于小幅贬值或是升值预期的环境中，升值预期的进一步增强，以及由于人民币加息所导致的息差扩大则会导致股价上涨，此时央行大幅的正向外汇干预可能会助长股市泡沫的产生。

（四）人民币汇率变动对国际资本流动的影响

本书基于开放经济框架构建了包含投资者情绪、资本流动与汇率变动的内生动态系统，从理论层面考察了三者互动的微观传导机制，结果发现，投资者情绪、资本流动与汇率变动之间存在非线性的联动效应。为量化该效应，本书选取了 2005 年 7 月至 2019 年 7 月的样本数据，采用 TVP-SV-BVAR 模型进行实证分析。全样本下的研究结果表明：资本流动不仅会对汇率变动产生直接影响，而且还会通过影响投资者情绪并对汇率产生间接"叠加"影响。同时，人民币汇率变动可对资本流动产生直接影响，且还会影响投资者情绪间接影响资本流动。由于投资者情绪在资本流动与汇率之间发挥着"助推器"的作用，因此使得资本市场与外汇市场的"涟漪效应"增强。此外，投资者情绪对资本流动的短期影响较强而对汇率变动的影响具有明显的滞后性与持久性。

进一步在不同情景下考察投资者情绪、资本流动与人民币汇率变动的联动性，结果发现：第一，人民币汇率贬值能够加剧投资者情绪波动且具有持续性，而汇率升值则会降低投资者情绪波动，同时人民币汇率贬值对投资者情绪的冲击作用约是人民币汇率升值效应的 10 倍，但人民币汇率贬值对投资者情绪的冲击作用主要体现在短期，而汇率升值对投资者情绪的影响则具有一定的持久性。第二，人民币汇率升值（贬值）会引起资本净流入（流出），其中，由人民币汇率贬值所引起的资本净流出幅度强于人民币汇率升值的效应，但后者的效应具有一定的持久性。第三，投资者情绪会直接影响汇率，还会通过影响资本流动并对汇率产生"叠加"效应。投资者情绪高涨对汇率的影响作用强于资本流动，且这一作用在投资者情绪高涨的环境下尤为突出。

（五）人民币汇率变动对物价的影响

本书基于汇率传递理论，分别从资本冲击、成本冲击与需求冲击三个层面对汇率与物价的关系进行理论分析,利用有别于传统线性计量方法,采用平滑转换的误差修正模型(STECM)检验了汇率传递对物价变动的影响,由于该方法能够在考虑变量存在结构突变特性的基础上,通过选取不同的转换变量来分析汇率在不同经济环境下对物价的影响,并进一步刻画汇率传递对物价影响的非线性及非对称效应。实证结果表明:在中国,汇率传递对物价影响的具体形式受汇率、利率、货币供给自身变动的影响,而且通过引入汇率、利率与货币供给的变动作为转换变量,结果发现:(1)汇率对物价的传递效应具有不同的传递形式,即汇率对物价的影响具有非对称的特点;当人民币汇率贬值幅度超过0.9%时,此时人民币汇率对物价的影响相对较大;当货币供给增速超过0.3%时,此时人民币汇率变动对物价的影响相对较大;当利率变动幅度超过13.9%时,此时的人民币汇率对物价的影响明显增强。(2)总的来说,在中国,物价变动对货币供给量的变化反应最为敏感,其次是利率,最后是汇率。这意味着,在中国,汇率变动对物价的传递效应较小。在中国,物价变动对货币供给量的变化反应最为敏感,其次是利率,最后才是汇率,因此,中国政府就不必担心中国会因实现人民币汇率的市场化而导致中国物价水平的过度波动。

(六)人民币汇率变动与产出的交互影响

本书采用包含随机波动的贝叶斯时变向量自回归模型(TVP-SV-BVAR)对汇率与产出的交互效应特征进行刻画,并通过设定不同的预测步长考察这种时变性关系在短期、中期和长期间的潜在差异。由于TVP-SV-BVAR模型不仅能够从时变演进的视角量化汇率变动和产出的交互影响特征,还能比较不同时点及不同时期下系统冲击的脉冲响应特征,因而能为从动态演化视角考察汇率与产出间的交互效应提供准确的经验证据。此外,为考察潜在的非对称传导机制,本研究还进一步将汇率变动分离为升值和贬值异质性情景,并以此综合考察汇率变动和产出之间的非对称交互影响效应。

本书的研究结果表明:无论汇率升值抑或是贬值,其对产出的冲击效应在不同的期限内分别具有较为一致的走势,也即汇率升值与贬值对产出的冲击效应具有稳定性。具体而言,汇率正向变动对产出的冲击在短期内为负,而在中长期下的系数则表现为正,说明人民币汇率升值在短期内会抑制产出的增长，但在中长期下有利于促进产出增加。相对而言，人民币汇率贬值在短期则会增加产出，但在中长期内倾向于抑制产出的增加。此外，产出的增加倾向于助推人民币实际有效汇率升值。

（七）人民币汇率变动对全要素生产率的影响

本节通过选取2000—2019年中国沪深A股上市公司作为研究样本，并基于2005年人民币汇率市场化改革和2015年“811”汇率市场化改革这两次准自然实验和（倾向得分匹配）双重差分方法全面检验了人民币汇率市场化改革对上市公司全要素生产率的影响，结果发现：（1）2005年人民币汇率市场化改革和2015年“811”人民币汇率市场化改革后上市公司的全要素生产率水平都出现了显著的提升；（2）企业创新效应、资源配置效应、融资约束效应、市场竞争效应、市场结构效应和信贷资源可得效应是汇率市场化改革后人民币贬值影响上市公司盈利能力的主要传导渠道，具体而言，汇改通过提高上市公司创新、企业资本劳动配置比、各省份市场化水平和信贷资源可得性这四条渠道提高了中国上市公司的TFP，同时，汇改缓解了上市公司面临的融资约束和市场竞争进而提升了企业的TFP；（3）上市公司规模大小、企业所有制类型和区位分布等不同产生了显著的异质性，两次汇率市场化改革对大规模企业和中西部上市公司TFP的提升作用更加显著，等等。总之，从总体上来看，人民币汇率的市场化改革起到了促进中国企业全要素生产率提高的作用。由于经济高质量发展的关键或核心是全要素生产率的不断提高，因此，这意味着，实现人民币汇率的市场化有利于促进中国经济的高质量发展。

二、利率变动的经济效应

（一）利率变动对物价的影响

本书将利率的成本传导机制引入到新凯恩斯主义DSGE模型当中，运用贝叶斯估计方法，同时从供给角度和需求角度进行实证分析，研究了中国利率变动会导致物价发生怎样的变化，结果发现，中国利率变动对物价的影响具有以下特点：

（1）利率变动在短期使物价同向变动（即在短期，利率上升导致物价水平上升，利率下降导致物价水平下降），在中长期使物价反向变动（即在长期,利率上升导致物价水平下降,利率下降导致物价水平上升),这意味着,从长期来看,中国因实现利率市场化而导致利率水平的上升并不会加剧通货膨胀,因而并不会严重影响中国的宏观经济稳定。

(2)尽管中国利率变动的需求渠道效应在中长期占主导地位,但其强度并不高。造成这一现象的原因可能是:长期以来,中国的银行信贷绝大部分投向国有经济部门,且国有经济部门因存在预算软约束问题及政府的隐性担保,因而一般对利息成本变化并不敏感,在这种情况下,利率变动显然不能显著地影响占中国经济主导地位的国有经济部门的投资需求,这从宏观来看就在一定程度上影响了利率变动的需求渠道效应。

(3)长期以来,中国存在着一定的金融管制且金融体系为银行主导型,导致了利率的不完全传导,这在一定程度上削弱了利率的成本渠道效应。可以预见的是,中国金融管制的逐步放开及金融市场的发展,特别是随着贷款利率黏性的降低,利率变动的成本渠道效应也会得到增强。也就是说,随着中国经济市场化及利率市场化的完成,利率变动的需求渠道效应和成本渠道效应都将增强。这意味着,随着中国经济市场化及利率市场化的完成,利率变动所导致的物价波动将会较为显著,这需要引起我们的高度注意。

(二)利率变动对居民消费及房地产价格的影响

本书构建了一个包含房地产市场的动态随机一般均衡模型,并在此基础上运用脉冲响应分析和方差分解研究了中国利率变动对居民部门的影响问题。本书的研究结果表明:

(1)在消费方面,负向利率冲击(即降低利率)对消费的刺激作用约为正向利率冲击(即提高利率)对消费的抑制作用的2.4倍,这表明降低利率对消费的刺激作用大于提高利率对消费的抑制作用。

(2)从短期看,利率上升对房地产价格的平抑效果并不明显,且由于存在逆向激励效应,利率上升反而会造成房地产价格的进一步上升,甚至于更快上涨,而降低利率必然造成房地产价格的上涨。

(3)在无限期的方差分解中,利率冲击对房地产价格波动的贡献度仅为4.04%。这意味着,从长期看,利率变动对房地产价格的影响并不十分显著。

（三）利率变动对企业部门及宏观经济的影响

本书在动态随机一般均衡框架中引入异质性厂商和二元信贷供给结构，并在此基础上考察了利率变动对中国的总产出和通货膨胀的非对称效应以及利率变动对不同类型企业的非对称影响，结果发现，在中国，从长期来看，利率变动对企业部门及宏观经济的影响具有以下特点：

1. 紧缩性利率政策对非国有企业带来的负向效应较为显著

由于中国还没有形成公平竞争的市场机制，中国的金融体系过于偏向对国有企业的支持，因此，正向利率冲击（即利率上升的紧缩性政策）对国有企业融资规模的负向冲击效应并不明显，但对非国有企业的信贷规模却具有显著的负向冲击作用。这意味着：相比于国有企业，紧缩性利率政策对非国有企业带来的负向效应较为显著。

2. 负向利率冲击对社会总投资、就业及总产出的刺激作用不如正向利率冲击对社会总投资、就业及总产出的抑制效果明显

由于中国的金融体系过于偏向对国有企业的支持，且国有企业对利率的变动并不十分敏感，因此，在正向利率冲击的情况下，对国有企业融资规模的负向冲击效应并不明显，因而对国有企业的投资及产出影响不明显，但在这种情况下，对利率变动敏感的非国有企业不但面临更紧的信贷约束，而且还面临融资成本上升的冲击，结果导致非国有企业的融资规模显著下降，进而造成非国有企业的投资、就业及产出水平大幅降低。由于非国有企业的效率高于国有企业，因此，正向利率冲击对全社会总投资、就业及总产出的抑制作用明显。

反之，在负向利率冲击（即利率下降的扩张性政策）的情况下，虽然因融资环境的改善及融资成本的降低，效率较高的非国有企业能获得较多的融资，会使非国有企业的投资、就业及产出规模扩大，但由于效率较低的国有企业在利率下降的扩张性政策条件下能够获得更多的融资，大量的贷款仍然主要流向效率较低的国有企业，因此，这就使得负向利率冲击中长期刺激总产出的效果并不明显。

本书实证结果表明：利率上升对投资的抑制作用约为利率下降对投资刺激作用的1.5倍，利率上升对产出的抑制作用约是利率下降对产出刺激作用的2.6倍。这意味着，在中国，负向利率冲击对社会总投资、就业及总

产出的刺激作用不如正向利率冲击对社会总投资、就业及总产出的抑制效果明显。

3. 利率上升对通货膨胀的抑制效果并不明显,但却会显著地抑制产出

由于中国的国有企业因不承担破产的最终财产责任而对利率的变动并不敏感,同时国有企业的效率也相对较低,因此,在这种情况下,利率的上升并不能够有效地抑制国有企业的投资需求。此外,由于国有企业的效率较低,因此,国有企业往往会不得不将因利率上升所造成的成本上升更多地反映在商品价格上,这就导致利率上升对通货膨胀的抑制效果在中国并不明显。此外,在国有企业不承担亏损或破产的财产责任因而没有内在的压力消化利率成本的上升,且由于没有形成公开竞争的市场机制,因而效率较高的非国有企业又难以获得贷款的情况下,利率的上升显然会较显著地抑制总产出。

4. 降低利率并不能显著地刺激产出上升,却会刺激通货膨胀显著上升

由于中国的金融体系过于偏向对国有企业的支持,同时国有企业的效率也相对较低,在扩张性的负向利率冲击下,由于大量的资源会流向效率较低的国有企业,因此,在中国,降低利率虽然在短期对总产出有一定的刺激作用,但从长期来看,利率的降低并不能显著地刺激总产出的上升。同时,在扩张性的负向利率冲击下,同样是由于大量的资源会流向效率较低的国有企业,因而往往出现“投入多、产出少”的问题,结果容易出现因总需求超过总供给而形成的需求拉上型的通货膨胀。这意味着,在中国,利率下降刺激通货膨胀的效果较为显著。从长期来看,利率下降刺激通货膨胀的效果约为利率上升抑制通货膨胀效果的三倍。

总之,在中国,降低利率并不能显著地刺激产出上升,但却会刺激通货膨胀显著上升;而利率上升对通货膨胀的抑制效果并不明显,但却会显著地抑制产出,利率变动对中国企业部门及宏观经济的影响具有明显的非对称性。

(四)利率变动对不同的行业、规模不同及所有制性质不同的企业的影响

本书从供给面及微观经济的角度出发,根据代表性厂商的成本加成定价原理将利率引入其商品定价公式,使用 2003—2019 年沪深上市工业企业的面板数据,基于利率成本传导渠道,结合中国的异质性经济结构,重点考察和分析利率成本传导渠道的行业、规模和产权结构效应的存在及其成因,

结果有以下发现：

（1）在中国，利率成本传导渠道具有显著的行业结构效应，即利率变动会因对不同行业的成本影响不同而对不同行业产生异质性影响。具体而言，对劳动、资本密集型行业及产业链中上游的工业企业，利率上升会显著导致其生产成本上升，但对技术密集型行业而言，利率上升对该行业成本的影响较小。这意味着：技术密集型行业所占比重越大，则利率上升对实体经济的冲击就越小。

（2）利率成本传导渠道在不同规模的企业之间存在差异。利率成本传导渠道在大型企业中不显著，而中小企业由于生产规模较小、信誉状况较大型企业相对较差、财务制度不够健全，同时在外部融资时没有足够的抵押资产，因此具有更高的信用风险，而难以达到金融机构（特别是大型金融机构）的信贷要求，故中小企业相对于大型企业而言较难获取营运资金，因而存在较大的外部融资约束，且中小企业具有更高的融资成本，在这种情况下，中小型企业受利率成本面的冲击相对于大型企业更大，利率成本传导渠道在中小企业中较显著。

（3）利率的成本传导渠道在不同所有制企业中具有不同的显著程度，即利率的变动对不同所有制企业的影响不同。根据本书的实证研究，在上市国有企业中，利率变动的成本冲击作用效果不明显，而非国有企业中存在显著的利率成本传导渠道，利率变动成本对非国有企业的冲击作用效果明显。这意味着，国有企业对利率的变动不敏感，而非国有企业对利率的变动较敏感。

总之，有关中国利率变动的经济效应的分析说明：在金融双向开放的条件下，中国要运用利率政策来调节经济，就必须综合考虑中国的经济结构及金融体系等现实条件；而要使人民币利率政策能对中国经济产生更有效的影响，中国还必须在实现金融双向开放之前或同时进一步进行制度改革，并不断完善中国的市场机制、优化中国的经济结构及健全中国的金融体系。

三、资本账户开放的经济效应

（一）资本账户开放能够显著地促进一国全要素生产率的提高

本书使用 83 个国家 1996—2014 年跨国面板数据，采用 Tornqvist 指数法、索罗余值法测算各国全要素生产率,使用法规型指标 Kaopen 指数衡量资本账户开放程度以及 KA 指数衡量跨境资本流入限制程度,实证考察了资本账户开放与全要素生产率增长率之间的关系。结果发现:(1)一国开放资本账户能够显著促进全要素生产率的增长率提高。资本账户开放主要通过资本配置效应、风险自律效应、市场竞争效应和规模经济效应促进一国全要素生产率提高。(2)限制资本流入将对全要素生产率的提高产生较强的负向影响。(3)限制资本流出将对全要素生产率的提高产生较弱的负向影响,等等。

(二)即使考虑会引发金融危机这一因素,资本账户开放对全要素生产率的净效应仍然显著为正

需要注意的是,虽然开放资本账户有利于促进一国全要素生产率的上升,但取消对跨境资本交易的限制也可能会引发一国金融市场的大幅波动,甚至导致该国爆发货币金融危机,进而对一国的生产效率产生负面冲击。因此,为全面分析资本账户开放对一国全要素生产率的影响,本书基于 83 个国家 1996—2011 年的数据,将资本账户开放的增长效应和危机效应纳入同一个实证分析框架,利用扩展的处理效应模型量化和比较两种效应,首次较全面地考察了资本账户开放作用于经济体全要素生产率的净效应。实证检验结果表明:(1)资本账户开放作用于经济体全要素生产率的促进效应远大于引发金融危机所致的冲击效应,开放程度每增加一个单位可以促进全要素生产率增长率提升约 0.638%,该结果在选用不同计量方法和数据样本的情况下依然保持稳健。这意味着,开放资本账户虽然有可能增大系统性银行危机出现的概率,进而对全要素生产率提高造成不利影响,但总的来说,资本账户开放作用于全要素生产率的净效应显著为正。

(三)开放资本账户促进一国全要素生产率的提高存在门槛效应

本书采用 64 个国家 1984—2012 年的数据,运用 Hansen 多门槛面板模型实证检验了人均收入水平、金融深化、制度质量和投资环境等经济及制度因素在资本账户开放影响全要素生产率的过程中所呈现的门槛效应。研究结果发现:

(1)人均收入水平、金融深化、制度质量和投资环境等因素在很大程度上决定了资本账户开放影响全要素生产率增长率的方向和程度。

(2)资本账户开放对全要素生产率增长率产生正向促进效应需要以一定的金融发展水平为前提条件,这种正向影响效应在金融发展水平越过特定门槛值后的初期最为明显,随着金融发展水平的继续提高,该效应的影响力逐渐下降并趋于平缓,整体呈现非对称特征。

(3)在中等人均收入且金融发展水平相对较高的国家,制度质量越高,则资本账户开放促进全要素生产率提高的效应越强。

(4)在高人均收入且金融发展水平相对较低的国家,投资环境指数越高,资本账户开放促进全要素生产率提高的效应越强。

(四)资本账户开放对中国国有企业生产率提高的促进效应较非国有企业更强,对成立年限较短的年轻企业较成立年限较长的成熟企业也更强

本书基于LP和GMM方法系统估算企业全要素生产率,并采用1998—2008年中国工业企业数据库中的制造业企业数据,在控制住其他因素的情况下考察了中国的资本账户开放对中国企业全要素生产率的影响效应。研究发现:

(1)中国的资本账户开放程度每提高1%会通过资本配置效应、技术进步与技术溢出效应、市场竞争效应和规模经济效应等效应,从整体上促使中国企业的全要素生产率提高0.176%。

(2)从企业层面特性来看,资本账户开放对国有企业生产率提高的促进效应较非国有企业更强。

(3)资本账户开放对成立年限较短的年轻企业的生产率的提高效应较成立年限较长的成熟企业也更强。

(五)在中国,资本账户的开放能否有效地促进全要素生产率的提高与中国的制度质量有很大关系

本书的研究还发现:如果中国能进一步完善相关的制度,并有效地保护投资者的财产权,以及合理地界定政府的职能并不断完善政府的行政管理体制,从而不断提高中国的制度质量,使中国制度质量指数越过相应的门槛值5.93,在这种情况下,资本账户开放指数每提高一个单位,全要素生产率将提高0.027个单位。

第三节 政策建议

基于以上研究结论,特提出以下政策建议:

一、采取"激进战略"与"渐进策略"相结合的方式同时实现人民币汇率和利率的市场化及资本账户的开放

采取"激进战略"与"渐进策略"相结合的方式同时实现人民币汇率和利率的市场化及资本账户的开放,意味着中国应使人民币汇率和利率的市场化改革及资本账户的开放这三个方面相互配合、相互协调、相互促进,其具体步骤如下:

(1)完善同业拆借市场及国债市场,培育中国的市场基准利率。

(2)在充分发挥基准利率作用,并以此形成合理的市场利率体系的基础上,中央银行不再公布官方的存贷款基准利率,从而真正让人民币利率由市场供求决定。

(3)完善央行的利率调节机制。

(4)大力提高商业银行负债端及资产端的市场化定价程度,并在市场基准利率的基础上形成合理的市场利率体系。

(5)大幅降低法定存款准备金比率,以帮助商业银行应对利率市场化的挑战,并提高中央银行政策利率的传导效率。

(6)大力发展中国的债券市场,以此实现长短期利率的全面市场化,并提高中央银行政策利率的传导效率。

(7)允许更多的投资者进入金融市场,允许市场参与者在金融市场上进行套利活动,并大力发展利率类衍生产品以提高中国金融市场的效率。

(8)逐步放宽实需原则,允许市场主体在无真实的贸易或投资背景下在无形的市场上进行外汇交易。

(9)实现人民币汇率中间价的市场化,由外汇银行公布当日银行间外

汇市场外汇买卖的即期汇率。

(10)允许市场主体从事外汇经纪业务。

(11)央行基本退出常态式外汇干预。

(12)根据存款利率市场化的进展情况不断放宽直至最终取消人民币汇率的每日浮动幅度,以逐步过渡到浮动汇率制度。

(13)改进及完善中央银行的汇率干预机制。

(14)在实现利率和汇率市场化的同时放开以下项目管制:①有真实贸易背景的商业信贷管制;②境内企业和个人在境外进行直接投资的限制;③境内居民(包括个人、机构及企业等)在境外进行直接投资和在货币市场、资本市场及外汇市场的交易限制;④境外居民在境内货币市场、资本市场和外汇市场的交易限制,等等。最后,中国完全可以在实现了人民币利率和汇率市场化的基础上取消各类资本账户在汇兑环节的所有限制及放开对短期资本流出入的管制,以实现资本账户的完全开放。

二、在实现利率市场化的同时要建立公平竞争的市场机制并大力发展技术密集型行业

(1)从长期来看,中国因实现利率市场化而导致利率水平上升并不会加剧通货膨胀,因此,中国应该先大胆地完全放开利率,即中国央行不必再继续规定存款基准利率,不再采取行政色彩较浓的“窗口指导”对商业银行的存款利率进行“引导”或管制,从而真正实现存款利率的市场化,以消除中国目前事实上存在着的利率双轨制现象,进而实现整个利率的市场化。

(2)中国要使利率市场化改革达到最大的效果,即一方面既能发挥提高利率以抑制通胀的功能,同时又能避免其过度压抑经济增长;另一方面既能充分发挥降低利率以刺激经济增长的作用,同时避免利率下降会加剧通货膨胀,中国就必须真正建立起公平竞争的市场机制,让所有的企业(包括国有企业和非国有企业,特别是私营企业及中小型企业等)在市场利率这把“筛子”下公平竞争,彻底打破中国金融机构大量向国有企业提供信贷支持而对非国有企业存在信贷歧视的二元信贷结构,促使中国的商业银行完全根据企业的效率高低、信用状况、风险大小以及长远的发展前景,而不是根据企业的所有者性质来提供信贷支持及其他金融服务,进而让那些真正

有效的企业能够在市场利率这把“筛子”下脱颖而出,以最终促使资源流向效率最好的企业或用途上。只有这样,才能充分发挥降低利率以刺激经济增长的作用,同时又有利于避免利率上升对经济增长的抑制作用,进而真正提升利率市场化的效果。

(3)基于中国利率变动效应的非对称性,中央银行应该实行以下政策组合:在经济下滑时,为刺激经济增长,可采取降低利率,但稳定货币供应(即不减少货币供应量(以避免经济进一步衰退),同时也不增加货币供应量(以避免通货膨胀))的政策组合;而在经济过热时为抑制通货膨胀,则采取不增加货币供应(以避免通货膨胀),但提高利率的政策组合,以通过利率这把“筛子”,促使只有高效率的企业才能获得资源而低效率的企业将被淘汰,从而提高资源的利用效率,进而实现经济的高质量发展。

(4)中国要缓解利率频繁变动对实体经济的不利冲击,就应该大力发展技术密集型行业以不断优化中国的产业结构,因为技术密集型行业占较大比重的产业结构能够缓解利率频繁变动对实体经济的不利冲击。

(5)既然利率变动的需求渠道效应在中国并不高的原因是中国的银行信贷绝大部分投向国有经济部门,且国有经济部门因存在预算软约束问题及政府的隐性担保因而一般对利息成本变化并不敏感,因此,只要中国在产权制度的改革方面取得重大突破,建立更加公平竞争的市场经济体制,并消除国有企业的垄断地位,使那些成本过高的低效率企业能被市场利率这把“筛子”自动淘汰掉,则中国的利率需求渠道效应就会大大增强。同时,由于中国价格黏性及工资黏性的程度会随着中国经济市场化的不断深化而减弱,从而也会削弱成本渠道的强度并增强利率变动的需求渠道效应,因此,随着中国经济市场化程度的不断提高,利率变动的需求渠道效应将在中长期占主导地位且强度会不断增大。这意味着,随着中国经济市场化程度的不断提高,利率变动对需求面的影响将会越来越大,在这种情况下,中国就完全可以实行价格型的货币政策。

(6)在利率变动的需求渠道效应和成本渠道效应随着中国经济市场化程度不断提高都将增强的情况下,央行在调节利率水平时要充分考虑利率调整的短期、长期效应的不同,应把握好调节的频率和力度,以避免因调节不当而造成经济的波动。从这个意义上来说,中国央行应建立以前瞻性、小幅度、灵活调整为主要特征的"利率微调"模式,即根据既定的宏观经济目标前瞻性地通过对利率水平的小幅微调来提高利率政策的精确度和有效性,以稳定市场预期,从而既保证经济的短期稳定又实现经济的长期增长。

三、在实现人民币汇率市场化的同时,中国应持续推动供给侧结构性改革及"创新"活动,培育市场主体的汇率风险意识并鼓励企业实现规模经济,同时加快金融发展以及实现产业结构的多样化

1. 在实现人民币汇率市场化的同时持续推动供给侧结构性改革

本书研究发现,从宏观经济的角度来看,虽然人民币汇率升值在短期内会抑制产出增加,但在中长期却有利于助推经济的增长。因此,中国决策当局完全不必担心人民币汇率实现市场化以后,会出现因人民币汇率升值而影响中国经济增长的情况。但又需要指出的是,人民币汇率贬值虽然在短期内会刺激产出增加,但在长期并不利于中国经济的持续健康发展。因此,中国政府也应避免采取汇率贬值的方法来刺激中国的出口及经济增长,这再次证明中国的最佳选择应是让由市场供求决定的人民币汇率来调节中国经济。基于此,本书认为,中国应在实现人民币汇率市场化的同时,通过持续推动供给侧结构性改革及"创新"活动,不断提高中国的全要素生产率,进而促进中国经济的高质量发展,这样就能避免人民币汇率的贬值,并保证人民币汇率的稳定或稳步升值,从而最终形成人民币汇率稳步升值与中国经济高质量发展的良性循环。

2. 大力培育中国市场主体的汇率风险意识,并促使中国的市场主体建立更为有效的外汇风险管理及对冲机制

虽然从宏观经济的角度来看,实现人民币汇率的市场化对中国经济有利,但从微观经济的角度来看,在人民币汇率实现市场化以后,汇率的频繁变化又必然会形成较大的汇率风险,从而会对中国的市场主体带来冲击。在这种情况下,中国就必须大力培育市场主体的汇率风险意识,以促使中国的市场主体(特别是企业)建立有效的外汇风险管理及对冲机制,使中国的市场主体学会通过金融性对冲、经营性对冲、结算货币选择和价格转嫁等方

式来防范或化解汇率风险所带来的不利冲击,这主要包括以下方面:

(1)促使中国的市场主体学会使用金融性对冲的策略以防范或对冲汇率波动的风险,如运用外汇远期、外汇期货、外汇期权、外汇互换交易等外汇衍生品交易工具进行套期保值,以化解或对冲因汇率变动所产生的不确定性及由此带来的风险(包括交易风险、经营风险及折算风险等)。这意味着,中国还必须进一步加快外汇衍生市场(包括外汇远期、外汇期货、外汇期权、外汇互换等)的发展。

(2)促使中国的市场主体学会使用经营性对冲的策略以化解汇率波动的风险,如通过分散化经营,在多国建立分支结构,建立全球化生产体制,并采取生产多样化(主要包括产品种类、规格多样化,原材料及零部件供应来源多样化)、销售多样化(将产品打入不同国家或地区,并采用不同的销售条件,实行多样化的定价策略,等等)、理财多样化(从不同国家的金融市场上筹集多种资金)等策略来使企业所面临的汇率风险相互抵消或使汇率风险降到最低限度。

(3)促使中国的市场主体学会采取优化财务结算的方法来应对汇率波动的风险,如与银行签订固定价格结汇,或在对外经济活动中以人民币或多种货币作为计价结算货币,从而使各种货币的汇率变动风险相互抵消。此外,还应促使中国的市场主体学会通过不断调整债务结构和融资渠道以降低汇率波动对经营业绩的影响。

3. 通过激励企业进行“创新”活动以及加快金融发展并实现产业结构的多元化来减缓汇率波动对中国经济的冲击,并使中国充分享有人民币汇率市场化的好处

从根本上来说,要使中国充分享有人民币汇率市场化的好处,前提是中国的企业真正有内在的动力和压力不断地进行“创新”活动。只有这样,当人民币汇率升值时,中国的企业就会为化解因出口产品价格竞争力下降所带来的不利影响,而通过开发新产品(因为新产品往往具有价格竞争优势)或生产价格弹性低的产品、开辟新市场、在生产过程中运用新的技术或生产方法等“创新”活动以提高出口产品的国际竞争力,这就自然会一方面抵消人民币汇率升值对中国经济的不利冲击,另一方面又会不断提高中国的全要素生产率及促进经济的高质量发展。相反,当人民币汇率贬值时,中国的

企业就会为消化进口成本上升的压力，而尽力采用新的技术、新的生产方法或新的生产组织形式等“创新”活动以最大限度地降低成本，这同样也会一方面抵消人民币汇率贬值对中国经济的不利冲击，另一方面又会不断提高中国的全要素生产率及促进经济的高质量发展，从而使中国充分享有人民币汇率市场化的好处。

同时，为避免人民币汇率升值在短期内对企业投资的抑制作用，中国一方面应鼓励企业通过兼并重组，以扩大经营规模从而实现规模经济，另一方面还应加快金融的市场化改革以改善企业的融资约束问题，从而降低人民币汇率升值对企业投资的抑制作用。此外，中国还可以通过实现产业结构的多元化来减缓汇率波动对中国经济所带来的不利冲击，等等。

四、不断提高中国的制度质量，以使资本账户的开放能够给中国带来最大的好处

从国际经验来看，开放资本账户能够通过资本配置效应、风险自律效应、市场竞争效应和规模经济效应等，从而促进一国全要素生产率提高，而且，即使考虑会引发金融危机这一因素，资本账户开放对全要素生产率的净效应仍然显著为正。因此，中国应该大胆地在实现利率及汇率市场化的同时实现资本账户的开放，并将资本账户的开放与经济的高质量发展结合起来。

同时，基于本书的发现：如果中国能进一步完善相关的法律制度以建立真正的法治社会，有效地保护投资者的财产权，以及合理地界定政府的职能并不断完善政府的行政管理体制，从而不断提高中国的制度质量，使中国制度质量指数越过相应的门槛值5.93，则在这种情况下，资本账户开放指数每提高一个单位，全要素生产率就将提高0.027个单位。因此，本书认为，为使开放资本账户这一重大改革能给中国带来最大的好处，特别是能够有效地刺激全要素生产率的提高，并因而促进中国经济的高质量发展，中国还必须在制度（包括产权制度、法律制度以及金融监管制度等方面）改革上不断有新的重大突破。

参考文献

（一）中文专著

［美］约瑟夫·加侬、马克·因特施维格：《浮动汇率：货币价值波动与世界经济稳定》（中译本），李晨乐、王丽繁译，中国发展出版社2015年版。

丁志杰：《发展中国家金融开放》，中国发展出版社2002年版。

于宁：《资本账户开放及其对经济增长影响研究》，中国财政经济出版社2014年版。

马杰：《利率与汇率风险管理》，人民邮电出版社2006年版。

马骏、管涛：《利率市场化与货币政策框架转型》，中国金融出版社2018年版。

马骏、纪敏：《新货币政策框架下的利率传导机制》，中国金融出版社2016年版。

马骏、徐建刚：《人民币走出国门之路：离岸市场发展与资本项目开放》，中国经济出版社2012年版。

王元龙：《中国抉择：走向国际金融强国战略》，上海财经大学出版社2011年版。

王元龙：《中国抉择：人民币汇率与国际化战略》，中国金融出版社2012年版。

王宇、李宏瑾：《经济转型中的利率市场化改革》，商务印书馆2019年版。

王国刚：《资本账户开放与中国金融改革》，社会科学文献出版社2002年版。

王国刚、蔡真：《资金过剩背景下的中国金融运行》，社会科学文献出版社2010年版。

王国刚等：《利率市场化改革与利率调控政策研究》，社会科学文献出版社2016年版。

王健康：《经济失衡下人民币利率、汇率调整与联动效应》，中国经济出版社2012年版。

王雅范、管涛、温建东：《走向人民币可兑换：中国渐进主义的实践》，经济科学出版社2002年版。

［美］莫里斯·戈登斯坦（Goldstein，M）、菲利浦·特纳（Turner，P.）：《货币错配——新兴市场国家的困境与对策》，李扬、曾刚译，社会科学文献出版社2005年版。

中国人民大学国际货币研究所：《2012人民币国际化报告》，中国人民大学出版社

2012年版。

中国金融四十人论坛:《中国金融改革报告:中国经济发展与改革中的利率市场化》,中国金融出版社2015年版。

世界银行:《1996年世界发展报告:从计划到市场》(中译本),中国财政经济出版社1996年版。

艾洪德等:《利率市场化进程中的金融机构利率风险管理研究》,东北财经大学出版社2004年版。

叶伟春:《资本账户开放的经济效应研究》,上海财经大学出版社2009年版。

叶伟春:《国民经济安全研究:资本账户开放与金融安全》,上海财经大学出版社2011年版。

[美]弗雷德里克·米什金:《下一轮伟大的全球化:金融体系与落后国家的发展》,姜世明译,中信出版社2007年版。

亚洲开发银行编:《东亚货币与金融一体化:发展前景》,财政部国际司译,经济科学出版社2005年版。

乔宗铭:《开放经济中金融深化理论和金融发展》,上海财经大学出版社2006年版。

伍聪:《负利率效应下的中国经济》,中国人民大学出版社2015年版。

华民:《中国资本项目的开放:挑战与机遇》,学林出版社2003年版。

刘义圣:《中国利率市场化改革论纲》,北京大学出版社2002年版。

刘仁武、刘华:《人民币国际化:风险评估与控制》,社会科学文献出版社2009年版。

刘仁武等:《资金跨境流动与货币政策》,社会科学文献出版社2011年版。

刘方:《中国利率市场化进程的动力机制与宏观效应研究》,中国经济出版社2017年版。

刘光灿:《中国资本项目对外开放研究》,中国金融出版社2004年版。

刘光灿、孙鲁军、管涛:《中国外汇体制与人民币自由兑换》,中国财政经济出版社1997年版。

刘利:《利率市场化问题研究》,经济科学出版社2001年版。

刘莉亚:《新兴市场国家(地区)金融危机理论研究》,上海财经大学出版社2004年版。

刘湘云:《商业银行利率风险动态综合计量与管理》,中国社会科学出版社2008年版。

江春:《产权、货币自由兑换与经济发展》,武汉大学出版社2003年版。

牟怡南:《中国商业银行利率风险管理研究》,经济科学出版社2010年版。

李杨、黄金老:《中国金融:直面全球化》,上海远东出版社2000年版。

李宏瑾:《市场预期、利率期限结构与间接货币政策转型》,经济管理出版社2013年版。

李社环:《利率自由化——理论、实践与绩效》,上海财经大学出版社2000年版。

李格非:《中国转轨经济中的利率》,湖北人民出版社 1998 年版。

李婧:《中国资本账户自由化与汇率制度选择》,中国经济出版社 2006 年版。

李婧:《中国外汇市场与资本项目可兑换的协调发展》,首都经济贸易大学出版社 2007 年版。

李朝民:《市场利率及其风险控制研究》,郑州大学出版社 2002 年版。

李瑶:《人民币资本项目可兑换研究》,社会科学文献出版社 2004 年版。

李稻葵:《人民币国际化道路研究》,科学出版社 2013 年版。

李巍:《金融发展、资本账户开放与宏观经济金融不稳定》,上海财经大学出版社 2008 年版。

连平:《利率市场化:谁由沉浮》,中国经济出版社 2014 年版。

肖凤娟:《资本管制政策研究》,经济科学出版社 2011 年版。

吴信如:《资本账户自由化增长效应研究》,中国金融出版社 2006 年版。

何启志:《基于 VaR 和 Es 的利率风险度量》,经济科学出版社 2011 年版。

何艳秋:《美国联邦基金利率变动对我国经济的影响性研究》,西南财经大学出版社 2018 年版。

余淼杰:《人民币汇率、信贷约束与国际贸易》,北京大学出版社 2017 年版。

沈悦:《金融自由化与金融开放》,经济科学出版社 2004 年版。

宋秀芳:《中国转型经济中的资金配置机制和利率市场化改革》,中国金融出版社 2007 年版。

张礼卿:《发展中国家的资本账户开放:理论、政策与经验》,经济科学出版社 2000 年版。

张礼卿:《资本账户开放与金融不稳定》,北京大学出版社 2004 年版。

张礼卿、李建军:《金融自由化与金融稳定》,人民出版社 2006 年版。

张荔:《金融自由化效应分析》,中国金融出版社 2003 年版。

张燕生、贺力平:《“不可能三角”再探讨》,中国商务出版社 2011 年版。

陈元、钱颖一:《资本账户开放:战略、时机与路线图》,社会科学文献出版社 2014 年版。

陈中飞、王曦:《资本账户开放进程:国际经验与中国应用》,经济管理出版社 2018 年版。

陈创练:《资本账户开放的金融风险及管理研究》,经济管理出版社 2018 年版。

陈志刚:《发展中国家金融开放的次序与速度问题研究》,湖北人民出版社 2007 年版。

陈雨露:《人民币读本》,中国人民大学出版社 2010 年版。

陈科、应益荣:《后金融危机时代的中国资本账户开放研究》,上海大学出版社 2012 年版。

陈彪如、冯文伟:《经济全球化与中国金融开放》,上海人民出版社 2002 年版。

邵伏军:《利率市场化改革中的风险及控制》,中国金融出版社 2005 年版。

范祚军、唐文琳:《人民币国际化的条件约束与突破》,人民出版社 2012 年版。

林楠:《人民币国际化、金融开放与汇率动态》,经济管理出版社 2017 年版。

国际清算银行、中国国家外汇管理局编:《国际视角的资本账户开放》,天津人民出版社 2003 年版。

金立群:《资本账户开放:前提条件和顺序》,中国金融出版社 2005 年版。

金荦:《资本管制与资本项目自由化》,中信出版社 2006 年版。

金洪飞:《新兴市场货币危机机理研究》,上海财经大学出版社 2004 年版。

周小川、谢平:《走向人民币可兑换》,经济管理出版社 1993 年版。

周宇、孙立行:《中国对外货币开放新格局》,上海社会科学出版社 2016 年版。

周晴:《三元悖论原则:理论与实证研究》,中国金融出版社 2008 年版。

郑先炳:《利率导论》,中国金融出版社 1991 年版。

赵庆明:《人民币资本项目可兑换及国际化研究》,中国金融出版社 2005 年版。

赵英军:《利率自由化:并非自由的选择》,中国经济出版社 1999 年版。

荣晨、涂永红:《资本账户开放的经济增长逻辑》,中国金融出版社 2018 年版。

胡维熊:《利率理论与政策》,上海财经大学出版社 2001 年版。

胡援成:《中国资本账户的开放》,江西人民出版社 2002 年版。

科宁等:《利率风险的控制与管理》,唐旭等译,经济科学出版社 1999 年版。

[英]布赖恩·科伊尔:《利率风险管理》(上册),谭志琪、王庆译,中信出版社 2003 年版。

[英]布赖恩·科伊尔:《利率风险管理》(下册),陈忠阳、闫同林、李丽译,中信出版社 2004 年版。

施兵超:《利率理论与利率政策》,中国金融出版社 2003 年版。

施建淮:《中国资本账户开放问题研究》,北京大学出版社 2017 年版。

姜波克:《人民币自由兑换论》,立信会计出版社 1994 年版。

姜波克:《人民币自由兑换和资本管制》,复旦大学出版社 1999 年版。

姜波克:《开放经济下的货币市场调控》,复旦大学出版社 1999 年版。

姜波克:《开放经济下的政策搭配》,复旦大学出版社 1999 年版。

姜波克:《货币替代研究》,复旦大学出版社 1999 年版。

姜波克:《开放条件下的宏观金融稳定与安全》,复旦大学出版社 2005 年版。

姜波克、朱云高:《资本账户开放和国际收支结构的可维持性》,上海财经大学出版社 2005 年版。

贺国生:《商业银行利率风险度量模型与管理模式研究》,西南财经大学出版社 2007 年版。

夏斌、陈道富:《中国金融战略》,人民出版社 2011 年版。

殷林森、吴君:《资本账户开放与上海自贸试验区金融创新研究》,中国财政经济出版社 2015 年版。

翁东玲:《国际资本流动与中国资本账户开放》,中国经济出版社 2010 年版。

唐珏岚:《发展中国家的资本外逃》,上海人民出版社 2007 年版。

朗晓龙:《货币危机与资本管制》,中国经济出版社 2007 年版。

谈世中:《中国金融开放的战略选择》,社会科学文献出版社 2002 年版。

陶然:《金融稳定目标下的资本账户开放》,中国财政经济出版社 2009 年版。

黄仁德:《货币大变革:人民币国际化的商机与挑战》,财团法人台湾金融研训院 2015 年发行。

黄亚生:《中国模式到底有多独特》,中华书局(香港)有限公司 2014 年版。

黄金老:《金融自由化与金融脆弱性》,中国城市出版社 2001 年版。

曹远征:《人民币国际化战略》,学习出版社 2013 年版。

曹勇:《中国资本账户开放研究》,中国财政经济出版社 2005 年版。

盛松成、刘西:《金融改革协调推进论:论中国利率、汇率改革与资本账户开放》,中信出版社 2015 年版。

崔红宇:《中国资本账户、汇率制度与金融体系改革匹配问题的研究》,中国金融出版社 2018 年版。

彭小泉:《中国利率市场化》,中国审计出版社 1999 年版。

斯图亚琴:《金砖四国资本项目可兑换研究》,中国经济出版社 2012 年版。

董寿昆:《货币自由兑换理论与实务》,中国金融出版社 1997 年版。

韩汉军:《经济发展中的利率》,上海社会科学出版社 2004 年版。

景学成、王建华:《人民币可兑换性理论与政策探索》,中国金融出版社 1996 年版。

谢云山:《我国存款类金融机构利率风险管理》,经济科学出版社 2008 年版。

谢赤:《利率行为描述与风险管理》,湖南人民出版社 2004 年版。

解川波、尹志超:《利率市场化与利率风险管理》,西南财经大学出版社 2006 年版。

管涛等:《汇率的博弈》,中信出版集团 2017 年版。

廖发达:《发展中国家资本项目开放与银行稳定》,上海远东出版社 2001 年版。

樊纲、贺力平:《金融改革开放与中国国际收支再平衡》,上海远东出版社 2012 年版。

樊胜:《利率市场化进程中商业银行利率风险管理》,西南财经大学出版社 2009 年版。

潘红宇、谷欣、刘琼:《汇率与宏观经济——基于中国数据的实证分析》,科学出版社 2018 年版。

戴国强等:《我国商业银行利率风险管理研究》,上海财经大学出版社 2005 年版。

(二)中文论文

卜亚:《货币替代——中国资本账户开放进程中的考验与政策选择》,《数量经济技术经济研究》2005 年第 3 期。

万荃、年志远、孙彬:《制度质量有效性与稳定性对利率市场化改革的影响——基于跨国数据的实证研究》,《国际金融研究》2012 年第 10 期。

万荃、孙彬:《制度环境结构质量对利率市场化改革的影响》,《国际金融研究》2015 年第 4 期。

万解秋、孙文基:《开放经济条件下利率市场化的必要性与制度分析》,《世界经济》2004 年第 4 期。

马文涛:《货币政策数量型工具与价格型工具的调控绩效比较:来自动态随机均衡模型的证据》,《数量经济技术经济研究》2011 年第 10 期。

马勇、陈雨露:《资本账户开放与系统性金融危机》,《当代经济科学》2010 年第 4 期。

马骏、王红林:《政策利率传导机制的理论模型》,《金融研究》2014 年第 12 期。

王文斌:《人民币汇率与我国产业结构的地区性差异研究》,《国际贸易问题》2009 年第 9 期。

王东静、张祥建:《利率市场化、企业融资与金融机构信贷行为研究》,《世界经济》2007 年第 2 期。

王永中:《中国资本管制与外汇冲销的有效性——基于抵消系数和冲销系数模型》,《金融评论》2010 年第 1 期。

王宇哲、张明:《人民币升值究竟对中国出口影响几何》,《金融研究》2014 年第 3 期。

王松奇、徐虔:《人民币汇率变动对产业结构影响的实证研究》,《经济理论与经济管理》2015 年第 12 期。

王珏、骆力前、郭琦:《地方政府干预是否损害信贷配置效率》,《金融研究》2015 年第 4 期。

王高望、赵晓军:《财富效应、金融开放与长期增长》,《经济科学》2014 年第 2 期。

王雅琦、卢冰:《汇率变动、融资约束与出口企业研发》,《世界经济》2018 年第 7 期。

王雅琦、谭小芬、张金慧、卢冰:《人民币汇率、贸易方式与产品质量》,《金融研究》2018 年第 3 期。

王舒军、彭建刚:《中国利率市场化进程测试及效果研究》,《金融经济学研究》2014 年第 6 期。

王道平:《利率市场化、存款保险制度与系统性银行危机防范》,《金融研究》2016 年第 1 期。

王曦、陈中飞、王茜:《我国资本账户加速开放的条件基本成熟了吗?》,《国际金融研究》2015 年第 1 期。

中国人民银行广州分行调查统计处课题组:《中国资本账户开放研究》,《南方金融》2012 年第 3 期。

牛晓健、裘翔:《利率与风险分担》,《金融研究》2013 年第 4 期。

毛日昇:《人民币实际汇率变化如何影响工业行业就业?》,《经济研究》2013 年第 3 期。

方军雄:《所有者、制度环境与信贷资金配置》,《经济研究》2007 年第 12 期。

方显仓、孙琦:《资本账户开放与我国银行体系风险》,《世界经济研究》2014 年第 3 期。

方显仓、孙琦:《金融账户开放与三类风险的互动机制》,《世界经济研究》2015 年第 2 期。

尹雷、卞志村:《利率市场化、存款保险制度与银行危机》,《国际金融研究》2016 年第 1 期。

邓创、石柱鲜:《泰勒规则与我国货币政策反应函数——基于潜在产出、自然利率与均衡汇率的研究》,《当代财经》2011 年第 1 期。

邓剑、石柱鲜、于杰:《自然利率研究的新进展》,《经济学动态》2005 年第 1 期。

邓敏、蓝发钦:《各国金融开放效应差异的金融发展视角——基于经济增长效应和金融风险效应的分析》,《上海金融》2013 年第 3 期。

邓敏、蓝发钦:《金融开放条件的成熟度评估:基于综合效益的门槛模型分析》,《经济研究》2013 年第 12 期。

石柱鲜、邓创、刘俊生、石庆华:《中国的自然利率与经济增长、通货膨胀的关系》,《世界经济》2006 年第 4 期。

叶伟春:《中国资本账户开放的利弊及对策研究》,《上海金融》2010 年第 8 期。

成力为、孟雪:《经济开放度与中国货币政策的有效性——引入经济开放度的 IS-LM-BP 模型及验证》,《哈尔滨工业大学学报(社会科学版)》2010 年第 11 期。

曲昭光:《人民币资本账户可兑换的前提条件——基于国际收支结构可维持性的分析》,《世界经济》2006 年第 2 期。

朱丰根:《中国资本项目自由开放的基本条件剖析》,《现代经济探讨》2013 年第 6 期。

朱云高:《论资本账户开放的动态条件》,《财经研究》2004 年第 10 期。

朱成科、史燕平:《进口跨境人民币结算:抛补套利与利率平价失灵?》,《国际金融研究》2015 年第 11 期。

朱冰倩、潘英丽:《资本账户开放度影响因素的实证分析》,《世界经济研究》2015 年第 7 期。

乔书亚 · 艾森曼:《人民币国际化、资本账户开放与中国金融改革》,《新金融》2015 年第 5 期。

任光宇:《证券市场开放速度的影响和决定》,《统计研究》2015 年第 9 期。

华秀萍、熊爱宗、张斌:《金融开放的测度》,《金融评论》2012 年第 5 期。

向松祚:《利率市场化的理论、时间和政策》,《中国金融》2013 年第 10 期。

刘少波、杨竹清:《资本市场开放与金融自由化的经济后果研究述评》,《经济学动态》2012 年第 5 期。

刘永余、王博:《利率冲击、汇率冲击与中国宏观经济波动——基于 TVP-SV-VAR

的研究》,《国际贸易问题》2015 年第 3 期。

刘刚、何永:《资本账户开放、金融杠杆率与系统性金融危机》,《上海金融》2015 年第 7 期。

刘竹青、盛丹:《人民币汇率、成本加成率分布与我国制造业的资源配置》,《金融研究》2017 年第 7 期。

刘金全、张菀庭、徐宁:《资本账户开放度、货币政策独立性与汇率制度选择:三元悖论还是二元悖论》,《世界经济研究》2018 年第 5 期。

刘莉亚、余晶晶、杨金强、朱小能:《竞争之于银行信贷结构调整是双刃剑吗?——中国利率市场化进程的微观证据》,《经济研究》2017 年第 5 期。

刘晓辉、张璟、甘顺利:《资本账户自由化、实际资本控制与汇率制度选择》,《国际金融研究》2015 年第 7 期。

刘晓辉、索彦峰:《汇率制度演变与宏观经济绩效:文献回顾》,《南方经济》2009 年第 4 期。

刘啟仁、黄建忠:《人民币汇率、依市场定价与资源配置效率》,《经济研究》2016 年第 12 期。

刘啟仁、黄建忠:《人民币汇率变动与出口企业研发》,《金融研究》2017 年第 8 期。

刘富江、江源:《人民币升值对我国出口企业利润和就业的影响》,《统计研究》2010 年第 12 期。

刘瑞明:《金融压抑、所有制歧视与增长拖累——国有企业效率损失再考察》,《经济学(季刊)》2011 年第 2 期。

许友传、杨骏:《当前存款利率市场化的合理空间及其试点方式》,《金融研究》2014 年第 11 期。

许家云、佟家栋、毛其淋:《人民币汇率、产品质量与企业出口行为》,《金融研究》2015 年第 3 期。

许家云、佟家栋、毛其淋:《人民币汇率与企业生产率变动》,《金融研究》2015 年第 10 期。

孙好好:《货币政策的重点应从货币数量转向利息率》,《经济科学》2000 年第 1 期。

孙国峰、蔡春春:《货币市场利率、流动性供求与中央银行流动性管理》,《经济研究》2014 年第 12 期。

孙俊、于津平:《资本账户开放路径与经济波动》,《金融研究》2014 年第 5 期。

纪洋、徐建炜、张斌:《利率市场化的影响、风险及时机》,《经济研究》2015 年第 1 期。

纪洋、谭语嫣、黄益平:《人民币汇率、依市场定价与资源配置效率》,《经济研究》2016 年第 6 期。

李广众:《中国的实际利率与投资分析》,《中山大学学报(社会科学版)》2000 年第 1 期。

李卫群:《中国资本账户渐进开放与银行业脆弱性的实证分析》,《统计研究》2006

年第7期。

李扬:《中国利率市场化:做了什么,要做什么》,《国际金融研究》2003年第9期。

李扬:《中国的利率体系:现状及其改革》,《中国金融》2005年第6期。

李杨、殷剑峰:《开放经济的稳定性和经济自由化的次序》,《经济研究》2000年第11期。

李丽玲、王曦:《资本账户、汇率波动与经济增长:国际经验与启示》,《国际金融研究》2016年第11期。

李宏彬、马弘、熊艳艳、徐嫄:《人民币升值对我国各行业利润率变动的影响——基于2007年投入产出表的研究》,《金融研究》2011年第4期。

李宏彬、马弘、熊艳艳、徐嫄:《人民币汇率对企业进出口贸易的影响——来自中国企业的实证研究》,《金融研究》2011年第2期。

李宏瑾、苏乃芳:《中国隐性利率双轨制及其对市场利率的影响》,《财经问题研究》2018年第8期。

李宏瑾、苏乃芳、洪浩:《价格型货币政策调控中的实际利率锚》,《经济研究》2016年第1期。

李欣欣、刘海龙:《市场非均衡与中国资本账户开放风险》,《财经研究》2015年第3期。

李学峰、文茜:《资本市场对外开放提升了市场有效性吗?——一项国际比较研究》,《国际金融研究》2012年第8期。

李晓杰、解淑青:《协调推进中国利率、汇率与资本账户开放改革理论及SVAR实证研究》,《宏观经济研究》2013年第3期。

李晓杰、解淑青:《协调推进中国金融发展和资本账户开放研究》,《社会科学辑刊》2013年第2期。

李恩平、张磊:《经济转型与利率传导机制的变化》,《世界经济》2006年第6期。

李萍、冯梦黎:《利率市场化对我国经济增长质量的影响:一个新的解释思路》,《经济评论》2016年第2期。

李斌:《央行的利率调控机制与利率市场化》,《经济社会体制比较》2014年第1期。

李巍:《中国资本账户开放及金融稳定》,《财经科学》2007年第11期。

李巍:《资本账户开放、金融发展和经济金融不稳定的国际经验分析》,《世界经济》2008年第3期。

李巍、张志超:《中国资本账户开放的最优时点》,《国际经济评论》2010年第4期。

李巍、张志超:《影响资本账户开放策略选择的因素——金融稳定的视角》,《上海经济研究》2012年第5期。

杨小海、刘红忠、王弟海:《中国应加速推进资本账户开放吗?》,《经济研究》2017年第8期。

杨子晖、陈创练:《金融深化条件下的跨境资本流动效应研究》,《金融研究》2015年第 5 期。

杨圣明:《如何缓解人民币汇率“内高外低”双重压力》,《财贸经济》2010 年第 6 期。

杨权、裴晓婧:《资本账户开放、金融风险与最优外汇储备》,《国际金融研究》2011 年第 7 期。

杨伟中、余剑、李康:《利率扭曲、市场分割与深化利率市场化改革》,《统计研究》2018 年第 11 期。

杨荣海:《当前货币国际化进程中的资本账户开放路径效应分析》,《国际金融研究》2014 年第 4 期。

杨荣海:《资本账户开放促进了人民币境外市场发展吗?》,《国际金融研究》2018 年第 5 期。

杨荣海、李亚波:《资本账户开放对人民币国际化“货币锚”地位的影响分析》,《经济研究》2017 年第 1 期。

杨艳林:《金融开放与实际汇率的长期决定因素》,《经济科学》2012 年第 6 期。

杨筝、刘放、李茫茫:《利率市场化、非效率投资与资本配置——基于中国人民银行取消贷款利率上下限的自然实验》,《金融研究》2017 年第 5 期。

杨筝、王红建、戴静、许传华:《放松利率管制、利润率均等化与实体企业“脱实向虚”》,《金融研究》2019 年第 6 期。

吴炳辉、何建敏:《开放经济条件下金融风险国际传染的研究综述》,《经济社会体制比较》2014 年第 2 期。

吴婷婷、高静:《自由化改革、金融开放与金融危机——来自阿根廷的教训及启示》,《拉丁美洲研究》2015 年第 5 期。

邱冬阳:《人民币购买力平价——1997—2005 年数据的协整分析》,《经济研究》2006 年第 5 期。

邱兆祥、史明坤、安世友:《人民币资本账户逐步开放的顺周期性问题研究》,《国际金融研究》2013 年第 5 期。

何东、王红林:《利率双轨制与中国货币政策实施》,《金融研究》2011 年第 11 期。

何慧刚:《放松资本控制进程中利率市场化和汇率制度弹性化》,《国际贸易》2007 年第 5 期。

余淼杰、王雅琦:《人民币汇率变动与企业出口产品决策》,《金融研究》2015 年第 4 期。

余淼杰、张睿:《人民币升值对出口质量的提升效应》,《管理世界》2016 年第 12 期。

余静文:《汇率变动对劳动生产率影响的研究》,《国际金融研究》2017 年第 7 期。

余静文:《汇率冲击与企业生产率》,《统计研究》2018 年第 2 期。

邹宏元、罗大为:《人民币分行业实际有效汇率及其对我国各行业出口量的影响》,《数量经济技术经济研究》2014 年第 11 期。

关建新:《资本项目开放与新兴和发展中经济体的金融稳定》,《宏观经济研究》2015

年第9期。

汪小亚:《我国资本账户开放与利率——汇率政策的协调》,《金融研究》2001年第1期。

汪晓亚:《利率下调对我国宏观经济影响的分析》,《金融研究》1999年第8期。

沈坤荣、汪建:《实际利率水平与中国经济增长》,《金融研究》2000年第8期。

沈筠彬、伏玉林、丁锐:《人民币实际有效汇率变动对中国制造业企业绩效的影响:来自制造业微观层面的证据,《世界经济研究》2018年第5期。

张一林、樊纲治:《信贷紧缩,企业价值与最优贷款利率》,《经济研究》2016年第6期。

张小波:《金融开放的水平测度及协调性分析》,《经济科学》2012年第2期。

张小波、傅强:《金融开放对中国经济增长的效应分析及评价——基于中国1979—2009年的实证分析》,《经济科学》2011年第3期。

张天顶、张洪敏:《金融开放度对跨境资本流动的影响——基于跨国数据的经验研究》,《国际商务(对外经济贸易大学学报)》2014年第2期。

张玉鹏、王茜:《金融开放视角下宏观经济波动问题研究——以东亚国家(地区)为例》,《国际金融研究》2011年第2期。

张永升、杨伟坤、荣晨:《金融开放与经济增长:基于发达国家与发展中国家的实证分析》,《财政研究》2014年第3期。

张成思:《人民币升值与中美国际平价关系新格局》,《财贸经济》2011年第6期。

张成思、朱越腾、芦哲:《对外开放对金融发展的抑制效应之谜》,《金融研究》2013年第6期。

张延良、白未乐:《利率非对称性传导效应实证分析》,《宏观经济研究》2011年第9期。

张会清、唐海燕:《人民币升值、企业行为与出口贸易——基于大样本企业数据的实证研究:2005—2009》,《管理世界》2012年第12期。

张孝岩、梁琪:《中国利率市场化的效果研究——基于我国农村经济数据的实证分析》,《数量经济技术经济研究》2010年第6期。

张国兵、安烨:《人民币国际化进程中的资本账户开放分析》,《当代经济研究》2013年第3期。

张明志、季克佳:《人民币汇率变动对中国制造业企业出口产品质量的影响》,《中国工业经济》2018年第1期。

张明珅:《金融开放进程中的金融安全分析》,《上海金融》2014年第3期。

张春生、蒋海:《人民币资本项目开放:国内观点争论》,《上海金融》2015年第3期。

张春生、蒋海:《利率市场化、汇率自由化与资本项目开放的次序:理论、经验与选择》,《经济学家》2015年第5期。

张勇、李政军、龚六堂:《利率双轨制、金融改革与最优货币政策》,《经济研究》2014

年第 10 期。

张勇:《热钱流入、外汇冲销与汇率干预》,《经济研究》2015 年第 7 期。

张萍:《利率平价理论及其在中国的表现》,《经济研究》1996 年第 10 期。

张淑娟、王艳天:《货币政策产业效应的双重非对称性研究》,《金融研究》2016 年第 7 期。

张辉、黄泽华:《我国货币政策利率传导机制的实证研究》,《经济学动态》2011 年第 3 期。

张翔、何平、马菁蕴:《人民币汇率弹性和我国货币政策效果》,《金融研究》2014 年第 8 期。

张瑜、李书华:《金融开放度与宏观经济波动——基于发达国家与发展中国家和地区的实证研究》,《财经论丛》2011 年第 5 期。

张楠:《金融开放与中国经济结构转型——基于 Pugno 修正模型的实证研究》,《国际金融研究》2015 年第 10 期。

张曙光:《人民币汇率问题:升值及其成本—收益分析》,《经济研究》2005 年第 5 期。

陆军、熊衍飞:《资本账户开放、制度质量与经济增长》,《金融论坛》2014 年第 11 期。

陆桂贤、许承明、许凤娇:《金融深化与地区资本配置效率的再检验:1999—2013》,《国际金融研究》2016 年第 3 期。

陈小亮、陈伟泽:《垂直生产结构、利率管制与资本错配》,《经济研究》2017 年第 10 期。

陈中飞、王曦、王伟:《利率市场化、汇率自由化和资本账户开放的顺序》,《世界经济》2017 年第 6 期。

陈平、殷明明、王伟:《汇率错位、技术进步与经济增长》,《国际金融研究》2018 年第 1 期。

陈华:《央行干预使得人民币汇率更加均衡了吗?》,《经济研究》2013 年第 12 期。

陈创练、姚树洁、郑挺国、欧景华:《利率市场化、汇率改制与国际资本流动关系研究》,《经济研究》2017 年第 4 期。

陈创练、黄楚光、陈创波:《资本账户开放、金融风险与外汇储备的非线性关系研究》,《财经研究》2015 年第 8 期。

陈红霞、袁显平:《利率政策对货币市场的"非对称性"传导》,《广东金融学院学报》2011 年第 4 期。

陈志刚:《资本项目自由化研究述评》,《经济学动态》2005 年第 8 期。

陈雨露、周晴:《资本项目开放度与实际利差分析》,《金融研究》2004 年第 7 期。

陈昆亭、周炎、黄晶:《利率冲击的周期与增长效应分析》,《经济研究》2015 年第 6 期。

陈金至、尹依依、钱程:《汇率制度与收入不平等》,《国际金融研究》2017 年第 8 期。

陈彦斌、陈小亮、陈伟泽:《利率管制与总需求结构失衡》,《经济研究》2014 年第

7 期。

陈炳才、田青:《资本账户开放与人民币国际化》,《中国金融》2013 年第 11 期。

陈晓莉、胡金焱:《再论中国金融自由化的次序》,《南开学报(哲学社会科学版)》2014 年第 5 期。

陈浪南、逢淑梅:《我国金融开放的测度研究》,《经济学家》2012 年第 6 期。

范小云、陈雷、祝哲:《三元悖论还是二元悖论——基于货币政策独立性的最优汇率制度选择》,《经济学动态》2015 年第 1 期。

欧阳志刚:《我国利率的非线性动态调节及其货币政策效果》,《统计研究》2009 年第 4 期。

易纲:《中国改革开放三十年的利率市场化进程》,《金融研究》2009 年第 1 期。

罗素梅:《自贸区金融开放下资本流动的动因和机制研究》,《北京工商大学学报(社会科学版)》2015 年第 5 期。

金中夏:《中国汇率、利率和国际收支的互动关系:1981—1999》,《世界经济》2000 年第 9 期。

金中夏:《中国资本账户开放与国际收支动态平衡》,《国际经济评论》2013 年第 3 期。

金中夏、李宏瑾、洪浩:《实际利率、实际工资与经济结构调整》,《国际金融研究》2013 年第 8 期。

金中夏、陈浩:《运用利率平价理论对主要货币汇率的分析》,《金融研究》2009 年第 8 期。

金中夏、陈浩:《利率平价理论在中国的实现形式》,《金融研究》2012 年第 7 期。

金中夏、洪浩:《开放经济条件下均衡利率形成机制:基于随机动态一般均衡模型对中国利率变动规律的解释》,《金融研究》2013 年第 7 期。

金中夏、洪浩:《国际货币环境下利率与汇率政策的协调》,《经济研究》2015 年第 5 期。

金中夏、洪浩、李宏瑾:《利率市场化对货币政策有效性和经济结构调整的影响》,《经济研究》2013 年第 4 期。

周小川:《人民币资本项目可兑换的前景和路径》,《金融研究》2012 年第 1 期。

周永涛、许嘉扬:《人民币国际化进程中的利率与汇率平衡问题》,《新金融》2014 年第 5 期。

周茂荣、张子杰:《贸易开放与金融开放的内在联系——基于 PVAR 模型的实证检验》,《财经科学》2010 年第 3 期。

周炎、陈昆亭:《利差、准备金率与货币增速》,《经济研究》2012 年第 7 期。

郑曼妮、黎文靖、柳建华:《利率市场化与过度负债企业降杠杆:资本结构动态调整视角》,《世界经济》2018 年第 8 期。

项喜、沈毅俊:《中国资本账户开放的条件分析》,《国际经贸探索》2004 年第 11 期。

赵文军:《实际汇率升值与经济增长方式转变》,《国际贸易问题》2014 年第 3 期。

赵华:《人民币汇率与利率之间的价格和波动溢出效应研究》,《金融研究》2007 年第 3 期。

赵茜:《资本账户开放、汇率市场化改革与外汇市场风险——基于外汇市场压力视角的理论与实证研究》,《国际金融研究》2018 年第 7 期。

赵胜民、谢晓闻、方意等:《金融市场化改革进程中人民币汇率和利率动态关系研究——兼论人民币汇率市场化和利率市场化次序问题》,《南开经济研究》2013 年第 5 期。

赵颖岚、樊凯欣、万晓莉:《什么影响了新兴市场国家资本项目开放度? ——基于 11 个国家面板数据的实证研究》,《北京社会科学》2015 年第 11 期。

胡小文、章上峰:《利率市场化、汇率制度改革与资本账户开放顺序安排——基于 NOEM-DSGE 模型的模拟》,《国际金融研究》2015 年第 11 期。

胡小文、章上峰:《利率市场化和汇率市场化孰先孰后——基于小型开放 DSGE 框架的研究》,《南方经济》2015 年第 9 期。

胡晖、张璐:《利率市场化对成长型企业融资约束的影响》,《经济评论》2015 年第 5 期。

胡逸闻、戴淑庚:《人民币资本账户开放的改革顺序研究——基于 TVP-VAR 模型的期限结构分析》,《世界经济研究》2015 年第 4 期。

胡新智、袁江:《渐进式改革:中国利率市场化的理性选择——利率市场化的国际经验及其对中国的启示》,《国际经济评论》2011 年第 6 期。

战明华、李欢:《金融市场化进程是否改变了中国货币政策不同传导渠道的相对效应?》,《金融研究》2018 年第 5 期。

战明华、应诚炜:《利率市场化改革、企业产权异质与货币政策广义信贷渠道的效应》,《经济研究》2015 年第 9 期。

贵丽娟、胡乃红、邓敏:《金融开放会加大发展中国家的经济波动吗? ——基于宏观金融风险的分析》,《国际金融研究》2015 年第 10 期。

秋然:《金融开放测度方法与指标体系述评》,《经济评论》2011 年第 3 期。

施建淮:《人民币升值是紧缩性的吗?》,《经济研究》2007 年第 1 期。

施建淮、傅雄广、许伟:《人民币汇率变动对我国价格水平的传递》,《经济研究》2008 年第 7 期。

施炳展、张雅睿:《人民币事实双边汇率制度与中国出口增长》,《金融研究》2016 年第 8 期。

姜波克、朱云高:《资本账户开放研究:一种基于内外均衡的分析框架》,《国际金融研究》2004 年第 4 期。

姜波克、李天栋:《人民币均衡汇率理论的新视角及其意义》,《国际金融研究》2006 年第 4 期。

娄伶俐、钱铭:《资本账户开放测度方法:比较与综合》,《国际金融研究》2011 年第 8 期。

贺力平:《人民币汇率与近年来中国经常账户顺差》,《金融研究》2008 年第 3 期。

贺聪、项燕彪、陈一稀:《我国均衡利率的估算》,《经济研究》2013 年第 8 期。

贾秋然:《金融开放测度方法与指标体系述评》,《经济评论》2011 年第 3 期。

夏斌、陈道富:《国际货币体系失衡下的中国汇率政策》,《经济研究》2006 年第 2 期。

梁莉:《我国贸易开放度与金融发展关系实证研究》,《金融研究》2005 年第 7 期。

顾海兵、夏梦:《基于国家经济安全的资本账户开放程度实证分析》,《学习与探索》2013 年第 6 期。

顾海峰、于家珺:《人民币汇率对中国出口企业盈利能力的影响研究》,《国际贸易问题》2018 年第 9 期。

钱小安:《金融开放条件下利率市场化的动力、约束和步骤》,《世界经济》2003 年第 3 期。

徐明东、陈学彬:《中国工业企业投资的资本成本敏感性分析》,《研究》2012 年第 3 期。

徐小君、陈学彬:《人民币汇率变动与经济波动:加速效应还是稳定机制?》,《国际金融研究》2014 年第 12 期。

徐长生、苏应蓉:《从新斯旺模型看我国利率与汇率政策的组合》,《国际金融研究》2006 年第 12 期。

徐伟呈、范爱军:《人民币实际有效汇率变动的中国产业结构升级效应》,《世界经济研究》2012 年第 6 期。

徐伟呈、范爱军:《人民币汇率变动对就业和工资的影响》,《金融研究》2013 年第 12 期。

徐建炜、黄懿杰:《汇率自由化与资本账户开放:孰先孰后?——对外金融开放次序的探讨》,《东南大学学报(哲学社会科学版)》2014 年第 6 期。

徐寒飞:《利率非对称传导关系与利率政策的效率》,《世界经济》2004 年第 8 期。

高木信二、施建淮:《中国资本账户自由化的战略》,《国际经济评论》2005 年第 6 期。

高培亮:《利率市场化对我国货币政策工具的影响》,《财经科学》2015 年第 4 期。

郭飞:《外汇风险对冲和公司价值:基于中国跨国公司的实证研究》,《经济研究》2012 年第 9 期。

郭桂霞、彭艳:《我国资本账户开放的门槛效应研究》,《金融研究》2016 年第 3 期。

郭强:《中国资本账户开放排序的国际借鉴》,《世界经济研究》2005 年第 3 期。

郭路、刘霞辉、孙瑾:《中国货币政策和利率市场化研究》,《经济研究》2015 年第 3 期。

郭煜、李京航:《资本账户开放与通货膨胀——基于跨国面板数据的实证分析》,《宏观经济研究》2015 年第 7 期。

唐安宝、何凌云:《中美利率政策产出效应的比较分析:1996—2006》,《国际金融研究》2007年第11期。

唐志宏:《中国平均利率的估算》,《经济研究》1999年第5期。

宾国强:《实际利率、金融深化与中国的经济增长》,《经济科学》1999年第3期。

陶雄华、陈明珏:《中国利率市场化的进程测度与改革指向》,《中南财经政法大学学报》2013年第3期。

黄志刚、郭桂霞:《资本账户开放与利率市场化次序对宏观经济稳定性的影响》,《世界经济》2016年第9期。

黄明皓:《货币政策的产出效应与金融开放度——中国的模拟实证分析》,《财经科学》2010年第6期。

黄玲:《资本管制是防范金融危机的有效手段吗?》,《经济学(季刊)》2011年第2期。

梅冬州、龚六堂:《新兴市场国家的汇率制度选择》,《经济研究》2011年第12期。

曹胜亮:《金融开放、金融安全与涉外金融监管》,《中南财经政法大学学报》2014年第3期。

戚克栴:《资本市场开放前提举证、国别差异与中国的进程》,《改革》2013年第8期。

盛松成:《协调推进利率、汇率与资本账户开放》,《中国金融》2012年第9期。

盛松成:《我国加快资本账户开放的条件基本成熟》,《中国金融》2012年第4期。

鄂志寰:《美国金融市场利率结构、前景及影响分析》,《国际金融研究》2004年第11期。

崔小勇、张鹏杨、张晓芳:《汇率制度转型的贸易和收入效应》,《金融研究》2016年第9期。

崔红宇、戴金平:《资本账户开放与金融体系改革》,《财经科学》2017年第6期。

章合杰、叶雯、熊德平:《金融开放的经济增长效应——基于91个国家1995—2005年面板数据的实证》,《上海金融》2015年第2期。

梁中华、余淼杰:《人民币升值究竟与中国出口企业盈利能力》,《金融研究》2014年第7期。

彭方平、王少平:《我国利率政策的微观效应———基于动态面板数据模型研究》,《管理世界》2007年第1期。

彭红枫、肖祖沔、祝小全:《汇率市场化与资本账户开放的路径选择》,《世界经济》2018年第8期。

彭红枫、谭小玉:《人民币国际化研究:程度测算与影响因素分析》,《经济研究》2017年第2期。

彭建刚、王舒军、关天宇:《利率市场化导致商业银行利差缩窄吗?———来自中国银行业的经验证据》,《金融研究》2016年第7期。

董青马、卢满生:《金融开放度与发展程度差异对银行危机生成机制影响的实证分析》,《国际金融研究》2010 年第 6 期。

智琨、傅虹桥:《不同类型资本账户开放与经济增长:来自中低收入国家的证据》,《经济评论》2017 年第 4 期。

傅强、张小波:《金融开放外源性风险对中国经济金融稳定与安全的影响分析》,《南开经济研究》2011 年第 3 期。

曾宪久:《利率与产出关系的理论和实证研究》,《国际金融研究》2001 年第 3 期。

曾敏丽、卢骏:《资本账户开放与金融不稳定的国际经验分析》,《南方金融》2012 年第 9 期。

温建东:《人民币购买力平价研究》,《金融研究》2005 年第 4 期。

温彬:《我国利率市场化后基准利率选择的实证研究》,《国际金融研究》2004 年第 11 期。

游士兵、吴比、尹燕飞:《中国金融开放与国际金融风险扩散的关系》,《系统工程》2013 年第 9 期。

游宇、黄宗晔:《资本管制对融资结构和经济增长的影响》,《金融研究》2016 年第 10 期。

谢世清、周庆余:《发展中国家资本账户开放的国际经验与借鉴》,《亚太经济》2015 年第 1 期。

谢平、袁沁敔:《我国近年利率政策的效果分析》,《金融研究》2003 年第 5 期。

强静、侯鑫、范农振:《基准利率、预期通胀率和市场利率期限结构的形成机制》,《经济研究》2018 年第 4 期。

雷文妮、金莹:《资本账户开放与经济增长》,《国际金融研究》2017 年第 1 期。

雷欣、陈继勇、覃思:《开放、创新与收入不平等——基于中国的实证研究》,《经济管理》2014 年第 5 期。

雷强、苏立峰:《资本账户开放和人民币汇率制度选择——基于升值压力下的中国特色 IS-LM-BP 模型分析》,《华东经济管理》2009 年第 10 期。

蔡雯霞、邱悦爽:《利率市场化下企业全要素生产率研究》,《江苏社会科学》2018 年第 4 期。

管涛:《中国资本账户管理现状及人民币资本项目可兑换前景展望》,《世界经济》2002 年第 3 期。

管涛:《自贸区红利:金融开放试点的意义与影响》,《新金融》2014 年第 2 期。

谭小芬、王雅琦、卢冰:《汇率波动、金融市场化与出口》,《金融研究》2016 年第 5 期。

谭小芬、高志鹏:《中美利率平价的偏离:资本管制抑或风险因素?》,《国际金融研究》2017 年第 1 期。

谭艳芝、彭文平:《金融发展与经济增长的因素分析》,《上海经济研究》2003 年第 10 期。

熊芳、黄宪:《中国资本账户开放次序的实证分析》,《国际金融研究》2008 年第 3 期。

黎志刚、尚梦:《利率市场化、实际利率与经济增长的关系研究——基于 ARDL 模型的分析》,《经济问题》2014 年第 5 期。

黎贵才、卢荻:《国际资本流入是否提升了中国经济增长效率》,《经济学家》2014 年第 3 期。

戴金平、陈汉鹏:《中国的利率调节、信贷指导与经济波动》,《金融研究》2013 年第 11 期。

戴觅、徐建炜、施炳展:《人民币汇率冲击与制造业就业——来自企业数据的经验证据》,《管理世界》2013 年第 11 期。

魏巍贤:《人民币升值的宏观经济影响评价》,《经济研究》2006 年第 4 期。

(二)外文文献

Abiad, A.and Mody, A., 2005, "Financial Reform: What Shakes It? What Shapes It?", *American Economic Review*, 95, pp.66-88.

Abiad, A., Oomes, N.and Ueda, K., 2008, "The Quality Effect: Does Financial Liberalization Improve the Allocation of Capital?", *Journal of Development Economics*, Vol.87 (2), pp. 270-282.

Abuaf, N., and Jorion, P., 1990, "Purchasing Power Parity in the Long Run", *Journal of Finance*, 45, pp.157-174.

Agenor, P. R. and Khan, M. S., 1996, "Foreign Currency Deposits and the Demand for Money in Developing Countries", *Journal of Development Economics*, pp.101-118.

Aghion, P., Bacchetta, P. and Banerjee, A. 2004, "Financial Development and the Instability of Open Economy", *Journal of Monetary Economics*, Vol.51, pp.1077-1106.

Aghion, P., Bacchetta, P., Ranciere, R., and Rogoff, K., 2009, "Exchange Rate Volatility and Productivity Growth: The Role of Financial Development", *Journal of Monetary Economics*, 56(4), pp.494-513.

Ahmed, S.I, 2009, "Are Chinese Exports Sensitive to Changes in the Exchange Rate?", International Finance Discussion Paper 987, Board of Governors of the Federal Reserve System.

Ait-Sahalia, Y., 1999, "Transition Densities for Interest Rate and Other Nonlinear Diffusions", *Journal of Finance*, 54, pp.1361-1395.

Aizenman, J., 2015, "The Internationalization of the RMB, Capital Market Openness, and Financial Reforms in China", NBER Working Paper, No.20943.

Aizenman, J., and Hausmann, R., 2000, "Exchange Rate Regimes and Financial-Market Imperfections", NBER Working Paper, No.7738.

Alba, J. D., and Papell, D. H., 2007, "Purchasing Power Parity and Country Characteristics: Evidence from Panel Data Tests", *Journal of Development Economics*, 83(1), pp.240-251.

Alessandra, G.and S., Poncet, 2008, "Could Financial Distortions Be No Impediment to Economic Growth after All? Evidence from China", *Journal of Comparative Economics*, 36, pp. 633-657.

Alfaro, L., Chanda, A., Kalemli-Ozcan, S., and Sayek, S., 2003, "FDI Spillover, Financial Markets, and Economic Development", International Monetary Fund Working Paper, WP/03/186.

Alfaro, L., Chanda, A., Kalemli - Ozcan, S., and Sayek, S., 2004, "FDI and Economic Growth: the Role of Local Financial Markets", *Journal of International Economics*, Vol.64(1), pp.89-112.

Alfaro, L. and Chanda, A., 2006, "International Financial Integration and Entrepreneurship", CEP Discussion Paper, No.755, Centre for Economic Performance, London School of Economics and Political Science, London, UK.

Aliber, R.Z., 2000, "Rules and Authorities in International Monetary Arrangements: The Role of the Central Bank", AEA Papers and Procedings, Vol.90, No, 2, p.46.

Allen, F., and D. Gale, 1999, "Bubbles, Crises, and Policy", *Oxford Review of Economic Policy*, 15(3), pp.9-18.

Andersen, T. and Tarp, F., 2003, "Financial Liberalization, Financial Development and Economic Growth in LDCs", *Journal of International Development*, 15, pp.189-209.

Ang, A., Bekaert, G., 2002, "Regime Switches in Interest Rates", *Journal of Business and Economic Statistics*, 20, pp.163-182.

Angkin and Prabha, Apanard P., Sawangngoenyuang, Wanvimol and Wihlborg, Clas, 2010, "Financial Liberalization and Banking Crises: A Cross-Country Analysis", *International Review of Finance*, Vol.10(2), pp.263-292.

Antras, P. and Caballero, R., 2007, "Trade and Capital Flows: a Financial Frictions Perspective", *NBER Working Paper*, No.13241.

Anwar, S. and Sun, S., 2011, "Financial Development, Foreign Investment and Economic Growth in Malaysia", *Journal of Asian Economics*, 22, pp.335-342.

Anzoategui, D., M.Chivakul, and W.Maliszewski, 2015, "Financial Distortions in China: A General Equilibrium Approach", IMF Working Paper, No.15 /274.

Aoki, K., Benigno, G., Kiyotak, N., et al., 2009, "Capital Flows and Asset Prices", NBER International Seminar on Macroeconomics 2007, pp.175-216.

Arestis, P. and Demetriades P., 1999, "Financial Liberalization: The Experience of Developing Countries", *Eastern Economic Journal*, Vol 25, Issue 4.

Arestis, P., & Caner, A., 2010, "Capital Account Liberalization and Poverty: How Close is the Link?", *Cambridge Journal of Economics*, 34(2), pp.295-323.

Arestis, P., and P.Demetriades, 1997, "Financial Development and Economic Growth: Assessing the Evidence", *Economic Journal*, 107(442), pp.783-799.

Argy, V., 1981, *The Postwar International Money Crisis: An Analysis*, London, Allen & Unwin.

Arteta, C., Eichengreen, B., and Wyplosz, C., 2001, "When Does Capital Account Liberalization Help More Than It Hurts?", NBER Working Paper, No.8414.

Artus J.R.and Young, J.H., 1979, "Fixed and Flexible Rate: A Renewal of the Debate", IMF Staff Papers, December, pp.654-698.

Arvai, Z., 2005, "Capital Account Liberalization, Capital Low Patterns, and Policy Responses in the EU's New Member States", IMF Working Paper, No.05/213.

Ash, D. and Harry, 1999, "H. K Determinates of Commercial Bank Net Interest Margins and Profitability: Some International Evidence", *The World Bank Economic Review*, 13(2), pp. 379-408.

Asici, A., Ivanova, N, and Wyplosz, C., 2005, " How to Exit From Fixed Exchange Rate Regimes?", HEI Working Paper, No.03/2005, Graduate Institute of International Studies, Geneva.

Bacchetta, P.and Wincoop, V., 2000, "Does Exchange-Rate Stability Increase Trade and Welfare?", *American Economic Review*, 90, pp.1093-1109.

Bailliu, Jeannine N., 2000, " Private Capital Flows, Financial Development, and Economic Growth in Developing Countries", Working Papers, No.00-15, Bank of Canada.

Balassa B., 1964, " The Purchasing Power Parity Doctrine: A Reappraisal", *Journal of Political Economy*, 72, pp.584-596.

Baltagi, H., Demetriades, P. and Law, S., 2007, "Financial Development, Openness and Institutions: Evidence from Panel Data", *Journal of Development Economics*, Elsevier, Vol. 89 (2), pp.285-296.

Baqueiro, A., Leon, A.and Torres, A., 2003, "Fear of Floating or Fear of Inflation? The Role of the Exchange Rate Pass-Through", BIS Paper, No.19.

Bartolini, L., and Drazen, A., 1997, "Capital-Account Liberalization as a Signal", *The America Economic Review*, 87 (1), pp.138-154.

Basurto, G.and Ghosh, A., 2001, "The Interest Rate-Exchange Rate Nexus in Currency Crises", IMF Staff Papers, Vol.47, Special Issue.

Baxter, Marianne, 1994: "Real Exchange Rates and Real Interest Differentials: Have We Missed the Business-Cycle Relationship?", *Journal of Monetary Economics*, 33, pp.5-37.

Baxter, M.and Stockman, A., 1980, "Business Cycles and Exchange Rate System", NBER Working Paper, No.2689.

Bayoumi, T.and Ohnsorge, F., 2013, "Bringing Down the Great Wall? Global Implications of Capital Account Liberalisation in China", *Quarterly Bulletin*, 2013 Q4.

Bayoumi, T.and Ohnsorge, F., 2013, " Do Inflows or Outflows Dominate? Global Implications of Capital-Account Liberalization in China", *IMF Working Paper*, No 189.

Bekaert G., Harvey, C., Lundblad, C., 2006, "Growth Volatility and Financial Liberalization", *Journal of International Money and Finance*, 25(3).

Bekaert, G., Harvey, C. and Lundblad, C., 2005, "Does Financial. Liberalization Spur Growth?" *Journal of Financial Economic Journal*, 77(1), pp.3-55.

Bekaert, G., Harvey, C.and Lundblad, C., 2009, "Financial Openness and Productivity", NBER Working Paper, No.14843.

Bekaert, G.and Mehl, A., 2017, "On the Global Financial Market Integration 'Swoosh' and the Trilemma", NBER Working Paper, No.23124.

Benhima, K., 2013, "Financial Integration, Capital Misallocation and Global Imbalances", *Journal of International Money and Finance*, 32(2), pp.324-340.

Bensaid, B., Jeanne, O., 1997, "The Instability of Fixed Exchange Rate Systems when Raising the Interest Rate is Costly", *European Economic Review* 41, pp.1461-1478.

Berman, N., Martin P., and Mayer, T., 2012, "How Do Different Exporters React to Exchange Rate Changes?", *Quarterly Journal of Economics*, 127(1), pp.437-492.

Bernanke, B., Blinder, A.S., 1992, "The Federal Fund Rate and the Channels of Monetary Transmission", *American Economic Review* 82 (4), pp.901-921.

Bernanke, B., Gertler M.and Gilchrist, S., 1998, "The Financial Accelerator in a Quantitative Business Cycle Framework", NBER Working Paper, No.6455.

Bernanke, B. and Blinder, A., 1988, "Credit, Money, and Aggregate Demand", *The American Economic Review*, (78), pp.435-439.

Bernanke, B.and Milhoiv, I., 1998, "Measuring Monetary Policy", *Quarterly Journal of Economics*, 113, pp.869-902.

Bernhardsen T. and Gerdrup K., 2007, "The Neutral Real Interest Rate", *Economic Bulletin (Norges Bank)*, 2, pp.52-64.

Bilson J.F.and Martson, R.M., 1984, eds., *Exchange Rate Theory and Practice*, University of Chicago Press.

Bilson, J., 1984, "Exchange Rate Dynamics", in J.Bilson and R.Marston, eds., *Exchange Rate Theory and Practice*, Chicago University of Chicago Press.

Bilson, J., 1987, "The Current Experience with Floating Exchange Rate: An Appraisal of the Monetary Approach", *American Economic Review*, Vol.178, No2, pp.393-397.

Bilson, J., 1978, "The Monetary Approach to Exchange Rate: Some Empirical Evidence", IMF Staff Papers, pp.48-75.

Bilson, J., 1979, "Recent Development in Monetary Model of Exchange Rate Determination", IMF Staff Papers, pp.201-223.

Bjørnskov, C., and Foss, N., 2008, "Economic Freedom and Entrepreneurial Activity:

Some Cross-country Evidence",*Public Choice*,134,pp.307-328.

Bird,G and Rajan,R.,2001,"Banks,Financial Liberalization and Financial Crises in Emerging Markets",*World Economy*,24(7),pp.889-910.

Blackburn,K.and Forgues-Puccio.G.,2010,"Financial Liberalization,Bureaucratic Corruption and Economic Development",*Journal of International Money and Finance*,29,pp. 1321-1339.

Blanchard,O.,Giavazzi,F.,2005,"Rebalancing Growth in China:A Three-Handed Approach",MIT Department of Economics Working Paper 05-32,MIT:Cambridge,MA.

Bonfiglioli,A.,2008,"Financial Integration,Productivity and Capital Accumulation",*Journal of International Economics*,76(2),pp.337-355.

Bordo,M.2003,"Exchange Rate Regime Choice in History Perspective," IMF Working Paper 03/160.

Borensztein,De Gregorio and Lee,J.,1998,"How does Foreign Direct Investment Affect Growth",*Journal of International Economics*,45 (6),pp.115-135.

Boughton,J.,1988,"The Monetary Approach to Exchange Rates:What now Remanins? ",*Essays in International Finance* 171(Princeton,N.,J.,International Finance Section,Princeton University.

Boyd,J.,Levine,R.,Smith,B.,2001,"The Impact of Inflation on Financial Sector Performance",*Journal of Monetary Economics* 47,pp.221-248.

Brada J.,and Claudon,M.,2007,"Trade Liberalization,Capital Account Liberalization and the Real Effects of Financial Development",*Journal of International Money and Finance*,26(5),pp.730-761.

Bandyopadhyay,D.,2006,"How Financial Development Caused Economic Growth in APEC Countries:Financial Integration with FDI or Privatization without FDI",*Asia Pacific Development Journal*,13(1),pp.75-100.

Branson,W.,1975,"Stocks and Flows in International Monetary Analysis",in A.Ando,R.Herring and R.Martson,eds.,*International Aspects of Stabilization Policies*,Boston,Federal Reserve Bank of Boston,pp.27-50.

Branson,W.W.,1976,"Portfolio Equilibrium and Monetary Policy with Foreign and Non-trade Assets",In E.Claassen and P.Salin,eds.,*Recent Issues in International Monetary Economics*,Amsterdam:North-Holland.

Braun,M.and Raddatz,C.,2007,"Trade Liberalization,Capital Account Liberalization and the Real Effects of Financial Development",*Journal of International Money and Finance*,26,pp.730-761.

Brennan,M.,1958,"The Supply of Storage",*American Economic Review*,48(1),pp. 50-72.

Broner, F. and Ventura, J., 2010, "Rethinking the Effects of Financial Liberalization", NBER Working Paper, No.16640.

Bu.Y.X.and Tyers, R., 2001, "China's Equilibrium Real Exchange Rate: Counterfactual Analysis", February Working Papers in Economics and Econometrics, No.390, Australian National University SBN: 0868313904.

Bubula A.and Otker-Robe, 2004, "The Evolution of Exchange Rate Regimes since 1990: Evidence form De Facto Policy", IMF Working Paper, 02/155.

Buera, F.and Shin, Y., 2013, "Financial Frictions and the Persistence of History: Aquantitative Exploration", *Journal of Political Economicy*, 121(2), pp.221-272.

Burdekin, R. and Siklos, P., 2008, "What has Driven Chinese Monetary Policy since 1990? Investigating the People's Bank's Policy Rule", *Journal of International Money and Finance*, 27, pp.847-859.

Bussière, M., Lopez, C., and Tille, C., 2015, "Do Real Exchange Rate Appreciations Matter for Growth?", *Economic Policy*, 30(81), pp.5-45.

Bussière, M.& Fratzscher, M., 2008, "Financial Openness and Growth: Short-run Gain, Long-run Pain?", *Review of International Economics*, 2008, 16(1), pp.69-95.

Caglayan, M., and Demir, F., 2014, "Firm Productivity, Exchange Rate Movements, Sources of Finance, and Export Orientation", *World Development*, 54, pp.204-219.

Caballero, Krishnamurthy, 2004, "Fiscal Policy and Financial Depth", NBER Working Paper, No.10532.

Calderon, C. and Kubota. M., 2009, "Does Financial Openness Lead to Deeper Domestic Financial Markets ?", The World Bank, Policy Research Working Paper, No.4973.

Calvo, G. A. and Reinhart C. M., 2000, "Fear of Floating", NBER Working Paper No. w7993.November. (2002, *Quarterly of Journal of Economics*, Vol.117, No.2, pp.379-408.)

Calvo, G.A.and Rodriguez C.A., 1997, "A Model of Exchange Rate Determination under Currency Substitution and Rational Expectations", *Journal of Political Economy*, Vol.85, No.3.

Calvo, G., 2001, "Capital Market and the Exchange Rate: With Special Reference to the Dollarization Debate in Latin America", *Jounal of Money, Credit, and Banking*, 33(2), pp. 312-324.

Calvo, G., 1991, "The Perils of Sterilization", IMF Staff Papers, 38, No.4, pp.921-926.

Calvo, G., 1998, "Capital Flows and Capital Market Crises: the Simple Economics of Sudden Stops", *Journal of Applied Economics*, 1, pp.35-54.

Calvo, G. A., LeidermanL., Reinhart, C. M., 1996, "Inflow of Capital to Developing Countries in the 1990s", *Journal of Economic Perspectives* 10(2), pp.123-139.

Calvo, G.and Reinhart, C., 2002, "Fear of Floating", *Quarterly of Journal of Economics*, Vol.117, No.2, pp.379-408.

Campa, J.M., Goldberg, L.S., 2002, "Exchange Rate Pass Through into Import Prices: A Macro or Micro Phenomenon?", NBER Working Paper, No.8934.

Campbell, John Y., and Richard H.Clarida, 1987, "The Dollar and Real Interest Rates", *Carnegie-Rochester Conference Series on Public Policy*, 27, pp.103-139.

Campos, N.and Coricelli, F., 2009, "Financial Liberalization and Democracy: The Role of Reform Reversals", Centre for Economic Policy Research, Discussion Paper, No.7393.

Canales-Kriljenk, J., 2003a, "Foreign Exchange Market Organization in Selected Developing and Transition Economies: Evidence form a Survey", IMF Working Paper, 03/95.

Cao, G., 2012, "Time-Varying Effects of Changes in the Interest Rate and the RMB Exchange Rate on the Stock Market of China: Evidence from the Long-Memory TVP-VAR Model", *Emerging Markets Finance and Trade*, 48(s2), pp.230-248.

Caramazza, F., and Aziz, J., 1998, "Fixed or Flexible? Getting the Exchange Rate Right in the 1990s", *Economic Issues*, No.13, IMF.

Cassel, G.1923, *Money and Foreign Exchange after* 1914, New York, Macmillan.

Cespedes, L. F., Chang R., Velasco A., 2000, "Balance Sheets and Exchange Rate Policy", NBER Working Paper, No.7840.

Chang R.and Velasco A., 2000, "Exchange Rate Policy for Developing Countries", *American Economic Review*, Vol.90, No.2, p.71.

Chang, C., Chan, K. and Fung, H., 2009, "Effect of Money Supply on Real Output and Price in China", *China &World Economy*, Vol.17, No.2, pp.35-44.

Chang, C., Liu, Z.and Spiegel, M.M., 2015, "Capital Controls and Optimum Chinese Monetary Policy", Working Paper, No.13, Federal Reserve Bank of San Francisco.

Chang, G. H., Shao, Q., 2004, "How Much is the Chinese Currency Undervalued? A Quantitative Estimation", *China Economic Review*, 15, pp.366-371.

Chen, C.H.2002, "Interest Rates, Savings and Income in the Chinese Economy", *Journal of Economic Studies*, 29, No.1.

Chen, S., 2017, "Exchange Rate under valuation and R&D Activity", *Journal of International Money and Finance*, 72, pp.148-160.

Cheung, Y., Chinn, M. and Fujii. E., 2007, "The Overvaluation of Renminbi Undervaluation", NBER Working Paper, No.12850.

Cheung, Yin-Wong, Menzie D.Chinn, and Antonio Garcia Pascual, 2005, "Empirical Exchange Rate Models of the Nineties: Are Any Fit to Survive?", *Journal of International Money and Finance* 24, pp.1150-1175.

Chinn, M.D.and Ito, H, 2008, "A New Measure of Financial Openness", *Journal of Comparative Policy Analysis*, Vol.10(3), pp.309-322.

Chinn, M., Ito, H., 2002, "Capital Account Liberalization, Institutions, and Financial Development: Cross-country Evidence", NBER Working Paper, No.8967.

Chinn, M., Ito, H., 2006, "Capital Account Liberalization, Institutions, and Financial Development: Cross Country Evidence", *Journal of Development Economics*, Vol.66, pp.465-504.

Chit, M., Rizov, M. and Wilenbockel, D., 2010, "Exchange Rate Volatility and Exports: New Evidence from Emerging East Asian Economics", *World Economy*, 33(2), pp.239-263.

Choi, B.Y., & Pyun, J.H., 2017, "Does Real Exchange Rate Depreciation Increase Productivity? Analysis using Korean Firm - level Data", *The World Economy*, 41 (2), pp. 604-633.

Choong, C., Yusop, Z., and Soo, S., 2004, "Foreign Direct Investment, Economic Growth, and Financial Sector Development: A Comparative Analysis", *ASEAN Economic Bulletin*, Vol. 21, No.3, pp.278-289.

Choong, C., Baharumshah, A., Yusop, Z., and Habibullah, M., 2010, "Private Capital Flows, Stock Market and Economic Growth in Developed and Developing Countries: A Comparative Analysis", *Japan and World Economy*, 22(2), pp.107-117.

Chou, W., and Shih, Y., 1998, "The Equilibrium Exchange Rate of Chinese RMB", *Journal of Comparative Economics*, Vol.26, Issue 1, pp.165-174.

Clarida, R., Gali, J.and Gertler, M.2000, "Monetary Policy Rules and Macroeconomic Stability: Evidence Some Theory", *Quarterly Journals of Economics*, pp.147-180.

Clarida, R., Gali, J.and Gertler, M.2001, "Optimal Monetary Policy in Open versus Closed Economies: An Integrated Approach", NBER Working Paper, No.8604.

Clarida, R., Gali, J.and Gertler, M.2002, "A Simple Framework for International Monetary Policy Analysis", *Journal of Monetary Economics*, 49, pp.879-904.

Clark, P. and MacDonald, R., 1998, "Exchange Rates and Economic Fundamentals: A Methodological Comparison of BEERs and FEERs", IMF Working Paper, pp.67-98.

Coeurdacier, N., Rey, H. and Winant, P., 2019, "Financial Integration and Growth in a Risky World", *Journal of Monetary Economics*, 112, pp.1-21.

Cooper, R.N., 1975, "Prolegomena to the Choice of an International Monetary System", *International Organization*, 29, pp.63-67.

Corden, W., 2009, "China's Exchange Rate Policy, its Current Account Surplus and the Global Imbalances", *Economic Journal*, 119, pp.430-441.

Corker, R., et al., 2000, "Exchange Rate Regimes in Selected Advanced Transition Economies: Coping with Transition, Capital Inflows and EU Accession", IMF Policy Discussion Paper, No.3.

Coudert, V.and Couharde, C., 2005, "Real Exchange Rate in China", CEPII Working Paper, No.0501.

Cover, J.P., 1992, "Asymmetric Effects of Positive and Negative Money Supply Shocks",

The Quarterly Journal of Economics, 107, pp.1261–1282.

Creal, D. and Wu, J., 2014, "Interest Rate Uncertainty and Economic Fluctuations", NBER Working Paper, No.20594.

Crucini, M., Kose, M.and Otrok, C., 2011, "What Are the Driving Forces of International Business Cycles", *Review of Economic Dynamics*, 14(1), pp.156–175.

Cuaresma J., Gnan E., Ritzberger–Gruenwald, D., 2004, "Searching for the Natural Rate of Interest: a Euro–area Perspective", *Empirica*, 31(2), pp.185–204.

Cull, R., and Xu, L.C., 2003, "Who Gets Credit? The Behavior of Bureaucrats and State Banks in Allocating Credit to Chinese State–owned Enterprises", *Journal of Development Economics*, Vol.71, pp.533–559.

Cull, R., Li, W., Sun, B. and Xu, L. C., 2015, "Government Connections and Financial Constraints: Evidence from A Large Representative Sample of Chinese Firms", *Journal of Corporate Finance*, Vol.32, pp.271–294.

Cumby, R. E. and Obstfeld, M., 1984, "International Interest Rate and Price Level Linkages under Flexible Exchange Rates: A Review of Recent Evidence", in *Exchange Rate Theory and Practice*, ed. by J. F. O. Bilson and R. C. Marston (Chicago: University of Chicago Press).

Curdia, V.and Woodford, M., 2011, "The Central–Bank Balance Sheet as an Instrument of Monetary Policy", *Journal of Monetary Economics*, 58, pp.54–79.

Dai, G., Liang, F., 2006, "An Empirical Study on the Choice of Benchmark Interest Rate in China", *World Economy*, 4, pp.3–11.

Dai, M., 2006, "Inflation–targeting under a Managed Exchange Rate: the Case of the Chinese Central Bank", *Journal of Chinese Economic and Business Studies* 4(3), pp.199–219.

Daniel, B.and Jones, J., 2007, "Financial Liberalization and Banking Crises in Emerging Economies", *Journal of International Economics*, 5 (1).

Danne, C. and Schnabl, G., 2008, "A Role Model for China? Exchange Rate Llexibility and Monetary Policy in Japan", *China Economic Review*, 19, pp.183–196.

De Gregorio, J., 1999, " Financial Integration, Financial Development, and Economic Growth", *Estudios de Economia*, 26 (2), pp.137–161.

Demirguc–Kunt, A.and Detragiache, E., 1999, "Does Deposit Insurance Increase Banking System Stability?", IMF Working Papers, No.WP/00/03.

Denizer, C.A., Iyigun, M.F., Owen, A., 2021, "Finance and Macroeconomic Volatility", International Finance Discussion Paper, No.670.

Desai, M., Foley, C. and Forbes, K., 2008, "Financial Constraints and Growth: Multinational and Local Firm responses to Currency Depreciation", *The Review of Financial Studies*, 21(6), pp.2857–2888.

Desai, M., Foley, C. and Hines, J., 2006, "Capital Controls, Liberalizations, and Foreign Direct Investment", *Review of Financial Studies*, 19, pp.1433–1464.

Detragiache, E., Mody, A., Okada, E., 2005, "Exits from Heavily Managed Exchange Rate Regimes", IMF Working Paper, WP/05/39.

Devereux, M. and Engel, C., 1999, "The Optimal Choice of Exchange Rate Regime: Price-Setting Rules and International Production", NBER Working Paper, No.6992.

Devereux, M. and Yetman, J., 2014, "Capital Controls, Global Liquidity Traps, and the International Policy Trilemma", *Scandinavian Journal of Economics*, 116, pp.158–189.

Diaz-Alejandro, C., 1985, "Goodbye Financial Repressio, Hello Financial Crash", *Journal of Development Economics*, 19, pp.1–24.

Dickinson, D., & Liu, J., 2007, "The Real Effects of Monetary Policy in China: An Empirical Analysis", *China Economic Review*, 18, pp.87–111.

Dobson, W. and Masson, P., 2009, "Will the Renminbi become a World Currency", *China Economic Review*, 20, pp.124–135.

Dollar, D. and Kraay, A., 2005, "Neither a Borrower Nor a Lender: Does China's Zero Net Foreign Asset Position Make Economic Sense?", World Bank China Office Research Working Paper, No.3.

Dominguez, K. and Tesar, L., 2006, "Exchange Rate Exposure", *Journal of International Economics*, 68, pp.188–218.

Dominguez, Kathryn, and Frankel, J., 1993, "Does Foreign Exchange Intervention Matter?", *American Economic Review*, 83(4), pp.1356–1369.

Dooley, M., Landau, D. and Garber, P., 2005, "Interest Rates, Exchange Rates and International Adjustment", NBER Working Paper, No.11771.

Dooley, M. and Premium, R., 1983, "The Portfolio Model of Exchange Rate and Some Structural Estimates of the Risk Premium", IMF Staff Papers, 30, pp.683–702.

Dornbusch, R., 1973, "Devaluation, Money and Non-traded Goods", *American Economic Review*, pp.871–883.

Dornbusch, R., 1992, "The Case for Trade Liberalization in Developing Countries", *The Journal of Economic Perspectives*, pp.69–85.

Dornbusch, R., 1976, "Expectations and Exchange Rate Dynamics", *Journal of Political Economy*, pp.1161–1176.

Dornbusch, R., 1976, "The Theory of Flexible Exchange Rate Regimes and Macroeconomic Policy", *Scandinavian Journal of Economics*, 78(2).

Dornbusch, R. and Fischer, S., 1980, "Exchange Rate and the Current Account", *American Economic Review*, 70, pp.960–976.

Dragos, P., Mihaela, S., & Stefan, M., 2013, "The Influence of Money Supply and Interest

Rate on Inflation", *China-USA Business Review*, 12(6).

Drazen, A., 2000, "Interest Rate and Borrowing Defense Against Speculative Attack", *Carnegie-Rochester Conference Series on Public Policy*, 53 (1), pp.303-348.

Driskill, R. and McCafferty, S., 1980, "Speculation, Rational Expectations, and Stability of the Foreign Exchange Market", *Journal of International Economics*, 10, pp.91-102.

Driskill, R., 1981, " Exchange Rate Dynamics: An Empirical Investigation", *Journal of Political Economy*, pp.357-371.

Duttagupta, R., Fernandez, G., and Karacadag, C., 2004, " Form Fixed to Float: Operational Aspects of Moving Toward Exchange Rate Flexibility", IMF Working Paper, 04/126.

Edison, H., Klein, M., Ricci, L., Sløk, T., 2004, "Capital Account Liberalization and Economic Performance: Survey and Synthesis", IMF Staff Papers, 51 (2), pp.220-256.

Edison, H., Levine, R., Ricci, L. and Slok., T., 2002, " International Financial Integration and Economic Growth", *Journal of International Money and Finance*, 21(6), pp.749-776.

Edwards S, 1989, *Real Exchange Rates, Devaluation and Adjustment-Exchange Rate Policy in Developing Countries*, The MIT Press. Cambridge, Massachusetts, London, England.

Edwards, S. and Khan, M., 1985, "Interest Rate Determination in Developing Countries: A Conceptual Framework", IMF Staff Papers, Palgrave Macmillan, Vol.32(3), pp.377-403.

Edwards, S., 1998, "Openness, Productivity, and Growth: What Do We Really Know?", *Economic Journal*, 108, pp.383-398.

Edwards, S., 1995, *Capital Controls, Exchange Rates, and Monetary Policy in the Word Economy*, Cambridge University Press, Cambridge and New York.

Edwards, S. and Savastano, M., 1999, " Exchange Rate in Emerging Economies: What do We Know? What do We Need to Know?", NBER Working Paper, No.7228.

Edwars, S., 1996, "The Determinants of the Choice Between Fixed and Flexible Exchange Regimes", NBER Working Paper, No.5756.

Eichengreen, B. and Tong, H., 2011, "The External Impact of China's Exchange Rate Policy: Evidence from Firm Level Data", NBER Working Paper, No.17593.

Eichengreen, B., 1994, *International Monetary Arrangements for the 21th Century*, Washington, DC. Brookings Institution.

Eichengreen, B., 2001, " Capital Account Liberalization: What do Cross-Country Studies Tell Us? ", *World Bank Economic Review*, 15(3), pp.341-365.

Eichengreen, B., 2004, " Chinese Currency Controversies", CEPR Discussion Paper, No.4375.

Eichengreen, B., 2006, "Is a Change in the Renminbi's Exchange Rate in China's Interest?", *Asian Economic Papers*, 4(1), pp.40-74.

Eichengreen and Hausmann, 1999, "Exchange Rates and Financial Fragility", Paper Presented at Federal Reserve Bank of Kansas City's Conference on Issues in Monetary Policy Jackson Hole, Wyoming, 27-29 August.

Eichengreen, B. and Masson, P., 2004, "Chinese Currency Controversies", Discussion Paper Series, No.4375, Centre for Economic Policy Research, London.

Eichengreen, B., et al., 1998, "Exit Strategies Policy Options for Countries Seeking Greater Exchange Rate Flexibility", IMF Occasinal Paper, No.168.

Eichengreen, B., Gullapalli, R. and Panizza, U., 2011, "Capital Account Liberalization, Financial Development and Industry Growth: A Synthetic View", *Journal of International Money and Finance*, 30(6), pp.1090-1106.

Eichengreen, B., Rose A. K., Wyplosz C., 1996, "Contagious Currency Crises", NBER Working Paper, No.5681.

Ekholm, K, Moxnes, A, Ultveit-Moe, K., 2012, "Manufacturing Restructuring and the Role of Real Exchange Rate Shocks", *Journal of International Economics*, 86(1), pp.101-117.

Elbadawi, I., 1994, "Estimating Long-Run Equilibrium Exchange Rates", in Williamson, J., *Estimating Equilibrium Exchange Rates*, Institute for International Economics, Washington, D.C.

Elekda, S. and Tchakarov, I., 2007, "Balance Sheets, Exchange Rate Policy, and Welfare", *Journal of Economic Dynamics & Control*, 31, pp.3986-4015.

Engel, C., 1999, "Long-Horizon Predictability of Exchange Rates: Is It For Real?", *Empirical Economics*, 24(3), pp.451-469.

Engel, C., 2000, "Long-Run PPP May Not Hold After All", *Journal of International Economics*, 51(2), pp.243-273.

Engel, C. and Kim, C., 1999, "The long-run U.S./U.K. Real Exchange Rate", *Journal of Money, Credit and Banking*, 31, pp.335-356.

Engel, C. and West, K., 2010, "Global Interest Rates, Currency Returns, and the Real Value of the Dollar", *American Economic Review*, Vol.100(2), pp.562-567.

Engel, C., Wang, J. and Wu. J., 2009, "Long-Horizon Forecasts of Asset Prices when the Discount Factor is close to Unity", Globalization and Monetary Policy Institute Working Paper, No.36.

Engel, C. and West., K., 2005, "Exchange Rates and Fundamentals", *Journal of Political Economy*, 113, pp.485-517.

Engel, C. and West., K., 2006, "Taylor Rules and the Deutschmark-Dollar Real Exchange Rate", *Journal of Money, Credit and Banking*, 38, pp.1175-1194.

Engle, R., and Granger, C.M.J., 1987, "Co-integtation and Error Correction: Representation, Estimation, and Testing", *Econometrics*, 55(2), pp.251-276.

Erdogan, S., Karacan, R. and Alpaslan, B., 2013, "Interest Rates, Exchange Rates and Macroeconomic Performance", MPRA Paper, No.50838.

Esaka, 2010, "Exchange Rate Regimes, Capital Controls, and Currency Crises: Does the Bipolar View Hold?", *Journal of International Financial Markets, Institutions & Money*, Vol.20 (1), pp.91–108.

Faccio, M., Masulis, R. And McConnell, J., 2009, "Political Connections and Corporation Bailouts", *Journal of Finance*, Vol.61, pp.2597–2636.

Fama, E.F., 1984, "Forward and Spot Exchange Rates", *Journal of Monetary Economics*, 14, pp.319–338.

Fama, E.F., 1970, "Efficient Capital Market: A Review of Theory and Empirical Work", *Journal of Finance*, 22, pp.383–417.

Fan, L., Johansson, A. C., 2010, "China's Official Rates and Bond Yields", *Journal of Banking and Finance* 34, pp.996–1007.

Fan, L., Zhang, C., 2007, "Beyond Segmentation: The Case of China's Repo Markets", *Journal of Banking and Finance*, 31, pp.939–954.

Faria, J. and Ledesma, M., 2005, "Real Exchange Rate and Employment in An Open Economy", *Research in Economies*, 59(1), pp.67–80.

Farrant, K., Peersman, G., 2006, "Is the Exchange Rate a Shock Absorber or a Source of Shocks? New Empirical Evidence", *Journal of Money, Credit and Banking* 38 (4), pp. 939–961.

Feeney, J. and Hillman, A., 2004, "Trade Liberalization through Asset Markets", *Journal of International Economics*, 64, pp.151–167.

Feenstra, R., Li, Z. and Yu, M., 2014, "Exports and Credit Constraints under Incomplete Information: Theory and Application to China", *Review of Economics and Statistics*, 96 (4), pp. 729–744.

Fernald, J. and Babson, O., 1999, "Why has China Survived the Asian Crisis so Well? What Risks Remain?", Board of Governors of the Federal Reserve System, International Finance Discussion Papers, Vol.633.

Fernández R. and Alessandra F., 2005, "Culture: an Empirical Investigation of Beliefs, Work, and Fertility", NBER Working Paper, No.11268.

Fernández, A., Klein, M., Rebucci A., Schindler M. and Uribe, M., 2015, "Capital Control Measures: A New Dataset", NBER Working Paper, No.20970.

Feyzioglu T., Porter, N. and Takats, E., 2009, "Interest Rate Liberalization in China", IMF Working Paper, WP/09/171.

Fischer, B. and Helmut R., 1993, "Liberalize Capital Flows in Developing Countries: Pitfalls, Prerequisites and Perspectives", Development Centre of the Organization for Economic

Co-operation and Development, Washington, D.C: OECD Publications and Information Centre.

Fischer, S., 1998, "Capital-Account Liberalization and the Role of the IMF", in: *Should the IMF Pursue Capital-Account Convertibility*? Essays in International Finance, No.207, Princeton University, pp.1-10.

Fischer, S., 2001, "Exchange Rate Regimes: Is the Bipolar View Correct?", *Journal of Economic Perspectives*, Vol.15, No.2.

Fischer, S., 2001, "Ten Years of Transition: Looking Back and Looking Forward", IMF Staff Papers, Vol.48, Special Issues.

Fischer, S., 2003, "Globalization and Its Challenges", *American Economic Review*, 93.

Fisher, I., 1930, *The Purchasing Power of Money*, MacMillan, New York.

Fleming, J. M., 1962, "Domestic Financial Policy under Fixed and Under Floating Exchange Rate", IMF Staff Papers, 9, pp.369-379.

Flood, P. and Jeanne, O., 2000, "An Interest Rate of a Fixed Exchange Rate?" IMF Working Paper, WP/00/19.

Flood, R.1989, "Evolution of Exchange Rate Regimes", IMF Staff Paper, Vol.36, No.4.

Flood, R. and Hodrick, R., 1998, "Real Aspects of Exchange Rate Regime Choice with Collapsing Fixed Rates", *Journal of International Economics*, Vol.21, pp.215-232.

Flood, R. and Rose, A., 1995, "Fixing Exchange Rates A Virtual Quest for Fundamentals", *Journal of Monetary Economics*, Elsevier, Vol.36(1).

Florio, A., 2006, "The Asymmetric Effects of Monetary Policy in a Matching Model with a Balance Sheet Channel", *Journal of Macroeconomic*, pp.375-391.

Forbes, K.J., 2007, " One Cost of the Chilean Capital Controls, Increased Financial Constraints for Smaller Traded Firms" , *Journal of International Economics*, 71, pp.294-323.

Forbes, K.J., 2007, " The Microeconomic Evidence on Capital Controls: No Free Lunch. In Capital Controls and Capital Flows in Emerging Economies: Policies, Practices and Consequences", NBER Working Paper, No.11372.

Frankel, J., 2009, "New Estimation of China's Exchange Rate Regime", NBER Working Paper, No.14700.

Frankel, J., 1979, "A Monetary Approach to the Exchange Rate: Doctrinal Aspects and Emprical Evidence", *Scandinavian Journal of Economics*, 78, pp.200-224.

Frankel, J.2006, "On the Yuan: The Choice Between Adjustment Under a Fixed Exchange Rate and Adjustment Under a Flexible Exchange Rate", *CESifo Studies*, 52(2), pp.246-275.

Frankel, J., 2004, "Experience of and Lessons from Exchange Rate Regimes in Emerging Economies", NBER Working Paper, No.10032.

Frankel, J., 2009, "New Estimation of China's Exchange Rate Regime", *Pacific Economic Review* 14(3), pp.346-360.

Frankel, J., and Wei, S., 2008, "Estimation of De Facto Exchange Rate Regimes: Synthesis of The Techniques for Inferring Flexibility and Basket Weights", IMF Staff Papers, 55, pp.384–416.

Frankel, J., Wei, S-J., 2007, "Assessing China's Exchange Rate Regime", *Economic Policy*, 51, pp.575–614.

Frankel, J.A., 1982, "The Order of Economic Liberalization: A Comment", *Carnegie-Rochester Conference Series on Public Policy*, Vol.17, issue 1, pp.199–201.

Frankel, J., and Goldstein, M., 1986, "A Guide to Target Zones", IMF Staff Papers, 33, pp.633–673.

Frenkel, J. and Johnson, H., 1976, *The Monetary Approach to the Balance of Payments*, London: Allen & Unwin.

Frenkel, J., 1979, "Further Evidence on Expectations, and the Demand for Money During the German Hyperinflation", *Journal of Monetary Economics*, 5, pp.81–96.

Frenkel, J., 2003, "Experience of and Lessons Form Exchange Rate Regime in Emerging Economies", NBER Working Paper, No.10032.

Frenkel, J., 2005, "On the Renminbi: The Choice between Adjustment under a Fixed Exchange Rate and Adjustment under a Flexible Exchange Rate", NBER Working Paper, No.111274.

Frenkel, J., Schmukler, S. and Serven, L., 2000, "Verifiability and the Vanishing Intermediate Exchange Rate Regime", NBER Working Paper, No.7901.

Frenkel, J., 1999, "No Single Currency Regime is Right for All Countries or at All time", NBER Working Paper, No.7338.

Frenkel, J.A. and Mussa, M.L., 1980, "The Efficiency of Foreign Exchange Market and Measures of Turbulence", *American Economic Review*, pp.374–381.

Frenkel, J., 1979, "On the Mark: A Theory of Floating Exchange Rates Based on Real Interest Differentials", *The American Economic Review*, 69, pp.610–622.

Frenkel, J., 1976, "A Monetary Approach to the Exchange Rate: Doctrinal Aspects and Empirical Evidence", *Scandinivian Journal of Economics*. Vol.178, No2, pp.200–224.

Frenkel, J., 1981, "Flexible Exchange Rate, Prices, and the Role of 'News': Lessons From the 1970s", *Journal of Political Economy*, pp.665–750.

Frenkel, J.A., 1978, "Purchasing Power Parity: Doctrinal Perspective and Evidence form the 1920s", *Journal of International Economics*, 8(2), pp.169–191.

Friedman, B. and Kuttner, K., 1992, "Money, Income, Prices and Interest Rates", *American Economic Review*, 82(3), pp.472–492.

Friedman, M., 1953, "The Case for Flexible Exchange Rates", in Friedman, M., *Essays in Positive Economics*, Chicago: University of Chicago Press.

Friedman, M.J., 1968, "The Role of Monetary Policy", *American Economic Review*, 58 (1), pp.1-17.

Fry, M.J., 1980, "Saving, Investment, Growth and the Cost of Financial Repression", *World Development*, Vol.8.

Fry, M.J., 1978, "Money and Capital of Financial Deepening in Economic Development?", *Journal of Money, Credit, and Banking*, 10 (4), pp.464-475.

Fry, M.J., 1980, "Saving, Investment, Growth and the Cost of Financial Repression", *World Development*, 8 (4), pp.317-327.

Fry, M.J., 1982, "Models of Financially Repressed Developing Economies", *World Development*, pp.731-750.

Fry, M.J., 1988, *Money, Interest, and Banking in Economic Development*, Baltimore and London: Johns Hopkins University Press.

Fry, M.J., 1997, "In Favour of Financial Liberalization", *Economic Journal*, 107 (442), pp.754-770.

Fuentes, R., Gredig, F., 2008, "The Neutral Interest Rate: Estimates for Chile", *Journal Economía Chilena (The Chilean Economy)*, 11(2), pp.47-58.

Fuhrer, F. and Moore, G., 1995, "Monetary Policy Trade - off and the Correlation between Nominal Interest Rates and Real Output", *American Economic Review*, Vol. 85, Issue 1, pp. 219-240.

Fung, L., 2008, "Large Real Exchange Rate Movements Firm Dynamics, and Productivity Growth", *Canadian Journal of Economics*, 41(2), pp.391-424.

Fung, L. and Liu, J., 2009, "The Impact of Real Exchange Rate Movements on Firm Performance: A Case Study of Taiwanese Manufacturing Firms", *Japan and the World Economy*, 21 (1), pp.85-96.

Fung, L., Baggs, J., Beaulieu, E., 2011, "Plant Scale and Exchange Rate Induced Productivity Growth", *Journal of Economics and Management Strategy*, 20(4), pp.1197-1230.

Fung, M., Ho, Y. and Zhu, L., 2000, "The Impact of Credit Control and Interest Rate Regulation on the Transforming Chinese Economy: an Analysis of Long-run Effects", *Journal of Comparative Economics*, 28, pp.193-320.

Funke, M., Rahn, J., 2005, "Just How Undervalued is the Chinese Renminbi?", *The World Economy*, 28(4), pp.465-489.

Galbis, V., 1977, "Financial Intermediation and Economic Growth in Less-Developed Countries: A Theoretical Approach", *Journal of Development Studies*, pp.58-72.

Galbis, V., 1979, "Money, Investment, and Growth in Latin America, 1961—1973", *Economic Development and Cultural Change*, 27 (3), pp.423-443.

Galindo, A., Schiantarelli, F. and Weiss, A., 2007, "Does Financial Liberalization Improve the Allocation of Investment? Micro Evidence from Developing Countries", *Journal of Development Economics*, Vol.83, pp.562-587.

Galindo, A., Lzquierdo. A. and Montero, J., 2007, "Real Exchange Rate Dollarization and Industrial Employment in Latin America", *Emerging Markets Review*, 8(4), pp.284-298.

Gandolfo, G. P. and Paladino, 1990, "Exchange Rate Determination: Single Equation or Structural Models", *Journal of Banking and Finance*, 14, pp.965-992.

Gang, Y., 2009, "Assessment of China's Macroeconomic Situation: Relevance of the Zero Interest Rate and Quantitative Easing Polices", *China Economic Journal*, Vol. 2, No. 3, pp. 239-255.

Gao, H., 2006, "Real Exchange Rate in China: a Long-run Perspective", *China and World Economy*, 14(4), pp.21-37.

Garnier, J., Wilhelmsen, B.R., 2009, "The Natural Rate of Interest and the Output Gap in the Euro-area: A Joint Estimation", *Empirical Economics*, 36(2), pp.297-319.

Garrison, R.W., 2012, "Natural Rates of Interest and Sustainable Growth", *Cato Journal*, 32(2), pp.423-437.

Geiger, M., 2008, "Instruments of Monetary Policy in China and Their Effectiveness: 1994-2006", United Nations Conference on Trade and Development, Discussion Paper, No.187.

Gelb, A.H., 1989, *Financial Policies, Growth, and Efficiency*, World Bank Publications.

Gelos, R.G. and Werner, A.M., 2002, "Financial liberalization, Credit Constrains, and Collateral: Investment in the Mexican Manufacturing Sector", *Journal of Development Economics*, pp.1-27.

Georgios Karras, 2013, "Asymmetric Effects of Monetary Policy With or Without Quantitative Easing: Empirical Evidence for the US", *The Journal of Economic Asymmetries*, pp.1-9.

Ghosh, A. et al., 1997, "Does the Nominal Exchange Rate Regime Matter?", NBER Working Paper, No.5874.

Ghosh A., Gulde, M. Ostry. J. & Wolf, H., 2003, *Exchange Rate Regime: Choice and Consequences*, MIT Press.

Giovanni, J. and Shambaugh, J., 2006, "The Impact of Foreign Interest Rate on the Economy: The Role of the Exchange Rate Regime", IMF Working Paper, WP/06/37.

Glick, R. and Hutchison, M., 2009, "Navigating the Ttrilemma: Capital Flows and Monetary Policy in China", *Journal of Asian Economics*, 20, pp.205-224.

Goldberg, P.K. and Knetter, M.M, 1997, "Goods Prices and Exchange Rates: What have We Learned?", *Journal of Economic Literature*, Vol.XXXV, pp.1243-1272.

Goldstein, M., 2004, "Adjusting China's Exchange Rate Policies", Institute for International Economics Working Paper, No.04-1, Washington, D.C.

Goldstein, M. and Lardy, N., 2009, "The Future of China's Exchange Rate Policy", peterson institute press policy analyses in international economics, 12/15.

Goldstein, M. and Lardy, N., 2003, "Two Stage Currency Reform for China", *Asian Wall Street Journal*, Sep.12.

Goldstein, M., and Lardy, N., 2006, "China's Exchange Rate Policy Dilemma", *American Economic Review*, Vol.96, No.2, pp.422-426.

Goldstein, M., Lardy, N., 2005, "China's Role in the Revised Bretton Woods System: A Case of Mistaken Identity", Institute for International Economics Working Paper, No. 05-2, IIE: Washington, D.C.

Goodfriend, M. and Prasad, E., 2006, "A Framework for Independent Monetary Policy in China", IMF Working Paper, WP/06/111.

Goodfriend, M., 2007, "A Framework for Independent Monetary Policy in China", *CESifo Economic Studies*, Vol.53, No.1, pp.2-41.

Goodman, S. H., 1979, "Foreign Exchange Forecasting Techniques: Implications for Business and Policy", *Journal of Finance*, 3, pp.415-427.

Gopinat, G. and Neiman, B., 2014, "Trade Adjustment and Productivity in Large Crises", *The American Economic Review*, 104(3), pp.793-831.

Gorodnichenko, Y., Svejnar, J. and Terrell, K., 2009, "Globalization and Innovation in Emerging Markets", The World Bank Policy Research Working Paper, No.4808.

Gourinchas and Jeanne, 2002, "On the Benefits of Capital Account Liberalization for Emerging Economies", IMF Working Paper, WP/06/189.

Gourinchas and Jeanne, 2006, "The Elusive Gains from International Financial Integration", *Review of Economic Studies*, 73, pp.715-741.

Gourinchas, P., and Jeanne, O., 2007, "Capital Flows to Developed Countries: The Allocation Puzzle", NBER Working Paper, No.13602.

Grafe, C. and Wyplosz, C. 1997, "The Real Exchange Rate in Transition Economies", CEPR Discussion Papers, No.1773.

Granger, C.W.J., 1988, "Some Recent Developments in a Concept of Causality", *Journal of Econometrics*, Vol.39, No.1-2, pp.199-211.

Grauwe, P.D., Dewachter, H. and Embrechts, 1993, *Exchange Rate Theory: Chaos Models of Foreign Exchange Markets*, Published by Blackwell Publishers.

Gray, S., 2011, "Central Bank Balances and Reserve Requirements", IMF Working Paper, WP/11/36.

Grier, K. and Smallwood, A., 2007, "Uncertainty and Export Performance: Evidence from 18 Countries", *Journal of Money, Credit and Banking*, 39(4), p.965.

Grilli, V., Milesi-Ferretti, G., 1995, "Economic Effects and Structural Determinants of

Capital Controls",*IMF Staff Papers* 42 (3),pp.517-551.

Groenewold,N.and He,L.,2007:"The US-China Trade Imbalance:Will Revaluing the RMB Help?",*Economic Letters*,96(1),pp.127-132.

Groombridge,Mark,2001,"Capital Account Liberalization in China:Prospects,Prerequisites,and Pitfalls",*Cato Journal*,Vol.21,No.1,pp.119-131.

Gruben,W.and Meleod,D.,2002,"Capital Account Liberalization and Inflation",*Economics Lettera*,Vol.77,pp.221-225.

Gruber,J.and Kamin,S.,2008,"Do Differences in Financial Development Explain the Global Pattern of Current Account Imbalance?",International Finance Discussion Papers,No. 923.Board of Governors of the Federal Reserve System.

Guillaumont,J.,and Hua,P.,2010,"How does Real Exchange Rate Influence Labour Productivity in China? ",*China Economic Review*,doi:10.1016/j.chieco.2010.04.

Guillaumont,S.and Hua,P.,2002,"The Balassa-Samuelson Effect and Inflation in the Chinese Provinces",*China Economic Review*,108,pp.1-27.

Guilermo A.Calvo and Carmen M.Reinhart,2000,"Fear of Floating",NBER Working Paper,No.7993.

Guiso,L.,Sapienza,P.and Zingales,L.,2002,"Does Local Financial Development Matter?",NBER Working Paper,No.8922.

Guiso,L.,Sapienza,P.and Zingales,L.,2005,*Trusting the Stock Market* ,University of Chicago,mimeo.

Guitian,Manuel,"Reality and the Logic of Capital Flow Liberalization",in Ries,Christine P.and Richard J.Sweeney,1997,*Capital Controls in Emerging Economies*,Boulder,Colorado: Westview Press,pp.17-32.

Guitidn,M.,1995,*Capital Account Liberalization*,Cambridge Press.

Gupta,N.and Yuan,K.,2009,"On the Growth Effect of Stock Market Liberalizations", *Review of Financial Studies* 22(11),pp.4715-4752.

Gupta,K.L.and Lensink,R.,1996,"Allocative Efficiency and Financial Deregulation", *International Review of Economics & Finance*,pp.35-49.

Gupta,S.,2000,"*Financial Sector Liberalization:Experience of South Korea,Chile and India in the* 1990*s*",Master Dissertation,Jawaharlal Nehru University.

Gurkaynak,R.S.,Sack,B.,& Swanson,T.E.,2005,"The Sensitivity of Long-term Interest Rates to Economic News:Evidence and Implications for Macroeconomic Models",*American economic review*,95,pp.425-436.

Gylfason,T.,1993,"Optimal Saving,Interest Rate,and Endogeneous Growth",*Scandinavian Journal of Economics*,95,pp.517-533.

Gylfason,T.and Helliwell,J.F.,1983,"A Synthesis of Keynesian,Monetary,and Portfolio

Approaches to Flexible Exchange Rate", *Economic Journal* 93, pp.820-831.

Hagen, J., Zhou, J., 2005, "The Choice of Exchange Rate Regimes: an Empirical Analysis for Transition Economies", *Economics of Transition* 13 (4), pp.679-703.

Hagen, J., Zhou, J., 2007, "The Choice of Exchange Rate Regimes in Developing Countries: A Multinomial Panel Analysis", *Journal of International Money and Finance*, 26, pp. 1071-1094.

Hakkio, C.S., 1984, "A Re-Examination of Purchasing Power Parity: A Multi-Country and Multi-Period Study", *Journal of International Economics*, 17, pp.265-277.

Halpern, L. and Wyplosz, C., 1997: "Equilibrium Exchange Rate in Transition Economies", IMF Staff Papers, Dec.44.

Hanson, J., 1995, "Open the Capital Account: Cost, Benefits, and Sequencing", in *Capital Controls, Exchange Rates and Monetary Policy in the World Economy*, Edited by Sebastian Edwards, Cambridge University Press.

Harris, R.2001, "Is There a Case for Exchange Rate Induced Productivity Changes?", Canadian Institute for Advanced Research Working Paper, No.164.

Harris, R., Schiantarelli, F. and Siregar, M., 1994, "The Effect of Financial Liberalization on the Capital Structure and Investment Decision of Indonesian Manufacturing Establishments", *The World Bank Economic Review*, 8(1), pp.17-47.

Harrison, A., Love, I. and McMillan, M., 2004, "Global Capital Flows and Financing Constraints", *Journal of Development Economics*, 75(1), pp.269-301.

Hatemi-J. A., 2012, "Asymmetric Causality Tests with an Application", *Empirical Economics*, 43, pp.447-456.

Hausmann, Panizza and Stein, 2000, "Why do Countries Float the Way They Float?", Inter-American Development Bank, Working Paper, No.418.

Hawkins, J., 2003, "Central Bank Balance Sheets and Fiscal Operations", BIS Papers, No.20.

Haynes, S.E. and Stone, J.A.1981, "On the Mark: Comment", *American Economic Review*, 71, pp.1061-1071.

He D., Cheung L., Zhang W.& Wu T., 2012, "How would Capital Account Liberalization Affect China's Capital Flows and the Renminbi Real Exchange Rates?", *China & World Economy*, 20(6), pp.29-54.

He, Dong and Honglin Wang, 2013, "Monetary Policy and Bank Lending—Evidence from Loan Level Data", Hong Kong Institute for Monetary Research Working Paper, No.16.

He, D. and Wang, H., 2012, "Dual-Track Interest Rate and the Conduct of Monetary Policy in China", *China Economic Review*, Vol.23, pp.928-947.

He, D. Wang, H. and Yu, X., 2014, "Interest Rate Determination in China: Past, Present, and Future", HKIMR (Hong Kong Institute for Monetary Research) Working Paper, No.04/2014.

Heath, R., 2015: "What Has Capital Flow Liberalization Meant for Economic and Financial Statistics?", IMF Working Paper, WP/15/88.

Heller, R., 1978, "Determinants of Exchange Rate Practices", *Journal of Money, Credit, and Banking*, Vol.10, pp.308-321.

Hellman, T., Murdock, K. and Stiglitz, J., 2000, "Liberalization, Moral Hazard in Banking, and Prudential Regulation: Are Capital Requirements Enough?", *American Economic Review*, Vol.90, pp.147-165.

Helpman, E., Melitz, M.J. and Yeaple, S.R., 2004, "Export versus FDI with Heterogeneous Firms", *American Economic Review*, Vol.94, No.1, pp.300-316.

Henry, P.B., 2003, "Capital-Account Liberalization, the Cost of Capital, and Economic Growth", *American Economic Review*, 93(2), pp.91-96.

Henry, P.B., 2007, "Capital Account Liberalization: Theory, Evidence, and Speculation", *Journal of Economic Literature*, 45(4), pp.887-935.

Henry, P. and Sasson, D., 2008, "Capital Account Liberalization, Real Wages, and Productivity", NBER Working Paper, No.13880.

Herger, N., Hodler, R. and Lobsiger, M., 2008, "What Determines Financial Development? Culture, Institutions or Trade", *Review of World Economics*, Vol.144 (3).

Hermes, N. and Lensink, R., 2000, "Financial System Development in Transition Economies", *Journal of Banking and Finance*, Vol.24, pp.507-524.

Hermes, N. and Lensink, R., 2003, "Foreign Direct Investment, Financial Development and Economic Growth", *The Journal of Development Studies*, Vol.38, pp.142-163.

Héricourt, J. and Poncet, S., 2013, "Exchange Rate Volatility, Financial Constraints, and Trade: Empirical Evidence from Chinese Firms", *World Bank Economic Review*, 29(3), pp. 550-578.

Heybey, B. and Murrell, P., 1997, "The Relationship between Economic Growth and the Speed of Liberalization during Transition", SSRN Online Document, 98051504.

Hodrick, Robert J., 1978, "An Empirical Analysis of the Monetary Approach to the Determination of the Exchange Rates", In: Frankel, Jeffery A., Johnson, H.G. (Eds.), *The Economics of Exchange Rates: Selected Studies*, Addison Wesley Publishing Company, Reading, Massachusetts.

Hofmann, B., Mizen, P., 2004, "Interest Rate Pass-through and Monetary Transmission: Evidence from Individual Financial Institutions' Retail Rates", *Economica* 71, pp.99-123.

Honig, A., 2008, "Addressing Causality in the Effect of Capital Account Liberalization on Growth", *Journal of Macroeconomics*, 30(4), pp.1602-1616.

Hooley, J., 2013, "Bringing Down the Great Wall? Global Implications of Capital Account Liberalization in China", *Bank of England Quarterly Bulletin*, 53(4), pp.304-315.

Hsieh, C. and Klenow, P.J. 2009, "Misallocation and Manufacturing TFP in China and India", *Quarterly Journal of Economics*, 124(4), pp.403-448.

Husain, A., Mody, A. and Rogoff, K., 2005, "Exchange Rate Regime Durability and Performance in Developing Versus Advanced Economies", *Journal of Monetary Economics*, 52, pp. 35-64.

Huang, Y., 2006, "On the Political Economy of Financial Reform", Bristol University Economics Department Working Papers, No.06/586.

Huang, H. and Wang, S., 2004, "Exchange Rate Regimes: China's Experience and Choices", *China Economic Review*, Vol.15, No.3., pp.336-342.

Huang, Y., and Wang, B., 2010, "Cost Distortions and Structural Imbalances in China", *China and World Economy*, 18(4), pp.1-17.

Huehet and Marilyne, 2003, "Does Single Monetary Policy Have Asymmetric Real Effects in EMU?", *Journal of Policy Modeling*, pp.151-178.

Huong, D. T., 2019, "Real Exchange Rate and Economic Growth: An Empirical Assessment for Vietnam", *Asian Economic and Financial Review*, 9(6), pp.680-690.

Hur, J., Raj, M. & Riyanto, Y., 2006, "The Impact of Financial Development and Asset Tangibility on Export", *World Development* 34(10), pp.1728-1741.

IMF, 1987, *Liberalization Policy and Welfare in a Financially Repressed Economy*, Washington DC.

IMF, 1991, *Exchange Rate Arrangements and Exchange Restrictions*, Washington.D.C.

IMF, 1993, *China: Economic Reform and Macroeconomic Management*, Washington DC.

IMF, 1993, *Liberalization of Capital Account: Experiences and Issues*, Washington DC.

IMF, 1993, *The Path to Convertibility and Growth: The Tunisian Experience*, Washington DC.

IMF, 1995, *Capital Account Convertibility: Review of Experience and Implications for IMF Policies*, Washington DC.

IMF, 1996, *Monetary and Exchange System Reforms in China: An Experiment in Gradualism*, Washington DC.

IMF, 1998, *Capital Account Liberalization: Theoretical and Practical Aspects*, Washington DC.

IMF, 1998, *Toward Full Convertibility*, Washington DC.

IMF, 1998, *Why Countries Use Capital Controls*? Washington DC.

IMF, 1999, *Sequencing Capita Account, Liberalization and financial Sector Reform*, Washington DC.

Isard, P., 1997, "How Far Can We Push the Law of one Price", *American Economic Review*, 67(5), pp.942-948.

Isard, P., 2007, "Equilibrium Exchange Rates: Assessment Methodologies", IMF Working Paper, WP/07/296.

Ishii, and Habermeier, 2002, "Capital Account Liberalization and Financial Sector Stability", IMF Occasional Paper 211, Washington DC.

Ito, T., 1990, "Foreign Exchange Rate Expectations: Micro Survey Data", *American Economic Review*, 80, pp.434-449.

Ito, H., 2006, "Financial Development and Financial Liberalization in Asia: Thresholds, Institutions and Sequence of Liberalization", *The North American Journal of Economics and Finance*, (1), pp.303-327.

Ito, T. and Symansky, S., 1997, "Economic Growth and Real Exchange Rate: An Overview of the Balassa-Samuelson Hypothesis in Asia", IMF Working Paper, No.5979.

Ize, Alain, 2006, "Spending Seigniorage: Do Central Banks Have a Governance Problem?", IMF Working Paper, 06/158.

Jaewoo, L., and Man-keung, T., 2003, "Does Productivity Growth Lead to Appreciation of the Real Exchange Rate?", IMF Working Paper, 154.

Jappelli, T., and M.Pagano, 1991, "Saving, Growth, and Liquidity Constraints", *Quarterly Journal of Economics*, 109(I), pp.83-109.

Jayaraman, S. and Kothari, S.P., 2016, "Cross-border Financing by the Industrial Sector Increases Competition in the Domestic Banking Sector", *Accounting Review*, 91(2), pp. 535-558.

Jeanne O., 2012, "Capital Account Policies and the Real Exchange Rate", NBER Working Paper, No.18404.

Jeanne, O. and Svensson, L., 2004, "Credible Commitment to Optimal Escape from a Liquidity Trap: The Role of the Balance Sheet of an Independent Central Bank", IMF Working Paper, WP/04/162.

Jeanneney, S. and Hua, P., 2011, "How does Real Exchange Rate Influence Labor Productivity in China?", *China Economic Review*, 22(4), pp.628-645.

Johansen, S., and Juselius, K., 1990, "Maximum Likelihood Estimation and Inferences on Cointegration- with Applications to the Demand for Money", *Oxford Bulletin of Economics and Statistics*, 52, pp.169-210.

Johnson, H. G., 1977, "The Monetary Approach to the Balance of Payments: A Nontechnical Guide", *Journal of International Economics*, 7, pp.251-229.

Johnson, S., 1998, "Sequencing Capital Account Liberalizations and Financial Sector Reform", IMF Paper on Policy Analysis and Assessment 98/8.

Jose De Gregorio, Holger C. Wolf, 1994, "Terms of Trade, Productivity and The Real Exchange Rate", NBER Working Paper, No.4807.

Kakkar, V, and Yan, I., 2012, "Real Exchange Rates and Productivity: Evidence from Asia", *Journal of Money Credit & Banking*, 44(2-3), pp.301-322.

Kaldor, 1985, "Lessons of the Monetarist Experiment", In: van Ewijk C., Klant J. J. (eds), *Monetary Conditions for Economic Recovery. Financial and Monetary Policy Studies*, Martinurs nijhoff Publishers.

Kamada, K., and Takagawa, I., 2005, "Policy Coordination in East Asia and across the Pacific", Bank of Japan Working Paper Series, No.05-E-4 (Bank of Japan, Tokyo).

Kaminky, G. and Schmukler, S., 2008, "Short-run Pain, Long-run Gain: The Effects of Financial. Liberalization", *Review of Finance*, Vol.12, No.2, pp.253-292.

Kaminsky, G., 1998, "Currency and Banking Crises: The Early Warnings of Distress", IMF Working Paper, WP/99/178.

Kaminsky, G., Lizondo, S., and Reinhart, C., 1998, "LeadingIndicators of Currency Crises", International Monetary Fund Staff Papers, 45, pp.1-48.

Kaminsky, G.L., Reinhart, C.M., 2000, "On Crisis, Contagion and Confusion", *Journal of International Economics* 51, pp.145-168.

Kaminsky, G. and Reinhart, C., 1999, "The Twin Crisis: The Causes of Banking and Balance-of-Payments Problem", *American Economic Review*, 89, pp.473-500.

Kanas, A., 2008, "On Real Interest Rate Dynamics and Regime Switching", *Journal of Banking and Finance*, 32, pp.2089-2098.

Kandilov I. and Leblebicioglu, A., 2011, "The Impact of Exchange Rate Volatility on Plantlevel Investment: Evidence from Colombia ", *Journal of Development Economics*, 94(2), pp. 220-230.

Kaplan, E. and Rodrik, D., 2001, "Did the Malaysian Capital Control Work?", CEPR Discussion Paper, No.2754.

Kapur, B.K., 1976, "Alternative Stabilization Policies for Less-developed Economies", *Journal of Political Economy*, pp.777-795.

Karras, G., 1996, "Are the Output Effects of Monetary Policy Asymmetric? Evidence from a Sample of European Countries", *Oxford Bulletin of Economics and Statistics*, (2), pp. 267-278.

Karras, G., 1996, "Why are the Output Effects of Monetary Policy Asymmetric? Convex Aggregate Supply or 'Pushing on a String?'", *Journal of Macroeconomics*, 18, pp.605-619.

Katie, F. and Gert, P., 2006, "Is the Exchange Rate a Shock Absorber or a Source of Shocks? New Empirical Evidence", *Journal of Money, Credit, and Banking*, Vol. 38, pp. 939-961.

Kelejian, H. H., Prucha, I. R., 1999, "A Generalized Moments Estimator for the Autoregressive Parameter in a Spatial Model", *International Economic Review*, 40, pp.509–533.

Kelly, M., 1970, "The Demand for International Reserves", *American Economic Review*, 60, pp.655–667.

Kendrick, J., 1961, *Productivity Trends in the United State*, Princeton University Press.

Khatkhate, D., 1988, "Assessing the Impact of Interest in Less Developed Countries", *World Development*, 16(5), pp.577–588.

Kim, E. and Singal, V., 2000, "Opening up of Stock Markets: Lessons from Emerging Economies", *Journal of Business*, 73, pp.25– 66.

Kindeberger, C.P., 1969, "Measuring Equilibrium in the Balance of Payments", *Journal of Political Economy*, 77, pp.873–891.

Kindleberger, C., 1973, *The World in Depression*, 1929 – 1939, Allen Lane, Penguin Books Ltd.

King, R. G. and Levine, R., 1993, "Finance, Entrepreneurship, and Growth: Theory and Evidence", *Journal of Monetary Economics*, pp.513–542.

Kitano, S., 2011, "Capital Control and Welfare", *Journal of Macroeconomics*, 33(4), pp.700–710.

Kiyotaki, N. and Moore, J., 2005, "Financial Deepening", *Journal of the European Economic Association*, 3(2–3), pp.701–713.

Klapper, J., Amit, R., Guillén M, and Quesada, J., 2007, "Entrepreneurship and Firm Formation Across Countries", The World Bank Policy Research Working Paper, No.4313.

Klaus, E., 2001, "Institutions, Transaction Costs, and Entry Mode Choice in Eastern Europe", *Lournal of International Business Studies*, 32(2), pp.357–367.

Klein, M. and Shambaugh, J., 2004, "Fixed Exchange Rates and Trade", NBER Working Paper, No. W10696.

Klein, M., 1986, *The Timing and Sequencing of Economic Reform in Africa: Lessons for Macroeconomic Management*, Harvard University.

Klein, M., 2003, "Capital Account Openness and the Varieties of Growth Experience", NBER Working Paper, No.9500.

Klein, M., 2005, "Capital Account Liberalization, Institutional Quality and Economic Growth: Theory and Evidence", NBER Working Paper, No.11112.

Klein, M., Shambaugh, J., 2006, "The Nature of Exchange Rate Regimes", NBER Working Paper, No.12729.

Klein, M., Shambaugh, J., 2008, "The Dynamics of Exchange Rate Regimes: Fixes, Floats, and Flips", *Journal of International Economics*, 75, pp.70–92.

Klein, W. and Olivei, G., 2008, "Capital Account liberalization, Financial Depth, and Economic Growth", *Journal of International Money and Finance*, 27, pp.861–875.

Klyuev V. 2001, "A Model of Exchange Rate Regime Choice in the Transitional Economies of Central and Eastern Europe", IMF Working Paper, 01/140.

Koivu, T., 2009, "Has the Chinese Economy become More Sensitive to Interest Rates? Studying Credit Demand in China", *China Economic Review*, 20, pp.455–470.

Komiya, R., 1969, "Economic Growth and the Balance of Payments: A Monetary Approach", *Journal of Political Economy*, 77, pp.35–48.

Koo, J. and Shin, S., 2004, "Financial Liberalization and Corporate Investments: Evidence from Korean Firm Data", *Asian Economic Journal*, pp.277–292.

Kose, M., 2006, "Financial Globalization: A Reappraisal", IMF Working Paper, WP/06/189.

Kose, M., Prasad, E. and Terrones, M., 2008, "Does Openness to International Financial Flows Raise Productivity Growth?", IMF Working Paper, WP/08/242.

Kose, A., E. Prasad and A. Taylor, 2011, "Thresholds in the Process of International Financial Integration", *Journal of International Money and Finance*, Vol.30, pp.147–179.

Kosuke A., G., Benigno and N., Kiyotaki, 2010, "Adjusting to Capital Account Liberalization", Discussion Paper Series, No.8087, November.

Kraay, Aart., 2007, "The Welfare Effects of a Large Depreciation: The Case of Egypt, 2000–05", Policy Research Working Paper, No.4182.

Krugman, P. and Obstfeld, M., 2000, *International Economics: Theory and Policy*, Addison–Wesley, New York.

Krugman, P., 1979, "A Model of Balance–of–Payments Crises", *Journal of Money, Credit and Banking*, 11, pp.311–325.

Krugman, P., 1989, "Differences in Income Elasticities and Trends in Real Exchange Rates", *European Economic Review*, 33(5), pp.1031–1046.

Krugman, P., 1991, "Target Zones and Exchange Rate Dynamics", *Quarterly Journal of Economics*, 106, pp.669–682.

Kuttner, Kenneth N., 2001, "Monetary Policy Surprises and Interest Rates: Evidence from the Fed Funds Futures Market", *Journal of monetary economics*, pp.523–544.

Kydland, F., and Prescott, E., 1982, "Time to Build and Aggregate Fluctuations", *Ecoaometrica*, 50(6), pp.1345–1370.

Laban, R. and Larrain, F, 1997, "Can a Liberalization of Capital Outflows Increase Net Capital Inflows?", *Journal of International Money and Finance*, 16(3), pp.415–431.

Lal, D., 1987, "The Political Economy of Economic Liberalization", *The World Bank Economic Review*, Vol.1, pp.273–299.

Lane, P.R., 2001, "The New Open Economy Macroeconomics: A Survey", *Journal of In-*

ternational Economics, 54, pp.235–266.

Lanyi, A., and Saracoglu, R., 1983, "The Importance of Interest Rates in Developing Economies", *Finance and Development*, pp.20–23.

Lardy, N. and Douglass, P., 2011, "Capital Account Liberalization and the Role of the Renminbi", Working Paper 11–6, Peterson Institution for International Economics.

Lardy, N., 2012, "Interest Rate Liberalization and the International Role of the RMB", Senior Fellow Peterson Institute for International Economics.

Larrain, M. and Stumpner, S., 2017, "Capital Account Liberalization and Aggregate Productivity: The Role of Firm Capital Allocation", *The Journal Of Finance*, Vol. 72, No. 4, pp. 1825–1958.

Lau, L.J., Qian, Y. and Roland, G., 2000, "Reform without Losers: An Interpretation of China's Dual-track Approach to Transition", *Journal of Political Economy*, Vol. 108, pp. 120–143.

Laubach, T. and Williams, J.C., 2003, "Measuring the Natural Rate of Interest", *Review of Economics and Statistics*, 85, pp.1063–1070.

Laurens, B. and Maino, R., 2007, "China: Strengthening Monetary Policy Implementation", IMF Working Paper, Vol.07/14.

Leaven, L.K, 2003, "Does Financial Liberalization Reduce Financing Constrains?", *Financial Management*, 32(1), pp.5–34.

Lee, L., and Shin, J., 2007, "Financial Liberalization, Crises, and Economic Growth", East Asian Bureau of Economic Research Working Paper, No.22030.

Levine, R. and Zervos, S., 1998, "Stock Markets, Banks, and Economic Growth", *American Economic Review*, pp.537–558.

Levine, R., 2001, "International Financial Liberalization and Economic Growth", *Review of International Economics*, 9(4), pp.688–702.

Levine, R., Loayza, N. and Beck, T., 2000, "Financial Intermediation and Growth: Causality and Causes", *Journal of Monetary Economics*, pp.31–77.

Levy-Yeyati, E. and Sturzenegger, F., 2005, "Classifying Exchange Rate Regimes: Deeds vs. Words", *European Economic Review*, 49(6), pp.1603–1635.

Li, D., 2011, "Financial Constraints, R&D Investment, and Stock Returns", *Review of Financial Studies*, 24(9), pp.2974–3007.

Li, S. and J. He, 2007, "Excess Liquidity Control Requires a Multi-pronged Approach", *China Economist*, pp.19–29.

Li, H., Ma, H., & Xu, Y., 2015, "How do Exchange Rate Movements Affect Chinese Exports? —A Firm-level Investigation", *Journal of International Economics*, 97(1), pp.148–161.

Liao, W. and Tapsoba, S., 2014, "China ' s Monetary Policy and Interest Rate

Liberalization：Lessons from International Experiences”，IMF Working Paper，WP/14/75.

Liu，J.and Pang，C.，2011，“Evidence on the Effects of Money Growth on Inflation with Regime Switching”，*China & World Economy*，Vol.19，Issue 6，pp.19–36.

Liu，M.，Margaritis，D.and Rad，T.，2009，“Monetary Policy and Interest Rate Rigidity in China”，*Applied Financial Economics*，19，pp.647–657.

Liu，T.and Li，K.，2001，“Impact of Liberalization of Financial Resources in China's Economic Growth：Evidence from the Provinces”，*Journal of Asian Economics*，12，pp.245–262.

Liu.Z.，et al.，2017，“Interest Rate Liberalization and Capital Allocation”，Working Paper Series 2017–15，Federal Reserve Bank of San Francisco.

Liviatan，Nissan，1981，“Monetary Expansion and Real Exchange Rate Dynamics”，*Journal of Political Economy*，Vol.89，No.6.

Livin，J.H.，1983，“The J–Curve，Rational Expectations，and the Stability of the Flexible Exchange Rate System”，*Journal of International Economics*，15，pp.239–251.

Lizondo，J.S.，1983，“Foreign Exchange Futures Prices under Fixed Exchange Rate”，*Journal of International Economics*，14，pp.69–84.

Long，J.，and PIosser，C.，1983，“Real Business Cycles”，*Journal of Political Economy*，91（1），pp.39–69.

Lucas，R.，1988，“On the Mechanics of Economic Development”，*Journal of Monetary Economics*，22（1），pp.3–42.

Lucas，R.，1996，“Nobel Lecture：Monetary Neutrality”，*Journal of Political Economy*，104（4），pp.661–682.

Lucas，R.，1976，“Econometric Policy Evaluation：A Critique”，*Carnegie–Rochester Conference Series on Public Policy*，1（1），pp.19–46.

Lucas，R.，1990，“Why Doesn't Capital Flow from Rich to Poor Countries?”，*American Economic Review*，Vol.80，Issue 2，pp.92–96.

Lucas，R.，1990，“Liquidity and Interest Rates”，*Journal of Economic Theory*，50（2），pp.237–264.

Lucas，Robert E.，Jr.，1982，“Interest Rates and Currency Prices in a Two – Country World”，*Journal of Monetary Economics*，10（3），pp.335–359.

Lueas，R.，and Stokey，N.，1987，“Money and Interest in a Cash–in–Advance Economy”，*Econometrica*，55（3）：491–513.

Ma，G.and McCauley，R.，2008，“Efficacy of China's Capital Controls：Evidence from Price and Flow Data”，*Pacific Economic Review* 13，pp.104–123.

Ma，G.，Y.Xiandong and L.Xi，2012，“China's Reserve Requirements：Practices，Effects，and Implications”，*China Economic Policy Review*，1（2），pp.1–34.

MacDonald，R.and Stein，J.L.Eds，1999，*Equilibrium Exchange Rate*，Kluwer Academic

Publisher.

MacDonald, R. and Taylor, M., 1992, "Exchange Rate Economics: A Survey", IMF Staff Papers, 39, pp.1-57.

MacDonald, R.and Taylor, M.P., 1993, "The Monetary Approach to the Exchange Rate", IMF Staff Papers, pp.80-107.

MacDonald, Ronald, and Mark P. Taylor, 1994, "The Monetary Model of the Exchange Rate: Long-Run Relationships, Short-Run Dynamics, and How to Beat a Random Walk", *Journal of International Money and Finance*, 13, pp.276-290.

Magud, N., C.Reinhart, K.Rogoff, 2011, "Capital Controls: Myth and Reality—A Portfolio Balance Approach", NBER Working Paper, No.16805.

Makin, A., 2007, "Does China's Huge External Surplus Imply an Undervalued Renminbi?", *China & World Economy*, 15(3), pp.89-102.

Mark, N., 1995, "Exchange Rates and Fundamentals: Evidence on Long-Horizon Predictability", *American Economic Review*, 85, pp.201-218.

Mark, N., 2009, "Changing Monetary Policy Rules, Learning, and Real Exchange Rate Dynamics", *Journal of Money, Credit, and Banking*, 41, pp.1047-1070.

Mark, N.and Sul, D., 2001, "Nominal Exchange Rates and Monetary Fundamentals Evidence from a Small Post-Bretton Woods Panel", *Journal of International Economics*, 53, pp.29-52.

Markiewicz, A., 2006, "Choice of Exchange Rate Regime in Transition Economies: A Empirical Analysis", *Journal of Comparative Economics*, 34, pp.484-498.

Marston, Richard C., 1987, "The Real Exchange Rate and Productivity Growth in the United States and Japan", In Sven W.Arndt and J.Davidson Richardson (Eds), *Real Financial Linkage among Open Economics*, pp.71-76, MIT Press.

Masson, P., 2001, "Exchange Rate Regime Transitions", *Journal of Development Economics*, Vol.64, pp.571-586.

Masson, P., Bredenkamp, H., Johnson, B., Hamann, J., Jadresic, E., and Otgker, I., 1998, "Exit Strategies: Policy Option for Countries Seeking Exchange Rate Flexibility", IMF Occasional Paper 168.

Masson, P., Savastavano, M., and Sharma, S., 1997, "The Scope for Inflation Targeting in Developing Countries", IMF Working Paper, 97/130, October.

Mathieson D., 1980, "Financial Reform and Stabilization Policy in a Developing Economy", *Journal of Development Economics*, 7, pp.359-395.

McCauley, R.2011, "Renminbi Internationalization and China's Financial Development", *BIS Quarterly Review*, December.

Mckinnon, R., 1963, "Optimum Currency Areas", *American Economic Review*, pp. 717-725.

McKinnon, R., 1973, *Money and Capital in Economic Development*, Washington: Brookings Institution.

Mckinnon, R., 1979, *Money in International Exchange: The Convertible Currency System*, New York. Oxford University.

McKinnon, R., 1986, "The Order of Economic Liberalization: Lesson From Chile and Argentina", in Karl Brunnr and Alan Meltzer, eds., *Economic Policy in a World of Change*, Amsterdam: North Holland Publisher.

McKinnon, R. I., 1991, *The Order of Economic Liberalization—Financial Control in the Transition to a Market Economy*, The Johns Hopkins University Press.

McKinnon, R. and Schnabl, G., 2006, "China's Exchange Rate and International Adjustment in Wages, Prices, and Interest Rates", CESifo Working Paper, No.1720.

McMillan, J. and Woodruff, C., 2002, "The Central Role of Entrepreneurs in Transition Economies", *Journal of Economic Perspective*, 16(3), pp.153-170.

Mecagni, M., Atoyan, R., & Hofman, D., 2009, "The Persistence of Capital Account Crises", IMF Working Papers, pp.1-28.

Meese, R. and Rogoff K., 1983, "Empirical Exchange Rate Models of the Seventies: Do They Fit Out of Sample?", *Journal of International Economics*, 14, pp.3-24.

Mehrotra, A. and Fung, J., 2010, "China's Monetary Policy and the Exchange Rate", BOFIT Discussion Papers, No.10.

Mehrotra, A., 2007, "Exchange and Interest Rate Channels During a Deflationary Era: Evidence from Japan, Hong Kong and China", *Journal of Comparative Economics*, 35, pp. 188-210.

Melvin M. and Zhou S., 1989, "Do Centrally Planned Exchange Rates Behave Differently from Capitalist Rates?", *Journal of Comparative Economics*, 2, pp.325-334.

Melitz, M., 2003, "The Impact of Trade on Intra-industry Reallocaitons and Aggregate Industry Productivity", *Econometrica*, 71(6), pp.1695-1725.

Mendoza, E.G., 1995, "The Terms of Trade, the Real Exchange Rate and Economic Fuctuation", *International Economic Review* 36(1), pp.101-137.

Menzie, D. and Ito, H., 2002, "Capital Account Liberalization, Institutions and Financial Development: Cross Country Evidence", NBER Working Paper, No.8967.

Merton, Robert C., 1992, "Financial Innovation and Economic Performance", *Journal of Applied Corporate Finance*, 4, pp.12-22.

Mesonnier, J. and J., Renne, 2007, "A Time-Varying "Natural" Rate of Interest for the Euro Area", *European Economic Review*, 51(7), pp.1768-1784.

Michael, M, 1976, "The Exchange Rate, the Balance of Payment, and Monetary and Fiscal Policy under a Regime of Controlled Floating", *Scandinavian Journal of Economics*, 78, pp.

229–248.

Ming Chien Lo, Jeremy Piger, 2005, "Is the Response of Output to Monetary Policy Asymmetric? Evidence from a Regime–Switching Coefficients Model", *Journal of Money, Credit and Banking*, pp.865–886.

Mishkin, F.S., 1984, "Are Real Interest Rates Equal across Countries? An Empirical Investigation of International Parity Conditions", *Journal of Finance*, Vol.39, pp.1345–1357.

Mishkin, F., 2007, "Is Financial Globalization Beneficial?", *Journal of Money, Credit and Banking*, Vol.39, No.2–3.

Mishkin, F., 2009, "Globalization and Financial Development", *Journal of Development Economics*, 89, pp.164–169.

Mishkin, F., 2009, "Why We Shouldn't Turn Our Backs on Financial Globalization", IMF Staff Papers, Vol.56, No.1.

Mitton, T., 2006, "Stock Market Liberalization and Operating Performances at the Firm Level", *Journal of Financial Economics* 20(1), pp.15–34.

Montiel, P. and Hinkle, 1999, "Exchange Rate Misalignment: An Overview", in Lawance E.Hinkle and Peter J.M., Eds, *Exchange Rate Misalignment: Concepts and Measurement for Developing Countries*, pp.1–32, New York: The World Bank.

Montiel, P., 1999a: "The Long Run Equilibrium Exchange Rate: Conceptual Issues and Empirical Research", in Lawance E.Hinkle and Peter J.M., Eds, *Exchange Rate Misalignment: Concepts and Measurement for Developing Countries*, pp.219–263, New York: The World Bank.

Montiel, P., 1999b: "Determinants of The Long Run Equilibrium Exchange Rate: An Analytical Model", in Lawance E.Hinkle and Peter J.M., Eds, *Exchange Rate Misalignment: Concepts and Measurement for Developing Countries*, pp.264–290, New York: The World Bank.

Mookerjee, R. and Peebles, G., 1998, "Endogenous Money in China: Evidence and Insights on Recent Policies", *Journal of Asian Economics*, Vol.9(1), pp.139–158.

Morgan, Donald P., 1993, "Asymmetric Effects of Monetary Policy", *Economic Review*, pp. 21–34.

Mukerji, P., 2009, "Ready for Capital Account Convertibility?", *Journal of International Money and Finance*, 28(6), pp.1006–1021.

Mundell, R., 1961, "The Theory of Optimum Currency Areas", *American Economic Review*, pp.657–665.

Mundell, R., 1962, "The Appropriate Use of Monetary and Fiscal Policy under Fixed Exchange", IMF Staff Paper, pp.70–77.

Mundell, R., 1963, "Capital Mobility and Stabilization Policy under Fixed and Flexible Exchange Rate", *Canadian Journal of Economics and Political Science*, 29, pp.475–485.

Mundell, R., 1968, *International Finance*, New York, Macmillan.

Mussa, M., 1976, "The Exchange Rate, the Balance of Payments and Monetary and Fiscal Policy under a Regime of Controlled Floating", *Scandinavian J. Econ.* 78 (2), pp.229-248.

Mussa, M., 1984, "The Theory of Exchange Rate Determination", in J.Bilson and R.Marston, eds., *Exchange Rate Theory and Practice*, Chicago: University of Chicago Press.

Muth, J.F., 1961, "Rational Expectations and the Price Movements", *Econometrica*, 29, pp.315-335.

Narayan, P., Narayan, S. and Smayth, R., 2009, "Understanding the Inflation - Output Nexus for China", *China Economic Review*, 20, pp.82-90.

Neiss, K.S., Nelson, E.2003, "The Real Interest Rate Gap as an Inflation Indicator", *Macroeconomic Dynamics*, 7(02), pp.239-262.

Nelson, C., and Plosser, C., 1983, "Trends and Random Walks in Macroeconomic Time Series", *Journal of Monetary Economics*, 10 (2):, pp.139-162.

Nissanke, M., and Stein H., 2003, "Financial Globalization and Economic Development: Toward an Institutional Foundation", *Eastern Economic Journal*, 29(2), pp.287-307.

Noy, L. and T. Vu., 2007, "Capital Account Liberalization and Foreign Direct Investment", *North American Journal of Economics and Finance*, 18(2), pp.175-194.

Nucci, F. and Pozzolo, A., 2001, "Investment and the Exchange Rate: An Analysis with Firm-level Panel Data", *European Economic Review*, 45(2), pp.259-283.

Nucci, F. and Pozzolo, A., 2010, "The Exchange Rate, Employment and Hours: What Firm-level Data Say?", *Journal of International Economics*, 82(2), pp.112-123.

Obstefeld, M., et al., 1999, *Global Capital Market Integration, Crisis and Growth*, Cambridge University Press, pp.34-87.

Obstfeld, M. and Rogoff, K, 1995, "The Mirage of Fixed Exchange Rate", *Journal of Economic Perspectives*, Vol.9, No.4, pp.73-96.

Obstfeld, M. and Rogoff, K., 1995, "Exchange Rate Dynamic Redux", *Journal of Political Economy*, 103, pp.624-660.

Obstfeld, M. and Rogoff, K., 1996, *Foundations of International Macroeconomics*, MIT Press, Cambridge, MA, pp.659-712.

Obstfeld, M. and Rogoff, K., 2000, "The Six Major Puzzles in International Macroeconomics: Is There a Common Cause?", NBER Macroeconomics Annual 2000, Vol.15, pp.339-412.

Obstfeld, M., 2009, "International Finance and Growth in Developing Countries: What Have We Learned?", NBER Working Paper, No.14691.

Obstfeld, M., Shambaugh, G. and Taylor, A., 2005, "The Trilemma in Hostory: Tradeoffs among Exchange Rates, Monetary Policies and Capital Mobility", *Review of Economics and Statistics*, 87, pp.423-438.

Odhiambo, N.M., 2009c, "Interest Rate Liberalization and Economic Growth in Zambia: A

Dynamic Linkage", *African Development Review*, Vol.21, No.3, pp.541–557.

Odhiambo, N. M., 2009d, "Interest Rate Reforms, Financial Deepening and Economic Growth: Kenya's Experience", *Journal of Developing Areas*, Vol.43, No.1, pp.295–313.

Odhiambo, N. M., 2007, "Supply – Leading versus Demand – Following Hypothesis: Empirical Evidence from Three SSA Countries", *African Development Review*, Vol.19, No.2, pp. 257–280.

Odhiambo, N., 2008, "Financial Depth, Savings and Economic Growth in Kenya: A Dynamic Causal Relationship", *Economic Modelling*, Vol.25, No.4, pp.704–713.

Officer, L., 1976, "The Purchasing Power Parity Theory of Exchange Rate: A Review Article", IMF Staff Papers, 23, pp.1–60.

Ohnsorge, F., 2013, "Do Inflows or Outflows Dominate? Global Implications of Capital Account Liberalization in China", IMF Working Paper, No.13–189.

Omran, M. and Bolbol, A., 2003, "Foreign Direct Investment, Financial Development, and Economic Growth", *American Economic Review*, 89(3), pp.605–618.

Oura, H., 2008, "Financial Development and Growth in India: A Growing Tiger in a Cage?", IMF Working Paper, WP/08/79.

Ouyang, A., Rajan, R. and Willett, T., 2010, "China as a Reserve Sink: The Evidence from Offset and Sterilization Coefficients", *Journal of International Money and Finance*, 29, pp. 951–972.

Ozge, Senay, 2007, "Interest Rate Rules and Welfare in Open Economies", *Scottish Journal of Political Economy*, No.3, pp.300–329.

Ozturk, I. and Kalyoncu, H., 2009, "Exchange Rate Volatility and Trade: An Empirical Investigation from Cross – Country Comparison", *African Development Review*, 21 (3), pp.499–513.

Park, B. and Jiyoun A., 2011, "Can Capital Account Liberalization Lessen Capital Volatility in a Country with Original Sin?", Korea Institute for International Economic Policy Working Paper, 11–05, Korea Institute for International Economic Policy, Seoul.

Peng, D. and Bajna, C., 2008, "China's Vulnerability to Currency Crisis: A KLR Signals Approach", *China Economic Review*, Vol.19, Issue 2, pp.138–151.

Pentecost, E.J., 1991, "Econometric Approach to Empirical Model of Exchange Rate Determination", *Journal of Economic Surveys*, 5, pp.71–96.

Phylaktis, K. and Ravazzolo, F., 2005, "Stock Prices and Exchange Rate Dynamics", *Journal of International Money and Finance*, 24, pp.1031–1053.

Pill, H., 1997, "Real Interest Rates and Growth: Improving on Some Deflating Experiences", *Journal of Development Studies*, 34(1), pp.85–110.

Poirson, H., 2001, "How do Countries Choose Their Exchange Rate Regime", IMF Staff

Paper, No.46, pp.1-30.

Poon, C.and Wong, F., 2011, "China' s Monetary Policy and Its Transmission Mechanisms Before and After the Financial Tsunami", *The Chinese Economy*, Vol.44, No.3, pp.84-108.

Porter, M., 1990, *The Competitive Advantage of Nations*, New York, Free Press.

Porter, N., Takats, E. and Feyzioglu, T., 2009, "Interest Rate Liberalization in China", IMF Working Papers, No.171.

Porter, N., and Xu, T., 2009, "What Drives China's Interbank Market?", IMF Working Paper, No.189.

Prasad E., Rogoff, K., Wei, S. and Kose, M., 2003, "Effect of Financial Globalization on Developing Countries: Some Empirical Evidence", IMF Working Paper, No.09/03.

Prasad, E., 2004, "China's Growth and Integration into the World Economy: Prospects and Challenges", International Monetary Fund Occasional Paper, Vol.232.

Prasad, E.and Wei, S., 2005, " The Chinese Approach to Capital Inflows: Patterns and Possible Explanations", NBER Working Paper, No.11306.

Prasad, E.and Rajan, R., 2008, "A Pragmatic Approach to Capital Account Liberalization", *Journal of Economic Perspectives*, Vol.22, No.3, pp.149-172.

Prati, A., Schindler, M. And Valenzuela, P., 2010, "Who Benefits from Capital Account Liberalization? Evidence from Firm - Level Credit Ratings Data", IMF Working Paper, WP/09/210.

Putnam, B.and Woodburry, J., 1980, "Exchange Rate Stability and Monetary Policy", *Review of Business and Economic Research*, Vol.15 (1), pp.1-10.

Qin, D., Quisin, P. and He, X., 2005, "Modeling Monetary Transmission and Policy in China", *Journal of Policy Modeling*, 27(2), pp.157-176.

Quinn, D. P. and Toyoda, A. M., 2008, "Does Capital Account Liberalization Lead to Growth? ", *Review of Financial Studies*, 21(3), pp.1403-1449.

Quinn, D., 1997, "The Correlates of Change in International Financial Regulation", *American Political Science Review*, Vol.91, No.3.

Quinn, D., 2003, "Capital Account Liberalization and Financial Globalization, 1890 - 1999", *International Journal of Finance and Economics*, 8, pp.189-204.

Rabanal, P., 2007, "DoesInflation Increase after a Monetary Policy Tightening? Answers Based on an Estimated DSGE Model", *Journal of Economic Dynamics and Control*, 31, 906-937.

Ranciere, R., A., Tornell, and Westermann, F., 2006, "Decomposing the Effects of Financial Liberalization: Crises vs. Growth", *Journal of Banking and Finance*, 30 (12), pp. 3331-3348.

Ravenna, F. ang Walsh, C., 2006, "Optimal Monetary Policy With the Cost Channel",

Journal of Monetary Economics, 53, pp.199–216.

Razin, A. and Sadka, E., 2018, "Financial Globalization and the Welfare State", NBER Working Paper, No.24754.

Rebelo, S. and Vegh, C.2006, "When Is It Optimal to Abandon a Fixed Exchange Rate?", NBER Working Paper, No.12793.

Reinhardt, D., Ricci, L. and Tressel, T., 2010, "International Capital Flows and Development: Financial Openness Matters", IMF Working Paper, WP/10/235.

Reinhart, C., 2000, "The Mirage of Floating Exchange Rates", *American Economic Review*, Vol.90, No.2.

Reisen, H. and M., Soto, 2001, "Which Types of Capital Inflows Foster Developing Country Growth?", *International Finance* 4(1), pp.1–14.

Reynard, S., 2007, "Maintaining Low Inflation: Money, Interest Rates, and Policy Stance", *Journal of Monetary Economics*, 54, pp.1441–1471.

Rhee, Wooheon & Robert W. Rich, 1995, "Inflation and the Asymmetric Effects of Money on Output Fluctuation", *Journal of Macroeconomics*, pp.683–702.

Ries C. and Sweeney. R., 1997, "Capital Account Liberalization and Policy Incentives: An Endogenous Policy View", *Capital Controls in Reforming Economies*, Westview Press, pp. 111–136.

Rodriguez, C., 2017, "The Growth Effects of Financial Openness and Exchange Rates", *International Review of Economics and Finance*, 48, pp.492–512.

Rodrik, D., 1998, "Who Needs Capital-Account Convertibility?" In: Fischer, S. (Ed.), *Should the IMF Pursue Capital Account Convertibility?*, Princeton University, Princeton, New Jersey.

Rodrik, D., 1999, "Making Openness Work: The New Global Economy and the Developing Countries", *Overseas Development Council*, Washington, DC.

Rogoff, K., 1996, "The Purchasing Power Parity Puzzle", *Journal of Economic Literature*, 34, pp.647–668.

Rogoff, K., 2002, "Dornbusch's Overshooting Model after Twenty-five Years", IMF Working Paper, No.02/39.

Rogoff, K., Husain, A., Mody, A., Brooks, R., and Oomes, N., 2003, "Evolution and Performance of Exchange Rate Regimes", IMF Working Paper, WP/03/243.

Romero - Avila, D., 2009, "Liberalization of Capital Controls and Interest Rates Restrictions in the EU--15: Did it Affect Economic Growth?", *Applied Financial Economics*, 19 (20), pp.1625–1648.

Roubini, N., and Salai, M., 1992, "Financial Repression and Economic Growth", *Journal of Development Economics*, pp.5–30.

Rousseau, P. and Wachtel, P., 2011, "What is Happening to the Impact of Financial Deepening on Economic Growth?", *Economic Inquiry*, pp.276-288.

Rubaszek, M., 2004, "A Model of Balance of Payment Equilibrium Equilibrium Exchange rate: Application to the Zloty", *Eastern European Economics*, Vol.42.No.3, pp.5-22.

Sachs, J., 1996, "Economic Transition and Exchange Rate Regime", *American Economic Review*, 86, pp.147-152.

Salvatore, D., 1995, *International Economics*, 5th.ed.Prentice-Hall, Inc.

Samuelson, P., 1964, "Theoretical Notes on Trade Problems", *Review of Economics and Statistics*, Vol.46, No.2, pp.145-154.

Sarno L.and Tayler M., 2001, "Official Intervention in the Foreign Exchange Market: Is It Effective and, If So, How Does it Work", *Journal of Economic Literature*, September, pp. 839-868.

Saunders, A. and L., Schumacher., L., 2000, "The Determinants of Bank Interest Rate Margins: an International Study", *Journal of International Money & Finance*, 19 (6), pp. 813-832.

Schaechter, A., 2001, "Implementation of Monetary Policy and Central Bank's Balance Sheets", *IMF Working Paper*, WP/01/149.

Sedik, T.and Sun, T., 2012, "Effects of Capital Flow Liberalization—What is the Evidence from Recent Experiences of Emerging Market Economies?", IMF Working Paper, WP/12/275.

Shaw, E., 1973, *Financial Deepening in Economic Development*, New York: Oxford University Press.

Shiratsuka, S., 2009, "Size and Composition of the Central Bank Balance Sheet: Revisiting Japan's Experience of the Quantitative Easing Policy", Bank of Japan IMES Discussion Paper, No.2009-E-25.

Shiu-Sheng, C., 2017, "Exchange Rate Undervaluation and R & D Activity", *Journal ofInternationalMoneyandFinance*, 72(1), pp.148-160.

Simmons, B. and Elkins, Z, 2000, *Globalization and Policy Diffusion: Explaining Three Decades of Liberalization*, University of California, Berkeley.

Sins C.A., 2001, "A Review of Monetary Policy Rules", *Journal of Economic Literature*, Vol.xxxlx, June, pp.562-566.

Slavtcheva, D., 2015, "Financial Development, Exchange Rate Regime and Productivity Growth: Theory and Evidence", *Journal of Macroeconomics*, 44, pp.109-123.

Song Z., K., Storesletten and Zilibott, F., 2011, "Growing Like China", *American Economic Review*, 101 (1), pp.202-241.

Spiegel, M., 2005, "A Look at China's New Exchange Rate Regime", *FRBSF Economic Letter*, No.23.

Stein, J., 1994, "The Natural Exchange Rate of US Dollar and Determinants of Capital Flows", In Williamson, J., (ED.), *Estimating Equilibrium Exchange Rates*, Institute for International Economics, Washington.D.C.

Stephen, J., 2005, "Chinese RMB Basket Still a Mystery", *Global Economics Forum*, Morgan Stanley, August 19.

Stiglitz, J., 1999, "Reforming the Global Economic Architecture: Lessons from Recent Crises", *The Journal of Finance* 54(4), pp.1508-1522.

Stiglitz, J., 2000, "Capital Market Liberalization, Economic Growth, and Instability", *World Development*, Vol.28, No.6, pp.1075-1086.

Stiglitz, J.and Uy, M., 1996, "Financial Markets, Public Policy and the East Asian Miracle", *The World Bank Research Observer*, 11(2), pp.249-276.

Stiglitze, J. and Weiss, A., 1981, "Credit Rationing in Market with Imperfect Information", *American Economic Review*, pp.393-410.

Stiglitz, J. and Greenwald, B., 2003, *Towards a New Paradigm in Monetary Economics*, Cambridge University Press.

Stockman, A. 1987, "The Equilibrium Approach to Exchange Rate", Economic Review, *Federal Reserve Bank of Richmond*, 73, pp.12-31.

Stockman, A.and Ohanian, L., 1993, "Short-Run Independence of Monetary Policy under Pegged Exchange Rates and Effects of Money on Exchange Rates and Interest Rates", NBER Working Papers, No.W4517.

Stockman, A., 1980, "A Theory of Exchange Rate Determination", *Journal of Political Economy*, 88(4), pp.673-698.

Stockman, A., 1981, "Anticipated Inflation and the Capital Stock in A Cash in Advance Economy", *Journal of Monetary Economics*, 8 (2), pp.387-393.

Summers, L., 2000, "International Financial Crises: Causes, Prevention and Cures", *American Economic Review*, 90 (2), pp.1-16.

Sun, H., Ma, Y., 2005, "Policy Strategies to Deal with Revaluation Pressures on the Renminbi", *China Economic Review*, 16, pp.103-117.

Sun, L.and Sen, S., 2011, "Monetary Policy Rules and Business Cycle in China: Bayesian DSGE Model Simulation", SSRN Working Paper, April 9, Available at SSRN: http://ssrn.com/abstract=1806347 or http://dx.doi.org/10.2139/ssrn.1806347.

Sun, L., Ford, J., Dickinson, D., 2010, "Bank Loans and the Effects of Monetary Policy in China: VAR/VECM Approach", *China Economic Review*, 21, pp.65-97.

Sun, Y., 2002, "A Political -Economic Model of the Choice of Exchange Rate Regime", IMF Working Paper, WP/02/212.

Sun, S., Gan, C.and Hu, B., 2010, "The Effects of Short -Term Interest Rates On Output,

Price and Exchange Rates: Recent Evidence From China", *The International Journal of Business and Finance Research*, Vol.4, Number 3, 2010.

Svensson, L. E., 1992, "An Interpretation of Recent Research on Exchange Rate Target Zones", *Journal of Economic Perspectives*, 6, pp.119-144.

Svensson, L.E., 1994, "Fixed Exchange Rates as a Means to Price Stability: What Have We Learned?", *European Economic Review*, 38(3,4), pp.447-468.

Sweidan, O., 2011, "Central Bank Losses: Causes and Consequences", *Asian-Pacific Economic Literature*, Vol.25, pp.29-42.

Tang, Y., 2011, "Does Productivity Respond to Exchange Rate Appreciations? A Theoretical and Empirical Investigation", Bowdoin College Working Paper, No. 1, Bowdoin College, Department of Economics.

Tarhan, F., Nathan P. and Elöd, T., 2009, "Interest Rate Liberalization in China", IMF Working Paper, WP/09/171.

Taylor, M., and Sarno, L., 1997, "Capital Flows to Developing Countries: Long-and Short-Term Determinants", *World Bank Economic Review*, Vol.11 (3), pp.451-470.

Taylor, M.P., 1999, "Real Interest Rates and Macroeconomic Activity", *Oxford Review of Economic Policy*, 15(2), pp.95-113.

Thacker, N., 1995, "Does PPP Hokd in the Transition Economies? The Case of Poland and Hungary", *Applied Economics*, 6, pp.477-481.

Tomlin, B., 2014, "Exchange Rate Fluctuations, Plant Turnover and Productivity", *International Journal of Industrial Organization*, 35(c), pp.12-28.

Tomlin, B. and L. Fung, 2015, "Exchange Rate Movements and the Distribution of Production", *Review of International Economics*, 23(4), pp.782-809.

Tung, C.-Y., Baker, S., 2004, "RMB Revaluation Will Serve China's Self Interest", *China Economic Review*, 15, pp.331-335.

Tyers, R., 2001, "China's Exchange Rate Policy: The Case for Greater Flexibility", Working Papers in Economics and Econometrics, No.389, Australian National University.

Udoh, E., 2012, "Interest Rate Liberalization, Financial Development and Economic Growth in Nigeria (1970-2008)", *Asian Social Science*, 8(3), pp.292-302.

Varela, L.2017, "Reallocation, Competition, and Productivity: Evidence from a Financial Liberalization Episode", *Review of Economic Studies*, 85(2), pp.1279-1313.

Vlachos, J. and Waldenstrom, D., 2005, "International Financial Liberalization and Industry Growth", *International Journal of Finance and Economics*, 10(3), pp.263-284.

Wang, S. and Handa, J., 2007, "Monetary Policy Rules under a Fixed Exchange Rate Regime: Empirical Evidence from China", *Applied Financial Economics*, 17, pp.941-950.

Wang, T., 2004, "China: Sources of Real Exchange Rate Fluctuations", IMF Staff Papers,

No.18.

Wang, Z. and Wang. Z., 2000, "An Empirical Investigation of the Channels of Monetary Transmission", *Research on Financial and Economic Issues*, No.12.

Wang, L and Whalley, J., 2007, "The Impacts of Renminbi Appreciation on Trades Flows and Reserve Accumulation in a Monetary Trade Model", NBER Working Paper, No.13586.

Weber, WE, 1975, "Interest Rates, Inflation and Consumer Expenditures", *American Economic Review*, 65, pp.843–857.

Weber, WE, 2000, "The Effect of Interest Rates on Aggregate Consumption", *American Economic Review*, 60, pp.591–600.

Wei, S., 2013, "The Interest Rate as a Monetary Policy Instrument in China: Applications, Challenges and Latest Reforms", *Law and Financial Markets Review*, 7(4), pp. 199–206.

Weintraub, S., 1978, *Keynes, Keynesians and Monetarist*, University of Pennsylvannia Press.

Weller, C., 2001, "Financial Crises and Financial Liberalization: Exceptional Circumstances or Structural Weaknesses", *Journal of Development Studies*, 38(1), pp.98–126.

Wen, Y., 2011, "Making Sense of China's Excessive Foreign Reserves", Federal Reserve Bank of St.Louis Working Paper Series.

Westbrook, J.R. and Wilet, T.D., 1999, "Exchange Rate as Nominal Anchor: An Overview of the Issues", in Sweeney R.J., Wihlborg C.G. and Willet T.D. (eds), *Exchange Rate Policy for Emerging Market Economies*, Westview Press.

Wicksell, K. 1936, *Interest and Prices*, Ludwig von Mises Institute.

Willett, J., 1997, "Capital Account Liberalizational and Policy Incentives: An Endogenous Policy View", In Ries Christine and Sweeney, ed., *Capital Controls in Emerging Economies*, Boulder, Colorado: Westview Press.

Williamson J. and Mahar, M., 1999, "A Survey of Financial Liberalization", *Essays in International Finance*, No.211.

Williamson, J., 1994, "Estimates of FEERs", in Williamson, J., Eds., *Estimates of Equilibrium Exchange Rate*, Washington.DC.Institute for International Economics.

Wood, W.T., 1998, "The Monetary Approach to Exchange Rate Determination under Rational Expectations: The Dollar–Deutschmark Rate", *Journal of International Economics*, Vol. 18, pp.1–16.

Woodford, M., 2003, *Interest and Prices: Foundations of a Theory of Monetary Policy*, Princeton University Press.

Wu, Y., 2009, "Measuring China's Monetary Sterilization and Autonomy in the Era of Globalization: 1995–2005", *Journal of Asian Economics*, 20, pp.336–347.

Xie, D., 2002, "Analysis of the Development of China's Money Market", *China and*

World Economy, Issue 1, pp.29–37.

Xu, Y., 2008, "Lessons from Taiwan's Experience of Currency Appreciation", *China Economic Review*, Vol.19, pp.53–65.

Xu.Y., 2009, "Relevant International Experience of Real Exchange Rate Adjustment for China", *China Economic Review*, 2, pp.440–451.

Yip, P., 2011, *China's Exchange Rate System Reform: Lessons for Macroeconomic Policy Management*, World Scientific Publishing CO.

Yongxiang, B., and Tyers, 2001, "China's Equilibrium Exchange Rate: A Counterfactual Analysis", Working Paper in Economics and Econometrics, No.390, Australian National University.

Yue, M., 2007, "Incomplete Financial Market and Sequence of International Trade Liberalization", *International Journal of Finance and Economics*, 13(1), pp.108–111.

Yue C.J. and Hua P., 2002, "Does Comparative Advantage Explains Export Patterns in China?", *China Economic Review*, Vol.13, pp.276–296.

Zhang, C., 2009, "Excess Liquidity, Inflation and the Yuan Appreciation: What Can China Learn from Recent History?", *The World Economy* 200, DOI: 10.1111/j.1467-9701.2009.01191.x.

Zhang, C., 2010, "Inflation Uncertainty and Monetary Policy in China", *China & World Economy*, Vol.18, No.3, pp.40 – 55.

Zhang, F. and Pan, Z., 2004, "Determination of China's Long-Run Nominal Exchange Rate and Official Intervention", *China Economic Review*, 15, pp.360–365.

Zhang, W., 2009, "China's Monetary Policy: Quantity versus Price Rules", *Journal of Macroeconomics*, Vol.31, pp.473–484.

Zhang, Z. 1999, "Foreign Exchange Rate Reform, the Balance of Trade, and Economic Growth: An Empirical Analysis for China", *Journal of Economic Development*, 24, pp.143–162.

Zhang, Z., 2000, "Exchange Rate Reform in China: An Experiment in the Real Targets Approach", *The World Economy*, Vol.29, pp.80–94.

Zhang, Z., 2001, "Choosing an Exchange Rate Regime during Economic Transition, The Case of China", *China Economic Review*, 12, pp.203–226.

Zhang, Z., 2001, "Real Exchange Rate Misalignment in China: An Empirical Investigation", *Journal of Comparative Economics*, 29, pp.80–94.

Zhu, X., 2012, "Understanding China's Growth: Past, Present, and Future", *Journal of Economic Perspectives*, 26(4), pp.103–124.

Zhou, H., Li, G., and Lin, W., 2013, "A Study on the Relationship between Short-term International Capital Flow and the Volatility of China's Stock Market", *Annals of Economics & Finance*, 14(2), pp.605–626.

图表索引

第一章

第二章

第三章

第四章

第六章

第七章

第八章

第九章

后　　记

本书既是本人所主持的国家社科基金重大项目“扩大中国金融业双向开放的关键问题研究”的最终成果，又可以说是本人从事金融学教学及研究工作三十多年所积累下来的结晶。

2015年底，国家社会科学基金围绕深入研究阐释党的十八届五中全会精神，列出一批重大项目选题，面向全国公开招标，其中一项选题是“扩大金融业双向开放研究”。由于本人在近四十年的金融学研究工作中，曾尝试将产权理论分别运用于研究经济增长、商业银行的改革、金融市场的发展、利率的市场化、汇率的市场化、资本账户的开放与货币的自由兑换，以及金融改革与金融发展等领域进行理论，以尝试构建“新制度金融学”的理论框架，因此，本人围绕“扩大金融业双向开放研究”这一选题，综合运用自己在相关领域三十多年的研究成果进行课题设计，并参与这一重大项目的招标竞争，最终成功地获得国家社会科学基金的批准。

为顺利地完成这一国家哲学社会科学研究领域层次最高、权威性最强的科研项目，本人一方面吸收了自己三十多年来的研究成果，另一方面动员自己所指导的学生（主要是博士研究生）一起参与这一科研项目的研究工作。由于本人所指导的许多博士研究生（特别是司登奎博士）在计量模型及实证分析方法上都大大超过了自己，因此，他们的参与使本项目的研究水平得以大大提高。相信本书的出版会为促进中国金融双向开放提供一定的理论参考。

参与本书撰写工作的人员及其分工如下：

江春撰写：引言、第一、二、三、四、五、六及第十章。

万鹏博撰写:第七章第一节。

司登奎撰写:第七章第二、三、五、六节,同时,司登奎还负责全书理论模型和数据的审校工作。

冯阿美撰写:第七章第七节。

付强撰写:第八章第一节。

蓝天撰写:第八章第二、三节。

方坤撰写:第八章第四节。

张沛撰写:第九章。

谨以此书献给大家。

江　春

2022 年 4 月

责任编辑:陈　登
封面设计:胡欣欣

图书在版编目(CIP)数据

利率及汇率的市场化与资本账户的开放:现实选择与经济效应/江春,司登奎 著. —北京:人民出版社,2022.5
ISBN 978-7-01-024111-1

Ⅰ.①利… Ⅱ.①江…②司… Ⅲ.①利率市场化-研究-中国②人民币汇率-研究 Ⅳ.①F832.22②F832.63

中国版本图书馆 CIP 数据核字(2021)第 243668 号

利率及汇率的市场化与资本账户的开放:现实选择与经济效应
LILÜ JI HUILÜ DE SHICHANGHUA YU ZIBEN ZHANGHU DE KAIFANG
XIANSHI XUANZE YU JINGJI XIAOYING

江　春　司登奎　著

人民出版社 出版发行
(100706　北京市东城区隆福寺街 99 号)

中煤(北京)印务有限公司印刷　新华书店经销

2022 年 5 月第 1 版　2022 年 5 月北京第 1 次印刷
开本:710 毫米×1000 毫米 1/16　印张:54
字数:802 千字

ISBN 978-7-01-024111-1　定价:156.00 元

邮购地址　100706　北京市东城区隆福寺街 99 号
人民东方图书销售中心　电话 (010)65250042　65289539